हिंदी शब्दान्वेषी कोश

(हिंदी थिसारस)

हिंदी शब्दान्वेषी कोश

(हिंदी थिसारस)

वीरेंद्रनाथ मंडल

संपादक

डॉ. राजकुमार उपाध्याय 'मणि'

मल्लिका मंडल

वाणी प्रकाशन

वाणी प्रकाशन

4695, 21-ए, दरियागंज, नयी दिल्ली 110 002

फ़ोन : +91 11 23273167 फ़ैक्स : +91 11 23275710

शाखाएँ

अशोक राजपथ, पटना 800 004, बिहार

कॉफ़ी हाउस कैम्पस, महात्मा गांधी मार्ग, इलाहाबाद 211 001, उत्तर प्रदेश

महात्मा गांधी अन्तरराष्ट्रीय हिन्दी विश्वविद्यालय, वर्धा 442 001, महाराष्ट्र

www.vaniprakashan.com
marketing@vaniprakashan.in
sales@vaniprakashan.in

Hindi Shabdanveshi Kosh
(Hindi Thesaurus)
Edited by Dr. Rajkumar Upadhayaya 'Mani'
Mallika Mandal

ISBN : 978-93-5518-041-4
Dictionary/Hindi Thesaurus

प्रथम संस्करण 2023

मूल्य : ₹ 1595

आर. टेक ऑफ़सेट प्रिंटर्स, दिल्ली-110 032 में मुद्रित

वाणी प्रकाशन का लोगो मक़बूल फ़िदा हुसेन की कूची से

समर्पण

स्व. वीरेंद्रनाथ मंडल
(जन्म—22.07.1931 ई. मृत्यु—26.01.2015 ई.)

श्रीमती रीता मंडल (धर्मपत्नी)
को
'त्वदीयं वस्तु गोविन्द तुभ्यमेव समर्पये'
के
भाव से सादर समर्पित...

आत्मकथ्य

हिंदी जगत् में अनेक प्रकार के कोशों की मान्यता एवं स्वीकार्यता है। अनेक विद्वानों द्वारा एक भाषी कोश, द्विभाषी कोश और बहुभाषी कोश का निर्माण किया गया है। सामान्यतया हम यह जानते हैं कि जितने प्रकार के कोश प्राप्त होते हैं; उनका नामकरण शब्दकोश ही है, अर्थात् शब्दों का कोश, जिसमें शब्दों का अर्थ पाया जाता है। परंतु, इसका अभिप्राय हम जानकर आश्चर्य करेंगे कि यह शब्दकोश नहीं है, बल्कि अर्थ कोश है क्योंकि हम जिन कोशों में अर्थ देखते हैं, तो वह अर्थ कोश ही कहलायेगा। वास्तव में, उनके लिए शब्दकोश जरूर रचा गया, लेकिन वह अर्थ कोश ही है क्योंकि उसमें हम अर्थों की खोज करते हैं, शब्दों की नहीं। निःसंदेह, वास्तविक शब्दकोश वही हो सकता है, जब हम अर्थ को जानते हुए और उसके भाव को समझते हुए उचित शब्दों की पहचान नहीं कर पाते हैं, तब हमें शब्दकोश की आवश्यकता होती है। उसके लिए हम शब्दान्वेषी कोश या शब्दखोजी कोश कह सकते हैं जिसके लिए अंग्रेजी में बहुत प्रचलित शब्द थिसारस है। इस थिसारस को हिंदी के लिए कुछ विद्वानों ने समांतर कोश नाम जरूर दिया है किंतु हम जिस समांतर कोश की चर्चा करते हैं, वह पर्यायवाची नहीं होता है। हमें जब यह बोध होता है कि प्रत्येक शब्द अपने भाव एवं अर्थ को पृथक्-पृथक् रखते हैं तो निसंदेह ही कोई भी शब्द न तो पर्यायवाची होते हैं न तो समांतर। प्रत्येक शब्दों का अपना एक अलग अस्तित्व होता है। इसीलिए अनादि काल से भारतीय अर्थचिंतक-मुनियों ने शब्द को ब्रह्म की संज्ञा दी है, तो हम कह सकते हैं कि शब्द ही ब्रह्म है और हमारा यह कोश उसी शब्द ब्रह्म की खोज है। इसलिए इसे 'अथातो शब्दजिज्ञासा' की संज्ञा दे सकते हैं। वास्तव में, थिसारस शब्दों की ही खोज है, इसलिए इसका वास्तविक नाम हम हिंदी थिसारस कोश रख सकते हैं। परंतु हिंदी थिसारस यथावत् नाम इसलिए देना चाहते हैं कि किसी भी पाठक या शब्द-मर्मज्ञ को यह भ्रम न हो। इसलिए इसको हिंदी शब्दान्वेषी कोश या शब्दखोजी कोश भी कह सकते हैं।

लगभग नब्बे के दशक की बात है, मैं अपने गृह जनपद-बस्ती से पहली बार काशी में प्रसिद्ध लोक साहित्यकार डॉ. कृष्णदेव उपाध्याय जी के घर रहकर पढ़ने

के लिए आया था। सर्वप्रथम, यहीं पर श्री वीरेन्द्रनाथ मंडल जी से मेरी भेंट हुई थी। उस समय उनके मन में हिंदी थिसारस के अभाव की पूर्ति के लिए एक प्रयास चल रहा था। उनसे जब मेरी प्रथम वार्ता हुई तो उन्होंने अपने इस महत् कार्य में सहयोग के लिए कहा और मैं तत्पर हो गया। इस तीन दशक की साधना का परिणाम है कि अब हिंदी में थिसारस के अभाव की आपूर्ति की जा रही है। नब्बे के दशक से हिंदी थिसारस का कार्य अबाध गति से चलता रहा, किंतु श्री वीरेन्द्रनाथ मंडल जी का देहांत 26 जनवरी, 2015 (सोमवार) को हो जाने से हिंदी थिसारस का काम रुक गया था। मैं अपनी आजीविका और व्यस्तताओं के कारण से इस कार्य में शिथिल रहा, किंतु मन में इसकी पूर्णता के लिए सदैव उत्साहित रहा। स्वर्गीय मंडल जी की धर्मपत्नी आदरणीया श्रीमती रीता मंडल और इनकी सुपुत्री श्रीमती मल्लिका मंडल की प्रेरणा से हिंदी थिसारस के अधूरे कार्य को पूरा करके मैंने इसके प्रकाशन की चर्चा कई प्रकाशकों से की। सभी लोगों ने इसके प्रकाशन की प्रबल इच्छा व्यक्त की, किंतु वाणी प्रकाशन के स्वत्वाधिकारी श्री अरुण कुमार माहेश्वरी जी की सदाशयता और आत्मीयता के कारण मैंने हिंदी थिसारस को प्रकाशित करने के लिए वाणी प्रकाशन, नई दिल्ली को अधिकृत किया। इसका अनुबंध होने के उपरांत मैंने इसके प्रकाशन के लिए पांडुलिपि भेज दी। टंकण और प्रूफ-रीडिंग में भी बहुत समय लग गया। अन्यथा, यह प्रकाशन गत वर्ष ही हो गया होता। मैं इस दुरूह और श्रमसाध्य प्रकाशन हेतु हिंदी भाषा और साहित्य के लिए समर्पित वाणी प्रकाशन समूह के स्वत्वाधिकारी श्री अरुण कुमार माहेश्वरी जी और उनकी पुत्री सुश्री अदिति माहेश्वरी जी को इस हिंदी थिसारस के प्रकाशन के लिए हृदय से साधुवाद और धन्यवाद देता हूँ।

उत्कट साधना और तत्परता से हिंदी थिसारस के लेखन कार्य में अविराम लगे रहे ऐसे स्वर्गीय वीरेन्द्रनाथ मंडल जी की स्मृति-साधना में हिंदी थिसारस सादर समर्पित की गई है। निःसंदेह, जिस प्रकार से व्याकरणाचार्य पाणिनि संस्कृत-साधना में अपनी पत्नी के द्वारा सहयोग के अभाव में नहीं कर सकते थे, उसी प्रकार से स्वर्गीय वीरेन्द्रनाथ मंडल भी अपनी धर्मपत्नी श्रीमती रीता मंडल के सहयोग के बिना इस कार्य को करने में असमर्थ रहते। अतः मैं दोनों की अन्योन्याश्रित भूमिका होने के कारण हिंदी थिसारस को दोनों दम्पती श्री वीरेंद्रनाथ मंडल और उनकी धर्मपत्नी श्रीमती रीता मंडल को "त्वदीयं वस्तु गोविन्द तुभ्यमेव समर्पये" के भाव से समर्पित करता हूँ।

पुस्तक में पाठकों की सुविधा के लिए हिंदी थिसारस की यात्रा का देना मैं इसलिए आवश्यक समझता हूँ कि हमारे नए पाठक उसकी महत्ता को समझ सकें और हिंदी थिसारस की विशेषता को भी जान सकें। इसके साथ ही, पाठकों को हिंदी थिसारस की समझ के लिए इसमें संकेताक्षर और वर्गानुक्रम सूची भी दे दी गई है,

जिससे वे वर्गों के अनुसार आसानी से विषय में प्रवेश करके अपने मनोवांछित शब्दों को खोज सकते हैं। यद्यपि, यह कोई विषय का प्रतिपादन करने वाला ग्रंथ नहीं है, जिसमें विषय-सूची या शब्द-सूची दी जाए क्योंकि इसमें लाखों शब्द हैं, जिनका सूची देना या उनकी पूरी संख्या निर्धारित करना असंभव है। यदि शब्दों की क्रम-सूची तैयार की जाए तो वह शब्द कोश ही हो जाएगा, तब वह हिंदी थिसारस नहीं रह जाएगा।

बोलते या लिखते समय भाव की अभिव्यक्ति के लिए सही शब्द न मिलने से परेशानी होती है। सही शब्द खोजने के लिए कोई कोश भी नहीं है। सभी कोश शब्द की सहायता से उसके अर्थ खोजने के लिए होते हैं। यानि अर्थ-खोजी कोश अनेक हैं, लेकिन शब्द खोजी कोश एक भी नहीं हैं। सही शब्द न मिलने की परेशानी का सही मायने में अनुभव किया था—डॉ. पीटर मार्क राजे ने। वे पेशे से एक डॉक्टर थे। वे 20 वर्ष इंग्लैड की रॉयल सोसायटी के सेक्रेटरी भी रहे। उनको विज्ञान से संबंधित विषयों पर अक्सर भाषण करना पड़ता था। उन्होंने सही शब्द के चयन के लिए कोश बनाने का निश्चय किया। उस कोश का नाम था—Thesaurus of English Words & Phrases। वह 1852 में प्रकाशित हुआ था, किंतु बार-बार उसका संशोधन और परिवर्धन होता रहा। आज वह Roget's International Thesaurus के नाम से हमारे सामने है। बंगला में थिसारस बनाने की प्रक्रिया 1955 में शुरू हुई थी, जब प्राणतोष घटक की 'रत्नमाला' छपी थी। सही मायने में बंगला थिसारस 1987 में अशोक मुखोपाध्याय का 'संसद समार्थ शब्दकोश' प्रकाशित हुआ। हिंदी में थिसारस बनाने की प्रक्रिया राजेश दीक्षित के 'भार्गव आदर्श हिंदी पर्यायवाची कोश' के 1974 में छपने के साथ शुरू हुई। इसका आधार 'अमरकोश' है। पर्यायवाची कोश भी एक प्रकार का थिसारस है। संस्कृत के महाकवि अमर सिंह का अमरकोश संस्कृत का प्रसिद्ध पर्यायवाची कोश है। यह श्लोकबद्ध है। इसे कंठस्थ कर लेने से संस्कृत वांङ्मय पर अच्छा अधिकार हो जाता है। दिवाकर शास्त्री का 'कंठाग्र हिंदी शब्दकोश' 1993 में छपा। सही मायने में हिंदी थिसारस अरविंद कुमार और कुसुम कुमार के समांतर कोश के नाम से 1996 में आया। राजे के अंग्रेजी थिसारस में मूल थिसारस जितने पृष्ठों का है, लगभग उतने ही पृष्ठों की शब्द-सूची है। अंग्रेजी के बाद बंगला में और फिर हिंदी में थिसारस बना तो इसमें शब्दों की सूची दी गई। यह मानो परंपरा का निर्वाह रहा। यह नहीं सोचा गया कि जिसे शब्द ही नहीं मालूम, वह शब्द-सूची में उसे कैसे खोज लेगा? नॉर्मन लीविस जैसे विद्वानों ने इस भारी-भरकम शब्द-सूची की उपयोगिता पर प्रश्न-चिन्ह लगाया। नॉर्मन लीविस ने राजे के थिसारस को शब्दकोश के रूप में प्रस्तुत किया। प्रस्तुत हिंदी थिसारस में विशाल शब्द-सूची नहीं है। इसमें 'वर्ग' और 'विषय' पर विशेष ध्यान दिया गया है।

'वर्ग' से 'विषयों' का ज्ञान होता है। 'विषयों' का सीधा संबंध शब्दों से होता है। थिसारस को प्रयोग में लाने वाले यदि 'वर्ग' और 'विषय' पर ध्यान दें तो उनके लिए सही शब्द को खोज पाना अधिक आसान होगा। जैसे– 'कृषि' विषय में कृषि से संबंधित शब्द मिल जाएंगे। यदि कृषि से संबंधित शब्द अन्यत्र होंगे, तो वह प्रति-निर्देश (Cross-Reference) द्वारा बताया जाएगा।

वास्तव में, किसी भाषा का थिसारस तैयार करने में एक व्यक्ति के लिए यह बहुत दुष्कर कार्य है, अतः हिंदी थिसारस का कार्य निःसंदेह ही एक सांस्थानिक कार्य होना चाहिए था। जैसे–शब्दावली आयोग, हिंदी निदेशालय, साहित्य अकादमी, भारतीय ज्ञानपीठ, हिंदी ग्रन्थ अकादमी, केंद्रीय हिंदी संस्थान या अन्य हिंदी सेवी संस्थाएं इस कार्य को कर सकती हैं, किंतु इस दुरूह कार्य को पूर्ण करने का एक भगीरथ प्रयास किया गया है। अब यह कहना आवश्यक है कि थिसारस बनाने वाला सर्वज्ञ नहीं है। उससे भूल होना स्वाभाविक है। इस थिसारस को प्रयोग में लाने वाले सुधीजनों को यदि कोई कमी जान पड़े, तो उसे बताएं। उस कमी को साभार दूर किया जाएगा। अतएव, किसी भी पाठक या हिंदी अध्येता को इस हिंदी थिसारस में किसी शब्द को जोड़ने या संशोधन की आवश्यकता समझ में आए तो वह मुझे rkumani@gmail.com पर ईमेल करके अपना सुझाव दे सकता है, जिसे आगामी संस्करणों में परिवर्धन किया जा सकता है। यद्यपि किसी भाषा का कोई भी कोश अंतिम निर्माण न होकर सदैव अनंतिम ही होना चाहिए, क्योंकि भाषा सरिता के प्रवाह की भांति होती है, जिसमें शब्दों के निर्माण की प्रक्रिया निरंतर होती रहती है।

यह हिंदी थिसारस हिंदी की शब्द संपदा को बढ़ाने के लिए सर्वाधिक उपयुक्त है, जिसमें एक ओर समानार्थक शब्द और दूसरी ओर विपरीतार्थक शब्दों की खोज संभव करने की कोशिश की गई है। यह हिंदी थिसारस न केवल शब्दकोश और अर्थ कोश की आपूर्ति करता है, अपितु विलोम कोश में भी सहायक है। इसमें पर्यायवाची कोश का भी पूरा भंडार प्राप्त होगा। इस हिंदी थिसारस में पाठकों के लिए अब कोई भी हिंदी में प्रसिद्ध शब्द दूर नहीं रहेगा, ऐसा प्रयास किया गया है। इसमें भाव, परिवर्तनशील शब्दों, क्लिष्ट शब्दों के अलावा सहज और बहु-प्रचलित बोलियों के शब्दों के लिए टकसाली शब्द भी मिल जाएंगे, जिससे व्यक्ति को अनोखा शब्द-शक्ति और प्रचुर शब्द भंडार मिल जाएगा। इस हिंदी थिसारस में अनेकानेक कोशों के शब्दों को समन्वित करने का अनथक प्रयास किया गया है। इसलिए इसके शब्द भंडारण में लक्षाधिक शब्दों को समाहित किया गया है और इसे 299 मूल वर्गों में वर्गीकृत किया गया है।

इस हिंदी थिसारस में न तो कोई संदर्भ खंड होगा, न ही अनुक्रम खंड होगा, बल्कि वर्ग के अनुसार सभी विषय एकत्र मिल जाएंगे। जब शब्द ही पता न हो तो

हमें शब्दों का अनुक्रम कैसे ज्ञात होगा? तब हम ऐसे शब्दों के भंडार तक कैसे पहुँच पाएंगे? वैसे भी शब्दकोश में शब्द सूची की क्या जरूरत है? थिसारस भी तो अपने आप में एक क्रम में ही होता है। इस थिसारस में ऐसा प्रयास किया गया है कि आपकी भावनाओं के अनुरूप इसमें शब्द मिल सकें और एक के बदले कई शब्द भी मिल सकें। इतना ही नहीं, अनुपयुक्त की जगह सही शब्द और कठिन शब्दों के स्थान पर आसान शब्दों और चलताऊ की जगह टकसाली शब्दों के साथ-साथ ही विपर्ययार्थ शब्द और विषय से संबंधित शब्द को इस थिसारस में एक साथ एकत्रित खोज सकते हैं। इसलिए यह मुकम्मल रूप में थिसारस तो है ही, शब्दकोश भी है और ज्ञानकोश भी। आप इसमें अनेक पर्यायवाची शब्दों को विषय के अनुरूप एकत्र पा सकते हैं। पौराणिक, ऐतिहासिक और सांस्कृतिक शब्दों को भी इसमें एक साथ रखने की कोशिश की गई है। इसलिए आधुनिक शब्दों के साथ-साथ हम ऐतिहासिक और प्रागैतिहासिक शब्दों को भी इसमें आसानी से ढूँढ सकते हैं। अतः अध्येताओं को शब्दों के अर्थ और अर्थों के शब्द खोजने में किसी कठिनाई का अनुभव नहीं होगा। हिंदी थिसारस के द्वारा आप कोई भी पाठक-अध्येता अपनी शब्द संपदा को बढ़ा सकते हैं और अपनी अभिव्यक्ति को प्रभावात्मक ढंग से प्रस्तुत कर सकते हैं। इस हिंदी थिसारस में यह भी कोशिश हुई है कि जो पर्याय शब्द हैं, उनके मूल शब्द के समानार्थक अन्य शब्दों और विषयों से जुड़े हुए शब्द भी एकत्र मिल सकें। इसमें ज्ञान-विज्ञान से संबंधित शब्द, भारतीय संस्कृति और परंपरा के शब्द के साथ-साथ ही देश-विदेश के अद्यतन शब्दावली, अनुसन्धानात्मक शब्द और हिंदी, संस्कृत के प्रयुक्त-अप्रयुक्त शब्दों के अतिरिक्त अंग्रेजी-उर्दू के अतिप्रचलित प्रमुख उपयोगी शब्दों और अनेक मुहावरे व उनके वाक्यांश भी देने का प्रयास हुआ है।

अक्सर बोलते या लिखते समय हमें सही शब्द नहीं मिलता। सही शब्द न मिलने पर हम किसी सामान्य लचर अथवा एक से अधिक शब्द के बदले एकाधिक वाक्यों से काम चलाते हैं। इससे भाषा नहीं बनती और न ही ठीक से अर्थ-बोध होता है। सही शब्द का चयन प्रभावपूर्ण भाषा की जान होती है, लेकिन सही शब्द को कैसे खोजें? सामान्य कोश हो या पर्यायवाची कोश, उसमें किसी शब्द को तभी खोजा जा सकता है, जब वह मालूम हो। यदि शब्द ही मालूम न हो तो उसे कैसे खोजा जाए? इसी समस्या के समाधान के लिए हिंदी शब्दान्वेषी कोश (हिन्दी थिसारस) तैयार किया गया है। संसार का पहला शब्द खोजी कोश अंग्रेजी में बना। इसे डॉ. पीटर मार्क राजे ने 1852 में बनाया। इसमें अर्थ की सहायता से शब्दों को खोजा जाता है। इसके लिए शब्दों का वर्गीकरण होता है। जो शब्द चाहिए, वह उससे संबंधित वर्ग में मिल जाता है। जैसे 1. कुम्हार एक डंडे की सहायता से चाक को घुमाकर मिट्टी के बर्तन बनाता है। हम कुम्हार और चाक तो जानते हैं

लेकिन उस डंडे का क्या नाम है? 2. किसी गाय का बच्चा मर जाता है तो ग्वाला उस बच्चे की खाल में भूसा भरकर नकली बच्चा बना लेता है ताकि उस गाय को नकली बच्चा दिखा कर दूध दुहा जा सके। गाय के उस नकली बच्चे का क्या नाम है? 3. कुछ लोग सुनार की दुकान के कूड़े-कतवार से सोना-चांदी निकालने का काम करते हैं। ऐसे लोगों का क्या नाम है? ये नाम इनसे संबंधित वर्गों में मिल जाएंगे। कुम्हार के चाक के डंडे घुमाने का नाम उसके औजारों के वर्ग में, गाय के नकली बच्चे का नाम गाय के वर्ग में और सुनार के औजारों के वर्ग में उसके कूड़े कतवार में से सोना-चांदी निकालने वालों का नाम मिल जाएगा। ऐसे हजारों नाम यानी शब्द हैं। जिनकी आए दिन जरूरत पड़ती है। जरूरत के समय उनको हिंदी शब्दान्वेषी कोश (हिन्दी थिसारस) में तुरंत खोजा जा सकता है। इसके अलावा एक-एक शब्द के अनेक पर्याय हैं। उनकी अर्थ-छटाएं अलग-अलग हैं। अर्थ-वैचित्र्य और ध्वनि-वैचित्र्य को ध्यान में रखकर उनमें से चुनाव करना पड़ता है। यह तभी संभव है, जब किसी शब्द के सभी पर्याय हमारे सामने हों। इस हिंदी थिसारस (हिंदी शब्दान्वेषी कोश) में हिंदी के सभी शब्दों और उनके सभी पर्यायों को समेटने का प्रयास किया गया है। हिंदी शब्दान्वेशी कोश के प्रकाशन से हिंदी का कोश भंडार पूर्ण होगा क्योंकि यह अभी तक अप्रकाशित है। सभी हिंदी कोश, अर्थ खोजी कोश हैं, क्योंकि सामान्य कोश में ताजमहल का अर्थ दो पंक्तियों में है तो इतिहास कोश में दस पंक्तियों में, और विश्वकोश में कुछ अधिक विस्तार से, लेकिन ये सभी शब्दान्वेषी कोश नहीं हैं।

यहाँ पर शब्दों के प्रयोक्ता हिंदी शब्दान्वेषी कोश की विशेषताओं को समझ सकते हैं—1. यदि अर्थ मालूम हो और शब्द मालूम न हो तो उस शब्द को इस कोश में आसानी से ढूँढा जा सकता है। 2. इसके लिए शब्दों को वर्गों में बाँटा गया है। इन वर्गों में ऐसा तालमेल है कि किसी भी शब्द को उतनी जल्दी ढूँढा जा सकता है, जितनी जल्दी शब्दकोश में किसी शब्द को अर्थ ढूँढा जाता है। 3. कोश में वर्गानुक्रम सूची है, जो महत्वपूर्ण शब्दों के सहारे विषय का ज्ञान और शब्द बोध कराने में सहायक है। जिससे कि यह पता चले कि कौन शब्द किस वर्ग और विषय में है। 4. इस थिसारस में हिंदी के सभी शब्दों और सभी शब्दों के सभी पर्यायों को लेने का प्रयास किया गया है। शब्दों के संज्ञा-विशेषण आदि रूप, लिंग, निर्देश तथा प्रयोग भी दिए गये हैं। सामान्यतया, इनके लिए अलग से कोश देखने की आवश्यकता नहीं है।

स्वाभाविक रूप से प्रश्न उठता है कि यह कोश किनके लिए उपयोगी है? अर्थात हिंदी थिसारस की उपयोगिता क्या है? 1. यह कोश सभी शिक्षित व्यक्तियों के लिए है, जिन्हें हिंदी कोश की आवश्यकता पड़ती है, उन्हें यह कोश अति आवश्यक है।

2. शब्द खोजी कोश और अर्थ खोजी कोश एक-दूसरे के पूरक हैं। 3. जिन्हें सटीक शब्दों की जरूरत पड़ती है, उनके पास यह कोश होना अनिवार्य है। इनमें छात्र, अध्यापक, लेखक, पत्रकार, शोधकर्ता और वक्ता आदि आते हैं। 4. शब्द संबंधी संदर्भ ग्रंथ के रूप में यह कोश हर शिक्षालय और पुस्तकालय के लिए भी अपरिहार्य है।

विजयादशमी, युगाब्द 5122

धर्मशाला **डॉ. राजकुमार उपाध्याय 'मणि'**

रविवार, 25 अक्टूबर 2020 ई.

विषय सूची

हिंदी शब्दान्वेषी कोश (हिंदी थिसारस)

हिंदी थिसारस की यात्रा

प्रायः अनेक पाठक हिंदी थिसारस से परिचित हैं, किंतु अनेक ऐसे भी लोग हैं जो इसको नहीं जानते हैं। थिसारस शब्द मूलतः अंग्रेजी भाषा का है, बंगला में इसे समार्थ शब्द कोश के रूप में जानते हैं और हिंदी में प्रकाशित समांतर कोश को थिसारस के रूप में जाना जाता है। हम यह जानते हैं कि थिसारस, सामान्य कोश, विषय कोश, विश्वकोश और ज्ञान कोश से बिल्कुल पृथक् है क्योंकि ये सभी कोश शब्दों के अर्थ को बतलाते हैं लेकिन थिसारस शब्दों का भंडार कहा जाता है। इसमें अर्थ नहीं दिए जाते हैं; बल्कि अर्थों के भाव के अनुरूप शब्दों का स्वरूप खोजा जाता है। इसलिए हम थिसारस का हिंदी रूप शब्दान्वेषी कोश कह सकते हैं। आजकल समांतर कोश भी लोग मानते हैं। अतः हम हिंदी थिसारस की यात्रा का एक सिंहावलोकन करें। इस दिशा में हम अपने जिज्ञासु अध्येताओं के लिए हिंदी थिसारस का एक वृत्तात्मक स्वरूप प्रस्तुत करने का प्रयास किये हैं।

थिसारस के नाम से जो लोग परिचित हैं, वे भी इसे एक प्रकार का पर्यायवाची कोश समझते हैं। थिसारस की उपयोगिता को वे भी नहीं जानते। थिसारस भी डिक्शनरी शब्द की तरह अंग्रेजी का शब्द है। डिक्शनरी का हिंदी अर्थ, शब्द कोष या कोश, थिसारस का भी यही अर्थ है, लेकिन अब इसका अर्थ थोड़ा बदल गया है। थिसारस कोश तो है, लेकिन नए ढंग का कोश, सबसे पहले डॉ. पीटर मार्क राजे ने अंग्रेजी में नए ढंग का यह कोश 1852 में बनाया था और इसका नाम थिसारस रखा था, फिर इस तरह के जितने कोश बने, थिसारस कहलाये। बंगला थिसारस का नाम है—समार्थ शब्द कोश। अभी समांतर कोश के नाम से हिंदी में प्रकाशन हुआ है, इन दो नामों से भी थिसारस की विशेषता स्पष्ट नहीं होती। कोश मूलतः दो प्रकार के हैं– अर्थखोजी और शब्दखोजी। सामान्य शब्दकोश, विशेष-विषय का कोश (जैसे– इतिहास कोश) और विश्वकोश आदि सभी अर्थ खोजी हैं, इन कोशों का उपयोग शब्द का अर्थ खोजने के लिए होता है। किसी में यह अर्थ संक्षेप में रहता है, तो किसी में विस्तार से, उदाहरण के लिए ताजामहल' शब्द को लिया जाए। सामान्य कोश में ताजमहल का संक्षिप्त अर्थ मिलेगा– शाहजहाँ की बेगम मुमताजमहल का

प्रसिद्ध रौजा जो आगरा में है। इतिहास कोश में ताजमहल का अर्थ कुछ विस्तार से होगा। जैसे– यह कितने वर्ष में बना था और इसका वास्तुकार कौन था आदि, विश्वकोश में ताजमहल के बारे में जानकारी अधिक विस्तार से मिलेगी।

किसी शब्द का अर्थ तभी खोजा जा सकता है जब वह शब्द मालूम हो, अर्थ खोजी कोश में शब्दों को वर्णानुक्रम में सजाया जाता है, ताकि कोई भी शब्द आसानी से मिल जाए, यही कोश अर्थात् डिक्शनरी है, पर्यायवाची और विपर्यायवाची अर्थात विलोन कोश भी अर्थ खोजी है। पर्यायवाची कोश में किसी शब्द के समान अर्थवाले शब्द मिलते हैं तो विपर्ययवाची कोश में विपरीत अर्थ वाले शब्द, इन शब्दों के उपयोग के लिए भी शब्द जानना जरूरी है। शीतलता शब्द मालूम हो, तभी उसके पर्याय और विपर्यय खोजे जा सकते हैं, शब्द खोजी कोश अर्थ खोजी कोश का उलटा होता है। जब शब्द ज्ञात नहीं रहता, तब अर्थ की सहायता से उसे इस कोश में खोजा जाता है, अर्थ को मतलब या भाव भी कहा जाता है। इसी शब्द खोजी कोश को अंग्रेजी में थिसारस कहते हैं।

यह जरूर समझने की बात है कि थिसारस कितना उपयोगी है। पहले किवाड़ों की सुरक्षा के लिए उन पर मोटी नोकदार कीलें लगाई जाती थी, उन कीलों का एक नाम है, अर्थात् उनके लिए हिंदी में शब्द है और वह शब्द कोश में है। अगर किसी को उस शब्द की जरूरत पड़े तो वह क्या करेगा? क्या वह शब्दकोश का एक-एक शब्द देखता जाएगा? बिल्कुल नहीं, उसमें बड़ा समय लगेगा, वह या तो उस शब्द के प्रयोग से कतरायेगा, नहीं तो उस एक शब्द के बदले एकाधिक शब्दों या वाक्यों से काम चलाएगा। इससे उसकी भाषा या तो बेजान बन जाएगी, नहीं तो बोझिल। प्रसंग के अनुकूल सही शब्द के प्रयोग से भाषा बनती है, सटीक शब्द-चयन भाषा की आत्मा होती है। किवाड़ों में जड़ी जाने वाली कीलों के नाम के लिए वह हिंदी थिसारस की सहायता लेगा। उसमें उसे वह शब्द मिनटों में मिल जायेगा। सवाल यह उठता है कि थिसारस भी तो मोटी किताब है। उसमें लाखों शब्द हैं। लाखों शब्दों की भीड़ में उस शब्द को खोज पाना क्या आसान है? हाँ, जरूर आसान है। रत्ती भर बुद्धि का उपयोग करना होगा। वे कीलें किसमें जड़ी जाती हैं? किवाड़ों में। सूत्र मिल गया- किवाड़। थिसारस में वर्गानुक्रम-सूची होती है। उसमें विषय का विभाजन है, जिसमें शब्दों का वर्णन है। इसलिए उस सूची में 'किवाड़' शब्द को खोजना मुश्किल नहीं है। वर्ग संख्या को ढूंढना आसान है। यह संख्याएँ 1, 2, 3 आदि के क्रम में होती है। इस वर्ग संख्या को निकालने से 'किवाड़' शब्द मिलेगा। 'किवाड़' मिल जाने पर वहीं उसके सभी पर्याय और उससे जुड़े अन्य शब्द भी मिलेंगे। वहीं इन कीलों का नाम भी मिलेगा। उदाहरण के रूप में पुस्तक में वर्ग छः में स्थान-आश्रय-असबाब में कमरे आदि एक सौ इक्यासी विषय के अंतर्गत देखा जाए तो इस कील का नाम गजभरण शब्द मिल जाएगा।

शब्दों की खोज या पहचान के लिए एक और उदाहरण लिया जा सकता है। एक कल्पित कीड़े के बारे में कहा जाता है कि वह आग में पैदा होता है और आग से बाहर निकलते ही मर जाता है। इस कीड़े का नाम थिसारस में कैसे खोजा जाएगा? इस कीड़े के नाम के लिए दो सूत्र हैं– पहला आग और दूसरा कीड़ा। यह कीड़ा आग में पैदा होता है। यह कल्पित होने पर भी कीड़ा है। पहले आग को लिया जाए फिर बताई गई प्रक्रिया से थिसारस में आग शब्द को खोजना मुश्किल नहीं है। आग शब्द मिल जाने पर वहां इस कीड़े का नाम नहीं मिला, लेकिन एक वर्ग संख्या मिली। यह वर्ग संख्या कीड़े की है। कीड़ा वर्ग में तमाम कीड़ों के नामों के साथ इस कल्पित कीड़े का नाम मिलेगा। आग वर्ग में इस कल्पित कीड़े के लिए जो वर्ग संख्या मिली और जिसके निर्देश से कीड़ा वर्ग देखा गया। वहीं थिसारस में क्रास-रिफरेन्स (Cross-reference) यानी प्रति-निर्देश है। प्रति-निर्देश थिसारस की आत्मा अर्थात जान होती है। यही वह संपर्क सूत्र है जो विभिन्न वर्गों को आपस में जोड़ता है और किसी भी शब्द को खोजना आसान बनाता है। प्रति-निर्देश से और एक फायदा है। एक ही शब्द दो जगह रखना नहीं पड़ता। यदि प्रति-निर्देश न हो तो इस कल्पित कीड़े का नाम आग वर्ग में भी रखना पड़ेगा और कीड़ा वर्ग में भी। इस तरह हजारों शब्द दो-दो, तीन-तीन जगह हो जाएंगे और थिसारस का आकार बढ़ जाएगा।

थिसारस का उपयोग कैसे किया जाता है, यह तो स्पष्ट हो गया। यह भी स्पष्ट हुआ कि थिसारस में किसी भाषा के अद्यावधिक सभी शब्द सजाए हुए रहते हैं, जो लाखों में होते हैं। हिंदी को लिया जाए। इस भाषा के कोश में लगभग पौने दो लाख शब्द हैं। अधिकांश शब्दों के कई-कई अर्थ हैं। एक मृग शब्द के 25 अर्थ हैं। इस तरह पौने दो लाख शब्द 10 लाख बन जाते हैं। यहां यह सवाल उठाया जा सकता है कि इन शब्दों में कितने मान्य हैं और कितने अमान्य? यह देखना थिसारस बनाने वाले का काम नहीं, कोशकार का काम है। थिसारस बनाने वाला तो कोश में उपलब्ध सभी शब्दों को लेगा और अपने थिसारस में सजाएगा। अब देखा जाए थिसारस में शब्दों को कैसे सजाया जाता है? हर भाषा में पांच-सात सौ, हजार या डेढ़ हजार शब्द अति परिचित और अति प्रमुख हैं। इन शब्दों से अन्य तमाम शब्द जुड़े हुए होते हैं। इन्हीं अधिक अतिपरिचित और अति प्रमुख शब्दों के आधार पर शब्द समूह यानी वर्ग बनाए जाते हैं और इन वर्गों का नामकरण भी होता है। राजे के अंग्रेजी थिसारस में पहला वर्ग है– इग्जिस्टेंस यानी **अस्तित्व**। बंगला थिसारस में पहला वर्ग है– **ब्रह्मांड**। अभी हिंदी में डॉ. अरविन्द कुमार का जो समांतर कोश आया, उसमें भी पहला वर्ग-**ब्रह्मांड** है। किन्तु हमारे हिंदी थिसारस (हिंदी शब्दान्वेषी कोश) में पहला वर्ग : **सौर-जगत-प्रकृति-पेड़-पौधे** रखा गया है। फिर इन वर्गों में किसी भाषा के सभी शब्दों को विषयवार बांटा जाता है। तदुपरांत इन वर्गों के बीच

प्रति-निर्देश का संपर्क सूत्र रहता है। जिससे लाखों शब्दों की भीड़ में किसी भी शब्द को खोज लेना आसान होता है।

किसी थिसारस में कितने वर्ग होने चाहिए, इसका कोई नियम नहीं है। थिसारस बनाने वाला अपनी सुविधा और उस थिसारस के प्रयोग करने वालों की सुविधा को देखते हुए वर्गों की संख्या निश्चित करता है। अंग्रेजी के थिसारस में 1000 वर्ग हैं, तो बंगला के साथ में 730 वर्ग हैं। समांतर कोश के नाम से हिंदी का जो थिसारस आया है, उसमें 1100 वर्ग है। हां, कोई वर्ग बहुत बड़ा नहीं होना चाहिए, क्योंकि उसे संभालना मुश्किल होता है। जल, जलाशय, नदी, समुद्र आदि को मिलाकर एक जल वर्ग बनाया जा सकता है, लेकिन इनको अलग-अलग रखना बेहतर है।

थिसारस बनाते समय एक बात का ध्यान रखना पड़ता है कि यह सिर्फ शब्द खोजने का साधन नहीं, बल्कि शब्दों की निधि भी है। इसलिए सिर्फ शब्दों को सजा देना ही थिसारस बनाना है तो हिंदी में अभी तक थिसारस क्यों नहीं बना? किसी भी भाषा में पहले ढंग का कोश बनता है, फिर उसके बहुत बाद में थिसारस। अंग्रेजी में भी यही हुआ। डॉ. सैमुअल जॉनसन का कोश 1755 में आया तो डॉ. पीटर मार्क राजे का थिसारस 1852 में आया। बांग्ला में ज्ञानेंद्र मोहनदास का कोश 1916 में आया। तत्पश्चात् अशोक मुखोपाध्याय का कोश थिसारस 1986 में आया। इसी प्रकार हिंदी में लगभग एक शताब्दी पूर्व 1927 में हिंदी शब्द सागर आया तो समांतर कोश दिसंबर, 1986 में आया। किसी भाषा में पहले ढंग का कोश बनता है फिर थिसारस; ऐसा क्यों होता है? यह भी समझना मेरे ख्याल से बहुत जरूरी है क्योंकि पहले भाषा बनती है। फिर वह भाषा पूर्णता की ओर बढ़ती है, यानी उसका परिनिष्ठित रूप निखरने लगता है। तब उस पर परिनिष्ठित भाषा की मान्यता प्राप्त शब्दों आदि के प्रमाणीकरण और स्थिरीकरण की आवश्यकता पड़ती है, तब उत्तम कोटि का कोश बनता है। इस तरह भाषा जब परनिष्ठा की पराकाष्ठा की ओर बढ़ने लगती है, तब सशक्त लेखन और भाषण के लिए सटीक शब्द चयन की जरूरत पड़ती है और तब थिसारस बनता है। अंग्रेजी में डॉ. जॉनसन के सत्तानबे साल बाद राजे का थिसारस छपा था। राजे को अपना थिसारस पूरा करने में कई दशक लगे थे। रायल सोसायटी के सेक्रेटरी के रूप में अपनी व्यस्तता के कारण उनको समय कम मिलता था। संभवतः एक कारण और माना जा सकता है कि अंग्रेजी में परिनिष्ठित कोश का अभाव था। वह तो ऑक्सफोर्ड इंग्लिश डिक्शनरी के रूप में बाद में आया। अगर यह डिक्शनरी राजे के सामने होती तो शायद उनका काम आसान होता। बंगला में भी यही हुआ था— ज्ञानेंद्र मोहनदास का स्तरीय कोश पहले आया तो राजशेखर बसु की चलंतिका के रूप में परिनिष्ठित कोश बाद में आया। उसके बहुत बाद में बंगला थिसारस आया ऐसे ही हिंदी में हिंदी शब्द सागर के रूप में अच्छे ढंग का कोश लिखा गया लेकिन परिनिष्ठित कोश आना अभी बाकी रह गया है।

क्रम-विकास प्रकृति का नियम है। इसी का दूसरा नाम है– सुधार। सुधार का कुछ काम प्रकृति करती है तो कुछ मनुष्य ही करता है। इसी से कोई चीज बढ़िया, और बढ़िया बनती है। इसीलिए अंग्रेजी और बंगला कोशों में निरंतर सुधार होता रहा है। यद्यपि अंग्रेजी और बंगला के थिसारस भी सुधारे गये। राजे का अंग्रेजी थिसारस आज जिस रूप में हमारे सामने है, वह अनेक वर्षों में, अनेक विद्वानों द्वारा किए गये सुधार का परिणाम है। बंगला थिसारस के पीछे भी विकास का यह क्रम है। प्राणतोष घटक की रत्नमाला 1955 में आई थी। ढाका की बंगला अकादमी ने 1974 में मोहम्मद हबीबुर रहमान का यथाशब्द छापा था। फिर 1986 में अशोक मुखोपाध्याय का समार्थशब्दकोश आया। इसी वर्ष बंगला में एक नई चीज आई– डॉ. जगन्नाथ चक्रवर्ती की मणिमंजूषा। यह बंगला-अंग्रेजी द्विभाषी थिसारस और कोश है। दुर्भाग्यवश, हिंदी कोश पर क्रम-विकास का प्राकृतिक नियम मानो लागू नहीं होता, क्योंकि 5, 7, 10 संस्करणों के बाद कोश में सुधार होता है। लगभग एक शतक पुराने हिंदी शब्द सागर में मात्र एक बार सुधार हुआ है। उसमें जो कमियाँ पहले थीं, वह आज भी विद्यमान हैं, जबकि कोश में निरंतर सुधार होना चाहिए। तभी कोश अद्यावधिक और संपूर्ण बनता है, तब उसमें गलतियां नहीं रहती हैं। लेकिन, हिंदी कोश तो बाजार में ऐसे बिकते हैं, जिनमें कुछ पन्ने इधर के उधर या गायब रहते हैं। हिंदी कोश की ऐसी स्थिति में किसी के लिए हिंदी थिसारस बनाना बड़ा ही कठिन है क्योंकि थिसारस का निर्माण भाषा कोश के सहारे ही तो बनता है।

प्राचीन भारत में भाषा चिंतन की विशिष्ट परंपरा रही है। यही कारण है कि निघंटु और निरुक्त जैसे भाषा, शब्द कोश और व्याकरण संबंधी ग्रंथ वैदिक काल में ही मिल जाते हैं। यास्क ने अपने निरुक्त में नाम, आख्यात, उपसर्ग, निपात आदि की चर्चा की है। कोशकार अमर सिंह ने अमरकोश की रचना पाँचवीं-छठवीं शताब्दी के बीच संस्कृत भाषा में की है। यह प्राचीन कोश परंपरा का आदिग्रंथ है। अमरकोश के विषय में विख्यात है कि–**'अष्टाध्यायी जगन्माता अमर कोशो जगत्पिता।'** वैसे तो अमरकोश का मूल नाम– **'नामलिंगानुशासनम्'** है। अर्थात् इस कोश में नाम और लिंग दोनों है। यह तीन कांडों में विभाजित होने के कारण इसे **त्रिकांड** भी कहा जाता है। अमरकोश से प्रभावित होकर के हिंदी में खालिकबारी कोश का भी निर्माण किया गया है। इसी प्रकार से तमिल में 'तिवाकरन' नामक कोश बनाया गया है, जिस पर अमरकोश की स्पष्ट छाप दिखाई पड़ती है। पुरातत्वशास्त्री पंडित हरगोविंद शास्त्री ने अमरकोश की प्राचीनता और महनीयता की ओर इंगित करते हुए लिखा है कि अमरकोश की 41 टीकाएं हुई हैं। अमरकोश के 1502 श्लोकों में 8000 नाम या संज्ञार्थक शब्दों को वर्णित किया गया है, जिसमें तीन कांड और 25 वर्ग हैं। **प्रथम कांड** में– (मंगलाचरण) स्वर्ग, व्योम, दिक्, काल, धी, शब्दादि, नाट्य, पाताल, नर्क, वारि वर्ग; **द्वितीय कांड** में– भूमि, पुर, शैल, वनौषधि, सिंहादि,

नृ, ब्रह्म, क्षत्रिय, वैश्य, शूद्र वर्ग और **तृतीय कांड** में– विशेष्यनिघ्न, संकीर्ण, नानार्थ, अव्यय, लिंगादि संग्रह वर्गों को रखा गया है।

इसके कई शताब्दियों बाद कोश परंपरा में थिसारस की चर्चा की जाती है। यद्यपि थिसारस शब्द आयातित है। वर्तमान थिसारस का जो रूप अंग्रेजी में आया है, यह **थिसारस** शब्द लैटिन और ग्रीक का शब्द है। जो आज अंग्रेजी में यथावत् प्रयुक्त होने लगा है। इसका शाब्दिक अर्थ है– ट्रेजर अर्थात् खजाना। इसके प्रथम प्रयोक्ता डॉ. पीटर मार्क रॉजेट हैं, जिन्होंने सर्वप्रथम थिसारस शब्द का प्रयोग किया था। उन्होंने स्वयं इसी अमरकोश से प्रभावित होकर थिसारस लिखने की प्रेरणा प्राप्त की थी। रॉजेट ने अपने थिसारस में कोशकार अमरसिंह के अमरकोश के प्रति आभार व्यक्त किया है। आधुनिक समय में अंग्रेजी में प्रकाशित इस थिसारस को आज आधार बनाकर हिंदी में भी थिसारस लेखन किया जा रहा है।

वास्तव में, थिसारस की परंपरा में रॉजेट का यह कार्य ऐतिहासिक है। थिसारस की रचना प्रक्रिया से ज्ञात होता है कि सर्वप्रथम डॉ. पीटर मार्क रॉजेट ने 1805 ई. में थिसारस का कैटलॉग बनाया। कालान्तर में अपनी सरकारी सेवा से अवकाश प्राप्ति पर उन्होंने 1852 में थिसारस को छपवाया। अंग्रेजी के इस थिसारस की लोकप्रियता का संकेत इसी से लगाया जा सकता है कि थिसारस के प्रकाशन होते ही अगले वर्ष ही इसका दूसरा संस्करण 1853 ई. में प्रकाशित हो गया। तदुपरांत द्वितीय संस्करण के तीसरे वर्ष बाद 1855 ई में इसका तृतीय संस्करण भी प्रकाशित हो गया। 1869 में नब्बे वर्ष की अवस्था में थिसारस के रचनाकार डॉ. पीटर मार्क रॉजेट की मृत्यु के बाद से अब तक अंग्रेजी थिसारस के कुल 28 संस्करण प्रकाशित हो चुके हैं। इतना ही नहीं, इनके पुत्र डॉ. जान लीविस रॉजेट ने थिसारस में छूटे हुए शब्दों को समावेशित करते हुए 1869 में इसके विशाल संस्करण का पुनर्मुद्रण करवाया। इस विकसनशील थिसारस में निरंतर परिवर्धन होता रहा है। अतएव डॉ. पीटर मार्क रॉजेट के पौत्र और डॉ. जान लीविस रॉजेट के पुत्र डॉ. सैमुअल सैमिली रॉजेट ने भी थिसारस का संशोधन कर परिष्कृत रूप में थिसारस को प्रकाशित करवाया। आगे चलकर डॉ. पीटर मार्क रॉजेट के प्रपौत्र और डॉ. जान लीविस रौजेट के पौत्र अर्थात् डॉ. सैमुअल रौमिली रॉजेट के पुत्र डॉ. मार्क टी. रॉजेट ने इस वर्तमान संस्करण को भी परिवर्धित कर प्रकाशित करवाया है।

डॉ. पीटर मार्क रॉजेट ने अपने इस थिसारस में दो खंडों और कुल 1000 समूहों में विचार सामग्री को विभाजित किया है। इन्होंने कोश की भाँति भाग-एक को वर्णानुक्रम के रूप में शब्दों को रखा तथा दूसरे भाग में इन्होंने वगीकृत छोटे-छोटे शब्द समूहों, समानार्थी, पर्यायवाची, विलोमार्थी, सहवाची और मूल शब्दों को रखा। थिसारस को कुल छः प्रवर्गों में विभाजित किया है–(एक) - अमूर्त भूति प्रवर्ग;

(Abstract relation), (दो) - दिग्काल प्रवर्ग; (Space), (तीन) - भौतिक पदार्थ प्रवर्ग; (Matter), (चार) बौद्धिक प्रवर्ग; (Intellect), (पाँच) - सांकल्पिका या प्रावृत्तिका प्रवर्ग; (Volition), (छः) - मनोवृत्तिका प्रवर्ग (Affections)। अंग्रेजी का थिसारस कई प्रकाशनों से गुजरता रहा - लांगमैन, ब्राउन, ग्रीन और लौन्गमेंस कंपनी (इंग्लैण्ड) के अतिरिक्त थामस वाई. क्राऊवेल कम्पनी (अमेरिका) से भी प्रकाशित हुआ है। 1902 में एफ.ए. मार्श ने अपने पुत्र के साथ मिलकर 'ए थिसारस ऑफ दि इंग्लिश लैंग्वेज' प्रकाशित कराया था। रॉजेट इंटरनेशनल थिसारस के पंचम संस्करण के संपादक रावर्ट एल. चैपमैन हैं।

अंग्रेजी थिसारस की ऐसी विकसित परंपरा का प्रभाव हिंदी में भी दिखाई देता है। अमरकोश की पद्धति पर मध्यकालीन हिंदी में चार प्रकार के कोश नाममाला के रूप में प्राप्त होते हैं, जैसे– मियांनूर का प्रकाशनाममाला; हरिचरणदास का कर्णाभरण; भिखारीदास का नामप्रकाश; सुवंश शुक्ल का उमराव कोश। यद्यपि हिंदी के उत्तर मध्यकाल से हिंदी के भक्त कवियों द्वारा शताधिक नाममालाओं का प्रणयन किया गया है, जो हिंदी कोश परंपरा को सम्बर्धित करती हैं। इसके साथ आधुनिक हिंदी थिसारस के रूप में प्राप्त होते हैं। आगे चलकर हिंदी थिसारस की दिशा में प्रथम प्रयास करने वाले पंडित श्रीकृष्ण शुक्ल माने जा सकते हैं, जिन्होंने 1935 में हिंदी पर्यायवाची कोश का प्रकाशन करवाया था। इसमें कुल 4 खंड और 35 वर्गों में 2251 पर्यायमालाओं का उल्लेख किया है। तत्पश्चात् हिंदी में इसी की आधारभूमि पर डॉ. भोलानाथ तिवारी की पुस्तक बृहद पर्यायवाची कोश का प्रकाशन 1954 में हुआ था। इतना ही नहीं, हिंदी थिसारस की दिशा में अन्य विद्वानों द्वारा भी समय-समय पर अनेक बार प्रयास किए जाते रहे। इस कड़ी में डॉ. सुरेश चतुर्वेदी द्वारा शब्द वर्ग कोश 70 के दशक में तैयार हुआ था, यद्यपि उनकी असामयिक मृत्यु हो जाने के कारण वह प्रकाशित नहीं हो पाया। तदुपरांत महेंद्र चतुर्वेदी और ओम प्रकाश गाबा के संयुक्त संपादन में 1972 में व्यावहारिक पर्याय कोश का प्रकाशन हुआ था। वर्तमान रूप में, हिंदी थिसारस का मुकम्मल काम डॉ. अरविंद कुमार और कुसुम कुमार के संयुक्त लेखन में समांतर कोश का प्रकाशन 1986 में हुआ। इस दिशा में अन्य विद्वानों द्वारा भी कार्य हुआ है किंतु वह पर्यायवाची कोश तक ही सीमित रह गया है, जैसे– डॉ. बदरी नाथ कपूर द्वारा पर्यायवाची या विपर्यय कोश, डॉ. हरदेव बाहरी द्वारा मानक हिंदी पर्याय कोश, डॉ. राम प्रकाश द्वारा अभिनव पर्यायवाची कोश और डॉ. गोपीनाथ श्रीवास्तव द्वारा हिंदी अंग्रेजी पर्यायवाची कोश का नाम लिया जा सकता है। वर्तमान हिंदी थिसारस कई शताब्दियों से विकसित होने के बाद निर्मित हुआ है जिसकी विकास यात्रा नाममाला, पर्यायवाची कोश के उपरांत हिंदी थिसारस के रूप में आया है।

फिर भी, संस्कृत के अमरकोश के नमूने पर हिंदी में थिसारस जैसा कोश बनाने का प्रयास हुआ। यद्यपि अमरकोश संस्कृत का श्लोकबद्ध पर्यायवाची कोश है, जिसमें शब्दों को वर्गों में बांटा गया है। इसे कंठस्थ कर लेने पर संस्कृत के किसी शब्द को खोज लेना संभव है। यही दुनिया का प्रथम थिसारस की संज्ञा पा सकता है जिसके स्वरूप की नकल दुनिया में थिसारस लेखन की परम्परा विकसित हुई। इसी को आधार बनाकर राजेश दीक्षित ने भार्गव आदर्श हिंदी पर्यायवाची कोश 1974 में तैयार किया था। अगर इसमें हिंदी के सभी शब्द होते और शब्द वर्गों के बीच प्रति-निर्देश होता, तो यही हिंदी का पहला थिसारस कहलाता। दिवाकर शास्त्री ने 1993 में छंदोबद्ध कंठाग्र हिंदी शब्द कोश बनाया था। इसे कंठस्थ करने पर ही इसका लाभ मिल सकता है। हिंदी के अनेक विद्वानों ने हिंदी थिसारस बनाने का प्रयास किया था। कालान्तर में अरविंद कुमार और कुसुम कुमार के द्वारा नेशनल बुक ट्रस्ट से प्रकाशित हिंदी थिसारस की दिशा में एक निश्चित कदम है। हिंदी का शब्द भंडार अति विशाल है। इसीलिए इतने दिनों तक हिंदी थिसारस बनाने की बात कुछ लोगों ने ही सोची थी क्योंकि इसे बनाना अमानुषी श्रम का काम है।

भारत में शब्द कोश की रचना का सुदीर्घ इतिहास है। वैदिक निघंटु को यदि पहला शब्द कोश माना जाए तो उसकी रचना 3000 वर्ष पहले हुई थी। उसके बाद संस्कृत में अनेक कोशों का निर्माण हुआ। इनमें अमरकोश सर्वाधिक प्रसिद्ध है। इसकी रचना लगभग डेढ़ हजार वर्ष पहले हुई थी। संस्कृत का आधुनिक महाकोश शब्द-कल्पद्रुम जो 19 वीं शताब्दी के मध्य में छपा था। उसके बाद दूसरा महाकोश वाचस्पत्यं आया। संस्कृत में कोश निर्माण की समृद्ध परंपरा रही है। भाषा की मध्यकालीन विकास प्रक्रिया में पालि और प्राकृत का उल्लेख किया जाना आवश्यक है। बौद्ध आचार्यों ने पालि भाषा को और जैन आचार्यों ने प्राकृत भाषा को विशेष महत्व दिया। इसी कारण से इन दोनों भाषाओं में अच्छे कोशों की भी रचना प्राप्त होती है। परंतु हिंदी भाषा के कोश भी पीछे नहीं रहे। हिंदी भाषा के मध्यकाल में कुछ हिंदी के कोश निर्मित किए गये। मध्य काल के अंत होते-होते यूरोपवासियों का भारत में आगमन होने लगा। व्यापार करना उनका ध्येय था, लेकिन यहाँ परिस्थितियों को अनुकूल पाकर वे शासन की जड़ जमाने लगे। उनके साथ ईसाई धर्म प्रचारक भी आने लगे थे। उनको धर्म प्रचार करना था। इसलिए व्यापार, शासन, प्रबंध और धर्म प्रचार के लिए आवश्यक था कि यूरोपवासी भारतीय भाषाओं को और भारतवासी यूरोप की भाषा को समझ सके। इस आवश्यकता की पूर्ति के लिए पाश्चात्य विद्वानों ने भारतीय भाषाओं के कोश बनाने में रुचि दिखाई। इन विद्वानों ने हिंदी को हिंदुस्तानी भाषा और उर्दू को उसकी शैली माना। फलतः तत्कालीन हिंदी-अंग्रेजी और अंग्रेजी-हिंदी कोशों में मुख्यतः रोमन और फारसी लिपियों का प्रयोग हुआ। लेकिन एक अंग्रेज पादरी ने 1829 में देवनागरी लिपि में पहला हिंदी कोश प्रकाशित किया।

यद्यपि, हिंदी का पहला महत्वपूर्ण कोश हिंदी शब्द सागर बीसवीं सदी के शुरू में प्रकाशित हुआ। हिंदी के विशिष्ट विद्वानों ने इसे लगभग 30 वर्षों में तैयार किया था। इसके बाद हिंदी में अनेक छोटे-बड़े शब्द कोश विभिन्न विषयों के अलग-अलग कोश और विश्व कोश प्रकाशित हुए और निरंतर आज भी प्रकाशित हो रहे हैं। कहने का तात्पर्य है कि हिंदी में कोश निर्माण का काम अभी भी अविराम गति से चल रहा है। लेकिन हिंदी में जितने कोश प्रकाशित हुए हैं, वे सभी अर्थ खोजी कोश हैं यानी शब्द मालूम हो तो उनको कोशों की सहायता से उसका अर्थ जाना जा सकता है। इसके विपरीत शब्द खोजी कोश एक भी नहीं बना, जिसकी सहायता से अर्थ मालूम रहने पर वांछित शब्द को ढूँढा जा सके।

लिखना हो या बोलना हो या भावों की अभिव्यक्ति तभी प्रभावी होती है, जब प्रसंग के अनुसार सटीक शब्दों का प्रयोग हो। अक्सर ये सटीक शब्द हर व्यक्ति को खोजने पड़ते हैं। इस समस्या के समाधान के लिए अंग्रेजी में पहला शब्द खोजी कोश थिसारस 1852 में बना। भारतीय भाषा बंगला में थिसारस बनाने की प्रक्रिया 1955 में शुरू हुई और एकाधिक थिसारस बने। कुछ दशक पूर्व गुजराती भाषा में भी थिसारस बनाया गया। 1994 में गुजराती साहित्य एकेडमी (ब्रिटेन) ने ईश्वरलाल आर. दवे द्वारा लिखित गुजराती **भाषणों शब्दार्थ कोश** नामक थिसारस को प्रकाशित किया है। द्रविड़ भाषाओं में भी थिसारस प्रकशित हुए हैं जिनमें क्लिप एम. पार्कर का तेलुगु-इंग्लिश थिसारस फ्रांस से प्रकाशित है। मलयालम भाषा में कोल. एन. बी. नायर ने मलयालम थिसारस नाम से एक हजार पन्नों का हार्ड-बाउंड में छपवाया है। फादर प्रशांत वी. मदथा का कन्नड़ थिसारस भी प्रकाशित होने की खबर मिलती है किन्तु, तमिल भाषा में किसी अग्रराधि नामक थिसारस का उल्लेख मिलता है जबकि यह प्रामाणिक रूप में नहीं मिलता है। असमिया में भी ओरनाव ज्योति डेका द्वारा ज्योति-द्विभाषिका अभिधान नामक कोश थिसारस के रूप में प्रचलित है। भारत की अन्य प्रमुख भाषाओं में थिसारस बनाये जाने की आवश्यकता है। यद्यपि संस्कृत के अमरकोश में थिसारस का बीज सन्निहित है क्योंकि उसमें शब्दों को वर्गों में बाँटा गया है। सिर्फ उसमें वर्गों के बीच क्रास-रिफरेंस अर्थात् प्रति-निर्देश नहीं है। संस्कृत भाषा में अमरकोश के रूप में स्थापित लघु थिसारस है। संस्कृत दुनिया की प्राचीनतम और संवृद्ध भाषा है। इसमें अभी थिसारस नहीं बना है। ऐसे ही करोड़ों लोगों की भाषा हिंदी में थिसारस नहीं बन पाया था। हिंदी में भी मुकम्मल थिसारस के निर्माण की आवश्यकता थी। इसी की आपूर्ति के लिए हिंदी थिसारस प्रस्तुत ग्रन्थ (हिंदी शब्दान्वेषी कोश) का निर्माण किया गया है।

इस थिसारस में कुल दस वर्ग हैं। पहला वर्ग - सौर-जगत्-प्रकृति-पेड़-पौधे हैं। इस वर्ग का पहला विषय सौर-जगत् है। उदाहरण स्वरूप इसके विषय के अंतर्गत आने वाले शब्दों की विशालता को देखा जा सकता है।

वर्ग : सौर जगत्-प्रकृति-पृथ्वी-पेड़-पौधे

विषय : 1. सौर जगत्; 2. अंतरिक्ष; 3. आकाश; 4. सूर्य; 5. धूप; 6. चन्द्रमा; 7. चाँदनी; 8. आकाशगंगा; 9. नक्षत्र; 10. ग्रह; 11. पृथ्वी; 12. मिट्टी; 13. गुरुत्वाकर्षण; 14. प्रकृति; 15. रोशनी; 16. विकिरण; 17. अन्धकार; 18.जल; 19. नदी; 20. भारत की प्रमुख नदियाँ; 21. समुद्र; 22. जलाशय; 23. जलधारा; 24. तरंग; 25. तट; 26. बादल; 27. वर्षण; 28. अवर्षण; 29. बाढ़; 30. हिम; 31.प्रस्तर; 32. पर्वत; 33. भारत के प्रमुख पर्वत; 34. मरुस्थल; 35. द्वीप; 36. पवन; 37. प्रचंड पवन; 38. वनस्पति; 39. अंकुर और वनस्पति के अंग; 40. फूल; 41. फल; 42. बीज; 43. विभिन्न फूल; 44. विभिन्न फल; 45. सब्ज़ी; 46. साग; 47. मसाला; 48. अनाज; 49. सामान्य वृक्ष; 50. पौधे/लताएँ/कन्द; 51. तृण; 52. कुकुरमुत्ता/फफूँद/जलकुंभी/सेवार; 53. वन; 54. उद्यान; 55. खेती; 56. फसल।

1. सौर जगत्

सं. सौर जगत्, सौर मंडल (दे.4)।

विश्व, विश्वगोलक, समस्त ब्रह्माण्ड।

ब्रह्माण्ड, ब्रह्मगोल, अंड, अंडकटाह, अधिलोक, भुवनकोश, विश्वाण्ड, हेमाण्ड, हेमाण्डक, universe।

क्रमबद्ध विश्व, cosmos।

संपूर्ण विश्व, संसृति (स्त्री.), समस्त संसार, सर्वलोक, सृष्टि (स्त्री.) (दे.11), लोकमंडल।

अखिलविश्व, जगन्मंडल, निखिल भुवन, निखिल विश्व, महाजगत्, महाविश्व, विश्वचराचर, विश्व ब्रह्माण्ड।

त्रिजगत्, त्रिजगती (स्त्री.), त्रिभुवन, त्रिलोक, त्रैलोक्य, भावित्र, भुवनत्रय, लोकत्रय, स्वर्ग-मर्त्य-पाताल।

ब्रह्माण्डकिरण (स्त्री.), (दे.2)।

ब्रह्माण्ड धूलि (स्त्री.), cosmic dust।

ब्रह्माण्ड-रसायन, cosmo chemistry।

विश्व रचना (स्त्री.), cosmography।

ब्रह्माण्ड विज्ञान, ब्रह्मांडिकी (स्त्री.), सृष्टि विज्ञान, cosmology।

ब्रह्माण्डोत्पत्ति विज्ञान, विश्वोत्पति विज्ञान, cosmogony।

(पौरा.) चतुर्दशभुवन सप्तःस्वर्ग; सप्तपाताल।

सप्त स्वर्ग, सप्त भुवन, सप्तलोकः भूः; भुवः, जन; तपः; महः; सत्य; स्वः।

सप्तपाताल : अतल; तलातल; पाताल; महातल; वितल; रसातल; सुतल।

पाताल, अधोभुवन, अधोलोक, तललोक, नागलोक, बलिमन्दिर, बलिवेश्म, बलिसद्म।

वि. ब्रह्माण्डीय। ब्रह्माण्डिकीय। सार्वलौकिक।

2. अंतरिक्ष

सं. अंतरिक्ष (दे.3), अंतरीक्ष, अदिति (स्त्री.), अधर, अर्णव, अवकाश, आंतरिक्ष, आंतरीक्ष, ज्योतिष्पथ, दिकस्थान, नाक, भुवः, महाशून्य, सहने लामकाँ, space।

अंतरिक्ष लोक, भुवर्लोक।

आकाशमंडल (दे.3), खगोल, खगोलक।

आकाशधुरी (स्त्री.), आकाश ध्रुव।

अंतरिक्ष किरण (स्त्री.), ब्रह्माण्ड किरण (स्त्री.), cosmic ray।

अंतरिक्ष किरण वर्षण, cosmic ray shower।

अंतरिक्ष किरण मापी, cosmic ray meter।

अंतरिक्ष यात्रा (स्त्री.); space voyage।

अंतरिक्ष यात्री, astronaut।

अंतरिक्ष यान, space craft।

अंतरिक्ष प्रोल्का (स्त्री.), space rocket।

अंतरिक्ष पोशाक (स्त्री.), space suit।

अंतरिक्ष यात्रा विज्ञान, अंतरिक्ष यानिकी (स्त्री.), astronautics।

ईश्वरकण, god particle

खगोल विज्ञान, खगोलिकी (स्त्री.) (दे.9), गणित ज्योतिष, astronomy।

खगोलज्ञ, खगोल विज्ञानी, astronomer।

ज्योतिष (दे.387), फलित ज्योतिष, astrology।

ज्योतिषी (दे.387), astrologer।

खगोलमिति (स्त्री.), astrometry।

वि. अंतरिक्ष-सम्बन्धी, आंतरिक्ष-आंतरीक्ष, आंतरिक्षी। आंतरिक्षग, आंतरिक्षचर, अंतरिक्षचारी (दे.3)।

खगोलीय (दे.3), ज्यौतिष।

आंतरिक्ष यानिक। खगोलमितीय।

3. आकाश

सं. आकाश, आप, आसमाँ, आसमान, अंतरिक्ष (दे.2), अम्ब, अम्बर, अंभ, अक्षर, अध्व, अध्वर, अध्वा, अनंग, अनंजन, अनंत, अनिरुद्धपथ, अब्द, अभ्र, अभ्र, अर्श, अवि, अविषी (स्त्री.), उडुपथ, ऊर्ध्वलोक, ख, गगन, गर्दूं, गो, धनपदवी, धनाश्रय,

चित्र, ज्योतिष्पथ, तारापथ, तारायण, तूष, त्रिदिव, त्रिपिष्टप, दिद्यु, दिव, देवपथ, देववर्त्म, द्यु, द्यो (स्त्री.), द्यौ (स्त्री.), धन्व, नक्षत्रलोक, नक्षत्रवर्त्म, नभ, नभस, नभस्थल, नभस्थली (स्त्री.), निरूप, नीलनिलय, पाथ, पुष्कर, फ़लक, बहुल, भपंजर, मरुत्पथ, मरुत्वर्त्म, महाविल, महाशून्य, माता (स्त्री.), मेघद्वार, मेघमंडल, मेघवर्त्म, मेघवेश्म, मेरुपृष्ठ, लोकाकाश, वरुण, वायुमंडल, वायुवर्त्म, वाय्यास्पद, वासवावास, वियत्, विष्णुपद, विहाय, विहायस, वीध्र, व्योम, शुषिर, शून्य, शून्यपथ, सब्ज़पुल, समा, सर्वतोमुख, सुरपथ, सुरवर्त्म, सैरिक, सौरिभ, सोमधारा (स्त्री.), स्तीर्वि।

आकाशतल, आकाशपट, आकाशमंडल, अंतरिक्षमंडल, अम्बरतल, गगनतल, गगनपट, गगनमंडल, गगनांगन, नभस्तल, नभोमंडल।

ऊर्ध्वाकाश; मध्याकाश; निम्नाकाश। दूरवर्ती आकाश, पराकाश। महाकाश।

आकाश और धरती के बीच का स्थानः शून्य, अधर (दे.563)।

जल में प्रतिबिम्बित आकाश : जलाकाश।

आकाश का मध्य : खमध्य, खस्वस्तिक, शीर्ष बिन्दु।

आकाश की परिधि : खकक्षा (स्त्री.)।

आकाश ध्रुव (दे.2)।

क्षितिज, अम्बरान्त, चक्रबाल, चक्रवाल, चक्षुःपथ, चक्षुवर्षीय, चक्षुष्पथ, दर्शनगोचर, दर्शनपथ, दिक्चक्र, दिङ्मंडल, दिगन्त (दे.183), दृग्वृत्त, नयनविषय, निकाश, मंडल, हरिज।

आकाश से आने वाला शब्द : व्योमध्वनि (स्त्री.) व्योम शब्द।

आकाशमार्ग, द्युपथ, वायुपथ, वायुमार्ग (दे.294), व्योमवर्त्म।

आकाश-भ्रमण (दे.272)।

आकाशयान, वायुयान (दे.298.113)।

आकाशदीप (दे.15)।

आकाशवाणी (स्त्री.) (दे.253)।

आकाश कुसुम (दे.123)।

आकाश में उत्पन्न कल्पित पत्थर : आकाशस्फटिक।

वि. आकाश के लिए : अनंश, अनाधार।

आकाशीय, आंतरीक्ष (दे.2), आसमानी, फ़लकी, व्योम्निक, समावी।

आकाशस्थित, नभःस्थित।

गगनचुम्बी (दे.188)।

आकाश से भिन्न : अनाकाश।

वि./सं. आकाशचारी, अंतरिक्षग, अंतरिक्षचर, अंतरिक्षचारी, अंबरचर, अंबरचारी, खचर, खचारी, खेचर, गगनगति, गगनगामी, गगनचर, गगनविहारी, गगनाध्वग,

गगनेचर, नभग, नभगामी, नभचर, नभश्चर, नभसद्, नभोग, नभोगामी, वियद्गत, व्योमग, व्योमगामी, व्योमचर, व्योमचारी।

4. सूर्य

सं. सूर्य, सूर्यग्रह, सूर्यदेव, सूर्यदेवता, सूर्यनारायण, सूर्यपति, सूर्यभगवान्, सूर्यसंज्ञ, सूनु, सूर, सूरज, सुतपा, सुर, सुरोत्तम, सदागति, सप्तपत्र, सप्तसप्ति, सप्तहय, सप्ताश्व, सप्ताश्ववाहन, सर्वतापन, सर्वतमोनुद, सर्वभवोद्भव, सव, सविता, सवितृ, सहरि, सहस्रकर, सहस्रकिरण, सहस्रगु, सहस्रदीधिति, सहस्रधामा, सहस्रपाद, सहस्रभानु, सहस्रमरीचि, सहस्ररश्मि, सहस्ररुक, सहस्रांक, सहस्रांशु, सहस्रार्चि, सहुरि, सानु, सायम्मण्डन, सिराज, सीरक, सुक्रतु, सुरावृत्त, सुवन, सोमबन्धु, स्यून, स्योन, स्वर्णभाक्, स्वर्भानुसूदन, अंजिक, अंजिष्ठ, अंजिष्णु, अन्धकघाती, अन्धकरिपु, अन्धकशत्रु, अम्बरमणि, अम्बरीष, अम्बुतस्कर, अंश, अंशुधर, अंशुपति, अंशुभर्ता, अंशुभृत्, अंशुमन्त, अंशुमान्, अंशुमाली, अंशुस्वामी, अंशुहस्त, अकूपार, अकूवार, अग, अगिर, अजंभ, अतुषारकर, अतुहिनकर, अतुहिनधाम, अतुहिनरश्मि, अतुहिनरुचि, अल्न, अल्नु, अदितिज, अदितिनन्दन, अदितिसुत, अद्रि, अध्वग, अध्वपति, अनड्वाल, अनूरुसारथि, अन्न, अन्नपति, अब्जबाँधव, अब्जहस्त, अब्जिनीपति, अमृत, अयुग्मवाह, अयुग्मसप्ति, अरणि, अरणी, अरविन्दबन्धु, अरु, अरुण, अरुणकर, अरुणकिरण, अरुणप्रिय, अरुणसारथी, अरुणार्ची, अरुष, अरूष, अर्क, अर्चिष्मान्, अर्णव, अर्यमा, अव्यथिष, अशीतकर, अशीतरश्मि, अश्वत्थ, अहःपति, अहर्पति, अहर्मणि, अहस्कर, अहस्पति, अहि, अहिमकर, अहिमकिरण, अहिमतेजा, अहिमदीधिति, अहिमद्युति, अहिममयूख, अहिमरश्मि, अहिमांशु, अहोरत्न, आकाशपथिक, आघृणि, आतपी, आत्मा, आदितेय, आदित्य, आफ़ताब, आशावह, आशुग, आशुगामी, आहूए फ़लक, इन्द्र, इन, उक्षा, उदथ, उदरथि, उषप, उष्णकर, उष्णकिरण, उष्णगु, उष्णदीधिति, उष्णरश्मि, उष्णरुचि, उष्णांशु, उस्र, ऐंधन, ओषधिगर्भ, कंचार, कंजर, कंजार, क, कपि, कपिल, कपिलद्युति, कमलबन्धु, कमलबाँधव, कमलिनीकान्त, कमलिनीबन्धु, करमाली, कर्मसाक्षी, कलिन्द, कषाकु, कालकृत, कालाध्यक्ष, कालेश, काशि, काश्यपेय, किरणकेतु, किरणपति, किरणपाणि, किरणमाली, कीश, कुतप, कुवम, कृतान्तजनक, कोकनदबन्धु, क्षिद्र, खखोल्क, खग, खतिलक, खद्योत, खद्योतक, खद्योतन खमणि, खरकर, खरशिम, खरांशु, खल, ख़ातूने फ़लक (स्त्री), खेचरोत्तम, गंधर्व, गगनमणि, गगनध्वज, गगनबिहारी, गगनाध्वग, गभस्ति, गभस्तिकर, गभस्तिपाणि, गभस्तिमान्, गभस्तिमाली, गभस्तिहस्त, गविष्ठ, गोकर, गोपत्ति, ग्रहग्रामणी, ग्रहनायक, ग्रहपति, ग्रहपुष, ग्रहराज, ग्रहाधीश, घर्मदीधिति, घर्मद्युति, घर्मरश्मि, घर्मांशु, घस्र, घृणि, घृणिनिधि, चण्डकर, चण्डदीधिति, चण्डभानु, चण्डरश्मि, चण्डांशु, चक्रबन्धु, चक्रबाँधव, चक्रवाकबन्धु, चक्षुष्पति,

चित्रभानु, चित्ररथ, छायानाथ, जगच्चक्षु, जगत्साक्षी, जगद्दीप, जलचक्षु, जय, जलेंधन, जिष्णु, जीमूत, ज्योति, ज्योतिष्मान्, ज्वालमाली, तन्त्रायी, तपन, तपनकर, तपनदीधिति, तपनांशु, तपस, तपु, तमारि, तमिस्रहर, तमिस्रहा, तमोघ्न, तमोनुद्, तमोनद, तमोपह, तमोरि, तमोहन, तमोहर, तरणि, तर्णि, तर्ष, तापन, तापेन्द्र, तिमिरनुद्, तिमिरभिद्, तिमिररिपु, तिमिरहर, तिमिरारि, तिग्मकर, तिग्मदीधिति, तिग्ममयूखमाली, तिग्मरश्मि, तिग्मांशु, तीक्ष्णरश्मि, तीक्ष्णांशु, तीव्रद्युति, तुंगीश, तुर्कचीन, तुर्करोज़, तेजसांराशि, तेजोमूर्ति, तोद, त्रयीतनु, त्रयीमय, त्रिलोकमणि, त्रिलोकेश, त्रैलोक्यबन्धु, त्विट्पति, त्विषांपति, त्विषामीश, दशरश्मिशत, दिनकर, दिनकर्ता, दिनकृत, दिनचारी, दिनदीप, दिननाथ, दिननायक, दिनप, दिनपति, दिनपाल, दिनप्रणी, दिनबन्धु, दिनमणि, दिनमयूख, दिनरत्न, दिनराज, दिनाधीश, दिनेश, दिनेश्वर, दिवसकर, दिवसनाथ, दिवसभर्ता, दिवसमणि, दिवसेश, दिवसेश्वर, दिवाकर, दिवापुष्ट, दिवामणि, दिवावसु, दिव्यांशु, दीप्तकिरण, दीप्तांशु, दूरोहण, दृगध्यक्ष, दृन्फू, दृन्भू, देवमणि, देहकर्ता, देहभुक्, द्युपति, द्युमणि, द्युम्न, द्युवा, द्वादशात्मा, धामकेशी, धामनिधि, ध्वान्तशत्रु, ध्वान्तशात्रव, ध्वान्ताराति, ध्वान्तारि, नभःकेतन, नभःपांथ, नभश्चक्षु, नभस्मय, नभोमणि, नर्मट, निदाघकर, पचेलिम, पतंग, पद्मकर, पद्मगर्भ, पद्मपाणि, पद्मबन्धु, पद्मलान्छन, पद्माक्ष, पद्मासन, पद्मिनीकान्त, पद्मिनीपति, पद्मिनीवल्लभ, पपी, पर्परीक, पांथ, पाथ, पारु, पार्थिवनन्दन, पार्थिवपुत्र, पार्थिवसुत, पार्थिवात्मज, पावक, पीन्तु, पीथ, पीयु, पुरुष, पुष्कर, पूषन, पूषा, पेयु, प्रकाशकर्ता, प्रकाशवाह, प्रकाशात्मा, प्रजाद्वार, प्रजाध्यक्ष, प्रतिदिवा, प्रत्यूष, प्रद्योतन, प्रभाकर, प्रातनाथ, बकुर, बनकर, बहुक, बहुरूप, बीजी, बृहद्भानु, ब्रध्न, भग, भरण्य, भांण, भाकर, भाकोश, भानाभि, भातु, भानु, भानुकेसर, भानुमान्, भानेमि, भाम, भालु, भासन्त, भासमान, भासु, भास्कर, भास्वत, भास्वर, भास्वान्, भुवन्य, भूताक्ष, भेन, मंडली, मणिमान्, मयूखमाली, मरीचिगर्भ, मरीचिमाली, मरीची, महचक्र, महिर, मायु, मार्तंड, मित्र, मिहिर, मुर्ग़े ज़र, मृताण्ड, मेरु, मोक्षद्वार, यज्ञेश, यम, यमसू, यमादित्य, यमुनाजनक, रवि, रश्मिमाली, रश्मिमुख, रसाधार, रात्रिद्विष, रात्रिनाशन, रुचिधाम, रुचिभर्ता, रोहित, लोकचक्षु, लोकनायक, लोकप्रकाशन, लोकबन्धु, लोकबाँधव, लोकलोचन, लोलदिनेश, लोलार्क, वच, वरुण, वर्णु, वसु, वाजसनि, वारितस्कर, वासरकृत्, वासरमणि, वासराधीश, वासरेश, विकर्तन, विभाकर, विभावसु, विभु, वियन्मणि, वियन्मध्यहंस, विरोचन, विवस्वत्, विवस्वान्, विश्वकर्मा, विश्वपा, विश्वप्सा, विश्वप्रकाश, विश्वप्रकाशक, विश्वलोचन, विश्वात्मा, विहंग, विहंगम, विहग, वीतिहोत्र, वृक, वृष, वृषाकपि, वृहद्भानु, वेदमूर्ति, वेदवाहन, वेदांग, वेदात्मा, वेदोदय, व्योमरत्न, व्रध्न, शंखपाल, शम्स, शिशिर, शुचि, शुभ्रि, शुष्ण, शुष्म, शूर, शूरा, शोषयित्नु, श्रीमुख, हंस, हरि, हरिण, हरित्, हरितहरि, हरिताश्व, हरिदश्व, हरिवाहन, हरिहय, हर्ता, हर्मुट, हिमद्रुट्, हिमाराति, हिरण्यरेता, हिरण्यवीर्य, हेममाली, हेलि, हेलिक।

वर्ष की 12 संक्रान्तियों के अनुसार सूर्य के नाम : विवस्वान्; अर्यमा; तूषा; त्वष्टा; सविता; भग; द्याता; विधाता; वरुण; मित्र; शुक्र; उरुक्रम।

संक्रान्ति के अनुसार सूर्य का तेज़ : कला (स्त्री.)।

12 कलाएँ : तपिनी (स्त्री.); तापिनी (स्त्री.); धूम्रा (स्त्री.); मरीचि (स्त्री.); ज्वालिनी (स्त्री.); रुचि (स्त्री.); सुषुम्ना (स्त्री.) भोगदा (स्त्री.); विश्वा (स्त्री.); बोधिनी (स्त्री.); धारिणी (स्त्री.); क्षमा (स्त्री.)।

प्रलयकालीन सूर्य : कालसूर्य, लयार्क।

जल में प्रतिबिम्बित सूर्य : जलसूर्य, जलसूर्यक, जलार्क।

एक दैवी उत्पात में वर्तमान सूर्य के अलावा दिखाई पड़ने वाला अन्य सूर्य: प्रतिसूर्य, प्रतिसूर्यक, प्रत्यर्क, प्रत्यादित्य।

सूर्योदय (हो.), सूर्योदयन, सूर्योत्थान, सूरज उगना–/निकलना-, सबेरा होना– (दे.161), अरुणोदय, इनोदय, किरण फूटना।

उदीयमान सूर्य, उगता सूरज।

सूर्योदयकाल की तिथि : उदयातिथि (स्त्री.)।

सूर्योदयकाल की लाली (दे.161)।

बालसूर्य, बालरवि, बालादित्य, बालार्क, नवारुण, प्रभातरवि, प्रभातसूर्य, हरिहंस।

दिन चढ़ना-।

दिन ढलना-।

अस्तप्राय/अस्तमान सूर्य, डूबता सूरज।

सूर्यास्त (हो.) (दे.139), सूर्यापाय, सूर्यायाम, सूरज डूबना-। छिपना-, सायम्मण्डन, दिन डूबना-, दिनात्यय, दिनास्त, दिवसक्षय, निम्लुक्ति (स्त्री.), निम्लोच, विरम।

सूर्यास्तकाल, सूर्यायाम।

सूर्यास्तकाल की लाली (दे.164)।

डूबता हुआ सूर्य : वृद्धार्क।

सूर्य का घेरा, सूर्यमंडल, सूर्यक्षय, सूर्यबिम्ब, सूर्यवेश्म, अग्र, आदित्यमंडल, उपसूर्यक, कुण्डल, परिधि (स्त्री.), परिवेश, परिवेष, प्रतिसूर्यक, बिम्ब, बिम्बक, बिम्बिका (स्त्री.), मंडल, रविचक्र, रविबिम्ब, रविमंडल, हाला।

सौर परिकर, सौर परिवार, सौर मंडल (दे.1), शिशुमार, शिशुमारचक्र, solar system।

सौर दिन/दिवस।

सूर्यमास, सौर मास।

सौर वर्ष/संवत्सर, शम्सी साल।

सूर्य का एक राशि से दूसरी राशि में प्रवेश : संक्रान्ति (स्त्री.), संक्रम, संक्रमण, सूर्यसंक्रम, सूर्यसंक्रमण, सूर्यसंक्रान्ति (स्त्री.), रविसंक्रान्ति (स्त्री.), मासान्त।

मासानुसार संक्रान्तिः वैशाख-मेषसंक्रान्ति (स्त्री.), महाविषुव। श्रावण-दक्षिणायन। कार्तिक- जलविषुव। माघ-उत्तरायण। ज्येष्ठ, भाद्र, मार्गशीर्ष, फाल्गुन-विष्णुपदी (स्त्री.)। आषाढ़, आश्विन, पौष, चैत्र-षडशीति (स्त्री.)।

सूर्य की विषुवत् रेखा से उत्तर/दक्षिण को गति : अयन।

उत्तरायण, उदगयन, उदग्गति (स्त्री.)।

दक्षिणायन, याम्यायन।

रात और दिन का बराबर होना : अयनसमान्त (दे.159)।

सूर्य का भ्रमणपथ : क्रान्तिकक्ष, क्रान्तिमंडल, क्रान्तिवलय, क्रान्तिवृत्त, नाडीमंडल, नाडीवलय, नाडीवृत्त, निरक्षरेखा (स्त्री.), भूचक्र, मकरकर्कट।

वह बिन्दु जहाँ क्रान्तिकक्ष विषुवत् रेखा को काटता है : क्रान्तिपात।

सूर्य की गति की दिशा : धूमिता (स्त्री.)

ग्रह-कक्षा का सूर्य से सबसे निकट बिन्दु : उपसौर, रविनीच, perihelion।

सौर चक्र, solar cycle।

सौर प्रज्वाल, solar flayer।

सूर्य का धब्बा, सौर कलंक, sun spot।

सूर्य किरण (स्त्री.), धूप (स्त्री.) (दे.5)।

सौर चूल्हा।

सौर बैटरी (स्त्री.)।

सूर्य घड़ी (स्त्री.) (दे.129), सौर घड़ी, sun dial।

सूर्यग्रहण, सूर्यग्रह, रविग्रह, रविग्रहण।

ग्रहण (लग. छूट.), उपराग, तिमिरमय, परिग्रह, राहुग्रसन, राहुग्रास, राहुदर्शन, राहुसूतक, राहुस्पर्श। खग्रास। सर्वग्रास। खण्डग्रहण, ग्रसन। ग्रास, ग्रस्तांश। छाया (स्त्री.)। छायाकाल।

ग्रहण के भेद : अपसव्य; अवमर्द; आघ्रात; आरोह; ग्रसन; तमोत्य; निरोध; मध्यतम; लेह; सव्य।

ग्रहण से सूर्यबिम्ब का काँपना : भानुकंप, विकंपन।

सूर्य/चन्द्र का ग्रहण लगे हुए उदय होना : ग्रस्तोदय।

सूर्य/चन्द्र का ग्रहण लगे हुए अस्त होना : ग्रस्तास्त।

ग्रहण के समय सूर्य/चन्द्र पर पड़नेवाली छाया : भूछाया (स्त्री.)।

ग्रहण का अन्त : मोक्ष (हो.), प्रमोक्षण, उग्रह।

सूर्येंदुसंगम, अमावस्या (स्त्री.) (दे.6)।

सूर्यस्नान (दे.5), sunbath।

सूर्यकान्त मणि (दे.460)।

सूर्यपूजा (स्त्री.), सूर्यवंदना (स्त्री.), सूर्योपासना (स्त्री.), सूर्योपस्थान।

सूर्यव्रत, अर्कव्रत।

सूर्यस्तुति (स्त्री.), सूर्यस्तोत्र, सूर्यहृदय। सौर सूक्त।

सूर्यार्घ्य।

सूर्य यन्त्र (सूर्य का चित्रादि)।

सूर्य पुराण। सूर्योपनिषद् (स्त्री.)। सूर्यसावित्र।

सूर्यपूजक, सूर्योमासक, सूर्यभक्त, सूर्यभक्तक।

ज्योतिष-ग्रन्थ : सूर्य सिद्धान्त (भास्कराचार्यकृत)। सौर संहिता (स्त्री.)। सौर सिद्धान्त।

सूर्य/चन्द्र के विशिष्ट स्थान में रहने का काल : योग—अतिगण्ड; असृक; आयुष्मान्; इन्द्र; गण्ड; धृति; ध्रुव; परिघ; प्रीति (स्त्री.); ब्रह्म; वज्र; वरीयान; विष्कंभ; वृद्धि (स्त्री.); वैधृति (स्त्री.); व्यतीपात; व्याघात; शिव; शुक्र; शुभ; शूल; शोभन; साध्य; सिद्ध; सुकर्मा; सौभाग्य; हर्षण।

सूर्यवेध का यन्त्र : सूर्ययन्त्र।

सूर्य की गति जानने का यन्त्र : तुरीयन्त्र।

सूर्य का अक्षांश नापने का यन्त्र : बसीत।

सूर्यचित्रक, सौर ग्राफ, heliograph।

सूर्यबिम्ब मापी, heliometer।

(पौरा.) आदित्य। द्वादशादित्य : अरुणादित्य; उत्तरार्क; केशवादित्य; गंगादित्य; द्रुपदादित्य; मयूखादित्य; यमादित्य; लोलार्क; विमलादित्य; वृद्धादित्य; सकोलकादित्य; सांबादित्य।

पूर्व का वह कल्पित पर्वत जिसके पीछे से सूर्योदय होना माना जाता था : उदयगिरि, उदयपर्वत, उदयशैल, उदयाचल, उदयाद्रि, खगासन, पूर्वपर्वत, पूर्वशैल, पूर्वाचल, पूर्वाद्रि, सूर्योदयगिरि।

पश्चिम का वह कल्पित पर्वत जिसके पीछे सूर्यास्त होना माना जाता था : अस्तगिरि, अस्ताचल, अस्ताद्रि, अवरशैल, पश्चिमाचल, सन्ध्याचल।

सूर्यलोक, सौरभुवन, सौरलोक।

सूर्यपत्नी (स्त्री.), सुवर्चला (स्त्री.), अरुणप्रिया (स्त्री.), वरी (स्त्री.) : संज्ञा (स्त्री), सूर्या (स्त्री.), स्वेरण (स्त्री.), कालिन्दीसू (स्त्री.), विश्वकर्मजा (स्त्री.), विश्वकर्मसुता (स्त्री.)। सूर्याणी (स्त्री.), छाया (स्त्री.), भूमयी (स्त्री.)।

सूर्यपुत्र : अश्विनी कुमार : कर्ण; यम; रेवन्त; शनि; सावर्णि मनु; सुग्रीव।

सूर्य पुत्री (स्त्री.) : यमुना (स्त्री.)।

सूर्यसारथि, सूर्यसूत, सुरसूत, अनूरु, अरुण, आदित्यकेतु, आथमन, काश्यपि, गरुडाग्रज, प्लवग, रविसारथि।

सूर्याश्व, सौरसैंधव, निर्झर, निर्णर, मुर्मुर, वाताट्, वाताट, हरित्।

सूर्य का रथ : अज।

वि. सौर, सौरीय, सौर्य, सवितृल, सवित्रिय, सावित्र, सावित्री, अर्कीय, अर्क्य, आर्क, आफ़ताबी, पौष्ण, भानव, भावनीय, वैकर्तन, वैवस्वत, शम्सी।

सूर्यप्रभ, सूर्यभ, सूर्यभा, सूर्यभाट्, सूर्यवर्चा, सूर्योज्ज्वल।

सूर्यप्रभव। सौरप्रभ।

सूर्यदृक्। सूर्यदेवत्य। सूर्यध्वज। सूर्यविकासी।

सूर्य द्वारा तप्त : अंगारी।

सूर्यसंज्ञक, सूर्याह्व।

सूर्यास्त के समय आया हुआ : सूर्योढ।

सूर्य के पार जाने वाला : अत्यादित्य।

सौर्योदयिक।

ग्रहण लगा हुआ : उपरक्त, ग्रसित, ग्रस्त, राहुग्रस्त, सोपप्लव।

5. धूप

सं. धूप (स्त्री.) (निकल, हो.), अर्ककर, आतप, घर्म, घाम (निकल, हो. चढ़), ज़िया (स्त्री.), झिल्लिका (स्त्री.), झिल्ली (स्त्री.), झिल्लीका (स्त्री.), तपनकर, तपनदीधिति (स्त्री.), तपनांशु, दिव्यवस्त्र, द्योत, नाडिका (स्त्री.), निदाघ, प्रकाश, रविकर, रविकिरण (स्त्री.), रविजात, रविरश्मि (स्त्री.), रौद्र, विरोक, शुआए मेह्र (स्त्री.), समलगा (स्त्री), सावित्री (स्त्री.), सूरज की रोशनी, सूर्यकर, सूर्यकान्ति (स्त्री.), सूर्यकिरण (स्त्री.), सूर्यपाद, सूर्यरश्मि (स्त्री.), सूर्यरुक् (स्त्री.), सूर्यशोभा (स्त्री.), सूर्यांशु, सूर्यातप, सूर्यालोक, स्वरु, हेति (स्त्री.)।

धूप के भेद : अमृता (स्त्री.); विश्वकर्मा; संपद्वसु।

उगते सूर्य की किरण : अमोघकिरण (स्त्री.)।

सूर्य की पहली किरण : अग्रकर।

सवेरे की धूप : बालातप।

सूरज की हल्की रोशनी : हलका/मद्धिम घाम; हलकी/मद्धिम/मीठी धूप।

सूरज की तेज़ रोशनी; कड़ा/तेज़/झुलसाता घाम;कड़ी/तेज़/चिलचिलाती धूप; प्रखर आतप/रौद्र।

सुनहली/रुपहली/पीली धूप।

भारी वर्षा के बाद की धूप : रग्गा (स्त्री.)

धूप सुहावनी होना–, धूप खिलना–।

धूप तेज़ होना–, धूप चढ़ना-/पड़ना–।

धूप कम होना–, धूप उतरना–।

धूप में सुखाया जाना–, धूप खाना–।

धूप में सुखाना–, धूप में झुराना–, धूप में फैलाना–, धूप खिलाना–, धूप दिखाना–, धूप में रखना–, धुपाना–, घाम दिखाना–।

धूप खाना–, धूप लेना–, धूप सेंकना–, घाम खाना–, घमाना–, आतपस्नान (कर.), धूप स्नान (कर.), सूर्यस्नान (कर.), sunbathe।

धूप में पकना–, घमाना–। धूप में पकाना–।

डूबते सूर्य की किरण : अमोघकिरण (स्त्री.)।

वह स्थान जहाँ ख़ूब धूप आये : प्रत्याताप।

सूर्यताप, सूर्यतेज, सूर्यातप, insolation।

तेज़ धूप से होने वाली बेचैनी : घामरी (स्त्री.)।

आतपघात, आतपन, लू (स्त्री.) मारना-/लगना–, सूर्यातपन, sunstroke।

वि. धूप-सम्बन्धी, आतपी, आतपीय।

छायारहित, छाया शून्य, छायाहीन, विच्छाय।

सूर्यकरोज्ज्वल, सूर्यालोकित।

धूप से गरम, आतप्त, घमायल, रौद्रतप्त।

धूप में पका हुआ, सूर्यपक्व।

धूप से बेचैन, घमीला, घामड़।

संकेताक्षर

अं. = अंग्रेजी
अ. = अव्यय
क्रि. प्र. = क्रिया प्रयोग
दे. = देखिए
पौरा. = पौराणिक
वि. = विशेषण
विप. = विपर्यय
सं. = संज्ञा
(स्त्री.) = स्त्रीलिंग
कोष्ठक में दिये गये क्रिया रूप : कर = करना
हो. = होना (आदि)
कोष्ठक के अन्दर = वर्गों की संख्या
—/—,—। = क्रिया शब्द

वर्गानुक्रम-सूची

हिंदी शब्दान्वेषी कोश
(हिंदी थिसारस)

1. वर्ग : सौर जगत्-प्रकृति-पृथ्वी-पेड़-पौधे

विषय : 1. सौर जगत्; 2. अंतरिक्ष; 3. आकाश; 4. सूर्य; 5. धूप; 6. चन्द्रमा; 7. चाँदनी; 8. आकाशगंगा; 9. नक्षत्र; 10. ग्रह; 11. पृथ्वी; 12. मिट्टी; 13. गुरुत्वाकर्षण; 14. प्रकृति; 15. रोशनी; 16. विकिरण; 17. अन्धकार; 18.जल; 19. नदी; 20. भारत की प्रमुख नदियाँ; 21. समुद्र; 22. जलाशय; 23. जलधारा; 24. तरंग; 25. तट; 26. बादल; 27. वर्षण; 28. अवर्षण; 29. बाढ़; 30. हिम; 31.प्रस्तर; 32. पर्वत; 33. भारत के प्रमुख पर्वत; 34. मरुस्थल; 35. द्वीप; 36. पवन; 37. प्रचंड पवन; 38. वनस्पति; 39. अंकुर और वनस्पति के अंग; 40. फूल; 41. फल; 42. बीज; 43. विभिन्न फूल; 44. विभिन्न फल; 45. सब्ज़ी; 46. साग; 47. मसाला; 48. अनाज; 49. सामान्य वृक्ष; 50. पौधे/लताएँ/कन्द; 51. तृण; 52. कुकुरमुत्ता/फफूँद/जलकुंभी/सेवार; 53. वन; 54. उद्यान; 55. खेती; 56. फसल।

1. सौर जगत्

सं. सौर जगत्, सौर मंडल (दे.4)।

विश्व, विश्वगोलक, समस्त ब्रह्माण्ड।

ब्रह्माण्ड, ब्रह्मगोल, अंड, अंडकटाह, अधिलोक, भुवनकोश, विश्वाण्ड, हेमाण्ड, हेमाण्डक, universe।

क्रमबद्ध विश्व, cosmos।

संपूर्ण विश्व, संसृति (स्त्री.), समस्त संसार, सर्वलोक, सृष्टि (स्त्री.) (दे.11), लोकमंडल।

अखिलविश्व, जगन्मंडल, निखिल भुवन, निखिल विश्व, महाजगत्, महाविश्व, विश्वचराचर, विश्व ब्रह्माण्ड।

त्रिजगत्, त्रिजगती (स्त्री.), त्रिभुवन, त्रिलोक, त्रैलोक्य, भावित्र, भुवनत्रय, लोकत्रय, स्वर्ग-मर्त्य-पाताल।

ब्रह्माण्डकिरण (स्त्री.), (दे.2)।

ब्रह्माण्ड धूलि (स्त्री.), cosmic dust।

ब्रह्माण्ड-रसायन, cosmo chemistry।

विश्व रचना (स्त्री.), cosmography।

ब्रह्माण्ड विज्ञान, ब्रह्मांडिकी (स्त्री.), सृष्टि विज्ञान, cosmology।

ब्रह्माण्डोत्पत्ति विज्ञान, विश्वोत्पति विज्ञान, cosmogony।

(पौरा.) चतुर्दशभुवन सप्तःस्वर्ग; सप्तपाताल।

सप्त स्वर्ग, सप्त भुवन, सप्तलोकः भूः; भुवः, जन; तपः; महः; सत्य; स्वः।

सप्तपाताल : अतल; तलातल; पाताल; महातल; वितल; रसातल; सुतल।

पाताल, अधोभुवन, अधोलोक, तललोक, नागलोक, बलिमन्दिर, बलिवेश्म, बलिसद्म।

वि. ब्रह्माण्डीय। ब्रह्माण्डिकीय। सार्वलौकिक।

2. अंतरिक्ष

सं. अंतरिक्ष (दे.3), अंतरीक्ष, अदिति (स्त्री.), अधर, अर्णव, अवकाश, आंतरिक्ष, आंतरीक्ष, ज्योतिष्पथ, दिकस्थान, नाक, भुवः, महाशून्य, सहने लामकाँ, space।

अंतरिक्ष लोक, भुवर्लोक।

आकाशमंडल (दे.3), खगोल, खगोलक।

आकाशधुरी (स्त्री.), आकाश ध्रुव।

अंतरिक्ष किरण (स्त्री.), ब्रह्माण्ड किरण (स्त्री.), cosmic ray।

अंतरिक्ष किरण वर्षण, cosmic ray shower।

अंतरिक्ष किरण मापी, cosmic ray meter।

अंतरिक्ष यात्रा (स्त्री.); space voyage।

अंतरिक्ष यात्री, astronaut।

अंतरिक्ष यान, space craft।

अंतरिक्ष प्रोल्का (स्त्री.), space rocket।

अंतरिक्ष पोशाक (स्त्री.), space suit।

अंतरिक्ष यात्रा विज्ञान, अंतरिक्ष यानिकी (स्त्री.), astronautics।

ईश्वरकण, god particle

खगोल विज्ञान, खगोलिकी (स्त्री.) (दे.9), गणित ज्योतिष, astronomy।

खगोलज्ञ, खगोल विज्ञानी, astronomer।

ज्योतिष (दे.387), फलित ज्योतिष, astrology।

ज्योतिषी (दे.387), astrologer।

खगोलमिति (स्त्री.), astrometry।

वि. अंतरिक्ष-सम्बन्धी, आंतरिक्ष-आंतरीक्ष, आंतरिक्षी। आंतरिक्षग, आंतरिक्षचर, अंतरिक्षचारी (दे.3)।

खगोलीय (दे.3), ज्यौतिष।

आंतरिक्ष यानिक। खगोलमितीय।

3. आकाश

सं. आकाश, आप, आसमाँ, आसमान, अंतरिक्ष (दे.2), अम्ब, अम्बर, अंभ, अक्षर, अध्व, अध्वर, अध्वा, अनंग, अनंजन, अनंत, अनिरुद्धपथ, अब्द, अब्भ्र, अभ्र, अर्श, अवि, अविषी (स्त्री.), उडुपथ, ऊर्ध्वलोक, ख, गगन, गर्दूं, गो, धनपदवी, धनाश्रय, चित्र, ज्योतिष्पथ, तारापथ, तारायण, तूष, त्रिदिव, त्रिपिष्टप, दिद्यु, दिव, देवपथ, देववर्त्म, द्यु, द्यो (स्त्री.), द्यौ (स्त्री.), धन्व, नक्षत्रलोक, नक्षत्रवर्त्म, नभ, नभस, नभस्थल,

नभस्थली (स्त्री.), निरूप, नीलनिलय, पाथ, पुष्कर, फ़लक, बहुल, भपंजर, मरुत्पथ, मरुत्वर्त्म, महाविल, महाशून्य, माता (स्त्री.), मेघद्वार, मेघमंडल, मेघवर्त्म, मेघवेश्म, मेरुपृष्ठ, लोकाकाश, वरुण, वायुमंडल, वायुवर्त्म, वाय्यास्पद, वासवावास, वियत्, विष्णुपद, विहाय, विहायस, वीध्र, व्योम, शुषिर, शून्य, शून्यपथ, सब्ज़पुल, समा, सर्वतोमुख, सुरपथ, सुरवर्त्म, सैरिक, सौरिभ, सोमधारा (स्त्री.), स्तीर्वि।

आकाशतल, आकाशपट, आकाशमंडल, अंतरिक्षमंडल, अम्बरतल, गगनतल, गगनपट, गगनमंडल, गगनांगन, नभस्तल, नभोमंडल।

ऊर्ध्वाकाश; मध्याकाश; निम्नाकाश। दूरवर्ती आकाश, पराकाश। महाकाश।

आकाश और धरती के बीच का स्थानः शून्य, अधर (दे.563)।

जल में प्रतिबिम्बित आकाश : जलाकाश।

आकाश का मध्य : खमध्य, खस्वस्तिक, शीर्ष बिन्दु।

आकाश की परिधि : खकक्षा (स्त्री.)।

आकाश ध्रुव (दे.2)।

क्षितिज, अम्बरान्त, चक्रबाल, चक्रवाल, चक्षुःपथ, चक्षुवर्षीय, चक्षुष्पथ, दर्शनगोचर, दर्शनपथ, दिक्चक्र, दिङ्मंडल, दिगन्त (दे.183), दृग्वृत्त, नयनविषय, निकाश, मंडल, हरिज।

आकाश से आने वाला शब्द : व्योमध्वनि (स्त्री.) व्योम शब्द।

आकाशमार्ग, द्युपथ, वायुपथ, वायुमार्ग (दे.294), व्योमवर्त्म।

आकाश-भ्रमण (दे.272)।

आकाशयान, वायुयान (दे.298.113)।

आकाशदीप (दे.15)।

आकाशवाणी (स्त्री.) (दे.253)।

आकाश कुसुम (दे.123)।

आकाश में उत्पन्न कल्पित पत्थर : आकाशस्फटिक।

दि. आकाश के लिए : अनंश, अनाधार।

आकाशीय, आंतरीक्ष (दे.2), आसमानी, फ़लकी, व्योम्निक, समावी।

आकाशस्थित, नभःस्थित।

गगनचुम्बी (दे.188)।

आकाश से भिन्न : अनाकाश।

वि./सं. आकाशचारी, अंतरिक्षग, अंतरिक्षचर, अंतरिक्षचारी, अंबरचर, अंबरचारी, खचर, खचारी, खेचर, गगनगति, गगनगामी, गगनचर, गगनविहारी, गगनाध्वग, गगनेचर, नभग, नभगामी, नभचर, नभश्चर, नभसद्, नभोग, नभोगामी, वियद्गत, व्योमग, व्योमगामी, व्योमचर, व्योमचारी।

4. सूर्य

सं. सूर्य, सूर्यग्रह, सूर्यदेव, सूर्यदेवता, सूर्यनारायण, सूर्यपति, सूर्यभगवान्, सूर्यसंज्ञ, सूनु, सूर, सूरज, सुतपा, सुर, सुरोत्तम, सदागति, सप्तपत्र, सप्तसप्ति, सप्तहय, सप्ताश्व, सप्ताश्ववाहन, सर्वतापन, सर्वतमोनुद, सर्वभवोद्भव, सव, सविता, सवितृ, सहरि, सहस्रकर, सहस्रकिरण, सहस्रगु, सहस्रदीधिति, सहस्रधामा, सहस्रपाद, सहस्रभानु, सहस्रमरीचि, सहस्ररश्मि, सहस्ररुक, सहस्रांक, सहस्रांशु, सहस्रार्चि, सहुरि, सानु, सायम्मण्डन, सिराज, सीरक, सुक्रतु, सुरावृत्त, सुवन, सोमबन्धु, स्यून, स्योन, स्वर्णभाक्, स्वर्भानुसूदन, अंजिक, अंजिष्ठ, अंजिष्णु, अन्धकघाती, अन्धकरिपु, अन्धकशत्रु, अम्बरमणि, अम्बरीष, अम्बुतस्कर, अंश, अंशुधर, अंशुपति, अंशुभर्ता, अंशुभृत्, अंशुमन्त, अंशुमान्, अंशुमाली, अंशुस्वामी, अंशुहस्त, अकूपार, अकूवार, अग, अगिर, अजंभ, अतुषारकर, अतुहिनकर, अतुहिनधाम, अतुहिनरश्मि, अतुहिनरुचि, अल्न, अल्नु, अदितिज, अदितिनन्दन, अदितिसुत, अद्रि, अध्वग, अध्वपति, अनड्वाल, अनूरुसारथि, अन्न, अन्नपति, अब्जबाँधव, अब्जहस्त, अब्जिनीपति, अमृत, अयुग्मवाह, अयुग्मसप्ति, अरणि, अरणी, अरविन्दबन्धु, अरु, अरुण, अरुणकर, अरुणकिरण, अरुणप्रिय, अरुणसारथी, अरुणार्ची, अरुष, अरूष, अर्क, अर्चिष्मान्, अर्णव, अर्यमा, अव्यथिष, अशीतकर, अशीतरश्मि, अश्वत्थ, अहःपति, अहर्पति, अहर्मणि, अहस्कर, अहस्पति, अहि, अहिमकर, अहिमकिरण, अहिमतेजा, अहिमदीधिति, अहिमद्युति, अहिममयूख, अहिमरश्मि, अहिमांशु, अहोरत्न, आकाशपथिक, आघृणि, आतपी, आत्मा, आदितेय, आदित्य, आफ़ताब, आशावह, आशुग, आशुगामी, आहूए फ़लक, इन्द्र, इन, उक्षा, उदथ, उदरथिं, उषप, उष्णकर, उष्णकिरण, उष्णगु, उष्णदीधिति, उष्णरश्मि, उष्णरुचि, उष्णांशु, उस्र, ऐंधन, ओषधिगर्भ, कंचार, कंजर, कंजार, क, कपि, कपिल, कपिलद्युति, कमलबन्धु, कमलबाँधव, कमलिनीकान्त, कमलिनीबन्धु, करमाली, कर्मसाक्षी, कलिन्द, कषाकु, कालकृत, कालाध्यक्ष, कालेश, काशि, काश्यपेय, किरणकेतु, किरणपति, किरणपाणि, किरणमाली, कीश, कुतप, कुवम, कृतान्तजनक, कोकनदबन्धु, क्षिद्र, खखोल्क, खग, खतिलक, खद्योत, खद्योतक, खद्योतन खमणि, खरकर, खरश्मि, खरांशु, खल, ख़ातूने फ़लक (स्त्री), खेचरोत्तम, गंधर्व, गगनमणि, गगनध्वज, गगनबिहारी, गगनाध्वग, गभस्ति, गभस्तिकर, गभस्तिपाणि, गभस्तिमान्, गभस्तिमाली, गभस्तिहस्त, गविष्ठ, गो़कर, गोपत्ति, ग्रहग्रामणी, ग्रहनायक, ग्रहपति, ग्रहपुष, ग्रहराज, ग्रहाधीश, घर्मदीधिति, घर्मद्युति, घर्मरश्मि, घर्मांशु, घस्र, घृर्णि, घृणिनिधि, चण्डकर, चण्डदीधिति, चण्डभानु, चण्डरश्मि, चण्डांशु, चक्रबन्धु, चक्रबाँधव, चक्रवाकबन्धु, चक्षुष्पति, चित्रभानु, चित्ररथ, छायानाथ, जगच्चक्षु, जगत्साक्षी, जगद्वीप, जलचक्षु, जय, जलेंधन, जिष्णु, जीमूत, ज्योति, ज्योतिष्मान्, ज्वालमाली, तन्त्रायी, तपन, तपनकर, तपनदीधिति, तपनांशु, तपस, तपु, तमारि, तमिस्रहर, तमिस्रहा, तमोघ्न, तमोनुद्, तमोनद, तमोपह,

तमोरि, तमोहन, तमोहर, तरणि, तर्णि, तर्ष, तापन, तापेन्द्र, तिमिरनुद्, तिमिरभिद्, तिमिररिपु, तिमिरहर, तिमिरारि, तिग्मकर, तिग्मदीधिति, तिग्ममयूखमाली, तिग्मरश्मि, तिग्मांशु, तीक्ष्णरश्मि, तीक्ष्णांशु, तीव्रद्युति, तुंगीश, तुर्कचीन, तुर्करोज़, तेजसांराशि, तेजोमूर्ति, तोद, त्रयीतनु, त्रयीमय, त्रिलोकमणि, त्रिलोकेश, त्रैलोक्यबन्धु, त्विट्पति, त्विषांपति, त्विषामीश, दशरश्मिशत, दिनकर, दिनकर्ता, दिनकृत, दिनचारी, दिनदीप, दिननाथ, दिननायक, दिनप, दिनपति, दिनपाल, दिनप्रणी, दिनबन्धु, दिनमणि, दिनमयूख, दिनरत्न, दिनराज, दिनाधीश, दिनेश, दिनेश्वर, दिवसकर, दिवसनाथ, दिवसभर्ता, दिवसमणि, दिवसेश, दिवसेश्वर, दिवाकर, दिवापुष्ट, दिवामणि, दिवावसु, दिव्यांशु, दीप्तकिरण, दीप्तांशु, दूरोहण, दृगध्यक्ष, दृन्फू, दृन्भू, देवमणि, देहकर्ता, देहभुक्, द्युपति, द्युमणि, द्युम्न, द्युवा, द्वादशात्मा, धामकेशी, धामनिधि, ध्वान्तशत्रु, ध्वान्तशात्रव, ध्वान्ताराति, ध्वान्तारि, नभःकेतन, नभःपांथ, नभश्चक्षु, नभस्मय, नभोमणि, नर्मट, निदाघकर, पचेलिम, पतंग, पद्मकर, पद्मगर्भ, पद्मपाणि, पद्मबन्धु, पद्मलान्छन, पद्माक्ष, पद्मासन, पद्मिनीकान्त, पद्मिनीपति, पद्मिनीवल्लभ, पपी, पर्परीक, पांथ, पाथ, पारु, पार्थिवनन्दन, पार्थिवपुत्र, पार्थिवसुत, पार्थिवात्मज, पावक, पीन्तु, पीथ, पीयु, पुरुष, पुष्कर, पूषन, पूषा, पेयु, प्रकाशकर्ता, प्रकाशवाह, प्रकाशात्मा, प्रजाद्वार, प्रजाध्यक्ष, प्रतिदिवा, प्रत्यूष, प्रद्योतन, प्रभाकर, प्रातनाथ, बकुर, बनकर, बहुक, बहुरूप, बीजी, बृहद्भानु, ब्रध्न, भग, भरण्य, भांण, भाकर, भाकोश, भानाभि, भातु, भानु, भानुकेसर, भानुमान्, भानेमि, भाम, भालु, भासन्त, भासमान, भासु, भास्कर, भास्वत, भास्वर, भास्वान्, भुवन्य, भूताक्ष, भेन, मंडली, मणिमान्, मयूखमाली, मरीचिगर्भ, मरीचिमाली, मरीची, महचक्र, महिर, मायु, मार्तंड, मित्र, मिहिर, मुर्गे़ ज़र, मृताण्ड, मेरु, मोक्षद्वार, यज्ञेश, यम, यमसू, यमादित्य, यमुनाजनक, रवि, रश्मिमाली, रश्मिमुख, रसाधार, रात्रिद्विष, रात्रिनाशन, रुचिधाम, रुचिभर्ता, रोहित, लोकचक्षु, लोकनायक, लोकप्रकाशन, लोकबन्धु, लोकबाँधव, लोकलोचन, लोलदिनेश, लोलार्क, वच, वरुण, वर्णु, वसु, वाजसनि, वारितस्कर, वासरकृत्, वासरमणि, वासराधीश, वासरेश, विकर्तन, विभाकर, विभावसु, विभु, वियन्मणि, वियन्मध्यहंस, विरोचन, विवस्वत्, विवस्वान्, विश्वकर्मा, विश्वपा, विश्वप्सा, विश्वप्रकाश, विश्वप्रकाशक, विश्वलोचन, विश्वात्मा, विहंग, विहंगम, विहग, वीतिहोत्र, वृक, वृष, वृषाकपि, वृहद्भानु, वेदमूर्ति, वेदवाहन, वेदांग, वेदात्मा, वेदोदय, व्योमरत्न, व्रध्न, शंखपाल, शम्स, शिशिर, शुचि, शुभ्रि, शुष्ण, शुष्म, शूर, शूरा, शोषयित्नु, श्रीमुख, हंस, हरि, हरिण, हरित्, हरितहरि, हरिताश्व, हरिदश्व, हरिवाहन, हरिहय, हर्ता, हर्मुट, हिमद्रुट्, हिमाराति, हिरण्यरेता, हिरण्यवीर्य, हेममाली, हेलि, हेलिक।

वर्ष की 12 संक्रान्तियों के अनुसार सूर्य के नाम : विवस्वान्; अर्यमा; तूषा; त्वष्टा; सविता; भग; धाता; विधाता; वरुण; मित्र; शुक्र; उरुक्रम।

संक्रान्ति के अनुसार सूर्य का तेज़ : कला (स्त्री.)।

12 कलाएँ : तपिनी (स्त्री.); तापिनी (स्त्री.); धूम्रा (स्त्री.); मरीचि (स्त्री.); ज्वालिनी (स्त्री.); रुचि (स्त्री.); सुषुम्ना (स्त्री.) भोगदा (स्त्री.); विश्वा (स्त्री.); बोधिनी (स्त्री.); धारिणी (स्त्री.); क्षमा (स्त्री.)।

प्रलयकालीन सूर्य : कालसूर्य, लयार्क।

जल में प्रतिबिम्बित सूर्य : जलसूर्य, जलसूर्यक, जलार्क।

एक दैवी उत्पात में वर्तमान सूर्य के अलावा दिखाई पड़ने वाला अन्य सूर्यः प्रतिसूर्य, प्रतिसूर्यक, प्रत्यर्क, प्रत्यादित्य।

सूर्योदय (हो.), सूर्योदयन, सूर्योत्थान, सूरज उगना–/निकलना-, सबेरा होना– (दे.161), अरुणोदय, इनोदय, किरण फूटना।

उदीयमान सूर्य, उगता सूरज।

सूर्योदयकाल की तिथि : उदयातिथि (स्त्री.)।

सूर्योदयकाल की लाली (दे.161)।

बालसूर्य, बालरवि, बालादित्य, बालार्क, नवारुण, प्रभातरवि, प्रभातसूर्य, हरिहंस।

दिन चढ़ना-।

दिन ढलना-।

अस्तप्राय/अस्तमान सूर्य, डूबता सूरज।

सूर्यास्त (हो.) (दे.139), सूर्यापाय, सूर्यायाम, सूरज डूबना-। छिपना-, सायम्मण्डन, दिन डूबना-, दिनात्यय, दिनास्त, दिवसक्षय, निम्लुक्ति (स्त्री.), निम्लोच, विरम।

सूर्यास्तकाल, सूर्यायाम।

सूर्यास्तकाल की लाली (दे.164)।

डूबता हुआ सूर्य : वृद्धार्क।

सूर्य का घेरा, सूर्यमंडल, सूर्यक्षय, सूर्यबिम्ब, सूर्यवेश्म, अग्र, आदित्यमंडल, उपसूर्यक, कुण्डल, परिधि (स्त्री.), परिवेश, परिवेष, प्रतिसूर्यक, बिम्ब, बिम्बक, बिम्बिका (स्त्री.), मंडल, रविचक्र, रविबिम्ब, रविमंडल, हाला।

सौर परिकर, सौर परिवार, सौर मंडल (दे.1), शिशुमार, शिशुमारचक्र, solar system।

सौर दिन/दिवस।

सूर्यमास, सौर मास।

सौर वर्ष/संवत्सर, शम्सी साल।

सूर्य का एक राशि से दूसरी राशि में प्रवेश : संक्रान्ति (स्त्री.), संक्रम, संक्रमण, सूर्यसंक्रम, सूर्यसंक्रमण, सूर्यसंक्रान्ति (स्त्री.), रविसंक्रान्ति (स्त्री.), मासान्त। मासानुसार संक्रान्तिः वैशाख-मेषसंक्रान्ति (स्त्री.), महाविषुव। श्रावण-दक्षिणायन। कार्तिक-जलविषुव। माघ-उत्तरायण। ज्येष्ठ, भाद्र, मार्गशीर्ष, फाल्गुन-विष्णुपदी (स्त्री.)। आषाढ़, आश्विन, पौष, चैत्र-षडशीति (स्त्री.)।

सूर्य की विषुवत् रेखा से उत्तर/दक्षिण को गति : अयन।

उत्तरायण, उदगयन, उदग्गति (स्त्री.)।

दक्षिणायन, याम्यायन।

रात और दिन का बराबर होना : अयनसमान्त (दे.159)।

सूर्य का भ्रमणपथ : क्रान्तिकक्ष, क्रान्तिमंडल, क्रान्तिवलय, क्रान्तिवृत्त, नाडीमंडल, नाडीवलय, नाडीवृत्त, निरक्षरेखा (स्त्री.), भूचक्र, मकरकर्कट।

वह बिन्दु जहाँ क्रान्तिकक्ष विषुवत् रेखा को काटता है : क्रान्तिपात।

सूर्य की गति की दिशा : धूमिता (स्त्री.)

ग्रह-कक्षा का सूर्य से सबसे निकट बिन्दु : उपसौर, रविनीच, perihelion।

सौर चक्र, solar cycle।

सौर प्रज्वाल, solar flayer।

सूर्य का धब्बा, सौर कलंक, sun spot।

सूर्य किरण (स्त्री.), धूप (स्त्री.) (दे.5)।

सौर चूल्हा।

सौर बैटरी (स्त्री.)।

सूर्य घड़ी (स्त्री.) (दे.129), सौर घड़ी, sun dial।

सूर्यग्रहण, सूर्यग्रह, रविग्रह, रविग्रहण।

ग्रहण (लग. छूट.), उपराग, तिमिरमय, परिग्रह, राहुग्रसन, राहुग्रास, राहुदर्शन, राहुसूतक, राहुस्पर्श। खग्रास। सर्वग्रास। खण्डग्रहण, ग्रसन। ग्रास, ग्रस्तांश। छाया (स्त्री.)। छायाकाल।

ग्रहण के भेद : अपसव्य; अवमर्द; आघ्रात; आरोह; ग्रसन; तमोत्य; निरोध; मध्यतम; लेह; सव्य।

ग्रहण से सूर्यबिम्ब का काँपना : भानुकंप, विकंपन।

सूर्य/चन्द्र का ग्रहण लगे हुए उदय होना : ग्रस्तोदय।

सूर्य/चन्द्र का ग्रहण लगे हुए अस्त होना : ग्रस्तास्त।

ग्रहण के समय सूर्य/चन्द्र पर पड़नेवाली छाया : भूछाया (स्त्री.)।

ग्रहण का अन्त : मोक्ष (हो.), प्रमोक्षण, उग्रह।

सूर्येंदुसंगम, अमावस्या (स्त्री.) (दे.6)।

सूर्यस्नान (दे.5), sunbath।

सूर्यकान्त मणि (दे.460)।

सूर्यपूजा (स्त्री.), सूर्यवंदना (स्त्री.), सूर्योपासना (स्त्री.), सूर्योपस्थान।

सूर्यव्रत, अर्कव्रत।

सूर्यस्तुति (स्त्री.), सूर्यस्तोत्र, सूर्यहृदय। सौर सूक्त।

सूर्यार्घ्य।

सूर्य यन्त्र (सूर्य का चित्रादि)।

सूर्य पुराण। सूर्योपनिषद् (स्त्री.)। सूर्यसावित्र।

सूर्यपूजक, सूर्योमासक, सूर्यभक्त, सूर्यभक्तक।

ज्योतिष-ग्रन्थ : सूर्य सिद्धान्त (भास्कराचार्यकृत)। सौर संहिता (स्त्री.)। सौर सिद्धान्त।

सूर्य/चन्द्र के विशिष्ट स्थान में रहने का काल : योग—अतिगण्ड; असृक; आयुष्मान्; इन्द्र; गण्ड; धृति; ध्रुव; परिघ; प्रीति (स्त्री.); ब्रह्म; वज्र; वरीयान; विष्कंभ; वृद्धि (स्त्री.); वैधृति (स्त्री.); व्यतीपात; व्याघात; शिव; शुक्र; शुभ; शूल; शोभन; साध्य; सिद्ध; सुकर्मा; सौभाग्य; हर्षण।

सूर्यवेध का यन्त्र : सूर्ययन्त्र।

सूर्य की गति जानने का यन्त्र : तुरीयन्त्र।

सूर्य का अक्षांश नापने का यन्त्र : बसीत।

सूर्यचित्रक, सौर ग्राफ, heliograph।

सूर्यबिम्ब मापी, heliometer।

(पौरा.) आदित्य। द्वादशादित्य : अरुणादित्य; उत्तरार्क; केशवादित्य; गंगादित्य; द्रुपदादित्य; मयूखादित्य; यमादित्य; लोलार्क; विमलादित्य; वृद्धादित्य; सकोलकादित्य; सांबादित्य।

पूर्व का वह कल्पित पर्वत जिसके पीछे से सूर्योदय होना माना जाता था : उदयगिरि, उदयपर्वत, उदयशैल, उदयाचल, उदयाद्रि, खगासन, पूर्वपर्वत, पूर्वशैल, पूर्वाचल, पूर्वाद्रि, सूर्योदयगिरि।

पश्चिम का वह कल्पित पर्वत जिसके पीछे सूर्यास्त होना माना जाता था : अस्तगिरि, अस्ताचल, अस्ताद्रि, अवरशैल, पश्चिमाचल, सन्ध्याचल।

सूर्यलोक, सौरभुवन, सौरलोक।

सूर्यपत्नी (स्त्री.), सुवर्चला (स्त्री.), अरुणप्रिया (स्त्री.), वरी (स्त्री.) : संज्ञा (स्त्री), सूर्या (स्त्री.), स्वेरण (स्त्री.), कालिन्दीसू (स्त्री.), विश्वकर्मजा (स्त्री.), विश्वकर्मसुता (स्त्री.)। सूर्याणी (स्त्री.), छाया (स्त्री.), भूमयी (स्त्री.)।

सूर्यपुत्र : अश्विनी कुमार : कर्ण; यम; रेवन्त; शनि; सावर्णि मनु; सुग्रीव।

सूर्य पुत्री (स्त्री.) : यमुना (स्त्री.)।

सूर्यसारथि, सूर्यसूत, सुरसूत, अनूरु, अरुण, आदित्यकेतु, आथमन, काश्यपि, गरुडाग्रज, प्लवग, रविसारथि।

सूर्याश्व, सौरसैंधव, निर्झर, निर्णर, मुर्मुर, वाताट्, वाताट, हरित्।

सूर्य का रथ : अज।

वि. सौर, सौरीय, सौर्य, सवितृल, सवित्रिय, सावित्र, सावित्री, अर्कीय, अर्क्य, आर्क, आफ़ताबी, पौष्ण, भानव, भावनीय, वैकर्तन, वैवस्वत, शम्सी।

सूर्यप्रभ, सूर्यभ, सूर्यभा, सूर्यभाट्, सूर्यवर्चा, सूर्योज्ज्वल।

सूर्यप्रभव। सौरप्रभ।

सूर्यदृक्। सूर्यदेवत्य। सूर्यध्वज। सूर्यविकासी।

सूर्य द्वारा तप्त : अंगारी।

सूर्यसंज्ञक, सूर्याह्व।

सूर्यास्त के समय आया हुआ : सूर्योढ।

सूर्य के पार जाने वाला : अत्यादित्य।

सौर्योदयिक।

ग्रहण लगा हुआ : उपरक्त, ग्रसित, ग्रस्त, राहुग्रस्त, सोपप्लव।

5. धूप

सं. धूप (स्त्री.) (निकल, हो.), अर्ककर, आतप, घर्म, घाम (निकल, हो. चढ़), ज़िया (स्त्री.), झिल्लिका (स्त्री.), झिल्ली (स्त्री.), झिल्लीका (स्त्री.), तपनकर, तपनदीधिति (स्त्री.), तपनांशु, दिव्यवस्त्र, द्योत, नाडिका (स्त्री.), निदाघ, प्रकाश, रविकर, रविकिरण (स्त्री.), रविजात, रविरश्मि (स्त्री.), रौद्र, विरोक, शुआए मेह्र (स्त्री.), समलगा (स्त्री), सावित्री (स्त्री.), सूरज की रोशनी, सूर्यकर, सूर्यकान्ति (स्त्री.), सूर्यकिरण (स्त्री.), सूर्यपाद, सूर्यरश्मि (स्त्री.), सूर्यरुक् (स्त्री.), सूर्यशोभा (स्त्री.), सूर्यांशु, सूर्यातप, सूर्यालोक, स्वरु, हेति (स्त्री.)।

धूप के भेद : अमृता (स्त्री.); विश्वकर्मा; संपद्वसु।

उगते सूर्य की किरण : अमोघकिरण (स्त्री.)।

सूर्य की पहली किरण : अग्रकर।

सवेरे की धूप : बालातप।

सूरज की हल्की रोशनी : हलका/मद्धिम घाम; हलकी/मद्धिम/मीठी धूप।

सूरज की तेज़ रोशनी; कड़ा/तेज़/झुलसाता घाम; कड़ी/तेज़/चिलचिलाती धूप; प्रखर आतप/रौद्र।

सुनहली/रुपहली/पीली धूप।

भारी वर्षा के बाद की धूप : रग्गा (स्त्री.)

धूप सुहावनी होना–, धूप खिलना–।

धूप तेज़ होना–, धूप चढ़ना-/पड़ना-।

धूप कम होना–, धूप उतरना–।

धूप में सुखाया जाना–, धूप खाना–।

धूप में सुखाना–, धूप में झुराना–, धूप में फैलाना–, धूप खिलाना–, धूप दिखाना–, धूप में रखना–, धुपाना–, घाम दिखाना–।

धूप खाना–, धूप लेना–, धूप सेंकना–, घाम खाना–, घमाना–, आतपस्नान (कर.), धूप स्नान (कर.), सूर्यस्नान (कर.), sunbathe।

धूप में पकना–, घमाना–। धूप में पकाना–।

डूबते सूर्य की किरण : अमोघकिरण (स्त्री.)।

वह स्थान जहाँ ख़ूब धूप आये : प्रत्याताप।

सूर्यताप, सूर्यतेज, सूर्यातप, insolation।

तेज़ धूप से होने वाली बेचैनी : घामरी (स्त्री.)।

आतपघात, आतपन, लू (स्त्री.) मारना-/लगना–, सूर्यातपन, sunstroke।

वि. धूप-सम्बन्धी, आतपी, आतपीय।

छायारहित, छाया शून्य, छायाहीन, विच्छाय।

सूर्यकरोज्ज्वल, सूर्यालोकित।

धूप से गरम, आतप्त, घमायल, रौद्रतप्त।

धूप में पका हुआ, सूर्यपक्व।

धूप से बेचैन, घमीला, घामड़।

6. चन्द्रमा

सं. चन्द्रमा, चन्द्र, चन्द्रक, चन्द्रदेव, चन्द्रमस्, चन्द, चन्दा, चन्दा मामा, चन्दा मामूँ, चंदिर, चदिर, चाँद, चिक्लिद, चित्राटीर, चित्रेश, अन्धकघाती, अन्धकरिपु, अन्धकशत्रु, अम्बुज, अम्बुजात, अंभोज, अंशुमान, अगदराज, अघर्मांशु, अज, अत्रिज, अत्रिजात, अत्रिग्ज, अत्रिनेत्रज, अत्रिनेत्रप्रभव, अत्रिनेत्रभू, अत्रिनेत्रसूत, अनुष्णगु, अब्ज, अब्धिज, अब्धिनवीनतसू, अभिरूप, अमति, अमीकर, अमृतकर, अमतृदीधिति, अमृतद्युति, अमृतबन्धु, अमृतरश्मि, अमृतवपु, अमृतसू, अमृतांशु, अर्णवोद्भव, आकाशचमस, आड़ू, इन्दु, उडुप, उडुपति, उडुराज, उदधिसुत, उषाकर, उषेश, ऊषाकर, ऋक्षनाथ, ऋक्षपति, ऋक्षराज, ऋक्षेश, एणतिलक, एणभृत्, एणलान्छन, एणांक, ओषधिगर्भ, ओषधिधर, ओषधिनाथ, ओषधिपति, ओषधीश, कलंकी, कलन्धर, कलाकर, कलाधर, कलानाथ, कलानिधि, कलाप, कलाभृत्, कलामुख, कलावान्, कान्त, कान्तिभृत्, कामवल्लभ, कुमुदनाथ, कुमुदपति, कुमुदबन्धु, कुमुदबाँधव, कुमुदरंजन, कुमुदसुहृद, कुमुदिनीनाथ, कुमुदिनीपति, कुमुदेश, कैरवबन्धु, कैरवी, कोकहर, कौमुदीपति, क्लेदु, क्षणदाकर, क्षणाकर, क्षपानाथ, क्षपापति, क्षयी, क्षीरज, क्षीराब्धिज, क्षीरोदतनय, क्षीरोदनन्दन, खग, खचमस, खदिर, खिदिर, खसिन्धु, गो, गौर, ग्रहनेमि, ग्रहपति, ग्रहराज, ग्रहाग्रेसर, ग्लौ, छायांक, छायाभृत्, छायामाण, छायामृगधर, जयन्त, जलज, जलधिज, जलमय, जुहुराण, जुहूराण, जुहूवाण, जैवातृक, ज्योत्स्नेश, तपस, तपोराज, तमिनाथ, तमिपति, तमीनाथ, तमीपति, तमीश, तमोनुद्, तमोनुद, तमोहर, ताराधिप, ताराधिपति, ताराधीश, तारानाथ, तारापति, तारापीड, तारेश, तिजिल, तिथिप्रणी, तुंगीपति, तुंगीश, तुषारकर, तुषारकिरण,

तुषारद्युति, तुषारमूर्ति, तुषाररश्मि, तुषारांशु, तुहिनकर, तुहिनकिरण, तुहिनगु, तुहिनद्युति, तुहिनरश्मि, तुहिनांशु, तृपत्, त्रिनेत्रचूडामणि, दक्षजापति, दधिज, दधिजात, दधिसुत, दर्शविपत्, दशवाजी, दशाश्व, दाक्षायणीपति, दोषाकर, द्रुमेश्वर, द्विज, द्विजपति, द्विजराज, द्विजेन्द्र, द्विजेश, धम, ध्वान्तशात्रव, ध्वान्ताराति, नक्षत्रनाथ, नक्षत्रनेमि, नक्षत्रप, नक्षत्रपति, नक्षत्रराज, नक्षत्राधिपति, नक्षत्री, नक्षत्रेश, नक्षत्रेश्वर, नगपति, नभश्चमस, निशाकर, निशाकान्त, निशाकेतु, निशाधीश, निशानाथ, निशापति, निशामणि, निशारत्न, निशिकर, निशिनाथ, निशिनायक, निशिपति, निशिपाल, निशीथिनीपति, निशीथिनीशु, निशेश, नीध्न, नीलभ, नेत्रयोनि, पक्षचर, पक्षज, पक्षजन्मा, पक्षधर, पतम, पतस, पपि, पपी, परिजन्मा, परिज्वा, पर्वधि, पिंज, पीयूषद्युति, पीयूषधामा, पीयूषभानु, पीयूषमयूख, पीयूषमहा, पीयूषरुचि, पीयूषवर्ष, पूर्णमास, प्रभाकर, प्रालेयरश्मि, प्रालेयांशु, भग्नात्मा, भरण्यु, भवशेखर, भासन्त, भुवन्य, भेन, मन्दकान्ति, म, मनसिज, मनोभूत, मन्मथबन्धु, मयंक, मस्करी, महताब, माकलि, माह, माहताब, मृगटंक, मृगधर, मृगमित्र, मृगराज, मृगलक्ष्मा, मृगलांछन, मृगलोचन, मृगांक, यज्ञराट, यामिनीकान्त, यामिनीनाथ, यामिनीपति, यामिनीप्रकाश, यामीर, रजनीकर, रजनीकान्त, रजनीचर, रजनीपति, रजनीरमण, रजनीराज, रजनीश, रजनीसखा, रसपति, राकाचन्द्र, राकापति, राकारमण, राकेश, राजराज, रात्रिकर, रात्रिकार, रात्रिनाथ, रात्रिभुजंग, रात्रिमणि, रामरतन, रोहिणीकान्त, रोहिणीपति, रोहिणप्रिय, रोहिणीवल्लभ, रोहिणीश, लक्ष्मीसहज, लक्ष्मीसहोदर, वरालि, वर्णिका (स्त्री.), वलक्षगु, वसु, वाति, विकस, विकुस्र, विधु, विप्र, विप्राधिप, विबुध, विभावरीकान्त, विभावरीश, विभावसु, विभु, विभालात्मा, विरोक, विरोचन, विश्वपा, विश्वप्सा, विश्वलोचन, विहंग, विहंगम, विहग, वृक, वृषा, शंभुभूषण, शतमयूख, शमए शब अफ़्रोज, शर्वरीकर, शर्वरीदीपक, शर्वरीनाथ, शर्वरीपति, शर्वरीश, शशधर, शशबिन्दु, शशभृत्, शशलक्षण, शशलक्ष्मण, शशलांछन, शशविंदु, शशांक, शशांकित, शशि, शशी, शिवशेखर, शिशिरकर, शिशिरकिरण, शिशिरगु, शिशिरदीधिति, शिशिरमयूख, शिशिररश्मि, शिशिरांशु, शीतकर, शीतकिरण, शीतगु, शीतदीधिति, शीतद्युति, शीतभानु, शीतमयूख, शीतमरीचि, शीतरश्मि, शीतरुक्, शीतरुचि, शीतल, शीतांशु, शीताभ, शुचि, शुचिरोचि, शुभ्र, शुभ्रभानु, शुभ्ररश्मि, शुभ्रांशु, श्रीपुत्र, श्रीबन्धु, श्रीभ्राता, श्रीसहोदर, श्वेतद्युति, श्वेतधामा, श्वेतभानु, श्वेतमयूख, श्वेतरोचि, श्वेतबाजी, श्वेतवाहन, श्वेतांशु, श्वेतार्चि, समुद्रनवनीत, समुद्रनवनीतक, सव, सागरसूनु, सामुद्रबन्धु, सारस, सिन्धुजन्मा, सिन्धुनन्दन, सिन्धुपुत्र, सिन्धूत्य, सितकर, सितदीधिति, सितभानु, सितरश्मि, सितरुचि, सितांशु, सिताश्व, सिप्र, सुधांग, सुधांशु, सुधाकर, सुधागेह, सुधाघट, सुधादीधिति, सुधाधर, सुधाधाम, सुधाधामा, सुधाधार, सुधानिधि, सुधामृति, सुधामय, सुधामयूख, सुधामा, सुधायोनि, सुधारश्मि, सुधावर्ष, सुधावास, सुधावर्षी, सुधासदन, सुधासू, सुधासूति, सुवन, सृणि, सृप, सृप्र, सोम, सोमदेव, सोमराज, सोमा, स्थूम, स्नेहरेकभू, स्नेहु, स्मरसख, स्यन्द, हरचूड़ामणि, हरि, हरिणकलंक, हरिणधामा,

हरिणलक्षण, हरिणलांछन, हरिणांक, हरिणाक्ष, हासा, हिम, हिमकर, हिमकिरण, हिमगु, हिमदीधिति, हिमद्युति, हिमधामा, हिमभानु, हिममयूख, हिमरश्मि, हिमरुचि, हिमवान्, हिमसुत, हिमांशु, हिमोस्र, हृद्यांशु।

निष्कलंक चन्द्रमा : अकृष्ण।

शीतकालीन चन्द्रमा : सहस्यचन्द्र।

शरत् ऋतु का चन्द्रमा : शरच्चन्द्र, शरदिन्दु।

पूर्णिमा का चन्द्रमा : पूर्णचन्द्र, पूर्णेंदु, परिपूर्णेंदु, माहे कामिल, सकलेन्दु, समग्रेन्दु।

आधा चाँद : अर्धचन्द्र, अर्धेंदु, चन्द्रार्ध, शशांकार्ध।

कृष्णपक्ष का चन्द्रमा : जर्ण।

परिवा का चाँद : मासप्रमित।

दूज का चाँद : नया चाँद, नवचन्द्र, नवशशी, बालचन्द्र, बालचन्द्रमा, बालविधु, बालेन्दु, माहे नौ, हिलाल, हेलाल।

दूज के चाँद के नुकीले सिरे : चन्द्र श्रृंग, शशिकोटि (स्त्री.), शशिविषाण, श्रृंग, श्रृंगक, सोमराजी (स्त्री.)।

भाद्रपद के शुक्लपक्ष की चतुर्थी का चन्द्रमा जिसे देखना निषिद्ध है : नष्टचन्द्र।

आख़िरी चाँद, हिलाल, हेलाल।

वह आकाशीय उत्पात जिसमें दो चाँद दिखाई पड़ते हैं : प्रतिचन्द्र, प्रतिशशी।

चन्द्रमा का सदैव न दिखाई पड़ने वाला भाग : अग्रांश,

चन्द्रमा का अंश : सोमांश, सोमांशक।

चन्द्रमा का पथ : सोमवीथी (स्त्री.)।

चन्द्रमा का प्रतिबिम्ब : प्रतिमाचन्द्र।

चाँद का धब्बा : कलंक, मृगलेखा (स्त्री.), मृगांक, शंखप्रस्थ।

चन्द्रमा का गोलाकार रूप : चन्द्रगोल, चन्द्रबिम्ब, चन्द्रमंडल।

कभी-कभी चन्द्रमा के चारों ओर दिखाई पड़ने वाला घेरा : कुण्डल (बैठ.), चन्द्रमंडल, परिवेश, परिवेष, मंडल (बैठ.), विधुमंडल, शशिमंडल, हाला।

चन्द्रबिम्ब का सोलहवाँ भाग : चन्द्रकला (स्त्री.), चन्द्रभाग, चन्द्ररेखा (स्त्री.), चन्द्रलेखा (स्त्री.), इन्दुकला (स्त्री.), इन्दुकलिका (स्त्री.), इन्दुरेखा (स्त्री.), इन्दुलेखा (स्त्री), कला (स्त्री.), कुमुदकला (स्त्री.), शशिकला (स्त्री.), शशिखण्ड, शशिरेखा (स्त्री.), शशिलेखा (स्त्री.)।

चन्द्रमा की 16 कलाएँ : अमृता (स्त्री.); मानदा (स्त्री.); पूषा (स्त्री.); पुष्टि (स्त्री); तुष्टि (स्त्री.); रति (स्त्री.); धृति (स्त्री.); राशिनी (स्त्री.); चंद्रिका (स्त्री.); कान्ति (स्त्री); ज्योत्स्ना (स्त्री.); श्री (स्त्री.); प्रीति (स्त्री.); अंगदा (स्त्री.); पूर्णा (स्त्री.); पूर्णामृता (स्त्री.)।

कामशास्त्र के अनुसार चन्द्रमा की 16 कलाएँ : पूषा (स्त्री.); यशा (स्त्री.); सुमनसा (स्त्री.); रति (स्त्री.); प्राप्ति (स्त्री.); धृति (स्त्री.); ऋद्धि (स्त्री.); सौमा (स्त्री); मरीचि (स्त्री.); अंशुमालिनी (स्त्री.); अंगिरा (स्त्री.); शशिनी (स्त्री.); छाया (स्त्री.); संपूर्णमंडला (स्त्री.); तुष्टि (स्त्री.); अमृता (स्त्री.)।

चन्द्रमा के निकलने के पहले उसकी आभा का फैलना : चाँद का खेत करना।

चन्द्रमा का उदय होना–चन्द्रोदय होना–,चाँद का उगना–/निकलना–।

चन्द्रमा का ऊपर आना : चाँद चढ़ना–।

चन्द्रमा का अस्त होना–,चन्द्रास्त होना–,चाँद का डूबना–/छिपना–।

पूर्णिमा (स्त्री.), पूर्णमा (स्त्री.), पूर्णमासी (स्त्री.), पूर्णपदेन्दु, पूर्णा (स्त्री.), पूर्णिमासी (स्त्री.), पूनिऊँ (स्त्री.), पूनिवँ (स्त्री.), पूनो (स्त्री.), पंचदशी (स्त्री.), पक्षान्त, पर्व, पर्वणी (स्त्री.), पित्र्या (स्त्री.), पौर्णमास, पौर्णमासी (स्त्री.), पौर्णमी (स्त्री.), पौर्णिमा (स्त्री.), इन्दुमती (स्त्री.), राका (स्त्री.), शशितिथि (स्त्री.)।

मासानुसार पूर्णिमा : (वैशाख) वैशाखी (स्त्री.), विश्वस्तिा (स्त्री.), बुद्धपूर्णिमा (स्त्री.), राधा (स्त्री.), राधी (स्त्री.); (ज्येष्ठ) ज्यैष्ठी (स्त्री.); (आषाढ) आषाढी (स्त्री); गुरुपूर्णिमा (स्त्री.); (श्रावण) श्रावणी (स्त्री.); (भाद्र) भाद्रपदी (स्त्री.); भाद्री (स्त्री.); इन्द्रपूर्णमासी (स्त्री.); प्रोष्ठपदी (स्त्री.); प्रौष्ठपदी (स्त्री.); (आश्विन) अश्वत्था (स्त्री.); कोजागर, कोजागरी पूर्णिमा (स्त्री.); कौमुदी (स्त्री.); कौमुदीचार, भूतपूर्णिमा (स्त्री.); विजयपूर्णिमा (स्त्री.), शतपर्वा (स्त्री.), शरत्पर्व, शरत्पूर्णिमा (स्त्री.), शारदी (स्त्री.); (कार्तिक) कार्तिकी (स्त्री.), कौमुदी (स्त्री.), बाहुली (स्त्री.), महाकर्तिकी (स्त्री.), रासपूर्णिमा (स्त्री.); (अग्रहायण) आग्रहायणी (स्त्री.); (पौष) पौषी (स्त्री.), तैषी (स्त्री); (माघ) माघी (स्त्री.), कलियुगाद्या (स्त्री.); (फाल्गुन) फाल्गुनी (स्त्री.), अशोकपूर्णिमा (स्त्री.); (चैत्र) चैत्रावती (स्त्री.), चैत्री (स्त्री.), अजोता, कर्दमी (स्त्री.), कूर्दनी (स्त्री.), मदनध्वजा (स्त्री), सुवसन्त।

पूर्णिमा की रात : राका (स्त्री.) (दे.165)।

सहस्र चन्द्रदर्शन, पूर्णिमादर्शन।

चतुर्दशीयुक्त पूर्णिमा : अनुमति (स्त्री.)।

चन्द्रमा का क्षीण होना : विधुक्षय, कलाक्षय।

ग्रहण (दे.4)।

चन्द्रग्रहण, चन्द्रग्रह, चन्द्रोपराग, विधुपरिध्वंस, शशिग्रह, सोमग्रह, सोमग्रहण।

अमावस्या (स्त्री.), अमावस (स्त्री.), अमावास्या (स्त्री.), अमावसी (स्त्री.), अमावासी (स्त्री.), अमामसी (स्त्री.), अमामासी(स्त्री.), अमा (स्त्री.), कुहु (स्त्री.), कुहू (स्त्री), चन्द्रक्षय, दर्श, नष्टेन्दुकला (स्त्री.), पंचदशी (स्त्री.), पक्षान्त, पर्व, पितृदिन, पित्र्या (स्त्री), पूर्णा (स्त्री.), मासान्त, सूर्येंदुसंगम, सोमक्षय।

चतुर्दशीयुक्त अमावस्या : खर्विता (स्त्री.)।

जिस दिन सन्ध्या में चाँद न दिखाई पड़े : नये चाँद का दिन, अदर्श।

अमावस्या के बाद चन्द्रमा का फिर से निकलना : सोमोत्पत्ति (स्त्री.)।

अमावस्या की रात : अमानिशा (स्त्री.) (दे.165)।

चन्द्रालोक, चाँदनी (स्त्री.) (दे.7)।

चान्द्रमास (दे.160)। चान्द्रवर्ष (दे.160)।

चन्द्रकान्तमणि (दे.460)।

चन्द्रव्रत (दे.312)।

(पौरा.) चन्द्रलोक, सोमराज्य, सोमलोक।

चन्द्रमा की पत्नी : चन्द्रकान्ता (स्त्री.), चन्द्रदारा (स्त्री.), चन्द्रबाला (स्त्री.), चान्द्री (स्त्री.), विधुदार (स्त्री.), विधुप्रिया (स्त्री.)। रोहिणी आदि 27 नक्षत्र (दे.9)।

चन्द्रपुत्र : बुध (दे.10)।

चन्द्रमा के घोड़े : त्रिपन्न; वाम; व्योममृग; व्योमी; सहरुण।

वि. चन्द्र-सम्बन्धी, चान्द्र, चान्द्रक, चान्द्रमस, चान्द्रमसी (स्त्री.), चान्द्री (स्त्री.), ऐन्दव, वैधव, सौधाकर, सौम, सौमिक, सौम्य।

चन्द्रनिभ (दे.498), चन्द्रप्रभ। चन्द्रमुख, चन्द्रमुखी (स्त्री.), (दे.498)। चन्द्री (स्त्री)।

चन्द्रमायुक्त, सोमयुक्त, सोमवान्।

सोमज, सोमोद्भव।

(विप.) चन्द्रहीन, अचन्द्र, निश्चन्द्र, विचन्द्र।

7. चाँदनी

सं. चाँदनी (स्त्री.) (खिल, छिटक, फैल), चन्दक, चाँद की रोशनी, चाँदना, चन्द्रमा का प्रकाश, चन्द्रक, चन्द्रकर, चन्द्रकान्ता (स्त्री.), चन्द्रकान्ति (स्त्री.), चन्द्रकिरण, चन्द्रगोलिका (स्त्री.), चन्द्रज्योति (स्त्री.), चन्द्रद्युति (स्त्री.), चन्द्रपाद, चन्द्रपुष्पा (स्त्री.), चन्द्रप्रकाश, चन्द्रप्रभा (स्त्री.), चन्द्रबाला (स्त्री.), चन्द्रभा (स्त्री.), चन्द्ररेखा (स्त्री.), चन्द्रलेखा (स्त्री.), चन्द्रशाला (स्त्री.), चन्द्रशालिका (स्त्री.), चन्द्रांशु, चन्द्रातप, चंद्रिका (स्त्री.),चन्द्रालोक, चंद्रिकातप, चंद्रिमा (स्त्री.), चान्द्री (स्त्री.), अकल्का (स्त्री.), अमृततरंगिनी (स्त्री.), अमृतद्रव, इन्दुकर, उजाली (स्त्री.), उजियारी (स्त्री.), उजेला, उजोरा, कामवल्लभा (स्त्री), कुमुदकिरण (स्त्री.), कैरवी (स्त्री.), कौमुदिका (स्त्री.), कौमुदी (स्त्री.), जुन्हाई (स्त्री.), जोन्ह (स्त्री.), जोन्हाई (स्त्री.), जोन्हि (स्त्री.), जोंधैया (स्त्री.), ज्योत्सना (स्त्री), तुहिन, दीपिका (स्त्री.), महताब, माहताब, मालती (स्त्री.), शशिकर, शशिप्रभा (स्त्री.), शातपत्रक, शातपत्रकी (स्त्री.), शुआए माह (स्त्री.), सिता (स्त्री.), सिताबी (स्त्री.), सोमकर, सोमांशु, सोमाभा (स्त्री.), सौमी (स्त्री.), सौम्यी (स्त्री.)।

चाँदनी फैलना—चाँदनी का खेत करना—।

फैली हुई चाँदनी, चाँदनी का खेत।

घाव आदि पर चाँदनी का बुरा असर होना : चाँदनी मारना–।

ढलती रात की चाँदनी जिससे सवेरा होने का भ्रम होता है : मकरचाँदनी (स्त्री), मक्रचाँदनी (स्त्री.)।

चाँदनी रात (स्त्री.) (दे.165)।

शुक्लपक्ष, शुक्ल, शुक्लक, शशिपोषक, शुद्धपक्ष, अँजोरा/उजाला/उजेला पाख, ज्यौत्स्न, धवलपक्ष, सितपक्ष, सित, सिता (स्त्री.), सुदि (स्त्री.), सुदी (स्त्री.)।

पूर्णिमा (स्त्री.), (दे.6)।

चाँदनी में दिखाई पड़ने वाला इन्द्रधनुष : चन्द्रधनु।

कृष्णपक्ष, अँधेरा पाख (दे.17)।

वि. चंद्रिकायुक्त, ज्योत्स्नामय, ज्यौत्स्न।

चन्द्रकरोज्ज्वल, चन्द्रकरोद्भासित, चन्द्रालोकित, ज्योत्स्नालोकित।

ज्योत्स्नास्नात, कौमुदीस्नात।

8. आकाशगंगा

सं. आकाशगंगा (स्त्री.), (दे.319), आकाशनदी (स्त्री.), अजगव, अजगाव, अजपथ, अजवीथि (स्त्री.), अजवीथी (स्त्री.), अभ्रगंगा (स्त्री.), कहकशाँ, खगंगा (स्त्री), खापगा (स्त्री.), गगनसिन्धु (स्त्री.), गगनापगा (स्त्री.), छायापथ, डहर, देवकुल्या (स्त्री.), देवपथ, देवपद्मिनी (स्त्री.), नभःसरित् (स्त्री.), नभोनदी (स्त्री.), नभोवीथी (स्त्री.), भद्रा (स्त्री.), विबुधतटिनी (स्त्री.), विबुधनदी (स्त्री.), विबुधापगा (स्त्री.), वियद्गंगा (स्त्री.), व्योमगंगा (स्त्री.), व्योमसरित् (स्त्री.), व्योमसरिण (स्त्री.), सिद्धसरित् (स्त्री.), सुरदीर्घिका (स्त्री.), सुरनिर्झरिणी (स्त्री.), सुरपथ, सुरस्रवन्ती (स्त्री.), सोमधारा (स्त्री.), स्वर्गनदी (स्त्री.), स्वर्गपथ, स्वर्गमार्ग, स्वातिपंथ, स्वातिपथ, हाथी की राह, Galaxy।

नीहारिका (स्त्री.), Nebula।

ग्रहीय नीहारिका (स्त्री.), Planetary Nebula।

9. नक्षत्र

सं. नक्षत्र, अख़्तर, उडु, ॠक्ष, खेचर, गगनचर, गगनेचर, चन्द्रदारा (स्त्री.), ज्योति (स्त्री.), ज्योतिषी, ज्योतिष्क, तारक, तारका (स्त्री.), तारा, तारिका (स्त्री.), दक्षकन्या (स्त्री.), दक्षजा (स्त्री.), दक्षतनया (स्त्री.), दक्षसुता (स्त्री.), दाक्षायणी (स्त्री.), द्युषत्, द्युसत्, द्योति (स्त्री.), भ, भासन्त, भासन्ती (स्त्री.), रात्रिज, व्योमचर, सितारा, स्तृ।

नक्षत्र का अस्त होना–,तारा डूबना–।

नक्षत्रपुंज, नक्षत्रमाला (स्त्री.), नक्षत्रसमूह, ज्योतिर्मंडल, तारकपंक्ति (स्त्री.), तारकपुंज, तारागण, तारामंडल, तारावली (स्त्री.), तारासमूह, भसमूह।

गुच्छे में दिखाई पड़ने वाला तारासमूह : कचपचिया (स्त्री.), कचपची (स्त्री.), गिचपिचा (स्त्री.), गुच्छातारा।

नक्षत्रों का विशिष्ट समूह : नक्षत्रगण।

ध्रुवगण : रोहिणी (स्त्री.); उत्तराषाढा (स्त्री.); उत्तरभाद्रपदा (स्त्री.); उत्तरफाल्गुनी (स्त्री.)।

तीक्ष्णगण : मूला (स्त्री.); आर्द्रा (स्त्री.); ज्येष्ठा (स्त्री.); अश्लेषा (स्त्री.)।

उग्रगण : पूर्वाषाढा (स्त्री.); पूर्वफाल्गुनी (स्त्री.); पूर्वभाद्रपदा (स्त्री.); भरणी (स्त्री); मघा (स्त्री.)।

लघुगण : हस्ता (स्त्री.); अश्विनी (स्त्री.); पुष्या (स्त्री.)।

मृदु गण : अनुराधा (स्त्री.); चित्रा (स्त्री.); मृगशिरा (स्त्री.); रेवती (स्त्री.)।

मृदुतीक्ष्णगण : विशाखा (स्त्री.); कृत्तिका (स्त्री.)।

चरगण : श्रवणा (स्त्री.); धनिष्ठा (स्त्री.); शतभिषा (स्त्री.); पुनर्वसु; स्वाति (स्त्री)।

वरुणमंडल : अश्लेषा (स्त्री.); आर्द्रा (स्त्री.); उत्तरभाद्रपदा (स्त्री.); पूर्वाषाढा (स्त्री); मूला (स्त्री.); रेवती (स्त्री.); शतभिषा (स्त्री.)।

तीन-तीन नक्षत्रों के बीच का रिक्त स्थान : नक्षत्रवीथि (स्त्री.)।

नागवीथि (स्त्री.) : स्वाति (स्त्री.); भरणी (स्त्री.); कृत्तिका (स्त्री.)।

गजवीथि (स्त्री.) : रोहिणी (स्त्री.); मृगशिरा (स्त्री.); आर्द्रा (स्त्री.)।

ऐरावतवीथि (स्त्री.) : पुनर्वसु; पुष्या (स्त्री.); अश्लेषा (स्त्री.)।

वृषभवीथि (स्त्री.) : मघा (स्त्री.); पूर्वाफाल्गुनी (स्त्री.); उत्तराफाल्गुनी (स्त्री.)।

गोवीथि (स्त्री.) : अश्विनी (स्त्री.); पूर्वाभाद्रपदा (स्त्री.); उत्तराभाद्रपदा (स्त्री.)।

जरद्गववीथि (स्त्री.) : श्रवणा (स्त्री.); धनिष्ठा (स्त्री.); शतभिषा (स्त्री.)।

मृगवीथि (स्त्री.) : अनुराधा (स्त्री.); ज्येष्ठा (स्त्री.); मूला (स्त्री.)।

अजवीथि (स्त्री.), अजावीथि (स्त्री.) : हस्ता (स्त्री.); विशाखा (स्त्री.); चित्रा (स्त्री.)।

दहनावीथि (स्त्री.) : पूर्वाषाढा (स्त्री.); उत्तराषाढा (स्त्री.); रेवती (स्त्री.)।

चरनक्षत्र : धनिष्ठा (स्त्री.); पुनर्वसु; श्रवणा (स्त्री.); स्वाती (स्त्री.)।

ध्रुवतारा, ध्रुवतारक, ध्रुव, ध्रू, अहिक, उत्तानपादज, औत्तानपाद, औत्तानपादि, ग्रहाधार, ग्रहाश्रय, ज्योतिरथ, द्युतिकर, नक्षत्रनेमि।

भोर का तारा, सुकवा, शुक्र (दे.10), शुक्रतारा।

साँझ का तारा, सन्ध्यातारा, सान्ध्य तारा।

वह नक्षत्र जिसमें क्षौरकर्म निषिद्ध हो : अक्षौरिथ।

27 नक्षत्रों का समूह, नक्षत्रपुंज, मनाज़िले क़मर (स्त्री.) :

1. अश्विनी (स्त्री.), अश्वकिनी (स्त्री.), अश्वत्थ, अश्वयुक् (स्त्री.), तनुगृह, बालिनी (स्त्री.), वालिनी (स्त्री.), वाजिभ, शुतैन-नतूह।

2. भरणी (स्त्री.), भरण, भरण्य, अपभरणी (स्त्री.), यमदेवता, यमनक्षत्र, यमेश, याम्या (स्त्री.), बुतैन।

3. कृत्तिका (स्त्री.), कचपचिया (स्त्री.), कचपची (स्त्री.), अग्निदेवा (स्त्री.), अग्निनक्षत्र, अग्निभ, अनल, आग्नेय, आयुष्मान्, दहन, दहनर्क्ष, बहुला (स्त्री.), हौतभुज, सुरैया।

4. रोहिणी (स्त्री.), ध्रुव, प्राजापत्य, प्राजेश, ब्राह्मी (स्त्री.), शकटाह्वा (स्त्री.), दबरान।

5. मृगशिरा (स्त्री.), मृगशिर, मृगशीर्ष, मृगराज, मृगलक्ष्मा, मृगलान्छन, आग्रहायणी (स्त्री.), इन्दु, इन्दुभ, ऐन्दव, चन्द्र, चान्द्रमस, तारामृग, शशीदेव, सोमदैवत, सौम्य, सौम्या (स्त्री.), हक़आ।

6. आर्द्रा (स्त्री.), आद्रा (स्त्री.), शिवदैव, हनआ।

7. पुनर्वसु, अदिति (स्त्री.), यामक, ज़िराअ।

8. पुष्य, पुष्या (स्त्री.), इन्द्रपुरोहिता (स्त्री.), गुरुदैवत, गुरुभ, जैव, तिष्य, योग्य, वाचस्पति, सिध्य, नस्रा।

पुष्य में चन्द्रमा का स्थित होना : पुष्ययोग।

पुष्य में सूर्य का स्थित होना : पुष्यार्क।

पुष्ययोग में विहित स्नान : पुष्यस्नान, पुष्याभिषेक।

9. अश्लेषा (स्त्री.), आश्लेषा (स्त्री.), आश्रेषा (स्त्री.), अहि, अहिदेव, अहिदैवत, औरग, नाग, नागनक्षत्र, नागनायक, भुजंग, भुजंगम, सार्प, सार्प्य, तर्फ़ा।

10. मघा (स्त्री.), मघ, अघा (स्त्री.), पितृदैवत, पित्र्य, वृषभा (स्त्री.), जब्हा।

11. पूर्वाफाल्गुनी (स्त्री.), पूर्वफाल्गुनी (स्त्री.), पूर्वफल्गुनी (स्त्री.), प्राक्फल्गुनी (स्त्री.), फाल्गुनी (स्त्री.), फल्गुनी (स्त्री.), योनिदेवता, ज़ुब्रा।

12. उत्तराफाल्गुनी (स्त्री.), उत्तरफाल्गुनी (स्त्री.), अर्क, ध्रुव, फाल्गुनी (स्त्री.), फल्गुनी (स्त्री.), भगदैवत, वृषभा (स्त्री.), सर्फ़ा।

13. हस्ता (स्त्री.), हस्त, हथिया, उपचित्रा (स्त्री.), कुंजर, सवितादेवत, सवितादैवत, सवित्र, अव्वा।

14. चित्रा (स्त्री.), सिमाक।

15. स्वाती (स्त्री.), स्वाति (स्त्री.), अनिल, उपचित्रा (स्त्री.), प्राभंजन, मृगवाहन, वायव्व, वासुदेव, अफ़रा।

16. विशाखा (स्त्री.), द्वीश, राधा (स्त्री.), शक्राग्नि, ज़ुबाना।

17. अनुराधा (स्त्री.), मैत्र, इक्लील।

18. ज्येष्ठा (स्त्री.), ऐन्द्र, ऐन्द्री (स्त्री.), पुरन्दर, पौरन्दर, रोहिणी (स्त्री.), शक्र, शक्रदैवत, शाक्र, क़ल्ब।

19. मूला (स्त्री.), मूल, आस्रप, नैऋत, नैऋत्य, नैर्ऋत, विचृतौ, शौला।

20. पूर्वाषाढा (स्त्री.), आषाढा (स्त्री.), जल, जलदेव, जलपति, जलाधिदैवत, तोय, तोयेश, नआइम।

21. उत्तराषाढा (स्त्री.), आषाढा (स्त्री.), ध्रुव, विश्वदेव, विश्वदैवत, वैश्वी (स्त्री), बल्दा।

22. श्रवणा (स्त्री.), श्रवण, श्रोणा (स्त्री.), अनन्त, विष्णु, विष्णुऋक्ष, विष्णुदेवत, विष्णुभ, वैष्णवी (स्त्री.),सा-देज़ाबेह।

23. धनिष्ठा (स्त्री.), धन, धनवती (स्त्री.), भूतिनिधान, वसुदेवत, वसुदेव, वसुदैवत, वसुदेव्या (स्त्री.), वसुभ, वासव, श्रविष्ठा (स्त्री.), बुला।

24. शतभिषा (स्त्री.), शतभिष, शतभिषक्, शतभिषज्, शततारका (स्त्री.), शततारा, तोयेश, वरुणदेव, वरुणदैवत, वरुणेश, वारुण, आवूबिया।

25. पूर्वभाद्रपदा (स्त्री.), पूर्वाभाद्रपदा (स्त्री.), प्रोष्ठपदा (स्त्री.), प्रौष्ठपदा (स्त्री), अजदेवता, भाद्रपदा (स्त्री.), सऊद।

26. उत्तरभाद्रपदा (स्त्री.), उत्तराभाद्रपदा (स्त्री.), उत्तरप्रोष्ठपदा (स्त्री.), ध्रुव, प्रोष्ठपदा (स्त्री.), प्रौष्ठपदा (स्त्री.), भाद्रपदा (स्त्री.), मुक़द्दम।

27. रेवती (स्त्री.), अन्त्य, अन्तयभ, नीध्न, पौष्ण, मुअख़्ख़र।

पुरुष नक्षत्र : पुनर्वसु; पुष्य; मूल; मृगशिरा; श्रवण, हस्त। सप्तर्षि, सप्तर्षि-मंडल, ऋक्षमंडल, चित्रशिखण्डी, बहुलिका (स्त्री.), Great Bear।

सप्तर्षि के सात ऋषि/तारे : शतपथ ब्राह्मण के अनुसार—अंगिरा; अत्रि; क्रतु; पुलस्त्य; पुलह; मरीचि; वसिष्ठ। महाभारत के अनुसार—अत्रि; कश्यप; गौतम; जमदग्नि; भरद्वाज; वसिष्ठ; विश्वामित्र।

अगस्त्य, अगस्ति (दे.303, 34), Conopus।

अगस्त्योदय।

अगस्त्य का मार्ग : अगस्त्यचार, अगस्त्यमार्ग।

अभिजित्, बैतुलहूत, Vega।

लुब्धक, Sirius।

शिशुमार, Delphinus।

कालापुरुष, Orion।

खगाश्व, Pegasus।

गरुड, Aquila।

नक्षत्र का भ्रमण-पथ : नक्षत्रपथ, भकक्षा (स्त्री.), भगोल, सुरवीथी (स्त्री.)।

नक्षत्रविद्या (स्त्री.), खगोलविद्या (स्त्री.), खगोलविज्ञान, खगोलिकी (स्त्री.), खविद्या (स्त्री.), गणित ज्योतिष, ज्योतिषशास्त्र, ज्योतिःशास्त्र, ज्योतिर्विद्या (स्त्री.), Astronomy।

खगोलज्ञ, खगोलविज्ञानी, खगोलवेत्ता, गणित ज्योतिषी (दे.387), ज्योतिःशास्त्री, ज्योतिषशास्त्री, ज्योतिषी, ज्योतिर्विद, Astronomer।

क्रान्तिवृत्त में आने वाला विशेष तारा समूह : राशि (स्त्री.), ऋक्ष, क्षेत्र, गृह, भ, भवन, Zodiac।

बारह प्रकार की राशियाँ :

1. मेष, अज, क्रिय, ग्राम्य, छाग, भौमराशि (स्त्री.), The Ram, Aries।

2. वृष, वृषभ, अनडुह, अनड्वान, उक्षा, गो (स्त्री.), गोपति, ग्राम्य, तवुरु, ताउरी, तावुरि, सौर, The Bull, Taurus।

3. मिथुन, ग्राम्य, जितुम, जित्तम, जित्म, जुनुम, नृयुग, युग्म, The Twins, Gemini।

4. कर्क, कर्कट, कर्कटक, कर्की, कुलीर, कुलीरक, चन्द्रगृह, सरतान, The Crab, Cancer।

5. सिंह, अर्कक्षेत्र, मृगाराति, मृगेन्द्र, लेय, हरि, The Lion, Leo।

6. कन्या (स्त्री.), अंगना (स्त्री.), कुमारी (स्त्री.), पाथोन, प्राथेन, प्राथोन, प्लवगा (स्त्री.), युवति (स्त्री.), सुंबुला (स्त्री.), The Virgin, Virgo।

7. तुला (स्त्री.), तुलाधर, तौलि (स्त्री.), तौली, जूक, धट, धटी, वणिकपथ, वणिज्, The Balance, The Scale, Libra।

8. वृश्चिक, अक़रब, अलि, कीट, कौर्पि, कौर्प्य, भौमराशि (स्त्री.), The Scorpion, Scorpio।

9. धनु, धन्वी, कार्मुक, कोदण्ड, गुरुभ, चाप, चापी, जैव, तौक्ष, तौक्षिक, हय, हयांग, The Archer, Sagittarius।

10. मकर, मृग, मृगमुख, मृगास्य, आकोकेर, एणदृक्, जलरूप, झष, पंगुग्राह, The Goat, Capricorn।

11. कुम्भ, कुम्भधर, घट, हृद्रोग, The Water Bearer, Aquarius।

12. मीन, मत्स्य, अन्त्य, अन्तयभ, अनिमिष, इत्थ, गुरुभ, चेत्थ, जैव, झष, The Fishes, Pisces।

राशिचक्र, अक्षवृत्त, गगनचर, नक्षत्रचक्र, भगण, भचक्र, भमंडल, भवर्ग, Zodiac।

दो राशियों के बीच का नक्षत्र : सन्ध्यर्क्ष।

नक्षत्रयुक्त राशिचक्र : ज्योतिश्चक्र।

चरराशि (स्त्री.), चर, चरगृह, चरभ, चरभवन : कर्क; तुला (स्त्री.); मकर; मेष।

अचर राशि (स्त्री.), अचर, स्थिर राशि (स्त्री.), कुम्भ; वृश्चिक; वृष; सिंह।

जल राशि (स्त्री.) : कर्क; कुम्भ; मकर; मीन।

पुरुष राशि (स्त्री.) : कुम्भ; तुला (स्त्री.); धनु; मिथुन, मेष।

राशि का स्वामी ग्रहं : राशिपति, राशिप, भवनपति।

राशि में ग्रह का स्थिति-काल : राशिभोग।
राशि के उदयकाल का दिनांश : लग्न।
लग्न का उदयकाल : लग्नोदय।
लग्न का स्वामी ग्रह : लग्नेश।
राशिनाम।
राशिफल।
फलित ज्योतिष, होरा, होराशास्त्र, Astrology।
ज्योतिषी, होराविद् (दे.387), Astrologer।
तारों का टिमटिमाना–नक्षत्र उन्मीलन, नक्षत्रोन्मीलन, Scintillation of star।
तारों की रोशनी, नक्षत्रज्योति (स्त्री.), नक्षत्रालोक।
तारों की छाँह में।

उल्का (स्त्री.), उल्कुषी (स्त्री.), कलुक्का (स्त्री.), टूटता तारा, लुक, लूक, विद्युत् (स्त्री.), Meteor।

उल्का का गिरना–उल्कापात (हो.), तारा टूटना–तारापतन, लूक गिरना–, लूक टूटना–।

उल्कावृष्टि (स्त्री.) (हो.), अग्न्युत्पात, तारावर्ष, नक्षत्रवृष्टि (स्त्री.), meteor shower।

उल्कापिण्ड, उल्कापाषाण, उल्काश्म, अनलशिला (स्त्री.), स्फुरदुल्का (स्त्री.), Metorite, Meteor stone।

उल्का धारा (स्त्री.), meteor stream।
उल्का पथ, meteor trail।
उल्काभ, meteoroid।
दीप्त उल्का (स्त्री.), fireball।
सूक्ष्म उल्कापिण्ड, micrometeoroid।
दिन में गिरनेवाली उल्का : दिवोल्का (स्त्री.)।

धूमकेतु, धूम, धूमकेतन, कबन्ध, केतु, केतुतारा, झाड़ू, पुच्छलतारा, पूँछलतारा, बढ़नी (स्त्री.), विकेश, वितार, शिखावान्, comet।

विभिन्न धूमकेतु : चलकेतु; जलकेतु; तामसकीलक; पद्मकेतु; भवकेतु; रश्मिकेतु।
केतुनाभि (स्त्री.), Necleus।
केतुपुच्छ, tail।
नक्षत्र विशेष में ग्रहयोग : नक्षत्रयोग।
नक्षत्र विशेष पर ग्रह विशेष के स्थिति-काल की गणना : नक्षत्रसाधन।
ग्रह विशेष का एक नक्षत्र से दूसरे पर जाना : नक्षत्रसंधि (स्त्री.)।
नक्षत्रांकित मनुष्याकृति : नक्षत्रपुरुष।

नक्षत्र विशेष में विहित व्रत : नक्षत्रव्रत।

नक्षत्र विशेष में विहित दान : नक्षत्रदान।

अथर्ववेद का एक कल्प : नक्षत्रकल्प।

नक्षत्र-सम्बन्धी चक्र : नक्षत्रचक्र; नक्षत्रव्यूह; शतपदचक्र।

क्षितिज से तारे की ऊँचाई नापने का यन्त्र : कमान (स्त्री.)।

वेधशाला (स्त्री.), वेधालय, आकाशलोचन, जन्तर, जन्तर-मन्तर, मानमंदिर, यन्त्रगृह, यन्त्रशाला (स्त्री.), Observatory।

कृत्रिम नभोमंडल, ग्रहघट, ताराघर, तारामंडल, नक्षत्रशाला (स्त्री.), planetarium।

(पौरा.) नक्षत्रलोक।

ध्रुवलोक, ज्योतिर्लोक।

वि. नक्षत्र-सम्बन्धी, नक्षत्रिय, नाक्षत्र, नाक्षत्रिक, नाक्षत्रिकी (स्त्री.)।

नक्षत्रयुक्त, सर्क्ष।

तारकाखचित, तारकाशोभित, तारकित, तारकी।

ताराभ।

तारों से प्रकाशित, स्फुटतार, स्फुटतारक।

अश्विनी-सम्बन्धी, आश्विनेय।

फाल्गुनी-सम्बन्धी, फाल्गुनिक।

फाल्गुनी नक्षत्र में उत्पन्न : फाल्गुन।

आषाढा नक्षत्र में उत्पन्न : आषाढीय।

श्रवणा नक्षत्र में उत्पन्न : विष्णुज।

प्रोष्ठपदा नक्षत्र में उत्पन्न : प्रोष्ठपाद, प्रौष्ठपाद।

आर्द्रा नक्षत्र में उत्पन्न : आर्द्रक।

मूल नक्षत्र में जन्मा : मुरहा, मुलहा।

10. ग्रह

सं. ग्रह, अम्बरचारी, आकाशचारी, खग, खचर, खचारी, खपिण्ड, खेचर, गगनगति, गगनचर, गगनविहारी, गगनाध्वग, ज्योतिष्क, द्युचर, द्युषत्, द्युसत्, नभचर, नभश्चर, नभोगति, नभोगामी, भ, सैयार, सैयारा, Planet।

ताराग्रह : मंगल; बुध; बृहस्पति; शुक्र, शनि।

पापग्रह, अतिक्रर, क्रूरग्रह : केतु; मंगल; रवि; राहु; शनि।

विशिष्ट दशा का स्थायी ग्रह : दशाधिपति।

जिस ग्रह का फल भोगा जा रहा हो : चलित ग्रह, भोगदशा।

लग्न का स्वामी ग्रह : लग्नेश, अंगाधिप, अंगाधीश।

वर्ष विशेष में जल का स्वामी ग्रह : जलाधिप।

सौरमंडल के ग्रह :

बुध, बोधन, इन्दुज, इन्दुनन्दन, इन्दुपुत्र, एकांग, कुमार, चन्द्रकुमार, चन्द्रपुत्र, चन्द्रसम्भव, चन्द्रसुत, चन्द्रात्मज, चन्द्री, चान्द्रमसायन, चान्द्रमसायनि, चांद्रि, ज्ञ, तारापुत्र, तारेय, पंचार्चि, प्रहर्षण, प्रहर्षुल, राजपुत्र, रोधन, रोहिणीतनय, रोहिणेय, वर्चा, विद्, विबुध, वृश्चिकेश, वैधव, शशांकज, शशांकसुत, शशिज, शशितनय, शशिपुत्र, शशिसुत, श्यामांग, श्रविष्ठाज, श्रविष्ठाभू, सोमबन्धु, सोमभू, सोमराजसुत, सोमसुत, सौमायन, सौम्य, सौम्यग्रह, हिमरश्मिज, हिम्न, हिम्ना, हेम, हेमा, हेम्न, Mercury।

शुक्र (दे.303, 145), आस्फुजित, उजाले का तारा, सिताहव्य, सुकवा, Venus।

पृथ्वी (स्त्री.) (दे.11), Earth।

मंगल, महीज, महीपुत्र, महीसुत, माहेय, अंगार, अंगारक, अजपति, अकनिज, अवनिसुत, असृक्, असृग्ग्रह, आर, आवनेय, आषाढाभव, आषाढभू, ऐल, ऐलविल, ऐलेय, कुज, कुजग्रह, कुजन्मा, कुमार, कुसुत, क्रूरदृक्, क्रूराक्ष, क्षमाज, क्षितिज, क्षितितनय, क्षितिनन्दन, क्षितिसुत, गगनोल्मुक, धरणिज, धरणिपुत्र, धरणिसुत, धरात्मज, धरापुत्र, धरासूनु, पृथ्वीज, पृथ्वीपुत्र, भूपुत्र, भूमिज, भूमिपुत्र, भूसुत, भौम, रक्तांग, रुधिर, लोहित, लोहितक, लोहितांग, लोहिताधिप, वक्र, वर्षार्चि, शिवधर्मज, शोण, Mars।

बृहस्पति, गुरु, गौर, ग्रहराज (दे.303, 257), चारु, Jupiter।

शनि, शनैश्चर, शौरि, श्रुतश्रवानुज, अनिलप्रकृति, अर्कज, अर्कतनय, अर्कनन्दन, अर्कपुत्र, अर्कसुत, अर्कसूनु, असित, आदित्यसूनु, आर, आर्कि, काल, कोण, क्रूरदृक्, क्रूरलोचन, क्रूरात्मा, क्रोड, ग्रहनायक, छायापुत्र, तपनतनय, तरणितनय, तरणिसुत, दिनकरतनय, दिनकरसुत, दिनेशात्मज, दैवाकरि, नीलवसन, नीलवासा, पातंगि, ब्रह्मण्य, ब्राह्मण्य, भानुज, भानुसुत, भास्करि, मन्द, यम, रविज, रवितनय, रविनन्द, रविनन्दन, रविपुत्र, रविसुत, रविसूनु, रेवतीभव, वक्र, संज्ञासुत, सवितातनय, सवितापुत्र, सवितासुत, सप्तांशुपुंगव, सप्तार्चि, सहस्रांशज, सूरज, सूरपुत्र, सूरसुत, सूर्यज, सूर्यतनय, सूर्यनंदन, सूर्यपुत्र, सूर्यसुत, सौरि, स्थिरगति, Saturn।

अन्धा तारा, जलदेव, समुद्रदेव, Neptune।

उरण, नीरपति, वरुण, Uranus।

यम, यमग्रह, यमनक्षत्र, Pluto।

नवग्रह :

सूर्य (दे.4), Sun।

चन्द्र (दे.6), Moon।

मंगल (दे.10), Mars।

बुध (दे.10), Mercury।

बृहस्पति (दे.10), Jupiter।

शुक्र (दे.10), Venus।

शनि (दे.10), Saturn।

राहु, अकाय, अगु, अभ्रपिशाच, अभ्रपिशाचक, अमृतचौर, अर्करिपु, असुर, अहि, उपप्लव, उपराग, कबन्ध, खण्डपर्शु, ग्रहकल्लोल, ग्रहावमर्दन, तम, तमा, तिमिरमय, दानव, देवताड, देवताडक, धूमग्रह, भरणीभू, भुजंगम, मरुवक, मलयज, महाग्रह, मुखशेष, विधुन्तुद, शशांकशत्रु, सिंहिकातनय, सिंहिकापुत्र, सिंहिकासुत, सिंहिकासूनु, सिंहिकेय, सुरारि, सैंहिक, सैंहिकेय, स्वर्भानु, हिरंगु, Dragon's Head।

केतु, अकच, अश्लेषाभव, अश्लेषाभू, आर्द्रालुब्धक, धूमकेतु, धूम्रवर्ण, ब्रह्मसुत, शिखावान्, शिखी, श्वेतकेतु, Dragon's Tail।

पुरुष ग्रह : मंगल; सूर्य; बृहस्पति।

अचल ग्रह, निश्चित तारा, स्वोपधि।

क्षुद्र ग्रह, ग्रहिका (स्त्री.), Planetoid, asteroid।

उपग्रह, Satellite।

कृत्रिम उपग्रह, मानवनिर्मित उपग्रह। भू-उपग्रह, Earth Satellite।

स्पुतनिक, Sputnik।

उपग्रह की कक्षा का पृथ्वीतल से सर्वाधिक दूर बिन्दु : भूमि-उच्च, अपभू, apogee।

उपग्रह की कक्षा का पृथ्वीतल से सर्वाधिक निकट बिन्दु : भूमि-नीच, उपभू, perigee।

उड़नतश्तरी (स्त्री.), flying saucer, UFO : Unidentified flying object।

अन्य ग्रह, ग्रहान्तर।

ग्रहमंडल, ग्रहसमूह।

ग्रह निकाय, planetary system।

ग्रहाणु, नक्षत्रखण्डक, planetesimal।

ग्रहगति (स्त्री.), ग्रहीय गति (स्त्री.), planetary motion।

ग्रहपथ (दे.294), कक्ष, कक्षा (स्त्री.), Orbit।

ग्रह को सूर्य की परिक्रमा में लगनेवाला समय : ग्रहवर्ष।

ग्रहों की स्थिति का ज्ञान प्राप्त करना : ग्रहवेध।

ग्रह-नक्षत्र देखने का यन्त्र विशेष : अक्षमापक।

ग्रहवर्णना (स्त्री.), planetography।

ग्रहविज्ञान, planetology।

उच्चस्थ ग्रह, तुंगी।

वक्र ग्रह, वक्र; वक्री ग्रह, वक्री।

शुभ ग्रह, अतिमित्र।

वर्ष का अधिपति ग्रह : वर्षपति, वर्षप।

ग्रहदेवता : सूर्य-अग्नि; चन्द्र-जल; मंगल-कार्तिकेय; बुध-विष्णु; बृहस्पति-इन्द्र; शुक्र-इन्द्राणी; शनि-प्रजापति।

ग्रहदशा (स्त्री.) (दे.389)।

ग्रहदोष, ग्रहगति (स्त्री.)।

ग्रहपीडा (स्त्री.), ग्रहपीडन, ग्रहबाधा (स्त्री.), ग्रहामय।

ग्रहयज्ञ, ग्रहयाग।

ग्रहशान्ति (स्त्री.)।

ग्रहों का दान लेनेवाला ब्राह्मण : भँडरिया, भड्ड, भड्डर, भड्डरी।

किसी राशि के एक ही अंश पर एकाधिक ग्रहों का एकत्र होना : ग्रहयोग, ग्रहयुति (स्त्री.)।

ग्रहयोग : ग्रहशृंगाष्टक; अधम; अधिमित्र।

चन्द्रमा के साथ एकाधिक ग्रहों का योग : ग्रहसमागम।

अनेक ग्रहों का योग : ग्रहसंगम।

कर्क राशि में वृहस्पति और चन्द्रमा का एकत्र होना : गुरुचान्द्रीय योग।

ग्रह का एक राशि से दूसरी राशि में प्रवेश : संचार।

ग्रहों का परस्पर विरोध : ग्रहयुद्ध, ग्रहमर्द, ग्रहावमर्दन।

ग्रहविचारी, ज्योतिषी (दे.387)।

वि. ग्रह-सम्बन्धी, ग्रहीय।

बृहस्पति-सम्बन्धी, जैव।

11. पृथ्वी

सं. पृथ्वी (स्त्री.), पृथिवी (स्त्री.), प्रथवी (स्त्री.), प्रथिवी (स्त्री.), प्रियदत्ता (स्त्री), पंचगुणी (स्त्री.), पर्वतकीला (स्त्री.), पर्वताधारा (स्त्री.), पहुम (स्त्री.), पहुमि (स्त्री.), पहुमी (स्त्री.), पांशुला (स्त्री.), पांसुला (स्त्री.), अम्बरस्थली (स्त्री.), अग्निगर्भा (स्त्री), अचलकीला (स्त्री.), अचला (स्त्री.), अदिति (स्त्री.), अद्रिकीला (स्त्री.), अनन्ता (स्त्री), अपारा (स्त्री.), अब्धिद्वीपा (स्त्री.), अर्णवनेमि (स्त्री.), अवनि (स्त्री.), अवनी (स्त्री.), अवाङनिरय, अविषी (स्त्री.), अव्यथिषी (स्त्री.), अहि, इडा (स्त्री.), इडिका (स्त्री.), इरा (स्त्री.), इला (स्त्री.), इलिका (स्त्री.), उदधिमेखला (स्त्री.), उदधिवस्त्रा (स्त्री.), उर्वरा (स्त्री.), उर्वी (स्त्री.), औ (स्त्री.), कान्ता (स्त्री.), काश्यपी (स्त्री.), कुंभिनी (स्त्री.), कु (स्त्री.), केलिशुचि (स्त्री.), क्षमा (स्त्री.), क्षान्ता (स्त्री.), क्षा (स्त्री.), क्षामा (स्त्री.), क्ष्मा (स्त्री.), क्षिता (स्त्री.), क्षिति (स्त्री.), क्षुणी (स्त्री.), क्षोणि (स्त्री.), क्षोणी (स्त्री.), क्षौणि (स्त्री.), क्षौणी (स्त्री.), खण्डिनी (स्त्री.), खल,

खस्तनी (स्त्री.), गन्धमाता (स्त्री.), गन्धवती (स्त्री.), गिरिकर्णिका (स्त्री.), गो (स्त्री.), गोत्रकीला (स्त्री.), गोत्रा (स्त्री.), गौरी (स्त्री), ग्मा (स्त्री.), ग्लौ, चतुरन्ता (स्त्री.), चरता (स्त्री.), चला (स्त्री.), जन्तुमती (स्त्री.), जगद्वहा (स्त्री.), जीवधानी (स्त्री.), जीवा (स्त्री.), ज्या (स्त्री.), तप्तायन, तविषी (स्त्री), ताविषी (स्त्री.), तावीषी (स्त्री.), तूँगी (स्त्री.), तोयनीवी (स्त्री.), दक्षा (स्त्री.), देवयजनी (स्त्री.), दैतेयमेदजा (स्त्री.), दैत्यमेदजा (स्त्री.), द्वीपवती (स्त्री.), धरणि (स्त्री.), धरणी (स्त्री.), धरती (स्त्री.), धरा (स्त्री.), धरित्री (स्त्री.), धात्री (स्त्री.), धारयित्री (स्त्री.), धारिणी (स्त्री.), धृत्वरी (स्त्री.), धेनु (स्त्री.), निवेशनी (स्त्री.), निश्चला (स्त्री.), नृतु (स्त्री.), बलजा (स्त्री.), बला (स्त्री.), बीजसू (स्त्री.), भद्रा (स्त्री.), भुव (स्त्री.), भूतधरा (स्त्री.), भूधात्री (स्त्री.), भूतधारिणी (स्त्री.), भूतमात्रिका (स्त्री.), भूतसाधनी (स्त्री.), भूमा (स्त्री.), भूरिक् (स्त्री.), भूरिक (स्त्री.), भूर्णि (स्त्री.), मधुजा (स्त्री.), महाकान्ता (स्त्री), महासहा (स्त्री.), महास्थली (स्त्री.), महि (स्त्री.), मही (स्त्री.), माता (स्त्री.), मेदिनी (स्त्री.), मौली (स्त्री.), यला (स्त्री.), रत्नगर्भा (स्त्री.), रत्नप्रभा (स्त्री.), रत्नवती (स्त्री), रत्नसू (स्त्री.), रत्नसूति (स्त्री.), रसपति, रसा (स्त्री.), वल्लि (स्त्री.), वसनार्णवा (स्त्री), वसुन्धरा (स्त्री.), वसुदा (स्त्री.), वसुधा (स्त्री.), वसुधान, वसुधारिणी (स्त्री.), वसुमती (स्त्री.), वाराहि (स्त्री.), विपुला (स्त्री.), विश्वंभरा (स्त्री.), विश्वंभरी (स्त्री.), विश्वगन्धा (स्त्री.), विश्वधारिणी (स्त्री.), विश्वधेना (स्त्री.), विश्वसहा (स्त्री.), विश्वा (स्त्री.), व्योमस्थली (स्त्री.), शरणि (स्त्री.), शरणी (स्त्री.), शाश्वती (स्त्री.), शुषिरा (स्त्री.), शैलधारा (स्त्री.), सप्तद्वीप, सप्तलोकी (स्त्री.), समुद्रकांची (स्त्री.), समुद्रनेमि (स्त्री), समुद्रनेमी (स्त्री.), समुद्रमालिनी (स्त्री.), समुद्रमेखला (स्त्री.), समुद्ररसना (स्त्री.), समुद्रवल्लभा (स्त्री.), समुद्रवसना (स्त्री.), समुद्रान्ता (स्त्री.), समुद्रांबरा (स्त्री.), समुद्रावरणा (स्त्री.), सर्पभृता (स्त्री.), सर्वसहा (स्त्री.), सहा (स्त्री.), सहुरि (स्त्री.), सागरधरा (स्त्री), सागरनेमि (स्त्री.), सागरनेमी (स्त्री.), सागरमेखला (स्त्री.), सागरान्ता (स्त्री.), सागरांबरा (स्त्री.), सितवराहतिय (स्त्री.), सितवराहपत्नी (स्त्री.), सुगंधिमाता (स्त्री.), सुत्रामा (स्त्री.), सुधा (स्त्री.), सुरभि (स्त्री.), सुरावती (स्त्री.), सुरावनि (स्त्री.), सूकरप्रेयसी (स्त्री.), स्थगणा (स्त्री.), स्थाया (स्त्री.), स्वसू (स्त्री.), हला (स्त्री.), हिरण्यदा (स्त्री), हेमा (स्त्री.)।

दुनिया (स्त्री.), दुनियाँ (स्त्री.), दुःखग्राम, दुःखलोक, दुःखसागर, दुःखायतन, अ, अगजग, अधिलोक, अनिर्वचनीय, आफ़रीनिश (स्त्री.), आलम, ख़लंक, ख़लक़, ख़ल्क, खल्के ख़ुदा, चराचर, नरंधि, पिष्टप, ब्रह्मविभूति (स्त्री.), ब्रह्मस्तंभ, भुवन, भूर्, मख़लूक़ात (स्त्री.), लोक, लोकाकाश, वरा (स्त्री.), विश्व, विष्टभ, वैष्ट्र, संसार, सराए फ़ानी, सृष्टि (स्त्री.), स्थूलप्रपंच।

पृथ्वीमंडल, पृथिवीमंडल, कुवलय, क्षमामंडल, क्षितिमंडल, धरणिमंडल, धरणीमंडल, भूगोल, भूगोलक, भूमंडल, महीमंडल।

पृथ्वीतल, पृथिवीतल, अवनितल, अवनीतल, उर्वीतल, क्षमातल, क्षितितल, धरातल, भूतल (दे.11), भूपटल, भूपृष्ठ (दे.12), भूमि (स्त्री.), भूमितल, महीतल, रूए ज़मीं, वसुधातल, सतहेज़मीं (स्त्री.), खुली ज़मीन, अनावृत भूमि (स्त्री.), स्थण्डिल।

चौड़ी-चकरी/चौरस/सपाट/हमवार ज़मीन।

सफरचट/सफाचट/चटियल/चटैल मैदान।

भूखण्ड, भूभाग, भूमिभाग (दे.172)।

स्थान (दे.172); स्थल (भूमि मात्र); स्थला (स्त्री.), (कृत्रिम भूमि); स्थली (स्त्री), (प्राकृतिक भूमि)।

भू (स्त्री.), भूमा, भूमि (स्त्री.), उरा (स्त्री.), (दे.12), उर्वरा (स्त्री.), ऊर्वरा (स्त्री), ज़मीन (स्त्री.), धरती (स्त्री.)।

पृथ्वीलोक, पृथिवीलोक, इहलोक, जीवलोक, नरधि, नरपुर, नरलोक, नृलोक, भूर्लोक, भूलोक, मध्यलोक, मनुष्यलोक, मर, मर्त, मर्त्यलोक, मृत्युलोक।

विश्व का आरंभ : लोकादि, लोक-सृष्टि (स्त्री.), सर्ग, आदिसर्ग।

स्थलभाग, स्थल, थल।

जलभाग, जल (दे.18)।

जल-स्थल, जल-थल, तरी-खुश्की (स्त्री.)।

पृथ्वी का व्यास : भूकर्ण।

पृथ्वी की परिधि : भूपरिधि (स्त्री.), भूवलय।

पृथ्वी की धुरी।

पृथ्वी की गति : दैनिक गति (स्त्री.); वार्षिक गति (स्त्री.)।

पृथ्वी का परिभ्रमण-मार्ग : कक्ष (दे.294)।

पृथ्वी की छाया : भूचर्या (स्त्री.), भूच्छाय, भूच्छाया (स्त्री.)।

सर्दी-गर्मी के विचार से विषुवत् रेखा के समानान्तर पृथ्वी के पाँच विभागों में से एक : कटिबन्ध, Zone।

उष्ण कटिबन्ध, Torrid zone; उत्तरी व दक्षिणी शीतोष्ण कटिबन्ध, temperate zone; उत्तरी व दक्षिणी शीत कटिबन्ध, freezed zone।

पृथ्वी की ठोस परत : भूपर्पटी (स्त्री.), crust।

भूपर्पटी के नीचे का उबलता हुआ पदार्थ : शैलमूल, magma।

धरती का भीतरी भाग : भूगर्भ, अन्तर्भूमि (स्त्री.)।

भूगोल, भूगोलविद्या (स्त्री.), भूगोलशास्त्र, Geography।

प्राकृतिक भूगोल, physical geography।

भूजननिकी (स्त्री.), भूतत्त्व, भूरचनाशास्त्र, geogony।

भूज्ञान, रचनाभौमिकी (स्त्री.), geognosy।

भूभौतिकी (स्त्री.), भूभौतिकशास्त्र, geophysics।

भूगतिविज्ञान, भूगतिकी (स्त्री.), geodynamics।

भूविज्ञान, भौमिकी (स्त्री.), भूर्गर्भविद्या (स्त्री.), भूगर्भशास्त्र, भूतत्त्वविज्ञान, भूतत्त्वशास्त्र, भूवृत्त, भूविद्या (स्त्री.), geology।

भूकंप (आ.), भूचाल, भूडोल, भूप्रकंप, भूमिकंप, भूमिकंपन, भूमिचल, भूमिचलन, भूमिप्रचल, क्षितिकंप, ज़लज़ला, पृथिवीकंप, लरज़ा, earthquake, seism।

भूकंपनीयता (स्त्री.), seismicity।

भूकंपलेखन यन्त्र, भूकंपलेखी, भूकंपसूचक यन्त्र, seismography।

भूकंपमापक यन्त्र, भूकंपमापी, seismometer।

अधिकेन्द्र, epicntre।

भूकंप-पट्टी (स्त्री.), भूकंप-मेखला (स्त्री.), भूकंप-वलय, earthquake belt.

भूकंपविज्ञान, seismography, seismology।

(पौरा.) पृथ्वी के सात खण्ड : सप्तद्वीप (दे.35)।

सं./वि. भूगोलज्ञ, भूगोलविद्, भूगोलवेत्ता, भूगोलशास्त्री।

भूजननिकीवेत्ता, भूतत्वविद्, भूरचनाशास्त्री।

भूज्ञानविद्, रचनाभौमिकीविद्।

भूभौतिकीविद्, भूभौतिकशास्त्री।

भूगतिविज्ञानी, भूगतिकीविद्।

भूगर्भविद्याविद्, भूगर्भशास्त्री, भूतत्त्वविज्ञानी, भूतत्त्वशास्त्री, भूविज्ञानी, भूवैज्ञानिक, भूविज्ञानविद्, भूविद्याविद्, भूवृत्तविद्, भौतिकीविद्।

वि. पार्थिव, और्व।

भूमंडलीय, भौगोलिक, भूगोलीय।

धरातलीय, भूतलीय।

भौम, भौमिक, भौम्य।

संसार के लिए : अनीश्वर।

दुनियबी, दुनियाबी, अत्रक, अदिव्य, अनात्मक, इहलौकिक, ऐहलौकिक, ऐहिक, जागतिक, भवी, मर्त्य, लौकिक, सांसारिक।

जगद्व्यापी, पृथ्वीव्यापी, विश्वव्यापी, संसारव्यापी।

भूगर्भीय, भौगर्भिक, अन्तर्भौम।

भूगर्भस्थ, भूगर्भस्थित, भूमिगत, अन्तर्भौम।

भूगोलशास्त्रीय, भौगोलिक।

भूतात्त्विक, भूरचनाशास्त्रीय।

भूभौतिक, भूभौतिकशास्त्रीय, भूभौतिकीय।

भूगतिक, भूगतिकीय।

भूगर्भविद्या-विषयक, भूगर्भशास्त्रीय, भूतत्त्ववैज्ञानिक, भूतत्त्वशास्त्रीय, भूविद्या-विषयक, भूवृत्तीय, भूवैज्ञानिक, भौमिकीय, भूकंपी, भूकंपीय, भूचाली, भौकांपिक।

12. मिट्टी

सं. मिट्टी (स्त्री.), मट्टी (स्त्री.), माटी (स्त्री.), मृत् (स्त्री.), मृत्तिका (स्त्री.), मृदा (स्त्री.), कोमल, ख़ाक (स्त्री.), शिलींध्री (स्त्री.),।

अच्छी/चिकनी/मुलायम/लसदार मिट्टी, मृत्सा (स्त्री.), मृत्स्ना (स्त्री.), मृदिनी (स्त्री.)।

खारी/नोनी/रेहवाली/लोनी मिट्टी, उष, ऊष, ऊषी (स्त्री.), कल्लर, कल्हर, क्षारमृत्तिका (स्त्री.), क्षारश्रेष्ठ, नोनछा, नोनछी (स्त्री.), नोनी (स्त्री.), रेह (स्त्री.)।

लाल/राती मिट्टी, रक्तमृत्तिका (स्त्री.), हिरमज़ी (स्त्री.), हिरमिज़ी (स्त्री.)।

मिट्टी के बरतन रँगने की लाल मिट्टी : कपसा, काबिस।

पीली मिट्टी, पिण्डोल।

काली/चिकनी/सोंठ मिट्टी, करैल (स्त्री.), करौता, कुम्हरौटी (स्त्री.), कृष्णमृत्तिका (स्त्री.), नीलमृत्तिका (स्त्री.)।

सफ़ेद मिट्टी (स्त्री.), छुही (स्त्री.), पाण्डुमृत् (स्त्री.), पाण्डुमृत्तिका (स्त्री.)।

बलुई/भुरभुरी मिट्टी, दोमट (स्त्री.)।

कँकड़ीली/कँकरीली मिट्टी।

सैलाबी मिट्टी (स्त्री.), जलोढ़ मृत्तिका (स्त्री.)/मृदा (स्त्री.)।

पोतनी मिट्टी, पेरा (स्त्री.)।

शौचादि के काम न आने वाली मिट्टी : अग्राह्या (स्त्री.)।

भूमि के ऊपरी तल के नीचे की मिट्टी : अधोभूमि (स्त्री.), अवभूमि (स्त्री.), अवमृदा (स्त्री.), subsoil।

हिमालय-शिखर की मिट्टी : कंकुष्ठ, कंगुष्ठ, पुलक, रंगदायक, विरंग, शोधक।

सुगंधित मिट्टी : आढकी (स्त्री.), कांक्षी (स्त्री.), काक्षी (स्त्री.), मृतालक।

मुलतानी मिट्टी (स्त्री.), आसंग।

खड़िया मिट्टी (स्त्री.), खड़िया (स्त्री.) (दे.585), खडिका (स्त्री.), खडी (स्त्री), खड़ी (स्त्री.), खरी (स्त्री.), खरिया (स्त्री.), खक्खट, कक्खटी (स्त्री.), कठिका (स्त्री), चूर्ण, दुधिया (स्त्री.), दुद्धी (स्त्री.), धवलमृत्तिका (स्त्री.), धातूपल, पाण्डुमृत् (स्त्री.), पाण्डुमृत्तिका (स्त्री.), शुक्लधातु (स्त्री.), श्वेतधातु (स्त्री.), सितोपल, सिलखड़ी (स्त्री), सिलखरी (स्त्री.), सेलखड़ी (स्त्री.), सुधापाषाण, सुधाशर्करा (स्त्री.)।

गेरू, गैरिक, गैरेय, गवेरुक, गिरिज, गिरिधातु (स्त्री.), गिरिमृत्, (स्त्री.), गिरिमृद्भव, अद्रिज, दलाढक, पत्रावलि (स्त्री.), पाण्डर, प्रत्यश्मा, वनधातु (स्त्री.), रक्तधातु

(स्त्री.), रामा (स्त्री.), लोहितमृत्तिका (स्त्री.), वनालक्त, वनालक्तक, शिला (स्त्री.), शिलाजतु, शैलसम्भूत, सुरंगधातु (स्त्री.)।

पीला गेरू, रक्तगैरिक, रक्तपाषाण, रक्तोपल, सुवर्णगैरिक, सोनगेरू, सोनागेरू, स्वर्ण, स्वर्णगैरिक, स्वर्णधातु (स्त्री.), स्वर्णनिभ, स्वर्णभूषण, स्वर्णमंडल, स्वर्णवर्ण।

रामरज।

गोपीचन्दन, तुवरिका (स्त्री.), तुवरी (स्त्री.), तूवरी (स्त्री.), तोमरिका (स्त्री.), पंकपर्पटी (स्त्री.), पर्पटी (स्त्री.), पार्वती (स्त्री.), पीतधातु (स्त्री.), मृत्तालक, सुरमृत्तिका (स्त्री.), सुराष्ट्रज, सुराष्ट्रजा (स्त्री.), सौराष्ट्र मृत्तिका (स्त्री.), सौराष्ट्रा (स्त्री.), सौराष्ट्री (स्त्री.)।

चीनी मिट्टी (स्त्री.), porcelain.

मिट्टी का ढेला, धोंधा, नेष्टु (दे.511.8), मृत्पिण्ड, लोंदा।

मिट्टी का ढेर, मृत्तिका-स्तूप, चय, ढूह, ढूहा, धुस्स, धूलिकुट्टिम, धूलिकेदार, भीट, भीटा (दे.32), वप्र।

धूल (स्त्री.), धूलि (स्त्री.), अणु, अपमर्द, क्षितिक्षोद, क्षोद, क्षोदित, ख़ाक, गरदा, गर्द (स्त्री.), गुबार, तुस्त, पांशु (स्त्री.), पांसु (स्त्री.), माटी (स्त्री.), मृत्स्न, रज (स्त्री), रेणु (स्त्री.), रेणुका (स्त्री.), रेता, वातकेतु, वातध्वज, वायुकेतु।

धूलिकण, किरण (स्त्री.), क्षितिकण, रजःकण, रजकण।

धूल का वह सूक्ष्मकण जो छेद से आये प्रकाश में दिखाई पड़ता है : त्रसरेणु (स्त्री.), अणुरेणु, रिक्षा (स्त्री.), सुरेणु, हेमरेणु।

धूल डालना–, धूल से ढँकना–, धुरियाना–।

धूल से ढँका जाना–, धुरियाना–।

ख़ाक-धूल (स्त्री.), धूल-धक्कड़, गर्द-गुबार।

धूल का बादल, धूँधर, धूँधुर।

धूल की परत, धूलिपटल, पांशुपटल, पांसुपटल।

धूल का ढेर, धूलधानी (स्त्री.), धूलिराशि (स्त्री.), खल, पांशुकुल, पांशुचामर, पांशुधान।

गीली/चिपचिपी मिट्टी : कीच, कीचड़, कचरधान, कद्दव, कर्द, कर्दट, कर्दम, काँदला (स्त्री.), इचिकिल, चहका, चिकिल, चिखल्ल, चीखर, जंब, जंबाल, जलकल्क, जहद, दलदल, दलाढय, विषद्वर, पंक, पलल, पाँक, शाद, सूद।

कीचड़ होना–, जहदना–।

पतला कीचड़ : लेवा, पंककर्बट।

कीचड़ का ढेर : हेल।

सूखकर कड़ी होने वाली गीली मिट्टी : कठमाटी (स्त्री.)।

पानी में तैरती कीचड़ की मोटी परत : फुमदी (स्त्री.)।

कंकड़, किरका, अँकरा (दे.31), चूर्णखण्ड, शर्कर, शर्करा (स्त्री.)।

कंकड़ी (स्त्री.), अँकरी (स्त्री.), अँकरोटी (स्त्री.), अँकरौरी (स्त्री.), किरकिटी (स्त्री.), किरकिरी (स्त्री.), चौरी (स्त्री.)।

कंकड़ के भेद : छर्रा; तेलिया; दूधिया; बिछुआ।

कँकड़ीलापन, किरकिराहट (स्त्री.)।

बालू (स्त्री.), बुलका (स्त्री.), इष्टगन्ध, पानीयचूर्णिका (स्त्री.), पानीयवर्णिका (स्त्री.), प्रलोभनी (स्त्री.), प्रवाही (स्त्री.), महासूक्ष्मा (स्त्री.), रेग (स्त्री.), रेणु (स्त्री.), रेणुका (स्त्री.), रेत (स्त्री.), रेतजा (स्त्री.), रेता, वारिवर्णक, वालुका (स्त्री.), विशिका (स्त्री.), शीतला (स्त्री.), सिकता (स्त्री.), सूक्ष्मशर्करा (स्त्री.), सूक्ष्मा (स्त्री.)।

बालुकाकण, शर्कर, शर्करा (स्त्री.), सिकताकण।

गरम रेत/धूल : भूभल (स्त्री.)।

भूमि (स्त्री.) (दे.11), भू (स्त्री.), क्षेत्र।

उपजाऊ/ज़रख़ेज़ ज़मीन (स्त्री.) (दे.693), उदरभूम, उदरभूमि (स्त्री.), उदङ्मृत्तिक, उर्वरा (स्त्री.), उर्वराभूमि (स्त्री.), धान्यभोग, धान्यवाप, प्ररोहभूमि (स्त्री.)।

दोमट ज़मीन (स्त्री.), काबर, खाभर।

काली मिट्टीवाली ज़मीन : कृष्णभूम।

मुलायम मिट्टीवाली ज़मीन : नरमट (स्त्री.)।

अनुपजाऊ/ऊसर ज़मीन (स्त्री.), आनुर्वरा भूमि (स्त्री.), इरण, इरिण, ईरिण, ऊष, ऊषर, ऊषी (स्त्री.), ऊसर, कल्हर, क्षारभूमि (स्त्री.), खारी/रेहचट/रेहवाली/लोनी मिट्टीवाली ज़मीन, टापड़, निर्गुण भूमि (स्त्री.), नोनचा, बंजर, बंजरिया (स्त्री.), बन्ध्या भूमि (स्त्री.), बूम, रापड़, रोषण, वीरिण।

बुरी ज़मीन, अक्षेत्र।

रोड़ेदार बलुई ज़मीन : फटका।

ऊबड़-खाबड़ ज़मीन : अरवोह।

ढेलों से भरी ज़मीन : धोण्डाल।

पथरीली ज़मीन, भाटा, भाठा।

जंगल।

जलोढ भूमि (स्त्री.), कच्छ (दे.693), कछार, पूरानीत भूमि (स्त्री.)।

बलुई/रेतीली ज़मीन, बलुआ, भूड़ (स्त्री.), रिहड़ी (स्त्री.), रेत (स्त्री.), रेता (दे.25), सिकता (स्त्री.)।

दलदल, अनूप, इचिकिल, कर्दमिनी (स्त्री.), जलप्राय भूमि (स्त्री.) (दे.22), जहदा, झाबर।

ऊँची ज़मीन, उपरवार, डूँगर, बाँगर, बागर, भीटा, रेकान।

ढूह, टेकर, टेकरा, टेकरी (स्त्री.) (दे.32)।

नीची ज़मीन, नीहल, निम्न, निम्नगत, खलार, खाल (स्त्री.), झाँवर, झावर, बील।

समतल भूमि (स्त्री.), सम, समदेश, समभूमि (स्त्री.), समस्थल, अटवी (स्त्री.), अतिभूमि (स्त्री.), टापा, परपट, मैदान।

मिट्टी का कटाव, मृदा-अपक्षरण, मृदा-अपरदन, भूक्षरण, soil erosion।

भूमि-संरक्षण, मृदा-संरक्षण, soil conservation।

ज़मीन का धसकना-(दे.454), भूमिस्खलन, भूस्खलन, शिलाखण्ड का गिरना–, landslide।

वि. मिट्टी का, मिटिया, मार्तिक, माहेय, मृण्मय, मृन्मय, ख़ाकी, भूमय।

गेरुआ, गैरिक (दे.505.11)।

धूलभरा, धूल-सना, धूलिधूसर, धूलिधूसरित, धूसर, धूसरित, अधिपांसुल, गर्दभरा, गर्दाना, गर्दाबार, परिगुण्डित, पांशुकृत, पांशुगुंठित, पांशुल, पांसुकृत, पांसुगुंठित, पांसुल।

(विप.) धूलिरहित, नीरज, नीरजा, नीरेणुक, विपांसुल, विरजस्क, विरजा।

कीचड़भरा, कीचड़दार, कीचवाला, कर्दमित, आविल, पंकदिग्ध, पंकभारक, पंकमय, पंकयुक्त, पंकिल, सजंबाल।

(विप.) पंकरहित, अनाविल, अपंकिल, निष्पंक।

कीचड़ में रहनेवाला : आनूपक, पंकेशय।

जिसके शरीर में कीचड़ लगा हो : पंकदिग्धांग।

कीचड़ में डूबा हुआ : पंकभाक्।

कीचड़ के कारण रपटीला : पंकपिच्छल।

बलुआ, बलसुम, बालुकामय, रेतला, रेतीला, सिकतामय, सिकतावान्, सिकतिल, सिकतोत्तर, सैकत, सैकती।

कंकड़ीला, कंकरीला, किरकिरा, शर्कराल, शार्कर, शार्करक, शार्करिक, शार्करीय।

ऊसर, अनूषर, ईरिण, ख़राबा, रेहवाला।

जो जुती न गयी हो : आकृषित, अकृष्ट।

दलदला, अनूप, आनूप।

मैदानी।

भूमिज, स्थलज।

भूचर, स्थलचर (दे.60)।

13. गुरुत्वाकर्षण

सं. गुरुत्वाकर्षण, अभ्याकर्षण, अभ्याकृष्टि (स्त्री.), भूम्याकर्षण, भ्वाकृष्टि (स्त्री), माध्याकर्षण, gravitation।

गुरुता (स्त्री.), गुरुत्व (दे.476), gravity।

आकर्षण-शक्ति (स्त्री.), (दे.249), आकृष्टि (स्त्री.), attraction।

गुरुत्वीय आकर्षण, gravitational attraction।
गुरुत्वीय कर्षण, gravitational pull।
गुरुत्वीय बल, gravitaional force।
गुरुत्वाकर्षण क्षेत्र, gravitational field।
गुरुत्वीय मापन, gravitational measurement।
गुरुत्वमापी, gravimeter।
वि. गुरुत्वीय।

14. प्रकृति

सं. प्रकृति (स्त्री.), अकृत, अजा (स्त्री.), अतींन्द्रिय, अदिति (स्त्री.), क़ुदरत (स्त्री.), निसर्ग, माया (स्त्री.) (दे.206; 300)।

जड़ प्रकृति (स्त्री.), अचित्, सरिश्त (स्त्री.)।

स्वभाव (दे.198), धर्म, मिज़ाज, संसिद्धि (स्त्री.)।

मूलगुण, गुण, तासीर (स्त्री.) (दे.534)।

सहज रूप, मूलरूप, स्वरूप, रूप (दे.634), प्रकृतिभाव।

वातावरण, माहौल, परिवेश, परिवेष, प्रतिवेश (दे.180), फ़िज़ाँ (स्त्री.), फ़ज़ा (स्त्री.)।

परिस्थिति (स्त्री.), स्थिति (स्त्री.), वस्तुस्थिति (स्त्री.) (दे.124)।

घेरा, दायरा, परिमंडल, परिवेष्टन (दे.487)।

अड़ोस-पड़ोस, पास-पड़ोस, प्रतिवेश, परिपार्श्व (दे.193); पर्यावरण।

प्रकृतिविज्ञान, प्रकृतिशास्त्र, प्राकृतिक विज्ञान, natural science।

प्रकृतिवाद, सहजवाद, naturalism।

परिवेशविज्ञान, परिवेशशास्त्र, परिस्थितिविज्ञान, पारिस्थितिकी (स्त्री.), ecology।

आबहवा (स्त्री.), आबोहवा (स्त्री.), जलवायु (स्त्री.), प्राकृतिक स्थिति (स्त्री.), मौसम (दे.156)।

मौसमविज्ञान, मौसमशास्त्र, जलवायुविज्ञान, ऋतुविज्ञान, आवाहिकी, meterology।

मौसम-रिपोर्ट (स्त्री.), दिन-विकृति-विवरण, weather report।

मौसम चार्ट, weather chart।

वातदर्शक मोर, वातसूचक, वातदिग्दर्शक, बादनुमा, weather-cock।

मौसम मानचित्र, weather map।

मौसम कार्यालय, मौसम दफ्तर।

मौसम विभाग।

सं./वि. प्रकृतिविज्ञानी, प्रकृतिशास्त्री, प्राकृतिक विज्ञानी।

प्रकृतिवादी, सहजवादी।

परिवेश विज्ञानी, परिवेशशास्त्री, परिस्थिति विज्ञानी, पारिस्थितिकीविज्ञ, ecologist।

मौसमविज्ञानी, मौसमशास्त्री, आवाहिकीविद्, meteorologist।

वि. प्राकृतिक, अकृत (दे.198), क़ुदरती, नैसर्गिक, स्वभावकृत्।

प्रकृत, अदम्भ, सहज, सांसिद्धिक, स्वाभाविक।

प्राकृत, प्रकृतिसिद्ध, निसर्गसिद्ध, स्वभावसिद्ध।

प्रकृतिज, निसर्गज, स्वभावज, स्वभावजनित।

प्रकृतिदत्त।

15. रोशनी

सं. रोशनी (स्त्री.) (कर. हो. फैल.), रोशनाई (स्त्री.), रौशनी (स्त्री.), अग्नि (स्त्री), आद्योत, आलोक (फैल.), उद्द्योत, उद्योत, काशि (स्त्री.), जलाल, ज्योति (स्त्री.), तेज, द्योत, द्योति (स्त्री.), द्योतन, नूर, प्रकाश (कर. हो. फैल.), प्रकाश्य, फ़रोग़, फ़र्र, भान, भाना–, वितामस, स्थूम।

उजाला (कर. हो. फैल.), उजालना–,उजास, उँजेरा, उँजेला, उजियाला, उजेला (कर. हो. फैल.), उँजोरी (स्त्री.), चाँदना।

अल्प प्रकाश, झुटपुटा, अंशुक (दे.17)।

किरण (स्त्री.), कर, अंशु, अभीशु, अभीषु, उस्र, गभस्ति, घृणि, दीधिति (स्त्री.), द्युत, धृष्णि (स्त्री.), पृश्नि (स्त्री.), पृष्णि (स्त्री.), प्रभाप्ररोह, मयूख, मरीचि, रश्मि (स्त्री.), शिपि, शुआअ (स्त्री.), स्यून, स्यूना (स्त्री.), स्यूम।

किरण का संघात केन्द्र : अग्रांशु।

कान्ति (स्त्री.), अरीक, अर्चि (स्त्री.), आभा (स्त्री.), आभाति (स्त्री.), आभास, उज्ज्वला (स्त्री.), उद्दीप्ति (स्त्री.), उद्भास, छटा (स्त्री.), छवि (स्त्री.), जलवा, जल्वा, झिल्लिका (स्त्री.), झिल्ली (स्त्री.), तेज, त्विट् (स्त्री.), त्विषा (स्त्री.), त्विषि (स्त्री.), दिविता (स्त्री.), दीपति (स्त्री.), दीप्ति (स्त्री.), द्युति (स्त्री.), द्युतिमा (स्त्री.), द्युम्न, प्रदीप्ति (स्त्री.), प्रद्योत, प्रभा (स्त्री.), प्रभान, प्रभास, भा (स्त्री.), भात, भाति (स्त्री.), भाम, भास् (स्त्री.), भास, भासता (स्त्री.), भास्वान, भ्राजथु, भ्राजि (स्त्री.), रुक् (स्त्री), रुचा (स्त्री.), रुचि (स्त्री.), रोचि (स्त्री.), लवणा (स्त्री.), वर्हि, विभा (स्त्री.), विभाति (स्त्री.), विभास, विभासा (स्त्री.), शुचि (स्त्री.), शोचि (स्त्री.), शोभा (स्त्री.) (दे.498)।

सुदीप्ति (स्त्री.), सुदीति (स्त्री.), सुप्रभा (स्त्री.)।

चमक (स्त्री.), चमकना–, चमक उठना–/जाना–,चमकीलापन, चमचमाहट (स्त्री.), चटक (स्त्री.), चटकीलापन, चिलक (स्त्री.), चिलकना–,आब (स्त्री.), ओप (स्त्री.),

ओपना–,कौंध (स्त्री.), कौंधा (स्त्री.), कौंधना–,जिला (स्त्री.), ताब (स्त्री.), दगदगाना–,दमक (स्त्री.), दमकना–, पानी, रौनक़ (दे.498), विरोक।

चमक-दमक (स्त्री.), आबोताब (स्त्री.), कान्ति-दीप्ति (स्त्री.), चाकचक्य, चाकचिक्य, दगदगाहट (स्त्री.)।

झलक (स्त्री.) (दे.26), झलकना–, झमक (स्त्री.), झमकना–, अनूकाश; झलकाना–, झमकाना–; जगजगाना–, जगमगाना–, जगमगाहट (स्त्री.); झलझल (स्त्री.), झलझलाना–, झलझलाहट (स्त्री.), झलमल, झलमलाना–; झिलमिल (स्त्री), झिलमिलाना–, झिलमिलाहट (स्त्री.), झिलमिली (स्त्री.); टिमटिमाना–।

उजलापन, उज्ज्वलता (स्त्री.), औज्ज्वल्य।

चिकनाहट (स्त्री.), चिकनावट (स्त्री.) (दे.643)।

स्पष्टता (स्त्री.), स्पष्ट होना–, स्फुटता (स्त्री.), स्फुटत्व, स्फुटन, स्फुरण, स्वच्छता (स्त्री.) (दे.492), परिस्फुटन, प्रकटता (स्त्री.), प्राकट्य (दे.489), प्राकाश्य।

उज्ज्वल होना–, उज्ज्वलन, उद्भासन, उद्योतन, आभासन, तेजन, दीपन, द्योतन, प्रकाशन, प्रदीपन, प्रद्योतन, प्रभापन, भासन, भ्राजन।

उज्ज्वल करना–, उजालना–, उजासना–, चमकाना–, चमकौवल (स्त्री.), चिलकाना–।

आलोकच्छटा (स्त्री.), आलोकधारा (स्त्री.), आलोकवर्षा (स्त्री.)।

किरणरेखा (स्त्री.), रश्मिरेखा (स्त्री.)।

प्रकाशपुंज।

ज्योतिर्वलय, तेजोवलय।

प्रभामंडल, प्रकाशकुण्डल, प्रकाशचक्र, परिवेश, छटामंडल, तेजोमंडल, दीप्तिचक्र, दीप्तिमंडल, halo।

प्रकाशदण्ड, beam of light।

रश्मिदण्ड, रश्मिमाला (स्त्री.), beam of rays।

स्फुरदीप्ति (स्त्री.), phosphorescence।

प्रतिदीप्ति (स्त्री.), fluorescence।

भोर का उजाला (दे.1617)

सूर्यालोक, धूप (स्त्री.) (दे.5)।

दिन की रोशनी, दिवालोक।

सन्ध्यालोक (दे.164)।

चन्द्रालोक, चाँदनी (स्त्री.) (दे.7)।

तारों की रोशनी, तारकालोक।

ध्रुवीय ज्योति (स्त्री.), मेरुज्योति (स्त्री.), aurora।

उत्तर ध्रुवीय ज्योति (स्त्री.), aurora borealis।

दक्षिण ध्रुवीय ज्योति (स्त्री.), aurora australis।

बिजली की रोशनी, विद्युतालोक (दे.519), विद्युतप्रकाश।

बिजली की कौंध/चमक/झलक/तड़प (दे.26), विद्योत।

चिनगारी (स्त्री.), स्फुलिंग (दे.517)।

लौ (स्त्री.) (दे.517)।

दीये की लौ, टेम (स्त्री.), दीपकलिका (स्त्री.), दीपकली (स्त्री.), दीपशिखा (स्त्री), दीपांकुर, संवर्ति (स्त्री.), संवर्तिका (स्त्री.)।

दीये की आँच, दीपाग्नि (स्त्री.)।

दीये की बत्ती, बत्ती (स्त्री.), झिल्ली (स्त्री.), तूली (स्त्री.), तैलमाली (स्त्री.), दीपकूपी (स्त्री.), दीपखोरी (स्त्री.), दीपवर्ति (स्त्री.), पिंजुल, पिंजूल, फ़तील, फ़तीला, फलीता, वचण्डा (स्त्री.), वचण्डी (स्त्री.), वरण्डा (स्त्री.), वर्ति (स्त्री.), वर्तिका (स्त्री.), वर्ती (स्त्री.), संवर्ति (स्त्री.), संवर्तिका (स्त्री.)।

बत्ती का जला हुआ सिरा : गुल (पड़. काट.), पतंगा, फुचड़ा, फूल।

गुल झड़ना–,दीये/चिराग़ का हँसना–।

गुल काटने की कैंची : गुलगीर, गुलतराश।

दीये की बत्ती उकसाने की लकड़ी : टहलनी (स्त्री.)।

दीप, दीपक, दीया (जल., बल., जला., बाल., बुझ., ठंढा हो. बढ़ा. ठंढा कर., बुझा.), दीआ, दिया, दिआ, दशाकर्ष, दशाकर्षी, दशेंधन, दोषातिलक, दोषास्य, अंजनकेश, अग्निशिखा, कज्जलध्वज, गृहमणि, चिराग़ (जल., बल., बुझ., गुल हो., उफ़ कर., गुल कर., बढ़ा.), चराग़, जटाज्वाल, तमोघ्न, तमोनुद्, तमोहपह, तिमिरहर, नयनोत्सव, पीतचंपक, प्रदीप, मल्लक, विदीपक, शमा (स्त्री.), शिखावान्, शिखी, शीतचंपक, शीतरम्य, सिराज, स्नेहप्रिय, स्नेहाश, स्नेहाशय।

चौमुखा दीया।

जलता दीपक : जागती कला (स्त्री.), जागती जोत (स्त्री.)।

छोटा दीया, दियली (स्त्री.), प्रदीपक, प्रदीपिका (स्त्री.)।

धुँधली रोशनीवाला चिराग़ : अन्धा चिराग़/दीया।

बुझता हुआ दीया, भोर का दीया, चिराग़े सहरी, चिराग़े सुबह।

दीपाधार, दीपध्वज, दीपपादप, दीपवृक्ष, दीपस्तंभ, दीअट (स्त्री.), दीयट (स्त्री.), दीवट (स्त्री.), दियट (स्त्री.), अश्मन्तक, कज्ज्लरोचक, कौमुदीवृक्ष, चक्रवाट, चिराग़दान, ज्योत्सना वृक्ष, पीलसोज, मल्लक, शिखातरु, शिखावृक्ष।

दीये का सामान रखने की डिबिया : दीपदानी (स्त्री.)।

दीया जलाने का काम : दीयाबत्ती (स्त्री.) (कर.), दियाबत्ती (स्त्री.), चिराग़बत्ती (स्त्री.) (कर.)।

दीयाबत्ती का समय : दीपकाल, सायंकाल (दे.164)।

साँझ का दीया, सन्ध्यादीप, सान्ध्यदीप।

देवता के आगे दीप जलाना : दीपदान (कर.) (दे.309)।

आरती उतारने का दीप : आरात्रिक (दे.309)।

कार्तिक में बाँस के सिरे पर बाँधकर जलाया जाने वाला दीप : आकाशदीप, आकाशप्रदीप।

दीपमाला (स्त्री.), दीपमालिका (स्त्री.), दीपावली (स्त्री.) (दे.318), चराग़ाँ।

रोशनी (स्त्री.), आलोकसज्जा (स्त्री.), दीपोत्सव।

ढिबरी (स्त्री.), ढेबरी (स्त्री.), डिबिया (स्त्री.), लंप, lamp।

लालटेन (स्त्री.), हरीकेन।

वह लालटेन जो आँगन में लटकायी जाय : मैदानी (स्त्री.)।

काग़ज़ आदि की बरनी लालटेन जिसमें दीया जलाकर लटकाते हैं : कन्दील (स्त्री), किन्दील (स्त्री.), कण्डील (स्त्री.)।

बड़ी कन्दील : फ़ानूस।

काग़ज़ के हाथी-घोड़ेवाला फ़ानूस : फ़ानूसे ख़्याल, फ़ानूसे ख़्याली।

कन्दील लटकाने का बाँस : कण्डोलिया (स्त्री.)।

छोटे-छोटे छेदोवाला घड़ा जिसमें दीया जलाकर घुमाया जाता है : झिंझिया (स्त्री)।

मोमबत्ती (स्त्री.), शमा (स्त्री.)।

सफ़ेद मोमबत्ती (स्त्री.), शमए काफ़ूरी (स्त्री.)।

बुझती हुई मोमबत्ती, भोर की मोमबत्ती, शम-ए-सहर (स्त्री.), शम-ए-सहरी (स्त्री)।

बुझी हुई मोमबत्ती, शम-ए-ख़ामोश (स्त्री.)।

सभा में जलनेवाली मोमबत्ती : शम-ए-अंजुमन (स्त्री.), शम-ए-बज़्म (स्त्री.), शम-ए-महफ़िल (स्त्री.)।

शमादान।

चौमुखा शमादान, फ़तीलसोज़, फ़तीलासोज़।

काँच का प्यालानुमा शमादान : फ़ानूस।

दीवारगीर (स्त्री.)।

टेबिल-लैंप। बेड-लैंप।

लैंप/लालटेन का शीशा : चिमनी (स्त्री.), फ़ानूस।

बत्ती (स्त्री.), रोशनी (स्त्री.), रौशनी (स्त्री.)।

गैस बत्ती (स्त्री.), गैसलाइट (स्त्री.), गैसपॉट, डेलाइट (स्त्री.)।

हैजक। पेट्रोमैक्स।

झाड़, झाड़फ़ानूस, झूमर, शाखिदीप, chandelier।

शीशे का झाड़। बिल्लौरी झाड़।

हण्डा, हँडिया, कूड़ा।

मशाल (स्त्री.), उलूक, उल्का (स्त्री.), उल्लुक, उल्कूषी (स्त्री.), कण्ठनीलक, ज्वाल, दहनोल्का (स्त्री.), लूक (दे.517), लूका, लूकी (स्त्री.)।

पाँच शाखाओं वाली मशाल : पंचशाखा, पंजशाखा, पंशाखा, पंसाखा, पनसाखा।

तिनकों की मशाल : तृणोल्का (स्त्री.)।

जलती हुई लकड़ी : लुआठी (स्त्री.), लुकाठी (स्त्री.) (दे.517)।

बिजली बत्ती (स्त्री.), electric light।

बल्ब, लट्टू, लैंप।

टंगस्टन लैंप। मर्करीवेपर लैंप। टयूबलाइट (स्त्री.), रॉड। नियन लाइट (स्त्री.)। फ्लुअरेसेंट लैंप, फ्लुअरेसेंट लाइट (स्त्री.)। वेपर लैंप। हैलोजन लैंप।

टॉर्च (स्त्री.), टॉर्चलाइट (स्त्री.)।

सर्चलाइट (स्त्री.), अन्वेषक प्रकाश, खोजबत्ती (स्त्री.), प्रकाशप्रक्षेपक।

प्रकाश-परावर्तक, परावर्तक, reflector।

लेंस, शीशे का ताल (दे.16)।

हेडलाइट (स्त्री.), अग्रदीप, बड़ी बत्ती, शिरोदीप।

साइडलाइट (स्त्री.), पार्श्वप्रकाश, बगलबत्ती (स्त्री.)।

बैकलाइट (स्त्री.), पश्चप्रकाश।

टेललाइट (स्त्री.), पिछली बत्ती (स्त्री.), पुच्छप्रकाश।

लैंडिंग लाइट (स्त्री.), अवतरण प्रदीप।

फ्लैश, कौंध (स्त्री.), क्षणदीप्ति (स्त्री.), चमक (स्त्री.)।

फ्लैशलाइट (स्त्री.), कौंधबत्ती (स्त्री.), क्षणदीप, क्षणप्रकाश।

फ्लैश-बल्ब। इलेक्ट्रॉनिक फ्लैश।

फ्लडलाइट (स्त्री.), ओघप्रकाश, परिप्रदीप्ति (स्त्री.), पूरप्रदीप्ति (स्त्री.)।

वाशलाइट (स्त्री.)।

स्पॉटलाइट (स्त्री.), केन्द्रक दीप, प्रकाशबिन्दु, बिन्दुप्रदीप। पुंजदीप, पुंजप्रकाश।

फुटलाइट (स्त्री.), पादप्रदीप। पाददीप, पादबत्ती (स्त्री.)।

आलोकपात, आलोकसंपात, किरणसंपात।

लाइटहाउस, कण्डोलिया (स्त्री.), दीपघर, दीपस्तंभ, प्रकाश स्तंभ, प्रकाश गृह।

एक्स-रे, एक्स-किरण (स्त्री.), क्ष-किरण (स्त्री.), पारदर्शी किरण (स्त्री.), रंटजन-किरण (स्त्री.)।

अल्ट्राबायोलिट रे, पराबैंगनी किरण (स्त्री.)।

इंफ्रा-रेड रे, अवरक्त किरण (स्त्री.)।

विकिरण (दे.16), radiation।

रेडियोऐक्टिविटी (स्त्री.), रेडियोऐक्टिवता (स्त्री.), रेडियोधर्मिता (स्त्री.),

रेडियो-सक्रियता (स्त्री.), तेजोद्गीरता (स्त्री.), विकिरणता (स्त्री.), विघटनाभिकता (स्त्री.)।

प्रकाशमिति (स्त्री.), photometry।

प्रकाशमापी, photometer।

प्रकाशविज्ञान, प्रकाश दृष्टिविज्ञान, प्रकाशिकी (स्त्री.), काशिकी (स्त्री.), दृष्टिविज्ञान, optics।

छलावा (खेल.), अगियाबैताल, उल्कामुख, कच्छप्रकाश, दीप्त्याभास, पिशाच दीपिका (स्त्री.), प्रेतपावक, मिथ्याग्नि (स्त्री.), मिथ्यादीप्ति (स्त्री.), लुक, लुकारी (स्त्री.), शैतानी आग (स्त्री.), will-o'-the wisp।

चकाचौंध (स्त्री.) (लग. हो.), चकाचौंधी (स्त्री.), चकचौंध (स्त्री.), चकचौंधना–, चकचौंधी (स्त्री.), चुँधलाना–, चुँधियाना–, चौंध (स्त्री.), चौंधना–,चौंधा, चौंधियाना–,तिरमिरा (लग.), तिरमिराना–, तिलमिल (स्त्री.), तिलमिलाना–, तिलमिलाहट (स्त्री.), तिलमिली (स्त्री.)।

वि. तेज़; मद्धिम; कम; हलकी; टिमटिम; टिमटिमाती; बुझती हुई (रोशनी)।

तीव्र; अधिक; मध्यम; अल्प; मन्द; क्षीण; निर्वापितप्राय (प्रकाश)।

प्रकाशित (कर. हो.), प्रकाशपूर्ण, प्रकाशमंडित (कर. हो.), प्रकाशमय, प्रकाशमान्, प्रकाशयुक्त, प्रकाशवान्, प्रकाशोज्ज्वल।

अतिशय प्रकाशित : अतिदीप्य, अधिदीधित।

आलोकित (कर. हो), आलोकमण्डित (कर. हो.), आलोकमय, आलोकयुक्त, आलोकोज्ज्वल।

ज्योतित, ज्योतिष्मान्, ज्योतिष्मती (स्त्री.), ज्योतिर्मय, ज्योतिर्मयी (स्त्री.)।

द्युत, द्युतित, द्युतिमन्त, द्युतिमान्, द्युमान्, द्योतित।

उद्द्योत, उद्द्योतित।

काशिक।

रोशन (कर. हो.), रौशन, नूरानी।

उजाला, उजास भरा, उजेरा, उजेला।

अन्धकाररहित, अतमा, अतमाविष्ट, अतमिस्त्र।

धुँधला (दे.477), तनुप्रकाश।

किरणमण्डित, किरणमय, करोज्ज्ल, अंशुमान्, अंशुल, गभस्तिमान्, घृणि, घृणी, भानुमत्, भानुमान्, मयूखी, मरीचिगर्भ, मरीची, रश्मिमय, शिपिविष्ट।

कान्तिमान्, कान्तियुक्त, आबदार।

स्थिरकान्तियुक्त, अचलत्विट्।

छटायुक्त, छवियुक्त।

शोभ, शोभक, शोभन, शोभी (दे.498)।

प्रभामण्डित, प्रभामय, प्रभात, प्रभापूर्ण, प्रभायुक्त, प्रभावान्, प्रभावती (स्त्री.), सुप्रभ।

आभात, आभायुक्त, आभावान्, आभासुर, आभास्वर।

रुक्म, रुचिधाम, रुचिर, रोचन, रोचमान्, रोचिष्णु।

तेजोमण्डित, तेजोमय, तेजोवान् (दे.401), तेजस्वी, त्वेष।

दीप्त, दीपित, दीप्तिमान्, दीप्यमान्, दीपी, दीप्र, विदीपित, विदीप्त, विदीप्ततेजा।

सुवर्चस, सुवर्चस्क।

प्रदीप्त, प्रद्युतित, प्रद्योतन।

सुदीप्त, सुदीति, सुदिव।

उद्दीप्त।

विभात, विभासित, विभ्राजित, विभ्राट्, विभर, विद्योत।

भात, भान्त, भामी, भासित, भासी, भासुर, भास्वर, भास्वान्, भास्वती (स्त्री.), भासन्त, भासमन्त।

उद्भासित, उद्भासी, उद्भासुर।

अर्चिमान्, अर्चिष्मान्।

भ्राजिष्णु, भ्राजी।

जलाली।

उजला, उजरा, उज्ज्वल, उज्ज्वलित, अत्युज्ज्वल, प्रोज्ज्वल, समुज्ज्वल

जाज्वल्यमान्, देदीप्यमान्।

अमिताभ, अमिततेजा, अमितद्युति।

स्वयंप्रकाश, स्वयंप्रभ (दे.349)।

चमकदार, चमकीला, चमकीली (स्त्री.), चमकता, चमचमाता, चमाचम, चमचम, चटकदार, चटकीला, चटकीली (स्त्री.), आरोचक, आरोचन, आबदार, जिलादार, ताबदार, दमकता, निर्धौत, पानीदार, प्रहासी, रौनक़दार, सशुक्र।

चमक-दमकवाला, आबोताबला, चाकचिक्यमय।

झलकदार, झलकता, झलकाता, झमकीला।

जगजग, जगरमगर, झलाझल, झलाबोर, झलमल, झलमला, झलमलाता।

झिलमिल, झिलमिला, झिलमिलाता।

टिमटिम, टिमटिमाता।

स्पष्ट, स्पष्टीकृत, सुस्पष्ट, स्वच्छ (दे.492), स्फुट, स्फुटित, स्फुरित, परिस्फुट, प्रकट (दे.489)।

चिनगारीभरा, चिनगारी निकालता, चिनगी छिटकाता, स्फुलिंगी।

अग्निप्रभ, अग्निभ, अग्नितेजा, अग्न्युज्ज्वल, अनलोज्ज्वल।

प्रकाशक, प्रकाशन, प्रदीपक, आलोककर, उद्द्योतकर, उद्द्योतकारी, काशिका (स्त्री.), दीपक, दीपिका (स्त्री.), द्युतिकर, द्योतक, द्योतन, भासक, भ्राजक, विद्योतक, विद्योतन, विद्योती, विभाकर, विभासक, विभासिका (स्त्री.)।

प्रकाश्य, उद्भासनीय, दीपनीय, भास्य।

रेडियोधर्मी, तेजोद्गारी, विघटनाभिक, radioactive।

शमा का : शमई (दे.505.4)।

सं./वि. मशालची, मसालची, उलूकधारी, उल्काधारी, उल्कावाही।

दीया दिखानेवाला : दीपवाहक।

अ. उजाले-उजाले।

चमचम, चमाचम; झलझल, झलाझल।

स्पष्टतः, स्पष्टतया, स्पष्ट रूप से, साफ़ तौर पर, साफ़-साफ़।

16. विकिरण

सं. विकिरण, radiation।

विकर, विक्षेप, विक्षेपण, विच्छुरण (दे.128), छिटकाना–,छितराना–; प्रसार, प्रसारण, फैलना–।

फैलाना–।

ऊर्जा-विकिरण। ऊष्मा-विकिरण। प्रकाश-विकिरण।

दीप्ति-विकिरण, दीप्ति-प्रसारण, किरण-स्फुरण, प्रभा-प्रसारण।

विकिरणता (स्त्री.) (दे.15), radioactivity।

विकिरणमापी, radiometer।

विकिरण चिकित्सा विज्ञान, विकिरणिकी (स्त्री.), एक्स-किरण, चिकित्सा विज्ञान, radiology।

परावर्तन, reflection।

प्रकाश-परावर्तन।

परावर्त, प्रतिफलन, प्रतिबिम्बन, प्रतिबिंबन।

परछाईं (स्त्री.), प्रतिच्छवि (स्त्री.), प्रतिच्छाया (स्त्री.), प्रतिछाँई (स्त्री.), प्रतिछाँह (स्त्री.), प्रतिछाँही (स्त्री.), प्रतिप्रभा (स्त्री.), प्रतिफल, प्रतिबिम्ब, प्रतिबिम्ब, प्रतिरूप, प्रतिरूपक, अकस, अक्स, आभाति (स्त्री.), आभास, छाया (स्त्री.) (दे.17), बिम्ब, विम्ब।

प्रकाशपरावर्तक, प्रतिक्षेपक, प्रतिफलक, reflector।

वर्तन, वक्रीकरण।

अपवर्तन, refraction।

अपवर्तनांकमापी refractometer।

मूर्ति (स्त्री.), image।

मिथ्या मूर्ति (स्त्री.), false image।

इन्द्रधनुष, इन्द्रकार्मुक, इन्द्रचाप, इन्द्रायुध, ऐरावत, कौशिकायुध, गोपचाप, गोर मदाइन, घनकोदण्ड, देवायुध, धनुक, मणिधनुष, रामधनुष, रोहित, वातरूप, वायुफल, वासवचाप, शक्रकार्मुक, शक्रचाप, शक्रधनु, शक्रधनुष, शक्रशरासन, शातक्रतव, सतरंगा, सुरकार्मुक, सुरचाप, सुरधनु, सुरपतिचाप, सुरराजशरासन, सुरेन्द्रचाप, सौत्रामणधनुष, हरिचाप, हरिधनुष, हरिहेति (स्त्री.), हर्यश्वचाप।

चाँदनी में दिखाई पड़ने वाला इन्द्रधनुष : चन्द्रधनु।

आईना, आत्मदर्श, आदर्श, आदर्शक, आदर्शन, आरसी (स्त्री.), अदर्श, कर्कर, कर्फर, छायाग्रह, दर्पण, मुकुर, मंकुर, मंडलक, मन्दर, शीशा, शीतचंपक, श्वेतचंपक, सुमुखी (स्त्री.)।

छोटा आईना : दरपनी (स्त्री.)।

गोल आईना : आदर्शबिम्ब, आदर्शमंडल।

हबाबी आईना।

ऐसा आईना जिसमें चेहरा साफ़ न दिखे : अन्धा आईना, अन्धा शीशा।

आईना बनाने वाला : आईनासाज़।

आतशी शीशा, आतशी आईना, अग्निगर्भ, अग्निमणि, दहनोपल।

शीशे का ताल, शीशे का पल्ला, lens।

आवर्धक लेंस, magnifying glass।

चश्मा, चशमा, चश्मक (स्त्री.), उपचक्षु, उपनेत्र, ऐनक (स्त्री.), spectacles, specs, glass।

धूप का चश्मा, goggles, sunglass।

बिना डण्डियों का चश्मा : नाक-पकड़ चश्मा, नासाग्रह उपनेत्र, पैशॉने।

एक पल्ले का चश्मा : एकोपाक्ष, monocle।

कॉनटैक्ट लेंस, contact lens।

चश्मा-विक्रेता, ऐनकफ़रोश।

चश्मा बनाने वाला, ऐनकसाज़।

दूरबीन (स्त्री.), दूरदर्शक यन्त्र, दूरदर्शन, दूरदर्शी, दूरनिरीक्षण, दूरवीक्षण यन्त्र, telescope।

पार्थिव दूरबीन (स्त्री.), terrestrial telescope।

द्विनेत्री, binocular।

नाट्य दूरबीन (स्त्री.), नाट्य दूरेक्षिका (स्त्री.), दूरेक्षिका (स्त्री.), opera glass।

खुर्दबीन (स्त्री.), सूक्ष्मदर्शी सूक्ष्मदर्शक यन्त्र, अणुवीक्षण यन्त्र, microscope।

वि. विकिरित, विकीर्ण।

विक्षिप्त; विच्छुरित; प्रसारित, प्रसृत; स्फुरित।

परावर्तित; प्रतिफलित, प्रतिबिम्बित, प्रतिविम्वित, बिम्बित, विम्बित; आभात, आभासित।

अपवर्तित, वर्तित, वक्रीकृत।

विकिरणकारी, विकिरक।

परावर्तक, परावर्ती।

अपवर्तक, अपवर्ती, वर्तक, वक्रीकारक।

इन्द्रधनुषी, सतरंगी, सप्तरंगी।

17. अन्धकार

सं. अन्धकार (कर. हो. छा. फैल.), अन्ध, अन्धकूप, अन्धधुन्ध, अँधियारी (स्त्री.), अँधेर, अँधेरा (कर. हो. छा. फैल. गहरा.), अँधेरी (स्त्री.), (छा. झुक. फैल.), अगु, आँध (स्त्री.), खपराग, ज़ुल्मत (स्त्री.), ज़ुल्मात (स्त्री.), तम, तमस्, तमस, तमस्क, तमिस्र, तामस, तिमिर, दिनाण्ड, दिनान्तक, धुँधकार, धुँधली (स्त्री.), धुँधुकार, ध्वान्त, नभाक, नभोरज, निशाचर्म, नीलपंक, भाल, भूचर्या (स्त्री.), भूच्छाय, भूच्छाया (स्त्री.), रजोरस, रात्रिराग, रात्रिवास, वियद्भूति (स्त्री.), शर्वर, शाबर।

अँधेरापन, अन्धकूपता (स्त्री.), अप्रकाश, आलोकहीनता (स्त्री.), प्रकाशाभाव।

क्षीण प्रकाश, क्षीणालोक।

अनुज्ज्वलता (स्त्री.), अस्पष्टता (स्त्री.), अस्वच्छता (स्त्री.), धुँधलका (दे.477), निष्प्रभता (स्त्री.)।

धूपछाँव (स्त्री.), छायातप।

अनातप, आतपच्छेद, रौद्राभाव।

थोड़ा/हलका अँधेरा, अध्वान्त, अल्पांधकार, अवतमस, झुटपुटा।

धूल आदि के कारण छाया हुआ अँधेरा : धुंध (स्त्री.) (दे.104), धुन्द (स्त्री.), धुंधर (स्त्री.), धुंधरि (स्त्री.), धुंधरी (स्त्री.), धुंधुरी, धुंधेरी (स्त्री.)।

घन/घना/घटाटोप/घोर/निविड़/सूचीभेद्य अन्धकार, घनांधकार, अन्धकारसंचय, गहरा/घटाटोप/घना/घुप अँधेरा, अँधेराकूप, अँधेरागुप्प, अँधेराघुप, अँधेराघुप्प, अँधेराटोप, अन्धाधुन्ध (स्त्री.), घन/निविड़ तिमिर, तिमिरपुंज, तिमिरावलि (स्त्री.), तिमिराली (स्त्री.), घन/घोर तमिस्र, अन्धतम, अन्धतमस, अन्धतमिस्र, अन्धतामिस्र, तमस्काण्ड, तमस्तति (स्त्री.), दुर्दिन, दुर्दिवस, नीलराजि (स्त्री.)।

अन्धाकुप्प, चिराग़गुल, तिमिरण, निष्प्रदीप, blackout।

विश्वव्यापी अंधकार : सन्तम, सन्तमस, समन्धकार।

अमावस (स्त्री.), अमावस्या (स्त्री.) (दे.6)।

रात (स्त्री.), रात्रि (स्त्री.) (दे.165)।

अमावस की रात, अमानिशा (स्त्री.) (दे.165)।

कृष्णपक्ष, कृष्ण, अँधेरा पाख, अँधेरिया (स्त्री.), असित, असितपक्ष, तमिस्र, तमिस्रपक्ष, बदी (स्त्री.), बहुल, भूतपक्ष, वद्यपक्ष, विधुक्षय, शशिशोषक।

कृष्णपक्ष का दिन : वद्य।

छाया (स्त्री.) (हो. कर. दे.), छाँह (स्त्री.) (हो. कर. दे.), छाँही (स्त्री.), छाँवँ (स्त्री), छावँ (स्त्री.), छाँ (स्त्री.), छाँई (स्त्री.), अँधेरा (कर. छोड़.), अध्वान्त, अनातप, तेजोभीरु, भावानुगा (स्त्री.), भावालीना (स्त्री.), साया।

घनी छाया, प्रच्छाय।

छायादार जगह (स्त्री.), प्रच्छाय।

छायादार पेड़ (दे.38)।

वृक्ष की छाया, वृक्षच्छाय, वृक्षच्छाया (स्त्री.)।

शामियाना, चँदवा (दे.178)।

छायावान, सायबान (दे.181)।

आड़ (स्त्री.) (कर. हो.), अड़तल, आच्छादन, आड़े देना–,ओट (स्त्री.) (कर. हो), छाजन (स्त्री.) (दे.181)।

आवरण (दे.480)।

परछाईं (स्त्री.) (पड़.), परछाहीं (स्त्री.), प्रतिच्छाया (स्त्री.), प्रतिच्छायिका (स्त्री), प्रतिच्छवि (स्त्री.), प्रतिबिम्ब (दे.16), भीरु (स्त्री.)।

वि. अंधकार, अंधकारमय, अंधकारयुक्त, अंधकाराच्छन्न, अंधकारावृत, अंधतमसा- च्छन्न, अँधेरा, अँधेरी (स्त्री.), अँधियारी (स्त्री.), तमसावृत, तमसाच्छन्न, तमस्वान्, तमस्वती (स्त्री.), तमोमय, तमोयुक्त, तामस, तिमिरमय, तिमिराच्छन्न, तिमिरावृत, सतमस्क, हीनांशु।

अदीप, अप्रदीप, दीपहीन, निष्प्रदीप, प्रदीपहीन।

अनालोकित, अदीपित, अप्रकाशित, आलोकविहीन, आलोकशून्य, आलोकहीन, किरणरहित, निरालोक, निष्प्रकाश, प्रकाशविहीन, प्रकाशशून्य, प्रकाशहीन।

अदीप्त, अनुज्ज्वल, अप्रभ, उज्ज्वलताहीन, ज्योतिहीन, दीप्तिहीन, द्युतिहीन, निष्प्रभ, प्रभाहीन।

अस्पष्ट, अस्फुट, क्षीण, धुँधला, मन्द, म्लान (दे.478), स्तिमित।

अनातप, निरातप, रौद्रहीन।

छाया-सम्बन्धी, अक्सी।

छायादार, छायायुक्त, छायावान्, छाँहदार, छाँहवाला, सायादार।

घनी छायावाला, विपुलच्छाय।

(विप.) अँधकाररहित, निस्तमस्क, निस्तिमिर, वितमरक, वितमा, वितिमिर।

अ. अँधेरे-अँधेरे, अँधेरे मुँह (दे.161)।

कृष्णपक्ष में, वदि, वदी।

18. जल

सं. जल, जड, जीवन, जीवनीय, जीवा (स्त्री.), अंकांक, अंकुर, अंध, अंब, अंबु, अंभ, अक्षर, अक्षित, अक्षितर, अत्क, अन्न, अप्, अभ्रपुष्प, अमृत, अर्ण, अहि, आप, आब, इरा (स्त्री.), उडु, उद, उदक, ऊर्ज, ऋजीष, ऋत, ओज, कंबल, क, कबन्ध, कमन्ध, कमल, कर्बुर, काण्ड, कीलाल, कुलीयस, कुवल, कुश, कृत्स, कृत्स्न, कोमल, क्षणद, क्षप, क्षर, क्षीर, गह्वर, घनरस, घनसार, घृणि, घृत, चन्द्र, तामर, तृषाह, तोय, दक, दहनाराति, दार्दुर, नार, नारा (स्त्री.), नीर, नेप, पय, पवित्र, पाथ, पानी (रिस. टपक. चू. बह. उड़ेल. दाल. डाल. दे. छिड़क.), पानीय, पावन, पिप्पल, पीथ, पीवा, पुरीष, पुष्कर, पूर्ण, प्राणद, बलाह, बादर, बुबुर, बुष, बुस, भविष्यत्, भुवन, भूत, भेषज, मधु, मम्मा, मह, मृदुल, मेघपुष्प, मेघप्रसर, मेघप्रसव, यादु, योनि (स्त्री.), रस, रेत, वन, वरुण, वर्णसि, वसु, वह्निमारक, वर्हि, वाः, वाज, वार्, वारि, वारुण, विष, वेष्य, व्योम, शंबर, शरलक, शिपि, शीतोत्तम, शुभ, संब, संबर, सतीक, सतीन, सत्य, सदन, सदनि, सर, सरण्यु, सरिल, सर्णिस, सर्णीक, सर्व, सर्वतोमुख, सल, सलिल, सव, सवर, सार, सुक्षेम, सुख, सुधा (स्त्री.), सुनु, सुरा (स्त्री.), सोम, स्मृतिक, स्यन्दन, स्यूम, स्रोत, हला (स्त्री.), हवि।

सृष्टि के आरंभ में उत्पन्न जल : कारणवारि।

जलराशि (स्त्री.), जलाकर, वन्या (स्त्री.)।

सुंदर जल, सुजल।

साफ़ पानी, निर्मल/शुद्ध/स्वच्छ जल, अच्छ।

पेय जल, प्रतिपान।

कीचड़ भरा/गन्दा/गँदला/डाबर पानी, अशुद्ध/दूषित/पंकिल जल, अंध।

वह पानी जिससे कोई चीज़ धोयी गयी हो : धोवन।

निचोड़ा हुआ पानी : उगार।

पानी, ठंढा पानी, गुनगुना पानी शीतल जल, हिमवारि, हिमांबु, हिमांभ।

कुनकुना पानी, सुखसलिल, सुखांबु, सुखोदक, सुखोष्ण।

गरम पानी, उष्ण जल।

नदी का पानी, नदीजल।

तालाब का पानी, तडागजल, पाल्वल, सरोजल, सारस।

रुका हुआ पानी : स्तिया (स्त्री.)।

बावली का पानी : वाप्य।

कुएँ का पानी : कूपजल, कूपोदक, कौप, कौप्य।

भूमिगत जल, भौमजल, underground water।

समुद्र का पानी, समुद्री जल।

झरने का पानी, प्रपाताम्बु, औद्भिद।

वर्षा का जल, वर्षांबु (दे.27)।

धूप दिखलाया हुआ पानी : आंशुक जल।

आसुत जल, distilled water।

आरो जल, arrow water।

मीठा पानी।

खारा पानी, लवण जल, लवणोदक, saline water।

बहुत खारा पानी : तेलिया पानी।

मृदु जल, soft water।

कठोर/दुष्फेनक जल, Hard water।

भारी पानी/जल, heavy water।

पानी की भाप, जलीय वाष्प (दे.474)।

पानी की महीन बूँद, अम्बुकण, अपसार, छींटा (उड़. पड़.), छींट (स्त्री.), फुहार (स्त्री.) (उड़. पड़.), फुहिया (स्त्री.), फुही (स्त्री.), फूई (स्त्री.), फूही (स्त्री.), विप्रुट् (स्त्री.), विप्रुष, विप्लुट् (स्त्री.), शीकर, शीभर, सीकर, सूक्ष्म जलकण।

पानी की बूँद, पानी का टोप/क़तरा, उदबिन्दु, उदविन्दु, उदकबिन्दु, उदकविन्दु, जलकण, जलबिन्दु, जलरण्ड, जलविन्दु, धारांकुर, पृषन्ति, पृषत्, पृषत, वारिकण, वारिबिन्दु, वारिविन्दु।

पानी का बहाव, जलधारा (स्त्री.) (दे.23), जलप्रवाह, जलस्रोत।

नदी, नाले, झरने आदि का उद्गम-स्थान : सोता (दे.62), पानी का सोता, चश्मा, जलस्रोत, जलांचल, झरा (स्त्री.), झरी (स्त्री.) (दे.19), मूलस्रोत।

पानी का बढ़ना—,बाढ़ (स्त्री.) (दे.29); पानी का उफान, जलोच्छ्वास; ज्वार (आ.) (दे.21)।

ज्वार का पानी, ज्वारजल, वेलाजल, वेलासलिल, वेलोर्मि (स्त्री.), tidal water।

पानी का उतार/घटाव; भाटा (आ) (दे.21)।

समुद्र आदि में बादल का खंभे के आकार में झुक जाना : जलस्तंभ, सूँड़ी (स्त्री.), waterspot।

जलावर्त, भँवर (दे.299)।

जलबिम्ब, बुलबुला (दे.475)।

जल में पैदा होने वाली चीज़ : जलद्रव्य।

जलसत्र, पौसरा (दे.657)।

जलप्रलय, जलप्लावन (दे.127)।

जलप्रपात, झरना (दे.23)।

जलकेलि (स्त्री.), जलक्रीड़ा (स्त्री.) (दे.700)।

जलविहार, वनाश, picnic।

जलचर, जलजन्तु (दे.60)।

जलमानुष; जलपरी (स्त्री.)।

जलदेव, जलदेवता, वरुण (दे.302)।

जलदेवी (स्त्री.), जलमातृका (स्त्री.)।

सात जलदेवियाँ : कूर्मी (स्त्री.); जन्तुका (स्त्री.); जलूका (स्त्री.); दुर्दुरी (स्त्री.); मकरी (स्त्री.); मत्सी (स्त्री.); वाराही (स्त्री.)।

जलाशय (दे.22)। जलपात्र (दे.510)।

पानी ढोना–,जलहरण।

पानी ढोने वाला : जलघड़िया, जलवाह, जलवाहक, जलवाहन, जलहार, जलहारक, जलहारी, उदकहार, घटीग्रह, घटीग्राह, वारिवह, वारिवाह, वारिवाही; पनकी, पनभरा, पनहरा, पनहारा, पनिहारा, पनेहरा, घटग्रह; कहार (दे.356); भिश्ती, दृतिहार, परवाली, सक्का।

पानी ढोनेवाली : जलहारिणी (स्त्री.), अम्बुवाहिनी (स्त्री.), पनभरिन (स्त्री.), पनहारन (स्त्री.), पनहारिन (स्त्री.), पनिहारिन (स्त्री.) पनिहारी (स्त्री.)।

जलयन्त्र, फुहारा (दे.23); रहट (दे.55)।

जलयन्त्रगृह, जलयन्त्रमंदिर, फुहारा-घर।

जलघड़ी (स्त्री.) (दे.129)।

जलसेक, जलसेचन, जलाभिषेक, सिंचाई (स्त्री.) (दे.55)।

जलमार्ग (दे.294)।

जलयान (दे.298)।

जलयात्रा (स्त्री.) (दे.21)।

जल-प्रदूषण।

वह प्राकृतिक उत्पात जिसमें नदी आदि के जल में एकाएक विकार उत्पन्न होता है : जलवैकृत।

जल-वर्षण (दे.27)।

पानी का नल, नल, पाइप, बम्बा, वाटरपाइप; टोंटी (स्त्री.) (दे.510), टैप, कल (स्त्री.), वाटरटैप; बेसिन; सिंक; सिंस्टर्न; टैंक; वाटरमीटर, जलमापक, पानी की घड़ी; वाटर मेन, मेन पाइप; जलकल विभाग; जल संस्थान; जलकल (स्त्री.), पानीकल (स्त्री.), वाटरवर्क्स; पानी का टैक्स, जलकर, वाटर रेट (स्त्री.), आबियाना।

चाँपाकल (स्त्री.), handpump।

पंप, वाटरपंप, जलपंप, जलोत्तोलन यन्त्र, जलोद्वहन यन्त्र।

प्लंबरी (स्त्री.), नलकारी (स्त्री.), प्लंबिंग; प्लंबर।

जलकष्ट, पानी की क़िल्लत।

गाँव की ज़मीन का जलभाग, ताल-तलैया आदि : जलखर (दे.22)।

जलवेष्टित दुर्ग, जलदुर्ग (दे.382)।

जल में प्रतिबिम्बित सूर्य : जलसूर्य (दे.4)।

जलजीवशाला (स्त्री.) (दे.66), aquarium।

भूमि के नीचे पानी का पता लगाने की विद्या : दकार्गल, दगार्गल।

मन्त्रबल से पानी को बाँधना/रोक रखना : जलस्तंभन, जलस्तंभ, जलथंभ।

जलस्तंभन-मन्त्र, जलस्तंभ।

(विप.) जलाभाव, अनूदक (दे.28)।

वि. जल-सम्बन्धी, जलंग, जलभू, जलवाला, जलीय, आप्य, आबी, उदकप्रतीकाश, उदकल, उदकिल, उदन्य, औदक, कबन्धी, नारिक, पयस्य, पयस्वान्, वार्य, वानेय।

सुन्दर जलवाला, सुजल।

जलयुक्त, पानी मिला हुआ, पनिया, पनिहा, पनीला।

स्वच्छ जलवाला, अच्छोद।

अच्छे जलवाला, सदाप।

मीठे जलवाला, सुस्वादुतोय, स्वादुवारि।

जलमिश्रित, कुशित।

अधिक जलवाला, अर्णस्वान्।

अल्प जलवाला, अनुदक।

खारे पानीवाला, लवणजल, लवणतोय, लवणवारि।

जलद।

जलधर।

जल भरा हुआ, जलपूर्ण, सलिलगुरु।

जलमय, जलप्राय, जलाजल, जलाहल, अनूप।

जलमग्न।

जलस्थ, जलाशय, उदक्य।

जलज, जलजात, जलेज, जलेजात, अम्बुज, नीरज, वारिज, वारिजात, वारिभव, वायुद्भव, सलिलज, सलिलजन्मा, सलिलयोनि।

पानी से भीगा हुआ, जलार्द्र (दे.472)।

जल पीकर रहनेवाला : जलाहारी, वनाश।

बिना जल पिये रहने वाला-निर्जला।

जलसह, जलाभेद्य।

जिसका जल सूख गया हो : शुष्कतोय।

(विप.) जलरहित, जलहीन, अजल (दे.473), अनंभ, अनप, अनुदक, निर्जल, विजल, वितोय, वीप, व्युद, व्युदक।

19. नदी

सं. नदी (स्त्री.), नदिया (स्त्री.), नद, नलिनी (स्त्री.), निम्नगा (स्त्री.), नीचगा (स्त्री.), अपगा (स्त्री.), अर्णा (स्त्री.), अविषी (स्त्री.), आपगा (स्त्री.), आपया (स्त्री), कर्षू (स्त्री.), कल्लोलिनी (स्त्री.), कुटिलगा (स्त्री.), कूलंकषा (स्त्री.), कूलवती (स्त्री), कूलिनी (स्त्री.), गिरिनंदिनी (स्त्री.), चतुष्पाटी (स्त्री.), जंबालिनी (स्त्री.), जलंबल, जलधिगा (स्त्री.), तटिनी (स्त्री.), तरंगवती (स्त्री.), तरंगिनी (स्त्री.), तरंगालि (स्त्री), तलोदा (स्त्री.), तविषी (स्त्री.), ताविषी (स्त्री.), तावीषी (स्त्री.), दरिया, द्रवन्ती (स्त्री.), द्वीपवत्, द्वीपवती (स्त्री.), द्वीपवान्, धुनि (स्त्री.), धुनी (स्त्री.), धेन, धेना (स्त्री.), पयस्विनी (स्त्री.), पर्वतजा (स्त्री.), पुलिनवती (स्त्री.), प्रवाहिका (स्त्री.), प्रवाहिनी (स्त्री.), प्रशत्वरी (स्त्री.), रन्तु (स्त्री.), रसा (स्त्री.), रोधवक्रा (स्त्री.), रोधवती (स्त्री.), वहती (स्त्री.), वहा (स्त्री.), वाहिनी (स्त्री.), विरेफ, वेगगा (स्त्री.), वेगिनी (स्त्री.), शुषिरा (स्त्री.), शेवलिनि (स्त्री.), शेवलिनी (स्त्री.), शैवलिनी (स्त्री.), श्रुतश्रोणी (स्त्री.), संधिला (स्त्री.), समुद्रकान्ता (स्त्री.), समुद्रगा (स्त्री.), समुद्रदयिता (स्त्री.), समुद्रपत्नी (स्त्री.), समुद्रयोषित् (स्त्री.), समुद्रायणा (स्त्री.), समुद्रार्या (स्त्री.), सरस्वती (स्त्री.), सरस्वान्, सरित् (स्त्री.), सरिता (स्त्री.), सलिता (स्त्री.), सागरगा (स्त्री.), सिन्धु (स्त्री), सुषिरा (स्त्री.), सृत्वरी (स्त्री.), सृदाकु (स्त्री.), स्रवन्ती (स्त्री), स्रोत, स्रोतस्वती (स्त्री), स्रोतस्विनी (स्त्री.), स्रोतोवह (स्त्री.), स्रोतोवहा (स्त्री.), हिरण्यवर्णा (स्त्री.), ह्रदिनी (स्त्री.), ह्रादिनी (स्त्री.)।

छोटी नदी : नदिका (स्त्री.), कुल्या (स्त्री.), क्षुद्रिका (स्त्री.), वाहला (स्त्री.), वाहली (स्त्री.), सारणि (स्त्री.), सारणी (स्त्री.), स्यन्दनिका (स्त्री.); नाला, सोता।

बड़ी नदी : महानदी (स्त्री.), महापगा (स्त्री.)।

ज़मीन के अन्दर बहनेवाली नदी : अन्तःसलिला (स्त्री.), अन्तस्सलिता (स्त्री) (फल्गु; सरस्वती)।

फल्गु जैसी नदी में पानी के लिए खोदा गया गड्ढा : कूपक, विदारक।

झरने से निकलने वाली नदी : निर्झरिणी (स्त्री.), निर्झरी (स्त्री.)।

पहाड़ी नदी (स्त्री.), नगनदी (स्त्री.), गिरिनदी (स्त्री.), गिरिस्रवा (स्त्री.)।

वह नदी जिसमें बराबर पानी रहे : सदानीरवहा (स्त्री.), सदानीरा (स्त्री.), सदातोया (स्त्री.)।

गरमी की सूखी नदी : निदाघसिन्धु (स्त्री.)।

वेगवती नदी : अजिरा (स्त्री.)।

मुख्य नदी (स्त्री.)।

शाखा नदी (स्त्री.), शाख़े दरिया, branch river।

नदी/नाले की शाखा : सोता, सोती (स्त्री.)।

मुख्य नदी में मिलनेवाली शाखा नदी : प्रत्यागत धारा (स्त्री.), anabranch।

सहायक नदी (स्त्री.), उपनदी (स्त्री.), tributary।

नदी निकलने का स्थान : उद्गम, उत्स, अद्रिद्रोणी (स्त्री.), सोता, estury।

नदी की चौड़ाई; नदी का पाट/पेटा, भाट, भाठ; नदीगर्भ, गर्भ, पात्र।

नदी का मार्ग, पेटा, गति (स्त्री.)।

दो नदियों का मिलन-स्थल : संगम, सम्भेद; तीन नदियों का मिलन-स्थल : त्रिवेणी (स्त्री.)।

वह स्थान जहाँ एक नदी दूसरी नदी में गिरती है : दहाना।

नदी का समुद्र से मिलन : सिन्धुसंगम, (गंगासागर)।

नदी का घुमाव/मोड़ : नदीवंक, नदीवक्र, भंगुर, वंक, वंकर।

नदी का पानी (दे.18)।

नदी का फेन, सरित्कफ।

नदीप्रवाह (दे.23)।

नदी का मध्य भाग : मँझधार (स्त्री.), मझधार (स्त्री.), मध्यधार (स्त्री.), बीच धारा (स्त्री.)।

नाव्यता (स्त्री.), नौगम्यता (स्त्री.), नौतरणी, संचाल्यता (स्त्री.), navigability।

नदीतट (दे.25)।

नदी के बीच में बनी झील : दहार (स्त्री.)।

नदी के बीच की रेतीली ज़मीन : रेता, रेती (स्त्री.) (पड़.), पाट, माँझा।

नदी के घुमाव से घिरी हुई ज़मीन : कुड़रिया (स्त्री.), कुड़री (स्त्री.)।

नदी का वह भाग जहाँ पानी बहुत गहरा हो : दह; पाल (दे.25)।

नदी का समुद्र आदि में गिरना : सम्भेद।

समुद्र में नदी के गिरने का स्थान : मुहाना, दहाना, नदीमुख, सरिन्मुख, सिन्धुमुख, सिन्धुसंगम।

नदी के मुहारे पर बनी टापू जैसी तिकोनी भूमि : डेल्टा,

नदी घाटी (स्त्री.), river valley।

नदी का मैदान, river plain।

दो नदियों के बीच का भूभाग : दोआब, दोआबा (दे.173), दुआब, दुआबा।

नदी द्वारा छोड़ी हुई भूमि : नद्युत्सृष्ट (दे.25)

नदी प्रवाह विज्ञान (दे.23)।

वि. उथली, छिछली (नदी); सूखी (नदी); उफनती, उफनाती, उमड़ती, भरी, लबालब भरी (नदी); निर्मलसलिला, स्वच्छसलिला (नदी); पवित्र, पुण्यतोया, पुण्यसलिला (नदी); अन्तस्सलिला (नदी)।

नदी-सम्बन्धी, नद्य, नादेय, नाद्य, दरियाई, स्रौतोवह।

नदीज, नदीभव।

नदीबहुल; नदीमातृक, अदेवमातृक; सुजला (स्त्री.)।

नाव्य, नौगम्य, नौतरणीय, संचाल्य, navigalble।

हलकर (प्रविष्टकर) पार होने योग्य : पाँझ।

जिस नदी के किनारे दलदल न हो : विकच्छ।

उत्स-सम्बन्धी, औत्स।

20. भारत की प्रमुख नदियाँ

20.1. सं. गंगा (स्त्री.), गंग (स्त्री.), गंगका (स्त्री.), गंगाका (स्त्री.), गंगिका (स्त्री.), गांदिनी (स्त्री.), गान्दी (स्त्री.), गिरिजा (स्त्री.), गिरिनंदिनी (स्त्री.), अद्रिजा (स्त्री.), अध्वगा (स्त्री.), अध्वागा (स्त्री.), अमरतटिनी (स्त्री.), अहियानपदी (स्त्री.), किराति (स्त्री.), घर्घरा (स्त्री.), घूकनादिनी (स्त्री.), घृणिनिधि (स्त्री.), जह्नुकन्या (स्त्री.), जह्नुतनया (स्त्री.), जह्नुसुता (स्त्री.), जाह्नवी (स्त्री.), झंकारिणी (स्त्री.), झर्झरावती (स्त्री.), तर्पणी (स्त्री.), त्रिदिवोद्भवा (स्त्री.), त्रिधारा (स्त्री.), त्रिपथगा (स्त्री.), त्रिपथगामिनी (स्त्री.), त्रिमार्गगामिनी (स्त्री.), त्रिमार्गा (स्त्री.), त्रिस्रोता (स्त्री), त्र्यध्वगा (स्त्री.), दशहरा (स्त्री.), देवधुनी (स्त्री.), देवनदी (स्त्री.), देवसरि (स्त्री.), देवसरित् (स्त्री.), देवापगा (स्त्री.), धात्री (स्त्री.), पद्मस्नुषा (स्त्री.), पावनी (स्त्री.), पुण्यश्लोका (स्त्री.), पुरन्दरा (स्त्री.), प्रातस्त्रिवर्गा (स्त्री.), बहुमार्गगा (स्त्री.), भगवत्पदी (स्त्री.), भगीरथकन्या (स्त्री.), भगीरथसुता (स्त्री.), भद्रसोमा (स्त्री.), भागीरथी (स्त्री), भानुमती (स्त्री.), भीष्मजननी (स्त्री.), भीष्मसु (स्त्री.), भुवनपावनी (स्त्री.), भूतिदा (स्त्री.), मधुमती (स्त्री.), महाविधा (स्त्री.), यशस्विनी (स्त्री.), रम्या (स्त्री.), रसज्ञा (स्त्री.), विश्वतोया (स्त्री.), विष्णुपदी (स्त्री.), वृषायणी (स्त्री.), वृषाश्रिता (स्त्री.), वेगवाहिनी (स्त्री.), शिवमौलिसुता (स्त्री.), शुभ्रा (स्त्री.), शैलपुत्री (स्त्री.), शैलराजसुता (स्त्री.), शैलसुता (स्त्री.), शैलेन्द्रजा (स्त्री.), शैलेन्द्रदुहिता (स्त्री.), शैलेन्द्रसुता (स्त्री.), समुद्र सुभगा (स्त्री.), समुद्रमहिषी (स्त्री.), सरितांबरा (स्त्री.), सरिद्वरा (स्त्री.), सागरगमा (स्त्री.), सागरगा (स्त्री.), सितसिन्धु (स्त्री.), सिता (स्त्री.), सिद्धसरित् (स्त्री.), सुखदा (स्त्री.), सुधा (स्त्री.), सुरकरीन्द्रदर्पपहा (स्त्री.), सुरतरंगिनी (स्त्री.), सुरधनी (स्त्री.), सुरनदी (स्त्री.), सुरनिम्नगा (स्त्री.), सुरला (स्त्री.), सुरसरि (स्त्री.), सुरसरित् (स्त्री.), सुरसरिता (स्त्री.), सुरसिन्धु (स्त्री.), सुरस्रोतस्विनी (स्त्री.), सुरापगा (स्त्री.), स्वःस्रवंती (स्त्री.), स्वर्वापी (स्त्री.), हरशेखरा (स्त्री.), हिमवानूसुता (स्त्री.), हिमाद्रिजा (स्त्री.), हिमाद्रितनया (स्त्री.), हैमवती (स्त्री.)।

स्वर्गगंगा (स्त्री.) (दे.319)।

पातालगंगा (स्त्री.), भोगवती (स्त्री.)।

त्रिस्रोता (स्त्री.) : अलकनन्दा (स्त्री.); भोगवती (स्त्री.); मन्दाकिनी (स्त्री.)।

शिव के सिर पर रहनेवाली गंगा : भवायना (स्त्री.) (दे.302.6)।

अर्धगंगा : कावेरी (स्त्री.)।

छिपी हुई गंगा : अन्तर्गंगा (स्त्री.)।

पंचगंगा (स्त्री.), पंचगंग, पंचनद : गंगा (स्त्री.); यमुना (स्त्री.); सरस्वती (स्त्री); किरणा (स्त्री.); धूतपापा (स्त्री.)।

गंगा का उद्‌गम : गंगोद्‌भेद; गंगोत्तरी (स्त्री.), गंगोत्री (स्त्री.); गोमुखी (स्त्री.)।

गंगा का धरती पर उतरना : गंगावतरण, गंगावतार।

गंगाजल, गंगांबु, गंगोदक, ब्रह्मद्रव।

गंगाजल लाने/रखने का बरतन : गंगाजली (स्त्री.)।

गंगा का किनारा, गंगातट, गंगातीर।

गंगा का दूसरा किनारा : गंगापार।

गंगातट की चार हाथ तक भूमि : नारायण क्षेत्र।

गंगातट की दो कोस तक भूमि : गंगाक्षेत्र।

गंगातट की मिट्‌टी/रेत : गंगोटी (स्त्री.)।

गंगाघाट का पण्डा : गंगापुत्र (दे.25)।

गंगापूजा (स्त्री.), गंगापूजैया (स्त्री.)।

मुमूर्ष को गंगातट पर ले जाना : गंगायात्रा (स्त्री.)।

गंगातट पर मृत्यु/दाहकर्म होना : गंगालाभ (कर. हो.), गंगागति (स्त्री.), मुक्ति (स्त्री.) (दे.320)।

गंगासुत : भीष्म (दे.303); कार्तिकेय (दे.302)।

वह तीर्थ जहाँ गंगा सागर से मिलती है : गंगासागर।

वि. गंगा-सम्बन्धी, गांग, गांग्य।

गंगा से उत्पन्न : गांगेय।

गंगा तटवासी, गंगावासी।

गंगा के किनारे का : गंगातटवर्ती, अनुगांग।

गंगाघोष : गंगा के निकट/तट का घर।

20.2. सं. यमुना (स्त्री.), जमुना (स्त्री.), यमभगिनी (स्त्री.), यमस्वसा (स्त्री.), यमानुजा (स्त्री.), यमी (स्त्री.), अंशसुता (स्त्री.), अंशुमती (स्त्री.), अरुणात्मजा (स्त्री), अर्कजा (स्त्री.), अर्कतनया (स्त्री.), कलिन्दकन्या (स्त्री.), कलिन्दजा (स्त्री.), कलिन्दतनया (स्त्री.), कलिन्दनंदिनी (स्त्री.), कलिन्दसुता (स्त्री.), कालिन्दी (स्त्री.), कल्माषी (स्त्री.), कालगंगा (स्त्री.), कृतान्तभगिनी (स्त्री.), कृष्णप्रिया (स्त्री.), तपनतनया (स्त्री.), तरणिजा (स्त्री.), तरणितनया (स्त्री.), तरणितनुजा (स्त्री.), तरणिसुता (स्त्री.), तापी (स्त्री.), त्रियामा (स्त्री.), दिनकरकन्या (स्त्री.), दिनकरतनया (स्त्री.), दिनेशात्मजा (स्त्री.), दैवाकरी (स्त्री.), भानवी (स्त्री.), भानुजा (स्त्री.),

भानुतनया (स्त्री.), भानुतनुजा (स्त्री.), भानुसुता (स्त्री), मेचकापगा (स्त्री.), रविजा (स्त्री.), रवितनया (स्त्री.), रवितनुजा (स्त्री.), रविनंदिनी (स्त्री.), शमनश्वसा (स्त्री.), श्यामा (स्त्री.), संज्ञापुत्री (स्त्री.), सूरजसुता (स्त्री.), सूरजा (स्त्री.), सूरसुता (स्त्री.), सूर्यजा (स्त्री.), सूर्यतनया (स्त्री.), सूर्यपुत्री (स्त्री.), सूर्यसुता (स्त्री.), हंसजा (स्त्री.), हंससुता (स्त्री.),

यमुना का उद्गम : यमुनोत्तरी (स्त्री.), जमनोत्तरी (स्त्री.); कलिन्द (पर्वत)।

वि. यमुना-सम्बन्धी, यामुन, कालिन्द।

यमुनातटवासी, यामुन।

सं-गंगा और यमुना : सितासिता (स्त्री.)।

20.3. सं. सरस्वती (स्त्री.), अन्तःसलिला (स्त्री.), अन्तस्सलिला (स्त्री.), कुटिला (स्त्री.), पयोष्णिजाता (स्त्री.), पारावतघ्नी (स्त्री.), प्लक्षजाता (स्त्री.), प्लक्षसमुद्रभवा (स्त्री.), प्लक्षसमुद्रवाचका (स्त्री.), प्लक्षा (स्त्री.), ब्रह्मनदी (स्त्री.), ब्रह्मपुत्री (स्त्री.), सिन्धुमाता (स्त्री.)।

सरस्वती के लुप्त होने का स्थान : सरस्वती विनशन, प्लक्ष, प्लक्षराज, प्लक्षप्रस्रवण, प्लक्षावतरण, विनशन।

20.4. सं. सिन्धु, सिन्ध (स्त्री.), कुमार।

20.5. सं. चनाब (स्त्री.), चिनाब (स्त्री.), चेनाब, चन्द्रभागा (स्त्री.), चन्द्रभागी (स्त्री.), चान्द्रभागी (स्त्री.), चंद्रिका (स्त्री.)।

20.6. सं. झेलम (स्त्री.), वितस्ता (स्त्री.), वितद्रु (स्त्री.), नीलजा (स्त्री.), सरवती (स्त्री.)।

वि. वितस्ता-सम्बन्धी, वैतस्त, वैतस्त्य।

20.7. सं. रावी (स्त्री.), इरावती (स्त्री.)।

20.8. सं. व्यास (स्त्री.), विपाशा (स्त्री.), विपासा (स्त्री.), विपाट् (स्त्री.), बिपाशा (स्त्री.), बिपासा (स्त्री.)।

20.9. सं. सतलज (स्त्री.), शतद्रु (स्त्री.), शितद्रु (स्त्री.), शुतुद्रि (स्त्री.), शुतुद्र (स्त्री.), सुच्छत्रा (स्त्री.), सुच्छत्री (स्त्री.), सुरुद्रि (स्त्री.)।

20.10. सं. असि (स्त्री.), असी (स्त्री.)।

20.11. सं. कंसाई (स्त्री.), कपिशा (स्त्री.)।

20.12. सं. कर्मनाशा (स्त्री.), कविनासा (स्त्री.)।

20.13. सं. करतोया (स्त्री.), सदातोया (स्त्री.), सदानीरवहा (स्त्री.), सदानीरा (स्त्री.)।

20.14. सं. कावेरी (स्त्री.), अर्धगंगा (स्त्री.), अर्धजाह्नवी (स्त्री.), सह्यात्मजा (स्त्री.)।

20.15. सं. कृष्णा (स्त्री.), कृष्णगंगा (स्त्री.), कृष्णवेणी (स्त्री.)।

20.16. सं. कोसी (स्त्री.), कौशिकी (स्त्री.)।

20.17. सं. गण्डक (स्त्री.), गण्डकी (स्त्री.), चक्रनदी (स्त्री.), सालग्रामी (स्त्री.)।

20.18. सं. गोदावरी (स्त्री.), गोदा (स्त्री.), तपनी (स्त्री.), सुरसरि (स्त्री.), सुरसरि (स्त्री.), सोमलता (स्त्री.)।

20.19. सं. गोमती (स्त्री.), गोमा (स्त्री.), धेनुमती (स्त्री.), वाशिष्ठी (स्त्री.), वासिष्ठी (स्त्री.)।

20.20. सं. घाघरा (स्त्री.), घर्घर, घर्घरक, घर्घरी (स्त्री.), देविका (स्त्री.); सरजू (स्त्री.), सरयू (स्त्री.), सरयु (स्त्री.), सुरसरसुता (स्त्री.), देवहा, भवनाशिनी (स्त्री.), शरयु (स्त्री.), शरयू (स्त्री.)।

वि. सरयू-सम्बन्धी, सारव।

20.21. सं. चम्बल (स्त्री.), चंपानदी (स्त्री.), चर्मणवती (स्त्री.), चांपिला (स्त्री), रन्तिनदी (स्त्री.)।

20.22. सं. टोंस (स्त्री.), टौंस (स्त्री.), टमस (स्त्री.), तमस (स्त्री.), तमसा (स्त्री.)।

20.23. सं. ताप्ती (स्त्री.), तापती (स्त्री.), तापी (स्त्री.), तपती (स्त्री.), तपसा (स्त्री.), अरुणात्मजा (स्त्री.), अर्कजा (स्त्री.), अर्कतनया (स्त्री.), दिनकरकन्या (स्त्री.), दिनकरतनया (स्त्री.), दिनेशात्मजा (स्त्री.)।

20.24. सं. धसान (स्त्री.), दशार्णा (स्त्री.)।

20.25. सं. नर्मदा (स्त्री.), नरमदा (स्त्री.), नर्बदा (स्त्री.), नरबदा (स्त्री.), इन्दुजा (स्त्री.), पूर्वगंगा (स्त्री.), प्रत्यक्स्रोतसी (स्त्री.), मुरला (स्त्री.), मेकलकन्यका (स्त्री.), मेकलकन्या (स्त्री.), मेकलसुता (स्त्री.), मेकलाद्रिजा (स्त्री.), मेखला (स्त्री.), मेखलाद्रिजा (स्त्री.), रेवा (स्त्री.), सोमभवा (स्त्री.), सोमसुता (स्त्री.), सोमोद्‌भवा (स्त्री.)।

वि. नर्मदा-सम्बन्धी, नार्मद।

20.26. सं. पुनपुन (स्त्री.), अजिरवती (स्त्री.)।

20.27. सं. फल्गु (स्त्री.), फल्गुदा (स्त्री.), अन्तःसलिला (स्त्री.), अन्तस्सलिला (स्त्री.)।

20.28. सं. बनास (स्त्री.), बन्नास (स्त्री.), बासिष्ठी (स्त्री.)।

20.29. सं. बागमती (स्त्री.), वाङ्‌मती (स्त्री.)।

20.30. सं. बाणगंगा (स्त्री.), शरावती (स्त्री.)।

20.31. सं. बूढ़ी गंगा (स्त्री.), वृद्‌धगंगा (स्त्री.)।

20.32. सं. बेतवा (स्त्री.), वेत्रवती (स्त्री.), वेत्रावती (स्त्री.), क्षमा (स्त्री.)।

20.33. सं. ब्रह्मपुत्र, त्शांपो, लोहित, लोहित्य, लौहित्य।

20.34. सं. राप्ती (स्त्री.), अजिरवती (स्त्री.)।

20.35. सं. रामगंगा (स्त्री.), रथस्था (स्त्री.), रथस्या (स्त्री.), सुवामा (स्त्री.)।

20.36. सं. लूनी (स्त्री.), लवणा (स्त्री.)।

20.37. सं. वरुणा (स्त्री.), बरुना (स्त्री.)।

20.38. सं. शिप्रा (स्त्री.), सिप्रा (स्त्री.), सूप्रा (स्त्री.)।

20.39. सं. ससुरखदेरी (स्त्री.), अम्बा (स्त्री.)।

20.40. सं. सोन, सोननद, शोण, शोणभद्र, शोणभद्रा (स्त्री.), शोणा (स्त्री.), सोनभद्र, हिरण्यबाहु, हिरण्यवाह।

(पौरा.) 20.41. सं. दृशद्वती (स्त्री.), दृषद्वती (स्त्री.)।

20.42. सं. वैतरणि (स्त्री.), वैतरणी (स्त्री.), उष्णनदी (स्त्री.), नरकस्था (स्त्री.)।

21. समुद्र

सं. समुद्र, समन्दर, समीच, समुन्द्र, समुन्दर, सरितांपति, सरित्पति, सरित्वान्, सरिदधिपति, सरिद्भर्ता, सरिन्नाथ, सरस्वान्, सलिलनिधि, सलिलराशि, सलिलाकर, सलिलार्णव, सलिलालय, सागर, सिन्धु, सिन्धुनाथ, सिन्धुपति, सिन्धुराज, सुधानिधि, स्तंभि, स्तंभी, स्तिंभि, स्तिभि, अम्बुधि, अंबुनाथ, अंबुनिधि, अम्बुप, अम्बुपति, अम्बुभृत्, अम्बुराज, अम्बुराशि, अंभनिधि, अंभोधि, अंभोनिधि, अंभोराशि, अकूपार, अकूवार, अथाह, अपांनाथ, अपांनिधि, अपांपति, अप्पति, अब्धि, अर्ण, अर्णव, अर्णस्वान्, अर्णोनिधि, अवारपार, अव्यथिष, आकूवार, आपनिधि, इन्दुजनक, इरावान्, उदधि, उदन्वत, उदन्वान्, उदरथि, उर्व, ऊर्मिमाली, कंधि, कंपति, कचंगल, कीलालधि, कुस्तुभ, कूपार, कूवार, क्षीरधि, क्षीरनिधि, क्षीराब्धि, क्षौणिप्राचीर, क्षौणीप्राचीर, गंगाधर, गंगाधार, गिरित्र, चन्द्रजनक, जलधर, जलधि, जलनिधि, जलपति, जलराशि, जलाकर, जलाशय, जलेन्द्र, जलेश, जलेश्वर, तटिनीपति, तरन्त, तरंगमाली, तरंगिणीनाथ, तरंगिणीभर्ता, तर्ष, तविष, तवीष, ताविष, तावीष, तिमि, तिमिकोष, तिमिमाली, तीवर, तोयधि, तोयनिधि, तोयराज, तोयराशि, तोयालय, दरिया, दरियाव, दारद, धरणीपूर, धरणीप्लव, धुनीनाथ, धेन, नद, नदपति, नदराज, नदीकान्त, नदीन, नदीपति, नदीनिवास, नदीश, नित्य, निधि, नीरधि, नीरनिधि, पयोधा, पयोधि, पयोनिधि, पयोराशि, परांगव, परु, पलंकष, पाथनाथ, पाथपति, पाथस्पति, पाथि, पाथोधि, पाथोनिधि, पारापार, पारावार, पुरण, पृथिवीप्लव, पेरु, प्रभाकर, प्रशत्वा, प्राणभास्वान्, बननिधि, बह्व, मकराकर, मकरालय, मकरी, महण, महाकच्छ, महाजल, महाशय, महीप्राचीर, मितद्रु, मीनालय, मीर, यादःपति, यादसांनाथ, यादसांपति, रत्नगर्भ, रत्ननिधि, रत्नाकर, रत्नेश, लवणजल, लवणतोय, लवणवारि, लवणार्णव, लवणालय, लवणाब्धि, लवणोदक, वप्रि, वरुण, वरुणालय, वरुणावास, वरुणोद,

वांक, वारकी, वारांनिधि, वार्राशि, वारिकफ, वारिधि, वारिनाथ, वारिनिधि, वारिराशि, वार्द्धि, वार्धि, वारीन्द्र, वारीश, वाहिनीपति, वीचिमाली, शुद्धोद, शैलशिविर, हिरण्यद।

पूरबी समुद्र, पूर्वांबुधि।

अरब सागर, बह्रे अरब।

लाल सागर, अरुणोद, अरुणोदक, अरुणोदधि, बह्रे अहमर/कुलज़ुम।

काला सागर, बह्रे असवद।

महासागर, महासमुद्र, महार्णव, महोदधि, अर्णवपति, सागरवरधर, बह्र, बह्रे आज़म।

प्रशान्त महासागर, बह्रुलकाहिल, pacific ocean।

अतलान्तक/अटलांटिक महासागर, बह्रे औक़ियानूस/ज़ुलमात, Atlantic Ocean।

भारत/हिन्द महासागर, बह्रे हिन्द, Indian Ocean।

उत्तरी ध्रुव महासागर, बह्रे मुंजमिद शिमाली, Arctic Ocean।

खाड़ी (स्त्री.),खाल (स्त्री.), ख़लीज (स्त्री.), अखात, आखात, उपसागर, सागरावर्त, bay।

सागरताल, उपह्रद, पश्चजल, lagoon।

समुद्रगर्भ, सागरगर्भ; समुद्रतली (स्त्री.)।

समुद्रतल, sea level।

समुद्र का पानी, समुद्री जल।

समुद्र का किनारा, समुद्रतट (दे.25)।

समुद्र का फेन, समुद्रकफ, समुद्रझाग, समुद्रफेन, सागरमल, सिन्धुकफ, सुफेन, अब्धिकफ, अब्धिफेन, अर्णवज, अर्णवमल, उदधिमल, जलहास, डिंडिर, डिण्डीर, तोयमल, दिण्डीर, पयोधिकफ, पिण्डीर, हिंडिर, हिण्डीर।

प्लावी बर्फ (स्त्री.), प्लावी हिम, प्लावी हिम शैल, हिमशैल, iceberg।

समुद्रयान (दे.298)।

समुद्री सफ़र, समुद्रगमन, समुद्रयान, संयात्रा (स्त्री.), sea-voyage।

समुद्र लाँघना–,सागरप्लवन; नौकायन (दे.298)।

चन्द्रमा के आकर्षण से समुद्र के जल का ऊपर उठना : ज्वार, मद्द, वेला (स्त्री), सागरोद्गार।

समुद्र के जल के नियतकालिक चढ़ाव का उतार : भाटा, भाठा, भाठी (स्त्री.), भठियाल, अवतारवेला (स्त्री.), जज़र, जज़्र, परावेला (स्त्री.) मरकताल।

समुद्र के जल का चढ़ाव-उतार : ज्वार-भाटा, मद्द व जज़्र सारभाटा।

समुद्र की तरंग, समुद्रवेला (स्त्री.)।

समुद्र का गर्जन, विगर्जा (स्त्री.)।

समुद्रकंप, seaquake; भयानक समुद्रकंप : सुनामी (स्त्री.), tsunami।

समुद्रविज्ञान, समुद्रशास्त्र, oceanology।

(पौरा.) सप्तसागर, सप्तार्णव : लवणसमुद्र; इक्षुसमुद्र; दधिसमुद्र; क्षीरसमुद्र; जलसमुद्र; सुरासमुद्र; घृतसमुद्र।

लवणसमुद्र, लवणोदधि, क्षारोद, क्षारोदक, क्षारोदधि।

इक्षुसमुद्र, इक्षुरसोद, रससागर।

दधिसमुद्र, दधिसागर, दधिमण्डोद।

क्षीरसमुद्र, क्षीरसागर, क्षीरधि, क्षीरनिधि, क्षीराब्धि, क्षीरोद, क्षीरोदधि, इराक्षीर, दुग्धसमुद्र, दुग्धाब्धि, मंथोदक, मंथोदधि, विष्णुपद, सितसिन्धु।

जलसमुद्र, जलान्तक, जलार्णव, स्वादुवारि।

सुरासमुद्र, सुराब्धि।

घृतसमुद्र, घृतसागर, घृतोद, आज्यवारि, सर्पिःसमुद्र, सर्पिसमुद्र, सर्पिस्समुद्र, सर्पिरब्धि।

सुधासमुद्र (दे.319)।

प्रलयकालीन समुद्र : प्रलयपयोधि।

समुद्रमंथन, समुद्रमथन, सिन्धुमंथ, अमृतमंथन।

समुद्रमंथन से प्राप्त विष : जलकल्मष, सिन्धुविष।

समुद्र से प्राप्त चौदह रत्न : अमिय, कल्पद्रुम, गजराज, धन्वन्तरि, धनु., धेनु, मणि, रम्भा, वाज, वारुणी, विष, शशि, शंख, श्री।

समुद्र की कल्पित सहचरी : समुद्राभिसारिणी (स्त्री.)।

समुद्रस्थित कालानल : समुद्रवह्नि, समुद्रवास, अब्ध्यग्नि (स्त्री.), अबिन्धन, इरम्मद, और्व, काकध्वज, कोशातकी, बड़वाग्नि (स्त्री.), बड़वानल, बड़वामुख, बड़वा (स्त्री.), बाडव, वडवामुख, वाडब, वाडव, वाडवाग्नि (स्त्री.), वाडवानल, वाणिज, वाणिजक, वाणिजिक, वारकीर, वेतस, संवर्तक।

वि. समुद्र—सम्बन्धी, समुद्री, समुन्दरी, समुद्रिय, समुद्रीय, समुद्रय, सामुद्र, सामुद्रिक, सागर, सिन्धुक, सैन्धव, अवारपारीण, उदधीय, दरियाई, बह्री।

समुद्रज, समुद्रजात, समुद्रभव, सिन्धुज, सिन्धुजंन्मा।

समुद्रगर्भस्थ, सागरान्तर्गत; समुद्रवासी, सागरालय; सागरसय।

समुद्रवेष्टित, सागरापांग; सात समुद्रों से घिरा हुआ : सप्तार्णव।

समुद्रतटस्थित, सागरानुकूल।

समुद्रयात्री, समुद्रयायी, समुद्रग, समुद्रगामी, सागरंगम, सागरग, सागरगम, सागरगामी, पारापारीण, पारावारीण।

अ. समुद्र तक; समुद्र से लेकर; आसमुद्र, आसिन्धु।

22. जलाशय

22.1. सं. जलाशय, जलाश्रय, जलाधार, जलकूपी (स्त्री.), जलविल्व, जलस्थान, जलस्थाय, जलहर, अनूप, आबगीर, इचिकिल, उदकाधार, कासार, खण्डाली (स्त्री.), खनिका (स्त्री.), खात, खाता (स्त्री.), झषनिकेत, डिग्गी (स्त्री.), तटग्र, तटाक, तडग, तड़ाग, तल, तलक, तल्ल, ताल, तालाब, तोयराशि, तोयाधार, दीर्घिका (स्त्री.), पद्माकर, पयपूर, पयश्चय, पयोधर, पर्परीक, पुष्कर, पुष्करिणी (स्त्री.), पोखर, पोखरा, पौष्करिणी (स्त्री.), वसु, वारासन, वारिधानी, षण्डाली (स्त्री.), सरस, सरोवर, सलिलराशि, सलिलाशय।

प्राकृतिक तालाब : कासार, झील, ताल, देवकुण्ड, देवखात, देवखातक, सर।

बड़ा तालाब : तटाकिनी (स्त्री.), द्रोण, निवान।

छोटा तालाब : कर्षू (स्त्री.), कुण्ड, खाती (स्त्री.), तलाई (स्त्री.), दह, मड़ाड़, वेशन्त, वेशान्त, वेषान्त।

चौकोर तालाब : खात्र, जलगुल्म, जलचत्वर, जलाष्ठीला (स्त्री.)।

लम्बोतरा तालाब : पालि (स्त्री.)।

बड़ा ताल : झील (स्त्री.), अम्बुचत्वर, अम्बुवाह, अखात, अगाधजल, ऊर्व, कासार, कूम, जलबिल्व, तोयराशि, द्रह, द्रुह, सर, सलिलभर, ह्रद।

छोटा ताल : तलैया, पल्वल, पोखरी (स्त्री.), सरसिका (स्त्री.), सरसी (स्त्री.), सरी (स्त्री.)।

छिछला गड्ढा जिसमें पानी लगा रहे : गड़हा, गड़ही (स्त्री.), गड्ढा, गढ़ा, गढ़ैया (स्त्री), डबरा, डबरी (स्त्री.), डाबर।

कच्चा तालाब : जोहड़।

वह जलाशय जहाँ गायें पानी पीती हों : गोपीथा।

कमलों से भरा जलाशय (दे.43.1)।

तालाब के बीच में गड़ा हुआ लट्ठा : जाट (स्त्री.), जाठ, नागयष्टि (स्त्री.), नागांचला (स्त्री.), नागांजना (स्त्री.), लाट (स्त्री.)।

तालाब के बीच का गड्ढा : अखड़ा।

तालाब का सबसे गहरा भाग : चँदिया (स्त्री.)।

तालाब के भीतर का गड्ढा : चँदवा।

तालाब खनना–/खोदना–,जलाशय निर्माण करना–,जलाशय-प्रतिष्ठा करना–।

तालाब खोदनेवाला : बहुक।

तलैया का पानी (दे.18)।

वि. तालाब-सम्बन्धी, सारस।

तालाब का, पाल्वल।

22.2. सं. कुआँ, कुवाँ कुँवाँ, कूप, कातू, अन्धु, अवट, अवटि (स्त्री.), अवटी (स्त्री.), अवटु, इँदारा, उदपान, खात, जलांबिका (स्त्री.), जलाकर, तमस, निपान, प्रधि, प्रपा (स्त्री.), प्रहि, वीनाही, सूद।

छोटा कुआँ : कुँइयाँ (स्त्री.), कुइयाँ (स्त्री.), कूपक, कूपी (स्त्री.), कर्णछिद्रक, उपकूप, ओगन, चुंटा (स्त्री.), चुण्डा (स्त्री.), चुरि (स्त्री.), चूडक, चूडा (स्त्री.), चूतक, चूरी (स्त्री.), झिरी (स्त्री.)।

सीढ़ियोंवाला चौड़ा कुआँ : बावरि (स्त्री.), बावरी (स्त्री.), बावली (स्त्री.), दीघी (स्त्री.), दीर्घा (स्त्री.), दीर्घिका (स्त्री.), वापि (स्त्री.), वापिका (स्त्री.), वापी (स्त्री.), सरसिका (स्त्री.), सरसी (स्त्री.), सोपानकूप।

पशुओं के पानी पीने का कुण्ड : चन्नी (स्त्री.), चरही (स्त्री.), चरनी (स्त्री.), आहाव, उदपान, उपकूपजलाशय, उबारा, चुंटा (स्त्री.), चुण्डा (स्त्री.), निपान, प्रपा (स्त्री.)।

चार पुर चलने योग्य कुआँ : चौपुरा।

गहरा कुआँ, पातालतोड़ कुआँ।

कच्चा कुआँ : चोंड़ा।

पहाड़ पर का कुआँ : गण्डकूप।

सूखा कुआँ, अन्धा कुआँ, अन्धकूप, कर्कंधु, कर्करान्धक, कर्करान्धुक।

कुएँ का पानी, कूपजल (दे.18)।

कुएँ का ताज़ा पानी, डाबक/डाभक पानी।

कुएँ का सोता : भूड़ (स्त्री.), झिरी (स्त्री.)।

सोता खोलने/पानी छोड़ने का औजार : साँग (स्त्री.)।

कुएँ के अन्दर नींव में डाला जाने वाला लकड़ी का चक्कर : जमवट (स्त्री.), निवाड़ (स्त्री.), निवार (स्त्री.)।

जमवट पर ईंट-पत्थर की जोड़ाई : कोठी (स्त्री.) (उतार., गला., डाल., बैठा.)।

कुएँ का ढक्कन : पाड़, पाढ़, कटकर, चह, त्रिका (स्त्री.), नान्दीपट, नान्दीमुह, विनाह, वीनाह।

कुएँ का जँगला।

कुएँ का चबूतरा : जगत, मठोठा।

जगत पर बनी हुई नाली : अरधा, चँवना।

पानी खींचने के लिए कुएँ के मुँह पर रखी जाने वाली पटिया : पाट।

कुएँ पर के दोनों ओर का खंभा : थूही (स्त्री.)।

थूहियों पर लगा आड़ा डण्डा : बड़ेरा, भरसाहा।

गड़ारी (स्त्री.), कपी (स्त्री.), कूपचक्र, कूपयन्त्र, घिरनी (स्त्री.), चरखी (स्त्री.), चहली (स्त्री.), त्रिका (स्त्री.)।

गड़ारी के घेरे में बना हुआ गड्ढा जिसमें रस्सी बैठायी जाती है : गड़ारी (स्त्री)।

गड़ारी की धुरी : अखौट, अखौटा, सर्रा।

कुएँ से पानी निकालने की रस्सी : रस्सी (स्त्री.), उबहन, उबहनी (स्त्री.), डोरी (स्त्री), लेजुरा।

कलसे में फँसाया जाने वाला रस्सी का फन्दा : अरिवन, उबक, उबका, छोर, फँसरी (स्त्री.)।

कुएँ में गिरा हुआ बरतन आदि निकालने का आला : काँटा, बिलाई (स्त्री.)।

कुआँ खोदना–,कूप खनन करना–,कूप-निर्माण करना–;कूप-प्रतिष्ठा करना–।

कुआँ खोदनेवाला : सेंहा, सेहा, सेह, कुइहाँ, कूपकार।

कुआँ/तालाब खोदनेवाली जाति : धाँगड़, धाँगर।

कुआँ खोदते समय बननेवाला गड्ढा : भँगार, भगाड़।

कुआँ बैठ जाने से बननेवाला गड्ढा : कुइँदर।

कुएँ की सफ़ाई करना–,कुआँ उगारना–/ओगारना–।

जलाशयोत्सर्ग (कर.); जलोत्सर्ग (कर.)।

जलाशय आदि के जल में अचानक विकार आना : जलवैकृत (हो.)।

उत्स्रुत कूप, बुम्ब कूप, artisan well।

नलकूप, tubewell।

भूगर्भ में पानी का पता लगाने की विद्या : दगार्गल (दे.18)।

भूमिगत जल (दे.18)।

जलभर, जलभृत्, aquifer।

जलजीव शाला (स्त्री.) (दे.66), aquarium।

रुका हुआ/लगा हुआ पानी; बँधा हुआ/बाँधा हुआ पानी; जलजमाव, जलठहराव, जलभराव।

जलमय स्थान, जलखण्ड, जलखर, जलभाग, जलभू (स्त्री.), अनूप, उत्स, वारिचत्वर।

झील/नदी के पास की ज़मीन : जलप्रान्त (दे.693)।

जलबहुल प्रदेश, जलप्राय।

वि. कूप-सम्बन्धी, कौप, कौप्य।

23. जलधारा

सं. जलधारा (स्त्री.), जलधार (स्त्री.), जलप्रवाह, जलस्रोत, अम्बुपद्धति (स्त्री.), अम्बुपात, अर्ण, पयोरथ, भाट, भाठ, वारिधारा (स्त्री.), वारिप्रवाह, वार्धारा (स्त्री.), वेणि (स्त्री.), वेणी (स्त्री.), सलिलरथ, स्रवन्ती (स्त्री.)।

प्रवाह, बहाव (दे.293), स्रोत।

नदी प्रवाह, नदीरथ, पत्रझंकार, पाढ़ (स्त्री.), पुरोटि (स्त्री.), रायभाटी (स्त्री.)।

पानी का तेज़ बहाव : तरखा।

जलप्रवाह का शब्द : कलकल, छलछल, झरझर (स्त्री.)।

जलावर्त, भँवर (दे.299)।

लगातार गिरनेवाली जलधारा : तरारा।

जलधारा का वेग : तोड़, आपूर, गर्रा, रेला, रोल, रौ (स्त्री.), स्रोतोजव।

नदी के बहाव की उल्टी दिशा : चढ़ाव।

जलनाली (स्त्री.), जलनाडी (स्त्री.), जलनिर्गम, जलपथ, जलपद्धति (स्त्री.), जलमार्ग, कुल्या (स्त्री.), नाला, प्रणाल, drain।

परनाला, पनारा, पनाला, प्रणाडिका (स्त्री.), प्रणाडी (स्त्री.), प्रणाली (स्त्री.), नाबदान।

परनाली (स्त्री.), पनाली (स्त्री.), पनारी (स्त्री.), प्रणालिका (स्त्री.), जलहारिणी (स्त्री.), नालिका (स्त्री.), नाली (स्त्री.), मुहरी (स्त्री.), मोरी (स्त्री.), सारणि (स्त्री.), सारणी (स्त्री.)।

फालतू पानी लिकालने की नाली : अतिवाह।

(नाली का) मुँह, मुहरी (स्त्री.)। जाली (स्त्री.), झँझरी (स्त्री.)।

पानी की निकासी : जलनिकास, जलनिर्गम।

जलनिकास प्रणाली (स्त्री.), drainage scheme।

नहर (स्त्री.) (काट. खोद. निकाल.), कर्षू (स्त्री.), कुल्या (स्त्री.), यन्त्रमार्ग, canal।

छोटी नहर : रजबहा, राजबाहा, उपकुल्या (स्त्री.), कूला (स्त्री.)।

जलप्रणाल, जलप्रणाली (स्त्री.), कुल्या (स्त्री.), सुरंगिका (स्त्री.), सरित्सुरंगा (स्त्री.), aqueduct।

नल (दे.454)। नली (स्त्री.) (दे.454)।

मलनल, sewer।

मल-व्यवस्था (स्त्री.), sewerage।

मलवाहन पद्धति (स्त्री.), conservancy system।

जलडमरुमध्य, जलसंधि (स्त्री.), जलसंयोगी, strait।

जलप्रणाली (स्त्री.), जलमार्ग, जलसंयोजक, जलान्तराल, channel।

सोता, स्रोत (दे.18)

खनिज/गरम जल का कुण्ड/सोता : खनिज स्रोत, गोरखडिब्बी (स्त्री.)।

झरना, झर, झरा (स्त्री.), झरी (स्त्री.), झा (स्त्री.), आबशार, उत्स, जलप्रपात, जलाकर, निम्नगा (स्त्री.), निर्झर, निर्दर, प्रपात, प्रस्रवण, वारिप्रवाह, सरा (स्त्री.), सरि (स्त्री.), स्रुवा (स्त्री.), स्रू (स्त्री.)।

पहाड़ी झरना : पार्वती (स्त्री.)।

छोटा झरना : झिरिया (स्त्री.), निर्झरिणी (स्त्री.), निर्झरी (स्त्री.), शैलबाला (स्त्री)।

सीधा गिरनेवाला झरना : अतटप्रपात।

जलधार का गिरना : धारानिपात, धारापात।

झरने का पानी (दे.18)।

बहुत ऊँचाई से गिरती झरने की धार : धुआँधार।

झरने की बहुत चौड़ी धार : जलचादर (स्त्री.)।

फुहारा, फुआरा, फौआरा, फौव्वारा, फौवारा, जलयन्त्र, तोययन्त्र, धारायन्त्र, वारियन्त्र।

नहाने का फुहारा : सेचनक।

वह घर जिसमें फौवारा लगा हो : धारागृह।

फुहारे की जलधार : फुहारा।

पिचकारी (स्त्री.) (छूट. छोड़.), धारायन्त्र।

बड़ी पिचकारी : पिचका।

छोटी पिचकारी : पिचुकिया (स्त्री.)।

पिचकारी से निकलने वाली जलधार : पिचकारी (स्त्री.)।

दवावाली पिचकारी (स्त्री.), शृंगक, सुई (लग. लगा.), syringe।

नाल, निनाल, विनाल, siphon।

द्रवगतिविज्ञान, द्रवगतिकी (स्त्री.), Hydrodynamics।

वि. झरना-सम्बन्धी, औत्स, प्रास्रवण।

तट पर से बहनेवाला : उत्कूल।

अ. धारा के प्रतिकूल : उजान, उज्जल।

24. तरंग

सं. तरंग (स्त्री.) (उठ.), तरंगक, तरंगिका (स्त्री.), अर्ण, उत्कलिका (स्त्री.), उर्मि (स्त्री.), ऊर्मि (स्त्री.), ऊर्मिका (स्त्री.), कलोल (स्त्री.), जलकरंक, जलतरंग (स्त्री.), जललता (स्त्री.), दरणि (स्त्री.), दरणी (स्त्री.), बीचि (स्त्री.), भंग, भण्डि (स्त्री.), मौज (स्त्री.), लहर (स्त्री.) (आ./उठ.), लहरा, लहराना-,लहरि (स्त्री.), लहरी (स्त्री.), विचि (स्त्री.), विची (स्त्री.), वीचि (स्त्री.), वीची (स्त्री.), हलपा (उठ./झर.)।

हवा के कारण उठी लहर : वातोर्मि (स्त्री.)।

हलकी हिलोर : गुगानी (स्त्री.)।

तट से टकरानेवाली लहर : वेलावीची (स्त्री.)।

ऊँची/बड़ी लहर : उल्लोल, कल्लोल, हलड़ा, हलरा, हलोरना–,हिलकोर, हिलकोरना–हिलकोरा (ले. दे.), हिलोर, हिलोरना–,हिलोरा (उठ.ले.), हिलोल, हिल्लोल।

समुद्र की लहर : वेला (स्त्री.), वेलावीची (स्त्री.), समुद्रवेला (स्त्री.)।

लहरों का उठना—,वीचि क्षोभ, हिल्लोलन। लहरों का टूटना—।

तरंगमाला (स्त्री.), तरंग श्रेणी (स्त्री.), तरंगावली (स्त्री.), ऊर्मिमाला (स्त्री.), वीचिमाला (स्त्री.)।

लहरों का थपेड़ा : तरेरा।

वि. लहराता हुआ, उत्तरंग, ऊर्मिमान्, ऊर्मी, ऊर्म्य, कल्लोलित, तरंगित, हिल्लोलित।

तरंगयुक्त, तरंगमय, तरंगायित, तरंगी, तरंगिणी (स्त्री.), अर्णस, ऊर्मिल, सोर्मि, सोर्मिक।

(विप.) तरंगहीन, अनूर्मि, अवीचि।

25. तट

सं. तट, तटक, तटी (स्त्री.), तीर, अंचल, उदकान्त, उपकूल, किनारा, कूल, कूलक, धन्व, पालि (स्त्री.), प्रतीर, रोध, लब, शंबल।

नदीतट, नदीकूल, पुलिन, लबे आब, लबे जू, लबे दरिया, साहिल।

ऊँचा/खड़ा किनारा : अड़ार, अधकच्छा, कँगरी, कगर, कगरी (स्त्री.), कगार, कटार, करारा।

किनारे की नीची ज़मीन : कछार, कच्छ, अगाड़ा, अनूप, खादर, तरी (स्त्री.), दियारा।

बाढ़ में बहकर आने वाली मिट्टी जो किनारे जम जाती है : भाठ।

किनारे की दलदली ज़मीन : कटरी (स्त्री.)।

नदी की धारा हटने से निकली हुई ज़मीन : दरियाबरामद, दरियाबरार, गंगबरार, नद्युत्सृष्ट, निहल।

नदी द्वारा ज़मीन का काटा जाना : कटाव।

नदी द्वारा काटकर बहायी हुई ज़मीन : दरियाबुर्द, गंगशिकस्त (स्त्री.)।

किनारे की बहुत ऊँची-नीची ज़मीन : बीहड़, खार, भरका।

किनारे का छिछला पानी : कचार।

किनारे का छिछला गड्ढा : दह।

इस ओर का किनारा : अवार।

दूसरी ओर का किनारा : पार।

दोनों किनारे : आरपार, पारापार, सरिदुभय।

घाट, घट्ट, उम (दे.298.10), नदीतरस्थान।

कच्चा घाट; पक्का घाट; गऊघाट; धोबिघटा, धोबीघाटा।

घाट के ऊपर की वास्तुरचना जहाँ से सीढ़ियाँ नीचे जाती हैं: हथनी (स्त्री.)।

कंकड़-पत्थर बह जाने से पक्के घाट के नीचे बना गड्ढा : पाल।

घाट का पण्डा, घाटवाल, घाटिया, घटवार, घटवरिया, घटवालिया; गंगापुत्र।

घाट का ठेकेदार, घटवाई, घटवार, घटवाह, घटहा।

बाँध (बना., बाँध.), बन्द, बन्ध, बन्धक, बन्धान, बराज, जलबन्ध, जलबन्धक, धुस्स, पाड़, पालि (स्त्री.), पिण्डन, पिण्डरक, पुश्ता (उठा.दे.बाँध.), सेतु, सेतुक।

छोटा बाँध, बँधिया (स्त्री.), जंगारी (स्त्री.)।

तटबन्ध, तटबन्धन, पुश्ताबन्दी (स्त्री.), embankment।

बाँध का टूटना–,पालिभंग।

जलपाश, जलावरोध, lock।

जलद्वार, स्लुइस, sluice।

समुद्र का किनारा, समुद्रकुक्षि (स्त्री.), समुद्रतट, समुद्रतीर, समुद्रान्त, सागरान्त, साहिल, वेला (स्त्री.), वेलाकूल, वेलातट, वेलामूल।

समुद्रतटवर्ती देश : वेलिका (स्त्री.)।

समुद्रतटवर्ती पर्वत : वेलाद्रि।

बलुआ/रेतीला किनारा, बालुकामय/सिकतामय तट, पाट, रेती (स्त्री.), सिकताप्राय, सिकतामय, सैकत।

वि. तट-सम्बन्धी, तटीय।

किनारे पर उठा हुआ : अतिवेल।

तटवर्ती, तटस्थ, तटस्थित, तीरवर्ती, तीरस्थ।

समुद्रतटस्थित, सागरानुकूल।

नहाने के लिए अच्छी सीढ़ियों से युक्त : सूपतीर्थ, सूपतीर्थ्य।

तट पर पहुँचनेवाला : उत्कूल।

तट के ऊपर से बहनेवाला : वेलातिग।

समुद्रतटवासी, समुद्रतीरीय, सागरवासी।

सैकतिक, सैकती।

(विप.) तटहीन, अतट, अकूल।

अ. किनारे।

किनारे-किनारे, तीर-तीर होकर।

किनारे पर, उपकूल।

26. बादल

सं. बादल (आ. उठ. चढ. छा. घिर. उमड़. घुमड़. फट. छँट.), बदरिया (स्त्री.), बदरी (स्त्री.), बलाहक, अम्बुद, अम्बुधर, अम्बुनिवह, अम्बुभृत्, अम्बुवाह, अम्बुवाहक, अम्बुवाही, अंभोद, अंभोधर, अद्रि, अनन्त, अब्द, अब्र, अभ्र, अभ्र, अर्णोद, अश्मा, अहि, आलबाल, आलवाल, आहूए तर, इन्द्र, उदकधर, उदधान, उदधि,

उदभार, उदवाह, उदहार, उपल, उरणक, ऊर्व, ऋंजसान, ओदन, कन्द, कन्दर, कन्ध, कन्धर, कद, करधर, किरि, खग, खतमाल, खेचर, गगनध्वज, गडयन्त्र, गडयित्नु, गडेर, गदाम्बर, गवेडु, गाडव, गिरि, ग्रावा, घन, जलकरंक, जलद, जलधर, जलधारी, जलपटल, जलभू, जलभृत्, जलमसि, जलमुक्, जलवाह, जालकी, जीमूत, तडित्पति, तडित्वान्, तडिद्गर्भ, तोक्म, तोयद, तोयधर, तोयधार, तोयमुक्, दात्यूह, धाराट, धाराधर, धारावर, धूमज, धूमयोनि, नभध्वज, नभोगज, नभोदुह, नभोद्वीप, नभोधूम, नभोध्वज, नभ्राज, नाग, नीरद, नीरधर, नीलभ, पटीर, पयद, पयोजन्मा, पयोद, पयोधर, पयोधा, पयोमुक्, पयोवाह, पर्जन्य, पर्णाशन, पर्यन्य, पर्वताशय, पायोद, पायोधर, पूषात्मज, मदयित्नु, मुदिर, मुमुचान, मुमूचान, मेघ, वंठर, वनद, वनमुक्, वर्तजन्मा, वर्ष, वर्षकर, वर्षधर, वातध्वज, वातरथ, वायुदार, वायुदारु, वारिगर्भ, वारितस्कर, वारिद, वारिधर, वारिनाथ, वारिमुक्, वारिवाह, वारिवाहन, वार्द्द, वार्मुक, वार्मुच, वार्वाह, विचित्रदेह, विहंग, विहग, व्योमधूम, शंबर, शक्रवाहन, शक्रि, श्याम, श्वेतनील, श्वेतमाल, सरट्, सरटि, सरण्यु, सलिलद, सलिलधर, सलिलमुक्, सेचक, स्तनयित्नु।

घुँघराले बालों जैसा सफ़ेद : अलक/कुन्तल/पक्षाभ मेघ, cirrus।

भूरी चादर जैसा फैला हुआ : पटल/परत/स्तरी मेघ, stratus।

धुनी हुई रुई के ढेरों जैसा : कपासी/पुंज मेघ, cumulus।

घना काला : जल/वर्षा मेघ, nimbus।

पक्षाभ पुंज मेघ : पक्षाभ स्तरी मेघ; पुंज पक्षाभ मेघ; पुंज वर्षा मेघ; स्तरी पुंज मेघ; वर्षा स्तरी मेघ।

काला बादल, काली घटा, क्षपाघन, घनघटा (स्त्री.), घनश्याम, नभ्राट्; घनघोर घटा (स्त्री.)।

बरसने वाला बादल, बरसाऊ/बरसौंहा बादल, घनाघन, द्रोणमेघ, वर्षुकांबुद, वर्षुकाब्द, संवर्त।

पर्वताकार बादल की चोटी : अभ्रकूट।

बादल का उठना—, मेघोदय।

गरजता हुआ बादल : अनक, आनक।

गरजता हुआ चालीसा : ठनका।

बिखरा हुआ बादल : खण्डाभ्र।

वह मेघ जिसपर सूर्य की किरणें पड़ रही हों : वल्मीक।

बिजली से चमकता हुआ मेघ : ऐरावत।

ओले बरसाने वाला मेघ : करकाघन।

शरत्कालीन मेघ : सितमेघ, सिताभ्र।

शीतकालीन मेघ : हेमन्तमेघ।

असमय बादल का उठना : अकालजलदोदय, अकालमेघोदय।

असामयिक मेघ : अकालजलद।

बदली (स्त्री.) (छा. छँट.), घनविस्तार।

सुबह-शाम सूर्यमंडल के आसपास दिखाई पड़नेवाली हलकी बदली : सूरजमुखी (स्त्री.)।

बादल का चलना : संवाहन।

घटा (स्त्री.) (उठ. छा. घिर. उमड़. झूम.), घनघटा (स्त्री.), घटाटोप, मेघाटोप, मेघाडंबर।

मेघसमूह, मेघसंघार, मेघमंडल, मेघपटल, मेघजाल, मेघपंक्ति (स्त्री.), मेघमाल (स्त्री.), मेघमाला (स्त्री.), मेघरेखा (स्त्री.), मेघलेखा (स्त्री.), अद्रि, कादम्बिनी (स्त्री.), घनपटल, घनश्रेणी (स्त्री.), जलधरमाला (स्त्री.), दलबादल।

प्रलयकालीन मेघ : प्रलयजलधर, मेघवर्त, मेघवर्तक, वज्रावर्त, वारिवर्त, विद्‌युद्‌ध्वज, विद्युत्पताक, शोणांबु, संवर्त, संवर्तक, संवर्तन।

मेघों का अधिपति : पुष्करावर्तक; वज्रावर्त।

बादल का गरजना–/गड़गड़ाना–,बादल की गरज, इन्द्रतापन, कड़क (स्त्री.), कड़कड़ाना–,कड़कड़ाहट (स्त्री.), गड़गड़ाहट (स्त्री.), गद, गर्ज, गर्जन, गर्जा (स्त्री.), गर्जि (स्त्री.), गर्जित, घड़घड़, घड़घड़ाना–,घड़घड़ाहट (स्त्री.), घनगरज, घनगर्जन, घनगर्जित, घनध्वनि (स्त्री.), घननाद, घनरव, घनस्वन, तड़प (स्त्री.), देवगर्जन, देवतुमुल, ध्वनित, निह्राद, परिघोष, मेघगर्जन, मेघगर्जना (स्त्री.), मेघडंबर, मेघदुन्दुभि (स्त्री.), मेघध्वनि (स्त्री.), मेघनाद, मेघनिर्घोष, मेघरव, मेघविस्फूर्जित, मेघस्वल, मेघाडंबर, वज्रघोष, वज्रनिर्घोष, वज्रनिष्पेष, स्तनथ, स्तनन, स्तनयित्नु, स्तनित, स्फूर्ज, स्फूर्जित, स्फूर्जन, स्वनित, हुंकृत, ह्राद।

आकाशीय बिजली (स्त्री.), आकालिकी (स्त्री.), अचिरद्युति (स्त्री.), अचिरप्रभा (स्त्री.), अचिरभा (स्त्री.), अचिररोचि (स्त्री.), अचिरांशु, अभिराभा (स्त्री.), अत्क, अणुभा (स्त्री.), अद्रि, अद्रिछिद्‌, अधीरा (स्त्री.), अभ्रिय, अखभा (स्त्री.), इरम्मद, ऐरावत, ऐरावती (स्त्री.), कौंधा (स्त्री.), क्ष, क्षणद्युति (स्त्री.), क्षणप्रकाशा (स्त्री.), क्षणप्रभा (स्त्री.), क्षणिका (स्त्री.), गिरिकंटक, घनज्वाला (स्त्री.), घनवल्लिका (स्त्री), चंचला (स्त्री.), चटुला (स्त्री.), चपला (स्त्री.), चला (स्त्री.), छटा (स्त्री.), छटाभा (स्त्री), जलबालिका (स्त्री.), ज्योति (स्त्री.), तडित् (स्त्री.), दामिनी (स्त्री.), निमेषकृत् (स्त्री.), नीलांजना (स्त्री.), नीलांजसा (स्त्री.), बकुर, बर्क, बिजली (स्त्री.) (कौंध., चमक., चौंध., झलक.), मेघज्योति (स्त्री.), मेघदीप, मेघमूर्ति (स्त्री.), मेघवह्नि, मेघस्वनित, रोहिणी (स्त्री.), वज्रकील, वज्रजित्, विद्‌यु (स्त्री.), विद्‌युत् (स्त्री.), विद्युता (स्त्री.), विद्युल्लता (स्त्री.), विद्योतन, वियत्पताका (स्त्री.), वीजा (स्त्री.), वीपा (स्त्री.), शंपा (स्त्री.), शतह्रदा (स्त्री.), समनगा (स्त्री.), सुधा (स्त्री.), सौदामनी (स्त्री), सौदामिनी (स्त्री.), सौदाम्नी (स्त्री.), स्तनयित्नु, ह्रादिनी (स्त्री.)।

बिजली का कौंधा/लवका (दे.15), बिजली की कौंध/चमक/झलक, अतिभी (स्त्री.), छटाभा (स्त्री.), तडित्प्रभा (स्त्री.), विद्युज्ज्वाला (स्त्री.), विद्युत्कंप, विद्युद्द्योत, विद्युद्वल्ली (स्त्री.), विद्युदुन्मेष, विद्योत।

बिजली की लीक, तड्ल्लिता (स्त्री.), तडिल्लेखा (स्त्री.), विद्युद्दाम, विद्युन्माला (स्त्री.), विद्युल्लता (स्त्री.), विद्युल्लेखा (स्त्री.)।

बिजली की रोशनी, विद्युतालोक।

बिजली की आग, वज्रज्वाला (स्त्री.), वज्राग्नि (स्त्री.), वैद्युत।

बिजली का कड़का, बिजली की कड़क/तड़प, राद।

बिजली (स्त्री.) (गिर.), बकुर, बहुधार, अम्बुज, अक्षज, अभ्रोत्थ, अशनि, अशनिदण्ड, अस्थिकृत्, अस्थिज, अस्थिसम्भव, इन्द्रप्रहरण, ऋभुक्ष, कुलिश, कुलीश, कौशिकायुध, गाज (स्त्री.) (गिर. पड़.), गिरिज्वर, गिरिध्वज, छिदक, जंभारि, जसुरि, तुंज, त्रिदशांकुश, त्रिदशायुध, दम्भोलि, दधीचास्थि (स्त्री.), दधीच्यस्थि (स्त्री.), दल्भि, दृन्फू (स्त्री.), दृन्भू, पवि, पेषि, भिदक, भिदि, भिदिर, भिदु, भिदुर, भिद्र, भेदिर, भेदुर, मृदाकर, वज्र, वज्राशनि, वृक, शंब, शंव, शक्रि, शतकोटि, शतधार, शतह्रदा (स्त्री.), शतार, शरु, संब, स्वरु, ह्रादिनी (स्त्री.), ह्लादिनी (स्त्री.)।

वज्रपात (हो.), वज्रपतन, वज्राघात, विद्युत्पतन, विद्युत्पात, अशनिपात।

तडित्/बिजली रोधक, lightning arrester।

वज्राघात से मृत्यु : वज्रवध।

हवा में मौजूद भाप जो ठण्ड से सूक्ष्म जलकण के रूप में नीचे गिरती है : कुहरा (गिर. छा.), कुहिरा, कोहरा, कुहासा, कूहा (स्त्री.), कुहेडिका (स्त्री.), कुहेडी (स्त्री.), कुहेलिका (स्त्री.), कुज्झटि (स्त्री.), कुज्झटिका (स्त्री.), कुज्झटी (स्त्री.), अकालजलदोदय, अकालमेघोदय, अवश्यय, अवश्या (स्त्री.), खवारि, धूममहिषी (स्त्री.), धूमरी (स्त्री.), धूमिका (स्त्री.), धूलिका (स्त्री.), नभोरेणु, नीहार, मेघयोनि, fog।

वि. मेघ-सम्बन्धी, अभ्रिय, पार्जन्य।

मेघाच्छन्न, मेघाच्छादित, मेघावृत, मेघमाली, मेघमूर्ति, अभ्रित।

मेघवर्ण, घनश्याम।

बादल के कारण सिक्त/स्निग्ध : मेघमेदुर।

बादल की तरह गरजनेवाला : मेघस्वन।

झम-झम बरसनेवाला : झमकारा।

गर्जनरहित, अपगर्जित।

न बरसनेवाला : अझर।

(विप.) मेघरहित, निरभ्र, निर्मेघ (आकाश), खुला, साफ़ (आसमान), अनभ्र, अपघन।

विद्युत्-सम्बन्धी, वैद्युत, सौदामनीय, सौदामिनीय।

बिजली की तरह चमकीला : विद्युत्प्रभ, विद्युत्वान, बर्क़ताब, सौदामनीय।

बिजली से पैदा होने वाला : विद्युत्य।

वज्रविहत, बर्क़ज़दा।

वज्राकार, वज्राकृति।

कोहरा भरा, नभस्य, नभस्वान्।

27. वर्षण

सं. वर्षण, वर्ष, वर्षणी (स्त्री.), वर्षा (स्त्री.) (हो.), वर्षित, वरिष, वरिषा, वारिधारा (स्त्री.), वृष्टि (स्त्री.) (हो.), आकाशजल, आकाशसलिल, आवर्ष, आवृष्टि (स्त्री.), ऋक्षर, दुर्दिन, दुर्दिवस, परामृत, पानी (आ. गिर. पड़ थम. रुक. निकल. टूट.), प्रवर्षण, बारिश (स्त्री.) (हो. रुक.), मेंह, मेह (आ. पड़. बरस.)।

वृष्टिपात (हो.), वृष्टिसंपात, वर्षापात, बरषना–,बरसना–।

बड़ी-बड़ी बूँदों की वर्षा : झंझा (स्त्री.)।

अच्छी वर्षा, सुवर्षा (स्त्री.)।

घनघोर/भारी वर्षा (स्त्री.), होना–,अतिवृष्टि (स्त्री.), होना–,आसमान में छेद होना–,आसार, छाजों मेह बरसना–,ज़ोर की बारिश होना–, तरन्त, धार, धारा (स्त्री), धारानिपात, धारापात, प्रवर्ष, मुसलाधार वर्षा होना–, मूसलधार वृष्टि होना–, वेगवृष्टि (स्त्री.)।

अविरल वर्षा होना–, घोर/भारी वृष्टि होना–, जल-थल एक़ होना–, धारावर्ष, धारावर्षण, धारासंपात, धारासार, बादल फट पड़ना–, महावृष्टि (स्त्री.), मेह की आँख न खुलना–।

प्रदेशव्यापी वर्षा : मंडलवर्ष।

नगर आदि के एक भाग में होने वाली वर्षा : खण्डवर्षा (स्त्री.), खण्डवृष्टि (स्त्री)।

बराबर पानी बरसना–, अरिष, झड़ (स्त्री.), झड़ी (स्त्री.), (बँध. लग.), झरी (स्त्री), प्रस्यन्दी, लगातार हल्की वर्षा होना–।

हलकी वर्षा (हो.), छींटा (पड़.), झींसा (पड़.), झींसी (स्त्री.) (पड़.), फुहार (स्त्री) (पड़.), फूही (स्त्री.), राधरंक।

बूँदाबाँदी, बूँदाबूँदी (स्त्री.) (हो.), टिपटिप (स्त्री.) (हो.), टिपटिपाना–, टिपिरटिपिर (स्त्री) (हो.)।

हवा के झोंके से तिरछी गिरनेवाली बूँदें : बौछार (स्त्री.) (पड़.), बौछाड़ (स्त्री)।

बरसात की पहली वर्षा : लौन्दड़ा, प्रवर्षण।

गरमी की वर्षा : दौंगड़ा (पड़.), दौंगरा।

जाड़े की वर्षा : महावट (स्त्री.)।

माघ महीने में शुक्लपक्ष की वर्षा-चँवरढार।

फागुन में होने वाली वर्षा : फगुनहट (स्त्री.)।

आँधी-पानी, तूफ़ानी वर्षा (स्त्री.), झंझा (स्त्री.)।

वर्षा का जल, वर्षांबु, आकाशजल, आकाशसलिल, खवारि, गंगांबु, गगनांबु, दिव्योदक, वृष्ट्यंबु, व्योमोदक।

इकट्ठा किया हुआ वर्षा का जल : धार।

वर्षा के जल की बूँद : बूँदी (स्त्री.) (पड़.)।

वर्षा की इच्छा : वृष्टिकामना (स्त्री.)।

वर्षा के लिए किया जाने वाला यज्ञ : वर्षकामेष्टि (स्त्री.)।

वर्षा कराने के लिए औरतों का टोटका : हरपरेवरी (स्त्री.)।

वर्षा का अधिपति ग्रह : वर्षाधिप, वर्षेश।

अतिवर्षण या अवर्षण : वृष्टिवैकृत।

अतिवर्षण।

वर्षा रोकने का टोटका : शेख डोण्डूँ/डोण्डू।

पानी बरसने का शब्द : टिपटिप (स्त्री.), टिपिरटिपिर (स्त्री.); छमछम (स्त्री.); झमझम (स्त्री.); झरझर (स्त्री.), झलज्झला (स्त्री.)।

अवर्षण (दे.28)।

आषाढी पूर्णिमा को अन्न की तौल में हुई घट-बढ़ से वर्षा का अनुमान : आषाढी योग।

वर्षामापी, वृष्टिमापी, rain-gauge।

उपलवृष्टि (स्त्री.) (दे.30)।

छाता (दे.483)। बरसाती (स्त्री.) (दे.482), raincoat।

मेघाच्छन्न दिन, दुर्दिन, दुर्दिवस, वार्दल, ख़राब मौसम।

ओस (स्त्री.) (गिर. पड़.), अंतरिक्षजल, अवश्यय, अवश्याय, आकाशजल, आकाशसलिल, खजल, खवारि, तुषार, तुहिन, निशाजल, नीहारजल, रजनीजल, रात्रिजल, शबनम (स्त्री.) (रो.), शिशिर, हिमांबु, हिमांभ, हैम, dew।

ओसकण, ओसबिन्दु, तुषारकण, तुहिनकण, शिशिरबिन्दु, हिमकण, dew-drop।

ओसकण समूह, हिमानी (स्त्री.)।

पाला (गिर. पड़. मार.), अवश्यय, अवश्या (स्त्री.), अवश्याय, ठार, तुषार, तौषार, महिका (स्त्री.), मिहिका (स्त्री.), रजनीजल, हिम, हिमझंटि (स्त्री.), हिमझटि (स्त्री), हिमपात, हिमवृष्टि (स्त्री.), हिमिका (स्त्री.), हैम, frost।

वि. वर्षा-सम्बन्धी, वर्षिक।

वर्षणशील, वार्षुक।

झमझम बरसनेवाला : झमकारा।

वर्षा करानेवाला, वर्षक, वर्षिता, (समासान्त में) वर्षी, वर्षुक, वृष्टिकर।

बरसा हुआ, वर्षित, वृष्ट।

वर्षा से उत्पन्न, वर्षज, वर्षाभव, वर्षाभू, वर्षेज।

वर्षा चाहनेवाला, वर्षकाम, वृष्टिकाम।

वर्षा रोकनेवाला, वर्षघ्न।

वर्षा कराने वाला अस्त्र-पर्जन्यास्त्र।

पाला-सम्बन्धी, हिमी।

पाले का भारा हुआ, हिमध्वस्त।

पाले से लाल पड़ा हुआ, हिमारुण।

अ. टिपिरटिपिर; रिमझिम; झमाझम; मुसलाधार, मूसलधार।

28. अवर्षण

सं. अवर्षण, अनावर्षण, अवर्ष, अनावृष्टि (स्त्री.), अनूदक, अवृष्टि (स्त्री.), अवग्रह, अवग्राह, जलशोष, जलाभाव, झूरा (पड़.), वर्षप्रतिबन्ध, विजल, सूखा (पड़.)।

जिस साल पानी न बरसे : झूरा साल, वर्षा रिक्त।

कुएँ का जल-स्तर गिरना–;कुएँ-तालाब का/खड़ी फसल का सूखना–;सूखी धरती में दरारें/पपड़ियाँ पड़ना–।

सूखा राहत कोष; राहत कार्य; लंगर।

अहेतुक/अहैतुक ऋण; तकाबी (स्त्री.)। लगान माफी (स्त्री.)।

वि. सूखा-प्रभावित, सूखाग्रस्त, सूखापीड़ित।

29. बाढ़

सं. बाढ़ (स्त्री.) (आ. उतर.), बढ़िया, बहिया (स्त्री.), बूड़ा (आ.), आपूर, आप्लाव, उदप्लव, उदीप, एकार्णव, औघ, ग़रक़ी (स्त्री.) (आ.), जलप्लावन, तूफ़ान (आ.), परिवाह, प्लाव, प्लावन, प्लावित, वन्या (स्त्री.), विप्लाव, सैलाब।

पानी का चढ़ना–/बढ़ना–/फैलना–/उफनना–/उमड़ना–।

पानी का ख़तरे का निशान पार करना–/ख़तरे के निशान से ऊपर बहना–।

बाढ़ के पानी का किसी निश्चित स्थान तक पहुँचना : इन्द्रदमन।

बाढ़ का वेग : तोड़ (दे.23)।

गाँठभर, घुटनेभर/कमरभर/डुबावभर/पुरसाभर पानी।

पानी में घुसना–/उतरना–/हलना–/हिलना–/चलना–।

जलावर्त, भँवर (दे.299)।

ज्वार (दे.21)।

पानी में उतिराना, बहना

पानी से घिरा/पानी में डूबा गाँव। टापू बना हुआ गाँव।

बाढ़ राहत कोष; राहत कार्य; राहत शिविर।

प्रभावित क्षेत्र का दौरा/निरीक्षण/हवाई सर्वेक्षण करना—।

आवश्यक वस्तुओं का वितरण; भोजन के पैकेटों का गिराया जाना—;संक्रामक रोगों की रोकथाम।

महाप्लावन, एकार्णव, जलप्रलय, जलप्लावन, प्लवन, सलिलोपप्लव।

बाढ़ के पानी में डूबनेवाली ज़मीन : सैलाबी (स्त्री.)।

बाढ़ के पानी में डूबी हुई फसल : सैलाबा।

बाढ़ के पानी से कटा तट- अड़ार।

वि. बाढ़-सम्बन्धी, सैलाबी।

महाप्लावन-सम्बन्धी, प्लावनिक।

प्लावित, आप्लावित, उदीप, विप्लावित।

उमड़कर बहनेवाला : प्लावी, प्लाविनी (स्त्री.)।

प्लावक, विप्लावक, विप्लावी।

प्लाव्य।

बाढ़-प्रभावित; बाढ़ग्रस्त; बाढ़पीड़ित।

30. हिम

सं. हिम, हैम, इन्द्राग्निधूम, तुषार, तुषारपाषाण, तुहिन, तुहिनशर्करा (स्त्री.), नीहार, प्रालेय, बरफ़ (स्त्री.), बर्फ़ (स्त्री.) (जम. गल.), भस्मतूल।

हिमकण, तुषारकण, तुहिनकण (दे.27)।

हिमलंब, बर्फ़लंब, icicle।

बर्फ़ का टुकड़ा, हिमखण्ड, तुहिनशर्करा (स्त्री.), लवोपल।

बर्फ़ का ढेर, हिमखण्ड हिमसंघात, हिमसंहति (स्त्री.), हिमसमूह, हिमानी (स्त्री.)।

हिमपात (हो.), हिमवृष्टि (स्त्री.), हिमाहति (स्त्री.), तुषारपात (हो.), बर्फ़ (स्त्री) (गिर. पड़.), snowfall।

हिममय वृष्टि (स्त्री.), हिमी वर्षा (स्त्री.), सहिम वृष्टि (स्त्री.), sleet।

हिमझंझा (स्त्री.), हिमझंझावात, बर्फ़ानी तूफ़ान, बर्फ़ीला तूफ़ान, snow storm, blizzard।

हिमालय (दे.33)।

हिमनद, हिमानी (स्त्री.), बर्फ़ की नदी, glacier।

हिमशिलास्खलन, हिमधाव, अवधाव, avalanche।

हिमगह्वर, बर्फ़गुहा (स्त्री.), ice cave।

हिममानव (दे.66), snowman।

हिमरेखा (स्त्री.), चिरतुषार रेखा (स्त्री.), snowline।

हिमदंश, हिमाघात, तुषार-उपघात, frostbite।

हिमांधता (स्त्री.), snow blindness।

प्लावी बर्फ़ (स्त्री.) (दे.21), iceberg।

हिमभंजक, बर्फ़ भंजक, ice-breaker।

हिमकाल, हिमयुग, ice age।

शीत कटिबन्ध, frigid zone।

ध्रुव प्रदेश।

हिमक्षेत्र, snow field।

हिमद्रवण, हिमश्रथ, हिमश्रथन, बर्फ़ का पिघलना–।

हिम/हिमीय अपरदन, ice erosion।

हिमांक, श्यानांक, freezing point।

हिमन, icing।

हिमीकरण, हिमीभवन, freezing।

शीतलयन्त्र (दे.516)। शीतागार (दे.516)।

हिमकारी मिश्रण, freezing mixture।

हिमप्रमापी, हिमगेज, snow gauge।

हिमविज्ञान, cryology।

हिमनदविज्ञान, हिमानिकी (स्त्री.), glaciology।

निम्नतापिकी (स्त्री.), cryogenics।

ठंढ के कारण कष्टदायक दिन/मौसम : हिमदुर्दिन, पत्रहिम।

ओला (गिर. पड़.), अंबुघन, आकाशस्फटिक, इन्द्रोपल, इराचर, उपल, करका (स्त्री.), ग्रावा, घनकफ, घनोपल, जलमूर्तिका (स्त्री.), जलशर्करा (स्त्री.), तुषारपाषाण, तृपन, तोयडिंभ, धारांकुर, पत्थर (पड़.), पयोगड, पयोगल, पयोघन, पांशुचत्वर, पांसुचत्वर, पिण्डाभ्र, पुंजिक, बजरी (स्त्री.), बनौरी (स्त्री.), बिनौली (स्त्री.), बीजोदक, बेनौरी (स्त्री), मरुत्फल, मेघपुष्प, मेघास्थि (स्त्री.), राधरंक, लवोपल, वर्षाबीज, वर्षोपल, वायुफल, वार्षिला (स्त्री.), शिला (स्त्री.), शिलींध्र, संगचा, हिमखण्ड, हिमोपल, hail, hailstone।

उपल वृष्टि (स्त्री.) (हो.), करकापात, शिलावृष्टि (स्त्री.) (हो.), hailstorm।

वि. हिम-सम्बन्धी, हिमी, हिमीय, हिम्य, हैम, हैमवत, तौषार, बर्फ़ानी, बरफ़ानी, बर्फ़ीला, बरफ़ीला।

हिमाच्छन्न, हिमाच्छादित, हिमावरित, हिमाविल, तुषारावृत।

हिमशीतल, हिम, हिम्य, ओला।

हिमकर, हिमकारी, हिमीकर।

हिममय, हिमवान्, बर्फ़ीला।

हिमित, हिमीकृत, हिमीभूत, श्यान।

हिमज, हिमोत्पन्न, हैमा।

हिमाभ, हिमद्युति।

हिमशुभ्र, तुषारधवल।

हिमार्त, हिमक्लेशित, हिमेलु।

तुषार-उपहत।

हिमांध।

उपल-सम्बन्धी, औपल।

31. प्रस्तर

सं. प्रस्तर, पत्थर, (समास में) पथर, पारारुक, पाषाण, अद्रि, अश्म, अश्मा, अष्ठीलिका (स्त्री.), उपल, काचक, ग्रावा, तुत्थ, तृपल, दृषद् (स्त्री.), शिल (स्त्री.), शिला (स्त्री.), संग, हजर।

पत्थर पर पड़ी हुई धारी : जनेवा।

पत्थरपन, शिलात्व।

चट्टान (स्त्री.), अकूपार, अकूवार, गण्डोपल, पारटीट, पारटीन, शिला (स्त्री.), शिलाखण्ड, शिलापट्ट, शिलापट्टक, शैल, rock।

बड़ी चट्टान, गण्डशिला (स्त्री.), शिलोच्चय।

चट्टान के भीतर का रिक्त स्थान : पाषाणसंधि (स्त्री.)।

आग्नेय/मैग्मज शैल, igneous rock।

अवसादी शैल, sedimentary rock।

कायान्तरित शैल, रूपान्तरित शैल metamorphic rock।

ज्वालामुखी शैल, volcanic rock।

बलुआ पत्थर, बालुकाश्म, sandstone।

लाल बलुआ पत्थर, रबाबिया।

चकमक (दे.517), अग्निप्रस्तर, flint।

संगे ख़ारा।

कणाश्म, ग्रेनाइट, granite।

शाण, शाणाश्म (दे.507. 31), करण्ड, कुरण्ड, कुरन, कुरुल, मानिकरेत, whetstone।

कसौटी (स्त्री.), निकषोपल (दे.538), touchstone।

संगमरमर, संगमर्मर, मरमर, मर्मर, शिलाजा (स्त्री.), marble।

सफ़ेद संगमरमर, श्वेतप्रस्तर, श्वेत मर्मर।

दुधिया पत्थर, दुग्धप्रस्तर, milkstone।

सेलखड़ी (स्त्री.), सिलखड़ी (स्त्री.), सिलखरी (स्त्री.), soapstone।

संगजराहत, कुलनार, कारसी (स्त्री.)।

गोरा/घीया पत्थर, whitestone।

चूना पत्थर, चूनाप्रस्तर, चूनाश्म, limestone।

काला पत्थर, कृष्णप्रस्तर; संगे मूसा; संगे असवद।

लाल पत्थर, संगे सुर्ख़।

संगे सुलेमानी।

संगे यश्ब।

संगे सितारा, starstone।

पत्थर का ढोंका/ढोका, प्रस्तरखण्ड, उपलखण्ड।

बटिया (स्त्री.), बट्टा।

(पत्थर का) ढेला (दे.511. 8)।

पत्थर की गोली : अष्ठीला (स्त्री.)।

गिट्टी (स्त्री.), रोड़ा, छर्रा, कंकड़ (दे.12)।

रोड़ी (स्त्री.), कंकड़ी (स्त्री.), गिरकौटी (स्त्री.), छर्री (स्त्री.), बजरी (स्त्री.)।

बालू (स्त्री.) (दे.12)।

छोटा पत्थर, गण्डिका (स्त्री.)।

पत्थर की पटिया, शिलापट्ट, शिलापट्टक, शिलाफलक।

बड़ी पटिया : भोट।

शिलालेख (दे.585)।

पत्थर का बरतन (दे.510)।

संगतराश (दे.507. 38)।

शिलाजीत (दे.459. 27)

पथराना—;पथरना (दे.507. 31); पथराव (दे.511.8)।

पत्थरबाज़, पत्थरबाज़ी

अश्मन, अश्मीभवन, patrifaction।

शिलानिर्माण विज्ञान, शिलाविज्ञान, petrology।

प्रस्तर युग, पाषाण युग।

जीवाश्म, fossil।

जीवाश्मीभवन, जीवाश्मन, fossilisation।

वि.पत्थर-सम्बन्धी, शिलेय, शैल, शैल्य, अश्मर, औपल, संगी।

पथरीला। कंकड़ीला, कंकरीला।

संगीन, संगीं, शिलाघन।

पत्थर का बना हुआ, प्रस्तर-निर्मित; आश्म, आश्मन, आश्मिक।

शैल-सम्बन्धी, शैलेय।

शैलज, शैलजा (स्त्री.) शैलजात।

शैल-सदृश अचल : शैलसार।

पथराया हुआ, पत्थर बना हुआ, अश्मीभूत।

जीवाश्म बना हुआ, जीवाश्मित।

32. पर्वत

सं. पर्वत, पर्वतक, पत्री, परु, पहाड़, पारावत, पृथिवीभृत्, पृथुशेखर, पृथ्वीधर, अग, अगम, अचल, अद्रि, अभ्रंकष, अवनीधर, अवनीध्र, अवनिध्र, अवनिपालक, अवनीपालक, अवि, अश्मा, अहरणीय, इलाधर, उर्वीधर, कन्दराकर, कटकी, कुकील, कुट, कुट्टार, कुठि, कुधर, कुभृत्, कुली, कोह, क्षमाभृत्, क्षितिधर, क्षौणिधर, क्षौणिभृत्, क्ष्माधर, गिरि, गोत्र, गोधर, गोध्र, गोभृत्, ग्रावा, चिकुर, जंबुमान्, जंबूमान्, जगतीधर, जबल, जीमूत, जीमूतकूट, ताड, तालिश, तुंगशेखर, दरीभृत्, दर्दर, धर, धरणीकीलक, धरणिधर, धरणीधर, धरणिभृत्, धरणीभृत्, धराधर, धराभृत्, धातुभृत्, नग, नाकु, नाग, निर्झरी, फलिक, बन्धाकि, भ, भारवर, भूधर, भूभृत्, महीधर, महीध्र, वंसुधराधर, वसुन्धराभृत्, वसुधाधर, वृक्षवान्, व्यंगक, व्यंशक, शक्रि, शिखरी, शिखी, शिलाचय, शिलोच्चय, शृंगधर, शृंगवान्, शृंगी, शैल, सहान्य, सहिर, सह्र, सानुमान्, सिन्धुमंथ, स्तंब, स्थावर, स्थिर।

अति उच्च पर्वत : अंबरशैल।

बृहत् पर्वत : पर्वतराज, गिरिराज, गिरिवर, गिरीन्द्र।

दुरारोह पर्वत : पर्वतदुर्ग।

खड़ी ढालवाला पर्वत : अतट।

लघु पर्वत, छोटा पहाड़, पहाड़ी (स्त्री.), कुट्टीर, गिरेवा, डूँगर, भौण्ड़ी (स्त्री.)। छोटी पहाड़ी, कगार, गण्डली, टीबा, टीला, टेकर, टेकरा, टेकरी (स्त्री.), डूँगरी (स्त्री.), ढीह, ढूह, ढूहा, थुवा, भीट, भीटा, भौण्डू।

मिट्टी का ढूह : गड, थूही (स्त्री.), धुस्स।

बड़े पहाड़ के पास का छोटा पहाड़ : पाद, पादशैल, प्रत्यन्तपर्वत।

ज्वालामुखी, अग्निगर्भपर्वत, अग्निपर्वत, आग्नेय, आग्नेयगिरि, आतशफ़िशा, कोहे आतिश, कोहे आतशफ़िशा, volcano।

जीवित/सक्रिय ज्वालामुखी : सुप्त/निष्क्रिय ज्वालामुखी; मृत ज्वालामुखी। ज्वालुमुखी शृंखला (स्त्री.), ज्वालामुखी गुंबद, पुंज, ज्वालामुखी द्वीप।

ज्वालामुखी का फटना–;ज्वालामुखी उद्गार।

ज्वालामुखीय भूकंप।

ज्वालामुखी मेघ ; ज्वालामुखी कंप; ज्वालामुखी धूलि (स्त्री.); ज्वालामुखी गैस (स्त्री.); ज्वालामुखी तडित् झंझा (स्त्री.); ज्वालामुखी पंक।

लावा, लाबत (स्त्री.); लावा-प्रवाह; शैलद्रव, magma।

छिद्र, ज्वालामुख, मुख, विवर, crater।

समुद्रगर्भस्थ पर्वत : मग्नगिरि, मग्नदेय, मग्नशैल।

ब्लाक/भ्रंशोत्थ पर्वत, block mountain।

गुंबदी/डोम पर्वत, domed mountain।

अपरदित गुंबद पर्वत, eroded done mountain।

संचयन पर्वत, accumulation mountain।

पठारी पर्वत, table mountain।

द्वीपाभ पर्वत, island mountain।

परिवतृ गिरि, island hill।

पर्वतमाला (स्त्री.), पर्वतजाल, पर्वत शृंखला (स्त्री.), पर्वतश्रेणी (स्त्री.), पार्वतिक, गिरिजाल, गिरिमाला (स्त्री.), शैलमाला (स्त्री.), शैलराजि (स्त्री.), शैलश्रेणी (स्त्री.), शैलावलि (स्त्री.), कोहसार, कोहिस्तान, सिलसिलए कोह।

पर्वतसमूह, अद्रिमंडल।

पर्वतशिखर, पर्वतशृंग, पर्वताग्र, अतट, अद्रिशिखर, अद्रिशृंग, अद्रिसानु, ककुद्, ककुद, कूट, गिरिकूट, गिरिशिखर, गिरिशृंग, चूडा (स्त्री.), चोटी (स्त्री.), दन्तक, नगमूर्द्धा, शिखर, शिर, शृंग, शेखर, शैलकूट, शैलशिखर, शैलशृंग, शैलशेखर, शैलाग्र, सानु।

पहाड़ की गोल चोटी : टुंग।

पहाड़ की चोटी का ऊपरी भाग : गण्डकूप।

पहाड़ की ऊँचाई : नगोच्छाय।

पहाड़ की चोटी के पास आगे निकला हुआ पत्थर : दन्तक।

पहाड़ के ऊपर की चौरस ज़मीन : पठार, अधित्यका (स्त्री.), गिरिप्रस्थ, गिरिसानु, भृगु, रम्यसानु, सानु, tableland।

पहाड़ की ढाल : घाटी (स्त्री.), पर्वत-पार्श्व, पहाड़ी पार्श्व/बाजू, शैलकटक, शैलांग।

पहाड़ का खड़ा कगार : भृगु।

पहाड़ के बीच का गहरा गड्ढा : खोह (स्त्री.)।

पहाड़ की गुफा : गह्वर, गिरिकन्दर, गिरिकुहर, गिरिगुहा (स्त्री.), अद्रिकुक्षि (स्त्री.), दरी (स्त्री.) (दे.455), शैलरन्ध्र।

गुफा का द्वार : दरीमुख।

दो पहाड़ों के बीच का मैदान : घाटी (स्त्री.), अद्रिद्रोणी (स्त्री.), कन्दरा, कन्दरी (स्त्री.), दून (स्त्री.), द्रोणी (स्त्री.), निम्नारण्य, शैलतटी (स्त्री.), valley।

दो पहाड़ों के बीच का रास्ता : दर्रा, गिरिद्वार, गिरिपथ, घाटी (स्त्री.), शैलसंधि (स्त्री.), pass।

तंग दर्रा : घाटीमार्ग, खोह (स्त्री.), महाखड्ड, gorge।

पहाड़ के पास का मैदान : तराई (स्त्री.), तरहटी (स्त्री.), तरी (स्त्री.), तरेटी (स्त्री), तटी (स्त्री.), तलहटी (स्त्री.), तलेटी (स्त्री.), अधोभूमि (स्त्री.), उपत्यका (स्त्री), ऊखड़, foothill।

तराई की ढालू ज़मीन : अधकछार।

पहाड़ी नदी (स्त्री.) (दे.19)।

पहाड़ी कुआँ (दे.22)।

पहाड़ पर लगाया हुआ बाग (दे.54)

शैलगृह (दे.180)।

शिलाजीत (दे.459)।

पर्वत, पर्वतीय स्थान, पहाड़, पहाड़ी जगह (स्त्री.), hill station।

पहाड़ी इलाक़ा/क्षेत्र/प्रदेश, कुहसार, कोहसार, कोहिस्तान।

पर्वतारोहण, mountaineering।

पर्वतारोही; पर्वतारोही दल।

(पौरा.) पृथ्वी को वर्षों में बाँटनेवाले पर्वत : वर्षगिरि, वर्षपर्वत, वर्षलंभक (दे. 33) : कर्णी; चैत्र; निषध; मेरु; हिमवान्; हेमकूट; शृंगी।

भारत के सात प्रमुख पर्वत : कुलपर्वत, कुलाचल, कुलाद्रि (दे.33) : ऋक्ष; पारियात्र; मलय; महेन्द्र; विंध्य; शुक्ति; सह्य।

पृथ्वी को घेरनेवाला पर्वत : चक्रवाल, चक्रवाड, लोकालोक।

उदयाचल (दे.4)। अस्ताचल (दे.4)।

सं./वि. पर्वतवासी, पर्वताश्रय, पर्वताश्रयी, पहाड़ी, अगज, अगौका, कोहिस्तानी, गिरिचर, नगाश्रय, शैलजन, शैलाट।

वि. पर्वत-सम्बन्धी, पर्वती, पर्वतिया, पर्वती, पर्वतीय, पार्वत, पार्वतीय, पार्वत्य, पहाड़ी, कोहिस्तानी, कोही, गैर, शैलेय।

पर्वत सम्बन्धी अस्त्र-पर्वतास्त्र

पर्वतज, पर्वतोद्भव, पर्वतोद्भूत, पार्वतेय, अगज, अचलज, अचलजात, अद्रिज, गिरिक, गिरिज, गैरिक, गैरेय, नगज; शृंगज; सानुरुह।

पर्वत जैसा दृढ़ : अद्रिसार।

पर्वत जैसा भारी : शैलगुरु।

शिखरयुक्त, शिखरी, शृंगवान्, शृंगी।

ज्वालामुखीय। पठारी।

33. भारत के प्रमुख पर्वत

सं. अमरकंटक, आम्रकूट, मेकल, मेकलाद्रि, मेखलाद्रि।

अरावली की पहाड़ियाँ।

गिरनार, विमलाद्रि।

चित्रकूट, कामगिरि, कामदगिरि, गुणेश्वर।

नीलगिरि, नीलाचल, अंजन, अंजनगिरि, अंजनागिरि, असितगिरि, असितनग, कृष्णगिरि, कृष्णाचल।

पश्चिमी घाट की पहाड़ियाँ।

पूर्वी घाट की पहाड़ियाँ।

विंध्य, विंध्यगिरि, विंध्यपर्वत, विंध्यशैल, विंध्याद्रि, विंध्याचल, जलबालक, जलबालुक।

विंध्यश्रेणी (स्त्री.), सहस्रशिखर।

विंध्यपर्वत पर का जंगल : विंध्याटवी (स्त्री.)। वि. विंध्यनिवासी, विंध्यवासी, वैंध्य।

वि. विंध्य-सम्बन्धी, वैंध्य।

सं. सतपुड़ा की पहाड़ियाँ।

हिमालय, हिमाला, हिमाचल, हिमाद्रि, हिम, हिमकूट, हिमखण्ड, हिमगिरि, हिमधर, हिमधातु, हिमप्रस्थ, हिमभूधर, हिमभूभृत्, हिमवन्त, हिमवत्, हिमवान्, हिमशिखरी, हिमशैल, हिमेश, अगेन्द्र, अचलपति, अचलराज, अचलाधिप, अद्रिपति, अद्रिराज, अद्रिराट्, अद्रीन्द, अद्रीश, उदकद्रि, उमागुरु, उमाजनक, गिरिनायक, गिरिराज, गिरिवर, गिरिवर्य, गिरीन्द्र, गिरीश, गुरुशिखरी, गौरीगुरु, तुषारगिरि, तुषारपर्वत, तुषारशिखरी, तुषारशैल, तुषाराद्रि, तुहिनगिरि, तुहिनशैल, तुहिनाचल, तुहिनाद्रि, नगपति, नगाधिप, नगाधिपति, नगाधिराज, नगेन्द्र, नगेश, पर्वतपति, पर्वतराज, पर्वतराट्, पर्वतेश्वर, प्रालेयपर्वत, प्रालेयभूधर, प्रालेयशैल, प्रालेयाद्रि, भूधरराज, मेनाधव, विपुल, विपुलक, शंकरश्वसुर, शीताद्रि, शैलगुरु, शैलपति, शैलराज, शैलराट्, शैलाधिप, शैलाधिराज, शैलेन्द्र, सौर्यी, स्थावरराज।

हिमालय की चोटी : हिमकूट।

हिमालय की गुफा : हिमवत्कुक्षि (स्त्री.)।

हिमालय की राजधानी : हिमवत्पुर, ओषधिप्रस्थ।

हिमालयवासी, हैमवत, हैमवतिक।

वि. हिमालय-सम्बन्धी, हैम, हैमवत।

हिमज, हिमवत्प्रभव।

(पौरा.) ऋक्ष, ऋक्षवान्, कृष्णाचल, रैवत, रैवतक।

ऋषभकूट, गोशीर्ष।

गन्धमादन।

गन्धमादन पर का जंगल : गन्धमादन।

जिस पर्वत पर लंका बसी थी : त्रिककुद, त्रिकूट।

द्रोणगिरि, दौनागिरि, दौनाचल।

पारिपात्र, पारिपात्रिक, पारियात्र, पारियात्रिक।

पारिपात्र पर्वत पर बसनेवाला : पारिपात्रिक, पारियात्रिक।

समुद्र-मंथन में मथानी बननेवाला पर्वत : मन्दर, मंदराचल, मन्दरगिरि, मंथगिरि, मंथपर्वत, मंथर, मंथशैल, मंथाचल, मंथाद्रि, मथनाचल, मथान, इन्द्रकील, सुमंथन।

मलय, मलयगिरि, मलयपर्वत, मलयाचल, गिरिसार, चन्दनगिरि, जकुट, जुकुट, दक्षिणाचल, श्रीखण्ड शैल।

महेन्द्र, महेन्द्रगिरि, इन्द्रगिरि।

मैनाक, गिरिसुत, पर्वतात्मज, हिमज, हिमवत्सुत।

विष्कंभ, विष्कंभक, विष्कुम्भ, अद्रिकील।

शृंगकूट, शृंगगिरि, शृंगवान्।

सह्य, सह्याद्रि, सह्याद्रिश्रेणी (स्त्री.)।

सुदेल्ल, सुदेष्ण।

सुमेरु (दे.319), हेमगिरि।

34. मरुस्थल

सं. मरुस्थल, मरुथल, मरुभूमि (स्त्री.), मरु, मरुकान्तार, मरुदेश, मरुधर, मरुधन्व, मरुधन्वा, इन्द्रावसान, दशेरक, दशेरुक, धन्व, धन्वा, भूर्णि (स्त्री.), रेगिस्तान, वालुकांबुधि, बालुकाब्धि, बालुकार्णव।

इरण, इरिण, उजाड़ जंगल, बयाबान, बियाबान, बागड़, बागर।

मृगतृषा (स्त्री.), मृगतृष्णा (स्त्री.), मृगतृष्णिका (स्त्री.), मृगजल, मृगमरीचिका (स्त्री.), मृगवारि, मरीचिजल, मरीचितोय, मरीचि, मरीचिका (स्त्री.), मरुमरीचिका (स्त्री.), आतपोदक, सराब।

मरुद्यान, मरुद्वीप, नखलिस्तान, बागड़, oasis।

सं./वि. मरुदेशवासी, दशेरक, दशेरुक, दसेरक, दसेरुक, धन्वचर।
जिसने मरुस्थल का अतिक्रमण किया हो : अतिधन्वा।
वि. मरुस्थलीय, रेगिस्तानी, धान्व, धान्वन।
मरुदेशस्थ।
मरुदेशज, धन्वज।
मरुद्वीपीय।
छायाहीन; वृक्षहीन; वालुकामय।

35. द्वीप

सं. द्वीप, टापू, जज़ीरा, पयोगड, पयोगल, अन्तरीप, isle।
लघु/क्षुद्र द्वीप, छोटा टापू, उपद्वीप, islet।
द्वीपसमूह, द्वीपपुंज, द्वीपमाला (स्त्री.), जज़ाइर, archipelago।
द्वीप-शृंखला (स्त्री.), island chain।
नदी के बीच का भूभाग : रेती (स्त्री.) (दे.19)।
प्रायद्वीप, प्रायोद्वीप, जज़ीरानुमा, peninsula।
पानी में निकली हुई ज़मीन की नोक : अनी (स्त्री.)।
अन्तरीप, रास, cape।
डमरुमध्य, डमरूमध्य, स्थल-संयोजक, भूसंधि (स्त्री.), isthmus।
प्रवालद्वीप, coral island।
अडल, प्रवालद्वीपवलय, atoll।
डेल्टा, डेलटा (दे.19), delta। महाद्वीप (दे.176), Continent।
(पौरा.) पृथ्वी के सात खण्ड : सप्तद्वीप : जंबुद्वीप, जंबूद्वीप, जंबुखण्ड, जंबूखण्ड; प्लक्ष, प्लक्षद्वीप; शाल्मल, शाल्मलि, शाल्मलिद्वीप; कुश, कुशद्वीप; क्रौंच, क्रौंचद्वीप; शाक, शाकद्वीप, शकद्वीप; पुष्कर, पुष्करद्वीप।
सं./वि. द्वीपनिवासी, द्वीप्य।
वि. द्वीप-सम्बन्धी, द्वीपीय, द्वैप, द्वैप्य।
द्वीप में उत्पन्न : द्वीप्य।
द्वीपों से पूर्ण : द्वीपवान्।
प्रायद्वीपीय। अन्तरीपीय।
प्लाक्ष, शाकद्वीपीय।

36. पवन

सं. पवन, पव, पवमान, परिमर, पाकल, पाथ, पीवा, पर्वरीण, पाचल, पृष, पृषतांपति, पृषताश्व, पृषदंश, पृषदश्व, पृषोदर, पोता, प्रकंपन, प्रजिन, प्रधावन, प्रभंजन, प्रवह, प्राणन्त, प्राण, प्राणयोनि, प्राणसम्भृत, प्रेत्वा, अंकति, अंचति, अंचती, अ,

अग्निसखा, अग्निसहाय, अजिर, अतस, अत्न, अत्नु, अध्यर्ध, अध्व, अध्वर, अध्वा, अनल, अनवस्थान, अनिल, अप्, अभ्रंकष, अभ्रंलिह, अरुणाश्व, अवि, अहिकान्त, आकाशचारी, आप्य, आशर, आशुग, आशुशुक्षणि, ईर, ईरण, कंपाक, कर्णदेवता, क्षिपणु, खग, खचर, खचारी, खश्वास, खेचर, गन्धवह, गन्धवाह, गन्धाशन, गगनस्पर्शज, घनवाह, चंचल, चतुष्टोम, चर, छुप, जगत्, जगत्प्राण, जगतात्मा, जगदाधार, जगदायु, जगद्बल, जगग्मि, जलकान्त, जलभूषण, तत्, तत, तनूनप्ता, तन्यतु, तलुन, तीव्रगति, तृणसंवाह, त्रिबलीक, दर्वरीक, दहनसारथि, देहधृक्, दैत्यदेव, धवाणक, धारावनि (स्त्री.), धूक, धूनन, धूलिध्वज, ध्वजप्रहरण, नभग, नभश्चर, नभस्वान्, नभःप्राण, नभःश्वास, नभःसुत, नित्यगति, निरूप, फणिप्रिय, बयार (स्त्री.), बाई (स्त्री.), बाद, बयारि (स्त्री.), भोगिकान्त, मरुत्, मरुत, महाबल, मातरिश्वा, मारुत, मृगवाहन, मेघारि, मोटन, यम, रीही (स्त्री.), लघट्, लघटि, लघुग, लोलघट, व, वर्षघ्न, वहन्त, वहति, वहती (स्त्री.), वह्निमित्र, वह्निसख, वात, वातल, वाता, वाति, वातृ, वायु (स्त्री.), वाह, विथक, विधु, विश्वयु, वीध्र, वृष्णि, वैष्ट्र, स, सततग, सततगति, सतील, सदागति, समगति, समिर, समीर, समीरण, सरट्, सरट, सरटि, सरण्यु, सरयु, सरिमा, सरीमा, सर्क, सार, सुमर, सूक, सृक, सृणीक, सृदाकु, सोम, स्पर्शन, स्पर्शिक, स्फर, स्यन्दन, स्वकंपन, स्वेदनाश, हरि, हरिणाश्व, हवा (स्त्री.) (आ. चल. बह.)।

ताज़ा/साफ़ हवा (स्त्री.), स्वच्छ वायु (स्त्री.), अग्रवात, प्रवात।

वायुप्रवाह, वायुसंचार, अनिलवाह, पवनहिल्लोल; हवा का तेज़ होना–; हवा का धीमा होना–, हवा गिरना–; हवा का रुक जाना–, हवा थमना–/बँधना–;हवा का रुख बदलना–,हवा पलटना–/फिरना–/बदलना–।

हवाखोरी (स्त्री.) (कर.), हवा खाना–, वायुसेवन (कर.)।

खुले शरीर पर खुली हवा लेना–,वायुस्नान (कर.), airbath।

वायु-परिसंचलन, air circulation।

वायुधारा (स्त्री.), air stream।

झरोखा, संवातन, हवादार, हवादारी (स्त्री.), ventilation।

सवेरे की साफ़ ठंढी हवा : नसीमे सह्र (स्त्री.), विभातवायु (स्त्री.)।

जलवायु परिवर्तन, वायु परिवर्तन, हवाबदली (स्त्री.)।

वायु का दूषित होना–, वायु-प्रदूषण; हवा बिगड़ना–, रोग फैलना–।

मलयपवन, मलयजवात, मलयसमीर, मलयसमीरण, मलयानिल, दक्षिणपवन, दक्षिणावह, दक्षिणी बयार (स्त्री.), बसन्ती बयार (स्त्री.), बादे बहार (स्त्री.), बादे बहारी (स्त्री.), बिहिश्त की हवा, बसन्तसख, वसन्तसखा।

पतझड़ की हवा, बादे ख़ज़ाँ (स्त्री.), बादे ख़िज़ा (स्त्री.)।

पश्चिमी पवन, पछवाँ (स्त्री.), पछाँही हवा (स्त्री.), पछियाव, पछिवाँ (स्त्री.), पछुवाँ (स्त्री.), पछियाई (स्त्री.), पश्चाद्वात।

पूरबी हवा (स्त्री.), पूर्वानिल, पुरवा (स्त्री.), पुरवा (स्त्री.), पुरवइया (स्त्री.), पुरवाई (स्त्री.), पुरवैया (स्त्री.)।

धीमी/सुखद/हलकी वायु, मन्दसमीर, मन्दसमीरण, मन्दानिल, सौरत; शीतल मन्द समीर, नसीम (स्त्री.)।

तीव्र/प्रचंड पवन, तूफ़ानी हवा (स्त्री.), तेज़ हवा (स्त्री.), तारवायु (स्त्री.), भहराती/सनसनाती/सरसाती/हहराती हवा, सनसन/सरसर चलती हवा।

फागुन में बहनेवाली तेज़ हवा : फगुनहट (स्त्री.)।

वायुप्रवाह का शब्द : झर-झर (स्त्री.), सन-सन, सनसनाहट (स्त्री.), सन्नाटा, सर-सर, सरसराहट (स्त्री.)।

सन्नाटे में हवा का शब्द : भाँयँ-भाँयँ (कर.), साँय-साँय (कर.)।

हवा का झोंका, झकोर, झकोरा, झकोरना–झकोल, झकोला, झक्खड़, पवनसंघात, लहक (स्त्री.), लहकना–,लहक उठना–।

हवा का तेज़ झोंका, झक्का, बौखा (स्त्री.), व्योममुद्गर।

ठंढी/सर्द हवा, शीतल पवन, शीतल वात, बर्फ़ीली हवा, बरफ़ीली हवा, हिमनिल (दे.156. 6)।

गरम/जला डालती/झुलसाती हवा, तप्त वायु (स्त्री.), धौक (स्त्री.), धौंका, लपट (स्त्री.) (दे.156. 2)।

स्थल समीर, थल समीर, land breeze।

समुद्र समीर, समुद्री हवा (स्त्री.), नसीमे बहर (स्त्री.), sea breeze।

व्यापारिक पवन्, trade wind।

आँधी (स्त्री.) (दे.37); तूफ़ान।

बवण्डर (दे.37)।

तूफ़ानी चालीसा, roaring frties।

चारों तरफ़ से चलती जान पड़ने वाली हवा : चवा (स्त्री.)।

जलवायु (स्त्री.) (दे.14)।

वातावरण (दे.14)।

आकाश का वह भाग जहाँ वायु गतिशील रहती है : वातस्कन्ध।

जीवमंडल, biosphere।

समतापमंडल, stratosphere।

आयनमंडल, ionosphere।

पवनचक्की (स्त्री.), हवाचक्की (स्त्री.), windmill।

वातदर्शक मोर (दे.14), weather-cock।

हवा में उड़ने वाला मकड़ी का जाला : बुढ़िया का सूत, शैतान का डोर, इन्द्रतूल, इन्द्रतूलक, ग्रावाहास, ग्रीष्महास, भीमहास, मरुध्वज, वंशकफ, वाततूल, वृद्धसूत्रक।

पंखा (कर. झल. हिला. डुला. चला. खींच.), उपवाजन, बीजन, बीजना, वीजन, व्यज, व्यजन, व्यजनक।

छोटा पंखा : पंखी (स्त्री.)।

बड़ा पंखा : अड़ानी (स्त्री.)।

ताड़ का पंखा : तालवृन्त, तालवृन्तक।

बाँस के छिलके का पंखा : बेना।

बेने की डण्डी से बँधी कमानी : गोरसर।

बाँस की वह नली जो बेने की डण्डी में पहनायी जाती है : पोंगी, फोंफी (स्त्री.)।

कपड़े का पंखा : आलावर्त।

छत से लटकने वाला हाथ से खींचने का पंखा : छतपंखा, फर्राशी पंखा, बादकश।

पंखा खींचनेवाला क़ुली : पंखाक़ुली, व्यजनिक।

पंखे का खोल : पंखापोश।

ज़री के काम का बड़ा पंखा जिसपर सूरज कढ़ा होता है : आफ़ताबी (स्त्री.)।

मृगचर्म का पंखा : धवित्र।

बिजली का पंखा, पंखा, फैन; टेबुल पंखा, फर्राटा पंखा, टेबिल फैन; सीलिंग फैन; पेडिस्टल फैन; केबिन फैन; इगझॉस्ट फैन।

पंखे के काम आने वाला चँवर : व्यजनचामर।

पंखे की पत्ती-डैना, ब्लैड।

चँवर (डुला. डोला. हिला.), चौंर, चौंराना—,चामर, चामरव्यजन, चारतूल, चमर, चमरगुच्छ, अवचूलक, औशीर, गुत्स, गुत्सक, प्रकीर्ण, प्रकीर्णक, बालव्यजन, रोमकेशर, रोमगुच्छ, वालव्यजन।

मंजरी की शक्ल का चँवर : मंजरीचामर।

सफ़ेद चँवर : कलविंक।

चँवर की डाँड़ी : औशीर।

चँवर डुलाने वाला : चँवरदार, चामरग्राह, चामरग्राहिक, चामरग्राही, चामरिक, चामरग्राहिणी (स्त्री.)।

मोर की पूँछ के परों का चँवर : मोर छल, मोरछला, चामर।

मोर छल हिलानेवाला : मोरछली।

चँवर की हवा : मंथरु।

पंखे की/चँवर की हवा : कुठेरु।

हवा करना–, हवा देना–, बीजना–, वीजन, व्यजन, व्यजनक्रिया (स्त्री.)।

हवा फेंकना–।

हवा मिलना–, हवा लगना–।

रूमकूलर (दे.516)।

धौंकनी (स्त्री.) (दे.507.8)।

कम्प्रेशर (दे.506)।

वातानुकूलन, वायुसंवलन, तापनियन्त्रण, airconditioning।

फूँकना–, फूँक देना–, फूँक (स्त्री.) (मार.), फूँका (दे. मार.), फुसकारना–, फुत्कार (कर.), फुत्कृति (स्त्री.), फूत्कार, फूत्कृति (स्त्री.), धमि (स्त्री.)।

फुँकवाना–, फुँकाना–; फूँका जाना–,फुँकना–।

(साँप का) फुफकार (कर. छोड़. उठ. भर.), फुफकारना–, फुफकाना–, फुंकरना–, फुंकार, फुँकरना–, फुँकार, फुँकारना–, फुत्कार (कर. छोड़.), फुत्कृति (स्त्री.), फुसकारना–, स्फुत्कार।

फूँकने का शब्द (दे.105)।

भाथी से हवा का झोंका पहुँचाना : धौंकना–(दे.507.8)।

वायुमंडलीय दाब, वायुभार, atmospheric pressure।

वायुदाब, airpressure।

वायुदाबमापी, वायुदाबमापक, वायुभारमापक यन्त्र, बैरोमीटर।

वातीय अपरदन, वायु अपनयन, wind erosion।

वायुगतिकी (स्त्री.), aerodynamics।

वायुविज्ञान, aerology।

(पौरा.) सात अनिल : आवह; उद्वह; निवह; परिवह; प्रवह; विवह; संवह। सात मरुत् : अभिमुग्व; उग्र; धान्त; धुति; भीम; विक्षिप; सागह्व।

उनचास पवन : एकज्योति; द्विज्योति; त्रिज्योति; ज्योति; एकशक्र; द्विशक्र; त्रिशक्र; महाबल; इन्द्र; गत्यदृश्य; मित; सम्मित; सुमति; ऋतजित्; सत्यजित्; सुषेण; सेनजित्; अग्निमित्र; अनमित्र; पुरुमित्र; अपराजित; ऋत; ऋतवाह; धर्ता; धरण; ध्रुव; विधारण; देवदेव; महावीर्य; इदृक्ष; अदृक्ष; व्रती; प्रसदिक्ष; सभर; महायश; धाता; दुर्ग; द्युति; भीम; अभियुग्व; अपात; सह; द्युति; द्यपृ; अनार्य; वाम; काम; जय; विराट्।

शरीरस्थ पंचवायु : वायुपंचक (दे.57) : प्राण; अपान; समान; व्यान; उदान।

वि. वायु-सम्बन्धी, वायव, वायवीय, वायव्य, वातीय, आनिल, प्राभंजन, मारुत, सामीरण, सामीर्य, हवाई।

वायुपूर्ण, वायुयुक्त, वायुर, हवादार।

वायुवत्, वायुप्राय।

वातज, वातकृत।

वातकंपित, वाताहत।

वायुरोधी, हवारोक।

(विप.) वायुरहित, अनिर्वात, अवात, निर्वात।

वीजित, कृतवीजन।

वीजनयोग्य, वीज्य।

फुत्कृत, फूत्कृत।

फूँकनेवाला, फूकैया।

वातानुकूलित।

37. प्रचंड पवन

सं. प्रचंड पवन, प्रकंपन, प्रभंजन, प्रवात, कुनाभि, जलगोधिका जवानिल, ज़ोर की हवा, झंझा (स्त्री.), झकड़, झक्कड़ (आ. उठ. चल.), बवण्डर, वातगुल्म, वातथूडा (स्त्री.), वातरुष, वातालि (स्त्री.), वाताली (स्त्री.), वातुल, वातूल, वात्या (स्त्री.), विवात, वेगानिल, gale of wind।

आँधी (स्त्री.) (आ. उठ. चल.), अँधड़, अँधप्रभंजन, अँधबाई (स्त्री.), अँधबाई (स्त्री.), अँधवायु (स्त्री.), अण्डूल (स्त्री.), अँधेरी (स्त्री.), महावात, महावायु (स्त्री.), स्वरिंगण, dust storm, storm।

काली आँधी; पीली आँधी, लाल आँधी, लँगड़ी आँधी।

आँधी-पानी, पत्थर-पानी, पाथरपानी, झंझा (स्त्री.), झंझानिल, झंझामरुत्, झंझामारुत, झंझावात, वर्षाप्रभंजन, gale।

तडित् झंझा (स्त्री.), thunder-storm।

तूफ़ान (आ. उठ.), निहाका (स्त्री.), व्राजि (स्त्री.), tempest।

आँधी-अँधड़, आँधी-तूफ़ान।

चक्रवात, चक्र, अवघूर्ण, अवघूर्णन, आसंगिनी (स्त्री.), घूर्णवायु (स्त्री.), घूर्णितवात, तृणावर्त, पवनचक्र, पवाका (स्त्री.), भ्रमवात, वातघूर्ण, वातचक्र, वातमंडली (स्त्री.), वातावर्त, वातुल, वातुलीभ्रम, वात्या (स्त्री.), वात्याचक्र, वायुगुल्म, वायुग्रन्थी (स्त्री.), वायुघूर्ण, वायुमंडल, cyclone।

बवण्डर (उठ.), बगूला, बबूला, बादगर्द, कुनाभि, गिर्दबाद, दलाढक, भँभूरा, भृमि (स्त्री.), whirlwind।

चक्रवातीय तूफ़ान, प्रभंजन, hurricane।

समुद्रतटीय तडित् झंझा (स्त्री.), torando।

समुद्री चक्रवात, typhon।

बर्फ़ानी तूफ़ान, तुषार झंझा (स्त्री.), हिमझंझा (स्त्री.), हिमझंझावात, blizzard।

रेगिस्तानी तूफ़ान, मरुझंझा (स्त्री.), sirocco।

बंगाल में चैत्र-वैशाख में प्रायः प्रतिदिन अपराह्न में उठनेवाली आँधी : कालवैशाखी (स्त्री.), nor'-wester।

वि. तूफ़ान-सम्बन्धी, तूफानी, प्रभंजन, वातर, वातल, वातिक, वायुर।

38. वनस्पति

सं. वनस्पति (स्त्री.), वनस्पतिजात, उद्भिद्, उद्भिद, उद्भिज, उद्भिज्ज, ओषधि (स्त्री.), ओषधी (स्त्री.), वीरुध, वीरुधा (स्त्री.)।

वनस्पति-जात, पादप-जात, flora।

वह वनस्पति जिसमें फल-फूल दोनों हों : फलपुष्प।

वनस्पतियों का घना होकर फैलना : झपसना–।

जैनियों के लिए अखाद्य वनस्पति-समूह : अनन्तकाय।

वृक्ष, वनस्पति (स्त्री.), वनी, वसु, वानस्पत्य, विटप, विटपी, विष्टर, वीरुध, वीरुधा (स्त्री.), अंघ्रिप, अंह्रिप, अखेटिक, अग, अगच्छ, अगम, अद्रि, अनोकह, अमन्द, अवनिरुह, आरोहक, उर्वीरुह, करालिक, कुज, कुट, कुटि (स्त्री.), कुठ, कुठारु, कुठि, कुरुह, क्षितिज, क्षितिरुह, गाछ, चंकुर, चरणप, जगतीरुह, जर्ण, तर, तरु, दरख़्त, दली, द्रु, द्रुम, द्रोण, धरणिरुह, नग, पत्री, पर्णी, पल्लव, पल्लवी, पादप, पुलाकी, पुष्पद, पृथिवीरुह, पृदाकु, पेड़ (लग. लगा.), प्रकाण्ड, प्रकाण्डक, प्रकाण्डर, फलग्राही, फ़लद, फलित, फली, बिटप, बिटपी, भूजात, भूपद, भूमिरुह, भूमीरुह, भूरुह, महीरुह, मूलिन, मूली, रुक्ष, रूक्ष, रुख, रूष, रोहि, शाखाभृत, शाखी, शाल, श्रृंगी, साल, स्कन्धी, स्तंब, स्थिर, स्थिरच्छाय, हरिद्रु।

उत्तम वृक्ष, तरुवर, द्रुमश्रेष्ठ।

बड़ा वृक्ष, महाद्रुम, महावृक्ष, शालसार।

छोटा वृक्ष, गाछी (स्त्री.), वृक्षक, विटपक।

पतझड़ वाला वृक्ष।

सदाबहार वृक्ष।

वह वृक्ष जिसकी डाल काटकर लगायी जाय : अग्रबीज, कलमी।

बिना फूलों वाला वृक्ष : पर्णखण्ड, वनस्पति (स्त्री.)।

फूल-फल देनेवाला वृक्ष : वानस्पत्य।

फलदार वृक्ष : फलपादप, फलवान्, फलवृक्ष, फलित, फलिन, फली।

फलहीन वृक्ष : अवकेशी, रण्डक।

कड़ी लकड़ीवाला वृक्ष : सारद्रुम।

फूलवाला वृक्ष : पुष्पद्रुम।

छायाकार : वृक्ष छायातरु, छायाद्रुम, स्थिरच्छाय।

वृक्ष की छाया (दे.17)।

काँटेदार वृक्ष, कंटकी।

वह वृक्ष जिसमें दो-दो पत्तियाँ आमने-सामने निकलती हों : युगपत्र, युग्मपत्र, युग्मपर्ण।

जंगली वृक्ष, बनरुह।

सूखा हुआ पेड़, पेड़ की खड़ी लकड़ी, टुंटा, ठुंठ, ठुण्ड, ठूँठ, ठूँठा, शंकु, स्थाणु।

कटे हुए पेड़ की जड़ और उसके ऊपर का भाग : खुत्थ, खुत्था, झुंट।

आरहर, ज्वार आदि का खुत्थ : खुत्थी (स्त्री.), खुथी (स्त्री.), खूँटी (स्त्री.), खूँथी (स्त्री.), झुण्डी (स्त्री.)।

वृक्षादि का वह खण्ड जो उससे काट लिया गया हो : गाँडा।

पेड़ का तना काटने वाला : स्थाणुच्छेद।

पेड़ का सिरा : वृक्षाग्र (दे.39)।

पेड़ का फैलाव : विस्तार, विटप।

पेड़ की ऊँचाई : उच्छ्रय, उच्छ्राय, उत्सेध।

पेड़ों का झुण्ड, पादपखण्ड, गुल्मी, झपाट, झुरमुट, मरुखण्ड, तरुषण्ड, द्रुमषण्ड, वानस्पत्य, वृक्षखण्ड, वृक्षच्छाय, वृक्षसमूह।

पेड़ों की क़तार, पादपपंक्ति (स्त्री.), पादपश्रेणी (स्त्री.), तरुपंक्ति (स्त्री.), तरुवीथि (स्त्री.), तरुवीथिका (स्त्री.), तरुवीथी (स्त्री.), वृक्षपंक्ति (स्त्री.), वृक्षाली (स्त्री), वृक्षावलि (स्त्री.), वृक्षावली (स्त्री.)।

वृक्षवाटिका (स्त्री.), वृक्षावाटी (स्त्री.), वार्क्ष्य, बाग़ (दे.54)।

पेड़ों के बीच की पगडण्डी : वृक्षसंकट।

पेड़ का खोड़रा, तरुकोटर (दे.454), वृक्षकोटर, वृक्षभवन।

पेड़ के हिलने का शब्द : खड़-खड़, खड़खड़ाना–,मरमर, मरमराना–।

पेड़ों का रोग : द्रुमव्याधि (स्त्री.), द्रुमामय।

पेड़ लगाना–, तरुरोपण, वृक्षरोपण (कर.), वृक्षारोपण (कर.) (दे.55)।

वृक्षप्रतिष्ठा (स्त्री.) (दे.317)।

क्षुप, क्षुपक, अप्रकाण्ड, झाड़, झार, ह्रस्वशाखाशिफ।

क्षुपा (स्त्री.), झटि (स्त्री.), झटिका (स्त्री.), झाट, झाड़ी (स्त्री.), झारी (स्त्री.), झुंट, विटप, विटपी (स्त्री.)।

झाड़ियों का समूह : झाड़-झंखाड़, झाड़ी (स्त्री.), झुरमुट, शाख़सार, शालाक।

छोटा पेड़; नया पेड़; पुण्डर्य, पौण्डरीय, पौण्डरीयक, पौधा (जमा. लगा.), पौद (स्त्री), पौदा, पोत, पोतक, पोया, उद्भिद्, छिउला, बूटा, बेहन, वानस्पत्य।

बिना तने का पौधा : गुल्म, स्तम्ब।

काँटेदार पत्तोंवाला पौधा : दलसूची (स्त्री.)।

काटने पर फिर बढ़ जाने वाला पौधा : वीरुत् (स्त्री.), वीरुधा (स्त्री.)।

रेशेदार पौधा : क्षुभा (स्त्री.)।

एकफसला पेड़/पौधा, ओषधि (स्त्री.), ओषधी (स्त्री.), औषधि (स्त्री.), औषधी (स्त्री.), फलपाकान्ता (स्त्री.), फलपाकावसाना (स्त्री.)।

क़लम से लगाया हुआ पौधा : कलमी, क़लम (स्त्री.)।

क़लमी पेड़, प्ररोहशाखी।

ईख आदि गाँठदार वनस्पति : पर्वयोनि।

लता (स्त्री.), लतर (स्त्री.), कुटंगक, कुटुंगक, छल्लि (स्त्री.), छल्ली (स्त्री.), तरुपतिका (स्त्री.), तृपला (स्त्री.), प्रतति (स्त्री.), बेल (स्त्री.), बेलि (स्त्री.), बौण्ड़ (स्त्री.), मंजर, मंजरि (स्त्री.), मंजरी (स्त्री.), मंजा (स्त्री.), मंजि (स्त्री.), मंजी (स्त्री), वल्लर, वल्लरि (स्त्री.), वल्लरी (स्त्री.), वल्लि (स्त्री.), वल्लिका (स्त्री.), वल्ली (स्त्री.), वीरुत् (स्त्री.), वीरुधा (स्त्री.), वेल्लि (स्त्री.), वेल्ली (स्त्री.), व्रतति (स्त्री.), व्रतती (स्त्री.), स्कन्धा (स्त्री.)।

छोटी लता, लतिका (स्त्री.), पुंडर्य, पौण्डरीय, पौण्डरीयक, प्रता (स्त्री.), बिसनी (स्त्री.), बेलड़ी (स्त्री.), संघट्टा (स्त्री.)।

बड़ी लता, प्रतानिनी (स्त्री.), उलप, उलपा (स्त्री.), गुल्मिनी (स्त्री.)।

पत्रबहुल लता (स्त्री.), पत्रलता (स्त्री.)।

लता का आवेष्टन : व्रततिवलय।

लता का वृक्ष से लिपटना : वृक्षाधिरूढ़ि (स्त्री.)।

लता का घना होकर फैलना : झपसना–।

लताओं का वर्ग : लतागण।

लता का रेशा, लतातन्तु, लताप्रतान।

लता समूह, लताजाल, लतापाश।

लताकुंज, लताभवन (दे.54)।

पेड़ पर उगनेवाली बेल : अमरबेल (स्त्री.), अमरबौर (स्त्री.), अमरवल्लरी (स्त्री), अमरवल्ली (स्त्री.), अम्बरबेल (स्त्री.), अम्बरबेलि (स्त्री.), अंकासबेल (स्त्री.), अकासबौर (स्त्री.), आकाशबेल (स्त्री.), आकाशबेलि (स्त्री.), आकाशवल्ली (स्त्री.), खवल्ली (स्त्री.), जीवन्तिका (स्त्री.), जीवन्ती (स्त्री.), दुःस्पर्शा (स्त्री.), परगाछी (स्त्री.), पिच्छल, पिच्छा (स्त्री.), पुत्रिणी (स्त्री.), वृक्षरुहा (स्त्री.), व्योमवल्ली (स्त्री.)।

पेड़ पर उगनेवाला पौधा : बंझा, बाँदा, बन्दाक, बन्दारू, बिसुनी (स्त्री.), बौंर, ब्रह्मरूपिणी (स्त्री.), अपदरुहा (स्त्री.), अपदरोहिणी (स्त्री.), उपदी (स्त्री.), काकरुहा (स्त्री.), कामिनी (स्त्री.), केशरूपा (स्त्री.), तरुभुक्, तरुरुहा (स्त्री.), तरुरोहिणी

(स्त्री.), तरुवल्ली (स्त्री.), तरुस्था (स्त्री.), नीलवल्ली (स्त्री.), परगाछा, परपुष्टा (स्त्री.), परवसिका (स्त्री.), परशाला (स्त्री.), पराश्रया (स्त्री.), वन्दक, वन्दका (स्त्री.), वन्दा (स्त्री), वन्दाक, वन्दाका (स्त्री.), वन्दाकी (स्त्री.), वन्दार, वन्दारु, वंधा (स्त्री.), वशिनी (स्त्री.), वृन्दाक, वृक्षभक्षा (स्त्री.), वृक्षरुहा (स्त्री.), वृक्षादनी (स्त्री.), वृक्षादिनी (स्त्री.), शेखरी (स्त्री.), श्यामा (स्त्री.), सेव्या (स्त्री.)।

नीम का बाँदा : अकासनीम, आकाशनीम, आकाशनिंब।

पेड़ों को लगनेवाला रोग : द्रुमव्याधि (स्त्री.), द्रुमामय।

पेड़ों का चिकित्साशास्त्र : वृक्षायुर्वेद।

वनस्पतिविज्ञान, वनस्पतिशास्त्र, उद्‌भिज्जशास्त्र, botany।

वृक्षविज्ञान, द्रुमविज्ञान, dendrology।

पादपविज्ञान, phytology।

वृक्ष संवर्धन, वानस्पत्य, arboriculture।

(पौरा.) देवतरु, देवदारु, देववृक्ष।

मन्दार, मन्दारक, मन्दारव, मन्दारु, मन्दर, मान्दार, द्युमणि, निंबतरु।

पारिजात, पारिजातक, इन्द्रवल्लरी (स्त्री.), इन्द्रवल्ली (स्त्री.), सुरराजवृक्ष, तरुराज, द्रुमेश्वर।

सन्तान, सन्तानक।

कल्पवृक्ष, कल्पतरु, कल्पद्रुम, कल्पपादप, कल्पलता (स्त्री.), कल्पवल्लरी (स्त्री.), कल्पविटप, कल्पशाखी, कल्प, अमरतरु, अमरपुष्प, अमरपुष्पक, तरुराज, मनोरथदायक, विबुधतरु, विबुधबेलि (स्त्री.), सुरतरु, सुरतरुवर, सुरद्रु, सुरद्रुम, सुरपादप, सुरबेल (स्त्री.), सुरभूरुह, सुरविटप, सुरवृक्ष, सुरशाखी।

हरिचन्दन, इन्द्रचन्दन, नन्दनज, पीतसार, सुराह्व।

वि. वनस्पति-सम्बन्धी, वानस्पतिक, वानस्पत्य।

वृक्ष-सम्बन्धी, वार्क्ष्य, वृक्ष्य।

जिस वृक्ष में फल आ रहे हों : फलदार (दे.41), फलनेवाला, फलबन्धी।

जिस वृक्ष में फल न लगे : फलवंध्य।

फलों से लदा हुआ : फलभृत् (दे.41)।

सदा फलनेवाला : सदाफल।

वृक्षज, वृक्षोत्थ, अगज।

उगनेवाला, उद्‌भिद्, उदभिज्ज, औद्‌भिद।

छतनार (पेड़)। पतझड़ी, पर्णपाती (पेड़)।

सदाबहार (दे.156), सदापर्ण, सदापर्णी, सदाहरित (पेड़)।

लताच्छादित, लतावेष्टित।

परजीव, परजीवी, परोपजीवी, पराश्रयी।

सं./वि. वृक्षरोपक, वृक्षरोपयिता।

वनस्पतिज्ञ, वनस्पतिविज्ञानी, उद्भिज्जशास्त्री, botanist।

वृक्षविज्ञानी, द्रुमविज्ञानी, dendrologist।

पादपविज्ञानी, phytologist।

39. अंकुर और वनस्पति के अंग

सं. अंकुर (आ. उग. फूट. निकल, जम. फोड़. फेंक. ले.), अँखुआ, अँगुसा, आँख (स्त्री.), उद्भिद, औशीरिका (स्त्री.), कलफा, कल्ला, कल्ली (आ. फूट. निकल.), गुंभी (स्त्री.), तरुण, तरुणक, धाना (स्त्री.), पत्रिणी (स्त्री.), पत्री (स्त्री.), पत्रोल्लास, पल्लवक, पोई (स्त्री.), प्ररोह, प्रारोह, फनगा, फुनंग, फुनगा, फुनगी(स्त्री.), बिसल, बीजांकुर, रोह, लतायावक, सानु।

जौ का अंकुर : जई (स्त्री.)।

जौ, धान आदि का अंकुर : जरई (स्त्री.), भुँजरिया (स्त्री.), भुजरिया (स्त्री.)।

ईख का अंकुर : पोई (स्त्री.)।

बाँस का अंकुर : कंबी (स्त्री.), करीर, करैल, चोलकी, मरुज।

अंकुरण, अंकुरना–, अँकुराना–, अँखुआना–, अँगुसाना–, उद्भेद, प्ररोहण, फनगना–, विरूढि (स्त्री.), विरोह, विरोहण, संरोह, संरोहण।

वि. अंकुरित, कोरित, प्ररूढ़, विरूढ़।

39.1. सं. जड़ (स्त्री.) (जम. पकड़.), अंघ्रि, अंघ्रिनाम, अंघ्रिनामक, अंह्नि, तरुजीवन, निगु, बुध्न, ब्रध्न, मूल, मूलिका (स्त्री.), वृक्षमूल, वृक्षांघ्रि (स्त्री.), सोर (स्त्री.)।

जड़ का रेशा : जटा (स्त्री.), झकड़ा।

रेशेदार जड़ : शिखा (स्त्री.), शिफ, शिफा (स्त्री.)।

गूदेदार जड़ : कन्द; फलपुच्छ।

कंद का नुकीला भाग : टूँड़ी (स्त्री.)।

गाँठदार जड़ : गाँठ (स्त्री.), गाँठि (स्त्री.), पूती (स्त्री.)।

धरती पर फैलनेवाली जड़ : खुझड़।

धरती पर उठी हुई जड़ : जड़ीला।

प्रधानमूल, main root।

मूसला जड़ (स्त्री.), अधिमूल, taproot।

झकड़ा जड़ (स्त्री.), तन्तुमय मूल, fibrous root।

अपस्थानिक मूल, आगन्तुक मूल, advantitious root.

गुच्छित मूल, fascicled root।

जड़ों का ढेर : मूलिका (स्त्री.)।

जड़ मूल; कन्द-मूल।

वह वनस्पति जिसकी जड़ खायी जाय : मूलशाक, जड़ीला।

वह वनस्पति जिसकी जड़ दवा के काम आये : जड़ी (स्त्री.) (दे.94)।

वि. जड़दार, जड़वाला, जड़ीला, मूलयुक्त, मूली, समूल।

मूल से उत्पन्न : मूलिन, मूलिज।

मूल-सम्बन्धी, मूलिक, वृक्षमूलिक, मौलिक।

39.2. सं. तना, काण्ड, गण्डि (स्त्री.), धड़, पीण्ड़ (स्त्री.), पेण्ड़ी (स्त्री.), प्रकाण्ड, प्रकाण्डक, माँझा, स्कन्ध, स्कन्धदेश, स्कन्धप्रदेश, स्तंभ।

केले का तना : खंभा, टेरा।

पोला तना : नरई (स्त्री.), नाडि (स्त्री.), नाडिका (स्त्री.), नाडी (स्त्री.), नाल (स्त्री.), नाला (स्त्री.)।

साग आदि का तना : कलंब।

जौ आदि का तना : डंठल, डाँठ (दे.55)।

सींक जैसा पतला लम्बा तना : सींक, इसीका (स्त्री.), इषिका (स्त्री.), इषीका (स्त्री.)।

सींक का निचला मोटा मजबूत हिस्सा : सेंठा।

सुखाने के लिए डंठल उलटने की लग्गी : अखनी, अखैनी (स्त्री.)।

तरुस्कन्ध, वृक्षस्कन्ध।

वि. स्कन्ध-सम्बन्धी, स्कंध्य।

स्कन्ध से उत्पन्न : स्कन्धज।

(विप.) बिना तने का : अकाण्ड।

39.3. सं. मुख्य शाखा (स्त्री.), स्कन्धशाखा (स्त्री.), शाला (स्त्री.)।

डाल (स्त्री.), तरुविटप, द्रु, पल्लवांकुर, पल्लवाधार, प्रकाण्ड, प्रकाण्डक, वीरुत् (स्त्री.), वीरुधा (स्त्री.), शाखा (स्त्री.), शाख़ा (स्त्री.), शाख़ (स्त्री.) (निकल. लग. निकाल.), शिखा (स्त्री.), शिफाधर, स्कन्धा (स्त्री.)।

हवा से झुकी हुई डाल : बकेरुका (स्त्री.)।

डाली (स्त्री.), उपशाखा (स्त्री.), काण्ड, टेरा, वया (स्त्री.), वयाक, शाख़चा।

टहना, कन्छा, प्रशाखा (स्त्री.)।

टहनी (स्त्री.) (फेंक.), कइन (स्त्री.), कइनी (स्त्री.), कनाई (स्त्री.), प्रशाखिका (स्त्री.), वीरुत् (स्त्री.), वीरुधा (स्त्री.)।

पतली लम्बी टहनी : कमटी (स्त्री.), कुमण्डी (स्त्री.), गोदा (बना. मार.), पलई (स्त्री.), बौण्ड (स्त्री.), बौण्ड़ना–, लता (स्त्री.)।

नयी शाखा : कनखा, गोदा, बिटप, विटप।

बहुत सी टहनियाँ निकल आना : फदफदाना–।

पौधे की शाखा : डंठल, डण्डी (स्त्री.), डाँठ, काण्ड, वृन्त।

डंठल का गाँठदार टुकड़ा : गाँठी (स्त्री.)।

बाँस की शाखा : कंचिका (स्त्री.), कइन (स्त्री.), कइनी (स्त्री.)।

शाखा का सिरा : फुनगी (स्त्री.), फुनंग, टुनगा, टुनगी (स्त्री.)।

शाखा-प्रशाखा (स्त्री.)।

बिना फल/पत्ते की टहनी : अग्रसारा (स्त्री.)।

डालियों का घना होकर फैलना : झपसना–।

डाली के टूटने का शब्द : चरचराहट, मरमराहट (स्त्री.), मरमराना–।

वि. शाखा-सम्बन्धी, शाख्य।

शाखाओं वाला, शाख़दार, शाख़सार, शाखी, प्रशाख, विटपी।

(विप.) शाखाहीन, निःशाख, अप्रकाण्ड।

अ. एक-एक डाली पर : शाख़ दर शाख़।

39.4. सं. बरोह, अवरोह, जटा (स्त्री.), डाढ़, शाखाशिफा (स्त्री.)।

39.5. सं. पत्ता, पत (समास में), पत्र, पत्रक, पर्ण, पलाश, पात, कुष्पल, छद, छदन, छादन, दल, दलक, बर्ह, बर्हण, राण, वर्ह, वर्हण, वाताय, वृधसानु, सानु।

नया मुँह बँधा पत्ता : गर्भपत्र, गाभ, गाभा, गोफा; टूसा।

नया निकलता पत्ता : कोंपल (स्त्री.) (लग. निकल. फूट.), कोपल (स्त्री.), कोंप (स्त्री.), कोंपना–,कल्ला (उठ. फूट. निकल.), करला, करली (स्त्री.), कनखा, केड़ा, गुँभी (स्त्री.), टूसा, फुनगी (स्त्री.), मंजर, मंजरि (स्त्री.), मंजरिका (स्त्री.), मंजरी (स्त्री.), मंजा (स्त्री.), मंजि (स्त्री.), मंजी (स्त्री.)।

नया निकला पत्ता : नवदल, नवपत्र, नवपल्लव, किशल, किशलय, किसलय, जीवपत्र, तरुराग, पत्रयौवन, पर्फरीक, पल्लव, पल्लौ, प्रबाल।

हरा-भरा होना : पलहना–, पलुहना–, पल्लवना–।

हरा-भरा करना : पलुहाना–, पल्लवित करना–।

छोटा पत्ता, पत्ती (स्त्री.)।

बड़ा पत्ता, पत्रिणी (स्त्री.)।

वृक्षदल, वृक्षपर्ण।

हरा पत्ता; सूखा पत्ता।

पत्ते/पत्तियाँ झड़ना–,पतझड़ (स्त्री.) (हो.) (दे.156.6), पर्णपात।

सूखे पत्ते, पतावर।

सूखे पत्तों का ढेर, पताई (स्त्री.)।

पत्तों का ढेर : पर्णखण्ड।

पत्ते निकलना–, पर्णन।

पत्ते का सींका, पर्णवृन्त।

पर्णाधार, leaf-base।

पत्ते की नस, पत्रनाडिका (स्त्री.), पत्रशिरा (स्त्री.), पर्परीण, पर्वरीण, दलसूसा (स्त्री.), दलस्नुसा (स्त्री.)।

पत्ते का रस, पर्वरीण।

पत्तापन, पत्रता (स्त्री.)।

पत्तों की लड़ी, पत्रक, पत्रपंक्ति (स्त्री.), पत्रश्रेणी (स्त्री.), पत्रावलि (स्त्री.), पत्रावली (स्त्री.)।

पत्तों का गुच्छा, पिंजुल, पिंजूल, पिंजूली (स्त्री.)।

नये निकले पत्तों का समूह : पल्लव, नवपल्लव।

पत्तों की आवाज़ : खड़खड़ाहट (स्त्री.), खड़कना–, खड़खड़ाना–, खड़काना–, पत्रशब्द, पिंजोता (स्त्री.), पिंजोला (स्त्री.), पुरोटि (स्त्री.), मरमर, मरमराना–, मर्मर, मर्मरध्वनि (स्त्री.), सरसराहट (स्त्री.)।

सूखे पत्तों के टूटने की आवाज़ : चुर, चुर-चुर, चुरचुराना–।

वि. पत्तोंवाला, पत्रयुक्त, पत्रल, पत्री, पर्णल, पर्णिल, दली, पलाशी, पलाशीय।

पत्तों का बना हुआ : पार्ण।

नये पत्तोंवाला : पल्लवित, पल्लवी।

सुन्दर पत्तोंवाला : सुपर्ण, सुपर्णक, सुपरण।

मर्मरित। चुरचुरा। पत्रबहुल।

फैलनेवाला, पाल्लविक।

(विप.) पत्ररहित, पत्रहीन, अदल, अपत्र, अपर्ण, निपत्र, निपलाश, निर्दल, निष्पत्र, विपत्र, विपर्ण, विपर्णक, विपलाश।

39.6. सं. पेड़ की छाल, छद, छल्लक, छल्लि (स्त्री.), छल्ली (स्त्री.), अजिन, चीर, चोच, चोचक, चोल, चोलक, त्वक्, त्वक, त्वच्, बकला, बल्कल, बाकल, बाकुल, वल्क, वल्कल, वल्कुल, शल्क, शल्कल, शल्ल, शल्लक, सिंहल।

चिकनी छाल : श्लक्ष्णत्वक्।

भीतर की छाल : अन्तरछाल (स्त्री.), किनाट, वकल।

वि. वल्कयुक्त, वल्कवान्, वल्कली।

कड़ी छालवाला, दृढत्वक्, दृढवल्कल।

छाल का बना हुआ : वार्क्ष।

39.7. सं. काँटा (गड़. चुभ. धँस. निकल. लग.), कंटक, ऋक्षर, ख़ार, तरुनख, दलसूची (स्त्री.), द्रुनख, द्रुमनख, दुममर, पत्रसूचि (स्त्री.), पदरिपु, वंकिल, वल्किल, शल्य, शल्यक, शिताग्र, सिताग्र, सूचि (स्त्री.), सूच्यग्र।

छोटा काँटा, कँटिया (स्त्री.), काँटी (स्त्री.)।

महीन काँटा, फाँस (स्त्री.)।

काँटों से युक्त होना–, कँटियाना–।

काँटा निकालना–, कंटक शोधन।

वि. काँटेदार, कँटीला, कंटकित, कंट, कंटकी, सकंटक, ख़ारदार, सशल्य, अनियारा।

कंटकाकीर्ण।

(विप.) कंटकहीन, अकंटक।

(विप.) कंटकहीन, अकंटक।

39.8. सं. कली (स्त्री.) (दे.40)।

39.9. सं. फूल (दे.40)।

39.10. सं. फल (दे.41)।

39.11. सं. बीज (दे.42)।

39.12. सं. ईख आदि की पोरों की जोड़ : गाँठ (स्त्री.), गाँठि (स्त्री.), ग्रन्थि (स्त्री.), संधि (स्त्री.), काण्ड संधि (स्त्री.), पर्व।

वि. गाँठदार, ग्रन्थिल।

39.13. सं. दो गाँठों के बीच का भाग : पोर (स्त्री.), पर्व, काण्ड।

39.14. सं. बहुत पतली टहनी जिसमें पत्ती, फूल, फल लगे होते हैं : सींका, टुन्ना, डण्डी (स्त्री.), डाँड़ी (स्त्री.), ढेंप (स्त्री.), ढेंपनी (स्त्री.), ढेंपी (स्त्री.), ढिपनी (स्त्री), ढेपनी (स्त्री.), प्रसवबन्धन, भेंटी (स्त्री.), वृन्त, वृन्तक, वृन्तिका (स्त्री.), वोंट।

कमल आदि की डण्डी : नाल (स्त्री.), नाला (स्त्री.)।

39.15. सं. छाल के नीचे लकड़ी का सार भाग : हीर, गाभ, गाभा।

39.16. सं. टहनी आदि के अन्दर का सार भाग : जीमट।

39.17. सं. पेड़ से निकलने वाला रस : वृक्षनिर्यास, निर्यास, निर्यूष, वृक्षस्नेह, मोच; रस; लासा, दूध, दुग्ध; गोंद।

वि. रसदार; दुधैल; गोन्दीला।

39.18. सं. पेड़ का सिरा, वृक्ष का अग्रभाग, पलई (स्त्री.), प्रग्रीव, द्रुमशीर्ष, शीर्ष; फुनगी (स्त्री.), फुनंग; शिर, शिखर, अग्र।

40. फूल

सं. फूल (आ. लग. खिल. चुन. उतार. लोढ़. कुम्हला. मुरझा. सूख. झड़.), फुल्ल, फल्य, कुव, कुसुम, नीलंगु, पुष्प, पुष्पक, प्रसून, प्रसूनक, मणीच, मणीवक, माल्य, सुम, सुमन, सुमनस, सुवन।

सींके में लगे हुए छोटे घने फूल : मंजरी (स्त्री.) (लग.), मंजरि (स्त्री.), मंजी (स्त्री.), मंजि (स्त्री.), मंजा (स्त्री.), मंजर, मौर (बँध. निकल.), वल्लर, वल्लरि (स्त्री), वल्लरी (स्त्री.)।

सींके में लगा हुआ रुई जैसा फूल : घुआ, घूआ, भूआ।

सींके में लगा हुआ फूल/घूआ : सींकर।

गेहूँ आदि की नयी बाल : शस्यमंजरी (स्त्री.), सस्यमंजरी (स्त्री.), सस्यशीर्षक, कणिक, कणिश, ख़ोशा, तोक्म, धान्यशीर्षक, बाल (स्त्री.), बाली (स्त्री.) (दे.48. 13)।

ज्वार, बाजरे, मक्के की बाल : भुट्टा (दे.48. 13)।

बाल का नुकीला भाग : टूँड़, टूँड़ी (स्त्री.), कोशी (स्त्री.), कोषी (स्त्री.), धान्यशूक, शुंग, शुंगा (स्त्री.), शूक, शूकक।

खुशबूदार फूल, गन्धपुष्प, सुगंधिकुसुम, सुगंधिपुष्प।

सुन्दर फूल : अभिपुष्प, गुलेराना।

उत्तम पुष्प : सत्पुष्प।

जंगली फूल : बनकुसुम (दे.53)।

पानी में होने वाला फूल : जलपुष्प।

फूल की मंजरी : पुष्पमंजरी (स्त्री.)।

कली (स्त्री.) (आ. लग. निकल. खिल. चटक. फूट.), कलि (स्त्री.), कलिका (स्त्री.), कुट्मल, कुट्टमल, कुड्मल, कुडमल, कुद्मल, कोरक, कोंढ़ी (स्त्री.), कोश, कोशी (स्त्री.), कोषी (स्त्री.), क्षारक, अंकुर, अंगारिका (स्त्री.), गुंचा, जाल, जालक, (कपास की) डोण्डी (स्त्री.), ढोढ़ी (स्त्री.), तरुराग, पल्लव, पुक्कशी (स्त्री.), पुक्कसी (स्त्री.), प्रसूनक, फल्य, मकुर, मकुल, मकुलक, मुकुल, रोह, शिगूफ़ा।

कलियों से युक्त होना : कलियाना—।

कली का बाहरी आवरण : शुंगा (स्त्री.)।

कलियों का गुच्छा : योषिका (स्त्री.)।

फूल लगना—, कुसुमप्रवृत्ति (स्त्री.), पुष्पन, पुष्पोद्‌गम।

वृक्ष में कृत्रिम उपाय से फूल लगना : वृक्षदोहद। कविप्रसिद्धि के अनुसार सुन्दरी स्त्री के स्पर्श से प्रियंगु, पान की पीक से मौलसिरी, पदाघात से अशोक, दृष्टिपात से तिलक, आलिंगन से कुरवक, वार्तालाप से मन्दार, हास्य से पटु, फूँकने से चंपा, गाने से आम तथा नाचने से कर्णिकार पुष्पित होता है।

फूल खिलना—, फूलना—,फूल्लि (स्त्री.), पुष्पहास, प्रस्फुटन, विकसन, स्फुटन।

फूल चुनना—, पुष्पचयन (कर.), पुष्पचय, पुष्पप्रचय, पुष्पप्रचाय, पुष्पप्रचायिका (स्त्री.), पुष्पावचय, गुलचीनी (स्त्री.)।

फूल की डण्डी/डाँड़ी/नाल : पुष्पवृंत्त, वृन्त (दे.39)।

वृन्त का चौड़ा छोर जिस पर फूल होता है : कटोरी (स्त्री.)।

कटोरी के चारों ओर की छोटी पत्तियाँ : आवरण पत्र, पुष्पदलावरण, पुष्पपुट, सृपाट, हरा पुट।

पँखरी (स्त्री.), पखड़ी (स्त्री.), पखरी (स्त्री.), पँखुड़ी (स्त्री.), पँखुरी (स्त्री.), पखुड़ी (स्त्री.), पखुरी (स्त्री.), पुष्पदल, पुष्पपत्र, पक्ष्म, दल।

पराग, पुष्परज (स्त्री.), पुष्परेणु, कुसुमरेणु, कौसुम, सुमनोरज (स्त्री.), pollen।

परागकोश, परागकोष, परागाशय, anther।

केसर, केशर, जीरा, पक्ष्म, मकरन्द, filament।

पुंकेशर, परागकेसर, पुन्तन्तु, stamen।

पुमंग, androccum।

अंडप, carpel स्त्रीकेसर, केसर, पुष्पाग्र, बीजकोश, बीजकोष, बीजाधार, गर्भाण्ड, धानगेहूँ आदि का रेंडा (ले.आ.) गर्भनाल, जायांग, gynaecuem।

वर्तिकाग्र, stigma।

परागण, pollination।

फूल का रस : पुष्पज, पुष्पद्रव, पुष्पनिर्यास, पुष्पनिर्यासन, पुष्पभव, पुष्पमधु, पुष्परस, पुष्पसार, पुष्पस्नेह, पुष्पस्वेद, पुष्पांबुज, नसद, मकरन्द, मधु (दे.78), आसव, सव।

फूल तोड़ने की डलिया : पुष्पकरण्ड, पुष्पकरण्डक।

फूल रखने का बरतन : पुष्पपात्र, पुष्पभाजन।

फूलों का गुच्छा, गुलदस्ता, गुच्छ, गुच्छक, कुसुमस्तवक, पुष्पस्तवक, समाली (स्त्री.), स्तवक।

गुलदस्ता रखने का पात्र : फूलदान (दे.510. 13)।

फूलों की माला, पुष्पमाल, पुष्पमाला (स्त्री.), पुष्पमालिका (स्त्री.), पुष्पमाल्य, पुष्पदाम, पुष्पवेणी (स्त्री.), पुष्पशेखर, पुष्पहार, सुमनमाल, सुमनोदाम (दे.503. 4)।

सिर पर धारण करने के लिए फूलों की माला : पुष्पापीड।

फूलों की माला गूथना–,पुष्पग्रथन, पुष्परचन।

फूलों की सजावट, पुष्पसज्जा (स्त्री.); जापानी : इकेबाना।

मंदिर में देवता के आगे ज़मीन पर फूल-पत्ती की सजावट : साँझी (स्त्री.)।

फूलों का बिछौना, फूलों की सेज, कुसुमशयन, कुसुमशय्या (स्त्री.), पुष्पप्रस्तार, पुष्पशय्या (स्त्री.), पुष्पास्तरक, पुष्पास्तरण।

सेज पर फूल सजाने की कला : पुष्पास्तरक, पुष्पास्तरण।

फूलों से बनायी हुई छतरी : फुलेरा।

फूलों का बना हुआ झूला/चँदवा : फुलहरा।

फूलों की माला से लपेटी हुई छड़ी : फूलों की छड़ी।

चादर के रूप में गुँथे हुए फूल : फूलों की चादर।

अंजली भर फूल : पुष्पांजलि (स्त्री.), कुसुमांजलि (स्त्री.), सुमनांजलि (स्त्री.)।

फूलों की वर्षा, पुष्पवृष्टि (स्त्री.), पुष्पवर्षण, पुष्पवर्ष, पुष्पासार, गुलफ़िशानी (स्त्री.)।

फूलोंवाला पेड़, पुष्पप्रधान वृक्ष, पुष्पद्रुम।

शाक के रूप में खाया जाने वाला फूल : पुष्पशाक।

पुष्पजीवी (दे.356), माली (दे.54), फुलहारा।

फूल का कीड़ा, पुष्पकीट।

फूल की मण्डी, फूल बाजार, पुष्पापण।

फूलों का काढ़ा पीकर महीना भर रहने का व्रत : पुष्पकृच्छ्र।

पुष्पकेतन, पुष्पधनु, कामदेव (दे.302. 12)।

वि. पुष्प-सम्बन्धी, पौष्प, कौसुम, सौमनस।

फूलोंवाला, फूलदार, पुष्पयुक्त, पुष्पित, पुष्पी।

फूलों से आवृत : अभिपुष्प।

कली आया हुआ, कलियाया हुआ, कोरित।

सुन्दर फूलोंवाला : सुपुष्प, सुफुल्ल।

हमेशा फूलनेवाला : सदाबहार, सदापुष्प, सदाप्रसून।

मंजरी आया हुआ : मंजरित।

फूलों का बना हुआ, फूलों से तैयार किया हुआ, पौष्प, कौसुम।

फूल से उत्पन्न, पुष्पज।

खिला हुआ, फूला हुआ, उत्फुल्ल, कुसुमित, पुष्पित, प्रफुल्त, प्रफुल्ल, प्रस्फुट, प्रस्फुटित, फुल्ल, विकच, विकचित, विकसित, विकश्वर, विकस्वर, व्याकोच, व्याकोश, व्याकोष, संफुल्ल, स्फुट, स्फुटित।

फूलों के गुच्छों से भरा हुआ : स्तवकित।

फूल बरसाने वाला, गुलफ़िशा, गुलरेज़, पुष्पवर्षी, समनबार।

जिसमें कलियाँ आयी हों : मुकुलित, मुकुलायित।

अनखिली, मुँह बँधी (कली)।

अधखिली (कली)।

कलियों से लदा हुआ : पल्लवापीडित।

अनखिला, अफुल्ल, अविकच, अविकचित, अविकसित, बिनखिला (फूल)।

मधु पीनेवाला : पुष्पन्धय।

(विप.) पुष्पहीन, अकुसुम, अपुष्प, विपुष्प।

41. फल

सं. फल (आ. लग.), प्रसून, शस्य, सद, सस्य।

उत्तम फल : मेवा, खजहजा।

ताज़ा फल : तरबूजा।

ऋतु विशेष में होने वाला फल : ऋतुफल, मौसिमी फल।

सूखा फल : मोण, वान।

कच्चा फल : शलाटु, सटालु।

बहुत कच्चा फल : बतिया, बोण्ड़ी (स्त्री.), बोड़ी (स्त्री.), बौण्ड़ी (स्त्री.), कोमासिका (स्त्री.), जाल, टूसा, डोण्डा।

फूल सहित बतिया : जई (स्त्री.)।

सरसों जैसा छोटा फल : फल का दाना, सरसई (स्त्री.)।

पहले लगनेवाला फल : अग्रिय, अग्रीय।

कच्चा फल खाने का शब्द : कचर-कचर।

फलों का गुच्छा : घौद, घौर, घौरी (स्त्री.), घौंर, घौंरा, खोशा, गुच्छ, गुच्छक, गुत्स, गुत्सक।

फलों का ढेर : फलोच्चय।

कई तरह के फल : फलफलहरी (स्त्री.), फलफलारी (स्त्री.)। फलमूल। फलफूल।

फलना–,फरना–,फलन, पैदावार (स्त्री.), फलागम, फलोत्पत्ति; फलना-फूलना–; बतियाना–।

फल का पक जाना–,फलपरिणति (स्त्री.), फलपरिणाम, फलपाक।

पके फल के गिरने का शब्द : टप (स्त्री.)।

एक-एक कर पके फलों का गिरना : टपका-टपकी (स्त्री.) (लग.)।

टपका हुआ फल : टपका।

फलों की प्रचुरता : फलसंपद् (स्त्री.)।

फल-परिरक्षण, preservation of fruits।

फल-व्यवसायी, फलोपजीवी।

फल-विक्रेता, फलविक्रयी; मेवाफ़रोश।

फल की डाँड़ी, भेंटी (स्त्री.), वृन्त (दे.39. 14)।

छिलका (उतार.), त्वक्, त्वक, बकला, बक्कल, बिज्जुल, बुस्त, बोकला, विज्जुल, शकल, शल्क।

(छिलके पर का) काँटा, कँगूरा; रोयाँ, रेशा; जटा (स्त्री.); आँख (स्त्री.)।

फल का सार भाग : गूदा;; अष्टि (स्त्री.), अष्ठीला (स्त्री.)।

रेशेदार गूदा : गुज्झा।

फल की साररहित वस्तु : सीठी (स्त्री.), फुजला, फोक।

बीज (दे.42)।

फली (स्त्री.), छीमी (स्त्री.), छींबी (स्त्री.), छींबा, ढेंर, बीजगुप्ति (स्त्री.), बोड़ी (स्त्री.), बौण्ड़ी (स्त्री.), शिंब, शिंबा (स्त्री.), शिंबिका (स्त्री.), शिंबी (स्त्री.), सिंबा (स्त्री.), सिंबी (स्त्री.)।

तरकारी के काम आने वाला फल : फलशाक, फलश।

फलदार पेड़ (दे.38)।

फल का मौसम : फलकाल।

बटोरने के लिए फल गिराना : फलपातन।

फल पर लगनेवाला कर : फलकर।

त्रिफला (स्त्री.), फलत्रय, फलत्रिक : हड़; बहेड़ा; आँवला।

वि. फलदार, फलयुक्त, फलवान्, फलशाली, फलभृत्, फलाढ्य, फलित, फलिन, फली।

फलनेवाला, फलितव्य।

कच्चा, अधकचरा, अपक्व।

पका हुआ, पका, पक्व, तैयार; तैयारी (लँगड़ा आम)।

मीठा, स्वादिष्ट (दे.118) (फल)।

फीका, बेमजा, सीठा (फल)।

कीड़ा लगा हुआ, किनहा, अन्तःकृमि।

कड़े छिलकेवाला, कठिया।

जिस फल में चोट लगी हो : चुटैला, चोटिल।

गूदेदार, गुदकार, गुदकारा।

रसदार।

(विप.) फलरहित, फलहीन, निष्फल, बन्ध्यफल, बन्ध्य।

42. बीज

सं. बीज (उग. डाल. बो.), बीजक, बीजा, बीया, अष्टि (स्त्री.), अष्ठि (स्त्री.), अष्ठीला, तुख़्म, रोहि, वाप।

गुठली (स्त्री.), अंठी (स्त्री.), अष्ठि (स्त्री.), तुख़्म, बीजी (स्त्री.), वीज, वीजक।

बड़ी गुठली, गुठला।

गुठली पर के रेशे : जाली (स्त्री.)।

अंकुरित बीज : बेढ़।

अच्छा बीज : सुबीज।

महीन लम्बा बीज : जीरा।

महीन बीज : दाना।

दल, बीजपत्र, cotyledon।

बीजकोश (दे.40)।

बीज का छिलका : बीजचोल, arill।

बीजवपन (दे.55)।

बीज का गूदा : गरी (स्त्री.), गिरी (स्त्री.), अष्टि (स्त्री.), अष्ठी (स्त्री.), अस्थि (स्त्री.), बीजी (स्त्री.), मगज, मग़ज़, मींगी (स्त्री.)।

क़लम (स्त्री.) (कर. काट. लगा.), अग्रबीज।

वि. बीजदार, बीजयुक्त, बीजल, बीजाढ्य।

बीजोत्पन्न, बीजू, बीजप्ररोह, बीजप्ररोही, बीज्य।

एकबीजपत्री; द्विबीजपत्री, सपक्ष (बीज)।

अच्छे बीजोंवाला : सुबीज।

छोटे बीजोंवाला : तनुबीज।

क़लमी, अग्रबीज।

जो बोया न गया हो : अनुप्त।

(विप.) बीजहीन, अबीज, अवीज, अवीजक, निर्वीज।

43. विभिन्न फूल

43.1. सं. कमल, कमलिनी (स्त्री.), कँवल, कंज, कवार, कवेल, कान्तार, कुन्द, कुटज, कुटप, कुव, कुवेल, कुशेशय, कौंल, अंज, अम्बुज, अम्बुजा (स्त्री.), अम्बुजात, अम्बुभव, अम्बुरुह, अम्बुरोहिणी (स्त्री.), अंभोज, अंभोजिनी (स्त्री.), अंभोरुह, अनीकिनी (स्त्री.), अब्ज, अब्जिनी (स्त्री.), अरविन्द, अरविंदिनी (स्त्री.), अर्कबन्धु, अर्कवल्लभ, आस्यपत्र, इंदिवर, इन्दीवर, इंदिवरिणी (स्त्री.), इन्दीवार, उत्पल, खरदण्ड, खरनाल, गंभीर, जलकरंक, जलज, जलजन्म, जलजात, जलरुह, जलसुत, जलहव्य, तामरस, दलकोमल, दृशाकांक्ष, नदीज, नल, नलिन, नलिनी (स्त्री.), नालिक, नाली, नीरज, नीररुह, पंकज, पंकजन्म, पंकजात, पंकरुह, पंकेज, पंकेरुह, पद्म, पद्मिनी (स्त्री.), पर्णसि, पाथोज, पिण्डपुष्प, पुण्डरीक, पुण्ड्र, पुटक, पुटकिनी (स्त्री.), पुरइन (स्त्री.), पुष्कर, बनरुह, बिसकुसुम, बिसपुष्प, बिसप्रसून, बिसनी (स्त्री.), बिसिनी (स्त्री.), मदनालय, महोत्पल, मृणाली, रक्त, रविनाथ, राजीव, राजीविनी (स्त्री.), लक्ष्मी (स्त्री.), लक्ष्मीपुष्प, वनज, वनरुह, वनशोभन, वारिज, वारिजात, वारिरुह, वार्युद्भव, विसकुसुम, विसज, विसप्रसून, शतदल, शतपत्र, शतच्छद, शशिपुष्प, शीतरुह, शीतल, शीतलजल, शृंग, शोभन, श्रीधाम, श्रीनिकेत, श्रीपर्ण, श्रीवास, षटपदप्रिय, शतपत्र, सरसिज, सरसिरुह, सरसीज, सरसीरुह, सरोज, सरोरुह, सलिलज, सलिलजन्म, सलिलोद्भव, सारस, सुजल, सुधासूति, सुपर्णा (स्त्री.), सुपर्णी (स्त्री.), सूक, सूर्यवल्लभा (स्त्री.), सृक, हिमाह्वव्य।

छोटा कमल : कमलक।

आठ दलों का कमल : अष्टपत्र, अष्टदल।

रात को खिलनेवाला कमल : दिवाभीत, दिवाभीति।

टेढ़ें दलोंवाला कमल : अंचितपत्र।

श्वेतकमल, श्वेतपद्म, शंभुवल्लभ, शतपद्म, शरत्पद्म, शारद, शारदी, शीतलक, श्रीपुष्प, इन्दुकमल, कन्दोट, कन्दोत, कह्लार, कैरव, दृशोपम, पुण्डरीक, पुण्ड्र, पुन्नाग, महापद्म, सितकमल, सितपद्म, सितपुण्डरीक, सिताम्बुज, सितांभोज, सिताब्ज, सितोत्पल, सुगन्धक, सौगंधिक, स्वर्णराग, स्वर्णराज, हरिनेत्र।

रक्तकमल, रक्तकोकनद, रक्तपद्म, रक्तमंडल, रक्तसंध्यक, रक्तोपल, रविप्रिय, रोचना (स्त्री.), अलिप्रिय, अलिवल्लभ, अलोहित, अल्पपद्म, कुमुद, कृष्णकन्द, कोकनद, चारुनालक, प्रबालपद्म, लक्ष्मीगृह, लक्ष्मीवसति, लोहितशतपत्र, वह्निवर्ण, शिवपत्र, शोणपद्म, शोणपद्मक, श्रीकर, सुनाल, सुवर्णकमल, सुवर्णपद्म, सोमगन्धक, सोमाख्य, सौगंधिक, स्वर्णकमल, हल्लक।

नीलकमल, नीलपत्र, नीलपद्म, नीलाम्बुज, नीलाम्बुजन्म, नीलोत्पल, नीलोफ़र, असिताम्बुज, असितोत्पल, अनुष्ण, अनुष्णक, इंदिरामंदिर, इंदिरालय, इंदिवर, इन्दीवर, इन्दीवार, कन्दोट, कर्णपूर, कर्णपूरक, कुवलय, तत्फल, पुष्कर, मृदुत्पल, राजीव, विषपुष्प, सुगन्ध, सौगन्धक, सौगंधिक, हिमाब्ज।

स्थलकमल, स्थलकमलिनी (स्त्री.), स्थलनलिनी (स्त्री.), स्थलनीरज, स्थलपद्म, स्थलपद्मिनी (स्त्री.), स्थलरुहा (स्त्री.), स्थलारविन्द, सालपुष्प, सुगन्धमूला (स्त्री), सुपुष्करा (स्त्री.), सुशीला (स्त्री.), अम्बुरुहा (स्त्री.), अतिचरा (स्त्री.), अनुज, अनुजन्मा, अनुजात, अव्यथा (स्त्री.), छत्रपत्र, दृष्टिकृत्, दृष्टिकृत, पुष्करकर्णिका (स्त्री.), पुष्करनाडी (स्त्री.), पुष्करिणी (स्त्री.), पौण्डरीक, पौण्डर्य, मालक, रम्या (स्त्री.), वंजुल, श्रेष्ठा (स्त्री)।

कमलसमूह, कमलराशि (स्त्री.), कमलवन, कमलाकर, कमलिनी (स्त्री.), कमली (स्त्री.), अब्जिनी (स्त्री.), अरविंदिनी (स्त्री.), उत्पलिनी (स्त्री.), नलिनी (स्त्री.), नलिनीखण्ड, नलिनीषण्ड, नालीक, नालीकिनी (स्त्री.), पद्मिनी (स्त्री.), पद्मिनीखण्ड, पद्मिनीषण्ड, पुटकिनी (स्त्री.), पुष्करिणी (स्त्री.), मृणालिनी (स्त्री.), राजीविनी (स्त्री), विसिनी (स्त्री.), सरोजखण्ड, सरोजिनी (स्त्री.)।

छः कमलों का समूह : षटार्च।

कमलों से भरा सरोवर : कमलाकर, कमलिनी (स्त्री.), नलिनी (स्त्री.), पंकजिनी (स्त्री.), पद्माकर, पद्मिनी (स्त्री.), पुष्करिनी (स्त्री.), अब्जिनी (स्त्री.), तामरसी (स्त्री), नालीकिनी (स्त्री.), सरोजिनी (स्त्री.)।

नीलकमलों से भरा सरोवर : नीलोत्पली (स्त्री.)।

नीलकमलों से भरा स्थान : कुवलयिनी (स्त्री.)।

कमल का पौधा : कमलिनी (स्त्री.), अब्जिनी (स्त्री.), अरविंदिनी (स्त्री.), उत्पलिनी (स्त्री.), पंकजिनी (स्त्री.), पद्मिनी (स्त्री.), पुष्करिणी (स्त्री.), बिसनाभि (स्त्री.), बिसलता (स्त्री.), मृणालिनी (स्त्री.), विसनाभि (स्त्री.), विसिनी (स्त्री.), सरोजिनी (स्त्री.)।

नीलकमल का पौधा : पुष्पमंजरिका (स्त्री.)।

कमल की जड़ : कमलकन्द, कमलमूल, कंटाह्वय, करहाट, करहाटक, कर्कट, कर्दट, गजाशन, जलालुक, पंकशूरण, पंकसूरण, पद्मकंद, पद्ममूल, पुष्करमूल, पौष्करमूल, बिसशालूका (स्त्री.), मुंजर, मुरार, विषशालूक, शालू, शालुक, शिफाकन्द, शैलूक, शैलूकी (स्त्री.)।

रक्तकमल की जड़ : रक्तशालुका (स्त्री.)।

कमल की डण्डी : कँवलककड़ी (स्त्री.), कमलदण्ड, कमलनाल (स्त्री.), कोमलक, कोरक, क्रौंचादन, अब्जभोग, तुन्तुर, तन्तुल, नलिनीरुह, नाल (स्त्री.), नाला (स्त्री.), नालि (स्त्री.), नालिका (स्त्री.), नाली (स्त्री.), पद्मतन्तु, पद्मनाल (स्त्री.), पद्मिनी (स्त्री.), पौंनार (स्त्री.), पौनार (स्त्री.), बिस, भसिण्ड (स्त्री.), भसीण्ड, भित्स, मुंजर, मृणाल, मृणालिका (स्त्री.), मृणाली (स्त्री.), विषण्ड, विष, विषलता (स्त्री.), विस, विसिनी (स्त्री.), वृष्य, शकल, शालूक, शैलूक, शैलूकी (स्त्री.)।

कमलनाल का काँटा : रोइयाँ (स्त्री.)।

कमलनाल का रेशा : मृणालतन्तु।

कमल का पत्ता : उत्पलपत्र, पद्मपत्र, पद्मपर्ण, पुण्डरीकदल, पुरइन (स्त्री.), पुरइनपात, पुरैन (स्त्री.), पुरैनि (स्त्री.), पुष्करपत्र, पुष्करपर्ण, पुष्करपलाश, भण्डार।

कमल का नया पत्ता : सत्पत्र।

कमल की कली : केवा।

कमल की पँखरी : कमलदल, नवदल, पद्मपत्र, पद्मपर्ण, पद्मान्तर, पुण्डरीकपलाश, संवर्ति (स्त्री.), संवर्तिका (स्त्री.)।

कमल का छत्ता, कमल की छतरी, अब्जकर्णिका (स्त्री.), करहाट, करहाटक, कर्णिका (स्त्री.), गर्भ, पद्मकोश, पद्मकर्णिका (स्त्री.), पुप्फुस।

कमल के छत्ते का भीतरी भाग : कमलगर्भ, पद्मगर्भ।

कमल का बीज : कँवलगट्टा, कमलगट्टा, कमल अण्डा, कमलाक्ष, कन्दली (स्त्री), क्रौंचादनी (स्त्री.), गालोड्य, पत्रांग, पद्मबीज, पद्माक्ष, पुष्करबीज, बीजमातृका (स्त्री.), वराट, वराटक, श्यामा (स्त्री.)।

कमल का केसर : कमलकेसर, कांचन, किंज, किंजल, किंजलक, अनिमक, अलिंपक, अलिम्बक, अलिमक, चांपेय, चांपेयक, तुंग, पद्मकिंजल्क, पद्मकेशर, पीतराग, filament।

कमल का पराग : किंज, किंजल, किंजल्क, pollen।

कमलसंपुट, पद्मकोश।

कमल का संपुटित होना : पद्मनिमीलन।

कमल की माला : पद्मसूत्र, पुष्करस्रक।

वि. कमल-सम्बन्धी, पौण्डरीक, पौष्कर।

कमलयुक्त, पद्मी, पुष्करी, सरोजी।

नीलकमल युक्त, कुवलयित, कुवलयी।

कमलवत्, पद्मसंकाश।

कमलाकार।

कमल की गन्धवाला : कमलगन्ध, कमलगंधि।

कमल पत्रवत्, पुण्डरीकदलोपम।

मृणाल-सम्बन्धी, विसिल।

43.2. सं. कुईं (स्त्री.), कुँईं (स्त्री.), कुईं (स्त्री.), कुमुद, कुमुदिनी (स्त्री.), कुच्छ, कुबल, कुबलय, कुवलय, कुशेशन, केवाँई (स्त्री.), कैरव, कल्हार, उत्पल, गन्धसोम, गर्दनाह्वय, गर्दम, चन्द्रबन्धु, चंद्रिकाम्बुज, चन्द्रेष्टा (स्त्री.), त्रिंशत्पत्र, धवलोत्पल, नलिन, निशापुष्प, निशाहास, नीलोफ़र, रक्तकम्बल, रक्तकुण्डल, रक्तकुमुद, रात्रिपुष्प, रात्रिहास, विधुप्रिया (स्त्री.), विधुबन्धु, शशिकान्त, शशिप्रभ, शिशुप्रिय, सुगंधिक, सोमबन्धु।

लाल कुईं (स्त्री.), रक्तकैरव, अल्पगन्ध, कोकनद।

नीली कुईं, कोका, कोकाबेली (स्त्री.), कोकाविली (स्त्री.), कुवलय।

कुईं का पौधा : कुमुदिनी (स्त्री.), कुमुद्वती (स्त्री.), कैरविणी (स्त्री.)।

नीली कुईं का पौधा : कुवलयिनी (स्त्री.)।

कुईं की जड़ : पंकशूरण, पंकसूरण, शालु, शालुक, गोपभद्र।

कुईं की नाल : कुमुददण्ड, पंकजिनी (स्त्री.)।

कुमुदसमूह, कुमुदिनी (स्त्री.), कुमुद्वती (स्त्री.), कैरवकणी (स्त्री.)।

नीली कुइंयों का समूह : कुवलयिनी (स्त्री.)।

कुइयों से भरा सरोवर : कुमुदिनी (स्त्री.), कुमुद्वती (स्त्री.), कैरविणी (स्त्री.)।

वि. कुमुद-सम्बन्धी, कौमुदिक।

कुमुदपूर्ण, कुमुदिक, कौमुदिक।

43.3. सं. चंपा, चंपक, चंप, चांपेय, अतिगन्ध, कनक, कांचन, कांचनक, जंबक, नागपुष्प, पीत, पीतपुष्प, पुण्यगन्ध, भ्रमरातिथि, विषघ्न, शीतल, शीतलच्छद, शृंगमोही, सुभग, स्थिरगन्ध, स्थिरपुष्प, स्थिरपुष्पी, स्वर्णपुष्प, हेमपुष्प, हेमपुष्पक।

कटहरी/कटहलिया चंपा।

सफ़ेद चंपा, स्थूलचंपक।

वनचंपा, वनचंपक, वनदीप, सुकुमार, हेमाह्व।

सोनचंपा।

मदनमस्त, दध्यानी (स्त्री.), सुदर्शन।

भुइँचंपा, भूमिचंपक, संधिबन्ध।

चंपा की कली : गन्धफली (स्त्री.), गन्धमोहिनी (स्त्री.), बहुगन्धा (स्त्री.)।

चंपा की माला : चंपकमाला (स्त्री.)।

चंपा का पेड़ : चंपा, चंपक, अतिगन्ध, उग्रगन्ध, कुसुमाधिप, कुसुमाधिराज, दीपपुष्प, प्रियसन्देश, रम्य, वरलब्ध, षटपदातिथि, सुरभि, हेमांग।

वि. चंपई (दे.505. 3)।

43.4. सं. कनकचंपा, कनिआरी (स्त्री.), कनियार, कर्णिकार, कणेर, कणेरु, गणेरु, गणेरुक, द्रुमोत्पल, राजपुष्प, वृक्षोत्पल, शीर्णपत्र, सुवर्णचंपक।

43.5. सं. कचनार, कोबिदार, कोविदार, करक, कर्बुदार, कुण्डली (स्त्री.), अश्मन्तक, आस्फोत, आस्फोतक, गण्डारि, चंप, ताम्रपुष्प, पारिजात, पारिजातक, यमलच्छद, यमलपत्रक, युगपत्र, युग्मपत्र, रक्तकुसुम, वरकोद्रव, श्लक्ष्णत्वक्, सुवर्णार, स्वल्पकेशरी।

छोटी जाति का कचनार : कंचनिया (स्त्री.)।

लाल कचनार, कांचनार, कुद्दार, कुद्दाल।

कन्दला, कुशल। मलू। बनराज, वनराज।

कचनार की छाल : उड़ाल, मलू।

बनराज के रेशे से बनी रस्सी : उड़ाल।

कन्दला का गोन्द : सेम का गोन्द, सेमला गोन्द।

कचनार का पेड़ : कुद्दार, कुद्दाल, चमरिक, शोणपुष्पक।

लाल कचनार का पेड़ : रक्तकांचन।

43.6. सं. कनेर, कनैर, करवीर, करवीरक, करेणु, कृकर, अश्वघ्न, अश्वमार, अश्वमारक, अश्वरोधक, अश्वहन्ता, अश्वान्तक, अश्वारि, चण्डात, तुरंगारि, दिव्यपुष्प, परिव्याध, पिण्डबीजक, प्रचंड, प्रतिहास, प्रतीहास, यमलपत्रक, रंगारि, रक्तपुष्प, वीरक, शतकुंद, शतकुंभ, शतप्रास, शीतकुम्भ, सिद्धपुष्प, स्थलकुमुद, स्थूलकुमुद, हयघ्न, हयमार, हयमारक, हयमारण, हयारि, हरप्रिय।

लाल कनेर, गणेशकुसुम, चण्डीकुसुम, भूतद्रावी, भूतहारी, महापुष्प, रक्तकरवीर, रक्तप्रसव, रक्तमंजरी (स्त्री.), रक्ताश्वारि, रविप्रिय।

पीला कनेर, पीत, पीतकरवीरक, पीतपुष्पक, पीतप्रसव, सुगंधिकुसुम।

कनेर का पेड़ : कुन्द, तुंगारि, नश्वराह्व, पद्मपुष्प, वाजिशत्रु, वीर, शतकुम्भ, शितिकुम्भ, श्वेतपुष्पक।

कनेर का फल : करेणुक।

वि. कनेर के रंग का : कनेरिया।

43.7. सं. अड़हुल, अड़उल, अर्ककान्ता (स्त्री.), अर्कप्रिया (स्त्री.), अर्कवल्लभा (स्त्री.), अर्कहिता (स्त्री.), ओड्र, गुड़हर, गुड़हल, गुल अजायब, जपा (स्त्री.), जपाकुसुम,

जवा (स्त्री.), जवाकुसुम, जवाफूल, जया (स्त्री.), देवीफूल, नादेयी (स्त्री.), पिण्ड, पिण्डपुष्प, प्रातिका (स्त्री.), रक्तजवा (स्त्री.), रक्तपिण्ड, रक्तपिण्डक, रक्तपुष्प, रक्तपुष्पी (स्त्री.), रक्तफूल, रक्ताभा (स्त्री.), रागपुष्पी (स्त्री.), वरदा (स्त्री.), वरा (स्त्री.), विक्रान्ता (स्त्री.), सदाफला (स्त्री.), सदाफली (स्त्री.)।

सफेद अड़हुल : जम्बुवनज।

43.8. सं. चमेली (स्त्री.), चन्द्रमल्लिका (स्त्री.), चंद्रिका (स्त्री.), चेतकी (स्त्री.), अलिकुल प्रिया (स्त्री.), अलिकुलसंकुला (स्त्री.), अष्टपदी (स्त्री.), आस्फोटा (स्त्री.), गन्धनिलया (स्त्री.), गन्धवती (स्त्री.), जाति (स्त्री.), जाती (स्त्री.), जाई (स्त्री.), जाही (स्त्री.), जनेष्टा (स्त्री.), तरुविलासिनी (स्त्री.), नवमल्लिका (स्त्री.), नारीष्टा (स्त्री.), प्रिया (स्त्री.), बली, भद्रवर्मा, मृगेष्ट, मोदिनी (स्त्री.), यासमान (स्त्री.), यासमीन (स्त्री.), राजपुष्पी (स्त्री.), वनचंद्रिका (स्त्री.), वनज्योत्सना (स्त्री.), वृत्तपुष्प, वेषिका (स्त्री.), संध्यापुष्पी (स्त्री.), सप्तला (स्त्री.), समन, सुकुमारा (स्त्री.), सुमना (स्त्री.), सुरप्रिया (स्त्री.), सुरभिगन्धा (स्त्री.), सुसुरप्रिया (स्त्री.)।

पीली/ज़र्द चमेली (स्त्री.), माधुर, सदापुष्पी (स्त्री.), स्वर्णजातिका (स्त्री.), स्वर्णजाती (स्त्री.), स्वर्णपुष्पिका (स्त्री.)।

हज़ारा चमेली (स्त्री.), करण्ड।

जंगली चमेली (स्त्री.), खरस्वरा (स्त्री.)।

विचकिल।

चमेली का पौधा : तैलभाविनी (स्त्री.), लता (स्त्री.)।

चमेली का बाग़ : समनज़ार।

वि.चमेली के रंग का : चमेलिया।

43.9. सं. बेला, अष्टपदी (स्त्री.), कूजा, तरुणी (स्त्री.), मुक्तबन्धना (स्त्री.), वल्लिका (स्त्री.), वार्षिकी (स्त्री.)।

मोतिया, मोहिनी (स्त्री.), मल्ला (स्त्री.), मल्लि (स्त्री.), मल्लिका (स्त्री.), मल्लिकाख्या (स्त्री.), मल्लिकापुष्प, मल्ली (स्त्री.), मुकुर, मुक्तबन्धना (स्त्री.), आस्फोतका (स्त्री.), आस्फोता (स्त्री.), करुणमल्ली (स्त्री.), गिरिजा (स्त्री.), गौरी (स्त्री.), तरुण, तिलभाविनी (स्त्री.), तृशून्य, त्रिपुट, रिपुटा (स्त्री.), त्रिपुरमल्लिका (स्त्री.), भद्रवल्ली (स्त्री.), भूपदी (स्त्री.), वटपत्रा (स्त्री.), वृत्तमल्लिका (स्त्री.), शतभीरु (स्त्री.), शिखरिणी (स्त्री.), शिशुगन्धा (स्त्री.), शीतभीरु, शृंगिणी (स्त्री.), श्रीपदी (स्त्री.), श्लेष्मघ्ना (स्त्री.), श्लेष्मघ्नी (स्त्री.), सप्तपत्र, सरला (स्त्री.), सितपुष्पा (स्त्री.), सिता (स्त्री.), सुगन्धाढ्या (स्त्री.), सुरूपा (स्त्री.), सुवर्षा (स्त्री.), सौम्या (स्त्री.)।

घुँघरू मोतिया।

मोगरा, गन्धराज, गन्धसार, मुद्‌गर, विटप्रिय, वृत्तपुष्प।

मदनबान। घनबेली (स्त्री.)।

43.10. सं. जूही (स्त्री.), जुही (स्त्री.), जुई (स्त्री.), अम्बष्ठकी (स्त्री.), अम्बष्ठा (स्त्री.), गणिका (स्त्री.), चंद्रिका (स्त्री.), झाटा (स्त्री.), झाटिया (स्त्री.), झाटी (स्त्री.), झाटीका (स्त्री.), पहाड़ी चमेली (स्त्री.), पुष्पगन्धा (स्त्रीं.), प्रहसन्ती (स्त्री.), बहुगन्धा (स्त्री.), बालपुष्पी (स्त्री.), भृंगानन्दा (स्त्री.), मधुबहुल, मागधी (स्त्री.), मोदिनी (स्त्री), मोहनी (स्त्री.), मोहिनी (स्त्री.), यूथिका (स्त्री.), यूथी (स्त्री.), राजपुत्रिका (स्त्री.), राजपुत्री (स्त्री.), लता (स्त्री.), वसन्तजा (स्त्री.), वासन्ती (स्त्री.), शंखपुष्पिका (स्त्री.), शिखण्डिनी (स्त्री.), शीतवासा (स्त्री.), शीतसंवासा (स्त्री.), सुरसा (स्त्री.), सूक्ष्मा (स्त्री.)।

जूही का पौधा : जननी (स्त्री.)।

पीली जूही, पीतयूथिका (स्त्री.), पीतयूथी (स्त्री.), पीतपुष्पक, पीतिका (स्त्री.), पुण्यगन्धा (स्त्री.), प्रत्यग्रगन्धा (स्त्री.), अजथ्या (स्त्री.), अविथ्या (स्त्री.), गन्धाढ्या (स्त्री.), नागपुष्पिका (स्त्री.), युवति (स्त्री.), युवती (स्त्री.), युवतीष्टा (स्त्री.), व्यक्तगन्धा (स्त्री.), शिखण्डी, श्लेष्मघन, सुगन्धा (स्त्री.), सुवर्णयूथिका (स्त्री.), सुवर्णयूथी (स्त्री.), सुवर्णाह्वा (स्त्री.), सोनजूही (स्त्री.), सोनजरद (स्त्री.), सोनजिरद (स्त्री.), स्वर्णजूही (स्त्री.), स्वर्णयूथिका (स्त्री.), स्वर्णयूथी (स्त्री.), हेमयूथिका (स्त्री.), हेमपुष्पिका (स्त्री.), हैमा (स्त्री.), हैमी (स्त्री.), हरिणी (स्त्री.)।

43.11. सं. केवड़ा, कविका (स्त्री.), केतकी (स्त्री.), केतक, कैतक, कंटकदला (स्त्री.), क्रकचा (स्त्री.), अमरपुष्प, अमरपुष्पक, इन्दुकलिका (स्त्री.), इन्दुकान्ता (स्त्री.), गन्धपुष्प, चक्षुष्य, चामरपुष्प, जंबाल, जंबुक, जंबूक, जंबुल, जंबूल, तीक्ष्णपुष्पा (स्त्री.), तृणशून्य, दलपुष्पा (स्त्री.), दीर्घपत्रा (स्त्री.), धूलिपुष्पिका (स्त्री.), धूलिपुष्पी (स्त्री.), नृपप्रिया (स्त्री.), नृपवल्लभा (स्त्री.), पुष्पचामर, भृंगारि, मेध्या (स्त्री.), महागन्धा (स्त्री.), राजकन्या (स्त्री.), विफला (स्त्री.), शिवद्विष्टा (स्त्री.), शुचिकापुष्प, श्लेष्मघन, सुगंधिका (स्त्री.), सूचि (स्त्री.), सूचिपुष्प, सूचीपुष्प, स्त्रीभूषण, स्थिरगन्धा (स्त्री.), हनील, हलीम, हलीमक।

पीला केवड़ा : अध्वजा (स्त्री.), कनकप्रसवा (स्त्री.), लघुपुष्पा (स्त्री.), सुगंधिका (स्त्री.), सुवर्णकेतकी (स्त्री.), स्वर्णकेतकी (स्त्री.), स्वर्णपुष्पा (स्त्री.), स्वर्णपुष्पी (स्त्री.), हेमकेतकी (स्त्री.)।

केवड़े का पौधा : क्रकचच्छद, जंबाला (स्त्री.), तृणद्रुम, तृणवृक्ष, द्रोणिदल।

केवड़े के फूल पर की धूल : गगनधूल (स्त्री.), गगनधूलि (स्त्री.)।

केवड़े के फूल का अर्क़ : केवड़ा। केवड़ा जल।

वि. केवड़ा-सम्बन्धी, कैतक।

केवड़े के रंग का : केवड़ई।

43.12. सं. अगस्त्य, अगस्ति, अनलि, एकाष्ठील, एकाष्ठीला (स्त्री.), काकशीर्ष, पाशुपत, पितृप्रिय, पूतिशाक, प्रथमकुसुम, बक, बुक, बोड़ी का फूल, मुनिभेषज, वक, वकपुष्प, वसुक, शिवाह्लाद, शुकनास,।

लाल अगस्त्य, वंगसेन, वंगसेनक।

अगस्त्य का पेड़ : अगिस्तद्रु, दीर्घफलक, देवप्रिय, बक, मुनितरु, रम्य, वंकसेन, वसुहट्ट, वसुहट्टक, वृक, व्रणारि, शिवप्रिय, शिवमल्लिका (स्त्री.), शिवमल्ली (स्त्री.), शिवशेखर, शिवांक, शिवापीड, शिवेष्ट, शीघ्रपुष्प, सुनालक, सुपूरक, सुरप्रिय, स्थूलपुष्प।

वि. आगस्त्य।

43.13. सं. कुन्द, अट्टहासक, तारपुष्प, दन्तपत्रक, दन्तपत्रिका (स्त्री.), दन्तपुष्प, दमन, दलाढक, पाण्डर, मनोज्ञ, मनोहर, महामोद, माध्य, वनहास, वरट, वरटी (स्त्री.), शुक्ल, शुक्लपुष्प, शुक्लपुष्पा (स्त्री.), श्वेतपुष्प, सदापुष्प, सदाप्रसून।

कुन्द का पौधा : दलकोश, बलपाण्डुर, भृंगबन्धु, मकरन्द, मुक्तापुष्प, वोरट।

43.14. सं. गुलदुपहरिया (स्त्री.), दुपहरिया (स्त्री.), अम्लान, अर्कवल्लभ, ओष्ठपुष्प, कुंकुमफूल, जीवबन्धु, नीप, बन्धु, बन्धुक, बन्धूक, बन्धुजीव, बन्धुजीवक, बन्धूप, बन्धुर, बन्धूर, बन्धुल, बन्धुलि, बन्धूक, रक्त, रक्तक, रक्तपुष्प, रविनाथ, रागप्रसव, सूर्यभक्त, सूर्यभक्तक, हरिप्रिय।

43.15. सं. गुलअब्बास, अब्बास, गुलाबाँस, कृष्णकेलि (स्त्री.)।

43.16. सं. गुलअक़ीक।

43.17. सं. गुल अशर्फी।

43.18. सं. गुलकेश, गुलतुर्रा, तुर्रा, कलँगा, कलगा, जटाधारी, मुर्गकेश, शंखोदरी (स्त्री.), सिद्धनाथ, सिद्धेश्वर।

43.19. सं. गुलख़रा, गुलख़ैरू।

43.20. सं. गुलचाँदनी, चाँदनी (स्त्री.), लाल कलमी, सोमबेल (स्त्री.)।

43.21. सं. गुलचीन, गुलचीं।

43.22. सं. गुलदाउदी (स्त्री.), गुलदाऊदी (स्त्री.), गुलदावदी (स्त्री.), शिवन्तिका (स्त्री.), शेवन्तिका (स्त्री.)।

43.23. सं. गुलनरगिस, नरगिस, नर्गिस।

43.24. सं. गुलफिरंग।

43.25. सं. गुलफिरकी (स्त्री.)।

43.26 सं. गुलबकावली (स्त्री.), बकावली (स्त्री.)।

43.27. सं. गुलमख़मल, मख़मली (स्त्री.), झंटुक, लाल मुरगा, स्थूलपुष्प।

43.28. सं. गुलमेंहदी (स्त्री.)।

43.29. सं. गुललाला, गुल्लाला, गुलाला, गुलहज़ारा।

43.30. सं. गुलशब्बो, शब्बो, रजनीगन्धा (स्त्री.), रातरानी (स्त्री.), रात की रानी, सुगन्धराज, हुसना (स्त्री.)।

43.31. सं. गुलसौसन, सौसन (स्त्री.)।

वि. सौसनी (दे.505. 2)।

43. 32. सं. गुलाब, गुल, थलज, पाटल, भद्रतरुणी (स्त्री.)।

लाल गुलाब, गुलआतशी, गुलआतिशी।

सफ़ेद गुलाब, सेवती (स्त्री.), सेमन्तिका (स्त्री.), सेमन्ती (स्त्री.), सहा (स्त्री.), सुदला (स्त्री.), सुपुटा (स्त्री.), सुपुष्प, सुपुष्पक, सुपुष्पा (स्त्री.), सुमना (स्त्री.), सुवृत्ता (स्त्री.), सुशीता (स्त्री.), सुसीता (स्त्री.), सौम्यगन्धा (स्त्री.), स्मरस्मरा (स्त्री.), अतिमंजुला (स्त्री.), आस्फोटा (स्त्री.), कर्णिका (स्त्री.), खरस्वरा (स्त्री.), गन्धाढ्या (स्त्री.), चारुकेसरा (स्त्री.), तरुणी (स्त्री.), मदयन्तिका (स्त्री.), मदयन्ती (स्त्री.), मोदयन्ती (स्त्री.), राजपुष्पी (स्त्री.), रामतरुणी (स्त्री.), लक्षपुष्पा (स्त्री.), वनमल्लिका (स्त्री.), वनमल्ली (स्त्री.), वर्णपुष्प, वर्णपुष्पक, वृत्तपुष्प, वृत्तपुष्पा (स्त्री.), शतदला (स्त्री.), शतपत्र, शतपत्रिका (स्त्री.), शतपत्री (स्त्री.), शिववल्लभा (स्त्री.)।

बड़ी सेवती : राजतरुणी (स्त्री.), सुवर्णपुष्प।

जंगली गुलाब, कठगुलाब, कुवाँट।

गुलप्यादा, सदागुलाब।

गुलाब का बाग़ : गुलाबबाड़ी (स्त्री.)।

गुलाबजल, गुलाब।

गुलाबजल छिड़कने का पात्र : गुलाब अफशा, गुलाबपाश।

गुलाबजल छिड़कना : गुलाबपाशी (स्त्री.)।

गुलाब की पँखुड़ियों से बनी दवा : गुलकन्द, गुलशकर, गुलशकरी (स्त्री.)।

गुलाब की पँखुड़ियों से बनी मिठाई : गुलाबी (स्त्री.)।

वि. गुलाबी।

गुलाब के रंग का : गुलफ़ाम, गुलाबी (दे.505. 9)।

43.33. सं. गुलेराना।

43.34. सं. हरसिंगार, हरिसिंगार, हारसिंगार, परजाता, पारिजात, पारिजातक, रक्तवृन्ता (स्त्री.), रजनीहासा (स्त्री.), वर्णपुष्प, वर्णपुष्पक, वृक्षराज।

43.35. सं. मौलसिरी (स्त्री.), मौरसिरी (स्त्री.), मौलश्री (स्त्री.), मकुर, मुकुर, मदन, मद्यमोद, मधुगन्ध, मधुपुष्प, करक, केशर, केसर, गूढपुष्पक, चिरपुष्प, धन्वी, बकुल, बकूल, बौलसिरी (स्त्री.), बकुल, वकुली (स्त्री.), वर, वसु, वसुक, सर्वकेसर, सिंहकेसर, सिंहारहार, सीधुगन्ध, सीधुपुष्प, सीधुसंज्ञ, सुरभि, सुरेष्ट, स्त्रीमुखप।

मौलसिरी का पेड़ : कक्कुल, दन्तधावन, भ्रमरानन्द, मकुल, मद्यगन्ध, मद्यदोहन, मद्यमोद, विशारद, शारद।

मौलसिरी का फल : बाकुल, वाकुल।

43.36. सं. कदम्ब, कदम्बक, कदम, कर्णपूर, कर्णपूरक, कलम्ब, कलम्बक, कादम्ब, अशोकारि, जीर्णपर्ण, नालीप, निप, नीप, पीतवर्ण, प्रावृषेण्य, प्रियक, प्रीअंक, बहुफल, भद्र, ललनाप्रिय, वृत्तपुष्प, शिशुपालक, साधुक, सीधुपुष्प, सुरभि, स्थूल, हरिप्रिय, हलिप्रिय।

धाराकदम्ब, प्रिय, प्रियक, भृंगवल्लभ, भ्रमरप्रिय।

राजकदम्ब, वसन्तपुष्प।

भूमिकदम्ब, भूकदम्ब, भूनीप, भुइँकदम्ब, भृंगवल्लभ, लघुपुष्प, विषघ्न, विषहर, विषहारक।

गिरिकदम्ब, गिरिकदम्बक।

कैमा, करमा।

लाल कदम : रक्तकदम्ब।

कदम का पेड़ : कृष्ण, केलिवृक्ष, शोकारि।

कदम का बाग़ : कदम्बवाटिका (स्त्री.), कदमखण्डिका (स्त्री.)।

कदम से बनी मदिरा (दे.528. 1)।

वि. कदम्ब-सम्बन्धी, कादम्ब।

43.37. सं. अमलतास, अमिलतास, अध्वजा (स्त्री.), अपालंक, अरग्वध, अरुज, आरग्वध, आरेवत, आर्ग्वध, करकचहा, कर्णाभरणक, किरमाला, कुष्ठसूदन, कृतमाल, घनबहेड़ा, चक्रपरिव्याध, चतुरंगुल, जठरनुत, ज्वरान्तक, दीर्घफल, नृपद्रुम, मंथान, मुकल, राजतरु, राजद्रुम, राजवृक्ष, रेवत, रोचन, वैद्यबन्धु, व्याधिघात, व्याधिघातक, व्याधिघ्न, व्याधिजित्, व्याधिरिपु, व्याधिहन्ता, शंपाक, शंपात, शणाल, शणालुक, शम्याक, शूतिपर्ण, संपाक, सियारलाठी (स्त्री.), सुपर्ण, सुपर्णक, सुवर्ण, सुवर्णक, स्यारलाठी (स्त्री.), स्वर्णद्रु, स्वर्णपुष्प, स्वर्णपुष्पी (स्त्री.), स्वर्णभूषण, स्वर्णशेफालिका (स्त्री.), स्वर्णहालि, स्वर्णांग, हेमपुष्प।

बड़ा अमलतास : कर्णिकार।

छोटा अमलतास : सुफल।

वि. अमलतास के फूल के रंग का : अमलतासिया।

43.38. सं. गुलमोहर।

43.39. सं. धतूरा, धत्तूर, धत्तूरक, धत्तूरका (स्त्री.), धर्तूर, धुतुरा, धुस्तुर, धुस्तूर, धूस्तुर, धूस्तूर, धूर्त, धूर्तकृत, उन्मत्त, कंचन, कांचन, कंटकफल, कंटफल, कनक, कनकाह्व, कनकाह्वय, कर्बुर, कनभ, कार्तस्वर, कितव, खरदूषण, खर्जुघ्न, खर्जूर, खल,

चांपेय, चामीकर, जाम्बूनद, तूरी (स्त्री.), तूल, देविका (स्त्री.), पुरीमोह, बृहत्पाटलि, मन्दार, मत्त, मदकर, मदन, मदनक, मदमत्तक, महामोदी, महारजत, मातुल, मादन, वमि, वृहत्पाटलि, शंकरप्रिय, शठ, शाठ, शिवप्रिय, शिवशेखर, शैव, श्याम, सुमन, सुवर्णाख्य, स्वर्ण, स्वर्णफल, हेम, हेमाह्व।

सफ़ेद धतूरा : हरवल्लभ।

काला धतूरा : कृष्णधत्तूरक, कृष्णपुष्प, क्रूरधूर्त, विषाराति, शिव।

कनक धतूरा, महाशठ, राजधर्तूरक, राजधुस्तूरक।

धतूरे का पेड़ : तीक्ष्णकंटक, बृहत्पाटलि, मोहन, हेमतरु।

धतूरे का फल : मातुलपुत्रक।

धतूरे का बीज : स्वर्णबीज।

43.40. सं. मदार, मन्दार, मन्दारक, मन्दारु, मार्तंड, अर्क, अर्काह्व, अहस्कर, अहस्पति, आक, आस्फोट, आस्फोत, आस्फोतक, कुरव, क्षीरकाण्डक, क्षीरदल, क्षीरपर्णा (स्त्री.), खर्जुघ्न, गणरूप, चित्रभानु, तपन, दिवसकर, दिवसनाथ, दिवाकर, दीप्तकिरण, दीप्तांशु, दोहली (स्त्री.), बहुक, भानु, भाम, भास्कर, रवि, रुपिका (स्त्री.), विकर्तन, विकीरण, विक्षीर, विभाकर, विभावसु, विरोचन, शिवपुष्पक, शिवाह्व्यय, शुक्लफल, शुक्लफला (स्त्री.), सदापुष्प, सदापुष्पी (स्त्री.), सदाप्रसून, सूनु, सूर, सूर्य।

सफ़ेद मदार : अध्यक्ष, अलर्क, अलक, कुरव, दीर्घालर्क, पृथ्वीकुरवक, प्रतापस, राजभद्रक, राजार्क, रूपिका (स्त्री.), वृत्तमल्लिका (स्त्री.), शुक्लार्क, श्वेतमन्दारक, श्वेतार्क, सितार्कक, सितालक, सितालर्क, सुपुष्प, सुपुष्पक।

लाल मदार : आदित्यपुष्पिका (स्त्री.), दिव्यपुष्पिका (स्त्री.), रक्तकुसुम, रक्तार्क, सदापुष्पी।

मदार का पौधा : अकवन, अरु, अर्कपत्र, अर्कपर्ण, अर्यमा, कंचार, तपनच्छद, दोहली (स्त्री.), नकुच, निंबतरु, पुच्छी, प्रताम, प्रभाकर, वसुक, वसूक, विकीरण, विवस्वान्, शीतपुष्पक, शुकफल, शुचि (स्त्री.), शूर, सव, सविता, सूर्यपत्र, सूर्यपर्णी (स्त्री.), सूर्यवृक्ष, सूर्यसंज्ञ, सूर्याह्व, हरिदश्व, हिमाराति, ह्रस्वाग्नि।

मदार का पत्ता : अर्कपत्र, अर्कपर्ण, आदित्यपत्र।

मदार का फल : कुकड़ी (स्त्री.), अर्कफल।

मदार की ढोंढ़ी : अकडोड़ा।

मदार का सुखाया हुआ दूध : मदारगदा।

वि. मदार-सम्बन्धी, अर्कीय, अर्क्य, आर्क।

43.41. सं. मुचकुन्द, मुचुकुन्द, उन्मत्त, क्षत्रवृक्ष, चित्रक, छत्रवृक्ष, दीर्घपुष्प, प्रतिविष्णुक, बहुपत्र, रक्तप्रसव, सुदल, सुपुष्प, सुपुष्पक, हरिवल्लभ।

मुचकुन्द का पेड़ : मुचकुन्द।

43.42. सं. सूरजमुखी (स्त्री.), सूर्यमुखी (स्त्री.), सुरमुखी (स्त्री.), सूर्यकमल, सूर्यावर्त, सुवर्चला (स्त्री.), अर्कपुष्पी (स्त्री.), घनचक्कर, जलकामुक, तपन, तपनच्छद, तपस्विपत्र, दिवाकर, दिव्यवस्त्र, प्रहरकुटुम्बी (स्त्री.), भानुमुखी (स्त्री.), वराहकाली, वृद्धिका (स्त्री.), वेशदान, वेषदान।

सूरजमुखी का पौधा : जलेरुहा (स्त्री.), श्रीहस्तिनी (स्त्री.)।

43.43. सं. नागकेसर, नागकेशर, नागेश्वर, नाग, नागकिंजल्क, नागचंपा (स्त्री.), नागपुष्प, नागाख्य, नागाह्व, इभकेशर, इभाख्य, उरंग, कनक, कनकाह्व, कांचनाहव, किंज, किंजल, किंजल्क, केशर, केसर, खरघातक, गजकुसुम, चांपेय, तुंगक, दलाढक, पन्नगकेसर, पुष्परोचन, पूतिकेशर, फणिकेशर, फणिकेसर, भुजंगाख्य, राजपुष्प, वज्रकाष्ठ, वराटिका (स्त्री.), वारणकेसर, वास्पेय, षटपदप्रिय, सर्पाख्य, सुपर्ण, सुपर्णाख्य, सुवर्ण, सुवर्णाख्य, हेमकिंजल्क, हेमपुष्प।

नागकेसर का पेड़ : नागवृक्ष, वराटकरजा।

43.44. सं. माधवी (स्त्री.), माधविका (स्त्री.), माध्वी (स्त्री.), मधुमाधवी (स्त्री), मधुबहुला (स्त्री.), अतिमुक्त, अतिमुक्तक, अधिमुक्तक, कपिशा (स्त्री.), पुण्ड्रक, प्रहसन्ती (स्त्री.), बकज्योत्सना (स्त्री.), भद्रबला (स्त्री.), भृंगप्रिया (स्त्री.), वसन्तजा (स्त्री.), वसन्तदूती (स्त्री.), वासन्ती (स्त्री.), वासा (स्त्री.), शीतसहा (स्त्री.), सारण, सुगन्धा (स्त्री)।

माधवी की लतर : माधवीलता (स्त्री.), महावल्ली (स्त्री.), चन्द्रवल्ली (स्त्री.), भद्रवल्ली (स्त्री.), भूमिमण्डपभूषणा (स्त्री.), लता (स्त्री.), वासन्तीलता (स्त्री.)।

43.45. सं. मालती (स्त्री.), मधुमालती (स्त्री.), मधुमल्लिका (स्त्री.), मधुमल्लि (स्त्री.), मधुमल्लिका (स्त्री.), मधुमल्ली (स्त्री.), महासह, अतिकेशर, कुबलक, कूजा (स्त्री.), जाती (स्त्री.), वृत्तपुष्प, सुकुमारा (स्त्री.)।

मालती की लतर : मालतीलता (स्त्री.)।

43.46. सं. कौआठोठी (स्त्री.), कौआठोंठी (स्त्री.), काकतुण्डी (स्त्री.), काकनासा (स्त्री.), चक्रशल्या (स्त्री.), दुर्मोह, दुर्मोहा (स्त्री.), ध्मांक्षजंघा (स्त्री.), ध्मांक्षदन्ती (स्त्री.), ध्मांक्षनखी (स्त्री.), ध्मांक्षादनी (स्त्री.), रक्तला (स्त्री.), वायसतन्तु, वायसतुण्ड, वायसादनी (स्त्री.), विद्राविणी (स्त्री.), सुनासिका (स्त्री.), सुरंगी (स्त्री.)।

कौआठोठी की लतर : ध्मांक्षवल्ली (स्त्री.)।

43.47. सं. गेन्दा, गुलहज़ारा, गुलऔरंग, गुड, गुडक, पद्मचारिणी (स्त्री.), पद्मा (स्त्री.), पद्माह्वा (स्त्री.)।

जंगली गेन्दा, हिर्री (स्त्री.); जाफरी; हज़ारा।

वि. गेन्दे के रंग का : गेन्दई।

43.48. सं. पलाश, पलाशक, पलास, पलंकष, पलंकषा (स्त्री.), कनक, करक, किंचन, किंशुक, किंशुलक, किंशुलुक, किंसुक, क्षारश्रेष्ठ, छिउल, छीउल, ढाँक, ढाँख,

ढाक, ब्रह्मोपनेता, यज्ञिक, याज्ञिक, यूप्य, रक्तपुष्पक, रक्तफूल, राजादन, वातपोथ, वातपोथक, विपर्णक, वृहड्ढक्का (स्त्री.), हस्तिकर्ण, हस्तिकर्णक, हस्तिकर्णदल।

पलाश का पेड़ : काष्ठद्रु, किर्मि (स्त्री.), किर्मी (स्त्री.), छेवला, त्रिपत्रक, त्रिपर्ण, पर्ण, पूतद्रु, पूदारु, ब्रह्मद्रुम, ब्रह्मपादप, ब्रह्मवृक्ष, लाक्षातरु, लाक्षावृक्ष, विपर्णक, विप्रप्रिय, सुभीरक, सुभीरव।

पलाश की कली : अंगारि (स्त्री.), अंगारिका (स्त्री.), पलाशकलिका (स्त्री.), रक्तरेणु।

पलाश का फूल : टेसू, पीतचोंप, वक्रपुष्प।

टेसू से बननेवाला रंग : कलब।

पलाश का पत्ता : ब्रह्मपत्र, पलाशपत्र।

पलाश की फली : पलासपापड़ा, पलासपापड़ी (स्त्री.), अंगारित, अंगारिता (स्त्री.), ढकपन्ना।

पलाश की कोंपल : पलाशतरुज।

पलाश के पत्ते का दोना : पलाशपुट।

पलाश/ढाक का गोन्द : चुनियागोन्द, कमरकस।

पलाश की जड़ : बकेल (स्त्री.)।

वि. पलाश-सम्बन्धी, पालाश।

43.49. सं. पाटल, पाटला, पाटली (स्त्री.), पाढ़ल, अमोघा (स्त्री.), कुंजरा (स्त्री.), ताम्रपुष्पी (स्त्री.), मधुदूती (स्त्री.), मोघा (स्त्री.), रक्तपुष्पी (स्त्री.), सुपुष्पिका (स्त्री.), स्थिरगन्धा (स्त्री.)।

पाटलपुष्पों का समूह : पाटल्या (स्त्री.)।

पाटलवृक्ष, पाटल, पाटलि (स्त्री.), पाढर, पाढ़र, अम्बुवासिनी (स्त्री.), अम्बुवासी, ताम्रपुष्पी (स्त्री.), तोयपुष्पी (स्त्री.), तोयप्रष्ठा (स्त्री.), तोयाधिवासिनी (स्त्री.), फलेरुहा (स्त्री.), मकरन्दवती (स्त्री.), विटवल्लभा (स्त्री.), विशाकर, स्थाली (स्त्री.)।

सफ़ेद पाटला : श्वेतपाटला, श्वेताह्वा (स्त्री.), सितकुम्भी (स्त्री.), सितामोघा (स्त्री.)।

सफ़ेद पाटला का पेड़ : श्वेत पाटल वृक्ष, सितकुम्भी (स्त्री.)।

43.50. सं. सुलताना चंपा, सुगंधिक, सुरंगी (स्त्री.), सुरपर्णिका (स्त्री.), कुम्भीक, केशर, केसर, केसरी, तुंग, तुंगक, नाग, नागपुष्प, पुन्नाग, पुन्नामा, पुरुष, पुरुषाख्य, रक्तपुष्प, रक्तरेणु, रक्तशेखर, राजचंपक।

सुरपन, सुरपुन्नाग, सुरपर्णिक, सुरतुंग, सुरेष्ट, देववल्लभ, नमेरु।

पुन्नाग का पेड़ : अरुण, काम्बोज, पाण्डुनाग, पाटलद्रुम।

43.51. सं. नेवारी (स्त्री.), नेवाड़ी (स्त्री.), निवारी (स्त्री.), निवाड़ी (स्त्री.), नैपाली (स्त्री.), नवमल्लिका (स्त्री.), नवमालिका (स्त्री.), नवमालिनी (स्त्री.),

अतिमोदा (स्त्री.), ग्रीष्मजा (स्त्री.), ग्रीष्मभवा (स्त्री.), ग्रीष्मी (स्त्री.), ग्रीष्मोद्भवा (स्त्री.), वासन्ती (स्त्री.), शिखरिणी (स्त्री.), शुचिमल्लिका (स्त्री.), सप्तभद्र, सुकुमारा (स्त्री.), सुकुमारी (स्त्री.), सुगन्धा (स्त्री.), सुरभिकान्ता (स्त्री.), सुवसन्तक।

नेवारी का पौधा : नेपाली (स्त्री.), देवलता (स्त्री.)।

43.52. सं. पनसखिया (स्त्री.)।

43.53. सं. लौंगमुश्क।

43.54. सं. जुआरदासी (स्त्री.)।

43.55. सं. भ्रमरमारी (स्त्री.), मांसपुष्टिका (स्त्री.)।

भ्रमरमारी का पौधा : षष्टिलता (स्त्री.)।

43.56. सं. सूर्यमणि, पुष्परक्त।

43.57. सं. सदाबहार।

43.58. सं. फगुनिया, त्रिसंधि (स्त्री.), त्रिसंध्यकुसुम।

फगुनिया का पौधा : संधिकुसुमा (स्त्री.), सुकुमारी (स्त्री.)।

44. विभिन्न फल

44.1. सं. आम, आम्र, अतिसौरभ, अम्र, कामफल, कामवल्लभ, कामशर, कामांग, कामायुध, केशवायुध, गन्धबन्धु, चामरपुष्प, चामरपुष्पक, नृपप्रिय, नृपवल्लभ, प्रियाम्बु, फलश्रेष्ठ, ब्रह्मबीज, भृंगाभीष्ट, मन्मथानन्द, रसा, रसाल, शौण्डिकप्रिय, सहकार, सौरभ, स्त्रीप्रिय।

बीजू आम (चूस. खा.)।

क़लमी आम (खा.), रसालाम्र, राजपुत्र, राजफल, राजवल्लभ, राजाम्र, वनेज्य, वेलिभुक्प्रिय, सितजाम्रक, सुगंधि, स्थूलाम्र, स्मराम्र।

आम के प्रमुख भेद : अमरपल्ली; अलफाँसो; आश्विनी; किशनभोग; कृष्णभोग; कोहिनूर; खीरसप्ती; गोपालभोग; चिनिया, चौसा; ज़रदालु; तोतापरी; दसहरी; नीलम; फजली; बम्बइया; बादशाहपसन्द; मंजीरा; मलीहाबादी; मल्लिका; मालदह, मिठुआ; मिठुआपसन्द; रत्ना; रामकेला; रामभोग; लँगड़ा, बनारसी लँगड़ा, तैयारी लँगड़ा आम; वृन्दावन; शुकौआ, शुगौआ, सफ़ेदा; सिन्दूरी; सेन्दुरिया; सिन्धु; सुकल; हिमसागर।

आम का पेड़ : आम, आम्र, अमरपुष्प, अमरपुष्पक, कामशर, कोकिलावास, कोकिलोत्सव, कोशिन, कोशी, कोषिन, चूत, चूतक, च्युत, दुर्गंध, नास्तिद, परपुष्टमहोत्सव, पलालदोहद, पिकबन्धु, पिकराग, पिकवल्लभ, प्रियाम्बु, फलोत्पत्ति, मदिरासख, मधुदूत, मधुद्रुम, मधुली (स्त्री.), मध्वालु, मध्वालुक, मध्वावास, मन्मथालय, माकन्द, मृषालक, मोदाख्य, रसालय, वसन्तदूत, वसन्तद्रु, वसन्तद्रुम, वृद्धवाहन, वेल, शरेष्ट, शिववल्लभ, श्यावतैल, श्लीपदप्रभव, षटपदातिथि, सचेष्ट, सहार, सीधुरस, सुदमन, सुमदन।

मीठे आम का पेड़ : गुरंभर।

आम की शाखा : चूतकलिका (स्त्री.), चूतमंजरी (स्त्री.), चूतलतिका (स्त्री.), चूतांकुर, चूतायष्टि (स्त्री.)।

आम का बाग़, आम की बारी, बाड़ी, आम्रवन, अमराई, अमरौटी (स्त्री.)।

आम का उगता हुआ पौधा : अमोला, पपैया।

अमोले की जड़ में लगी गुठली से बनायी हुई सीटी : पपैया, पिपिहिरी, पोथली (स्त्री.)।

एक कीड़ा जो प्रायः आम के पेड़ पर रहता है : मकरोरा, मकरौरा, अमखोद्दी, अमचोद्दी।

आम की मंजरी : बौर (लग. आ.), मौर (निकल, बँध.), सहकार।

सरसों जैसा छोटा आम : आम की सरसई : बौर झड़ना–, सरसई बैठना–।

बेर के बराबर छोटा आम जिसमें जाली न पड़ी हो : टिकोरा, आम की बतिया, अंबिया (स्त्री.), अमोरी (स्त्री.), आमी (स्त्री.), केरी (स्त्री.), कैरी (स्त्री.), रसालिका (स्त्री.)।

कच्चा आम, अमिया (स्त्री.)।

काले दाग़वाला कच्चा आम : कोइली (स्त्री.)।

पका आम, तैयार आम।

आम का गूदा।

आम का रस, सहकार।

आम की गुठली, कुसली (स्त्री.), कोइली (स्त्री.)।

गुठली का कड़ा छिलका : ठोकचा।

आम की डाँड़ी : ढेपनी (स्त्री.) (दे.39. 14)।

आम की ढेपनी तोड़ने से निकलने वाला तेजाबी रस : चोप, चोंप, चोपी (स्त्री.)।

कच्चे आम की सुखायी हुई फाँक : अमहर (स्त्री.), खटाई (स्त्री.), रोंठा।

सुखाये हुए कच्चे आम का चूर : अमचुर, अमचूर।

पके आम का रस सुखाकर बनायी हुई मोटी परत : अमावट (स्त्री.), अमरस, आमरस, आमपापड़, अम्बापोली (स्त्री.), अवँसठ।

क़च्चे आम को पकाकर मीठी वनी चटनी-गुरम्भा।

आम का अचार (दे.78. 47)।

वि. आम के रंग का : अमौआ।

44.2. सं. केला, केली (स्त्री.), कदली (स्त्री.), कन्दली (स्त्री.), कन्दल, कदल, कदलक, कदलिका (स्त्री.), काष्ठीला (स्त्री.), अनंशुमत्फला (स्त्री.), अंशुमत्फला (स्त्री.),

आयतच्छदा (स्त्री.), गुच्छदन्तिका (स्त्री.), गुच्छफल, गुच्छफला (स्त्री.), चर्मी, चोच, जलकन्द, जालिका (स्त्री.), तन्तुविग्रहा (स्त्री.), तृणसारा (स्त्री.), नगरौषधि (स्त्री.), निःसारा (स्त्री.), बारणबुषा (स्त्री.), बारणवल्लभा (स्त्री.), बारबुषा (स्त्री.), बालकप्रिया (स्त्री.), भानुफला (स्त्री.), मृत्युफला (स्त्री.), मृत्युफली (स्त्री.), मोच, मोचक, मोचा (स्त्री.), रंभा (स्त्री.), रंभाफल, राजेष्टा (स्त्री.), रोचक, लोचक, वनलक्ष्मी (स्त्री.), वारणवुषा (स्त्री.), वारवुषा (स्त्री.), वारवृषा (स्त्री.), वृहत्पुष्पक, सुकुमारा (स्त्री.), सुपुष्पी (स्त्री.), सुफला (स्त्री.), हस्तिविषाणी (स्त्री.)।

चंपाकेला, चंपक, चंपकरंभा (स्त्री.), कनककदली (स्त्री.), कनकरंभा (स्त्री.), पीतकदली (स्त्री.), पीतरंभा (स्त्री.), रक्तकदली (स्त्री.), रक्तपुष्पा (स्त्री.), सुरप्रिया (स्त्री.), सुरभिका (स्त्री.), सुवर्णकदली (स्त्री.), सुवर्णफला (स्त्री.), सुवर्णमोचा (स्त्री), सुवर्णरंभा (स्त्री.), सोनकेला, स्वर्णकदली (स्त्री.), स्वर्णफला (स्त्री.), स्वर्णरंभा (स्त्री), हेमफला (स्त्री.)।

चिनिया/चीनिया केला, चीनी चंपा।

बम्बइया/हरी छाल केला, हजारी केला।

मर्तवान। मालभोग। महेन्द्रकदली (स्त्री.)।

पहाड़ी केला, गजवल्लभा (स्त्री.), गिरिकदली (स्त्री.), गिरिजा (स्त्री.)।

कटकेला, कँटेला, काष्ठकदली (स्त्री.), अश्मकदली (स्त्री.), दारुकदली (स्त्री.), विषघ्नी (स्त्री.), शिलारंभा (स्त्री.), सुकाष्ठा (स्त्री.)।

कचकेला।

बीजवाला केला : बहुबीज।

कच्चा केला ; पका केला।

जंगली केला, फलाढ्या (स्त्री.), वनकदली (स्त्री.), वनमोचा (स्त्री.)।

केले का पेड़, केला, अंशुमत्फला (स्त्री.), अरुस्तंभा (स्त्री.), चर्मण्वती (स्त्री.), तत्पत्री (स्त्री.), द्रोणि (स्त्री.), द्रोणी (स्त्री.), बृहत्पुष्प, मंजिफला (स्त्री.), मधुरा (स्त्री.), वीरा (स्त्री.), सारतरु, स्वादुफला (स्त्री.)।

केले का खंभा, केले की पेड़ी/पूती, कदलीस्तंभ।

पेड़ी के अन्दर का सार भाग : गाभ, गाभा, डंठल, मोचाट।

केले का पत्ता, कदलीपत्र।

केले का फूल, कदलीकुसुम, मधुरा, मौच, शिलींध्र।

फूल के अन्दर का नन्हा केला : फली (स्त्री.)।

फलियो की पंक्ति : पंजा।

वह डंठल जिसमें पंजे लगे होते हैं : घौद।

केले का गुच्छा/घौद (दे.41)।

बारह केले का गुच्छा : दर्जन।

केले के पेड़ से बननेवाला क्षार : पापड़खार।

44.3. सं. कटहल, कटहर, कंटफल, कंटकफल, कंटकिफल, कंटकाल, कंटाफल, अपुष्पफल, अपुष्पफलद, आशय, ख़ारपुश्त, चंपकालु, चंपकोश, पनस, पनसतालिका (स्त्री.), पनसनालिका (स्त्री.), पनसी, पलस, प्राक्फल, फनस, फलकंटक, फलवृक्षक, फलश, फलस, फलिन, बृहत्फल, भद्रवती (स्त्री.), महासर्ज, मूलफलद, मृदंगफल, रंजनक, रसाल, लक्ष्मीवान्, वृहत्फल, सदाफल, सुरजःफल, स्थूल, स्थूलकंटफल।

छोटा/बच्चा कटहल, कटहरी (स्त्री.), लेडा।

(पके फल में) गुठली (स्त्री.)।

गुठली के चारों ओर गूदेदार बीजकोश : कोआ, कोया, कोश।

बीज (दे.42)।

कटहल का छिलका : गर्भ, कथरी।

कटहल के बीच का डंडा- मुँगरा।

कटहल का पेड़ : कटहल, पूतफल, मुरजफल, शिखावर।

वि. कटहल-सम्बन्धी, कटहरी, पानस।

44.4. सं. अंगूर, अमृतफला (स्त्री.), अमृतरसा (स्त्री.), काश्मीरा, गुच्छफल, गुच्छफला (स्त्री.), गोस्तना (स्त्री.), गोस्तनी (स्त्री.), चारुगुच्छा (स्त्री.), तापसप्रिया (स्त्री.), तापसेष्टा (स्त्री.), दाख (स्त्री.), द्राक्षा (स्त्री.), प्रियाला (स्त्री.), मधुफल, मधुरसा (स्त्री.), मृद्वी (स्त्री.), मृद्वीका (स्त्री.), यक्ष्मघ्नी (स्त्री.), रज़, रसा (स्त्री.), रसाला (स्त्री.), समधुरा (स्त्री.), सिरालक, स्वादु (स्त्री.), स्वाद्वी (स्त्री.), हरहूरा (स्त्री), हारभूरा (स्त्री.), हारहूरा (स्त्री.), हारहूरिका (स्त्री.)।

लम्बोतरा अंगूर : दीर्घफला (स्त्री.), दीर्घफलिका (स्त्री.)।

कपिल द्राक्षा (स्त्री.), हरिता (स्त्री.), हारहारा (स्त्री.), हिमोत्तरा (स्त्री.), हैमवती (स्त्री.)।

काला अंगूर, कृष्णा (स्त्री.)।

खट्टा अंगूर : किंकिणी (स्त्री.), किंकणी (स्त्री.), किंकणीका (स्त्री.)।

किशमिशी अंगूर, काकलीद्राक्षा (स्त्री.), फलोत्तमा (स्त्री.)।

अंगूर के प्रमुख भेद : आबी; कमलक; गोलकली; फकीरी; साहेबी, हबशी, हुसैनी, हेटा।

अंगूर की बेल : अबीजा, अवीजा (स्त्री.), चारुफला (स्त्री.), द्राक्षालता (स्त्री.)।

बेल के फैलने के लिए खपचियों से बना ढाँचा : अंगूर का मड़वा, झमड़ा, अंगूर की टट्टी, टाटी।

अंगूर में लगनेवाला रोग : खरदा।

किशमिश (स्त्री.), अबीजा (स्त्री.), अवीजा (स्त्री.), काकलीद्राक्षा (स्त्री.), जम्बूका (स्त्री.), निर्वीजा (स्त्री.), रसाधिका (स्त्री.), लघुद्राक्षा (स्त्री.), शतवीर्या (स्त्री.), सुवृत्ता (स्त्री.)।

मुनक्का, तापसप्रिया (स्त्री.), तापसेष्टा (स्त्री.), दाख (स्त्री.), द्राक्षा (स्त्री.), पथिका (स्त्री.), बीजका (स्त्री.), शतवीर्या (स्त्री.), सुफला (स्त्री.), स्थूला (स्त्री.), स्वाद्वी (स्त्री.), स्वादुफला (स्त्री.)।

लाल मुनक्का, आबजोश।

द्राक्षा शर्करा (स्त्री.) (दे.78), glucose।

अंगूरी शराब (स्त्री.), द्राक्षासव (दे.528)।

वि. अंगूरी, मार्द्वीक। किशमिशी।

44.5. सं. जामुन, जामन, जाम, जम्बु, जम्बू, जम्बुक, जम्बूक, जम्बुल, जम्बूल, क्षुद्रफला (स्त्री.), नीलफला (स्त्री.), नीललोहिता (स्त्री.), मोदमोहिनी (स्त्री.), राजफला (स्त्री.), वृहत्फल, शुकप्रिया (स्त्री.), श्यामला (स्त्री.), सुदर्शन।

बड़ा जामुन : फलेन्द्र, फलेन्दा, फरेन्दा, कोकिलेष्टा (स्त्री.), पिकप्रिया (स्त्री.), बृहत्फल, बृहत्फला (स्त्री.), राजजम्बू, वृहत्फला (स्त्री.), महाजम्बू, सुरभिपत्रा (स्त्री.), सुरभीपत्रा (स्त्री.)।

गुलाबजामुन, सुरभिच्छद, सुरभिपत्रा (स्त्री.), सुरभीपत्रा (स्त्री.)।

छोटा जामुन : भुईंजामुन, भूजम्बू, भूमिजम्बु, भूमिजम्बुक, भृंगवल्लभा (स्त्री.), कृष्णफला (स्त्री.), दृढकंटक, नदीजामुन, नादेयी (स्त्री.), पिकभक्षा (स्त्री.), मधुप्रिय, ह्रस्वफूला (स्त्री.)।

भुईंजामुन का पेड़ : क्षुद्रफल, क्षुद्रफलक, दृढकंटक।

कठजामुन, दीर्घपत्रा (स्त्री.), सितवल्लरी (स्त्री.), सूक्ष्मकृशफला (स्त्री.), सूक्ष्मकृष्णफला (स्त्री.)।

जलजामुन, जलजम्बुका (स्त्री.), जलजम्बूका (स्त्री.)।

राजजामुन, पियामन, ठूठी।

बनजामुन, काकजम्बु, काकफला (स्त्री.), ध्मांक्षजम्बु, नदेयी (स्त्री.), वैदिका (स्त्री), शीतपल्लवा (स्त्री.), सूक्ष्मपत्रा (स्त्री.), ह्रस्वजम्बू।

जामुन का पेड़, जामुन, जम्बूवृक्ष, नदीकान्ता (स्त्री.), महास्कन्धा (स्त्री.), राजाई, श्यामपत्रा (स्त्री.), सुरभिपत्रा (स्त्री.)।

वि. जमुनिया, जामुनी।

44.6. सं. अनार, करक, कल्कफल, कुचफल, कुट्टिभ, डालिम, दाडिम, दाड़िम, दाडिम्ब, दाडिमा (स्त्री.), दाडिमीसार, दालिम, दन्तबीज, दन्तबीजक, दन्तवीज, दन्तवीजक, दशनबीज, द्रुमसार, नीरस, नीलपत्र, पिण्डपुष्प, फलपूर, फलशाडव, बहिश्त

का मेवा, मधुबीज, रक्तपुष्प, रोचन, लोहितपुष्पक, वल्कफल, वृत्तफल, शुकवल्लभ, शुकादन, सत्फल, सुफल।

बेदाना, रक्तबीज।

कच्चाय अनार, नासपाल।

अनार का फूल, गुलअनार, गुलनार, गुलेनार, दाडिमपुष्प।

कच्चे अनार का छिलका : नासपाल।

अनार का सुखाया हुआ दाना : अनारदाना।

अनार का पेड़, अनार, दाडिंब, दाडिम, दालिम, पर्वरुट्, पिण्डीर, मणिबीज, मुखवल्लभ, रक्तकुसुमा (स्त्री.), शालमर्कट, शालमर्कटक, सार, सुनील, स्वाद्वम्ल, हिंडिर, हिण्डीर।

वि. अनारी। नासपाली।

44.7. सं. बेल, बिल्व, बैल्य, गन्धपत्र, गन्धफल, दुरारुह, नीलमल्लिका (स्त्री.), मंगल्य, महाकपित्थ, महाफल, मालूर, लक्ष्मीफल, शतानन, शलाटु, शाण्डिल्य, शिवेष्ट, श्रीफल, सत्यफल, सदाफल, सितानन, हृद्यगन्ध।

बेल का गूदा : बेलगिरी (स्त्री.), वेल्लिकाख्या (स्त्री.)।

बेल का पेड़, बेल, बिल्व, बिल्ववृक्ष, अतिमंगल्य, कपीतन, कर्कोट, कर्कोटक, चैत्य, त्रिगुणी (स्त्री.), त्रिदल, त्रिपत्र, त्रिशाखपत्र, त्रिशिख, पत्र-श्रेष्ठ, पूतिवात, पूतिवाह, प्राचीनपनस, महाफल, महेशबन्धु, मालूर, विशाखग्रह, वेल्लिकाख्या (स्त्री.), शल्य, शाकबिन्दक, शिवद्रुम, शिवप्रीति (स्त्री.), शैलपत्र, शैलूष, श्रीद्रुम, श्रीवृक्ष, सदारुह, सुभद्रक, सुभूतिक, स्कन्धफल, हृद्य, हृद्यगन्ध।

बेल की पत्ती, बेलपत्ती (स्त्री.), बेलपत्र, बिल्वपत्र, बेलपात, शिवप्रिय।

वि. बैल्व।

44.8. सं. बेर, बदर, बदरि (स्त्री.), बदरिका (स्त्री.), बदरी (स्त्री.), बदरीच्छदा (स्त्री.), बदरीफल, बालेष्ट, कर्कंधु, कर्कंधू (स्त्री.), कोल, कोलि (स्त्री.), कोली (स्त्री.), कौवल, गुल्मी (स्त्री.), गूढफल, घोंट, घोंटी (स्त्री.), दृढबीज, दृढवीज, युग्मकंटका (स्त्री.), वदर, वल्लीबदरी (स्त्री.), वृत्तफल, वेरट, शृगालजम्बु, शृगालजम्बू, सुफल, सुवीरक, सुवीर्य, सृगालजम्बु, सृगालजम्बू, सौवीर, सौवीरक, सौवीरिका (स्त्री.), सेवि, सेवित, स्निग्धपत्रा (स्त्री.), स्निग्धपत्री (स्त्री.), स्वादु, स्वादुफल।

बड़ा बेर : पेउँदी/पेवन्दी बेर, पृथुकोल, तनुबीज, नृपबदर, मधुरफल, राजकोल, राजबदर, राजबेर, राजवल्लभ, वृहद्बदर, हस्तिकोलि (स्त्री.)।

छोटा बेर : भुईंबर, क्षुद्रकोलि, लघुकर्कंधु, लघुबदर, शृगालकोलि, सृगालकोलि।

पहाड़ी बेर : सौरसा (स्त्री.)।

जंगली बेर : कर्कशिका (स्त्री.), कर्कशी (स्त्री.), कुवल, घुंटा, झड़बेरी (स्त्री.), बड़बेरी (स्त्री.), बनबेर, बेरजरी (स्त्री.), फलशर्करा (स्त्री.), फेनिल, भूबदरी (स्त्री.),

मधुर, वनकोलि (स्त्री.), वरक, विषमा (स्त्री.), शिखिप्रिय, सूक्ष्मफल, सूक्ष्मबदर, सूक्ष्मबदरी (स्त्री.), हाहूबेर।

एक प्रकार का सुखाया हुआ बेर : उन्नाब, क्षुद्रकोलि, शृगालकोलि।

बेर का पेड़, बेर, बदर, बदरि (स्त्री.), बादर, कंटकी, कोला, घोंटा, घोंटी (स्त्री.), पिच्छिलच्छदा (स्त्री.), पिच्छिलदला (स्त्री.), फलशैशिर, वक्रकंट, वक्रकंटक, वादर, सौवीरक, सौवीरिका (स्त्री.), स्निग्धच्छदा (स्त्री.), स्वादुफला (स्त्री.)।

बेर का जंगल : बदरीवन, बदरीवण।

बेर पकने का समय : बदरीकुण।

पका हुआ बेर : छुहारबेर।

वि. बादर।

बेर इकट्ठा करने वाला : बादरिक, वादरिक।

उन्नाबी।

44.9. सं. खजूर, खरजूर, खर्जुर, खर्जूर, खर्जूरी (स्त्री.), घनामय, तृणराज, दुरारुह, महारस, ह्रस्वफल।

मीठा खजूर : मधुफलिका (स्त्री.), माध्वीमधुरा (स्त्री.)।

पिण्डखजूर, पिण्डखजूरिका (स्त्री.), पिण्डखर्जूर, पिण्डखर्जूरी (स्त्री.), पिण्डि (स्त्री.), पिण्डी (स्त्री.), क्षीरिका (स्त्री.), दीप्या (स्त्री.), फलपुष्पा (स्त्री.), फलपुष्पी (स्त्री.), यक्षामलक, राजखर्जूरी (स्त्री.), राजेष्टा (स्त्री.), सुकंटका (स्त्री.), स्थलपिण्डा (स्त्री.), स्थूलपिण्डा (स्त्री.), स्वपिण्डा (स्त्री.), स्वादुपिण्डा (स्त्री.)।

नेपाल की तराई में होने वाला खजूर : खजुरहट (स्त्री.), खजुरहटी (स्त्री.)।

छोटा खजूर : भूखर्जरी (स्त्री.), भूमिखर्जूरिका (स्त्री.), भूयुक्ता (स्त्री.)।

जंगली खजूर : अम्लसार, किरिटि, खजूरी (स्त्री.), खरक, खर्जु (स्त्री.), दुष्प्रधर्षा (स्त्री.), नीलताल, बनखजूरी (स्त्री.), वृहत्ताल, यवनेष्टा (स्त्री.), सेंधी (स्त्री.), हयप्रिया (स्त्री.), हिन्ताल।

खजूर का पेड़ : खजूर, खर्जु, खर्जूर, खरस्कन्ध, आसवद्रु, कषायी, चीर्णपर्ण, तृणद्रुम, तृणवृक्ष, दुरारुहा, (स्त्री.), दुरारोहा (स्त्री.), निःश्रेणी (स्त्री.), नीलच्छद, पारेवत, मधुक्षीर, मधुक्षीरक, रक्तखाण्डव, रेवतक, स्वादुफला (स्त्री.), स्वादुमस्तका (स्त्री.), स्वाद्वी (स्त्री.)।

खजूर का बाग़ : खजूरहट (स्त्री.), खजूरहटी (स्त्री.)।

जंगली खजूर का पेड़ : गर्भस्त्रावी, बहुकंटक, मृदुताल, लताताल, विशालपत्र, बृहत्ताल, शिरापत्र, श्रीताल, सिरापत्र, स्थिरपत्र, स्थिरांघ्रिप, स्थिरांह्रिप, स्थूलताल।

जंगली खजूर का पत्ता : लेख्यदल, श्रीतालपत्र, हिन्तालपत्र।

खजूर की मुलायम पत्ती : गाछी (स्त्री.)।

पकने से पहले तोड़ा गया फल : छुहारा, छोहारा, काठिन, खारक, खारिक, नूर, मधुकर्कटी (स्त्री.), वृहत्खर्जूरिका (स्त्री.)।

छोटा छुहारा : छुहारी (स्त्री.)।

खजूर का पका फल : खुरमा।

कच्चा खजूर : गँडोरा।

खजूर की छाल का गोन्द : हुकुमचिल।

पत्तियों का/फलों का सींका : छड़ी (स्त्री.)।

खजूर का रस : खर्जूररस।

खजूर की शराब : खार्जूर, सेंधी (स्त्री.)।

वि. खजूरी ; खार्जूर।

44.10. सं. नारियल, नारिकेर, नारीकेरी (स्त्री.), नारिकेल, नारिकेली (स्त्री.), नाडिकेल, नाडीकेल, नारीकेल, नारीकेली (स्त्री.), नालिकेर, नालिकेली (स्त्री.), नालेर, असितफल, कूर्चशीर्ष, कौशिकफल, खोपड़ा, चोच, जलकरंक, तुंग, तोयगर्भ, दाक्षिणात्य, दुरारुह, दृढनीर, दृढफल, दृढमूल, पयःपेटी (स्त्री.), पयोधर, पीतोदक, पुटोदक, बहुकूर्च, बाला (स्त्री.), मंगल्य, मधुफल, मुंडफल, मृदुफल, रसफल, लांगली, वरफल, वाला (स्त्री.), विश्वामित्रप्रिय, शिरःफल, शिराफल, श्रीफल, सदापुष्प, सदाफल, स्कन्धफल।

छोटा नारियल : नरेली (स्त्री.), माक्षिकफल, माक्षीकफल।

हरा नारियल, डाभ, डाब।

(कड़ा रेशेदार) छिलका, खर्बूर।

छिलके के नीचे का रेशा : जटा (स्त्री.)।

कड़ा गुठला : नरेली (स्त्री.), नारियली (स्त्री.), खोपड़ी (स्त्री.), खोपा, गोला।

नरेली की बनी कटोरी : गोला, मल्लक, मालक।

नरेली का बना हुक्का : नरेली (स्त्री.), नारियली (स्त्री.)।

गुठली के अन्दर का मग़ज़ : गरी (स्त्री.), गरिका (स्त्री.); साबूत मग़ज़ : गोला, खोपड़ा।

गरी की खली : यूनक।

कभी-कभार नारियल के अन्दर पायी जाने वाली सफ़ेद गोल चीज़ : नारियल का मोती, कलप्पा।

नारियल का पेड़ : नारियल, नीलतरु, उच्चतरु, किकि, कूर्चशेखर, कौशिकफल, खानोदक, तृणद्रुम, तृणराज, तृणवृक्ष, फलकेसर, फलमुण्ड, फलास्थि, मंगल्य, मत्कुण, लतावृक्ष, श्मश्रुशेखर, सुतुंग, सुभंग, स्कन्धतरु।

नारियल की ताड़ी : नारियली (स्त्री.)।

नारियल के भेद : एकाक्षि नारियल, एकाक्षी नारियल।

44.11. सं. ताड़ का फल : तरकुल : ताड़, ताल, तालक, तालफल, चोच।

बतिया तरकुल का गूदा : तालसाँस।

तरकुल के गुठले की गिरी : परमल, कोआ।

हरा तरकुल : खाजा, खुज्जा।

ताड़ का पेड़ : ताड़, ताल, तालक, तालद्रुम, तालवृक्ष, तन्तुनिर्यास, तरकुल, तरुराज, तल, तृणकेतु, तृणकेतुक, तृणद्रुम, तृणध्वज, तृणराज, तृणवृक्ष, तृणशाल, तृणेन्द्र, अतिमुक्त, अतिमुक्तक, वासवद्रु, उच्चतरु, गुच्छपत्र, दीर्घतरु, दीर्घदण्ड, दीर्घदण्डक, दीर्घद्रु, दीर्घपत्र, दीर्घपादप, दीर्घस्कन्ध, दुरारोह, द्रुमश्रेष्ठ, द्रुमेश्वर, ध्वजद्रुम, पत्री, ब्रह्मण्य, भूमिपिशाच, मदाढ्य, मधुरस, मदाबल, महावृक्ष, लतातरु, लताद्रुम, लांगल, शठ, शतांगुल, हस्तपर्ण।

छोटी जाति का ताड़ : ताड़ि (स्त्री.), ताड़ी (स्त्री.), ताली (स्त्री.)।

ताड़ का तना : तालकाण्ड, पीलु।

ताड़ का फूल : वज्रकन्द, वज्रकर्ण।

ताड़ का कल्ला : वंठर।

ताड़ की जटा : तालजटा (स्त्री.), तालप्रलम्ब।

ताड़ का पत्ता : तालपत्र (दे.585)।

ताड़ का पंखा (दे.36)।

(रस के लिए ताड़ के पेड़ में) चीरा लगाना–,पाछना–; चीरा, पाछ (स्त्री.)।

ताड़ का ताज़ा रस : नीरा (स्त्री.)।

ताड़ का सड़ाया हुआ नशीला रस : ताड़ी (स्त्री.) (दे.528)।

रस चुआने की हाँड़ी : लवनी (स्त्री.)।

ताड़ के पेड़ों का समूह : पीलु।

ताड़ का वन : तालवन, तरबन्ना।

44.12. सं. ईख (स्त्री.), इक्षु, इक्षुक, इक्षुकाण्ड, इक्षुर, अंगारिका (स्त्री.), असिपत्र, असिपत्रक, उत्कट, उखुड़ी करंकशालि (स्त्री.), कर्कश, कर्कोट, कर्कोटक, किष्कुपर्वा, कोशकृत, गाँड़ा, गुडतृण, गुडदारु, गौडिक, दीर्घच्छद, दीर्घनाल, दीर्घपर्वा, भूरिरस, मधुतरु, मधुतृण, मधुयष्टी (स्त्री.), मधुरस, मधुराकर, महाक्षीर, महारस, मृत्युपुष्प, यावनी (स्त्री.), रसदालिका (स्त्री.), रसनेष्ट, रसाल, रामेक्षु, वंश, वंशनिस्रुति, वंशपत्रक, वर्तुल, विपुलरस, वृष्य, वेणुनिस्रुति, शाकेक्षु, साँठ, सुकुमारक, स्थूल।

ऊख, साठा। धौल। मतना। रामरसडली (स्त्री.)।

रेण्ड़, रेण्ड़ा (स्त्री.)। मालबरी (स्त्री.)। रेवरा (स्त्री.)।

कुसवार, कुसियार, कोशकृत।

लखड़ा, काष्ठेक्षु, तापसेक्षु।

सरौती (स्त्री.), शतपर्वा, शतपोरक।

गन्ना, गेण्ड़ा, शतपोरक, शतपौर, शालि।

अगौरी (स्त्री.), अगौल, अगौली (स्त्री.)।

दिकचन। पंसाही।

काला गन्ना, कजरवा ईख (स्त्री.), काली ईख (स्त्री.), वंशिक, श्यामलेक्षु, श्यामशर, श्यामेक्षु।

काला गाँड़ा, काला गेण्ड़ा, नीलपोर।

कतारा, कतारी (स्त्री.), कान्तार, कान्तारक।

बड़ौखा, वंशक। तंका। गोड़ारा।

रसडली (स्त्री.), रसवली (स्त्री.)।

पौण्ड़ा, पौंढ़ा, पुण्ड्र, पुण्ड्रक, पौण्ड्र, पौण्ड्रक, पौण्ड्रिक, पुण्डरीक, अपर्वदण्ड, इक्षुवाटिका (स्त्री.), इक्षुवाटी (स्त्री.), मिश्रवर्ण, रसालसा (स्त्री.), रसाला (स्त्री.), रसाली (स्त्री.), रसालेक्षु।

पीली ईख, इक्षुवल्लरी (स्त्री.), इक्षुवल्ली (स्त्री.)।

लाल ईख (स्त्री.), मधुर, रक्तेक्षु, शोण, सूक्ष्मपत्र, ह्रस्वमूल।

सफ़ेद ईख (स्त्री.), पाँडरा, पाण्डुरेक्षु, श्वेतेक्षु, सितेक्षु, सुवंशेक्षु।

थून। इक्षुमूल। कर्कटक। सुकुमार।

सूचिपत्रक। भीरु, भीरुक। नैपाल।

कटाई के बाद जड़ से निकली ईख : पेड़ी की ईख, रतून।

ईख बोने योग्य खेत : ईक्षुशाकट, इक्षुशाकिन।

ईख का खेत : इक्षुवाटिका (स्त्री.), इक्षुवाटी (स्त्री.), उखारी (स्त्री.), पतवारी (स्त्री.)।

ईख बोने का पहला दिन : ईखराज, उखराज।

ईख की बुआई के बाद हल की पूजा : उखर, हरपुजी (स्त्री.)।

ईख के अँखुए निकलने के बाद खेत को तर रखने के लिए पत्तों आदि से ढँक देना : पलवार।

ईख की पहली गोड़ाई : अँधेरिया (स्त्री.)।

ईख कटने का पहला दिन : निमौनी (स्त्री.)।

ईख इकट्ठा करने वाला : इक्षुकुट्टक।

ईख छीलनेवाला : छिलवा, छोला।

ईख की जड़ : मोरट, इक्षुमूल, वंशमूल, शितद्रु (स्त्री.)।

ईख का कल्ला : पोई (स्त्री.) (फूट.) पोर।

ईख के नये पौधों में लगनेवाला कीड़ा : कँसुवा।

ईख का डंठल : अंगारि (स्त्री.), अंगारिका (स्त्री.), इक्षुदण्ड, इक्षुयष्टि (स्त्री.), इक्षुवण।

(ईख की) पोर, पोई (स्त्री.), इक्षुकाण्ड।

(ईख की) गाँठ, काण्डसंधि (स्त्री.)।

(ईख की) आँख, इक्षुनेत्र, पोई (स्त्री.), वंशनेत्र, वंशपूरक।

ईख का नीरस ऊपरी भाग : अँगारी (स्त्री.), अँगोरी (स्त्री.), अगाव, अगिन, अगौंडी (स्त्री.), अगौरा, कौंचा, पलवा।

ईख के ऊपर के पत्ते : अंगारी (स्त्री.), अगोरी (स्त्री.), गेण्ड़ा।

ईख के छीलकर फेंके गये छिलके : छोई, (स्त्री.), पाती (स्त्री.)।

ईख छीलने का औज़ार : बाँक।

ईख का लम्बोतरा टुकड़ा : गँडेरी (स्त्री.)।

ईख का छोटा टुकड़ा : गाँडा, अंगारि (स्त्री.), अंगारिका (स्त्री.), अँगारी (स्त्री)।

बोने के लिए ईख का टुकड़ा : गण्डा।

ईख की गँडेरियाँ बनाने वाला : खँडिया।

गन्ने की पेराई (दे.507. 22)।

पेराई के पहले दिन रस बाँटने का चलन : रतवाई (स्त्री.)।

(ईख का) रस, रसिका (स्त्री.), इक्षुरस (दे.78. 162)।

ख़ालिस रस, निगरा रस।

रस की तलछट : खुद्दी (स्त्री.)।

रस रखने का मिट्टी का बरतन : रसावा।

औटाया हुआ रस : औटी (स्त्री.)।

रस में पकाया हुआ चावल : रसियावर (दे.78.6)।

पेरी/माड़ी हुई ईख : खोई, खोइया (स्त्री.), छोई (स्त्री.), वेही (स्त्री.), मगस।

ईख की फसल को लगनेवाला कीड़ा : भुनगी (स्त्री.)।

वि. इक्षुज।

44.13. सं. तरबूज, तरम्बुज, तर्बूज, तिमिष, अल्पप्रमाण, अल्पप्रमाणक, कर्कारुक, कलविंक, कलिंग, कलिंगक, कलीन्द, कलीन्दा, कालिंग, कालिन्द, कालिन्दक, कृष्णबीज, कोशफल, गोडुंबा, चित्रफल, झाटास्त्रक, नाटाम्र, फलराज, फलवर्तुल, बृहद्गोल, मतीर, मतीरा, मधुरफल, मांसफल, मांसफला (स्त्री.), माहताबी, राजतिमिश, राजतिमिष, राजिलफला (स्त्री.), लतापनस, वत्साक्षी (स्त्री.), वास्तुकलिंग, वृत्तफल, वृहद्गोल, शीर्णवृन्त, शृगालजंबु, सुखाश, सुखाशक, सुवर्तुल, सुवासक, सृगालजंबु, सेटु, हिनवाना।

तरबूज की बेल : चेलान, चेलाना, चेलाल, तोयफला (स्त्री.)।

वि. तरबूजई, तरबूजिया।

44.14. सं. ख़रबूज़ा, ख़रबुज़ा, खर्बुज, खर्वुज, अल्पप्रमाण, अल्पप्रमाणक, उर्वारु, उर्वारुक, तिक्तफला (स्त्री.), तिक्ता (स्त्री.), दशांगुल, फलराज, मधुपाका (स्त्री.), वृत्तकर्कटी (स्त्री.), वृत्तफल, वृर्त्तेवारु, षड्भुजा (स्त्री.), षड्रेखा (स्त्री.), षण्मुखा (स्त्री)।

ख़रबूज़े के प्रमुख भेद : चितला; लालमी (स्त्री.); सफ़ेदा; सरदा, सर्दा।

कच्चा ख़रबूज़ा : कचरा।

ख़रबूज़े की बतिया : रेन्दी (स्त्री.)।

ख़रबूज़े का खेत : फालेज़।

वि. ख़रबूज़ी; सर्दई।

44.15. सं. फूट, इर्वारुशुक्तिका (स्त्री.), इर्वालुशुक्तिका (स्त्री.), ईवारु, ककड़ी (स्त्री.), गोरक्षकर्कटी (स्त्री.), गोरखककड़ी (स्त्री.), गोरखी (स्त्री.), तिमिष, सेंधी (स्त्री.), सेटु, स्निग्धफला (स्त्री.), स्फुटि (स्त्री.), स्फुटी (स्त्री.), स्वाद्वी (स्त्री.)।

फूट का पककर दरकना–,फूट का खिलना–।

कच्चा फूट : कचरा।

44.16. सं. ककड़ी (स्त्री.), ककरी (स्त्री.), कर्कटिका (स्त्री.), कर्कटी (स्त्री.), कर्कचिर्भटी (स्त्री.), कर्कचिर्भिटा (स्त्री.), कर्कचिर्भिटी (स्त्री.), कालिंगी (स्त्री.), क्षेत्ररुहा (स्त्री.), इर्वारु, इर्वालु, ईर्वारु, ईवालु, उर्वारु, उर्वारुक, एर्वारु, एर्वारुक, ऐन्द्री (स्त्री.), गजचिर्भिट, चित्रफला (स्त्री.), चित्रा (स्त्री.), चिर्भटी (स्त्री.), डँगरी (स्त्री.), तण्डुली (स्त्री.), तुंदिलफला (स्त्री.), त्रपुकर्कटी (स्त्री.), त्रपुषी (स्त्री.), त्रपुस, त्रपुसी (स्त्री.), दीर्घतिमिषा (स्त्री.), दीर्घवारु, पिण्डिला (स्त्री.), पीतपुष्पी (स्त्री.), पीनसा (स्त्री.), बहुजाली (स्त्री.), बालुकी (स्त्री.), बालुंगी (स्त्री.), बालुकी (स्त्री.), बृहच्छिंबी (स्त्री.), मानधानिका (स्त्री.), मूत्रफला (स्त्री.), मूत्रला (स्त्री.), मृगादनी (स्त्री.), राजकर्कटी (स्त्री.), राजिकाफला (स्त्री.), राजिलफला (स्त्री.), रुहा (स्त्री.), लोमशकाण्डा (स्त्री.), वल्मीकसम्भवा (स्त्री.), बालुंक, वालुकी (स्त्री.), व्यालपत्रा (स्त्री.), शान्तनु, सुदीर्घफला (स्त्री.), सुशीतला (स्त्री.), स्थूला (स्त्री.), हस्तिदन्तफला (स्त्री.), हस्तिपर्णी (स्त्री.)।

कड़वी ककड़ी, बन्ध्याकर्कटी (स्त्री.), वृत्तफला (स्त्री.), शशाण्डुलि (स्त्री.), शशाण्डुली (स्त्री.), सोमशकला (स्त्री.)।

चीना ककड़ी (स्त्री.), राजिफला (स्त्री.), सुदीर्घजीवफला (स्त्री.), सुदीर्घराजीवफला (स्त्री.)।

जंगली ककड़ी : पीतपुष्पका (स्त्री.)।

गोमा ककड़ी (स्त्री.), गोडुंबा, प्रमोचनी (स्त्री.)।

ककड़ी के भेद : डँगरी फल; दण्डरी (स्त्री.),; नागशुण्डी (स्त्री.)।

ककड़ी की बेल : कटुदला (स्त्री.), कोशफला (स्त्री.), तण्डुला (स्त्री.), तोयफला (स्त्री.)।

ककड़ी की बतिया : रेन्दा (स्त्री.)।

ककड़ी का खेत : फ़ालेज़।

44.17. सं. खीरा, चित्रा (स्त्री.), तुंदिलफला (स्त्री.), त्रपुकर्कटी (स्त्री.), त्रपुष, त्रपुस, त्रपुसी (स्त्री.), त्रिख, पीतपुष्पी (स्त्री.), बहुफला (स्त्री.), सुगर्भक, सुधावास, सुधावासा (स्त्री.), सुशीतला (स्त्री.)।

बड़ा खीरा : बालमखीरा।

खीरे की बेल : त्रपुषी (स्त्री.), त्रपुसी (स्त्री.)।

44.18. सं. अमरूद, अमरूत, अमृतफल, दृढबीज, दृढवीज, लाल सफ़री, सफ़री आम; (अवध) सफ़री; (छत्तीसगढ़) जाम, बिही, बीही, सपड़ी; (तिरहुत) लताम; (दक्षिण भारत) पेरुक, पेरूफल; (नेपाल तराई) रुन्नी; (बंगाल) पियारा; (राजस्थान) जायफल।

44.19. सं. बिही, सफ़रजल।

बिही का बीज : बिहीदाना।

वि. सफ़रजली।

44.20. सं. नाशपाती (स्त्री.), अमृतफल, अमृताह्व, रुचिफल।

नाख, नाक।

44.21. सं. सेब, सेवि, सेवित, सेवीफल, संवितिकाफल।

44.22. सं. शरीफा, श्रीफल, शिताफल, सीताफल, रामफल, रामसीता, आत, आतृप्य, गण्डगात्र, बहुबीज, लवनी (स्त्री.)।

44.23. सं. लीची (स्त्री.), नौजी (स्त्री.), न्योजी (स्त्री.)।

44.24. सं. पपीता, एरण्ड खरबूजा, एरण्ड चिर्भिट, एरण्ड मेवा, अण्ड खरबूजा, अण्डकर्कटी (स्त्री.), रेण्ड़ खरबूजा, रेण्ड़ मेवा, शून्यगर्भ।

44.25. सं. खिरनी (स्त्री.), खीरी (स्त्री.), अध्यक्ष, कोमला (स्त्री.), क्षीरिका (स्त्री.), क्षीरिणी (स्त्री.), खीर, गर्भिणी (स्त्री.), तिक्तदुग्धा (स्त्री.), पलाशी, फलाध्यक्ष, राजफल, राजवल्लभ, राजादन, राजादनी (स्त्री.), सितवर्णा (स्त्री.), हिमाद्रिका (स्त्री), हिमोद्‍भवा (स्त्री.)।

खिरनी का पेड़ : क्षीरवृक्ष, क्षीरिका (स्त्री.), कपीज्य, कर्षणी (स्त्री.), कर्षिणी (स्त्री), तर्पणी (स्त्री.), दृढ़स्कन्ध, नृपद्रुम, भूपेष्ट, मर्कटप्रिय, माधवोद्‍भव, राजन्य, वानरप्रिय, श्रीफल।

44.26. सं. फालसा, गिरिपीलु, नागदलोपम, नीलचर्या, परापर, परावत, परुष, परूष, परुषक, पवनोंबुज।

मीठा/शकरी फालसा; खट्टा/शरबती फालसा।

वि. फलसई, फालसई।

44.27. सं. मकोय (स्त्री.), रसभरी (स्त्री.)।

जंगली मकोय : मकोई (स्त्री.), मकोइचा।

वि. मकोइया।

सं. एक क्षुप और उसका काली मिर्च जैसा फल : मकोय (स्त्री.), मकोई (स्त्री.), काकमाचिका (स्त्री.), काकमाची (स्त्री.), काकमाता (स्त्री.), काका (स्त्री.), गुच्छफल, गुच्छफला (स्त्री.), घृतमण्डा (स्त्री.), तिक्तिका (स्त्री.), ध्मांक्षमाची (स्त्री.), पटुपर्णिका (स्त्री.), पटुपर्णी (स्त्री.), बहुतिक्ता (स्त्री.), बहुफला (स्त्री.),

रसायनी (स्त्री.), वायसा (स्त्री.), वायसह्वा (स्त्री.), वायसी (स्त्री.), सर्वतिक्ता (स्त्री.), स्वादुपाकफला (स्त्री.), स्वादुपाका (स्त्री.)।

मकोय के पत्तों का काढ़ा; मकोय की भुजिया।

सफ़ेद मकोय : सुरंगिका (स्त्री.)।

44.28. सं. अनन्नास, अनानास, आनानास्, pineapple।

44.29. सं. नीबू, नेबू, अग्नि (स्त्री.), अम्लसार, छोलंग, जन्तुमारी (स्त्री.), दन्तशठ, दन्ताघात, दीप्त, लवणान्तक, लेमू, वह्निबीज, वृकाम्लिका (स्त्री.), शोधन।

जंगली नीबू : गन्धाम्ला (स्त्री.)।

नीबू का पेड़ : अम्बुकेसर, अम्लजम्बीर, अम्लनिंबूक, ललदम्बु, स्वादुतिक्तफल।

वि. नीबू से युक्त : लेमूनी।

सं. जंबीरी/ जमीरी नीबू, जंबीर, जांबीर, जांबील, जंभ, जंभक, जंभी, जंभीर, जंभीरी, जाड्यारि, आमिष, खट्टी (स्त्री.), गंभीर, गलगल, गिल, दन्तकर्षण, दन्तहर्षक, दन्तुरच्छद, प्रस्थपुष्प, मुखशोधी, रेवत, रोचनक, लिंपाक, वक्त्रशोधी, सारफल, साराम्ल।

बृहज्जंबीर।

मधुरजंबीर, रसद्रावी।

गंगोलिया।

बिजौरा नीबू, बिजौर, बिजौरा, बीजक, बीजपुर, बीजपूरक, बीजपूर्ण, बीजफलक, बृहच्चित, अत्यम्ल, अम्लकेशर, केसराम्ल, केसरी, जन्तुघ्न, देवेष्टा (स्त्री.), पूरक, पूर्णबीज, पूर्णवीज, फलपूर, फलपूरक, बहुबीज, मातुलिंग, मातुलुंग, मातुलुंगक, रुचक, रोचनक, रोचनफल, वीजक, वृहच्चित्त, वेतस, श्वफल, सुकेशर, सुकेसर, सुपूर, सुपूरक, सुफल, स्पृह्य।

मीठा बिजौरा नीबू : मधुरबीजपूर।

जंगली बिजौरा : अत्याम्ला (स्त्री.), वनज, वनपूरक, वनभूर्द्धजा (स्त्री.), वनवीज, वनवीजक।

बिजौरा नीबू का सत : वीजकसार।

बिजौरा नीबू का पेड़ : वीजकाह्व।

चकोतरा, तमरंग, तुरंज, पूतिपुष्पिका (स्त्री.), बड़ा नीबू, बीजपूर, बीजपूरक, मधुकर्कटिका (स्त्री.), मधुकर्कटी (स्त्री.), माहताबी, महानीबू, मीठा, सकोतरा, सदाफल, सुगन्धा (स्त्री.)।

काग़ज़ी नीबू, निंबू, निंबूक।

नारंगी (स्त्री.), नौरंगी (स्त्री.), नारंग, नागरंग, नागर, नादेयी (स्त्री.), एलान, ऐरावत, किर्मीर, कुरुंब, गन्धपत्र, तक्रवामन, त्वक्सुगन्ध, त्वगन्ध, दन्तशठ, मुखप्रिय, योगरंग, योगारंग,वक्त्रवास, विषमवल्कल, सुगन्धक, सुरंग।

खट्टी नारंगी : खट्टी (स्त्री.)।

लाललाडू।

दक्षिणी नारंगी : लाडू।

नारंगी का पराग : सुरंगधूलि (स्त्री.)।

नारंगी का पेड़ : नारंगी (स्त्री.), नारंग, नार्यंग, नागरुक, इच्छक, गन्धाढ्य, चक्राधिवासी, चोलकी (स्त्री.), पिच्छिलत्वक् (स्त्री.), पिच्छिलत्वच् (स्त्री.), राजफणिज्झक, लतातरु, लताद्रुम, वरिष्ठ, वर्मण, विश्वाखज, स्वाद्वम्ल।

वि. नारंगी।

सं. कँवला, कमला नीबू, महाजंबीर।

सन्तरा, संगतरा।

माल्टा।

चीनी।

खटमीठा नीबू : खट्टी (स्त्री.)।

मीठा नीबू, मधुकुक्कुटिका (स्त्री.), मधुकुक्कुटी (स्त्री.), मधुरकर्कटी (स्त्री.), मधुरवल्ली (स्त्री.), मधुरा (स्त्री.), मिष्टनिंबु, मुसंबी (स्त्री.), मुसम्मी (स्त्री.), पित्तद्रावी; शरबती नीबू, शर्करक, स्वादुलुंगी (स्त्री.)।

पहाड़ी नीबू, कन्ना नीबू, करण।

नीबू का शरबत (दे.78. 104)।

नीबू का सुखाया हुआ रस : चुक, चूक (दे.47.23)।

44.30. सं. पानीफल, पंकार, जलकंटक, जलफल, जलसूचि (स्त्री.), त्रिकोणफल, वारिकंटक, वारिकुब्ज, वारिकुब्जक, विषाणी, शुक्लदुग्ध, शृंगकन्द, शृंगमूल, शृंगरुह, शृंगाट, शृंगाटक, शृंगारुहा (स्त्री.), शृंगाह्वा, शृंगाह्व (स्त्री.), संघाटिका (स्त्री.), संवाटिका (स्त्री.), सप्तनाडिका (स्त्री.), सिंघाड़ा।

(पानीफल की) गिरी (स्त्री.)।

पानीफल की बेल : जलवल्ली (स्त्री.), शृंगाट, शृंगाटक।

पानीफल पैदा करने का तालाब : सिंघाड़ी (स्त्री.)।

44.31. सं. कसेरू, कसेरु, कशेरु, कशेरुक, कशेरू, कासकन्द, क्षुद्रमुस्ता (स्त्री.), गन्धकंटक, पीतरस, महारस, शूकरेष्ट, सुकन्द, सुगन्ध, सुगंधि (स्त्री.), सूकरेष्ट, स्वल्पकन्द।

कसेरू का पौधा : गुण्ड, गोन्दला।

44.32. सं. बड़हर, बड़हल, अम्लक, अम्लपनस, ऐरावत, कार्श्य, ग्रन्थिमत्फल, डहु, डहू, लकच, लकुच, लिकुच, सूर, स्थूलस्कन्ध।

बड़हर का पेड़ : क्षुद्रपनस।

44.33. सं. करौन्दा, करमर्द, करमर्दक, कृष्ण, कृष्णपाक, कृष्णफल, अंगारमंजरी (स्त्री.), अंगारमंजी (स्त्री.), अविग्न, आविग्न, डिण्डिम, पाणिमर्द, वराम्र, वारिवर, सुषेण, स्थलमर्कट।

बड़ा करौन्दा : रायकरौंदा, जंगली करौंदा।

जंगली करौंदा : पाककृष्ण, पाकफल।

वि. करौंदिया, करौन्दी।

44.34. सं. कमरख, कमरंग, कर्मरंग, कर्मार, दन्तशठ, न्युब्ज, पर्णमाचल, पर्णमाचाल, पीतफल, पीतफलक, रुजाकर, वागुण, वृहदम्ल, शिराल, शुकप्रिय, सिराल।

वि. कमरखी।

44.35. सं. अमड़ा, अमारी (स्त्री.), अमोरी (स्त्री.), अंबाड़ा, अंबष्ठा (स्त्री.), अम्रात, अम्रातक, अम्लवाटक, अंबरीष, आमड़ा, आम्रात, आम्रातक, कपिचूड, कपिचूडा (स्त्री.), कपिचूत, कविप्रिय, कपीतन, चित्रपुष्पी (स्त्री.), तनुक्षीर, पशुहरीतकी (स्त्री), पीतन, पीतनक, पूराम्ल, बृहूदबीज, भृंगीफल, मधुराम्लक, रसाढ्य, वर्षपाकी, वृक्षाम्ल, वृद्धविभीतक, शाकाम्ल, शुंग, सारण, सिता (स्त्री.), स्वादुरसा (स्त्री.)।

अमड़े का पेड़ : अभ्रवाटिक, अभ्रवाटिका (स्त्री.), बालमूलिका (स्त्री.), माचिका (स्त्री.)।

44.36. सं. कैथ, कैथा, कठबेल, कपित्थ, कपिप्रिय, कबित्थ, कवित्थ, कपीष्ट, कवीथ, काठिन्यफल, गन्धफल, ग्रंथिफल, ग्राहिफल, ग्राही, चिरपाकी, तक्रभिद्, दन्तफल, दन्तशठ, दधित्थ, दधिफल, पुष्पफल, भूकपित्थ, मंगल्य, मन्मथ, लिंगवर्धन, विशालक, वृत्तफल, सम्भव्य, सुगंधिक, सुफल, सुरभिच्छद, स्वर्णपुष्प, हृद्य, हेमन्तनाथ।

कैथ की सुगंधित छाल : एलवालु, एलवालुक, एल्वालु, एल्वालुक, एलागंधिका (स्त्री.), ऐलवालुक, ऐलेय, तृणौषध, वालुक, वीरा (स्त्री.), सुगंधा (स्त्री.), सुगंधि, सुगंधिक, सुगन्धी, सुरभि (स्त्री.), सुरभी (स्त्री.), सुवर्णप्रसर, सुवर्णप्रसव, हरिवालुक, हरिवासुक।

कैथ का पेड़ : दधिनामा, मन्मथ, मालूर, लिंगक, शिरापत्र, सुमनःफल।

44.37. सं. इमली (स्त्री.), अमिली (स्त्री.), अंबिली (स्त्री.), अम्लफल, अम्लबीजक, अम्लिका (स्त्री.), अम्लीका (स्त्री.), आम्ल, आम्ला (स्त्री.), आम्लिका (स्त्री.), आम्लीका (स्त्री.), चारित्रा (स्त्री.), चिंचा (स्त्री.), चिंचिनी (स्त्री.), चिन्तिडी (स्त्री.), चुक्रफल, चुक्रा (स्त्री.), चुक्रिका (स्त्री.), चुक्री (स्त्री.), चूडाम्ल, तिन्तिड, तिन्तिडिका (स्त्री.), तिन्तिडी (स्त्री.), तिन्तिडीक, तिन्तिलिका (स्त्री.), तिन्तिली (स्त्री.), तिन्तिलीका (स्त्री.), पिण्डिका (स्त्री.), पूराम्ल, फलाम्ल, यमदूतिका (स्त्री.), रक्तपूरक, विषाणी (स्त्री.), वृक्षाम्ल, शाकचुक्रिका (स्त्री.), शाकाम्ल, शाखाम्ला (स्त्री.), श्रेष्ठफल, श्वेताम्लि (स्त्री.), श्वेताम्लिका (स्त्री.), श्वेताम्ली (स्त्री.), सुक्ता (स्त्री.), सुचुक्रिका (स्त्री.), सुतिन्तिडा (स्त्री.), सुतिन्तिडी (स्त्री.)।

इमली का बीज : चिंआँ, चिंया, चिंचा (स्त्री.), चियाँ, चींया।

इमली की फली : कतारा।

इमली की बीजरहित फली : कँटिया (स्त्री.), कुतुली (स्त्री.)।

इमली की चटनी : तिन्तिड।

इमली का पेड़ : अम्लतरु, अम्लपादप, अम्लवृक्ष, अत्यम्ल, गुरुपत्रा (स्त्री.), चरित्रा (स्त्री.)।

44.38. सं. आँवला, आमलक, आमला, अनन्ता (स्त्री.), अमला (स्त्री.), अमृतफला (स्त्री.), अमृता (स्त्री.), अव्यथा (स्त्री.), करमर्द, करमर्दक, कायस्था (स्त्री.), तुम्ब, दिव्य, धात्री (स्त्री.), धात्रीफल, पंचरसा (स्त्री.), मण्डा (स्त्री.), माकन्दा (स्त्री.), रसफल, राजवदर, रोचनी (स्त्री.), वल्वग, विलोमी (स्त्री.), वृत्तफला (स्त्री.), वृष्य, वृष्या (स्त्री), शकल, शान्ता (स्त्री.), शिव, श्रीफल, सुगन्धमूला (स्त्री.), सुधा (स्त्री.), सेव्या (स्त्री.)।

आँवली (स्त्री.), आमलकी (स्त्री.), अकरा (स्त्री.), कर्षफला (स्त्री.), जाति (स्त्री), जाती (स्त्री.), तिष्यपुष्पा (स्त्री.), तिष्यफला (स्त्री.), तिष्या (स्त्री.), धन्या (स्त्री.), धात्रिका (स्त्री.), बहुफली (स्त्री.), वयःस्था (स्त्री.), वृष्यफला (स्त्री.), शिवा (स्त्री.), श्रीफली (स्त्री.)।

पका आँवला : रक्त।

सूखा आँवला : आँवलगट्टा।

आँवले का पत्ता : धात्रीपत्र।

आँवले का पेड़ : गुल्मी (स्त्री.), वल्ल्या (स्त्री.)।

44.39. सं. हड़ (स्त्री.), हर्र (स्त्री.), हर्रा, हर्रे (स्त्री.), हरितकी (स्त्री.), हरीतकी (स्त्री.), हैमवती (स्त्री.), अभया (स्त्री.), अमृता (स्त्री.), अमोघा (स्त्री.), अव्यथा (स्त्री.), कायस्था (स्त्री.), चिक्कण, चेतकी (स्त्री.), चेतनकी (स्त्री.), जया (स्त्री.), जीवप्रिया (स्त्री.), दिव्य, दिव्या (स्त्री.), देवी (स्त्री.), पथ्या (स्त्री.), पाचरी (स्त्री.), पावनी (स्त्री.), पूतना (स्त्री.), प्रपथ्या (स्त्री.), प्रमथा (स्त्री.), प्राणदा (स्त्री.), मांगल्य, मुनिभेषज, रसायनफला (स्त्री.), वनतिक्त, वयःस्था (स्त्री.), विजया (स्त्री.), वेष्टा (स्त्री.), व्रणरोहिणी (स्त्री.), शक्रसृष्टा (स्त्री.), शाका (स्त्री.), शिवा (स्त्री.), श्रेयसी (स्त्री.), सुधा (स्त्री.), सुधोद्भवा (स्त्री.)।

काली/छोटी/जंगी/जोगी/पूतना हड़ (स्त्री.)।

बहुत छोटी हड़ : जवाहड़ (स्त्री.)।

पीली हड़ जीवन्तिका (स्त्री.), जीवन्ती (स्त्री.), रोहिणी (स्त्री.)।

आयुर्वेद के अनुसार हड़ के भेद : अभया (स्त्री.); अमृता (स्त्री.); चेतकी (स्त्री); जीवन्ती (स्त्री.); पूतना (स्त्री.); रोहिणी (स्त्री.); विजया (स्त्री.)।

हड़ का पेड़ : पथ्य।

44.40. सं. बहेड़ा, बहुवीर्य, अक्ष, कर्षफल, कलिन्द, कलिद्रुम, कलिवृक्ष, कासघ्न, कुशिक, तैलफल, भूतवास, भूतवृक्ष, भूतावास, वहेडुक, वहेदुक, विभीत, विभीतक, विभीतकी (स्त्री.), विभीता (स्त्री.), विभीताक्ष, संवर्त, संवर्तक, सान्द्रपुष्प, हार्य।

बहेड़े का पेड़ : अनिलघ्नक, तिलपुष्पक, तुष, मधुजीवन, वनप्रिय, वसन्तार्त।

बहेड़े के बीज से बनी शराब : आक्षकी (स्त्री.), आक्षिकी (स्त्री.)।

44.41. सं. त्रिफला, त्रिफली, फलत्रय, फलत्रिक, वरा (स्त्री.) : आँवला; हड़ (स्त्री.); बहेड़ा।

44.42. सं. तूत, तूद, तूली (स्त्री.), नूद, यूप, यूष, सुपुष्प।

तूत का पेड़ : क्रमुक, तूल, सुरूप।

बढ़िया तूत : शहतूत, शाहतूत, टंकातक, पूषक, ब्रह्मण्य, ब्रह्मदारु, ब्रह्मभाग, सहतूत, सुपुष्प।

शहतूत का पेड़ : पाहत, पाहात, पूष, ब्रह्मकाष्ठ, ब्रह्मदारु, ब्राह्मणेष्ट, मदसार, यूष।

44.43. सं. हरफारेवड़ी (स्त्री.), हरफारुयोड़ी (स्त्री.), पारावती (स्त्री.), लवली (स्त्री.), सुगन्धमूल, सुगन्धमूला (स्त्री.)।

हरफारेवड़ी का पेड़ : हरफारेवड़ी (स्त्री.)।

44.44. सं. शकरपारा, शकरपाला।

44.45. सं. सुपारी (स्त्री.), अकोट, उद्वेग, उष्णक, कसैली (स्त्री.), गुवाक, गूवाक, घोंटा, चिक्कण, चिक्कणा (स्त्री.), चिक्कणी (स्त्री.), चिक्का, छटाफल, छालिया (स्त्री.), छाली (स्त्री.), डली (स्त्री.), पिच्छा (स्त्री.), पुंगफल, पुंगीफल, पूग, पूगफल, पूगी (स्त्री.), पूगीफल, वोड, श्लक्ष्णक।

छोटी सुपारी : मानिकचन्दी (स्त्री.)।

बड़ी सुपारी : रामपूग, सुरेवट।

नयी सुपारी : पर्कटि (स्त्री.), पर्कटी (स्त्री.), श्रीफल।

चिकनी सुपारी (स्त्री.), चिकनी डली (स्त्री.), चिक्कणी (स्त्री.), चिउली (स्त्री.), चोल सुपारी (स्त्री.), गुवाक, दक्खिनी सुपारी (स्त्री.),।

चिकनी सुपारी बनाने में निकलने वाला गाढ़ा रस : कोसा।

सुपारी के टुकड़े का गले में अटकना या ऐसा लगना : सुपारी लगना–।

सुपारी का पेड़ : सुपारी (स्त्री.), सुरंजन, स्रंसी, अकोट, काण्डकार, काशूकार, क्रमु, क्रमुक, क्रमुकी (स्त्री.), खपुर, गोपदल, घोंटा, घोंटी (स्त्री.), चामरपुष्प, चामरपुष्पक, चिक्कण, छटाफल, झोड, तन्तुसार, तृणद्रुम, तृणवृक्ष, दीर्घपादप, दृढवल्कल, पूग, पूगवृक्ष, पूगी (स्त्री.), पूगीलता (स्त्री.), बिम्बु, बिम्बू, राजताल, लक्ष्मीपति, वल्कतरु, विम्बु, विम्बू।

सुपारी का नया पेड़ : पूगपोट।

सुपारी का फूल, सेमल का गोन्द, मोचरस (दे.49.20)।

सुपारी से बना औषध : सुपारीपाक।

44.46. सं. अखरोट, अक्षोट, अक्षोड, अक्षोडक, आखोट, आक्षोट, आक्षोड, आस्फोटक, कन्दराल, चौमग़ज़ा, पार्वतपीलु, पीलु, फलस्नेह, बृहच्छद, बृहत्पीलु, मधुपीलु, रामठ, विशालतैलगर्भ, शीतफल, स्वादुमज्जा (स्त्री.)।

अखरोट का पेड़ : अखरोट, अक्षोट, अक्षोड, अक्षोडक, कोलक, पीलु, मधुमज्ज।

44.47. सं. बादाम, वदाम, वाताद, वाताम, वादाम, वातवैरी, नेत्रोपम, नौजा, लौज़ा, स्निग्धमज्जक।

काग़ज़ी बादाम।

पौष्टिक पाक : बादामपाक।

बादाम-विक्रेता, बादामफ़रोश।

बादाम का पेड़ : बादाम, मधुर।

वि. बादामी, बदामी।

44.48. सं. मूँगफली (स्त्री.), चिनियाबादाम, चीनियाबादाम, भोटियाबादाम, भूचणक, भूशिंबिका (स्त्री.), विलायती मूँग (स्त्री.), शिंबिक।

44.49. सं. काजू।

44.50. सं. चिलगोजा, नेवजा, नौजा, न्योजी (स्त्री.)।

44.51. सं. पिस्ता, दारुफल।

पिस्ते का गोन्द : कुंजड़।

पिस्ते का फूल : बजनक।

वि. पिस्तई।

44.52. सं. जैतून।

जैतून का तेल : जैतू।

44.53. सं. रोटीफल, चंपकालु, चंपालु, जाक।

44.54. सं. गिलास, आलुबालु, ओलची (स्त्री.)।

44.55. सं. पनियाला।

44.56. सं. आलूचा, गर्दालु, भोटिया बादाम।

वालूचे का पेड़ : आलूचा।

सुखाया हुआ आलूचा : आलूबुखारा, आरूक, अलुक, गर्दालु, भोटियाबादाम, वातप्रशमिनी (स्त्री.), वीर, वीरसेन।

44.57. सं. मखाना, मखान्न, तालमखाना, पद्मबीजाभ, पानीयफल।

जीरे जैसे बीजोंवाला पौधा : तालमखाना, त्रिक्षुर, अमरपुष्प, अमरपुष्पक, इक्षुगन्धा (स्त्री.), इक्षुर, क्रांडेक्षु, कोकिलनयन, कोकिलाक्ष, क्षुर, क्षुरक, पिकाक्ष, पिकेक्षणा (स्त्री.), पिच्छिला (स्त्री.), वज्र, वज्रकंटक, वज्रास्थिशृंखला (स्त्री.), वीरतरु, शृंखली (स्त्री.), शृंगालघण्टी (स्त्री.), शृंगाली (स्त्री.), सृगालघण्टी (स्त्री.), सृगाली (स्त्री.)।

सफ़ेद तालमखाना : शुक्लपुष्प।

लाल तालमखाना : अतिच्छत्र, अतिच्छत्रक, छत्रक।

44.58. सं. चिरौंजी (स्त्री.), चिरारी (स्त्रीं.), पियारमेवा, पियाल, राजभोग्य, राजवल्लभ, वर, सरलकद्रु, स्नेहबीज, स्वादु।

चिरौंजी का पेड़ : पियार, पियाल, प्रियाल, पट, प्रसवक, अखट्ट, अचार, उपवट, खरस्कन्ध, चार, चारक, तापसप्रिय, द्रुसन्नक, धनुःपट, धनुष्पट, धनुःशाख, नखमुच, निम्बबीज, मल्लतरु, राजवृक्ष, राजातन, राजादन, ललन, वरादन, वृक्षादन, सन्न, सन्नक, सन्नकद्रु, सन्नकद्रुम।

44.59. सं. अंजीर।

44.60. सं. लकुट, लकुच, लुकाठ, लखोट, लखोठ, लकच, लुकाट, लोकाट, ग्रन्थिमत्फल।

लकुट का पेड़ : दृढ़वल्कल

44.61. सं. खुबानी (स्त्री.), कुश्मालु, ज़रदालु, जर्दालु, शकरबादाम।

44.62. सं. आडू, शफ़तालू, सफतालू, सप्तालु, सतालू।

छोटा आडू : किशटा।

44.63. सं. लोणा, अग्रिमा (स्त्री.), ग्रीष्मजा (स्त्री.)।

45. सब्ज़ी

सं. सब्ज़ी (स्त्री.), हरी तरकारी, तरकारी (स्त्री.), साग, भाजी (स्त्री.), साग-पात, साग-भाजी (स्त्री.), शद, शाक, हरितक, हारितक।

सब्ज़ी की बाड़ी : शाकवाट, शाकवाटक, शाकवाटिका (स्त्री.), शाकवाटी (स्त्री.), शाकशाकट, शाकशाकिन।

शाकाहारी (दे.76), सब्ज़ीखोर।

सब्ज़ीफ़रोश (दे.356)।

सब्ज़ीमण्डी (स्त्री.) (दे.662)।

45.1. सं. आलू, बटाटा।

आलू के प्रमुख भेद : गोला; पहाड़ी आलू; फुलवा; लाल आलू; साठा।

45.2. सं. मीठा आलू, शकरकन्द, शर्करकन्द, खण्डकन्द, खण्डकर्ण, वज्रकन्द, वज्रकर्ण, सकरकन्द, सकरकन्दी (स्त्री.), सकरकन।

कन्दा, गंजिया (स्त्री.), गंजी (स्त्री.), स्वादुकन्द।

लाल आलू, पिण्डालु, मधुमूल, रक्तकन्द, रक्तपिण्डक, रक्तपिण्डालु, रक्तालु, रतालु, सकरिया।

सुथनी (स्त्री.), सूथनी (स्त्री.), स्पर्शसंकोची, ग्रंथिल, नानाकन्द, पिण्डकन्द, पिण्डक, पिण्डालु, पिण्डालुक, पिंडालू, पिण्डिया (स्त्री.), रक्तपत्र।

साँक, शंखकन्द, शंखारु, शंखालु, शंखालुक, शुक्लकन्द, शुभ्रालु।

45.3. सं. बनआलू, शोराआलू।

45.4. सं. परवल, पटु, पटुक, पटोर, पटोल, पाण्डु, पाण्डुफल, अमृतफल, अमृताफल, कच्छुघ्नी (स्त्री.), कटुक, कटुफल, कुतज, तिक्तक, तिक्तभद्रक, नागफल, बीजगर्भ, राजनामा, राजपटोल, राजफल, राजीफल, राजेय, लताफल, वाजिमान्।

परवल की बेल : कुंभिका (स्त्री.), कुलक, जालिनी (स्त्री.), राजकुलक, स्वादुपटोलिका (स्त्री.), स्वादुपत्र।

परवल की जड़ : रम्य।

45.5. सं. करेला, करैला, कटिल्लक, कठिल्लक, कटुफल, काण्डकटुक, कारवेल्ल, कारवेल्लक, उग्रकाण्ड, तोयपर्णी (स्त्री.), पटु, परारु, बृहद्वल्ली (स्त्री.), विशाखिका (स्त्री.), वृहद्वल्ली (स्त्री.), सुकाण्डिका (स्त्री.), सुशवी (स्त्री.), सुषवी (स्त्री.), सुसवी (स्त्री.)।

करेली (स्त्री.), करैली (स्त्री.), कारवेल्ली (स्त्री.), प्रतिपत्रफला (स्त्री.), बहुफला (स्त्री.), श्रीफला (स्त्री.), श्रीफलिका (स्त्री.), सुषवी (स्त्री.), सूक्ष्मवल्ली (स्त्री.)।

बड़ा करेला : पूतिपल्लवा (स्त्री.)।

जंगली करेला : करेली (स्त्री.), करैली (स्त्री.)।

करेले की बेल : तोयवल्ली (स्त्री.), राजवल्ली (स्त्री.), लघुलता (स्त्री.), सुकाण्ड।

45.6. सं. कुम्हड़ा, कुष्माण्ड, कुष्माण्डक, कूष्माण्ड, काशीफल, ग्राम्यकर्कटी (स्त्री.), घनवास, घृणावास, पीतकुष्माण्ड, पुष्पफल, पेठा, बृहत्कोशातकी (स्त्री.), बृहत्फल, बृहत्फला (स्त्री.), मीठा कद्दू, लालपेठा, वृहत्फल, शिखिवर्धक, सुफला (स्त्री.)।

भुईंकुम्हड़ा, भूमिकुष्माण्ड, भूमिकूष्माण्ड।

लोमशपत्रिका (स्त्री.)।

कुम्हड़े की बेल : कुम्हड़ा।

सफ़ेद कुम्हड़ा, साची कुम्हड़ा, सोमगृष्टिका (स्त्री.), स्वर्णपुष्प, कर्कारु, कुष्माण्डी (स्त्री.), कूष्माण्ड, कोशफल, तिमिष, नागपुष्पफला (स्त्री.), पिण्डकर्कटी (स्त्री.), पीतपुष्प, पीतपुष्पक, पेठा, बृहत्पुष्प, भतुआ, भूरा कुम्हड़ा, वृहत्पुष्प, वृहत्फला (स्त्री.), शाकश्रेष्ठा (स्त्री.)।

45.7. सं. कद्दू, कटिल्ल, कोशफल, क्षीरतुम्बी (स्त्री.), अलाम्बु, अलाबु, अलाबू, आलाबु, आलाबू, घिआ, घिया, घीया, तुम्ब, तुंबि, तुम्बुक, नागलाबु, नाटयालाबु, पिण्डफल, पिण्डि (स्त्री.), पिण्डी (स्त्री.), मीठी तूँबी, रामननुआ, लाऊ, लावु, लाबु, लाबुका (स्त्री.), लाबू, लौका, लौकी (स्त्री.), वृन्ततुम्बी (स्त्री.), वृहत्फला (स्त्री.), शिखिवर्धक, सपीतिका (स्त्री.)।

बड़ी लौकी : राजलाबु, राजालाबू।

विलायती कद्दू।

तितलौकी (स्त्री.), तितलौआ, तिक्तिका (स्त्री.), तिक्तका (स्त्री.), तिक्ततुम्बी (स्त्री.), तिक्तबीजा (स्त्री.), तुम्बरी (स्त्री.), तुम्बा (स्त्री.), तुंबिका (स्त्री.), तुम्बी (स्त्री.), तूँबड़ा, तूँबा, तूँबी (स्त्री.), तुवि (स्त्री.), तूमा, कटुतिक्ता (स्त्री.), कटुतुंबी (स्त्री.), इक्ष्वाकु, नृपात्मजा (स्त्री.), पिण्डफला (स्त्री.), बृहत्फला (स्त्री.), महाफला (स्त्री.), राजपुत्री (स्त्री.), वृहत्फला (स्त्री.), सुवर्णा (स्त्री.)।

सूखा कड़ुवा कद्दू : तुमड़ी (स्त्री.), तूमड़ी (स्त्री.)।

कद्दू का बना हुआ पात्र : कद्दू का खोपड़ा, तुम्बी (स्त्री.), तुम्बा, तुम्ब, तूँबा, तूँबी (स्त्री.), तुमड़ी (स्त्री.), तूमड़ी (स्त्री.), तूमा।

कद्दू की बेल : कोशफला (स्त्री.)।

कद्दू आदि रेतने का आला : कद्दूकश (दे.507.20)।

सूखे कद्दू से बनाया हुआ बाजा : तुमड़ी (स्त्री.) (दे.602.2)।

45.8. सं. खेकसा, खेखसा, खखसा, ककरौल, ककेड़ा, ककोड़ा, ककोरा, कर्कटा (स्त्री.), कर्कोट, कर्कोटक, कर्कोटिका (स्त्री.), कर्कोटी (स्त्री.), काकरोल, तिक्तपत्र, विषरूपा (स्त्री.)।

जंगली खेकसा : बनककोड़ा, बनपरवल, बाँझककोड़ा, बाँझककोली (स्त्री.), ईश्वरी (स्त्री.), दिव्या (स्त्री.), नागहन्त्री (स्त्री.), पथ्या (स्त्री.), पुत्रदा (स्त्री.), मनोज्ञा (स्त्री.), वंध्याकर्कोटिका (स्त्री.), विषकंटका (स्त्री.), विषकंटकिनी (स्त्री.), विषकंटकी (स्त्री.), विषनाशिनी (स्त्री.), विषप्रशमिनी (स्त्री.), व्याघ्ररूपा (स्त्री.), श्रीकन्दा (स्त्री.), सर्पदमनी (स्त्री.), सर्पपुष्पी (स्त्री.), सुगन्धा (स्त्री.)।

45.9. सं. तुरई (स्त्री.), तरोई (स्त्री.), तोरई (स्त्री.), तोरी (स्त्री.), कर्कटी (स्त्री.), कर्कोटकी (स्त्री.), कोशफल, कोशातक, कोशातकी (स्त्री.), कोषफल, कोषातक, जांगुल, जालिनी (स्त्री.), झिंगा (स्त्री.), झिंगाक, पीतघोषा (स्त्री.), पीतपुष्पा (स्त्री.), पीतपुष्पी (स्त्री.), महाजाली (स्त्री.), मृदंगफलिनी (स्त्री.), मृदंगी (स्त्री.), वीर, वृहत्कोशातकी (स्त्री.), सुकोशा (स्त्री.), सुतिक्ता (स्त्री.), सुपुष्पा (स्त्री.), स्वादुकोशातकी (स्त्री.), हस्तिकोशातकी (स्त्री.), हस्तिपर्णिका (स्त्री.), हस्तिपर्णिनी (स्त्री.)।

बड़ी तुरई : तुरंगक, हस्तिघोषा (स्त्री.), हस्तिघोषातकी (स्त्री.)।

कड़वी तुरई : घोषलता (स्त्री.)।

तुरई की बेल : कोशफला (स्त्री.)।

45.10. सं. नेनुआ, नेनुवा, नेनुआँ, घिया, घियातरोई (स्त्री.), घियातुरई (स्त्री.), घियातोरई (स्त्री.), घियातोरी (स्त्री.), धानामार्गव, पीतपुष्प, पीतपुष्पक,

फनकुली (स्त्री.), भरणी (स्त्री.), महाकोशातकी (स्त्री.), महाजाली (स्त्री.), राजकोषातक, राजकोषातकी (स्त्री.), वृत्ता (स्त्री.), वृहत्कोशातकी (स्त्री.), सपीतक।

45.11. सं. सतपुतिया (स्त्री.), सतपतिया (स्त्री.), सातपूती (स्त्री.), सप्तपुत्री (स्त्री.), घियातरोई (स्त्री.), पटोलिका (स्त्री.), पटोली (स्त्री.), शतपुत्री (स्त्री.), श्वेतपुष्पा (स्त्री.)।

45.12. सं. सतगँठिया (स्त्री.)।

45.13. सं. चिचिंगा, चिचिण्ड, चिचिण्डक, चिचिण्डा, चिचेण्डा, चचीण्डा, चचेण्ड़ा, बृहत्फल, वेश्मकूल, श्वेतराजी (स्त्री.), सुदीर्घ।

45.14. सं. बैगन, बैगन, कंटालु, चित्रफला (स्त्री.), दुष्प्रधर्षणी (स्त्री.), दुष्प्रधर्षिणी (स्त्री.), नटपत्रिका (स्त्री.), निद्रालु, नीलफला (स्त्री.), नीलवृषा (स्त्री.), नृपप्रियफला (स्त्री.), भंटा, भंटाकी (स्त्री.), भण्डाकी (स्त्री.), भाँटा, मांसफला (स्त्री.), मांसलफला (स्त्री.), मिश्रवन, मिश्रवर्णफला (स्त्री.), रक्तकण्ठ, रक्तवर्धन, राजकुष्माण्ड, वंगन, वरा (स्त्री.), वागुण, वातिग, वातिगम, वार्ता (स्त्री.), वार्ताक, वार्ताकी (स्त्री.),वार्ताकु, वृन्तफल, वृन्ताक, वृन्ताकी (स्त्री.), वृत्तफला (स्त्री.), वेर, शाकविल्व, शाकविल्वक, शाकश्रेष्ठा (स्त्री.), सिंही (स्त्री.), सिंहीलता (स्त्री.), सिंहोद्‌धता (स्त्री.), सृदीर्घफलका (स्त्री.), सुदीर्घफलिका (स्त्री.), हिंगुदी (स्त्री.), हिंगुली (स्त्री.), हिण्डिर, हिण्डीर।

बैगन के भेद : बथिया (लम्बा); मालवा मानिक (गोल); विलायती बैंगन/भंटा (सफ़ेद); सदाफला (स्त्री.), सदाफली (स्त्री.)।

कड़वा भंटा : बनभंटा, बहुपत्रा (स्त्री.), बहुपत्री (स्त्री.), बहुफल, बृहती (स्त्री), कंटालु, क्षुद्रवार्ताकी (स्त्री.), पुत्रप्रदा (स्त्री.), प्रसहा (स्त्री.), महती (स्त्री.), वनवृन्ताकी (स्त्री.), बृहतिका (स्त्री.), वृहती (स्त्री.), सिंहा (स्त्री.), सिंहिका (स्त्री.), सुगन्धपत्रा (स्त्री.), सुरसा (स्त्री.), सूक्ष्मपर्णा (स्त्री.), स्थूलकंटा (स्त्री.), स्थूलभण्डा (स्त्री.)।

बैंगन का फूल : जकुट।

बैंगन का खेत : वार्ताकशाकट, वार्ताकशाकिन।

वि. बैंगनी (दे.505.10)।

45.15. सं. कचरी (स्त्री.), गुरम्ही (स्त्री.), पलाशी (स्त्री.), पेहँटा, पेहँटी (स्त्री), पेहँटुल, सेटु, सेंधिया, सेंधी, तिक्पर्णी (स्त्री.)।

कचरी का सुखाया हुआ टुकड़ा : कचरी (स्त्री.)।

सूखी कचरी की तरकारी : कचरी (स्त्री.)।

45.16. सं. कुँदरू, कुन्दरू, कन्दूरी (स्त्री.), ओष्ठोपमफला (स्त्री.), ओष्ठी (स्त्री), तुण्डकेरी (स्त्री.), तुण्डि (स्त्री.), तुण्डिका (स्त्री.), तुण्डिकेरी (स्त्री.), तुण्डीकेशी (स्त्री.), तुष्टी (स्त्री.), दंतच्छदोपमा (स्त्री.), पीलुपर्णी (स्त्री.), बिम्ब, बिम्बक, बिम्बफल, बिम्ब, बिम्बक, विम्बफल, विम्बा, विम्बाफल, मधुविम्बी (स्त्री.), मुकुन्द, रक्तफला (स्त्री.)।

कुँदरू की बेल : बिम्बिका (स्त्री.), बिम्बी (स्त्री.), विम्बिका (स्त्री.), विम्बी (स्त्री)।

45.17. सं. केवाँच (स्त्री.), केवाँछ (स्त्री.), किवाँच (स्त्री.), किवाँछ (स्त्री.), कण्डुरा (स्त्री.), कण्डूरा (स्त्री.), कच्छुमती (स्त्री.), कच्छुहा (स्त्री.), कणकच, कणगच, कणगज, कपिकच्छु (स्त्री.), कपिकच्छुरा, कपिकच्छू (स्त्री.), कपिप्रभा (स्त्री.), कपिलता (स्त्री.), कपिलोमफला (स्त्री.), करेंच, कुण्डली (स्त्री.), कुमांच, कोंचफली (स्त्री.), कौंछ (स्त्री.), अजटा (स्त्री.), अजहा (स्त्री.), अव्यंगा (स्त्री.), अव्यण्डा (स्त्री.), आत्मगुप्ता (स्त्री.), आर्षभी (स्त्री.), ऋषभी (स्त्री.), ऋष्यपगता (स्त्री.), ऋष्यप्रोक्ता (स्त्री.), गात्रभंगा (स्त्री.), चण्डा (स्त्री.), जटा (स्त्री.), जडा (स्त्री.), जांगली (स्त्री.), तीक्ष्णा (स्त्री.), दुःस्पर्श, दुःस्पर्शा (स्त्री.), दुरभिग्रहा (स्त्री.), प्रावृषायणी (स्त्री.), प्रावृषेण्या (स्त्री.), मरुजाता (स्त्री.), मर्कटी (स्त्री.), महर्षभी (स्त्री.), रौंसा, रौसा, लांगलिका (स्त्री.), लांगली (स्त्री.), लांगुली (स्त्री.), लांगूला (स्त्री.), लांगूली (स्त्री.), लोमशा (स्त्री.), वनशूकरी (स्त्री.), वराहिका (स्त्री.), वानरी (स्त्री.), विशारदा (स्त्री.), विषधर्मा (स्त्री.), वृषभी (स्त्री.), वृषा (स्त्री.), वृष्या (स्त्री.), शावरी (स्त्री.), शिंबि (स्त्री.), शिम्बी (स्त्री.), शुकनास, शुकशिम्बा (स्त्री.), शुकशिम्बी (स्त्री.), शूकपिण्डि (स्त्री.), शूकपिण्डी (स्त्री.), शूकवती (स्त्री.), शूकशिम्बा (स्त्री.), शूकशिंबिका (स्त्री.), शूकशिम्बी (स्त्री.), शूकशिखा (स्त्री.), शूका (स्त्री.), सद्यशोथा (स्त्री.), सुगुप्ता (स्त्री.), सूकरपादिका (स्त्री.), स्वगुप्ता (स्त्री.), स्वयंगुप्ता (स्त्री.)।

केवाँच की बेल : अग्रपर्णी (स्त्री.), अजलोमा (स्त्री.), अजलोमी (स्त्री.)।

45.18. सं. भिण्डी (स्त्री.), भिण्ड, भिण्डक, भिण्डा (स्त्री.), रामतरोई (स्त्री.), वृत्तबीज, सुशाक, सुशाकक।

भिण्डी का पौधा : अस्रपत्रक, भिण्डीतक।

45.19. सं. टिण्डा, टिण्ड, टिण्डसी (स्त्री.), टिण्डिश, डिण्डिश, डिण्ड़स, डिण्ड़सी (स्त्री.), डेड़सी (स्त्री.), ढींढ़स, ढेढ़स, तिंदिश।

45.20. सं. बाकला, अँहुड़ी (स्त्री.)।

45.21. सं. सेम (स्त्री.), सिम्बा (स्त्री.), सिम्बी (स्त्री.), सूकरपादिका (स्त्री.), दधिपुष्पी (स्त्री.), नखनिष्पाव, नखफलिनी (स्त्री.), निष्पाद, निष्पाव, बीजगुप्ति (स्त्री.), मधुरा (स्त्री.), मधुशिता (स्त्री.), माध्वीक, माध्वीका (स्त्री.), शिम्बा (स्त्री.), शिंबि (स्त्री.), शिंबिका (स्त्री.), शिम्बी (स्त्री.), शूकरपादिका (स्त्री.)।

बड़ी सेम : सेमा, सुशिंबिका (स्त्री.), राजशिम्बी (स्त्री.), शिंबिनी (स्त्री.)।

हरी सेम : नखपूर्विका (स्त्री.)।

लाल सेम (स्त्री.) : रक्ता (स्त्री.)।

काली सेम : पर्यंकपादिका (स्त्री.)।

सफ़ेद सेम (स्त्री.) : नखपुंजफला (स्त्री.), निष्पावक, वृत्ता (स्त्री.), स्थूलशिम्बी (स्त्री.)।

चमरिया सेम (स्त्री.); विलायती सेम (स्त्री.); सुअरा सेम (स्त्री.)।

वि. सेमई (दे.505.4)।

45.22. सं. बोड़ा, बरबटी (स्त्री.), बर्बटी (स्त्री.), बरबट्टा, घाँघरा, चौरा, चवरा, चवल, निष्पाद, निष्पादी (स्त्री.), निष्पावी (स्त्री.), रौंसा, रौसा, वर्वट, विशालफलिका (स्त्री.), वृत्तबीज, वृत्तवीज।

लोबिया, नृपोचित, वृत्तबीज, सितमाष।

रवाँस।

45.23. सं. सहिजन, सहिंजन, सहजन, सितच्छद, सिताहव्य, सुपत्रक, सुभांजन, सुमूल, सुरुंग, सोभांजन, सौभांजन, स्त्रीचित्तहारी, अक्षिब, अक्षिव, अक्षीब, अक्षीव, आक्षीब, आक्षीव, कृष्णगन्धा (स्त्री.), गन्ध, गन्धक, चक्षुष्य, जनप्रिय, तीक्ष्णगन्धक, तीक्ष्णमूल, द्रविणनाशन, प्रभांजन, बद्धमूल, मधुशिशु, मुनगा, मोच, मोचक, मोचा, रुचिरांजन, विद्रधिघ्न, विद्रधिनाशन, वीजक, वीजकसार, शिग्रुज, शिग्रुवीज, शुभांजन, शोभनक, शोभांजन, शौभांजन।

लाल सहिजन : अतितीक्ष्ण, कास, गर्भपातक, नीलशिग्रु, बहुलच्छद, मधुलग्न, मूलकपर्णी (स्त्री.), रक्तक, रक्तशिग्रु, शाकपत्र, श्वेतकेश, श्वेतशिग्रु, सुगन्ध, सुगन्धकेसर, सुरंगी (स्त्री.), स्वादुगन्ध, स्वादुगन्धा (स्त्री.), स्वादुगंधि (स्त्री.), हरितशाक।

सहिजन का बीज : शैग्रव, शौग्र, श्वेतमरिच, सितवल्लीज।

सहिजन का पेड़ : उग्र, उपदंश, क्षमादंश, तीक्ष्णगन्ध, दंशमूल, मधुगुंजन, रोचन, वनपल्लव, शिग्रु।

45.24. सं. गूलर, अपुष्पफल, अपुष्पफलद, उडुंबर, उदुंबर, कर्थर, कृमिकंटक, कृमिफल, क्षेमफला (स्त्री.), चन्द्रक, जन्तुफल, फलसम्बद्ध, यज्ञांग, लघुफल, वसुद्रुम, शीतफल, सदाफल, सुप्रतिष्ठित, स्कन्धफल, हेमदुग्ध, हेमदुग्धक, हेमदुग्धी।

जंगली गूलर : कठगूलर, कटुमर, कठुमर, ककोदुंबरिका (स्त्री.), कुष्ठघ्नी (स्त्री.), कृष्णोदुंबरक, कृष्णोदुंबरिका (स्त्री.), कृष्णोदुम्बरी (स्त्री.), खरदला (स्त्री.), चित्रभेषजा (स्त्री.), जघनेला (स्त्री.), फलसम्भारा, फल्गु (स्त्री.), फल्गुवाटिका (स्त्री.), मलपू, राजफल्गु, राजिका (स्त्री.), लघुसदाफला (स्त्री.), लघुहेमदुग्धा (स्त्री.), लघुदुम्बरिका (स्त्री.), शीतफल।

गूलर का फल : औदुम्बर।

गूलर की लकड़ी : औदुम्बर, औदुम्बरी (स्त्री.)।

गूलर की लकड़ी का डंडा : उलूखल, उलूखलक।

गूलर का पेड़ : अपुष्प, क्षीरवृक्ष, दुम्बुर, पवित्रक, पाणिभुक्, पीतुदारु, पुष्पशून्य, पुष्पहीना (स्त्री.), ब्रह्मवृक्ष, मशकी, यज्ञयोग्य, यज्ञसार, यज्ञीय, रोहिण, रोही, विषवृक्ष, शीतवल्क, श्वेतवल्कल, सुचक्षु, सौम्य।

काले गूलर का पेड़ : फणिका (स्त्री.)।

वि. औदुम्बर।

45.25. सं. लिसोड़ा, लसोड़ा, लसोढ़ा, लटोरा, लिटोरा, लबेरा, लस्टोरा, अश्मन्तक, इन्दुक, उद्दाल, कर्बुदार, कर्बुदारक, कुशली, नदीगूलर, बहुवार, बहुवारक, भूकर्बुदारक, भूतद्रुम, भूशेलु, यमलपत्रक, लघुशीत, वृद्धधूमा (स्त्री.), शाकट, शिलान्त, शीत, शेलक, शेलु, शेलुक, शेलुष, शैलू, शैलूक, सूक्ष्मफल।

लिसोड़े का फूल : लहसुवा।

लिसोड़े का फल : रेंटा।

लिखौड़े का गोंद : गोंद।

लिसोड़े का पेड़ : पिच्छिल, श्लेष्मल, श्लेष्मान्तक, श्लेष्मात, श्लेष्मातक, सेरू।

45.26. सं. प्याज़, पलाण्डु, उष्ण, काँदा, ग्रन्थिमूल, तीक्ष्णगन्ध, दीपन, दुर्गंध, नीचभोज्य, बहुपत्र, महाकन्द, महामूल, मुकुन्दक, मुखगन्धक, मुखदूषण, यवनेष्ट, यवफल, रामलड्डू (सधुक्कड़ी), रोचन, विश्वगन्ध, शाककलम्बक, शुक्लकन्द, शूद्रप्रिय, श्वेतकन्द, सुकन्द, सुकन्दक, सुकुन्दक।

सफ़ेद प्याज़ : क्षीरपलाण्डु।

लाल प्याज़ : दीर्घपत्र, दुद्रुम, नृपकन्द, नृपप्रिय, नृपाह्व, नृपाह्वय, रक्तकन्द, राजपलाण्डु, राजप्रिय, राजप्रिया (स्त्री.), राजेष्ट, रोचक, लोहितकन्द, विलोहित।

हरा प्याज़, सागावाला प्याज़, हरित् पलाण्डु, लतार्क।

प्याज़ की गाँठ; प्याज़ की परत; छिलका; हरी पत्ती : साग, सागा; सागा के बीच का डंठल : कली (स्त्री.)।

विलायती प्याज़।

जंगली प्याज़ : कोचिण्डा, फफोर, बनप्याज़, शार्दूलकन्द, शोषघ्न।

वि. प्याज़ी, पियाजी (दे.505.9)।

45.27. सं. लहसुन, लशुन, लशून, लसुन, अरिष्ट, उग्रगन्ध, कन्द, कटुकन्द, गृंजन, ग्रन्थिमूल, डिण्डिरमोदक, डिण्डीरमोदक, दीर्घपत्रक, भूतघ्न, महाकन्द, महाकपित्थ, महौषध, म्लेच्छकन्द, यवनेष्ट, रसायनवर, रसुन, रसोन, रसोनक, राहूच्छिष्ट, राहूत्सृष्ट, वीरसैन्य, शाककलम्बक, शुद्धिकन्द, श्रीमस्तक, सितलशुन, सीर, सोनह, स्थूलकन्द।

लाल लहसुन : पृथुपत्र।

विलायती लहसुन।

बढ़िया लहसुन : फूल।

लहसुन की गाँठ : पूती (स्त्री.), पोथी (स्त्री.)।

लहसुन का दाना : जवा।

गन्दना, गन्धन।

45.28. सं. सूरन, सूरण, सुरकन्द, सुकन्दी, सुरेन्द्र, सुवृत्त, स्थूलकन्द, समष्ठिला (स्त्री.), अर्शहर, अर्शोहर, अर्शोघ्न, ओल, कन्द, कन्दवर्धन, कन्दशूरण, कन्दी, चित्रदण्डक, ज़मीकन्द, तीव्रकण्ठ, तीव्रकन्द, दुर्नामारि, धीरपत्री (स्त्री.), बहुकन्द, भूकन्द, रुच्यकन्द, वनकण्डूल, वातारि, शूरण।

बड़ा सूरन : स्थूलशूरण, स्थूलसूरन।

जंगली सूरन : वनओल, वनसूरन, वज्रकन्द, वज्रकर्ण, वज्रमुष्टि, वन्य, श्वेतशूरण, सितशूरण, सुरेन्द्रकन्द, सुरेन्द्रक, स्थलकन्द, स्थूलकन्द।

सूरन का कल्ला : जुट्टी (स्त्री.)।

सूरन खाने से गले में चुनचुनाहट पैदा होना : सूरन काटना−/लगना−।

वि. सूरन-सम्बन्धी, सौरण।

45.29. सं. अरवी (स्त्री.), कन्दा, कचु, कच्चू, कच्ची (स्त्री.), घुइयाँ, त्रुटिबीज, पिच्छिला (स्त्री.), लाल आलू।

बण्डा, कचु, कच्चू, कच्ची (स्त्री.), केउँआ, केमुक, दलसारिणी (स्त्री.), स्थूलकन्दक, स्वादुकन्द, स्वादुकन्दक, हस्तिकर्ण।

मानकन्द, मानक, मानकच्चू, छत्रपत्र, विशालपत्र, विषनाशन, विस्तीर्णपर्ण, स्थलपद्म।

45.30. सं. मूली (स्त्री.), मुरई (स्त्री.), मूलक, मूलकपोतिका (स्त्री.), मिश्र, मरुसम्भव, कन्दमूल, कटुकन्द, कटुक, कुरुकन्दक, ग्रन्थिमूल, दीर्घकन्द, दीर्घमूलक, नीलकण्ठ, नीलवर्ण, राजालुक, रुचिर, रुचिरा (स्त्री.), शंखमूलक, सित, सुगंधिमूल, सेकिम, हरित्पर्ण, हस्तिदन्त, हस्तिदन्तक, हस्तिदन्ती (स्त्री.)।

छोटी मूली : बालमूलक।

बड़ी मूली : निवार, निवाड़, नेवार, नेवाड़, विष्णुगुप्तक, शालामर्कटक, स्थूलमूल।

जौनपुरी मूली (स्त्री.)।

लाल/विलायती मूली (स्त्री.)।

मूली की नोक : टूँड़ी (स्त्री.)।

45.31. सं. गाजर (स्त्री.), गर्जर, गार्जर, गृंजन, ग्रन्थिमूल, कन्द, धेनुदुग्धकर, नारंग, पिंगमूल, पिण्डक, पिण्डमूल, पिण्डमूलक, पीतकन्द, पीतमूलक, बृहत्कन्द, यवन, यवनेष्ट, वर्तुल, वृहत्कन्द, शिखाकन्द, शिखामूल, सुपीत, सुमूलक, स्थौनेय, स्थौनेयक, स्वादुमूल।

छोटी गाजर : गजरी (स्त्री.)।

गाजर की नोक : टूँड़ी (स्त्री.)।

गाजर की पत्ती : गजरा, गजरौट (स्त्री.)।

45.32. सं. शलग़म, शलजम, शिखाकन्द, शिखामूल, केउँआ, गँगला, गृंजन, ग्रन्थिमूल, पिण्डमूल, यवनेष्ट, लालमूली (स्त्री.), सलगम, सलजम।

वि. शलजमी।

45.33. सं. चुकन्दर, केउँआ, सलक।

45.34. सं. ग्वार (स्त्री.), ग्वारफली (स्त्री.), ग्वारी (स्त्री.), ग्वालिन (स्त्री.), कौरी (स्त्री.), खुरथी (स्त्री.)।

45.35. सं. फूलगोभी (स्त्री.)।

45.36. सं. पातगोभी (स्त्री.), बन्दगोभी (स्त्री.), बँधीगोभी (स्त्री.), कपिशाक, करमकल्ला।

45.37. सं. गाँठगोभी (स्त्री.)।

45.38. सं. टमाटर, विलायती बैंगन/भंटा।

45.39. सं. मटर की फली, छीमी (स्त्री.)।

45.40. सं. छप्पन/विलायती कद्दू, squash।

45.41. सं. हाथीचक, हाथीचोक, artichoke।

45.42. सं. शिमला मिर्च (स्त्री.)।

45.43. सं. सींगर, सींगरी (स्त्री.), सेंगर।

45.44. सं. हाथीबच।

46. साग

सं. साग, साग-पात, पत्रशाक।

46.1. सं. पालक, पालकी (स्त्री.), पलक्या (स्त्री.), पालंक, पालंकी (स्त्री.), पालंक्या (स्त्री.), क्षुरपत्रिका (स्त्री.), क्षुरिका (स्त्री.), ग्रामीणा (स्त्री.), ग्राम्यवल्लभा (स्त्री.), मधुरा (स्त्री.), मधुसूदनी (स्त्री.), सुपत्रा (स्त्री.), स्निग्धपत्रा (स्त्री.), स्निग्धपत्री (स्त्री.)।

46.2. सं. पोई (स्त्री.), पोय (स्त्री.), पोतकी (स्त्री.), पोतिका (स्त्री.), पिच्छिलच्छदा (स्त्री.), पिच्छिलदला (स्त्री.), पिच्छिला (स्त्री.), पूतिका (स्त्री.), पूतीका (स्त्री.), पूतिगंधिका (स्त्री.), पूथिका (स्त्री.), अपोदिका (स्त्री.), उपोती (स्त्री.), उपोदका (स्त्री), उपोदकी (स्त्री.), उपोदिका (स्त्री.), उपोदीका (स्त्री.), गण्डीर, गण्डीरी (स्त्री.), मदघ्नी (स्त्री.), मदशांक, मोचिनी (स्त्री.), मोहनी (स्त्री.), विशाला (स्त्री.), वृश्चिकपत्रा (स्त्री.), वृश्चिकपत्रिका (स्त्री.), वृश्चिकप्रिया (स्त्री.), वृश्चिपत्रिका (स्त्री.), वेल्लिका (स्त्री.), श्यामल, सुरंगिका (स्त्री.), सुरभी (स्त्री.)।

बड़ी पोई : बलिपोदकी (स्त्री.), शाकटपोतिका (स्त्री.)।

छोटी पोई : मूलपोती (स्त्री.)।

लाल पोई : रक्तपूतिका (स्त्री.)।

जंगली पोई : बनपोय (स्त्री.)।

46.3. सं. बथुआ, बथुवा, बाथू, अग्रलोहिता (स्त्री.), कंकेल, क्षारपत्र, क्षारपत्रक, क्षारपत्रा (स्त्री.), घनामल, चण्डिल, चंद्रिल, चक्रवर्ती, चिल्लिका (स्त्री.), चिल्ली (स्त्री),

ज्वरघ्न, डूली (स्त्री.), पांशुपत्र, पिण्डपुष्पक, राजगिरि, राजशाक, राजशाकनिका (स्त्री), राम, शाकण्ठ, शाकवीर, शाकश्रेष्ठ, श्वेतचिल्लिका (स्त्री.), श्वेतचिल्ली (स्त्री)।

बथुए का भेद : सृगालवास्तुक।

46.4. सं. चौलाई (स्त्री.), चौराई (स्त्री.), ग्रन्थिल, घनस्वन, जलज, तण्डुल, तण्डुला (स्त्री.), तण्डुलिया (स्त्री.), तण्डुली (स्त्री.), तण्डुलीक, तण्डुलीय, तण्डुलीयक, तण्डुलेर, तण्डुलेरक, तण्डुलीयक, पथ्यशाक, भण्डीर, वीर, सलटुक, सुशाक, स्फूर्जथु, स्वनिताह्वय।

काँटेदार चौलाई : टँडुलिया (स्त्री.), बनचौलाई (स्त्री.)।

जलचौलाई (स्त्री.), जलभू।

46.5. सं. सोआ, सोया, सोवा, संघातपत्रिका (स्त्री.), सितच्छत्रा (स्त्री.), सितच्छत्री (स्त्री.), सुपुष्पिका (स्त्री.), सुपुष्पी (स्त्री.), स्थूला (स्त्री.), अवाकपुष्पी (स्त्री), चण्डा (स्त्री.), छत्रा (स्त्री.), भूरिपुष्पा (स्त्री.), मिशि (स्त्री.), मिशी (स्त्री.), मिषि (स्त्री.), मिषिका (स्त्री.), मिषी (स्त्री.), मिसि (स्त्री.), मिसी (स्त्री.), वज्रपुष्पा (स्त्री), शतपुष्पा (स्त्री.), शतपुष्पिका (स्त्री.), शतप्रसून (स्त्री.), शताह्वया शिवा (स्त्री.)।

46.6. सं. पुरना, पुनर्नवा (स्त्री.), घनपत्र, वर्षांगी (स्त्री.), वर्षाभवी (स्त्री.), विशाख, वृश्चिक, वृश्ची (स्त्री.), वृहत्कालशाक, शोथघ्न, शोथजित्, सारणि (स्त्री.)।

सफ़ेद पुरना, सितवर्षाभू, सिता (स्त्री.), सदामंडलपत्रक, साचिवाटिका (स्त्री.), चिराटिका (स्त्री.), दीर्घपत्रिका (स्त्री.), बिसखपरा, विशाखा (स्त्री.), वृश्चिका (स्त्री), वृश्चीर, वृश्चीव, राशिवाटिका (स्त्री.), शिवाटिका (स्त्री.), श्वेतपुनर्नवा (स्त्री.), श्वेतमूल, श्वेतमूला (स्त्री.)।

लाल पुरना, लोहिता (स्त्री.), क्रूरा (स्त्री.), गदहपुन्ना, गदहपुरना, नव, नव्य, पुनर्भव, पृथ्वी (स्त्री.), प्रावृषेव्या (स्त्री.), भौम, मंडलपत्रिका (स्त्री.), रक्तकान्ता (स्त्री.), रक्तपत्रा (स्त्री.), रक्तपर्ण, रक्तपत्रिका (स्त्री.), रक्तपुनर्नवा (स्त्री.), रक्तपुष्पा (स्त्री.), रक्तपुष्पिका (स्त्री.), रक्तवर्षाभू (स्त्री.), रक्तवृन्तक, रोहिणी (स्त्री.), वर्षकेतु, वर्षाभव, वर्षाभू, वास्तुक, विशाखिका (स्त्री.), विषघ्नी (स्त्री.), वृषकेतु, वैशाखी (स्त्री.), शिलाटिका (स्त्री.), शोण, शोणपत्र, शोथघ्नी (स्त्री.), शोथजिहम, शोथादि, शोफघ्नी (स्त्री.), शोफनाशक, साँठ (स्त्री.), सारिणी (स्त्री.)।

नीला पुरना, नीलपुनर्नवा (स्त्री.), नीलवर्षाभू (स्त्री.), नीला (स्त्री.), श्यामा (स्त्री.(स्त्री.)।

46.7. सं. ब्राह्मी (स्त्री.), ब्राह्मी बूटी (स्त्री.), ब्रह्मकन्यका (स्त्री.), ब्रह्मकन्या (स्त्री.), ब्रह्मचारिणी (स्त्री.), ब्रह्ममण्डूकी (स्त्री.), अम्बष्ठिका (स्त्री.), कपोतबंका (स्त्री.), चरेली (स्त्री.), दर्दुरच्छदा (स्त्री.), दर्दुरपर्णी (स्त्री.), दिव्य, दिव्यतेजा (स्त्री.), दिव्या (स्त्री.), परमेष्ठिनी (स्त्री.), भारती (स्त्री.), भेकी (स्त्री.), मण्डूकपर्णिका (स्त्री),

मण्डूकपर्णी (स्त्री.), मण्डूकमाता (स्त्री.), मत्स्याक्षी (स्त्री.), महौषधी (स्त्री.), मेध्या (स्त्री), रोहिणी (स्त्री.), लावण्या (स्त्री.), वयःस्था (स्त्री.), वरा (स्त्री.), विजयन्ती (स्त्री.), वीरा (स्त्री.), वैधात्री (स्त्री.), शारदा (स्त्री.), सरस्वती (स्त्री.), सुरश्रेष्ठा (स्त्री.), सुरसा (स्त्री), सुरेज्या (स्त्री.), सुरेष्टा (स्त्री.), सूक्ष्ममूला (स्त्री.), सोमवल्लरी (स्त्री.), सोमवल्लरी (स्त्री.), सोमवल्ली (स्त्री.), सौम्या (स्त्री.), स्मरणी (स्त्री.),।

छोटी ब्राह्मी, जलोद्भवा (स्त्री.)।

46.8. सं. करेमू, करेमुआ, कलमी (स्त्री.), कलंबिका (स्त्री.), कलम्बी (स्त्री.), कालशाक, नाडिक, नाडिपत्र, नाडीक, नाडीच, नाडीशाक, नाली (स्त्री.), पटुआ, पटुवा, सिंहा (स्त्री.), स्तन्या (स्त्री.)।

46.9. सं. मरसा, मरिष, मार्ष, मार्षिक, लाल साग, लाल्हा, अल्पमारिष, नवड़ा, भंटक, वाष्पक।

46.10. सं. सुसना, सुसन, सुसनी (स्त्री.), सितावर, सुनिषण्ण, सुनिषण्णक, सिरियारी (स्त्री.), सितिवार, सितिवारक, सूचिपत्र, सूचीपत्र, सूचिपत्रक, सूचीपत्रक, सूचीदल, सूच्याह्व, उटंगल, गुठुवा, चौपतिया, जीवशाक, जीवन्तक, जीवन्तिक, जीवन्त, तमालक, प्रबालिक, रक्तनाल (स्त्री.), विच्छत्रक, वितुन्न, शितिचार, शिरियारी (स्त्री.), शितवर, शितवार, श्वेतावर, श्रीवारक।

46.11. सं. हेलंचा, हेलंची (स्त्री.), हिलमोचि (स्त्री.), हिलमोचिका (स्त्री.), हिलमोची (स्त्री.), जलब्रह्मी (स्त्री.), महौषधि (स्त्री.), मोची (स्त्री.), रोची (स्त्री.), विषघ्नी (स्त्री.), शंखधरा (स्त्री.)।

46.12. सं. कुलफा, खुरफ, खुरफा, धोलिका (स्त्री.), बृहल्लोनी (स्त्री.), वृहल्लोणा।

46.13. सं. अमलोनी (स्त्री.), अम्ललोणिका (स्त्री.), अम्ललोणी (स्त्री.), अम्मलोलिका (स्त्री.), अम्बष्टा (स्त्री.), कुशली (स्त्री.), क्षुद्रपत्रा (स्त्री.), क्षुद्रा (स्त्री.), क्षुद्रामलकी (स्त्री.), चांग, चांगेरी (स्त्री.), चक्रवास्तुक, चक्रा (स्त्री.), चुक्रिका (स्त्री), चुक्री (स्त्री.), दलाम्ल, दशनाढ्या (स्त्री.), नोनिया (स्त्री.), नोनी (स्त्री.), बनकोरा, लघुलोणिका (स्त्री.), लवणा (स्त्री.), लोण, लोणा (स्त्री.), लोलाम्ला (स्त्री.), लोणिका (स्त्री.), लोणी (स्त्री.), लोनिका (स्त्री.), लोनिया (स्त्री.), लोनी (स्त्री.), लोटा (स्त्री), लोटिका (स्त्री.), लोलिका (स्त्री.), शुक्ता (स्त्री.), शुक्तिका (स्त्री.), शुक्लाम्ला।

46.14. सं. चूका, चूक, चुक,चुक्र, चुक्रक, चुक्राम्ल, अम्लचूड, अम्लवास्तुक, अम्लशाक।

46.15. सं. मेथी (स्त्री.) (दे.47.5), मेथी का साग।

46.16. सं. सरसों का साग, सर्षपनाल (स्त्री.), सर्षपशाक।

46.17. सं. पटुआ साग, पटुवा, कालशाक, नाडीच, नाडिक, नलित।

नालिता (स्त्री.), नारीच।

46.18. सं. सुलफे का साग, शौल्फ

46.19. सं. चेंच, चंचु, चंचुपत्र, विजला (स्त्री.)।

46.20. सं. शांचि (स्त्री.), शांची (स्त्री.), शालंच, शालांचि (स्त्री.), शालिंच, शालिंची (स्त्री.), शिताशाक।

47. मसाला

सं. मसाला; गरम मसाला; उपस्कर, सूप।

वि. मसालेदार, सूपसंसृष्ट।

सं. पिसा हुआ मसाला : वेसवार, वेशवार, वेषवार।

सुगंधित मसाला, बरगन्ध।

47.1. सं. हल्दी (स्त्री.), हल्दी (स्त्री.), हरदी (स्त्री.), हरिता (स्त्री.), हरिद्रा (स्त्री.), हरिदूंदतावल, हरिद्रांजनी (स्त्री.), हट्टविलासिनी (स्त्री.), हेमरागिनी (स्त्री.), हेर, उमा (स्त्री.), करम्बक, कर्चूरक, कांचनी (स्त्री.), कावेरी (स्त्री.), कृमिघ्नी (स्त्री.), क्षणदा (स्त्री.), गन्धपलाशिका (स्त्री.), गौरा (स्त्री.), गौरी (स्त्री.), जयन्तिका (स्त्री.), जयन्ती (स्त्री.), जनेष्टा (स्त्री.), ज़र्दचोब, तमस्वती (स्त्री.), तमस्विनी (स्त्री.), तमि (स्त्री.), तमी (स्त्री.), तुंगी (स्त्री.), त्रियामा (स्त्री.), दार्वी (स्त्री.), दीर्घरंगा (स्त्री.), दीर्घरागा (स्त्री.), धमनी (स्त्री.), नक्ता (स्त्री.), निशा (स्त्री.), निशाख्या (स्त्री.), निशाह्वा (स्त्री.), निशि (स्त्री.), पद्मचारिणी (स्त्री.), पवित्रा (स्त्री.), पिंगा (स्त्री.), पिंजा (स्त्री), पीतचन्दन, पीतबालुका (स्त्री.), पीता (स्त्री.), प्रहर्षणी (स्त्री.), प्रहर्षिणी (स्त्री.), बाला (स्त्री.), भंगवासा (स्त्री.), भद्रा (स्त्री.), मंगलप्रदा (स्त्री.), मंगला (स्त्री.), मंगल्या (स्त्री), मर्मरी (स्त्री.), मांगल्यकामा (स्त्री.), मेहघ्नी (स्त्री.), युवति (स्त्री.), युवती (स्त्री), योषित्प्रिया (स्त्री.), रंगबदल (सधुक्कड़ी), रंजनी (स्त्री.), रजनी (स्त्री.), रात्रि (स्त्री.), लक्ष्मी (स्त्री.), लसा (स्त्री.), वर, वरवर्णिनी (स्त्री.), वरांगी (स्त्री.), वरा (स्त्री), वर्णदात्री (स्त्री.), वर्णवती (स्त्री.), वर्णिनी (स्त्री.), वरिष्ठा (स्त्री.), वीरकान्ता (स्त्री.), विषघ्नी (स्त्री.), विष्ठेष्टा (स्त्री.), शिफा (स्त्री.), शिवा (स्त्री.), शोभना (स्त्री.), शोभा (स्त्री.), श्यामा (स्त्री.), सच्चारा (स्त्री.), सुभगा (स्त्री.), सुवर्णवर्णा (स्त्री.), सुवर्णा (स्त्री.), स्वर्णवर्ण, स्वर्णवर्णा (स्त्री.)।

ललाई लिये हुए हलदी : रोचनी हलदी (स्त्री.)।

हलदी का पौधा : वेधमुख्यक।

रँगाई के काम में आने वाली हलदी : लोकहाँदी (स्त्री.); ज्वाला हलदी (स्त्री.); आमाहलदी (स्त्री.) (दे.50)।

वि. हलदिया, हरदिया, हरिद्राक्त, हरिद्राभ।

47.2. सं. धनिया (स्त्री.), धनिक, धनीयक, धनेयक, धन्य, धन्या (स्त्री.), धन्याक, धानक, धाना (स्त्री.), धानाका (स्त्री.), धानी (स्त्री.), धानेय, धानेयक, धान्य, धान्यबीज, धान्या (स्त्री.), धान्याक, धेनिका (स्त्री.), अल्लक, कुस्तुम्बर, कुस्तुम्बरी (स्त्री.), छत्रा (स्त्री.), जनप्रिय, तीक्ष्णफल, तुम्बुरु, बीजधान्य, वंश्या (स्त्री.), वितुन्नक, वेधक, वेषणा (स्त्री.), शाकयोग्य, सुगंधि (स्त्री.), सुचरिता (स्त्री.), सुचरित्रा (स्त्री.), सूक्ष्मपत्र, सौरभ, स्वर्णिका (स्त्री.)।

धनिये का पौधा : अल्लक, तीक्ष्णकल्क, तीक्ष्णपत्र।

धनिये की पत्ती, हरी धनिया।

धनिये का पन्ना : धान्यपानक।

चीनी मिलाकर बनाया हुआ धनिये का पानी : धान्यशर्करा (स्त्री.)।

47.3. सं. जीरा, जीरक, जीरण, जीर, जिरण, जरण, जीर्ण, अजाजि (स्त्री.), अजाजी (स्त्री.), कणा (स्त्री.), कणिका (स्त्री.), कृष्णसदनी (स्त्री.), दिव्य, दीप्य, दृता (स्त्री.), पटु, मागध, वर्षकाली (स्त्री.), वह्निसख, वान्तिशोधनी (स्त्री.), शीतकण, सुगन्धन, सुषवी (स्त्री.)।

सफ़ेद जीरा, कणजीरा, कर्णजीरक, कणजीर, जारणी (स्त्री.), दीर्घकणा (स्त्री.), मागधी (स्त्री.), लघुकण, शीतदीप्य, श्वेतजीरक, सितदीप्य, सिताजाजी (स्त्री.), सुगन्धन, हृदय।

काला जीरा, कटजीरा, कुंचिका (स्त्री.), कुंजिका (स्त्री.), कृष्णजीरक, कृष्णा (स्त्री.), अजाजि (स्त्री.), अजाजी (स्त्री.), उपकुंचि (स्त्री.), उपकुंचिका (स्त्री.), खराश्वा (स्त्री.), जरण, जरणा (स्त्री.), तिलापल्या (स्त्री.), नीलकणा (स्त्री.), पर्वत जीरा, पतिंवरा (स्त्री.), पृथु (स्त्री.), पृथ्विका (स्त्री.), पृथ्वी (स्त्री.), पृथ्वीका (स्त्री.), बहुगन्धा (स्त्री.), मीठा जीरा, मोचाट, शाली (स्त्री.), सुगन्धा (स्त्री.), सुगंधिक, सुशवी (स्त्री.), सुषवी (स्त्री.), सुषा (स्त्री.), स्याहजीरा।

छोटा जीरा, हृदयगन्ध, हृदयगंधि (स्त्री.)।

जंगली जीरा, अरण्यकणा (स्त्री.)।

47.4. सं. मँगरैला, कलौंजी (स्त्री.), करायल (स्त्री.), दिव्या (स्त्री.), वृहज्जीरक, स्थूलकणा (स्त्री.), स्थूलजीरक।

47.5. सं. मेथी (स्त्री.), मेथिका (स्त्री.), मेथि (स्त्री.), मेथिनी (स्त्री.), मिथनी (स्त्री.), मिथिनी (स्त्री.), मिशि (स्त्री.), मिशी (स्त्री.), मिश्रपुष्पा (स्त्री.), मंथा (स्त्री), अश्वबला (स्त्री.), कैरवी (स्त्री.), गन्धबीजा (स्त्री.), चंद्रिका (स्त्री.), ज्योति (स्त्री.), तरुण, दीपनी (स्त्री.), पथ्यका (स्त्री.), पीतबीजा (स्त्री.), बहुपत्रिका (स्त्री.), वल्लरि (स्त्री.), वल्लरी (स्त्री.), वेधिनी (स्त्री.), शाली (स्त्री.), शिखी (स्त्री.), शेलुक, सारबन्धका (स्त्री.)।

बनमेथी (स्त्री.) (दे.50.27)।

47.6. सं. सौंफ (स्त्री.), सौफ (स्त्री.), संघातपत्रिका (स्त्री.), सालेया (स्त्री.), सितच्छत्रा (स्त्री.), सितच्छत्री (स्त्री.), सुगन्धा (स्त्री.), सुपुष्पा (स्त्री.), सुपुष्पिका (स्त्री), सुपुष्पी (स्त्री.), सुरसा (स्त्री.), सूक्ष्मपत्रिका (स्त्री.), स्थूला (स्त्री.), अधःपुष्पी (स्त्री), अवाक्पुष्पी (स्त्री.), घोषा (स्त्री.), चण्डा (स्त्री.), तृषाहा (स्त्री.), भूरिपुष्पा (स्त्री.), मधुरा (स्त्री.), मिशि (स्त्री.), मिशी (स्त्री.), मिश्रेया (स्त्री.), मिषि (स्त्री.), मिषिका (स्त्री), मिषी (स्त्री.), मिसि (स्त्री.), मीठा जीरा, रुद्रजटा (स्त्री.), वज्रपुष्पा (स्त्री.), वहला (स्त्री.), शतकुसुमा (स्त्री.), शतपुष्पा (स्त्री.), शतपुष्पिका (स्त्री.), शतप्रसूना (स्त्री.), शताह्वया (स्त्री.), शताह्वा (स्त्री.), शालेय, शीतशिव, शीतशिवा (स्त्री.), शीर्णपुष्पिका (स्त्री.), शीर्णपुष्पी (स्त्री.), शौल्फ, श्वेतिका (स्त्री.)।

ब्ड़ी सौंफ, मेउड़ी (स्त्री.), मौड़ी (स्त्री.), मौरी (स्त्री.)।

अनीसून।

बनसौंफ (स्त्री.), तालपर्णी (स्त्री.), मधुरिका (स्त्री.), मिश्रेया (स्त्री.), शालीना (स्त्री.), स्कन्धबन्धना (स्त्री.)।

वि. सौंफिया, सौंफी।

47.7. सं. मिर्च (स्त्री.), मिरिच (स्त्री.), मर्च (स्त्री.), मर्ची (स्त्री.), मृष्ट, कोल, तीक्ष्णा (स्त्री.), वशिर।

काली मिर्च, कफविरोधी, कृष्ण, कोलक, उल्लाघ, उषण, ऊषक, ऊषण, औषण, गोल मिर्च (स्त्री.), धर्मपत्तन, पवित्र, मरिच, मल्लज, यवनप्रिय, यवनेष्ट, वरिष्ठ, वल्लिज, वल्लीज, विरावृत्त, वीर, वृत्तफल, वृहन्मरिच, वृहन्मरीच, वेणुज, वेणुन, वेल्लज, वेल्लनी (स्त्री.), वेल्लभव, शाकांग, शिरोवृत्त, शुद्ध, शैलजाता (स्त्री.), शौण्डी, श्याम, श्यामभूषण, श्यामल, स्रावक।

काली मिर्च की बेल : कृष्णफला (स्त्री.), मारीचवल्ली (स्त्री.), रिमिका (स्त्री.), श्यामवल्ली (स्त्री.)।

काली मिर्च की बेलों का समूह : मारिच, मारीच।

सफ़ेद मिर्च (स्त्री.), चन्द्रक, धवल, धवली (स्त्री.), बहुल, श्वेतमरिच, सितमरिच, सितवल्लीज, सिताख्य।

लाल मिर्च (स्त्री.), मिरचा, मरचा, मिरची (स्त्री.)।

लौंगिया मिर्च (स्त्री.)।

काफरी मिर्च (स्त्री.)।

47.8. सं. छोटी इलायची, उपकुंचि (स्त्री.), उपकुंचिका (स्त्री.), एलीका (स्त्री), ऐन्द्री (स्त्री.), कपोतवर्णी (स्त्री.), कोरंगी (स्त्री.), गर्भारि, चन्द्रसम्भवा (स्त्री.), चन्द्रा (स्त्री), चंद्रिका (स्त्री.), छर्दिकारिपु, तीक्ष्णगन्ध, तीक्ष्णगन्धा (स्त्री.), तुटि (स्त्री.),

तुत्था (स्त्री), त्रपुटी (स्त्री.), त्रिपुट, त्रिपुटा (स्त्री.), त्रिपुटी (स्त्री.), त्वचिसुगन्धा (स्त्री.), दाडिम, दिवोद्भवा (स्त्री.), देवपुत्री (स्त्री.), दाविडी (स्त्री.), धांधा (स्त्री.), निदिग्धा (स्त्री.), निदिग्धिका (स्त्री.), निस्त्रुटी (स्त्री.), पुटिका (स्त्री.), प्रिया (स्त्री.), फलिनी (स्त्री.), बहुलगन्धा (स्त्री.), बहुला (स्त्री.), बहुली (स्त्री.), बाला (स्त्री.), भृंगपर्णिका (स्त्री.), मांसी (स्त्री.), मेषा (स्त्री.), लायची (स्त्री.), वयःस्था (स्त्री.), वृष्टिघ्नी (स्त्री), सफ़ेद इलायची (स्त्री.), सूक्ष्मा (स्त्री.), सूक्ष्मैला (स्त्री.)।

छोटी इलायची का पेड़ : गुल्मी (स्त्री.), त्रुटि (स्त्री.), त्रुटी (स्त्री.)।

बड़ी इलायची, बँगला इलायची (स्त्री.), इन्द्राणी (स्त्री.), एला (स्त्री.), कन्या (स्त्री), कान्ता (स्त्री.), काली इलायची, कुमारी (स्त्री.), गोपुटा (स्त्री.), घृताचीगर्भसम्भवा (स्त्री.), चन्द्रबाला (स्त्री.), चंद्रिका (स्त्री.), चर्मसम्भवा (स्त्री.), डोण्डा, त्रिदिवोद्भवा (स्त्री.), त्रिपुट, त्रिपुटा (स्त्री.), दिव्यगन्ध, दिव्यगन्धा (स्त्री.), निष्कुटि (स्त्री.), निष्कुटी (स्त्री.), पुटिका (स्त्री.), पृथ्विका (स्त्री.), पृथ्वी (स्त्री.), पृथ्वीका (स्त्री.), बहुला (स्त्री), बहुली (स्त्री.), बृहदेला (स्त्री.), भद्रैला (स्त्री.), महेला (स्त्री.), मालेया (स्त्री.), लाल इलायची, वहला (स्त्री.), वृहदेला (स्त्री.), सुरभित्वक, स्थूला (स्त्री.), स्थूलेला (स्त्री.)।

बड़ी इलायची का पेड़ : एला (स्त्री.)।

47.9. सं. लौंग (स्त्री.), लवंग, लवंगक, लवंगकलिका (स्त्री.), लव, लक्ष्मीपुष्प, गीर्वाणकुसुम, ग्रहणिहर, चन्दकपुष्प, चन्दनपुष्प, तीक्ष्णपुष्प, तोयधिप्रिय, तोयप्रिय, त्रिदशपुष्प, दिव्य, दिव्यगन्ध, देवकुसुम, पद्मगुणा (स्त्री.), पद्मगृहा (स्त्री.), पद्मा (स्त्री.), पद्मालया (स्त्री.), पद्माह्वा (स्त्री.), भृंगार, रुचिर, रुचिरा (स्त्री.), वराल, वरालक, वाःपुष्प, वारिज, वारिसम्भव, शेख, श्री (स्त्री.), श्रीपुष्प, श्रीप्रसून, श्रीसंज्ञ, सुषिर, स्वर्गपुष्प।

लौंग का पेड़ : लौंग (स्त्री.), लवंग, लवंगलता (स्त्री.)।

लौंग का फूल : लवंगपुष्प।

47.10. सं. दारचीनी (स्त्री.), दारुचीनी (स्त्री.), दारुसिता (स्त्री.), दालचीनी (स्त्री.), उत्कट, गन्धवल्कल, गुडत्वक् (स्त्री.), गुडत्वचा (स्त्री.), त्वक्, त्वक्पत्र, त्वक्सार, त्वच्, त्वचापत्र, बहुगन्ध, भृंग, मुखशोधन, रामाप्रिय, लटपर्ण, वर, वरांग, वरांगक, विज्जुल, शकल, सर्वभूमिक, सलपत्र, सिंहलक, सिंहला (स्त्री.), सुगन्धवल्कल, सुरभिवल्कल, सुरस, स्वर्णभूमि (स्त्री.), हृदय।

47.11. सं. तेजपत्ता, तेजपात, तेजपत्र, तमाल, तमालक, तापस, तापसज, त्वक्पत्र, त्वच, अंशुक, उत्कट, गन्धजात, चोच, छद, छदन, छदनपत्र, छदपत्र, छदपद, दलाह्वय, पत्र, पत्रक, पत्रज, पत्राख्य, पर्णी (स्त्री.), पाकरंजन, पालाश, राम, वसन, शुकच्छद, सुकुमारक, सुपत्र, सुरनिर्गंध, सुरभिगन्ध, सुरभीगन्ध, सुरस।

तेजपत्ते का पेड़ : उत्कट, तज।

47.12. सं. अजवाइन (स्त्री.), अजवायन (स्त्री.), उग्रगन्धा (स्त्री.), उग्रा (स्त्री), चित्रा (स्त्री.), जवनी (स्त्री.), जवाइन (स्त्री.), जवानी (स्त्री.), तीव्रगन्धा (स्त्री.), तीव्रगंधिका (स्त्री.), दीपनी (स्त्री.), दीप्य, दीप्यक, नानख़्वाह, ब्रह्मदर्भा (स्त्री.), भूतिक, भूतीक, यमानिका (स्त्री.), यमानी (स्त्री.), यवज, यवाग्रज, यवानिका (स्त्री), यवानी (स्त्री.), वातारि, शूलहन्त्री (स्त्री.)।

खुरासानी अजवाइन (स्त्री.), तीव्रा (स्त्री.)।

47.13. सं. अजमोदा (स्त्री.), अजमोद, अजमोदिका (स्त्री.), अजगन्धा (स्त्री.), अजगंधिका (स्त्री.), अत्युग्रगन्धा (स्त्री.), उग्रगन्धा (स्त्री.), खराह्वा (स्त्री.), गन्धदला (स्त्री.), गन्धपत्री (स्त्री.), दीप्य, दीप्यक, पूतिमयूरिका (स्त्री.), फलमुख्या (स्त्री.), बड़ी अजवायन, बस्तगन्धा (स्त्री.), बस्तमोदा (स्त्री.), ब्रह्मकुशा (स्त्री.), ब्रह्मकोशी (स्त्री.), मर्कटी (स्त्री.), मोदा (स्त्री.), मोदाढ़्था (स्त्री.), मोदिनी (स्त्री.), लोमकर्कटी (स्त्री.), वस्तगन्धा (स्त्री.), वस्तमोदा (स्त्री.), वह्निदीपिका (स्त्री.), विगंधिका (स्त्री.), विशल्या (स्त्री.), विशाली (स्त्री.), शताह्वा (स्त्री.), शिखिमोदा (स्त्री.), शिखी, सवजा (स्त्री.), हयगन्धा (स्त्री.)।

अजमोदा का पौधा : मायूरी (स्त्री.)।

47.14. सं. जायफल, जाती (स्त्री.), जातीकोश, जातीकोष, जातीपूग, जातीफल, जाति (स्त्री.), जातिकोश, जातिकोष, जातिफल, जातिशस्य, जातिसार, अखरोट जंगली, कोशफल, कोषफल, तृख, द्विधात्मक, पुट, फल, मज्जासार, मदशौण्ड, मदशौण्डक, मालतीफल, लव, शालु, शालुक, शालूक, समुद्रान्त, सुमनःफल, सुरभि, सौमनस।

जायफल का छिलका : जावित्री (स्त्री.), जायपत्री (स्त्री.), जयपत्री (स्त्री.), जातीपत्री (स्त्री.), जाति (स्त्री.), जातिकोशी (स्त्री.), जातिकोषी (स्त्री.), जातिपत्र (स्त्री.), जातिपत्री (स्त्री.), जातिपर्ण, मालतीपत्रिका (स्त्री.), राजभोग्य, सुगन्धपत्री (स्त्री.), सुमनपत्र, सुमनःपत्रिका (स्त्री.), सौमनसा (स्त्री.), सौमनसायनी (स्त्री.)।

जायफल का पेड़ : मालती (स्त्री.)।

47.15. सं. हींग (स्त्री.), हिंग (स्त्री.), हिंगु, हिंगुनिर्यास, अगूढगन्ध, अगूढगन्धा (स्त्री.), अत्युग्र, उग्रगन्ध, गांधी, जन्तुघ्न, जन्तुनाशन, जतुक, जरण, जातुक, दीप्त, पिण्याक, पिन्याक, बाल्हक, बाल्हिक, बाल्हीक, बाह्लिक, बाह्लीक, भूतनाशन, भूतारि, भेदन, रक्षोघ्न, रमठ, रामठ, रामठी (स्त्री.), रामा (स्त्री.), वाह्लि, वाह्लीक, वेलन, शालसार, शूलद्विट्, शूलनाशन, शूलनाशिनी (स्त्री.), शूलहृत्, सहस्रवेधि, सहस्रवेधी, सूपधूपक, सूपधूपन, सूपांग।

बढ़िया हींग : तलाव हींग (स्त्री.)।

घटिया हींग : हींगड़ा।

हींग का पेड़ : हिंगुवृक्ष, हिंगुक, केसर।

हिंगुवृक्ष का पत्ता : हिंगुपत्र।

हींग बेचनेवाला : गांधी

हींग का एक भेद : नाड़ीहींग (स्त्री.), नाडीहिंगु, त्वक्पत्री (स्त्री.), त्वक्पर्णी (स्त्री), दारुपत्री (स्त्री.), पलाशाख्य, पिण्डा (स्त्री.), पिण्डापा (स्त्री.), पिण्डाह्वा (स्त्री.), पृथु (स्त्री), पृथुका (स्त्री.), पृथुला (स्त्री.), पृथ्विका (स्त्री.), पृथ्वीका (स्त्री.), वंशपत्री (स्त्री), वाटिका (स्त्री.), वाष्पका (स्त्री.), वाष्पिका (स्त्री.), वाष्पी (स्त्री.), वाष्पीका (स्त्री.), वेणुपत्रिका (स्त्री.), वेणुपत्री (स्त्री.), शिवाटिका (स्त्री.), श्रुवा (स्त्री.), सुवीर्या (स्त्री), हिंगुनाडिका (स्त्री.), हिंगुपत्री (स्त्री.), हिंगुपर्णी (स्त्री.), हिंगुशिराटिका (स्त्री.), हिंगुशिवाटिका (स्त्री.)।

47.16. सं. कबाबचीनी (स्त्री.), कृतफल, कोरक, कोलक, गोमेद, चीनी कबाब, ध्मांक्षी (स्त्री.), शीतलचीनी (स्त्री.), सुगंधिफल, स्थूलमरिच (स्त्री.)।

कबाबचीनी का एक भेद : कंकोल, कंकोल मिर्च (स्त्री.), कंकोली (स्त्री.), कक्कोल, कक्कोली (स्त्री.), कटुकफल, कोषफल, तैलसाधन, माधवोचित, विद्वेष्य, सुगन्धफल

लघुकंकोल।

कंकोल का पेड़ : गन्धव्याकुल।

47.17. सं. अदरक, अपाकशाक, अंगलोढ्य, आदी (स्त्री.), आर्द्रक, आर्द्रा (स्त्री), उषण, कटुकन्द, कटुभद्र, गुल्ममूल, ग्रंथिल, चान्द्राख्य, महीज, मूलज, राहुच्छत्र, वर, वृश, शाङ्र्ग, शृंग, शृंगवेर, शृंगवेरक, सशाक, सुशाक, सैकवेष्ट, स्वर्णभूमिका (स्त्री)।

ताज़ा अदरक : सुशाकक।

हरा अदरक : आर्द्रशाक, रोल।

अदरक का पत्ता : सच्छाक।

अदरक का पना : सच्चाक।

अदरक का एक भेद : आदीचक।

बड़ा अदरक : बवादा, राजाद्रि।

बन अदरक, ऐन्द्र, महार्द्रक, शठिका (स्त्री.), शठी (स्त्री.)।

सूखा अदरक : सोंठ (स्त्री.), अव्यथा (स्त्री.), इन्द्रभेषज, उषण, उषणा (स्त्री.), ऊषण, औषणशौण्डी (स्त्री.), कन्दर, कटुग्रन्थि (स्त्री.), कफारि, गन्धोली (स्त्री.), चान्द्रक, जंजबील, नागर, नागरक, नागराह्व, महार्द्रक, महौषध, विश्व, विश्वभेषज, विश्वा (स्त्री.), विश्वाह्वा (स्त्री.), विश्वौषध, शुंठि (स्त्री.), शुंठी (स्त्री.), शुष्कार्द्र, शुष्कार्द्रक, शृंग, शृंगवेरक, शोषण, सिम्बा (स्त्री.), हंसच्छद।

47.18. सं. केसर, केशर, कुमकुम, कुंकुम, कुहँकुहँ, कुंकूँ, कश्मीरज, कान्त, काश्मीर, काश्मीरज, काश्मीरजन्मा, काश्मीर्य, कालीयक, कालेय, कावेर, अम्बर,

अग्निशिख, अग्निशेखर, अरुज, अरुण, असृक्, अस्त्र, खल, गौर, घस्त्र, घसृण, चन्दन, चारु, जागुड, जाफरान, दीपक, दीपन, देववल्लभ, धीर, नकुली (स्त्री.), पिण्याक, पिशुन, पीत, पीतक, पीतकावेर, पीतचन्दन, पीतन, पीतवर्ण, पीतिका (स्त्री.), प्रियक, बाल्हक, बाल्हिक, बाल्हीक, रक्त, रक्तक, रक्तसंज्ञक, रक्तांग, रुचिरा (स्त्री.), रुधिर, लसा (स्त्री.), लोहित, लोहितचन्दन, वर, वरवाह्लिक, वरवाह्लीक, वरेण्य, वह्निशिख, वह्निशेखर, वात्स्यपुष्प, वेर, शठ, शोणित, शोणिताहव्य, संकोच, संकोचपिशुन, सुरार्ह, सौरभ, हरिचन्दन।

उत्तम कोटि का केसर : असल केसर। मध्यम कोटि का केसर : मोंगला केसर। निम्न कोटि का केसर : नोबल केसर।

वि. केसरिया, जाफरानी।

47.19. सं. छरीला, छरिला, छारछबीला, जर्जर, तैल, पत्थरफूल, पथरफूल, पलित, बुढ़ना, वृद्ध, शिलाकुसुम, शिलादद्रु, शिलापुष्प, शिलाप्रसून, शिलाभव, शिलासन, शिलेय, शिलोत्थ, शिलोद्भव, शीतपुष्प, शीतपुष्पक, शीतल, शीतशिव, शीवल, शैल, शैलज, शैलजात, शैलसम्भव, शैलाख्य, शैलेय, शैलेयक, सिलावाक, सुभग, स्थविर।

47.20. सं. कपूर, कर्पूर, काफूर, कारमिहिका (स्त्री.), क्षपाकर, क्षपानाथ, क्षपापति, अम्बुज, अंभोज, अब्दसार, अभ्र, इन्दु, ओषधिधर, ओषधिपति, ओषधीश, ग्लौ, घनरस, घनसार, चन्द, चंदिर, चन्द्र, चन्द्रभस्म, चन्द्रमा, चन्द्रसंज्ञ, चदिर, जलद, जलभू, जलभृत्, जलमिसि, जलमुक्, जूतिका (स्त्री.), जैवातृक, तरुसार, ताराभ्र, तुषारकर, तुषारगौर, तुहिन, तुहिनकर, तुहिनकिरण, तुहिनगु, तुहिनद्युति (स्त्री.), तुहिनरश्मि (स्त्री.), तुहिनांशु, द्विजपति, द्विजराज, द्विजेन्दु, द्विजेश, नक्षत्रेश, निशाकर, निशानाथ, निशापति, निशाधीश, निशामणि, निशारत्न, निशिकर, निशिनाथ, निशिनायक, निशिपति, निशीथिनीश, पत्रिकाख्य, पलाशक, पांशु, पांसु, पिंज, पीयूषमयुख, पीयूषमहा, पीयूषरुचि (स्त्री.), पीयूषवर्ष, प्रालेयरश्मि (स्त्री.), प्रालेयांशु, बालुका (स्त्री.), भस्मवेधक, भस्माह्वय, भूतिक, भूतीक, मृगांक, रजनीकर, रसकेसर, राजार्ह, रात्रिकर, रात्रिकार, रात्रिमणि, रेणुसार, रेणुसारक, लक्ष्मीसहज, लक्ष्मीसहोदर, विधु, वेधक, वेरक, शंकरावास, शशधर, शशलक्षण, शशलान्छन, शशांक, शशी, शांभव, शिला (स्त्री.), शीत, शीतकर, शीतप्रभ, शीतमरीचि, शीतमयूख, शीतरश्मि, शीतल, शीतांशु, शीताभ, शुभ्र, शुभ्रांशु, श्वेतधामा, श्वेतबाजी, श्वेतवाहन, सितकर, सितरंज, सितांग, सितांशु, सिताभ, सिताभ्र, सिताभ्रक, सुधांशु, सुधाभृति, सुधामोदक, सोम, सोमसंज्ञ, स्फटिका (स्त्री.), स्फटिकाद्रिभिद, स्फटिकाभ्र, स्फटिकोपम, हिम, हिमकर, हिमबालुक, हिमबालुका (स्त्री.), हिमवालुक, हिमवालुका (स्त्री.), हिमांशु, हिमाभ्र, हिमाह्व, हिमाह्वय।

चीनिया कपूर, चीनी कपूर, चीनक, चीनकर्पूर, चीना, चीनाक, तुषार, द्वीपकर्पूर, धवल, मेघसार।

भीमसेनी कपूर, भीमसेनी, भीमसेन, पोतास, बरास, शंकर।

वि. कपूरी, काफ़ूरी, काफरी।

47.21. सं. पोस्ते का दाना, पोस्ते का बीज, खसखस, खस्खस, खशखाश, खसखास, खसतिल, तिलभेद, सूक्ष्मतण्डुल, सूक्ष्मबीज।

पोस्ते का पौधा, अफीम का पौधा, पोस्त, पोस्ता, खस, खश।

पोस्ते का फल : डोंड़ा, डोंड़ी (स्त्री.), ढेंढ़, ढेंढ़ी (स्त्री.), ढोंढ़, पोस्त।

पोस्ते के फल का दूध : अफीम (दे.528.4)।

वि. पोस्ते के दाने का सा : खसखसा।

पोस्ते के फूल के रंग का : ख़शी (दे.505.2)।

47.22. सं. खटाई (स्त्री.), वृक्षाम्ल।

47.23. सं. नीबू आदि का सुखाया हुआ रस : चूक, चुक, चुक्र, चुक्राम्ल, अम्लसार, दन्तशठा (स्त्री.), बीजाम्ल, रसाम्ल, लवणा (स्त्री.), वृक्षाम्ल।

47.24. सं. पुदीना, पोदीना, पूतिकन्या (स्त्री.), नाना।

पुदीने का अर्क़ : अर्क़नाना।

47.25. सं. करी पत्ता, मीठा नीम (दे.49.6)।

(विविध)

47.26. सं. अम्बर।

47.27. सं. इसबगोल, ईसबगोल, ईसरगोल, सफगोल, स्निग्धजीरक, स्निग्धबीज।

इसबगोल की भूसी।

47.28. सं. कत्था, खैर, खैरसार, खदिर, खदिरसार, खादिर, अद्भुतसार, कुष्ठहृत्, कुष्ठारि, ताम्रसारक, पटीर, मदन, मेध्य, यज्ञांग, याज्ञिक, रंगद, रक्तसार, शल्य, श्वेतसार, सारखदिर।

कत्थे की टिकिया : खिरौरा।

लाल खैर : रक्तखदिर, अस्रखदिर, बहुशल्य।

सफ़ेद खैर : पपड़िया कत्था, पपरिया कत्था, कदर, श्वेतखदिर, सारशस्य, सोमवल्क, सोमवृक्ष, सोमसार।

काला खैर : टुंटुक, तिक्तक, श्यामसार।

तेलियाकत्था।

विट्खदिर, अरिमेद, अहिमारक, अहिमेद, अहिमेदक, गोधास्कन्ध, पूतिमेद, विदुला (स्त्री.), सन्दानिका (स्त्री.)।

यवास, यवासक, असिमेद, गिरिमेद।

क्षुद्रखदिर, अमरज, दुष्खदिर, पत्रतरु, महासार।

मरुसम्भवा (स्त्री.)।

सख।

खैर का पेड़ : खैर, खदिर, कत्था, कथकीकर, कंटकी (स्त्री.), कृष्णसार, क्षितिक्षम, गायत्री (स्त्री.), जिह्मशल्य, जिह्वाशल्य, तिक्तशाक, तिक्तसार, दन्तधावन, पथिद्रुम, पथोर, प्रियसख, बहुसार, बालतनय, बालदलक, बालपत्र, यूपद्रु, यूपद्रुम, रागचूर्ण, वक्रकंटक, सुशल्य।

वि. कत्थई, खैरा (दे.505.12)।

खादिर।

47.29. सं. कालीजीरी (स्त्री.), अरण्यकणा (स्त्री.), जीर्णा (स्त्री.), वनजीर, वृहत्पाली (स्त्री.), सुशवी (स्त्री.), सूक्ष्म कृष्णजीरक।

47.30. सं. ख़ाकशी (स्त्री.), ख़ाकसीर (स्त्री.), ख़ूबकलाँ।

47.31. सं. गन्धकोकिला (स्त्री.), सुगन्धकोकिला (स्त्री.)।

47.32. सं. गुग्गुल, गुग्गुल, गुग्गुलक, गुग्गुर, गूगल, गूगुल, गन्धरस, गंधराज, ग्रन्थिक, उदूखल, उद्दीप, उद्दीप्र, उद्दीप्त, उलूखल, उलूखलक, उष, कालनिर्यास, कुम्भ, कुम्भी, कौशिक, कौशिका (स्त्री.), जटायु, जटाल, दिव्य, दुर्ग, दुर्गाह्व, देवधूप, देवेष्ट, दैत्यमेदज धूप, नक्तंचर, निशाटक, पलंकष, पलंकषा (स्त्री.), पुर, पुरुष, भवाभीष्ट, भूतहर, महनील, मरुदिष्ट, यवनद्विष्ट, यातुघ्न, वंशपीत, वर, शांभव, शिव, श्यामा (स्त्री.), सर्वसह, सिह्ल, सिह्लक, सोमेश्वरस, हिरण्य।

भैंसिया गुग्गुल, महिषाक्ष, महिषाक्षक, माहिषाक्ष।

कणगुग्गुल, कपीगुग्गुल, स्वर्णकण, स्वर्णवर्ण।

भूमिगुग्गुल, दुर्गाह्व।

गुग्गुल का पेड़ : कुम्भी, देववृक्ष, धूना, धूपवृक्ष, पाठीन, सिह्लकी (स्त्री.), सिह्ली (स्त्री.)। गुग्गुल का व्यापारी : गुग्गुलक।

47.33. सं. गोरोचन, गोरोचना (स्त्री.), गोलोचन, गौरी (स्त्री.), गौलोचन, गव्य, गव्या (स्त्री.), कांचनी (स्त्री.), चन्दनीया (स्त्री.), पिंगला (स्त्री.), पिंगा (स्त्री.), पीता (स्त्री.), मनोरमा (स्त्री.), मांगल्यकामा (स्त्री.), मांगल्या (स्त्री.), मेध्या (स्त्री.), रामा (स्त्री.), रुचि (स्त्री.), रोचन, रोचना (स्त्री.), रोचनी (स्त्री.), वन्दनीया (स्त्री.), वन्द्या (स्त्री.), शिवा (स्त्री.), शुभा (स्त्री.), शोभना (स्त्री.), शोभा (स्त्री.), श्यामा (स्त्री.), सिता (स्त्री.)।

47.34. सं. चंचलाख्य, चंचलास्य।

47.35. सं. चमरखा, चर्मकशा (स्त्री.), चर्मकषा (स्त्री.), शणकन्द।

47.36. सं. चरलीता।

47.37. सं. चीड़ा, तरुणी (स्त्री.)।

47.38. सं. चोआ (दे.117)।

47.39. सं. चोबचीनी (स्त्री.), व्याधिनाशन।

47.40. सं. चोर, चोरकंटक, चोरक, दुष्पत्र, पर्णचोरक।

47.41. सं. जनि (स्त्री.), जनी (स्त्री.), जननि (स्त्री.), जननी (स्त्री.), चक्रवर्तिनी (स्त्री.)।

47.42. सं. जमालगोटा, जयपाल, अजयपाल, कानक, कुंभिनीफल, कुंभिनीबीज, घण्टाबीज, चक्रदन्ती (स्त्री.), दन्तिका (स्त्री.), दन्तीबीज, दशानिक, निकुंभारख्यबीज, बीजरेचन, बीजाख्य, मलद्रावी, रेचक, विशोधिनी (स्त्री.), विशोधिनीबीज, शोधनीबीज, सर्पदंष्ट्र, सारक।

47.43. सं जवादि, मृगघर्मज, सुगन्धतैलनिर्यास।

47.44. सं. तूतमलंगा, तुतुमलंगा, बालंगा, बालंगू, तुख्मबालंगू।

47.45. सं. धूना, कलकल, यज्ञधूप, वह्निवल्लभ, सर्ज, सर्जन, सर्जनिर्यासक, सर्जमणि, सर्जरस, सर्वरास, सालरस, सालवेष्ट (दे.49.12), सुरभि, सुरस, सुरेष्टक, सूक्ष्मतण्डुला (स्त्री.), सूत्रमध्यभू, स्वर्णकण्डु।

धूने का पेड़ : धूना।

47.46. सं. धूप : काष्ठ; कृत्रिम; गन्ध; चूर्ण; निर्यास (दे.117) : तैलपर्णिका (स्त्री.), तैलपर्णी (स्त्री.), मेरुक।

47.47. सं. नख, नखरी (स्त्री.), नखांक, नखांग, नखी (स्त्री.), नटी (स्त्री.), नागहनु, निद्रालु, अंजनकेशी (स्त्री.), करज, कूटस्थ, कोलदल, खपुर, खुर, गन्धराजी (स्त्री.), चक्रकारक, चक्रनख, चक्रनायक, चक्री, चिल्लभक्ष्या (स्त्री.), द्वीपिनख, पाणिज, बगनहा, बघनखा, बृहन्नखी (स्त्री.), मरुज, वज्रकारक, व्याघ्रतल, व्याघ्रतला (स्त्री.), व्याघ्रदल, व्याघ्रदला (स्त्री.), व्याघ्रनख, व्याघ्रनखक, व्याघ्रनखी (स्त्री.), व्याघ्रपुष्प, व्याघ्रायुध, व्याडायुध, व्याधिखड्ग, व्यालकरज, व्यालखड्ग, व्यालनख, व्यालपाणिज, व्यालप्रहरण, व्यालबल, व्यालवल, व्यालायुध, शंख, शंखनख, शंखनखा (स्त्री.), शंखनखी (स्त्री.), शंखाख्य, शुक्ति (स्त्री.), सिंबा, हट्टविलासिनी (स्त्री.)।

47.48. सं. नली (स्त्री.), नलिका (स्त्री.), नलिनी (स्त्री.), निर्मध्या (स्त्री.), नर्तकी (स्त्री.), आध्मानी (स्त्री.), कपोतचरणा (स्त्री.), कपोतवाणा (स्त्री.), कपोतांध्रि (स्त्री.), रक्तदला (स्त्री.), रुद्रा (स्त्री.), विद्रुमलता (स्त्री.), विद्रुमलतिका (स्त्री.)।

47.49. सं. बोल, गन्धरस, गोप, गोपरस, गोस, पिण्ड, पिण्डक, पिण्डगोस, पिष्ट, प्राण, मुर, मुरमक्की, रक्तापह, रस, रसगन्ध, रसगन्धक, रसामग्न, रसाल, विदुल, व्रणारि, सुरसा (स्त्री.)।

47.50. सं. मुरा (स्त्री.), मुरामासी (स्त्री.), एकांगी (स्त्री.), गन्धकुटी (स्त्री.), गन्धवती (स्त्री.), भूतगन्धा (स्त्री.), भूरिगन्धा (स्त्री.), शालपर्णिका (स्त्री.)।

47.51. सं. मुश्कदाना, मृगमदवासा (स्त्री.), कस्तूरी मल्लिका (स्त्री.), कस्तूरी वल्लिका (स्त्री.), लताकस्तूरिका (स्त्री.), लताकस्तूरी (स्त्री.)।

47.52. सं. राल (स्त्री.), अराल, अग्निवल्लभ, कललल, तीक्ष्णतैल, धूनक, पीताह्व, शीतल, सालै गुग्गुल, सुकुन्द, सुगन्ध, सुरधूप, सुराल।

राल का पेड़ : राल (स्त्री.)।

तेल मिली हुई राल : करायल, कराल।

रजन, श्रीवेष्ट, श्रीवेष्टक।

47.53. सं. लोबान, लोहबान, करेनर, करेवर, गोस, तीक्ष्णगन्ध, तुरुष्क, दधित्थरस, दधित्याख्य, धूम्रवर्ण, पद्मदर्शन, पावन, पिण्ड, पिण्डक, पिण्डतैल, पिण्डतैलक, पिण्डात, पिण्डाभ, पिण्डित, पिण्याक, पीतसार, यावन, रसा (स्त्री.), रसाल, सिह्ल, सिह्लक, सिह्लकी (स्त्री.), सिह्ली (स्त्री.)।

लोबान का पौधा : हस्त्याशन।

वि. लोबानी।

47.54. सं. वेदिका (स्त्री.), अंकपालिका (स्त्री.), अंकपाली (स्त्री.)।

47.55. सं. शिलारस, शल्लकीद्रव, शल्लकीरस, कपि, कपिल, कपितैल, तैलाख्य, पावन, यावनकल्क, रसमाला (स्त्री.), सिलारस, सिह्ल, सिह्लक, सिह्लसार, सिह्ल, सिह्लक, सुगंधिकृत।

शिलारस का पेड़ : सिल्ह, सिल्हभूमिका (स्त्री.), सिल्हकी (स्त्री.)।

47.56. सं. सुगन्धबाला (स्त्री.), समंगा (स्त्री.), अम्बु, कुन्तल, जल, नेत्रबाला (स्त्री.), पर्णीर, बाल, बालक, बाला (स्त्री.), वारि, वारिद, वारिबालक, शटि (स्त्री.), शटी (स्त्री.), ह्रीवेर, ह्रीवेल, ह्रीवेलक।

47.57. सं. हपुषा (स्त्री.), हाऊबेर, ध्मांक्षनाशिनी (स्त्री.), वपुषा (स्त्री.)।

48. अनाज

सं. अनाज, अन्न (दे.77), अक्षत, कांचनक, गल्ला, गारित्र, जीवसाधन, दाना, धाना, धान्य, नाज, बीजरुह, ब्रीहि, भोगाहर्य, व्रीहि, शस्य, सस्य।

छिलकेवाला अन्न : तुषधान्य, सतुष।

कँगनी जैसा सूक्ष्म अन्न : अणु, अणुक।

साँवा, कोदों आदि मोटा अन्न : कदन्न, कुधान्य, क्षुद्रधान्य, अनणु, तृणधान्य।

न खाने योग्य : अनन्न।

अनाज के पौधे की मंजरी : धान्यशीर्षक (दे.40)।

धान्यशूक (दे.40)।

छीमीवाला अन्न : द्विदल धान्य, द्विदलान्न, शमि (स्त्री.), शमीजाति (स्त्री.), शमीधान, शमीधान्य, शिम्बा (स्त्री.), शिंबिजा (स्त्री.), शिम्बीधान्य, सिम्बा (स्त्री.), सिंबिजा (स्त्री.)।

दलहन।

दाल (स्त्री.), दिकली (स्त्री.), शिंबिजा (स्त्री.), सीतीनक, सीतीलक।

दलहन का डंठल : कण्डकर, कण्डगर।

दाल का व्यापारी : दलहरा।

तेलहन, तिलहन, तैलधान्य।

खली (स्त्री.) (दे.464)।

अनाज का वह बढ़ा हुआ पौधा जिसमें दाने कम पड़े हों : करहँज, काकयव।

चारे के काम आने वाला ज्वार/बाजरे का डंठल : छौरा।

अनाज के पौधे में बाल लगना : गरभाना–,अड़रना–,रेंड़ना–।

दला हुआ अन्न : अरदावा।

कच्चे अन्न का चूर्ण : आमपेष।

गल्ले की सरकारी खरीद : गल्ला वसूली (स्त्री.), अन्नोपलब्धि (स्त्री.), procurement.

वि. अन्न से भरा : अन्नमय।

48.1. सं. गेहूँ, गोहूँ, गोधूम, गन्दुम, गन्धविह्वल, अपूप, कनिक, निस्तुषक्षीर, बहुदुग्ध, भूजम्बू, म्लेच्छभोजन, म्लेच्छान्न, यवन, रसाल, रसालसा (स्त्री.), शितशूक, शुक्रद, सितशिंबिक, सुमन, सुमना।

गेहूँ का डंठल, नरई (स्त्री.); गेहूँ की बाल।

गेहूँ के प्रमुख पुराने भेद : कफली, खपली, गोधी; कट्ठा; कठिया, ललिया; खेरी; गंगाजली; जमाली; जमालिया; जवगोधी; दाऊदिया, दाऊदी; दूधिया; पम्मल; पिसिया, पिस्सी; बंसी; बखशी; बाँसी; मधूली; मुँगेरी; मुँड़िया; सहरिया।

चना मिला हुआ गेहूँ : अधचना, गोचना, गोचनी (स्त्री.)।

जौ मिला हुआ गेहूँ : अधगोहुआँ, गोजई (स्त्री.)।

जौ, चना, मटर आदि मिला हुआ गेहूँ : बेझड़, बेझरा।

आटा, आपूप्य, अपूप्य, कणिक, कनक, कनिक, क्षुद, गोधूमचूर्ण, चून, चूर्ण, पिष्ट, पिष्टि (स्त्री.), पिसान, भसमा (सधुक्कड़ी), समिता (स्त्री.)।

महीन आटा।

मोटा/दरदरा आटा : रई (स्त्री.)।

गेहूँ आदि का छिलका जो आटे को छानने से छलनी में रह जाती है : चोकर, चापट, चापड़ (स्त्री.), चापर।

मैदा, समीद, आपूप्य।

सूजी (स्त्री.), रई (स्त्री.)।

गेहूँ का सत : गोधूमसार, निशास्ता।

गेहूँ का दलिया।

गेहूँ का पौधा : यवज।

गेहूँ में लगनेवाला कीड़ा : खपड़ा।

वि. गेहुँआ, गन्दुमी।

गेहूँ के आटे का बना हुआ : सामित।

48.2. सं. जौ, जउआ, जव, यव, यवक, यावक, अक्षत, कंचुकी, तीक्ष्णप्रिय, तीक्ष्णशूक, तुरंगप्रिय, दिव्य, धान्यपति, धान्यराज, पवित्रधान्य, प्रवट, प्रवेट, प्रावट, मेध्य, शतपर्विका (स्त्री.), शितशूक, शीतशूक, श्वेतशुंभ, श्वेतशृंग, सितशूक, हयप्रिय, हयेष्ट।

जौ के प्रमुख पुराने भेद : अतियव; वनाश; स्तोक्य।

हरा जौ : तोक्म।

ख़राब जौ : यवानिका (स्त्री.), यवानी (स्त्री.)।

भूसी निकाला हुआ जौ : गुर्री (स्त्री.), शाचि, शाचिव।

मटर/कलाय मिला हुआ जौ : जौकेराई (स्त्री.), मटराला।

जौ का अँखुआ : जई (स्त्री.), जरई (स्त्री.), जयन्ती (स्त्री.), जवारा, तोक्म।

जई डालना–।

जौ का डंठल : यवनाल।

जौ का टूँड़ : यवाग्र।

उबाला हुआ जौ : यवान्न।

कूटा हुआ जौ : जौकुट, जौकोव।

जौ का माँड़ : यवमण्ड।

जौ की काँजी : यवाम्ल, यवागू।

भूना हुआ जौ : धाना, धानी (स्त्री.)।

जौ का सत्तू : यवमंथ, याव, यावक।

जौ का आटा : यवक्षोद, यवचूर्ण, यवपिष्ट।

बिना कूटे जौ का आटा : अखरा।

जौ का मोटा आटा : अघेरन।

जौ की बनी हुई चीज़ : यावक।

जौ की शराब : यवमद्य, यवसुर।

जौ में लगनेवाला कीड़ा : सुसुड़ी (स्त्री.), सुरसुरी (स्त्री.)।

जौ के पौधों का रोग : करंजुवा।

वि. जौ से बनाया हुआ : याव।

48.3. सं. जई (स्त्री.), कुसुमोदर, हयप्रिय, हयेष्ट, oat।

जई का बाटा, oatmeal।

48.4. सं. धान, धान्य, धान्योत्तम, कंचुकी (स्त्री.), मधुर, ब्रीहि, लांचुल, व्रीहि, शालि, सीत्य, स्तम्बकरि।

बोरो धान, बोरो, कुल्माष, नदीनिष्पाव, मुण्डधान्य, मुण्डनक, मुण्डनिका (स्त्री.), मुंडशलि, म्लेच्छभोजन, यावक।

भदईधान, आउस, आशु, आशुव्रीहि, ओसहन, गर्भपाकी (स्त्री.), पाटल, पाटलि, यावक, वृही, व्रीहि, षष्टिक, षष्टिका (स्त्री.), षष्टिव्रासरज, षष्टिशालि, षष्टिहायन, षष्टीहायन, साठा, साठी, साखि।

अगहनिया धान, अगहनी धान, आमन, चहोरा, रोपुवा, सेल्हा।

जड़हनिया धान, जड़हन, कलम, कैदार, गौरशालि, धान्योत्तम, नृपप्रिय, रुच्य, व्रीहिश्रेष्ठ, शालि, शालिधान्य, सुकुमारक, सुजातका (स्त्री.), हैमन्तिक।

मोटा धान, स्थूलशालि।

बहुत बढ़िया धान : कलमोत्तम।

सोरों धान, सूक्ष्मशालि।

जंगली धान : तुम्बा, सैब्या (स्त्री.)।

धान के प्रमुख पुराने भेद : अंजना (स्त्री.); अनन्दी; कंकर; कड़हन; कनकजीरा; कपूरकाट; करंगा; करगही (स्त्री.); करमोद; करहनी (स्त्री.); कलामक; काकलक; कालाकन्द; कुआरी; कोरहन; गजकेसर; जिरिया; झिनवा; तिरिम; तिरिय; तिलवासिनी (स्त्री.); तुलसीवास; दखिनहवाँ; दलगंजन; दुद्धी (स्त्री.), पाण्डुक; पीतकेदार; फूलविरंज; बगरी (स्त्री.), बजरबोंग; बड़हन; बासफूल; मोतीचूर; रमकजरवा; रमदी; राजभोग; रानीकाजर; रामजमनी (स्त्री.), रामजवाइन; रामबिलास; रायभोग; रीगन; रेंड़ा; रैदासी; लटजीरा; लटेरा; लाँजी (स्त्री.); विरंजफूल; श्यामजीरा; सुग्गापंखी (स्त्री.); सेवँड़ी (स्त्री.); सोंधी (स्त्री.)।

अणुव्रीहि; कुक्कुटाण्ड; कुक्कुटाण्डक; दीर्घशूक; पुण्डरीक; पुष्पाण्ड; भूसीकर; मकुष्ठ; राजप्रिया (स्त्री.); राजशालि; राजान्न; राजार्ह; राजेष्ट; बर्चटी (स्त्री.); श्यामशालि; सितेतर; सूकरक; ह्रस्वतण्डुल।

उबाला हुआ धान : भुजिया (कर. बैठा.)।

धान आदि का छिलका : भूसी (स्त्री.), कुकस, कुकूल, कूकस, तुच्छ, तुच्छधानक, तुष, तुस, तुसी (स्त्री.), तुस्त, तूस, तूसा, धान्यकल्क, धान्यत्वक्, धान्यास्थि (स्त्री.), बीजगुप्ति (स्त्री.), बुष, बुस, सतेर।

धान का पैधा : धान।

धान का डंठल (दे.39)।

धान की फसल को लगनेवाला रोग : कटरी (स्त्री.); काँसी (स्त्री.)।

धान में लगनेवाला कीड़ा : कपटा।

धान आदि का सूखा हुआ डंठल : पयाल, पुआल, पलाल, खड।

चावल, चाउर; गारित्र, तण्डुल, धान्यपति, धान्यसार, बिरंज, ब्रीहि, भाक्त, लाजा (स्त्री.), व्रीहि, शालि।

बासमती, कैदार, गन्धतण्डुल, गन्धशालि, महाशालि, शालि, शालिधान, सुगन्ध, सुगन्धशालि, सुगन्धाढ्या (स्त्री.), सुगंधिक, सुरभी (स्त्री.)।

दाऊदखानी, रक्तशालि, शकुनाहृत, शकुनाहृता (स्त्री.)।

साठी, सुगन्धक, स्निग्धतण्डुल।

कतक; जीरावती (स्त्री.); तिलकचन्दन; मन्सूरी; सोनम।

चावल के प्रमुख पुराने भेद : कर्दमक; क्षविका (स्त्री.); झीमासारी; नीलावती (स्त्री.); बालम; रमाली; रामभोग; लांगल।

हंसराज चावल, शालिराट्।

मोटा चावल, स्थूलतण्डुल।

पानी में भीगा हुआ चावल : लाज।

बिना उबाले धान का चावल : अरवा, शुक्लौदन।

उबाले हुए धान का चावल : भुजिया, सेला, उसना चावल, तरुआ।

अखण्डित चावल : अक्षत।

चावल का ढेर : तण्डुलौघ।

चावल का दाना : व्रीहि, शालिकण।

टूटा हुआ चावल : खण्डा, कनकी (स्त्री.)।

चावल, दाल आदि का छोटा टुकड़ा : खुद्दी (स्त्री.), किनका, धाना।

चावल का आटा : चौरेठा, चौरठा, चौरठ, शमिता (स्त्री.), शालिचूर्ण, शालिपिष्ट।

पानी मिलाकर पीसा हुआ चावल : चौरेठा, पिष्टिक।

पीसे हुए चावल का घोल : पिष्टोदक।

वह स्थान जहाँ धान्य न पैदा हो : अधान्यवाय।

वि.धानी (दे.505.4)।

धानवाला : व्रीहिक, व्रीहिल।

चावल का बना हुआ : व्रैह, व्रैहेय।

भूसीवाला : सतुष।

बिना भूसी का : अतुष।

48.5. सं. चेना, चेन, चीन, चीनक, चीना, बहुदल, रली (स्त्री.), लघुपाकी, व्रीहिभेद, व्रीहिराजिक, स्थूलप्रियंगु।

48.6. सं. साँवा, साँवक, सावाँ, सामाँ, सामा, सुकुमार, अणुव्रीहि, तृणधान्य, तृणबीज, त्रिबीज, प्रसातिका (स्त्री.), राजधान्य, वीरवृक्ष, श्याम, श्यामक, श्यामाधान।

48.7. सं. कोदों, कोदो, कोदरा, कोदव, कुद्रव, कोद्रव, कोरदूष, कोरदूषक, मदनाग्रक।

जंगली कोदों, वनकोद्रव, उद्दालक।

48.8. सं. रागी, कोद्रा, गुच्छकणि, मकरा, मडुआ, वरट, स्थूलकंगु।

48.9. सं. तिन्नी (स्त्री.), तिन्नी धान, तीनी (स्त्री.), तृणधान्य, तृणान्न, तृणोद्भव, उच्चय, ओडिका (स्त्री.), ओडी (स्त्री.), नीवार, न्यार, पसारी, प्रसाधिका (स्त्री.), मुनिधान्य, वनव्रीहि।

तिन्नी का चावल : पसही (स्त्री.), मुनिभक्त, मुनिभोजन, मुन्यन्न।

तिन्नी का पौधा : तिन्ना, नीवारलता (स्त्री.)।

48.10. सं. कँगनी (स्त्री.), कंगु, कंगुनी (स्त्री.), क्वंगु, कंकु, ककुनी (स्त्री.), काँगनी (स्त्री.), काँक, काँकुनी (स्त्री.), काककंगु, काकुन, कारंभा (स्त्री.), कुटकी (स्त्री.), गन्धफला (स्त्री.), गन्धफली (स्त्री.), गुन्द्रा (स्त्री.), गोवन्दनी (स्त्री.), गौवन्दनी (स्त्री.), गौरीपुष्प, चीनक, टाँगुन (स्त्री.), पीततण्डुल, पीता (स्त्री.), प्रियंगु (स्त्री.), प्रियंगू, प्रियक, प्रियवर्णी (स्त्री.), प्रियवल्ली (स्त्री.), फलिनी (स्त्री.), फली (स्त्री.), भंगुरा (स्त्री.), महिला (स्त्री.), महिलाह्वया (स्त्री.), रसा (स्त्री.), रसायनवरा (स्त्री.), लता (स्त्री.), वरक, वरवर्णिनी (स्त्री.), वाराही (स्त्री.), विश्वकसेना (स्त्री.), विष्वकसेनकान्ता (स्त्री.), विष्वकसेनप्रिया (स्त्री.), विष्वकसेना (स्त्री.), वृत्तांगी (स्त्री.), वृत्ता (स्त्री.), वेल्लगिरिका (स्त्री.), श्यामा (स्त्री.), सर्वगा (स्त्री.), सर्वतःशुभा (स्त्री.), सहदेवा (स्त्री), स्त्र्याख्या (स्त्री.)।

48.11. सं. कूट्टू, कुल्टू, काठू, कोटू, कसपत, फाफर, रजगीर।

कूटू का पौधा : कसपत।

48.12. सं. ज्वार (स्त्री.), जुआर (स्त्री.), जोंताला (स्त्री.), जुंडी (स्त्री.), जूर्णाह्वय, इक्षुपत्र, दीर्घनाल, दीर्घशर, दुग्धबीजा (स्त्री.), दृढत्वक्, देवधान्य, यवनाल, यावनाल, योनल, रक्तजूर्ण, वृत्ततण्डुल, वृहद्धान्य, वृहद्वात, व्रीहितुंदिका (स्त्री.)।

छोटे दाने की ज्वार : जोन्हरी (स्त्री.), जोन्दरी (स्त्री.), जोंधरी (स्त्री.)।

सफ़ेद ज्वार : तारतण्डुल।

ज्वार के पुराने भेद : रिंगनी (स्त्री.); सुंधिया (स्त्री.)।

उबाली हुई ज्वार : महेरी (स्त्री.)।

मक्का, मकई (स्त्री.), मक्की (स्त्री.), जोंधरी (स्त्री.), बड़ी जोन्हरी, याविक।

ज्वार, मकई आदि की हरी बाल : भुट्टा।

ज्वार आदि की बाल जिसके दाने मारे गये हों : आगड़ा।

ज्वार, मकई आदि का डंठल : मकरेड़ा।

48.13. सं. बाजरा, बाजड़ा, बजड़ा, बजरा, बजरी (स्त्री.), जोंधरी (स्त्री.), जोंधड़िया (स्त्री.), साजक।

छोटे दाने का बाजरा : राली (स्त्री.), इक्षुपत्र, वर्णभेदिनी (स्त्री.)।

बाजरे की पकी हुई बाल : अँडिया।

48.14. सं. चना, चनक, चणक, चण, कंचुकी, कुल्माष, छोला, बालभोज्य, मुण्डचणक, रसाली, वाजिभक्ष, वातल सकलप्रिय, सुगन्ध, हरिमंथ, हरिमंथक, हरिमंथज।

काला चना : कृष्णकंचुक।

काबुनी चना।

हरा चना : बूट।

अंकुरित चना : अँकुरी (स्त्री.)।

चने का पौधा : बूट।

चने का फलदार पौधा : होरहा।

चने की फसल का कीड़ा : खपरिया;

चने की फली : घेंटी (स्त्री.), ढेंढी (स्त्री.)।

चने की अपुष्ट घेंटी : चटका, पपटा।

आग पर भूना हुआ हरा चना : होरहा।

चने/मटर की भूनी हुई अधपकी फली : होलक।

चने की दाल : दिकली (स्त्री.)।

चने का आटा : बेसन, आपूप्य, द्विदलचूर्ण, पिष्टवर्ति (स्त्री.), वेसन।

वि. बेसनी।

48.15. सं. मटर, मधुर, मुण्डचणक, अतिवर्तुल, खण्डिक, त्रिपुट, निण्डिका (स्त्री), नीलक, वर्तुल, शमन, सातीन, सातीनक, सातीलक, हरेणु, हरेणुक।

काबुली मटर, काबुली; कबिली (स्त्री.)।

कलाय, कलाई (स्त्री.), केराव, खण्डिक, सतीन, सतीनक, सतील, सतीलक, सतीला (स्त्री.), सातीन, सातीनक, सातीलक।

केराव का बना भोजन : खण्डिका (स्त्री.)।

मटर की फली : छीमी (स्त्री.) (दे.45.38)।

मटर की दाल : सूद।

खेसारी (स्त्री.), खिसारी (स्त्री.), खंजकारी, केसारी (स्त्री.), कसारी (स्त्री.), चटरी (स्त्री.), चपरी (स्त्री.), चिपटैया मटर, तेउरा, तेवड़ा, तेवरा, त्रिपुट, त्रिपुटक, त्रिपुटी (स्त्री.), दुबिया मटर, बटुरी (स्त्री.), लतरी (स्त्री.) सुस्ता (स्त्री.)।

48.16. सं. अरहर (स्त्री.), रहर (स्त्री.), रहरि (स्त्री.), रहरी (स्त्री.), आढक, आढकी (स्त्री.), तुअर (स्त्री.), तुवर, तुवरिका (स्त्री.), तुवरी (स्त्री.), तूबरी (स्त्री.), तूवरिका (स्त्री.), तूवरी (स्त्री.), तोमरिका (स्त्री.), तोर, तालक, तूर, पीतपुष्पा (स्त्री), मृतालक, मृत्ताल, मृत्तालक, वरणा (स्त्री.), वर्णा (स्त्री.), वर्या (स्त्री.), वृत्तबीजका (स्त्री), वृत्तबीजा (स्त्री.), शणघंटिका (स्त्री.), शणपुष्पिका (स्त्री.), शणपुष्पी (स्त्री.), शणिका (स्त्री.)।

अरहर के प्रमुख पुराने भेद : छोटी दालवाली अरहर : रइमुनिया (स्त्री.), बड़ी दालवाली अरहर : अरहरा; चैती (स्त्री.); देव; नली (स्त्री.); पलवा; मघवा; मिही (स्त्री); हरोना।

अरहर का पौधा : तूअर।

अरहर का सूखा डंठल : रहठा, रहरेठा, कड़िया (स्त्री.), काड़ी (स्त्री.)।

अरहर का नरम डंठल : लौद, लौदरा।

48.17. सं. उरद, उड़द, उर्द, कुरविन्द, कुरुविन्द, धान्यवीर, पितृभोजन, पित्र्य, पुरीषम, बलाढ्य, मरुत्कर, मांसल, माश, माष, माषक, माषकलाय, यावक, वृषाकर, सूक्ष्यं।

बड़ा उरद : नीलमाष, बर्बट, बर्बटी (स्त्री.), महामाष, राजमाष।

छोटा उरद : उड़दी (स्त्री.), उरदी (स्त्री.), तिनपखिया (स्त्री.)।

जंगली उरद : अश्वपुच्छी (स्त्री.), आर्द्रमाषा (स्त्री.), उर्दपर्णी (स्त्री.), ऋषिप्रोक्ता (स्त्री.), कल्याणी (स्त्री.), घना (स्त्री.), पर्णिनी (स्त्री.), पाण्डुरा (स्त्री.), पाण्डुलोमशा (स्त्री.), पाण्डुलोमा (स्त्री.), बनउर्दी (स्त्री.), मषवन, महासहा (स्त्री.), मांसमासा (स्त्री), माषपत्रिका (स्त्री.), माषपर्णी (स्त्री.), लोमशपर्णिनी (स्त्री.), लोमशपर्णी (स्त्री.), वज्रमूली (स्त्री.), वनमाष, विसारिणी (स्त्री.), शालिपर्णी (स्त्री.), शूर्पपर्णी (स्त्री.), सिंहचित्रा (स्त्री.), सिंहपत्रा (स्त्री.), सिंहपुच्छी (स्त्री.), सिंहमुखी (स्त्री.), सिंहवदना (स्त्री.), सिंहविन्ना (स्त्री.), सिंहवृन्ता (स्त्री.), स्थिरा (स्त्री.), स्वादुमाषी (स्त्री.), हंसमाषा (स्त्री.), हयपुच्छिका (स्त्री.), हयपुच्छी (स्त्री.)।

उरद का आटा : धुआँस (स्त्री.), धुवाँस (स्त्री.), धूमसी (स्त्री.), चमस, पिष्टवर्ति (स्त्री.), बेगर।

उरद की दाल : वीजकर।

उरद की बिना छिलके की दाल : धोई (स्त्री.)।

भिगोकर पीसी हुई उरद की दाल : पीठी (स्त्री.), चमसि (स्त्री.), चमसी (स्त्री)।

48.18. सं. कुलथी (स्त्री.), कुलथ, कुलत्थ, कुलत्थिका (स्त्री.), कुल्माष, कालवृन्त, कुम्भकारिका (स्त्री.), कुम्भकारी (स्त्री.), खुलती (स्त्री.), ग्वार (स्त्री.), ताम्रबीज, ताम्रवृन्त, ताम्रवृक्ष, ताम्रसार, सितेतर; मुँगरा चावल।

लाल कुलथी (स्त्री.), सुराष्ट्रज, शमिज, शमिजा (स्त्री.)।

बनकुलथी (स्त्री.), अवी (स्त्री.), कुरुबिल्वक, कुलाली (स्त्री.), कुल्माष, चाकसू बनार, वनज।

48.19. सं. मूँग (स्त्री.), मुद्ग, बलाट (स्त्री.), रसोत्तम, वर्णार्ह, वलाट, वाजिभोजन, सुफल, सूपश्रेष्ठ, सौख्यदायक, हयानन्द।

सोनामूँग (स्त्री.), स्निग्धमुद्ग, पीतमुद्ग, प्रवेल, मुक्तिप्रद, राजमुद्ग।

काली मूँग, कृष्णमुद्ग, माधव, शिंबिक, सुराष्ट्रज।

हरी मूँग, भूफल।

मूँग का बहुत कड़ा दाना : चोरमूँग (स्त्री.)।

मोठ, मोट, मोथी (स्त्री.), मकुष्ट, मकुष्टक, मकुष्ठ, मकुष्ठक, मयष्ट, मयष्टक, मयुष्ट, मयुष्टक, मार्जारगन्धा (स्त्री.), मुँगवन, मुगवन, मुगाली (स्त्री.), मुद्गपर्णी (स्त्री),

मुद्गवन, मुद्गष्ट, मुद्गष्टक, मुकुष्ट, मुकुष्टक, मुकुष्ठ, मुकुष्ठक, कुलीनक, कृमीलक, खण्डी, निगूढ, बनमूँग (स्त्री.), वनजा (स्त्री.), वनमुद्ग, वनमुद्गा (स्त्री.), वन्या (स्त्री.), वरक, वल्गुपत्र, शिंबिपर्णिका (स्त्री.), शिंबिपर्णी (स्त्री.), शिम्बी (स्त्री), शूर्पपर्णी (स्त्री.), सहरसा (स्त्री.), सहा (स्त्री.), सहाद्वय, सिम्बी (स्त्री.), सिंही (स्त्री), सूपपर्णी (स्त्री.), स्थिरा (स्त्री.)।

मूँग की बिना छिलके की दाल : धोई (स्त्री.)।

मूँग का आटा : बेगर।

वि. मूँगिया (दे.505.4)।

48.20. सं. मसूर, मसूरा, मसूरी (स्त्री.), मसुर, मसुरी (स्त्री.), मसरा (स्त्री.), मंगल्य, मंगल्यक, अदस, कल्याणबीज, गभोलिक, ताम्बुलराग, पित्तभैषज, पृथुबीजक, मधुरा (स्त्री.), रागदालि, वनसंकट, ब्रीहिकंक, ब्रीहिकांचन, शूर, सूर।

48.21. सं. सात अनाजों का मेल : सतन्नजा, सतनजा।

48.22. सं. कई दालों को एक साथ पीसकर बनाया हुआ आटा : मिस्सा।

48.23. सं. सरसों (स्त्री.), सर्सों (स्त्री.), सरिषप, सर्षप, सर्शफ़, सरशफ़, आसुरी (स्त्री.), तन्तुक, तन्तुम, तिक्तगन्धा (स्त्री.), तिक्तगंधिका (स्त्री.), बिम्बट, भूतनाशन, मुष्ठक, राजी (स्त्री.), राड़ा, लाही (स्त्री.), विंबट, सुतीक्ष्णका (स्त्री.)।

पीली सरसों, सफ़ेद सरसों, अनघ, अनद्य, अर्शोघ्न, अर्शोहर, कण्डुघ्न, कटुस्नेह, गौरसर्षप, गौरिक, गौरिल, तीक्ष्णक, देवसर्षप, निर्जरसर्षप, रक्तपत्र, रक्षोघ्न, सर्षपा (स्त्री.), सर्षपी (स्त्री.), सितसर्षप, सितसिद्धार्थ, सितसिद्धार्थक, सिद्धार्थ, सिद्धार्थक, सिद्धार्था (स्त्री.), सिद्धिसाधक, सुरसर्षपक, सूक्ष्मदल, सूक्ष्मपत्र।

लाल सरसों (स्त्री.), रक्तसर्षप।

सरसों का दाना : सर्षपकण।

सरसों का पौधाः रक्तमूलक।

राई (स्त्री.), राजक्षवक, राजसर्षप, राजि (स्त्री.), राजिका (स्त्री.), राजी (स्त्री.), असुरी (स्त्री.), आसुरी (स्त्री.), कटुक, कृष्णक, कृष्णा (स्त्री.), कृष्णिका (स्त्री.), क्षव, क्षवक, क्षुतक, तीक्ष्णगन्धा (स्त्री.), तीक्ष्णफला (स्त्री.), तीव्रा (स्त्री.), दीर्घशिंबिक, प्रियंगु, मधुलिका (स्त्री.), व्यष्टक, सूरी (स्त्री.)।

घोड़राई (स्त्री.)।

तोरी (स्त्री.), तोरिया (स्त्री.)।

सरसों का तेल (दे.464)।

वि. सरसों-सम्बन्धी, सार्षप।

48.24. सं. तिल, तिली (स्त्री.), तिल्ली (स्त्री.), पापघ्न, पितृतर्पण, पूतधान्य, स्नेहगर्भ, स्नेहपूर, स्नेहफल, स्नेहरंग, हेमधान्य, होमधान्य।

सफ़ेद तिल, तैलपिंज।

जंगली तिल, जर्तिल, जर्हिल, दलाढक।

तिल का पौधा, तिल, तिलक, तैलफल, अतुल, पवित्र, मुखमण्डनक, साराल।

तिल का बाँझ पौधा : तिलपिंज, तिलपेज, वंध्यतिल, षण्डतिल।

तिल का फूल, तिलपुष्प, तिलपुष्पक, वज्रपुष्प, शिव, सूर्यकान्ति (स्त्री.)।

तिल का पत्ता, तिलपर्ण।

तिल का दाना, तिलकण।

तिलचूर्ण, तिलकट, तिलकल्क।

तिल की पीठी, तिलपिच्चक।

तिल का तेल (दे.464)।

वि. तिलचूर्ण से बना हुआ : पालल।

48.25. सं. अलसी (स्त्री.), अरसी (स्त्री.), अतसी (स्त्री.), उमा (स्त्री.), एकमूला (स्त्री.), क्षुमा (स्त्री.), क्षौम, क्षौमी (स्त्री.), चणका (स्त्री.), तीसी (स्त्री.), देवी (स्त्री.), नीलपुष्पा (स्त्री.), नीलपुष्पिका (स्त्री.), पार्वती (स्त्री.), पिच्छिला (स्त्री.), मदगन्धा (स्त्री.), मसीना (स्त्री.), मसृणा (स्त्री.), रुद्रपत्नी (स्त्री.), सुनीला (स्त्री.), सुवर्चला (स्त्री.), हैमवती (स्त्री.)।

अलसी का फूल : विषपुष्प।

अलसी के फूल का पराग : उमाकट।

अलसी का तेल (दे.464)।

अलसी के रेशों से बना कपड़ा : क्षौम।

वि. अलसी से बना हुआ : क्षौम।

48.26. सं. रेंड़ी (स्त्री.), अण्डी (स्त्री.), एरंडबीज।

रेंड़ी का पेड़ : रेंड़, अण्डी (स्त्री.), अमंगल, अमण्ड, अरण्ड, असार, आमण्ड, आमन्त्र, इष्ट, उरुबु, उरुबुक, उरुबूक, उरुवुक, एरण्ड, एरण्डक, कंटकफल, गन्धर्व, गन्धर्वहस्त, गन्धर्वहस्तक, चंचु, चित्र, चित्रक, तरुण, तुच्छद्रु, त्रिपुटी, दीर्घदण्ड, दीर्घदण्डक, दीर्घपत्र, नागकर्ण, पंचांगुल, मण्ड, रवक, रुवु, रुवुक, रुवूक, रूबुक, वरण्डालु, वर्धमान, वातवैरी, वातारि, व्यण्डबक, व्यण्डवन, व्यण्डवर, व्याघ्रतल, व्याघ्रदल, व्याघ्रपुच्छ, व्याघ्रपुच्छक, व्रणह, शुक्ल, शूल्शत्रु, सदागतिशत्रु।

बड़ा रेंड़, स्थूलैरण्ड।

लाल रेंड़, उरुबु, उरुबुक, उरुबूक, चित्रवीर्य, यावनक, रक्त एरण्ड, रक्तक, व्याघ्रहस्त, व्यालम्ब।

रेंड़ी का तेल (दे.464)।

48.27. सं. बर्रे का बीज, कुसुम का बीज, ग्राम्यकुंकुम, वरट, वरटक, वरटा (स्त्री.), वरटिका (स्त्री.)।

बर्रे का फूल : कुसुम, पद्मा (स्त्री.), पीतक, महारजन, रक्तसंकोच।

बर्रे का पौधा : बर्रे, अग्निशिख, अग्निशेखर, करट, कुक्कुटशिख, कुसुंभ, कुसुम, पद्मोत्तर, पावक, रोहित, वस्त्ररंजक, वस्त्ररंजन, वह्निदीपक, वह्निशिख।

जंगली बर्रे, बनबर्रे, कँटियारी (स्त्री.), खारेजा।

वि. कुसुंभी (दे.505.1), कौसुंभ।

48.28. सं. मूँगफली (स्त्री.) (दे.44. 48)।

48.29. सं. सोयाबीन, सेवदाना।

49. सामान्य वृक्ष

49.1. सं. पीपल, पीपर, पिप्पल, पिप्यल, पवित्रक, अच्युतवास, अच्युतावास, अवाक्शाख, अश्वत्थ, अश्वत्थक, उपस्थदल, उपस्थपत्र, कपीतन, कुंजराशन, कृष्णावास, केशवालय, केशवावास, क्षीरद्रुम, क्षीरवृक्ष, गजभक्षण, गजाशन, गर्दभाण्ड, गुह्यपुष्प, चलदल, चलपत्र, चैत्य, चैत्यक, चैत्यतरु, चैत्यद्रु, चैत्यवृक्ष, देवतरु, देवभवन, देववृक्ष, देवतात्मा, देवात्मा, धनुर्वृक्ष, नागबन्धु, पवित्रा (स्त्री.), प्लीहारि, बोधि, मंगल्य, महाद्रुम, याज्ञिक, रोहिण, रोही, लघुपत्री, वनस्था (स्त्री.), वातरंग, वादरंग, वासुदेव, विप्र, वृक्षादन, शिरापत्र, शुचिद्रुम, शुभद, श्यामल, श्रीमान्, श्रीवृक्ष, सत्य, सिरापत्र, सेव्य, स्वादुबीज, हरिवास, हव्यवाह, हव्यवाहन।

पीपल का छोटा पेड़ : अश्वत्थी (स्त्री.), पिप्पलीका (स्त्री.), ह्रस्वपत्रिका (स्त्री)।

वह पीपल जिस पर लाख के कीड़े पाले जाते हैं : लाही पीपल।

पीपल का पत्ता : पीपरपर्ण।

पीपल का पका फल : गोदा, अश्वत्थ, आश्वत्थ, पिप्पल।

गोदा लगने का समय : अश्वत्थ।

गोदा खानेवाला : पिप्पलाद, पिप्पलाशन।

पीपल का जंगल : पिपराही।

वि. पीपल-सम्बन्धी, आश्वत्थ।

पीपल की लकड़ी का बना हुआ : पैप्पल।

49.2. सं. बेलियापीपल, गजपादप, स्थालीद्रुम, स्थालीवृक्ष।

49.3. सं. परासपीपल, पारिसपीपल, पारीष, परिषाश्वत्थ, सुपार्श्वक, सुपुष्प सुपुष्पक।

49.4. सं. बरगद, बर, बट, बड़, बहुपद्, बहुपद, बहुपाद्, बहुपाद, बृहत्पाद, अच्युतवास, अच्युतावास, अवरोहशाख, अवरोहशायी, अवरोही, कर्मज, कलापी, कलिंग, जटाल, जटि, जटी, तारायण, दृढ़प्ररोह, दृढ़बीज, दृढ़वीज, ध्रुव, नन्दी, नील, न्यग्रोध, न्युब्ज, पटीर, पादरोह, पादरोहण, भण्डीर, भाण्डीर, भृंगी, मंगलच्छाय, मंडली, महाछाय, महावरोह, यक्षतरु, यक्षवृक्ष, यक्षावास, यमप्रिय, रक्तपाद, रक्तफल, रोहिण,

रोही, वट, वटवृक्ष, वनस्था (स्त्री.), वनस्पति, वाजिविष्ठा (स्त्री.), विटपी, विषपर्णी (स्त्री.), वृक्षनाथ, वृक्षनायक, वृक्षपाक, वृक्षराट्, वृहत्पाद, वैश्रवणालय, वैश्रवणावास, वैश्रवणोदय, शिफारुह, शिवाह्य, शीतच्छाय, शुंग, शुंगी, शूलिन, श्रृंगी, स्कन्धज, स्कन्धबीज, स्कन्धरुह, स्निग्धच्छाय।

नदी किनारे का बरगद : नदीवट।

बरगद का वन : भण्डीर।

बरगद का फल : बड़कोला, बड़बट्टा, गोदा।

बरगद की लटकती प्रशाखा : जटा (स्त्री.), बरोह (दे.39.3)।

(पौरा.) अक्षयवट, अक्षयवृक्ष, अखैबर।

वि. बरगद की लकड़ी से बना हुआ : वाट, वाट्य।

वटवृक्षबहुल, न्यग्रोधिक।

49.5. सं. पाकड़, पाकड़ी (स्त्री.), पाकर, पाकरी (स्त्री.), पाखर, पाखरि (स्त्री.), पकड़ी (स्त्री.), पर्कटि (स्त्री.), पर्कटी (स्त्री.), पलखन, पिलखन, पीतन, पीयूक्षा (स्त्री.), पुण्ड्र, पूगमण्ड, प्लक्ष, प्लवंग, प्लवक, कमडलु, कमंडलतरु, कलिंग, कवच, गन्धभाण्ड, गर्दभाण्ड, जटि (स्त्री.), जटी (स्त्री.), ताम्रपाकी, मंगलच्छाय, यवफल, रामअंजीर, वानीर, शीतवीर्य, शीतशीर्षक, शुंगा (स्त्री.), शुंगी, सुपार्श्व, सुपार्श्वक, सुपुष्पक, सुशीत, ह्रस्वपर्ण।

छोटा पाकड़ : पीपरि, ह्रस्वप्लक्ष।

पाकड़ के पेड़ों का समूह : प्लाक्ष।

पाकड़ का वरोह : प्लक्षप्ररोह।

पाकड़ का फल : गोदा, प्लाक्ष।

वि. प्लक्ष-सम्बन्धी, प्लाक्ष।

49.6. सं. नीम, नींब, निंब, निंबतरु, नलदंबु, नेता, अरिष्ट, कैटर्य, चीर्णपर्ण, छर्दन, पक्वकृत, परितिक्त, पारिभद्र, पारिभद्रक, पिचुमन्द, पिचुमर्द, पीतसारक, पूयारि, प्रभद्र, बहुपुष्प, बृहत्त्वक्, महातिक्त, मालक, यवनेष्ट, रक्तमंजर, राजभद्रक, वरतिक्त, वरत्वच, बृहत्त्वच, विशीर्णपर्ण, वेणीर, शिशुपालक, शीत, शीर्णदल, शीर्णपत्र, शीर्णपर्ण, शुकप्रिया (स्त्री.), सर्वतोभद्र, हिंगुनिर्यास।

नीम का फल : निंबकौड़ी (स्त्री.), निंबकौरी (स्त्री.), निबौली (स्त्री.), निमकौड़ी (स्त्री.), काकफल।

नीम के पुराने पेड़ से रिसनेवाला रस : नीम का मद।

निंबपंचक, पंचनिंब : नीम के पाँच अंग : पत्ती; फूल; फल; छाल; जड़।

नीम का बाँदा : अकासनीम, आकाशनीम, आकाशनिम्ब।

नीम का बाग़ : निंबड़िया (स्त्री.)।

मीठा नीम, करी पत्ती (दे.47.25), विषरूपा (स्त्री.)।

49.7. सं. घोड़ानीम, उद्रेका (स्त्री.), कार्मुक, कैटर्य, गिरिनिंब, छर्दिकाघ्न, छर्दिघ्न, दरेक, निंबतरु, पवनेष्ट, पार्वत, पार्वती (स्त्री.), बकाइन, बकायन, बृहन्निंब, महानिंब, रम्यक, रम्यक्षीर, विषमुष्टि (स्त्री.), विषमुष्टिका (स्त्री.), वृहन्निंब, शाकशाल, शुक्लशाल, सुमुष्टि (स्त्री.), सुमुष्टिका (स्त्री.)।

49.8. सं. अशोक, अपशोक, अंगनाप्रिय, कंकेलि, कंकेल्ल, कंकेल्लि, कर्णपूर, कर्णपूरक, किंकिरात, केलिक, गुच्छपुष्प, चक्रगुच्छ, चित्र, ताम्रपल्लव, दोहली (स्त्री.), नट, पल्लवद्रु, पिण्डपुष्प, पिण्डि (स्त्री.), पिण्डिपुष्प, पिण्डी (स्त्री.), पीतक, मंजरीक, मधु, मधुपुष्प, रक्तपल्लव, रामा (स्त्री.), रोगितरु, वंजुल, वंजुलद्रुम, विशोक, वीतशोक, शिंशपा (स्त्री.), शोकघ्न, शोकनाश, शेकनाशन, सुभग, स्मराधिवास।

लाल अशोक : रक्ताशोक।

नील अशोक : नीप।

अशोक की कली : अशोका (स्त्री.)।

अशोक का फूल : अशोकमंजरी (स्त्री.), पिण्डपुष्प, हेमपुष्प।

अशोक की बाड़ी : अशोकवाटिका (स्त्री.)।

वि. अशोक-सम्बन्धी, अशोकेय।

49.9. सं. अर्जुन, अर्जुनपुरुष, इन्द्रतरु, इन्द्रद्रुम, ककुभ, कहुवा, कोह, कौह, चित्रयोधी, धनंजय, धन्वी, धवल, नदीज, नदीसर्ज, पार्थ, पृथाज, फाल्गुन, भूरुह, मधुगन्ध, वीर, वीरतरु, वीरद्रु, वीरवृक्ष, वीराद्रु, शंबर, शक्र, शिवमल्लक, श्वसनेश्वर, सव्यचारी, सव्यसाची।

(पौरा.) गोकुल के दो अर्जुन वृक्ष : यमलार्जुन, यमलार्जुनक।

49.10. सं. महुआ, महुवा, मधु, मधुक, मधुद्रुम, मधुपुष्प, मधुर, मधुल, मधुशाख, मधुष्ठील, मधुस्रव, मधुस्त्रवा, मधूक, माधव, अनिमक, अलिंपक, अलिंबक, अलिमक, गिरिज, गुडपुष्प, रोध्रपुष्प, वानप्रस्थ, स्वादु।

जलमहुआ, जलमधूक, गैरिकाक्ष, गौरशाक, दीर्घपत्र, पतंग, मधूल, मधूलक।

जंगली महुआ : ह्रस्वपत्रक।

महुए का फूल : गादा, मधूक।

महुए का फल : कोइदा, कोइना, कोलैन्दा, गिलोन्दा, गुलेन्दा, गुलैन्दा, गोलैन्दा।

आटे में महुआ मिलाकर बनायी गयी रोटी : महुआरी (स्त्री.)।

भूनकर कूटा हुआ महुआ : लाटा।

महुए की शराब : महुआ (स्त्री.), महुलिया (स्त्री.) (दे.528), तौला।

मुहए का बाग़/जंगल : महुआरी (स्त्री.)।

वि. महुए के रंग का : महुला।

49.11. सं. सीसम, सीसों, अगुरु, कपिलाक्षी (स्त्री.), कृष्णला (स्त्री.), कृष्णसार, तीक्ष्णसारा (स्त्री.), धीराधी (स्त्री.), धूमांग, धूम्रिका (स्त्री.), पिंगला (स्त्री.), पिच्छतिका (स्त्री.), पिच्छल, पिच्छा (स्त्री.), पिच्छितिका (स्त्री.), पिच्छिला (स्त्री.), युगपत्रिका (स्त्री.), वीरा (स्त्री.), शिंशपा, शीशम, श्यामा (स्त्री.), सतसल, सिंसप, सिंसपा (स्त्री)।

पीला सीसम, कपिलशिंशपा, पीता (स्त्री.), भस्मगर्भा (स्त्री.), वसादनी (स्त्री.), सारिणी (स्त्री.)।

काला सीसम, वारण।

49.12. सं. साखू, सखुआ, सर्ज, सर्जक, ससिद्ध, सस्यसंवत्सर, सस्यसंवर, सस्यसंवरण, साल, सिन्धुसर्ज, सिद्धक, सुरेष्ट, सुरेष्टक, अग्निवल्लभ, अजकर्ण, अजकर्णक, अश्वकर्ण, अश्वकर्णक, उपमेत, कल, कषायी, कार्श्य, कार्ष्य, कुशिक, गन्धवृक्ष, चीरपर्ण, जरणद्रुम, जलदाशन, तार्क्ष्यप्रसव, दिव्यसार, दीर्घवृन्त, दीर्घवृन्तक, दीर्घशाख, धन्य, भूरुह, रक्तकंगु, रसनिर्यास, लतातरु, लताशंकुतरु, लताशंख, ललन, वल्लीवृक्ष, वस्तकर्ण, शंकु, शंकुतरु, शंकुवृक्ष, शक्रदारु, शक्रद्रुम, शस्यसंवर, शाल, शालनिर्यास, शूर, श्रीतरु, श्रीद्रुम।

सफ़ेद साखू, शुक्ल शाल।

जंगली साखू, वृक्षपाल।

गजारि।

साखू का नया पेड़ : शालपोत।

साखू का गोंद : शालल, शालनिर्यास, शालरस, शालवेष्ट, शालसार, सर्जरस, सानल, साल।

वि. सालवृक्ष से उत्पन्न : शालज।

49.13. सं. विजयसार, विजैसार, विजैसाल, वीजक, नीलक, परमायुध, पीतक, पीतशाल, पीतशालक, पीतसार, पीतसाल,पीतसालक, पुष्पप्रियक, बीजवृक्ष, मुनिवल्लभ, रक्तरस।

विजयसार का बीज : वीजकसार।

विजयसार का फूल : मुनिपुष्प।

49.14. सं. पियासाल, पीतसाल, पीतसालक, पीतसार, प्रियक, प्रियशालक, प्रियसालक, अजकर्ण, अशन, असन, असना, आसन, जीवक, नीलद्रुम, नीलनिर्यासक, नीलबीज, नीलवीज, नीलासन, बहुवल्क, बहुवल्कल, सुनीलक, सुरस, सौरि।

49.15. सं. सागौन, सागवन, सागवान, सुगन्धसार, सागोनीयर, स्थिरक, स्थिरसार, अतिपत्र, अनिल, अर्जुनोपम, अर्ण, क्रकचपत्र, जरणद्रुम, शाक, शाकतरु, शाकद्रुम, शाकवृक्ष, श्रेष्ठकाष्ठ।

सागौन की लकड़ी : द्वारदारु।

49.16. सं. देवदार, देवदारु, देवकाष्ठ, दारु, दारुक, दार्वी (स्त्री.), दयार, द्रुकिनिम, अमर, अमरदारु, इन्द्रदारु, किलिम, पारिभद्र, पारिभद्रक, पीतदारु, पीतुदारु, पूतिकाष्ठ, भद्र, भद्रक, भद्रकाष्ठ, भद्रदारु, भद्रवान्, भवदारु, भूतहारी, मर्मरी (स्त्री.), महादारु, माचीक, वनचन्दन, वरचन्दन, शक्रदारु, शक्रद्रुम, शक्रनेमी, शक्रपादप, शक्रपर्याय, शांभव, शिवदारु, श्रीवास, श्रीवासक, सुकाष्ठक, सुपुष्प, सुरकाष्ठ, सुरदारु, सुरद्रु, सुरद्रुम, सुरभीरुह, सुरभूरुह, सुरसमिध (स्त्री.), सुराह्व, सुराह्वय, स्निग्धदारु, स्नेहविद्ध, स्नेहवृक्ष।

49.17. सं. चीड़, चीड़ा (स्त्री.), चीढ़, चीर, अस्रफला (स्त्री.), अस्रफली (स्त्री), इम्या (स्त्री.), कमठ, कुन्दुरु, कुम्भी, कुरका (स्त्री.), गजप्रिया (स्त्री.), गजभक्षा (स्त्री), गजभक्ष्या (स्त्री.), घृताह्व, जलताल, जलतिक्तिका (स्त्री.), धूपवृक्ष, धूपसरल, धूपांग, पारिभद्र, पार्वनी (स्त्री.), पीतदारु, पीतद्रु, पीतन, पूतिकाष्ठक, बहुस्रवा (स्त्री.), मूत्रिका (स्त्री.), महेरणा (स्त्री.), रसांगक, रसा (स्त्री.), लतावृक्ष, वल्ल, वल्लकी (स्त्री), वृक्षधूप, वृद्धधूप, शल्लक, शल्लकी (स्त्री.), शल्ली (स्त्री.), शिलाकर्णी (स्त्री.), श्री (स्त्री.), श्रीवासच्छद, श्रीवेष्ट, श्रीवेष्टक, श्रुवा (स्त्री.), सनोवर, सरल, सरला (स्त्री.), सल (स्त्री.), सलई (स्त्री.), सलगा, सवल, सल्लका (स्त्री.), सल्लकि (स्त्री.), सल्लकी (स्त्री.), सल्ली (स्त्री.), सिल्लकी (स्त्री.), सुगन्धा (स्त्री.), सुतिक्ता (स्त्री.), सुरभि (स्त्री.), सुरभिदारु, सुरभिदारुक, सुरभिस्रवा (स्त्री.), सुरभी (स्त्री.), सुरभीरसा (स्त्री.), सुरसा (स्त्री.), सुवहा (स्त्री.), सुश्रीका (स्त्री.), स्निग्धदारु, स्रुवा (स्त्री.), ह्रस्वदा (स्त्री.), ह्रादिनी (स्त्री.), ह्लदिनी (स्त्री.)।

चीड़ की लकड़ी : सरलकाष्ठ, वेष्ठसार।

चीड़ का गोंद : गंधाबिरोजा, बिरोजा, बिरोजा खुश्क, खसनीब, चन्द्रस, तिलपर्ण, दारुगन्धा (स्त्री.), रक्तशीर्षक, रसावेष, रसावेष्ट, रसाह्व, वृक, वेष्टसार, श्रीनिकेत, श्रीनिकेतन, श्रीपिष्ट, श्रीरस, श्रीवास, श्रीवासक, श्रीवासचन्दन, श्रीवाससार, श्रीवासा, श्रीवेष्ट, श्रीवेष्टक, सरल, सरलद्रव, सरलनिर्यास, सरलरस, सरलस्यन्द, सरलांग, सुधूपक।

बिरोजा, गावशीर, जवाशीर।

सलई (स्त्री.), सल्लका (स्त्री.), सल्लकि (स्त्री.), सल्लकी (स्त्री.), कुन्दरु, कुन्दुरु, तीक्ष्णगन्ध, पमरा (स्त्री.), पायस, पालंकी (स्त्री.), पालंक्या (स्त्री.), भीषण, विद्रुमफल, वृकधूप, शक्रसुधा (स्त्री.), सौराष्ट्र।

तारपीन (दे.464)।

49.18. सं. महोगनी।

49.19. सं. भूर्ज, भूर्जवृक्ष, भोजपत्र, चर्मद्रुम, चर्मवृक्ष, चर्मी, छत्रपत्र, पत्रांग, पद्मकी, बिन्दुपत्र, भूतहा, मृदुच्छद, युग्मपत्र, रक्तपत्र, वल्कद्रुम, विद्‌यादल, शिति, शिलि, शिवि।

भूर्जवृक्ष की छाल : भूर्जपत्र, भोजपत्र, कवचपत्र, चित्रत्वक्, चित्रत्वच्, छदपत्र, छदपद, पत्रपुष्पक, पित्तल, बहुत्वक्, बहुत्वच्, भूतघ्न, मृदुचर्मी, मृदुत्वक्, सुचर्मा, स्थिरच्छद।

49.20. सं. सेमल, सेमर, अपूरणी (स्त्री.), अहिका (स्त्री.), ईशानी (स्त्री.), कंटकद्रुम, कंटकार, कंटकारिका (स्त्री.), कंटकारी (स्त्री.), कदला (स्त्री.), कुक्कुटि (स्त्री.), कुक्कुटी (स्त्री.), चिरजीवी, तुलिनी (स्त्री.), तूद, तूलवृक्ष, तूलिनी (स्त्री.), तूलिफला (स्त्री.), दीर्घद्रुम, दीर्घायु, दुरारोहा (स्त्री.), धरणि(स्त्री.), धरणी (स्त्री.), निर्गंधपुष्पी (स्त्री.), पिच्छिला (स्त्री.), पूरण, पूरणी (स्त्री.), बहुवीर्य, मोचा (स्त्री.), यमद्रुम, रक्तपुष्पक, रक्तपुष्पा (स्त्री.), रक्तफल, रक्तोत्पल, वयःस्था (स्त्री.), विजुल, शल्मलि (स्त्री.), शल्मली (स्त्री.), शाल्मल, शाल्मलि (स्त्री.), शाल्मलिक, शाल्मलिनी (स्त्री.), शाल्मली (स्त्री.), शुकफल, श्रीपर्णी (स्त्री.), स्थिरजीविता (स्त्री.), स्थिरा (स्त्री.), स्थिरायु, स्थूलकंटकिका (स्त्री.), स्थूलफल, स्थूलफला (स्त्री.)।

लाल फूलोंवाला सेमल : रक्तशाल्मलि (स्त्री.)।

काला सेमल : कूटशाल्मलि (स्त्री.), दाडिमपत्रक, दाडिमपुष्प, प्लीहघ्न, प्लीहशत्रु, प्लीहाशत्रु, प्लीहाहन्त्री (स्त्री.), मांसदलन, रक्तघ्न, रोचन, रोचना (स्त्री.), रोहित, रोहितक, रोहितेय, रोही, रोहेड़ा, वरतिक्त, विरोचन, शाल्मलिक, सदाप्रसून।

सफ़ेद सेमल : श्वेतरोहित, सिताह्वय।

सेमल की जड़ : सेमलमूसला (स्त्री.), मलघ्न, वनवासक, वनवासी, विजुल, शाल्मलीकन्द।

सेमल का फल : कर्कटी (स्त्री.), ढेंढ़ी (स्त्री.), बोंड़ी (स्त्री.)।

सेमल की ढेंढ़ी का फटना : चटकना–।

सेमल की रुई : नरमा (स्त्री.), रुवा।

सेमल का गोन्द : सुपारी का फूल, सुरस, पिच्छल, पिच्छलक, पिच्छा (स्त्री.), पिच्छिलसार, मोचनिर्यास, मोचरस, मोचसार, मोचस्राव, मोचस्रुत, शाल्मल, शाल्मलीवेष्ट, शाल्मलीवेष्टक।

49.21. सं. आबनूस, अतियुक्त, अतिमुक्तक, कर्बुदार, केन्दु, केन्दुक, केन्दू, तिन्दू, तिन्दुक, तिन्दुकी (स्त्री.), तिन्दुल, तेन्दू, तेन्दुआ, तेमरू, नीलसार, विस्फूरनी (स्त्री.), विस्फूर्जनी (स्त्री.), शिखीन्द्र, शितिसार, शितिसारक, श्लक्ष्णपत्रक, स्थूलतिन्दुक, स्फूर्जक, स्फूर्जन, स्यन्दक, स्यन्दन।

पहाड़ी आबनूस : युगपत्र।

बनगाव।

वि. आबनूस के रंग का सा काला : आबनूसी।

49.22. सं. सिरिस, सिरस, सिरसा, सिरीस, अन्धुल, कपीतन, कर्णपूर, कलिंग, दलाढक, प्रत्यंगिरा (स्त्री.), प्लवग, भण्डि, भण्डिर, भण्डिल, भण्डी (स्त्री.), भण्डीर,

मधुपुष्प, मूर्धपुष्प, मूषिक, मृदुपुष्प, लोमशपुष्पक, विषघाती, विषघ्न, विषनाशन, विषहन्ता, वृत्तपुष्प, वृद्धधूप, शंखिनीफल, शिरीष, शिरीषक, शीतपुष्प, शुक, शुकतरु, शुकद्रुम, शुकपुष्प, शुकप्रिय, शुकेष्ट, शूकाक्ष, श्यामपर्ण, श्यामल, सप्तभद्र, सुकटु, सुपुष्प, सुपुष्पक, स्रंसिनीफल।

विलायती सिरिस।

चपोट सिरिस।

सफ़ेद सिरिस, करहा।

49.23. सं. छोंकर, छोंकरा, छिकुर, अग्निगर्भ, अग्निगर्भा (स्त्री.), ईशान, काननारि, केशमथनी (स्त्री.), केशहन्त्री (स्त्री.), जया (स्त्री.), जीवन्तिका (स्त्री.), जीवन्ती (स्त्री.), तपनतनय, तनपतनया (स्त्री.), तुंगा (स्त्री.), दुरितदमनी (स्त्री.), न्यग्रोध, पद्मचारिणी (स्त्री.), पापनाशिनी (स्त्री.), पापशमनी (स्त्री.), पिंगी (स्त्री.), फला (स्त्री.), भद्रा (स्त्री.), मंगलप्रदा (स्त्री.), मंगल्या (स्त्री.), मांगल्या (स्त्री.), लक्ष्मी (स्त्री.), वशिनी (स्त्री.), वह्निगर्भा (स्त्री.), शंकरा (स्त्री.), शंकराह्वा (स्त्री.), शंकरी (स्त्री.), शंकुफलिका (स्त्री.), शंकुफली (स्त्री.), शक्तुफला (स्त्री.), शक्तुफलिका (स्त्री.), शक्तुफली (स्त्री.), शमि (स्त्री.), शमिका (स्त्री.), शमिर, शमी (स्त्री.), शमीर, शान्ता (स्त्री.), शिवा (स्त्री.), शिवाफला (स्त्री.), शीतशिव, शीतशिवा (स्त्री.), शुक्लफला (स्त्री.), शुभंकरी (स्त्री.), शुभा (स्त्री.), सक्तुफला (स्त्री.), सक्तुफली (स्त्री.), सफ़ेद कीकर, समीर, समुद्रा (स्त्री.), सितशिव, सितशिवा (स्त्री.), सुखदा (स्त्री.), सुपत्रा (स्त्री.), हविर्गंधा (स्त्री.)।

छोटा छोंकर : शस्यारु।

49.24. सं. बबूल, अजकाव, अजभक्ष, कंटकार, कंटल, कंटालु, कीकर, गोशृंग, तनुच्छाय, तीक्ष्णकंटक, दीर्घकंटक, दृढ़बीज, दृढ़वीज, पंक्तिबीज, पीतक, ब्रह्मशल्य, युगलाक्ष, वर्वुर, वर्वूर, सूक्ष्मपत्र, सोमवल्क, सोमसार, स्वर्णपुष्प।

बबूल की छीमी : सेंगर।

बबूल का भेद : रिअना, रीआँ।

जंगली बबूल : राकसपत्ता।

विलायती बबूल, गन्धबबूल।

जलबबुरी (स्त्री.), जलबर्बुरक, आरी (स्त्री.), सूक्ष्मशाक, स्थूलकंटक।

उँदरू।

सैकण्ठ।

रेंवजा, रेंवझा।

धौला खैर।

बबूल का गोंद, समग़े अरबी।

पस्सी बबूल, बबूला।

रामबबूल, काबुली कीकर।

फुलाई (स्त्री.), फुलाह।

फुलाई का गोंद, अमृतसर का गोंद।

सोनकीकर।

कोकरी (स्त्री.)।

49.25. सं. करील, करीर, करवील, क्रकच, क्रकर, गूढपत्र, ग्रन्थिक, ग्रन्थिल, तीक्ष्णकंटक, दीर्घपत्र, निष्पत्रिका (स्त्री.), मरुभूरुह।

करील का फल : कचड़ा, कचरा, टेंटी (स्त्री.), हेटी (स्त्री.)।

49.26. सं. सफ़ेद चन्दन, चन्दन, चन्द्रकान्त, चन्द्रद्युति (स्त्री.), एकांग, गन्धद, गन्धराज, गन्धसार, गन्धाढ्य, तिलपर्ण, तैलपर्णिका (स्त्री.), तैलपर्णी (स्त्री.), दारुसार, पटीर, पावन, पिष्टसौरभ, भद्र, भद्रश्रय, भद्राश्रय, भूतिक, भोगिवल्लभ, मंगल्य, मलय, मलयगिरि, मलयज, मलयद्रुम, मलया (स्त्री.), मलयोद्भव, महार्ह, मोचाट, योग्य, राजयोग्य, वर्णक, वर्णका (स्त्री.), वात्यपुष्प, शिव, शीत, शीतगन्ध, शीतलप्रद, शुभ्र, श्रीखण्ड, श्रीवास, श्रीवासक, श्रीवासच्छद, श्वेतचन्दन, सन्दल, सर्पावास, सर्पीष्ट, सर्पेष्ट, सारगन्ध, सीतोद्भव, सुगन्ध, सुगंधि, सुरोत्तर, सुशीतल।

सफ़ेद चन्दन के भेद : उत्पलगंधिक; उरगसारचन्दन; कृष्णताम्र; गोचन्दन; गोशीर्ष; तार्णस; पतंग; वेड; शंबरचन्दन; श्रीचन्दन; श्वेतबर्बर; सर्पहृदयचन्दन; सुक्कडि; हार्या (स्त्री.)।

चंदन का फूल : चन्दनपुष्प।

चंदन की लकड़ी : चन्दन।

चंदन का चूरा : चन्दनचूर्ण, मलयजरज, सन्दल का बुरादा।

चंदन घिसने की सिल : चौका, होरसा।

चंदन घिसना–/उतारना–/रगड़ना–।

पानी के साथ घिसा हुआ चन्दन : चन्दन, चन्दनसार।

चंदन लगाना–/पोतना–/लेपना–, चर्चा (स्त्री.) (दे.501), लेपन।

चंदनयुक्त लेप : एकांगिका (स्त्री.)।

चंदन आदि दवाओं का योग : चन्दनादि। चन्दनादि तैल।

चंदन का पेड़ : चन्दन, पटीरजन्मा, भद्रश्रिय, भद्रश्री, रोहनद्रुम, सर्पीप्रिय।

चंदन के पेड़ों से आने वाली हवा : पटीरमारुत।

चंदन का टीका : शंखचरी (स्त्री.), शंखचर्ची (स्त्री.)।

चंदन का तेल : मांसी (स्त्री.)।

वि.चंदन-सम्बन्धी, चन्दनी, सन्दली।

चन्दनयुक्त, चन्दनी।

चंदनचर्चित।

चंदन का बना हुआ : चान्दनिक।

सं. लालचन्दन, रक्तचन्दन, रक्तसार, रक्तांग, रंजक, रंजन, रतांजनी (स्त्री.), अर्कचन्दन, आरक्त, कुचन्दन, क्षुद्रचन्दन, गौरी चन्दन, ताम्रद्रु, ताम्राभ, तिलपर्णी (स्त्री.), देवीचन्दन, पत्तंग, पत्तूर, पत्रांग, प्रबालफल, लस, विटि (स्त्री.), विटी (स्त्री.), वरमेल्हो, शिशिर, शोणितचन्दन, हरिप्रिया (स्त्री.)।

लाल चन्दन का पेड़ : ताम्रवृक्ष, ताम्रसार, ताम्रसारक।

शबरचन्दन, शाबर, शैलगन्ध, बर्बरचन्दन, वर्वरक, वहलगन्ध।

पीला चन्दन, पीतचन्दन, पीतगन्ध, पीतक, पीतकाष्ठ, पीतवर्ण, पीतसार, पीताभ, पित्तारि, प्रचेल, प्रविर, कान्तिदायक, कालसार, कालीयक, जायक, तैलपर्णिक, नारायणप्रिय, बर्बरा (स्त्री.), बबरीक, महागन्ध, माकन्दा (स्त्री.), वर्वर, विटि (स्त्री.), विटी (स्त्री.), शिलोद्भव शीतल, सुशीत, सोमयोनि, हरिगन्ध, हरिचन्दन, हरिद्र, हरिद्रक।

काला चन्दन, कालिक, कालीय, कालीयक, कालेय, कालेयक, वरचन्दन, वर्णद, हरिप्रिय।

49.27. सं. भिलावाँ, भेला, भल्ल, भल्लक, भल्लात, भल्लातक, भल्लातकी (स्त्री), भल्ली (स्त्री.), भूतनाशन, अन्तःसत्त्व, अग्नि (स्त्री.), अग्निमुख, अग्निमुखी (स्त्री.), अनल, अशन, अरुष्क, अरुष्कर, अर्शोघ्न, अर्शोहर, अर्शोहित, ऋक्ष, कण्डुक, दहन, धनुर्वृक्ष, निर्दहन, पावक, पृथग्बीज, बीजपादप, महातीक्ष्ण (स्त्री.), रंजक, रक्तहर, रक्षोघ्न, रुष्कर, वह्नि, वह्निनामा, वातारि, विषघ्न, विषास्या (स्त्री.), वीरतरु, वीरवृक्ष, वृषक, वृषांक, व्रणकृत्, शैलबीज, शोशघ्न, शोथजित्, शोथहृत्, शोफजित्, शोफहृत्, स्फोटबीजक, स्फोटहेतुक।

भिलावे का फल : भिलावाँ, भल्लातक, आरुष्कर।

49.28. सं. लोध, लोद, लोध्र, लोध्रक, तिरीट, तिलक, तिल्व, पीतपादप, बलभद्र, बलभद्रा (स्त्री.), बलिप्रिय, भिल्लतरु, भिल्ली (स्त्री.), भिल्लोट, भिल्लोटक, मार्जन, वानराघात, शंबर, शल्य, शल्यक, शांबर, शाबर, शालव, शार्वरी (स्त्री.), शुक, शूरण, शेलुक, श्योणाक, श्योनाक, हस्तिरोध्रक, हस्तिलोध्रक, हेमपुष्पक, लोध्रकवृक्ष।

सफ़ेद लोध : गालव, बृहत्पत्र, बृहत्पर्ण, बृहद्दल, बृहद्बला (स्त्री.), वहलत्वक्, शवरलोध्र, शुक्ल, सावरक।

पीला लोध्र : पीतलोध्र, पूतिपत्र।

लाल लोध्र : लक्तकर्मा, लाक्षाप्रसादन, स्थूलवल्कल।

लोध्ररेणु।

49.29. सं. पठानीलोध्र, पट्टिका (स्त्री.), पट्टिकाख्य, पट्टिकालोध्र, पट्टिलोध्र, पट्टिलोध्रक, पट्टी (स्त्री.), अक्षिभेषज, क्रमुक, जीर्णपत्र, जीर्णबुध्न, लाक्षाप्रसाद, वल्क, वल्करोध्र, वल्कलोध्र, वृहत्पत्र, वृहत्पर्ण, वृहद्दल, वृहद्बला (स्त्री.), वृहद्वल्क, वृहद्वल्कल, शीर्णपत्र, श्वेतलोध्र।

49.30. सं. अगर, अगरसार, अगरु, अगुरु, अग्निकाष्ठ, अनार्यज, असार, उद, काष्ठक, कृमिज, कृष्णा (स्त्री.), क्रिमिज, क्षतहर, गन्धकाष्ठ, गन्धदारु, जोंग, जोंगक, दाहकाष्ठ, पीतक, भृगंज, मंगलागुरु, मंगल्या (स्त्री.), मल्लिगंधि, राजार्ह, लघुचन्दन, लघुनामा, लोह, लोहाख्य, वंशक, वंशिक, वंशिका (स्त्री.), वनचन्दन, वरद्रुम, वर्णप्रसादन, वशिका (स्त्री.), वायस, सुधूम्य, स्वादु।

सफ़ेद अगर. लोबानी ऊद।

पीला अगर, पीतकाष्ठ।

काला अगर, कालागुरु, कालीयक, काकतुण्ड, कृष्ण, कृष्णकाष्ठ, कृष्णागुरु, केश्य, लघु, वल्लर, विरट, सुवर्णा (स्त्री.)।

जलाने का अगर : दहनागुरु, दाहागुरु, नववल्लभ, वह्निकाष्ठ।

अगरबत्ती (स्त्री.) (दे.117)।

अगर की लकड़ी : अगुरु, अगुरुकाष्ठ, अनार्यक, तैलागुरु, प्रवर, योगज।

घटिया अगर : द्रूम।

बढ़िया अगर : ऊदग़रक़ी, गरकी।

वि. अगरई, ऊदी (दे.505.7)।

49.31. सं. रुद्राक्ष, रुद्राख, रुद्रकमल, रुद्रकवल, अक्ष, नमेरु, नीलकण्ठाक्ष, पावन, भूतनाशन, मालाफल, मालामणि, शर्वाक्ष, शिवप्रिय, शिवाक्ष, सर्पाक्ष, सर्वाक्ष।

पंचमुखी रुद्राक्ष : कालाग्नि, कालानल, पंचानन।

एकमुखी रुद्राक्ष : एकाक्ष।

रुद्राक्ष की माला : अक्षमाला (स्त्री.)।

वि. अक्षमाली।

49.32. सं. सोनापाठा, स्फूर्जक, स्योनाक, स्योनाग, स्वर्णवल्कल, अध्वान्तशात्रव, अरटु, अरलु, ऋक्ष, कषाय, कुटन्नक, कुटन्नट, खड, टेंटु, नट, निःसार, निस्सार, न्यंकुभूरुह, पत्रोर्ण, पीतपादव, पीतवृक्ष, पीतांग, पूतिपत्र, पूतिवृक्ष, पृथुशिंब, प्रियजीव, भंटुक, भंटूक, भण्डुक, भण्डूक, भूतपुष्प, भ्रमरेष्ट, मण्डूकपर्ण, मयूरजंघ, मुनिद्रुम, विषनुत्, शुक, शुकनास, शूरण, शोण, शोणक, शोणा (स्त्री.), शोणाक, शोषण, श्योणाक, श्योनाक।

बड़ा सोनापाठा : टुंटुक, दीर्घवृन्त, दीर्घवृन्तक, ध्वान्तशत्रु, ध्वान्तशात्रव, ध्वान्ताराति, विरोचन।

49.33. सं. तिनिश, तिमिश, तिनस, तिनसुना, तिनाशक, तिनास, अक्षक, अतिमुक्त, अतिमुक्तक, चक्री, चित्रकर, चित्रकृत्, जलधर, तिल्वक, नेमि, नेमी, पुण्ड्र, बंजुल, बंजुलक, भस्मगर्भ, मेषिका (स्त्री.), मेषी (स्त्री.), रथद्रु, रथपर्याय, रथिक, वंजुल, शकट, शतांग, स्यन्दति, स्यन्दन, स्यन्दनद्रुम, स्यन्दनाह्वय।

49.34. सं. तून, तूणी, तूणीक, तूर्ण, तुन, तुनी (स्त्री.), तुणि, तुन्न, कच्छ, कान्तलक, कुबेरक, नंदिक, नंदिवृक्ष, पीतक, शस्यध्वंसी।

49.35. सं. छतिवन, छत्रपत्र, अयुग्मच्छद, अयुग्यपत्र, गुच्छपुष्प, ग्रहनाश, ग्रहनाशन, ग्रहाशीर, बहुपुत्र, मदगन्ध, मुनिच्छद, युग्मपत्र, विनद, विन्याक, विशालत्वक्, विषमच्छद, विषमपलाश, वृहत्त्वक्, वृहद्‌दल, वृहद्‌वल्क, वृहद्‌वल्कल, शारदी (स्त्री.), शाल्मलिपत्रक, सतवना, सतिवन, सप्तच्छद, सप्तपत्र, सप्तपर्ण, सप्तपर्णक, सप्तपलाश, स्थूलपत्र, स्थूलपर्णी (स्त्री.)।

छतिवन का फूल : सप्तपर्णी (स्त्री.)।

49.36. सं. तमाल, तमालक, तम, तापिच्छ, कण्डुक, कालस्कन्द, कृष्णस्कन्द, नीलध्वज, श्यामपत्र।

श्यामतमाल, तापिंछ, तापिंज, नीलताल।

तमाल का पत्ता : तमालपत्र।

वह भूमि जहाँ तमाल अधिक हों : तमालिनी (स्त्री.)।

49.37. सं. धव, धवल, धवा, धाऊ, धुरन्धर, धौ, धौरा, धौल, धौला, गौर, ताम्रपुष्पी (स्त्री.), दृढतरु, नन्दीतरु, पाण्डुतरु, पाण्डुर, पार्वती (स्त्री.), पीतफल, पीतफलक, मधुपुष्पा (स्त्री.), मधुरत्वक्, महाबला (स्त्री.), रक्तपुष्पी (स्त्री.), शकटाख्य, शकटाख्यक, शुष्कवृक्ष, शुष्कांग, संकटाक्ष, सीधुपुष्पी (स्त्री.), स्थिर।

धौकरा, धौरा, बाकली।

कालाढोकरा, कालाधोकड़ा।

धव का फूल : धातकी (स्त्री.), धातृपुष्पिका (स्त्री.), धातृपुष्पी (स्त्री.), धावनी (स्त्री.), तीव्रज्वाला (स्त्री.), सुभिक्षा (स्त्री.)।

49.38. सं. धवई (स्त्री.), धाय, धातकी (स्त्री.), धातापुष्पिका (स्त्री.), धातापुष्पी (स्त्री.), धावनी (स्त्री.), अग्निज्वाला (स्त्री.), कुंजरा (स्त्री.), गुच्छपुष्प, ताम्रपुष्पी (स्त्री.), पार्वती (स्त्री.), बहुपुष्पिका (स्त्री.), मदहेतु, मद्‌यपुष्प, मद्‌यपुष्पी (स्त्री.), मद्‌यवासिनी (स्त्री.), वह्निज्वाला (स्त्री.), वह्निपुष्पी (स्त्री.), वह्निशिखा (स्त्री.), सदाकुसुम।

49.39. सं. रीठा, रीठाकरंज, रीठी (स्त्री.), रक्तवीज, रुच्य, रोहिणी (स्त्री.), अरिष्ट, अरिष्टक, अरिष्टिका (स्त्री.), अरीठा, कत, कतक, कतफल, क्षुण, गर्भपातन, गुच्छपुष्प, गुच्छफल, तिक्तफल, पीतफेन, प्रकीर्ण, फेनिल, वेणीर, सप्तला (स्त्री.), सोमवल्क।

बनरीठा, एला।

49.40. सं. निर्मली (स्त्री.), निर्मल, अम्बुप्रसाद, अम्बुप्रसादन, कत, कतक, गुच्छफल, चाकसू, तिक्तफल, तिक्तमरिच, तोयप्रसादन, दन्तपुष्प, दन्तफल, पंकच्छिद, रुच्य।

49.41. सं. गंभारी (स्त्री.), गंभारिका (स्त्री.), कंभारी (स्त्री.), काश्मरी (स्त्री.), काश्मर्य, खँभारि (स्त्री.), खँभारी (स्त्री.), पीतरोहिणी (स्त्री.), भद्रपर्णी (स्त्री.), मधुकार, मधुकारी, मधुपर्णिका (स्त्री.), मधुपर्णी (स्त्री.), मधुरसा (स्त्री.), महाकुमुदा (स्त्री.), रोहिणी (स्त्री.), विदारिका (स्त्री.), विदारिणी (स्त्री.), शुकनास, श्रीपर्णी (स्त्री.), सदाभद्रा (स्त्री.), सर्वतोभद्रा (स्त्री.), सर्वतोभद्रिका (स्त्री.), सर्ववर्णिका (स्त्री.), सिन्धुपर्णी (स्त्री.), सिन्धुवेषण, सीधुपर्णी (स्त्री.), सुफला (स्त्री.), सुभद्रा (स्त्री.), सृष्टि स्निग्धपत्रा (स्त्री.), स्निग्धपत्री (स्त्री.), स्थूलत्वचा (स्त्री.)।

49.42. सं. कमीला, कबीला, कर्कश, कंपिल, कंपिल्ल, कांपिल्लक, चन्द्र, पिकाक्ष, रंजन, रक्तशयन, रक्तांग, रेचनक, रेचना (स्त्री.), रेचनी (स्त्री.), रोचन, रोचनी (स्त्री.), लघुपत्र, लघुपत्रक।

कमीले के फल पर की लाल धूल : कमीला।

49.43. सं. मैनफल, मैनी, मदन, मदनफल, मरुवक, कंटकी, कण्ठ, करहाट, करहाटक, कैटर्य, ग्रन्थिफल, छर्दन, तगर, दलामल, दान्त, धाराफल, पिण्डीतक, पिण्डीतरु, पिचुक, पुष्पचामर, लौहकंटक, वस्तिशोधन, वान्तिकृत्, विचकिल, विषपुष्प, विषपुष्पक, विषमुष्कक, वृश्चिक, शल्य, शल्यक, श्वसन, स्थूलवृक्षफल।

स्निग्धपिण्डीतक।

मैनफल का पेड़ : मदनवृक्ष, मलयद्रुम।

49.44. सं. इज्जल, अम्बुज, अदल, ईजड़, नदीकान्त, निचुल, पनिहा, हिंगुल, हिज्ज, हिज्जल।

49.45. सं. कंजा, करंज, करंजक, करंजा, करंजुवा, करज, कणगच, कणगज, कपि, कलची (स्त्री.), कैडर्य, अंगारवल्लरी (स्त्री.), अंगारवल्ली (स्त्री.), उदकीर्य, गाजरघोट, घृतपर्ण, घृतपर्णक, चिरबिल्व, चिरिबिल्व, तिक्तगुंजा (स्त्री.), दुःस्पर्श, नक्तमाल, नक्ताह, फलकृष्ण, रक्तमाल, रोचन, रोहिणी (स्त्री.), वृत्तफल, शष्कुल, शष्कुलि (स्त्री.), शष्कुली (स्त्री.), शस्कुली (स्त्री.), सुशवी (स्त्री.), सोमवल्क।

काँटा करंज, कलिकार, कलिकारण, कैडर्य, पट्टिटल, पांशुल, पांसुल, पूतिक, पूतिकरंज, पूतिकरज, पूतिकाह्व, पूतिपर्ण, पूतिपर्णक, पूतीक, पूतीकरंज, प्रकीर्ण, प्रकीर्य, मर्कटी (स्त्री.), रंजनीपुष्प, षड्ग्रन्थ।

लाल करंज, अंगारमंजरी (स्त्री.), अंगारमंजी (स्त्री.)।

गुच्छकरंज, स्निग्धदल, स्निग्धपत्रक, स्निग्धफल।

धृतकरंज, उदकीर्ण, उदकीर्य, काकभाण्डी (स्त्री.), रसायनी, वायसा (स्त्री.), विषघ्नी (स्त्री.), शांगष्टा (स्त्री.), षड्ग्रन्था (स्त्री.), हस्तिकरंज, हस्तिकरंजक, हस्तिरोहणक।

लताकरंज, कंटपत्र, दुःस्पर्श, दुःस्पर्शा (स्त्री.), वज्रबीजक, वज्रवीजक, शाकवल्ली (स्त्री.), सोमवल्ली (स्त्री.)।

मदहस्तिनी (स्त्री.)।

काला करंज, कालकरंज।

करंज का फल : बद्धफल।

वि. कंजई, कंजा, करंजुवा (दे.505.12)।

49.46. सं. कायफल, कायफर, काफल, कट्फल, कटुफल, कुम्बी (स्त्री.), कुंभिका (स्त्री.), कुंभिपाकी (स्त्री.), कुम्भी (स्त्री.), कुमुदिका (स्त्री.), कृष्णगर्भ, कैटर्य, कैडर्य, कैदर्य, अरण्य, उग्रगन्ध, नासालु, प्रचेतसी (स्त्री.), भद्रा (स्त्री.), भद्रावती (स्त्री), लघुकश्मर्य, शकुलादनी (स्त्री.), शतघ्नी, श्रीपर्णिका (स्त्री.), श्रीपर्णी (स्त्री.), श्लेष्महृ, सोमवल्क, सोमवृक्ष, स्फिग्घातक।

49.47. सं. बरना, बरुणा, बन्ना, बलासी, अबल, अश्मरीघ्न, अश्मरीभेदन, कुमार, तमाल, तमाली (स्त्री.), तिक्त, तिक्तशाक, प्रचंडमूर्ति, वरण, वरुण, वरुणक, वारुण, वारुणि, श्वेतद्रुम, श्वेतवृक्ष, श्वेतसर्प, सेतु।

49.48. सं. कँटाय, कटाई (स्त्री.), कंटकार, किंकिणी (स्त्री.), गोपकंट, ग्रन्थिल, पिण्डार, पूत, बंज, बइँची (स्त्री.), बहुफल, बैंची (स्त्री.), ब्रह्मपादप, मृदुफल, मेघस्वनितोद्भव, यज्ञवृक्ष, यज्ञीय, रक्तकंटा (स्त्री.), विकंकट, विकंकत, वृतिंकर, वैकंकत, व्याघ्रपात्, व्याघ्रपाद, व्याघ्रपादप, शक्या (स्त्री.), शृग्वारु, श्रुवावृक्ष, स्निग्धा (स्त्री.), सृग्दारु, स्रुवतरु, स्रुवद्रुम, स्रुववृक्ष, स्वादुकंट, स्वादुकंटक, हिमक।

वि. विकंकत का बना हुआ : वैकंकत।

49.49. सं. अँकोल, अंकोल, अंकोट, अंकोटक, अकोला, कंकरोल, कणासुफल, कोठर, गूढपत्र, टेरा, ढेरा, ढेला, ताम्रफल, दीर्घकाल, दीर्घकीलक, घलण्ड, निकोचक, निकोटक, पीतसार, पीतसारक।

अँकोल का फूल : मोरट।

अँकोल के पेड़ से बनाया हुआ विष : अंकोलसार।

49.50. सं. पीलु, पीलू, पिलु, पिलुक, पीला, कर्पराल, कलभवल्लभ, गुडफल, ध्वंसी, वामापीडन, वेट, शीतसह, सहस्रांगी (स्त्री.), स्रंसी।

पीलु की जड़ : पीलुमूल।

49.51. सं. जंगली बादाम, जीवपुत्रक, अंगारपुष्प, अनिलान्तक, इंगुद, इंगुदी (स्त्री.), इंगूल, इंगुवा, गोंदी (स्त्री.), तनुपत्र, तापसतरु, तापसद्रुम, तापसप्रिय, तापसवृक्ष, तिक्तक, तीक्ष्णकंटक, तैलफल, पूतिकंटक, पूतिगन्ध, पूतिपुष्प, पून, विगन्धक, विषकन्द, विसंकट, शीतसह, शूलारि, हिंगलबेर, हिंगुपत्र, हिंगोट।

जंगली बादाम का फल : इंगुवा, क्रोष्टुफल।

इंगुवा की गिरी : इंगुदी (स्त्री.), इंगुर, इंगुल, ऐंगुद।

वि. इंगुदी का : ऐंगुद।

49.52. सं. कुचला, कुचिला, काकतिन्दुक, काकपीलु, काकपीलुक, काकेन्दु, कारस्कर, किंपाक, कुलक, जलज, दीर्घपत्र, मर्कटेन्दु, रम्यफल, वायसपीलु, विषतरु, विषतिन्दु, विषद्रुम।

49.53. सं. पतिजिया, पतजिव, पितिजिया, पितौंजिया, पुताजिया, पुत्रजीव, पुत्रजीवक, पवित्र, अपत्यजीव, गर्भकर, गर्भद, जियापोता, श्लीपदापह, सिद्धिक।

49.54. सं. कोसम, कोसभ, कोशाम्र, क्षुद्राम्र, गोशम, गौसम, जन्तुपादप, लाक्षावृक्ष, सुकोशक।

49.55. सं. बलूत, बज, मारू, सीता सुपारी (स्त्री.)।

शाहबलूत; परूँगा।

सिन्दूरी (स्त्री.), सिन्दूर।

49.56. सं. जलशिरीष, जलसिरस, अम्बुशिरीषिका (स्त्री.), टिंटिनिका (स्त्री.), ढाढ़ौन।

49.57. सं. बरचर, खेख, घेसी, परूँगी।

49.58. सं. बक्कम, बकम, कुचन्दन, पट्टरंग, पट्टरंजक, पट्टरंजन, पट्टरंजनक, पतंग, पत्रांग, पत्रान्ध, मुनिद्रुम, मुनिवृक्ष, रक्तसार।

बक्कम की लकड़ी : रंगकाष्ठ, रक्त, रक्तकाष्ठ।

49.59. सं. गोरखइमली (स्त्री.), गोरखअमली (स्त्री.), गोरक्षी, कल्पतरु, कल्पद्रुम, कल्पपादप, कल्पवृक्ष, दीर्घदण्डी (स्त्री.), सर्पदण्डी (स्त्री.), सुदण्डिका (स्त्री.)।

49.60. सं. कत्तारी, कत्तावा।

49.61. सं. पस्सी, बिथुआ, मकोली।

49.62. सं. रोहन, रोहुल, सूमी, सूहन।

49.63. सं. आल (स्त्री.), आच्छाक, आच्छुक, अक्षिक, अक्षीक, पक्षिक, पक्षीक, बारतुण्डी (स्त्री.), रंजनद्रुम, सुरंगी (स्त्री.)।

छोटी आल।

49.64. सं. कटभी (स्त्री.), कटंभर, करभी (स्त्री.), क्षुद्रश्यामा (स्त्री.), नाभिका (स्त्री.), शौण्डी, श्यामला (स्त्री.), सुनामा (स्त्री.), स्वादुपुष्प, स्वादुपुष्पी (स्त्री.), हरिसल।

श्वेतकटभी (स्त्री.), सितालिकटभी (स्त्री.), स्वादुशुंटी (स्त्री.)।

49.65. सं. कलापून, पून।

49.66. सं. फरहद, कंटकिंशुक, नहसुत, निंब, पारिभद्र, पारिभद्रक, पालिधा (स्त्री), प्रमन्दार, बहुपुष्प, भद्रक, मन्दर, रक्तकुसुम, रक्तकेसर, वारण, सुतिक्तक, सुपुष्प।

49.67. सं. सरो, बनझाऊ।

शमशाद।

49.68. सं. समुद्रफल, समुन्दरफल, अग्निज, अग्निजन्मा, अग्निजात, अग्निजार, अग्निजाल, अग्निनिर्यास, अर्णवोद्भव, इंजर, जरायु, नदीकान्त, नदीज, पिचुल।

49.69. सं. झाऊ, झावु, झाबुक, अफल, पिचुल, बहुग्रन्थि।

49.70. सं. मोखा, मोक्षक, मुष्क, मुष्कक, मेहन, काष्ठपाटलि, क्षारद्रु, क्षारश्रेष्ठ, गोलीढ, गौलिक, घण्टापाटलि, जटाल, झाटल, तीक्ष्ण, तीक्ष्णक, विषापह, सन, सुतीक्ष्णक।

49.71. सं. तिलक, तरुणीकटाक्षमाल, छिन्नपुष्प, छिन्नरुह, पुण्ड्र, पुण्ड्रक, मंजर, मंजरी (स्त्री.), मंजरीक, मुखमण्डनक, मृतजीव।

49.72. सं. गुलू, कनरई (स्त्री.)।

गुलू का गोंद : कतीरा, कटीरा, कतीला।

49.73. सं. रबड़, रबर, कगिरी, काश्मीरी, बोर, लेसू।

रबड़ के पेड़ का रस : रबड़क्षीर, latex।

रबड़क्षीर से बना लचीला पदार्थ : रबड़।

49.74. सं. माजू।

माजू का गोंद : माजूफल, मायाफल, मायिक, छिद्राफल।

49.75. सं. हरदू, हरिद्रु, हलदू, हलदुआ, करम, पीतदारु, सुपुष्प, सुपुष्पक।

49.76. सं. जैन्त, जैन्ता, जैन्ती (स्त्री.), जयन्ती (स्त्री.), जया (स्त्री.), विक्रान्ता (स्त्री), वृहच्चक्रभेद, वैजयन्तिका (स्त्री.), वैजयन्ती (स्त्री.), शिवास्मृति (स्त्री.), सूक्ष्ममूला (स्त्री.)।

49.77. सं. काकड़ा।

अरकोल, लखड़।

काकड़े/अरकोल में लगा पीला बाँदा : काकड़ासींगी (स्त्री.), काकरासींगी (स्त्री), ककड़ासींगी (स्त्री.), कर्कटशृंगी (स्त्री.), कर्करी (स्त्री.), कुलिंग, अक्षता (स्त्री.), अजगंधिनी (स्त्री.), घोषा (स्त्री.), चक्रांगा (स्त्री.), चक्रांगी (स्त्री.), चक्रा (स्त्री.), चारिवाक् (स्त्री.), नवांगा (स्त्री.), पाकलि (स्त्री.), पाकली (स्त्री.), महाघोषा (स्त्री.), लतांगी (स्त्री.), वनमूर्धजा (स्त्री.), शिखरी (स्त्री.), शृंगिका (स्त्री.), शृंगी (स्त्री.)।

49.78. सं. तालीशपत्र, तालीशपत्री (स्त्री.), तालीपत्र, तमाह्वय, अर्कवेष, धात्रीपत्र, नील, नीलांबर, पत्राख्य, पत्राढ्य, शुक, शुकोदर, सारा (स्त्री.)।

49.79. सं. कुरैया (स्त्री.), कुटज, कलिंग, कालिंग, कुड़ा (स्त्री.), कुष्ठ, कुत्सित, अतुल, इन्द्र, इन्द्रतरु, इन्द्रद्रुम, गिरिमल्लिका (स्त्री.), तिक्त, तिक्तक, पाण्डुरद्रुम, प्रावृषेण्य, प्रावृष्य, बनबेला, मल्लिकापुष्प, यवफल, वत्सक, वरतिक्त, शक्र, शक्रपर्याय, शक्रपादप, शक्रभूरुह, शक्रवृक्ष, शक्रशाखी, शक्राशन, शैलमल्ली (स्त्री.), सितिवार, सितिवारक।

सफ़ेद कुरैया : वारुण।

काली/नीली कुरैया : कृष्णकुटज, छादन, मीठा इन्द्रजौ, शतक्रतुद्रुम।

कुरैया का बीज : इन्द्रजौ, इन्द्रजव, इन्द्रयव, इन्द्रफल, कलिंग, कलिंगक, कुटज, भद्रका (स्त्री.), भद्रज, भद्रयव, यज्ञकलश, यवफल, वत्स, वत्सक, वत्सकबीज, शक्र, शक्रपुष्प, शक्रबीज, शक्रयव, शक्राशन, शतक्रतुयव, शुद्‌धा (स्त्री.)।

49.80. सं. गठिवन, गँठिवन, ग्रन्थिपर्ण, कुशपुष्प, चोरक, तृणपुष्पी (स्त्री.), थुनेर, वर्हिकुसुम, वर्हिपुष्प, वर्हिशिख, शंखिनिका (स्त्री.), शुक, शुकच्छद, शुकपुच्छक, शुकपुष्प, सुगन्ध, स्थौणेय, स्थौणेयक।

49.81. सं. कंथारी (स्त्री.), दुर्धर्षा (स्त्री.), दुष्प्रवेशा (स्त्री.)।

49.82. सं. गिरगिट्‌टी (स्त्री.)।

49.83. सं. जिंगिनी (स्त्री.), जिंगनी (स्त्री.), जिगिन (स्त्री.), झिंगिनी (स्त्री.), झिंगी (स्त्री.), प्रमोदिनी (स्त्री.), सुनिर्यासा (स्त्री.)।

49.84. सं. पदम, पदमकाठ, पद्‌म, पद्‌मक, पद्‌मकाष्ठ, पद्‌मगन्ध, पद्‌मगंधि, पद्‌मवृक्ष, पद्‌माख, पन्नग, अमलगुच्छ, कैदार, चमियारी (स्त्री.), पीत, पीतक, पीतरक्त, शीतल, शीतवीर्य, शुभ, शैवल, श्रीपुष्प, श्रीवासच्छद, हिम।

49.85. सं. तगर, कटुच्छद, कुटिल, क्षत्र, पार्थिव, महोरग, वक्र, वर्ही, स्थकर, स्थगर।

हजारा तगर, पिण्डीतक, पिण्डी तगर।

तगरपुष्प, जिहम, दीन, नहुषाख्य, विनम्र, विनम्रक, शठ।

तगरमूल, तगर, जिह्‌व, दीपन, नत।

49.86. सं. कुट, कूट, कुड़, कुत्सित, कुष्ठ, आप्य, आमय, उत्पल, नीरज, नीरुज, पद्मक, पाकल, पारिभद्रक, पारिभाव्य, पावन, पुष्करमूल, पुष्कराख्य, भासुर, रोगाह्‌वय, बानीरज, वाप्य, व्याप्य, व्याधि (स्त्री.)।

49.87. सं. पखौण्ड़ा, पखौड़ा, पक्तपौड।

49.88. सं. छोटी अरनी, अँगेथू, अगेथू, अग्निदमनी (स्त्री.), कणिका (स्त्री.), कुम्भी (स्त्री.), गनियारी (स्त्री.), गणिकारिका (स्त्री.), गणिकारी (स्त्री.), गणिका (स्त्री.), गन्धकुसुमा (स्त्री.), गन्धपुष्प, गुच्छफला (स्त्री.), जयन्ती (स्त्री.), जय, जया (स्त्री.), तर्कारी (स्त्री.), तेजोवृक्ष, नादेयी (स्त्री.), वल्लिकंटकारिका (स्त्री.), वैजयन्तिका (स्त्री.), वैजयन्ती (स्त्री.), श्रीपर्ण, श्रीपर्णी (स्त्री.), सस्या (स्त्री.)।

अरणि (स्त्री.), अरणी (स्त्री.) (दे.517), अरनि (स्त्री.), अरनी (स्त्री.), अरणिकेतु, अगेंथ, अग्निमंथ (दे.517), अग्निमंथन, अनन्ता (स्त्री.), तेजोमंथ, नदीजा (स्त्री.), निर्मथ, वह्निमंथ।

अरणि की लकड़ी : अग्निमथ।

49.89. सं. थूहड़, थूहर, अमरा (स्त्री.), कृष्णसार, श्रीरकाण्डक, गण्डीर, गण्डीरी (स्त्री.), गुडा (स्त्री.), दण्डवृक्ष, नागद्रु, नागद्रुम, नागरी (स्त्री.), निस्त्रिंशपत्रिका

(स्त्री.), नेत्रारि, पत्रगुप्त, महावृक्ष, वज्र, वज्रकंटक, वज्रतुण्ड, वज्रद्रुम, वज्रा (स्त्री.), वज्राक्षी (स्त्री.), वज्रास्थि (स्त्री.), वज्री (स्त्री.), शुक्ला (स्त्री.), समन्तदुग्धा (स्त्री.), सिंहतुण्ड, सिंहोड, सिहुण्ड, सीधुवृक्ष, सुधा (स्त्री.), सेंहुड, सेहुँड़, सेहुण्ड, सेहुंडा (स्त्री.), सैंहुड़, स्नुहा (स्त्री.), स्नुहि (स्त्री.), स्नुही (स्त्री.), स्नुक्, स्नुग्दल, स्नुषा (स्त्री.)।

त्रिकंट, त्रिकंटक, त्रिदलिका (स्त्री.), त्रिधारा (स्त्री.), नरसेज।

थूहड़ का बीज : स्नुहीबीज।

थूहड़ का कल्ला : गोजा।

थूहड़ का दूध : तीक्ष्णतैल, सुधापय, स्नुहीक्षीर।

49.90. सं. सप्तला (स्त्री.), सातला, सप्ताह्वा (स्त्री.), अन्तिका (स्त्री.), अध्वजा (स्त्री.), अमला (स्त्री.), चर्मकशा (स्त्री.), चर्मकषा (स्त्री.), पत्रघना (स्त्री.), भूरिफेना (स्त्री.), रसालिका (स्त्री.), विदुला (स्त्री.), विमला (स्त्री.), स्वर्णपुष्पा (स्त्री.), स्वर्णपुष्पी (स्त्री.)।

49.91. सं. सीकाकाई (स्त्री.)।

49.92. सं. अमलबेत, अमलबेद।

अमलबेत का फल : अमलबेत, अमलबेद।

49.93. सं. चिनार, चनार, ख़दंग, बूना।

49.94. सं. धामिन (स्त्री.), धनुर्वृक्ष, धन्वंग, धन्वन, पिच्छिलक, विच्छिलत्वक्, पिच्छिलत्वच्, रुजासह।

49.95. सं. पापड़ा, पर्पट, बनककड़ी (स्त्री.), वनएडालु, वनेज्य।

49.96. सं. तरदी (स्त्री.), तारदी (स्त्री.), तीव्रा (स्त्री.), रक्तवीजका (स्त्री.)।

49.97. सं. सोला।

49.98. सं. सहोर, अक्षधर, अच्छिन्नपत्र, अच्छिन्नपर्ण, पिशाचद्रु, पिशाचवृक्ष, पीतफल, पीतफलक, शाखोट, शाखोटक।

49.99. सं. कलाबीन।

कलाबीन का बीज : मुँगरा चावल, कलौथी (स्त्री.)।

49.100. सं. अमसूल।

अमसूल का फल : ब्रिन्दाव।

अमसूल के बीज का तेल : कोकम का मक्खन।

दशकुलवृक्ष : लिसोड़ा; करंज; बेल; पीपल; कदम्ब; नीम; बरगद; गूलर; आँवला; इमली।

पंचवटी (स्त्री.) : पीपल; बेल; बड़; हड़; अशोक—इन पाँच वृक्षों का समूह।

50. पौधे/लताएँ/कन्द

(पौधे/झाड़ियाँ)

50.1. सं. तुलसी (स्त्री.), तीव्रा (स्त्री.), त्रिदशमंजरी (स्त्री.), अपेतराक्षसी (स्त्री), अप्रेतराक्षसी (स्त्री.), अमृता (स्त्री.), कठिंजर, कायस्था (स्त्री.), कालमल्लिका (स्त्री), कालमान, कालमाल, कुठेर, क्षुद्रपर्ण, गौरी (स्त्री.), ग्राम्या (स्त्री.), नंदिनी (स्त्री.), नागनामा (स्त्री.), पत्रपुष्पा (स्त्री.), पर्णास, पवित्रा (स्त्री.), पापहनी (स्त्री.), पावनी (स्त्री.), पुण्या (स्त्री.), पुतपत्री (स्त्री.), पुष्पसारा (स्त्री.), प्रेतराक्षसी (स्त्री.), बहुपत्री (स्त्री.), बहुमंजरी (स्त्री.), भारवी (स्त्री.), भूतघ्नी (स्त्री.), भूतपति, मंजरी (स्त्री.), मंजरीक, माधवी (स्त्री.), विश्वपावनी (स्त्री.), विश्वपूजिता (स्त्री.), विष्णुप्रिया (स्त्री), विष्णुवल्लभा (स्त्री.), विष्णुहिता (स्त्री.), वृन्दा (स्त्री.), वैष्णवी (स्त्री.), श्यामा (स्त्री.), श्रीमंज़री (स्त्री.), सुगन्धा (स्त्री.), सुभगा (स्त्री.), सुरदुन्दुभी (स्त्री.), सुरभि (स्त्री.), सुरवल्ली (स्त्री.), सुरस, सुरसा (स्त्री.), सुरसाष्ट, सुरेज्या (स्त्री.), सुलभा (स्त्री.), हरिप्रिया (स्त्री.), हरिवल्लभा (स्त्री.)।

श्वेततुलसी (स्त्री.), श्वेतपर्णास, अस्त्रार्जक, कुठेरक, गन्धपत्र, भूतकेशी (स्त्री.), लक्ष्मी (स्त्री.), वटपत्र, सितार्जक, सिताह्वय, सुमुख, सुरभिमंजरी (स्त्री.), सुरसाग्रज, सुरसामग्री (स्त्री.)।

काली तुलसी, कृष्णपर्णी (स्त्री.), कृष्णमल्लिका (स्त्री.), कृष्णा (स्त्री.), पापनाशिनी (स्त्री.), भूतपत्री (स्त्री.), मालूक, सरला (स्त्री.)।

काली बनतुलसी, पूतगन्ध, वानल।

गन्धतुलसी (स्त्री.), विषघ्न।

बहुत छोटी पत्तियोंवाली तुलसी : प्रस्थपुष्प, फणिजा (स्त्री.), फणिज्झ, फणिज्झक।

वावय।

रामदूती (स्त्री.), पर्वपुष्पिका (स्त्री.), पर्वपुष्पी (स्त्री.), विशल्या (स्त्री.), सूक्ष्मपर्णी (स्त्री.)।

उजले हरे डंठलोंवाली तुलसी : रामतुलसी (स्त्री.), रामातुलसी (स्त्री.)।

लाल तुलसी (स्त्री.), गन्धनाभा (स्त्री.), तीक्ष्णगन्ध, देवदुंदुभी (स्त्री.), पत्रपुष्प, पत्रपुष्पा (स्त्री.), सुगन्धक।

बनतुलसी (स्त्री.), बनबबुरी (स्त्री.), बबई (स्त्री.), बबरी (स्त्री.), बर्बरा (स्त्री.), बर्बरी (स्त्री.), अजगंधिका (स्त्री.), अजगंधिनी (स्त्री.), अर्जक, करारी (स्त्री.), कर्बुरा (स्त्री.), कवरी (स्त्री.), कृष्णार्जक, गरघ्न, गरहा, चक्षुष्या (स्त्री.), जंबीर, तुंगी (स्त्री.), तुलसीद्वेषा (स्त्री.), दोषाक्लेशी (स्त्री.), निद्रालु, ममरी (स्त्री.), मेषालु, वनतुलसी (स्त्री.), वनबर्बरी (स्त्री.), वर्वरा (स्त्री.), वर्वरी (स्त्री.), वर्वरीक, वर्वा (स्त्री.), वनजा (स्त्री.), वनवर्वरिका (स्त्री.), विश्वतुलसी (स्त्री.), विषघ्नी (स्त्री.),

शंबरीगन्धा (स्त्री.), शोफहारी, श्वेतच्छद, सुकुन्दन, सुप्रसन्नक, सुरभी (स्त्री.), सुमुख, सुवक्त्र, सुवदन, सूक्ष्मपत्र, सूक्ष्मपत्रक, स्थानचंचला (स्त्री.)।

सफ़ेद बनतुलसी (स्त्री.), सौगंधिपत्रक।

तुलसी की पत्ती, तुलसीदल, तुलसीपत्र।

श्वेततुलसी की पत्ती, सुरसाच्छद।

तुलसी की फूलोंवाली सींक : तुलसीमंजरी (स्त्री.)।

तुलसी लगाने की ऊँची चौकोर जगह : तुलसीचौरा, तुलसीघरा, तुलसी वृन्दावन, वृन्दावन।

तुलसी के पौधों का समूह : तुलसीवन।

विष्णुमूर्ति के साथ तुलसी का विवाह : तुलसी विवाह। कार्तिक शुक्ला एकादशी से पूर्णिमा तक यह उत्सव होता है।

50.2. सं. बनफ़्शा, बनफशा।

वि. बनफ़्शाई।

50.3. सं. कपास (स्त्री.), कर्पास (स्त्री.), कर्पासी (स्त्री.), कार्पास, कार्पासिका (स्त्री.), कार्पासी (स्त्री.), अंबर, अंबरद, गुड, गुडा (स्त्री.), चव्या (स्त्री.), चित्रदण्डक, तुण्डकेरिका (स्त्री), तुंडकेरी (स्त्री.), तुण्डिकेरी (स्त्री.), तूला (स्त्री.), दुरालंभा (स्त्री.), दुरालभा (स्त्री.), पटद, पिचव्य, फलही (स्त्री.), बदरी (स्त्री.), बदर, बदरा, बन, बादर, बादरा (स्त्री.), मरुद्‌भवा (स्त्री.), वदरा (स्त्री.), वादर, वादरा (स्त्री.), विप्रकाष्ठ, सदापुष्पी (स्त्री.), समुद्रान्ता (स्त्री.), सूत्रपुष्प, स्थूलपट्ट, स्थूला (स्त्री.)।

कपास के प्रमुख पुराने भेद : अँवली (स्त्री.), नन्दन; अब्बासी (स्त्री.); ककही (स्त्री.); कटेली (स्त्री.); कील (स्त्री.); कुपटा; खानपुरी; जेठी (स्त्री.); तेलपट्टी (स्त्री); नदम; नरमा, देवकपास (स्त्री.), मनवाँ, रामकपास (स्त्री.); माठी (स्त्री.); रढ़िया (स्त्री); रोजी (स्त्री.); वरदी (स्त्री.); हिरगुनी (स्त्री.)।

काली कपास, शिलांजनी (स्त्री.)।

कपास का फल : ढेंढ़ी (स्त्री.), ढोंढ़ी (स्त्री.), क्रमुक, डोंडी (स्त्री.), बोंडी (स्त्री)।

ढेंढ़ी का फटना–/चटकना–।

ढेंढ़ी के अन्दर का घुआ : रुई (स्त्री.) (दे.465)।

कपास का बीज : बिनौला, बदर, कार्पासास्थि (स्त्री.), तूलशर्करा (स्त्री.), वदर।

कपास का डंठल : कपसेठा, कपसेठी (स्त्री.)।

वह खेत जिसमें कपास बोयी गयी थी : बनखरा (स्त्री.)।

वि. कपासी (दे.505.3)।

कपास का : बादर।

कपास का बना : कार्पास, कार्पासिक।

सूती, कार्पाससौत्रिक।

50.4. सं. बनकपास (स्त्री.), बहुमूर्ति, अंजनावती (स्त्री.), अंजनी (स्त्री.), कालांजनी (स्त्री.), त्रिपर्णा (स्त्री.), त्रिपर्णिका (स्त्री.), त्रिपर्णी (स्त्री.), नरमाबड़ी (स्त्री), भारद्वाजी (स्त्री.), महावीर्या (स्त्री.), यशस्विनी (स्त्री.), लज्जका (स्त्री.), वनकार्पास, सुवीर्या (स्त्री.), सोमवल्ली (स्त्री.)।

50.5. सं. बनकपासी (स्त्री.), वनजा (स्त्री.), वनसरोजिनी (स्त्री.), वनोद्भवा (स्त्री.)।

50.6. सं. पटसन, पटुआ, पटुवा, पाट, पट्ट, पट्टशाक, अतसी (स्त्री.), अशनपर्णी (स्त्री.), खेदिनी (स्त्री.), गोनी (स्त्री.), तृषितोत्तरा (स्त्री.), लटिया सन, वातक, शणपर्णी (स्त्री.), शीत, शीतल, शीतलवातक।

पटसन के प्रमुख पुराने भेद : अमानिया; नरछा; बनपाट।

पटसन का रेशा : पटसन, पाट, जूट, jute।

रेशे के हिसाब से पटसन के प्रमुख पुराने भेद : उत्तरिया; डौरा, ड्योरा; देसवाल; देसी; नारायणगंजी; सिराजगंजी।

50.7. सं. सन, सण, क्षुमा (स्त्री.), दीर्घपल्लव, दीर्घशाख, निशावन, माल्यपुष्प, शण, श्वेतपुष्पा (स्त्री.)।

सन के प्रमुख पुराने भेद : कनभेड़ी (स्त्री.), पलुआ; बनभेड़ी (स्त्री.)।

सन का डंठल : संठा, सठेरा, सनई (स्त्री.), सलई (स्त्री.)।

सन का रेशा : सनतूल (दे.465)।

सन की रस्सी : सनसूत्र (दे.450)।

सन/पटसन के रेशों से बना कपड़ा : छालटी (स्त्री.) (दे.481)।

सन का खेत : औमोन।

वि. सन का बना हुआ : औम, औमक, औमिक।

सं. छोटी जाति का सन : सनई (स्त्री.), सूक्ष्मघंटिका (स्त्री.), सूक्ष्मपर्णा (स्त्री), सूक्ष्मपुष्पा (स्त्री.), अरझा, कटुतिक्तक, घण्टाख, घण्टाखा (स्त्री.), बृहत्पुष्पी (स्त्री.), वृहत्पुष्पी (स्त्री.)।

बनसनई (स्त्री.), झुनझुनियाँ (स्त्री.), माल्यपुष्पिका (स्त्री.), वृहत्पुष्पा (स्त्री.), शणघंटिका (स्त्री.), शणपुष्पिका (स्त्री.), शणपुष्पी (स्त्री.), शणिका (स्त्री.), स्थूलफला (स्त्री.)।

बड़ी बनसनई, महाशणपुष्पी (स्त्री.), वृत्तपर्णी (स्त्री.), वृहत्पर्णी (स्त्री.), श्वेतपुष्पिका (स्त्री.)।

सनई का खेत (दे.55)।

50.8. सं. चिरायता, चिराटिका (स्त्री.), चिरतिक्त, चिरातिक्त, अनार्यतिक्त, कटुतिक्तक, काण्डतिक्त, किरयात, किरात, किरातक, किरातिक, किरातिक्त, कैरात,

ज्वरान्तक, तिक्तक, तिक्तकाण्ड, तृणनिंब, नार्यतिक्त, पीतक, पीतदारु, भूतिक, भूतीक, भूनिंब, सुतिक्तक, हैम।

चिरायते के प्रमुख पुराने भेद : कल्पनाथ; गीमा; छोटा; शिलाजीत, शिलारस, नेपाली, निंब, नेपाल निंब, नैपाल, निद्रारि, नाड़ीतिक्त, अर्धतिक्त, ज्वरान्तक, तृणनिंब, सन्निपातहा।

50.9. सं. भटकटैया (स्त्री.), भटकटाई (स्त्री.), अक्रान्ता (स्त्री.), अनाक्रान्ता (स्त्री.), कंटक श्रेणी (स्त्री.), कंटकार, कंटकारिका (स्त्री.), कंटकारी (स्त्री.), कंटकिनी (स्त्री.), कंटकी (स्त्री.), कंटालु, कँटेरी (स्त्री.), कटाई (स्त्री.), कटाली (स्त्री.), कटेरी (स्त्री.), कटैया (स्त्री.), कुलि, कुली (स्त्री.), क्रोडपर्णी (स्त्री.), क्षुद्रफला (स्त्री.), क्षुद्रभंटाकी (स्त्री.), क्षुद्रहिंगुलिका (स्त्री.), क्षुद्रा (स्त्री.), चित्रफला (स्त्री.), दुःस्पर्शा (स्त्री.), दुष्प्रधर्षणी (स्त्री.), दुष्प्रधर्षिणी (स्त्री.), धावनि (स्त्री.), धावनिका (स्त्री.), धावनी (स्त्री.), निदिग्धिका (स्त्री.), परावेदी (स्त्री.), पसरकटाली (स्त्री.), प्रचोदनी (स्त्री.), प्रपूरिका (स्त्री.), बहुकंटा (स्त्री.), बहुगुडा (स्त्री.), बहुगुहा (स्त्री.), बृहती (स्त्री.), भीरु (स्त्री.), महर्षिका (स्त्री.), महोटिका (स्त्री.), महोटी (स्त्री.), मोचनी (स्त्री), रामा (स्त्री.), राष्ट्रिका (स्त्री.), रेंगनी (स्त्री.), लघुकटाई (स्त्री.), व्याघ्री (स्त्री), सिंहा (स्त्री.), सिंहिका (स्त्री.), सिंही (स्त्री.), सुकालुका (स्त्री.), सुरसा (स्त्री.), स्पृशी (स्त्री.), हिंगुलिका (स्त्री.), हेमपुष्पी (स्त्री.)।

सफ़ेद भटकटैया (स्त्री.), सितकंटकारिका (स्त्री.), सितकंटा (स्त्री.), सितक्षुद्रा (स्त्री.), सितसिंही (स्त्री.), सृष्टिदा (स्त्री.), सृष्टिप्रदा (स्त्री.), अपत्यदा (स्त्री.), क्षुद्रवार्ताकिनी (स्त्री.), क्षेत्रजा (स्त्री.), क्षेत्रदुतिका (स्त्री.), क्षेत्रदूती (स्त्री.), गर्दभा (स्त्री.), गर्भदा (स्त्री.), गर्भदात्री (स्त्री.), चन्द्रपुष्पा (स्त्री.), चन्द्रभा (स्त्री.), चान्द्री (स्त्री.), दुर्लभा (स्त्री.), नाकुली (स्त्री.), पुत्रदा (स्त्री.), पुत्रदात्री (स्त्री.), पुत्रप्रदा (स्त्री.), प्राणिमाता (स्त्री.), प्रियंकरी (स्त्री.), महौषधी (स्त्री.), लक्ष्मणा (स्त्री.), वनजा (स्त्री.), श्वेतकंटकारी (स्त्री.)।

50.10. सं. गोखरू, गोखुरू, गोरखुल, गोक्षुर, गोक्षुरक, अमरपुष्प, अमरपुष्पक, अश्वदंष्ट्र, अस्वादुकंटक, इक्षुगन्धा (स्त्री.), इक्षुर, कंटकफल, कंटफल, कंटकी, कंटी, क्षुर, क्षुरक, घनद्रुम, घनफल, त्रिकंट, त्रिकंटक, त्रिकट, त्रिपुट, घनस्थल, पलंकषा (स्त्री.), भद्रकंट, वनशृंगाट, वनशृंगाटक, विकंकट, विकंटक, व्यालदंष्ट्र, व्यालदंष्ट्रक, श्वदंष्ट्रक (स्त्री.), श्वदंष्ट्रा (स्त्री.), स्थलशृंगाट, स्थलशृंगाटक, स्वादुकंट, स्वादुकंटक।

छोटा गोखरू, मीठा गोखरू, इक्षुगन्ध, चणद्रुम, बहुकंटक, भक्षटक, षडंग।

50.11. सं. चीता, चित्र, चित्रक, चित्रभानु, चित्रांग, अग्नि (स्त्री.), अग्निमुख, अनल, अरणि, अरणी, उषप, ऊषण, कटंकट, कृमिकंटक, कृशानु, जातवेदा, तनूनपात, तनूनपाद्, दारुण, द्वीपी, पाठिकूट, पाठी, पावक, पावन, बृहद्भानु, वह्नि, वह्निनामा,

वह्निसंज्ञक, वर्हि, वानीर, विभाकर, विभावसु, वैश्वानर, व्याल, शंबर, शठ, शार्दूल, शिखावान्, शिखी, शुष्मा, शूर, सप्तार्चि, हविरशन, हिमाराति, हिरण्यरेता, हुतभुक्।

लाल चीता, अतिदीप्य, अत्याल, द्वयाग्नि (स्त्री.), मार्जार, रक्तचित्रक।

50.12. सं. नील, नीलकेशी (स्त्री.), नीलपत्रिका (स्त्री.), नीलपत्री (स्त्री.), नीलपुष्पा (स्त्री.), नीलपुष्पिका (स्त्री.), नीला (स्त्री.), नीलिका (स्त्री.), नीलिनी (स्त्री), नीली (स्त्री.), नखवृक्ष, नखालु, नरप्रिय, अक्लिका (स्त्री.), अत्यूहा (स्त्री.), काला (स्त्री.), कृष्ण, केशी (स्त्री.), क्लीकिका (स्त्री.), गन्धपुष्पा (स्त्री.), ग्रामीणा (स्त्री.), ग्रामिणी (स्त्री.), ग्राम्या (स्त्री.), चारटिका (स्त्री.), जनिनीलिका (स्त्री.), तुत्था (स्त्री), तूणी (स्त्री.), तूली (स्त्री.), दुर्गा (स्त्री.), दूलिका (स्त्री.), दूली (स्त्री.), दोला, द्रोणि (स्त्री.), द्रोणिका (स्त्री.), द्रोणी (स्त्री.), पिंगाक्षी (स्त्री.), बुक्कसी (स्त्री.), भद्रा (स्त्री), भारवाही (स्त्री.), मधुपर्णिका (स्त्री.), मधुपर्णी (स्त्री.), महानीला (स्त्री.), महाबला (स्त्री.), मेघवर्णा (स्त्री.), मेला (स्त्री.), मोचा (स्त्री.), रंगपत्री (स्त्री.), रंगपुष्पी (स्त्री), रंजनकेशी (स्त्री.), रंजनी (स्त्री.), रजनी (स्त्री.), वणिग्बन्धु, विशोधनी (स्त्री.), विशोधिनी (स्त्री.), वीतिका (स्त्री.), शिला (स्त्री.), शोधनी (स्त्री.), शोफनाशन, श्यामलिका (स्त्री.), श्यामा (स्त्री.), श्रीफला (स्त्री.), श्रीफली (स्त्री.), सहदेवा (स्त्री.), स्थिररंगा (स्त्री.), स्वामिका (स्त्री.)।

नील की बट्टी, नीलबरी (स्त्री.), नीलिका (स्त्री.), कृष्णा (स्त्री.)।

नील का खमीर, नीली सन्धान।

नीला रंग, नील (दे.505.2)।

वि. नील का धन्धा करने वाला, नीलवाला, निलहा।

नील, नीला (दे.505.2)।

50.13. सं. छुईमुई (स्त्री.), अंजलिकारिका (स्त्री.), अलंबुषा (स्त्री.), अलसा (स्त्री.), अस्त्रशेधिनी (स्त्री.), कंदिरी (स्त्री.), खदिरपत्रिका (स्त्री.), खदिरपत्री (स्त्री.), खदिरी (स्त्री.), गण्डमालिका (स्त्री.), गन्धपर्णी चित्रपदा (स्त्री.), ताम्रमूला (स्त्री.), नमस्कारी (स्त्री.), प्रमदा (स्त्री.), प्रसारिणी (स्त्री.), बृहद्दली (स्त्री.), बृहद्बला (स्त्री.), महाभीता (स्त्री.), महौषधि (स्त्री.), रक्तपादी (स्त्री.), रक्तपुष्पिका (स्त्री.), रक्तमण्डलिका (स्त्री.), रक्तमूला (स्त्री.), रुहा (स्त्री.), लघुकंटिका (स्त्री.), लजालु, लजालू, लजकारिका (स्त्री.), लजनी (स्त्री.), लजवन्ती (स्त्री.), लजाधुर, लज्जा (स्त्री.), लज्जालु, लज्जावन्त, लज्जावती (स्त्री.), लज्जिनी (स्त्री.), लज्जिरी (स्त्री.), लाजवन्ती (स्त्री.), लाजवती (स्त्री.), वराहक्रान्ता (स्त्री.), वृहद्दल, वृहद्दला (स्त्री.), वृहद्वला (स्त्री.), शमीपत्रा (स्त्री.), शीतपत्रा (स्त्री.), संकोचनी (स्त्री.), सप्तपर्णी (स्त्री.), समंगा (स्त्री.), स्पर्शलज्जा (स्त्री.), स्पर्शसंकोच, स्पर्शसंकोचपर्णिका (स्त्री.), स्पृक्का (स्त्री.), स्वगुप्ता (स्त्री.)।

लाल छुईमुई (स्त्री.), रक्तग्रन्थि (स्त्री.), विक्रान्ता (स्त्री.), विश्वग्रन्थि (स्त्री.)।

पानी में होने वाली छुईमुई : शमिपत्र, शमिपत्रा (स्त्री.)।

50.14. सं. कलियारी (स्त्री.), कलिकारी (स्त्री.), कलिहारी (स्त्री.), अग्निजिह्वा (स्त्री.), अग्निशिखा (स्त्री.), अनन्ता (स्त्री.), अमूला (स्त्री.), इन्द्रपर्णी इन्द्रपुष्पिका (स्त्री), इन्द्रपुष्पी (स्त्री.), गर्भघातिनी (स्त्री.), गर्भपातिनी (स्त्री.), गैरी (स्त्री.), दीप्ता (स्त्री.), नक्ता (स्त्री.), निस्स्पृहा (स्त्री.), पुषा (स्त्री.), पुष्पसौरभा (स्त्री.), लांगलकी (स्त्री),लांगलिका (स्त्री.), लांगलिकी (स्त्री.), लांगलिनी (स्त्री.), लांगली (स्त्री.), वह्निचक्रा (स्त्री.), वह्निवक्त्रा (स्त्री.), वह्निशिखा (स्त्री.), विद्युज्ज्वाला (स्त्री.), विशल्या (स्त्री.), विषलांगल, विषा (स्त्री.), विष्णुवल्लभा (स्त्री.), व्रणहृत्, शक्रपुष्पा (स्त्री.), शक्रपुष्पिका (स्त्री.), शक्रपुष्पी (स्त्री.), शीरी, स्वर्णपुष्पा (स्त्री.), हलिनी (स्त्री.), हली (स्त्री.)।

50.15. सं. दारुहलदी (स्त्री.), दारुहरिद्रा (स्त्री.), दारुनिशा (स्त्री.), दार्वी (स्त्री), द्वितीयाभा (स्त्री.), द्विहरिद्रा (स्त्री.), कटंकटेरी (स्त्री.), कामवती (स्त्री.), कामिनी (स्त्री.), कालीयक, कालेयक, काष्ठरंजनी (स्त्री.), गौरी (स्त्री.), जरिश्क, निशा (स्त्री), पचंपचा (स्त्री.), पचंबचा (स्त्री.), पर्जनी (स्त्री.), पर्जन्या (स्त्री.), पीतद्र, पीता (स्त्री), पीतिका (स्त्री.), बनहरदी (स्त्री.), बनहलदी (स्त्री.), वनहरिद्रा (स्त्री.), वनारिष्टा (स्त्री.), शोली (स्त्री.), सुगन्धगन्धा (स्त्री.), स्थिररागा (स्त्री.), स्थूलतिक्ता (स्त्री.), स्वर्णवर्ण, स्वर्णवर्णा (स्त्री.), हरिद्रु, हेमकान्ति (स्त्री.)।

दारुहलदी का पौधा : पीतक, पीतकद्रुम, पीतदारु।

दारुहलदी से निकाला हुआ तूतिया : दार्विका (स्त्री.)।

50.16. सं. कुटकी (स्त्री.), काली कुटकी, कटुकी(स्त्री.), कटुरोहिणी (स्त्री.), कटंबरा (स्त्री.), कटंभरा (स्त्री.), कटंवरा (स्त्री.), काण्डेरुहा (स्त्री.), कुहा (स्त्री.), कृष्णभेदा (स्त्री.), कृष्णभेदी (स्त्री.), कृष्णा (स्त्री.), अंजनी (स्त्री.), अरिष्टा (स्त्री.), अरिष्टिका (स्त्री.), अशोक, अशोक रोहिणी (स्त्री.), चक्रांगी (स्त्री.), जननी (स्त्री.), तिक्ता (स्त्री.), तिक्तिका (स्त्री.), तीव्रा (स्त्री.), द्विजांगिका (स्त्री.), द्विजांगी (स्त्री), धन्वन्तरिप्रस्ता (स्त्री.), पामघ्नी (स्त्री.), भद्ररोहिणी (स्त्री.), मत्स्यपित्ता (स्त्री.), मलभेदिनी (स्त्री.), महौषधी (स्त्री.), रक्तांगी (स्त्री.), रोहिणी (स्त्री.), वकुला (स्त्री.), वान्तिका (स्त्री.), वान्तिदा (स्त्री.), वृन्तिता (स्त्री.), शकुलादनी (स्त्री.), शतपर्वा (स्त्री.), शणपर्णी (स्त्री.), सुकाष्ठा (स्त्री.), सुवल्ली (स्त्री.)।

50.17. सं. लटजीरा, अंगलोढ्य, अंझाझारा, अक्षर, अधामार्गव, अध्वशल्य, अधोघण्टा (स्त्री.), अपामार्ग, ऊँगा, ऊँगी (स्त्री.), ओंगा, कंटी, कटुमंजरिका (स्त्री.), काण्डीर, किणिही (स्त्री.), कुब्ज, केशपर्णी (स्त्री.), कोशपर्ण, कोशपर्णी (स्त्री.), क्षवक, खरमंजरी (स्त्री.), गजदन्तफला (स्त्री.), गिरिकर्णिका (स्त्री.), चमत्कार, चिचड़ा, चिचड़ी (स्त्री.), चिरचिटा, चिरचिरा, दुरभिग्रह, दुर्ग्रह, दुर्ग्रहा (स्त्री.), धानुष्का (स्त्री), धामार्गव,

पराकपुष्पी (स्त्री.), पाण्डुकंटक, प्रत्यक्पर्णी (स्त्री.), प्रत्यक्पुष्पी (स्त्री.), प्रसारिणी (स्त्री.), मयूरक, मर्कटपिप्पली (स्त्री.), मर्कटी (स्त्री.), मालाकण्ठ, विंगवर्धिनी (स्त्री.), वृहत्फल, शिखरी, शैखरिक, शैखरेय, शोषहा, श्वेतधामा, स्थलमंजरी (स्त्री.), स्थूलमंजरी (स्त्री.)।

सफ़ेद लटजीरा : विषघ्निका (स्त्री.), विषघ्नी (स्त्री.)।

लाल लटजीरा : आघट्टक, दुग्धिनिका (स्त्री.), रक्तविन्दु, शिरोवृत्तफल।

जंगली लटजीरा : ग्वालककड़ी (स्त्री.), ग्वालककरी (स्त्री.)।

50.18. सं. बम्हनेटी (स्त्री.), ब्रह्मदण्ड, ब्रह्ममण्डूकी (स्त्री.), ब्रह्मयष्टि (स्त्री.), ब्राह्मणयष्टिका (स्त्री.), ब्राह्मणयष्टि (स्त्री.), ब्राह्मणयष्टी (स्त्री.), ब्राह्मणी (स्त्री), अंगारवल्लरी (स्त्री.), अंगारवल्ली (स्त्री.), कंजिका (स्त्री.), खरशाक, गर्दभशाक, गर्दभशाखा (स्त्री.), गर्दभशाखी (स्त्री.), चोरक, पद्मा (स्त्री.), फंजिका (स्त्री.), फंजी (स्त्री.), भारंगी (स्त्री.), भार्गी (स्त्री.), भाङ्र्गी (स्त्री.), भृंगजा (स्त्री.), भृगुजा (स्त्री.), वद्र्धं, वर्ध, वद्र्धक, वर्धक, वर्वर, वर्वरीक, वशिर, वालेय, वालेयशाक, व्रणद्विट्, शान्तवति (स्त्री.), शाकवालेय, स्थूलवर्त्मकृत, हंजिका (स्त्री.)।

50.19. सं. जवासा, जवास, अनन्ता (स्त्री.), आत्ममूली (स्त्री.), कंटकालुक, कच्छुरा (स्त्री.), कुनाशक, क्षुद्रेंगुदी (स्त्री.), गर्जाफल, गान्धारी (स्त्री.), गिरिकर्णी (स्त्री), घनद्रुम, घनफल, चोदनी (स्त्री.), दीर्घमूली (स्त्री.), दुःस्पर्श, दुःस्पर्शा (स्त्री.), दुरभिग्रहा (स्त्री.), दुरालंभा (स्त्री.), दुरालभा (स्त्री.), दुर्लभा (स्त्री.), दुष्पर्शा (स्त्री.), दुष्प्रधर्षा (स्त्री.), धनुर्यास, धन्ययवासक, धन्वयवास, धन्वयास, धन्वी, धमासा, प्रबोधनी (स्त्री), प्रबोधिनी (स्त्री.), प्रावृष्य, फंजिका (स्त्री.), बहुकंटक, बालपत्र, मरुद्भवा (स्त्री.), यवास, यवासक, वनदर्भ, विकंटक, विरूपा (स्त्री.), विषकंटक, विषघ्न, वृषक, शरपंख, समुद्रान्ता (स्त्री.), सिंहनादिका (स्त्री.), सूक्ष्मदला (स्त्री.), सूक्ष्मपत्र, सूक्ष्मपत्रा (स्त्री.), सूक्ष्मपत्रिका (स्त्री.), स्वादुकंट, स्वादुकंटक, हिंगुला।

लाल जवासा : यास।

छोटा जवासा : क्षुद्र दुरालभा (स्त्री.), फणिहृत्, मरुसम्भवा (स्त्री.), विशारदा (स्त्री), सुगन्धपत्रा (स्त्री.)।

अजादनी (स्त्री.)।

जवासे की शराब : यावास।

50.20. सं. बकुची (स्त्री.), अवल्गुज, ऐन्दवी (स्त्री.), कान्तिदा (स्त्री.), कालमेशी (स्त्री.), कालमेषी (स्त्री.), कुष्ठनाशिनी (स्त्री.), कुष्ठहन्त्री (स्त्री.), कृष्णफला (स्त्री.), क्रिमिघ्नी (स्त्री.), चन्द्रपुष्पा (स्त्री.), चन्द्रप्रभा (स्त्री.), चन्द्ररेखा (स्त्री.), चन्द्रलेखा (स्त्री), त्वग्दोषापहा (स्त्री.), पानीयमूलक, पूतिगन्धा (स्त्री.), पूतिगंधिका (स्त्री.), पूतिफल, पूतिफला (स्त्री.), पूतिफली (स्त्री.), भूकेशी (स्त्री.), मलया (स्त्री.), मासन, वरा (स्त्री), वल्गुजा (स्त्री.), वाकुची (स्त्री.), वागुची (स्त्री.),

वेजानी (स्त्री.), शशिलेखा (स्त्री.), शूलोत्खा (स्त्री.), शूलोत्था (स्त्री.), श्यामा (स्त्री.), सिता (स्त्री.), सितावरी (स्त्री.), सितासिता (स्त्री.), सुगन्धा (स्त्री.), सुपर्णिका (स्त्री.), सुप्रभा (स्त्री.), सुवल्लि (स्त्री), सुवल्लिका (स्त्री.), सुवल्ली (स्त्री.), सोमक्षीरा (स्त्री.), सोमक्षीरी (स्त्री.), सोमखण्डा (स्त्री.), सोमगा (स्त्री.), सोमराजिका (स्त्री.), सोमराजी (स्त्री.), सोमवल्लिका (स्त्री.), सोमवल्ली (स्त्री.)।

50.21. सं. गजपीपर (स्त्री.), गजपीपल (स्त्री.), गजपिप्पली (स्त्री.), गजाह्व, गजोषणा (स्त्री.), अग्निगर्भ, इभकणा (स्त्री.), इभोषणा (स्त्री.), कपिलता (स्त्री.), कपिवल्ली (स्त्री.), करिपिप्पली (स्त्री.), कुक्कुटमस्तक, कोलवल्ली (स्त्री.), चव्यजा (स्त्री.), चव्यफल, छिद्रपिप्पली (स्त्री.), छिद्रवैदेही (स्त्री.), तेजोवती (स्त्री.), तैजसी (स्त्री.), दीर्घकुल्या (स्त्री.), दीर्घग्रन्थि (स्त्री.), दीर्घग्रन्थिका (स्त्री.), भव्या (स्त्री.), लांगलि (स्त्री.), लांगली (स्त्री.), वर्तुली (स्त्री.), वशिर, वसिर, वह्निनी (स्त्री.), वह्निशिखा (स्त्री.), वारणकणा (स्त्री.), शनकावलि (स्त्री.), शैलजा (स्त्री.), शैलजाता (स्त्री.), शौण्डी, श्रेयसी (स्त्री.), सूर्यावर्त, सोमवल्ली (स्त्री.), स्थूलवैदेही (स्त्री.), स्थूला (स्त्री.), हस्तिपिप्पली (स्त्री.)।

50.22. सं. जलपीपल, जलपिप्पलिका (स्त्री.), जलपिप्पली (स्त्री.), जलाक्षी (स्त्री.), अगिनझाल (स्त्री.), अग्निज्वाला (स्त्री.), अग्निझाल (स्त्री.), गंगतिरिया (स्त्री.), चित्रपत्री (स्त्री.), चित्रपर्णी (स्त्री.), तृणशीता (स्त्री.), तोयपिप्पली (स्त्री.), पनसिंगा, पित्तला (स्त्री.), बहुशिखा (स्त्री.), मत्स्यगन्धा (स्त्री.), मत्स्यायिनी (स्त्री.), महाराष्ट्री (स्त्री.), रक्तारि, लांगलि (स्त्री.), लांगली (स्त्री.), शकुलादनी (स्त्री.), शकुलाहनी (स्त्री.), शारदी (स्त्री.), सारदी (स्त्री.), सिंहपुच्छिका (स्त्री.), सिंहपुच्छी (स्त्री.), सिंहपुष्पी (स्त्री.)।

50.23. सं. चाब, चाभ, चवि (स्त्री.), चविक, चविका (स्त्री.), चवी (स्त्री.), चव्य, ऊषण, कंकल, कुक्कुटमस्तक, कृकर, कृकल, कोला (स्त्री.), तेजोवती (स्त्री), नाकुली (स्त्री.), लांगली (स्त्री.), शौण्डी।

50.24. सं. अतीस, अतिविष, अतिविषा (स्त्री.), अमृता (स्त्री.), अरुणा (स्त्री), उपविषा (स्त्री.), घुणवल्लभा (स्त्री.), पीता (स्त्री.), प्रतिविषा (स्त्री.), प्रविषा (स्त्री.), भंगुरा (स्त्री.), भृंगी (स्त्री.), महौषध, माद्री (स्त्री.), मृद्धी (स्त्री.), विरूपा (स्त्री.), विश्वा (स्त्री.), विषघ्ना (स्त्री.), विषदा (स्त्री.), विषरूपा (स्त्री.), विषा (स्त्री.), विषाख्या (स्त्री.), वीरा (स्त्री.), शिशुभैषज्य, शुक्लकन्द, शुक्लकन्दा (स्त्री.), शृंगिका (स्त्री.), शृंगी (स्त्री.), श्यामकन्दा (स्त्री.), श्वेतकन्दा (स्त्री.), श्वेतवचा (स्त्री.), श्वेता (स्त्री.), सितशृंगी (स्त्री.)।

50.25. सं. बच (स्त्री.), बालबच (स्त्री.), उग्रगन्धा (स्त्री.), उग्रा (स्त्री.), क्षुद्रपत्री (स्त्री.), गानिनी (स्त्री.), गानिली (स्त्री.), गोलोमी (स्त्री.), घुड़बच (स्त्री.), चव्या (स्त्री), जटिला (स्त्री.), जीवा (स्त्री.), तीक्ष्णगन्धा (स्त्री.), तीक्ष्णा (स्त्री.),

बहुपत्रिका (स्त्री.), भद्रा (स्त्री.), रक्ता (स्त्री.), रक्षोघ्नी (स्त्री.), लोमशा (स्त्री.), लोमा (स्त्री.), वचा (स्त्री.), वल्लरि (स्त्री.), वल्लरी (स्त्री.), विजया (स्त्री.), शतपर्वा (स्त्री.), शतपर्विका (स्त्री.), शतमूला (स्त्री.), शतमूली (स्त्री.), शीतवीर्य, षड्ग्रंथा (स्त्री.), सुपद्मा (स्त्री), स्वरालु।

खुरासानी बच (स्त्री.), घोड़बच (स्त्री.), दीर्घपत्रिका (स्त्री.), मंगल्या (स्त्री.), मीठी बच, श्वेतवचा (स्त्री.), षड्ग्रंथ, षड्ग्रंथा (स्त्री.), हैमवती (स्त्री.)।

महाभरी बच (स्त्री.), कुलंज, कुलंजन, कुलींजन।

50.26. सं. अड़ूसा, अरूसा, अरूस, अरुष्क, अटरुष, अटरूष, अटरूषक, आटरूष, नासा (स्त्री.), पंचमुखी (स्त्री.), भिषग्माता (स्त्री.), मृगेन्द्राशी (स्त्री.), रुसा, रूसा, रूषक, वाजिदन्त, वाजिदन्तक, वाजी, वाशक, वाशा (स्त्री.), वाशिका (स्त्री.), वास, वासक, वासका (स्त्री.), वासा (स्त्री.), वासिका (स्त्री.), वृश, वृष, वृषक, वृषभपल्लव, वैद्यमाता (स्त्री.), वैद्यसिंही (स्त्री.), सिंहपर्णी (स्त्री.), सिंहमुखी (स्त्री), सिंहवदना (स्त्री.), सिंहवल्लभा (स्त्री.), सिंहानन, सिंहास्य, सिंहास्या (स्त्री.), सिंहिका (स्त्री.), सिंही (स्त्री.), सितकर्णिका (स्त्री.), सितकर्णी (स्त्री.)।

50.27. सं. बरियारा, बनमेथी (स्त्री.), बला (स्त्री.), बलिनी (स्त्री.), बीजबन्ध, ओदनाह्वया (स्त्री.), ओदनाह्वा (स्त्री.), ओदनिका (स्त्री.), ओदनी (स्त्री.), करेता, खरैंटी (स्त्री.), खिरैंटी (स्त्री.), पाटी (स्त्री.), पीलाबरेला, भद्रा (स्त्री.), भद्रोदनी (स्त्री), भद्रौदनी (स्त्री.), मोटा (स्त्री.), वरकुर्चिका (स्त्री.), वाट्य, वाट्यपुष्पी (स्त्री.), वाट्या (स्त्री.), वाट्याल, वाट्यालक, विनिया (स्त्री.), शेलु, शेलुक, शेलुका (स्त्री.), सहदेवा (स्त्री.), सुगन्धपत्रा (स्त्री.), सुवर्णा (स्त्री.)।

छोटा बरियारा, वाट्यालिका (स्त्री.), वाट्याली (स्त्री.)।

50.28. सं. सहदेई (स्त्री.), सहदइया (स्त्री.), सहदेवा (स्त्री.), सहदेवी (स्त्री.), केशारुहा (स्त्री.), केश्य, केसरिका (स्त्री.), गन्धवल्लरी (स्त्री.), गन्धवल्ली (स्त्री.), देवबला (स्त्री.), पीतपुष्पी (स्त्री.), पुरासिनी (स्त्री.), बृहद्बला (स्त्री.), महाबला (स्त्री), मृगरसा (स्त्री.), मृगा (स्त्री.), मृगादनी (स्त्री.), वंशपुष्पा (स्त्री.), वर्षपुष्पा (स्त्री.), वीरपुष्पी (स्त्री.), वृद्धबला (स्त्री.), सुकर्णिका (स्त्री.)।

50.29. सं. ककही (स्त्री.), कँगही (स्त्री.), कंघी (स्त्री.), अतिबला (स्त्री.), ऋष्यगता (स्त्री.), ऋष्यप्रोक्ता (स्त्री.), बलिनी (स्त्री.), बल्या (स्त्री.), भुजंगजिह्वा (स्त्री.), भूरिबला (स्त्री.), महासमंगा (स्त्री.), महौषधी (स्त्री.), रुहा (स्त्री.), लोमशा (स्त्री.), वाट्यपुष्पी (स्त्री.), विकंकता (स्त्री.), वृक्षरुहा (स्त्री.), वृद्धबला (स्त्री.), वृषगन्धा (स्त्री.), वृष्यगन्धा (स्त्री.), वृष्यगन्धिका (स्त्री.), वृष्या (स्त्री.), व्यालजिह्वा (स्त्री.), शीतपाकिनी (स्त्री.), शीतपाकी (स्त्री.), शीतपुष्पा (स्त्री.), शीतपुष्पी (स्त्री.), शीतबला (स्त्री.), शीताबला (स्त्री.), सहा (स्त्री.)।

सफ़ेद फूलोंवाली ककही : वाट्यायनी (स्त्री.)।

50.30. सं. गँगेरन, गँगेरू, गांगेरुकी (स्त्री.), गुलशकरी (स्त्री.), कंकत, कटंभरा (स्त्री.), नागबाला (स्त्री.), पुष्पगवेधुका (स्त्री.), भद्रपर्णा (स्त्री.), भद्रोदनी (स्त्री.), भद्रौदनी (स्त्री.), महागन्धा (स्त्री.), महोदया (स्त्री.), सर्पदण्डी (स्त्री.), ह्रस्वगवेधुका (स्त्री.)।

50.31. सं. रासना (स्त्री.), रास्ना (स्त्री.), रास्निका (स्त्री.), रक्तरसा (स्त्री.), रसाह्वा (स्त्री.), रस्या (स्त्री.), अतिरसा (स्त्री.), अहिमर्दनी (स्त्री.), अहिलता (स्त्री.), अहिविषापहा (स्त्री.), ईश्वरी (स्त्री.), एलापर्णी (स्त्री.), क्लीतनक, गन्धनाकुली (स्त्री.), गन्धरास्ना (स्त्री.), घोड़रासम, छत्रा (स्त्री.), छत्राकी (स्त्री.), दीर्घवृंतिका (स्त्री.), द्रोणगन्धिका (स्त्री.), धूर्तमानुषा (स्त्री.), नन्दगोपिता (स्त्री.), नकुलकन्द, नकुलाढ्या (स्त्री.), नकुलेष्टा (स्त्री.), नाकुली (स्त्री.), नागगन्धा (स्त्री.), नागुला, नागसुगन्धा (स्त्री.), नेउरकन्द, पलंकषा (स्त्री.), प्राचीना (स्त्री.), फणिहन्त्री (स्त्री.), भद्रा (स्त्री.), भुजंगदमनी (स्त्री.), भुजंगाक्षी (स्त्री.), युक्तरसा (स्त्री.), युक्तश्रेयसी (स्त्री.), युक्ता (स्त्री.), रक्तपत्रा (स्त्री.), रसाह्वा (स्त्री.), विषघ्नी (स्त्री.), विषमर्दनिका (स्त्री.), विषमर्दनी (स्त्री.), विषमर्दिनी (स्त्री.), वृश्चिकविषापहा (स्त्री.), व्यालगन्धा (स्त्री.), श्रेयसी (स्त्री.), सदातोया (स्त्री.), सर्पगन्धा (स्त्री.), सर्पनेत्रा (स्त्री.), सर्पभक्षक, सर्पभुक्, सर्पसुगन्धा (स्त्री.), सर्पसुगन्धिका (स्त्री.), सर्पांगी (स्त्री.), सर्पाक्षी (स्त्री.), सर्पादनी (स्त्री.), सहा (स्त्री.), सुगन्धनाकुली (स्त्री.), सुगन्धमूला (स्त्री.), सुगन्धा (स्त्री.), सुरभी (स्त्री.), सुरसा (स्त्री.), सुवहा (स्त्री.)।

50.32. सं. सरिवन, सर्वानुकारिणी (स्त्री.), सलवन, सुधा (स्त्री.), सुपर्णिका (स्त्री.), सुरसा (स्त्री.), सौम्या (स्त्री.), स्थिरा (स्त्री.), अंशुमती (स्त्री.), अस्तमती (स्त्री), गुहा (स्त्री.), त्रिपर्णिका (स्त्री.), त्रिपर्णी (स्त्री.), दीर्घपत्रिका (स्त्री.), देवी (स्त्री), ध्रुवा (स्त्री.), निश्चला (स्त्री.), पर्णिका (स्त्री.), पर्णी (स्त्री.), पीलुमली (स्त्री.), पीवरी (स्त्री.), वातघ्नी (स्त्री.), विदारि (स्त्री.), विदारिका (स्त्री.), विदारिगन्धा (स्त्री.), विदारिगन्धिका (स्त्री.), विदारी (स्त्री.), शालपत्रा (स्त्री.), शालपर्णी (स्त्री.), शालानी (स्त्री.), शालिका (स्त्री.), शालिपर्णी (स्त्री.), शुभपत्रिका (स्त्री.), शोफघ्नी (स्त्री.), सुमूला (स्त्री.)।

बड़ा सरिवन : महाशालपर्णी (स्त्री.), वृहच्छालपर्णी (स्त्री.)।

50.33. सं. मुसली (स्त्री.), मुषली (स्त्री.), मुशली (स्त्री.), मूसली (स्त्री.), अर्शोघ्नी (स्त्री.), गोधापदिका (स्त्री.), गोधापदी (स्त्री.), टुनाका (स्त्री.), तालकन्द, तालपत्रिका (स्त्री.), तालमूलिका (स्त्री.), तालमूली (स्त्री.), तालिका (स्त्री.), ताली (स्त्री.), दीर्घकन्दिका (स्त्री.), शतमूली (स्त्री.), सुवहा (स्त्री.), हेमपुष्पी (स्त्री.)।

मुसली की जड़ : कुसर।

50.34. सं. गोरचकरा, मरुर, मरूर, मरुल, मुर्वा, मूर्वा (स्त्री.)।

क्षीरमूर्वा (स्त्री.), स्वादुल।

50.35. सं. भँगरा, भँगरैया (स्त्री.), भंगराज, भिंगोरा, भृंग, भृंगरज, भृंगराज, भृंगसोदर, भृंगार्क, भृंगाह्व, अंगारक, अजागर, कुन्तलवर्धन, केशरंजन, केशराज, घमरा, पितृप्रिय, मर्कर, मार्कव, सुराजक।

पीला भँगरा, पीतभृंगराज, देवप्रिय, पावन, स्वर्णभृंगार।

काला भँगरा, कुकुरभँगरा, कूकरभँगरा, नागमार, नीलपुष्प, नीलभृंगराज, परुरु, महाभृंग, सुनीलक।

50.36. सं. घीकुआर, घीकुवार, घृतकुमारिका (स्त्री.), घृतकुमारी (स्त्री.), अंबुबिस्रवा (स्त्री.), अजरा (स्त्री.), अदला (स्त्री.), अफला (स्त्री.), अमरा (स्त्री.), अरजा (स्त्री.), कन्या (स्त्री.), कुमारी (स्त्री.), गृहकन्या (स्त्री.), गृहकुमारी (स्त्री.), गोंडपट्ठा, ग्वारपाठा, तरणी (स्त्री.), तरुणी (स्त्री.), दीर्घपत्रिका (स्त्री.), बलभद्रा (स्त्री.), बहुकन्या (स्त्री.), बहुपत्रा (स्त्री.), बहुपत्री (स्त्री.), बाला (स्त्री.), भृंगेष्टा (स्त्री.), मृदु (स्त्री.), रामा (स्त्री.), विपुलस्रवा (स्त्री.), विपुलास्रवा (स्त्री.), वीरा (स्त्री.), सहा (स्त्री.), सुकंटका (स्त्री.), स्थलेरुहा, स्थूलदला (स्त्री.)।

घीकुआर का सुखाया हुआ रस : मुसव्बर, एलुवा, कुष्ठसन्धि (स्त्री.), त्वक्सुगन्धा (स्त्री.), दुवर्णा (स्त्री.), बालु, बालुक, वीरा (स्त्री.)।

50.37. सं. चकबँड़, चकौंड़, चक्रगज, चक्रपद्माट, चक्रमर्द, चक्रमर्दक, चक्राह्वय, चक्राहव्य, चक्री, अंबुम, अगती (स्त्री.), उरणाक्ष, उरणाक्षक, उरणाख्य, उरणाख्यक, एडगज, खर्जुघ्न, गजाख्या (स्त्री.), तर्किण, तर्किल, तर्वट, दर्द्रुघ्न, द्रर्दुघ्न, दादमर्दन, दृढबीज, पद्भाट, प्रपुन्नाट, प्रपुन्नाड, प्रपुन्नाल, पमार, मेषलोचन, यतुका (स्त्री.), यतूका (स्त्री.), शिंब, शुकनाशन, सिम्ब।

50.38. सं. जटामासी (स्त्री.), जटामांसी (स्त्री.), जटाला (स्त्री.), जटावती (स्त्री.), जटा (स्त्री.), जटि (स्त्री.), जटिल, जटिला (स्त्री.), जटी (स्त्री.), जननी (स्त्री.), अभ्रमांसी (स्त्री.), अमृतजटा (स्त्री.), किराततिनी (स्त्री.), कृष्णजटा (स्त्री.), केशिनी (स्त्री.), केशी (स्त्री.), चक्रवर्तिनी (स्त्री.), तपस्विनी (स्त्री.), तामसी (स्त्री.), नन्दिनी (स्त्री.), नकुली (स्त्री.), नलद, नलदा (स्त्री.), पिशाची (स्त्री.), पिशिता (स्त्री.), पिशिती (स्त्री.), पिशी (स्त्री.), पेशि (स्त्री.), पेशी (स्त्री.), बालछड़ (स्त्री.), भूतकेश, भूतजटा (स्त्री.), मांसिका (स्त्री.), मांसिनी (स्त्री.), मांसी (स्त्री), माता (स्त्री.), मेषिका (स्त्री.), मेषी (स्त्री.), मिशि (स्त्री.), मिशी (स्त्री.), मिषि (स्त्री.), मिषिका (स्त्री.), मिषी (स्त्री.), मिसि (स्त्री.), मिसी (स्त्री.), मृगभक्ष्या (स्त्री.), यवफल, लोमकरणी (स्त्री.), लोमशा (स्त्री.), वह्निनी (स्त्री.), सुंबुल, संबुले, रूमी, सुंबुले हिन्दी, सुलोमनी (स्त्री.), सुलोमशा (स्त्री.), हिंस्रा (स्त्री.)।

गन्धमासी (स्त्री.), जटावल्ली (स्त्री.), पिशाचिका (स्त्री.), पूतना (स्त्री.)।

छोटी जटामासी, आकाशमांसी (स्त्री.), लघुमासी (स्त्री.), शेवाली (स्त्री.), सूक्ष्मपत्रिका (स्त्री.), सूक्ष्मपत्री (स्त्री.)।

50.39. सं. आमाहलदी (स्त्री.), आम्रहरिद्रा (स्त्री.), अमियाहलदी (स्त्री.), अम्लहरिद्रा (स्त्री.), द्राविड, शटि (स्त्री.), शटी (स्त्री.), सुपाकिनी (स्त्री.), स्थूलका (स्त्री.)।

50.40. सं. कसौंजा, कसौंजी (स्त्री.), कसौंदा, कसौंदी (स्त्री.), काल, कासमर्द, कासारि, अरिमर्द, जरण, दीपन, पत्रोपस्कर, बनार, वेषण।

50.41. सं. रतनजोत (स्त्री.), मगली एरण्ड।

50.42. सं. भँड़भाँड़, भड़भाँड़, इभया (स्त्री.), कटुपर्णी (स्त्री.), घमोय, तिक्तदुग्धा (स्त्री.), पयस्या (स्त्री.), भषा (स्त्री.), शुक, सत्यानासी (स्त्री.), सहा (स्त्री.), सुवर्णक्षीरिणी (स्त्री.), सुवर्णक्षीरी (स्त्री.), सुवर्णदुग्धा (स्त्री.), सृगालकंटक, स्यारकाँटा, स्यालकंटा, स्वर्णक्षीरिका (स्त्री.), स्वर्णक्षीरिणिका (स्त्री.), स्वर्णक्षीरी (स्त्री.), स्वर्णदुग्धा (स्त्री.), स्वर्णदुग्धी (स्त्री.), स्वर्णाह्वा (स्त्री.), हिमावती (स्त्री.), हेमशिखा (स्त्री.), हेमशीत, हेमांगा (स्त्री.), हेमाद्रिका (स्त्री.), हेमाद्रिजरण, हेमाह्वा (स्त्री.)।

50.43. सं. पितपापड़ा, पित्तपापड़ा, पित्तहा, पित्तारि, पापड़ा, पर्पट, पर्पटक, पांशु (स्त्री.), पांसु (स्त्री.), प्रगन्ध, अर, अरक, चरक, तिक्त, तृष्णारि, त्रियष्टि (स्त्री.), दवनपापड़ा, वरतिक्त, वर्मकंटक, शाहतरा, शीत, शीतप्रिय, शीतवल्लभ, शीतवीर्य, सुतिक्त, सुतिक्तक, सूक्ष्मपत्रक, सहतरा।

50.44. सं. दन्ती (स्त्री.), दन्तिजा (स्त्री.), दन्तमूलिका (स्त्री.), दशानिक, अनुकूला (स्त्री.), अणुरेवती (स्त्री.), उडुंबरदला (स्त्री.), उडुंबरपर्णी (स्त्री.), उदुंबरपर्णी (स्त्री.), उपचित्रा (स्त्री.), एरण्डपत्रिका (स्त्री.), एरण्डफला (स्त्री.), कुम्भी (स्त्री.), चक्रदन्ती (स्त्री), चित्रा (स्त्री.), तरुणी (स्त्री.), तिरिफल, नागस्फोटा (स्त्री.), निकुम्भ, निकुम्भी (स्त्री.), निःशल्या (स्त्री.), निशल्या (स्त्री.), प्रत्यक्पर्णी (स्त्री.), प्रत्यक्पुष्पी (स्त्री.), प्रत्यक्श्रेणी (स्त्री.), फन्जिका (स्त्री.), फंजी (स्त्री.), भद्रा (स्त्री.), मकूलक, रेचनी (स्त्री.), रोचनी (स्त्री.), वराहांगी (स्त्री.), विशाकर, विशल्या (स्त्री.), विशोधनी (स्त्री.), वृषा (स्त्री.), शीघ्रा (स्त्री.), सर्पदंष्ट्र, सर्पदंष्ट्रा (स्त्री.)।

बड़ी दन्ती, बँगडेरा, बृहद्दन्ती (स्त्री.), विषभद्रा (स्त्री.), वृषभध्वजा (स्त्री.)।

क्षुद्रदन्ती (स्त्री.), वराहांगी (स्त्री.), विषभद्रिका (स्त्री.)।

भद्रदन्ती (स्त्री.), भद्रदन्तिका (स्त्री.), भिषग्भद्रा (स्त्री.), जयावहा (स्त्री.), जयाह्वा (स्त्री.)।

50.45. सं. सरहटी (स्त्री.), सरहरी (स्त्री.), सर्पघातिनी (स्त्री.), सर्पतृण, सर्पनेत्रा (स्त्री.), सर्पभक्षक, सर्पसहा (स्त्री.), सर्पहा (स्त्री.), सर्पांगी (स्त्री.), सर्पाक्ष, सर्पाक्षी (स्त्री.), गण्डनी (स्त्री.)।

50.46. सं. अकरकरा, आकरकरहा, आकल्लक।

50.47. सं. असगन्ध, अश्वगन्धा (स्त्री.), अश्वकन्दा (स्त्री.), अश्वकन्दिका (स्त्री), अश्वखुरा (स्त्री.), अश्वखुरी (स्त्री.), अश्वारोहक, अवरोहक, अवरोहिका (स्त्री.), कंबुका (स्त्री.), कंबुकाष्ठा (स्त्री.), तुरंगगन्धा (स्त्री.), तुरंगमी (स्त्री.), तुरंगी (स्त्री.), तुरगी (स्त्री.), पलाशपत्री (स्त्री.), पीलुमूला (स्त्री.), पीवरा (स्त्री.), पुष्टिदा (स्त्री.), प्रियंकरी (स्त्री.), बलदा (स्त्री.), बल्या (स्त्री.), वनजा (स्त्री.), वराहकर्णी (स्त्री.), वराहपत्री (स्त्री.), वराही (स्त्री.), वरदा (स्त्री.), वाजिगन्धा (स्त्री.), वाजिनी (स्त्री.), वातघ्नी (स्त्री.), वाराहकर्णी (स्त्री.), वाराहपत्री (स्त्री.), वृषा (स्त्री.), श्यामला (स्त्री.), हयगन्धा (स्त्री.), हयप्रिया (स्त्री.), हया (स्त्री.)।

अकरी (स्त्री.)।

50.48. सं. चोरपुष्पी (स्त्री.), चोरपुष्पिका (स्त्री.), चोरहुली (स्त्री.), चोरा (स्त्री), चोराख्य, अन्धाहुली (स्त्री.), अधःपुष्पी (स्त्री.), अमरपुष्पिका (स्त्री.), अवाक्पुष्पी (स्त्री), कंबुपुष्पी (स्त्री.), कंबुमालिनी (स्त्री.), केशिनी (स्त्री.), कौड़ियाला, कौड़ियाली (स्त्री), कौड़ेना (स्त्री.), क्षीरपुष्पी (स्त्री.), पीतपुष्पी (स्त्री.), प्रचंडा (स्त्री.), बहुफेना (स्त्री.), भूलग्ना (स्त्री.), मलविनाशिनी (स्त्री.), मंगल्यकुसुमा (स्त्री.), मंगल्या (स्त्री.), मांगल्यकुसुमा (स्त्री.), मेध्या (स्त्री.), रसायनी (स्त्री.), वनविलासिनी (स्त्री.), वन्या (स्त्री.), शंखकुसुम, शंखकुसुमा (स्त्री.), शंखनाम्नी (स्त्री.), शंखपुष्पिका (स्त्री.), शंखपुष्पी (स्त्री.), शंखमालिनी (स्त्री.), शंखाहुली (स्त्री.), शंखाहोली (स्त्री.), शंखाह्वा (स्त्री.), शंखिका (स्त्री.), शंबूकपुष्पी (स्त्री.), शस्यघ्नी (स्त्री.), साँकाहुली (स्त्री.), सुमुखी (स्त्री.), सूर्यवल्ली (स्त्री.), सूर्यवृक्ष।

काली चोरपुष्पी : विष्णुक्रान्ता (स्त्री.)।

लाल चोरपुष्पी : विष्णुगन्धि (स्त्री.)।

50.49. सं. कुकरौन्दा, कुकरौंधा, कुकुन्दर, कुकुन्दुर, क्षतघ्न, ताम्रचूड, दण्डिनी (स्त्री.), दण्डोत्पल, दण्डोत्पला (स्त्री.), देवसहा (स्त्री.), श्वसुत, श्वसुन, सूक्ष्मपत्र।

50.50. सं. कचूर, कच्योर, कचियाहलदी (स्त्री.), कर्चर, कर्चूर, कर्पूरक, कर्बुर, कर्श्य, कल्पक, कल्प, काल्पक, गन्धसार, गोलोमिका (स्त्री.), गोलोमी (स्त्री.), चन्द्रप्रभा (स्त्री.), जटाल, दुर्लभ, दूर्य, द्राविड, द्राविडक, नरकचूर, पलाश, पलाशी, पृथुपलाशिका (स्त्री.), वेधमुख्य, शटि (स्त्री.), शटी (स्त्री.), षड्ग्रंथा (स्त्री.), षड्ग्रन्थिका (स्त्री.), षड्ग्रंथी (स्त्री.), सटि (स्त्री.), सटी (स्त्री.), समुद्रा (स्त्री.), सुंपलुंठ, सौम्या (स्त्री.), हिमोद्भवा (स्त्री.)।

बनकचूर।

जंगली कचूर : सटिका (स्त्री.), सटी (स्त्री.)।

50.51. सं. गूमा, गूम, गूँम, गोम, कुम्भयोनि, कुरुंबा (स्त्री.), करुंबिका (स्त्री), क्षरपत्रा (स्त्री.), क्षरपत्री (स्त्री.), क्षवपत्रा (स्त्री.), क्षवपत्री (स्त्री.), चित्रपत्रिका (स्त्री),

चित्रपर्णी (स्त्री.), चित्राक्षुप, देवसहा (स्त्री.), द्रोणपुष्पी (स्त्री.), द्रोणा (स्त्री.), वृक्षसारक, शंकरप्रिय, सिंहपुच्छिका (स्त्री.), सिंहपुच्छी (स्त्री.), सिंहपुष्पी (स्त्री.), सुगन्धक, सुपुष्पा (स्त्री.), सुपुष्पी (स्त्री.)।

50.52. सं. दौना, दोनाँ, दोना, दोन, दमन, दमनक, दमनी (स्त्री.), दलामल, देवशेखर, अग्निदमनी (स्त्री.), अरण्यदमन, करफूल, गन्धोत्कट, जटिला (स्त्री.), दण्डी, ध्याम, पवित्रक, पुण्डरीक, ब्रह्मजटा (स्त्री.), ब्रह्मजटी (स्त्री.), वह्निदमनी (स्त्री.)।

कँटीला दौना : नागदौना, रक्तपुष्पा (स्त्री.), रक्तपुष्पी (स्त्री.)।

50.53. सं. नागदौना, नागदमन, नागदमनी (स्त्री.), नागपत्रा (स्त्री.), नागपुष्पिका (स्त्री.), नागपुष्पी (स्त्री.), गजपुष्पी (स्त्री.), जांबवती (स्त्री.), जांबवी (स्त्री.), दुर्धर्षा (स्त्री.), दुःसहा (स्त्री.), भुजंगपर्णी (स्त्री.), मलघ्नी (स्त्री.), महायोगेश्वरी (स्त्री.), विषापहा (स्त्री.), वृत्ता (स्त्री.), सर्पगन्धा (स्त्री.), सुशीतल।

50.54. सं. सालममिश्री (स्त्री.), सालममिसरी (स्त्री.), सालिबमिस्री (स्त्री.), सुधामूली (स्त्री.)।

50.55. सं. हुरहुर, हुलहुल, अर्ककान्ता (स्त्री.), अर्कभक्ता (स्त्री.), आचारी (स्त्री), आदित्यभक्ता (स्त्री.), कुंचिका (स्त्री.), चक्रांगी (स्त्री.), जमाता, तिक्तपर्वा (स्त्री.), पार्वतेय, ब्रह्मसुवर्चला (स्त्री.), वरदा (स्त्री.), सितसूर्य, सुतेजा (स्त्री.), सुवर्चला (स्त्री.), सुरसम्भवा (स्त्री.), सूर्यभक्ता (स्त्री.), सूर्यलता (स्त्री.), सूर्यवल्लभा (स्त्री.), सूर्यावर्त, सूर्यावर्ता (स्त्री.), स्फुलमंजरी (स्त्री.)।

50.56. सं. ईसरमूल, ईश्वरी (स्त्री.), अर्कपत्रा (स्त्री.), अर्कमूल, अर्कमूला (स्त्री), घना (स्त्री.), जटा (स्त्री.), जटाधारी, जटावल्ली (स्त्री.), दीप्य, नेत्रपुष्करा (स्त्री), पत्रवल्ली (स्त्री.), रुद्रजटा (स्त्री.), रुद्रलता (स्त्री.), रुद्रा (स्त्री.), रुद्राणी (स्त्री.), लोचमर्कट, लोचमस्तक, विषापहा (स्त्री.), शंकरजटा (स्त्री.), शिवाह्वा (स्त्री.), सुगन्धपत्रा (स्त्री.), सुगन्धपत्री (स्त्री.), सुगन्धा (स्त्री.), सुनन्दा (स्त्री.), सुपत्रा (स्त्री.), सुरभि (स्त्री), सुवहा (स्त्री.), सौम्या (स्त्री.)।

50.57. सं. मरुआ, मरुवा, मरुव, मरुवक, मरु, मरुत, मरुत्तक, खरपुष्प, खरपुष्पक, गन्धपत्र, जंबीर, दलामल, नाज़बू, प्रस्थकुसुम, प्रस्थपुष्प, फणिज्झ, फणिज्झक, बहुवीर्य, विष्णुहिता (स्त्री.), शीतलक, शुक्लपुष्प, समीरण।

50.58. सं. पुँडरिया, पुँडरी, पुण्डरिया, पुण्डरी, पुण्डरीक, पुण्डरीयक, पुण्डर्य, पौण्डरीय, पौण्डरीयक, प्रपौण्डरीक, अनुज, अनुजन्मा, अनुजात, तालपुष्पक, श्रीपुष्प, सानुज, सालपुष्प।

50.59. सं. सनाय (स्त्री.), सोनामुखी (स्त्री.), स्वर्णपत्री (स्त्री.), स्वर्णमुखी (स्त्री), नीलबिरई (स्त्री.)।

50.60. सं. घण्टाकरन, घण्टाकर्ण, घंटक, घण्टाक, चित्राटीर।

50.61. सं. पत्थरफोड़, गिरिपुष्पक।

50.62. सं. पत्थरचूर, पखानभेद, पाषाणभेद, पाषाणभेदक, पाषाणभेदन, पाषाणभेदी, अम्ल, अम्लपत्र, अम्लोटक, अश्मन्तक, अश्मभेद, गिरिभिद्, वटपत्री (स्त्री.), शिलगर्भज, शिलाभेद, शिलोद्भेद, शिलोद्भिदा (स्त्री.), शीतवीर्य, शैलभेद, श्यामा (स्त्री.)।

छोटा पत्थरचूर : अश्मकेतु, क्षुद्रपाषाणभेदी, शैलोद्भवा (स्त्री.)।

50.63. सं. सिन्धुवार, सिन्धुवारित, सिन्धुराव, सिन्धुसहा (स्त्री.), सिन्धुक, सिन्दुक, सिन्दुवार, सिन्दुवारक, सिंभालू, सम्भालू, सिद्धक, अनन्त, इन्द्रसुरस, इन्द्रसुरा (स्त्री.), इन्द्रसुरिस, इन्द्राणिका (स्त्री.), नदीकान्त, निर्गुंठी (स्त्री.), निर्गुंडी (स्त्री.), निशिपुष्पा (स्त्री.), निशिपुष्पिका (स्त्री.), निशिपुष्पी (स्त्री.), निसिन्धु, भूतवेशी (स्त्री.), मसि (स्त्री.), मसिका (स्त्री.), मसी (स्त्री.), मेवड़ी (स्त्री.), वनजा (स्त्री.), शक्राणी (स्त्री), शीतभीरु (स्त्री.), शीतमंजरी (स्त्री.), शुक्लपुष्पक, शुक्लमंजरी (स्त्री.), शुक्लांगा (स्त्री), शुक्लांगी (स्त्री.), श्वेतपुष्प, श्वेतपुष्पा (स्त्री.), श्वेतसुरसा (स्त्री.), सुरसा (स्त्री)।

नीलसिन्धुवार, नीलनिर्गुंडी (स्त्री.), नीलिका (स्त्री.), नीलाशी (स्त्री.), इन्द्राणी (स्त्री.), बदरीफला (स्त्री.), मसिका (स्त्री.), रंगलासिनी (स्त्री.), रक्तवृन्ता (स्त्री.), शितनिर्गुंडी (स्त्री.), शीतभीरुक, शीतसहा (स्त्री.), शीफालिका (स्त्री.), शेफालि (स्त्री), शेफालिका (स्त्री.), शेफाली (स्त्री.), सुवहा (स्त्री.), सेफालिका (स्त्री.)।

कृष्णसिन्धुवार, सिंहानन।

पीतसिन्धुवार, स्वर्णशेफालिका (स्त्री.)।

सिन्धुवार की मंजरी : सुरसाग्र।

सिन्धुवार का बीज : खरनादिनी (स्त्री.), नन्दिनी (स्त्री.), ब्रह्माणी (स्त्री.), रेणुका (स्त्री.), वृत्ता (स्त्री.)।

50.64. सं. चकसेनी (स्त्री.), काककला (स्त्री.), काकजंघा (स्त्री.), काकतिक्ता (स्त्री.), काकनासा (स्त्री.), काकनासिका (स्त्री.), काकांगा (स्त्री.), काकांगी (स्त्री.), काकांची (स्त्री.), काका (स्त्री.), ध्मांक्षजंघा (स्त्री.), ध्मांक्षतुण्डी (स्त्री.), ध्मांक्षनासा (स्त्री.), नदीकान्ता (स्त्री.), नलवर्त्मगा (स्त्री.), मसी (स्त्री.), वायसजंघा (स्त्री.), वायसा (स्त्री.), सुलोमशा (स्त्री.)।

50.65. सं. हालों, हालौं, हालिम, असाला (स्त्री.), चंसूर, चन्द्रशूर, चन्द्रिका (स्त्री.)।

50.66. सं. कुलंज, कुलंजन, कुलींजन, गन्धमूल, तीक्ष्णमूल।

50.67. सं. नागफनी (स्त्री.), नागद्रु, नागद्रुम, अहिजिह्वा (स्त्री.)।

50.68. सं. कसरवा, चाँचर, सालपान।

50.69. सं. जंगली गाजर, बहुफली (स्त्री.)।

जंगली गाजर का बीज : टूफ़ू, बनफली (स्त्री.)।

50.70. सं. कोकुआ, आम्रगन्धक, नदूयाम्र, समष्ठिल, समष्ठिला (स्त्री.), समष्ठीला (स्त्री.)।

50.71. सं. नेपाली धनिया (स्त्री.), तुंबुरु, वनज, शूलघ्न, सानुज, सुगन्ध।

50.72. सं. दुद्धी (स्त्री.), कुटुंबिनी (स्त्री.), क्षीरिणी (स्त्री.), जलकामुक, जलेरुहा (स्त्री.), प्रहरकुटुंबी (स्त्री.), शीतला (स्त्री.)।

50.73. सं. मोरशिखा (स्त्री.), मयूरशिखा (स्त्री.), क्षुद्रशीर्ष, खराश्वा (स्त्री.), दीपन, दीप्य, लालमुरगा, सहस्रांगी (स्त्री.), सहस्रा (स्त्री.)।

50.74. सं. कालांजनी (स्त्री.), काली (स्त्री.), नीलांजनी (स्त्री.), शिलांजनी (स्त्री.)।

50.75. सं. सदासुहागिन (स्त्री.), सिन्दुरिया (स्त्री.), सिन्दूरिया (स्त्री.), सिन्दूरपुष्पी (स्त्री.), सिन्दूरी (स्त्री.), सेन्दुरिया (स्त्री.), तृणपुष्प, तृणपुष्पी (स्त्री.), रक्तपुष्पा (स्त्री), रक्तवीजा (स्त्री.), वीरपुष्पी (स्त्री.), शोणपुष्पी (स्त्री.)।

50.76. सं. हत्थाजड़ी (स्त्री.), हत्थाजोड़ी, हस्तजोड़ी (स्त्री.), हस्तज्योडि, हस्तज्योड़ी, करजोड़ी (स्त्री.), करज्योडि।

50.77. सं. तंबाकु, तमाकू (दे.528.2), ताम्रकूट, कलंज, श्रीमलापहा (स्त्री.), सुरती (स्त्री.), सुलभा (स्त्री.)।

50.78. सं. तीखुर, तीखुल, तीखर, तीखल, तवक्षीर।

अरारूट, अरारोट।

50.79. सं. अकलबर, अकलबीर, कलबीर, वज्र, सकृद्वीर।

50.80. सं. सुआठोंठी (स्त्री.), शुक्रजिह्वा (स्त्री.), शुकतुण्डी (स्त्री.), शुकाख्या (स्त्री.), शुकानना (स्त्री.)।

50.81. सं. मेहँदी (स्त्री.), मेंहदी (स्त्री.) (दे.501), मेंधिका (स्त्री.), मेंधी (स्त्री), मदयन्तिका (स्त्री.), मदयन्ती (स्त्री.), रंजक, रक्तरंगा (स्त्री.), हिना (स्त्री.)।

50.82. सं. ऊँटकटारा, ऊँटकटीरा, ऊँटकटाला, ऊँटकटेला।

50.83. सं. कटसरैया (स्त्री.), किंकिरात।

सफ़ेद फूलोंवाली कटसरैया : अम्लान, झिंटि (स्त्री.), पियवास, पियाबाँसा, महासहा (स्त्री.), सहा (स्त्री.), सैरीय (स्त्री.), सैरीयक, सैरेय, सैरेयक।

लाल फूलोंवाली कटसरैया : कुरब, कुरबक, कुरवक, कुरवा, कुरुंट, कुरुंटक, कुरुण्ड, कुरुबक, कुरुवक, पीलु, रक्त कुरुण्डक, रक्ताम्लान, रागपुष्प, रागप्रसव, शोणझिंटिका (स्त्री.), शोणझिंटी (स्त्री.), सहचर, सुभग।

पीले फूलों वाली कटसरैया : अंगारक, कुरंट, कुदंटक, कुरंटिका, (स्त्री.), कुरंडक, पतिकुरवक, पीत कुरंट, पीतझिंटी (स्त्री.), पीत पुष्पक, सहचरी (स्त्री.) सुपीत।

नीले फूलोंवाली कटसरैया : अंतर्गल, अतगल, आर्तगल, दासी (स्त्री.), नीलकुरंटक, नीलझिंटी (स्त्री.), नीलाम्ला (स्त्री.), बीणा (स्त्री.), शैरिक, शैरियक, शैरेयक, सहचरा (स्त्री.)।

(लताएँ)

50.84. सं. अनन्तमूल, अनन्ता (स्त्री.), अधःपुष्पी (स्त्री.), अनडुज्जिह्वा (स्त्री), आस्फोतका (स्त्री.), आस्फोता (स्त्री.), उत्पलशारिवा (स्त्री.), उशवा, कराला (स्त्री.), गोपवल्ली (स्त्री.), गोपा (स्त्री.), गोपिनी (स्त्री.), गोपी (स्त्री.), चन्दनगोपा (स्त्री.), चन्दनसारिवा (स्त्री.), चन्दना (स्त्री.), नागजिह्वा (स्त्री.), बलभद्र, भद्रवल्लिका (स्त्री), भद्रा (स्त्री.), महागोपा (स्त्री.), लघुलता (स्त्री.), लता (स्त्री.), शारदा (स्त्री.), शारिवा (स्त्री.), सारिवा (स्त्री.), सालसा, सुगन्धा (स्त्री.), सुगन्धिका (स्त्री.)।

काला अनन्तमूल, कृष्णसरिवा (स्त्री.), अरुणा (स्त्री.), दृढ़बन्धिनी (स्त्री.), श्यामा (स्त्री.), श्यामालता (स्त्री.), सारिवा (स्त्री.)।

सारिवाद्वय : अनन्तमूल और श्यामालता (स्त्री.)।

50.85. सं. मेढासिंगी (स्त्री.), मेढ्रशृंगी (स्त्री.), मेषपुष्पा (स्त्री.), मेषवल्ली (स्त्री), मेषविषाणिका (स्त्री.), मेषविषाणी (स्त्री.), मेषशृंगी (स्त्री.), अजवल्ली (स्त्री), अजशृंगी (स्त्री.), अध्यण्डा (स्त्री.), अध्याण्डा (स्त्री.), अहिच्छत्र, अहिच्छत्रा (स्त्री.), आवर्तिनी (स्त्री.), चक्रश्रेणी (स्त्री.), चक्षुर्वहन, चक्षुर्वहल, चक्षुष्या (स्त्री.), नागपुष्पी (स्त्री.), नेत्रौषधि (स्त्री.), नेत्रोषधी (स्त्री.), पुत्रशृंगी (स्त्री.), लक्ष्मी (स्त्री.), वहलचक्षु, विषाणिका (स्त्री.), विषाणी (स्त्री.), वृश्चिपत्री (स्त्री.), वृश्चिपर्णी (स्त्री.), शृंगला (स्त्री.), सर्पदंष्ट्रिका (स्त्री.)।

50.86. सं. मरोड़फली (स्त्री.), मुर्रा, मूर्वा (स्त्री.), मूर्विका (स्त्री.), मूर्वी (स्त्री), मधुरसा (स्त्री.), मधुलिका (स्त्री.), मधुश्रेणी (स्त्री.), मधुस्रवा (स्त्री.), मूलरस, मोरटा (स्त्री.), अतिरसा (स्त्री.), अवतरणी (स्त्री.), गोकर्णी (स्त्री.), ज्वलिनी (स्त्री.), तिक्तवल्ली (स्त्री.), तेजनी (स्त्री.), तेजिनी (स्त्री.), दिव्यलता (स्त्री.), दृढ़सूत्रिका (स्त्री.), देवी (स्त्री.), धनुःशाखा (स्त्री.), धनुश्रेणी (स्त्री.), धनुर्गुणा (स्त्री.), धनुर्माला (स्त्री.), पिलुनी (स्त्री.), पिलुपर्णी (स्त्री.), पीलुपत्र, पीलुपर्णी (स्त्री.), पृथक्त्वचा (स्त्री), रंगलता (स्त्री.), लघुकर्णी (स्त्री.), लघुपर्णी (स्त्री.), शिखावती (स्त्री.), श्रुवा (स्त्री.), सिरा (स्त्री.), सुधा (स्त्री.), स्निग्धपर्णी (स्त्री.), स्रवा (स्त्री.), स्रुवा (स्त्री.), स्वादुरसा (स्त्री.), हस्तिपर्णी (स्त्री.)।

मरोड़फली की फली : मरोड़फली (स्त्री.)।

50.87. सं. चूरनहार, चूर्णहार, धनुर्गुणा (स्त्री.), धनुर्माला (स्त्री.), मुर्वा, सुरंगिका (स्त्री.)।

50.88. सं. ज्योतिष्मती (स्त्री.), ज्योतिष्का (स्त्री.), अनलप्रभा (स्त्री.), कटभी (स्त्री.), तृणज्योति (स्त्री.), तेजनी (स्त्री.), तेजिका (स्त्री.), तेजिनी (स्त्री.), दुर्जरा (स्त्री.),

धीरा (स्त्री.), पारावतपदी (स्त्री.), पारावतांघ्रि (स्त्री.), पिण्या (स्त्री.), पीततैला (स्त्री.), पूतितैला (स्त्री.), रसपूर्तिका (स्त्री.), लता (स्त्री.), लवणा (स्त्री.), लवणोत्था (स्त्री.), वृषा (स्त्री.), शैलसुता (स्त्री.), सुपिंगला (स्त्री.), सुमेधा (स्त्री.), सुवर्णतिलका (स्त्री.), सुवर्णलता (स्त्री.), स्फुटवल्कलि (स्त्री.), स्वर्णलता (स्त्री.)।

महाज्योतिष्मती (स्त्री.), मालकँगनी (स्त्री.), मालकँगुनी (स्त्री.), मालकगुनी (स्त्री.), मेधावती (स्त्री.), अग्निगर्भा (स्त्री.), अग्निदीप्ता (स्त्री.), इंगुद, इंगुदी (स्त्री), इंगुल, कनकप्रभा (स्त्री.), गीर्लता (स्त्री.), तीक्ष्णा (स्त्री.), तीव्रा (स्त्री.), तेजस्विनी (स्त्री.), तेजोवती (स्त्री.), तेजोह्वा (स्त्री.), पीततैला (स्त्री.), पीता (स्त्री.), बहुरसा (स्त्री.), यशस्विनी (स्त्री.), वायसा (स्त्री.), वायसादनी (स्त्री.), वायसोलिका (स्त्री.), वायसोली (स्त्री.), वेगा (स्त्री.), श्रीलता (स्त्री.), सुतैला (स्त्री.), सुरलता (स्त्री.), सुवर्णनकुली (स्त्री.), सुवेगा (स्त्री.), सौम्या (स्त्री.), स्फुटत्वचा (स्त्री.)।

50.89. सं. सतावर (स्त्री.), सुगन्धपत्रा (स्त्री.), सूक्ष्मपत्रा (स्त्री.), सूक्ष्मपत्रिका (स्त्री.), सूक्ष्मपत्री (स्त्री.), स्पर्शशुद्धा (स्त्री.), स्वादुरसा (स्त्री.), अभीरुपत्री (स्त्री.), अहेरु, आत्मगुप्ता (स्त्री.), आमोद, इन्दीवरी (स्त्री.), उत्तमारणी (स्त्री.), ऋष्यगता (स्त्री), ऋष्यप्रोक्ता (स्त्री.), कार्ष्णी (स्त्री.), जटा (स्त्री.), तैलवल्ली (स्त्री.), दिव्या (स्त्री.), द्वीपशत्रु (स्त्री.), द्वीपिका (स्त्री.), द्वीपिशत्रु, नारायणी (स्त्री.), पीलुमूला (स्त्री.), पीलुमूली (स्त्री.), पीवरा (स्त्री.), पीवरी (स्त्री.), बहुपुत्री (स्त्री.), बहुमूला (स्त्री.), बहुसूता (स्त्री.), भीरु (स्त्री.), भीरुपत्री (स्त्री.), भीरुपर्णी (स्त्री.), मदभंजिनी (स्त्री.), मधुरा (स्त्री.), महाशीता (स्त्री.), महौषधी (स्त्री.), मूला (स्त्री.), रंगिणी (स्त्री.), रंगी (स्त्री.), रसाह्वा (स्त्री.), लघुपर्णी (स्त्री.), वरा (स्त्री.), वरी (स्त्री.), वातारि, विश्वस्था (स्त्री.), विश्वा (स्त्री.), वृषाकपायी (स्त्री.), वृष्या (स्त्री.), वैष्णवी (स्त्री.), शतजटा (स्त्री.), शतनेत्रिका (स्त्री.), शतमूली (स्त्री.), शतसुता (स्त्री.), शतावर (स्त्री.), शतावरी (स्त्री.), शताह्वया (स्त्री.), शताह्वा (स्त्री.)।

बड़ी सतावर : तुंगिनी (स्त्री.), फणिजिह्वा (स्त्री.), फणिजिह्विका (स्त्री.), बहुपत्रिका (स्त्री.), महावीर्या (स्त्री.), महाशतावरी (स्त्री.), लघुच्छदा (स्त्री.), वीरा (स्त्री.), शतमूला (स्त्री.), सहस्रवीर्या (स्त्री.), सुरसा (स्त्री.), सुवीर्या (स्त्री.)।

50.90. सं. घुंघची (स्त्री.), घुँघचू (स्त्री.), घुमची (स्त्री.), अरुणा (स्त्री.), इन्द्राशन, उच्चटा (स्त्री.), कक्ष्या (स्त्री.), कनीचि (स्त्री.), करजनी (स्त्री.), कांची (स्त्री.), काकचिंचा (स्त्री.), काकचिंचि (स्त्री.), काकचिंची (स्त्री.), काकजंघा (स्त्री.), काकतिक्ता (स्त्री.), काकली (स्त्री.), काका (स्त्री.), काकादनी (स्त्री.), काकिणि (स्त्री.), काकिणिका (स्त्री.), काकिणी (स्त्री.), काकिनी (स्त्री.), कुंचिका (स्त्री.), कृष्णचूड़ा (स्त्री.), कृष्णचूडिका (स्त्री.), कृष्णल, कृष्णला (स्त्री.), गुंची (स्त्री.), गुंज (स्त्री.), गुंजा (स्त्री), गुंजिका (स्त्री.), गूँच (स्त्री.), चिरभ (स्त्री.), चिरभि (स्त्री.), चिरभिटी (स्त्री.), चिहुँटनी (स्त्री.), चिहुटनी (स्त्री.), चूडा (स्त्री.), चूडामणि,

ताम्रिका (स्त्री.), तुलाबीज, पाटहिका (स्त्री.), भिल्लभूषण, भीलभूषण, रक्तला (स्त्री.), रक्ता (स्त्री.), रक्तिका (स्त्री.), रत्ती (स्त्री.), वक्त्रशल्या (स्त्री.), वन्या (स्त्री.), वल्ल, शांगुष्ठा (स्त्री.), शिंखण्डिनी (स्त्री.), शिखण्डी, शीतपाकिनी (स्त्री.), शीतपाकी (स्त्री.), श्यामलचूडा (स्त्री.), संचाली (स्त्री.), सप्तभद्र, सप्तला (स्त्री.), सौम्या (स्त्री.), हिंस्रा (स्त्री.)।

सफ़ेद घुँघची : श्वेतगुंजा (स्त्री.), सितगुंजा (स्त्री.), काकादनी (स्त्री.), चक्रशल्या (स्त्री.), चूडाला (स्त्री.), चोंटली (स्त्री.), दुर्मोहा (स्त्री.), भिरिंटिका (स्त्री.), वायसी (स्त्री.)।

घुँघची की बेल : अंगारवल्लरी (स्त्री.), अंगारवल्ली (स्त्री.)।

घुँघची की जड़ : मुलेठी (स्त्री.), मुलहठी (स्त्री.), मधु, मधुक, मधुका (स्त्री.), मधुवल्ली (स्त्री.), मधुयष्टि (स्त्री.), मधुयष्टिका (स्त्री.), मधुयष्टी (स्त्री.), मधुरा (स्त्री), मधुस्रवा (स्त्री.), मधूक, मधूलिका (स्त्री.), मीठी लकड़ी, अतिरसा (स्त्री.), अतिसाम्या (स्त्री.), क्लीतक, क्लीतनक, जेठीमधु, तिक्तपर्वा (स्त्री.), यष्टि (स्त्री.), यष्टिका (स्त्री.), यष्टिमधु, यष्टी (स्त्री.), वीतिका (स्त्री.), शोषापहा (स्त्री.), सूस (स्त्री.), स्थलजा (स्त्री.)।

जल के पास पैदा होने वाली मुलेठी : जलमुलेठी (स्त्री.), जलयष्टि (स्त्री.), मधूली (स्त्री.)।

मुलेठी से बनी शराब : क्लैतकिक।

50.91. सं. मजीठ (स्त्री.), मंजिष्ठा (स्त्री.), मंजूषा (स्त्री.), मंजूसा (स्त्री.), मण्डूकपर्णी (स्त्री.), मण्डूका (स्त्री.), अरुणा (स्त्री.), काण्डीरी (स्त्री.), कालमेशिका (स्त्री.), कालमेषिका (स्त्री.), कालमेषी (स्त्री.), क्षत्रिणी (स्त्री.), गौरी (स्त्री.), चक्रांगी (स्त्री.), चित्रपर्णी (स्त्री.), चित्रलता (स्त्री.), चित्रांगी (स्त्री.), चित्रा (स्त्री.), चोल, छत्रा (स्त्री.), जननी (स्त्री.), जिंगी (स्त्री.), ज्वरहन्त्री (स्त्री.), तमालिका (स्त्री.), तमाली (स्त्री.), ताम्रवल्ली (स्त्री.), नागकुमारिका (स्त्री.), फंजी (स्त्री.), ब्रह्ममण्डूकी (स्त्री.), भण्डि (स्त्री.), भण्डिका (स्त्री.), भण्डी (स्त्री.), भण्डीतकी (स्त्री.), भंडीरी (स्त्री.), भण्डील, भण्डीलतिका (स्त्री.), भेकी (स्त्री.), यष्टिक, योजनपर्णी (स्त्री.), योजनवल्ली (स्त्री.), रंजनी (स्त्री.), रक्तयष्टि (स्त्री.), रक्तवल्ली (स्त्री.), रक्तांगी (स्त्री.), रक्ता (स्त्री.), रक्तालता (स्त्री.), रसायनी (स्त्री.), रागांगी (स्त्री.), रोहिणी (स्त्री.), लतायष्टि (स्त्री), लांगली (स्त्री.), वप्रा (स्त्री.), वरांगी (स्त्री.), वस्त्रभूषणा (स्त्री.), वस्त्ररंजनी (स्त्री.), विकषा (स्त्री.), विकसा (स्त्री.), विजया (स्त्री.), शंकरा (स्त्री.), शंकरी (स्त्री.), समंगा (स्त्री.), सिंहपुच्छिका (स्त्री.), सिंहपुच्छी (स्त्री.), सिंहपुष्पी (स्त्री.), सुलोमा (स्त्री.), हरिणी (स्त्री.), हेमपुष्पी (स्त्री.)।

मजीठ का रंग : मंजिष्ठाराग, चोलरंग।

वि. मजीठी, मांजिष्ठ (दे.505.1)।

50.92. सं. पाठा (स्त्री.), पाठिका (स्त्री.), पाढ़, पाढ़ा (स्त्री.), पापचेलिका (स्त्री), पापचेली (स्त्री.), प्रस्थिका (स्त्री.), प्राचीना (स्त्री.), अंबष्ठा (स्त्री.), अंबा (स्त्री.), अंबालिका (स्त्री.), अंबिका (स्त्री.), अविद्धकर्णा (स्त्री.), अविद्धकर्णी (स्त्री.), अविध्या (स्त्री.), एकाष्ठील, एकाष्ठीला (स्त्री.), छिन्नपत्री (स्त्री.), छिन्नवेशिका (स्त्री.), टँगिनी (स्त्री.), तिक्तपुष्पा (स्त्री.), तिक्ता (स्त्री.), दीपनी (स्त्री.), दृढवल्का (स्त्री.), ब्राह्मणी (स्त्री.), भूरिमल्ली (स्त्री.), भूरिमूलिका (स्त्री.), मयूरविदला (स्त्री.), मयूरिका (स्त्री.), मालती (स्त्री.), मालवी (स्त्री.), मोइया (स्त्री.), रसा (स्त्री.), रस्या (स्त्री.), वनतिक्ता (स्त्री.), वनतिक्तिका (स्त्री.), वरतिक्तिका (स्त्री.), वरा (स्त्री.), विद्धकर्ण, विद्धकर्णा (स्त्री.), विद्धकर्णिका (स्त्री.), विद्धकर्णी (स्त्री.), वृकी (स्त्री), वृत्तपर्णी (स्त्री.), वृद्धतिक्ता (स्त्री.), वृहतिक्ता (स्त्री.), शठांगा (स्त्री.), शठान्वा (स्त्री), श्रेयसी (स्त्री.), श्वेतब्रुह्मा (स्त्री.), स्थापनी (स्त्री.)।

50.93. सं. मूसाकानी (स्त्री.), मूषाकर्णी (स्त्री.), मूषककर्णी (स्त्री.), मूषिका (स्त्री.), अद्रिभू (स्त्री.), आखुकर्णपर्णिका (स्त्री.), आखुकर्णी (स्त्री.), आखुपर्णिका (स्त्री.), आखुपर्णी (स्त्री.), उपचित्रा (स्त्री.), चित्रा (स्त्री.), द्रवन्ती (स्त्री.), न्यग्रोध, न्यग्रोधा (स्त्री.), न्यग्रोधिका (स्त्री.), न्यग्रोधी (स्त्री.), पुष्पश्रेणी (स्त्री.), प्रत्यक्श्रेणी (स्त्री.), पत्रशृंगी (स्त्री.), पत्रश्रेणी (स्त्री.), फंजिकापत्रिका (स्त्री.), बहुकर्णिका (स्त्री.), माता (स्त्री.), विक्रांता (स्त्री.), वृश्चिकर्णी (स्त्री.), वृषपर्णी (स्त्री.), वृषा (स्त्री.), वृष्यचण्डी (स्त्री.), शंबरी (स्त्री.), शतमूलिका (स्त्री.), श्रुतश्रेणी (स्त्री.), सुकर्णिका (स्त्री.), सुतश्रेणी (स्त्री.), सुवर्णी (स्त्री.), स्थिरा (स्त्री.)।

50.94. सं. पिठवन (स्त्री.), पृष्ठपर्णी (स्त्री.), पृश्नि (स्त्री.), पृश्निपर्णिका (स्त्री.), पृश्निपर्णी (स्त्री.), पृथक्पर्णी (स्त्री.), पर्णिका (स्त्री.), पर्णी (स्त्री.), अंघ्रिपर्णिका (स्त्री.), अंघ्रिपर्णी (स्त्री.), अंघ्रिवल्लिका (स्त्री.), अंघ्रिवल्ली (स्त्री.), अतिगुहा (स्त्री.), कदला (स्त्री.), कलशी (स्त्री.), कलसी (स्त्री.), क्रोष्टुपुच्छिका (स्त्री.), क्रोष्टुमेखला (स्त्री.), क्रोष्टुविन्नी (स्त्री.), गुहा (स्त्री.), घृष्ठिला (स्त्री.), चक्रकुल्या (स्त्री.), चक्रपर्णी (स्त्री.), त्रिपर्णिका (स्त्री.), दीर्घपर्णी (स्त्री.), धावनि (स्त्री.), धावनी (स्त्री.), ब्रह्मपर्णी (स्त्री.), मेखला (स्त्री.), लांगलि (स्त्री.), लांगलिका (स्त्री.), लांगली (स्त्री.), लांगुली (स्त्री.), लांगुलीका (स्त्री.), लांगूला (स्त्री.), लांगूली (स्त्री.), विष्णुपर्णिका (स्त्री.), शंकरजटा (स्त्री.), शीर्णनाला (स्त्री.), शीर्णमाला (स्त्री.), शृगालविन्ना (स्त्री.), शृगालवृन्ता (स्त्री.), शृगालिका (स्त्री.), सिंहपुच्छ, सिंहपुच्छिका (स्त्री.), सिंहपुच्छी (स्त्री.), सिंहपुष्पी (स्त्री.), सिंहलांगुनी (स्त्री.), सुमूला (स्त्री.), सृगालविन्ना (स्त्री.), सृगालवृन्ता (स्त्री.), स्निग्धपर्णी (स्त्री.)।

50.95. सं. पीपल (स्त्री.), पिप्पलि (स्त्री.), पिप्पली (स्त्री.), अनन्ता (स्त्री.), अमृता (स्त्री.), उपकुल्या (स्त्री.), उषणा (स्त्री.), ऊषण, एरण्डा (स्त्री.),

कटि (स्त्री.), कटी (स्त्री.), कणा (स्त्री.), कृकला (स्त्री.), कृष्णा (स्त्री.), कोरंगी (स्त्री.), कोला (स्त्री), कोल्या (स्त्री.), चंचला (स्त्री.), चपला (स्त्री.), चला (स्त्री.), जटिला (स्त्री.), तिक्ततण्डुला (स्त्री.), तीक्ष्णतण्डुला (स्त्री.), दन्तफला (स्त्री.), नन्दकि (स्त्री.), मगधा (स्त्री.), महाबला (स्त्री.), मागधा (स्त्री.), मागधिका (स्त्री.), मागधी (स्त्री.), वंशिका (स्त्री.), वैदेही (स्त्री.), शृंगिका (स्त्री.), शोषण, शौण्डी, श्यामा (स्त्री.), सिंचता (स्त्री), सिंचिता (स्त्री.), सूक्ष्मतण्डुला (स्त्री.)।

बड़ी पीपल : कटुबीजा (स्त्री.)।

जंगली पीपल : क्षुद्रपिप्पली (स्त्री.), बनपीपर (स्त्री.), वनकणा (स्त्री.), वनपिप्पली (स्त्री.), सूक्ष्मपिप्पली (स्त्री.)।

पीपल की कली : पीपल (स्त्री.)।

पीपल की जड़ : पिपरामूल, पीपरामूल, पीपलामूल, पिप्पलीमूल, पत्राढ्य, उषण, ऊषण, कटुग्रन्थि (स्त्री.), कणामूल, कोलमूल, ग्रन्थिक, चटकाशिर, चटिका (स्त्री.), चटिकाशिर, मागध, शोणसम्भव, शोषसम्भव, षड्ग्रन्थि (स्त्री.), षड्ग्रंथिका (स्त्री.), सुगंधि (स्त्री.)।

50.96. सं. गुडुच (स्त्री.), गुडुची (स्त्री.), गुडूची (स्त्री.), गुडच (स्त्री.), गुडची (स्त्री.), गुरच (स्त्री.), गिलोय (स्त्री.), गुलोह, अमरा (स्त्री.), अमृतलता (स्त्री.), अमृतलतिका (स्त्री.), अमृतवल्लरी (स्त्री.), अमृतसम्भवा (स्त्री.), अमृता (स्त्री.), इन्दुरेखा (स्त्री.), इन्दुलेखा (स्त्री.), उद्धारा (स्त्री.), कुण्डलिनी (स्त्री.), कुण्डली (स्त्री.), चक्रलक्षणा (स्त्री.), छद्मिका (स्त्री.), छिन्नरुहा (स्त्री.), छिन्ना (स्त्री.), छिन्नोद्भवा (स्त्री.), जीवन्तिका (स्त्री.), जीवन्ती (स्त्री.), ज्वरघ्न, तंत्रिका (स्त्री.), तन्त्री (स्त्री.), तिक्तपर्वा (स्त्री.), देवनिर्मिता (स्त्री.), धीरा (स्त्री.), नागकुमारिका (स्त्री.), निर्जरा (स्त्री.), पित्तघ्नी (स्त्री.), भिषक्प्रिया (स्त्री.), मधुपर्णिका (स्त्री.), मधुपर्णी (स्त्री.), रसायनी (स्त्री.), वज्रा (स्त्री.), वत्सादनी (स्त्री.), वयःस्था (स्त्री.), वयस्था (स्त्री.), वरा (स्त्री.), वातरक्तारि, विशल्या (स्त्री.), विषघा (स्त्री.), विषद्विषा (स्त्री.), व्रणहा (स्त्री), श्यामा (स्त्री.), सुधा (स्त्री.), सुरकृता (स्त्री.), सोमलतिका (स्त्री.), सोमवल्ली (स्त्री)।

कन्दगुडुची (स्त्री.), बहुच्छिन्ना (स्त्री.), बहुरुहा (स्त्री.), रसायनी (स्त्री.)।

50.97. सं. बायबिडंग, अमोघा (स्त्री.), कापाली, कृमिकंटक, कृमिरिपु, कृमिशत्रु, कैराल, कैवल, गर्दभ, चित्रतण्डुल, चित्रा (स्त्री.), जन्तुघ्न, जन्तुघ्नी (स्त्री.), जन्तुहन्त्री (स्त्री.), तण्डुल, तण्डुला (स्त्री.), तण्डुलीय, तण्डुलीयक, तण्डुलीयिका (स्त्री.), तण्डुलू, पावक, मोघा (स्त्री.), रसायन, वरा (स्त्री.), वातारि, विडंग, वीर, वेल्ल।

50.98. सं. निसोथ (स्त्री.), निसोत (स्त्री.), निसृता (स्त्री.), कालिंगिका (स्त्री), काली (स्त्री.), ताम्रपुष्पिका (स्त्री.), त्रिपुटा (स्त्री.), त्रिपुटी (स्त्री.), त्रिभण्डी (स्त्री.), त्रिवृत्, त्रिवृता (स्त्री.), त्रिवृत्ता (स्त्री.), त्रिवृत्ति (स्त्री.), त्रिवेला (स्त्री.), परिपाकिनी (स्त्री.),

पालिन्दी (स्त्री.), मलया (स्त्री.), मालविका (स्त्री.), विदला (स्त्री.), वृकाक्षी (स्त्री.), व्याघ्रादनी (स्त्री.), व्याघ्रादिनी (स्त्री.), सरणा (स्त्री.), सवहा (स्त्री.), सुवहा (स्त्री.), सुषेणी (स्त्री.)।

सफ़ेद निसोथ : रसायनी (स्त्री.), रोचनी (स्त्री.), सरला (स्त्री.), सरसा (स्त्री.), सर्वानुभूति (स्त्री.), सर्वायनी (स्त्री.), सुरसा (स्त्री.)।

लाल निसोथ : अमृता (स्त्री.)।

काली निसोथ : पालिन्धी (स्त्री.), श्यामा (स्त्री.),.सारा (स्त्री.), सुषेणिका (स्त्री)।

50.99. सं. इँदारुन, इँनारुन, इन्द्रायण, इन्द्रायन, इन्द्रचिर्भिटी (स्त्री.), इन्द्रवल्ली (स्त्री.), इन्द्रवारु, इन्द्रवारुणिका (स्त्री.), इन्द्रवारुणी (स्त्री.), इन्द्रा (स्त्री.), इन्द्राणी (स्त्री), अमृता (स्त्री.), अरुणा (स्त्री.), आत्मरक्षा (स्त्री.), ऐन्द्री (स्त्री.), करुबेल (स्त्री.), क्षुद्रफला (स्त्री.), गजचिर्भटा (स्त्री.), गजचिर्भिटा (स्त्री.), गणकर्णिका (स्त्री.), गवाक्षी (स्त्री.), तारका (स्त्री.), दीर्घवृन्ता (स्त्री.), पिटंकाकी (स्त्री.), पिटंकोकी (स्त्री.), पीतपुष्पा (स्त्री.), बालकप्रिया (स्त्री.), भद्रमल्लिका (स्त्री.), भूतकेश, महाफला (स्त्री.), माता (स्त्री.), माहर, मृगादनी (स्त्री.), विशाला (स्त्री.), विषघ्नी (स्त्री.), विषलता (स्त्री.), विषवल्लरी (स्त्री.), विषवल्लि (स्त्री.), विषवल्ली (स्त्री.), विषापहा (स्त्री.), वृषभाक्षी (स्त्री.), वृषादनी (स्त्री.), शक्रजा (स्त्री.), शक्रभूभवा (स्त्री.), शक्रवल्ली (स्त्री.), सुकर्णी (स्त्री.), सुफला (स्त्री.), सूर्या (स्त्री.), हेमपुष्पी (स्त्री.)।

बड़ा इँदारुन : आत्मरत, चित्रफला (स्त्री.), चित्रवल्ली (स्त्री.), त्रपुषी (स्त्री.), त्रपुसी (स्त्री.), दीर्घवल्लरी (स्त्री.), धनुःश्रेणी (स्त्री.), मरुसम्भवा (स्त्री.), महेन्द्रवारुणी (स्त्री.), विशाला (स्त्री.), वृहत्फला (स्त्री.), वृहद्वारुणी (स्त्री.), सूर्याह्व, सौम्या (स्त्री)।

सफ़ेद इँदारुन : बहुफली (स्त्री.), मृगेक्षणा (स्त्री.), मृगेर्वारु (स्त्री.)।

50.100. सं. कपूरकचरी (स्त्री.), कर्पूरक, गंगापत्री (स्त्री.), गन्धनिशा (स्त्री.), गन्धपत्रा (स्त्री.), गन्धपत्रिका (स्त्री.), गन्धपलाशी (स्त्री.), गन्धपीता (स्त्री.), गन्धमूलक, गन्धमूला (स्त्री.), गन्धमूलिका (स्त्री.), गन्धमूली (स्त्री.), गन्धवधू (स्त्री.), गन्धाढ्या (स्त्री), गन्धौली (स्त्री.), छोटा कचूर, दिव्या (स्त्री.), पलाशान्ता (स्त्री.), शटि (स्त्री.), शटिका (स्त्री.), शटी (स्त्री.), शठी (स्त्री.), सुगन्धचन्द्री (स्त्री.), सुगन्धमूला (स्त्री.), सुगन्धमूली (स्त्री.), सुगन्धा (स्त्री.), सुनाकुत, सुनाकृत, सुव्रता (स्त्री.)।

50.101. सं. छिरहटा, छिरेटा, खण्डशाखा (स्त्री.), जलजमुनी (स्त्री.), तिक्तांगा (स्त्री.), दीर्घकाण्ड, दीर्घकाण्डा (स्त्री.), दीर्घवल्ली (स्त्री.), दृढकाण्डा (स्त्री.), दृढलता (स्त्री), पातालगरुड, पातालगरुडी (स्त्री.), प्रतिसोमा (स्त्री.), महिषवल्ली (स्त्री.), शलन्दा (स्त्री.), सोमवल्ली (स्त्री.), सौपर्णी (स्त्री.), सौम्या (स्त्री.)।

50.102. सं. जीवन्ती (स्त्री.), जीवन्तिका (स्त्री.), जीवनी (स्त्री.), जीवनीया (स्त्री), जीवा (स्त्री.), जीवद, जीवपत्री (स्त्री.), जीवभद्रा (स्त्री.), जीवश्रेष्ठा (स्त्री.), कांजिका (स्त्री.), डोड़ी (स्त्री.), तीक्ष्णगन्धा (स्त्री.), पयस्विनी (स्त्री.), पुत्रदा (स्त्री.),

भद्रा (स्त्री), मंगल्या (स्त्री.), मधुश्वासा (स्त्री.), मांगल्या (स्त्री.), मृगराटिका (स्त्री.), यशस्या (स्त्री), रक्तांगी (स्त्री.), शशशिंबिका (स्त्री.), शाकवरा (स्त्री.), शाकश्रेष्ठा (स्त्री.), शृंगाटी (स्त्री.), सुखंकरी (स्त्री.), सुपिंगला (स्त्री.), स्रवा (स्त्री.), स्वर्णवर्णाभा (स्त्री.)।

बड़ी जीवन्ती : बृहज्जीवन्तिका (स्त्री.), बृहज्जीवन्ती (स्त्री.), जीवपुष्पा (स्त्री.), पार्वती (स्त्री.), पुत्रभद्रा (स्त्री.), प्रियंकरी (स्त्री.), वृहज्जीवन्ती (स्त्री.), वृहज्जीवा (स्त्री)।

तिक्त जीवन्ती : जीवनी (स्त्री.), डोड़ी (स्त्री.)।

पीली जीवन्ती : तृणग्रन्थी (स्त्री.), सुवर्णिका (स्त्री.), स्वर्णजीवन्तिका (स्त्री.), स्वर्णजीवंती (स्त्री.), स्वर्णजीवा (स्त्री.), स्वर्णजीवी (स्त्री.), स्वर्णपर्णी (स्त्री.), स्वर्णलता (स्त्री.), स्वर्णवल्लरी (स्त्री.), हेमपुष्पी (स्त्री.), हेमलता (स्त्री.), हेमवल्ली (स्त्री.), हेमाह्वा (स्त्री.)।

50.103. सं. गन्धपसार (स्त्री.), गन्धपसारी (स्त्री.), गन्धप्रसारिणी (स्त्री.), गन्धाढ्या (स्त्री.), गन्धाली (स्त्री.), चन्द्रपर्णी (स्त्री.), चारुपर्णी (स्त्री.), पसरन (स्त्री.), पसरा (स्त्री), पसारिनी (स्त्री.), प्रसारिणी (स्त्री.), बल्या (स्त्री.), भद्रपर्णी (स्त्री.), भद्रबला (स्त्री.), भद्रालपत्रिका (स्त्री.), भद्राली (स्त्री.), लताभद्रा (स्त्री.), शरणा (स्त्री.), सारण, सारणि (स्त्री.), सुप्रसरा (स्त्री.)।

50.104. सं. हड़जोड़, हड़कत (स्त्री.), हाड़भाँगा, वज्रांगी (स्त्री.), शिरालक।

50.105. सं. कनफोड़ा, कर्णस्फोटा (स्त्री.), कोपलता (स्त्री.), चंद्रिका (स्त्री.), चित्रपर्णी (स्त्री.), त्रिपुटा (स्त्री.), रसायनी (स्त्री.), श्रुतिस्फोटा (स्त्री.), सिंहपुच्छिका (स्त्री.), सिंहपुच्छी (स्त्री.), सिंहपुष्पी (स्त्री.)।

50.106. सं. पलाशी लता (स्त्री.), पत्रवल्ली (स्त्री.), पर्णवल्ली (स्त्री.), अम्लपत्री (स्त्री.), कांजिका (स्त्री.), दीर्घपत्री (स्त्री.), दीर्घवल्ली (स्त्री.), रसाम्ला (स्त्री.), रसाश्वासा (स्त्री.), विशाखी (स्त्री.), विषादनी (स्त्री.), सुरपर्णी (स्त्री.)।

50.107. सं. पान की बेल, पान, पर्णलता (स्त्री.), पर्णवल्ली (स्त्री.), पातालवासिनी (स्त्री.), अहिबेल (स्त्री.), अहिलता (स्त्री.), अहिवल्ली (स्त्री.), उरगलता (स्त्री.), गांगेरुका (स्त्री.), गांगेरुकी (स्त्री.), तांबुलवल्ली (स्त्री.), तांबुली (स्त्री.), तीक्ष्णमंजरी (स्त्री.), नाग, नागबेल (स्त्री.), नागरबेल (स्त्री.), नागलता (स्त्री.), नागवल्लरी (स्त्री.), नागवल्ली (स्त्री.), नागिनी (स्त्री.), फणिलता (स्त्री.), फणिवल्ली (स्त्री.), भक्षपत्रा (स्त्री.), भुजंगलता (स्त्री.), रंगदलिका (स्त्री.), रंगवल्लिका (स्त्री.), रंगवल्ली (स्त्री.), रंजनी (स्त्री.), वीटि (स्त्री.), वीटिका (स्त्री.), वीटी (स्त्री.), शल्या (स्त्री.), शूलिनी (स्त्री.), सर्पबेलि (स्त्री.), सर्पवल्ली (स्त्री.), सर्पा (स्त्री.), सप्तशिवा (स्त्री.)।

पान की बेल में लगनेवाला रोग : लपहा।

पान का पत्ता, पान (दे.528.6), पर्ण, अभीष्टा (स्त्री.), कुहलि, तांबुल, तांबुलपत्र, देवाभीष्टा (स्त्री.), मुखभूषण, मुखमंडनक, विशोधनी (स्त्री.), सप्तसिरा (स्त्री.)।

पका हुआ पान : सोनरास।

पान के पत्ते में से सड़े अंश को निकाल देना : पान कमाना–, पान फेरना–।

पान बनाना–(दे.528.6)।

पान का बीड़ा (दे.528.6)।

पानदान, पानडब्बा (दे.510.13)।

पान के प्रमुख पुराने भेद : अछुवा; अम्लरुहा (स्त्री.); अम्लवाटिका (स्त्री.); कपूरी (स्त्री.); कलकतिया; गड़ौना; बँगला; बेगमी (स्त्री.); मगही (स्त्री.), मघई (स्त्री.); महोबी; श्रीवाटी (स्त्री.); साँची (स्त्री.)।

दो सौ पानों की गड्डी : ढोली (स्त्री.)।

सौ पानों की गड्डी : गुची (स्त्री.), दोपौवा।

बारह सौ पानों की गड्डी : लेसो।

पान रखने का टोकरा : छपरा।

पान की खेती के लिए बनायी गयी ऊँची ज़मीन : भीटा।

भीटे पर बनायी गयी हलकी छायादार जगह : बँगला, बाड़ी (स्त्री.)।

पान का खेत : पनवाड़ी (स्त्री.), पनवारी (स्त्री.), बगीचा, बरेज, बरेजा, बरेव।

पनवाड़ी की क्यारी : लनी (स्त्री.)।

पनवाड़ी के बीच का रास्ता : पाहा।

पान की पहले साल की खेती : बोतक।

तमोली (दे.356)।

तमोली के साज-सामान (दे.507.30)।

राजाओं को पान खिलानेवाला नौकर : खवास, वाग्गुलि, वाग्गुलिक।

पान लेकर साथ चलनेवाला नौकर : तांबुलवाहक।

पान के पत्ते की पकौड़ी : पनौरा।

पान की जड़ : कुलंज, कुलंजन, कुलींजन, खुलंजान।

पान मसाला; किमाम; ज़रदा; सुरती (स्त्री.)।

गुटका।

50.108. सं. बेंत, बेद, अप्रिय, अप्सुयोनि, अभ्र, अभ्रपुष्प, कलन, गन्धपुष्प, तोयकाम, दीर्घपत्र, दीर्घपत्रा (स्त्री.), नम्रक, नादेय, निचुल, पुष्पचामर, मंजरीक, मंजरीनम्र, मृदुपर्व, मेघपुष्पा (स्त्री.), योगिदण्ड, रथ, रथद्रु, रथपर्याय, रथाभ्र, वंजुल, वंजुलप्रिय, वानीर, विच्छल, विदुल, वृत्तपुष्प, वेत, वेतस, वेतसी (स्त्री.), वेत्र, शीत, सुदण्ड, सुपर्वा (स्त्री.), सुषेण।

अमलबेंत, अमलबेद।

बेंत के प्रमुख पुराने भेद : नट; रुनुल।

मोटा बेंत : केंत।

बेंत का पत्ता : वेतसपत्र।

बेंत का कोंपल : वेत्रकरीर।

बेंत का काम : बेदबाफ़ी (स्त्री.)।

बेंत का काम करने वाला : वेत्रकार, बेदबाफ़।

बेंत का बना मँड़वा : वेतसगृह।

बेंत की बनी टोकरी : वैतस।

बेंत से भरा हुआ स्थान : वेत्रकीय।

बेंत की छड़ी : बेंत, वेत्र।

वि. बेंत-सम्बन्धी, वैतस, वैत्रकीय।

बेंतदार, वैत्रक।

वेत्रपूर्ण, वेत्रकीय।

बेंत से घिरा हुआ : वेतसपरिक्षिप्त।

50.109. सं. जलबेंत, जलवेत, जलवेतस, जलज, जलवानीर, अंबुज, अंबुजात, अंबुवेतस, तोयकाम, नदीकूलप्रिय, नादेयी (स्त्री.), निकुंचक, निकुंचन, नीरप्रिय, परिव्याध, विदुल, वृक्षमृद्भू, वेतस, सुशीत।

50.110. सं. कोयल (स्त्री.), अद्रिकर्णी (स्त्री.), अद्रिभू (स्त्री.), अपराजिता (स्त्री.), आस्फोटा (स्त्री.), आस्फोतका (स्त्री.), आस्फोता (स्त्री.), गिरिकर्णिका (स्त्री), गिरिकर्णी (स्त्री.), गिरिशालिनी (स्त्री.), छार्दिका (स्त्री.), दुर्गा (स्त्री.), विषघ्नी (स्त्री), विषहन्त्री (स्त्री.), विष्णुक्रान्ता (स्त्री.), विष्णुक्रान्ति (स्त्री.), वृद्धिका (स्त्री.), सिताद्रिकर्णी (स्त्री.), सुपुष्पी (स्त्री.), स्वल्पफला (स्त्री.)।

नीली कोयल : विशाखिका (स्त्री.), विष्णुकान्ता (स्त्री.), विष्णुकाक, सुमुखी (स्त्री)।

काली कोयल : नीलकान्ता (स्त्री.), नीलसंध्या (स्त्री.), विशाखा (स्त्री.)।

सफ़ेद कोयल : शंखकुसुम।

50.111. सं. सोम, सोमलता (स्त्री.), सोमलतिका (स्त्री.), सोमवल्लरि (स्त्री.), सोमवल्लिका (स्त्री.), सोमवल्ली (स्त्री.), सोमक्षीरा (स्त्री.), सोमक्षीरी (स्त्री.), सोमखण्डा (स्त्री.), सोमगा (स्त्री.), सोमा (स्त्री.), सोमाह्वा (स्त्री.), इन्दुरेखा (स्त्री.), इन्दुलेखा (स्त्री.), इन्दुवल्ली (स्त्री.), गुल्मवल्ली (स्त्री.), चन्द्रवल्लरी (स्त्री.), चन्द्रवल्ली (स्त्री.), चन्द्रहासा (स्त्री.), द्विजप्रिया (स्त्री.), धनुर्लता (स्त्री.), मत्स्याक्षी (स्त्री.), महागुल्मा (स्त्री.), यज्ञवल्ली (स्त्री.), यज्ञश्रेष्ठा (स्त्री.), यज्ञांगा (स्त्री.), रसबन्धकर, वनी (स्त्री)।

सोम के प्रमुख भेद : दूर्वासोम; मुंजवान्; श्वेताक्ष।

50.112. सं. घावपत्ता, ताँबेसर, समुन्दर का पत्ता, समुद्रपात, समुद्रशोष, समुद्रसोख।

50.11३. सं. रामचना, खटुआ, अत्यम्लपर्णी (स्त्री.), तीक्ष्णा (स्त्री.), वल्लिशूरण, वल्लिसूरण।

(कन्द)

50.114. सं. गेंठी (स्त्री.), रतालू, अमृत, कच्छा (स्त्री.), कन्या (स्त्री.), कोलकन्द, कौमारी (स्त्री.), क्रोडकन्या (स्त्री.), तिक्तगन्धा (स्त्री.), तिक्तगंधिका (स्त्री.), त्रिनेत्रा (स्त्री.), पुटकन्द, बिल्वमूला (स्त्री.), ब्रह्मपुत्री (स्त्री.), ब्राह्मीकन्द, महावीर्य, महौषध, माधवेष्टा (स्त्री.), वराह, वराहकन्द, वराहकान्ता (स्त्री.), वराहक्रान्ता (स्त्री.), वराहनामा, वराही (स्त्री.), वाराह, वाराहकन्द, वाराही (स्त्री.), वाराहीकन्द, वक्त्रबहु, वनमालिनी (स्त्री.), वनवासी, वन्य, वरदा (स्त्री.), विष्णुक्रान्ता (स्त्री.), वीर, वृद्धिद, व्याधिघात, व्याधिघातक, व्याधिहन्ता, शंबरकन्द, शूकरकन्द, शूकरी (स्त्री.), शौकरी (स्त्री.), सुकन्दक, सुशीविका (स्त्री.), सूकरकन्द, सूकरी (स्त्री.), स्नुकच्छदोपम।

50.115. सं. बिलाईकन्द, बिलारीकन्द, बिदारीकन्द, इक्षुगंधिका (स्त्री.), इक्षुविदारी (स्त्री.), गन्धफला (स्त्री.), गजेष्टा (स्त्री.), भुईंकुम्हड़ा, भूकुष्माण्डी (स्त्री.), भूकूष्माण्डी (स्त्री.), भूमिकुष्माण्ड, वारिवल्लभा (स्त्री.), विदारी (स्त्री.), विदारीकन्द, वीरा (स्त्री.), वृक्षकन्द, वृक्षरुहा (स्त्री.), वृक्षादनी (स्त्री.), वृष्यकन्दा (स्त्री.), वृष्यपर्णी (स्त्री.), वृष्यवल्लिका (स्त्री.), वृष्यावल्ली (स्त्री.), वृष्या (स्त्री.), शुक्लकन्दा (स्त्री.), शुक्ला (स्त्री.), शृगालिका (स्त्री.), शृगाली (स्त्री.), सृगालिका (स्त्री.), सृगाली (स्त्री.), स्वादुलता (स्त्री.)।

श्वेतविदारीकन्द, इक्षुगन्धा (स्त्री.), क्रोष्ट्री (स्त्री.)।

कृष्णविदारी (स्त्री.), क्रोष्ट्री (स्त्री.)।

क्षीरविदारी (स्त्री.), क्षीरकन्द, क्षीरवल्ली (स्त्री.), इक्षुवल्ली (स्त्री.), इक्षुरसवल्ली (स्त्री.), इक्षुवल्ली (स्त्री.), ऋक्षगन्धा (स्त्री.), ऋष्यगन्धा (स्त्री.), दूधविदारी (स्त्री.), पयःकन्दा (स्त्री.), पयस्विनी (स्त्री.), पयोलता (स्त्री.), वीरा (स्त्री.)।

50.116. सं. काकोली (स्त्री.), काका (स्त्री.), कायस्था (स्त्री.), क्षीरा (स्त्री.), जीवनी (स्त्री.), धीरा (स्त्री.), ध्मांक्षोली (स्त्री.), भुजंगघातिनी (स्त्री.), मांसी (स्त्री.), वकुली (स्त्री.), वायसोलिका (स्त्री.), वायसोली (स्त्री.), वीरा (स्त्री.), वैद्या (स्त्री.), शीतपाकिनी (स्त्री.), शीतपाकी (स्त्री.), शुक्लक्षीरा (स्त्री.), शुक्ला (स्त्री.), स्थिरा (स्त्री), स्वादुमांसी (स्त्री.), स्वादुरसा (स्त्री.)।

क्षीरकाकोली (स्त्री.), क्षीरकाकोलिका (स्त्री.), क्षीरिणी (स्त्री.), अष्टमी (स्त्री.), जीववल्ली (स्त्री.), जीवशुक्ला (स्त्री.), पयस्या (स्त्री.), महावीरा (स्त्री.), वीरा (स्त्री.), सुकोली (स्त्री.), सूर्यवल्ली (स्त्री.)।

50.117. सं. पानी आलू, पानीयालू, अनुपालु, अवालुक, क्षुपालु, जलालु।

50.118. सं. बृहत्कन्द, जलवास, दीर्घपत्र, विष्णुकन्द, विष्णुगुप्त, वृहत्कन्द, सुपुट।

50.119. सं. मुजराकन्द, मुंजारु, मुंजातक, मुंजारा (स्त्री.)।

50.120. सं. हाथीकन्द, हस्तिकन्द, हस्तिपत्र, अलिकन्दक, कुष्ठहन्ता, गजकन्द, त्वग्दोषारि, नागकन्द, नागाश्रय, बृहत्पत्र, शोफारि, सुकर्णक।

50.121. सं. भैंसाकन्द, नीलकन्द, महिषकन्द, महिषीकन्द, विषकन्द, शुक्लकन्द, शुभ्रालु, श्वेतालु, सर्पाख्य।

50.122. सं. तेलियाकन्द, तिलांकितदल, तैलकन्द।

50.123. सं. महाकन्द, मुखालु, दीर्घकन्द, स्थूलकन्द।

50.124. सं. गुलंच, निर्घंटिका (स्त्री.)।

50.125. सं. मालाकन्द, मालकन्द, आबिलकन्द, त्रिशिखदला (स्त्री.), बलकन्द।

50.126. सं. गजकरन आलू, लालकच्चू।

50.127. सं. मेदा (स्त्री.), मेदिनी (स्त्री.), जीवना (स्त्री.), पुरुषदन्तिका (स्त्री), बहुरंध्रिका (स्त्री.), शल्पदा (स्त्री.), शल्पपर्णिका (स्त्री.), शल्पपर्णी (स्त्री.), शल्यदा (स्त्री.), शल्यपर्णिका (स्त्री.), शल्यपर्णी (स्त्री.), शल्या (स्त्री.), स्निग्धा (स्त्री.)।

50.128. सं. महामेदा (स्त्री.), जीवनी (स्त्री.), दिव्या (स्त्री.), देवगन्धा (स्त्री.), देवमणि, देवेष्ट, वसुच्छिद्रा (स्त्री.), विपाण्डुरा (स्त्री.), वृक्षार्हा (स्त्री.), सुरमेदा (स्त्री.)।

50.129. सं. पुष्करमूल, पुष्कर, पुष्करजटा (स्त्री.), पुष्करशिफा (स्त्री.), पुष्करसागर, पुष्कराह्व, पुष्करिणी (स्त्री.), पौष्कर, पौष्करमूल, पद्मपत्र, पद्मपर्ण, पद्मवर्ण, पद्मवर्णक, काश्मीर, मूलपुष्कर, वीर, शूलनाशन, शूलहर।

दशमूल : सरिवन; पिठवन; छोटी कटाई; बड़ी कटाई; गोखरू; बेल; सोनापाठा; गंभारी; गनियारी; पाठा।

51. तृण

51.1. सं. तृण, कडंकर, कडंगर, खड, खर, गवादन, गवादनी (स्त्री.), घास (स्त्री) (काट. खोद. छील. चर.), चारा, जवस, यवस, शाद, शाद्वल, सम्मूर्च्छज, हरित् (स्त्री)।

नवजात घास (स्त्री.), नवतृण, नयी घास, पर्प, बालतृण, शष्प, शस्प, शस्य।

कोमल घास (स्त्री.), उलप, उलपा (स्त्री.), उलूक, उलूप, शप्त।

घास का टुकड़ा : तिनका।

सूखी घास की डाँठी का टुकड़ा : तिनका।

सूखा तिनका : खरका।

निकम्मी घास, अखोर, तृणक।

सूखी घास, फूस, फूँस, फूवा, ख़स।

खेत निराने से निकली घास : चिखुरन (स्त्री.)।

निराई/जुताई करके घास निकालना : चिखुरना–।

चिखुरने की मज़दूरी : चिखुराई (स्त्री.)।

घास का सिरा : तूल।

घास/फूस का टुकड़ा : तिनका, तृण, खर।

घास का ढेर, घासकूट, उलपशजि (स्त्री.), उलपराजिका (स्त्री.), उलपराजी (स्त्री), तृणकाण्ड, तृणकूट, तृणराजि (स्त्री.), तृणसमूह, तृणस्तूप, तृण्या (स्त्री.), यावस।

घास का गट्ठर, पिंजुल, पिंजूल।

घासपात, घासफूस, घासफूँस, खरपात, खर-पतवार (दे.493), तृण।

घास-भूसा (दे.66)।

घास वाली ज़मीन, घासकुन्द, घास स्थान (दे.66), तृणकीया (स्त्री.), शादहरित्, शाद्वल स्थली (स्त्री.)।

घास खोदनेवाला : घसखुदा, घासकटा, लेशिक।

घास खोदने/बेचनेवाला : घसियारा, घसियारिन (स्त्री.), घसियारी (स्त्री.), घासी।

घास रखने का जालीदार थैला : गँजिया (स्त्री.), जाली (स्त्री.), पाँसी (स्त्री.)।

वि. तृणनिर्मित, तृणमय, तार्ण।

तृणवत्, तृणसमान, तृणप्राय।

तृणपूर्ण, बहुतृण, सशाद्वल।

नवतृणबहुल, नवतृणाच्छादित, शाद्वल।

सूखी घास से ढका हुआ : ख़सपोश।

51.2. सं. कपड़े में लिपटनेवाली घास : लपटौआँ, लपटौना।

51.3. सं. बगई (स्त्री.), बल्वज, बल्वजा (स्त्री.), तृणेक्षु, दृढक्षुरा (स्त्री.), दृढतृणा (स्त्री.), दृढपत्री (स्त्री.), मौंजीपत्रा (स्त्री.), वल्वज, वल्वजा (स्त्री.), वारलीक।

51.4. सं. ऊखल, ऊखर्वल, तृणोत्तम, भूरिपत्र।

51.5. सं. पीलावाला, नलद, लघुलय, लामज, लामज्जक।

51.6. सं. गोभी (स्त्री.), गोबी (स्त्री.), गोजिया (स्त्री.), गोजिह्वा (स्त्री.), गोजिह्विका (स्त्री.), गरमगोभी (स्त्री.), अधोमुखा (स्त्री.), कुरसा, कोबी (स्त्री.), दार्विका (स्त्री.), दार्विपत्रिका (स्त्री.), दार्वी (स्त्री.), बनगोभी (स्त्री.), वातोना (स्त्री.), विथ्या (स्त्री.), समाह्वा (स्त्री.)।

51.7. सं. भुईंकाड़ा, सफ़ेद ख़स।

51.8. सं. भुईंआँवला, भूम्यामलकी (स्त्री.), भूम्यामली (स्त्री.), अजटा (स्त्री.), अज्झटा (स्त्री.), अध्यण्डा (स्त्री.), अध्याण्डा (स्त्री.), अफला (स्त्री.), अमला (स्त्री.), अमलाज्झटा (स्त्री.), अरुहा (स्त्री.), अहिभयदा (स्त्री.), अहिलोलिका (स्त्री.), उच्चटा (स्त्री.), क्षेत्रामलकी (स्त्री.), जडआमला (स्त्री.), जडा (स्त्री.), झटा (स्त्री.),

झटामला (स्त्री.), झटिका (स्त्री.), झाटा (स्त्री.), झाटिका (स्त्री.), झाटी (स्त्री.), झाटीका (स्त्री), तमालिका (स्त्री.), तमालिनी (स्त्री.), तामलकी (स्त्री.), ताली (स्त्री.), तृणद्रुम, तृणवृक्ष, दृढपादी (स्त्री.), पताल आँवला, बहुगुडा (स्त्री.), बहुगुणा (स्त्री.), बहुपत्रा (स्त्री.), बहुपत्रिका (स्त्री.), बहुपत्री (स्त्री.), बहुफला (स्त्री.), भूधात्री (स्त्री.), रसायनी (स्त्री.), वितुन्नक, वितुन्नका (स्त्री.), वितुन्नमूला (स्त्री.), वितुन्ना (स्त्री.), वितुन्निका (स्त्री.), विश्वपर्णी (स्त्री.), विष्णुपर्णी (स्त्री.), शिवा (स्त्री.), शुभाकिनी (स्त्री.), सूक्ष्मफला (स्त्री.)।

51.9. सं. असबर्ग, भूतलिका (स्त्री.)।

51.10. सं. नीलू (स्त्री.), पलवान।

51.11. सं. शूली (स्त्री.), शूलपत्री (स्त्री.), शूलपर्णी (स्त्री.), जलाश्रया (स्त्री.), धूम्रमूलिका (स्त्री.), महिषीप्रिया (स्त्री.)।

51.12. सं. जरडी (स्त्री.), जयाश्रया (स्त्री.), गर्मुटिका (स्त्री.), गर्मोटिका (स्त्री), सुनाला (स्त्री.)।

51.13. सं. गनकेरुआ।

51.14. सं. खरतुआ, चमरबथुआ।

51.15. सं. कुन्दर, खरच्छद, मृगवल्लभ, रसाल, रसालसा (स्त्री.)।

51.16. सं. बनकस, बनकुस, बभनी (स्त्री.)।

51.17. सं. गोंदरा, गोनरा, गुण्ड, नीलपत्र।

गोंदरे की जड़ : कसेरू (दे.44)।

51.18. सं. गोंदरी (स्त्री.), गोंदला (स्त्री.), गुण्डासिनी (स्त्री.), गुच्छमूलिका (स्त्री.), जलाश्रय, दीर्घनाल, विष्टरा (स्त्री.), वृत्तगुण्ड।

51.19. सं. गाण्डाली (स्त्री.), गाण्डी (स्त्री.)।

51.20. सं. गन्दना, दन्दना।

51.21. सं. सुकड़ी (स्त्री.), शुकड़ी (स्त्री.), शूकतृण, शूकाढ्य।

51.22. सं. गोरखमुण्डी (स्त्री.), अलंबुषा (स्त्री.), अव्यथा (स्त्री.), कदंबपुष्पा (स्त्री.), कदंबपुष्पी (स्त्री.), क्रोडचूडा (स्त्री.), नीचकदंब, पलंकषा (स्त्री.), पलंकषी (स्त्री.), महामुण्डनिका (स्त्री.), महामुण्डी (स्त्री.), महाश्रावणिका (स्त्री.), मुंडिनिका (स्त्री.), मुंडी (स्त्री.), मुंडीरिका (स्त्री.), मुंडीरी (स्त्री.), रसायनी (स्त्री.), लोचनी (स्त्री.), विकचा (स्त्री.), वृद्‌धा (स्त्री.), व्रणजिता (स्त्री.), स्थविरा (स्त्री.)।

बड़ी गोरखमुण्डी : तपस्विनी (स्त्री.), नदीकदंब।

51.23. सं. छिकनी (स्त्री.), छिक्कनी (स्त्री.), छिक्किा (स्त्री.), उग्रगन्धा (स्त्री), उग्रा (स्त्री.), क्षवकृत, नकछिकनी (स्त्री.), संवेदन, संवेदना (स्त्री.)।

51.24. सं. रूसा, रुसा, रोसा, रोहिश, रोहिष, रोही, अतिगन्ध, अतिच्छत्र, अतिच्छत्रक, अतिच्छत्रका (स्त्री.), अतिच्छत्रा (स्त्री.), कातृण, कुटुंबक, गन्धतृण, गन्धबेन, गन्धवेणु, तृणकुंकुम, तृणगौर, तृणशीत, दृढकाण्ड, देवजग्ध, देवजग्धक, ध्याम, ध्यामक, पौर, भूति (स्त्री.), भूतिक, भूतीक, भूतृण, मोतिया, यज्ञेष्ट, समालंब, समालंबिनी (स्त्री.), समालंबी, सरसतृण, सुगन्ध (स्त्री.), सुगन्धतृण, सुगन्धभूतृण, सुगन्धरोहिष, सुगन्धवैरजात्य, सुगंधितेजन, सौंधिया, सौगंधिक।

पका हुआ रूसा : सौंफिया।

51.25. सं. अगिन (स्त्री.), अगिया (स्त्री.), कत्तृण, नीली चाय, सौगन्ध, सौगंधिक।

51.26. सं. खवी (स्त्री.), घटियारी (स्त्री.), भरवी (स्त्री.), भूस्तृण, मालातृण।

51.27. सं. पत्थरचटा, पथरचटा।

51.28. सं. दुद्धी (स्त्री.), दुधिया (स्त्री.), दूधी (स्त्री.), दुग्धिका (स्त्री.), दुग्धी (स्त्री.), उत्तमा (स्त्री.), क्षीरिणी (स्त्री.), नागार्जुनी (स्त्री.), पयस्या (स्त्री.), बहुपत्रा (स्त्री.), बहुपत्री (स्त्री.), युग्मफलिनी (स्त्री.), शीतांबु, स्वादुपर्णी (स्त्री.)।

51.29. सं. गँडरा, गँडरी (स्त्री.), गण्डरी (स्त्री.), गाँडर (स्त्री.), गण्डदूर्वा (स्त्री.), गण्डाली (स्त्री.), वीरण, वीरतर।

गँडरे की जड़ : ख़स, ख़श, अभय, अमृणाल, अवदान, अवदाह, इष्टकापथ, उशीर, उशीरक, उषीर, उषीरक, औशीर, कंभु, जल, जलमोद, जलवास, जलाशय, दाहहर, दाहहरण, नलद, नीरज, मृणाल, लघुलय, लामज्जक, वारितर, वारिसम्भव, वितानमूल, वितानमूलक, वीर, वीरण, वीरणमूल, वीरतर, वीरभद्रक, वेणा (स्त्री.), वेणीग, वेणीमूलक, शर, समगंधिक, सुगंधिमूल, सेव्य।

ख़स बेचनेवाला : उशीरक, उषीरिक।

ख़स की टट्टी।

ख़स की टट्टियों से घिरा हुआ कमरा : ख़सख़ाना।

51.30. सं. मूँज (स्त्री.), मुंज, मुंजातक, इक्षुकाण्ड, इक्षुवालिका (स्त्री.), इक्ष्वालिका (स्त्री.), टँगा, तेजक, तेजन, तेजनाख्य, दर्भाह्वय, दूरमूल, दृढ़तृण, दृढमूल, बहुतृण, बहुप्रज, ब्रह्मण्य, रंजन, वानीरक, विपूय, शत्रुभंग, शीरी, सुमेखल, स्थूलदर्भ।

मूँज की रस्सी : बाध।

मूँज की बनी मेखला : मुंजमेखला (स्त्री.)।

तीन लड़ों की मुंजमेखला : मौंजी (स्त्री.)।

मौंजी पहनना : मौंजिबन्ध, मौंजिबन्धन (दे.317)।

वि. मूँज का : मुँजली।

मूँज का बना हुआ : मौंज, मौंजीय।

51.31. सं. काँस, कास, काश, काशक, काशतृण, अमरपुष्प, अमरपुष्पक, इक्षुकाण्ड, इक्षुगन्ध, इक्षुगन्धा (स्त्री.), इक्षुतुल्या (स्त्री.), इक्षुदर्भ, इक्षुदर्भा (स्त्री.), इक्षुबालिका (स्त्री.), इक्षुरस, इक्ष्वालिका (स्त्री.), इक्ष्वारि, चामरपुष्प, चामरपुष्पक, जन्तुला (स्त्री.), दर्भपत्र, नादेय, पत्रालु, पोटगल, रामसण्डा, रामसेनुर, रामी, वनहास, वनहासक, वायसेक्षु, शारद।

छोटा काँस : उशीरी (स्त्री.)।

बड़ा काँस : खगड़ा, खड्गट, बृहत्काश।

काँस का भेद : इक्षुशर।

काँस का फूल : काश।

51.32. सं. कुश, कुशा (स्त्री.), कुतप, कुथ, डाभ, दर्भ, दाभ, पवित्र, पवित्रक, बर्हि, यज्ञभूषण, याज्ञिक, वर्हि, शीरी, ह्रस्वदर्भ।

हरा कुश, हरिदर्भ, हरिद्गर्भ, हरिद्दर्भ, पृथुच्छद।

श्वेत कुश, पुण्यतृण, पूत, पूततृण, मृदुदर्भ, ह्रस्वकुश, ह्रस्वदर्भ।

कुश की नोक : दर्भसूची (स्त्री.)।

कुश का गोफा : दर्भतरुणक, दर्भांकुर, सूच।

कुश का डंठल : दर्भेषिका (स्त्री.)।

कुश का बना आसन : कुशासन (दे.182)

कुश का बना चटाई : दर्भण।

कुश का बना वस्त्र : दर्भचीर।

कर्मकाण्ड के समय अनामिका में पहनने का कुश का बना छल्ला : कुशमुद्रिका (स्त्री.), कुशांगुरीय, कुशांगुलीय, पवित्र, पवित्री (स्त्री.), पैंती (स्त्री.)।

शव के अभाव में जलाने के लिए मृतक का कुशनिर्मित प्रतीक : कुशपुत्तलि (स्त्री.), कुशपुत्तलिका (स्त्री.), कुशपुत्तली (स्त्री.), दर्भवटु।

यज्ञ में घी का संस्कार करने के लिए कुश के दो दल : पवित्र।

कुश सहित जल : कुशोदक।

हवनकुण्ड के चारों ओर कुश बिछाना : कुशास्तरण।

वि. कुशनिर्मित, कौश।

हाथ में कुश लिये दानादि करने को उद्यत : कुशहस्त।

51.33. सं. सरपत, इक्ष्वालिका (स्त्री.), गुन्द्र, तेजक, तेजन, तेजनक, पतलो, बाण, भद्रमुंज, शर, शरतृण, शरबीज।

सरपत का भेद : दृढत्वक्।

सरपत का पत्ता : पतलो।

सरपत का बीज : चारुक, शरबीज।

51.34. सं. सरकण्डा, सरफोका, काण्ड, छिद्रान्तर, छिद्रांश, वंशपत्र, वंशपत्रक, वानीर, वीर, वीरतरु, वीरतृण, शर, शरकाण्ड, शरगुल्म, शरदण्ड।

सरकण्डे के भेद : इक्कट; कण्डुर; गर्मुत् (स्त्री.)।

सरकण्डे का फूल : घूआ (दे.40)।

सरकण्डे का कोंपल : इकट।

सरकण्डे के सींके का निचला भाग : सेंटा (दे.39)।

सरकण्डे का मँड़वा : वानीरगृह।

51.35. सं. नरकट, नर्कट, नरकल, नरकुल, नरकस, नरसल, नट, नड, नर्तक, नल, नालवंश, अंगूष, अनुपुष्प, अप्सुयोनि, इक्ष्वालिका (स्त्री.), किष्कुपर्वा, छिद्रान्तर, धमन, पोटगल, मृदुपर्व, वादनीय, विभीषण, वेणु।

बडा नरकट : देवनल, देवनाल, नलोत्तम, बृहन्नल, वृहन्नल, वृहन्नाल, सुरद्रुम, सुरनाल, स्थूलदण्ड, स्थूलनाल।

दलदल में होने वाला नरकट : डाँबू।

ईख जैसा नरकट : रउता, रमसरा, रामशर, रामबान, रामेषु, अनिक्षु, इक्षुकाण्ड, इक्षुप्र, स्थूलशर।

वह नरकट जिससे क़लम बनायी जाती है : किल्क, किलक, किलिक; मरुही (स्त्री.)।

नरकट का ढेर : नडसंहति (स्त्री.), नडिनी (स्त्री.), नड्या (स्त्री.), नड्वला (स्त्री)।

नरकट का वन : नडवन।

नरकट से भरा स्थान : नडभक्त, नड्वल।

नरकट से भरी नदी : नडिनी (स्त्री.)।

नरकट की बनी चटाई : नडवल, नलपट्टिका (स्त्री.), तृणपूली (स्त्री.)।

वि. नरकट से पूर्ण : नडकीय, नडप्राय, नडश, नडिल, नड्वान्।

नरकट-सम्बन्धी या नरकट-निर्मित : नाल।

51.36. सं. दूब (स्त्री.), दूर्वा (स्त्री.), दुर्मरा (स्त्री.), अनन्ता (स्त्री.), अमरा (स्त्री), अमृता (स्त्री.), अर्जुन, खब्बल, तिक्तपर्वा (स्त्री.), पद्ममुखी (स्त्री.), भार्गवी (स्त्री.), भूरुहा (स्त्री.), मंगल्या (स्त्री.), महावरा (स्त्री.), महासहा (स्त्री.), महौषधि (स्त्री), मांगल्यकामा (स्त्री.), रसाला (स्त्री.), रुहा (स्त्री.), लता (स्त्री.), विशाखा (स्त्री.), शतग्रंथि (स्त्री.), शतधा (स्त्री.), शतपत्रा (स्त्री.), शतपर्वा (स्त्री.), शतपर्विका (स्त्री), शतमूला (स्त्री.), शान्ता (स्त्री.), शिवा (स्त्री.), शिवेष्टा (स्त्री.), शीता (स्त्री.), श्वेतकिणही (स्त्री.), सहस्रवीर्या (स्त्री.), सारा (स्त्री.), हरिता (स्त्री.), हरितालिका (स्त्री.), हरिताली (स्त्री.), हरियाली (स्त्री.)।

बड़ी दूब, धोबीघास (स्त्री.)।

हरी दूब, नीलदूर्वा (स्त्री.)।

नीली दूब, अनुष्णवल्लिका (स्त्री.), जया (स्त्री.), भूतहन्त्री (स्त्री.), मंगला (स्त्री), शतवल्ली (स्त्री.), शांभवी (स्त्री.), शिवा (स्त्री.), शीतला (स्त्री.), शीतवीर्य, श्यामा (स्त्री.), हरिता (स्त्री.)।

उजली दूब, गण्डाली (स्त्री.), गोलोमी (स्त्री.), गौरी (स्त्री.), चण्डा (स्त्री.), दिव्या (स्त्री.), पर्वमूला (स्त्री.), भूतकेश, मंगला (स्त्री.), वल्लिदूर्वा (स्त्री.), वल्लिनी (स्त्री), शकुलाक्ष, शकुलाक्षका (स्त्री.), शकुलाक्षा (स्त्री.), शतवीर्या (स्त्री.), शीतदूर्वा (स्त्री.), शुभा (स्त्री.), श्वेतकाण्डा (स्त्री.), श्वेतदूर्वा (स्त्री.), सहस्रकाण्डा (स्त्री.), सहस्रपर्वा (स्त्री), सिंहच्छदा (स्त्री.), सितच्छदा (स्त्री.), सितदर्भ, सितदूर्वा (स्त्री.), सिता (स्त्री.), सितारुया (स्त्री.), सितालता (स्त्री.), सुपर्वा (स्त्री.), सुरवल्लभा (स्त्री.), स्वच्छा (स्त्री)।

गाँडर (स्त्री.), गण्डदूर्वा (स्त्री.), गण्डाली (स्त्री.), गँठिवन (स्त्री.), ग्रन्थिदूर्वा (स्त्री), ग्रंथिपर्णी (स्त्री.), ग्रन्थिमूला (स्त्री.), ग्रन्थिला (स्त्री.), अतितीव्रा (स्त्री.), चित्रा (स्त्री), जलस्था (स्त्री.), पर्ववल्ली (स्त्री.), मत्स्याक्षी (स्त्री.), मालाग्रन्थि (स्त्री.), मालादूर्वा (स्त्री), वल्लिदूर्वा (स्त्री.), वल्लिनी (स्त्री.), वेल्लनी (स्त्री.), वेल्लरी (स्त्री.), शकुलाक्ष, शकुलाक्षका (स्त्री.), शकुलाक्षा (स्त्री.), शकुलाक्षी (स्त्री.), शकुलादनी (स्त्री.), शिवाख्या (स्त्री.), शूलग्रन्थि (स्त्री.), श्यामकाण्डा (स्त्री.), श्यामकान्ता (स्त्री.), श्यामग्रन्थि (स्त्री.), सूचीपत्रा (स्त्री.)।

दूब का अँखुआ : दूर्वांकुर।

दूबों से भरी भूमि : दूर्वाक्षेत्र।

गोलाई में लगी हुई दूबों का समूह : दूब का छत्ता।

51.37. सं. मोथा, मुस्त, मुस्तक, मुस्तकगन्धा (स्त्री.), मुस्तगन्धा (स्त्री.), मुस्ता (स्त्री.), मुस्ताभ, मेघ, मेघनामा, मेघपुष्प, अंत्य, अंबुद, अंबुपत्रा (स्त्री.), अंबुभृत्, अंबुवाह, अंबुवाहक, अंबुवाही, अंभोद, अंभोधर, अब्द, अभ्र, अर्णोद, उच्चटा (स्त्री.), कन्ध, कन्धर, कक्षोत्था (स्त्री.), कलापिनी (स्त्री.), काण्डहीन, कुरुविन्द, क्रमुक, गनौरी (स्त्री.), गुँदला, गोन्दला, ग्रन्थि (स्त्री.), ग्रन्थिला (स्त्री.), गांगेय, गोनर्द, गोनर्द्द, चक्रला (स्त्री.), चक्रा (स्त्री.), चारुकेसरी (स्त्री.), चूडाला (स्त्री.), जलद, जलधर, जलाशया (स्त्री.), जलोद्‌भवा (स्त्री.), जलोद्‌भूता (स्त्री.), तोयद, तोयधर, तोयधार, तोयमुक्, देवी (स्त्री.), नागर, नागरधन, नागरमुस्ता (स्त्री.), नागरमोथा, नागरोत्थ, पयोद, पयोधर, पयोभुक्, पयोवाह, पिण्डमुस्ता (स्त्री.), प्लव, भद्र, भद्रक, भद्रकाशी (स्त्री.), भद्रगंधिका (स्त्री.), भद्रमुस्तक, भद्रमुस्ता (स्त्री.), वनज, वन्या (स्त्री.), वराही (स्त्री.), वारिद, वारिधर, वारिवाह, वारिवाहन, वार्मुच, वृषध्वांक्षी (स्त्री.), श्रीभद्रा (स्त्री.), श्वेतमध्य, सुगंधि (स्त्री.), हिमा (स्त्री.)।

केवटीमोथा, कैवर्तमुस्त, कैवर्तमुस्तक, कैवर्तिमुस्तक, कैवर्तीमुस्तक, कुटन्नक, कुटन्नट, गोनर्द, गोपुर, छोटा नागरमोथा, जलमोथा, दशपुर, दशपूर, दाशपुर, परिपेलव, प्लव, वानीय, शीतपुष्प, शीतपुष्पक।

मोथे का भेद : सुगंधिमुस्तक।

51.38. सं. बाँस, बृहन्तृण, आर्द्रपत्रक, कंटक, कंटकी, कमठ, कर्मार, कान्तार, किलाटी, किष्कुपर्वा, तृणकेतु, तृणकेतुक, तृणध्वज, तृणशाल, तेजन, त्वक्सार, त्वचिसार, दृढकाण्ड, दृढग्रन्थि (स्त्री.), दृढपत्र, धनुर्द्रुम, धनुर्वृक्ष, धानुष्य, पुष्पघातक, फलान्त, मस्कर, मृत्युबीज, यवफल, रेवट, वंश, वंशवृक्ष, वृहत्तृण, वेणु, शतपर्वा, सुपर्वा।

ठोस बाँस : महाबल।

पोला बाँस : कीचक, मस्कर।

कँटीला बाँस : कँटबाँस, कंटकिल, कंटालु।

बाँस के प्रमुख पुराने भेद : कटवाँसी (स्त्री.), कठवाँसी (स्त्री.); कुल्लुक, ऊना, बरियाल, बाँसिनी (स्त्री.); कोकवा; अंगारवेणु; गोबिया; टकसरा; टोली (स्त्री.), नाल, फफोल; तिनवा; तिरिया, औला; देवबाँस, नलबाँस, बिधुली (स्त्री.); धामन; नर्री (स्त्री); नालबाँस; निंगाल, रिंगल; पिण्डवेणु; बनकटी (स्त्री.); बहुसंतति; बाँसी (स्त्री.); बोरोबाँस; मूली (स्त्री.)।

छोटा बाँस : वंशक।

बहुत लंबा बाँस : वंशराज।

बाँस का अँखुआ : करैल, आपत्र, पूती (स्त्री.), वंशपोट, वंशांकुट।

बाँस के अँखुए के ऊपर का पत्ता : वंठर।

बाँस की गाँठ : ग्रन्थि (स्त्री.), परु, पर्व।

बाँस की दो गाँठों के बीच का भाग : नलुआ, पर्व, पोंगी (स्त्री.), पोर (स्त्री.)।

नलुए पर से सूखकर अलग होने वाला खोल : सँपोली (स्त्री.), सुपेली (स्त्री.)।

बाँस का छिलका : पनच (स्त्री.)।

बाँस का छोर : वंशाग्र।

बाँस के अन्दर का पोला भाग : वंशस्थविल।

बाँस की टहनी : कंचिका (स्त्री.), कइन (स्त्री.), कइनी (स्त्री.), कमचा, कमची (स्त्री.), साधारणी (स्त्री.)।

बाँस का पत्ता : वंशपत्र, वेणुपत्र।

बाँस का फूल : वंशपुष्प।

बाँस का बीज : चावल, वंशतण्डुल, वंशधान्य, वंशयव, वंशज, वेणुज, वेणुबीज, वेणुयव।

बाँस की नली : पुपली (स्त्री.), पोंगा, नै (स्त्री.), वंशनाडिका (स्त्री.), वंशनाडी (स्त्री.), वंशनालिका (स्त्री.)।

चीरे हुए बाँस का लंबा टुकडा : फट्टा, फट्ठा, खपचा, वेणुदल, वेणुविदल।

पतला फट्टा : फट्टी (स्त्री.), फट्ठी (स्त्री.), खपची (स्त्री.), खपच्ची (स्त्री.), खपाच (स्त्री.), खपाची (स्त्री.), कमची (स्त्री.), कमठी (स्त्री.)।

फट्टे/फट्टी का टुकड़ा : खपच (स्त्री.)।

बाँस की पतली तीली : काँप (स्त्री.), काँपा।

बाँस की छाल : तमालक, वेणुनिर्लेखन।

बाँस की छड़ी : वेणुयष्टि (स्त्री.)।

बाँस की खाट : वेणुशय्या (स्त्री.)।

बाँस की सीढ़ी : वंशनिश्रेणी (स्त्री.)।

बाँस का टोकरा : वंशपात्र।

बाँस के टोकरे आदि बनाने वाला : बँसोड़, बँसोर, धरकार, बैण, वैण।

बँसोड़ का काम : वंशकर्म।

बाँस काटनेवाला : वांशिक।

बाँस धारण करने वाला : वंशधर, वंशधारी।

एक साथ उगे बाँसों का समूह : कोठी (स्त्री.), वेणुगुल्म, वेणुजाल।

बाँसों का झुरझुट : वंशवितति (स्त्री.)।

वह स्थान जहाँ बाँस की कोठियाँ हों : बँसवाड़ा, बँसवाड़ी (स्त्री.), बँसबरिया (स्त्री.), बँसवारी (स्त्री.)।

बाँस का जंगल : वंशवन, वंशकठिन, वेणुवन।

वह स्थान जहाँ बाँस अधिक उपजे : वेणुकीया (स्त्री.)।

बाँस से मिलनेवाला एक सफ़ेद पदार्थ : बंसलोचन, बंसकपूर, वंशलोचन, वंशकपूर, वंशकर्पूर, वंशकर्पूररोचना (स्त्री.), वंशकर्पूररोचनी (स्त्री.), वंशकर्पूरलोचना (स्त्री.), वंशक्षीरी (स्त्री.), वंशजा (स्त्री.), वंशरोचना (स्त्री.), वंशलोचना (स्त्री.), वंशशर्करा (स्त्री.), वंशाह्व, वंशी (स्त्री.), वंशोद्भवा (स्त्री.), वांशी (स्त्री.), वैणवी (स्त्री), क्षीरिका (स्त्री.), तवाखीर, तुंगा (स्त्री.), तुगा (स्त्री.), तुगाक्षीरी (स्त्री.), त्वक्क्षीरा (स्त्री), त्वक्क्षीरी (स्त्री.), त्वक्सारा (स्त्री.), त्वगाक्षीरी (स्त्री.), पिंगा (स्त्री.), रोचनक, रोचना (स्त्री.), शुक्रा (स्त्री.), शुभा (स्त्री.), शुभ्रा (स्त्री.), श्वेता (स्त्री.), सुधामोदक।

बाँस में होने वाला गोल दाना : मोती, वेणुजमुक्ता (स्त्री.)।

वि. वंश-सम्बन्धी, वंश्य, वांश, वेणुकीय, वैणुकेय।

वंश-निर्मित, वांश वेणुमय, वैणव।

वंशज, वंशभव, वैणव।

बाँस के फट्टों का बना हुआ : वेणुवैदल।

बाँस फाड़ने वाला : वेणुदारी।

51.39. सं. रामबाँस, अन्धमूषिका (स्त्री.), अगरी (स्त्री.), आखु, आखुविषहा, ऊर्वा (स्त्री.), कंटाल, खशगरी (स्त्री.), गरी (स्त्री.), देवताड, देवताडक, फंजिका (स्त्री)।

52. कुकुरमुत्ता/फफूँद/जलकुंभी/सेवार

52.1. सं. कुकुरमुत्ता, कूकरमुत्ता, कठफुला, कवक, क़न्दलीकुसुम, अतिच्छत्र, अतिच्छत्रक, अतिच्छत्रका (स्त्री.), अतिच्छत्रा (स्त्री.), अहिच्छत्रक, अच्छिलींध्र, ऊर्व्यंग, खुंबी (स्त्री.), खुंभी (स्त्री.), खुमी (स्त्री.), गगनधूल (स्त्री.), गगनधूलि (स्त्री.), गोलास, छतौना, छत्र, छत्रक, छत्रा (स्त्री.), छत्राक, छत्राकी (स्त्री.), छत्रिका (स्त्री.), ढिंगरी (स्त्री.), धरती का फूल, पटोटज, भुईंफोर, भूमिकन्दक, भूमिकन्दर, भूवल्लूर, भूस्फोट, मल्लिपत्र, रामछाता, शिखलोहित, शिलींध्र, सर्पच्छत्र, सर्पच्छत्रक।

कुकुरमुत्ते का डंठल : छत्रकदण्ड।

52.2. सं. गोबरछत्ता, गोमयच्छत्रिका (स्त्री.), शिलीन्ध्रक।

52.3. सं. फफूँद (स्त्री.), फफूँदी (स्त्री.), कवक, भुकड़ी (स्त्री.) fungus।

कवकनाशी, फ़ंगसनाशी, fungicide।

फफूँदविज्ञान, कवकविज्ञान, mycology।

52.4. सं. जलकुंभी (स्त्री.), जलकंटक, जलवल्कल, आकाशमूली (स्त्री.), कुंबी (स्त्री.), कुम्भी (स्त्री.), कुंभिका (स्त्री.), कुम्भीक, कुम्भीका (स्त्री.), कुतृण, खमूली (स्त्री), पर्पटद्रुम, पह्लिका (स्त्री.), पानीयपृष्ठज, पृश्निका (स्त्री.), पृश्नी (स्त्री.), पृष्णिका (स्त्री.), पृष्णी (स्त्री.), वारिकर्णिका (स्त्री.), वारिचत्वर, वारिपर्णी (स्त्री.), वारिपूर्णा (स्त्री.), वारिपृश्नी (स्त्री.), वारिमूली (स्त्री.), शीतकुंभिका (स्त्री.), श्वेतपर्णी (स्त्री.), हठालु।

जलकुंभी के फूल का सुखाया हुआ केसर : बाकुम्भा।

52.5. सं. शीतलीजटा (स्त्री.), शीतली (स्त्री.), शीतला (स्त्री.), शीतकुम्भी (स्त्री), शुक्लपुष्पा (स्त्री.)।

52.6. सं. जलदोदो।

52.7. सं. सेवार, सिवार, सेवाल, सिवाल, सलिलकुन्तल, अंबुचामर, अंबुताल, अर, अरक, अवका (स्त्री.), कावार, जंबाल, जलकल्क, जलकुन्तल, जलकुब्जक, जलकेश, जलज, जलनीलिका (स्त्री.), जलनीली (स्त्री.), जलपृष्ठजा (स्त्री.), जलशूक, जलांचल, जलांजल, तोयकुम्भ, तोयवृक्ष, तोयशूक, पंकार, वारिचामर, वितुन्न, शीवल, शेपाल, शेवल, शेवाल, शैवल, शैवाल, हटपर्णि (स्त्री.), हटपर्णी (स्त्री.), हठपर्णि (स्त्री), हठपर्णी (स्त्री.)।

52.8. सं. बँधे पानी पर फैलने वाली गोल पत्तियों वाली घास : काई (स्त्री.), वारिपर्णी (स्त्री.), वारिपूर्णा (स्त्री.), वारिमूली (स्त्री.)।

52.9. सं. ज़मीन पर या पत्थर पर जमनेवाली सूत जैसी घास : काई (जम. लग.) जंबाल, जलकल्क, जलकुब्जक।

53. वन

सं. वन, वनगोचर, वल्लर, वल्लूर, वार्क्ष, वार्क्ष्य, विपिन, वीराना, अटवि (स्त्री.), अटवी (स्त्री.), अरण्य, अरण्यक, आरण्य, उजाड़, कानन, खात्र, गहन, गुहिन, जंगल, तल्क, त्रस, दव, दाव, द्रुमालय, द्रुमिणी (स्त्री.), नीघ्न, प्रान्तर, बन, बयाबान, बियाबान, बियाबाँ, सहरा।

छोटा वन, वनस्थली (स्त्री.), वनिका (स्त्री.), वनी (स्त्री.)।

बड़ा वन, भारी जंगल, अरण्यानि (स्त्री.), अरण्यानी (स्त्री.), बनराई, महारण्य, महावन, वनानी (स्त्री.)।

गहन/दुर्गम/निविड़/सघन वन, घना/बीहड़/वीरान जंगल, कान्तार, वनगहन, वनसमूह, वन्या (स्त्री.)।

वनसमूह, वनराजि (स्त्री.), वनराजी (स्त्री.), वनरेखा (स्त्री.), वनलेखा (स्त्री.), वनश्रेणी (स्त्री.), वनानी (स्त्री.), वन्या (स्त्री.), वान, वान्या (स्त्री.)।

आखेटोपयोगी पशुओं से भरा वन : मृगकानन, मृगदाव (दे.65)।

जलता हुआ वन : झिंझिम।

आम्रवन; कदलीवन; तमालवन; तालवन (आदि)।

तपोवन (दे.309)।

आरक्षित/रक्षित/संरक्षित/सुरक्षित वन, reserved forest।

अवर्गीकृत वन।

अभयवन, अभयारण्य, sanctuary।

वनों का वर्गीकरण : राजकीय वन; सामुदायिक वन; व्यक्तिगत वन।

कोणधारी वन; चौड़ी पत्तियोंवाला वन।

भारतीय वनों का वर्गीकरण : पर्वतीय वन; शीतोष्ण पहाड़ी वन; अर्धोष्ण कटिबन्धीय पहाड़ी वन; उष्णकटिबन्धीय शुष्क कँटीले वन; उष्णकटिबन्धीय तर मानसूनी वन; उष्णकटिबन्धीय सदाहरित् वर्षीला वन; नदी तटीय वन; ज्वार प्रदेशीय दलदली वन।

बंगाल का समुद्रतटीय वन : सुन्दरवन।

वन का भीतरी भाग : वनान्तर।

वन का भीतरी भाग जहाँ शर यानी बेंत उगे हो : अन्तःशर।

वन का सीमान्त भाग : वनप्रान्त, वनान्त।

अन्य वन : वनान्तर।

वन की भूमि : बनखण्ड, बनखण्डी (स्त्री.), वनभूमि (स्त्री.), वनस्थली (स्त्री.), वनांचल, वनान्त।

वन-जंगल, वन-बीहड़।

वनशोभा (स्त्री.), वनश्री (स्त्री.), वनसौन्दर्य, वनलक्ष्मी (स्त्री.)।

जंगली फूल : अग्निसम्भव, अरण्यकुसुम, कौसुंभ, बनफूल, वनकुसुम, वनपुष्प, वनप्रसून।

जंगली फूलों की माला : बनदाम, बनमाल, बनमाला (स्त्री.), वनमाला (स्त्री), वनस्रक् (स्त्री.)।

जंगली लतर : वनलता (स्त्री.)।

जंगली पेड़ : वनतरु।

जंगली अन्न : वनधान्य, वनशस्य।

जंगली फल : बनफल, वनफल।

जंगली जड़ी-बूटी : वनौषधि (स्त्री.) (दे.94)।

वन को जाना–,वनगमन, वनप्रवेश (दे.308)।

मानव-ज़ीवन के चार विभागों, यानी आश्रमों में से तीसरा : वानप्रस्थ, वनाश्रम, वनी, तृतीयाश्रम, अगृह, अग्रह।

जानप्रस्थ की अवस्था : वानप्रस्थ्य।

वानप्रस्थ्य में प्रवेश करना : अरण्ययान, अरण्यायन।

वनभ्रमण, वनचर्या (स्त्री.), वनविहार, वनाटन, सहरागर्दी (स्त्री.), सहरानवर्दी (स्त्री.)।

बनबास, वनवास (दे.ले.)।

वनदेवता, वनदेव, बनदेवता, बनदेव।

वनदेवी (स्त्री.), बनदेवी (स्त्री.), अरण्यानि (स्त्री.), अरण्यानी (स्त्री.)।

जंगली जानवर (दे.66)।

जंगली हाथी, वनकरी, वनकुंजर, वनसिन्धुर।

जंगली चिड़िया (स्त्री.), वन्यपक्षी।

वनमानुष (दे.67.28)।

जंगल का रास्ता (दे.294)।

जंगल की पगडंडी (दे.294)

वनवासी, अरण्यवासी, जंगली।

जंगली जनजाति (स्त्री.), वन्य जाति (स्त्री.)।

जंगल की पैदावार पर लगनेवाला कर : बनकर।

वन/जंगल काटना–,बनकटाई (स्त्री.), वन-अपरोपण, वननाशन, वनोन्मूलन, निर्वनीकरण।

जंगल काटने का हक़ : बनकटी (स्त्री.)।

वनरोपण, वनीकरण, वनमहोत्सव।

वन-संरक्षण; वन-सर्वेक्षण; वन-विश्रामगृह। वनग्राम।

वन-कृषि (स्त्री.); वन-संग्रहण उद्‌योग; वन-उद्‌योग।

वन-उपज (स्त्री.); वन-संपदा (स्त्री.); वन-संसाधन।

वनवृत्ति (स्त्री.); वन-संस्कृति (स्त्री.)।

जंगल की आग : अद्रिवह्नि, डाढ़ा, दव, दवदहन, दवानल, दवार (स्त्री.), दवारि (स्त्री.), दाव, दावाग्नि (स्त्री.), दावानल, प्रदव्य, बनाग्नि (स्त्री.), भवधस्मर, भूतसंचारी, मंकिल, मुखाग्नि (स्त्री.), वनदाह, वनवह्नि, वनहुताशन, वनाग्नि (स्त्री.), वनोपप्लव।

बनरखा, वनरक्षक, वृक्षपाल, forest guard।

अरण्यपाल, वनपाल, वनराजिक, राजिक, forest ranger।

वनविज्ञान, वनविद्‌या (स्त्री.), वानिकी (स्त्री.), forestry।

(पौरा.) दण्डक, दण्डकवन, दण्डका (स्त्री.), दण्डकारण्य।

खाण्डव।

अंबिकावन।

मधुबन, मधुवन।

वि. वन-सम्बन्धी, वान, वान्य।

जंगली, बनैला, बनखण्डी, बयाबानी, बियाबानी, वन्य, वानेय, अरण्यीय, आरण्य, आरण्यक, सहराई।

वनज, वनजात, वनोद्‌भव, अरण्यभव।

वनबहुल, वनमय, वनावृत।

घने जंगलों वाला : अतिविपिन।

वन में रहने का इच्छुक : वनकाम।

वि./सं. वनवासी, वनस्थ, वनस्थायी, वनग, वनगोचर, वनौका, वनाश्रय, वानिक, अटविक, आटविक, आरण्यक, बनबासी, बियाबाँनशीं, सहरानशीं।

वनचर, वनचारी, वनेचर, विपिनचर, विपिनबिहारी, बनचर; बियाबाँगर्द, बियाबाँनवर्द, सहरागर्द, सहरानवर्द।

वानप्रस्थ-सम्बन्धी, वानप्रस्थ्य।

वानप्रस्थी, वनाश्रयी।

निर्वनीकृत, निर्वण, निर्वन, वनोन्मूलित।

54. उद्यान

सं. उद्यान, उद्यानक, उपवन, अख, आराम, कानन, ख़ियाबाँ, गाछी (स्त्री.), बगीचा, बगैचा, बाग़, बाड़ी (स्त्री.), वन, वाटिका (स्त्री.), वाटी (स्त्री.), वृक्षवाटिका (स्त्री.), वृक्षवाटी (स्त्री.), वेल।

छोटा उद्यान, क्षुद्राराम, पृषोद्यान, प्रसीदिका (स्त्री.), प्रसेदिका (स्त्री.), बगिया (स्त्री.), बगीची (स्त्री.), बागीचा।

घर से लगा हुआ बगीचा : गृहवाटिका (स्त्री.), गृहाराम, गृहोद्यान, तेवन, नज़रबाग़, निष्कुट, पाँईबाग़, पाईंबाग़।

शाकवाटिका (स्त्री.), शाकोद्यान, बेढ़ा, सब्ज़ीबाड़ी (स्त्री.), सागबाड़ी (स्त्री.), kitchen-garden।

घर के पास का बाग़ : पौरक।

फूलों का बगीचा : कुसुमाकर, गुलकदा, गुलज़ार, गुलशन, गुलिस्ताँ, गुलिस्तान, चमन, चमनिस्तान, पुष्पवाटिका (स्त्री.), पुष्पवाटी (स्त्री.), पुष्पाराम, पुष्पोद्यान, फुलबारी (स्त्री.)।

फलों का बाग़ : फलवाटिका (स्त्री.), फलाराम, फलोद्यान, बाड़ी (स्त्री.)।

फल खानेवाले पक्षियों को भगाने के लिए पेड़ से बाँधी जाने वाली लकड़ी जिससे फट-फट शब्द होता हो : फटका, फटकी (स्त्री.)।

चौकोर बाग़ : चारबाग।

पहाड़ पर लगाया गया बाग़ : गिरिकानून।

उद्यान, नगरोद्यान, पुरोद्यान, park।

नगर के पास का बाग़ : पौरक।

राष्ट्रीय उद्यान, national park।

उजड़ा सा बाग़ : जीर्णोद्यान।

बाग़-बगीचा।

क्रीडा के योग्य उद्यान : आक्रीड, केलिवन, केलीवनी (स्त्री.), क्रीडाकानन, क्रीडावन, क्रीडोद्यान, तेवन, देवन, प्रमदकानन, प्रमदवन, प्रमदाकानन, प्रमदावन, प्रमोदकानन, प्रमोदवन, प्रमोदवाटिका (स्त्री.), प्रमोदोद्यान, मदनोद्यान, मधुबन, मधुवन, विहार, विहारवन, विलासकानन।

वृक्ष-लतादि से ढका हुआ स्थान : कुंज, कुडंग, गह्वर, छत्वर, झाट, निकुंज, मंजुल, मण्डप, वल्लर, वल्लुर, वृक्षखण्ड (दे.38), वृक्षच्छाय, वेल।

वृक्ष पर चढ़ी हुई लता से बना मण्डप : कुटंगक, कुटुंगक, लतावितान।

लताओं से बना हुआ घर जैसा स्थान : कुंजकुटीर, कुंजगृह, लताकुंज, लतागृह, लताभवन, लतामण्डप, लतामंडल, लतावलय।

लताओं से ढँका हुआ पथ : कुंज की खोरी, कुंजगली (स्त्री.)।

लतर को चढ़ाने के लिए बाँस की फट्टियों की दीवार : आड़ (स्त्री.), जाफरी (स्त्री.), टट्टर, टट्री (स्त्री.)। मचान।

बगीचे में थोड़े-थोड़े अन्तर पर दो पतले मेड़ों के बीच की भूमि जिसमें बीज बोये या पौधे लगाये जाते हैं : कियारी (स्त्री.), क्यारी (स्त्री.), क्याली (स्त्री.), केदार, ख़ियाबाँ।

किआरियों के बीच का रास्ता : रविश (स्त्री.) (कट. काट.)।

वह घेरा या गड्ढा जिसमें पौधा लगाया जाता है : आलवाल, आलबाल, आवाप, आवाय, आवाल, केदार, क्यार, गोड़ा (बना. मार. लगा.), थाँवला, थामला, थाला (बना.), थालिका (स्त्री.), पांशुमदन, पांसुमदन, बेड़ (स्त्री.), बेड़ना–।

घास का मैदान, तृणाच्छादित/हरित् भूमि (स्त्री.), शाद्वल (दे.51), lawn।

नगर के पास का मैदान : सन्निवेश।

बाग़ लगाना–,चमनबन्दी करना–।

पानी छिड़कना–/देना–,छिड़काई (स्त्री.) (कर.), छिड़काव (कर.)।

छिड़काव के काम आने वाली बालटी : हज़ारा।

उद्यानपाल, उद्यानपालक, उद्यानरक्षक, बाग़बान, बागवान, वरीद़, माली (दे.356)।

बाग़ का मालिक, उद्यान का स्वामी, आरामाधिपति।

उद्यानकर्म, बाग़बानी (स्त्री.)।

उद्यानविज्ञान, उद्यानकृषि (स्त्री.), औद्यानिकी (स्त्री.), horticulture।

(पौरा.) इन्द्र का उद्यान : नन्दन, नन्दनकानन, नन्दनवन, नंदिक, नंदिका (स्त्री.), कन्दसार, देवाख्य, विबुधवन (दे.319)।

कुबेर का उद्यान : चैत्ररथ, चैत्ररथ्य, नलिनीनन्दन।

आदम का उद्यान : अदन।

वि. औद्यनिक, horticultural।

55. खेती

सं. खेती (स्त्री.), खेतीबारी (स्त्री.), कर्षण, कर्षू (स्त्री.), काश्त (स्त्री.), काश्तकारी (स्त्री.), किसानी (स्त्री.), कृषकवृत्ति (स्त्री.), कृषि (स्त्री.), कृषिकर्म, कृषिकार्य, क्षेत्रकर्म, ज़िराअत (स्त्री.), जोत (स्त्री.), प्रमृत, सीता (स्त्री.), हस्र, हलभूति (स्त्री.), हलभृति (स्त्री.), हली (स्त्री.)।

तर/आर्द्र खेती (स्त्री.); सिंचाई द्वारा खेती (स्त्री.); शुष्क खेती (स्त्री.); झूमिंग खेती (स्त्री.); पहाड़ी खेती (स्त्री.)।

किसान, कर्षक, कर्षि, कार्षक, काश्तकार, कृषक, कृषाण, कृषिक, कृषिकार, कृषिजीवी, कृषीवल, क्षेत्रकर, क्षेत्रकर्षक, क्षेत्रज्ञ, क्षेत्रपति, क्षेत्राजीव, क्षेत्रिक, क्षेत्री, इलव, खेतिहर, ज़िराअतपेशा, जैवातृक, जोतदार, दहक़ान, भूमिजीवी, लांगल, हलजीवी, हलभृत, हलिक, हली, हालिक।

मामूली किसान : हलजुता।

मँगनी के हल-बैलों से खेती करने वाला किसान : भूँडिया।

भूमिधर किसान। अधिवासी किसान।

खेत, कृषिक्षेत्र, कृषी (स्त्री.), क्षेत्र, क्षेत्रभूमि (स्त्री.), क्षैत्र, बलज, वप्र, वाप, शाकट, शाकिन, सीत्य।

खेतों का समूह : कैदार, कैदारक, कैदार्य, क्षैत्र; चक; चकतराशी (स्त्री.), चकबन्दी (स्त्री.)।

गाँव के पास का खेत : कोइड़ार।

गाँव की सीमा में पड़ने वाला खेत : अगला।

अनाज का खेत : धान्यक्षेत्र, शस्यक्षेत्र, सस्यक्षेत्र।

धान का खेत : धान्यक्षेत्र, केदार, व्रीह्यर्वरा (स्त्री.), व्रैहेय, शालेय।

गेहूँ का खेत : गौधूमीन।

तिल का खेत : तिल्य, तैलीन।

उरद का खेत : माशर, माषीण, माष्य।

मूँग का खेत : मैद्गीन।

मटर का खेत : कालायीन।

चने का खेत : चाणकीण।

चेना, साँवा आदि का खेत : अणक्य, आणवीन।

कोदों का खेत : कौद्रवीण।

कँगनी का खेत : प्रैयंगत्रीण।

कुलथी का खेत : कौलत्थीन।

साग-सब्ज़ी का खेत : कछियाना, कोईड़ार, शाकशाकट, शाकशाकिन, शाकिनी (स्त्री.)।

गन्ने का खेत : शकरिस्तान।

बैंगन का खेत : वार्ताकशाकट, वार्ताकशाकिन।

ककड़ी/खरबूजे का खेत : फालेज।

वह खेत जिसमें धान के बीज रोपाई के लिए बोये जायँ : बियाड़।

सनई का खेत : औमीन।

भाँग का खेत : भंगीन, भंग्य, भांग।

एक दिन में एक हल से जोतने योग्य भूमि : जुआरा।

जोतने योग्य खेत : हल्य।

हल के एक फेरे में जोतने योग्य खेत : हराई (स्त्री.)।

जोता हुआ खेत : कुरखेत, कर्षित/कृष्ट भूमि (स्त्री.), कर्मांत, धूलिकुट्टिम, धूलिकेदार, फाल, फालकृष्ट, फालाहत, सीता (स्त्री.), हल्य।

बीज छींटकर जोता हुआ खेत : बीजाकृत, उप्तकृष्ट।

दो बार जोता हुआ खेत : द्विगुणाकृत, द्वितीयाकृत, द्विसीत्य, द्विहल्य।

तीन बार जोता हुआ खेत : तृतीयाकृत, त्रिगुणाकृत, त्रिसीत्य, त्रिहल्य।

चार बार जोता हुआ खेत : चौस।

वह खेत जो बरसात में जोतकर छोड़ दिया गया हो : चौमासा, चौमास, पलिहर (छोड़. रख.)।

वह खेत जो आषाढ से माघ तक समय-समय पर जोता जाता रहे : अठमासा, अठवाँसा।

जोतकर सींचा गया खेत : परेहा।

वह ज़मीन जो पहली बार जोती गयी हो : नौतोड़ (स्त्री.)।

वह ज़मीन जो काश्तकार जोतता हो : जोत (स्त्री.)।

जोता-बोया हुआ खेत : बीजाकृत, मज़रूआ।

खेत जोतना–,जोतना–,जुताई (स्त्री.) (कर.), जोताई (स्त्री.)(कर.), हल चलाना–,हल जोतना–,हलहति (स्त्री.), हलहल, कर्षण (कर.), कर्ष, कर्षू (स्त्री.), कृष्टि (स्त्री.), बाह।

जोता जाना–,जुतना–।

जुतवाना–,जुताना–,जोताना–।

हल (दे.507.10)। कृषि-यन्त्र (दे.507.10)।

जुताई के पहले खेत की घास खोदना : कटनी मारना–

मिट्टी को कुछ गहराई तक खोदकर उलट-पलट देना : गोड़ाई (स्त्री.) (कर), गोड़ना–,कोड़ना–,कोड़ाई (स्त्री.) (कर.)।

गोड़वाना–,गोड़ाना–,कोड़वाना–,कोड़ाना–।

गोड़ने की मज़दूरी : गोड़ाई (स्त्री.), कोड़ाई (स्त्री.)।

जुताई शुरू करना–हराई फाँदना–/फानना–।

साल में पहली बार खेत में हल ले जाने की रस्म : हरौती (स्त्री.), हलवत (स्त्री), हलाभियोग।

हल का पूजन : हरपुजी (स्त्री.)।

खेत जोतने की मज़दूरी : जुताई (स्त्री.)।

जुताई में किसानों का आपसी सहयोग : अँगवारा।

खेती में किसानों का आपसी सहयोग : डँगवारा, पैंठ (स्त्री.), रमैती (स्त्री.), हूँड़ (स्त्री.)।

खेत में काम कर रहे लोगों के पास भेजा जाने वाला कलेवा : जलपान, अँकोर, कोर, खोराक, छाक (स्त्री.), दुपहरिया (स्त्री.)।

जुताई से खेत में पड़नेवाली गहरी लकीर : कूँड़, पैग़ार, हराई (स्त्री.), कर्ष, कर्षू (स्त्री.), लांगलपद्धति (स्त्री.), लांगलमार्ग, शीता (स्त्री.), सीता (स्त्री.), हलि।

पाटा चलाकर मिट्टी को चौरस करना : पटेला करना–, हेंगा चलाना–,हेंगाना–।

खाद (स्त्री.) (डाल. दे.), पाँस, पाँसना–, पुरस, सार; खादर, कम्पोस्ट (स्त्री.), हरी खाद; रासायनिक खाद (स्त्री.), उर्वरक, fertilizer।

खेत को उपजाऊ बनाना–, खेत को तैयार करना–, खेत कमाना–।

खाद इकट्ठा करने का गड्ढा : गैरी (स्त्री.)।

खेत का वह भाग जहाँ खाद के लिए पशु रखे जाते हैं : कोढ़ा।

उपजाऊपन, उर्वरता (स्त्री.), ज़रखेज़ी (स्त्री.)।

बीज (डाल. बो.) (दे.42), बीजवपन (कर.), बीजवाप, बीजारोपण, आवपन, आवापन, उप्ति (स्त्री.), तुख़्मपाशी (स्त्री.), तुख़्मरेज़ी (स्त्री.), पर्युप्ति (स्त्री.), बुआई (स्त्री.) (कर.हो.), बुवाई (स्त्री.), बोआई (स्त्री.), बोवाई (स्त्री.), बौनी (स्त्री.), वप, वपन (कर.), वाप, वापन।

बोना–।

बोआना–।

बीज छींटना–,छिटुआ, छिंटुवा, छींटा, पवेरना–।

बीज का उपजाऊपन जाँचने की विधि : परौं।

फसल कटने पर बोयी जाने वाली चीज़ : पछवत (स्त्री.)।

बोनेवाला, वप, वप्ता, वाप, वापक, उत्कार।

रोपाई (स्त्री.) (कर.हो.), रोपण (कर.), रोपनी (स्त्री.) (कर.हो.), आरोपण, विरोपण, संरोपण, संरोहण।

रोपना–,चहोड़ना–,जमाना–,लगाना–।

रोपा जाना–,रुपना–।

वर्षा से पहले धान की रोपाई : रसौता, रसौती (स्त्री.)।

वर्षा से धान की रोपाई की स्थिति होना : लेव/लेवा लगना–।

खेत में उगी हुई घास को खोदना : निराना–,निराई (स्त्री.) (कर.), निकाना–, निकौनी (स्त्री.) (कर.), नींदना–।

निराने की मज़दूरी : निराई (स्त्री.), निकौनी (स्त्री.)।

सिंचाई (स्त्री.) (कर.), सींचना–,सींच (स्त्री.), सिंचन (कर.), सिक्तता (स्त्री.), सिक्ति (स्त्री.), सेच, सेचन (कर.), सेक, जलसेक, जलसेचन (कर.), आबपाशी (स्त्री.)।

सींचा जाना–,सिंचना–।

सिंचाना–।

सिंचाई परियोजना (स्त्री.)।

सींचने का समय : सींची (स्त्री.)।

सिंचाई के यन्त्र (दे.507.24)।

सिंचाई के साधन : नहर (स्त्री.) (दे.23); नलकूप (दे.22); तालाब (दे.22); कुआँ (दे.22), पातालतोड़ कुआँ; बाँध (दे.25); बँधिया (स्त्री.); जल-पम्प (दे.507. 34); हज़ारा (दे.54)।

कुएँ से पानी निकालने का साधन : रहँट, रहट, रहँट्ट, अरघट्ट, अरघट्टक, अरहट, चरखा, पादावर्त।

रहट की चरखी : चरखा।

चरखे पर टँगी बालटियों की माला : माल (स्त्री.)।

ढेंकली (स्त्री.), ढेंकुर (स्त्री.)।

ढेंकली के छोर पर लगी पतली लकड़ी : अगाड़।

पानी निकालने के लिए चमड़े का डोल : मोट, चरसा, चरस, पुर, पुरवट।

मोट के मुँह पर का छल्ला : कोण्ड़रा, गोण्डरा।

मोट खींचने की रस्सी : नहन (स्त्री.)।

बैल के कुएँ तक आने-जाने का ढालवाँ रास्ता : नैची (स्त्री.), पौदर (स्त्री.)।

मोट का पानी ढालनेवाला आदमी : पुरहा, पैरहा।

बैल हाँकनेवाला आदमी : कोलिया, पुरबोलिया।

मोट का पानी उड़ेलने का गड्ढा : छीलर।

खेत में पानी जाने की नाली : घोला।

हलकी सिंचाई, छिड़काव, पलेव।

हल जोतनेवाला : हरजोता, हरवाह, हरवाहा, हरिया, हलवाह, हलवाहा, हलग्राही, हलहल, हलिक, हलिया, हलिक, हाली, इलव, कर्षी, सीरवाह, सीरवाहक, सैरिक।

मज़दूरी के बदले हल–बैल मँगनी लेनेवाला हलवाहा : अँगौरिया।

चौमासे/बरसात भर के लिए रखा गया हलवाहा : चौमसिया।

हलवाहे का काम : हरवाही (स्त्री.)।

हलवाहे की मज़दूरी : हरवाही (स्त्री.)।

खेत का घेरा : मेंड़ (डाल. बाँध.), मेड़, खाँवाँ, खावाँ, डाँड़, डाँड़ा, डाँड़ामेंड़ा, डाँड़ामेंड़ी (स्त्री.), पाहा; मेंड़बन्दी (स्त्री.) (कर.)।

खेत के चारों ओर खोदा हुआ गड्ढा : खावाँ।

खेत के किनारे की घास : आड़गीर।

खेत की रखवाली करना–,खेत अगोरना–,खेत रखाना–।

खेत का रखवाला : अगोरदार, अगोरिया, क्षेत्रपाल, शस्यपाल, शस्यरक्षक, सस्यपाल, सस्यरक्षक।

अगोरदार के बैठने का स्थान : मचान (स्त्री.)।

छायी हुई मचान : मैरा।

चिड़ियों को भगाने के लिए खेत में बनाया हुआ पुतला : बिजूका, बिजूखा, बिझुका, अड़वा, चंचापुरुष, टैना, धड़का, धूहा, धोखा।

चिड़ियों को भगाने के लिए पेड़ से बँधा हुआ बाँस का टुकड़ा : खटका, खटखटा, डरावा।

चिड़ियों को भगाने का शब्द : कुड़कुड़, कुड़कुड़ाना–,हड़ा, हड़ा–हड़ा करना–।

नज़र बचाने के लिए खेत में टँगी काली हाँड़ी : टोटका।

फसल की बटाई में एक-तिहाई ज़मीदार को और दो-तिहाई काश्तकार को : तीकुर।

खड़ी फसल की बटाई : कनकूत (दे.693)।

कटी फसल की बटाई : गड़ाबटाई (स्त्री.) (दे.693)।

अधपकी फसल : गादा।

खेत का मालिक : क्षेत्रपति, क्षेत्राधिप, ख़ुदकाश्त, जमींदार, जोतदार, भूस्वामी, सीरदार, सीरवान्।

साझे की खेती : अधिया, बँटाई (स्त्री.), बटाई (स्त्री.), भावली (स्त्री.)।

फसल (स्त्री.) (दे.56); खेत में : खड़ी फसल।

खड़ी फसल की चोरी : खेत काटना–।

फसल काटना–,फसल की कटाई, कटाई (स्त्री.) (कर.हो.), कटनी (स्त्री.), अभिलाव, नुनना–,प्रलवण, लवन, लवना–,लवनि (स्त्री.), लवनी (स्त्री.), लुनना–, लुनाई (स्त्री.), लौना, लौनि (स्त्री.)।

फसल काटनेवाला : लौनहार, प्रलवित्ता।

फसल काटने की मज़दूरी : कटाई (स्त्री.), नुनाई (स्त्री.), लुनाई (स्त्री.), लवनि (स्त्री.), लवनी (स्त्री.)।

फसल कटाई पर होने वाला उत्सव : चंक। नवान्न।

खेत मज़दूर, कृषि श्रमिक, बनिहार; भूमिहीन किसान।

कटी फसल का गट्ठर : बोझ, बोझा, गट्ठा।

नवान्न के लिए कटी फसल का पहला बोझ : अवाँसी (स्त्री.) (दे.56), अरवन, अवली (स्त्री.), कवारी (स्त्री.)।

(कटी फसल का) ढेर (लगा.), गड़ा (लगा.), गाँज, गाँजना–,खरही (स्त्री.), खलियान (कर.), आवसित।

कटी फसल रखने का स्थान : खरिहान, खलियान, खलिहान, खलहाण, खल, खलधान, खलधान्य, खलस्थान, आवसित, शस्यागार, सस्यागार।

खलियान में किया जाने वाला यज्ञ : खलयज्ञ।

वह स्थान जहाँ गाँव भर के लोगों के खलियान हों : खलिनी (स्त्री.)।

खलियानों का समूह : खल्या (स्त्री.)।

(खेत से काटकर लाया हुआ) डंठल, डाँठ (दे.39.2)।

डंठलों को उलटने-पलटने की लग्गी : अखानी (स्त्री.), अखैनी (स्त्री.)।

अनाज निकालने के लिए डंठलों को डण्डे से पीटना : डाँठ कूटना–/ पीटना–, सटकना–।

अनाज की बालों को पीटने का डण्डा : सुराथी (स्त्री.)।

अनाज निकालने के लिए डंठलों को बैलों से रौंदवाना : दँवरी (स्त्री.) (कर. नाध.), दवँरी (स्त्री.), दवनी (स्त्री.), दाँना–,दाँवना–,दावँना–,दावँरी (स्त्री.), दावना–, दावरी (स्त्री.), माँड़ना–,मँड़ाई (स्त्री.) (कर.)।

दँवरी के समय डंठलों को लग्गी से पलटना : गाहना–,गाहनी (स्त्री.)।

भूसा मिला हुआ अनाज : उकाँव।

दायें हुए अनाज को हवा में उड़ाकर दानों को भूसे से अलग करना : ओसाना–ओसाई (स्त्री.) (कर.हो.), बरसाना–,डाली देना–,उड़ावनी (स्त्री.), परिपवन।

(अनाज ओसाने की) खँचिया (स्त्री.), सूप (स्त्री.), परिपवन।

वह हलका दाना जो ओसाते समय भूसे के साथ चला जाता है : अगवार

अधपका दाना : गादा।

खेत, खलियान और भूसे के ढेर में पड़ा हुआ अनाज : सिला, सिल्ला।

धान उबालना–/उसनाना–। धान कूटना–।

ओखली (स्त्री.) (दे.507.9)। ढेंका, ढेंकी (स्त्री.) (दे.507.9)।

फटकने के लिए रखा हुआ अनाज का ढेर : सिला, सिल्ली (स्त्री.)।

ओसाने के बाद लगा हुआ भूसे का ढेर : सिल्ला।

(अनाज का) ढेर (दे.624), राशि (स्त्री.), ऋद्ध, बलज।

अनाज के ढेर को गोंठने की थापी : चाँक, चाँका।

अनाज के ढेर पर राख या मिट्टी से लगाया गया छापा : चाँक, चाँका, चाँकना–।

अनाज के ढेर पर वृद्धिकारक मानकर रखा गोबर का पिण्ड : बढ़ावन।

जोत आदि का लेखा रखनेवाला कर्मचारी : पटवारी (दे.669)।

पटवारी की बही : खतौनी (स्त्री.), खतियौनी (स्त्री.); खसरा।

कृषि (स्त्री.), कृषिविज्ञान, कृषिशास्त्र, शस्यवेद, agriculturist।

कृषिविज्ञानी, कृषिशास्त्री, शस्यवेदज्ञ, agriculture।

फसल के रोग : बालवाले अनाज–कँडुआ, कँडुवा, कण्डोर, कँजुवा; जड़हन–कुसवा।

फसल के कीड़े : गेहूँ/जौ–लाही (स्त्री.), लाखा, सूँड़ी (स्त्री.); गेहूँ–सुरसुरी (स्त्री.); जौ–यवाश; धान–गँधिया; ईख–भुनगी (स्त्री.); मटर/सेम–जुईं (स्त्री.), जुँईं (स्त्री.)।

वि. खेती-सम्बन्धी, कृषिक।

खेती के योग्य : कृष्य, अखिल।

जुताई के योग्य : शीत्य।

पहली बार जुता हुआ : नौतोड़।

खेत-सम्बन्धी, क्षेत्रीय।

खेतवाला : क्षेत्रिक।

खेती करने वाला : कार्षि।

खेत में पकनेवाला : कृष्टपच्य, कृष्टपाच्य।

बोने योग्य : वपनीय, वाप्य।

आषाढ में बोया जाने वाला : असाढ़ी।

गरमी में बोया जाने वाला : ग्रैष्मक।

बोया हुआ : वपित, वप्त, वापित, पर्युप्त, प्रत्युप्त, हार्रा।

जोता-बोया हुआ : कृष्टोप्त।

रोपने योग्य : रोपणीय, रोप्य, आरोपणीय, आरोप्य।

रोपा हुआ : आरोपित, विरोपित।

रोपनेवाला : आरोपक, रोपक, विरोपण।

उपजाऊ, उर्वर, उर्वरा, ज़रखेज़; उत्पादक।

सींचने योग्य : सेक्तव्य, सेचनीय, सेच्य, अभ्युक्ष्य।

सींचनेवाला : सेचक, सेक्ता।

सींचा हुआ : सिंचित, सेचित, सिक्त, सेकिम।

लहलहाता हुआ : लहलह, लहलहा, डहडहा, सरसब्ज़, हराभरा।

काटने योग्य : लवनीय, लव्य।

कृषिजात, कृषित; क्षेत्रज, क्षेत्रोत्पन्न, क्षेत्रसम्भव; भूमिज।

(विप.) जो कृषि-सम्बन्धी न हो : अकृषिक।

बिना जोता हुआ : अकृष्ट।

अनुपजाऊ, अनुर्वर, ऊसर (दे.693); अनुत्पादक।

असिंचित।

बिना जुते खेत में उगनेवाला : अकृष्टरोही।

बिना जुते खेत में उगने और पकनेवाला : अकृष्टपच्य।

56. फसल

सं. फसल (स्त्री.), फसिल (स्त्री.), फ़स्ल (स्त्री.), उपज (स्त्री.), पैदावार (स्त्री), पैदावारी (स्त्री.), बलज, शस्य सस्य।

ऋतु विशेष में पैदा होने वाला फल आदि : फसल की चीज़।

चैत तक तैयार होने वाली फसल : रबी।

अगहन तक तैयार होने वाली फसल : खरीफ (स्त्री.)।

माघ तक तैयार होने वाली फसल : जायद, खरीफ (स्त्री.)।

जेठ तक तैयार होने वाली फसल : जायद, रबी।

असाढ़ में तैयार होने वाली फसल : असाढ़ी (स्त्री.)।

भादों में तैयार होने वाली फसल : भदईं (स्त्री.)।

अगहन में तैयार होने वाली फसल : अगहनी (स्त्री.)।

चैत में तैयार होने वाली फसल : चैती (स्त्री.)।

अनवाँसी भूमि में उत्पन्न फसल : अनवाँसा।

कटी हुई फसल का पूला : अनवाँसा, औंसा।

अनाज, गल्ला (दे.48)।

दलहन (दे.48)।

तेलहन (दे.48)

फल (दे.41)।

सब्ज़ी (दे.45)

साग (दे.46)

अच्छी फसल; अन्न की अच्छी उपज; शस्यसंपद् (स्त्री.)।

अन्न की उपज के विचार से अच्छा समय : सुकाल, सुभिक्ष, सौभिक्ष्य।

अन्न का ढेर लगाना : उत्कार।

अन्नभण्डार, कन्तु, धनू, धान्यागार, लांगूल।

अन्न रखने का घेरा : बखार, बण्डा, कुशूल, धान्यकूट, धान्यकोश, पल्ल।

छोटा बखार : बखारी (स्त्री.)।

अणुधान्य रखने का बखार : आणवीन।

बखार का मुँह : अमाना।

अन्न रखने का स्थान : खत्ता, गोदाम (दे.125), भण्डार (दे.125), भँड़सार, भँड़िसार।

छोटा खत्ता : खत्ती (स्त्री.)।

अन्न रखने का गड्ढा : गाड़, चौंरा।

अन्न रखने का घर : कोठार, अन्नकोष्ठ, अन्नकोष्ठक।

अन्न रखने के लिए मिट्टी का बड़ा बरतन : कुठला, कुठार, कुठिया, कुठिला, कोठिला, अहरिया (स्त्री.), डहरी (स्त्री.), डिहरी (स्त्री.), डेहरी (स्त्री.), धान्यकोष्टक, धान्य कोष्ठक।

अनाज रखने का टोकरा : कण्डोल (दे.510.9)।

ब्राह्मण आदि को देने के लिए निकाला हुआ अन्न : अगवार (दे.660); अगहार (दे.660)।

नये अन्न के आने पर होने वाला धार्मिक कृत्य : नवान्न।

गल्ले का बाजार : मण्डी (स्त्री.) (दे.662)।

गल्ला तौलनेवाला : पल्लेदार, तौला, बया, मापक (दे.611)।

पल्लेदार का काम : पल्लेदारी (स्त्री.)।

पल्लेदार की मज़दूरी : पल्लेदारी (स्त्री.)।

अनाज लादने के लिए गाड़ी में बिछाया जाने वाला टाट : पाखरी (स्त्री.)।

खत्ते आदि में गरमी पाकर अनाज का सड़ना : भगरना–।

फसल का नुकसान, शस्यहानि (स्त्री.)। अनुत्पादन।

अन्नकष्ट, अन्नाभाव।

अन्न की बढ़ी हुई माँग : नीवाक।

अन्न की उपज के विचार से बुरा समय : अकाल (पड़.), अनाकाल, अन्नाकाल, काल, आहारविरह, कहत (पड़), कहतसाली (स्त्री.), दुर्भिक्ष, दुष्काल, नीवाक, पनकाल, भुखमरी (स्त्री.) (दे.74), मन्वन्तर।

अकाल पड़ने पर नौकरी करने वाला : अनाकालभृत।

वि. फसली, फ़स्ली, शस्य-सम्बन्धी।

रबी और खरीफ में पैदा होने वाला : दुफसली, दोफसली।

जेठ में पैदा होने वाला : जेठी।

भादों में पैदा होने वाला : भदैला, भदौंह, भदौंहाँ।

कुआर में पैदा होने वाला : कुआरा, कुआरी।

अगहन में पैदा होने वाला : अगहनिया।

अनाजी, आन्न।

सुभिक्ष लानेवाला : सौभिक्ष।

अकालग्रस्त, अकालपीड़ित; भुखमरा (दे.74)।

फसल नष्ट करने वाला : शस्यध्वंसी, शस्यहन्ता, शस्यहा।

2. वर्ग : जीव-जीवन-देह

विषय : 57. प्राण; 58. चेतना; 59. अचेतनता; 60. जड़ता; 61. प्राणी; 62. उत्पत्ति; 63. जन्म; 64. मृत्यु; 65. हत्या; 66. जीव-जन्तु; 67. विभिन्न जीव; 68. मनुष्य; 69. पुरुष; 70. स्त्री; 71. नपुंसकता; 72. शरीर; 73. अंग-प्रत्यंग; 74. भूख; 75.प्यास; 76. खाना-पीना; 77. खाद्य; 78. प्रमुख खाद्य; 79. पापकर्म; 80. पाचनक्रिया; 81. अनाहार; 82. पोषण; 83. कुपोषण; 84. मलमूत्रादि; 85. नींद; 86. जागरण; 87. स्नान; 88. स्वास्थ्य; 89. आराम; 90. अस्वस्थता; 91. कष्ट; 92. पागलपन; 93. प्रमुख रोग; 94. चिकित्सा; 95. व्यायाम; 96. शारीरिक क्रियाएँ; 97. प्रणय-व्यापार; 98. शारीरिक संस्थिति; 99. विकलांगता; 100. आंगिक चेष्टा।

57. प्राण

सं. प्राण, प्राण्, प्रान, परान, असु, जान (स्त्री.), जीव, जीवथ।

प्राणवायु (स्त्री.), अम, असु, जिगलु, पंचप्राण, पंचवायु (स्त्री.), पंचात्मा (स्त्री), वायुपंचक : प्राण; अपान; उदान; व्यान; समान।

प्राणपखेरू।

जीवन, जीवा (स्त्री.), जीवितव्य, जीवातु, जीअन, जीस्त (स्त्री.), जनम, ज़िन्दगानी (स्त्री.), ज़िंदगी (स्त्री.), अतिरोहण, प्राणन, संसारयात्रा (स्त्री.)।

अतिजीवन, अतिजीविता (स्त्री.), उत्तरजीविता (स्त्री.), survival।

असामान्य जीवन, अतिप्राण।

चेतना (स्त्री.) (दे.58)।

आत्मा, अन्तरपुरुष, अन्तरपूरुष, अक्ष, अक्षर, अचल, अतस, अतींद्रिय, अपशुक्, इन्द्र, उपलब्धा, कलाली, चेतन, चैतन्य, ज्योति (स्त्री.), जीवप्रभा (स्त्री.), देहधारक, देहेश्वर, पंचजन, पुरंजन, पुरुष, पूरुष, प्राणपति, प्राणाधिप, रूह (स्त्री.), शरीरक, शरीरभृत्, शरीरी, षोडशात्मक।

मृत्यु और पुनर्जन्म के बीच आत्मा : अन्तराभवदेश, अन्तराभवदेह।

आत्मा के चिह्न/लिंग : प्राण; अपान; निमेष; उन्मेष; जीवन; मन; गति; इंद्रिय; अन्तर्विकार या इच्छा; द्वेष; प्रयत्न; सुख; दुःख; ज्ञान।

आत्मा के आवरणरूपी पाँच कोश : पंचकोश (दे.72), पंचकोष—अन्नमय कोश; प्राणमय कोश; मनोमय कोश; विज्ञानमय कोश; आनन्दमय कोश।

आत्मा का प्रकाश : अन्तर्ज्योति (स्त्री.)।

जीवात्मा, जीव, अज, अमृत, अमृतगर्भ, क्षेत्रज्ञ, चिदाभास, प्राणात्मा, लिंगात्मा, सूत्रात्मा।

शरीर से निकलकर जीवात्मा के ब्रह्मलोक जाने का मार्ग : देवयान (दे.319)।

जीवात्मा के चन्द्रलोक जाने का मार्ग : पितृयाण, पितृयान।

अन्तरात्मा (स्त्री.) (दे.197)।

परमात्मा (दे.300)।

जीना–, जिन्दा/जीता/जीवित रहना–।

जीवनधारण (कर.), प्राणधारण (कर.), प्राणपरिग्रह।

जीवननिर्वाह (कर.), जीवनयापन (कर.)।

ज़िन्दगी काटना–, जीवन के दिन पूरे करना–,जीवन के दिन बिताना–।

जीवनक्रम, जीवनचर्या (स्त्री.), जीवनपद्धति (स्त्री.), जीवनयात्रा (स्त्री.)।

प्राण/जान/ज़िन्दगी/जीवन बचना–, प्राणरक्षा/जीवनरक्षा होना–। जीवितावस्था (स्त्री.), जीवद्दशा (स्त्री.), जीवनकाल (दे.166)।

प्राणमयता (स्त्री.), प्राणवत्ता (स्त्री.), जीवन्तता (स्त्री.), सजीवता (स्त्री.), (दे.216)।

जीवनसंग्राम, जीवनसंघर्ष।

प्राणस्पन्दन।

जीने की इच्छा : जिजीविषा (स्त्री.)।

जीवनप्रवाह, जीवनस्रोत, प्राणप्रवाह।

जीवनजिज्ञासा (स्त्री.)। जीवनदर्शन।

जी उठना–, जिन्दा/जीवित/जीवनयुक्त होना–, प्राणलाभ करना–, अनवत्व; पुनर्जीवन पाना–, पुनर्जीवित होना–,प्राण फिरना–; नवजीवन, प्रत्युज्जीवन; पुनर्जन्म, प्रतिजन्म, जीवातु, पुनरुत्पत्ति (स्त्री.), प्रेत्यजाति (स्त्री.), प्रेत्यभाव, व्यपपत्ति (स्त्री.)।

जिलाना–, जीवन देना–, जी डालना–, जिन्दा/जीवित करना–, प्राण फूँकना–; पुनर्जीवित करना–, पुनरुज्जीवन, संजीव, संजीवन, संजीवकरण, समुद्बोधन, मृतसंजीवन, मृतजीवन (दे.315.5)।

प्राणसंचार (कर. हो.); अनुप्राणन; प्राणदान (कर. पा.), जीवनदान (कर. पा.)।

जीवनबूटी (स्त्री.), जीवनमूरि (स्त्री.), मृतसंजीवनी (स्त्री.), संजीवनी (स्त्री.), संजीवकरणी (स्त्री.), संजीवनी बूटी (स्त्री.), अमियमूरि (स्त्री.)।

संजीवनी विद्या (स्त्री.), संजीवकरणी (स्त्री.), मृतजीवनी (स्त्री.), मृतसंजीवनी (स्त्री.)।

जीवद्रव्य (दे.67), protoplasm।

प्राणप्रतिष्ठा (स्त्री.) (दे.309)।

प्राणी (दे.60)।

पार्थिव/मर्त्य जीवन, इहलीला (स्त्री.), जीवद्दशा (स्त्री.)।

वि. प्राण-सम्बन्धी, प्राणिक।

जानदार, जिन्दा, जीता, जीवन्त, जीवत् (समास में), जीवद्, (समास में), जीवन (समास में), जीवित, असुभृत्, असुमान्, प्राणधार, प्राणधारी, प्राणभृत्, प्राणमय, प्राणवन्त, प्राणवान्, प्राणी, प्राणोपेत, भविल, संजीव, सजीव, सप्राण।

जीता-जागता।

जीवशेष, प्राणशेष।

जिजीविषु।

जीने योग्य, जीवितव्य।

ज़िन्दगीबख़्श, जीवद, जीवनद, जीवनदाता, जीवनदायक, जीवनधर, जीवनप्रद, जीवनीय, प्राणद, प्राणदाता, प्राणदायक, प्राणपूरक, प्राणप्रद, प्राणप्रदायक, संजीवन।

अतिजीवी, उत्तरजीवी, survivor।

जीवन के बाद का : जीवनोत्तर।

पुनरुज्जीवित, पुनर्जीवित, प्रत्यागतासु, प्राणित, मृतोत्थित, संजीवित।

पुनर्जीवित करने वाला : मृतसंजीवन, संजीवक, संजीवी।

आत्मा-सम्बन्धी, आत्मिक।

जिसकी आत्मा प्रकाशित हो : अन्तर्ज्योति।

आत्मा के लिए : अदाह्य, अनाशी।

जीवात्मा के लिए : अन्तरशायी, अन्तरस्थ, अन्तरस्थायी, अन्तरस्थित।

अ. आजीवन (दे.166)।

जीवन के बाद : जीवनान्तर।

58. चेतना

सं. चेतना (स्त्री.), चेत, चित् (स्त्री.), चिति (स्त्री.), सुध (स्त्री.), सुधि (स्त्री), संज्ञा (स्त्री.), संवित् (स्त्री.), (दे.547), संविति (स्त्री.), संवित्ति (स्त्री.), संविद् (स्त्री), होश (कर. हो.)।

चेतनता (स्त्री.), चेतनत्व, चैतन्य, चैतन्यता (स्त्री.), अजडता (स्त्री.), सज्ञानता (स्त्री.)।

अनुभव-शक्ति (स्त्री.), इंद्रिय (स्त्री.) (दे.101), इंद्रियबुद्धि (स्त्री.), इंद्रियबोध, बोध-शक्ति (स्त्री.)।

चेतनशीलता (स्त्री.); चेतन सत्ता (स्त्री.); चैतन्यमयता (स्त्री.)।

चेतन पदार्थ, अजड।

चेतनालाभ, चैतन्यप्राप्ति (स्त्री.), ज्ञानोदय (दे.547), बोधोदय।

सहज/जन्मजात बुद्धि (स्त्री.), सहज ज्ञान (दे.547)।

सुध-बुध (स्त्री.), अकबक, अक्की-बक्की (स्त्री.), आपा, होश-हवास, होशोहवास, होश व हवास।

होश में आना–, संज्ञा में होना–, सुध सँभालना–, चेतना–।

संवेदना (स्त्री.), संवेदन, संवेद, अनुभूति (स्त्री.), अनुभव (हो.कर.) (दे.427), अनुभवना–, उपलब्धि (स्त्री.) (दे.556), वेदन, वेदना (स्त्री.)।

संवेदनशीलता (स्त्री.), संवेद्यता (स्त्री.)।

अनुभववाद, अनुभूतिवाद, empiricism।

अनुभवातीतवाद, transcendentalism।

वि. चेतन, चेतना युक्त, चेतनाविशिष्ट, चैतन्य, चैतन्यविशिष्ट, अजड, संज्ञ, संज्ञावान्, संज्ञी, संविद, सचेत, सचेतन, सज्ञान।

चेतनशील; चैतन्यमय।

अनुभूतिशील, संवेदनशील।

चेतनीय।

चेतक।

अ. जान-बूझकर (दे.571)।

59. अचेतनता

सं. अचेतनता (स्त्रीं.), अचेतनत्व, अचैतन्य, अज्ञता (स्त्री.), चेतनाराहित्य, चेतनाशून्यता (स्त्री.), निश्चेतनता (स्त्री.), संज्ञाशून्यता(स्त्री.), संज्ञाहीनता (स्त्री.)।

अचेतनीकरण (दे.94), anaesthetisation।

जडता (स्त्री.), जडत्व (दे.61)।

बेसुधी (स्त्री.), बेहोशी (स्त्री.), बदहवासी (स्त्री.), अचेतपन, असंज्ञा (स्त्री.), निश्चेष्टता (स्त्री.), विचेतन, विचेतना (स्त्री.), संज्ञालोप।

बेसुध होना–, अनंगना–।

मूर्च्छा (स्त्री.), मूर्छा (स्त्री.), मूर्च्छना (स्त्री.), कश्मल, गश (आ. खा.), गशी (स्त्री) (आ.), ज़ाफ़ (आ. हो.), जीवादान, ताँवर (स्त्री.) (आ.), ताँवरा, नष्टचेष्टता (स्त्री.), मोह, लालाभ, सम्मूर्च्छन।

मूर्च्छित होना–।

मूर्च्छित करना–, मूर्च्छन।

मूर्च्छित करने का मन्त्र : मूर्च्छन।

मूर्च्छित होकर गिर पड़ना–, पछाड़ (स्त्री.) (खा.)।

मन्दचेतना : अवचेतना (स्त्री.), अवचेतन, अन्तःसंज्ञा (स्त्री.)।

भूतावेश, आवेश, आवेशन (दे.123)।

सुन्नपन, अवशता (स्त्री.), चेष्टानाश, निश्चेष्टता (स्त्री.), प्रलीनता (स्त्री.), बेसुधपन, विवशता (स्त्री.)।

काठ मारना–/होना–; साँप सूँघ जाना–।

सम्मोह, सम्मोहन (दे.555), मुग्धकरण (दे.206), वशीकरण, वशीकार (दे.386), विमोह, विमोहन।

मोहना–, विमोहना–।

आत्मविस्मृति (स्त्री.), आत्मविस्मरण (दे.576), बेख़बरी (स्त्री.), बेख़ुदी (स्त्री)।

वि. अचेतन, अचेता, अचेतसी (स्त्री.), अचैतन्य, अचित्, अज्ञ, अपस्पर्श, असंज्ञ, चेतनारहित, चेतनाशून्य, जड, नष्टेंद्रिय, निःसंज्ञ, संज्ञारहित, संज्ञाशून्य, संज्ञाहीन।

बेहोश, बेहवास, बेसुध, बदहवास, अचेत, गतचेतन, नष्टचेतन, नष्टसंज्ञ, निश्चेष्ट, विचेतन, विचेता, हतचेत, हतचेतन, हतचेता, हतचित्त, हतज्ञान।

मूर्च्छित, मूर्च्छल, मोहित, सम्मूर्च्छित, अंगविकल।

अवचेतन, अर्धचेतन, अन्तःसंज्ञ।

भूताविष्ट, आविष्ट।

सुन्न, संवेदनरहित, अवश, चेष्टाशून्य, नष्टचेष्ट, निश्चेष्ट, निःस्पन्द, निस्पन्द, निर्जीव, प्रलीन, प्रलीनेंद्रिय, विचेष्ट, विवश।

सम्मोहित, सम्मूढ, मुग्ध, वशीकृत, विमोहित।

आत्मविस्मृत, बेख़बर, बेख़ुद।

मोहकारक, मोहक, मोही; मुग्धकर, मुग्धकरी (स्त्री.); वशीकर; सम्मोहक, विमोहक।

60. जडता

सं. जडता (स्त्री.), जडत्व, जडिमा (स्त्री.), जाड्य, अचेतनता (स्त्री.), (दे.59), अजीवता (स्त्री.), असंवेद्यता (स्त्री.), इंद्रियस्वाप, स्तब्धि (स्त्री.), स्तभि (स्त्री.)।

जड/अचेतन पदार्थ (दे.456), जड, भौतिक द्रव्य, अचेतन, अजीव, अनात्म, भूत (दे.456)।

विजडीकरण।

जडजगत्, जडप्रकृति (स्त्री.), प्रकृति (स्त्री.) (दे.14), दृश्यमान् जगत्, भौतिक जगत्, अधिभूत (दे.122); वस्तुजगत्।

जडविज्ञान, पदार्थविज्ञान, प्रकृतिवाद, प्रकृतिविज्ञान, प्रकृतिशास्त्र, प्राकृतवाद, प्राकृतिक विज्ञान, natural science।

भौतिकशास्त्र, भौतिकी (स्त्री.) (दे.456), physices।

रसायनविज्ञान, रसायनशास्त्र (दे.456), chemistry।

भूविज्ञान (दे.11), geology।

भौतिक विद्या (स्त्री.), जादूगरी (स्त्री.) (दे.555)।

भौतिकता (स्त्री.), लौकिकता (स्त्री.), स्थूलता (स्त्री.)।

जड़वाद, अनात्मवाद, नास्तिवाद (दे.301), प्रकृतिवाद, प्राकृतवाद, भौतिकवाद, materialism।

वि. जड, अचेतन, अजीव, अनात्म, अप्राण, असंवेद्य, निष्प्राण, स्तब्ध।

पूर्णतः जडः विजड।

जडीकृत; जडीभूत।

अजैव (दे.61)।

भौत, भौतिक, अदिव्य, अधिभूत, लौकिक, स्थूल।

सं./वि. जडविज्ञानी, पदार्थविज्ञानी, प्रकृतिविज्ञानी, प्रकृतिशास्त्री, प्राकृतिक विज्ञानी, natural scientist।

भौतिकशास्त्री, भौतिकीविद्, physicist।

रसायनविज्ञानी, रसायनशास्त्री, chemist।

भूविज्ञानी, भूवैज्ञानिक, geologist।

भौतिकविद्याविद्, जादूगर।

जड़वादी, अनात्मवादी, नास्तिवादी, प्रकृतिवादी, प्राकृतवादी, भौतिकवादी, materialist।

61. प्राणी

सं. प्राणी, प्राणक, प्राणधार, प्राणधारी, प्राणभृत्, अंगधारी, अनल, चेतन, जन्तु, जन्मभृत्, जन्मी, जन्यु, जात, जानदार, जानवर, जीव, जीवधारी, जीवन, जीवी, त्वमूपदवाच्य, देहधारी, देहभुक्, देहभृत्, भूत, भौमक, मांसयोनि, शरीरी।

गर्भ से उत्पन्न प्राणी : जरायुज, पिण्डज, योनिज।

अण्डे से उत्पन्न जीव : अण्डज।

प्राणीजगत्, प्राणिजात, प्राणिवर्ग, जीवजगत्, fauna।

मनुष्य (दे.68)। मनुष्येतर प्राणी, जीव-जन्तु (दे.66)।

प्राणिविज्ञान, zoology।

जीवविज्ञान, जैविकी (स्त्री.), biology।

वि. जीव-सम्बन्धी, जैव।

प्राणिज, जीवज, जीवजात।

अण्डज, अण्डसू, आण्डज।

जीव द्वारा कृत/प्राप्त : आधिभौतिक।

जीवधारी, सजीव, चर।

सुख-दुःख प्रकट करने में असमर्थ : अन्तःसंज्ञ।

जन्तु-सम्बन्धी, जान्तव।

खेचर (दे.3)।

स्थलचर, स्थलचारी, स्थलग, इराचर, थलचर, थलचारी, भूचर।

सं./वि. जलचर, जलचारी, जलेचर, जीवनावास, अंबुग, अंबुचर, अंबुचारी, अप्चर, अप्सर, अप्सुचर, इराचर, उदकेचर, ओदक, वनगोचर, वारिचर, वारिचारी, सम्मूर्च्छनोद्भव, सलिलचर, सलिलेचर।

जलशय, जलशयन, जलशायी, उदकेशय, सलिलेशय।

जलीय शरीरवाला जीव : जलकाय।

उभयचर (दे.66)।

रीढ़वाला : कशेरुकी, पृष्ठवंशी, vertebrate।

बिना रीढ़ का : अकशेरुकी, अपृष्ठवंशी, invertibrate।

कवचप्राणी, कवची, कोशवासी, कोष्ठागारिक, shell animal, shellfish।

अस्थिकोश, कवच, कोश, कोष, खोल।

एककोशिकीय; बहुकोशिकीय।

स्तनधारी, स्तनप, स्तनपाता, स्तनपायक, स्तनपायी, स्तनाभुक्, स्तनाभुज, स्तनी, स्तन्यप, स्तन्यपायी, स्तन्यभुक्, mammal।

अण्डज, अण्डजात, अण्डप्रजक, आण्ड, आण्डज, oviparous।

शाकभक्षी (दे.78), शाकाहारी, herbivorous।

मांसाहारी, क्रब्याद, क्रव्याद (दे.78), carnivorous।

प्राणिविज्ञानी, प्राणिवैज्ञानिक, zoologist।

जीवविज्ञानी, जीववैज्ञानिक, जैविकीविद्, biologist।

(विप.) प्राणीरहित, अजन्तुक, जन्तुविहीन।

अजैव, अप्राणिज।

62. उत्पत्ति

सं. उत्पत्ति (स्त्री.) (कर.हो.), उपजन, उपजनन, उपजना–, उपजाना–, उत्पतन, उत्पादन (कर.हो.), उद्भव, उद्भाव, उद्भावन (कर.हो.), उद्भावना (स्त्री.), उद्भूति (स्त्री.), जनन, जन्म (हो. ले. दे.) (दे.63), पैदाइश (स्त्री.), प्रभव, प्रभाव, प्रभावना (स्त्री.), प्रभूति (स्त्री.), प्रसव, भव, भवन, भाव, भावन, भावना (स्त्री.), भूति (स्त्री.), विजन्मा, व्युत्पत्ति (स्त्री.), सम्भूति (स्त्री.), समुत्पत्ति (स्त्री.), समुत्पादन, समुद्भव, समुद्भूति (स्त्री.), समुद्भेद. सू (स्त्री.)।

उपजाऊपन, उर्वरता (स्त्री.)।

आरंभ (दे.138)। उन्मीलन (दे.486)। उन्मेषण (दे.486)। निर्माण (दे.441)। प्रकाशन (दे.486)। सृष्टि (स्त्री.) (दे.441)।

उदय (कर. हो.), उगना–, उगाना–, उदिति (स्त्री.), उद्गति (स्त्री.), उद्गम, उद्गमन, अभ्युदय, आविर्भाव (हो.) (दे.489), प्रादुर्भाव (हो.), प्रादुष्करण, प्रादुष्य, समुद्भव, समुदय।

उत्पन्न करने की शक्ति : अदिति (स्त्री.), जनकता (स्त्री.), जनता (स्त्री.)।

उपज (स्त्री.), उत्पादन, पैदावार (स्त्री.), सूति (स्त्री.)।

बीज (दे.42)। अंकुर (दे.39)। भ्रूण (दे.63)।

सृष्टि का मूलकारण : आदिकारण, आद्यबीज।

आदिकर्ता, सृष्टिकर्ता (दे.300)।

सृष्टिविज्ञान (दे.1)।

उत्पत्तिस्थान, उद्गम, उद्गमस्थान, उद्भवक्षेत्र, उद्भवस्थान, उत्स, जनित्र, निकास, प्रभव, प्रभवन, प्रस्रव, मख़रज, मूलस्थान, मूलस्रोत, सूति (स्त्री.), स्रोत।

आकर, खान (स्त्री.) (दे.455)।

वि. उत्पत्ति-सम्बन्धी, औत्पत्तिक।

उत्पादित (कर. हो.), उत्पन्न (कर. हो.), उद्भावित (कर. हो.), उद्भिन्न, उद्भूत, ज (समासान्त में), जनित, जात, पैदा (कर. हो.), प्रभूत, प्रसूत, सूत, विजनित, व्युत्पन्न, संजात, सम्भूत, समुत्पन्न, समुद्भूत, सूत।

आदि, आदिम, आद्य।

सबसे पहले उत्पन्न : अग्रिम, अग्रीय।

सबसे पीछे उत्पन्न : अन्तज, अन्तभव।

स्वयं उत्पन्न : स्वयंभू (दे.349)।

उत्पन्न होने वाला : भू (समासान्त में)।

उत्पाद्य, प्रादुष्कृत्य।

उपजाऊ, उर्वर (दे.693), प्रसवधर्मी।

उत्पादक, उत्पादिका (स्त्री.), उत्पादी, उत्पादिनी (स्त्री.), उद्भवकर, उद्भावक, उद्भावयिता, जनक, जन्मदाता, भावक, व्युत्पादक, सृष्टिकर्ता, स्रष्टा (दे.441)।

उदित, उद्गत, अभ्युदित, आविर्भूत, प्रादुर्भूत, प्रादुष्कृत, लब्धोदय, समुद्गत, समुदित।

उगता, उगता हुआ, उदीयमान।

उदय करने वाला : उदीती।

उत्स-सम्बन्धी, औत्स।

(विप.) सं. अनुत्पत्ति (स्त्री.), अनुत्पाद, अनुत्पादन, अजाति (स्त्री.) (दे.63)।

वि. अनुत्पन्न, अनुत्पादित, अजात, अजाति।

जो अब तक उत्पन्न न हुआ हो : अनुत्पत्तिक।

अनुत्पादनीय, अजननीय, अजन्य।

अनुत्पादक, अनुपजाऊ (दे.12), अकारक, अजनक, अफल, बाँझ।

63. जन्म

सं. जन्म (ले. धार. दे.), जन्मना–, जन्माना–, जनमना–, जनमाना–, जनन, जनना–, जनि (स्त्री.), जनिमा (स्त्री.), जनु (स्त्री.), जनू (स्त्री.), जन्यु, ज, जात, जाति (स्त्री.), अधिजनन, उपजनन, पैदाइश (स्त्री.) (हो.), प्रजन, प्रजनन (कर. हो),

प्राणपरिग्रह (कर.), विजनन, सन्तानकर्म, सम्भव, सूतक, सूति (स्त्री.)।

अन्तःप्रजनन।

जन्मग्रहण करना–, अवतरित/अवतीर्ण होना–, अवतरना–, अवतार लेना–, कोख से जन्म लेना–/निकलना–/पैदा होना–, देह धरना–/धारण करना–, दुनिया की रोशनी देखना–, धरती पर आना–/पैर रखना–/अवतीर्ण होना–, पृथ्वी का प्रकाश देखना–, प्रकट होना–, संसार में आना–।

जन्म देना–, उत्पन्न करना–, पैदा करना–, प्रकट करना–, अवतारना–।

सन्तान पैदा होना–, कोख खुलना–/भरना–, गोद भरना–, घर का आँगन होना–, बाप/माँ बनना–।

जन्म होने का भाव : जन्यता (स्त्री.)।

रजोधर्म (दे.96)।

अण्ड, अण्डाणु, डिंब।

सहवास, मैथुन (दे.97)।

वीर्य (दे.73. 34)।

गर्भधारण के योग्य स्त्री : काल्या (स्त्री.)।

गर्भाशय, कोख (स्त्री.), बच्चादान, बच्चेदानी (स्त्री.) (दे.73. 24)।

पुत्र-प्राप्ति की कामना : पुत्रैषणा (स्त्री.), पुत्रीया (स्त्री.), (दे.344)।

पुत्र-प्राप्ति के लिए किया जाने वाला यज्ञ : पुत्रेष्टि (स्त्री.) (दे.344)।

गर्भाधान (कर. हो.) (दे.317), गर्भस्थापन, ऋतुदान, ऋतुप्रदान, निषेक, निषेचन, पेट फुलाना–/रखना–/रखवाना–, वीर्याधान, संसेचन।

कृत्रिम गर्भाधान, गर्भरोपण, वीर्यसेचन, शुक्रसेचन।

गर्भधारण (कर.), गर्भग्रह, गर्भसंचार (हो.), गर्भ/पेट/उम्मीद से होना–, गरभाना–, चबूतरा बाँधना–, पाँव/पैर भारी होना–, लभन।

गर्भ (हो. ठहर. रह.), अँधेरी कोठरी, कललज, दोहद, निषिक्त, पेट (गदरा. फूल. रह.), हमल (हो. रह.), हम्ल; भ्रूण।

गर्भ का चौथा/पाँचवाँ महीना : कच्चे-पक्के दिन।

बिगड़ा हुआ गर्भ : मूढगर्भ–कील, कीला; परिघ; प्रतिखुर; बीजक।

गर्भलक्षण, दोहदलक्षण, दोहद।

गर्भयुक्त होने का भाव : गर्भिणीत्व।

गर्भकारक वस्तु : गर्भकरण।

गर्भकाल; गर्भमास; गर्भदिवस; ऋतुकाल (दे.96)।

गर्भस्थ शिशु : कलल, डिंब, दोहदलक्षण, भ्रूण; कच्चा गर्भ, आमगर्भ।

तीन महीने से ऊपर का भ्रूण : गात्रसम्मित भ्रूण।

शिशु का गर्भ में रहना : गर्भवास।

गर्भ में शिशु का हिलना-डुलना : गर्भचलन, अतिसर्पण।

गर्भधारण का कष्ट : गर्भक्लेश।

गर्भिणी की इच्छा : गर्भिणीदोहद, दोहद, दोहल, डकौना (उठ.), जोंगट।

गर्भकाल के धार्मिक कृत्य (दे.317)।

तीसरे महीने का धार्मिक कृत्य : पुंसवन (दे.317); अनवलोभन।

सातवें महीने में होने वाला उत्सव : साध (स्त्री.)।

आसन्नप्रसवा के लिए किया जाने वाला कृत्य : सोष्यन्ती कर्म; सोष्यन्ती सवन; सोष्यन्ती होम।

गर्भ का आठवाँ महीना : अनगना (लग.)।

गर्भ से आठवाँ महीना/वर्ष : गर्भाष्टम।

प्रसवकाल, सूतिकाकाल, सूतिकाल, जननकाल।

प्रसवमास, सूतिमास, सूतीमास, वैजनन।

प्रसवावकाश, प्रसूत्यवकाश, maternity leave।

प्रसव (हो. कर. करा.), प्रसवन, प्रसवना–, प्रसूति (स्त्री.), गर्भच्युति (स्त्री.), गर्भमोक्ष, गर्भमोचन, जनाना–, जनवाना–, जापा, सू (स्त्री.), सूति (स्त्री.), सून।

प्रथम प्रसव, पहलौंठी (स्त्री.), पहलौठी (स्त्री.), पहिलौंठी (स्त्री.), पहिलौठी (स्त्री), आद्य गर्भमोचन।

अकालप्रसव।

वह प्रसव जिसमें बच्चे के पाँव पहले निकले : अनुनितंब/प्रतीप प्रसव।

तुरन्त पैदा हुए बच्चे के रोने का शब्द : कहाँ, कहाँ-कहाँ।

रोग के कारण नवजात शिशु का चिल्लाना : चिलवाँस।

एक साथ पैदा हुए दो बच्चे : जुड़वाँ, जोड़वाँ (दे.344)।

प्रसवपीड़ा (स्त्री.), प्रसववेदना (स्त्री.), प्रसवव्यथा (स्त्री.), प्रसूतिज, गर्भक्लेश, सूतिमारुत, सूतिकामारुत, सूतिवात; दर्द उठना–।

प्रसवपीड़ा के समय गर्भ में उत्पन्न होने वाली वायु : प्रसूतिवायु (स्त्री.)।

प्रसवपीड़ा से ग्रस्त (स्त्री.) : प्रसवन्ती (स्त्री.)।

सामान्य प्रसव, सुखप्रसव, सुखप्रसवन, normal delivery।

अस्त्रोपचार द्वारा प्रसव, caesarian operation/section।

वह स्त्री जिसे मृत सन्तान उत्पन्न हुई हो : मृतसूतिका (स्त्री.) (दे.344), निन्दु (स्त्री.)।

वह स्त्री जिसका गर्भस्थ शिशु मर गया हो : मृतगर्भा (स्त्री.)।

वह स्त्री जिसकी सन्तान जीवित न रहती हो : मृतवत्सा (स्त्री.) (दे.344)।

गर्भ गिरना–, गर्भपात (हो.), गर्भपतन, गर्भस्राव, गर्भक्षय, गर्भच्युति (स्त्री.), अधूरा/कच्चा जाना–, अवरापतन, इस्क़ात, उत्प्रसव, पेट गिरना–, प्रस्रंस, स्रवण,

हमल गिरना–।

गर्भ गिराना–, गर्भपात (करा.), गर्भपातन, गर्भवध, गर्भहत्या (स्त्री.), भ्रूणहत्या (स्त्री.) (कर.), हमल गिराना–।

वह स्त्री जिसका गर्भ गिरा हो : अपप्रजाता (स्त्री.), स्रवद्गर्भा (स्त्री.)।

प्रसूता (स्त्री.), प्रसूति (स्त्री.), प्रसूतिका (स्त्री.), प्रज़ाता (स्त्री.), अलवाँत (स्त्री), अलवाँती (स्त्री.), ज़चा (स्त्री.), ज़च्चा (स्त्री.), सूता (स्त्री.)।

सद्यःप्रसूता (स्त्री.), सद्योजाता (स्त्री.), नवप्रसूता (स्त्री.), नवसूति (स्त्री.), नवसूतिका (स्त्री.), सूतका (स्त्री.), सूतिका (स्त्री.)।

प्रसूतावस्था (स्त्री.), ज़चगी (स्त्री.)।

प्रसव के बाद निकलने वाला आँवल आदि : गर्भनिस्रव, नारबेवार, नारापोटी (स्त्री.)।

वह झिल्ली जिससे गर्भस्थ शिशु लिपटा रहता है : आँवल (स्त्री.), उल्व, उल्वण, जरायु, जेर (स्त्री.), जेरी (स्त्री.), फूल।

गर्भाशय, बच्चादानी (स्त्री.) (दे.67.25)।

गर्भस्थ शिशु की नाभि को गर्भाशय से जोड़नेवाली नली : आँवलनाल, उल्वनाल, गर्भनाल, नाभिनाडी (स्त्री.), नाभिनाल, नार, नारा, नाल (काट)।

नाल के दूसरे छोर पर लगा रहनेवाला मांसखण्ड : खेड़ी (स्त्री.) (गिर.), खेढ़ी (स्त्री.), अपरा (स्त्री.), जरायुमूल, पुरइन (स्त्री.)।

सौरी (स्त्री.), सूतकागृह, सूतिकागार, सूतिकागृह, सूतिकागेह, सूतिकाभवन, सूतिकावास, सूतिगृह, सूतीगृह, सूतीघर, गर्भगृह, गर्भभवन, गर्भागार, ज़चाख़ाना, जच्चाख़ाना, जातवेश्म, जापा, प्रसवगृह, प्रसवस्थान, प्रसूतागार (दे.94), प्रसूतालय, प्रसूतिकागृह, प्रसूतिगृह, प्रसूतिभवन।

प्रसाविका (स्त्री.), अंकपालि (स्त्री.), अंकपालिका (स्त्री.), अंकपाली (स्त्री.), अंगपालिका (स्त्री.), अन्ना (स्त्री.), उपमाता (स्त्री.), उपसूतिका (स्त्री.), गर्भग्राहिका (स्त्री.), जनाई (स्त्री.), दाई (स्त्री.), दाया (स्त्री.), धन्या (स्त्री.), धात्री (स्त्री.), धात्रेयिकी (स्त्री.), धात्रेयी (स्त्री.), धाय (स्त्री.), वृद्धयुवती (स्त्री.)।

बच्चा जनानेवाली दाई : दाई जनाई (स्त्री.)।

बच्चा जनाने की उजरत/नेग : जनवाई (स्त्री.), जनाई (स्त्री.)।

नाल काटने का काम/मेहनताना : नालकटाई (स्त्री.) (दे.317)।

नाल काटनेवाली स्त्री : चमाइन (स्त्री.), धगरिन (स्त्री.)।

प्रसूता की सेवा करना : सौरी कमाना–, उठौनी (स्त्री.) (कर.), उठावनी (स्त्री)।

प्रसूता को दिया जाने वाला मसाला : केवका, हरियरा।

प्रसूता को दिया जाने वाला मोदक : सोंठौरा, सठोरा, अदरकी (स्त्री.) (दे.78);

बतीसा, बत्तीसा; गोंदपँजीरी (स्त्री.); गोंदमखाना।

प्रसूता को दिया जाने वाला पेय : अछवानी (स्त्री.)।

प्रसूतिज्वर (दे.93.27)।

प्रसव के दसवें दिन फेंके जानेवाले मिट्टी के बरतन : सौंर।

प्रसूता का दसवें दिन नहाकर सौरी से बाहर निकलना : दसठौन।

प्रसव के दसवें/बीसवें/तीसवें दिन प्रसूता का स्नान : छोटा चिल्ला (मुसल.)।

प्रसव के चालीसवें दिन प्रसूता का स्नान : चिल्ला (मुसल.)।

धात्रीकर्म, ज़च्चागरी (स्त्री.), ज़च्चागिरी (स्त्री.), दायगरी (स्त्री.); गर्भविज्ञान, भ्रूणविज्ञान; गर्भव्याकरण; धात्रीविद्या (स्त्री.), प्रसूतिविज्ञान; बालचिकित्सा (स्त्री.) (दे.94)।

बच्चा पैदा होने पर गाया जाने वाला मंगलगीत : सोहर (दे.601)।

जातकर्म (दे.317)।

जातक, नवजातक (दे.167)।

बच्चे को दूध पिलानेवाली दाई : दाई पिलाई (स्त्री.) (दे.345), आया (स्त्री.)।

बच्चे की देखभाल करनेवाली दाई : दाई खेलाई (स्त्री.)।

प्रसवोत्तर काल। प्रसूतिकल्याण कार्य। मातृकल्याण गृह (दे.94)।

ज़च्चा-बच्चा।

जन्ममुहूर्त, जन्मसमय।

जन्मतिथि (स्त्री.), जन्मदिन, जनमदिन, जन्मदिवस, जन्मवार; जयन्ती (स्त्री.) (दे.359), जन्मोत्सव।

जन्मनक्षत्र, जन्मभ।

जन्मराशि (स्त्री.), जन्मभ।

जन्मलग्न, जन्मभ।

जन्मराशि का स्वामी : राशिपति, राशिप, जन्मप, जनमपति, जन्माधिप, जन्मेश।

जन्मलग्न का स्वामी : लग्नेश, जन्मप, जन्मपति।

जन्मनाम; राशिनाम (दे.567)।

जनमपत्री (स्त्री.), जन्मपत्री (स्त्री.) (दे.387)।

जन्मपादप, कुरसीनामा (दे.357), वंशवृक्ष।

जन्मस्थान (दे.173)।

जन्म की सूचना : पलहा।

जन्म-प्रमाणपत्र, birth certificate।

जन्मवृत्तान्त, जीवनवृत्तान्त (दे.595)।

जन्मदर (स्त्री.), जननगति (स्त्री.), birth rate।

बहुत बच्चे जनना : बच्चाकशी (स्त्री.), सूअरबियान।

सन्ततिनियमन, सन्ततिनियन्त्रण, सन्ततिनिरोध, सन्ततिनिग्रह, birth control।

परिवार नियोजन, family planning।

जन्म-मरण, आवागमन, आवा-जानी (स्त्री.), आवा-जाही (स्त्री.) (दे.64)।

जन्मान्तर, पुनर्जन्म, पुनर्जाति (स्त्री.), पुनर्भव, पुनर्भाव।

पूर्वजन्म, पूर्वजाति (स्त्री.)।

जन्मान्तरवाद, पुनर्जन्मवाद, doctrine of rebirth।

वि./सं. गर्भवती (हो.), गर्भगुर्वी, गर्भधरा, गर्भिणी, गुर्विणी, गुर्वी, गृहीतगर्भा, अन्तःसत्त्वा, अन्तरापत्या, अन्तर्वती, अन्तर्वत्नी, उदरिणी, दोहदवती, दोहदान्विता, दोहलवती, द्विहृदया, विजन्या, सगर्भा, ससत्त्वा, हामिला।

पूर्णगर्भा।

आसन्नप्रसवा (हो.), अद्यखीना, सोष्यन्ती।

जनित (दे.62), जन्मी, ज़ाइदा, जात, अधिज, पैदा (हो.कर.), प्रजात, प्रसूत, विजनित, विजात, सम्भूत, सूत, सून।

नवजात, नौज़ाइदा, जातमात्र, सद्यप्रसूत, सद्योजात, सद्योभावी, सद्य।

जन्माया हुआ : जना, जनित, जनी।

असमय पैदा होने वाला : अकाण्डजात।

सातवें महीने में जन्मनेवाला : सतमासा, सतवाँसा।

आठवें महीने में जन्मनेवाला : अठमासा, अठवाँसा।

मृत जन्मनेवाला : मृतजन्मा, अन्तर्मृत।

जन्म लेते ही मरनेवाला : अकाण्डजात, अकाण्डपात, अकाण्डपातजात।

प्रथमजात, पहलौंठा (दे.344), पहलौंठी (स्त्री.)।

एकाधिक बार जन्मनेवाला : अनैकज, अनेकजन्मा।

जन्म से प्राप्त : जन्मगत, जन्मजात, पैदाइशी (दे.198), गर्भज।

जिसकी प्राप्ति जन्म से मान्य/सिद्ध हो : जन्मसिद्ध।

गर्भ-सम्बन्धी, गार्भ।

गर्भकारक, गर्भकार, गर्भकारी, गर्भकर, गर्भद, गर्भध।

गर्भ के लिए हितकर : गार्भ।

गर्भस्थ।

गर्भज, गर्भजात, गार्भ।

प्रसवनीय, प्रसव्य।

प्रसवशील, प्रसवी।

गर्भधारण का विरोधी : गर्भद्रुह, गर्भद्रुहा (स्त्री.)।

गर्भघाती, गर्भघातिनी (स्त्री.), गर्भद्रुह्, गर्भपातकारी, गर्भपातक, गर्भपातन, गर्भस्रावी, भ्रूणघ्न, भ्रूणहा।

जनक, जननकर्ता, जनयिता, जनयित्री (स्त्री.), जनयिष्णु, जनिक, जन्मद, जन्मदाता, प्रसविता, प्रसवी, प्रसविनी (स्त्री.)।

जननेवाली : प्रसू (समासान्त में)।

प्रसूति-सम्बन्धी, प्रासूतिक।

बिना कष्ट के जननेवाली : सुखप्रसवा।

जिस स्त्री की गोद में बच्चा हो : लड़कोर, लड़कोरी, लड़कौरी।

बहुत बच्चे जननेवाली : बच्चाकश, बरसबियानी, बरसाइन, बहुप्रसवा, बहुप्रसू, बहुसू, बहुसूति, कृमिला, सूअरनी, सूअरबियान।

अ. जन्म से, जन्म द्वारा, जन्मना।

जन्म से लेकर, आजन्म, आजनन, आजीवन (दे.166)।

(विप.) सं. जन्मराहित्य, अजननि (स्त्री.), अजन्म (दे.62), जन्माभाव।

वि. अजन्मा, अनजन्मा।

64. मृत्यु

सं. मृत्यु (स्त्री.) (हो.), मृत्युपाश, मृत, मृति (स्त्री.), मरण (हो.), मरत, मरना–, मर जाना–मरनी (स्त्री.), मर्ग (स्त्री.), महानिद्रा (स्त्री.), महापथ, महाप्रस्थान (कर.), महायात्रा (स्त्री.), मार, मौत (स्त्री.) (हो.आ.), अन्त (हो. आ.), अन्तक, अन्तकर्म, अन्तकृत्, अन्तगति (स्त्री.), अन्तगमन, अन्तशय्या (स्त्री.), अन्तिम यात्रा (स्त्री), अजल (स्त्री.), अजीव, अजीवन, अजीवनि (स्त्री.), अजीवित, अदिति, अपगम, अपगमन, अपचरित, अवसान, असुत्याग, असुभंग, अस्वन्त, आई (स्त्री.) (आ.), आख़िरी सफ़र, इन्तक़ाल (हो.कर.फरमा.), इन्तिक़ाल, उत्क्रमण, उत्क्रान्ति (स्त्री.), ऊर्ध्वारोह, ऊर्ध्वारोहण, काल (आ.), कालकर्मा, कालदण्ड, कालधर्म, कालसूत्र, क़ज़ा (स्त्री.) (आ.), कूच (कर.), ख़ातमा, ख़ातिमा, ग़मी (स्त्री.) (हो.), गंगायात्रा (स्त्री.) (कर.), गंगालाभ (कर.हो.), गोलोकवास (कर.हो.), चलचलाव, चलना–, चिरनिद्रा (स्त्री.), चिरसमाधि (स्त्री.) (ले.), जीवनान्त (हो.), जीवनावसान (हो.), तनुपात (हो), तमन, दिष्टान्त, दीर्घनिद्रा (स्त्री.), देहत्याग (कर.), देहपात (हो.), देहयात्रा (स्त्री.), देहान्त (हो.) देहावसान (हो.), नामशेष, नाश, नाशन, निधन (हो.), निपात (हो.), पंचता (स्त्री.), पंचत्व, परलोकगमन (कर.), परलोकप्राप्ति (स्त्री.) (हो.), परलोकयात्रा (स्त्री.) (कर.), परलोकयान, परलोकवास (हो.) परान्त, प्रभृत, प्रमय, प्रमीति (स्त्री.), प्रयाण, प्रलय, प्राणत्याग (कर.), प्राणनाश (हो.), प्राणप्रयाण, प्राणमोक्षण, प्राणविनाश (हो.) प्राणविप्लव, प्राणवियोग (हो.), प्राणव्यय, प्राणहानि (स्त्री.), प्राणान्त (हो.), प्राणात्यय, प्राणोत्क्रमण, प्राणोत्सर्ग (कर.), प्रामित्व, प्रामीत्व, प्राय, प्रेतता (स्त्री.), प्रेतत्व, प्रेतभाव,

प्रेति (स्त्री.), फ़ौत (स्त्री.), भूमिलाभ, यम का पाश, लोकान्तरगमन (कर.), वधक, वफ़ात (स्त्री.), (कर.पा.हो.), वस्ल, व्यापत्ति (स्त्री.), व्यापद्, व्यापाद, विनाशान्त, वैकिंकट, वैकुंठवास (कर.हो.), शरीरत्याग (कर.हो.), शरीरनिपात, शरीरपतन, शरीरपात (हो.), शरीरभेद, शरीरविमोक्षण, शरीरान्त (हो.), स्वःपथ, स्वर्गगति (स्त्री.), स्वर्गगमन (कर.), स्वर्गति (स्त्री.), स्वर्गमन, स्वर्गलाभ (कर.हो.), स्वर्गवास (हो.), स्वर्गारोहण (कर.), स्वर्यान, संपराय, संस्था (स्त्री.), सफ़रे आख़िरत, सुकूने अबदी/दाइमी, स्मरणपदवी (स्त्री.), हन्तु, हथ, हर्तु, हलाक (हो.), हलाकत (स्त्री.), हलाकी (स्त्री.), हान्त्र, हान्द्र।

अन्तिम नीन्द सोना–,अन्तिम साँस लेना–,अदम की राह लेना–,अदम को पधारना–/सिधारना–,अनन्त निद्रा में सो जाना–,अल्लाह का प्यारा होना–, आँख/आँखें बन्द होना–,आँख मुँदना–/मूँदना–,आख़िरी साँस/हिचकी लेना–, आत्मा छूटना–/छोड़ना–/निकलना–,इहलीला संवरण करना–,इहलोक त्यागना–, उठ जाना–,ऊपर छार पड़ना–,काम तमाम/आख़िर होना–,काम होना–,काया तजना–/त्यागना, कायामुक्त होना–,काल का कलेवा/ग्रास बनना–,कालकवलित होना–,काल के गाल में जाना–,काल खा जाना–,काल से हारना–,कूच कर जाना–,कूच का डंका/नक़्क़ारा बजना–,क़ब्र में पहुँचना–,ख़तम होना–,खटिया खड़ी होना–,खटिया मचमचाती निकलना–,ख़ाक का पैवन्द होना–,ख़ुदा का प्यारा होना–,गत होना–,गुज़र जाना–,गोलोक सिधारना–,चल बसना–,चिरनिद्रा में लीन होना–,चिरसमाधि को प्राप्त करना–,चोला छोड़ना–,जान गँवाना–/चली जाना–/ जाना–/निकलना–,जान से गुज़र जाना–/जाना–/हाथ धोना–,ज़िंदगी का चिराग़ बुझना–,जीवन का कार्य समाप्त होना–,जीवन का दीपक बुझना–,जीवनलीला समाप्त होना–,ज़मीन का पैवन्द होना–,ठंढा हो जाना–,तमाम होना–,दम टूटना–/ तोड़ना–/निकलना–,दुनिया से उठ जाना/कूच कर जाना–,देह छूटना–/ छोड़ना–, धरती छोड़ना–,धराधाम का त्याग करना–,नाडी छूट जाना–/न बोलना–/बन्द होना–,पंचत्व प्राप्त होना–परमधाम को सिधारना–,परमात्मा में लीन होना–,परलोक सिधारना–,प्राण गँवाना–/छूटना–/छोड़ना–/जाना–/ तजना–/त्यागना–/देना–/ निकलना–/पयान होना–/हारना–,प्राणपखेरू उड़ जाना–,प्राणों से हाथ धोना–, फूँक निकल जाना–,भगवान् के घर जाना–,माटी का चोला माटी में मिलना–,माटी माटी में मिलना–,मिट्टी का पुतला मिट्टी में मिल जाना–,मिट्टी में मिलना–, मृत्यु का आलिंगन/वरण करना–,मौत की नींद सोना–,मौत के मुँह में जाना–,मौत को गले लगाना–,मौत से हार जाना–,यम की फाँसी पड़ना–,यमधाम को कूच करना–,यमपुर को घर बनाना–/पहुँचना–,यमराज के घर जाना/पहुँचना, यमराज के हाथ पड़ना, यमराज से हारना–,यमलोक जाना–/ पहुँचना–,लाश उठना–, लेटना–,

लोट जाना–,वैकुंठ सिधारना–,शरीर छूटना–/छोड़ना –/तजना–/त्यागना–,संसार से विदा होना–,साँस उड़ना–/चूकना–/छूटना–/निकलना–/रुकना–,सिर चला जाना–, स्वर्ग चढ़ना–/जाना–/सिधारना–।

स्वाभाविक मृत्यु होना : अपनी मौत मरना–।

जान/प्राण/सिर देना–,गला कटवाना–/कटाना–,जान/प्राण निछावर करना–, जान निसार करना–,आत्मोत्सर्ग/जीवनोत्सर्ग/प्राणोत्सर्ग करना–,प्राणों की आहुति देना–,कुरबान जाना–/होना–,बलि चढ़ना–,बलिवेदी पर चढ़ना–,सिर से किनारा करना–/खेल जाना–।

सिर चढ़कर मरना–।

शहीद होना–।

युद्ध में लड़ते हुए मरना : वीरगति प्राप्त करना–/होना–,खेत आना–/पड़ना–/ रहना–,गिरना–।

दुर्घटना आदि में मरना : मारा जाना–,मौत का शिकार होना–,हलाक होना–।

मरकर गिरना : ढेर हो जाना–/रहना–।

झटप्राण छोड़ देना : टें बोलना–/होना–,टन हो जाना–,साँस न लेना–;ऊपर पहुँच जाना–;बोल जाना–;ऐंठना–,ठण्डा हो जाना–।

बुरी मौत मरना : कुत्ते की मौत मरना–।

बड़े-बूढ़ों या गुरुजनों का मरना : सिर से साया उठना–।

एक-एक करके अनेक लोगों का मरना : टपका-टपकी लगना–।

जान की जोखिम उठाना–,जान जोखिम/जोखों में डालना–,जान की बाज़ी लगाना–,जानबाज़ी (स्त्री.), जाँबाज़ी (स्त्री.) (दे.401), जाननिसारी (स्त्री.), जाँनिसारी (स्त्री.) (दे.334), जान/प्राणों पर खेलना–,प्राणपण, प्राणदुरोदर, प्राणद्युत, प्राणपरिक्रय, मौत के मुँह में कूदना–,शेर के मुँह में जाना–।

जान का ख़तरा होना–,जान पर आ बनना–,जान पर नौबत आना–,जान के लाले पड़ना–,जानजोखिम (स्त्री.), जानजोखो (स्त्री.), प्राणभय, प्राणबाध, प्राणरोध, प्राणसंकट, प्राणसन्देह, प्राणसंशय, प्राणात्यय, प्राणाबाध, प्राणों पर आ पड़ना–,प्राणों पर बीतना–,मौत का सामना करना–।

मरने के लिए तैयार होना–,जान हथेली पर लेना–,प्राण मुट्ठी में लिये रहना–, प्राण हथेली पर लिये रहना–,(युद्ध की स्थिति में) केसरिया बाना धारण करना–, सिर हथेली पर धरना–/रखना–/लिये रहना–,सिर पर/से कफ़न बाँधना–,कफ़न सिर से बाँधना–।

युद्ध में शत्रु की विजय निश्चित जानकर राजपूत स्त्रियों द्वारा चिता में जल मरना : जौहर (साज.)।

पति के शव के साथ पत्नी का जल मरना : सती होना–,सहमरण, सहगमन, सहानुगमन, चिता में बैठना–,चितारोहण (कर.), अनुमरण, अनुगमन, अनुगम, अन्वारोहण; अग्निप्रवेश (कर.)।

सती (स्त्री.), सहमृता (स्त्री.), अनुमृता (स्त्री.)।

सती का स्मारक चबूतरा : सतीचौरा, चौरा।

सती-प्रथा (स्त्री.)।

अपनी इच्छा से मरना : स्वेच्छामरण, स्वेच्छामृत्यु (स्त्री.); प्रायण।

कम उम्र में मरना : अकालमृत्यु (स्त्री.), असामयिक मृत्यु (स्त्री.)।

विष खाने आदि से हुई मृत्यु : अस्वाभाविक मृत्यु (स्त्री.), अपमृत्यु (स्त्री.), अपघात, अपामृत्यु (स्त्री.)।

अस्वाभाविक मृत्यु में होने वाली क़ानूनी जाँच : अपमृत्यु-समीक्षा (स्त्री.), अकालमृत्यु-विचारणा (स्त्री.), मरणोत्तर परीक्षा (स्त्री.), शवपरीक्षा (स्त्री.), post-mortem, autopsy।

मुरदाघर, चीरघर, mortuary।

बेमौत मरना–।

जान का नुक़सान (हो.), प्राणहानि (स्त्री.) (हो.)।

अनशन से हुई मृत्यु:प्राय।

मरने के लिए अनशन : प्रायोपवेश, प्रायोपवेशन (कर.हो.), प्रायोपवेशनिका (स्त्री.), प्रायोपगमन।

मौत माँगना–,मृत्यु की कामना करना–,मरणाशंसा (स्त्री.), मुमूर्षा (स्त्री.)।

मरणशीलता (स्त्री.), मरणधर्मिता (स्त्री.), मार्त्य, नश्वरता (स्त्री.) (दे.127)।

ज़िन्दगी का कोई ठिकाना नहीं है : घड़ी में घड़ियाल है।

अन्तिम समय (आ.), आख़िरी वक्त (आ.), अन्तकाल (आ.), अन्तवेला (स्त्री.), आसन्नकाल, चलाचली (स्त्री.) (लग.हो.), प्रयाणकाल, प्रयाणसमय, मरणकाल, मृत्युकाल, मौत की घड़ी, प्राप्तकाल, परान्तकाल, परेतकाल, प्राणात्यय, वक्त, शेषकाल।

अब-तब लगना–/होना, ज़िदंगी और मौत के बीच झूलना–,प्राण गले तक आना–,मौत का सिर पर खेलना–, सिर पर अजल/मौत का खेलना–/हँसना–, जान होंठों/लबों पर आना–।

मृत्युलक्षण, मुर्दनी (स्त्री.), मुर्दावली (स्त्री.), कालचिह्न।

चेहरे पर मुर्दनी छाना–/फिरना–,मौत का ढलका बहना–,मौत का पसीना छूटना–,बाँसा फिर जाना–,उलटी साँस चलना–/लेना–,घटका लगना–,घर्रा चलना–/लगना–,टकटकी बँधना–,चन्द्रा लगना–साँस उलटी चलना–,साँस ऊपर को चढ़ना–,साँस सीने में अड़ना–,हिचकियाँ लगना–,आँख उलट जाना–,आँख की पुतली फिरना–,आँख पथराना–।

घड़ी गिनना–,घड़ी साइत पर होना–,साँस गिनना–/देखना–,साँस का शुमार होना–,वक्त आना–/आ पहुँचना–।

मृत्युक्षण की पीड़ा : मृत्युयन्त्रणा (स्त्री.) (हो.), यमयातना (स्त्री.), प्राणकष्ट, प्राणकृच्छ्र, प्राणबाधा (स्त्री.), कारणा (स्त्री.)।

मरने के पहले की चेतनावस्था : सँभाला (ले.)।

मृत्युशय्या (स्त्री.), अन्तशय्या (स्त्री.), वारुठ।

खाट से उतारा जाना–।

शरीर के नौ छिद्र जो प्राण के निकलने के मार्ग हैं : नवच्छिद्र, नवद्वार–दो नेत्र; नाक के दो छिद्र; दो कान; मुख और दो गुप्तेंद्रियाँ–,प्राणायतन।

योगियों के प्राण निकलने का मार्ग जो मस्तक के मध्य में कल्पित गुप्त छिद्र हैं : ब्रह्मरन्ध्र (दे.73.1)।

ग्रह-नक्षत्रों का मृत्युकारक योग : मृत्युयोग, मारकेश।

हाथ की मृत्युसूचक रेखा : मृतिरेखा (स्त्री.)।

मृत्यु का कारण : विनाशहेतु।

शव, शवर, शाव, श्म, कुणप, कुश्ता, क्षितिवर्धन, जनाज़ा (उठ.निकल.), परेत, पुरुलकुणप, प्रेत, प्रेतकाय, भूमिवर्धन, माटी (स्त्री.), मिट्टी (स्त्री.) (उठ.), मुई मिट्टी (स्त्री.), मुरदा (उठ.), मुर्दा, मृतक, मृतदेह (स्त्री.), मृतशरीर, मृतांग, मैयत, लाश (स्त्री.) (उठ.), लाशा, लोथ (स्त्री.), लोथि (स्त्री.), विनष्ट।

फूला हुआ शव : व्याध्मातक।

लाल हो चुका शव : विलोहितक।

मसाला लगाकर रखा हुआ शव : मोमिया (स्त्री.), mummy।

शव पर लगाने का मसाला : मोमिया (स्त्री.)।

अरथी (स्त्री.) (उठ. उठा.), अन्तशय्या (स्त्री.), काष्ठमल्ल, खट्टि (स्त्री.), खट्टिका (स्त्री.), खड्डु, खड्डू (स्त्री.), खाट, खाटि (स्त्री.), खाटिका (स्त्री.), खाटी (स्त्री), जनाज़ा (उठ.निकल.), टिकठी (स्त्री.), तख़्ता, पँजरी (स्त्री.), मैयत, वारुठ, शवयान, शवरथ, शवशिविका (स्त्री.), शिविका (स्त्री.)।

सजी हुई अरथी : विमान।

ताबूत, शवाधार, सन्दूक़, सन्दूक़े मुर्दा।

कफ़न, मृतकंबल, मृतचेल, मृतावरक वस्त्र, शवदृष्य, शवाच्छादन।

मुस्लिम स्त्री का श्वाच्छादन : दामनी (स्त्री.)।

अन्त्येष्टि का प्रबन्ध : कफ़न-काठी (स्त्री.), कफ़न-दफ़न, काँडी-कफ़न, कौड़ी-कफ़न।

शवयात्रा (स्त्री.), निर्हरन, निर्हार।

शवयात्रा में सम्मिलित लोग : निर्हारक, निर्हारी, प्रेतनिर्यातक, प्रेतनिर्हारक, प्रेतहार, मृतनिर्यातक, मृतहार, मृतहारी।

अरथी में कन्धा लगाना : कन्धा देना–।

हिन्दुओं की शवयात्रा में सम्मिलित लोगों द्वारा लगायी जाने वाली सामूहिक ध्वनि : रामनाम सत्य है; बोल हरि, हरि बोल (आदि)।

शव को ले जाने वाली मोटरगाड़ी : स्वर्गवास मेल (स्त्री.)।

शवयात्रा के समय का कृत्य : शव्य।

शवदाह से सपिण्डन तक का कर्म : अन्त्येष्टि (स्त्री.) (कर.हो.), अन्त्येष्टि कर्म, अन्त्येष्टि क्रिया (स्त्री.), अन्तक्रिया (स्त्री.), अन्तसत्क्रिया (स्त्री.), अन्तिम संस्कार (कर.हो.), अंत्येकर्म, अंत्येक्रिया (स्त्री.), अंत्याहुतिक्रिया (स्त्री.), उत्तरक्रिया (स्त्री.), और्ध्वदेह, और्ध्वदेहिक/और्ध्वदैहिक कर्म, करनी (स्त्री.), क्रिया (स्त्री.), क्रिया-कर्म (कर.हो.), किरिया (स्त्री.), किरिया-करम, निधनक्रिया (स्त्री.), पारलौकिक, प्रेतकर्म, प्रेतकार्य, प्रेतकृत्य, प्रेतविधि (स्त्री.), महासंस्कार, मृतककर्म (कर.हो.), मृतसंस्कार, शवकर्म, संस्कार, संस्क्रिया (स्त्री.), सत्कर्म, सत्क्रिया (स्त्री.) (दे.317)।

मुरदा जलाना–/फूँकना–,अग्निकर्म, अग्निक्रिया (स्त्री.), अग्निदाह, अग्निसंस्कार, दाग (दे.), दाह (कर.), दाहकर्म (कर.हो.), दाहक्रिया (स्त्री.), प्रेतदाह, लकड़ी देना–,शवदहन (कर.), शवदाह।

शव के अभाव में उसका पुतला जलाना : पुत्तलदहन (कर.हो.), पुत्तलविधि (स्त्री.) (दे.51.32; 317)।

दाहकर्म/अन्त्येष्टि के समय का वाद्य : मृत्युतूर्य।

शव के मुँह में आग लगाना : मुखाग्नि (स्त्री.) (कर.हो.)।

चिता में आग लगाना : अग्निदान (कर.हो.)।

चिता में आग लगाने वाला : अग्निदाता।

जलते हुए शव की खोपड़ी को बाँस से फोड़ना : कपालक्रिया (स्त्री.)।

चिता (स्त्री.) (चुन.बना.लगा.सजा.), चिति (स्त्री.), चितिका (स्त्री.), चित्य, चित्या (स्त्री.), चुल्लि (स्त्री.), चेटका (स्त्री.), चैत्य, अन्तशय्या (स्त्री.), काष्ठमठी (स्त्री.)।

चिता की आग : शवाग्नि (स्त्री.), श्मशानाग्नि (स्त्री.)।

चिता का धुआँ : प्रेतधूम।

चिता की राख : चिताभस्म, शवभस्म, भस्म।

श्मशान में शवदाह के पूर्व का पिण्डदान : चितापिण्ड।

शवदाह से लेकर सपिण्डीकरण तक का पिण्डदान : प्रेतपिण्ड (दे.317)।

प्रेततर्पण (दे.317)।

प्रेतश्राद्ध, प्रेतमेघ (दे.317)।

मृतस्नान, मृतकस्नान, अपस्नान, घाट नहाना–।

जलदान; तिलांजलि (स्त्री.) (दे.317)।

समुचित ढंग से अन्त्येष्टि होना : मिट्टी ठिकाने लगना-।

समुचित ढंग से अन्त्येष्टि न होना : मिट्टी ख़राब/ख़्वार/पलीद होना–।

शवदाह के बाद बचा अस्थि-अवशेष : अस्थि (स्त्री.), फूल, फूला (स्त्री.)।

फूल चुनना–,अस्थिसंचय (कर.); उठावनी (स्त्री.), उठौनी (स्त्री.)।

दाहकर्म करनेवाले का अशौच के चौथे दिन अस्थिसंचय के बाद दूसरों को छूने योग्य होना : अंगस्पर्श।

अस्थिकलश (दे.510.7)।

(गंगा आदि में) फूल बहाना–,अस्थि को प्रवाहित करना–,अस्थिविसर्जन (कर. हो.), अस्थिसमर्पण, अस्थिप्रक्षेप।

मृत्यु और अन्त्येष्टि : मरनी-करनी (स्त्री.)।

श्मशान, श्मशानालय, शवदहन स्थान, शवदाहस्थान, शवमंदिर, शवशयन, शवसान, शतानक, शाव, अन्तशय्या (स्त्री.), करवीर, करवीरक, चिता (स्त्री.), चिताभूमि (स्त्री.), चित्य, चेटका (स्त्री.), छिहानी (स्त्री.), दाहसर, दाहस्थल, परेतभूमि (स्त्री.), परेतवास, पितृकानन, पितृगृह, पितृमंदिर, पितृवन, पितृवसति, पितृवेश्म, पितृसद्म, प्रेतगृह, प्रेतभूमि (स्त्री.), प्रेतवन, प्रेतवास, मरघट, मसान, रुद्रभू, रुद्रभूमि (स्त्री.), रुद्राक्रीड, रुद्रावास, वैलस्थान।

श्मशान का रक्षक : श्मशानपाल, चाण्डाल (दे.356)।

श्मशान का घेरा : श्मशानवाट।

श्मशान का कर : भुइँदग्धा।

शवदाह के लिए आग देनेवाला : डोम, डोमड़ा, डोमनी (स्त्री.), डोमिन (स्त्री.), डुंब, डोंब।

प्रेतकर्म में दान लेनेवाला ब्राह्मण : अग्रदानी, कटहा, कट्टहा, महापात्र, महाब्राह्मण।

शवदाहशाला (स्त्री.), शवदहन भ्राष्ट्र, दाहगृह, crematorium।

पारसियों का श्मशान जहाँ शव को पक्षियों के खाने के लिए रख दिया जाता है : आमक, दख़मा।

शव को जल में बहाना : जलप्रवाह (कर.हो.), जलसंस्कार (कर.हो.), जलसमाधि (स्त्री.) (दे.), शवसमाधि (स्त्री.) (दे.)।

शव को मिट्टी में गाड़ना : शवसमाधि (स्त्री.) (दे.), समाधि (स्त्री.) (दे.)।

समाधिक्षेत्र, समाधिस्थल, समाधिस्थान, उपकर्या (स्त्री.), उपकार्या (स्त्री.), वैलस्थान।

समाधिलेख, समाधिशिला (स्त्री.), epitaph।

समाधिस्थल पर बना स्मारक : समाधि (स्त्री.), छतरी (स्त्री.); समाधिभवन।

मुरदे को ज़मीन में गाड़ना : दफ़न (कर.), दफ़नाना–,मिट्टी देना–।

मुरदा गाड़ने का गड्ढा : क़ब्र (स्त्री.), क़बर (स्त्री.), गोर; लहद (स्त्री.); सन्दूक़ी क़ब्र (स्त्री.); मृतगृह।

क़ब्र खोदनेवाला : गोरकन।

गोरकन का काम : गोरकनी (स्त्री.)।

क़ब्र पर बना चबूतरा : क़ब्र (स्त्री.)।

क़ब्र के सिरहाने लगा पत्थर : संगे तुर्बत, संगे मज़ार।

क़ब्र पर जलाया जाने वाला दीया : चिराग़े मज़ार, शमए मज़ार (स्त्री.)।

पीर/फ़कीर की क़ब्र : मज़ार।

वह क़ब्र जिस पर इमारत हो : मक़बरा, रौज़ा।

बली/महात्मा का मज़ार : दरगाह (स्त्री.), ज़ियारत (स्त्री.)।

क़बरस्तान, क़बरिस्तान, क़ब्रिस्तान, क़ब्रगाह (स्त्री.), कटासी (स्त्री.), graveyard।

जनाज़े की नमाज़ : नमाज़े जनाज़ा (स्त्री.)।

शव को क़ब्र में लिटाने के बाद इष्टजनों का उस पर थोड़ी-थोड़ी मिट्टी डालना : मिट्टी देना–।

मृत्युशोक, मातम (कर. रख. मना.), मरनी (स्त्री.), अज़ा (स्त्री.), ग़मी (स्त्री.) (दे.210), सियापा (छा. पड़.), स्यापा, सोग (मना.)।

रोना–,रोना पड़ना–,रोना–पीटना–,रोना-पीटना पड़ना–,रोनी-धोनी (स्त्री.) (दे.209)।

वह घर जहाँ मृत्यु हुई हो : मातमख़ाना; अज़ाख़ाना।

मृतक के घर जाकर समवेदना प्रकट करना : मातमपुरसी (स्त्री.), मातमपुर्सी (स्त्री.), अज़ा (स्त्री.), अज़ादारी (स्त्री.), नौहा, पजोखा, सोगवारी (स्त्री.)।

मातम करने वालों की पंक्ति : मातमी सफ़ (स्त्री.)।

शोकसूचक वस्त्र : मातमी लिबास, सोगियाना।

वह खाना जो मृतक के घरवालों के लिए उनके सम्बन्धी तीन दिन भेजते हैं: कड़वी खिचड़ी, कड़वी रोटी।

किसी की मृत्यु पर उसके सम्बन्धियों को लगनेवाला अशौच : मरणाशौच, मृताशौच, मृतक, अशौच (दे.311), कालाशौच, प्रेताशौच, शाव।

अशौचवालों के बैठने का आसन : अधःप्रस्तर, कुशासन (दे.182)।

मृत्यु के स्थान पर दस दिनों तक रखा जाने वाला पानी से भरा घड़ा, जिसके पेंदे में बहुत छोटा छेद होता है और मुँह पर दीया जलाया जाता है : घड़ीदिया (बाँध.)।

मरणाशौच से शुद्ध होना : प्रेतशुद्धि (स्त्री.), प्रेतशौच।

मृत्यु के देवता : यम (दे.302.13)।

मृत्युलोक (दे.11, 302.13)।

परलोक (दे.319)

परलोकतत्त्व (दे.313)।

मृत्युतिथि (स्त्री.), पुण्यतिथि (स्त्री.)।

मृत्यु की सूचना : पलहा।

मृत्यु-प्रमाणपत्र।

मृत्यु कर (दे.669)।

मृत्यु दर (स्त्री.), मरणगति (स्त्री.), death rate।

मरना-जीना, गतागत, गतागति (स्त्री.), आवागमन (दे.63)।

वि. मृत, मुआ, मुई (स्त्री.), मुरदा, मुरदार, मुर्दा, अन्तग, अन्तगामी, अजीव, अजीवित, अतिकथ, अतीत, अध्रियमाण, अपगत, अपचरित, अपविद्धलोक, अपासु, उत्क्रान्त, उद्गतासु, कालकवलित (हो.), गत (हो.), गतजीव, गतप्राण, गतसत्त्व, गतायु, गतासु, जीवनरहित, जीवहीन, निर्जीव, निर्जीवन, निर्जीवित, निष्प्राण, परासु, प्रमीत, प्रमृत, प्रहीणजीवित, प्राणहीन, प्रेत, प्रेतगत, लोकान्तरित, वधित, विगतासु, विजीवित, विदेहत्वगत, विनष्ट, व्यसु, व्यापन्न, शाव, श्वासहीन, संपरेत, संस्थ, हलाक।

आलेख्य शेष, कीर्तिशेष, नामशेष, यशःशेष, वार्ताविशेष।

दिवंगत, परलोकगामी (हो.), परलोकवासी (हो.), प्रयात, स्वर्गगामी, स्वर्गवासी (हो.), स्वर्गस्थ, स्वर्गस्थित, स्वर्गामी, स्वर्गारूढ, स्वर्गी, स्वर्गीय, स्वर्यात।

स्वाभाविक रूप से मृत : स्वयंमृत।

स्वेच्छा से मृत : स्वयंमृत।

अचानक मृत : अलक्षितान्तक।

युद्ध में मृत : धराशायी (हो.), शस्त्रपूत, समरशायी।

पैदा होते ही मृत : जातमृत।

तत्काल का मृत : अचिरमृत, सद्योमृत।

अधमरा, अधमुआ, अर्धमृत, परेतकल्प, मृतकल्प, मृतप्राय।

मरता, मरता हुआ।

मरणासन्न (हो.), मरणोन्मुख, मुमूर्षु, आसन्नकाल, आसन्नमरण, आसन्नमृत्यु, क़रीबुलख़त्म, क़रीबुलमर्ग, क़रीबुलमौत, जान-ब-लब, दिवंगम, प्रत्यासन्नमरण, प्रत्यासन्नमृत्यु, प्राणपरिक्षय, प्रायगत, संपरेत, स्वर्याता।

मृतवत्, मृत, जीवन्मृत, ज़िन्दादरगोर।

मरियल (दे.402)।

मृत्युकालीन, अन्तकालीन।

मृत्युपर्यंत रहनेवाला : आमरणान्त, आमरणान्तिक।

जानलेवा, जीवननाशक, जीवनान्तक, घातक, प्राणघातक, प्राणघाती (दे.65), प्राणघ्न, प्राणनाशक, प्राणहर, प्राणहारक, प्राणहारी, प्राणान्तक, प्राणान्तिक, प्राणाद, मरणकारक, मरणान्त, मरणान्तक, मारक, मारात्मक, मृत्युकर, सांघातिक।

जाँबाज़ (दे.401), जानबाज़, जाँनिसार (दे.334), जाननिसार।

अपनी इच्छा से मरनेवाला : स्वेच्छामरण, स्वेच्छामृत्यु, अनकायमार।

प्रायोपवेशन का संकल्प करने वाला : प्रायविधायी।

जो प्रायोपवेशन कर रहा हो : प्रायोपविष्ट, प्रायोपवेशी, प्रायोपेत।

मरने का इच्छुक : मुमूर्षु, निनंक्षु, वधकांक्षी।

मरणधर्मा, मरणशील, मरणीय, मर्त्य, मर्त्यधर्मा, मृतधर्मा, अन्तगामी, नश्वर (दे.127)।

शव-सम्बन्धी, शव्य, शाव।

चिता-सम्बन्धी, चित्य, चैत्य।

चिता पर जलाया हुआ : अग्निदग्ध।

चिता पर जलाने के अयोग्य : अदाह्य।

मृतस्नात, मृतकस्नात, अपस्नात।

श्मशान-सम्बन्धी, श्मशानी।

श्मशाननिवासी, श्मशानिक, श्मशानी; श्मशानगोचर।

समाहित, अनग्निदग्ध, अनग्निष्वात्त; दफ़न, मदफ़ून।

शोक मनानेवाला : मातमदार, अज़ादार, नौहाख़्वाँ, सोगवार।

शोकसूचक, मातमी।

अ. मरते-मरते।

आमरण, मरणपर्यंत, मरते दम तक।

मरणोत्तर, मरणोपरान्त।

65. हत्या

सं. हत्या (स्त्री.) (कर. हो.), हन्तु, हत, हति (स्त्री.), हथ, हन, हनन (कर. हो), हिंसा (स्त्री.), हिंसाकर्म, हिंसन, अन्त (कर. हो.), अतिसर्जन, अपघात, अपासन, आलंभ, आलंभन, उज्जासन, उद्वास, उद्वासन, उन्मथन, उन्माथ, क़तल (कर. हो.), क़त्ल, कदन, क्रथन, क्राथ, क्षणन, ख़ून (कर. हो.), गरदनज़नी (स्त्री.), घात (कर.), घातन, घाति (स्त्री.), घाना–,चक्षण, चषति, तण्ड, तण्डा (स्त्री.), दलन, निकार, निकारण, निधन (कर.हो.), निपात (कर.) निपातन, निर्गंधन, निर्ग्रंथ, निर्ग्रंथन, निबर्हण, निर्बर्हण, निर्वापण, निर्वास, निर्वासन, निशरण, निशारण, निशुंभ, निशुंभन, निषूदन, निसूदन, निस्तर्हण, निहनन, निहिंसन, परिघात, परिघातन, परिवर्जन, परासन, पर्यास, पिंज, पिंजा (स्त्री.), प्रतिघात, प्रतिघातन, प्रत्यवहार, प्रमथ, प्रमथन, प्रमाथ, प्रमापण, प्रवासन, प्रहणन, प्राणघात, प्राणच्छेद, प्राणनाश (कर.), प्राणवध (कर.) प्राणान्तिक, प्राणाघात, प्राणातिपात, प्रोक्षण, प्रोज्जासन, बध (कर. हो.), मर्दन, मार, मारण, मारना–,मार गिराना–/डालना–/देना–,मरवाना–,मरवा

डालना–,मराना–,मारि (स्त्री.), वध (कर.हो.), वध्या (स्त्री.), विघात, विघातन, विनाशन (दे.127), विपादन, विशर, विशरण, विशारण, विशस, विशसन, विशस्ति (स्त्री.), विहति (स्त्री.), विहनन, शमन, शसन, संज्ञपन, संज्ञप्ति (स्त्री.), संज्ञापन, संहनन, संहरण, संहार (कर.हो.), सूद, सूदन, सूदना–,सूना (स्त्री.)।

ऊपर पहुँचाना–,काम तमाम/आख़िर करना–,ख़तम करना–,ख़ून पीना–/बहाना–,जान लेना–/मारना–,जान से मारना–,जीवन हरना–,ढेर करना–/रखना–, तोड़ना–,प्राण लेना–/हरना–,प्राणान्त करना–,मौत के घाट उतारना–,यमपुर/यमपुरी पहुँचाना–,लहू पी जाना–,लोथ डालना–,साफ़ करना–।

तलवार के घाट उतारना–।

गोली मार देना–,गोली का निशाना बनाना–,गोली से उड़ाना–,गोलियों से छलनी कर डालना–/भून डालना–।

गले/गरदन पर छुरी फेरना–,गला/गरदन रेतना–,गला/गरदन काटना–।

गला घोंटना–,टीपना–/दबाना–,गरदन मरोड़ना–।

एक साथ कइयों को मार डालना : सफ़ाया कर देना–।

मार डालने के बाद ज़लील करना : लाश गलियों में खिंचवाना–।

हत्या का पाप, प्राणवध का दोष, ख़ून का अज़ाब : हत्या लगना–/लेना–, हत्यारी (स्त्री.), लगना–।

क़त्ल का ज़िम्मेदार होना : सिर पर ख़ून लेना–/होना–,ख़ून गरदन पर होना–, गरदन पर खून लेना–,हत्या का टीका माथे पर होना–।

हत्या का पाप प्रकट होना : खून सिर पर चढ़ना–।

हत्या का पाप छिपा न रहना : खून सिर पर चढ़कर बोलता है।

लडाई में मार डालना : गिराना–,धराशायी करना–(दे.64)।

लड़ाई में लोगों का मरते रहना : लाश पर लाश/लोथ पर लोथ गिरना–।

लोथों के ढेर : कुश्तों के पुश्ते।

मारा जाना–,लाश/लोथ गिरना–।

हत्या का प्रायश्चित्त : वधनिर्णेक।

ख़ूनख़राबा (कर.हो.), ख़ूनख़राबी (स्त्री.), ख़ूनखच्चर (कर.हो.), ख़ून-क़त्ल (स्त्री.), ख़ूरेज़ी (स्त्री.), असृक्पात, क़त्ल व ख़ूँ, कटाकटी (स्त्री.), कटाछनी (स्त्री.), कुश्तो ख़ून, मारकाट (स्त्री.) (कर. मचा. मच.हो.) (दे.406), रक्तपात (कर. हो.), रक्तक्षय, लड़ाई (स्त्री.) (कर. हो.) (दे.406), लड़ाई-भिड़ाई (स्त्री.) (हो.), व्यधा (स्त्री), हर्बोज़र्ब।

ख़ून बहना–/बहाना–;ख़ून पानी की तरह बहाना–,ख़ून पानी एक करना–।

मार डालने की इच्छा : जिघांसा (स्त्री.), वधकाम्या (स्त्री.); प्राणपहारकता (स्त्री)।

ख़ून करने पर आमादा होना : ख़ून सिर पर चढ़ना–,सिर पर ख़ून चढ़ना–, सिर पर ख़ून सवार होना–।

प्रतिहिंसा (स्त्री.), प्रतिहिंसित, बदले की भावना।

प्रतिघात (कर.), प्रत्याघात (कर.) (दे.233), प्रतिहति (स्त्री.), प्रतिहनन; प्रत्याक्रमण (कर.) (दे.406); चोट के बदले चोट; ख़ून के बदले ख़ून; बदला लेना–,बैर काढ़ना–/निकालना–/लेना–।

नरहत्या (स्त्री.) (कर. हो.), नरवध, मानवहत्या (स्त्री.), homicide।

सामूहिक हत्या (स्त्री.), नरसंहार, नरमेध, genocide।

क़त्लेआम (स्त्री.), सर्वसंहार।

हत्या और लूटपाट : क़त्ल व ग़ारत (स्त्री.)।

इरादतन क़त्ल : क़त्ले अमद।

गुप्तघात, गुप्तहत्या (स्त्री.), घात लगाकर/चोरी-छिपे ख़ून करना–;लाश ग़ायब करना–।

वह विषाक्त कन्या जिससे सम्भोग करनेवाले की मृत्यु हो जाती है : विषकन्या (स्त्री.), विषकन्यका (स्त्री.), विषांगना (स्त्री.)।

अपराद्ध नरहत्या (स्त्री.), सदोष मानवहत्या (स्त्री.), culpable homicide।

जीववध, जीवहत्या (स्त्री.), जीवहिंसा (स्त्री.), प्राणिघात (कर.हो.), प्राणिवध (कर.हो.), प्राणहिंसा (स्त्री.); पशुमारण।

पशु की बलि : पशुकर्म, पशुक्रिया (स्त्री.), पशुघात, प्रोक्षण, जीवबलि (स्त्री.), बलि (स्त्री.) (कर.दे.हो.), बलिकर्म, बलिदान (कर.हो.), बलिप्रदान, शसन, शामित्र, संज्ञपन।

क़ुरबानी (स्त्री.) (कर. चढ़ा. दे.), कुर्बानी (स्त्री.), ज़ब्ह (कर.), ज़बह, ज़िबह, हलाल (कर.)।

झटका (मार.)।

बलिपशु, बलि (स्त्री.) (दे.310)। छागबलि (स्त्री.), महिषबलि (स्त्री.)।

नरबलि (स्त्री.), मायाति।

शिकार (कर.खेल.हो.), अच्छोटन, अहेर, आक्षोदन, आखेट (कर.), आखेटक, आच्छोदन, खेट, खेदा, ग्रामाधान, पापर्धि (स्त्री.), मृगया (स्त्री.) (कर.), मृगव्य, वैहाली (स्त्री.), शौनिक, श्येनंपाता (स्त्री.), hunting, game।

बाघ का शिकार, big game।

शिकार खेलने के लिए जाना : मृगयायान।

घोड़े के चारजामे के पीछे शिकार आदि लटकाने के लिए बाँधा गया तसमा : शिकारबन्द।

वह पशु जिसका शिकार खेला जाय : शिकार, अहेर, सउजा, साऊज।

शिकार मिलना–,शिकार आना–।

शिकार को घेरकर उपयुक्त स्थान पर लाना : खेदा (कर.दे.), खेदना–खेदाई (स्त्री.), हँकवा (दे.), हाँका (दे.), हाँकना–।

खेदाई की उजरत : खेदाई (स्त्री.)।

शिकार को घेरने के लिए लोगों का घेरा : घिरिया (स्त्री.)।

शिकार फँसाने का गड्ढा : शिकारगड़हा।

शिकार फँसाने के लिए प्रशिक्षित पशु : फन्दैत।

शिकार खेलने का स्थान : शिकारगाह (स्त्री.), मृगकानन, मृगदाव, मृगयावन, रखौत, रखौना।

शिकारी कुत्ता, अखेटिक, आखेटिक, ताज़ी, विश्वकद्रु, सोनहा, हिंसालु, हिंसालुक।

सूँघकर शिकार तक पहुँचानेवाला कुत्ता : सूँघा।

शिकारी कोट। शिकारी खेमा।

शिकारी के बैठने के लिए बनायी गयी ऊँची जगह : मचान (स्त्री.)।

बाघ आदि को ललचाने के लिए बाँधा गया पशु : गोरा, मरी।

शिकार खेलने का आनन्द : मृगयाक्रीडन, मृगयारस।

शिकार खेलने की आदत : मृगयाव्यसन।

शिकार खेलने का नियम : आखेटशास्त्र, मृगयाधर्म, शौनिकशास्त्र, श्यैनिकशास्त्र।

चोरी से शिकार करना–,शिकार चोरी (स्त्री.), poaching।

चिड़िया पकड़ना–/फँसाना–/मारना–।

चिड़िया पकड़ने का जाल (दे.67)।

मछली पकड़ना–/फँसाना–/मारना–।

मछली फँसाने की लंबी छड़ी : बंसी (स्त्री.), बडिश, बलिश, मत्स्यबन्धन, मत्स्यवेधन, मत्स्यवेधनी (स्त्री.), वलिश, वलिशि (स्त्री.), वलिशी (स्त्री.), शस्त।

बंसी की डोर : वरण्ड, वरण्डलंबुक।

मछली फँसाने की लंबी डोर : शस्त (स्त्री.)।

डोर में बँधी पतली नोकदार अँकुसी : कँटिया (स्त्री.), काँटा (डाल.लगा.), पलाव, मत्स्यवेधन, मत्स्यवेधनी (स्त्री.), शिस्त (स्त्री.)।

कँटिया में लगायी जाने वाली वस्तु जिसे मछली खा जाय : चारा।

कँटिया से डेढ़-दो हाथ ऊपर डोर में बँधा लकड़ी का बहुत छोटा टुकड़ा जिसके पानी में डूबने से मछली के फँसने का पता लगता है : तरेन्दा, तिरेन्दा।

डोर को खींचकर-ढीलकर कँटिया में फँसी बड़ी मछली को थकाना : मछली को खेलाना–।

मछली पकड़ने का जाल (दे.67)।

व्याघ का पेशा : वैतंसिक।

मांसविक्रय, सूना (स्त्री.)।

बिक्री के लिए रखा हुआ मांस : शौन, सौन (दे.73.29)।

झटके का मांस।

मांस का लोन्दा : मांसपिण्ड, पेशि (स्त्री.), लोथड़ा, लोचक।

मांस का ढेर : मांसपिटक, पलालि (स्त्री.), पलाली (स्त्री.)।

सुखाया हुआ मांस : उत्तप्त, शुष्कमांस, शुष्कल, शुष्कली (स्त्री.)।

आत्महत्या (स्त्री.) (कर.), आत्मघात, आत्मत्याग, आत्मद्रोह, आत्मवध, आत्महनन, आत्महिंसा (स्त्री.), ख़ुदकुशी (स्त्री.) (कर.), जान/प्राण देना–(दे.64)।

पेट फाड़कर जापानी ढंग की आत्महत्या : हाराकीरी (स्त्री.)।

पहाड़ के कगार से गिरकर आत्महत्या : भृगुपात।

हीरे की कनी खाकर आत्महत्या करना : कनी खाना–/चाटना–;अनी (ग्लानि) पर कनी खाना–/चाटना–।

ज़हर खाना–,विष खाना–,विषपान करना–,विषभक्षण करना–।

फाँसी लगा लेना–,उदबन्ध, उद्बन्धन।

गुरुघात, गुरुहत्या (स्त्री.)।

पितृघात, पितृहत्या (स्त्री.)।

मातृघात, मातृवध, मातृहत्या (स्त्री.)।

भ्रातृघात, भ्रातृहत्या (स्त्री.)।

शिशुहत्या (स्त्री.), बालहत्या (स्त्री.)।

भ्रूणहत्या (स्त्री.)।

ब्रह्महत्या (स्त्री.) (दे.356)।

बन्धुवध, बिरादरकुशी (स्त्री.)।

गोबध, गोहत्या (स्त्री.) (दे.67.9)।

प्राणदंड (दे.पा.हो.), मृत्युदण्ड, मौत की सज़ा (दे.सुना.पा.मिल.), सज़ाए मौत (स्त्री.), वधदण्ड, वधनिग्रह।

प्राणदण्ड पाये हुए व्यक्ति का चिह्न : वधचिह्न।

प्राणदण्ड के समय की मुनादी : वध्यडिण्डिम, वध्यपटह।

प्राण्दण्ड दिये जाने के समय का वस्त्र : वध्यपट, वध्यवास।

प्राणदण्ड पानेवाले को पहनायी जाने वाली माला : वध्यमाला (स्त्री.)।

वह शिला/वेदी जिस पर अपराधी का वध किया जाय : वध्यशिला (स्त्री.)।

वध करने का उपाय : वधोपाय।

फाँसी (स्त्री.) (दे.चढ़ा.पा.हो.), फाँसी से लटकना–/लटकाना–,फाँसी के तख़्ते पर चढ़ना–/चढ़ाना–,टाँगना–।

फाँसी दिये जाने की तैयारी होना : फाँसी खड़ी होना–।

वह ऊँची जगह जिस पर अपराधी को फाँसी देने के लिए खड़ा किया जाय : तख़्ता, टिकटिकी (स्त्री.), टिकठी (स्त्री.)।

रस्सी का फन्दा : फन्दा, फाँसी (स्त्री.) (दे.513)।

सर क़लम करना–,कन्धरावध, गरदनज़नी (स्त्री.), मस्तकच्छेदन, शिरःकृन्तन, शिरश्छेद (कर.हो.), शिरश्छेदन, शीर्षच्छेद, शीर्षच्छेदन।

गरदन काटना–/उड़ाना–/मारना–,गला काटना–,सिर अलग करना–,सिर उड़ाना–/उतारना–/काटना–/गिराना–,सिर को तन से उतारना–/तराशना–।

शिरश्छेदन यन्त्र, guillotine।

सूली (स्त्री.) (पा. मिल. चढ़. चढ़ा. दे.), शूल, शूला (स्त्री.), शूलि (स्त्री.), शूली (स्त्री.)।

प्राणदण्ड देने के लिए श्मशान में गड़ी सूली : श्मशान शूल।

सलीब, cross।

सलीब पर चढ़ना–/चढ़ाना–।

पत्थर मार-मारकर मार डालना : संगसार (कर.हो.), संगसारी (स्त्री.)।

अपराधी को दीवार में चुनकर मार डालना : दीवार में चुनना–,ज़िंदा चुन देना–।

ज़िंदा आदमी की खाल उतार लेना : खाल खींचना–,सल्लाख़ी (स्त्री.); खाल खींचकर भूसा भरना–।

जिन्दा जलाना–।

ज़हर देना–।

बिजली की कुरसी, electric chair; बिजली की कुरसी पर बैठाना–।

गोलियों से भूनना–; गोली मारनेवालों की टोली, firing squad/party।

वधस्थल, वधस्थान, वधभूमि (स्त्री.), वध्यस्थल, वध्यस्थान, वध्यभूमि (स्त्री.), बधभूमि (स्त्री.), आघातन, क़त्लगाह (स्त्री.), घातस्थान, घातनस्थान।

कसाईख़ाना, कसाईबाड़ा, कस्साबख़ाना, पशुवधशाला (स्त्री.), पशुवधालय, प्राणिवधस्थान, बूचड़ख़ाना, वधगृह, वधालय, शूना (स्त्री.), सूना (स्त्री.)।

बलिवेदी (स्त्री.)।

वि. हत, हतित, हिंसित, अपहत, अपासित, अपास्त, कुश्ता, निपातित, निहत, प्रमथित, प्रमाथित, प्रवासित, प्रहत, प्रोक्षित, मक़तूल, मारा, मारित, विनाशित, विपादित, विहत, व्यापादित, विशस्त, शमित, शस्त, सूदित।

वधित, बलित, मज़बूह, संज्ञपित, संज्ञप्त।

जिसे पत्थर मार-मारकर मार डाला गया हो : संगसार।

जिसका सिर कटा हो : सिरकटा, मुँड़कटा, मूँड़ीकाटा, छिन्नमस्त, छिन्नमस्तक।

धराशायी (दे.65)।

मारे गये और घायल : हताहत।

जो लगभग मार डाला गया हो : हतप्राय।

जो मारे जाने से बच गया हो : हतशिष्ट, हतशेष, हतावशेष।

जो मारा जा रहा हो : हन्यमान।

मारे जाने के योग्य : हन्तव्य, हननीय, हन्यमान, हिंसनीय, हिंसितव्य, हिंस्य, घात्य, प्रहन्तव्य, बध्य, वधक्षम, वधार्ह, वध्य, विपाद्य, विहंतव्यं, व्यापादनीय, व्यापाद, शीर्षच्छेदिक, शीर्षच्छेद्य, संहननीय, संहर्तव्य।

मारे जाने की इच्छा करने वाला : वधकांक्षी।

जिसका परिणाम मृत्यु हो : वधोदर्क।

हिंसायुक्त, हिंसात्मक।

ख़ूँखार, ख़ूख़्वार, ख़ून का प्यासा, रक्तपिपासु, रक्तलोलुप, रक्तपायी, रुधिराशी।

ख़ूनी, रक्तरंजित, रक्ताक्त, रुधिररंजित, रुधिराक्त, लहूलुहान, शोणिताक्त।

जहाँ ख़ून होता हो : खुनिया।

हिंसक, हिंसारत, हिंसारुचि, हिंसालु, हिंसीर, हिंस्र, हननशील, निशारुक।

वधेच्छुक, वधकाम, जिघत्नु, जिघांसक, जिघांसु, हन्तुकाम, हन्तुमना।

वि./सं. आततायी, आततायिनी (स्त्री.), वधोद्यत।

हत्यारा, हत्यारिन (स्त्री.), हत्यारी (स्त्री.), हन्ता, हन्त्री (स्त्री.), हन् (समासान्त में), हनन, हननकर्ता, हलाकी, हलाकू, अन्तकर, अन्तकरण, अन्तकर्ता, अन्तकारक, अन्नकारी, अपघातक, अपघाती, क़तलबाज़, क़ातिल, ख़ूनी, ख़ूरेज, घात, घातिनी (स्त्री.), घातक (दे.64), घातकी, घातन, घातिक, घातिया, घाती, घातुक, जघ्नु, जिघांसु, दलन, दलिनी (स्त्री.), नाशक, नाशिनी (स्त्री.), निघाती, निघातिनी (स्त्री.), निधनकारी, निपातक, निपातिनी (स्त्री.), निपाती, निबर्हण, निषूदन, निसूदक, निसूदन, निहन्ता, निहन्त्री (स्त्री.), परिघाती, प्रमथी, प्रमथिनी (स्त्री.), प्रमाथी, प्रमापयिता, प्रमापी, प्राणघातक, प्राणघातिनी (स्त्री.), प्राणघाती, प्राणच्छिद्, प्राणनाशक (दे.24), प्राणहन्ता, मर्दन, मर्दिनी (स्त्री.), मारक, मारणकर्ता, वधक, वधोद्यत, विघातक, विघाती, विशस्ता, व्यापादक, रास्त, संहन्ता, संहनन, संहर्ता, संहार, संहारक, संहारकर्ता, संहारकारी, संहारिक, संहारी, सूदक, सूदन, सूदिता, सूदितृ।

वह घातक जो मनुष्य को पानी के अन्दर खींच ले जाय : पनडुब्बा, उदकचरण, बुडुआ।

अन्तक, कृतान्त (दे.302.13), विनाशक, विनाशकारी, विनाशी, विनाशिनी (स्त्री.)।

मनुष्यों का नाश करने वाला : जनान्त।

जल्लाद, गरदनज़न, प्राणान्तिक, बधक, बधिक, बधुआ, वधक, वधिक, वधकर्मचारी, वधकर्माधिकारी, वधजीवी, वध्यघातक, वध्यघ्न, शीर्षघाती, शौन, श्वपक्, श्वपच, श्वपाक, श्वाद, सय्याफ़, सैयाफ़।

शूलिक।

सल्लाख़।

संगसार।

कसाई, कसाइन (स्त्री.), कसावड़ा, कस्साव, कटल्लू, अजमार, खटीक, खट्टिक, खट्टिका (स्त्री.), चिक, चिकवा, बकरकसाई, बकरकसाव, बुज़कसाव; मांसविक्रयी, मांसविक्रेता, मांसिक, मांसोपजीवी, कौटकिक, कौटिक, बूचड़, वधजीवी, वैतंसिक, शौनिक, सूनिक, सूनी, सौन, सौनिक; गोघातक (दे.67.9)।

पशु का बलिदान करने वाला : बलिकर, शमिता।

पशुवधालय-सम्बन्धी : सौन।

शिकार-सम्बन्धी : शिकारी, शौनिक।

शिकार करने वाला : शिकारी, शौनिक, श्वगणिक, श्वाघ्निक, श्वहा, अहेरी, आखेटक, आखेटिक, ऐणिक, खट्टिक, खेटकी, बधिक, मार्गिक, मृगजीवन, मृगयु, मृगयू, मृगवधाजीव, मृगव्याध, मृगहा, मृगाजीव, मृगाविध, लागना, लुब्ध, लुब्धक, वधक, वधजीवी, वनगोचर, वनग्राही, वनजीवी, वनपांसुल, वैतंसिक, व्याध, व्याधक, सय्याद, सैयाद, सूनिक, सूनी, सौकरायण, सौकरिक, सौनिक, हरिणघाती, हारिणिक, हेड़ी।

जानवर को बुलाने के लिए शिकारी की बोली : व्याधगीति (स्त्री.)।

चिड़ीमार, चिड़िहार, अन्ध्र, कौटकिक, कौटिक, कौटिलिक, जालिक, जीवन्तिक, जीवान्तक, पाक्षिक, फन्दैत, बहेलिया, लुब्धक, वर्काक, विप्रलोक, विहंगहा, शलाकधूर्त, शाकुन्तिक, शाकुन, शाकुनि, शाकुनी, शौनिक, सय्याद, सैयाद, सारंगिक, सारंगिका (स्त्री.)।

मछलीमार, मछुआ (दे.356), मत्स्यघात, मत्स्यघाती, मत्स्यजीवी, मत्स्यबन्ध, मत्स्यबन्धी, मत्स्यहा, माहीगीर, जालजीवी, जालिक, शाकुलिक, शिस्तबाज़।

चोरशिकारी, शिकारचोर, poachor।

आत्मघातक, आत्मघाती, आत्मत्यागी, आत्महन्, आत्महा, खुदकुश, स्वहन्ता।

विषपीत।

गुरुघ्न।

पितृघातक, पितृघातन, पितृघाती, पितृघ्न, पितृहन्ता, पितृहा।

मातृघातक, मातृघाती, मातृहन्ता।

भ्रातृघातक, भ्रातृघाती, भ्रातृहन्ता।

पतिघातिनी (स्त्री.), पुरुषघ्नी, शौहरकुश।

जिसका बेटा मारा गया हो : हतपुत्र।

जिसके स्वजन मारे गये हों : हतबान्धव।

जिसकी पत्नी मारी गयी हो : हतस्त्रीक।

स्त्रीघातक, स्त्रीघ्न, स्त्रीहन्ता; हतस्त्रीक।

शिशुहन्ता, बालहन्ता।

भ्रूणहन्ता, भ्रूणहन्त्री (स्त्री.)।

(विप.) सं. अघात, अहिंसा (स्त्री.)।

वि. अघाती, अहिंसक, अहिंस्र; अहिंसावादी।

66. जीव-जन्तु

सं. जीव-जन्तु, जीवयोनि (स्त्री.)।

पशु-पक्षी, चरिन्द-परिन्द।

कीट-पतंग, कीड़ा-मकोड़ा।

जीवजगत् (दे.60), fauna।

जन्तु, जीव, जानवर, कीलाल, खुराक, खुराका (स्त्री.), चरि, चरेरू, नरेतर, नाथहरि, पशु, प्राणी, हैवान।

पशुगण, पशव्य, पाशव, हैवानात।

पालतू पशु, गृह्य, गृह्यक, छेक।

जंगली जानवर, बनचर, बनचरी, बनचारी, वनचर, वनचारी, वन्य, वन्यचर, वन्य जीव/जन्तु/पशु, वहश, वहशी, शूरिमृग।

ख़ूख़ार जानवर, दरिन्द, दरिन्दा, भेरुण्ड, भेरुण्डक, व्याड, श्वापद, श्वव्याघ्र, स्वापद, हिंसक, हिंसाप्राणी, हिंसारू, हिंसीन, हिंस्र, हिंस्रक, हिंस्र जन्तु/पशु।

नरभक्षण की आदत : लागन (स्त्री.)।

नरभक्षी, लागुन।

वन-जन्तु, wild life।

वन-जन्तु परिरक्षण, वन्य जीव संरक्षण।

अभयारण्य (दे.53)।

हानिकारक जीव : शरारु।

खुरवाला पशु : खुरी।

सींगवाला पशु : शृंगि, शृंगी।

नाख़ूनवाला पशु : नखी।

दाँतवाला पशु : दन्ती।

दो पैरोंवाला जीव : द्विचरण, द्विपद, द्विपाद, दोपाया।

निकृष्ट पशु : गैताल।

गलकंबलवाला पशु : दृतिहरि।

बोझ ढोने वाला पशु : धूर्वह, सर्वधुरीण।

गाड़ी में जोता जाने वाला पशु : सर्वधुरावह।

स्थलचर (दे.60) प्राणी (दे.67)।

जलचर (दे.60) प्राणी (दे.67), जलजन्तु, जलजीव।

उभयचर/जलस्थलचर प्राणी, द्विधागति, पादी, amphibia।

नभचर (दे.60) प्राणी (दे.67)।

सरीसृप (दे.67), reptile।

बिल में रहनेवाला जन्तु : गर्ताश्रय, बिलवास, बिलवासी, बिलशय, बिलशायी, बिलेशय, बिलौका, विलेशय।

मत्स्य (दे.67)।

कीट (दे.67)।

पतंग (दे.67)।

कृमि (दे.67)।

जीवाणु (दे.90)।

अण्डज (दे.60)।

जरायुज (दे.60)।

वि./सं. पुरुष प्राणी : नर, ज़कर, मुज़क्कर।

अण्डकोष युक्त नर : अँडुआ, आँडू।

वह नर जिसका अण्डकोष कुचल/निकाल दिया गया हो : बधिया, आख़ता, ख़सी, ख़स्सी, छिन्नमुष्क, छिन्नाण्ड, मुष्कशून्य।

स्त्री प्राणी : मादा, मादी, मादीन, धेनुका, तिर्यंची।

मादा पशु, स्त्रीध्वज।

सं. बधिया करना–,बधियाना–,अण्डाकर्षण करना–,अँडुआना–,खसियाना–।

बधिया की मूत्रेंद्रिय : अलता।

पशु का जवान होना : दाँतना–।

पशु में मैथुन की इच्छा प्रबल होना : गरमाना–,अलँग पर आना–,उठना–, मस्ताना–,मस्ता जाना–,मस्ती पर/में आना–,रगेद (स्त्री.)।

मैथुन करना : जोड़ा खाना–,टपना–।

मैथुन में प्रवृत्त कराना : जोड़ा खिलाना–/लगाना–।

गर्भधारण करना : गरभाना–।

(प्रसव) बियान (हो.करा.), ब्यान; बच्चा देना–,बियाना–,ब्याना–।

बच्चा, अर्भक, छौना, पाक, पृथुक, पोत, शाव, शावक, शिशु, साव, सावक, हितक। प्राणी विशेष का बच्चा उस प्राणी के साथ।

उल्लू/कबूतर/घोड़े/मुरगी/साँप का यौवनोन्मुख बच्चा : पट्ठा।

अण्डा (दे.से. खटक.फूट.)। प्राणी विशेष का अण्डा उस प्राणी के साथ।

अण्डे की ज़र्दी, अण्डपीत।

छोटे प्राणियों के रहने का स्थान : बिल (दे.454)।

ख़ूँख़ार पशुओं के रहने का स्थान : माँद (स्त्री.) (दे.455)।

चिड़ियाख़ाना, चिड़ियाघर, जन्तुशाला (स्त्री.), पशुपक्षिकानन, प्राणि-उपवन।

पक्षिगृह, पक्षिशाला (स्त्री.), कुलायिका (स्त्री.), कुलालिका (स्त्री.)।

पशुशाला (स्त्री.), परिधायक, पिंजरापोल, अड़ाड़, खरक, खरका, खरिक, घारी (स्त्री.), निरवहानिका (स्त्री.), निरवहालिका (स्त्री.), बक्खर, बाँधनीपौरि (स्त्री.), बाड़ा, मवेशीख़ाना, रौन्दी (स्त्री.), विवीत, सार (स्त्री.)।

गोशाला (स्त्री.) (दे.67.9)।

कानी हाउस, कानीहौद (स्त्री.), काँजीहाउस, काँजीहौस, गावख़ाना, पशुनिरोधगृह, पशुनिरोधिका (स्त्री.), पशुबन्दीगृह, फाटक, मवेशीख़ाना, kine-house।

कानीहाउस का प्रबन्धक : फाटकदार।

गाँव में पशुओं के खड़े होने की जगह : रहावन (स्त्री.)।

जलजीवशाला (स्त्री.), जलशाला (स्त्री.), aquarium।

राजमहल में मछली पालने का तालाब/हौज : मच्छीभवन।

भेड़-बकरी आदि पालना : पशुपालन (कर.), पशुरक्षण, पाशुपाल्य, जीववृत्ति (स्त्री.)।

गोपालन (दे.67.9)।

भेड़ पालना–,मेषपालन (दे.67.12)।

मुरगी-बतख आदि पालना–,कुक्कुटपालन, कुक्कुटादि पालन करना–,मुरगी पालना–poultry-farming।

मछली पालना–,मत्स्यपालन, मत्स्यसंवर्धन, pisciculture।

सूअर पालना–,शूकरपालन (कर.)।

पशुधन, जीवधन, livestock।

पशुप्रक्षेत्र, livestock farming।

गोधन (दे.67.9)।

पशुपालक, पशुपाल, पशुप, पशुपति।

गोपालक (दे.67.9)।

मेषपालक (दे.67.12)।

गाय, बैल, भैंस आदि : ढोर (चरा.), ढोरा, डंगर, ढोर-डंगर, गैया-गोरू, गोरू, गवादि पशु, चतुष्पद, चरिन्द, चरिन्दा, चौपाया, पोहा, मवाशी, मवेशी, सरंग।

पशुओं के लिए संख्यावाचक शब्द : रास।

बिकने के लिए चौपायों का झुण्ड : हेड़ी (स्त्री.)।

चौपायों को दवा पिलाने का चोंगा : ढरका (दे.), घोटा, चोंगा (दे.454), नलवा।

ढोर बाँधने की रस्सी : पगहा (दे.67.9)।

छुट्टा जानवर, आवारा चौपाया, अनिर।

पशुओं को चारा खिलाने के लिए मैदान में ले जाना : चराना–,चराई (स्त्री.), चरवाई (स्त्री.), चरवाही (स्त्री.), चारण, पशुचारण; गोचारण (दे.67.9); चरवाना–।

रात में चोरी से किसी खेत में पशुओं को चराना : पसर चराना–।

मैदान में पशुओं का चारा खाना : चरना–,चरान (स्त्री.)।

चराने की मज़दूरी : चराई (स्त्री.) (दे.ले.), चरवाई (स्त्री.), चरवाही (स्त्री.)।

पशुओं के चरने का मैदान : चरागाह, चरान, चराव, चरनी (स्त्री.), चरभूमि (स्त्री.), चरी (स्त्री.), चरोखर, आयवस, खरक, खरका, खरिक, खरिका, गवादन, गवादनी (स्त्री.), गोचर (दे.67.9), घासकुन्द, घासस्थान (दे.51), रख (स्त्री.), रखा (स्त्री.), रखान (स्त्री.), रखौंत, रखौना।

पशुओं को चरानेवाला : चरवाहा, चरैया, चारक, धंगर, पोहिया (दे.67.9), शबान।

चारा काटकर लानेवाला : चरकटा।

पशुओं को चारा-पानी देने के लिए लंबा चबूतरा जैसा स्थान : चरई (स्त्री.), चरनी (स्त्री.), चरही (स्त्री.), आख़ोर।

पशुओं को चारा-पानी देने का पात्र : नाँद (स्त्री.), खोर (स्त्री.), गवादनी (स्त्री), चरनी (स्त्री.), चरही (स्त्री.)।

पशु-आहार : घास, पत्ती आदि : चारा, चरनी (स्त्री.), चरी (स्त्री.), चारित, कोयर, पाश्वपालन।

घास (स्त्री.) (दे.51)।

पशुओं के आगे की घास : आख़ोर।

गेहूँ, जौ आदि का महीन टुकड़े किया हुआ डंठल : भूसा, भूसी (स्त्री.), भुस (दे.48)।

ज्वार-बाजरे का डंठल : करबी (स्त्री.)।

तेहलन की सीठी : खली (स्त्री.), खरी (स्त्री.)।

अन्न का कण : चूनी (स्त्री.), चुन्नी (स्त्री.)।

दलहन का छिलका : कराई (स्त्री.)।

गँड़ासे से बारीक़ कटा हुआ चारा : कुट्टी (स्त्री.)।

पानी में साना हुआ चारा : सानी (स्त्री.), सननी (स्त्री.)।

चूनी-भूसी (स्त्री.); सानी-पानी।

पशुओं के खाने से बचा चारा : आख़ोर।

सींगवाले चौपायों का निगले हुए चारे को फिर मुँह में लाकर चबाना : जुगाली (स्त्री.) (कर.), जुगालना–पागुर (कर.), पगुराना–, रोमंथ, रोमंथन।

जीवदेह (स्त्री.), प्राणिशरीर।

अपनी मौत मरा हुआ जानवर : मुरदार।

पशु-पक्षियों के अंग :–

पशु का पिछला भाग : कबुलि (स्त्री.)।

दुम (स्त्री.), दुंबाल, दुंबाला, पिच्छ, पिच्छक, पूँछ (स्त्री.), पूँछड़ी (स्त्री.), पुच्छ,

बालधि (स्त्री.), ललाम, लंगूल, लांगुल, लांगूल, लाघनी (स्त्री.), लून, लूम, वालधान, वालधि (स्त्री.), शेप, शेफ।

बड़ी पूँछ, लंबी पूँछ, पुछल्ला।

पूँछ की जड़ : पुच्छमूल, पुच्छजाह।

पूँछ का छोर : पुच्छाग्र।

पूँछ हिलाना–,लांगूलचालन, लांगूलविक्षेप।

चूतड़ : पुट्ठा।

पुट्ठों के बीच की हड्डी : दुमची (स्त्री.)।

भेड़, बकरे आदि का अण्डकोष : कपूरा।

सींग (निकल. गिर. टूट. मार.), क्षिद्र, ललाम, विषाण, विषाणक, शृंग।

सींग का खोखला भाग : विषाणकोश।

सींग से ज़मीन खोदना : खूँदना–,तटाघात, तडाघात।

मुँह।

लगाम (स्त्री.) (दे.67.8)।

लंबे मुँह का आगे की ओर निकला हुआ भाग : थूथन, थूथनी (स्त्री.), थोबड़ा, तुण्ड।

नुकीला दाँत : नेस।

कान : कनौती (स्त्री.) (उठा.); कनौतियाँ उठाना–/खड़ा करना–/बदलना–।

नाक (स्त्री.), नथना।

नाक में किया गया छेद : नस्तक।

नाथ (दे.67.9); नकेल (स्त्री.) (दे.67.14)।

सूँड़ (स्त्री.) (दे.67.7)।

गलकंबल (दे.67.9)।

गलथन (दे.67.11)।

अयाल (सिंह के) (दे.671); (घोड़े के) (दे.67.8)।

थन (दे.67.9)।

खुर, क्षुर, शफ (घोड़े का) (दे.67.8); गाय का (दे.67.9)।

खुर का निशान : खाँद।

उँगलियाँ सहित हथेली या तलवा : पंजा (मार.), नखर।

पक्षी के अंग (दे.67.50)।

कीट के अंग (दे.67)।

साँप के अंग (दे.67)।

कूबड़ (बैल का) (दे.67.9); ऊँट का (दे.67.14)।

बर्रे/बिच्छू का ज़हरीला काँटा : डंक (दे.67)।

चमड़ा, खाल (स्त्री.) (उतार.), खलियाना–।

अपनी मौत से मरे हुए जानवर का चमड़ा : मुरदारी (स्त्री.)।

गाय/भैंस का पूरा चमड़ा : चरसा।

आधा चरसा : अधौड़ी (स्त्री.)।

बकरी/बकरे का चमड़ा : नरी (स्त्री.)।

लाल रंग का चमड़ा : नरी (स्त्री.)।

सिझाया हुआ चमड़ा : नरी (स्त्री.)।

(पशुओं का) झुंड, समूह (दे.624)

पशु का दैनिक भोजन : रातिब।

पशु का मल : लीद (स्त्री.)। पशु विशेष का मल उस पशु के साथ।

पशु-पक्षियों का शब्द : वाशन, वाशित।

पशुरोग : भीगने से होने वाला ज्वर : गरदुआ, गरदुहा, गर्दुआ, घुरका, घेंरवा।

संक्रामक ज्वर : घुर्रुवा।

मुँह और खुरों में दाने निकलना : खुरपका, खुरट, खुरहा, खुरा, छपका, टपका, बेकरा।

गला, पेट आदि फूलना : लँगड़ी (स्त्री.)।

पेट में पानी के साथ जोंक चले जाने से होने वाली जलन : जोंकी (स्त्री.)।

सूजन : नलुआ।

गले में सूजन : गलसुआ।

पशुचिकित्सा (स्त्री.), पशुचिकित्साशास्त्र, अश्वचिकित्सा (स्त्री.)।

पशुचिकित्सक, गोवैद्य, घोड़ा, डाक्टर।

पशुचिकित्सालय, घोड़ा, अस्पताल।

पशुगणना (स्त्री.) (दे.613)।

घोड़े आदि पालतू पशुओं का डरना : चौंकना–,बिचकना–,बिझकना–, बिझुकना –,बिडरना–,बिदकना–,बिफरना–भड़कना–।

पशुता (स्त्री.), पशुत्व, पशुभाव, जानवरपन, वहशत (स्त्री.), वहशीपन, हैवानपन, हैवानियत (स्त्री.)।

वि. पशु-सम्बन्धी, पाशव, पाशुक, पशव्य, जान्तव, हैवानी; जैव।

श्वापद-सम्बन्धी, शौवापद।

पशुवत, वहशी; पशुतापूर्ण, पाशविक।

ख़ूख़ार, हिंसक, हिंसालु, हिंस्र।

काटनेवाला : कटहा, कटखना, कटाइक, काटू।

सींग से मारनेवाला : मरकहा, मरकही (स्त्री.), मरखन्ना, मरखन्नी (स्त्री.), शृंगप्रहारी।

बड़े दाँतों वाला : दन्तार, दन्तारा।

बिना दाँत का : अदाँत।

शरारती, हरहट, हरहा, हरहाई (स्त्री.)।

छुट्टा, आवारा।

पालतू, पालू, पालित, छेक; गृहपालित, गृह्य, गृह्यक।

पालनीय, पाल्य।

पालक, पाली।

जंगली, बनैला, वन्य।

पालतू से जंगली बना : बनघरासिया।

झुण्ड में रहनेवाला : अनेकचर।

झुण्ड से अलग : इक्कड़, फुटैल, फुट्टैल, यूथभ्रष्ट, वियूथ।

शाकभक्षी, शाकाहारी।

मांसभक्षी, मांसाहारी, क्रव्याद।

आदमख़ोर, नरभक्षी।

गर्भवती (स्त्री.), गाभिन (स्त्री.)।

चराने/चरनेवाला : चरवैया, चरैया।

नदी के किनारे चरनेवाला : कूलचर, कूलेचर।

आधा चबाया/पागुर किया हुआ : अधरोंथा।

आधा चरा हुआ : अधचरा।

पूँछवाला, पुच्छल, पुच्छी, दुमदार।

बड़ी पूँछवाला : पुँछार।

बिना पूँछ का : लँडूरा।

जिसकी पूँछ कट गयी हो : बाँड़ा, बाँडी (स्त्री.)।

जिसकी पूँछ पर बाल न हो : लुण्डा, लुण्डी (स्त्री.)।

सींगवाला : विषाणी, शृंगिण, शृंगी।

जिसका एक सींग टूटा हो : डूँडा।

बिना सींग का : मुण्डा, मुण्डी (स्त्री.), शृंगहीन।

थूथनवाला : तुण्डिक, तुण्डी।

कटे खुरोंवाला : अनेकशफ।

अकशेरुकी (दे.60)। कशेरुकी (दे.60)। स्तनपायी (दे.60)। अण्डज (दे.60)।

उभयचर, जलस्थलचर, amphibious।

खुजली रोगवाला : खरसैला।

सं. कल्पित प्राणी : सिंह से अधिक बलशाली और आठ पैरोंवाला : शरभ, अष्टपाद, अगौका, उत्पातक, उत्पादक, कुंजरारति, कुंजरारि, पर्वताश्रय, वनचर, वनचारी, शार्दूल।

येती, हिममानव, हिमपुरुष, snowman।

67. विभिन्न जीव (स्थलचर)

67.1. सं. सिंह, सिंघ, सिंधुरद्वेषी, सटांक, सटाल, सकृत्प्रज, सारंग, सुकेशर, सुकेसर, अगौका, अरण्यनृपति, अरण्यराज, इभमाचल, इभारि, कण्ठीरव, करभीर, करिदारक, करिमाचल, कलंकष, कुंजराराति, कुंजरारि, केशरी, केशी, केसरी, केहरी, गन्धोष्णीष, गजमाचल, गजमोटन, गजारि, गुहाशय, दीप्तपिंगल, द्विरदान्तक, द्विरदाशन, नखरायुध, नखायुध, नखी, नगौका, नभःक्रान्त, नभःक्रान्ती, नागान्तक, नागाराति, नागारि, नागाशन, नाहर, पंचनख, पंचमुख, पंचवक्त्र, पंचशिख, पंचानन, पंचास्य, पलंकष, पशुराज, पारिन्द्र, पारीन्द्र, बनपति, बनराज, बबर, बबरशेर, बब्बर, बहुबल, बियाल, भारि, भीमविक्रान्त, मरुत्प्लव, महानाद, महाविक्रम, महावीर, मानी, मृगदृष्टि, मृगद्विष्, मृगनाथ, मृगपति, मृगप्रभु, मृगराज, मृगरिपु, मृगादन, मृगाधिप, मृगाधिराज, मृगाराति, मृगारि, मृगाश, मृगाशन, मृगेश, रक्तजिह्व, वनराज, वनहरि, विक्रान्त, विपिनपति, विसंकट, व्यादीर्णास्य, व्याल, शारंग, शार्दूल, शूर, श्रृंगोष्णीश, शेर, शेरबबर, शैलाढ, शैलेय, शैलेयक, श्वेतपिंग, श्वेतपिंगल, श्वेतपिंगलक, हरि, हरिणाधिप, हरिणारि, हरिणेश, हीर, हर्यक्ष, हस्तिकक्ष्य, हिर्मास, हेमांग।

भूखा सिंह : अधप।

एशियाई/अफ्रीकी सिंह।

सिंहनी (स्त्री.), सिंहिनी (स्त्री.), सिंही (स्त्री.), सकृत्प्रजा (स्त्री.), कलंकषी (स्त्री), पंचमुखी (स्त्री.), पंचाननी (स्त्री.), शेरनी (स्त्री.), शेरमादा (स्त्री.)।

सिंह का बच्चा : सिंघेला, सिँघेला, सिंहशाव, सिंहशावक, सिंहशिशु, सिंहसावक, शेरबचा, शेरबच्चा।

सिंह की गरदन के बाल : अयाल, केशर, केसर, शंटा (स्त्री.), सटा (स्त्री.), सिंहकेशर, सिंहकेसर।

सिंह का मुख : सिंहवक्त्र।

सिंह कर नख : हरिनख।

सिंह की गर्जना : सिंहगर्जन, सिंहध्वनि (स्त्री.), सिंहनाद, सिंहनादक, सिंहप्रगर्जित, सिंहख, गर्जन (कर.), गरजना–, दहाड़ (स्त्री.), दहाड़ना–, स्तनथ, स्तनथु।

सिंह का वध : सिंहसंहनन।

वि. सिंह-सम्बन्धी, सैंह।

सिंहतुल्य, सैंह, सैंहिक।

सिंहाकार, शेरनुमा।

सिंह का सा मुँहवाला : सिंहमुख, सिंहास्य, शेरदहाँ, शेरमुहाँ।

सिंह की सी गरदनवाला : सिंहग्रीव।

सिंह का सा गर्वीला : सिंहदर्प।

सिंह के से कन्धोंवाला : सिंहस्कन्ध।

सिंह की सी दाढ़वाला : सिंहहनु।

सिंह की सी चालवाला : सिंहविक्रान्तगति, सिंहविक्रान्तगामी।

सिंह की सवारी करने वाला : सिंहवाह, सिंहवाहन, सिंहवाही।

सिंहों से भरा हुआ : सिंहाढ्य।

67.2. सं. बाघ, (समास में) बघ, कर्वर, द्वीपी, नाहर, पुण्डरीक, पृदाकु, भीरु, भीरुक, मरुवक, मृगयु, मृगयू, मृगराज, मृगश्रेष्ठ, मृगादन, मृगारि, वनश्वा, व्याघ्र, व्याल, शार्दूल, शेर, श्वव्याघ्र, सार्दूल, हस्तिकक्ष्य, हिंकार, हिंसारु।

छोटा बाघ : युयुक्खुर।

धारीदार/चित्तीदार/सफ़ेद/उसूरी बाघ; पीला शेर; रायल बंगाल टाइगर।

बाघिन (स्त्री.), बाघिनी (स्त्री.), कर्वरी (स्त्री.), व्याघ्री (स्त्री.), शेरनी (स्त्री.), शेरमादा।

बाघ का बच्चा : डाबरू, व्याघ्रशावक, व्याघ्रशिशु, शेरबच्चा।

बाघ का स्वभाव : व्याघ्रता (स्त्री.)।

बाघ की खाल : बघछाल, बघछाला, बघंबर, बाघंबर, व्याघ्रचर्म, शार्दूलचर्म, हरिचर्म।

बाघ का मुँह : व्याघ्रास्य।

बाघ की मूँछ का बाल : बघवार, शेर का बाल।

बाघ का रोआँ : व्याघ्रलोम।

बाघ का नख : व्याघ्रनख, व्याघ्रनखर।

बाघ की आवाज़ : गरज (स्त्री.), गरजना–, दहाड़ (स्त्री.), दहाड़ना–, हिंकार, हिंक्रिया (स्त्री.)।

वि. व्याघ्र-सम्बन्धी, वैयाघ्र।

व्याघ्रतुल्य, वैयाघ्रय।

व्याघ्रचर्ममण्डित, व्याघ्रचर्मावृत, वैयाघ्र, वैयाघ्रपरिच्छद।

बाघ का सा मुँहवाला : व्याघ्रमुख, व्याघ्रवक्त्र, व्याघ्रास्य।

बाघ की सी आँखोंवाला : व्याघ्राक्ष।

बाघ के से पैरोंवाला : व्याघ्रपद्, व्याघ्रपात्, व्याघ्रपाद।

67.3. सं. चीता, चित्रक, चित्रकाय, चित्रशार्दूल, उपव्याघ्र, कर्वर, क्षुद्रशार्दूल, गुलदार, तरक्ष, तरक्षु, तर्क्षु, द्वीपी, नखरायुध, नखायुध, नखी, पृदाकु, बिगहरि, मृगान्तक, मृगाद, मृगादन, वनश्वा, व्याल, शार्दूल, श्वाव्याघ्र।

मादा चीता (स्त्री.), कर्वरी (स्त्री.)।

67.4. सं. तेन्दुआ, गुलदार, चित्रकाय, तर्क्ष्यु।

हिम तेन्दुआ, साह; बदली/मेघिल तेन्दुआ, लमचित्ता, लमछिट्टा; काला तेन्दुआ।

67.5. सं. भेड़िया, इहामृग, ईहामृग, ईहावृक, कोक, गुर्ग, छगलांत्रिका, छगलान्त्री, छागभोजी, जनाशन, पिशितभुक्, पिशिताश, पिशिताशन, पिशिताशी, बिग, बिगहरि, बिघार, बीग, बृक, वत्सादन, वृक, श्वक, सालावृक, सिरहान, हरहा, हुँडार।

वृकी (स्त्री.)।

भेड़िये का बच्चा : सालावृकेय।

वि. भेड़िये की तरह देखनेवाला : वृकप्रेक्षी।

भेड़िये की तरह काम करने वाला : वृककर्मा।

भेड़िये का सा स्वभाववाला : वृकायु।

67.6. सं. लकड़बग्घा, लग्घड़, लघड़बग्गा, ईहावृक, चरख, चरग, तरक्ष, तरक्षु, बघेर, बघेरा।

चित्तीदार लकड़बग्घा।

67.7. सं. हाथी, हस्ति, हस्ती, अगज, अनलपंखचार, अनूप, असुर, इभ, कंजर, कंजार, कंबु, कफी, करटी, करभी, करि, करी, करेणु, करेणू, कलभ, कुंजर, कुम्भी, गज, गिरिमान, गैबर, चंदिर, चक्रपाद, चक्रपादक, चदिर, चलकर्ण, जर्त, जर्तु, जलकांक्ष, जलकांक्षी, दण्डबालधि, दन्तार, दन्ताल, दन्तावल, दन्ती, दँती, दन्तुर, दिवौका, द्विप, द्विपायी, द्विरद, द्विराप, द्विहनू, द्विहा, दीर्घपवन, दीर्घमारुत, दीर्घमुख, दीर्घवक्त्र, दीर्घास्य, द्रुमारि, नगज, नगरघात, नर्तक, नाग, पंचनख, पंचशाख, पद्मकी, पद्मी, पिण्डपाद, पिण्डपाद्य, पील, पीलु, पुण्ड्रकेलि, पुठकरी, पृदाकु, पृष्टहायन, पेचकी, पेचिल, फ़ील, पीलु, भद्र, पुण्डकेलि, भद्रदन्त, भद्रमन्द, भद्रमन्द्र, भद्रमृग, भार्गव, भूजन्तु, मन्दार, मतंग, मतंगज, मत्तकीश, महाकाय, महानाद, महामृग, मातंग, मातंगज, रणमत्त, रदनी, रदी, रसिक, राजीव, लंबकर्ण, लतानक, लतारद, लिंगी, वनज, वरांग, वरांगी, वारण, वारीट, वासन्त, वाहन, वितण्ड, वितुण्ड, विराणी, विलोमजिह्व, विलोमरसन, विषाणक, विषाणी, विस्तीर्णकर्ण, वेगदण्ड, वेतण्ड, वेतन्द, शक्रि, शक्व, शक्वा, शद्रि, शारंग, शिरस्तापी, शुण्डाल, शुण्डी, शूर्पकर्ण, शूर्पश्रुति, शृंगारी, शृंगी, सत्ति, सद्रि, सामज, सामजात, सामयोनि, सामोद्भव, सारंग, सिन्धुर, सिवर, सुण्डाल, सूचिकाधर, स्तंबेरम, स्त्रीध्वज, स्थूलपाद।

भारतीय हाथी; अफ्रीकी हाथी; अफ्रीकी बौना हाथी; भूरा हाथी।

भारतीय हाथियों के प्रमुख भेद : सवारी के लिए–कमरिया, कुमरिया, कुमेरिया; शिकार के लिए–पलँगदाँत; सुअरदन्ता; पथरदन्ता; सँकरिया; अँकुसदन्ता, मुण्डा; ऐन्द्रशिर।

जंगली हाथी, वन्य हस्ती, वनकरी, वनकुंजर, वनगज, वनद्विप, वनमातंग, वनसिन्धुर।

बड़ा हाथी, हस्तिराज, करिवर, करीन्द्र, करीश, करीश्वर, गजपति, गजपुंगव, गजमुख्य, गजराज, गजवर, गजेन्द्र, गयन्द, गैबर, नागराज, नागेन्द्र।

राजा की सवारी का हाथी : राजकुंजर, राजवाहन, औपवाह्य, जयमंगल, नागवारिक।

युद्ध का हाथी : सन्नाह्य।

विजयी राजा की सवारी का हाथी : जयमंगल।

सफ़ेद हाथी : श्वेतहस्ती, श्वेतकुंजर, श्वेतद्विप, सितवारण।

बौना हाथी : कमरिया।

दुष्ट/ख़ूनी हाथी : लागू, अतिविकट, व्याल, व्यालक।

बड़े दाँतोंवाला हाथी : दँतेल/दँतैला हाथी, उद्दन्तुर हस्ती, महादन्त।

एक दाँत सीधा और दूसरा नीचे की ओर झुका हुआ : अंकुशदन्ता, गुण्डा।

झुके हुए दाँतोंवाला : सुअरदन्ता।

सीधे नीचे की ओर बढ़े हुए दाँतोंवाला : पातालदन्ती।

टूटे हुए दाँतोंवाला : खण्डपर्शु।

एक दाँतवाला : एकदन्ता, गणेश, गनेसा।

बिना दाँत का या छोटे दाँतोंवाला : मकना, मकुना, विदन्त।

गँठीली पूँछवाला हाथी : कँगनीदुमा हाथी।

बड़ी पूँछवाला : बड़दुमा हाथी।

जिसकी पूँछ का सिरा साँप का फन जैसा हो : नागदुमा हाथी।

काले तालुवाला : किशनतालु हाथी, स्याहतालू हाथी।

काली जीभवाला हाथी : स्याहज़बान हाथी।

मदस्राव के कारण मतवाला हाथी : मत, मत्तदन्ती, मत्तनाग, मत्तवारण, मत्तेभ, मदकरी, मदद्विप, मदवारण, मदविक्षिप्त, मदवृन्द, मदांबर, मदार, मदोत्कट, मयगल, अंकुशदुर्धर, अन्तःस्वेद, अराल, कंटीरव, गन्धगज, गन्धद्विप, गन्धद्विरद, गन्धहस्ती, गन्धेभ, गर्जित, तुंगभद्र, दण्डार, धाराट, प्रभिन्न, सदादान।

दस साल का हाथी : पोत।

बीस साल का हाथी : पिक्क, विष्क।

साठ साल का हाथी : शुण्डार।

युद्ध के अयोग्य हाथी : वीत।

ऐबी हाथी : बालखण्डी।

काठ का हाथी : डित्थ।

खिलौने का हाथी : हस्तिक।

मादा हाथी (स्त्री.), हाथी की मादा, हथनी (स्त्री.), हथिनी (स्त्री.), हस्तिनी (स्त्री), इभयुवति (स्त्री.), इभी (स्त्री.), इभ्या (स्त्री.), कचा (स्त्री.), करिणी (स्त्री.), करेणु (स्त्री.), करेणू (स्त्री.), करेणुका (स्त्री.), कुंजरा (स्त्री.), कुंजरी (स्त्री.),

गजपत्नी (स्त्री), गजी (स्त्री.), गणेरु (स्त्री.), गणेरुका (स्त्री.), चदिरी (स्त्री.), नर्तकी (स्त्री.), नागी (स्त्री.), नागांगना (स्त्री.), नागांजना (स्त्री.), पंचशाखी (स्त्री.), पद्मिनी (स्त्री.), पिल्लका (स्त्री.), पुष्करिणी (स्त्री.), भद्रवती (स्त्री.), मनाका (स्त्री.), मलाका (स्त्री), वशा (स्त्री.), वामी (स्त्री.), वारुणी (स्त्री.), वाशिता (स्त्री.)।

जवान हथिनी : वाशितागृष्टि (स्त्री.)।

हाथी का बच्चा : हस्तिशावक, इभपोत, करिपोत, करिशाव, करिशावक, करभ, करभक, कलभ, कलभक, दिक्क, पिक्क, बालक, विक्क, शरभ, शिशुनाग।

मादा बच्चा : कलभी (स्त्री.)।

अल्पवयस्का हथिनी : इभपोटा (स्त्री.)।

हाथियों का झुण्ड : हस्तियूथ, हस्तिक, हास्तिक, अवग्रह, इभमर, गजयूथ, गजव्रज, गजसमूह, गजता (स्त्री.)।

छः हाथियों का झुण्ड : हस्तिषड्गण।

झुण्ड का प्रधान हाथी : हस्तिराज, नागवारिक, पीतु, यूथप।

झुण्ड से बहका हुआ हाथी : पक्षचर, पक्षधर।

हाथियों की सेना : हस्तिसेना (स्त्री.), करिस्कन्ध, कुंजरानीक, गजसेना (स्त्री.), गजसैन्य, गजव्रज।

हाथियों से बना व्यूह : हस्तिव्यूह।

हाथी की गरिमा : हस्तिवर्चस।

हाथियों का घेरा : गजमण्डलिका (स्त्री.)।

हाथी का स्वभाव : गजता (स्त्री.)।

हाथी के शरीर का पिछला भाग : अपर, अवर।

पार्श्वभाग, पक्षभाग।

हस्तिपृष्ठ, तल्पन, प्रवेष्ट।

पीठ की मांसपेशी : तल्पन, पृष्ठतल्पन।

रीढ़ : तल्पल।

गरदन : कलावा।

मस्तक : प्रतिमान।

ललाट : अवग्रह।

मस्तक के दोनों ओर ऊपर उभड़ा हुआ भाग : कुम्भ, इभकुम्भ; करिकुम्भ, गजकुम्भ।

दोनों कुम्भों के बीच का गड्ढा : कुम्भसंधि (स्त्री.), वाहित्थ।

कुम्भ का अन्तिम भाग : शंबूक।

दाँतोंवाला भाग : दन्तभाग।

मसूड़ा : प्रवेष्ट।

दन्तमूल : करीरा (स्त्री.), करीरिका (स्त्री.), करीरी (स्त्री.), करीरु (स्त्री.), करीरू (स्त्री.)।

हाथीदाँत, हस्तिदन्त, हास्तिकदन्त, काँप (स्त्री.), कुंज, गजदन्त, दन्तिदन्त, नागदन्त, नागदन्तक, फ़ीलदन्दाँ, विषाण।

बड़ा दाँत : गजदन्त।

छोटा दाँत : तुष।

दाँत पर चढ़ाया जाने वाला छल्ला : मुहाला, कटक, खुमी (स्त्री.), दन्तवेष्ट, बंगड़, बंगर।

दो दाँतों के बीच का स्थान : दन्तान्तर, प्रतिमान, रणरंक, शंख।

गाल/कनपटी : कट, करट, करटा (स्त्री.), चूलिका (स्त्री.), पलाप, रगण्ड, वातकुम्भ, शंख, सन्दान।

गण्डस्थल का छिद्र जिससे मद बहता है : गण्डभित्ति (स्त्री.)।

मद, मदजल, मदप्रसेक, मदप्रस्रवण, मदवारि, मदांबु, मदांभ, कादंबर, गण्डकुसुम, गजदान, गजमद, दन्तिमद, दान, दानकुल्या, दानतोय, दानवारि, शुण्ड, हस्तिमद।

मदजल बहने से बनी लकीर : मदलेखा (स्त्री.)।

सूँड़ (स्त्री.), सुँड, सुण्डा (स्त्री.), सूचिका (स्त्री.), स्थूलहस्त, स्रोत, कर, करभ, गजनासा (स्त्री.), तुण्ड, नागनासा (स्त्री.), नासा (स्त्री.), भुसुंड (स्त्री.), राजकर्ण, वारणकर, शुण्ड, शुण्डा (स्त्री.), शुण्डादण्ड, शुण्डार, हस्त, हस्तिनासा (स्त्री.), हस्तिशुण्ड, हस्तिहस्त।

सूँड़ की जड़ : शुण्डमूल।

सूँड़ का छोर : उँगली (स्त्री.), अंगुली (स्त्री.), अग्रहस्त, गण्डूक, गण्डूष, पुष्कर, पुष्करकर्णिका (स्त्री.), पुष्कराग्र, शंबूक।

सूँड़ पर का दाग़ : पद्म, पद्मक, विन्दुजालक।

सूँड़ का छेद : पुष्करमुख, स्रोतोरन्ध्र।

सूँड से निकाला हुआ पानी : वमथु।

जीभ : हस्तिजिह्वा (स्त्री.)।

आँख का गोलक : ईषिका (स्त्री.), ईषीका (स्त्री.)।

आँख का बाहरी कोना : निर्याण।

कान : नागकर्ण।

कान हिलाना : कर्णताल, कान फटफटाना–।

हाथी के कान फटफटाने की आवाज़ : झलज्झला (स्त्री.)।

पैर : प्रोह, प्रौह, हस्तिपद।

अगले पैरों का ऊपरी भाग : गात्र।

पैर का अगला भाग : वैशाखी।

तलवा : तबक।

नख : हस्तिनख।

पूँछ की जड़ : पेचक।

पूँछ : बालक, वालक।

पूँछ का एक भाग : वालपाशक।

रक्त : नागरक्त।

चमड़ा : गजखाल (स्त्री.), गजचर्म, नागाजिन।

हाथी को मारना : हस्तिघात।

हाथियों को भगाने का अस्त्र : हस्तिचार।

बिगड़े हाथी को डराने की मशाल : पोलक।

हाथी हाँकनेवाला : महावत, मेठ, अंकुशग्रह, अंकुशधारी, अंबष्ठ, आंकुशिक, आधोरण, इभपालक, इभ्य, करिप, कुंजरारोह, गजपाल, गजाजीव, गजारोह, नागवारिक, निषादी, पीलपाल, पीलबान, पीलवान, फ़ीलवान, हस्तिचारी, हस्तिजीवी, हस्तिप, हस्तियक, हस्तिपाल, हस्तिपालक, हस्तिवाह, हस्त्याजीव, हस्त्यारोह, हास्तिक, हाथीवान।

महावत के बैठने की जगह : आसन, कलादा, कलावा, स्कन्धदेश।

हाथी के गले में पड़ी हुई रस्सी जिसमें पैर फँसाकर महावत हाथी हाँकता है : कलाबा, कलाव, कलावा, किलाया, किलावा, कलाप, कलापक।

हाथी को बुलाने का शब्द : गजाह्वान, हक्क।

हाथी को आगे बढ़ाने का शब्द : अगत।

हाथी हाँकने का दोमुँहा काँटा : अंकुश (दे.मार. लगा.), अंकूष, अवग्रह, आँकुस, कंकट, कजक, कज़क, गजबाँक, गजबाग, प्रवयण, बेधिया, वक्रकील, वेधनी (स्त्री.), शृणि (स्त्री.), सृणि (स्त्री.), सृणिक, सृणी (स्त्री.), हस्तिवाह, हुरुट्टक।

अंकुश की नोक : अपष्ठ।

अंकुश का दस्ता : सूना (स्त्री.)।

मस्त हाथी के साथ भाला लेकर चलनेवाला महावत : गड़दार।

हाथी पर चढ़ना : अधिरोह, अधिरोहण।

हाथी का सवार : हाथीनशीन, हस्तिप, हस्त्यारोह, हस्त्यारोही, हास्तिक, कटिरोहक, गजारोही, गजी, मतंगी, लेसक, लेसिक।

हाथी रखनेवाला : इभपालक, इम्य; गजपति।

हाथी पर कसने का गद्दा : गदाला (कस.), गदेला।

हाथी की पीठ पर कसा जाने वाला आसन : हौदा (कस.), हौदज, अंबारी (स्त्री), अम्मारी (स्त्री.), कक्ष्या (स्त्री.), वरण्डक।

हौदा कसने का तसमा : तंग, कक्ष्या (स्त्री.), चूषा (स्त्री.), वरत्रा (स्त्री.)।

हाथी रखने का घर : हाथीख़ाना, हथसार (स्त्री.), हस्तिशाला (स्त्री.), गजबन्धन, गजबन्धनी (स्त्री.), गजबंधिनी (स्त्री.), गजशाला (स्त्री.), पीलख़ाना, फीलख़ाना, वारणशाला (स्त्री.), वारि (स्त्री.), वारी (स्त्री.)।

दो लड़ाके हाथियों के बीच की दीवार : वरण्ड।

हाथी बाँधने का खूँटा : अक्षोभ, आलान, करिबन्ध, क्षोड, गजबन्धन, गजबन्धनी (स्त्री.), गजबंधिनी (स्त्री.)।

रस्सा : आलान, कक्षा (स्त्री.), कक्ष्या (स्त्री.), दूष्य, दूष्या (स्त्री.), बरेता।

साँकल : अन्दु, अन्दुक, अन्दू, अन्दूक, निगड, वारि (स्त्री.), वारी (स्त्री.), शृंखल, सिक्कड़।

काठ की बेड़ी : अँदुआ।

हाथी के पैर का वह भाग जहाँ रस्सा/साँकल बाँधा जाता है : सन्दान।

हाथी हाँकने की छड़ी : तोत्र।

रात का चारा : रतवाँस।

हाथियों की देखभाल करने वाला : हस्तिनागरिक, हत्स्यध्यक्ष।

हाथियों का व्यापारी : हस्तिव्यवसायी, हस्त्याजीव, गजाजीव।

हाथी फँसानेवाला : कुंजरग्रह, नागबन्धक।

हाथी फँसाने का स्थान : खेदा, हस्तिबन्ध।

हाथी फँसाने का गड्ढा : अवपात, कूटावपात, वारि (स्त्री.), वारी (स्त्री.)।

हाथी फँसाने के लिए पालतू हाथी : कुंकी (स्त्री.), कूँकी, कुमकी (स्त्री.), हस्तिबन्धनी (स्त्री.)।

हाथी का रास्ता : हस्तिपद।

हाथी का नहाना : हस्तिस्नान, गजस्नान।

हाथी की सजावट : कल्पना (स्त्री.), सज्जना (स्त्री.)।

शोभा के लिए बनायी जाने वाली बिन्दी : विन्दु, विन्दुजाल; गजमंडल।

गले का गहना : नक्षत्रमाला (स्त्री.)।

पीठ पर डाला जाने वाला चौकोर कपड़ा : झूल (स्त्री.), आस्तर, आस्तरण, कुथ, कुथा (स्त्री.), गजगाह, चित्रकंबल, परिष्टोम, परिस्तोम, प्रवेणि (स्त्री.), प्रवेणी (स्त्री), प्रवेष्ट, वर्ण।

युद्ध के लिए लोहे की झूल : पाखर (स्त्री.), प्रक्खर, चारआईना, गजगाह।

गले के लिए लोहे की झूल : गलझंप।

पाखर डाला हुआ हाथी : पखरैत।

हाथियों की लड़ाई : साँटमारी (स्त्री.), साटमारी (स्त्री.)।

हाथियों को लड़ाने वाला : साटमार।

हाथी का चिल्लाना : चिंघाड़ना–,चिंघाड़ (स्त्री.) (मार.), चिग्घाड़ (स्त्री.), चिघाड़ (स्त्री.), चिघ्घाड़ (स्त्री.), चिकरना–,चित्कार, चीत्कार, आडंबर, कूह (स्त्री.), गर्ज, परिबृंहित, बृहण, बृंहित, हस्तिगर्जन।

चिंघाड़ता हुआ हाथी : गर्ज।

हाथी पर चलनेवाली तोप : हथनाल (स्त्री.) (दे.51)।

हाथी पर लगा हुआ झण्डा : करिवैजयन्ती (स्त्री.)।

झण्डा लगा हुआ हाथी : निशान का हाथी।

हाथी पर रखकर बजाया जाने वाला नगाड़ा : गजढक्का (स्त्री.)।

हाथी से खींचा जाने वाला रथ : गजरथ।

रोग : पीठ का घाव–गदचाम; नाख़ूनों का गलना–गलनहाँ; खूरन; पाँव फूलना–नसफाड़।

हस्तिचिकित्साशास्त्र : हस्त्यायुर्वेद, गजायुर्वेद।

हाथियों को साधने की विद्या : हस्तिशास्त्र, गजशिक्षा (स्त्री.)।

हस्तिशास्त्र का प्रवर्तक : करेणुभू, करेणुसुत, पालकाप्य, पालकाव्य।

(पौरा.) इन्द्र का हाथी : ऐरावत, ऐरावण, अभ्रनाग, अभ्रमातंग, अभ्रमुप्रिय, अभ्रमुवल्लभ, अर्कसोदर, इभराज, करीन्द्र, करीश, करीश्वर, गजेन्द्र, नागपति, नागमल्ल, नागराज, नागेन्द्र, नागेश्वर, भद्ररेणु, मदांबर, मल्लनाग, शक्रदन्ती, श्वेतकुंजर, श्वेतगज, श्वेतद्विप, श्वेतहस्ती, सदादान, सितकुंजर, सितवारण, सुरकरीन्द्र, सुरकरी, सुरगज, सुरद्विप, हस्तिमल्ल।

देवताओं का हाथी : देवहस्ती, सुरहस्ती, सुरेभ, खर्दंती।

महाभारत : अश्वत्थामा।

दिग्गज (दे.183)।

हाथी के मस्तक से मिलनेवाला कल्पित मोती : गजमणि, गजमुक्ता (स्त्री.), गजमोती, गजमौक्तिक, गजगौहर, सिन्धुरमणि।

वि. हस्ती-सम्बन्धी, हास्तिक, हास्तिन, कौंजर, ऐभ।

हाथी जितना ऊँचा : हस्तिद्वयस।

हाथी जितना गहरा : हास्तिन।

हाथीदाँत का बना हुआ : गजदन्ती, दान्तक, दान्तिक, हास्तिदन्त।

अंकुशित।

अंकुशी।

सजा हुआ : अलंकृत, शृंगारधारी।

जिस हाथी के गण्डस्थल से मद चू रहा हो : प्रभिन्नकरट।

मदमत्त, मदविक्षिप्त, मदाकुल, मतवाला, मत्त, मस्त।

गलनहाँ रोग से ग्रस्त : गलनहाँ।

हस्तिघ्न।

67.8. सं. घोड़ा (दौड़ा. भगा. उठा. उड़ा), (समास में) घोड़, घोट, घोटक, (समास में) घुड़, अप्सुयोनि, अमृतसहोदर, अमृतसोदर, अर्वा, अव्यथय, अश्व, अश्वक, आशु, एकशफ, किंकिर, कीकट, कीका, कीकान, केशरी, केसरी, क्रमण, खरु, खेट, गन्धर्व, गुह, चामरी, जवन, जविन, जवी, तार्क्ष्य, तुरंग, तुरंगक, तुरंगम, तुरग, तुरय, तुरी, धाराट, धौरेय, नर, निगालवान्, पतत्री, परुद्धार, पीति, पीती, पीथी, पेली, प्रकीर्णक, प्रचेलक, प्रमथ, प्रयाग, प्रायुद्धेषी, प्रोथी, बाजि, बाजी, बाद, ब्रह्माग्रभू, ब्रह्मात्मभू, मय, मराल, मरुद्रथ, माषाश, माषाशी, मुद्गभुक्, मुद्गभोजी, मुहुर्भुक, ययी, ययु, युयु, युद्धसार, रख़्श, रथवाह, रसिक, राजस्कन्ध, राम, लक्ष्मीपुत्र, ललाम, वह, वह्नि, वाजी, वाडवेय, वातायन, वासुदेव, वाह, वाहन, वाहनश्रेष्ठ, वाहश्रेष्ठ, वि, विमान, वीति, वृषल, शालिहोत्री, शिखी, शैव्य, श्रीभ्राता, सर्ता, सिंहविक्रम, सुतोर, सुपर्ण, सैन्धव, हंस, हय, हरि, हर्यत, ह्वेषी।

अच्छी नस्ल का घोड़ा : अजानीय, अजानेय, आजानेय, चोस्क, वितन्तु, समन्द, हयन्द।

अच्छी चालवाला घोड़ा : विनीत, साधुवाह, साधुवाही।

तेज चालवाला घोड़ा : जवन, जवाधिक, प्रजवी, यवन, वाताश्व, भूमिपक्ष, भूमिरक्षक।

अड़ियल घोड़ा : शूलक।

भड़कनेवाला घोड़ा : शूकल।

बिगड़ैल घोड़ा : भूकल।

शोभायात्रा के साथ चलनेवाला सजा-सजाया खाली घोड़ा : जुलूसी घोड़ा, जिलौ, कोतल, नौबती, बीजाश्व।

ख़ास सवारी के काम आने वाला घोड़ा : कोतल।

ख़ास मौक़ो पर काम आने वाला घोड़ा : कोतल।

युद्ध का घोड़ा : युद्धाश्व, वारकीर।

यज्ञ का घोड़ा : यज्ञतुरंग, यज्ञाश्व, क्रतुपशु, क्रतुहय।

अश्वमेध का घोड़ा : अश्वमेधिक, अश्वमेधीय, ययि, ययी, ययु, हर्यत।

अश्वमेध के घोड़े का भ्रमण : हयचर्या (स्त्री.)।

लदुआ घोड़ा : पृष्ठ्य, पृष्ठ्या (स्त्री.), स्थुरी, स्थूरी, स्थोरी, स्थौरी।

प्रजनन के काम आने वाला घोड़ा : साँड़, वृषण।

घोड़ी जैसा घोड़ा : वडब।

लावारिस घोड़ा : अश्वक।

घटिया घोड़ा : अश्वक।

जिस घोड़े पर सवारी न की गयी हो : स्थूरीपृष्ठ।

बूढ़ा घोड़ा : मलेपंज।

कमज़ोर घोड़ा : मरियल टट्टू।

प्रमुख जाति-भेद : अलाई; एकाण्ड; कनकानी; करनेता, कर्नेता; कारूनी (स्त्री); गुंठा; धन्नी; बुलाकी; बोज; बोलसर; बोल्लाह; भीम्राथली; भुठौर; मेमना; रकवाहा; रूनी; रौहाल; वोरता; वोरूखान; सिरगा; सुनोची; सेलिया।

प्रमुख स्थान-भेद : (अरब) अरबी, ताज़ी; (कंबोज) कांबोज; (कच्छ) कच्छी, काठियाबाड़ी; (काबुल) किलवाँक; (केकाण) कीकान; (फ़ारस) पारसिक, पारसीक; (बलख) बाल्हक, बाल्हिक, बाल्हीक, बाहिलज; (भूटान) भूटानी; (रेगिस्तान) भुठार, भुठौर; (वनायु) वनायुज, वानायुज; (शीराज़) शीराज़ी, सिराज़ी; (सिन्ध) सिन्धी, सिन्धुजात, सिन्धुवार, सैन्धव।

नॉरफोक; पर्केरान; पालमीनो; फ्लैण्डर्स; मौरगन; सैडल; स्पनी।

प्रमुख रंगभेद : (काला) आनील, खुंगाह, नीलक, मुश्की, शबरंग; (चितकबरा) अबलक, अबलख, चित्रिताश्व, हलाह; (पीला) ज़रदा; (बादामी) बादामी, बदामी, शरग़ा, समन्द; (बैंगनी) ऊदा; (भूरा) हरिक; (लाल) कियाह, सुरंग; (मटमैला लाल) लाखी, लक्खी, लखी, गर्रा; (किरमिजी) किरमिज; (स्याही मायल लाल) कुम्मैत, कुम्मैद, कुरंग, तेलिया कुम्मैत/सुरंग; (हर तरह से दुरुस्त कुम्मैत) आठों गाँठ कुम्मैत; (सफ़ेद) कर्क, कोकाह, नुकरा, पीयूषवर्ण, महावीर, श्वेतवाजी, श्वेतहय, सेराह; (ज़रदी मायल सफ़ेद) खोंगाह; (काँच जैसा सफ़ेद) पंगुल; (माथे पर दाग़वाला सफ़ेद) सेरुराह; (स्याही मायल सफ़ेद) सब्ज़ा, खिंग; (काले दाग़वाला सब्ज़ा) मक्सी; (हिनाई) हाँसल, हाँसुल।

अन्य प्रमुख भेद : (काली आँख) आदमचश्म; (कंजी आँख) कंजई; (उल्लू की सी आँख) चोगद; (अगला दायाँ पैर सफ़ेद) चपदस्त; (छोटी दुम और छोटे अयाल) वोल्लाह; (तीन पैर सफ़ेद या एक रंग के) अरज़ल; (पीठ पर काली धारी, कुल्ला; (मुँह के सफ़ेद रोओं के बीच अन्य रंग के रोएँ) अक़रब; (रंग बादामी, दुम और अयाल काले) समन्द; (गरदन और पूँछ के बाल पीले) बुलाह; (तालु काला) स्याहतालू; (जीभ काली) स्याहज़बान; (कूबड़वाला) गावकोहान; (फटे खुरोंवाला) गावसुमा, गावसुम्मा; (सिर और पैर सफ़ेद) पंचकल्याण, पंचकल्याणक, पंजकल्यान; (आँखों पर सफ़ेद धब्बे) मल्लिकाक्ष, मल्लिकाख्य; (बाहर निकले हुए दाँत) गजदन्त।

सुलक्षणयुक्त घोड़ा : वल्लभ, वारकी।

छोटे क़द का घोड़ा : टट्टू, टटुआ, टाँगन, टाँघन, अश्वक, कुही, घुड़ला, बालका।

पहाड़ी टट्टू : गूँठ, याबू।

नटखट टट्टू : कुटार।

टट्टू के भेद : भोटिया; मणिपुरी; शेटलैण्ड।

घोड़ी और गधे का संकर : खच्चर, खर, खेसर, अतिभारग, अध्वग, अश्वखरज, अश्वतर, गर्दभाश्व, गोकर्ण, बिसरात, बेसर, बेसरा, मय, मिश्रज, मिश्रशब्द, वेगसर, वेशर, वेश्वर, वेसर, संकराश्व, सकृद्गर्भ, सुरूहक।

मादा घोड़ा (स्त्री.), घोड़े की मादा, घोड़ी (स्त्री.), घोटिका (स्त्री.), घोटी (स्त्री.), अर्वती (स्त्री.), तुरंगमी (स्त्री.), तुरंगी (स्त्री.), तुरगी (स्त्री.), तुरी (स्त्री.), प्रसू (स्त्री), प्रसूका (स्त्री.), बड़वा (स्त्री.), मया (स्त्री.), रोहित् (स्त्री.), वडवधेनु (स्त्री.), वडबा (स्त्री.), वडवा (स्त्री.), वाजिनी (स्त्री.), वामी (स्त्री.), सुसैन्धवी (स्त्री.), हयी (स्त्री.)।

मादा टट्टू (स्त्री.), टटुई (स्त्री.), घुड़िया (स्त्री.), घोड़िया (स्त्री.)।

मादा खच्चर (स्त्री.), खच्चरी (स्त्री.), मया (स्त्री.)।

घोड़े को सिखलाकर सवारी के योग्य बनाना : घोड़ा निकालना–/फेरना–।

घोड़े को गोलाई में घुमाना : घोड़ा फेरना–,घोड़े को काबा देना–/कावे पर लगाना–,अटेरन फेरना–।

घोड़े का गोलाई में घूमना : कावा काटना–/खाना–/मारना–।

घोड़ा फेरने का चक्कर : अटेरन, कावा।

घोड़े को बाँधकर गोलाई में घुमाना : अटेरन, कावा।

नये घोड़े पर पहली बार सवार होना : घोड़ा उलाँगना–।

घोड़े को कदम की चाल सिखाना : कदम निकालना।

घोड़े पर जीन कसना : घोड़ा कसना–/पलाना–।

घोड़ा हाँकना–,टिटकारना–,टिटकारी (स्त्री.) (दे.भर.), टिक-टिक (स्त्री.) (कर.); टिटकारी पर घोड़े का चलना : घोड़े को तेज दौड़ाने के लिए चाबुक से मारना। घोड़ा मारना। ऐड़ से मारना-।

एड़ देना–/मारना–/लगाना–।

किसी ओर या किसी के पीछे घोड़ा दौड़ाना : घोड़ा छोड़ना–/डालना–/फेंकना–।

घोड़ा कुदाना–/खुँदाना–।

चलते-चलते घोड़े का थक जाना : घोड़ा मर जाना–।

घोड़े का बिदकना–/भड़कना–;चौकन्ना होना–,कान खड़े करना–,कनौतियाँ बदलना–।

घोड़े का पिछली टाँगों के बल खड़ा होना : जमना–,अलफ़ होना–,चिराग़पा होना–,सीख़पा होना–,पुरुष, पुरुषक।

सवार के आदेश के विरुद्ध घोड़े का चलना : घोड़ा फटना–।

एकाएक रोके जाने पर घोड़े का पाँव मारना : खूँद (स्त्री.), करना–,खुँदना–।

घोड़े की टाप से कुचलवाना : खुँदवाना–।

जीन आदि खोलना : घोड़ा खोलना–।

घोड़े का काटना–/मुँह चलाना–।

घोड़े के पिछले पैरों की लात : दुलत्ती (स्त्री.) (चला. छाँट. झाड़. फेंक. मार.), पिछलत्ती (स्त्री.), लत्ती (स्त्री.) (चला. फटकार. मार.)।

घोड़ी को घोड़े से जोड़ा खिलाना : घोड़ा देना–।

सवार को पास न आने देना : पुट्ठे पर हाथ न रखने देना–।

घोड़ों के लिए संख्यासूचक शब्द : पुट्ठा, रास।

बच्चों के खेलने का घोड़ा : घुड़ला, घोरिला।

घोड़े का बच्चा : बछेड़ा, अश्वशावक, किशोर, बालक; बछेड़ी (स्त्री.)।

जवान हो चला बछेड़ा : अललबछेड़ा, पट्ठा।

घोड़ों का झुण्ड : अश्वदल, अश्वचक्र, अश्वीय, आश्व, आश्वीय, हयच्छटा (स्त्री), हयदल, हयस्कन्ध, हरिगण।

घोड़ियों का झुण्ड : बाडव, वाडव।

घोड़ों की जोड़ी : अश्वगोयुग।

घोड़े की चाल, अश्वगति (स्त्री), धारा (स्त्री)।

धीमी चाल, क़दम की चाल, क़दम।

मद्धिम चाल (स्त्री), मीठा पोइया।

पोइया चाल (स्त्री), पोइया (स्त्री) (जा.), पोई (स्त्री), रेचित।

उछालभरी चाल, लंगूरी (स्त्री), वल्गन, वल्गिन।

दुलकी चाल (स्त्री), दुलगी (स्त्री) (चल.जा.), धोरण, धोरित, धौरितक, धौर्य।

चौकड़ी भरी चाल, प्लुत।

सरपट चाल (स्त्री), सरपट (स्त्री), आस्कन्द, आस्कन्दन, आस्कंदित, आस्कंदितक, उपकण्ठ, कड़क (स्त्री), डपट (स्त्री), विप्लाव।

अन्य चालें : धारित, धारितक; पुलायित; रहवाल (स्त्री); रौहान।

घोड़े की पीठ : अश्वपृष्ठ, कश्य।

गरदन : निगाल।

गरदन के बाल : अयाल (दे.67.1), याल (स्त्री), तेजनी (स्त्री)।

सिर : हयशिर।

सिर का एक भाग : स्तुव।

लंबा निकला हुआ मुँह : थूथन (दे.66), घोणा (स्त्री), प्रोथ।

नाक : प्रोथ।

कान : अश्वकर्ण, अश्वकर्णक।

आँख : अश्वाक्ष।

आँख का सफ़ेद दाग़ : मल्लिकाक्ष, मल्लिकाख्य।

चूतड़ : पुट्ठा।

पूँछ : बालक (दे.66), वालक।

पूँछ की जड़ (दे.66)।

पूँछ का बाल : बाल, वाल।

खुर (दे.66), अश्वखुर, वर्तक, विंख, सुम।

सुम और टखने के बीच का भाग : गामचा।

खुर का तलवा : टाप (स्त्री), पुट, मण्डूकी (स्त्री)।

टाप में लगाया जाने वाला लोहे का अर्धचन्द्राकार टुकड़ा : नाल (जड़. बाँध.), खुरत्राण।

नाल जड़ाई (स्त्री), नालबन्दी (स्त्री), खुरबन्दी (स्त्री)।

चारों टापों की नालबन्दी : चौबन्दी (स्त्री)।

नाल जड़नेवाला : नालबन्द।

खुर का निशान : खुरी (स्त्री), खुरन्यास, खुरपदवी (स्त्री)।

ज़मीन पर घोड़े के पाँव पड़ने का शब्द : टाप (स्त्री), हयनिर्घोष।

खुर से ज़मीन खोदना : खुरी (स्त्री) (कर.), खुरू (कर.)।

खुर का आघात : खुरतार।

घोड़े के शरीर पर का दाग़ : पदुम, पद्‌म।

बालों का एक जगह घुमाव : भौंरी (स्त्री.) (पड़), भँवरी (स्त्री.), आवर्त, आवर्तक।

भौंरियाँ : माथे की–अगनी (स्त्री.); गले पर दायीं ओर–वार्दर; कान के पास–अरवल; गले पर–कण्ठशूल; छाती के पास–गोम (स्त्री.); तंग कसे जाने की जगह–गंगापाट; अगले पैर में–भुजबल; अशुभ–साँपिन (स्त्री.)।

घोड़े का चमड़ा : किरकिन, कीमुख़्त।

घोड़े को सजाने का सामान : साज।

साज : मुँहपटा; सिरबन्द।

दुम के नीचे का तस्मा : दुमची (स्त्री.), पुच्छबन्ध।

पीठ पर डालने का कपड़ा : झूल (स्त्री.) (दे.67.7), दामनी (स्त्री.)।

युद्‌धाश्व के लिए लोहे की झूल : पाखर (दे.67.7)।

गरदन पर डालने का कपड़ा : गरदनी (स्त्री.)।

दोरंगी गरदनी : गंगाजमुनी (स्त्री.)।

घोड़े के मुँह पर पहनाने का साज : मुहरा।

घोड़े पर बैठी मक्खियाँ उड़ाने के लिए घोड़े की पूँछ के बालों का चँवर : चँवरी (स्त्री.), चमरी (स्त्री.), चौंरी (स्त्री.)।

लोहे की छड़ जो घोड़े के मुँह में रखी जाती है : लगाम (स्त्री.) (चढ़ा. लगा. उतार.), अभीशु, अभीषु, अवक्षेपणी (स्त्री.), कविक, कविका (स्त्री.), कविय, कवीय, खलिन, खलीन, दन्तालिका (स्त्री.), दन्ताली (स्त्री.), मुखयन्त्रण, मुखरिका (स्त्री.), मुखरी (स्त्री.), रणिका (स्त्री.), वागा (स्त्री.)।

लगाम के दोनों ओर बँधा हुआ रस्सा/तस्मा : बाग (स्त्री.), बागडोर (स्त्री.), पल्ययन, पल्लवन, प्रग्रह, प्रग्राह, मुखरज्जु (स्त्री.), रज्जु (स्त्री.), रास (स्त्री.), लगाम (स्त्री.), वल्गा (स्त्री.)।

गले की रस्सी : गराँव, कण्ठी (स्त्री.)।

गराँव से बँधी हुई रस्सी : अगाड़ी (स्त्री.)।

गले का पट्टा : गण्डा।

पिछले पैरों में बाँधने की रस्सी : गोड़गाव, गोड़वाँस (स्त्री.), दामांचल, दामांजन

गोड़गाव को खूँटे से बाँधने की रस्सी : पिछाड़ी (स्त्री.)।

घोड़ा बाँधने का खूँटा : अश्वशंकु।

घोड़े की पीठ पर रखने की गद्दी : जीन (कस.), गद्दी (स्त्री.), चारजामा (कस. बाँध.), तुरंगास्तरण, पर्ययण, पर्याण, पलान (कस. बाँध.), पलानना–, पल्ययन।

काठ लगा हुआ जीन : काठी (स्त्री.) (कस. बाँध.)।

जीन के नीचे की गद्दी : रफ़ीदा, उठतक, उड़तक।

जीन पर डालने का कपड़ा : जीनपोश, गासिया।

जीन कसने की पेटी : तंग।

हथियार लटकाने के लिए जीन से टँकी हुई पट्टी : करबूस।

जीन बनाने वाला : जीनसाज।

जीन के दोनों ओर लटकता पावदान : रकाब (स्त्री.), रिकाब (स्त्री.), पागर, पायड़ा, पायरा।

रकाब लटकाने का तस्मा : रकाबधाल।

घोड़े के सिर पर लगाने की कलगी : चँवर, चमरशिखा (स्त्री.), प्रकीर्णक।

आँख पर लगाने की पट्टी : धौंटा, अँधियारी (स्त्री.) (दे.480)।

पूँछ बाँधने की डोरी : वालबन्ध, वालबन्धन।

बदन साफ़ करने का कन्धा : खरहरा (कर.), खरहरना–, खरेरा।

चाबुक, अश्वाजनी (स्त्री.)।

घोड़े का चारा : रातिब (दे.पा. मिल. खा.), वाडबहरण, वाडवहरण।

रात का चारा : रतवाँस।

घोड़े को दाना खिलाने का थैला : तोबड़ा, थोबड़ा, वक्त्रपट्ट।

घोड़ों का चरवाहा : अश्वनाय।

घोड़े का मल : लीद (स्त्री.), अश्वशक, अश्वशकृत्।

घोड़े की बोली : हिनहिनाहट (स्त्री.), हिनहिनाना–, हिंकरना–, हींसना–, हींस (स्त्री.), हेष, हेषा (स्त्री.), हेषित, ह्रेषा (स्त्री.), ह्रेषित, रेषण, रेषा (स्त्री.)।

घोड़े की खाँसी : धाँसी (स्त्री.), धाँसना–।

घोड़े का खर्राटा : स्वार।

घोड़ा बाँधने का स्थान : अस्तबल, अश्वकुटी (स्त्री.), अश्वगोष्ठ, अश्वशाला (स्त्री.), आखर, आख़ुर, आख़ोर, घुड़सार (स्त्री.), घुड़साल (स्त्री.), घोड़सार (स्त्री.), घोड़साल (स्त्री.), तबेला, तुरंगशाला (स्त्री.), तुरंगस्थान, पायगाह, बन्धनस्थान, मंदिरा (स्त्री.), मन्दुरा (स्त्री.), वाजिशाला (स्त्री.), हयगृह, हयशाला (स्त्री.), हयालय।

अस्तबल का दारोग़ा : मीर आख़ोर।

घोड़े की सेवा करने वाला आदमी : साईस, सईस, अश्वनिबंधिक, अश्वपाल, अश्वपालक, अश्वबन्ध, अश्वरक्ष, अश्ववार, अश्ववारक, तुरंगमी, तुरंगरक्ष, तुरगोपचारक, भोगपाल, भोगिक, मन्दुरापति, मन्दुरापाल, मन्दुरिक, वल्लभपाल, वल्लभपालक, वाजियोजक, वाहनप, हयज्ञ।

साईस का काम : साईसी (स्त्री.)।

प्रधान साईस : अश्वपाल, हयाध्यक्ष।

घोड़े का मालिक : अश्वपति।

घोड़े का व्यापारी : हयज्ञ, हेडावुक्क, हेलावुक्क।

घोड़े का बाज़ार : नख़ास, नख़्ख़ास।

घोड़े को चाल सिखाने का काम : चाबुकसवारी (स्त्री.), अश्वशिक्षण, ऊर्ध्वावर्त, हयशास्त्र, हयशिक्षा (स्त्री.)।

घोड़े का लक्षण : अश्वलक्षण।

अश्वलक्षण जानने का शास्त्र : अश्वविद्या (स्त्री.), अश्वशास्त्र, हयकर्म, हयज्ञान, हयतत्त्व, हयविद्या (स्त्री.)।

घोड़े की सवारी : घुड़सवारी (स्त्री.), घोड़सवारी (स्त्री.), अश्वारोह, अश्वारोहण, अश्वहृदय, हयारोह।

घोड़े को सवारी के काम में लाना : जीनसवारी (स्त्री.)।

घोड़े की दौड़ : घुड़दौड़ (स्त्री.) (दे.700)।

वि./सं. घोड़े को चाल सिखाने में कुशल : अश्व-प्रशिक्षक, अश्वशिक्षक, अश्वकुशल, अश्वकोविद, अश्वविद्, चढ़ैया, चाबुक़सवार, हयकोविद्।

घुड़सवार, घोड़सवार, अश्वपति, अश्ववह, अश्ववार, अश्ववारक, अश्ववाह, अश्ववाहक, अश्वसाद, अश्वसादी, अश्वारोह, अश्वारोही, असवार, तुरंगमी, तुरंगयायी, तुरंगसादी, तुरंगारूढ, तुरंगी, तुरगारोह, तुरगी, रोहक, सवार, सायी, हयारूढ, हयारोह, हयी।

सवार के पीछे बैठनेवाला : रदीफ़।

सं. अश्वारोही दूत : अश्वदूत।

अश्वरोही सैनिक : आश्विक।

अश्वारोही सेना (स्त्री.), अश्वानीक, रिसाला।

अश्वारोही सेना का नायक : अश्वाध्यक्ष, रिसालदार।

अश्वारोही सैनिकों से घिरा हुआ व्यूह : अश्वव्यूह।

घोड़े पर ढोयी जाने वाली तोप : घुड़नाल (स्त्री.) (दे.51)।

घोड़े को रथ आदि में जोतना : अश्वयोग, हरियोजन।

घोड़े से खींचा जाने वाला रथ : आश्व (दे.298.)।

घोड़ागाड़ी (स्त्री.), (दे.298)।

घोड़े को गाड़ी चलाना सिखाने की गाड़ी : खड़खड़िया (स्त्री.) (दे.298.3)।

घोड़े के चलने लायक़ रास्ता : वाह्याली (स्त्री.)।

घोड़े से एक दिन में चलने लायक़ रास्ता : आश्वीन।

घोड़े को लगनेवाली मक्खी : घुड़मक्खी (स्त्री.)।

घुड़सवारी का श्वाँग : कठघोड़ा, नीलीघोड़ी (स्त्री.)।

घोड़े का जुक़ाम : रेजस, रेजस छीमा।

अधिक नमक खाने से होने वाला रोग : लवणव्यापत्।

दम फूलने का रोग : नाहरसाँस।

घोड़े का चिकित्साशास्त्र : अश्ववैद्यक, अश्वहृदय, अश्वायुर्वेद, शालिहोत्र, सलोतर, हयायुर्वेद।

घोड़े का चिकित्सक : अश्ववैद्य, शालिहोत्री, सलोतरी।

अश्ववैद्यक का प्रवर्तक : शालिहोत्र।

(पौरा.) इन्द्र का घोड़ा : उच्चैःश्रवा, अमृतसहोदर, अमृतसोदर, देवाश्व, बिल, लक्ष्मीसहज, लक्ष्मीसहोदर, वडवाभर्ता, वाजिराज, वृषणश्व, श्वेतवाजी, श्वेतहय, हरि, हरितुरंगम, हरितुरग, हरिहय, हर्यश्व।

गन्धर्वों/देवताओं का घोड़ा : दानवज्र।

वि. घोड़ा-सम्बन्धी, अश्वीय, आश्व।

घोड़ी-सम्बन्धी, बाडव, वाडव।

टट्टू-सम्बन्धी, टटुआनी, टटुई।

घोड़े से खींचा जाने वाला : आश्व, आश्विक।

अश्वारूढ़, आश्विक।

घोड़ा जुता हुआ : अश्वयुक्।

घोड़े जैसा बलशाली : अश्वत्थाम।

घोड़े का सा वेगवाला : वाजिवेग।

घोड़े का सा सिरवाला : हयशिर, हयशीर्ष, हयशीर्षा।

घोड़े के समान मुँहवाला : घुड़मुँहा, घोड़मुँहा।

घोड़े का लक्षण जाननेवाला : अश्वविद्, आश्वलक्षणिक।

लगाम को न माननेवाला : मुँह का कड़ा/सख़्त, मुँहज़ोर।

लगाम का झटका न सहनेवाला : मुँह का कच्चा।

तिरछी चालवाला : एकबग्गा।

बहुत तेज़ रफ़्तारवाला : बादपा, बादरफ़्तार, फ़लकसैर।

पिछले पैरों के बल खड़ा होने वाला : सीखपा।

हिनहिनाया हुआ : ह्रेषित।

हिनहिनानेवाला : ह्रेषी।

कीमुख़्त का बना हुआ : कीमुख़्ती।

67.9. सं. गोधन, गोसमष्टि (स्त्री.)।

गोजाति (स्त्री.), गोवंश।

गैया-गोरू (दे.66), गाय-बैल, गाव, सुरभिगोत्र।

गाय (स्त्री.), गैया (स्त्री.), गो (स्त्री.), गौ (स्त्री.), गऊ (स्त्री.), अघ्न्या (स्त्री), अनडुही (स्त्री.), अनड्वाही (स्त्री.), अदिति (स्त्री.), अनुस्तरणी (स्त्री.), इडा (स्त्री.), इला (स्त्री.), उषा (स्त्री.), उस्रा (स्त्री.), ऋषभी (स्त्री.), कल्याणी (स्त्री.), चतुस्तना (स्त्री.), चतुस्तनी (स्त्री.), जगती (स्त्री.), तंपा (स्त्री.), तंबा (स्त्री.), तंबिका (स्त्री.), दोह्या (स्त्री.), धेनु (स्त्री.), धेनुका (स्त्री.), निलिंपा (स्त्री.), निलिंपिका (स्त्री.), पावनी (स्त्री.), पीवरी (स्त्री.), बक़र (स्त्री.), बहुला (स्त्री.), भद्रा (स्त्री.), महा (स्त्री.), मही (स्त्री.), माता (स्त्री.), मादए गाव (स्त्री.), माहेन्द्री (स्त्री.), माहा (स्त्री.), माहेयी (स्त्री), रेवती (स्त्री.), रोहिणी (स्त्री.), वहती (स्त्री.), वृषा (स्त्री.), शक्वरी (स्त्री.), शृंगिणी (स्त्री.), सुरभि (स्त्री.), सुरभितनया (स्त्री.), सुरभी (स्त्री.), सौरभी (स्त्री.), सौरभेयी (स्त्री.), सुरहित (स्त्री.), सुरही (स्त्री.), सौरी (स्त्री.), सरस्वती (स्त्री.)।

गऊमाता (स्त्री.), गोमाता (स्त्री.)।

प्रमुख जातियाँ : अंगोल; कनकथा; कांकरेज; खैरीगढ़; गंगातीरी; गीर; थारपारकर; धन्नी; पवार; साहीवाल; सिन्धी; हरियाणा; (विदेशी) जरसी; हॉलस्टीन।

दो साल की गाय : अतिबाला (स्त्री.), द्विवर्षा (स्त्री.), द्विहायनी (स्त्री.)।

तीन साल की गाय : त्रिहायनी (स्त्री.), त्र्यब्दा (स्त्री.)।

चार साल की गाय : चतुरब्दा (स्त्री.), चतुर्हायनी (स्त्री.)।

बढ़िया गाय : गोमतल्लिका (स्त्री.), चिक्कणा (स्त्री.), नीचका (स्त्री.), नीचिका (स्त्री.), नैचिकी (स्त्री.), हंसी (स्त्री.)।

बहुत बढ़िया गाय : अतिगो (स्त्री.)।

उजली/सफ़ेद गाय : अर्जुनी (स्त्री.), धवरी (स्त्री.), धावरी (स्त्री.), धौरी (स्त्री.), धवला (स्त्री.), धवली (स्त्री.)।

काली गाय : कृष्णा (स्त्री.)।

भूरी गाय : कइल (स्त्री.), कपिला (स्त्री.)।

लाल गाय : पाटला (स्त्री.)।

चितकबरी गाय : चित्रा (स्त्री.), व्योमसम्भवा (स्त्री.), शबला (स्त्री.), शबली (स्त्री.)।

बड़ी गाय : दीर्घा (स्त्री.)।

ठिंगनी/नाटी गाय : खर्वा (स्त्री.), ह्रस्वा (स्त्री.)।

छोटी गाय : गोका (स्त्री.)।

भूरी आँखोंवाली गाय : पिंगाक्षी (स्त्री.)।

लंबी कानोंवाली गाय : लंबकर्णी (स्त्री.)।

पैने सींगोंवाली गाय : तीक्ष्णशृंगी (स्त्री.)।

शान्त/सीधी गाय : अचण्डी (स्त्री.), कपिला (स्त्री.), सुकरा (स्त्री.), सुब्रता (स्त्री), सुशक्वरी (स्त्री.)।

बिना सींग की गाय : मुण्डी गाय।

सफ़ेद पूँछवाली गाय : चौंरी (स्त्री.)।

दुधार/दुधारू/दुधैल गाय : दोग्ध्री (स्त्री.), धेनु (स्त्री.), धेनुका (स्त्री.), पयस्विनी (स्त्री.), पीतदुग्धा (स्त्री.), वंजुला (स्त्री.), स्त्रीगवी (स्त्री.)।

दूध देनेवाली सवत्सा गाय : गोधेनु (स्त्री.)।

जवान गाय जो गाभिन भी न हुई हो : कलोर (स्त्री.), कलोरी (स्त्री.), कल्याणी (स्त्री.), वत्सतरी (स्त्री.), शकृत्करी (स्त्री.)।

गाय का मस्ताना–(दे.66)।

मस्तायी हुई/उठी हुई गाय, अलँग पर आयी हुई गाय, मस्त गाय : उत्सर्या (स्त्री), उपसर्या (स्त्री.), काल्या (स्त्री.), पुष्पवती (स्त्री.)।

गाय को गाभिन कराना–बाहना–बरदाना, बरदा डालना–।

बरधाना-बरदवाना–,बरधवाना–,जोड़ा खाना–,बरदाना–,बरदा जाना–, बरधाना -उपसर। बाही हुई गाय : संधिनी (स्त्री.)।

गाय का गर्भधारण करना–गाभिन होना–,धनाना–।

पहले पहल गाभिन हुई गाय : आँकर गाय (स्त्री.), पष्ठौही (स्त्री.), पुष्ठौही (स्त्री), बालगर्भवती (स्त्री.), बालगर्भिणी (स्त्री.)।

वह गाय जिसका गर्भ दुर्घटना से गिर जाय : अवतोका (स्त्री.), वतोका (स्त्री.), स्रवद्गर्भा (स्त्री.)।

वह गाय जिसका गर्भ साँड़ के संयोग से गिर जाय : गर्भोपघातिनी (स्त्री.), वृषोपगा (स्त्री.), वेहत् (स्त्री.)।

हाल की ब्यायी गाय : अलवाई/लवाई गाय (स्त्री.), अचिरप्रसूता (स्त्री.), धेन (स्त्री.), धेनु (स्त्री.), धेनुका (स्त्री.), नवप्रसूतिका (स्त्री.), नवसूति (स्त्री.), नवसूतिका (स्त्री.)।

एक बार ब्यायी गाय : गृष्टि (स्त्री.)।

एक बार ब्यानेवाली गाय : गोगृष्टि (स्त्री.), सकृत्प्रसूता (स्त्री.), सकृत्प्रसूतिका (स्त्री.)।

एक बच्चा देने के बाद बच्चा न देनेवाली गाय : सूतवशा (स्त्री.)।

जिस गाय का बच्चा मर जाया करे : मृतवत्सा (स्त्री.)।

जिस गाय का बच्चा मर गया हो : तुरिया (स्त्री.)।

एक साथ दो बच्चे देनेवाली गाय : स्पंदिनी (स्त्री.)।

हर साल ब्यानेवाली गाय : अनुपूर्ववत्सा (स्त्री.), धनपुरही (स्त्री.), बरसाइन (स्त्री.), समांसमीना (स्त्री.), समीनिका (स्त्री.)।

बहुत दिनों के अन्तर से ब्यानेवाली गाय : अवष्कयणी (स्त्री.)।

बहुत ब्यानेवाली गाय : परेष्टु (स्त्री.), परेष्टुका (स्त्री.), बहुसूति (स्त्री.)।

कई माह पहले ब्यायी गाय : बकेन (स्त्री.), बकेना (स्त्री.), बष्कयणी (स्त्री.), बष्कयनी (स्त्री.), बष्कयिणी (स्त्री.), बष्कयिनी (स्त्री.), बष्कयणी (स्त्री.), बष्कयिणी (स्त्री.)।

बहुत पहले ब्यायी गाय : चिरप्रसूता (स्त्री.), चिरसूता (स्त्री.), चिरसूतिका (स्त्री)।

साल में दो बार ब्यानेवाली गाय : कुरेभा (स्त्री.)।

ब्यायी हुई गाय को दी जाने वाली पुष्टई : औटी (स्त्री.); पखेव; महेला; सड़ा।

गाय दुहना–/दूहना–,दूध दुहना–/दूहना–,दुहाई (स्त्री.), दूहनी (स्त्री.), दोहनी (स्त्री.), दोहन (कर.), गोदोहन (कर.), विदोह, विदोहन, सन्दोह।

(विप.) न दूहना : अदोह।

दुहने की उजरत : दुहाई (स्त्री.) (दे.ले.), दुहावनी (स्त्री.)।

दूध दूहने का पात्र : दुहनी (स्त्री.), दूहनी (स्त्री.), दोहन, दोहनी (स्त्री.), उपदोह, गावदोश, गावदोशा, गोदोहनी (स्त्री.)।

गाय दूहने का समय : दोहनकाल, गोदोहन, तिष्ठद्गु, संगवकाल, संगववेला (स्त्री.)।

(विप.) गाय दूहने का अनुपयुक्त समय : अदोह।

गाय दूहने का स्थान : संगविनी (स्त्री.)।

गाय दूहनेवाला : गोदुट्, गोदुह, दोध, दोग्धा।

ग्वाला, ग्वाल, दूधवाला (दे.356)।

गाय द्वारा बछड़े को चाटना : संरिहाण।

गाय दूहने से पहले उसके बच्चे को दूध चुसाना : चोंहका (पिला.)।

दूहनेवाले को लात मारकर गाय का हट जाना : बिसुकना–, लात जाना–।

वह खूँटा जिसमें दूहते समय गाय को बाँधा जाय : दुग्धबन्ध, दुग्धबन्धक।

दूध दूहते समय गाय के पिछले पैरों को बाँधने की रस्सी : छानी (स्त्री.), नोआ, नोइनी (स्त्री), नोई (स्त्री.), नोअना–, नोना–, नोवना–।

मृतवत्सा गाय को दूहने के लिए बछड़े की खाल में भूसा भरकर बनाया हुआ नक़ली बछड़ा : करती (स्त्री.)।

वह मृतवत्सा गाय जो दूसरी गाय का बछड़ा लगाकर दूही जाय : निवान्या (स्त्री)।

गाय की छीमी से निकली दूध की धार : सेंट (स्त्री.), सेंटा (स्त्री.)।

आसानी से दूही जाने वाली गाय : सुखदोहा (स्त्री.), सुखदोह्या (स्त्री.), सुखसन्दुह्या (स्त्री.), सुखसन्दोह्या (स्त्री.), सुदोहना (स्त्री.), सुदोहा (स्त्री.)।

दूहते समय चुपचाप खड़ी रहनेवाली गाय : ध्रुवधेनु (स्त्री.)।

मुश्किल से दूही जाने वाली गाय : हरहाई (स्त्री.), करटा (स्त्री.), दुःखदोह्या (स्त्री.)।

दुही गाय : धेना (स्त्री.)।

बराबर दूध देनेवाली गाय : स्पंदिनी (स्त्री.)।

बहुत दूध देनेवाली गाय : द्रोणक्षीरा (स्त्री.), द्रोणदुग्धा (स्त्री.), द्रोणदुधा (स्त्री), द्रोणधा (स्त्री.), सुदोग्ध्री (स्त्री.), सुदोधा (स्त्री.)।

भारी थनोंवाली गाय : पीनोघ्नी (स्त्री.), पीवरस्तनी (स्त्री.)।

दूध न देनेवाली गाय : ठाँठ गाय (स्त्री.), अधेनु (स्त्री.)।

बाँझ गाय (स्त्री.), बहिला गाय (स्त्री.), अशिश्विका (स्त्री.), अशिश्वी (स्त्री.), बन्ध्या (स्त्री.), वंध्या (स्त्री.), वतोका (स्त्री.), वशा (स्त्री.), विवत्सा (स्त्री.), स्तरी (स्त्री)।

बच्चे का बहुत चाहनेवाली गाय : वत्सकामा (स्त्री.)।

बच्चे का दूध पिला चुकी गाय : वत्सपीता (स्त्री.)।

जिस गाय की सन्तान जीवित न रहती हो : मृतवत्सा गाय (स्त्री.), वान्या (स्त्री)।

सवत्सा गाय (स्त्री.), वाश्रा (स्त्री.)।

एक दूसरे की ओर मुड़े हुए सींगोंवाली गाय : संश्रृंगी (स्त्री.)।

नीचे की ओर मुड़े हुए सींगोंवाली गाय : घोंची (स्त्री.)।

जीभ लपलपानेवाली गाय : साँपिन (स्त्री.)।

बंधक रखी हुई गाय : धेनुष्या (स्त्री.), पीतदुग्धा (स्त्री.)।

गोदान की गाय : अनुस्तरणी (स्त्री.)।

हिमालय की पालतू गाय : जेबू (स्त्री.)।

बहुत बूढ़ी गाय : अतिवृद्धा (स्त्री.)।

गायों का झुंड : गोसमूह, गोकुल, गोत्रा (स्त्री.), गोवृंद, गोव्रज, गव्य, गव्या (स्त्री), धैनुक।

गाय का दूध : गोदुग्ध, गोक्षीर, गोरस, धेनुदुग्ध (दे.78)।

गायों के झुंड का सारा दूध : संदोह।

गाय के ब्याने के दिन से सात दिनों का दूध : पेउश (स्त्री.), पेउस (स्त्री.), पेयूष, पेउसरी (स्त्री.), पेउसी (स्त्री.), पेवस, पेवसी (स्त्री.), पीयूष, पालन, प्योसर, खीस (स्त्री.), तेली (स्त्री.), फेनुस, विक।

पेउस में पकाया हुआ सोंठ आदि का पाक : पेउसी (स्त्री.), इन्नर।

दही, गोरस (दे.78)।

मट्ठा, गोरस (दे.78)।

गाय का घी : गोघृत (दे.78), सुरभिघृत।

साँड, संड, सधि, सहरि, सौरभेयक, स्थूर, अक्षधूर्तिल, अघ्न्य, आटीकर, उष्ट्र, उस्र, उह्ल, गंधमैथुन, गवीश, गवीश्वर, गवेश, गोपति, पुंगव, प्रोष्ठ, प्रौष्ठ, बली, मदकोहल, वाडवेय, वृष, वृषक, वृषण, वृषभ, वृषा, वृष्णि, शंड, शक्वर, शांकर, षंड।

छुट्टा साँड़ : इट्चर, इड्डुर।

दागकर छोड़ा हुआ साँड़ : अंकिल, नंदी, वृषपति।

दागकर साँड़ छोड़ना : वृषोत्सर्ग (कर.)।

वृषोत्सर्ग के लिए उपयुक्त वृष : नीलवृष।

बढ़िया साँड़ : वृषेंद्र।

बैल, बलद, बरद, बरदा, बरध, बरधा, बर्द, बरीबर्द, बलिवर्द, बलीवर्द, बक़र, अनडुह, अनड्वान, उक्षा, ऋक्षप्रिय, ऋषभ, कंबली, ककुद्मान्, ककुद्मी, कृषक, क्रमोद्वेग, गो, गोनाथ, टलवा, धुर्य, बधिया, भद्र, वहत, वहति, वहतु, वरीवर्द, वलीवर्द, वाश्र, वित्सन, वृषल, शक्कर, शक्करि, शाक्कर, शाक्वर, शिखी, शीभ्य, सुतोर, सुरभितनय, सुरभिपुत्र, सुरभीगोत्र, सौर, सौरभेय।

प्रमुख जातियाँ : अमृतमहल; कांग्यम; खिलारी; गोलब, देवनी; नागौर; निमाड़ी; परचर; मझरासिंगही; मालवी; मेवाती; रथ; हल्लीकर।

बड़ा बैल : गोकुंजर, धवल, महावृष, महोक्ष।

बढ़िया बैल : हंस।

जंगली बैल : हड़हा।

अंडकोश युक्त बैल : अँडुया/आँडू बैल।

बधिया बैल : बधिया, वध्रि।

बैल को बधिया करना : कूटना (दे.66)।

बैल को बधिया करने वाला : कुटुवा।

सफ़ेद बैल : धौरा, धौला, धवला।

काला बैल : नील।

लाल बैल : ललिया।

ऊँट के रंग का बैल : सुतरी।

जिस बैल के सींग टूटे हों : कूट।

बिना सींग का : मुंडा बैल, तूबर, तूवर।

मुड़े हुए सींगोंवाला बैल : घोंचवा।

एक सींगवाला बैल : डूँडा।

आगे की ओर निकले हुए सींगोंवाला बैल : अगोही।

वह बैल जिसका एक सींग ऊपर और दूसरा नीचे गया हो : फड़कानेपन, बरसिंघा, सर्गपताली।

सफ़ेद पूँछवाला बैल : चौंरा।

जिस बैल की पूँछ पर बाल न हो : लुंडा बैल।

तेली का बैल : भौंतुआ।

वह बैल जिसे साथ लेकर जोगी भीख माँगते हैं : नादिया।

कामचोर बैल : गरियर/गरियल/गरियार/गरियारा/गरियारू बैल, गलि, परुआ बैल।

अड़ियल बैल : गड़ियार/गरियार बैल, गड़ि, गादड़, गादर।

सुस्त बैल : मट्ठर बैल, मट्ठर।

घटिया बैल : गायताल, गैताल।

बोझ ढोने वाला बैल : लदुआ/लदुवा/लद्दू बैल, पृष्ठवाट्, पृष्ठवाह्, पृष्ठवाह्य, स्कंधिक।

बैल पर बोझ लादने का काम करने वाला : लादिया।

गाड़ी में जोता जाने वाला बैल : जुतवा बैल, धुरंधर, धुरीण, धुरीय, धुर्य, धौरेय, शाकट।

हल में जोता जाने वाला बैल : हरिया बैल, हरहा, हालिक, सैरिक।

वह बैल जो हल में जोता जाने लगा हो : प्रष्ठवाट्।

वह बैल जो हल में न जोता गया हो : अधारी।

वह बैल जो नाथा गया हो : नस्तित, नस्योत।

कम उम्र का बैल : जातोक्ष, दभ्य, वत्सतर।

बैल का सिर : नीचकी, नैचिक।

सींग : गोशृंग।

सींग से ज़मीन खोदना : तटाघात, तडाघात।

बैल का कंधा : वह।

बैल के कंधे पर का कूबड़ : डिल्ला, अंसकूट, ककुद्, ककुद, हंसकूट।

लटका हुआ डिल्ला : चतरभंग।

चतरभंग दोषवाला बैल : चतरभंगा बैल।

बैल की पीठ/गरदन पर रोओं की लंबी भौंरी : नागिन (स्त्री.)।

गले के नीचे का लटकता हुआ भाग : गलकंबल, झालर (स्त्री.), लहर (स्त्री), वामहस्त, सारुना (स्त्री.)।

मुख : गोनसा, गोनासा।

जिस बैल का डिल्ला न उठा हो : अजातककुद्।

नाटा बैल : गैना, अस्त्रिक।

बूढ़ा बैल : जरद्गव, उस्त्रिक, वृद्धोक्ष।

पहाड़ी बैल : गौर, बोदा; टेढ़ें सींगोंवाला : गयाल, मिथन।

चलते-चलते बैल का बैठ जाना : बधिया बैठना—।

बैलों का झुंड : औक्ष, औक्षक, बरदी (स्त्री.), बलदी (स्त्री.)।

माल-लदे बैलों का झुंड : टाँड़ा।

बैलों के लिए संख्यासूचक शब्द : रास।

बैलों का धंधा करनेवाली जाति : बहरूप।

गाय का बच्चा : बछड़ा, बछरू, बष्कय, बालवत्स, अंबरीष, उस्त्रिक, कलोर, गडि, गड़ि, गलि, गोपुत्र, गोवत्स, गोसुत, तर्ण, दोग्धा, दोघ्रु, दोष, दोषक, धैनव, पुंवत्स, लेरुवा, वत्स, वत्सक, वत्सरूप, वष्कय, शकृत्करि।

हाल का पैदा हुआ बछड़ा : अतृणाद, तर्णक, सद्योजात।

बछड़े की उछलकूद : आटीकन।

बछड़े को बाँधने की रस्सी : दामनी (स्त्री.), वत्सतंती (स्त्री.), वत्सतंत्री (स्त्री.)।

बछड़ों का समूह : वात्सक।

बछड़ों को रखने का स्थान : वत्सशाला (स्त्री.)।

बछड़ों की देखभाल करने वाला : वत्सपाल, वत्सपालक।

गाय का मादा बच्चा : बछिया (स्त्री.), बाछी (स्त्री.), वत्सिका (स्त्री.), शकृत्करी (स्त्री.), स्तरी (स्त्री.)।

एक साल की बछिया : एकहायनी (स्त्री.), एकाब्दा (स्त्री.)।

उछलकूद मचानेवाली बछिया : टाली (स्त्री.)।

पूँछ : गोपुच्छ, गावदुंबाल।

खुर : गोकंटक, गोक्षुर, गोक्षुरक, गोखुर।

खुर का निशान : गोकंटक, गोखुर, गोपद।

खुर से बना गड्ढा : गोष्पद।

खुर से उड़ी धूल : गोरज (स्त्री.)।

शाम को गायों के चरकर लौटते समय गोरज से छायी धुँधली : गोधूलि (स्त्री.) (दे.164)।

गाय का स्तन : थन, आपीन, उपदोह, ऊध, एन, गोस्तन, चीर।

थन का दूधवाला भाग : अयन, खीरी (स्त्री.)।

थन का अग्रभाग : छीमी (स्त्री.), आपीन, उपदोह।

गाय का चमड़ा : गोचर्म, गौखा, औखा, चरस, चरसा।

बैल का चमड़ा : बरदी (स्त्री.)।

गोमांस।

गोमूत्र, गोजल, गोद्रव, गोनिस्यंद, गव्य, ब्रह्मांभ, सुरभीमूत्र।

गोबर, गोकृत, गोपुरीष, गोमय, गोमल, गव्य, गोशकृत्, भूपवित्र, भूमिलेपन, मारूंड, वाश्र।

मलत्याग करना : गोबर करना–।

गोबर साफ़ करना : गोबर करना–।

एक बार में किया हुआ गोबर : चोंथ (स्त्री.)।

गोबर का पिंड : चोंथ (स्त्री.), शकृत्पिंड, शकृत्पिंडक।

गोबर से बनाया हुआ चित्र : मनोरा।

गोबर का सड़कर फूलना : फफदना–।

सड़े गोबर में होने वाला कीड़ा : गुबरैला (दे.67.)।

सूखा गोबर : करसी (स्त्री.), करीष, गोग्रन्थि (स्त्री.), गोवर, बनकंडा, बुष, बुस, वनोपल।

सूखे गोबर का ढेर : कारीष।

ईंधन के लिए गोबर का सुखाया हुआ टुकड़ा : उपला, उपली (स्त्री.), कंडा, कंडी (स्त्री.), करसी (स्त्री.), गोइँठा, ग्वैंठा, गोटा, गोबरी (स्त्री.), गोसा, गोहरा, गोहरी (स्त्री), घुंटिक, चिपड़ी (स्त्री.), चिपरी (स्त्री.), छगण, शुष्कगोमय।

उपले का टुकड़ा : करसी (स्त्री.)।

उपले का चूरा : करसी (स्त्री.), गोवर।

गोबर उठाने वाला : गोबरहारा।

गोबर का लेप : गोबरी (स्त्री.) (कर.), गोबराना–।

गोबर के कंडे बनाना : कंडे/गोबर पाथना–,पथौनी (स्त्री.) (कर.)।

गोबर पाथनेवाली : गोबरपाथी (स्त्री.)।

गोबर पाथने की जगह : पथौनी (स्त्री.), पथौरा, पथरौड़ा।

कंडों का ढेर : कंडौरा, गोहरौर, बठिया, बिटौरा, भिटहुर।

कंडे रखने की जगह : कंडौरा, गोठौला।

कंडे की आग : छागण (दे.517)।

बैल की नाक में पहनायी जाने वाली रस्सी : नाथ (पहना.), नाथना–।

हल/गाड़ी की वह लकड़ी जो बैल के कंधे पर रहती है : जुआ, जुआठा।

बैल को हल आदि से बाँधना : नाधना–,जुआठना–।

नाधने का रस्सा/तस्मा : नाधा, नार, नारी (स्त्री.)।

नाक में पहनायी जाने वाली रस्सी : नथनी (स्त्री.)।

गले की फंदेदार रस्सी : गराँव, गेराँव।

गराँव से ढोर बाँधने की रस्सी : गलतनी (स्त्री.), पगहा, पघा, पलाप, सास्नी (स्त्री.)।

दो बैलों को एक साथ बाँधने की गलतनी : गलजोड़ (स्त्री.), गलजोत (स्त्री)।

बैल के पैर में फँसाकर खूँटे से बाँधने की रस्सी : गोड़वाँस (स्त्री.)।

खूँटा, कीलक, शिव।

बैल हाँकने की छड़ी : पैना, नोदन (दे.511)

आगे के पैरों में बाँधने की रस्सी : खुराई (स्त्री.)।

चरते समय पैरों में बाँधने की रस्सी : छाँद (स्त्री.), छाँदना–,छान (स्त्री.), दाम।

मुँह पर पहनाने की जाली : जाबा (दे.453), जाबी (स्त्री.), मुसका, मुखबंधनी (स्त्री.)।

गले की घण्टी : टाली (स्त्री.), ग्रीवाघण्टा।

सींगों का गहना : सिंगौटी (स्त्री.)।

नटखट गाय के गले में लटकायी जाने वाली लकड़ी : अड़गोड़ा; ठेकुर, ठेंगुर, डिंगर, डैगना, साँद, साँदा।

कोल्हू के बैल की आँखों का ढक्कन : अनवट, अँटौतल, अँधोटी (स्त्री.), अँधौटा, धौंटा (दे.480)।

अनवट का कपड़ा : परछा।

चारा (दे.66)।

चारा-पानी देने के लिए मिट्टी का बरतन : नाँद (स्त्री.), खोर (स्त्री.), (दे.66)।

चरागाह (दे.66), गोचर, गोचरभूमि (स्त्री.), गोपद, गोप्रचार, गोव्रज, गव्य, गव्यूत, गव्यूति (स्त्री.), विवीत।

गोचरभूमि का स्वामी : विवीतधर्ता।

गोचरभूमि का निरीक्षक : विवीताध्यक्ष।

गाय चराना–,गोचारण (कर.)।

चरवाहा (दे.66), गोचारक, गोचारी, गोसंख्य, घोष, बरदिया, बरधिया, बलदिया, बल्लव।

गाय चराने का कर : गौचरी (स्त्री.)।

सबेरे गायों को चरने के लिए छोड़ने का समय : गोसर्ग, संगव।

शाम को गायों के चरकर लौटने का समय : गोधूलि (स्त्री.), गोधूली (स्त्री.), गोप्रवेश (दे.164)।

गाय पालना–,गोपालन (कर.), गोरक्षण, गोसंवर्धन।

गाय पालनेवाला : गोपाल, गोपालक, गोरक्षक, गोविंद, गवीश, गोसंवर्धक, वत्सीय (दे.356)।

गायों का स्वामी : गवीश, गोनाथ, गोपति, गोस्वामी।

गायों के रहने का स्थान : गोशाला (स्त्री.), गौशाला (स्त्री.), गायगोठ, गोठ, गोष्ठ, गोकुल, गोगृह, गोग्रन्थि (स्त्री.), गोतीर्थ, गोव्रज, गोस्थान, घोठा, बगार, बथान, बरदौर, व्रज, व्रजांगन, व्रजाजिर, संदानिनी (स्त्री.), संधानिनी (स्त्री.)।

पुरानी गोशाला का स्थान : गौष्ठीन।

गोशाला का अध्यक्ष : गोप, गोविंद, गोष्ठपति।

वह जलाशय जहाँ गायें पानी पीती हों : गोपीथ।

गाय-बैलों के पानी पीने का घाट : गऊघाट : गायघाट।

वह दूरी जहाँ तक गाय की आवाज़ सुनाई दे : गोकोस।

गाय-बैलों को लगनेवाली मक्खी : गोमक्षिका (स्त्री.), डाँस, धेनुमक्षिका (स्त्री.) (दे.67)।

गोयान, बैलगाड़ी (स्त्री.) (दे.298)।

गाय का दूध पीकर पला बच्चा : गोरसा (दे.167)।

गाय की तरह मुँह से उठाकर खाना : गोग्रास।

गोहत्या (स्त्री.), गोवध, गोघात, गोकुशी (स्त्री.), गावकुशी (स्त्री.)।

गोघातक, गोघाती, गोहन (दे.63)।

गोहत्या का प्रायश्चित्त : गोव्रत।

गाय के पित्त से उत्पन्न, सुगंधित पदार्थ : गोरोचन, गोरोचना (स्त्री.) (दे.47.49)।

गाय की बोली : गोध्वनि (स्त्री.), बँबाना–, बाँ, बाँ-बाँ करना–, भभाना–, भंभारव, रंभण, रंभा (स्त्री.), रँभाना–, हंबा (स्त्री.), हंबाभ, हंभा (स्त्री.), हंभारव, हंभाशब्द, हिंकार, हिंक्रिया (स्त्री.)।

गाय का पीड़ा से बोलना : हूँकना–,हुड़कना–, डिडियाना–।

बैल का बोलना : डकरना–, डकराना–, बँबाना–, हुडुत्।

बैल की गुर्राहट : डिडकार (स्त्री.), डिडकारी (स्त्री.) (भर.)।

खोयी हुई गाय की खोज : गवेष, गवेषण, गवेषणा (स्त्री.)।

गोदान, गऊदान।

पाँच गायें/बैल : पंचगव।

पंचगव्य : गाय का दूध, दही, घी, गोमय, गोमूत्र।

गवांग, षडंग : पंचगव्य और गोरोचन।

गोरक्षा (स्त्री.); गोहित।

गोपूजन।

गोप्रदक्षिणा (स्त्री.)।

गोपाष्टमी (स्त्री.) (दे.318)।

बैल पूजने का त्यौहार : पोला।

(पौरा.) शिववाहन, नंदी (दे.302.6)।

गोमाता (स्त्री.), सुरभि (स्त्री.), सुरभी (स्त्री.)।

कामधेनु (स्त्री.), कामधेन्वा (स्त्री.), कामदा (स्त्री.), कामदुधा (स्त्री.), कामदुहा (स्त्री.), कामधुक् (स्त्री.), गोकन्या (स्त्री.), विबुधधेनु (स्त्री.), शबला (स्त्री.), शबली (स्त्री.),

सुरगाय (स्त्री.), सुरधेनु (स्त्री.), सुरसुरभी (स्त्री.), स्वर्गधेनु (स्त्री.), स्वर्धेनु (स्त्री.), हविर्धानी (स्त्री.), हविष्मती (स्त्री.)।

सुरभि की पुत्री : सुरुपा (स्त्री.)।

कामधेनु की पुत्री : नंदिनी (स्त्री.)।

वि. गाय से उत्पन्न : गव्य, धैनव, सौरभ।

गाय से प्राप्त : अधिगव।

गाय का रूपवाला : गोरूप।

गाय के से कानोंवाला : गोकर्ण।

गाय की दुम जैसा : गावदुम, गावदुमा, गावदुंबाल, गौदुमा।

अपनी गायों के लिए प्रसिद्ध : अतिधेनु।

सौ गायें रखनेवाला : गौशतिक।

हज़ार गायें रखनेवाला : गौसहस्रिक।

कीचड़ में फँसी गाय की सहायता न करने वाला : गोकुलिक।

गोपद का सा छोटा : गोपदी।

सुरभि-संबंधी : सौरभेय।

वृषभ-संबंधी : वार्षभ।

गोशाला-संबंधी : व्रज्य।

डिल्लेवाला : ककुद्मी।

वृष के से कंधोंवाला : वृषस्कंध।

वृष का सा स्वरवाला : वृषनादी।

बैल की तरह काम करने वाला : वृषकर्मा।

दूहने योग्य : दुह्य।

वत्स-संबंधी : वत्सीय।

बछड़े के साथ : सवत्स।

दुग्धयुक्त, दुग्धी (दे.78)।

गोबर लगा/मिला हुआ : गबरहा।

67.10. सं. भैंसा, भँइँसा, अनूप, अश्वारि, आनूप, उष्ट्र, कलुष, कहाह, कालीतनय, कासर, कृष्णकाय, घोटकारि, तुरगारि, दंशभीरु, दंशभीरुक, धर्मवाहन, न्यक्ष, पिंग, पृष्ठश्रृंगी, बली, मत्कुण, मत्त, मदगमन, महिष, यमरथ, यमवाहन, रक्ताक्ष, लालिक, लाविक, लुलाप, लुलाय, वालधि, वाहद्विषन्, वाहरिपु, विषज्वर, सैरिभ, स्कंधशृंग, हंसकालीतनय।

जातियाँ : जाफराबादी; नागपुरी; बेट्टा; मुर्रा; मेहसाना।

बढ़िया भैंसा : हंस।

जंगली भैंसा : अरना, गवल। अमरीकी बाइसन।

जंगली भैंसे का सींग : गवल।

भैंस (स्त्री.), भँइँस (स्त्री.), तुरंगद्विषणी (स्त्री.), तुरंगद्वेषिणी (स्त्री.), महिषी (स्त्री.), लाविका (स्त्री.), लुलापकांता (स्त्री.), लुलायकांता (स्त्री.)।

गर्भधारण के योग्य भैंस : ओसर (स्त्री.), ओसरिया (स्त्री.)।

हाल की ब्यायी भैंस : अलवाई भैंस (स्त्री.)।

जोड़ा खाना : पड़ियाना–, भैंसाना–, भैंसाव।

भैंस का बच्चा : पँड़वा, पड़वा, पंड़रा, पँड़रू, पड़रू पड़ेरू, पड़ा, पाड़ा, कटड़ा, कटरा।

जवान हो चला बच्चा : कुटाह।

मादा बच्चा : पड़िया (स्त्री.)।

बोलना : डकरना–, डकराना–।

भैंस पालनेवाला : महिषपाल, महिषपालक, माहिषिक।

भैंस का चमड़ा : भैंसौरी (स्त्री.), चरसा, औष्ट्र।

वि. भैंस का; भैंस-संबंधी : माहिष।

67.11. सं. बकरा, बोकरा, बोक, बर्कर, बस्त, बाकलि, बालवाहन, बुक्क, बुज़, अग्निवाह, अग्निवाहन, अज, अवि, केशट, चक्री, छग, छगड़ा, छगल, छगलक, छाग, छागल, छेरक, छेरा, देवानांप्रिय, पदचतुर, पदचत्वर, पयस्वल, परिक्रमसह, पर्णभोजन, पशु, मेक, मेध्य, मेनाद, मेह, लंबकर्ण, लघुकाय, वर्कर, वल्गु, वल्गुज, वस्त, शिवाप्रिय, शुभ, स्तभ, स्तुभ, स्तुनक।

बढ़िया बकरा : अजपति।

बधिया बकरा : ख़सी, ख़स्सी।

लाल बकरा : लोहाज।

लंबे कानोंवाला बकरा : वार्ध्रीनस।

पहाड़ी बकरा : सिंहाल।

मदारी का बकरा : बुजियाला।

जंगली बकरा : वनछाग, वनाज, वानराक्ष, वालवीज्य, अतिरोमश, अतिलोमश, इडिक्क, एडक, पृष्ठश्रृंग, शिशुवाहक, शिशुवाह्यक; ताहर; थेर; साकिन।

अफ़गानिस्तान का बकरा : मारख़ोर।

बकरों का झुंड : अजथ्या (स्त्री.), आजक, वास्तिक।

बकरी (स्त्री.), बोकरी (स्त्री.), बुज़ (स्त्री.), अजका (स्त्री.), अजा (स्त्री.), गलस्तनी (स्त्री.), गलेस्तनी (स्त्री.), चक्रिणी (स्त्री.), चुलुंपा (स्त्री.), चुलुपा (स्त्री.), छगली (स्त्री.), छगी (स्त्री.), छागिका (स्त्री.), छागी (स्त्री.), छेरी (स्त्री.), छेली (स्त्री), पर्णभोजनी (स्त्री.), पयस्वली (स्त्री.), पयस्विनी (स्त्री.), मंजा (स्त्री.), वल्गुजा (स्त्री), संजा (स्त्री.), सर्वभक्षा (स्त्री.)।

जवान बिना ब्यायी बकरी : पठिया बकरी (स्त्री.), पठोर (स्त्री.), वर्करा (स्त्री)।

छोटी बकरी : अनजका (स्त्री.), अनजिका (स्त्री.)।

प्रमुख जातियाँ : अंगूरी; अंगोरा; अमनापुरी; कश्मीरी; कांगड़ी; छावर; जमनापारी; पटनई; पहाड़ी; बरबरी (स्त्री.), बर्बरी (स्त्री.); बीकानेरी; बीतल; मलाबारी; सानेन; सूरती।

बच्चा : छागशावक, छागशिशु, बर्कर, लेला, हमल, हम्ल, हलवान।

बकरी का बोलना : मिमियाना–, में-में करना–, में (स्त्री.)।

बकरी के गले से लटकनेवाली थन जैसी थैली : गलथन, गलथना, गलस्तन, अजका (स्त्री.), अजागलस्तन, थनी, मणि, वामहस्त।

बकरे की दाढ़ी : लप्सुद।

बकरे का मूत्र : बस्तांबु।

बकरा बाँधने का तस्मा : वर्करकर्कर।

बकरी का दूध : छागदुग्ध, छाग, छागक्षीर।

मल : मेंगनी (स्त्री.), मेगनी (स्त्री.), लेंड़ी (स्त्री.)।

ख़सी का मूत्रेंद्रिय : अलता।

बकरे का चमड़ा : वस्ताजिन।

बकरी का रँगा हुआ चमड़ा : नरी (स्त्री.)।

छागपालक : अजजीव, अजजीविक, अजप, अजपा, अजपाल, अजाजीव, अजानिक, अजापालक।

बकरकसाव (दे.65)।

वि. छाग-संबंधी : छाग, छागल, आज, बास्त, वास्त।

दाढ़ीवाला (बकरा) लप्सुदी।

बकरे का सा मुखवाला : बस्तमुख।

बक़रे का मांस खानेवाला : छागभोजी।

67.12. सं. भेड़ा, भेड्र, अज, अवि, अविक, उरण, उरणक, उरभ्र, ऊर्णायु, एड, एडक, ऐडक, गड्डर, गड्डल, गादड़, घटोर, पृथुशृंग, पृथुशृंगक, पृथूदर, पृष्ठशृंगी, मेठ, मेड्र, मेढ़ा, मेष, मेह, रोमश, लोमश, लोमस, वृष्णि, शृंगी, संफल, संफाल, सद्रि, हुड, हुड्र, हलु।

जिसके बाल काटे न गये हों : उड़िल।

जिसके बाल काटे गये हों : मुड़िल।

भारी पूँछवाला : दुंबा, दुंबक, पुछिया, मेदपुच्छ।

जंगली भेड़ा : शृंगिण; आमोन; उरियाल; नायन, न्यान; शापू।

भेड़ (स्त्री.), भेंड़ (स्त्री.), भेड (स्त्री.), भेडी (स्त्री.), अवि (स्त्री.), अविका (स्त्री), अविता (स्त्री.), अविला (स्त्री.), उरणी (स्त्री.), जालकिनी (स्त्री.), मेषिका (स्त्री.), मेषी (स्त्री.), रुजा (स्त्री.), रूँगटाली (स्त्री.)।

सफ़ेद भेड़ : चनौरी (स्त्री.)।

नेपाली भेड़ : रनबरिया (स्त्री.)।

छोटे कानोंवाली भेड़ : लुट्टुर (स्त्री.)।

तिब्बती भेड़ : हालुक (स्त्री.)।

जंगली भेड़ : कुलजा (स्त्री.), घरन (स्त्री.), जुँबली (स्त्री.), भरल (स्त्री.)।

प्रमुख जातियाँ : दक्खिनी (स्त्री.); नैलोरी (स्त्री.); बढ़ेल (स्त्री.); बीकानेरी (स्त्री.); मेरिनो (स्त्री.); लोही (स्त्री.); विलारी (स्त्री.)।

बच्चा : मेमना, मेषशावक, उरणकवत्स, बर्कर, लेला, वर्कर, हमल, हल्ल, हलवान।

भेड़ का बाल : ऊन, ऊर्ण (दे.465)।

ऊन काटने की कैंची : कात।

कान का चौड़ा हिस्सा जहाँ का ऊन काटा जाता है : पन्ना।

भेड़ों की पाँत : गल्ला, गड्डरिका (स्त्री.), गड्डलिका (स्त्री.), अविकट, औरभ्रक, रेवड़।

भेड़ों की सी चाल : भेड़ियाधसान, भेड़चाल (स्त्री.), गड्डरिकप्रवाह, गड्डरिकाप्रवाह, गड्डलिकाप्रवाह।

खेत का वह भाग जहाँ खाद के लिए भेड़ें रखी जाती हैं : कोढ़ा।

भेड़ का मांस : औरभ्र।

भेड़ का मल : लेंड़ी (स्त्री.) (दे.67.11)।

भेड़ का बोलना : मिमियाना—(दे.67.11)।

भेड़ें पालना—, भेड़-पालन, मेषपालन।

भेड़ें पालनेवाला : गड़रिया, गड़ेरिया, गड्डरिक, गड्डलिक, गल्लावाल, भेड़िहर, मेषपाल, मेषपालक, अविपाल, औरभ्रिक, वृष्णिपाल; गड़ेरन (स्त्री.), गड़ेरिन (स्त्री.)।

वि. भेड़-संबंधी, आविक, ऐड, ऐडक, औरभ्र, औरभ्रिक, गड्डरिक, भैडक।

67.13. सं. कुत्ता, कुकुर, कुक्कुर, कुर्कुर, कूकर, कक्षशाय, कक्षशायु, कपिल, कालेयक, कालेयरु, कौलेयक, अलिपक, अस्थिभक्ष, अस्थिभुक्, आस्यलांगल, इंद्रमहकामुक, कृतज्ञ, गृहप, गृहपशु, गृहपाल, गृहमृग, ग्राममृग, ग्रामसिंह, ग्रामीण, ग्राम्यपशु, ग्राम्यमृग, चंद्रमह, चक्रवालधि, जित्वालिट्, जुकुट, दंशक, दीर्घजिह्वा, दीर्घनाद, दीर्घरत, दीर्घसुरत, दृतिहरि, पुरोगंता, पुरोगति, पुरोगामी, भल्लुक, भष, भषक, भषण, भैरववाहन, मंडल, मुखलांगल, मृगदंश, मृगदंशक, मृगाराति, मृगारि, रंतिदेव, रतकील, रतनाराच, रतनारीच, रतव्रण, रतशायी, रतांदुक, रसापायी, रात्रिजागर, रुदथ, ललजिह्व, ललज्जिह्व, वक्रपुच्छ, वक्रपुच्छिक, वक्रलांगूल, वक्रवालधि, वसापायी, वांताद, वांताशी, वृकदंश, वृकाराति, वृकारि, शयालु, शरत्कामी, शालामृग, शालावृक, शवकाम्य, शिवाराति, शिवारि, शुन, शुनक, शुनि, शुर, श्व, श्वा, श्वान, सग, सरमात्मज, सरमापुत्र, सरमासुत, सारमेय, सूचक, सालावृक, स्वजातिद्विट्।

पालतू कुत्ता : ग्राम्य।

आवारा/लावारिस कुत्ता, सगे बाज़ारी, शूद्र श्वान।

सोनहा, सोना कुत्ता, कोगी।

लाल कुत्ता : ढोल।

जंगली कुत्ता : वृकायु।

बाघ जैसा कुत्ता : व्याघ्रश्वा।

शिकारी कुत्ता (दे.65)।

पागल/हड़काया कुत्ता, क्षिप्तकुक्कुर, अलर्क।

प्रमुख जातियाँ : अल्सेशियन; जर्मन शेफर्ड डॉग; जर्मन पुलिस डॉग; बुल टेरियर; फॉक्स टेरियर; बुक टेरियर; वेस्ट हाईलैंड का सफ़ेद टेरियर; वेल्स का टेरियर; बोस्टन का टेरियर; आयरलैंड का टेरियर; स्काई टेरियर; सिल्यिम टेरियर; स्पैनियल; अंगरेज़ी स्पिंगर स्पैनियल; रोटर; गोर्डन सेटर; अँगरेज़ी सेटर; ब्लडहाउंड; डॉक्सहुंड; आयरलैंड का वुल्फहाउंड; ग्रेहाउंड; पुराना अँगरेज़ी शीष डॉग; अँगरेज़ी बुलडॉग;गोल्डन रिट्रीवर; डलमेशियन; बड़ा पाइरेनीज़; प्वाइंडर; सैंबीएड; वेल्स का कोर्गी; वाईमैरेनर; पूडल; डोवरमैन पिंशर; श्नॉजर; ह्विपेट; चेयाबा; सेंट बर्नार्ड; ग्रेट डेन; साइबेरिया का हल्की; पीकिनीज़।

कुतिया (स्त्री.), कुत्ती (स्त्री.), भषी (स्त्री.), शुनी (स्त्री.), श्वानी (स्त्री.), सरमा (स्त्री.), सारमेयी (स्त्री.)।

बच्चा : पिल्ला, शुनक, शौवन, सगबच्चा, सालावृकेय; पिल्ली (स्त्री.)।

कुत्तों का झुंड : शुनीर, शुन्य, शौव, शौवन, श्वयूथ्य।

कुत्ते का बोलना : भूँकना–, भूँ-भूँ करना–, भूकना–, भोंकना–, भों-भों करना–, भौंकना–, भौं-भौं करना–, भषण, भषित, बुक्कन, हुलिहुली (स्त्री.)।

कुत्ते का गुर्राना–, गुर्राहट (स्त्री.), श्वानवैखरी (स्त्री.)।

कुत्ते का रोना–।

पिल्ले की बोली : कें-कें (स्त्री.) (कर.)।

कुत्ते की खाँसी : धाँसी (स्त्री.), धाँसना–

कुत्ते की नींद : कुकुरनिंदिया (स्त्री.), श्वाननिद्रा (स्त्री.)।

कुत्ते का पागलपन : रोगित।

पागल कुत्ते के काटने से होने वाला रोग : जलांतक (दे.93)।

कुत्ते के काटने का उपचार : सारमेयचिकित्सा (स्त्री.)।

कुत्ते की दुम : शुनःपुच्छ, श्वपुच्छ, श्वाग्र।

कुत्ते का कान : श्वाकर्ण।

कुत्ते का पैर : श्वपद।

कुत्ते का दाढ़ : श्वदंष्ट्रा (स्त्री.)।

कुत्ते का दाँत : श्वदंष्ट्रक।

कुत्ते का लिंग : शुनःशेप, शुनःशेफ।

कुत्तों का मैथुन : कूकरलेंड़।

कुत्ते का मांस : शौवन।

कुत्ते का मांस खानेवाला : श्वपच, श्वपाक, श्वाद।

कुत्ते का स्वभाव : शौव, शौवन।

कुत्ते का भोजन : कूकरकौर, सारमेयादन।

कुत्ते के तरल वस्तु चाटने का शब्द : चपड़-चपड़ (स्त्री.), शपशप (स्त्री.), शपाशप (स्त्री.); चभड़-चभड़ (स्त्री.)।

कुत्ता पालना : सगबानी (स्त्री.)।

कुत्ता पालनेवाला : सगबान, श्वक्रीडी, श्वगणिक, श्वपति, श्वागणिक, श्वाघ्निक।

कुत्ता पकड़नेवाला : श्वग्रह।

श्वान-प्रदर्शनी (स्त्री.), dog show।

(पौरा.) सरमा (स्त्री.), देवशुनी (स्त्री.)।

वि. कुत्ता-संबंधी, शौन, शौनिक, शौव, शौवन।

कुत्ते का सा स्वभाववाला : शौवन।

67.14. सं. ऊँट, उष्ट्र, अध्यग, अलहैरी, कंटकभक्षक, कंटकभुक्, कंटकाशन, कंठाल, कंठील, कंडोल, करभ, करभक, करह, कुवाकुल, केलिकीर्ण, क्रमेल, क्रमेलक, ग्रीवी, जवी, जांघिक, दासेर, दासेरक, दीर्घ, दीर्घगति, दीर्घग्रीव, दीर्घघाटिक, दीर्घजंघ, दुर्गलंघन, धूमक, धूम्रशूक, धूसर, बणिग्वह, बलिष्ठ, बली, बहुकर, भूतघ्न, भूमिगम, भोलि, मय, महांग, महाग्रीव, महानाद, महापृष्ठ, महास्कंध, मरुद्विप, खण, लंबग्रीव, लंबोष्ठ, ललजिस्व, ललज्जिस्व, वक्रग्रीव, वणिग्वह, वरण, वरना, वासंत, वीजाविक, शरभ, शल, शलाभोलि, शिशुनामा, शुतुर, शृंखलक, साँड़िया, सार, सुतोर, स्थूली।

ऊँट की पीठ का उभाड़ : कूबड़, कोहा, कोहान।

दो कूबड़ोंवाला बैक्ट्रियाई ऊँट : दोकोहा, द्विककुद्।

ऊँटनी (स्त्री.), उष्ट्रिका (स्त्री.), उष्ट्री (स्त्री.), करभी (स्त्री.), मया (स्त्री.), संढिका (स्त्री.), साँड़नी (स्त्री.)।

ऊँट का बच्चा : बोता, करभ, कलभ, कलभी (स्त्री.)।

ऊँटों का झुंड : औष्ट्रक।

ऊँटनी का दूध : औष्ट्र।

ऊँट की नाक में पहनायी जाने वाली रस्सी : नकेल (स्त्री.) (डाल. पहना.), पैकड़ा, मुहार (स्त्री.)।

ऊँट चलानेवाला : ऊँटवान, ऊँटहारा, सारवान।

ऊँट पालनेवाला : ऊँटवाला, उष्ट्रपाल, रइबारी, रैबारी, हादी।

ऊँटों को रखने का स्थान : उष्ट्रशाला (स्त्री.), शुतुरख़ाना।

ऊँट पर कसने की काठी : कजावा।

ऊँट पर कसा जाने वाला हौदा : महमिल, अंबारी (स्त्री.) (दे.67.7)।

ऊटनीसवार, साँड़नीसवार, साँड़िया, शुतुरसवार।

ऊँटनीसवार के पीछे बैठनेवाला व्यक्ति : रदीफ़।

ऊँटगाड़ी (स्त्री.), उष्ट्रयान, औष्ट्ररथ, अध्युष्ट्र।

ऊँट पर लादी जाने वाली तोप : ऊँटनाल (स्त्री.), शुतुरनाल (स्त्री.)।

ऊँट का बोलना : बलबलाना–, बलबलाहट (स्त्री.)।

मल : मेंगनी (स्त्री.), मेगनी (स्त्री.)।

ऊँट का स्वभाव : औष्ट्र।

ऊँट का ज्वर : लस।

वि. ऊँट-संबंधी, औष्ट्र, औष्ट्रक, कारभ, शुतुरी।

ऊँट से प्राप्त : औष्ट्र, औष्ट्रिक।

ऊँट के रंग का : शुतुरी।

ऊँट के बालों से बना : शुतुरी।

67.15. सं. ऊँट जैसा अमरीकी प्राणी : लामा।

67.16. सं. लामा जैसा प्राणी : अलपाका, आलपाका।

आलपाका का ऊन : अलपाका, आलपाका।

अलपाका का बना वस्त्र : अलपाका।

67.17. सं. चमरबैल, चमरमृग, चमर, चामरी, उपलधिप्रिय, धेनुग, याक, बालप्रिय, बालमृग, व्यजनी, सुरहित।

चमरगाय (स्त्री.), चमरी (स्त्री.), चौंरगाय (स्त्री.), गिरिप्रिया (स्त्री.), दीर्घबाला (स्त्री.), बनचौंर (स्त्री.), बनचौंरी (स्त्री.), सुरही (स्त्री.), सुरागाय (स्त्री.)।

पालतू चमरगाय : पेगू (स्त्री.)।

बूढ़ा चमरबैल : बाकू।

हिमालय की पालतू गाय जेबू और पालतू चमरबैल का संकर : जो, जोबो, ध्जो।

67.18. सं. हरिन, हरना, हरिण, हिरन, हिरना, अजिनयोनि, आहू, कंबल, कुरंग, कुरंगक, कुरंगम, क्रव्यघातन, चंचु, चारुनेत्र, चारुलोचन, जंघाल, पल्लवाद, प्लवंग, भीरुचेता, भीरुहृदय, मयु, मृग, मृडीक, रिश्य, वनस्थ, वातप्रमी, वाताट, वातायु, वानायु, व्याधभीत, शारंग, शालावृक, सारंग, सारंगज, सुनयन, सुलोचन।

छोटा हिरन : हरिणक।

हरिनी (स्त्री.), हरिणी (स्त्री.), हिरनी (स्त्री.), कंबलिका (स्त्री.), कुरंगी (स्त्री.), मृगांगना (स्त्री.), मृगी (स्त्री.), समीची (स्त्री.)।

बच्चा : हरनौटा, हिरनौटा, ग़ज़ाला, बालमृग, मृगछौना, मृगपोत, मृगशाव, मृगशावक, सृमर।

हिरनों का झुंड : मृगयूथ।

तेज दौड़नेवाला हिरन : वातगज।

हवा के रुख की ओर दौड़नेवाला हिरन : वातमज, वातमृग।

पीठ पर धारियोंवाला हिरन : राजीव।

सफ़ेद पैरोंवाला हिरन : ऋश्य, ऋष्य, ऋष्यक।

मुंडा हिरन, पाठी मृग।

सफ़ेद हिरन : सेलिस।

काला हिरन : कालिया, करसाइल, करसायल, कालसार, कृष्ण, कृष्णमृग, कृष्णसार, एण, ऐणेय, यज्ञांग, रुरु, सामूना (स्त्री.)।

बालदार पूँछवाला हिरन : चमूरू।

वेगिहरिण, शिखियूप, श्रीकारी।

चिंकारा, चिकारा, चिक्कारा, छिकरा, छिकार, छिक्कर, छिक्कार।

नीलगाय (स्त्री.), गवय, गवयी (स्त्री.), गवालूक, गोका (स्त्री.), गोमृग, घोड़रोज, बनगाव, बलभद्र, भिल्लगवी (स्त्री.), रोझ, रोह, वनधेनु (स्त्री.)।

चौसिंगा, भ्रूश्रृंगी।

बारहसिंगा, बारहसिंघा, न्यंकु, विकटविषाण, विकटश्रृंग।

कश्मीरी बारहसिंगा : हंगल, हंगूल।

छोटा बारहसिंगा : लगुना, खरलगुना।

भार्याजित।

कालपृष्ठ।

साँभर, सांबर, साबर, संबर, समूर, समूरु, समूरुक, वनप्रिय, शंबर।

काकड़, गोइन।

चीतल, चितरा, चितला, चितली (स्त्री.), चित्रमृग, चीतल पाढ़ा, पाढ़ा, पृषत्, पृषत, प्रिय, प्रियक, बिंदुचित्र, बिंदुचित्रक, विंदुचित्रक, शारंग, शिखिश्रृंग, सरंग, सारंग।

झाँक, झाँख।

पिसेरा।

रंकु।

कंदली, कदली।

सूकर।

सेराव, अजकुरंग।

गोकर्ण।

रोहिष, रोही, रौहिष।

लाल हिरन : ताम्रमृग, बनरोहा, रोहित् (स्त्री.), रोहित, लोहित, स्वल्पशृंगाल।

मरुक।

गुरल, थामिन, भामिन।

चीन।

कस्तूरीमृग, कस्तूर, कस्तूरा, कस्तूरिया, गंधमृग, गंधर्व, गंधवाह, पृष्कलक, पूत्यंड, मुश्कनाभ, मुश्कआहू, मृगनाभि, मृगपालिका (स्त्री.), मृगमातृक।

कस्तूरीमृग की नाभि : मुश्कनाफ़ा।

नाभि के भीतर कस्तूरी की थैली : नाफ़ा, अंड।

कस्तूरी (स्त्री.), कस्तूरिका (स्त्री.), कुरंगनाभि (स्त्री.), कुरंगसार, अंडजा (स्त्री), गंधकेलिका (स्त्री.), गंधचेलिका (स्त्री.), गंधधूलि (स्त्री.), गंधशेखर, नाभि (स्त्री.), मदना (स्त्री.), मदनी (स्त्री.), मार्जारी (स्त्री.), मुश्क, मृग, मृगनाभि (स्त्री.), मृगनाभिजा (स्त्री.), मृगमद, मृगमदा (स्त्री.), मृगभेद, मृगरोचन, मृगांडजा (स्त्री.), योजनगंधा, योजनगंधिका (स्त्री.), ललिता (स्त्री.), वातामोदा (स्त्री.), वेधमुख्या (स्त्री.), श्यामला (स्त्री.), सहस्रबेधिका (स्त्री.), सहस्रवेधि, सहस्रवेधी, साहस्रवेधी, सुगंधमुख्या (स्त्री.), सुगंधिका (स्त्री.), हरिसौरभ।

कस्तूरी का चूर्ण : खरिका (स्त्री.)।

काठ का हिरन : डवित्थ।

हिरन का चमड़ा : मृगचर्म, मृगछाला, मृगाजिन, कृत्ति (स्त्री.), हरिणचर्म।

काले हिरन का चमड़ा : अजिन, कालाजिन, कृष्णक, कृष्णच्छवि (स्त्री.), कृष्णाजिन।

बारहसिंगे का चमड़ा : न्यांकव।

साँभर का चमड़ा : साबर।

मृगचर्म का पंखा : धवित्र।

मृगचर्म का व्यापारी : अजिनसंध।

हिरन का पैर : मृगपद।

हिरन के खुर का निशान : मृगपद।

हिरन फँसाने का जाल : मृगजालिका (स्त्री.), मृगबंधिनी (स्त्री.) (दे.513)

हिरन फँसाने का गड्ढा : ऋश्यद।

हिरन का शिकार : मृगया (स्त्री.) (दे.65)।

हिरन का शिकारी : ऐणिक (दे.65)।

हिरन का मांस : हरिणमांस, हारिण।

वि. एण-संबंधी : ऐण, ऐणेय।

एण से प्राप्त : ऐणेय।

शंबर-संबंधी : शांबर।

हरिण-संबंधी : हारिण।

रुरु-संबंधी : रौरव।

कस्तूरी-संबंधी : कस्तूरिया, मुश्की।

कस्तूरी के रंग का : कस्तूरिया, स्याह (दे.505.6)।

कस्तूरी की गंधवाला : मुश्कबू।

अजिन धारण करने वाला : अजिनवासी।

67.19. सं. सियार, सियाल, स्यार, स्याल, स्यालिया, सिकर, सृगाल, स्रगाल, अरण्यश्वा, अरण्यश्वान, उल्कामुख, कटखादक, कुरव, क्रुश्वा, क्रूरव, क्रोष्टा, क्रोष्टु, क्रोष्टुक, खटखादक, गादड़, गादर, गीदड़, गीदर, गोमाय, गोमायु, गोमी, घोररासन, घोररासी, घोरवासन, घोरवासी, जंबक, जंबुक, जंबूक, धूर्तक, निशाचर, निशामृग, निशिचर, नीलंगु, नीलांगु, फेरंड, फेर, फेरव, फेरु, बृक, भरुज, भीरु, भीरुक, भूरिमाय, भेड़िया, भैरव, भ्रामक, मृगधूर्त, मृगधूर्तक, मृतकांतक, मृतमत्त, मृतमत्तक, यामघोष, लोपाक, लोपापक, लोपाश, लोपाशक, लोमश, लोमाश, वंचक, वंचुक, वनश्वा, वल्गुल, वृक, वृकधूर्त, वृकधूर्तक, व्याघ्रनायक, व्याघ्रसेवक, शग़ाल, शयालु, शालामृग, शालावृक, शिगार, शिगाल, शिव, शिवालु, शिवेश, श्रृकाल, श्रृगाल, श्वधूर्त, सालावृक, हरि, हूध्वनि, हरव, हूशब्द।

गृण्डिव, गृंडीव।

सियारिन (स्त्री.), सियारी (स्त्री.), स्यारनी (स्त्री.), स्यारी (स्त्री.), सृगालिका (स्त्री.), सृगाली (स्त्री.), सृग्विनी (स्त्री.), क्रोष्ट्री (स्त्री.), गादड़ी (स्त्री.), गादरि (स्त्री), गादरी (स्त्री.), गीदड़ी (स्त्री.), जंबुकी (स्त्री.), दीप्तजिह्वा (स्त्री.), भरुजा (स्त्री.), भरुजी (स्त्री.), लोपापिका (स्त्री.), लोमशा (स्त्री.), लोमाशिका (स्त्री.), वामी (स्त्री.), वृकी (स्त्री.), शिवा (स्त्री.), श्रृगालिका (स्त्री.), श्रृगाली (स्त्री.)।

सियार का बच्चा : सालावृकेय।

सियार का बोलना−/रोना−, हुआँ-हुआँ/हू-हू करना−,हुआँ, हू, हुआना−, फिंकरना−, फेंकरना−, फेकरना−, फेट्कार, फेत्कार, वाशन, शिवारुत।

शिवारुत से शकुन विचारने की विद्या : शिवाविद्या (स्त्री.)।

वि. श्रृगाल-संबंधी, शार्गाल, जांबुक, सार्गाल।

67.20. सं. चरकटा।

67.21. सं. लोमड़ी (स्त्री.), लोमशा (स्त्री.), लोमालिका (स्त्री.), लोमाशिका (स्त्री.), लोवा (स्त्री.), खिखि (स्त्री.), श्रृगालिका (स्त्री.), सृगालिका (स्त्री.)।

लोमड़ी का नर : खिंकिर, खिंखिर, चमरपुच्छ, धूम्रवर्णक, भूरिमाय, लोपाश, लोपाशक, लोमटक, लोमाश, स्वल्पजंबुक।

67.22. सं. गदहा, गधा, गर्दभ, ग्राम्याश्व, उपक्रोष्टा, क्रूर, ख़र, खर, खरीवृष, चक्री, चक्रीवान्, चिरमेही, धूसर, बालेय, बैसाखनंदन, भूरिगम, रमण, रासभ, रेणुरुषित,

लंबकर्ण, लिंपाक, वालेय, वासत, वैशाखनंदन, शंकुकर्ण, शंकुश्रवण, शीतलावाहन, शुद्धजंघ, स्मरस्मर्य।

गदही (स्त्री.), गधी (स्त्री.), गर्दभी (स्त्री.), खरी (स्त्री.), चक्रिणी (स्त्री.), मादए-ख़र (स्त्री.), रासभी (स्त्री.), वामी (स्त्री.)।

बच्चा : रेंगटा, गर्दभशावक।

जंगली गदहा : गोरख़र, वनगर्दभ; क्वागा।

ईंट आदि ढोने का गदहा : गदहिला, गदहिली (स्त्री.), गदहला, लदुआ गदहा।

गदहिले की पीठ पर रखने का गद्दा : सुंडस, सुंडा।

गदहिले पर मिट्टी आदि ढोने वाला : ओड़।

गदहे का बोलना : रेंकना—, रेंक (स्त्री.), रिंकण, खरनाद, खार्कार, सौते-हमीर (स्त्री.); चीपों-चीपों, सीपों-सीपों।

गदहे को रखने का घर : खरकुटी (स्त्री.), खरगृह, खरशाला (स्त्री.)।

गदहे से खींची जाने वाली गाड़ी : खरयान।

गदहे का धूल में लोटना : गदहलोटन।

गदहलोटन का स्थान : गदहलोटन।

गदहे का चमड़ा : किरकिन, कीमुख़्त।

वि. गर्दभ-संबंधी, गार्दभ।

गदहे के समान स्वरवाला : खरनाद, खरनादी।

67.23. सं. सूअर, सुअर, सलिलप्रिय, सूचिरोमा, स्तब्धरोमा, स्थूलनास, स्थूलनासिक, आखनिक, आखु, आरु, आस्यलांगल, काकोल, किटि, किर, किरि, कोल, क्रोड़, खूक, खूखू, गृष्टि, घृष्टि, घृष्वि, घोणी, चक्रदंष्ट्र, चक्रमुख, चक्ररद, दंतायुध, दंष्ट्रायुध, दंष्ट्रास्त्र, दंष्ट्री, दीर्घरद, दीर्घायुध, धन्विन, पंकक्रीड, पंकक्रीडन, पंकक्रीडनक, पीतस्कंध, पृथुस्कंध, पोत्रायुध, पोत्री, बराह, बहुप्रज, भूक्षित्, भूदार, मार्तंड, मुखलांगल, रेवट, वक्रदंष्ट्र, वक्रवक्त्र, वज्रदंत, वज्ररद, वनछाग, वनौका, वराह, वाराह, विष्ठाभुक्, शयथ, शिरोमर्मा, शूकर, शूर।

पालतू सूअर : ग्राम-शूकर, ग्रामीण, ग्राम्य, शूकर, विट्चर, विड्वराह, विष्कन, विष्ठाभूदारक।

कुत्ते से तेज़ दौड़नेवाला सूअर : अतिश्व।

जंगली/बनैला सूअर : बढ़ेला, मुस्ताद, वनशूकर, वनाहिर; सानो बनैल।

बारह साल का सूअर : बारह पानी का सूअर।

सूअरनी (स्त्री.), सूअरी (स्त्री.), सूकरी (स्त्री.), घृष्टी (स्त्री.), बारह बच्चेवाली, वराही (स्त्री.), वाराही (स्त्री.), शूकरी (स्त्री.)।

जंगली सूअरनी (स्त्री.), वनशूकरी (स्त्री.), किर्याणी (स्त्री.)।

सूअर का बच्चा : घेंटा, घेंटी (स्त्री.), किरक, शूकरशावक।

छोटा बच्चा : घेंटुला, घेंटुलिया (स्त्री.), घैंटा, घैंटी (स्त्री.), छवना।

सूअरों का झुंड : वराहयूथ।

सूअरों के रहने का स्थान : खोभार, शूकरगृह, सूअरबाड़ा।

सूअर का घुर-घुर आवाज़ करना : घुरघुराना–, घुरना–, घुरण, घुर-घुर (कर.), घुरघुराहट (स्त्री.), घुर्घुर, घर्घरित।

जंगली सूअर का बाहर निकला हुआ दाँत : खाँग (चला. मार.), काँप (स्त्री.), डाढ़ (स्त्री.), दंष्ट्रादंड, पोत्र।

सूअर का थूथन : घुरी (स्त्री.), घोणा, प्रोथ।

सूअर का शिकारी : सौकरिक।

सूअरों का व्यापारी : सौकरिक।

सूअर की पीठ और बगल का मांस, facon।

रान का मांस, ham।

सूअर का मांस, pork।

वह कल्पित मोती जो वराह से उत्पन्न माना जाता है : वराहमुक्ता (स्त्री.)।

सूअर का स्वभाव : सूअरपन, सूकरता (स्त्री.), सौकर्य।

वि. सूअर-संबंधी, सौकर, सौकरक, सौकरीय, क्रौड, वाराह।

सूअर के से दाँतोंवाला : सुअरदंता।

67.24. सं. भालू, भालु, भालुक, भालूक, भाल्लुक, भाल्लूक, भल्ल, भल्लक, भल्लाट, भल्लुक, भल्लूक, भाल, भालवी, भीरुक, भीलु, भीलुक, भीलूक, अच्छ, अच्छभल्ल, ऋक्ष, खरस, दीर्घकेश, दीर्घदर्शी, दीर्घरोमा, दुर्घीष, पृष्ठचक्षु, पृष्ठदृष्टि, रीछ, वृकधूर्तक, शिरायु।

हिमालय का बिलाव जैसा भालू : वाह।

ध्रुवप्रदेश का सफ़ेद भालू।

अमरीका का ग्रिज़ली भालू।

मधुभक्षी भालू, ratel।

भल्लूकी (स्त्री.), ऋक्षी (स्त्री.), रीछनी (स्त्री.)।

भालू नचानेवाला : मदारी (दे.67.26)।

भालू के मुँह पर बाँधने की चमड़े की मोहरी : रद्दा।

भालू नचाने की छड़ी : काटकी (स्त्री.)।

भालू को नाच सिखाने की कला : सिख इमलो।

वि. भालू जैसा मांसभक्षी : ऋक्षीक।

67.25. सं. बिलाव, बिलार, बिलाल, बिल्ला, बिडाल, बिडालक, बिराल, आखुभुक्, ओतु, काहल, कुंदम, क्रंदन, दीनलोचन, दीप्तलोचन, दीप्ताक्ष, नक्तचारी, नेत्रपिंड, पयस्य, पिंगाक्ष, मंदिरपशु, मार्जार, मार्जारक, मार्जारीय, मार्जाल, मार्जालीय, मूषिकाद,

मूषिकाराति, मेनाद, विडारक, विडाल, विडालक, विराल, विलाल, विषदंत, विषदंश, वृषदंत, वृषदंश, वृषदंशक, वृषदंशकक, वृषाहार, व्याघ्रमुख, व्याघ्रवक्त्र, व्याघ्रास्य, शालावृक, सूनक।

बिल्ली (स्त्री.), बिलाई, बिलारी (स्त्री.), बिलैया (स्त्री.), बिडालिका (स्त्री.), बिडाली (स्त्री.), ओतु (स्त्री.), काहली (स्त्री.), नेत्रपिंडी (स्त्री.), पूतिका (स्त्री.), मार्जारी (स्त्री.), मिनकी (स्त्री.), म्याऊँ (स्त्री.), म्याव (स्त्री.), विडालिका (स्त्री.), विडाली (स्त्री.), शेर की खाला, सेलिया (स्त्री.)।

बिल्ली का बच्चा : बिलौटा, बिलौटी (स्त्री.), बिलौरा, बिलौरी (स्त्री.)।

प्रमुख जातियाँ : सिकमार, अबरीदार बिलाव, चित्रविडाल; बरौन, बाघडाँशा, बाघदशा, माछविडाल, खुफिया बाघ; चित्तीदार बिलाव, किट्टवर्णी विडाल, तेंदुआ बिल्ली (स्त्री.) काराकल, स्याहगोश।

बिल्ली का मुँह : म्याऊँ/म्याँव की ठोर।

बिल्ली की बोली : म्याऊँ (स्त्री.), म्याँव (स्त्री.); म्याऊँ-म्याऊँ/म्याँव-म्याँव करना–।

बिल्ली के गले से निकलने वाली आवाज़ : घुर-घुर (दे.67.23)।

बिल्ली की क्रोधभरी आवाज़ : गुर्राहट (स्त्री.), गुर्राना–।

बिल्ली के तरल वस्तु चाटने का शब्द (दे.67.13)।

बिल्ली को पुचकारने का शब्द : पुस।

बिल्ली को दुतकारने का शब्द : बिल-बिल।

वि. विडाल-संबंधी, बैडाल, वैडाल।

67.26. सं. बंदर, बाँदर, बानर, बनरा, बलिमुख, बलीमुख, बूजना, बूजीना, कपि, कीश, कीस, कुशाक्ष, झंपाक, झंपारु, झंपी, तरुमृग, ताम्रतुंड, दधिशोण, नगाटन, पर्णमृग, पारावत, पिंगल, प्रवंग, प्रवंगम, प्रवग, प्लवंग, प्लवंगम, प्लव, प्लवग, फलभुक्, मर्क, मर्कट, रुखचढ़वा, लतामृग, लांगुली, लांगूली, वनौका, वलिमुख, वलिवदन, वलीमुख, वलीवक्त्र, वलीवदन, वानर, विपिनौका, वृक्षचर, शाखामृग, शाखालंबी, शालावृक, हरि, हैवाने-ज़ाहिल।

बँदरिया (स्त्री.), बँदरी (स्त्री.), बनरिया (स्त्री.), बनरी (स्त्री.), कपी (स्त्री.), झंपाकी (स्त्री.), मर्कटी (स्त्री.), वानरी (स्त्री.)।

बंदरों का झुंड : वानरयूथ, कपिसमूह, कापेय।

बंदर के गाल के अंदर की थैली : गलथैली (स्त्री.), गलौआ।

बंदर का चूतड़ : कप्यास।

बंदरों का हर्षसूचक शब्द : किलकारी (स्त्री.) (दे.मार.), किलकार (स्त्री.), किलकना–, किलकारना–।

क्रोधसूचक शब्द : खों-खों (कर.), कापेय।

बंदर का घाव : बंदरखत, बंदरघाव।

बंदर नचानेवाला : मदारी, मदारिया, कलंदर, गुगुलिया, गुलगुलिया, चक्राट (दे.555)।

मदारी का बंदर : बुजियाला।

बंदर द्वारा कान में बात करने की नक़ल : बतौतकुंती (स्त्री.)।

मदारी की छड़ी : काटकी (स्त्री.)।

प्रमुख जातियाँ : लंगूर, लांगूली, कालमुख, कृष्णमुख, कृष्णवक्त्र, कृष्णवदन, ढेंढ़वा, वृक्षशायिक; सुनहला लंगूर; टोपिया लंगूर; नीलगिरि लंगूर।

स्याह बंदर, नील वानर, गोलांगूल।

लजीला वानर, शरमीली बिल्ली।

नवांगु, देवांगपिल्ली (स्त्री.)।

मकड़ बंदर।

(ब्राजील का) बौना बंदर, marmoset।

(मेडागास्कर का) निशाकपि, लीमर, lemur।

कुबंग, कैबेगो, flying lemur।

बबून, baboon।

अतिरोमश, अतिलोमश।

वि. बंदर-संबंधी, कापेय, मार्कट, वानर।

बंदर जैसा : कापिक, वानर।

67.27. सं. बनमानुस, उत्ताल, पिंगाक्ष, लूतामर्कटक, वनमानुष, वनर, विपिनौका, वृक्षौका, हरि, orang-utan।

शाखावानर, ऊलक, हुक्कू, हलूक, gibbon।

मेध्यवानर, chimpanzee।

भीमवानर, गुरिल्ला, गोरिल्ला, gorilla।

पुच्छहीन वानर, विपुच्छकवि, ape।

कपिमानव, apeman।

67.28. सं. गेंडा, गैंड़ा, गंड, गंडक, गजनक्र, एकचर, क्रोडमुख, क्रोडीमुख, खंग, खँगहा, खगहा, खड़गी, खड़जी, खड्ग, खड्गी, तुंगमुख, तैतिल, तैत्तिर, प्रीणस, वज्रचर्म, वनोत्साह, वार्द्धीणस, वाध्रीणस, स्वनोत्साह।

छोटा जावाई गेंडा; अफ्रीकी सफ़ेद गेंडा, दो सींगोंवाला सुमात्राई गेंडा।

गेंडे की नाक पर का सींग : खाँग, खाग, खँगुवा, खड्ग।

वि. खाँगवाला, खँगैल, खाँगड़, खाँगड़ा।

67.29. सं. चिखुरा, चीखुर, चिकुर, चिक्किर, चमरपुच्छ, पर्णमृग, वृक्षमार्जार, शाखामृग।

चिखुरी (स्त्री.), गिलहरी (स्त्री.), गिलाई (स्त्री.), गिलाय (स्त्री.), वृक्षमर्कटिका (स्त्री.), वृक्षशायिका (स्त्री.)।

जंगली बड़ा चिखुरा : कराट, रासू।

जंगली काला चिखुरा : शिंशगाम।

रुकिया।

उड़नेवाला चिखुरा : उड़नमूस, उड़ल, सूरजभगत।

67.30. सं. चूहा, चंडु, चिक्किर, अधोगंता, आखिनिक, आखु, इंदुर, उंदुर, उंदुरु, उंदूरु, उंद्र, कुंड, कुलिंग, खनक, तुटुम, धान्यारि, पिंग, पुंध्वज, बहुप्रज, बिलकारी, भित्तिखातन, भित्तिपातन, भ्रमरक, मूश, मूष, मूषक, मूषिक, मूषिकार, मूषी, मूषीक, मुषक, मूस, मूसा, वज्रदंत, वज्रदशन, विघ्नपतिवाहन, विघ्नेशवाहन, वृक, वृश, वृष, वृषलोचन, शंकुमुख, श्वेतकपोत, सूच्यास्य, हंसिर, हसिर।

चुहिया (स्त्री.), चिक्का (स्त्री.), अंजनिका (स्त्री.), अंजलिका (स्त्री.), गिरि (स्त्री.), गिरिका (स्त्री.), दीना (स्त्री.), पिंगी (स्त्री.), प्रतिमूषिका (स्त्री.), बालमूषिका (स्त्री.), मुसटी (स्त्री.), मूषा (स्त्री.), मूषिका (स्त्री.), लिंगालिका (स्त्री.), हालाहला (स्त्री.)।

बड़ा चूहा : घूस, घूँस, घुंइस, अंगूष, शस्यमारी।

घूस का बिल : घिरौरा।

छलांग मारकर चलनेवाला चूहा : हिरनमूसा, हिरनामूसा।

पहाड़ी चूहा : गिरिसंभव।

काँटोंवाला चूहा : काँटाचूहा, कंडरना, जाही, तारजवा, सोन्ह।

चूहा पकड़ने का खटकेदार पिंजड़ा : चूहादान, चूहादानी (स्त्री.), मूशदान, मूषादान, मूसदानी (स्त्री.)।

वि.चूहा-संबंधी, पैंग।

67.31. सं. छछूँदर, छछुंदर, छुछुंदर, अजिर, गंधनकुल, गंधमूषिक, गंधाखु, गहेजुआ, चिकुर, चिक्क, पुंवृष, वेश्मनकुल।

छछूँदरी (स्त्री.), छुछुंदरी (स्त्री.), गंधमूषी (स्त्री.), गंधशुण्डिनी (स्त्री.), गंधमुखी (स्त्री.), गंधसुयी (स्त्री.), दिवांधकी (स्त्री.), दिवांधिका (स्त्री.), दीर्घतुंडा (स्त्री.), दीर्घतुंडी (स्त्री.), दीर्घमुखी (स्त्री.), पूतिमूषिका (स्त्री.), शुंडिमूषिका (स्त्री.), सुगंधमूषिका (स्त्री.), सुगंधिमूषिका (स्त्री.)।

67.32. सं. नेवला, नकुल, नागुला, अहिद्विट्, अहिभुक्, अहिमार, अहिरिपु, कशिक, कोटिर, कौशिक, पिंगल, बभ्रु, भुजगदारण, भुजगांतक, भोगिभुक्, लोहितानन, वंचक, सर्पहा, सर्परााति, सर्पारि, सूचिरदन, सूचिवदन, ह्रीक।

नेवली (स्त्री.), नकुली (स्त्री.)।

वि. नेवला-संबंधी, नाकुल।

नेवला जैसा : नाकुल।

67.33. सं. ताड़ की बिल्ली, मुसंग, indian palm eivet।

67.34. सं. गंधबिलाव, गंधमार्जार, गंधौतु, खटास, खट्टाश, मुश्कबिलाव, लोमशमार्जार, वनवासन, समूहक्षारक, समूहगंध, सुगंधमार्जार, सुगंधमूत्रपतन, सुगंधिमूत्रपतन, small indian eivet।

खट्टाशी (स्त्री.), मुश्कबिलाई (स्त्री.), लकाटी (स्त्री.)।

67.35. सं. बनबिलार, बनबिलाव, कटास, जहका, पूतिशारिजा (स्त्री.), large indian eivet।

67.36. सं. चितराला, marten।

67.37. सं. कथियान्याल, weasel।

67.38. सं. बिज्जू, अजूबा, ratel।

67.39. सं. भालू-सूअर, बालू-सूअर, बेजू।

67.40. सं. सुस्तपाँव, sloth।

67.41. सं. सजार, सजारू, सेधा, स्याऊ, ख़ारपुश्त, दीर्घायुध, वज्रशल्य, शलल, शल्य, शल्यकंठ, शल्यक, शल्लक, श्वावित्, श्वाविद्, श्वाविध्, porcupine।

साही (स्त्री.), सेही (स्त्री.), स्याही (स्त्री.), कंटकश्रेणी (स्त्री.), गात्रसंकोचनी (स्त्री.), शलली (स्त्री.), शलाका (स्त्री.), शली (स्त्री.), शल्यकी (स्त्री.), शल्लकी (स्त्री), शल्ली (स्त्री.)।

साही का काँटा : शल, शलक, शलल, शलली (स्त्री.), शल्यलोम।

साही के काँटे की क़लम : शललचंचु।

67.42. सं. ख़रगोश, खरहा, चौगड़ा, प्लुतगति, मृदुरोमक, मृदुरोमा, रोमकर्णक, लंबकर्ण, लमहा, लोमकर्ण, वनायु, शश, शशक, शशा, शूलिक, सस, ससक,ससा।

पहाड़ी ख़रगोश : रंगदुनी, रंगसूर।

67.43. सं. ऊद, ऊदबिलाव, उद्र, उर्द्र, जलनकुल, जलप्लव, जलबिडाल, जलमार्जार, जलशुनक, जलाखु, नीराज, पानीयनकुल, वसी, सगाबी (स्त्री.), otter।

67.44. सं. सल्लूसाँप, साल, indian pangolin।

67.45. सं. चींटीख़ोर, armadillo।

67.46. सं. कंगारू, कांगरू, धानी कुरंग, शिशुधानी कुरंग।

67.47. सं. ज़िराफ़, ज़िराफ़ा, ज़राफ़ा, जफ़राफ़ा, शुतुरगाव।

67.48. सं. जेबरा, चित्रक अश्व।

(खेचर)

67.49. सं. चमगादड़, चमगीदड़, चिमगादड़, चर्मचटक, अंध, गादुर, बादुर, वल्गुल, वाग्गुद, वाग्वद, वाल्गुद, शप्पर, शप्परा, शीरमुर्ग़, bat।

चमगिदड़ी (स्त्री.), चर्मचटका (स्त्री.), चर्मचटिका (स्त्री.), चर्मचटी (स्त्री.), चर्मपत्रा (स्त्री.), अजिनपत्रा (स्त्री.), अजिनपत्रिका (स्त्री.), अजिनपत्री (स्त्री.), गृहमाचिका (स्त्री.),

गृहमोचिका (स्त्री.), जतु (स्त्री.), जतुका (स्त्री.), जतुनी (स्त्री), जतू (स्त्री.), जननी (स्त्री.), तरुतूलिका (स्त्री.), मांसेष्टा (स्त्री.), वल्गुला (स्त्री.), वल्गुली (स्त्री.), वातुलि (स्त्री.), स्वैरिणी (स्त्री.), हड़फूटनी (स्त्री.)।

रक्तचूषक, लंबकर्ण चमगादड़, vampire bat।

दुमदार चमगादड़, mouse-tailed bat।

67.50. सं. पक्षी, पंछी, पक्षधर, पक्षवाहन, पक्षहर, पक्षालु, पखीरी, पखेरू, पतंग, पतंगम, पतंगी, पतग, पतत्, पतत्रि, पतत्री, पतम, पतस, पत्ररथ, पत्रवाज, पत्रवाह, पत्रवाहक, पत्री, परंद, परंदा, परिंदा, परेवा, पाखी, पाति, पित्सत्, पिपतिषत्, पिपतिषु, प्रवंग, प्रवंगम, प्रवग, प्लावी, अंडज, अंतरिक्षग, अंतरिक्षचर, अंतरिक्षचारी, अंबरचर, अगौका, अनेकज, अनेकजन्मा, अस्थितुंड, आंड, आकाशग, उत्पत, उपरिचर, कटाकु, कठाकु, कपोत, कीकसमुख, कुलिंग, खग, खचर, खचारी, खजाक, खेचर, गगनचर, गगनेचर, मरुत्मान्, चंचुभृत, चंचुमान्, चरेरू, चिड़ियाचुनमुन, जिह्वारद, तरुशायी, तार्क्ष्य, त्रोटिहस्त, द्युग, द्युचर, द्विज, द्विपक्ष, धान्यचारी, धान्यजीवी, नभग, नभगामी, नभचर, नभश्चर, नभसंगम,नभःसद्, नभोगति, नगौका, नभौका, नाडीचरण, नीडक, नीडज, नीडोद्भव, फत्कारी, फुक, मुर्ग़, रसनाख, राटि, लोमकी, वयस, वल्लक, वाजी, वातगामी, वाय, वारक, वि, विकिर, विजू, विष्कर, विष्किर, विष्पत्री, विहंग, विहंगम, विहग, विहायस, विहाया, वीक, वृक्षगृह, वृक्षालय, वृक्षावास, व्योमचारी, शकुंत, शकुंतक, शकुंति, शकुन, शकुनक, शकुनि, शरंड, सरंग, सरंड, सारस।

छोटा पक्षी : पक्षिकीट, विहंगक।

जंगली पक्षी : वनपक्षी, मुर्ग़े चमन।

पानी के किनारे रहनेवाला पक्षी : जलपक्षी, जलखग, प्लव।

बोलनेवाला पक्षी : भाषिपक्षी।

कड़ी चोंचवाला पक्षी : अस्थितुंड।

पक्षी को फँसानेवाला पक्षी : कुट्टा (दे.513)।

पक्षिणी (स्त्री.), पतंगिका (स्त्री.), कषिका (स्त्री.), चिड़िया (स्त्री.), चिरई (स्त्री), चिरिका (स्त्री.), विहंगमा (स्त्री.), शकुंतिका (स्त्री.), शकुनिका (स्त्री.)।

चिड़िये का बच्चा : चेंटुआ, चेटुवा, पक्षिबालक, पक्षिशावक, संगदान, संगदाना।

वह बच्चा जिसके पर न निकले हों : गेदा, पोटा।

पक्षियों का झुंड : पक्षिसंघ, चटकाली (स्त्री.)।

अंडा, अंड, आंड, कोश, कोष, डिंब, पेशि (स्त्री.), पेशी (स्त्री.), पेशिकोष, बैजा।

छोटा अंडा : अंडक, कोशक।

अंडों का ढेर : आंड।

अंडे के अंग : छिलका, तुष; अंडतंतु; झिल्ली (स्त्री.); सफ़ेदी (स्त्री.); ज़रदी (स्त्री), ज़र्दी (स्त्री.), अंडपीत।

पक्षी का अंडे पर बैठकर उसे गरमी पहुँचाना : अंडे सेना–।

अंडा फूटने के क़रीब होना : अंडा खटकना–/तड़कना–।

अंडे से बच्चे का बाहर निकलना : अंडा फूटना–।

डैना, गरुत्, छद, छदन, तनूरुह, देहकोष, देहधि, पंख, पक्ष, पक्षपुट, पक्ष्म, पखौआ, पखौटा, पतत्र, पत्र, पर, पाखा, बाजू, बाहुकुंथ, वाज।

डैने पर का धूआ/रोआँ : पर, पंख।

पक्षियों का सालाना पंख गिराना : कुरीज।

डैने का सबसे बड़ा पर : शहपर।

डैने की जड़ : पक्षमूल, पक्षति (स्त्री.), विजु।

चोंच (स्त्री.) (मार.), चंचु, चंचुका (स्त्री.), चंचू (स्त्री.), टोंट (स्त्री.), ठोंग (स्त्री), ठोंगना–,ठोर (स्त्री.), तुंड, तुण्डि (स्त्री.), तुण्डिका (स्त्री.), त्रोटि (स्त्री.), त्रोटी (स्त्री.), सृपाटिका (स्त्री.)।

बंद चोंच : चंचुपुट, चंचुपुटी (स्त्री.)

चोंच से मारना : चंचुप्रहार (कर.)।

दुम (स्त्री.), पीछा (स्त्री.), पूँछ (स्त्री.) (दे.66)।

पूँछ पर का पर : पिच्छक, पिच्छलतिका (स्त्री.)।

गले का निचला भाग : गुद्दी (स्त्री.)।

सिर पर की चोटी : चोटी (स्त्री.), कलगी (स्त्री.) (दे.67.51/53)।

पक्षियों के वर्ग : बस्ती-बाग़ के पक्षी; शिकारी पक्षी; शिकार के योग्य पक्षी; जलपक्षी; जलतट के पक्षी; बारहमासी/आवासी पक्षी; मौसमी/प्रवासी पक्षी। प्रवास-काल। प्रवास-गमन।

बोली : छोटी चिड़िया/चिड़िया का बच्चा–चीं (स्त्री.), चीं-चीं (स्त्री.) (कर.), चूँ, चूँ-चूँ (कर.); चिड़िया–चें (स्त्री.), चें-चें (स्त्री.) (कर.); कर्कश–चाँय-चाँय (स्त्री.) (कर.), चाँव-चाँव (स्त्री.) (कर.); आनंद–चहक (स्त्री.), चहकना–,चहकार (स्त्री), चहकारना–, चहचहा (मच. मचा.), चहचहाना–,चहचहाट (स्त्री.), चहचहाहट (स्त्री.), कलरव, कुहुक (स्त्री.), कुहुकना–,कूज, कूजन, कूजना–,पक्षिरव, वाशन, शकुनिवाद, सफ़ीर (स्त्री.)।

पक्षी विशेष की बोली उस पक्षी के साथ।

पक्षी के बैठने की आड़ी छड़ : अड्डा, चक्कस, चिक्कस, पतवास (स्त्री.)।

पंख हिलाने का शब्द : फड़ (स्त्री.), फड़फड़ (स्त्री.) (कर.), फड़फड़ाना–, फड़फड़ाहट (स्त्री.), फुरहरी (स्त्री.), पत्रकाहला (स्त्री.)।

पक्षी का चोंच से पंख खुजलाना : कुरियाल (स्त्री.); पक्षी का मौज में आना : कुरियाल में आना–।

छोटी चिड़िया के उड़ने का शब्द : फुर (स्त्री.), फुर से उड़ना–; 'फुर-फुर' आवाज़ के साथ उड़ना : फुरफुराना–।

(पक्षियों का) उड़ना–, उड़ान (स्त्री.) (भर.), उड्डयन, उड्डीयन (दे.286)।

तिरछी उड़ान : प्रडीन; ऊपर की ओर उड़ान : उड्डीन; नीचे की ओर उड़ान : अवडीन; पक्षियों का एक साथ उड़ान : संडीन।

चक्कर काटना–,मँडराना–(दे.286)।

पक्षियों के झुंड की छाया : विच्छाय।

पक्षियों का मल : बीट (स्त्री.), बिड, रीख़ (स्त्री.)।

पक्षियों के रहने का घास-फूस से बना घर : घोंसला (बना.), अंकुरक, आशियाना, आशियाँ, आलना, कुलाय, खोंता, खोता, द्विजालय, नीड, नीडक, पक्षिशाला (स्त्री.), वसथ।

पालतू पक्षियों को रखने का घर : पिंजड़ा, पिंजर, पंजर, पंजरक, पक्षिशाला (स्त्री), क़फ़स, कुलायिका (स्त्री.), वितंस, शालार।

पक्षिगृह, पक्षिशाला (स्त्री.) (दे.66)।

पक्षियों का आहार : चारा, चुगा (चुगा.), चुग्गा; पक्षियों का स्वयं खाना–चुँगना–, चुगना–; पक्षियों को खिलाना–, चुँगाना–, चुगाना–, चुगाई (स्त्री), दाना (खिला. चुगा.)।

वह चारा जो चिड़िया चोंच से उठाकर बच्चे के मुँह में दे : चुगा, चुग्गा।

पक्षियों के पानी पीने का हौज : पक्षिपानीयशालिका (स्त्री.), शकुनिप्रपा (स्त्री), द्विजप्रपा (स्त्री.)।

शिकारी पक्षियों की आँखों का ढक्कन : अँधियारी (स्त्री.) (दे.480), कुलह (स्त्री.)।

पक्षियों को लड़ाना : झड़पाना–।

पक्षी पकड़नेवाला : बहेलिया (दे.65)।

न उड़नेवाले प्रमुख पक्षी : शुतुरमुर्ग, संगख़्वार; इमू; कीवी; पेंग्विन; रेआ।

प्रमुख विलुप्त पक्षी : अयाट्राइमा; आर्कियोप्टेर्नरिस; इपियोर्निस; डायाट्राइमा; फोरोहैकस; हेक्पेरोर्निस।

हाल में विलुप्त पक्षी : डोडो; ग्रेट आर्क; मोआ।

अंडे/माँस के लिए पाले जानेवाले पक्षी : पोल्ट्री, poultry।

पक्षिपालन, aviculture।

पक्षिशास्त्र, ornithology।

कल्पित पक्षी : वह गायक पक्षी जिसके गाने से आग लग जाती है–आतशज़न, क़ुक्नुस, कुकनू, कुकनूस। संगीतज्ञ पक्षी मूसीक़ार। क़ाफ़ पहाड़ पर रहने वाला विशालकाय पक्षी–सीमुर्ग़। साहित्यिक पक्षी–अनक़ा, उनक़ा। वह पक्षी जिसकी

छाया पड़ने से मनुष्य राजा होता है—हुमा। सदा उड़ते रहने वाला पक्षी—अनलपंख, अनलपंखी, अनलपक्ष।

(पौरा.) पक्षियों की आदि माता : विनता (स्त्री.), सुपर्णा (स्त्री.)।

विष्णु का वाहन : गरुड़, गरुत्मान्, अंडजेश्वर, अक्ष, अमृताहरण, अरुणाग्रज, अरुणानुज, अरुणावरज, अहिद्विट, अहिभुक्, अहिमार, अहिरिपु, उरगशत्रु, उरगाद, उरगारि, उरगाशन, कामचारी, कामायु, कश्यपनंदन, काश्यपि, काश्यपेय, खगकेतु, खगनाथ, खगपति, खगराज, खगाधिप, खगेंद्र, खगेश, खगेश्वर, चिराद, तरस्वी, तार्क्ष्य, तार्क्ष्यनायक, दक्षाय्य, द्विजपति, द्विजराज, द्विजेंद्र, द्विजेश, नभगनाथ, नभगेश, नागवारिक, नागांतक, नागाराति, नागारि, नागाशन, नीलच्छद, पक्षिप्रवर, पक्षिराज, पक्षिसिंह, पक्षिस्वामी, पक्षींद्र, पतंगेंद्र, पतगेंद्र, पतत्रिराज, पन्नगनाशन, पन्नगारि, पन्नगाशन, परमेष्ठी, पवनाशनाश, पुरुषवाह, फणिभुक्, भुजंगभुक्, भुजंगभोगी, भुजंगशत्रु, भुजगदारण, भुजगभोजी, भुजगांतक, भुजगाशन, भोगिभुक्, महापक्ष, महावीर, महावेग, रक्तपक्ष, रसायन, राजसारस, वज्रजित्, वज्रतुंड, वज्रिजित्, विनतानंदन, विनतासुत, विनतासूनु, वैनतेय, विशालाक्ष, विष्णुयान, विष्णुरथ, विष्णुवाहन, विष्णुवाह्य, विहंगराज, विहगपति, विहगराज, विहगेंद्र, विहगेश्वर, व्यालसूदन, व्यालाद, शकुनीश्वर, शल्मलिरथ, शाल्मली, शिलौका, सर्पकाल, सर्पहा, सर्पाराति, सर्पारि, सर्पाशन, सितानन, सुधाहर, सुधाहर्ता, सुधाहृत, सुपर्ण, सुपर्णक, सुपर्णराज, सुपर्णी, सुपर्णेय, सौपर्णेय, सौपर्ण्य, सुरेंद्रजित्, सुवर्णपक्ष, स्वर्णकाय, स्वर्णपक्ष, सुमुखसू, सुमुखसु, सूचिवान्, स्वामी, हरियान, हरिवाहन, हरिहरात्मक, हेमांग।

गरुड का ज्येष्ठ पुत्र : संपाति, संपातिक, संपाती, पक्षिपति।

सूर्य, सारथि अरुण का पुत्र : जटायु, जरायु, गिद्धराज, गृध्रराज, पक्षिपुंगव, श्यैनेय।

संपाति का पुत्र : सुपार्श्व।

रामभक्त काक : काकभुशुण्डि, कागभुसुण्डि।

वि. पक्षी-संबंधी, पाक्षिक, वैहंग, वैहग।

पंखवाला : पंखदार, पक्षी।

जिसके पंख न निकले हों : अजातपक्ष।

जिसके पंख कटे हों : परकट, परकटा, कुरीज।

पंखहीन : अपत्र।

दुमकटा, लँडूरा।

पुच्छ-पक्षहीन : लुंडा।

बिना घोंसले का : अनीड।

चोंचवाला : तुंडी।

गानेवाला : वल्गुनाद

चकहनेवा : चहकारा।

चहकता हुआ : चहचहा।

उड़ता हुआ : उड्डीयमान्।

अंडज (दे.60)।

जिसके पेट में अंडे हों : अंडैल।

पक्षी द्वारा लाया हुआ : शकुनाहृत।

हुमा-संबंधी, हुमाई।

गरुड-संबंधी, गारुड, गारुत्मत, सौपर्ण।

गरुड के आकार का : गारुड, सौपर्ण।

गरुड का : गारुत्मत।

अ. फड़फड़।

67.51. सं. मोर, मयूर, मयूरक, मयूक, मरुक, मरूक, मंजा, मार्जारकंठ, मार्जारक, मुरैला, मेघनादाबुलासक, मेघसुहृत, मेघानंद, मेघानंदी, मेचकगल, मेनाद, अत्यूह, अनुलास, अनुलास्य, अर्की, अर्जुन, अहिद्विट्, अहिभक्षी, अहिभुक्, अहिमार, अहिरिपु, उरगाद, उरगारि, उरगाशन, कंजर, कंजार, कलध्वनि, कलापी, कालकंठ, कालकृत, कांतपक्षी, कुंडली, कुमारवाहन, कुमारवाही, कृकवाकु, केकावल, केकिक, केकी, गरलव्रत, गरव्रत, गलव्रत, घनपाषंड, घनप्रिय, चंद्रकी, चक्रांकपुच्छ, चित्रपिच्छक, चित्रबर्ह, चित्रमेखल, ताऊस, दार्वंड, दीप्तांग, ध्वजी, नगावास, नर्तक, नर्तनप्रिय, नर्तप्रिय, नागांतक, नागाराति, नागारि, नीलकंठ, पवनाशनाश, पुंछार, प्रचलाकी, प्रपादिक, प्रवलाकी, प्रावृषिक, फणिभुक्, बर्ही, बाहुलग्रीव, बिहिरत का जानवर, भुजंगभुक्, भुजंगभोगी, भुजंगभोजी, भुजगदारण, भुजगभोजी, भुजगांतक, भुजगाशन, भोगिभुक्, लासक, वर्षामद, वर्हिण, वर्ही, वीरंधर, वृषांक, वृषी, शतपत्र, शापटिक, शाफष्कि, शारंग, शिखंडी, शिखाधर, शिखाधार, शिखाधारक, शिखावल, शिखावन्, शिखि, शिखी, शुक्रभुक्, शुक्रांग, शुक्लांग, शुक्लापांग, श्यामकंठ, सर्पद्विट्, सर्पभक्षक, सर्पभुक्, सर्पारि, सर्पाशन, सहसान, सहसानु, सारंग, सितापांग, स्मेरविष्किर, हरि।

मोरनी (स्त्री.), मोरी (स्त्री.), मयूरी (स्त्री.), कलापिनी (स्त्री.), केकिनी (स्त्री.), नर्तकी (स्त्री.), शिखण्डिनी (स्त्री.), शिखावली (स्त्री.), शिखिनी (स्त्री.)।

मोरों का झुंड : मायूर।

मोर का पंख : मोरपंख, मयूरपंख, कूर्च, चक्रांकपुच्छ, बर्ह, वर्ह, वर्हिच्छद, हरिखंड।

मोरपंख पर का अर्धचंद्राकार चिह्न : मोरचंद्र, मोरचंद्रिका (स्त्री.), मयूरचंद्रिका (स्त्री.), मेचक, चंद्र, चंद्रक, चंद्रिका (स्त्री.), गूषणा (स्त्री.)।

मोर के सिर पर की : कलँगी (स्त्री.), चूड़ा (स्त्री.), चोटी (स्त्री.), प्रचलाक, मयूरशिखा (स्त्री.), शिखंड, शिखंडक, शिखण्डिका (स्त्री.), शिखालु, शिखिशिखा (स्त्री), शिखिशेखर, शिरोवल्ली (स्त्री.), सिराली (स्त्री.), सुशिखा (स्त्री.)।

मोर की पूँछ : मयूरपुच्छ, कलाप, पिच्छ, प्रचलाक, राण, शिखंड, शिखंडक, शिखंडी, शिखिपिच्छ, शिखिपुच्छ।

मोरपंख का बना चँवर : मोरछल (दे.36)।

मोरपंख का मुकुट : मोरमुकुट।

मोरपंखों का गुच्छा : पिच्छिका (स्त्री.)।

मोर की बोली : केका (स्त्री.), केकारव, कुहक, कूक (स्त्री.)।

मोर के नाचने का समय : कलापी।

मोरों द्वारा खींचा जाने वाला रथ : मायूर।

मोर पकड़नेवाला : मायूरक, मायूरिक।

वि. मोर-संबंधी, मायूर, वार्हिण, शैखिन।

मोर जैसा : ताऊसी।

मोरपंख का बना हुआ : मायूर, वार्ह।

मोरपंख से सजा हुआ : वर्हिण।

मोरपंख लगा हुआ : वर्हिणवास, वर्हिणवासा।

मोर के कंठ जैसा : शिखिकंठ, शिखिग्रीव।

पूँछ फैलानेवाला : संपूर्णपुच्छ।

67.52. सं. तिलमयूर, तिलशिखी।

67.53. सं. मुरगा, मुर्ग़, मणिकंठक, मयूरचटक, महायोगी, अग्निचूड, अरुणचूड, अरुनचूड, अरुणशिखा, अरुनशिखा, आत्मघोष, उषःकल, उषाकल, कुक्कुट, कुक्कुटक, कुर्कुट, कुक्कुभ, करंज, करंजक, कलज, कलाधिक, कलाविक, काणूक, कालज्ञ, कावृक, काहल, कुसंग, कुहकस्वन, कुहकस्वर, कृकवाकु, चरणायुध, तमचुर, तमचूर, तमचोर, ताम्रचूड, दक्ष, दीर्घनाद, नखरायुध, नखायुध, नियोद्धा, निशाकर, निशावेदी, निशिकर, पुच्छी, पुष्टिवर्धन, प्रकाशकज्ञाता, भास, यामघोष, रक्तवर्त्मा, रसायन, रात्रिवेद, रात्रिवेदी, रुदथ, लालसिखा, वचर, विष्किर, वृताक्ष, शकुनि, शिखण्डिक, शिखी, शूर, शूलिक, सुपर्ण, स्वर्णचूड, स्वर्णचूडक।

मुरगी (स्त्री.), कुकड़ी (स्त्री.), कुक्कुटि (स्त्री.), कुक्कुटी (स्त्री.), काहली (स्त्री), ताम्रशिखी (स्त्री.), दक्षा (स्त्री.), शिखरी (स्त्री.), शिखिनी (स्त्री.)।

बड़ी मुरगी : घाघस (स्त्री.)।

छोटी मुरगी : टिलिया (स्त्री.)।

अंडा न देनेवाली मुरगी : कुड्डुक (स्त्री.)।

मुरगी का बच्चा : चूजा, चूज़ा, चिंगना, टिलिया (स्त्री.), टिलोरिया।

जवान हो चला बच्चा : पट्ठा।

प्रमुख जातियाँ : ख़स्सी; देशी; पामोज; ब्लैक मिनार्का; रोड आइलैंड; ह्वाइट लेगहॉर्न। ब्रॉयलर।

टरकी; पीरू।

मुरगी का अंडा : ख़ाग, ख़ाया, दक्षांड (दे.67.50)।

मुरगे की बोली : बाँग (स्त्री.) (दे.लगा.), कुक्कुटध्वनि (स्त्री.), कुहक।

मुरगे के सिर पर की चोटी : कलँगी (स्त्री.), कलगी (स्त्री.), चूलिका (स्त्री.), तुर्रा, शिखा (स्त्री.), सिरगिरी (स्त्री.), सुशिखा (स्त्री.)।

गरदन के नीचे की थैली : झालर (स्त्री.)।

पैर का काँटा : कात।

कुक्कुटादि-पालन, मुरगी-पालन, poultry farming।

मुरगी को अंडे पर बिठाना : मुरगी बिठाना–।

मुरगे बंद करने का टोकरा : खाँचा, ढाबा।

मुरगे रखने की जगह : करंजख़ाना, मुर्ग़ख़ाना; poultry farm; farm।

कुक्कुट-पालक, कौक्कुटिक।

मुरगे लड़ाना-, मुर्ग़बाज़ी (स्त्री.)।

मुरगे की शक्ल का प्याला : मुर्ग़े ज़र।

67.54. सं. कुमरी (स्त्री.), जंगली मुरगी (स्त्री.), फाख़ता (स्त्री.), भूरी (स्त्री.), यवग्रीव, वनकुक्कुट।

67.55. सं. जंगली मुरगी (स्त्री.), कचाटुर, कुकुही (स्त्री.), कुलाल, बनकुकड़ा, बनमुरगा, बनमुरगी (स्त्री.)।

मुरगे लड़ानेवाला : मुर्ग़बाज़

67.56. सं. कालिज, कलेसी (स्त्री.), कलेसुर, कोलसा, रचाबो।

67.57. सं. कोकलास।

कोकलास का बच्चा : पिलोरा।

67.58. सं. पोकरास।

67.59. सं. जोवार, जिगुराना, नरबोदल, फुलगुर, सिंह मोनाल।

67.60. सं. कोठमोर, देवदहक, देवदुरग, मनोवर।

67.61. सं. चिलमे, सामे, खेमा, सेलभंग।

67.62. सं. मोनाल, डफिया (स्त्री.), निलगुरु, नीलमोर, रतिबा, रबनाल।

67.63. सं. चेड़, चमन, काहिर, बनचील (स्त्री.), हरील।

67.64. सं. लुंगी।

67.65. सं. परबतिया।

67.66. सं. चकोत्री (स्त्री.), कस्तूर, कोकत्री (स्त्री.), बनकुकड़ी (स्त्री.)।

67.67. सं. असकोल, हुटका।

67.68. सं. नर बटेर, बटेरा, वटर, वर्तक, वर्तिक, वर्तिर, वर्तीर, वार्तक, वार्ताक, वार्तीक, वार्तीर।

बटेर (स्त्री.), बटई (स्त्री.), वर्तका (स्त्री.), वर्तकी (स्त्री.), वर्तिका (स्त्री.), वर्ती (स्त्री.), वाना (स्त्री.)।

बटेर लड़ाना–, बटेरबाज़ी (स्त्री.), बटेरों की पाली।

घायल बटेर (स्त्री.), चुत्था बटेर (स्त्री.)।

बटेर लड़ानेवाला : बटेरबाज़।

बटेर पालना : बटेरबाज़ी (स्त्री.) (कर.)।

बटेर पालनेवाला : बटेरबाज़।

रात को बटेर के कान में आवाज़ देना : बटेर को जगाना–।

दाना न मिलने से बटेर का दुबला होना : बटेर का बह जाना–।

67.69. सं. घाघस बटेर (स्त्री.), बटई (स्त्री.), बटरी (स्त्री.), बटेरा, बटेरो, गुड़गंज, बड़गंजा।

67.70. सं. चिनिंग बटेर (स्त्री.), चीना बटेर (स्त्री.), चनक।

67.71. सं. गिरजा बटई (स्त्री.), छोटी बटेर, जुहार।

67.72. सं. रोली बटई (स्त्री.)।

67.73. सं. ककुनी बटई (स्त्री.), कदई (स्त्री.)।

67.74. सं. सरसैया बटई (स्त्री.), सिरगी बटई (स्त्री.)।

67.75. सं. गोपाल बटई (स्त्री.), कनेली (स्त्री.)।

67.76. सं. गुड़रू बटई (स्त्री.), गुड़रू, गुंदरू, गुलू, सलई गुंदरू।

67.77. सं. पहाड़ी बटेर (स्त्री.)।

67.78. सं. डुबकी (स्त्री.), तुर्रा।

67.79. सं. चकोर, चकोरक, चकोरी (स्त्री.), चंद्रिकापायी, चलचंचु, चुकरू, अनूप, कबक, काउकाउ, जीवजीव, रक्तदृक्, रक्तनयन, रक्तनेत्र, रक्तलोचन, विषदर्शनमृत्यु, विषदर्शनमृत्युक, वीजन, सुलोचन।

मनाल।

67.80. सं. तीतर, तीतुर, तीतुल, तितिर, तितिरि, तित्तिर, तित्तिरि, तैतिर, तैत्तिर, अर्धपारावत, अनूप, कपिंजल, कपिलोह, खरकोण, चित्रपक्ष, जांगल, वरिष्ठ, वातचटक, शंकरप्रिय।

तीतरों का समूह : तैत्तिर।

तीतर पकड़नेवाला : तैत्तिरिक।

67.81. सं. कृकण, कृकर, कृकल, कोकनी।

67.82. सं. सी सी तीतर।

67.83. सं. रामचकोर, कुबक, जेरमोनाल, तुल्लू, लूयू, वैरा, हुइनवाल।

67.84. सं. मोर चकोर।

67.85. सं. काला तीतर, सुभान तेरी कुदरत।

67.86. सं. तेलिया तीतर, कलीनुर, छोटा काला तीतर।

67.87. सं. गोरा तीतर, तीतर, भूरा तीतर, राम तीतर, सफ़ेद तीतर।

67.88. सं. पिउरा तीतर।

67.89. सं. जंगूरिया तीतर, कूर मोनाल, तेर तीतर, बिजू, बर्फ़ का तीतर।

67.90. सं. चीनी तीतर।

67.91. सं. केहा तीतर, कैजाह, खैर।

67.92. सं. सन तीतर।

67.93. सं. बन तीतर, लंकांक, हरा तीतर।

67.94. सं. बख्त तीतर, बड़ा भट्टा, बनचूर, कटिंगा, चूर, स्याह सीना।

67.95. सं. गुटिला तीतर, पहाड़ी भटतीतर, पालकी (स्त्री.), भटबन, हंडेरी (स्त्री.)।

67.96. सं. कुहार भटतीतर, कुभारित, काकर, डंगर, बौरी (स्त्री.)।

67.97. सं. गुटू भटतीतर, नंगू कटिंगो।

67.98. सं. हंस, हंसक, हरि, हरिण, अब्जाद, कलकंठ, कलनाद, कलहंस, चक्रांग, जालपाद, धवलपक्ष, पुरुदंशक, मराल, मरालक, मानसचारी, मानसालय, मानसौका, वक्रांग, वरट, वार्च, विधिवाहन, शंकु, शितिच्छद, शितिपक्ष, श्वेतगरुत्, श्वेतगरुत, सरःकाक, सारस, सितच्छद, सितपक्ष, सुग्रीव, सूति।

बड़ा हंस : हंसराज।

हंसी (स्त्री.), हंसिनी (स्त्री.), हंसकांता (स्त्री.), हंसिका (स्त्री.), चक्रांकी (स्त्री.), चक्रांगी (स्त्री.), चक्राकी (स्त्री.), ढामरा (स्त्री.), बरटा (स्त्री.), मराली (स्त्री.), मृदुगमना (स्त्री.), वरटा (स्त्री.), वरला (स्त्री.), वारटा (स्त्री.), वारला (स्त्री.), सरःकाकी (स्त्री.)।

हंसों की पाँत : हंसपंक्ति (स्त्री.), हंसमाला (स्त्री.), हंसश्रेणी (स्त्री.), हंसावली (स्त्री.)।

हंस का पैर : हंसपद, हंसपाद।

हंस का पर : हंसतूल, हंसतूलिका (स्त्री.), हंसरोम।

हंस का अंडा : हंसबीज।

हंस की चाल : हंसगति (स्त्री.), हंसगमन, हंसविक्रांतगामिता (स्त्री.)।

हंस की बोली : हंसध्वनि (स्त्री.), हंसनाद, हंसरव, हंसरुत्, कलरव, कूजन।

वि. हंस-संबंधी, हांस।

हंस वर्ग का : हंसजातीय।

हंस का सा स्वरवाला : हंसनादी।

हंस की चोंच का सा : हंसमुख।

67.99. सं. जंगली हंस, अमलपतत्री।

67.100. सं. बत्तक, कारंड, कारंडव, गांजिकाय, गांजीकाय, चिराढ, मराल, लालसिरा।

बतख (स्त्री.), बतक (स्त्री.), बत (स्त्री.), हंसमाला (स्त्री.)।

67.101. सं. धार्तराष्ट्र, धार्तराष्ट्री।

67.102. सं. राजहंस, राजमराल, कलहंस, कनथुंटी, क़ाज़े-सुर्ख़, कादंब, ठाकुर जी का बराती, नीलाक्ष, बलाक, मराल, सारंग, सोनापक्षी, हंस, हंसावर।

राजहंसी (स्त्री.), मराली (स्त्री.)।

67.103. सं. मूक हंस, पाक हंस, हंस, काणूक।

67.104. सं. देवहंस, वनहंसक, श्वेतपक्ष।

67.105. सं. सवन, सोनावत, क़ाज़, बिरवा।

67.106. सं. करिया सवन, कलौक, घितराज, बड़ी काज, बड़ी बत।

67.107. सं. नकटा, नकवा, नकीहंस।

67.108. सं. छोटी सिलही, सराल, सरैल, सिरीमा (स्त्री.), सिलकही (स्त्री.), सोराली (स्त्री.), हंसराली (स्त्री.)।

67.109. सं. बड़ी सिलही, बड़ी सिल्ली, बड़ी चीही, सीटीमार।

67.110. सं. बेर (स्त्री.), कबरीचोंच (स्त्री.), गरमपाई (स्त्री.), गुगरल, हंजूर।

67.111. सं. गिर्री (स्त्री.), गनगरी (स्त्री.), गिरजा (स्त्री.), गुरगर्री (स्त्री.), घिर्री (स्त्री.), डनडोना, बाबा तरवा।

67.112. सं. बेरखुर, भुअर, मैल।

67.113. सं. पतेरा, पतारी (स्त्री.), पियासन, फराओ, फरिया (स्त्री.)।

67.114. सं. चैती (स्त्री.), करदो, केर्रा, छोटी मुरगाबी, नरोइब, सौचुरका।

67.115. सं. चैता, चैतवा, खैरा, गंगरोइब, गिरिया (स्त्री.), छिलाहंस।

67.116. सं. नीलसर, नीलरुगी (स्त्री.), नीलसिर, निराजी (स्त्री.), अमरोलिया हंस, लिलगाही (स्त्री.)।

67.117. सं. सीखपर, कोकराली (स्त्री.), दिंगुच, दिगहंस, नंदा, नेजलहंस, पुछार।

67.118. सं. तिदारी (स्त्री.), खिखिरिया (स्त्री.), गिलो सरकार (स्त्री.), घिरह, टोंकरवाला, धोबहर, पंतामुखी (स्त्री.), पुनाना, फेनार, संकर।

67.119. सं. बुड़ार (स्त्री.), डुबारू, डूबा, रंगामुड़िया (स्त्री.)।

67.120.सं. लालसर, ललमुड़िया (स्त्री.), लालचोंच (स्त्री.), छोबड़ाहंस, बातण, रक्तचूड, रताबो।

67.121. सं. करछिया (स्त्री.), कालीमूड़ी (स्त्री.), बरनू, भूटीहंस, मज्जिका (स्त्री.), लालबिगरी (स्त्री.)।

67.122. सं. अबलख, अबलखा (स्त्री.), बमनिया हंस, रनहारो, रहबारा।

67.123. सं. निहनी (स्त्री.), निहन्नी (स्त्री.), झाली (स्त्री.)।

67.124. सं. आरीचोंच (स्त्री.)।

67.125. सं. चकवा, चकवाह, चक, चका, चकर,चक्क, चक्कवा, चक्र, चक्रनामा, चक्रवाक, चक्रसंज्ञ, चक्रसाह्वय, चक्रांग, चक्राह्व, चक्रकाह्वय, चक्री, कामी, कावृक, कुक, कोक, द्वंद्वचर, द्वंद्वचारी, द्विककार, निशाचर, निशिचर, भूरिप्रेमा, मिथुनेचर, रथचरण, रथपाद, रथांग, रात्रिविश्लेषगामी, वियोगी, सहाय, सुरख़ाब, सुर्ख़ाब, हरिहेतिहुति।

चकई (स्त्री.), चकवी (स्त्री.), चकैया (स्त्री.), चक्रवाकी (स्त्री.), चक्रांकी (स्त्री), चक्रांगना (स्त्री.), चक्राकी (स्त्री.), चक्रिणी (स्त्री.), कोकी (स्त्री.)।

चकवे की बोली : संकूजित।

67.126. सं. शाह चकवा, शाह मुरगाबी (स्त्री.), उपचक्र, निराजी (स्त्री.), ररिया (स्त्री.), सफ़ेद सुरख़ाब।

67.127. सं. सुरख़ाब, सरजा, केसर पण्डिया, कोक, कोकनद, चकई, चकवा, बगरी (स्त्री.), मूँग (स्त्री.), लालो।

67.128. सं. कौआ, कौवा, काक, कागा, काण, काणूक, कारव, काहल, कंकेरु, कटखादक, करट, करटक, कुनक, कृष्ण, कौशिकाराति, कौशिकारि, अनुभा, अन्यभृत, अप्रकृष्ट, अरिष्ट, अलि, आत्मघोष, एकदृष्टि, एकनयन, एकाक्ष, ऐंद्रि, खर, गूढमैथुन, गृहबलिभुक्, ग्रामीण, घूकारि, चंडालपक्षी, चक्री, चलाचल, चिरंजीवी, चिरजीवी, चिरायु, टर्रू, दिवाकर, दिवाटन, दीर्घायु, द्युकारि, द्विककार, ध्मांक्ष, ध्वांक्ष, नगरीवक, नगौका, नाडीजंघ, निमित्तकृत्, परभृत्, परमृत्यु, पिशुन, प्रत्युलूक, प्रातर्भोक्ता, बलपुच्छक, बलिपुष्ट, बलिभुक्, बलिभोज, बलिभोजन, मलभुक्, महालोल, मुखर, मौकुलि, मौद्गलि, यम, यमदूत, यमदूतक, लुंटाक, लुंठाक, वायस, वृक, शक्रज, शक्रजात, शिव, सकृत्प्रज, सूचक, हाड़ी।

काकी (स्त्री.), कौवी (स्त्री.), कालिका (स्त्री.), गौराटिका (स्त्री.), जलसूचि (स्त्री), ध्मांक्षी (स्त्री.), ध्वांक्षी (स्त्री.), वायसा (स्त्री.)।

बच्चों को बहलाने के लिए : कोको (स्त्री.)।

कौए का बच्चा : कवेला।

कौए की आँख की पुतली : काकगोलक।

कौए की बोली : काँय-काँय, काँव-काँव, काकरुत, कागारोल।

कौए का सा चौकन्नापन : काकचेष्टा (स्त्री.)।

श्राद्धादि में कौए के लिए निकाला जाने वाला अन्न : कागौर, काकबलि (स्त्री)।

(पौरा.) काकभुशुण्डि, कागभुसुंडी, भुशुण्डि।

67.129. सं. डोमकौआ, डोमकाक, डोड, काकल, काकोल, क्रूररावी, क्रूरलोचन, दंडकाक, दग्धकाक, द्रोणकाक, नालिजंघ, पर्वतकाक, पलालप्रिय, बड़ा कौआ, वृद्ध काक, संजातबलि।

67.130. सं. काला कौआ, कगार कौआ, करियल, घाल कौआ, जंगली कौआ, दग्धकाक, दहकाक, वनकाक, वनाश्रय।

67.131. सं. पाती कौआ, ग्रामकाक, देशी कौआ, नाऊ कौआ, नौआ कौआ।

67.132. सं. पहाड़ी कौआ, चोर कौआ, चौरिकाक, फ़सली कौआ।

67.133. सं. डिग्डाल, पीतचंचु, पूर्णकूट।

67.134. सं. मुटरी (स्त्री.), मूतरी (स्त्री.), महताब, महलाट, चाँद, तमडोर, रुकमिन (स्त्री.)।

67.135. सं. कोकिया काक।

67.136. सं. बनसर्रा, कालकंठ, वनचाष।

67.137. सं. खाखखर्रा।

67.138. सं. जाग, सुवर्णकाक।

67.139. सं. कबूतर, कपोत, कंठीरव, कलकंठ, कलध्वनि, कलरव, कामी, कोकदेव, क्षणरामी, अरुणनेत्र, अरुणलोचन, खरप्रिय, गृहशायी, घुलघुलाख, चित्रकंठ, झल्लकंठ, झिल्लीकंठ, त्वरारोह, धूम्रलोचन, धूसर, परेवा, पारवत, पारावत, पारिगर्भिक, बालवत्स, भीषण, मदनकाकुरव, रक्तग्रीव, रक्तदृक्, रक्तनयन, रक्तनेत्र, रक्तलोचन, रक्ताक्ष, वाग्विलासी, सूत्रकंठ, हमाम।

छोटा कबूतर : कपोतक।

परकटा कबूतर : कुट्टा।

पालतू कबूतर : गृहकपोत, गृहकपोतक, प्रासादकुक्कुट।

जंगली कबूतर : गोला, गृहनाशन, अग्निसखा, अग्निसहाय, भूकाक, भूशय।

कबूतरी (स्त्री.), कपोतनी (स्त्री.), कपोती (स्त्री.), परेई (स्त्री.), पारावती (स्त्री), श्यामा (स्त्री.)।

कपोत-मैथुन, जोड़ा खाना–,पाल खाना–।

कबूतर का जवान बच्चा : पट्ठा।

कबूतरों का झुंड : कापोत।

कबूतर की बोली : गुटरगूँ (स्त्री.) (कर.), कूँथना–।

कबूतर पालना–,कबूतर उड़ाना–, कबूतरबाज़ी (स्त्री.) (कर.)।

कबूतर पालनेवाला, कबूतरबाज़।

कबूतरबाज़ का लग्गा : छीपी (स्त्री.), लमछड़।

कबूतरों की छतरी : अड्डा, बालछतरी (स्त्री.)।

दूसरे कबूतर को बहकाकर अपने अड्डे पर लानेवाला कबूतर : छही (स्त्री.)।

कबूतर फँसाने का जाल : छपका, शबका।

कबूतरख़ाना, कपोतपालिका (स्त्री.), कपोतपाली (स्त्री.), काबुक, दरबा, विटंक, विटंकक, शरीजा।

कबूतर के प्रमुख भेद : अंबरसरे; अनारी; अबलक, पिलक; अम्मरस; कलचोंचा, कलठोरा; कलदुमा, कलदुम्मा, पारावतांघ्रिपिच्छ; काग़ज़ी; काबुली, कासनी, कौलदुमा; खास्तई कबूतर; गरदान; गर्रा; गिरहबाज़; घाघरा; चीना; ज़रदा; धौर; नलीमोज; नीला; पामोज; पायरा; बाघा; मुक्खी; यकपरा; यहूयहू; याहू; लका, लक्का; लालचीनी; लालपिलका; लोटन; शरबती; शिवराजी; शीराजी; सफ़ेदपलका; सब्ज़फोड़ा; सब्ज़मुखी; सियाहपुस्त; सुर्ख़ा।

वि. कपोत के रंग का : कपोती (दे.505.12)।

67.140. सं. हारिल, हरियल।

67.141. सं. कोकला, कोक, कैनाल, मृदुंकुर, हारित, हारीत, हारीतक।

67.142. सं. दुनहल, दुमकल, बड़ा हारिल, राज हारिल।

67.143. सं. परेवा, परैया, कबूतर।

67.144. सं. पंडुक, पिंडुक, टुटरूँ, वाग्विलासी, सूत्रकंठ, स्फुटध्वनि।

पेंडुकी (स्त्री.), पड़की (स्त्री.), घुग्घी (स्त्री.), फ़ाख़ता (स्त्री.), वर्का (स्त्री.)।

पेंडुकी की बोली : टुटरूँटूँ (स्त्री.)।

67.145. सं. काल्हक फ़ाख़ता (स्त्री.), बिनता (स्त्री.)।

67.146. सं. चितरोला फ़ाख़ता (स्त्री.)।

67.147. सं. टटरूँ फ़ाख़ता (स्त्री.), छोटा फ़ाख़ता, पड़की (स्त्री.), पंडुक।

67.148. सं. धवर फ़ाख़ता (स्त्री.), धौर फ़ाख़ता (स्त्री.), धौला, गुगी (स्त्री.)।

67.149. सं. इँटकोहरी फ़ाख़ता (स्त्री.), गुलाबी घुग्घी (स्त्री.), गेरुई फ़ाख़ता (स्त्री.), घुग्घी (स्त्री.), बिकी (स्त्री.), सिरोही फ़ाख़ता (स्त्री.)।

67.150. सं. तुसल।

67.151. सं. कोकिल, कलकंठ, कलघोष, कलध्वनि, कलविंक, कलापी, काकजात, काकपुच्छ, काकपुष्ट, काकलीख, कामजनि, कामजात, कामताल, कामांध, काल, कालांडज, किंकिर, किंकिरात, कुहुकंठ, कुहुमुख, कुहुख, कुहूकंठ, कुहूमुख, कुहूख, कृष्ण, कोक, अचलत्विट्, अनिमक, अन्यपुष्ट, अन्यवाप, अलिंपक, अलिंबक, अलि, अलिपक, गंधर्व, घोषयित्नु, चलद्विष, ताम्राक्ष, घमांक्षपुष्ट, ध्वांक्षपुष्ट, परपुष्ट, परभृत, परैधित, परोद्वह, पिंक, पोषयित्नु, बनप्रिय, मकरंद, मत्त, मदनपाठक, मदालापी, मदोल्लापी, मधुकंठ, मधुगायन, मधुघोष, मधुवन, मधुवाक्, मधुस्वर, महावीर, रक्तकंठ, रक्तकंठी, रक्तदृक्, रक्तनयन, रक्तनेत्र, रक्तलोचन, रवथ, लंबिक, वंचथ, वनप्रिय, वलासक, वसंतघोष, वसंतघोषी, वसंतदूत, वसंतव्रत, वासंत, शारंग, श्याम, सारंग, सुदर्शन, सुधाकंठ, हरि, हरिवर, हारिकंठ।

कोकिला (स्त्री.), कोयल (स्त्री.), काकपाली (स्त्री.), कादंबरी (स्त्री.), कामदूती (स्त्री.), कुनालिका (स्त्री.), कुहकनी (स्त्री.), अन्यपुष्टा (स्त्री.), अन्यभृता (स्त्री.), पिकी (स्त्री.), मदनशलाका (स्त्री.), यामा (स्त्री.), वनभूषणी (स्त्री.), वसंतदूती (स्त्री)।

कोयल का बोलना–,कुहकना–,कुहकुहाना–,कुहु (स्त्री.), कुहु-कुहु (स्त्री.) (कर.), कुहू (स्त्री.), कुंहू-कुहू (स्त्री.) (कर.). कुहरित, कूक (स्त्री.), कूकना–, काकली (स्त्री.), पिहक (स्त्री.), पिहकना–, पिहकनी (स्त्री.)।

वि. कोयल की सी स्वरवाली : कोकिलकंठी (दे.601)।

कोयल की सी आँखोंवाला : पिकाक्ष।

67.152. सं. कुक्कू, कूपक, फूपू।

67.153. सं. काफल पाको।

67.154. सं. छोटा भरो, वनकोकिल।

67.155. सं. कलिचिड़ा, कलचिड़ी (स्त्री.)।

67.156. सं. कलपोटिया (स्त्री.)।

67.157. सं. कलसिरी (स्त्री.)।

67.158. सं. पपीहा, पपीहरा, पिकांग, पिंगल, पीखग, अत्यूह, उपक, ककुंजल, कपिंजल, कलानुनादी, काकमद्गु, घनताल, घनतोल, चातक, चात्रिक, जलप्रिय, डाहुक, तेजल, तोकक, दात्यूह, दात्योह, धाराट, नभनीरप, नभोंबुप, मेघचिंतक, मेघजीवन, मेघव्रती, वर्षाप्रिय, वापीह, वारिद्र, शारंग, सारंग, सितकंठ, स्तोक, स्तोकक।

67.159. सं. चातक, पपीहरा।

67.160. सं. मालकोहा।

67.161. सं. डुगडुगी (स्त्री.), कूका, महोख, महोखा।

67.162. सं. बुलबुल (स्त्री.), मुर्ग़े चमन।

बुलबुल के बैठने की आड़ी छड़ : अड्डा (दे.67.50)।

बुलबुल की कमर में बाँधने का डोरा : पेटी (स्त्री.)।

बुलबुल की ख़ुराक : गोंदा।

बुलबुल पालना/लड़ाना : बुलबुलबाज़ी (स्त्री.)।

बुलबुलों को लड़ाने के लिए उनके आगे गोंदा फेंकना : गोंदा दिखाना–।

बुलबुलबाज़।

67.163. सं. बनबकरा, काली बुलबुल।

67.164. सं. गुलदुम (स्त्री.), टोंकी बुलबुल (स्त्री.)।

67.165. सं. काँगड़ा बुलबुल (स्त्री.), पैनजू।

67.166. सं. सिपाही बुलबुल (स्त्री.), कमेरा, कैड़री (स्त्री.)।

67.167. सं. पीली बुलबुल, ज़र्द बुलबुल (स्त्री.), पहाड़ी काँगड़ा।

67.168. सं. मछरिया बुलबुल (स्त्री.)।

67.169. सं. कटकटिका (स्त्री.)।

67.170. सं. तुर्रा।

67.171. सं. नीलमी (स्त्री.)।

67.172. सं. उल्लू, उलूक, अंध, अरर, आलु, ऊलूंक, काकभीरु, काकरुक, काकरूक, काकारि, कुंभकार, कुम्हार का डिंगरा, कुलाल, कौशिक, खूसट, घर्घर, घुग्घू, घूक, घूघू, घोरदर्शन, चुग़द, चोगद, तमचर, तामस, दिनांध, दिवांध, दिवाकीर्ति, दिवाभीत, दिवाभीति, दिवांस्वाप, द्युक, ध्मांक्षाराति, ध्वांक्षाराति, नक्तंचर, नक्तंचारी, नक्तचारी, निशाचर, निशाचारी, निशाट, निशाटक, निशाटन, निशादर्शी, निशिचर, पाक, पिंगल, पिंडुक, पेंचक, पेचक, भीरुक, मघवा, महापक्षी, यामिनीचर, रक्तनासिक, रातराजा, रूपनाशक, लक्ष्मीवाहन, वक्रनासिक, वज्रधर, वज्री, वायसांतक, वायसारगति, वायसारि, वृक, वृक्षाश्रयी, शक्र, शक्राख्य, शतमख, शतमन्यु, हरिनेत्र, हरिलोचन।

काकरुकी (स्त्री.), घुग्घी (स्त्री.), घूकी (स्त्री.), घूघी (स्त्री.), घोघी (स्त्री.), पिंगलिका (स्त्री.), पेचकी (स्त्री.), पेचिका (स्त्री.), हक्का (स्त्री.)।

उल्लू का जवान बच्चा : पट्ठा।

उल्लुओं का झुंड : औलूक।

उल्लू का बोलना–, घुघुआपा–।

उल्लू जैसा पक्षी : प्रत्युलूक, प्रत्युलूकक।

67.173. सं. करपेंची उल्लू, करेल पेचक।

67.174. सं. मछारिका उल्लू, मुआ, भूतम।

67.175. सं. अमराई का घुग्घू, घुघुआ, घुघ्घु, घुघ्घू, घूघू।

67.176. सं. हूहू, हू हू चील (स्त्री.)

67.177. सं. गुग, बब्बू।

67.178. सं. उरुवा, उरूक, रुरुआ, रेरुआ, रेरुवा।

67.179. सं. कुसियल चुग़द, डुंडुल।

67.180. सं. खुसटिया (स्त्री.), चितला खूसट, पिंगाला, पेंचा।

67.181. सं. करैल, कुरया, रूस्तक।

67.182. सं. कुचकुचवा, जंगली चुग़द, भयंकर।

67.183. सं. घाघ, घाघस।

67.184. सं. मैना (स्त्री.), मदनशलाका (स्त्री.), मदनसारिका (स्त्री.), मदना (स्त्री.), कलहप्रिया (स्त्री.), कादंबरी (स्त्री.), गोकिराटा (स्त्री.), गोकिराटिका (स्त्री), गोराटिका (स्त्री.), गोराटी (स्त्री.), गोरिका (स्त्री.), चित्रनेत्रा (स्त्री.), चित्रपादा(स्त्री), चित्रलोचना (स्त्री.), चित्राक्षी (स्त्री.), पाठमंजरी (स्त्री.), पाठशालिनी (स्त्री.), पीतपादा (स्त्री.), यासा (स्त्री.), रसिका (स्त्री.), वचा (स्त्री.), शारि(स्त्री.), शारिका (स्त्री.), शालिका (स्त्री.), सारि (स्त्री.), सारिका (स्त्री.), सारी (स्त्री.), सूक्ता (स्त्री.), स्मरलेखनी (स्त्री.)।

विट्सारिका (स्त्री.), विट्सारी (स्त्री.)।

सारिक, साल्विक, शाल्विक, क्षुद्रचूड।

67.185. सं. कसनई (स्त्री.), गुलाबी मैना (स्त्री.), टेसुआरी (स्त्री.)।

67.186. सं. तिलोरा, तेलिया, हरबोला।

67.187. सं. गलगल मैना (स्त्री.), गलार।

67.188. सं. पवई (स्त्री.), पवैया, पाविया पावी (स्त्री.), पावी (स्त्री.), पोपोया मैना (स्त्री.), ब्रह्मनी मैना (स्त्री.)।

67.189. सं. किलहँटा, किलहँटी (स्त्री.), गुटार, गुरसल, देशी मैना (स्त्री.), सालिक, सालू, सालोंका, सोराई (स्त्री.), हालिक।

67.190. सं. गंगई (स्त्री.), गंग सालिक, गंगा मैना (स्त्री.), चही (स्त्री.), दरिया मैना (स्त्री.), रामसालिक, लाली (स्त्री.)।

67.191 सं. गलगल, जंगली मैना (स्त्री.), जंगली सालिक, झोंटी मैना (स्त्री)।

67.192. सं. अबलखा मैना (स्त्री.)।

67.193. सं. जुवारी (स्त्री.), पहाड़ी मैना (स्त्री.), मदना, मीना (स्त्री.)।

67.194. सं. कुपक।

67.195. सं. गररी (स्त्री.), गलगलिया (स्त्री.), गिलगिलिया (स्त्री.), गुलगचिया (स्त्री.), सिरगोटी (स्त्री.), सिरोही।

67.196. सं. तोता, आत्माराम, किंकिरात, कीर, चिमि, चिमिक, चिरि, दाडिमप्रिय, दाडिमभक्षण, पट्टू, पीतचंचु, प्रियदर्श, प्रियदर्शन, फलादन, फलाशन, मंजुपाठक, मिट्ठू, मेधावी, रक्तचंचु, रक्ततुंड, रक्तपाद, लालचाँच, वक्रचंचु, वक्रतुंड, वक्रनक्र, शुक, सुआ, सुक, सुग्गा, सूआ।

प्यार का नाम : गंगाराम।

तोती (स्त्री.), शुकी (स्त्री.), सुग्गी (स्त्री.)।

पालतू तोता : पंजरशुक।

तोतों का समूह : शौक।

तोते का पर : शुकच्छद।

तोते की पूँछ : शुकपुच्छ।

तोते की चोंच : शुकतुंड।

तोते की बोली : टें (स्त्री.), टें-टें (स्त्री.) (कर.)।

तोते का स्वभाव : शुकता (स्त्री.), शुकत्व, सुग्गापन।

लोककथा का कल्पित तोता : हीरामन।

तोते की ठोर जैसी नाक : शुकनासिका (स्त्री.)।

वि. तोता-संबंधी, शौक।

तोते के से रंग का : तोतई (दे.505.4)।

शुकनासिका सी नाकवाला : शुकनास।

तोते की सी बोलीवाला : शुकवाक्।

तोते की तरह आँख फेर लेनेवाला : तोताचश्म।

67.197. सं. तूती (स्त्री.)।

67.198. सं. लोरी (स्त्री.)।

67.199. सं. लहबर, लहबरी।

67.200. सं. परबत्ता, पहाड़ी तोता, करन, चंदन, चंदमनी, चन्ना, चाँदा बनई (स्त्री.), नागरौनी (स्त्री.), राय, शतूनी (स्त्री.)।

67.201. सं. जंगली तोता, मुशूक, सिरकीर।

67.202. सं. ढेलहरा, राजू, लैबर तोता।

67.203. सं. केर, टुइयाँतोता, फरैंदा।

67.204. सं. मदन गोर तोता, मदन सुग्गा।

67.205. सं. करमैल।

67.206. सं. काकातुआ, काकातूआ, काकाकौआ।

67.207. सं. गौरा, गौरवा, गृहनीड, गृहबलिभुक्, कर्णप्रिय, कपिंजल, कपिलोह, करवानक, कलविंक, कलानुनादी, कलाविकल, कामुक, कालकंठ, कुलिंग, कुलिंगक, चटक, चिड़ा, चित्रपृष्ठ, चिरोंटा, तपस्वी, नीलकंठ, पांडविक, बहुशत्रु, भारीट, वृषायण, वेश्मकलिंग, वेश्मकुलिंग, वेश्मचटक, सेव्य, स्वल्पचटक।

गौरेया (स्त्री.), चटका (स्त्री.), चटकका (स्त्री.), चटकिका (स्त्री.), चटकी (स्त्री), चटिका (स्त्री.), पूजनी (स्त्री.), शकुनी (स्त्री.)।

गौरेया का बच्चा : चाटकैर।

गौरेयों की पंक्ति : चटकाली (स्त्री.)।

67.208. सं. पहाड़ी गौरैया (स्त्री.)।

67.209. सं. नकशी (स्त्री.), गुलदुमा।

67.210. सं. नकरनोर, नकलोल, मखमली (स्त्री.)।

67.211. सं. गुलाबी तूती (स्त्री.), लालतूती (स्त्री.)।

67.212. सं. हरी तूती (स्त्री.)।

67.213. सं. राजी (स्त्री.), रिज्झी (स्त्री.), पहलवान, भड़क्के, मोहरैया।

67.214. सं. पथरचिरटा।

67.215. सं. पहाड़ी चिरटा।

67.216. सं. गंदय, जमजोहारा, बूरी (स्त्री.)।

67.217. सं ललसिरा चिरटा।

67.218. सं. चोटीदार पथरचिरटा।

67.219. सं. छोटा चिरटा, जमजोहारा।

67.220. सं. बगला, बगुला, बक, बलाक, बिसकंठी, कंक, कह्व, कांक्षोरु, खर, गृहबलिप्रिय, जलरंक, जलरंज, जलाश्रय, तापस, तीर्थसेवी, दारबलिभुक्, दीर्घकंठ,

दीर्घकंठक, दीर्घकंधर, दीर्घजंघ, धर्मांग, ध्मांक्ष, ध्वांक्ष, नगरीकाक, निशैत, पतंखा, मेघानंद, वक, वलाक, शिखी, शुक्लवायस, सरोत्सव।

बगली (स्त्री.), बगुली (स्त्री.), बकी (स्त्री.), बलाका (स्त्री.), बलाकिका (स्त्री), बिसकंठिका (स्त्री.), बिसनासिका (स्त्री.), पिंगलिका (स्त्री.), मेघानंदा (स्त्री.), वकी (स्त्री.), वलाका (स्त्री.)।

बगलों का झुंड : बलाका (स्त्री.), बाक, वकपंक्ति (स्त्री.), वलाका (स्त्री.), वाक।

बगलों की उड़ान : वाक।

(पौरा.) नाडीजंघ।

वि. बगला-संबंधी, वाक।

बगलों से भरा हुआ : बलाकी।

67.221. सं. आँजन बगुला, अंजन, अतिजागर, कबार, कबुद, नीलक्रौंच, साँई।

67.222. सं. नरी बगुला, खैरा, लाल अंजन, लाल साँई।

67.223. सं. करछिया बगुला, किलचिया बगुला, चतौखा बगुला, पतंखा बगुला।

67.224. सं. मलंग बगुला, टर्र बगुला, धार बगुला, बड़ा बगुला।

67.225. सं. गाय बगुला, डोरिया बगुला, बादामी बगुला, सुररिया बगुला।

67.226. सं. चमर बगुली (स्त्री.), चमरबगली (स्त्री.), अंधी बगुली (स्त्री.)।

67.227. सं. कोकराई (स्त्री.), गदरी (स्त्री.), वाक।

67.228. सं. खैरी बगुली (स्त्री.), लाल बगुली (स्त्री.)।

67.229. सं. बाज़, कपोतारि, कूणितेक्षण, क्रूर, खगांतक, गरुड, ग्राहक, चिचान, जुर्रा, नीलपिच्छ, पतद्भीत, पत्री, पदेक, पिच्छबाण, प्राजिक, प्राजी, भयंकर, भूकाक, महावीर, मारक, मृगेंद्रचटक, लंबकर्ण, लग्घर, वर्तुलाक्ष, विहंगाराति, वेगी, शशघातक, शराघाती, शशहा, शशाद, शशादन, शाही, शौंगेय, श्येन, संचान, सचान, सुपर्ण, सेन, स्थूलनील।

मादा बाज़ (स्त्री.), प्राचिका (स्त्री.), श्येनिका (स्त्री.), श्येनी (स्त्री.), सेनिका (स्त्री.)।

बाज़ पालनेवाला : श्येनचित्, श्येनजीवी।

बाज़ के द्वारा पक्षियों का शिकार : श्यैनंपाता (स्त्री.) (दे.65)।

बाज़ की तरह झपटना : श्येनपात्।

बाज़ छोड़ने का उपयुक्त स्थान : श्यैनंपात, श्यैनंपाता (स्त्री.)।

वि. बाज़-संबंधी, श्यैन।

बाज़ छोड़ने के योग्य : श्यैनंपात।

67.230. सं. उकाब, ढोलवा, रगर।

67.231. सं. गरुड, पक्षिराज, मुरियारी।

67.232. सं. शाहबाज़, चूडाल।

67.233. सं. तिलाईबाज़, दोगराचील (स्त्री.), फर्ज बाज़।

67.234. सं. टीसा।

67.235. सं. पटरस, पहवा, कोरल बाला, मछरंग, मछरंगा, मत्स्याशन।

67.236. सं. मछमंगा, मछरिया, मछारंग, माछमोराल, बाला।

67.237. सं. नरबाज़, राज बाज़।

67.238. सं. मुसमार, चुद्दूमर।

67.239. सं. कथिवा (स्त्री.), छिपका, तुन्ना, शिकरा।

67.240. सं. जगर, लगर (स्त्री.)।

67.241. सं. बहरी, वेगी।

67.242. सं. चेतवा, तुरमती (स्त्री.), तुरमुतारी, तुरमुती (स्त्री.)।

67.243. सं. चरख, चरज।

67.244. सं. गिद्ध, गीध, गृध्र, अरिष्ट, करगस, काँक, कामायु, कुटर, क्वणितेक्षण, दक्षाय्य, दाक्षाय्य, दीर्घदर्शी, दीर्घदृष्टि, दूरदर्शन, दूरदर्शी, दूरदृक्, भासंत, भास, लक्का, वक्रचंचु, वक्रतुंड, शकुंत, शकुन, शकुनि, शगुन।

मादा गिद्ध (स्त्री.), गृध्री (स्त्री.)।

गिद्ध के गले से लटकने वाला मांस : झोंझ।

वह वाण जिसमें गिद्ध के पर लगे हों : गार्ध्रपक्ष, गार्ध्रवासा।

गिद्ध का सा स्वभाव : भासता (स्त्री.)।

(पौरा.) गृध्रिका (स्त्री.)।

वि. गिद्ध-संबंधी, गार्ध्र।

67.245. सं. अरगुल, दाढ़ीवाला गिद्ध, भास।

67.246. सं. काला गिद्ध, पांडुचरी गिद्ध, भँवरा, मुल्ला गिद्ध, राज गिद्ध, राज शगुन।

67.247. सं. पहाड़ी गिद्ध, बड़ा गिद्ध।

67.248. सं. चमर गिद्ध।

67.249. सं. गोबर गिद्ध, सफ़ेद गिद्ध, कालमुर्ग, कंक।

67.250. सं. चिल्ल, आतापी, आतायी, चिरंभ, चिरंभण, लक़ा लक्का, शकुनि।

चील (स्त्री.), चील्ह, चिल्ही, चिल्होर, चिल्होरिया, अकासी।

चील की तरह झपटना : चीलझपट्टा।

चील का मांस : चिलवाँस।

67.251. सं. खैरी चील (स्त्री.), खेमकरी (स्त्री.), खेमकल्यानी (स्त्री.), खेमराज, क्षेमंकरी (स्त्री.), छेमकरी(स्त्री.), धोबिया चील (स्त्री.), ब्रह्मनी चील (स्त्री.), रूह मुबारक (स्त्री.), शंकरचील (स्त्री.)।

67.252. सं. कच्छपत्री (स्त्री.), कुडेल, कुतर, कुलसिर, टीकाबौरी सफ़ेद सिरा, दस्तमाल, मातचील (स्त्री.)।

67.253. सं. कपासी (स्त्री.), काली चील (स्त्री.), चनवा, मसुनवा।

67.254. सं. कसटिया(स्त्री.), खेरमुतिया (स्त्री.), नरजी (स्त्री.)।

67.255. सं. कंक, कॉंक, किंशार, कोलपुच्छ, क्रूर, जलाटन, टीच (स्त्री.), दंशवदन, प्रेयोपत्य, भूकाक, लोहपृष्ठ, सफ़ेद चील (स्त्री.)।

कंक का पर : कंकपत्र।

वह वाण जिसमें कंक के पर लगे हों : कंकपत्र।

वि. कंकपत्र लगा हुआ : कंकपत्री।

67.256. सं. नीलकंठ, कहनास, किकि, किकिदिव, किकिदिवि, किकीदिव, किकीदिवि, किकीदिवी, चाष, चास, डाहुक, दिव, दिवि, पुण्यदर्शन, मणिकंठ, शकुंत, शिव, श्यामकंठ, सब्ज़ा, स्वर्णचूड, स्वर्णचूडक, स्वर्णशिख।

67.257. सं. खँड़रिच, खंजरीट, खंजरीटक, खंजखेट, खंजखेल, खंजन, खंजनक, खंजनाकृति, खंजलेख, खंडलेखक, कणाटीन, कणाटीर, कणाटीरक, कर्करांग, कर्कराक्ष. काकच्छद, गूढनीड, चर, चरट, तंडक, तातन, नीलकंठ, भंडक, भद्रनामा, मदनपक्षी, मुनिपुत्रक, रतनिधि, रत्ननिधि, सदानर्त, सारंग, सूत्रकंठ।

खंजना (स्त्री.), खंजनिका (स्त्री.), डुलिका (स्त्री.), तुलिका (स्त्री.), सर्षपी (स्त्री), हापुत्रिका (स्त्री.), हापुत्री (स्त्री.)।

67.258. सं. कलाटीन।

67.259. सं. सफ़ेद खंजन।

67.260. सं. ममोला, कालकंठ।

67.261. सं. खैरैया, भूरा खंजन।

67.262. सं. पिलकिया, पीलकी, पीला खंजन।

67.263. सं. मुसचिरी (स्त्री.)।

67.264. सं. चिचरी (स्त्री.), चरचरी (स्त्री.)।

67.265. सं. चिलुआ, चिल्लू।

67.266. सं. रूगेल।

67.267. सं. कठफोड़वा, कठफोड़ा, कठकोला, काष्ठकुट्ट, काष्ठकूट, कुठाकु, दार्वाघाट, दार्वाघात, शतपत्र, शतपत्रक।

67.268. सं. टकटोला, शल्कोदर।

67.269. सं. तुरकान।

67.270. सं. चीतल कठफोर, ललपेटा कठफोर।

67.271. सं. छोटा कठफोर।

67.272. सं. ललपिठा कठफोर।

67.273. सं. सोनपिठा कठफोर, सौरन बढ़ई।

67.274. सं. कठफोरिया (स्त्री.)।

67.275. सं. ललपेटी कठफोरिया (स्त्री.), ललखैरी कठफोरिया (स्त्री.), चोर पड़की (स्त्री.), सिरी (स्त्री.)।

67.276. सं. निलछती कठफोरिया (स्त्री.), नीली कठफोरिया (स्त्री.)।

67.277. सं. आमाँ चिड़िया (स्त्री.), पशनूल, पासेह, पिलक, पिथरोला, पियल्ला, पिरोला, पीलक।

67.278. सं. जर्दक, पिरोला, टोपीदार पिलक, हरदुआ।

67.279. सं. कपिंजल, भरत, भरदूल, भरद्वाज, भरूही (स्त्री.), भारद्वाज, भारंड, भारय, वेलाधर।

67.280. सं. बगेड़ी (स्त्री.), बगेरी (स्त्री.), बघेरी (स्त्री.), बगौधा, बरगेली (स्त्री)।

67.281. सं. अगिन, चिरचिरा, भिरीरी (स्त्री.)।

67.282. सं. रेतल।

67.283. सं. मालती (स्त्री.), मालवी (स्त्री.)।

67.284. सं. अगिया (स्त्री.), लाल अगिन।

67.285. सं. चंडूल, तिलक, कंटक।

67.286. सं. भरदूल।

67.287. सं. उसर बगेरी (स्त्री.), उसर बघेरी (स्त्री.), जुठौली (स्त्री.), दबक चिरई (स्त्री.), दिउली (स्त्री.), दूरी (स्त्री.), देवरा।

67.288. सं. लव, लवा, लाव, लावक, लावा, लाविक (स्त्री.), लोवा, भैषज, शारंग, सारंग।

67.289. सं. कुकनी लवा।

67.290. सं. घिनवा लवा, छोटा लवा, टुर्रा शीभाज, तूतूबटेरा, दबकी (स्त्री.), लाविका (स्त्री.), लिबिया (स्त्री.), सरसैया लवा।

67.291. सं. कराँकुल, कराकुल, कलिंग, कलिक, कालीक, कुरच, कुरर, कुरग, कुरल, कुलंग, कूँज, कोंचा, क्रुंच, क्रौंच, उत्क्रोश, खर, खरशब्द, पंक्तिचर, भूकाक, समुत्क्रोश।

कुररी (स्त्री.), क्रौंची (स्त्री.), पनकुकड़ी (स्त्री.)।

67.292. सं. कुंज, कुरंच, कुर्च, कुलंग।

67.293. सं. करकटिया (स्त्री.), करकरा, करकरिया (स्त्री.), करकुची (स्त्री.), करटु, करायिका (स्त्री.), करेटु, कर्कटु, कर्कराटुक, ककरेट, ककरेटु, ककरेटुक, कालम, खर क्रौंच, गरारा, चुटियल।

67.294. सं. सारस, सारसक, सरसिक, सरसीक, सरहंस, सत्तराम, सर्पभुक्, अंबुज, अंबुजात, अंभोज, अंभोरुह, अरविंद, कमल, कलांकुर, कह्व, कांक्षोरु, कुरंकर, कुरंकुर,

कुशेशय, कोशचंचु, गोनर्द, दीर्घपाद्, दीर्घपाद, देवरात, नीलांग, पंकज, पंकजन्मा, पंकेरुह, पुष्कर, पुष्कराख्य, पुष्कराह्व, मणितारक, मणिभारव, महोत्पल, मृषाध्यायी, रक्तदृक्, रक्तनयन, रक्तनेत्र, रक्तमस्तक, रक्तलोचन, रक्तशीर्षक, रक्ताक्ष, रसिक, लकलक, लक्षण, लक्ष्मण, लक्ष्मा, लमटँगा, शिखी, सहस्रपाद।

सारसप्रिया (स्त्री.), सारसिका (स्त्री.), सारसी (स्त्री.)।

वि. सारस-संबंधी, सारस।

67.295. सं. टिटिह, टिटिहा, टिट्टिभ, कटुक्वाण, कुररा, पंककीर, राँटा, शरारिमुख।

टिटिहरी (स्त्री.), टटावली (स्त्री.), टटीरी (स्त्री.), टिट्टिभा (स्त्री.), टिट्टिभी (स्त्री.), आटि (स्त्री.), आटी (स्त्री.), आडि (स्त्री.), आडी (स्त्री.), आति (स्त्री.), आती (स्त्री.), कुररी (स्त्री.), शराटि (स्त्री.), शराटिका (स्त्री.), शराडि (स्त्री.), शराति (स्त्री), शरारि (स्त्री.), शरालि (स्त्री.), शराली (स्त्री.)।

67.296. सं. छोटी टिटिहरी, अटी (स्त्री.), गंगटिटी (स्त्री.)।

67.297. सं. गलरई (स्त्री.), ज़रदी (स्त्री.), जिंघीरी (स्त्री.)।

67.298. सं. जीरा, रेवा।

67.299. सं. बटान, स्पेनटिटी (स्त्री.)।

67.300. सं. कजरी (स्त्री.), बड़ा बटान।

67.301. सं. गजपाँव, टिलुआ, टींघुर, लमगोड़, लमगोड़ा, लमटँगा, ललगोन, ललठेंगी (स्त्री.), लालगोड़ी (स्त्री.)।

67.302. सं. दरिया गजपाँव, शंखिनी (स्त्री.), सामुकभंगा।

67.303. सं. कषीका (स्त्री.), कुसया चहा, सूजी (स्त्री.)।

67.304. सं. करलू, गुलिंदा, गोंच, छोपा।

67.305. सं. गोइँयार, छोटा करलू, छोटा गुलिंदा, छोटा गोंच।

67.306. सं. खाग, गुदेरा, जौराली (स्त्री.), मलगुजहा, सरलिंग।

67.307. सं. पनेवा, कोरान।

67.308. सं. टटुआरी (स्त्री.)।

67.309. सं. चौबाहा, चुपका।

67.310. सं. गोटरा, टनटना, टिमटिमा।

67.311. सं. छोटा गोटरा, छोटा टिमटिमा, टिलुआ।

67.312. सं. छोटा बटान, सूरमा।

67.313. सं. गेहवाला।

67.314. सं. पनलवा, बिरबिरी (स्त्री.)।

67.315. सं. रुझनी (स्त्री.)।

67.316. सं. गौर।

67.317. सं. सिमतीतर, सिमकुकरा, कमातू, चिजरील, तूतीतर।

67.318. सं. चहा, चहचिरई (स्त्री.), चेगा, तिबुद, लिलपाखी (स्त्री.)।

67.319. सं. भरक।

67.320. सं. बनचहा।

67.321. सं. छोटा चहा, तिबद पनकौआ।

67.322. सं. मुकरी (स्त्री.), सोरन गलरई (स्त्री.)।

67.323. सं. सामुद्रिक।

67.324. सं. घोमरा।

67.325. सं. कुररी (स्त्री.), कररी (स्त्री.), धोबिन (स्त्री.), नीलमोर, शरीरी (स्त्री)।

67.326. सं. बड़ी कुररी, बड़ी धोबिन, किनाई (स्त्री.)।

67.327. सं. कलपेटी कुररी (स्त्री.)।

67.328. सं. छोटी कुररी, छोटी धोबिन, धोबैचा, धोबैया।

67.329. सं. पनचिरा।

67.330. सं. करिकट, किलकिला, क्रकर, छत्रक, दालेल, मचरंग, मछरंग, मछरंझ, मणीचक, मत्स्यरंक, मत्स्यरंग, मीनरंक, मीनरंग, रामचिड़िया (स्त्री.)।

67.331. सं. कौड़िया, कौड़िल्ला, घिरिन परेवा, जलमद्गु, जलवायस, फटका, मछराला, वज्रांगी (स्त्री.)।

67.332. सं. कौड़िल्ली (स्त्री.), घिरनी (स्त्री.), छोटा किलकिला, छोटा मछरंगा।

67.333. सं. जलबुतारा।

67.334. सं. पतेना, बाँसपत्ती (स्त्री.)।

67.335. सं. पतरिंग, पतरिंगा, पतरेंगा, पतिरंग।

67.336. सं. बनराय, होमराय।

67.337. सं. धनचिरी (स्त्री.), धनसू, धनेश।

67.338. सं. दुबया, मुर्ग़ सुलेमान, शाह सुलेमान, सुतार, हुदहुद।

67.339. सं. हमेशा प्यासा।

67.340. सं. कफनीचूरी (स्त्री.)।

67.341. सं. अबाली (स्त्री.)।

67.342. सं. खैरी अबाली (स्त्री.)।

67.343. सं. लासड़ा, लीशरा।

67.344. सं. अबाबील (स्त्री.)।

67.345. सं. बैगनकुटी (स्त्री.)।

67.346. सं. कन्हैया, देवदिलाई (स्त्री.), मसजिद अबाबील (स्त्री.), लालपिठी अबाबील (स्त्री.)।

67.347. सं. बया, बाबी (स्त्री.), काणुक, चिंदोरा, वाय, सुगृह, सुगृही।

67.348. सं. तेलिया बया, वमानी वया।

67.349. सं. चरचरा, चिरकुआ, चिड्डुक्का, देशी चिड़क्कू, सार मुनियाँ (स्त्री.)।

67.350. सं. तेलिया मुनियाँ (स्त्री.), लाल के डॉक्टर, सब्ज़ मुनियाँ (स्त्री.), सिंगबाज़।

67.351. सं. रायमुनी (स्त्री.), लाल, लाल मुनियाँ (स्त्री.),सदिया (स्त्री.), सादी (स्त्री.), सुहा।

67.352. सं. पिदारा, पिद्दा, पिद्दी (स्त्री.)।

67.353. सं. काला पिद्दा, फिद्दा।

67.354. सं. कलचिड़ा, कलचिड़ी (स्त्री.), कलचिरी (स्त्री.), मिनवा।

67.355. सं. धुमैला पिद्दा।

67.356. सं. अबलखा पिद्दा।

67.357. सं. ऊसरी पिदारा, ढोलना।

67.358. सं. देशी सावाँ, पत्थरचट्टा।

67.359. सं. पुली (स्त्री.), धोबी।

67.360. सं. थरथर कँपनी (स्त्री.), थरथर कंपा, थिरथिरा, फैरोरा, लाल गिरदी (स्त्री.)।

67.361. सं. काली फोलिया, गिरचौदिया, चुलियामती (स्त्री.), सितसिरा थिरथिरा।

67.362. सं. सिलेटी थिरथिरा।

67.363. सं. खुइलना, गुनपिदारा, डंबक, निलकंठी (स्त्री.), हुसैनी पिद्दा।

67.364. सं. कलचिरी (स्त्री.), दामा, पोदी (स्त्री.)।

67.365. सं. ग्वालिन (स्त्री.), दँहगल, दँहियल, दयाल, महरि (स्त्री.)।

67.366. सं. कालिका (स्त्री.), कृष्णिका (स्त्री.), दुर्गा (स्त्री.), देवी (स्त्री.), वाराही (स्त्री.), श्यामचटक, श्यामचूडा (स्त्री.), श्यामा (स्त्री.), श्यामा सोराई (स्त्री.)।

67.367. सं. कंडू।

67.368. सं. कस्तूरा।

67.369. सं. कस्तूरी (स्त्री.)।

67.370. सं. ललसिरी कस्तूरी (स्त्री.)।

67.371. सं. कृष्णपट्टी (स्त्री.)।

67.372. सं. पंडू।

67.373. सं. कालजीत।

67.374. सं. मालाबार कालजीत।

67.375. सं. पोदना, पोदेना।

67.376. सं. छोटा पोदेना।

67.377. सं. फुदकी (स्त्री.)।

67.378. सं. दरजिन फुदकी (स्त्री.), पटेना, पतिया (स्त्री.), सुइया (स्त्री.)।

67.379. सं. टुनटुनी फुदकी (स्त्री.), टुनटुनिया (स्त्री.), खरघुसा, पंखादुम फुदकी (स्त्री.)।

67.380. सं. पिटपिटी फुदकी (स्त्री.), पिटपिटिया (स्त्री.), चीहो।

67.381. सं. टिकटिकी फुदकी (स्त्री.), टिकटिक, टिकरा।

67.382. सं. चुटचुटिया फुदकी (स्त्री.)।

67.383. सं. हरी फुदकी (स्त्री.)।

67.384. सं. धानी फुदकी (स्त्री.)।

67.385. सं. अबलखी फुदकी (स्त्री.)।

67.386. सं. मछमरनी फुदकी (स्त्री.)।

67.387. सं. पहाड़ी फुदकी (स्त्री.), सुइया (स्त्री.)।

67.388. सं डोरिया फुदकी (स्त्री.)।

67.389. सं. सिलेटी फुदकी (स्त्री.)।

67.390. सं. जंगली फुदकी (स्त्री.), तुतरंगी (स्त्री.)।

67.391. सं. धूरिया फुदकी (स्त्री.)।

67.392. सं. सितकंठी चिलचिल (स्त्री.)।

67.393. सं. ललसिरी चिलचिल (स्त्री.)।

67.394. सं. सतरंगी चिलचिल (स्त्री.)।

67.395. सं. चितली चिलचिल (स्त्री.), डोरिया चिलचिल (स्त्री.)।

67.396. सं. पहाड़ी चिलचिल (स्त्री.)।

67.397. सं. सतबहनी चरखी (स्त्री.), सात भाई, कचबचिया (स्त्री.), गौगाई (स्त्री.), जंगली खैर, पेंधा मैना (स्त्री.)।

67.398. सं. सितसिरी चरखी (स्त्री.), सितसिरी खैर।

67.399. सं. चरखी (स्त्री.), खीहा, गलगलिया (स्त्री.), छोटा पेंघा, डिंबी (स्त्री), दर्जिन (स्त्री.), बेहनिन।

67.400. सं. गौगाई (स्त्री.), नेपी चरखी (स्त्री.)।

67.401. सं. दक्षिणी खीहा (स्त्री.)।

67.402. सं. ललमुखी खीहा (स्त्री.)।

67.403. सं. चुरचुरा।

67.404. सं. गुलचश्म, गुलाब चश्म, बड़ा पोदेना, बुलबुल चश्म।

67.405. सं. खैर, तेलिया चरखी (स्त्री.)।

67.406. सं. कलसिरी चरखी (स्त्री.)।

67.407. सं. सिलेटी चरखी (स्त्री.)।

67.408. सं. गप्पू, सिबिया।

67.409. सं. नानचुरा, सुनहरा।

67.410. सं. तौफीक, फटिक जल, बड़ा बबुना, सौबिगा।

67.411. सं. घासकुटा, देशी हरेवा, हरी बुलबुल, हरेवा।

67.412. सं. नेपाली हरेवा।

67.413. सं. चुटकी (स्त्री.), टुर्रा, सिफिया (स्त्री.)।

67.414. सं. श्यामचिरी (स्त्री.)।

67.415. सं. तिलकटकटिया (स्त्री.)।

67.416. सं. नीली मछमरनी (स्त्री.)।

67.417. सं. खैरी मछमरनी (स्त्री.), चुटचुटिया (स्त्री.)।

67.418. सं. पिलपेटी मछमरनी (स्त्री.)।

67.419. सं. ज़क्की (स्त्री.)।

67.420. सं. ताकला, दूधराज, शहबुलबुल (स्त्री.), शाहबुलबुल (स्त्री.), सुजताना बुलबुल (स्त्री.), हुसैनी बुलबुल (स्त्री.)।

67.421. सं. मछरेटा।

67.422. सं. छतरदुमा, छितनिया (स्त्री.), श्यामचिरि (स्त्री.)।

67.423. सं. कजला, मटिया, लटोरा, लहटोरा, लुटेरवा।

67.424. सं. कसाई चिड़िया (स्त्री.), दूधिया लहटोरा, सफ़ेद लहटोरा।

67.425. सं. पचानक।

67.426. सं. माटिया लहटोरा।

67.427. सं. काजला लहटोरा, मालतिया लहटोरा, ललपिठा लहटोरा।

67.428. सं. छोटा लहटोरा, लहटोरिया (स्त्री.)।

67.429. सं. खरकटा लहटोरा, तरती तुइया (स्त्री.)।

67.430. सं. सहेली (स्त्री.), सहेलरी (स्त्री.), सातसखी (स्त्री.)।

67.431. सं. छोटी सहेली (स्त्री.), सात सहेली (स्त्री.)।

67.432. सं. राजलाल, बुलबुलचश्म, गुलाबचश्म।

67.433. सं. कलसिरी कसया (स्त्री.)।

67.434. सं. कसया (स्त्री.)।

67.435. सं. कठगोल, ताड़ी अबाबील (स्त्री.)।

67.436. सं. भुजंगा, भुजैठा, भुजैल, करचोरिया (स्त्री.), कलकालीची (स्त्री.), कालचील (स्त्री.), कालकौलाची (स्त्री.), कोतवाल, झाँपी (स्त्री.), ठाकुरजी, फिंगा, बहैंगवा।

67.437. सं. साहिम, निलफिंगा।

67.438. सं. केशराज, धापड़ी (स्त्री.), पहाड़ी भुजंगा।

67.439. सं. भृंगराज, भृंगराजक, भृंगराय, भृंग, भृंगक, भँगराज, भिंगराज, भिंगोरा, भीमराज, कलिंग, कालजीत, धूम्याट, धूम्राट।

67.440. सं. बबूना, बाबुना।

67.441. सं. शकरखोरा, जुगजुगी (स्त्री.)।

67.442. सं. पिलपिठा शकरखोरा।

67.443. सं. जुगजुगी (स्त्री.)।

67.444. सं फुलचुही (स्त्री.), फुलसदा।

67.445. सं. फुलसुँघी (स्त्री.)।

67.446. सं. सतरंगा, नौरंग, नौरतन, मलागीर।

67.447. सं. राम गंगरा (स्त्री.)।

67.448. सं. हरी गंगरा।

67.449. सं. काली गंगरा।

67.450. सं. पीली गंगरा।

67.451. सं. ललसिरी गंगरा।

67.452. सं. पहाड़ी रेंगनी (स्त्री.), चुवा सौराई (स्त्री.)।

67.453. सं. मुसचिरी (स्त्री.), दिवाल गैयुक, भीतचढ़नी (स्त्री.)।

67.454. सं. चुबिया (स्त्री.), नक्का, मज्जी।

67.455. सं. भायहो, निडल, मिओली (स्त्री.)।

67.456. सं. बड़ा बसंता, कुतुर, कुतुरझा, कदरंगा।

67.457. सं. कुदरू, कुदरूप।

67.458. सं. कठखोरा, छोटा बसंता, ठठेरा।

67.459. सं. बतसिया (स्त्री.), बतासी (स्त्री.)।

67.460. सं. अवाली (स्त्री.), चमचिकी (स्त्री.), तलचट्टा, ताड़ी (स्त्री.)।

67.461. सं. चोटीदार बतासी (स्त्री.)।

67.462. सं. छपका, छपया, छिप्पिका (स्त्री.)।

67.463. सं. जलकुकुरी (स्त्री.), जलकुक्कुट, जलरंकु, मुरगाबी (स्त्री.), मुर्ग़ाबी (स्त्री.)।

67.464. सं. डाउक, डाहुक, डुंदुक, कालकंटक, किनाटी (स्त्री.), खरीम, जलकाक, जलकौआ, दात्यूह, बँसमुरगी (स्त्री.)।

67.465. सं. जलमुरगी (स्त्री.), जलकपोत, जलकुक्कुभ, जलपारावत, कुकरी (स्त्री.), कुकुही (स्त्री.), कोयष्टि, कोयष्टिक, दबकापाइरा, पानीमुरगी (स्त्री.), बनमुरगी (स्त्री.), शिखरी (स्त्री.)।

67.466. सं. खैरी पनकुकरी (स्त्री.), गरगरी खैरी (स्त्री.)।

67.467. सं. छोटी जलबोदर, जलवर्तिका (स्त्री.)।

67.468. सं. पनकुकरी (स्त्री.)।

67.469. सं. छोटी पनकुकरी (स्त्री.)।

67.470. सं. गोदन।

67.471. सं. कलीम, कैमा, खैमा, जलबोदर, जलबोदरी (स्त्री.)।

67.472. सं. कोगड़ा, कोश, पनकुकड़ा, पनकौरा।

67.473. सं. आरी (स्त्री.), खुरकुल, टिकरी (स्त्री.), टीकी (स्त्री.), दसरनी (स्त्री), दसारी (स्त्री.)।

67.474. सं. काला चरग, केरमोर, खरमोर, चीनी मोर, छोटा चरत, लीख।

67.475. सं. चरत, चरस।

67.476. सं. गगन भेड़ (स्त्री.), गुरहना, गुराइन (स्त्री.), घोंघ, घोरार, तूंगदार, धर्म चिड़िया (स्त्री.), मारघोंक, सोहन, सोहन चिड़िया (स्त्री.), हुकना।

67.477. सं. होबार।

67.478. सं. करबानक, खरबानक, खरमा, लंबी (स्त्री.)।

67.479. सं. बड़सिरी (स्त्री.), बड़ा खरबानक।

67.480. सं. जलमखानी (स्त्री.), जलपिपी (स्त्री.), करटिया (स्त्री.), करोई (स्त्री.), टीभू।

67.481. सं. जलमोर, जलमंजूर, चित्रबिलाई (स्त्री.), पिहुआ, पोही, मीवा, सुकदल, सुरदल।

67.482. सं. ओहारी (स्त्री.), कोन, तिबद, बग्गरजी (स्त्री.), राजा चहा।

67.483. सं. गगन भेड़ (स्त्री.), गोरा पल्लो, जरासिंघ, जलसिंह, पियन, पीलो, भेरुआ, हवासिन, हवासिल।

67.484. सं. पनकौआ, घोगुर, जलकौआ, पिचुल।

67.485. सं. छोटा पनकौआ, पनकौआ, पनकौड़ी (स्त्री.), पनकोटी (स्त्री.), जलकौआ, जोगराबी।

67.486. सं. गोयार, नागिन (स्त्री.), पनडुब्बी (स्त्री.), पनवा, बानवर, सिली (स्त्री.)।

67.487. सं. सफ़ेद बुज्जा, बुज्झा, दिधार, दोचौरा, मुंडा, हरजोता।

67.488. सं. काला बुज्जा, कडाकुल, करनकाल, मुर्गकेश।

67.489. सं. कौआरी (स्त्री.), काला कचियाटोरा।

67.490. सं. दाबिल, घिनटा, चमच बुज्जा।

67.491. सं. पनतिरी (स्त्री.), शिवहंस।

67.492. सं. छुराका, छोटी पनडुब्बी, डुबडुबी (स्त्री.), डुबारी (स्त्री.), तुबीनो, पनडुब, पनसिरी (स्त्री.)।

67.493. सं. लगलग, हाजी लगलग, मानिकजोड़।

67.494. सं. बनरास, रामसालिक, लोहारजंग, लोहा सारंग।

67.495. सं. सुरमई।

67.496. सं. गंजा गंधैला, चनियार, चमरघेंच, चमरढेंक, दस्ता, पड़वाढैक, बिसाहिना, हरगिल, हरगिला।

67.497. सं. गधैल, चंदना (स्त्री.), चंदियारी (स्त्री.), चिंजारा, छोटा चमरधैंच, छोटा हड़गिल्ला, बिसहिना, मदनचूर, मोहनटिक्की (स्त्री.)।

67.498. सं. कटसरंगा, जांघिल, दोख, रामझंकार, लंगडक, संदलचोंचा, सोनजंघा।

67.499. सं. घोंघिल, घोंचिल, टोंटभंगा, डोकार, सामुकखोल।

67.500. सं. उजली (स्त्री.), गैबर, घाक, लकलक, लगलग, हाजी लगलग।

(रेंगनेवाले जीव)

67.501. सं. सरीसृप, अधश्चर, अनुसर्प, चिकुर, त्सरु।

67.502. सं. घड़ियाल, घंटिक, अंबुकंटक, अंबुकिरात, अवराह, अवहार, असिदंत, असिदंष्ट्र, असिदंष्ट्रक, आलास्य, कंटक, कुंभीर, कुंभील, कुटिचर, गिल, गिलगिल, गिलग्राह, गोधि, गोमुख, ग्राह, चुलुकी, जलकंटक, जलकिराट, जलचिह्न, जलजिह्व, जलरूप, जलसूकर, जलांटक, झष, झषराज तंतु, तंतुण, तंतुन, तालुजिह्व, द्विधागति, नक्र, नाक, पंकग्राह, पंगुग्राह, पिंगचक्षु, पिंगाक्ष, पिंगेक्षण, पुष्करव्याघ्र, मकर, मगर, मायाद, वार्भट, शंकुमुख, शंखमुख, स्थानमृग, ह्रदग्रह।

बड़ा घड़ियाल : तंतुनाग, नक्रराज, नक्रहारक, मगरमच्छ, मातंमनक्र मातंगमगर।

छोटा घड़ियाल : नक्र, नर्क, नाक, नाका, पोटी (स्त्री.)।

गोधिका (स्त्री.), निहाका (स्त्री.)।

घड़ियाल का बच्चा : मगरौठा।

लंबा मुँह : ठोर (स्त्री.), तुंड, थूथन।

ठोर पर का गोल हिस्सा : घड़ा, तुंबी (स्त्री.), मटुक।

खुरदुरा चमड़ा : सेहर।

पूँछ पर का नुकीला उभाड़ : काँटा।

वि. घड़ियाल-संबंधी, घड़ियाली, माकर।

67.503. सं. कछुआ, कछुवा, कच्छप, कक्षप, कश्यप, कठिनपृष्ठ, कठिनपृष्ठक, कमठ, कूर्म, क्रोडपाद, क्रोडांक, क्रोडांघ्रि, अकूपार, अकूवार, उद्भट, गूढांग, चतुर्गति, जलगुल्म, दद्रु, दौलेय, पंचगुप्त, पलांग, पल्वलावास, पीवर, भालांक, माषाद, वारिकोल, संगपुश्त, स्तूपपृष्ठ, स्थानमृग, स्मरणापत्यतर्पक, हर्मुट।

बड़ कछुआ : कूर्मराज, जलसूचि।

स्थल-कच्छप : छतनहिया कछुआ; रामानंदी कछुआ; साल कछुआ।

जल-कच्छप : कछुई (स्त्री.); चिकना कछुआ; सेवार कछुआ।

समुद्री कच्छप : बाजठोंठी कछुआ; हरा कछुआ।

पहाड़ की गुफा में रहनेवाला कच्छप : गिरिकच्छप।

कच्छपी (स्त्री.), कछुई (स्त्री.), कमठी (स्त्री.), कूर्मी (स्त्री.), डुली (स्त्री.), दुडि (स्त्री.), दुलि (स्त्री.), द्रुणि (स्त्री.), द्रुणी (स्त्री.)।

कछुए की पीठ का ढक्कन : कचकड़, कचकड़ा, कूर्मपृष्ठ, खपड़ा, खोपड़ा।

(पौरा.) वह महाकच्छप जिस पर पृथ्वी का होना माना जाता है : अकूपार, अकूवार।

कूर्मावतार (दे.300)।

वि. कछुआ-संबंधी : कामठ, कौर्म।

67.504. सं. छिपकली (स्त्री.), अंजना (स्त्री.), अजरा (स्त्री.), आगारगोधिका (स्त्री.), कुक्कुटि (स्त्री.), कुक्कुटी (स्त्री.), कुडयपुच्छा (स्त्री.), कुडयमत्सी (स्त्री.), गृहगोधा (स्त्री.), गृहगोधिका (स्त्री.), गृहगोलिका (स्त्री.), गृहोलिका (स्त्री.), गोधिका (स्त्री.), ज्येष्ठा (स्त्री.), ज्येष्ठी (स्त्री.), टट्टनी (स्त्री.), पल्लि (स्त्री.), पल्लिका (स्त्री), पल्ली (स्त्री.), बिस्तुइया (स्त्री.), भित्तिका (स्त्री.), माणिक्या (स्त्री.), मुषली (स्त्री.), मुसली (स्त्री.), लक्तिका (स्त्री.), विशंवरा (स्त्री.), विसंभरा (स्त्री.), शकुनज्ञा (स्त्री), सामे-अब्रस (स्त्री.), सुराजिका (स्त्री.), हालिनी (स्त्री.)।

अंजन, कुडयमत्स्य, कृकलास, कृकवाकु, कोक, चित्रकोल, सरट, साशयंदक, हेमल।

67.505. सं. कोतरी (स्त्री.), skink।

67.506. सं. बभनी (स्त्री.), बम्हनी (स्त्री.), बम्हनबिछिया (स्त्री.), अंजनाधिका (स्त्री.), अंजनिका (स्त्री.), ओटनी (स्त्री.), सुरश्वेता (स्त्री.), snake-eyed lizard।

67.507. सं. गोह (स्त्री.), गोध (स्त्री.), गोधा (स्त्री.), गोधिका (स्त्री.), निहाका (स्त्री.), लक्तिका (स्त्री.), लत्तिका (स्त्री.), ललंतिका (स्त्री.), शुष्कांगी (स्त्री.), सूस (स्त्री.), सूसमार (स्त्री.)।

गोहेरा, गुहेरा, गोहटा, गोहसाँप, गोसर्प, दारुमत्स्याह्वय, दारुमुख्याह्वय, वोड्र।

भेद : चंदन गोह (स्त्री.), कबरा गोह (स्त्री.); पटरा गोह (स्त्री.)।

67.508. सं. बिसखोपरा, बिसखापर, बिसखपरा, गोहर, गोहेरा, प्रावृषायणी (स्त्री.)।

गोधिकात्मज, गौधार, गौधेय, गौधेर।

बनरोहू।

67.509. सं. गिरगिट, गिरगिटान, गिरदान, किरकिल, कुलाहक, कृकलास, क्रकचपाद, जाहक, त्रिवर्ण, द्रुमाश्रय, प्रतिसूर्य, प्रतिसूर्यक, बहुरूप, विदारु, विरूपी, वृक्षश, वेदार, शयंडक, शयांडक, शयानक, शरंड, सरट, सरटु, सरट्टू, सांजन, हेमल।

भेद : गोधिकात्मज; तृणगोधा; तृणांजन।

67.510. सं. साँड़ा, साँडा, शाण्डिक।

साँड़े की चरबी : साँड़े का तेल।

67.511. सं. साँप, सर्प, सरीसृप, सारंग, सृदर, सृप्मा, स्थूलास्य, अकर्ण, अक्ष, अग, अजीगर्त, अधिजिह्व, अनिलाशन, अनिलाशी, अपत्यशत्रु, अश्रवण, अहि, आभोग, आशीविष, उरंग, उरंगम, उरग, कंचुकालु, कचाकु, कद्रुज, कद्रुपुत्र, कद्रुसुत, कर्णवर्जित, काकोदर, काकोल, काद्रवेय, कीड़ा, कुंडली, कुंभकार, कुंभीनस, कुटिलकीट, गरलधर, गूढपाद्, गूढपाद, गूढांध्रि, गोकर्ण, चक्रक, चक्री, चक्षुःश्रवा, चक्षुष्कर्ण, चदिर, जलरंड, जिहमग, जिहमगति, त्सरु, दंदशूक, दर्वीकर, दीर्घजिह्व, दीर्घपृष्ठ, दीर्घरसन, दृक्कर्ण, दृक्श्रुति, द्विजिह्व, द्विरसन, नग, नाग, निशाचर, निशिचर, पन्नग, पवनभुक्, पवनाश, पवनाशन, पवनाशी, पादोदर, पापाहि, पुलिरिक,, पृदाकु, प्रवलाकी, फंट, फटाटोप, फणकर, फणधर, फणभर, फणभृत्, फणवान्, फणाकर, फणाधर, फणाभर, फणाभृत्, फणोवान्, फणिक, फणी, फनिंग, फुल्लरीक, बिरहुला, बिलेशय, भवंग, भुजंग, भुजंगम, भुजग, भेकभुक्, भोग, भोगधर, भोगवान्, भोगी, मंडली, मणिधर, मार, मारुताशन, लताजिह्व, लतारसन, लांगली, लेलिह, लेलिहान, लोलजिह्व, वज्रांग, वाताश, वाताशी, वायुभक्ष, वायुभोजन, विलेवासी, विलेशय, विषदंतक, विषधर, विषपन्नग, विषभुजंग, विषभृत्, विषभुक्, विषहेति, विषानन, विषायुध, विषार, विषास्त्र, विषास्य, विषी, व्याड, व्याल, व्यालक, शय, शर्कोटि, शेव, श्रुतिकट, श्वसनाशन, श्वसनोत्सुक, समकोल, हरहार, हरि, हरिभुक्, हीर (दे.304)।

बड़ा साँप : अहिप, अहिपति, अहीन, नागभिद्, नागराज, नागेंद्र, फणिपति, महोरग।

बहुत विषैला साँप : अघविष।

वह साँप जो केंचुल छोड़ चुका हो : निर्मुक्त, मुक्तकंचुक, मुक्तनिर्मोक।

विषदंतहीन साँप : अदंष्ट्र।

विषहीन साँप : अंधाहि, अंधाहिक, शूकपत्र।

अंधा साँप : अहिक।

छोटा साँप : सर्पिका।

साँपों का समूह : अहिगण।

साँपिन (स्त्री.), सर्पिणी (स्त्री.), सर्पा (स्त्री.), सर्पाक्षी (स्त्री.), अहिनी (स्त्री.), उरगिनी (स्त्री.), उरगी (स्त्री.), चक्रिणी (स्त्री.), चदिरी (स्त्री.), दीर्घपृष्ठी (स्त्री.), दृन्फू (स्त्री.), नागिन (स्त्री.), नागिनी (स्त्री.), पन्नगिनी (स्त्री.), पन्नगी (स्त्री.), फणिनी (स्त्री.), बिरहुली (स्त्री.), ब्याली (स्त्री.), भुजंगिनी (स्त्री.), भुजंगी (स्त्री.), भुजगी (स्त्री.), भोगवती (स्त्री.), भोगिनी (स्त्री.), विषधरी (स्त्री.), व्याली (स्त्री.)।

साँप का अंडा : मारुंड, सारंड।

साँप का बच्चा : सँपोला, सपोला, सपेला, अहिसाव, पोआ, पोया, शिशुनाग।

बड़ा बच्चा : पट्ठा।

साँप का फैला हुआ सिर : फन (काढ़.), फण, फणा (स्त्री.), फट, फटा (स्त्री), फुट, आभोग, कालाप, दर्व, दर्वी (स्त्री.), भोग, सर्पफण, स्फट, स्फटा (स्त्री.), स्फुट, स्फुटा (स्त्री.)।

फन्न का फैलाव : फटाटोप।

फन की सतह : फणाफलक।

समेटा हुआ फन : फणमंडल।

साँप का पेट : कुवल।

साँप के बैठने की मुद्रा : कुंडली (स्त्री.), गुंजलक, गुंजलिका (स्त्री.), फेंटी (स्त्री) (मार.), भुजा (स्त्री.)।

साढ़े तीन वलय की कुंडली : अध्युष्ट।

साँप के रेंगने का शब्द : सर-सर, सरसराना--, सरसराहट (स्त्री.)।

अ. सर-सर।

सं. साँप का विष : सर्पविष, आशी, गरल, जांगुल, विष (दे.463)।

विषवाला दाँत : विषदंत, विषदंष्ट्रा (स्त्री.), आशी (स्त्री.), सर्पदंष्ट्र।

साँप का काटना--/डसना--/डासना--/सूँघना--; टिप (स्त्री.), डसन (स्त्री.), सर्पदंश, सर्पदंष्ट, सर्पित।

सर्पविष की लहर : मैर (स्त्री.)।

सर्पविष दूर करने का मंत्र : काले का मंतर, विषघ्न मंत्र, विषमंत्र।

विष उतारने की विद्या : विषविद्या (स्त्री.), विषतंत्र, जांगुली (स्त्री.)।

सर्पदंश का चिकित्सक : ओझा, कथाप्रसंग, गारुडिक, गारुडी, गुनी, जांगलि, जांगलिक, विषवैद्य (दे.94)।

साँप/साँपों का फंदा : नागपाश, नागफाँस।

साँप का भय : सर्पभय, अहिभय।

साँप को मारना : सर्पव्यापादन।

साँप के रहने का विवर : बाँबी (स्त्री.), बाँमी (स्त्री.) (दे.67), बिल, मसिक, सर्पकोटर, सर्पगृह, सर्पविवर, सर्पावास, सुषिरविवर।

साँप को दिया जाने वाला नैवेद्यादि : सर्पबलि (स्त्री.)।

साँप की अपने आप झड़नेवाली त्वचा : केंचुल (स्त्री.) (छोड़. झाड़. झड़.), केंचुली (स्त्री.), कंचुक, कंचुकी (स्त्री.), काँचुली (स्त्री.), अहिकोष, अहिनिर्मोक, जरायु, निर्मोक, निर्वचनी (स्त्री.), मोक, लोचक, सर्पनिर्मोचन।

साँप पकड़ने/पालनेवाला : सँपेरा, सवेरा, सँपोलिया, सर्पधारक, सर्पविद्, अहितुण्डिक, कौशिक, गारुडिक, गारुडी, चक्राट, जांगालि, जांगलिक, जांगुलि, जांगुलिक, जीवक, नागमंडलिक, नाथ, मारगीर, विषमंत्र, व्यालग्राह, व्यालग्राही, व्यालिक।

सँपेरे का बाजा : महुअर (दे.602.2)।

साँप रखने की पिटारी : सँपोली (स्त्री.)।

सर्प-संबंधी विद्या : सर्पविद्या (स्त्री.), सर्पवेद।

(कल्पित) ख़ज़ाने की रक्षा करने वाला साँप : मारे गंज।

साँप के सिर से मिलनेवाला मणि : नागमणि, सर्पमणि, सर्पफणज, फणमणि, फणिमुक्ता (स्त्री.)।

(पौरा.) पातालवासी मनुष्यरूपी साँप : नाग (दे.304)।

नागों की आदि माता : कद्रु (स्त्री.), कद्रू (स्त्री.), नागमाता (स्त्री.)।

नागों के आठ कुल : अष्टकुल—कंबल; कर्कोटिक; कुलिक; पद्म; महापद्म; वासुकि; शंख; शेष। (मतांतर से) अश्वतर; कंबल; कुलिक; तक्षक; धृतराष्ट्र; बलाहक; महापद्म; शंख।

सहस्र फनोंवाला नाग : शेषनाग, शेष, शेषक, शेषराज, शेषाहि, अनंत, अनंतदेव, अहिनाथ, अहिप, अहिपति, अहीश, आजुक, उरगराज, उर्वीधर, एककुंडल, कुधर, कुभृत्, द्विसहस्राक्ष, धरणिधर, धरणिधृत्, धरणिभृत्, धराधर, धराधार, नागराज, नागेंद्र, नागेश, नागेश्वर, पन्नगपति, फणिपति, फणींद्र, फणीश, फणीश्वर, भुजंगेश, भुजगराज, भुजगेंद्र, भुजगेश, भूधर, भूमिधर, भोगींद्र, वारुंड, सर्पपति, सर्पराज, सहस्रजिह्व, सहस्रानन, सहस्रास्य, हरहार।

शेषनाग का महल : मणिभित्ति (स्त्री.), मणिमंडप।

समुद्र-मंथन में रज्जु बना नाग : वासुकि, बासुकी, वासुकेय, अहिप, अहिपति, अहीन, उरगराज, नागपति, नागेंद्र, फणिनायक, फणिपति, फणींद्र, फणीश, फणीश्वर, भुजंगेश, भुजगेश, भुजगेंद्र, भोगींद्र, वारुंड, सर्पराज, सर्पेश्वर।

वह नाग जिसने परीक्षित को काटा था : तक्षक, वैशालेय।

वह नाग जिसका कृष्ण ने दमन किया था : कालिय, कालीय।

वासुकि की बहन : मनसा (स्त्री.), जगद्गौरी (स्त्री.), पद्मा (स्त्री.), पद्मावती (स्त्री.), पद्मोद्भवा (स्त्री.), वासुकेयस्वसा (स्त्री.), विषहरा (स्त्री.), विषहरी (स्त्री.)।

लंका जा रहे हनुमान् का रास्ता रोकनेवाली नागमाता : सुरसा (स्त्री.)।

वासुकि की पत्नी : अनंतशीर्षा (स्त्री.)।

वासुकिसुता (स्त्री.), सुलोचना (स्त्री.)।

नागकन्या (स्त्री.), नागकन्यका (स्त्री.)।

सर्प-नाश का यज्ञ जो जनमेजय ने किया था : सर्पयज्ञ, सर्पयाग, सर्पसत्र, अहिमेध, नागयज्ञ।

नागलोक (दे.1)।

नागपुरी (स्त्री.), पूत्कारी (स्त्री.), भोगवती (स्त्री.)।

वि. सर्प-संबंधी, सार्प, सार्प्य, आहेय, औरग, भौजंग।

साँप का सा : सर्पिल।

साँप जैसा मुखवाला : सर्पास्य।

साँप जैसे रंग का : सर्पाभ।

साँप का सा सिरवाला : सर्पशीर्ष।

फनदार : भोगी।

फनहीन : विदर्व्य।

केंचुल जैसा : केंचुली।

फेंटी मारे हुए : कुंडलित, कुंडली, कुंडलीकृत।

ज़हरीला, सविष (दे.463)।

विषहीन, निर्विष (दे.463)।

साँपों का ज्ञाता : सर्पविद्।

67.512. सं. अजगर, अज़दर, अज़दहा, अजदाह, उन्नत, उलूत, चक्रमंडली, तिलित्स, पारींद्र, बोड़ा, वाहस, शपथ, शयानक, शयालु, शयु, शयुन, शिर, शीर, शीवा।

चंद्रबोड़ा।

पूर्वी अजगर, python; पश्चिमी अजगर, boa।

वि. अजगर-संबंधी, आजगर। अजगरी विद्या।

अजगर का सा : अजगरी।

अजगरोचित।

67.513. सं. मटिया/मिटिया साँप, मटिहा, बालुका, अजगर, earth snake।

67.514. सं. काला साँप, कालसर्प, करिया, गोखुरा, नाग, फणी, फनियर, फेटार, मारगुर्ज़ा, cobra।

कहते हैं कि काले साँप के फुफकार से चिराग़ बुझ जाता है : काले के आगे चिराग़ नहीं जलता।

67.515. सं. नागराज, king cobra।

67.516. सं. उड़ाकू साँप, Indian flying snake।

67.517. सं. करैत, कराइत, करायत, कृष्णभुजंग, केउटा, karait।

67.518. सं. घोड़करायत, राजसर्प, राजसाँप।

67.519. सं. धामिन, धामन, धर्मण, rat snake।

67.520. सं. पनिहा, पनिहा साँप, पनियाला, पंडुर, अब्भक्ष, अलगर्द, अलगर्ध, अलिगर्द, अलिगर्ध, अलीगर्द, आलगर्द, कालकंडक, कालक, जलगर्द, जलव्याल, जलसर्प, डुंडु, डुंडुभ, डंडुम, डिण्डिम, डेड़हा, डोड़हा, दुंडुम, दुंदुह, घोड, water snake।

67.521. सं. समुद्री साँप, sea-snake।

67.522. सं. घोणस, दंतशूक, नाग, पृदाकु, viper।

67.523. सं. दबोइया, दुबोइया, मंडली, russel's viper।

67.524. सं. फुरसा, फुर्सा, अफाई, आफी, कप्पर, आराशल्क मंडली, saw-scaled viper।

67.525. सं. बाँस साप, green viper।

67.526.सं. दुमुँहा/दोमुँहा साँप, द्विमुख सर्प, द्विमुख, अहीरणि, गूँगी (स्त्री.), चुकरैंड, राजाहि।

67.527. सं. गेहुँअन, गोहुअन, गोहुवन, गोधूमक।

67.528. सं. गोनस, गोनास, घोणस, घोनस, तिलित्स, वोड्र।

67.529. सं. अन्य प्रमुख सर्प : कौड़िया, चितकौड़िया; कौड़ियाला; घरचित्ता; सुग्गासाँप; सुनकातर।

67.530. सं. मेढक, मेंढक, मंडूक, मेघा, मेजा, मेजुक, मुदिर, अजंभ, अजिर, अजिहम, अजिह्व, अनिमक, अनूप, अलिंपक, अलिंबक, कटुरव, कृतालय, कोक, जिह्ममेहन, टर्रू, तोयसूचक, दर्दरीक, दर्दुर, दर्दुरक, दादुर, नंद, नंदक, निर्जिह्व, प्लव, प्लवक, प्लवग, प्लवगति, प्लवंगम, बेंग, भेक, रेक, लूलुक, वर्षाघोष, वर्षाभू, वलासक, वृष्टिभू, व्यंग, शल्ल, शालूर, षोडशपक्षशायी, सालूर, स्पर्शस्यंद, हरि।

मेढकी (स्त्री.), मेंढकी (स्त्री.), मंडूकी (स्त्री.), तोयसर्पिका (स्त्री.), भेकी (स्त्री), वर्षाभ्वी (स्त्री.), शिली (स्त्री.)।

मेढक का बच्चा : बैंगची, बेंगुची, छुछमछली (स्त्री.), छूछूमछली (स्त्री.), भेकशिशु, tadpole।

मेढक की बोली : टर (स्त्री.), टर-टर (स्त्री.) (कर.), टर्र-टर्र (स्त्री.), भेकरव, विःकृंधिका (स्त्री.)।

मेढक की उछाल : मंडूकप्लूति (स्त्री.)।

भेद : कठमेघा; कनतूतर; कलमेघा, टर;गोपाल मेढक; मदोबर; मेचकुर; मेढकी (स्त्री.)।

वि. मेढक-संबंधी, मांडूक्य, दार्दुर, दार्दुरक, दार्दुरिक।

मेढक की तरह चलने वाला : मंडूकगति।

(जलचर)

67.531. सं. मछली (स्त्री.) (पकड़ मार.), मछरी (स्त्री.), मत्स्य, मकर, माही (स्त्री.), मीन, अजिह्म, अनिमिष, अनिमेष, आत्माशी, करंडी, कामध्वज, जलचरी (स्त्री.), जलचारी, जलज, जलप्रिय, जलबंधु, जलाशय, जलेशय, झष, झख, तलमीन, पृथुरोमा, वल्कवान्, वारिज, वारिजात, विसार, विसारी, वैसारिण, शकली, शकुली, शल्कली, शल्की, शयथ, शाकलि, शाकली, शेव, समक (स्त्री.), स्थानमृग, स्वकुलक्षय।

व्यंग्य में : जलतुरई (स्त्री.), जलतरोई (स्त्री.)।

अंडोंवाली मछली : अंडालु।

छोटी मछली : कंटकी, कँटवा, भनसरिया।

रंगीन मछली (स्त्री.), सोनमछली (स्त्री.)।

मछली का बच्चा : अंगुलिका (स्त्री.), बच्चा, मत्स्यपोत।

बच्चों का समूह : छावर (स्त्री.), पोताधान।

मछलियों का झुंड : काँड़ी (स्त्री.)।

सूखी मछली, सिध्मला (स्त्री.)।

मछली का कड़ा छिलका : चोईं (स्त्री.), दिउला, दिउली (स्त्री.), शकल, शल्क, शल्कल, शल्ल, शल्लक, सरहना, सेहर, सेहरा, सेल्हर।

मछली का पर : पखनी (स्त्री.), पखौटा, पक्ष, वाज, सुफन, सुफना।

मछली के अंग : मुँह; नथुना; सिर, मूँड़ा; गलफड़ा; गलछट (स्त्री.); धड़; पूँछ (स्त्री.); पृष्ठपक्ष; वक्षपक्ष; अधःपक्ष; गुह्यपक्ष; पुच्छपक्ष; पटका; काँटा, गलग्रह। अंडा।

पानी के अंदर से मछली का बुलबुला फेंकना : गज्झा देना–/छोड़ना–/मारना–।

मत्स्यपालन, fish culture, pisciculture।

मत्स्यपालन केंद्र, fish farm।

मत्स्यन, fishing।

मत्स्य नौका (स्त्री.); मछुआ जहाज।

मछली पकड़ने का जाल : मत्स्यजाल, जाल (डाल. फेंक.), जालिका (स्त्री.), क्षिपणि, क्षिपणी (स्त्री.), क्षेपणि (स्त्री.), क्षेपणी (स्त्री.)।

बड़ा जाल : घाची (स्त्री.), घींचा, फसला जाल, महाजाल।

अन्य जाल : कोइनी (स्त्री.); खबर जाला; खोरा जाल, खौर; चातर; चाफंद; जुटैल; जाली बाँस; झंटा; झिंगुरी (स्त्री.); ठठरी (स्त्री.); ढैया; मसहरी जाल; रधेरा जाल; सिरकी (स्त्री.)।

मछली पकड़ने का बाँस का झाबा : पंजराखेट, पलव, पुट्टी (स्त्री.), मत्स्यकरंडिका (स्त्री.)।

मछली पकड़ने की वंशी (दे.65)।

मछुआ, माहीगीर (दे.356)।

मछुए का धंधा : जालकर्म, माहीगीरी (स्त्री.)।

(कल्पित) मछली का मोती।

मत्स्यविज्ञान, ichthyology।

वि. मत्स्य-संबंधी, मात्स्य।

अंडेवाली, अंडैल।

मछली खानेवाला : मत्स्याद, मत्स्याशन।

67.532. सं. प्रमुख मछलियाँ :

67.532.1. सं. कजली (स्त्री.), कज्जली (स्त्री.), मधुरकंटक।

67.532.2. सं. करौंछी (स्त्री.), कालबोंस

67.532.3. सं. कर्बुरी (स्त्री.)।

67.532.4. सं. कवई (स्त्री.), सुंभा।

67.532.5. सं. कार्प; सिलवर कार्प; ग्रास कार्प।

67.532.6. सं. कुर्सी (स्त्री.), कुर्सी बाटा, बाटा।

67.532.7. सं. कौआ, कंकत्रोट, कंकत्रोटी (स्त्री.), जलव्यथ, जलव्यध, जलसूचि (स्त्री.)।

67.532.8. सं. खैरा, बालुकागड, लघुगर्ग, सितचिह्व, सितांक।

67.532.9. सं. चँदवा, चाँदा, चाँद, चंदक, चंद्रक, चंद्रचंचल, चंद्रचंचला (स्त्री), चंद्रिका (स्त्री.), चलत्पूर्णिमा (स्त्री.)।

67.532.10. सं. चितल, चितला, चित्रफल, चित्रफला (स्त्री.)।

67.532.11. सं. चेल्हवा (स्त्री.), चेलवा (स्त्री.), चेला, चिलुआ (स्त्री.)।

67.532.12. सं. झींगा, झिंगवा, चिंगट, चिंगड़, चिंगड़ा, चिलचिमी, चिलिचिम, चलदंग, चलदंगक, जलवृश्चिक, नडमीन, नलमीन, बृहच्छल्क, महाशल्क, prawn।

समुद्री झींगा, महाचिंगट, lobster।

झींगी (स्त्री.), shrimp।

67.532.13. सं. टेंगर, टेंगर, टँगरा, टेंगना, टेंगनी (स्त्री.), त्रिकंट, त्रिकंटक, लघुगर्ग, विकंटक।

67.532.14. सं. तपसी (स्त्री.), तपस्या (स्त्री.), तपस्वी।

67.532.15. सं. तेलापिया, अमरीकी कवई (स्त्री.)।

67.532.16. सं. पढ़िन, पढ़िना, पहिना, पाठीन, चित्रवदाल, बोआरी (स्त्री.), वदाल, वदालक, वादाल, वोदाल, वर्गचर, सरलपुंठी (स्त्री.), सहस्रदंष्ट्र, सरलदंष्ट्री।

67.532.17. सं. पतासी (स्त्री.), बाँसपत्ती (स्त्री.), बाँसपत्ता, मिंती (स्त्री.), वंशपत्रक।

67.532.18. सं. पबदा, पर्वत।

67.532.19. सं. पयास, पियासी (स्त्री.)।

67.532.20. सं. पामफ्रेट।

67.532.21. सं. पोठी (स्त्री.), बृहच्छफरी (स्त्री.), शफर, शफरी (स्त्री.), श्वेतकोल, सफरी (स्त्री.), सहरी (स्त्री.), सिधरी (स्त्री.)।

67.532.22. सं. फलुई (स्त्री.), फलि, फल्लकी (स्त्री.)।

67.532.23. सं. बाम, गुँगबहरी (स्त्री.), दंडमत्स्य, मारमाही, सर्पमीन। अन्हया बाम।

67.532.24. सं. बेकरी (स्त्री.), करही (स्त्री.)।

67.532.25. सं. भाकुर, भाकूट, भंडुक, भंडूक, भक्कुड, कतला, कातल, वेकट।

67.532.26. सं. भेटकी (स्त्री.), भेकट, भेकुट।

67.532.27. सं. भोला, नेयर, पथरचट्टी (स्त्री.)।

67.532.28. सं. महासेर, महसेर, महशीर।

67.532.29. सं. माँगुर, मँगुरी (स्त्री.), मगोर, मद्गु, मद्गुर, मद्गुरमत्स्य।

67.532.30. सं. मृगेल, नयन।

67.532.31. सं. रीठा, रीता (स्त्री.), हुन्ना।

67.532.32. सं. रोहू, रेहू, रोहित, रोहिष, रक्तमुख, रक्तोदर, कृष्णपुच्छ, बलपृष्ठक, भालांक, मत्स्यराज, मुक्तशृंग, लालपरी (स्त्री.)।

67.532.33. सं. लेठा।

67.532.34. सं. सकुची (स्त्री.), साकुच, संकुश, असिपुच्छ, असिपुच्छक, शंकु, शंकुमत्स्य, शंकव, शंकुचि (स्त्री.), शंकोच (स्त्री.), शंकोचि (स्त्री.), शकुची (स्त्री.), शांकुची (स्त्री.)।

67.532.35. सं. सामन, सालमन, salmon।

67.532.36. सं. सिंघी (स्त्री.), सिंगी (स्त्री.), सींगी (स्त्री.), अप्रिया (स्त्री.), ग्राम्यमद्गुरिका (स्त्री.), मद्गुरप्रिया (स्त्री.), शृंगि (स्त्री.), शृंगी (स्त्री.)।

67.532.37. सं. सौर (स्त्री.), सौरी (स्त्री.), सोर (स्त्री.), सकुली (स्त्री.), करी (स्त्री.), प्रोष्ठ, प्रोष्ठी (स्त्री.), प्रौष्ठ, प्रौष्ठी (स्त्री.), शकुल, शकुली (स्त्री.), शष्कुलि (स्त्री.), शष्कुली (स्त्री.), शस्कुली (स्त्री.), शृंगसोर।

67.532.38. सं. स्नेहमीन, cod।

67.532.39. सं. हरिपृष्ठा (स्त्री.), mackorel।

67.532.40. सं. हांगर, shark; दंदानी हांगर; हथौड़ीसिरी हांगर।

67.532.41. सं. हिलसा, इल्लिश, इलीश, इलीष, इल्लिस, गांगेय, गांगेयी (स्त्री), जलतापिक, जलतापी, राजशफर, शफराधिप, herring।

67.533. सं. विचित्र मछलियाँ:

67.533.1. सं. खड़ा (सिर ऊपर पूँछ नीचे) तैरनेवाली मछलियाँ—घोड़ा मछली (स्त्री.), अश्वमीन, सी-हॉर्स; नीडिल फिश।

67.533.2. सं. उलटा (पेट ऊपर पीठ नीचे) तैरने वाली मछली—शिंगटी।

67.533.3. सं. छलांग लगाने वाली मछलियाँ—डेविल; तारपून; सामन (सामो सालार); ग्रे मुलेट।

67.533.4. सं. उड़नेवाली मछलियाँ—स्किपर; गार; हॉफ बीक; फ्लाइंग गर्नार्ड; चिज़ूल-जॉ; कैरासिन।

67.533.5. सं. रेत पर चलने वाली मछली—मड-स्किपर।

67.533.6. सं. मनुष्य पर हमला करने वाली मछलिया—ह्वाइट शार्क; माको शार्क; टाइगर शार्क; सैंड शार्क; हमरहेड शार्क; लेक निकारागुआ शार्क।

67.533.7. सं. पानी की पिचकारी छोड़कर कीड़े-मकोड़े पकड़नेवाली मछली—आर्चर फिश।

67.533.8. सं. विषैली मछलियाँ—स्पाइनी डॉग; बुल-हेडेड शार्क; स्टिंग रेओं; ईगल रेओं; रैबिट फिश; काइमिरा; ग्रेटर वीवर; स्टोन फिश।

67.533.9. सं. बिजली का झटका देनेवाली मछलियाँ रे फिश; टॉरपीडो फिश; इलेक्ट्रिक ईल; इलेक्ट्रिक शिंगटी; मोरमेरिडी; प्रोथ फिश; स्टारगेजर; कैट फिश।

67.533.10. सं. रोशनीवाली मछलियाँ—डार्की चार्ली; ग्रीनेडियर; रैट टेल; लैंटर्न फिश; कार्डिनल फिश; टोड फिश; मिडशिपमैन; सिंगिंग फिश; वाइड माउथ; ऐंगलर फिश।

67.533.11. सं. आवाज़ देनेवाली मछलियाँ—हॉर्स मैकरल; सन फिश; ट्रिगर फिश; फ्लाइंग गरनार्ड; फाइल फिश; बोर फिश; बुलहेड फिश; सर्जियन फिश; स्टिकूलबैक फिश; मियेगी; बीफ फिश।

67.533.12. सं. रंगीन मछलियाँ—पर्च वाका; ऐंजल फिश; सैंडबार शार्क; कार्पट शार्क; बटरफ्लाई फिश; मोरीना; मोरे; बैट फिश; सी पर्च; फ्रॉग फिश; पाइप फिश; फाइल फिश; प्लेस फिश; फ्लाउंडर फिश; ट्रंक फिश; ग्लोब फिश; गोल्ड फिश; गोल्डन टैंच।

67.533.13. सं. ख़ूबसूरत मछलयाँ—गोल्ड फिश; गुप्पी; नियोन टेट्रा; डैनियो; काली मौली; बार्ब; ऐंजिल फिश; बेट्टा।

67.533.14. सं. घोंसला बनानेवाली मछलियाँ—स्टिकूलबैक; मिलर्स थम; चब; शाइनर; लांग फिश।

67.533.15. सं. पालतू मछलियाँ—पॉप बाई; वेलटेल; लायनहेड।

67.533.16. सं. अंधी मछलियाँ—पेज सियेगो; गोबी।

67.533.17. सं. लड़ाकू मछली—बेट्टा स्प्लेंडस।

67.533.18. सं. सबसे बड़ी मछली—ह्वेल शार्क।

67.533.19. सं. सबसे छोटी मछली : गोबी (पनडाका पिगमिया)।

(कवची)

67.534. सं. केकड़ा, कर्क, कर्कट, कर्कटक, कुरचिल्ल, कुलिर, कुलीर, कुलीरक, अपत्यशत्रु, आरु, ख़दंग, गेंगटा, जलबिल्व, तिर्यगयान, तिर्यग्गामी, द्विधागति, पंकवास, पार्श्वोदरप्रिय, पिंगाक्ष, पृष्ठचक्षु, पृष्ठदृष्टि, बहिश्चर, बहिष्कुटीचर, मुखास्त्र, वहिश्चर, वहिष्कुटीचर, षोडशांध्रि, सदंशक, सरतान, स्थानमृग।

शंख-कर्कट, शंखवासी कर्कट, hermit cral।

राज-कर्कट, king crab।

केकड़ी (स्त्री.), कर्कटकी (स्त्री.), कर्कटी (स्त्री.), मृत्युसूति (स्त्री.)।

केकड़े का बच्चा : सेगव।

67.535. सं. कौड़ा, कपर्द, कपर्दक, अंटा, चर, जलक, टग्घा, टोला, धूतबीज, नक्का, बराट, मुहरा, वर, वराट, वराटक, वारिज, श्वेतक, हिरण, हिरण्य।

कौड़ी (स्त्री.), कपर्दिका (स्त्री.), काकिणि (स्त्री.), काकिणिका (स्त्री.), काकिणी (स्त्री.), काकिनी (स्त्री.), उद्वाहिनी (स्त्री.), पणास्थि (स्त्री.), बराटिका (स्त्री.), विदंता (स्त्री.), श्वेता (स्त्री.), सितोदरा (स्त्री.)।

भेद : कानी कौड़ी (स्त्री.), झंझी (स्त्री.), झज्झी (स्त्री.), फूटी कौड़ी (स्त्री.); चपटी कौड़ी (स्त्री.), टुइयाँ कौड़ी (स्त्री.), पीली पीठवाली कौड़ी : पीतपृष्ठा (स्त्री.); बड़ी कौड़ी (स्ती.), अब्जभोग, समुद्री कौड़ी (स्त्री.); सादी कौड़ी (स्त्री.)।

राजनिघंटु के अनुसार भेद : मृगी (स्त्री.); विदंता (स्त्री.); व्याघ्री (स्त्री.); सिंही (स्त्री.)।

वि. कौड़ी के रंग का : कौड़िया (दे.505.2)।

67.536. सं. घोंघा, अंबुमात्रज, जलडिंब, दुर्नामा, पंकमंडूक, पूतिकामुख, लघुशंख, वारिज, शंखनख, शंबु, शंबुक, शंबुक्क, शंबूक, शांबुक, शांबूक।

घोंघी (स्त्री.), जलशुक्ति (स्त्री.), झिनायिका (स्त्री.), दीर्घकोशा (स्त्री.), दीर्घकोशी (स्त्री.), दीर्घकोशिका (स्त्री.), दीर्घकोषिका (स्त्री.), दुर्नाम्नी (स्त्री.), पंकशुक्ति (स्त्री), शंखनखा (स्त्री.), शंखनखी (स्त्री.), शंबुका (स्त्री.), शंबूका (स्त्री.)।

छोटा घोंघा : कटुआ, क्षुद्र, शंबूक।

67.537. सं. शंख, शंखक, शंबूक, शारंग, शुक्ति (स्त्री.), श्वेत, अंतःकुटिल, अंबुज, अंबुजात, अंभोज, अब्ज, अब्धिज, उदकसुत, कंबु, कंबुक, कंबोज, कशिपु, चंद्रबंधु, जंतुकंबु, जलक, जलकरंक, जलज, त्रिरेख, दीर्घनाद, दैवारिप, पाथोज, पावनध्वनि (स्त्री.), पूत, बहुनाद, मधुरस्वन, महानाद, मुखर, मुहरा, वारिज, वारिजात, षोडशावर्त, सारंग, सिंधुज, सुग्रीव, सुनाद, सुनादक, सुस्वन, सूचिकामुख, हरिप्रिय।

छोटा शंख : शंखनक, शंखनख, शुक्ति (स्त्री.), क्षुद्रशंख, क्षुल्लक, नखशंख, नखालि।

वामावर्त शंख।

दक्षिणावर्त शंख, दक्षिणावर्त, दार्दुर, बादर, रोवट, वार्दर।

भेद : शंखनाभि (स्त्री.)।

शंख का कीड़ा : जंतुकंबु।

(कल्पित) शंख का मोती : शंखज।

शंख-व्यवसायी, शंखी (दे.356)

शंख का कड़ा : शाँखा (दे.503.5)।

शंखभस्म।

शंख बजाना—/फूँकना—, शंखध्वनि (स्त्री.) (कर.), शंखनाद (कर.), शंखस्वन, शांख।

शंखवादक, शंखध्म, शंखध्मा, शांखिक।

वि. शंख-संबंधी/ शंख-निर्मित : शांख, शांखिक, शांख्य।

शंख जैसी गरदनवाली : कंबुकंठी (दे.498)।

67.538. सं. सीप, सुतहा, स्रौतिक, जलसीप, तौकिक, दुर्नाला, पटोलक, मुक्तागार, मुक्तागृह, मुक्तावास, मुक्तास्फोट, मुहरा।

सीपी (स्त्री.), सदफ़ (स्त्री.), सदफ़े सादिक (स्त्री.), समुद्रमंडूकी (स्त्री.), समुद्रशुक्ति (स्त्री.), सिंधुजा (स्त्री.), सिंधुसुता (स्त्री.), सितालिका (स्त्री.), सितुई (स्त्री.), सितुही (स्त्री.), सुतही (स्त्री.), सुतुही (स्त्री.), सूती (स्त्री.), अधिमंडूकी (स्त्री.), अधिमुक्तिका (स्त्री.), अब्जा (स्त्री.), कृमिशुक्ति (स्त्री.), गोशमाही (स्त्री.), झिनायिका (स्त्री.), तोयशुक्तिका (स्त्री.), दधिसुता (स्त्री.), दीर्घकोशा (स्त्री.), दीर्घकोशिका (स्त्री.), दीर्घकोशी (स्त्री.), दीघेकोषिका (स्त्री.), दुर्नाम्नी (स्त्री.), पुष्टिका (स्त्री.), महाशुक्ति (स्त्री.), मुक्ताप्रसू (स्त्री.), मुक्तामाता (स्त्री.), मुक्ताशुक्ति (स्त्री.), मौक्तिकप्रसवा (स्त्री.), मौक्तिशुक्ति (स्त्री.), शंखशुक्तिका (स्त्री.), शंबूका (स्त्री.), शुक्ति (स्त्री.), शुक्तिका (स्त्री.), शुक्तिवधू (स्त्री.), शौक्तिका (स्त्री.)।

सीप का खोल : संपुट, सीप, शुक्ति (स्त्री.), शुक्तिपुट, शुक्तिपेशी (स्त्री.)।

खोल के अंदर का कीड़ा : पूँगा।

मोती (दे.460)।

वि. सीप-संबंधी, शौक्तिक।

सीप का बना हुआ : शौक्त।

सीप जैसे कानोंवाला : शुक्तिकर्ण।

(जलजीव)

67.539. सं. अष्टबाहु, अष्टभुज, octopus।

67.540. सं. अनिलपुष्प, sea-anemone।

67.541. सं. छत्रिक, jelly fish।

67.542. सं. दरियाई घोड़ा, river-horse, hippopotamus।

67.543. सं. जलहस्ती, जलद्विप, जलमातंग, जलेभ, hippopotamus।

67.544. सं. जलव्याघ्र, समुद्रव्याघ्र, walrus।

67.545. सं. जलभालू, sea-bear।

67.546. सं. जलसिंह, sea-lion।

67.547. सं. जलसाही, sea-urchin।

67.548. सं. जलीयक, hydra।

67.549. सं. जोंक (स्त्री.), जोंकी (स्त्री.), जलजंतुका (स्त्री.), जलसर्पिणी (स्त्री.), जलसूचि (स्त्री.), पलाका (स्त्री.), जलाहनी (स्त्री.), जलात्मिका (स्त्री.), जलायुका (स्त्री.), जलालीका (स्त्री.), जलालुका (स्त्री.), जलासुका (स्त्री.), जलिका (स्त्री.), जलुका (स्त्री.), जलू (स्त्री.), जलूक (स्त्री.), जलूका (स्त्री.), जलोका (स्त्री.), जलोरणी (स्त्री.), जलौका (स्त्री.), जातकध्वनि (स्त्री.), अंबुसर्पिणी (स्त्री.), अस्रपा (स्त्री.), कारुण्डिका (स्त्री.), कारुंडी (स्त्री.), गोंच (स्त्री.), चर्मचटिका (स्त्री.), टिंटिनिका (स्त्री.), तीक्ष्णा (स्त्री.), द्विमुखा (स्त्री.), पंकेशया (स्त्री.), पटालुका (स्त्री.), पुंडरीकमुखी (स्त्री.), भ्रमणी (स्त्री.), रक्तपा (स्त्री.), रक्तपाता (स्त्री.), रक्तसंदेशिका (स्त्री.), वमनी (स्त्री.), वार्योका (स्त्री.), वेणिवेधनी (स्त्री.), वेधिनी (स्त्री.), शंकुमुखी (स्त्री.), सावरिका (स्त्री.)।

अदंत, गोक्ष, जलौकस, जाहक, रक्तमत्त, वारिकृमि।

मोटी लंबी जोंक : भैंसहिया जोंक (स्त्री.), सबरी जोंक (स्त्री.), शाबरिका (स्त्री.)।

बहुत पतली छोटी जोंक : काग़ज़ी जोंक (स्त्री.), तृणजलायुका (स्त्री.), तृणजलौका (स्त्री.)।

67.550. सं. तारा मछली (स्त्री.), starfish।

67.551. सं. तिमि, तिमिंगल, तिमिंगिल, whale।

बड़ा तिमि : तिमिंगिलगिल, वल्लक, वल्लभक, killer whale।

नील तिमि, rorqual।

मोमी तिमि, cachalot।

67.552. सं. प्रवाल, प्रबाल, मूँगा (दे.460.3), coral।

प्रवाल भित्ति (स्त्री.), coral-reef।

प्रवाल द्वीप (दे.35)।

67.553. सं. मनाती (स्त्री.), मांती (स्त्री.), manatee।

67.554. सं. मसि (स्त्री.), cuttlefish।

67.555. सं. मुरदाबादल, मुआबादल, इसपंज, इस्पंज, sponge।

67.556. सं. समुद्री गाय (स्त्री.), समुद्रगौ (स्त्री.), sea-cow; हस्तिमकर, dugong।

67.557. सं. सील, सील मछली (स्त्री.), seal।

67.558. सं. सूँस, सूस, सूइँस, सूसमार, सीरक, सुरेथ, अबुकीश, अंबुकूर्म, अवहार, अवहारक, असिपुच्छ, असिपुच्छक, उलपी, उलुपी, उलूपी, उष्णवीर्य, क्षणनिःश्वास, चुल्लकी (स्त्री.), जलकवि, जलकूर्म, जलबिल्व, जलमर्कट, जलसूचि (स्त्री.), झषाशन, पलांग, पातिक, महावस, वराहक, वशाढ्यक, वसाढय, वसाढयक, वाःकिटि, शिशुक, शिंशुमार, शिशुमार, शुंशुमार, dolphin।

67.559. सं. (कल्पित) जलपरी (स्त्री.), sea-maid, sea-nymph; जलमानुष, seaman।

(कीट-पतंग)

67.560. सं. कीड़ा, कीड़ी (स्त्री.), किरवा, किरौना, किर्म, कीट, कीटक, कीढिका (स्त्री.), कृकण, कृमि, कृमिक, क्रमि, क्रिमि, क्रिमिका (स्त्री.), क्षुद्रजंतु, दंदशूक, नीलंगु, नीलांगु, नृतु, भुरकुटा, मकोड़ा (कीड़ा के साथ यौगिक में) संवादिका (स्त्री.), insect।

सूक्ष्म कीट : सौक्ष्मक।

कीड़े पैदा होना–, कीड़े पड़ना–।

कीड़ों का घर करना–, कीड़े लगना–।

(परदार कीड़ा) फतिंगा, फडिंग, फनगा, फाफुंदा, अँगोरा, करीरा (स्त्री.), करीरी (स्त्री.), तमगेही, दीपशत्रु, पतंग, पतंगम, पतंगा, पतिंग, पतस, परवाना, भुनगा, वर्षाल, शरार, शलभ, शिरि, moth।

कीड़ा-मकोड़ा, क्षुद्रजंतु, तंडुरण, तंडुरीण, कीट-पतंग, कीड़ा-फतिंगा।

कीट के प्रारंभिक रूप : डिंभ, डिंभक, larva; इल्ली (स्त्री.)।

(कीट के अंग) सिर : दो स्पर्शसूत्र, मूँछे; दो जोड़े चिमटे; दो संयुक्त नेत्र; जबड़े; मुख। वक्ष : तीन जोड़ी टाँगे; दो जोड़े पंख; पंखों के ढकने। उदर : जननछिद्र; गुदा; दो श्वसनछिद्र।

कीटविज्ञान, entomology।

कीटविज्ञानी, entomologist।

वि. कीट-संबंधी, कैट।

कृमियुक्त, कृमिण, कृमिल।

कीड़ा खाया हुआ : किर्मखुर्दा।

कीटनाशक, कृमिघ्न।

कृमिज।

67.561. सं. अगिया।

67.562. सं. कठकीड़ा, stick-inseact।

67.563. सं. काष्ठतंतु।

67.564. सं. कनखजूरा, कनसलाई (स्त्री.), कर्णकीटी (स्त्री.), कर्णजलका (स्त्री.), कर्णजलौका (स्त्री.), क्षुद्रजंतु, खनखजूरा, गोजर, चित्रांगी (स्त्री.), द्रुणि (स्त्री), द्रुणी (स्त्री.), पृथिका (स्त्री.), शतपद, शतपदी (स्त्री.), centipede।

67.565. सं. कमला, झाँझा, सूँड़ी।

67.566. सं. कमला, ढोला।

67.567. सं. किताबी कीड़ा, पुस्तक कीट।

67.568. सं. किरिमदाना।

किरिमदाने का चूरा : किरमिच।

वि. किरमिची (दे.505.1)।

67. 569. सं. किलनी (स्त्री.), किलना, चिचड़ी (स्त्री.), षटपद, षटपदी (स्त्री), tick।

अँठई (स्त्री.)।

चमजुई (स्त्री.), चमजोई (स्त्री.)।

67.570. सं. कुकुरमाछी (स्त्री.), कुकरौंछी (स्त्री.), बगई (स्त्री.)।

67.571. सं. कुटकी (स्त्री.), स्वेदज, bitting-louse।

67.572. सं. कुटकी (स्त्री.), खुजली का कीड़ा, बरूथी (स्त्री.), itch-mite।

67.573. सं. केंचुआ, केंचुवा, किंचिलिक, किंचिलुक, क्षितिजंतु, क्षितिज, क्षितिनाग, गंडुपाद, दीप्तरस, भूनाग, भूमिनाग, भूलता (स्त्री.), महीलता (स्त्री.), यमकीट, वर्षाभू, वर्षाभ्वी (स्त्री.), शिली (स्त्री.), शिलींध्री (स्त्री.), earthworm।

67.574. सं. खटमल, खटकीड़ा, खटकीरा, खटकिरवा, अग्निमुख, उड्डुस, उड़िस, उंकुण, उत्कुण, उद्‌दंश, ओकण, ओकणि, ओकोदनी (स्त्री.), ओक्कणी (स्त्री), किकिट, केशट, कोणकुण, कोलकुण, गंधी, तल्पकीट, निनाया, मंचकाश्रय, मत्क, मत्कुण, यूका (स्त्री.), रक्तपायी, रक्तांग।

67.575. सं. खजोहरा।

67.576. सं. गंधिया, गंधी, गांधिक, गाँधी, पूत्यंड, वरटा (स्त्री.)।

67.577. सं. ग्वालिन (स्त्री.), ग्वारिन (स्त्री.), गिंजाई (स्त्री.), गिजाई (स्त्री.), गंडगोपालिका (स्त्री.), रामघोड़ी (स्त्री.), millepede।

67.578. सं. गुबरैला, गुबरीला, गोबरैला, गोबरौरा, गोबरौला, गर्दभक, गर्दभीर (स्त्री.), विड्भुक्, विड्भोजी, dung beetle।

67.579. सं. घुन, घुण, काष्ठकीट, काष्ठभंगी, काष्ठलेखक, यमकीट, weevil।

घुन लगना–, घुनना–।

घुन लगी लकड़ी के चूर का झड़ना : घुन झड़ना–।

घुन खाने से लकड़ी में बनी हुई लकीर : घुणलिपि (स्त्री.), घुणाक्षर।

वि. घुना हुआ : घुना।

67.580. सं. घूआ, रेवाँ।

67.581. सं. चिउरा, जुलाहा, जोलाहा, टीडी (स्त्री.), भँभीरी (स्त्री.), dragonfly।

67.582. सं. चिल्लड़ (पड़. बीन.), चीलड़, चीलर, चील्हड़, चील्हर, चिलवा, कुण, प्रावारकीट, यूक, स्वेदज, body louse।

67.583. सं. चींटा, चिउँटा, चिउँटा, चींटवा, च्यूटा, कृमि, पिपील, पिपीलक, पिपीलिक, पीलक, पीलुक, लूतात, वम्र, वम्रक, सीमिक।

चींटी (स्त्री.), चिउँटी (स्त्री.), चिउँटी (स्त्री.), च्यूँटी (स्त्री.), कीड़ी (स्त्री.), पिपिली (स्त्री.), पिपीलिका (स्त्री.), पिपीली (स्त्री.), लूता (स्त्री.), वटि (स्त्री.), वम्री (स्त्री.), संवादिका (स्त्री.), सीमिका (स्त्री.)।

पंखदार चींटी (स्त्री.), प्राचार।

भूरी चींटी (स्त्री.), छिउँकी (स्त्री.), छिउँका।

तैलपिपीलिका (स्त्री.)।

छोटी चींटी (स्त्री.), हीनांगी (स्त्री.), सिद्धिली (स्त्री.)।

बड़ा चींटा, field ant।

लाल च्यूँटा, माटा; बंदरमाटा; तुरुकमाटा; गुड़माटा; गन्ने का माटा।

चींटियों का घर : बॉबी (स्त्री.) (दे.67), पिपीलिकपुट, पिपीलिकोद्वाप।

रानी चींटी (स्त्री.); सैनिक चींटी (स्त्री.); मजदूर चींटी (स्त्री.); दाई चींटी (स्त्री)।

चींटियों द्वारा पाली जाने वाली हरी मक्खी : चींटियों की गाय।

लाल च्यूटों का घर : पत्तों का झोंझ।

चींटियों का इधर-उधर घूमना : पिपीलिकापरिसर्पण।

वि. चींटी के मध्यभाग की तरह बीच में पतला : पिपीलिकामध्य, पिपीलिकामध्यम।

67.584. सं. चींटीचोर, ant-lion।

67.585. सं. छगोड़िया, crab louse।

67.586. सं. छःबुँदवा, tiger beetle।

67.587. सं. छेंउकी (स्त्री.), कर्णकीट, earwig।

67.588. सं. जुगून, जुगनी (स्त्री.), जींगन, ज्योतिर्बीज, ज्योतिवीजि, ज्योतिरिंग, ज्योतिरिंगण, उड़ैनी (स्त्री.), उपसूर्यक, किर्मशबताब, कीटमणि, खज्योति (स्त्री.), खद्योत, गुह्यदीपक, चिलमिलिका (स्त्री.), चिलमीलिका (स्त्री.), तमोज्योति (स्त्री.), तमोभिद्, तमोमणि, तिनिभ, दीपशलभ, दृष्टिबंधु, द्योतिरिंगण, ध्वांतवित्त, ध्वांतोन्मेष, निमेषक, निमेषरुक्, नीलमीलिका (स्त्री.), पटबीजना, प्रभाकीट, सुनकिरवा, सोनकिरवा।

67.589. सं. जूँ (स्त्री.), जुआँ, आपालि, उत्कुण, उद्दंश, ओकण, ओकणि, ओकोदनी (स्त्री.), ओक्कणी (स्त्री.), किटिभ, केशकीट, केशट, ढील (स्त्री.), नारू,

पालि (स्त्री.), यूक, यूका (स्त्री.), लोमकीट, लोमयूक, लोमाद, वारकीर, शपुश, शिपिश, षटचरण।

छोटी जूँ : जुई (स्त्री.), जुँई (स्त्री.)।

जूँ का अंडा : लीक (स्त्री.), लीख (स्त्री.), लीक्का (स्त्री.), लिक्षा (स्त्री.), लिक्षिका (स्त्री.), लिख्य, लिख्या (स्त्री.), दिंक, निक्षा (स्त्री.), यूकलिक्षा (स्त्री.)।

67.590. सं. झींगुर, झिंझी (स्त्री.), झिरिका (स्त्री.), झिरी (स्त्री.), झिरीका (स्त्री), झीरिका (स्त्री.), झीरुका (स्त्री.), झिल्लि (स्त्री.), झिल्लिका (स्त्री.), झिल्ली (स्त्री.), झिल्लीक, झिल्लीका (स्त्री.), उच्चिंगट, कच्छा (स्त्री.), करीरा, करीरी (स्त्री), घुरघुरा, चीरि (स्त्री.), चीरिका (स्त्री.), चीरीवाक, चीरुका (स्त्री.), चीलिका (स्त्री.), चिल्लिका (स्त्री.), चिल्ली (स्त्री.), चील्लक, चील्लका (स्त्री.), चिल्लका (स्त्री.), फडिंगा, फलायोषित् (स्त्री.), भक्किा (स्त्री.), भभीरी (स्त्री.), भृंगारी (स्त्री.), भृंगालिका (स्त्री.), वर्षकरी (स्त्री.), ericket।

भूरा झींगुर; काला झींगुर।

झींगुर का शब्द : झनकार (स्त्री.) (हो. कर.), झिंगरना–, झिल्लिका (स्त्री.)।

67.591. सं. टिड्डा, पतेंगा, फनगा, शरभ, सुग्गा, grasshopper।

67.592. सं. टिड्डी (स्त्री.), टीडी (स्त्री.), पतंग, शरभ, शलभ, षटचरण, loeust।

67.593. सं. डाँस, डँस, क्षुद्रदंशिका (स्त्री.), क्षुद्रवर्वणा (स्त्री.), क्षुद्रिका (स्त्री.), गोमक्षिका (स्त्री.), दंश, दंशक, दंशी, धेनुमक्षिका (स्त्री.), पांशुर, पांसुर, प्राचिका (स्त्री.), भंकारी (स्त्री.), भंगारी (स्त्री.), वनमक्षिका (स्त्री.), gnat।

67.594. सं. तितली (स्त्री.), तित्तलिका (स्त्री.), चित्रपतंग, पुष्पपतंग।

अबाबीलपूँछी तितली (स्त्री.) (हरी. पीली) : कैसर हिंद।

धौरी तितली (स्त्री.) (सफ़ेद-पीली-लाल-नीली) : धानी (स्त्री.); केसरिया।

चीतल तितली (स्त्री.) (सफ़ेद-काली) : शेर; कौआ।

भूरी तितली (स्त्री.) (धुमैली भूरी-गोल निशान : चाँद।

जंगली तितली (स्त्री.) (रंग-बिरंगी-बड़ी)।

परी तितली (स्त्री.) (इसे धूप पसंद है) : राजा; नवाब।

छोटी परी तितली (स्त्री.) (परी से छोटी)।

नीलमी तितली (स्त्री.) (नीले रंग की अधिकता)।

फुदकी तितली (स्त्री.) (पतिंग जैसी–धुमैले पंख।

जीवन-चक्र, कायांतरण : डिंब, डिंभक, egg–शिशुकीट, larva–कोशित, मूककीट, pupa–तितली (स्त्री.)।

67.595. सं. तिलचटा, तिलचट्टा, तेलचटा, तेलचट्टा, तैलचोरिका (स्त्री.), तैलपायिका (स्त्री.), तैलपायी, तैलांबुका (स्त्री.), खलाधारा (स्त्री.), घृतेली (स्त्री.),

चपड़ा, चपरा, परोष्टि (स्त्री.), परोष्णी (स्त्री.), पिंगकपिशा (स्त्री.), मुखविष्ठा (स्त्री), यकृदात्मिका (स्त्री.), वल्गुलिका (स्त्री.), cockroach।

67.596. सं. दीमक (स्त्री.) (लग.), देवँक, देवँका, उद्गेही (स्त्री.), उदैही (स्त्री), उद्देहिका (स्त्री.), पुत्तिका (स्त्री.), पूतिका (स्त्री.), वम्र, वम्रक, वम्री (स्त्री.), वल्मी (स्त्री.), सीमिक, सीमिका (स्त्री.), white ant।

रानी दीमक (स्त्री.); सैनिक दीमक (स्त्री.); मज़दूर दीमक (स्त्री.)।

पंखदार दीमक (स्त्री.)।

दीमक द्वारा किसी वस्तु को खाकर नष्ट करना : दीमक का चाटना–।

दीमक का घर : दिमौर, आखुकरीष, कृमिपर्वत, कृमिशैल, क्रिमिशैल, नाकु, बमीठ, बॉबी (स्त्री.), बॉमी (स्त्री.), बिमोट, बिमोटा, बिमौट, बिमौटा, भूश्रवा, वपा (स्त्री.), वप्री (स्त्री.), वम्रीकूट, वल्मिक, वल्मिकि, वल्मीक, वल्मीकूट, वल्मीकभौम, वल्मीकराशि (स्त्री.), वल्मीकवपा (स्त्री.), वामलूर, शक्रमूर्द्धा, शक्रशिर, सीमिक, स्त्रीवास।

वि. दीमकों द्वारा नष्ट किया हुआ : दीमक खाया।

67.597. सं. धनकुट्टी (स्त्री.), click-beetle।

67.598. सं. पतकटनी (स्त्री.), leaf-cutting bee।

67.599. सं. पतकीड़ा, पतकिरवा, leaf-insect।

67.600. सं. पनकीटा, water beetle।

67.601. सं. पाँखी (स्त्री.), may fly।

67.602. सं. पिस्सु, पीसू, पिंशु, पीहू, flea।

67.603. सं. बड़ा पतिंग, जमुआँ, जमुहाँ, hawk moth।

67.604. सं. बर, बररे, बर्रे, इडाचिका (स्त्री.), क्षुद्रवर्वणा (स्त्री.), गंधाली (स्त्री.), गंधोली (स्त्री.), ज़ंबूर, ततैया, तृणषट्पद, दंशक, भँगर, भँगरा, भिड़ (स्त्री.), भृंगरोल, भ्रमरकीट, वरट, वरटा (स्त्री.), वरटी (स्त्री.), वरल, वरला (स्त्री.), वरेण, वरोल, वारला (स्त्री.), विषशूक, विषश्रृंगी, wasp।

बड़ा बर्र : हड्डा, हाड़ा।

बर्रों का झुंड : नक्रा (स्त्री.)।

बर्र का ज़हरीला काँटा : डंक (मार.), छीतना–(दे.641)।

बर्र का घर : छत्ता, जंबूरख़ाना।

67.605. सं. बिच्छू, बिच्छी (स्त्री.), बीछी (स्त्री.), बीछू, बलीन, अक़रब, अलि, अली, अवशीन, आलि, खर्जूर, खर्जूरक, द्रुण, द्रूण, द्रोण, पुच्छकंटक, पृदाकु, रक्तोदर, लूमविष, वस्कराटिका (स्त्री.), विश्वंभरक, विषपुच्छ, वृश्चन, वृश्चिक, श्वपुच्छ, scorpion।

भूरा बिच्छू, काला बिच्छू।

बिच्छू का ज़हरीला काँटा : डंक, आड़ा, काँती (स्त्री.); डंक मारना–, छीतना–(दे.641)।

67.606. सं. बिलनी (स्त्री.), अंजनहारी (स्त्री.), कुम्हारी (स्त्री.), भृंग, भृंगी (स्त्री.), भ्रमरी (स्त्री.), mud wasp।

67.607. सं. बीरबहूटी (स्त्री.), बूटनी (स्त्री.), अग्निक, अग्निरजा, इंद्रगोप, इंद्रगोपक, इंद्रवधू (स्त्री.), कोटिक, कोटिर, चंद्रबधूटी (स्त्री.), चंद्रवधू (स्त्री.), ताम्रकृमि, ताम्रक्रमि, तितिभ, त्रिदशगोप, धुंधमार, धुंधमाल, धुंधुमार, रक्ताभ, वज्रगोप, वज्रदंष्ट्र, वर्षाभू, शक्रगोप, शक्रगोपक, सुरेंद्रगोप, हरिहरित, हरिहूति (स्त्री.), red velvety insect।

67.608. सं. भँवरी (स्त्री.), भौंतुवा, जलअलि, जलभँवरा, जलमक्षिका (स्त्री.), पैरोवा, wheeling beetle।

67.609. सं. भुड़ला, भुड़िला, सुंडा।

67.610. सं. भौंरा, भँवर, भँवरा, भवँर, भमरा, भसन, भृंग, भृंगक, भ्रमर, भ्रमरक, अलि, अलिपक, अली, अनिमक, अलिंपक, अलिंबक, अलिमक, आलि, इंदिदिर, कलानुनादी, गंधमादन, गंधलुब्ध, गंधलोलुप, गुंजनिकेतन, चंचरी, चंचरीक, द्विर, द्विरेफ, दुरेफ, ध्वनमोदी, नील, नीलक, नीलभ, नीलंगु, नीलांगु, पुष्पकीट, पुष्पनिक्ष, पुष्पलिक्ष, पुष्पलिट्, पुष्पंधय, पद्मबंधु, मकरंद, मधुकर, मधुकृत्, मधुनेता, मधुप, मधुपायी, मधुमक्ष, मधुमारक, मधुरसिक, मधुराज, मधुलिट्, मधुलेह, मधुलेही, मधुलोलुप, मधुव्रत, मधुसूदन, मधूक, मिलिंद, रेणुवास, रोलंब, वटर, शारंग, शिलीमुख, शैलेय, शैलेयक, षटचरण, षटपद, षटपाद, सारंग, सुकांडी, blackbee।

बड़ा भौंरा : भसल, भृंगराज, भृंगाण।

भौंरी (स्त्री.), भ्रमरी (स्त्री.), चंचरी (स्त्री.), पुत्रदात्री (स्त्री.), मधुकरी (स्त्री.), मधूकरी (स्त्री.), मधुबाला (स्त्री.), मधुमक्षा (स्त्री.), षटपदी (स्त्री.)।

भौंरो का समूह : भ्रमरनिकर, भ्रमरावली (स्त्री.), भृंगावली (स्त्री.), भृंगसार्थ, अलिकुल, चंचरीकावली (स्त्री.)।

भौंरों का गुंजन : अलिविराव, अलिविरुत् (दे.105)।

वि. भ्रमर-संबंधी, भ्रामर।

भौंरे के समान : माधुकर, माधुकरी (स्त्री.)।

भ्रमरपूर्ण, अलिकुलसंकुल।

67.611. सं. भौंरी (स्त्री.), छोटी बिलनी (स्त्री.), mason bee।

67.612. सं. मकड़ा, मक्कड़, मर्कक, मर्कट, मर्कटक, अष्टपद, अष्टपाद, उर्णनाभ, उर्णनाभि, उर्णपट, उर्णवाभि, उर्णायु, ऊर्णनाभ, ऊर्णनाभि, ऊर्णपट, ऊर्णवाभि, कुटिलकीटक, कृमि, कृशाक्ष, जालकारक, जालकीट, जालिक, तंतुकीट, तंतुनाम, तंतुवाप, तंतुवाय, लालास्रव, शलक, spider।

मकड़ी (स्त्री.), मकरी (स्त्री.), मर्कटी (स्त्री.), अभिलूता (स्त्री.), कसना (स्त्री), जालिका (स्त्री.), दंष्ट्राविषा (स्त्री.), लूत (स्त्री.), लूता (स्त्री.), लूतिका (स्त्री.)।

मकड़ी का जाला, मकड़जाल, मक्कड़जाला, मर्कटवास, जाल, लालास्राव, लूतातंतु, संतानिका (स्त्री.)।

हवा में उड़ता मकड़ी का जाला : बुढ़िया का सूत (दे.36)।

मकड़ी के जाले में फँसा कीड़ा : जालकीट।

मकड़ी का अंडा : लूतापट्ट।

मकड़ी के विष से शरीर में दाने निकलना : मकड़ी फरना–, लूता (स्त्री.), लूतामय।

67.613. सं. मक्खी (स्त्री.), मक्षिका (स्त्री.), मगस (स्त्री.), माछी (स्त्री.), क्षुद्रा (स्त्री.), गंधलोलुप, पलंकषा (स्त्री.), भंभ, fly।

भेद : नीली (स्त्री.); स्थालिका (स्त्री.)।

मक्खियों का अड्डा : मगसख़ाना।

मक्खियाँ उड़ाना : मगसरानी (स्त्री.)।

मक्खियों का भनभनाना : वाशन।

67.614. सं. मच्छर, मच्छड़, मश, मशक, मस, माचिका (स्त्री.), अँगोरा, उद्दंश, कटुकीट, कटुकीटक, गंधलोलुप, दंशक, भंभरालिका (स्त्री.)

वि. मधुमक्खी-संबंधी, माक्षिक, माक्षीक।

मधु से बना : माध्व।

मोम का बना हुआ : मोमी।

67.617. सं. माहूँ, माहू, माहों, माहो, aphid।

67.618. सं. रइयाँ, cicada।

67.619. सं. रीवाँ, mole-ericket।

67.620. सं. रेशम का कीड़ा, कोशकार, कोशकारक, कोशकीट, किर्मपीला, तंतुकीट, पट्टकीट, पिल्लू, बनेला, silk-moth।

रेशम का जंगली कीड़ा : कुसवारी (स्त्री.), कुसियारी (स्त्री.)।

रेशम के कीड़े पालना–, कोशकीट् पालन, पट्टकीट पालन, पट्ट-उत्पादन, sericulture।

रेशम के कीड़े पालने का पेड़ : सनत्ता।

रेशम का कोया, कुसवारी (स्त्री.), कुसियारी (स्त्री.), कुसुयारी (स्त्री.), ककूना, कृमिकोश, कृमिकोष, कोश, कोष, cocoun।

रेशम (दे.465)।

रेशम लपेटने की परेती : पैतरी (स्त्री.)।

67.621. सं. लाख का कीड़ा, लाख (दे.459) लाही (स्त्री.), लाक्षा (स्त्री.), गराधिका (स्त्री.)।

67.622. सं. सुरखी (स्त्री.), ladybird।

67.623. सं. आग में पैदा होने वाला कल्पित कीट : अग्निकीट, समंदर।

(उदर-कृमि)

67.624. सं. चुनचुना, चुन्ना, उदरकृमि, उदराट, मीवा, विट्कृमि, threadworm।

67.625. सं. गोल कृमि, ककेरुक, मलसर्प, round-worm।

67.626. सं. कद्दूदाना, चिपिट कृमि, पट्टकृमि, फीता कृमि, tapeworm।

(सूक्ष्म जीव)

67.627. सं. अणुजीव, सूक्ष्माणु, microbe।

67.628. सं. कामरूपी, ameba।

67.629. सं. जीवाणु, backterium।

67.630. सं. विषाणु, virus।

67.631. सं. रोगाणु, germ।

67.632. सं. जीवद्रव्य, जीवनरस, जीविसार, प्ररस, प्रथमावलास, प्राणरस, चिद्रस, आद्यफेन, protoplasm।

67.633. सं. अणुजैविकी (स्त्री.), सूक्ष्मजीवविज्ञान, सूक्ष्मजैविकी (स्त्री.), microbiology।

वि./सं. अणुजैविकीविद्, सूक्ष्मजैविकीविद्, सूक्ष्मजीवविज्ञानी।

68. मनुष्य

सं. मनुष्य, मनई, मनु, मनुआँ, मनुज, मनुजात, मर्त, मर्त्य, मर्द, मर्दुम, माणव, मानव, मानुष, मिट्टी का पुतला, अंभ, आदम, आदमज़ाद, आदमी, इंसान, इनसान, क़बील, ख़ाक का पुतला, चर्षणि, जगतीचर, जन, धूर्तजंतु, नर (दे.69), नहुष, नहुष्य, निदद्रु, नृ (समस्तपदों में), पंचजन, पुरुष, बशर, भूस्पृक्, भूस्य, वृधसान, वृधसानु, शरीरी, स्थूर, हैवाने नातिक़।

तुच्छ मनुष्य, नगण्य जन (दे.374), माणवक, मानवक।

श्रेष्ठ मानव, मानवेंद्र (दे.69), मानवेश।

अलौकिक गुणसंपन्न मनुष्य : अतिमानव, अतिमानुष।

मानवी (स्त्री.), नारी (स्त्री.) (दे.70)।

नपुंसक, नामर्द (दे.71)।

लोग, लोगबाग, लोक, अवाम (दे.371), जन, जनता (स्त्री.), जनसमूह (दे.625), जनसाधारण।

जनमत (दे.625)।

जनसत्ता (स्त्री.) (दे.375)।

लोकाचार (दे.321)।

मानव-समुदाय, मानवसमूह, मानुष्य, मानुष्यक।

मानव-समाज, नरसंसर्ग।

मनुष्यजाति (स्त्री.), मानवजाति (स्त्री.), मानवसमष्टि (स्त्री.), चर्षणी (स्त्री.)।

मनुष्यता (स्त्री.), मनुष्यत्व, मनुजता (स्त्री.), मनुजत्व, मानवता (स्त्री.), मानवीयता (स्त्री.), मानुषता (स्त्री.), मानुषत्व, मानुष्य, मानुष्यक, आदमियत (स्त्री.), आदमीयत (स्त्री.), आदमीपन, इनसानियत (स्त्री.)।

मनुष्य-स्वभाव, मर्त्यभाव, मानव-चरित्र, मानव-धर्म

मानवतावाद, मानववाद, humanism मानवजाति विज्ञान, ethnology।

जनसंख्या (स्त्री.), आबादी (स्त्री.)।

जनगणना (स्त्री.) (दे.613)।

घनी आबादी (स्त्री.), जनसंख्यातिरेक, जनसंख्या-वृद्धि (स्त्री.), जनाधिक्य, अतिप्रजनन, प्रजावृद्धि (स्त्री.)।

जनसंख्या-नियंत्रण।

निर्जनीकरण; जनह्रास, depopulation।

जनविरलता (स्त्री.), जनाभाव (दे.363)।

मनुष्यलोक (दे.11)

व्यक्ति, शख़्स, प्राणी।

व्यक्तित्व, व्यक्तितता (स्त्री.), शख़सीयत (स्त्री.)।

व्यक्तिसत्ता (स्त्री.), व्यष्टि (स्त्री.)।

व्यक्तिवाद, व्यष्टिवाद, individualsim।

मनुष्यजन्म, मानवजन्म; मनुष्ययोनि (स्त्री.), मानवयोनि (स्त्री.); मानवशरीर (दे.72); मानवजीवन।

मानवप्रेम, लोककाम्या; जनहित, लोकोपकार।

मानवीकरण, मानुषीकरण।

मनुष्य की चोरी : मनुष्यहार; अपहरण।

मनुष्य को चुरानेवाला : मनुष्यहारी; अपहरणकारी।

मनुष्य का व्यापार : मानवपणन, मानवव्यापार।

हिममानव (दे.66)।

आदिमानव, primitive, primitive man।

नरवानर, primate।

मानव का विकास : प्रागुषो-मानव, heidelberg man; उषो-मानव, pilldown man; पश्चादुषो-मानव, neanderthal man; आदि मेधावी मानव, cro-magnon man; मेधावी मानव, homosopien, मानव धर्म, पुरुष धर्म, धर्मशास्त्र (दे.316)

मानवव्यवहार शास्त्र, anthroponomy मानवविज्ञान, नृतत्व नृवंशविज्ञान, नृविज्ञान, नृशास्त्र anthropology।

मानवोद्‌भवविज्ञान, anthropogeny।

मानविकी (स्त्री.), humanities।

वि./सं. मनुष्य-संबंधी, मानुष, मानुषक, मानुषिक, मानुषी, मानुष्य, मानुष्यक, मानवी, मानवीय, इनसानी, नहुष्य।

मनुष्योचित, मानवोचित, मानव।

मनुष्यकृत।

मर्त्य, मर्त्यधर्मा, नश्वर (दे.127)।

मानवप्रेमी।

जनहितकारी, लोकोपकारी।

मानवद्वेषी, पुरुषद्वेषी, cynic।

व्यक्तिगत, वैयक्तिक, शख़्सी।

व्यक्तित्वशाली, व्यक्तित्वसंपन्न।

मानवविज्ञानी, मानववैज्ञानिक, नृतत्त्वविद्, anthropologist।

मानवव्यवहारशास्त्रज्ञ, लोकतत्त्वविद्, anthroponomist।

मानवतावादी, मानववादी, humanist; humanistic।

मानवजातिविज्ञानी, ethnologist।

व्यक्तिवादी, व्यष्टिवादी, individualist; individualistic।

(विप.) सं. अमनुष्य, अमानुष, अमानुषी (स्त्री.)।

वि. अमनुष्योचित, अमानवीय, अमानुष, अमानुषिक, अमानुषी, अमानुषीय, पाशव, पाशविक, पैशाचिक।

अलौकिक (दे.123), अतिमर्त्य, अतिमानव, अमानुषीय, अमानुष्य।

69. पुरुष

सं. पुरुष, पुरुषक, पूरुष, पुमान्, पुं (समस्तपदों में), पुम् (समस्तपदों में), आदमी, नर (दे.66), मनसेधू, मनुस, मरद, मर्द, मर्दुआ, वृधसानु।

बाल-बच्चेवाला पुरुष : कुटुंबिक, कुटुंबी, गृहस्थ (दे.343)।

अविवाहित पुरुष, ग़ैर-शादीशुदा आदमी (दे.341)।

जिस पुरुष के आगे पीछे कोई न हो : नाठा, निगोड़ा-नाठा (दे.179)। आगे नाथ न पीछे पगहा, सबसे भला कुम्हार का गदहा।

पुरुषता (स्त्री.), पुरुषत्व, पुंस्त्व, पौंस्न, मरदी (स्त्री.), मर्दी (स्त्री.), मर्दुमी (स्त्री); रतिशक्ति (स्त्री.) (दे.97)।

पौरुष, पौरुषेय, पौरुष्य, आदमीपन (दे.68), मनुसई (स्त्री.), मनुसाना–, मरदई (स्त्री.), मरदी (स्त्री.), मर्दी (स्त्री.), मरदानगी (स्त्री.), मर्दानगी (स्त्री.), मरदानापन, मर्दुमी (स्त्री.)।

पुरुषकार, पुरुषार्थ (दे.320), पुरुषारथ (दे.424), मनुष्यकार, मनुसई (स्त्री.)।

भद्रपुरुष, भद्रजन, शिष्ट (दे.328), सज्जन।

पुरुषोत्तम, पुरुषेंद्र, पुरुषधौरेयक, पुरुषपुंगव, पुरुषपुंडरीक, पुरुषवर, अधिपुरुष, अधिभू, नरोत्तम, नरवर, नरश्रेष्ठ, मनुजोत्तम, मानवेंद्र, मानवेश; नृसोम; पुरुषकेशरी, पुरुषकेसरी, पुरुषव्याघ्र, पुरुषशार्दुल, पुरुषसिंह, नरकेशरी, नरकेसरी, नरकेहरी, नरनाहर, नरशार्दुल, नरसिंह, नृकेसरी, नृसिंह।

पुरुषाधम, पुरुषपशु, नराधम, नरपशु, नरपिशाच (दे.540)।

कामशास्त्र के अनुसार पुरुषों के भेद : अश्व; मृग; वृष; शश।

पुरुषचिह्न, पुंलिंग।

पुरुष का कर्तव्य : पुरुषाधिकार।

यौन रोग (दे.93), रतिज रोग।

पुरुष-पूजक : पौरुषिक।

पुरुषों के नाम के पहले लगाया जाने वाला आदरसूचक शब्द : कुँवर; कुमार; जनाब; ठाकुर; पण्डित; बाबू; मास्टर; मिस्टर; श्री; श्रीमान्; श्रीयुत्; श्रीयुक्त; श्रील।

संबोधन : महाशय; श्रील।

संबोधन : महाशय; महोदय (दे.332)।

पुरुष और स्त्री : नरनारी (स्त्री.) (दे.70)।

(पौरा.) आदिपुरुष : प्रजापति; आदम।

वि. पुरुष-संबंधी, पौरुष, पौरुषेय, मरदाना, मर्दाना।

पुरुषोचित, पौंस्न, मरदाना, मर्दाना, मर्दानावार।

पुरुषवत्, आचरण करने वाला : पुरुषायित, पुरुषोचित।

70. स्त्री

सं. स्त्री (स्त्री.), सीमंतनी (स्त्री.), सीमंतिनी (स्त्री.), अंगना (स्त्री.), अबला (स्त्री), औरत (स्त्री.), कामिनी (स्त्री.), ज़न (स्त्री.), जनि (स्त्री.), जनी (स्त्री.), जोष (स्त्री.), जोषा (स्त्री.), जोषिका (स्त्री.), जोषित् (स्त्री.), जोषिता (स्त्री.), तिरिया (स्त्री), नतांगी (स्त्री.), नरी (स्त्री.), नार (स्त्री.), नारी (स्त्री.), पुरुषी (स्त्री.), पौरुषी (स्त्री), प्रतीपदर्शनी (स्त्री.), प्रतीपदर्शिनी (स्त्री.), प्रिया (स्त्री.), मनुजा (स्त्री.), मल्ला (स्त्री), महिला (स्त्री.), महीला (स्त्री.), महेलिका (स्त्री.), मानवी (स्त्री.), मानुषी (स्त्री.), मेहरारु (स्त्री.), योषा (स्त्री.), योषिता (स्त्री.), योषित् (स्त्री.), रमणी (स्त्री.),

ललिता (स्त्री.), ललना (स्त्री.), ललनिका (स्त्री.), लुगाई (स्त्री.), वनिता (स्त्री.), वर्णिनी (स्त्री.), वामदृक् (स्त्री.), वामा (स्त्री.), वाशिता (स्त्री.), शर्वरी (स्त्री.)।

आधुनिक विचारोंवाली स्त्री : आधुनिका (स्त्री.)।

नगरवासिनी स्त्री (दे.176.6)।

ग्रामवासिनी स्त्री (दे.176.7)।

सुंदर स्त्री : सुंदरी (स्त्री.), सुदर्शना (स्त्री.), कांता (स्त्री.), गोरी (स्त्री.), चक्षुष्या (स्त्री.), चारुवर्धना (स्त्री.), चार्वी (स्त्री.), नाजनीं (स्त्री.), नितंबिनी (स्त्री.), प्रमदा (स्त्री.), भामिनी (स्त्री.), मंजुमाशी (स्त्री.), मत्तकाशिनी (स्त्री.), मत्तकासिनी (स्त्री.), मोहनी (स्त्री.), रमणा (स्त्री.), रमणी (स्त्री.), रामा (स्त्री.), रूपसी (स्त्री.), वरतनू (स्त्री), वरयुवति (स्त्री.), वरयुवती (स्त्री.), वरयोषित् (स्त्री.), वरांगना (स्त्री.), वरारोहा (स्त्री.), वातखुडा (स्त्री.), वातथुडा (स्त्री.), वातथूडा (स्त्री.), वातहुडा (स्त्री.), विलासिनी (स्त्री.), शुभापांगा (स्त्री.), शोभना (स्त्री.), श्यामा (स्त्री.), श्रमणा (स्त्री.), हसीना (स्त्री.), हेमा (स्त्री.) (दे.498), (बाज़ारू) कबूतरी (स्त्री.), चिरई (स्त्री.)।

बहुत सुंदर स्त्री : अप्सरा (स्त्री.), वरसुंदरी (स्त्री.)।

श्रेष्ठ स्त्री : आर्यका (स्त्री.), आर्या (स्त्री.), आर्यिका (स्त्री.), परमांगना (स्त्री.), शिखरिणी (स्त्री.), श्रेष्ठा (स्त्री.)।

उच्च श्रेणी की स्त्री : अधिस्त्री (स्त्री.)।

भली स्त्री : उत्तमा (स्त्री.), वरवर्णिनी (स्त्री.), वरस्त्री (स्त्री.)।

आज्ञाकारिणी स्त्री : वशका (स्त्री.), वशगा (स्त्री.), वश्यका (स्त्री.), वश्या (स्त्री)।

क्रोधी स्त्री : कोपना (स्त्री.), चंडी (स्त्री.), भामिनी (स्त्री.), भामा (स्त्री.)।

शांत स्त्री : अचंडी (स्त्री.)।

प्रत्युत्पन्नमति स्त्री : अनुसृष्टि (स्त्री.)।

भले घर की स्त्री : कुलस्त्री (स्त्री.), कुलकन्या (स्त्री.), कुलजा (स्त्री.), कुलपालि (स्त्री.), कुलपालिका (स्त्री.), कुलपाली (स्त्री.), कुलवधू (स्त्री.), कुलांगना (स्त्री.), ख़ातून (स्त्री.), पुरंध्रि (स्त्री.), पुरंध्री (स्त्री.), बानू (स्त्री.), बीबी (स्त्री.), बीवी (स्त्री), भद्र महिला (स्त्री.)।

पतिपुत्रवती स्त्री : कुटुंबिनी (स्त्री.), त्रयी (स्त्री.), पुरंध्रि (स्त्री.), पुरंध्री (स्त्री.), वीरवती (स्त्री.), वीरा (दे.345)।

अंतःपुर में रहनेवाली स्त्री : अंतःपुरवासिनी (स्त्री.), अंतःपुरिका (स्त्री.), अनिष्कासिनी (स्त्री.), पौरस्त्री (स्त्री.), पौरांगना (स्त्री.)।

सुकुमार स्त्री : तन्वी (स्त्री.), तन्विनी (स्त्री.)।

कामवती स्त्री : अनंगवती (स्त्री.), कामिनी (स्त्री.) (दे.97), प्रमदा (स्त्री.), रतिप्रिया (स्त्री.), रतिप्रीता (स्त्री.), लालिनी (स्त्री.), संसिद्धि (स्त्री.)।

बहादुर स्त्री : वीरांगना (स्त्री.)।

डरपोक स्त्री : भीरु (स्त्री.)।

गायन में कुशल स्त्री : रामा (स्त्री.)।

दुबली-पतली स्त्री : छिपकली (स्त्री.)।

ऊँचे ललाटवाली स्त्री : मरुंडा (स्त्री.)।

पुरुष के लक्षणोंवाली स्त्री : मरदानी औरत (स्त्री.), नरमानिका (स्त्री.), नरमानिनी (स्त्री.), पोटा (स्त्री.), विपुंसी (स्त्री.), वृषलक्षणा (स्त्री.), श्मश्रुमुखी (स्त्री.), षंढयोनि (स्त्री.), षंढा (स्त्री.), षंढिता (स्त्री.), षंढीयोनि (स्त्री.), सश्मश्रु (स्त्री.), स्त्रीपुंसलक्षणा (स्त्री.)।

निर्लज्ज स्त्री : नग्नका (स्त्री.), नग्ना (स्त्री.), नग्निका (स्त्री.), लग्निका (स्त्री)।

हरदम घूमनेवाली स्त्री : जले पाँव की बिल्ली, घरझँकनी (स्त्री.)।

कुरूपा स्त्री : कौवापरी (स्त्री.) (दे.499)।

चिह्नों युक्त स्त्री : अंकिनी (स्त्री.)।

स्त्री (स्त्री.), पत्नी (स्त्री.) (दे.340)।

स्त्री जाति (स्त्री.), स्त्रीजन, स्त्रीमध्य, स्त्रीवर्ग, स्त्रीसभ, स्त्रैण, अंगनागण, अंगनाजन, नारीवर्ग, प्रमदाजन, यौवत, यौवन।

स्त्रीरत्न, नारीरत्न, नारीश्रेष्ठ, रमणीकुलतिलक, रमणीरत्न, वरनारी (स्त्री.)।

स्त्रीत्व, स्त्रीता (स्त्री.), स्त्रीचरित्र, स्त्रीधर्म, स्त्रीभव, स्त्रीस्वभाव, स्त्रैण, नारीत्व, नारीधर्म, ज़नानापन।

स्त्रीमाया (स्त्री.), तिरियाचरित्तर, त्रियाचरित्र।

स्त्रीचिह्न, स्त्रीलिंग, स्त्रीलक्षण, स्त्रीव्यंजन।

स्त्री रोग (दे.93)।

स्त्रियों के लिए अठारहवाँ साल : मीठा बरस/साल।

कामशास्त्र के अनुसार स्त्रियों के भेद : चित्रिणी (स्त्री.); पद्मिनी (स्त्री.); शंखिनी (स्त्री.); हस्तिनी (स्त्री.)।

स्त्रियों का संपर्क : स्त्रीसंग, स्त्रीसंसर्ग।

स्त्रीराज्य; स्त्रीतंत्र, gynocracy।

स्त्रीराज्य का निवासी : स्त्रैराजक।

स्त्रियों के नाम के पहले लगनेवाला आदरसूचक शब्द : कुमारी; जनाबा; बानो; बेगम; मिस; मिसेस, मुसम्मात; मुहतरमा; मैडम; श्रीमती; सुश्री।

स्त्री और पुरुष : स्त्री-पुरुष, औरत-मर्द, नरनारी (स्त्री.)।

(पौरा.) आदिनारी (स्त्री.), हौवा (स्त्री.), शतरूपा (स्त्री.)।

पाँच पवित्र स्त्रियाँ : अहल्या; द्रौपदी; कुंती; तारा; मंदोदरी।

वि. स्त्री-संबंधी, स्त्रैण, ज़नाना, ज़नानी, पौरंध्र।

स्त्रियोचित।

विवाहिता (दे.338)।

अविवाहिता (दे.341)।

असूर्यंपश्या; परदानशीन।

स्त्रीवश, ज़नमुरीद (दे.339)।

स्त्रीवाचक नामवाला : स्त्रीनामा, स्त्रीसंज्ञ।

अपने को स्त्री समझनेवाला : स्त्रियम्मन्य, स्त्रीम्मन्य, स्त्रीमानी।

स्त्री जैसी बुद्धिवाला : स्त्रीप्रज्ञ।

स्त्रियों से युक्त : स्त्रीवृत, स्त्रीसख।

स्त्री की आकृतिवाला : स्त्रीसंस्थान।

स्त्री के चिह्नों से युक्त : स्त्रीध्वज।

स्त्री का संरक्षक बननेवाला : स्त्रीग्राही।

स्त्री का इच्छुक : स्त्रीकाम।

स्त्रियों का मन हरनेवाला : स्त्रीचित्तहारी।

स्त्री जिसकी स्वामिनी हो : स्त्रीनाथ।

स्त्रीद्वेषी, स्त्रीद्विट्, रमणीद्वेषी।

71. नपुंसकता

सं. नपुंसकता (स्त्री.), नपुंसकत्व, नामर्दी (स्त्री.), क्लीबता (स्त्री.), क्लीवता (स्त्री.), क्लीबत्व, क्लीवत्व, क्लैक्य, क्लैव्य, जनखापन, ज़नानापन, पुंस्त्वदोष, पुंस्त्वहीनता (स्त्री.), वीर्यहानि (स्त्री.), शंडता (स्त्री.), शंडत्व, षंडता (स्त्री.), षंडत्व, षाडय, हिजड़ापन।

जन्मजात नपुंसकता (स्त्री.), सहजक्लैव्य।

सं./वि. नपुंसक, नपुंत्य, नरदारा, नसकटा, नामर्द, निष्पुरुष, निष्पौरुष, निर्वीज, निर्वीय, अक्षत, (व्यंग्य में) अक्षतवीर्य, अपुरुष, अबीज, अवीज, अवीजक, आसेक्य, इत्वर, कमरटूटा, किन्नर, कीनर, क्लीब, क्लीव, ख़ोजा, जनखा, ज़नाना, तूबर, तू बरक, तूबर, तूवरक, तृतीयप्रकृति, पंड, पंडक, पंड्र, पंड्रक, पुंस्त्वहीन, पृष्ठशृंगी, पौरुषहीन, बाध्यरेता, मदकट, मुख़न्नस, मेहरा, मौगा, वरासन, वीर्यहीन, शंठ, शंड, शंढ, षंड, षंडक, षंढ, षंढक, स्तब्धमेढ्र, स्त्रीमय, हिजड़ा।

जन्मजात नपुंसक : वातकपिंडक।

जिस नपुंसक को घ्राण से उद्दीपन हो : नासायोनि, सौगंधिक।

वह नपुंसक जिसे कामक्रीडा देखने से उद्दीपन हो : ईर्ष्यक।

अर्धनपुंसक; ईर्ष्यारति, ईर्ष्यापंड, हृष्टियोनि; सकील।

स्तनों वाला पुरुष : स्तनभर, स्तनाभोग।

अंतःपुर का रक्षक : अंतःपाल, ख़ोजा (दे.382)।

नपुंसक किया हुआ चौपाया : बधिया (कर.) (दे.66)।

72. शरीर

सं. शरीर, शरीरक, श्म, अंकस, अंग, अंगक, अजिर, अपघन, अप्तु, अवयव, इंद्रियायातन, ओजुत, कंकालय, करण, कलेवर, क़ामत, काय, काया (स्त्री.), किंगरी (स्त्री.), किंगिरी (स्त्री.), कुल, क्षेत्र, गात, गात्र, गात्रक, घट, घन, चोला, जिस्म, जीवगृह, जीवनावास, जीवमंदिर, डील, तन, तनु, तनुक, तनू, देह (स्त्री.), धाम, पंजर, पिंड, पुर, प्रजनुक, प्रतिघ्न, प्राणसद्म, बंध, बदन, बपु, बपुख, ब्रह्मपुर, भूतनिलय, भूतात्मा, भूतावास, भोगस्थान, मर्क, मांसपिंड, माटी (स्त्री.), मिट्टी (स्त्री.), मूर्ति (स्त्री.), मूर्तिमान्, रथ, रूप, रोगमंदिर, रोगस्थान, वपु, वर्ष्म, विग्रह, वेर, व्याधिमंदिर, व्यूह, संचर, संहनन, स्नायुरज्जु, स्वर्गलोकेश।

लघु शरीर : शरीरक।

स्थूल शरीर, रक्त-मांस का/हाड़-मांस का शरीर, अन्नमय कोश (दे.57)।

दुबला-पतला शरीर : अंगयष्टि (स्त्री.), गात्रयष्टि (स्त्री.), गात्रलता (स्त्री.), तनुलता (स्त्री.), देहयष्टि (स्त्री.), शरीरयष्टि (स्त्री.)।

मानव-शरीर, मिट्टी का पुतला, मिट्टी की मूरत।

सुंदर शरीर : प्रह्वल, शरीररत्न।

(शरीर का) गठन, गढ़त (स्त्री.), गढ़न (स्त्री.), अंगलेट, अंगसंहति (स्त्री.), काठी (स्त्री.), बनावट (स्त्री.)।

(शरीर का) कसाव।

(शरीर का) ढाँचा, चौखटा, डौल, देहबंध, शरीरबंध, हठौती (स्त्री.), हड़ौती (स्त्री)।

(शरीर की) ऊँचाई (स्त्री.) (दे.188), उठान (स्त्री.), क़द, क़द्द, क़ामत, डील, लंबाई (स्त्री.)। शरीर की ऊँचाई-चौड़ाई (स्त्री.), कदकाठी (स्त्री.), कदो-कामत डीलडौल, विल-पिल, लम्बाई-चौड़ाई (स्त्री.)।

आकार, आकृति (स्त्री.), रूप, शकल (स्त्री.), शक्ल (स्त्री.), शबाहत (स्त्री.), सूरत (स्त्री.)।

चेहरा-मुहरा, चेहरा-मोहरा, नाक-नक्श, रंग-रूप, शकल-सूरत (स्त्री.), शक्ल-सूरत (स्त्री.), शक्लो शबाहत (स्त्री.), सूरत-शक्ल (स्त्री.) (दे.498)।

सारा शरीर/बदन, सर्वांग, तन-बदन।

शरीर-रचना (स्त्री.)।

अंग-प्रत्यंग (दे.73)।

अंगसंधि (स्त्री.), गाँठ (स्त्री.), ग्रन्थि (स्त्री.), जोड़, पर्व, बंद, संधि (स्त्री.), संधिक, संध्यंग, joint।

शरीर के नौ छिद्र : नवद्वार, अंगद्वार–दो नेत्र; दो कर्ण; नाक के दो छिद्र; पायु; जननेंद्रिय (स्त्री.); मुख।

शरीर के पाँच छिद्र : व्योमपंचक।

शरीर का नाजुक स्थान : मर्म, मर्मस्थल, मर्मस्थान, जीवस्थान।

शरीर का भीतरी भाग : शरीरांतर।

कोशिका (स्त्री.), कोशाणु, cell।

जीवद्रव्य (दे.67.632), protoplasm।

शरीर का धर्म/भाव : शरीरता (स्त्री.), शरीरत्व।

शारीरिक धर्म : देहधर्म, अनात्मधर्म, अंतर्विकार।

शरीर-संबंधी गर्व : अनात्म्य।

व्यायाम (दे.95)।

शरीर की स्वच्छता : अंगशुद्धि (स्त्री.)।

शरीर-संस्कार, अंग-संस्कार, प्रसाधन (दे.501)।

शरीर की शिथिलता : अंगशैथिल्य; थकान (स्त्री.) (दे.91)।

गात्रवर्ण, रंग, वर्ण।

गौरवर्ण (दे.498); श्यामवर्ण (दे.498); कृष्णवर्ण (दे.498)।

(बदन का) मैल, मल (दे.84), गात्रमल।

अशक्त शरीर को सशक्त करना : कायाकल्प (कर. हो.), कल्प, कायापलट (कर. हो.), काया/चोला बदलना–।

शरीरक्रियाविज्ञान, कायिकी (स्त्री.), शरीरविज्ञान, शरीरशास्त्र, physiology।

शरीररचनाविज्ञान, शारीर, शारीरतत्त्व, शारीरविज्ञान, शारीरविद्या (स्त्री.), शारीरविधान, शारीरशास्त्र, anatomy।

भीतरी शरीर, आभ्यंतर देह (स्त्री.), कंकूष।

सूक्ष्मदेह (स्त्री.), सूक्ष्मशरीर, अंतःशरीर, अतिवाहिक, अतिवाहित, अधिष्ठानदेह (स्त्री.), अधिष्ठानशरीर, अव्यक्त, आतिवाहिक, कारणशरीर, जीव, तेज, प्रेतशरीर, भोगदेह (स्त्री.), भोगशरीर, लिंगदेह (स्त्री.), लिंगशरीर, हंसदेह (स्त्री.), हिरण्यकोश।

छाया (स्त्री.), छायामूर्ति (स्त्री.), अशरीरी मूर्ति (स्त्री.)।

अन्य शरीर : परकाय, कायांतर, देहांतर, शरीरांतर।

परकायप्रवेश, देहांतरप्रवेश, अतिवाह, transmigration।

परकायप्रवेश में सहायक देवता : अतिवाहक, अतिवाहिक।

देहांतरप्राप्ति (स्त्री.)।

(विप.) अमूर्तता (स्त्री.), अमूर्ति (स्त्री.), अनंगना–, आकारहीनता (स्त्री.), विदेहत्व, विदेह होना–।

वि. शरीर-संबंधी, शारीर, शारीरक, शारीरिक, अंगीय, अंग्य, आंग, आंगिक, कायक, कायिक, जिस्मानी, जिस्मी, दैहिक, दैहय, बदनी।

शरीरधारी, शरीरबद्ध, शरीरभृत्, शरीरी, शारीरकीय, अंगधारी, अंगिनी (स्त्री.), (समस्तपदों में)।

अंगी, तनुभृत, देहधारक, देहधारी, देहबद्ध, देहयुक्त, देहवंत, देहवान्, देही, वपुमान्, वपुर्धर, वपुष्मान्।

सशरीर, सतनु, सदेह, सवपुष, साकार, साक्षात्, आकारवान् (दे.634), मुजस्सम, मूर्त, मूर्तिमान्, रूपधारी।

वरतनु, सुतनु (दे.498)।

पाँच तत्त्वोंवाला : पंचात्मक।

देहातीत।

बिना जोड़ का : संधिरहित, संधिहीन, अपर्वक, अपर्वा।

सूक्ष्मशरीरी, कारणशरीरी, लिंगदेही।

(विप.) अशरीरी, अशरीर, अकल, अकाय, अतनु, अदेह, अंगरहित, अनंग, अनंगी,अनीड, अपांग, अपांगक, अपिंडी, अप्रतीक, अविग्रह, कायारहित, देहहीन, विदेह, शरीररहित।

अनाकार, अनरूप, अरूप, अरूपक, अमूर्त, अमूर्ति, अमूर्तिमान्, अकेतु, अतिरूप, अप्सु, आकृतिहीन, निराकार, निराकृति, निरवयव, निरूप।

अशारीरिक, अकायिक, अनात्म्य।

सं. सशरीर, सदेह।

अंग-अंग में प्रत्यंग, रोम-रोम में।

सारे शरीर में, आपादमस्तक।

73. अंग-प्रत्यंग

73.1. सं. अंग, अंगक, अत्क, अपघन, अप्तु, अल्क, अवयव, प्रतीक; गात्र।

इंद्रिय (स्त्री.) (दे.101)।

ऊर्ध्वांग, उत्तरकाय, उत्तरार्ध, पूर्वकाय, पूर्वदेह (स्त्री.)।

अधमांग, अधमार्ध, अधंर, अधरकाय, अधःकाय, अधोदेश।

घड़ उपस्थ; अगंड; कबंध, रूंड।

शरीर का दायाँ या बायाँ भाग : पार्श्व, पार्श्वभाग, पाजस्य, पक्ष, पहल, बग़ल (स्त्री.)।

बायें कंधे से दायीं कमर तक शरीर का वह भाग जिस पर जनेऊ रहता है : जनेवा।

भीतरी अंग : अंतरंग, अंतरवयव।

अतिरिक्त अंग : अधिकांग।

उपांग, प्रत्यंग।

अंग-प्रत्यंग।

षडंग : सिर; धड़; दो हाथ; दो पैर।

जोड़, अंगसंधि (स्त्री.) (दे.72)।

वि. जिसके अवयव होंः अवयवी; सांग, सावयक।

सर्वांगिक, सर्वांगीण।

सर्वांगपूर्ण; सर्वांगसुंदर (दे.498)।

अतिरिक्त अंगवाला : अधिकांग।

पार्श्व-संबंधी : पार्श्वक, पार्श्विक।

(विप.) अंगरहित, अकल, निरवयव।

(विभिन्न अंग)

73.2. सं. सिर, सर, सीस, उच्छीर्षक, उत्तमंग, उत्तमांग, ऊर्ध्वांग, एकांग, कपाल, कपार, कूर्च, खोपड़ा, खोपड़ी (स्त्री.), चूड़ा (स्त्री.), चूडाल, प्रत्याधान, प्रधानांग, मत्था, मस्त, मस्तक, मस्तिक, माथा, मुंड, मूँड़, मूड़ी (स्त्री.), मूड़, मूर्द्धा (स्त्री.), मूर्धा (स्त्री), मौलि, वरांग, शिर, शीर्ष, शीर्षक, शीश।

सिर की हड्डी : खोपड़ी (स्त्री.), खोपड़ा, खप्पड़, खर्पर, कपार, कपाल, कपालिका (स्त्री.), कपिकंदुक, करंक, करोट, करोटि (स्त्री.), करोटी (स्त्री.), कर्पर, चपतगाह, टॉटर, पोडु, फलक, भगाल, शिरःखंड, शिरोटिका (स्त्री.)।

खोपड़ी का जोड़ : विदृति (स्त्री.), खोपड़ी के अंदर का भूरा गूदा : भेजा, गोद, गोर्द, गोर्ध, तालू, दिमाग़, मगज, मग़ज़, मस्तकस्नेह, मस्तिष्क, मस्तुलुंग, वसा (स्त्री.), वसाछटा (स्त्री.)।

प्रमस्तिष्क, मस्तिकाग्र।

भेजे के ऊपर की झिल्ली : मस्तिष्कत्वक्।

सिर का नाजुक भाग : अधिपति।

सिर का मध्य भाग : चँदिया (स्त्री.), चाँद, चाँदी (स्त्री.), खोपड़ी (स्त्री.), सिर के मध्य में कल्पित छेद : ब्रह्मरंध्र, ब्रह्मद्वार, ब्रह्माण्डद्वार, मुद्रामार्ग, मूर्द्धज्योति (स्त्री.), शून्यपदवी (स्त्री.)।

ललाट, ललाटक, लालाटी (स्त्री.), लिलाट, लिलार, अलिक, अलीक, आगा, कपाल, कपार, गोधि, तिलकाश्रय, निटल, निटिल, पेशानी (स्त्री.), फाल, भाल, मत्था, मस्तक, माथा, महाशंख, शंख, शंखक, शंखांतर।

ललाट का फैलाव : ललाटतट, ललाटपटल, ललाटपट्ट, ललाटफलक।

माथे का बल : त्योरी (स्त्री.)।

ललाट की रेखा : ललाटरेखा (स्त्री.), ललाटलेखा (स्त्री.)।

वि. सिर का : शिरस्य।

जिसका सिर उठा हो : उच्छीर्षक।

ललाट-संबंधी, ललाटय, ललाटिक।

कपाल-संबंधी, कापाल।

सुंदर ललाटवाला : ललाटूल।

ऊँचा ललाटवाला : प्रललाट।

(विप.) मस्तकहीन, विशिरा, विशीर्षा।

73.3. सं. बाल (गिर. झड़. टूट.), अंगरूह, अलक, अस्र, कच, कालाप, कुंतल, कृशला (स्त्री.), केश, गेसू, चिकर, चिकूर, चूल, जुलफ (स्त्री.), जुलुफ (स्त्री.), जुल्फ़ (स्त्री.), त्वग्ज, मू, मूर्द्धज, मूर्धज, वाल, वृजन, वृजिन, शरीरांत, शारंग, शिरज, शिरस्य, शिरशिज, शिरसिरूह, शिरस्य, शिरोज, शिरोरुह, सारंग (दे.502)।

मोटा कड़ा बाल : चंडालबाल।

नवजातक का बाल : गभुआर/गभुवार बाल, गर्भ का बाल, पैदाइशी बाल।

उगते हुए बाल : वालकूर्चाल।

कनपटी के बाल : ख़त, ख़त्त।

सिर के पीछे के बाल : अवटुज।

बालों का गुच्छा : केशगुच्छ, कमुंजा (स्त्री.), कमुजा (स्त्री.), कुरुल, अलक, अलकावलि (स्त्री.), खंकर, खंखर, चूर्णकुंतल, तुर्रा, भ्रमरक, लट (स्त्री.), स्तुक, स्तुका (स्त्री.), स्तूप।

बालों का समूह : केशकलाप, केशदाम, केशपाश, केशभार, केशराशि (स्त्री.), केशसमूह, कैशिक, कैश्य, चिकुरकलाप, चिकुरजाल, चिकुरनिकर, चिकुरपक्ष, चिकुरपाश, चिकुरभार, चिकुरहस्त, चिहुरार।

बालों में पड़ा हुआ छल्ला : घूँघर, छल्ला।

घुंघराले/घूंघरवाले/छल्लेदार/अँगूरिया बाल, अंचित/आकुंचित/कुंचित/तरंगित केश, अलक, कर्कराल, कुरल, चर्चरिका (स्त्री.), जुल्फ़गिरहगीर (स्त्री.), झल्लरा, झल्लरी (स्त्री.), तुर्रए तर्रार, बर्बर, बर्बरीक।

झबरीले/झबरैरे बाल।

खुले लंबे बाल, आलुलायित/मुक्त केश, जुलफ़ेरसा (स्त्री.)।

लंबे बाल : गेसू।

बिखरे हुए बाल, आलुलायित कुंतल, मुक्त वेणी (स्त्री.), शिथिल कवरी (स्त्री), जुल्फ़ेपरीशाँ (स्त्री.), जुल्फ़ेबरहम (स्त्री.)।

बिखरे हुए बालों का जुट्टा : झोंटा, झोंट, झोंटी (स्त्री.), झूँटा, चोंड़ा।

काले/कच्चे बाल, कृष्ण/अपक्व केश।

(बालों की) सफ़ेदी (स्त्री.) (झलक.), चाँदी (स्त्री.) (झलक.), पलित, पालित्य।

बाल का नोक : केशाग्र, केशांत, वालाग्र।

बाल की मोटाई : वालमात्र।

बाल उखाड़ना–/नोंचना–, केशलुंचन।

बाल काटना–/बनाना–, केशकर्तन।

बाल घुटाना–/उतारना–, सिर मुँड़ाना–(दे.500)।

कनपटी पर के बाल : जुल्फ़, जुल्फ़ी (स्त्री.), काकपक्ष, काकपच्छ, काकुल, कुल्ला, शिखंड, शिखंडक, शिखांडक।

गरदन पर के कटे बाल : पट्टा।

मर्द के लंबे बाल : बाबरी (स्त्री.)।

चुटिया (स्त्री.), चुटैया, चुरकी (स्त्री.), चुंडी (स्त्री.), चुंदी (स्त्री.), चोटी (स्त्री), चोटिया (स्त्री.), चूडा (स्त्री.), चूला (स्त्री.), बालछतरी (स्त्री.), शिखा (स्त्री.), शिखंड, शिखण्डिका (स्त्री.)।

बड़ी चुटिया : शिखापाश।

चुटिया बाँधना–, शिखाबंधन।

केश-प्रसाधन (दे.502)।

जटा (स्त्री.), जटि (स्त्री.), जटी (स्त्री.), जुटक, जूट, आप्ता (स्त्री.), कोटीर, याप्ता (स्त्री.), शटा (स्त्री.), सटा (स्त्री.)।

जटाजूट, जटामंडल, कपर्द, कपर्दक।

बँधी हुई जटा : क्रोटिर।

गंज, गंजा, गंजापन, इंद्रलुप्त, इंद्रलुप्तक, उँदरी (स्त्री.), केशघ्न, खल्लिट, खल्लीट, खल्वाट, खालत्य, खालित्य, बालखोरा, बादख़ोर, सापन, सुरेंद्रलुप्त।

वि. केश जैसा : कैशिक।

सुंदर केशोंवाला : सुकेश (दे.498)।

घुँघराले बालोंवाला : दुर्बाल।

लंबे बालोंवाला : लंबकेश, गेसूदराज़।

खुले बालोंवाला : विजट।

बिखरे बालोंवाला : विकीर्णकेश, विकीर्णमूर्धज।

गभुआरः बालोंवाला : झंडूला।

चूडा-संबंधी : चौड।

चुटियावाला : चुण्डित, चूडाल, शिखाधर, शिखाधार, शिखाधारक, शिखाधारी।

झोंटेवाला : झोटिंग, झुटुंग।

जटाधारी, जटाजूटधारी, जटाल, जटिल, जटी, कपर्दी, झुटुंग, झोटिंग।

केशरहित, अकेश।

गंजा, अकच, आकूर्च, ऐंद्रलुप्तिक, कलत, खलति, खल्लिट, खल्लीट, खल्वाट, खौराहा, चँदला, चाँईं, दुर्बाल, विकेश, विमूर्धज, शिपिविष्ट।

बिलकुल गंजा : शुक्तिखलति।

73.4. सं. चेहरा, चुब्र, च्युप, आगा, आनन, आस्य, घनवर, घनोत्तम, तुंड, तुण्डि, मुँह, मुख, मुखड़ा, मुखमंडल, मुखाकृति (स्त्री.), मुखावयव, रुख़, रू, लपन, वक्त्र, वदन, वेर, श्म।

मुखाकृति (स्त्री.), नोकपलक (स्त्री.) (दे.72)।

मुखकांति (स्त्री.) (दे.498)।

सुंदर मुख, सुमुख (दे.498)।

लंबोतरा/किताबी चेहरा।

मुखौटा, नक़ाब (दे.490)।

मुखगह्वर, मुखविवर, मुख, मुँह, गलद्वार, दंतालय, दहन, दहाना, वदनोदर।

कुल्ला (कर.) (दे.494)।

वि. मुख-संबंधी, मुखीय, मौख, मौखिक (दे.107), आस्य।

मुखवाला : मुखी, समुख।

जिसका मुख खुला हो : व्यात्तानन, व्यात्तास्य।

जिसने मुँह पीछे फेर लिया हो : पिछौंड़।

जिसके मुँह से बदबू आये : गंदादहन।

अनेक मुखोंवाला : अनेकमुख।

अ. मुँह तक, किनारे तक : लबालब।

73.5. सं. होंठ, होठ, अंबर, अधर, ओंठ, ओठ, ओष्ठ, ओष्ठक, दंतच्छद, दंतछद, दंतवस्त्र, दशनच्छद, दशनवास, मुखाग्र, रदच्छद, रदछद, रदनच्छद, रदपट, रदपुट, रदवास, लब, वाग्दल, शफ़त।

नीचे का होंठ : अधर, अधराधर, अधरोष्ठ, अधरौष्ठ, कोमल होंठ, ओष्ठपल्लव।

होंठ का सिरा : बाँछ (स्त्री.), बाछ (स्त्री.), सृक्क, सृक्कणी (स्त्री.), सृक्कि, सृक्किणी (स्त्री.), सृक्व, सृक्वणी (स्त्री.), सृक्वि, सृक्विणी (स्त्री.)।

होंठ की जड़ : अधर, अधराधर, अधरोष्ठ, अधरौष्ठ, कोमल होंठ, ओष्ठजाह।

होंठों को खोलने से बननेवाला गड्ढा : ओष्ठपुट।

होंठों की लाली : अधरज।

होंदों का रस : अधरमधु (दे.73.37)।

सूखे होंठों पर पड़नेवाली पपड़ी : फेफड़ी (स्त्री.), फेफरी (स्त्री.)।

होंठों का फटना : ओष्ठपाक।

होंठों को सिकोड़कर निकाली गयी आवाज़ : सीटी (स्त्री.) (दे.105)।

होंठ और टुड्डी के बीच का भाग : असिक।

वि. होंठ-संबंधी, ओष्ठ्य, औष्ठ, औष्ठ।

होंठों की रक्षा करने वाला : ओष्ठक।

मोटे होंठोंवाला : होंठल।

जिसके होंठ फड़कते हों : स्फुरदोष्ठ, स्फुरदोष्ठक।

अ. होंठों पर होंठ रखे हुए, मुँह से मुँह मिलाये हुए : लब व लब।

73.6. सं. दाँत, दंत, दंतक, दंदश, दंदान, दंश, दंष्ट्र, दशन, दाडक, दाढिका (स्त्री.), द्विज, खादन, मल्लक, मुखक्षुर, मुखखुर, रद, रदन, वक्त्र, वक्त्रखुर, वक्त्रज, हानु, हालु।

दाँत निकलना : दंतोद्गम, दंतोद्भेद, दंतोद्भेदन।

दाँत निकलने का समय : दंतोद्भेदकाल, दंतजात।

शैशवावस्था में निकले दाँत : दूध के दाँत, द्विजदंत, दँतिया (स्त्री.), दंतुरी (स्त्री.)।

बच्चों के छोटे-छोटे दाँत : दँतुरिया (स्त्री.), दँतुरि (स्त्री.), दँतुली (स्त्री.), दंतुरी (स्त्री.)।

छोटे-छोटे दाँत : दँतिया (स्त्री.)।

आगे के दाँत : श्रेणिक।

आगे के ऊपर-नीचे के दो-दो बड़े दाँत : राजदंत।

जबड़े के भीतर के मोटे चौड़े दाँत : दाढ़ (स्त्री.), दाढा (स्त्री.), दाडक, दंष्ट्रा (स्त्री), दंष्ट्रिका (स्त्री.), चर्वणक, चर्वणदंत, चाब, चाभ, चौभड़, जंभ, डाढ़ (स्त्री.)।

जवानी में निकलने वाला दाँत : अकल का दाँत, अकलदाढ़ (स्त्री.), अकिलदाढ़ (स्त्री.), चरमचर्वणक, प्रजादंत, प्रज्ञादंत।

दाँत पर निकला हुआ दाँत : गजदंत, अधिदंत।

दाँतों से कुछ नीचे निकलने वाला दाँत : कुकुरदंत।

बाहर निकला हुआ दाँत : नीरद।

नीचे-ऊपर के बत्तीसों दाँत : बतीसी (स्त्री.), बत्तीसी (स्त्री.), दंतपंक्ति (स्त्री), दंतालि (स्त्री.), दंतावली (स्त्री.), दाँती (स्त्री.)।

दाँत की जड़ : दंतजाह, दंतमूल।

दाँतों के नीचे-ऊपर का मांस : मसूड़ा, मसूढ़ा, दंतवाली (स्त्री.), दंतमांस, दंतवल्क, दंतवेष्ट।

ऊपर का मसूड़ा : सोहाली (स्त्री.)।

दाँतों के बीच का स्थान : दंतांतर।

(दाँत पर का) इनामेल, दंतवल्क।

दाँतों की सफ़ेदी : चाँग।

दाँतों की चमक : दशनांशु।

मैल की तह जो दाँतों पर जमती है : पपड़ी (स्त्री.), पिप्पिका (स्त्री.), पुष्पिका (स्त्री.), कपालिका (स्त्री.), दंतमल, दंतरज, दंतशर्करा (स्त्री.)।

दाँत में बना गड्ढा : खोड़रा, खोढर।

दाँत का कीड़ा : काँड़ा।

दाँत में जड़ी हुई सोने की कील : खुमी (स्त्री.)।

दाँतों को साफ़ करना : दंतधावन, दंतपवन, दंतपावन, दंतप्रक्षालन, दंतमार्जन।

नीम आदि की गीली टहनी का टुकड़ा जिससे दाँत साफ़ किये जाते हैं : दातौन (स्त्री.), दातुन (स्त्री.), दातून (स्त्री.), दतवन (स्त्री.), दतुअन (स्त्री.), दतुवन (स्त्री), दतून (स्त्री.), दतौन (स्त्री.), दातन (स्त्री.), दंतकाष्ठ, दंतधावन, दंतपवन, दंतपावन, (साधुओं की बोली) प्रभाती (स्त्री.)।

टुथपेस्ट, पेस्ट।

टुथ पाउडर, दंतमंजन, मंजन, निश्चुक्कण; मिस्सी (स्त्री.), (दे.501)।

दाँतों से अन्न आदि के कणों को निकालने का कड़ा तिनका : खरका (कर)।

खरका जैसी ताँबे आदि की सींक : दंतखोदनी (स्त्री.)।

ठंढे पानी से दाँतों में पीड़ा होना : पानी लगना–, दंतहर्ष (हो.)।

खटाई के असर से दाँतों का चबाने लायक़ न रहना : गुठलाना–, दंतहर्ष (हो)।

दाँत गिरना–, दंतपात (हो.)।

दाँत का टूटना : दंतवैदर्भ, दंतव्यसन।

दाँतों का घिस जाना : दंतक्षय, दंतव्यसन।

बेहोशी में ऊपर-नीचे के दाँतों का सट जाना : दाँत बैठना–/लगना–।

दाँत दिखाना–/निकालना–/निपोड़ना–(दे.208)।

दाँत पीसना–/किटकिटाना–, दंतघर्ष (दे.211)।

दाँत उखाड़ना–/निकालना–।

नक़ली दाँत लगाना–, दाँत बनाना–।

दाँत बनाने वाला : दंदानसाज़।

दंतरोग (दे.93)।

दंतचिकित्सक, दाँत का डॉक्टर, dentist।

वि. दंत-संबंधी, दंत्य, दांत।

दाँतोंवाला : दंती, दंतुर, दंतुरित।

निकले हुए दाँतोंवाला : दंतुर, दंतुरक, दँतुला, उद्दंतुर।

बड़े दाँतोंवाला : दंतैल, दंतार, दंतारा, दंतुल, रदनी।

बड़दंता, अतिदंतुर।

दाढ़ोंवाला : दंष्ट्राल।

सुंदर दंतपंक्तियोंवाला : अनुपूर्वदंष्ट्र (दे.498)।

गुठलाया हुआ : कोठ, कुंठित।

दाँतों में अटका हुआ : दंतश्लिष्ट।

दंतहीन (दे.99)।

दाँतों के लिए हानिकर : अदंत्य।

73.7. सं. तालु, तालुक, तालू, तालूषक, काकुद, वक्त्रदल।

वि. तालु-संबंधी, तालव्य।

तालु से उत्पन्न : तालुज।

73.8. सं. जीभ (स्त्री.), जिह्व (समस्तपदों में), जिह्वा (स्त्री.), ज़बाँ (स्त्री.), ज़बान (स्त्री.), जुबान (स्त्री.), मुखचीरि (स्त्री.), रशना (स्त्री.), रसग्रह, रसज्ञा (स्त्री.), रसन, रसना (स्त्री.), रसनेंद्रिय (स्त्री.), रसमाता (स्त्री.), रसमातृका (स्त्री.), रसा (स्त्री.), रसाला (स्त्री.), रसिका (स्त्री.), लल्लो (स्त्री.), लिसान (स्त्री.), लोला (स्त्री.), वाणी (स्त्री.), विखासा (स्त्री.)।

जीभ की जड़ : जिह्वामूल।

जीभ का अग्रभाग : जिह्वाग्र, अग्रजिह्वा (स्त्री.)।

जीभ का मैल : जिह्वामल, कुलुक, कुल्वक।

जीभ साफ़ करने का आला : जीभी (स्त्री.) (कर.), जिह्वानिर्लेखन, जिह्वानिलेखनिक, जिह्वोल्लेखनी (स्त्री.)।

जिह्वारोग (दे.93)।

वि. जीभ-संबंधी, रासन।

जिह्वारहित, अजिह्व।

73.9. सं. गले की घण्टी : कौआ, अधिजिह्वा (स्त्री.), अधिजिह्विका (स्त्री.), अधोजिह्वा (स्त्री.), अधोजिह्विका (स्त्री.), अलिजिह्वा (स्त्री.), अलिजिह्विका (स्त्री.), उपजिह्वा (स्त्री.), उपजिह्का (स्त्री.), गलशुण्डिका (स्त्री.), गलशुंडी (स्त्री.), घंटिका (स्त्री.), घण्टी (स्त्री.), घाँटी (स्त्री.), छोटी जीभ, जिह्विका (स्त्री.), जीभी (स्त्री), तुण्डिका (स्त्री.), नटई (स्त्री.), पुला (स्त्री.), प्रतिजिह्वा (स्त्री.), प्रतिजिह्विका (स्त्री), लंबिका (स्त्री.), सुधास्रवा (स्त्री.), सूना।

73.10. सं. आँख (स्त्री.) (दे.100), आविर्मुखी (स्त्री.), आषढीय (स्त्री.), अँखिया (स्त्री.), अंषि (स्त्री.), अंषी (स्त्री.), अक्षि (स्त्री.), ईक्षण, ईसिका (स्त्री.), ऐन (स्त्री.), चक्षु, चक्षुरिंद्रिय (स्त्री.), चशम (स्त्री.), चश्म (स्त्री.), दीदा, दृक्, दृग्, दृशा (स्त्री.), दृशि (स्त्री.), दृशी (स्त्री.), देहदीप, दैवदीप, नयन, नयना (स्त्री.), नयनी (स्त्री.), नेत्र, नैना (स्त्री.), प्रेक्षण, बिलोचन, रूपेंद्रिय (स्त्री.), लोचन, विलोचन, विश्वंकर, वीक्षण।

दायीं आँख, सीधी आँख, भानवीय, सौर।

बायीं आँख, सौम्य।

नींद से भरी आँखें, उनींदी आँखें (स्त्री.)।

नीली/भूरी आँखें, कंजी आँखें, बिल्ली की सी आँखें।

घायल करनेवाली आँखें : कटीली आँखें।

पपोटों से ढँकी हुई आँखें : ग़िलाफ़ी आँखें (स्त्री.), कबूतर की सी आँखें।

चंचल नयन, चरबाक/चरबाँक आँखें (स्त्री.)।

बहुत छोटी आँखें : चियाँ सी आँखें।

वे आँखें जिनमें काजल या सूरमा मालूम न हो : चोर आँखें (स्त्री.)।

धँसी हुई आँखें, धँसी आँखें।

मदभरी/मदमाती/मतवाली आँखें।

भाव टपकाती आँखें : रसभरी/रसीली आँखें।

मनोभाव को प्रकट करनेवाली आँखें : बोलती आँखें।

वे आँखें जिनमें ललाई हो : गुलाबी/शरबती आँखें (स्त्री.)।

नशा लानेवाली आँखें : नशीली आँखें।

बड़ी-बड़ी आँखें : शलजमी आँखें (स्त्री.)।

कीचड़भरी आँखें : चुल्ल।

असुंदर आँखें (स्त्री.), अचक्षु।

बुरी आँखें : अनक्षि (स्त्री.)।

काँच की आँख, क्षाराक्ष।

आँख का उभड़ा हुआ सफ़ेद भाग : आँख का डेला/बट्टा, अक्षिकूट, अक्षिकूटक, अक्षिगोल, अक्षिगोलक, कोया, गुल, नेत्रकोष, नेत्रगोलक, नेत्रपिंड, नेत्रमंडल, प्रेक्षणकूट।

आँख का सफ़ेद हिस्सा : पिंजामर।

आँख की पुतली, अक्षकूट, अक्षिकूट, अक्षिकूटक, अक्षितारक, अक्षितारा, कनीनका (स्त्री.), कनीनिका (स्त्री.), कनीनी (स्त्री.), कालक, नयना (स्त्री.), नयनी (स्त्री.), प्रेक्षणकूट, मर्दुमक।

दायीं आँख की पुतली : इंद्र।

बायीं आँख की पुतली : इंद्राणी (स्त्री.)।

पुतली के बीचोबीच तिल का सा काला धब्बा : आँख का तारा/तिल, कनीनक, ज्योति (स्त्री.), नेत्रकनीनिका (स्त्री.), लोचक।

आँख का परदा : अक्षिपटल।

आँख का लेंस : तेजोजल।

आँख के परदे का अप्रकाशगाही स्थल : अंधविंदु।

आँख के डेले पर बारीक लाल नसें : आँख के डोरे।

आँख का घेरा : नेत्रगोलक, नेत्रमंडल।

नेत्रगोलक के बीच का स्थान : नेत्रकोटर, नयनपुट।

आँख का कोना : अपांग, अपांगक, उपांत, कनखी (स्त्री.), कोया, नयनचल, नयनांचल, नयनांत, नयनोपांत, नेत्रपर्यंत, नेत्रांत, लोचनांचल।

आँखों की लाली : चक्षुराग।

आँखों का कीचड़ : गीड, गीडर, चक्षुर्मल, चीपड़, दूषि (स्त्री.), दूषिका (स्त्री.), दूषी (स्त्री.), दूषीका (स्त्री.), नेत्रमल, नेत्रविट् (स्त्री.), पिंजट, पिंजेट।

आँखों में कीचड़ भरना–, किचड़ाना–।

आँख फड़कना : निमेष।

देखना–, दृक्पात (कर.) (दे.102)।

आँखमिचौनी (स्त्री.) (दे.699)

नेत्रजल, आँसू (दे.209)।

नेत्रों का सुख : नेत्रोत्सव।

नेत्रों को सुख देनेवाली वस्तु : नेत्रोत्सव।

आँख ढँकना : चक्षुर्बंध।

अंधा (दे.99); काना (दे.99)।

नेत्ररोग (दे.93)।

चश्मा (दे.16)।

ऐंची आँख, केकर।

आँख को ढकनेवाला चमड़े का परदा : पपोटा, पलक (स्त्री.), (गिर. झपक. लग. खोल.), पुट, पुटक, पोटा, दृगंचल, नयनच्छद, नयनपट, निमेष, निमेषक, नेत्रच्छद, नेत्रवस्त्र, वर्त्म।

पलक झपकना : चश्मज़दन, निमिष, निमिषित, निमेष, निमेषण, विनिमीलन, विनिमेष, विनिमेषण।

पलक मारना–(दे.566)।

पलक पर उगे फालतू बाल : परबाल।

पलक के किनारे के बाल : बरौनी (स्त्री.), बरुनी (स्त्री.), अक्षिपक्ष्म, अक्षिलोम, उदान, नेत्ररोम, पक्ष्म, पपनी (स्त्री.)।

आँखों के ऊपर के बाल : भौंह (स्त्री.) (चला. मटका. हिला.), भौं (स्त्री.), भवँ (स्त्री.), भहूँ (स्त्री.), भृकुटि (स्त्री.), भृकुटी (स्त्री.), भ्रुकुटि (स्त्री.), भ्रुकुटी (स्त्री.), भ्रुव (स्त्री.), भ्रू (स्त्री.), अबरू (स्त्री.), अब्रू (स्त्री.), चिल्लिकालता (स्त्री.), त्योरी (स्त्री)।

सुंदर टेढ़ी भौंह : भ्रूलता (स्त्री.); भ्रूमंडल।

भौंह का मूल : भ्रूजाह।

भौंहों के बीच का स्थान : भ्रूमध्य, कूर्च, कूर्प, चिल्लिका (स्त्री.), बिंदु, स्थपनी (स्त्री.)।

भ्रूमध्य के ऊपर का स्थान : त्रिकुटी (स्त्री.)।

भ्रूमध्य के नीचे का स्थान : भ्रूसंधि (स्त्री.), लेखासंधि (स्त्री.)।

भौंहों के बीच की भौंरी : ऊर्णा (स्त्री.)।

भौंह टेढ़ी करना : भ्रूभंग (दे.100)।

वि. आँख-संबंधी, चाक्षुष, नैत्रिक।

आँखों से प्राप्त : चाक्षुष, चाक्षुषी (स्त्री.)।

आँखवाला : चक्षुष्मान्।

सुंदर आँखोंवाला : सुनेत्र (दे.498)।

बड़ी-बड़ी आँखोंवाला : आयतनेत्र।

बहुत छोटी आँखोंवाला : चुंधा, चोंधर।

भूरी आँखोंवाला : कंजा, करंजा, पिंगलाक्ष, पिंगा, पिंगाक्ष।

बिल्ली की सी आँखोंवाला : विडालाक्ष।

जिसकी आँखें एक जैसी न हों : ताखी (विशेषकर पशु)।

कीचड़भरी आँखोंवाला : चुल्ल।

तिरछे ताकनेवाला : ताका।

ताकते समय जिसकी आँख की पुतली दूसरी तरफ़ जान पड़े : ऐंचाताना, ऐंचातानी (स्त्री.), अंबरतक्कू, कनेठा, कनेठी (स्त्री.), केकर, केदर, केंचा, जिह्मप्रेक्षी, जिह्माक्ष, टेर, टेरक, टेरा, टेरी (स्त्री.), ढेरा, दूरेशितेक्षण, भेंगा, भ्रमितनेत्र, वलिर, विकृतदृष्टि, सर्गपताली।

सुंदर बरौनीवाला : पक्ष्मल।

जल्दी-जल्दी पलकें झपकानेवाला : अतिमिर्मिर।

(आँख के लिए) बंद, निमीलित, निमूँद, मुँदी हुई, विनिमीलित; खुली, खुली हुई।

जिसने आँखें मूँद ली हों : विनिमीलितेक्षण।

73.11. सं. कान, कर्ण, कुहर, गोश, ध्वनिग्रह, वचोग्रह, शब्दग्रह, शब्दाधिष्ठान, शब्देंद्रिय (स्त्री.), श्रव, श्रवण, श्रवणपथ, श्रवणावभास, श्रवणेंद्रिय (स्त्री.), श्रवणोदर, श्रुतधर, श्रुति (स्त्री.), श्रोत, श्रोत्र, श्रोत्रमार्ग, श्रोत्रवर्त्म, श्रौत्र, समाअ।

कान की जड़ : कर्णजाह, कर्णमूल, शीलक, श्रुतिमूल, श्रोत्रमूल।

कान का छेद : कर्णकुहर, कर्णपुट, कर्णरंध्र, कर्णविवर, कुहर, खटिका (स्त्री.), शष्कुलि (स्त्री.), शष्कुली (स्त्री.), शस्कुली (स्त्री.), श्रवणपुटक, श्रवणमार्ग, श्रवणविवर, श्रुतिपथ, श्रुतिपुट, श्रुातिविवर, श्रौतमार्ग।

कान का परदा : कर्णपटह, कर्णमृदंग।

कान का बाहरी हिस्सा : कर्णशष्कुली (स्त्री.), श्रुतिमंडल।

कान का निचला भाग : ललरी (स्त्री.), लोंड़ी (स्त्री.), लोलक, लोलकी (स्त्री), लौ (स्त्री.), कर्णपाली (स्त्री.), कर्णलता (स्त्री.), कर्णलतिका (स्त्री.), पालि (स्त्री.), मुरकी (स्त्री.), श्रवणपालि (स्त्री.), श्रवणपाली (स्त्री.), श्रोत्रपालि (स्त्री.)।

ललरी का छोर : कर्णलताग्र।

कान का मैल : खूँट, कनोई (स्त्री.), कर्णगूथ, कर्णज, कर्णमल, कार्ण, ठेंठा, ठेंठी (स्त्री.), तोक्म, पिंजूष।

सूखा मैल : कर्णगूथक।

मैल निकालने का आला : कनखोदनी (स्त्री.)।

मैल निकालनेवाला : कनमैलिया, खुँचकढ़वा।

वि. कान-संबंधी, कार्ण, श्रावण, श्रौत, श्रौत्र।

कानोंवाला : कर्णिक, कर्णी, सकर्ण।

छोटे कानोंवाला : लघुकर्ण, अकर्ण।

लंबे कानोंवाला : लंबकर्ण।

कानों तक ढका हुआ : सकर्णप्रावृत।

कनकटा, कनकटी (स्त्री.), बूचा, बूची (स्त्री.)।

कर्णहीन, कर्णवर्जित, अकर्ण।

कान को छूता हुआ : आकर्ण।

अ. कान तक : आकर्ण।

73.12. सं. आँख और कान के बीच का स्थान : कनपटी (स्त्री.), कनपट, कच्चा, गंड, गंडदेश, गंडप्रदेश, गंडमंडल, गंडस्थल, गंडस्थली (स्त्री.), गुल, नेत्रांत।

कनपटी पर लगायी जाने वाली चूने की बिंदी : गुल।

कनपटी से थोड़ा नीचे का हिस्सा : गलपट, गलपटी (स्त्री.)।

73.13. सं. कनपटी और ठुड्डी के बीच का भाग : गाल, गल्ल, गंड, आरिज़, कपोल, रुख़, रुख़सार।

गाल का निचला भाग : कपोलपालि (स्त्री.), कपोलपाली (स्त्री.), कपोलभित्ति (स्त्री.)।

बड़ा गाल : अतिगंड।

बड़े गालोंवाला व्यक्ति : अतिगंड।

गालों की गाली : कपोलराग।

हँसते समय भरे हुए गालों में पड़ने वाला गड्ढा : गुल।

वि. फूले हुए गालोंवाला : गलफूला, अतिगंड।

73.14. सं. नाक (स्त्री.), नासा (स्त्री.), नासिका (स्त्री.), नासिक्य, नासिक्यक, नसा (स्त्री.), नस्त, नस्या (स्त्री.), नकुट, नर्कुट, नर्कुटक, कुल्या (स्त्री.), गंधज्ञा (स्त्री), गंधनाडी (स्त्री.), गंधनाल, गंधनालिका (स्त्री.), गंधनाली (स्त्री.), गंधप्रत्यय, गंधवह, गंधवहा (स्त्री.), गंधवाहा (स्त्री.), गंधवाही (स्त्री.), गंधेंद्रिय (स्त्री.), घ्राण, घ्राणेंद्रिय (स्त्री.), तनुभस्त्रा (स्त्री.), प्राणग्रह, प्राणरंध्र, विकूणिका (स्त्री.), विधूणिका (स्त्री.), शिंघाणी (स्त्री.), शिंघिनी (स्त्री.), सिंघिणी (स्त्री.)।

चपटी/टेढ़ी नाक : निविशीसा (स्त्री.)।

नाक के पास का भाग : उपनासिक।

नाक की ऊपरी हड्डी : बाँसा, नासावंश, वंश।

नाक की बिचली हड्डी : बुलाक।

नाक का छेद : नासाछिद्र, नासारंध्र, नासाविवर, नस्ता (स्त्री.), घ्राणपुटक, श्वसनरंध्र।

नाक के छेदों के आगे की ओर का ऊपरी परदा : नथना, नासापुट।

नाक की नोक : नासाग्र, ध्रुव।

नाक का बाल : नस्य।

नाक का मल : रेंट, नासिकामल, नेटा (बह.), पोंटा, पोटा, शिंघण, शिंघाण, शिंघाणक, सिंघण, सिंघाण, सिंघाणक, सिंहाण, सिंहाणक, सिंहान, सिनक (स्त्री.), स्नीहा (स्त्री.)।

सूखा मल : गुजी (स्त्री.), नकटी (स्त्री.)।

नाक से मल निकालना : छिनकना–, सिनकना–।

सोते में नाक से निकलने वाला शब्द; खर्राटा (दे.85)।

नाक से बोलना : नकियाना–(दे.99)।

वि. नाक-संबंधी, नस्य, नास्य।

बड़ी नाकवाला : नक्कू, उन्नस, द्रुणस, प्रणस।

छोटी नाकवाला : क्षुद्रनासिक।

नुकीली नाकवाला : खरणस।

नककटा (दे.99)।

नकचिपटा (दे.99)।

नासिकाहीन, विनास, विनासक, विनासिक (दे.99)।

73.15. सं. ठुड्डी (स्त्री.), ठोड़ी (स्त्री.), ठोढ़ी (स्त्री.), चिबु, चिबुक, चिबि (स्त्री.), चुबुक, चिवि (स्त्री.), चिवुक, छुबुक, जंभ, डाढ़ी (स्त्री.), दाढ़ी (स्त्री.), मर्मठ, पीच, हनु (स्त्री.)।

ठुड्डी में पड़ने वाला गड्ढा : चाहे ज़क़न, चिबुक-कूपिका (स्त्री.)।

73.16. सं. जबड़ा, कल्ला, हनु (स्त्री.), हनुका (स्त्री.), हनू (स्त्री.)।

जबड़े की जड़ : हनुमूल।

जबड़े का जोड़ : वायस्तंतु।

जबड़े के नीचे से गले तक का भाग : कल्ला।

जबड़े का खुलना : हनुभेद।

जबड़े का ढीला पड़ना : हनुमोक्ष।

जबड़े का बैठना : हनुसंहति (स्त्री.), हनुसंहनन।

जबड़े से निकलने वाला स्वर : हनुस्वन।

वि. जबड़ेवाला : हनुमान्।

मजबूत जबड़ेवाला : हनुल।

जो जबड़े में हों : हानव्य।

73.17. सं. दाढ़ी (स्त्री.) (दे.500), दाढिका (स्त्री.), आस्यलोम, कूर्च, ख़ुदा का नूर, दाढ़ी (स्त्री.), पखा, मासुरी (स्त्री.), रेश (स्त्री.), शिंघण, शिंघाण, श्मश्रु।

काले और सफ़ेद बालों वाली दाढ़ी : खिचड़ी/कड़बड़ी दाढ़ी (स्त्री.)।

खिचड़ी दाढ़ी वाला आदमी : कड़बड़ा।

लंबी चौड़ी दाढ़ी : छाज सी दाढ़ी।

कटी-छँटी दाढ़ी : मुकत्ता दाढ़ी (स्त्री.)।

छोटी नोकदार दाढ़ी : जुलाहे की सी दाढ़ी।

फ़्रेंचकट दाढ़ी (स्त्री.)।

दाढ़ी के बाल : ख़त (निकल.), ख़त्त।

पहले पहल दाढ़ी के बाल उगना : ख़त/ख़त्त निकलना–।

दाढ़ी बाँधने की पट्टी : ढाटा (बाँध.), ढाठा, ढट्ठी (स्त्री.), ढाठी (स्त्री.)।

मूँछ (स्त्री.), मूछ (स्त्री.), मुच्छ (स्त्री.), मोंछ (स्त्री.), गुंफ, वालपुत्र, व्याघ्रलोम।

चिपकायी हुई मरोड़दार मूँछ : पैवंदी मूँछ (स्त्री.)।

मूँछों पर ताव देना–, मूँछे मरोड़ना–।

मूँछों का ऐंठना–/टेना–।

मूँछों का प्रारंभिक रूप : मस (स्त्री.), रेख (स्त्री.)।

पहले पहल मूँछों का उगना : मसें भीगना–/भींजना–, रेख आना–/भींजना–/भीनना–।

दोनों गालों पर मूँछ की सीध में रखे हुए बाल : गलमुच्छा, गलगुच्छा, गुंफ, गोंछ (स्त्री.)।

दाढ़ी-मूँछ (स्त्री.), ख़त, ख़त्त, व्यंजन, श्मश्रु।

नयी उगती दाढ़ी-मूँदें : ख़त, ख़त्त।

ख़त निकलने से चेहरे पर झलकने वाला हरापन : सब्ज़ा (झलक.)।

वि. दाढ़ी वाला, दढ़ियल, डढ़ियल, डड्ढार, डढयोरा, डढ़ार, श्मश्रुधर, श्मश्रुधारी, श्मश्रुल, सश्मश्रु।

बड़ी मूँछोंवाला : मुछंदर, मुछाकड़ा, मुछाड़िया, मुछियल, मुछैल।

दाढ़ी-मूँछोंवाला : श्मश्रुल।

बिना दाढ़ीवाला : अकूर्च।

बिना मूँछोंवाला : निमुछिया।

जिसके दाढ़ी-मूँछें न आयी हों : अजताश्मश्रु, बेरेश।

जिसने मूँछें मुड़ा ली हों : मुछमुंडा।

बिना दाढ़ी-मूँछोंवाला पुरुष : मकुना, मत्कुण, तुवर, तूबर, तूवर, तूवरक, श्मश्रुहीन।

73.18. सं. शला, गलक, गल (समास में), गुलू, गटई (स्त्री.), कंठ, कुहर, कृक, टेटुआ, नटई (स्त्री.), निगरण, वर्णस्थान, हलक़।

गरदन (स्त्री.), ग्रीवा (स्त्री.), ग्रीवालिका (स्त्री.), आप्वा (स्त्री.), कंधर, कंधरा, कंधि (स्त्री.), कंबुका (स्त्री.), नाड़ (स्त्री.), नार (स्त्री.), पश्चाद्‌घाट, मस्तकमूलक, मस्तमूलक, शिरोधरा (स्त्री.), शिरोधि (स्त्री.)।

सुंदर लंबी गरदन : सुराहीदार गरदन (स्त्री.), कंबुग्रीवा (स्त्री.) (दे.498)।

गले का निचला भाबा : गुद्‌दी (स्त्री.)।

गले में आगे की ओर निकली हुई हड्‌डी : घण्टी (स्त्री.), काकल, कौआ, टेंटुआ।

गले के नीचे की हड्‌डी : हँसली (स्त्री.), हँसिया (स्त्री.), जत्रु, जत्रुक, यत्रु (स्त्री.)।

गले और कंधे का जोड़ : घाँटी (स्त्री.), घेंटी (स्त्री.), कृकाटिका (स्त्री.)।

गरदन और सिर का जोड़ : कृकाटिका (स्त्री.)।

गरदन का ऊपरी भाग : काकिल, कृकाटिका (स्त्री.)।

गरदन का पिछला भाग : घाट, घाटिका (स्त्री.), घाटी (स्त्री.), मन्याका (स्त्री.)।

घुटकी (स्त्री.), घेघा, अन्नगति (स्त्री.), अन्ननलिका (स्त्री.), अन्ननाली (स्त्री.), अन्नप्रणाली (स्त्री.), अन्नवाही स्रोत, आहारनाल, खाद्‌यनलिका (स्त्री.), ग्रासनली (स्त्री.), निगरण, निगल, पोषिका (स्त्री.), gullet।

घुटकी का ऊपरी हिस्सा : गला, ग्रसनी (स्त्री.), phyarynx।

स्वरनालिका (स्त्री.), स्वरयंत्र, कंठ, कंठनाल, घोषित्र, टेंटुआ, हलक़, larynx।

स्वरनलिका का सिरा : काकलक।

स्वरसूत्र, स्वररज्जु (स्त्री.), vocal chord।

श्वासनली (स्त्री.), श्वासनलिका (स्त्री.), श्वासनाल, श्वासप्रणाल, कंठनाल, नाडीका (स्त्री.), windpipe।

श्वासनली की शाखा : श्वसनी (स्त्री.), श्वासनली (स्त्री.), फुप्फुसनाल, branchus।

वि. गाला-संबंधी, कंठ्य, ग्रेव, ग्रैवेय, ग्रैवेयक।

सुंदर गरदनवाला : ग्रीवी।

लंबी गरदनवाला : लमघिचा, ग्रीवी, विपुलग्रीव।

छोटी गरदनवाला : चिपिटग्रीव।

गला पकड़नेवाला : प्रातिकंठिक।

कंठरहित, अकंठ।

अ. आकंठ।

73.19. सं. कंधा, कंध, कल्सवर, अंश, अंस, अंसु, उपपक्ष, खवा, दोःशिखर, दोर्मूल, बाहुमूल, बाहुशिखर, भुजमूल, भुजशिखर, भुजशिर, भुजामूल, विरट, शाना, स्कंध।

कंधे का हिस्सा : स्कंधदेश, स्कंधप्रदेश।

कंधे की हड्डी : अंसफलक, नडक, स्कंधपीत, स्कंधशिर।

कंधे की हड्डियों के बीच का भाग : त्रिक।

कंधे और छाती के बीच का भाग : अंतरांस।

कंधे और बाँह का जोड़ : मोंढ़ा, मोढ़ा, चिरु, बाहुमूल, भुजमूल।

मोंढ़े के पास का भाग : पखुरा, पखुवा, पखौड़ा, पखौरा, पंखा, पँखुड़ा, पँखुरा।

मोंढ़े के नीचे का गड्ढा : काँख (स्त्री.), कँखौरी (स्त्री.), कक्ष, उपपक्ष, पुरंजर, बग़ल (स्त्री.), भुजकोटर।

काँख और कमर के बीच का पसलियोंवाला भाग : पाँजर, पंजर, पार्श्व, पाजस्य, पहलू, बग़ल (स्त्री.)।

पाँजर की हड्डी : पसली (स्त्री.), पँसुली (स्त्री.), पँसुरी (स्त्री.), पंजर, पँजरी (स्त्री.), पार्श्व, पार्श्वास्थि (स्त्री.), पर्शुका (स्त्री.), पार्शुका (स्त्री.), पासुरी (स्त्री.)।

वि. कंधा-संबंधी, स्कंध्य, अंस्य।

स्कंधयुका, स्कंधी।

कंधे से उत्पन्न होने वाला : स्कंधज।

दृढस्कंध, अंसल।

वृषस्कंध (दे.498)।

कंधे पर ढोने वाला : स्कंधवाह (दे.291)।

कंधे पर ढोने योग्य : स्कंधवाह्य (दे.291)।

73.20. सं. छाती (स्त्री.), अंतरंस, अंतरांस, आगा, उर, उरस्क, ऊध, कलेजा, कीलाल, क्रोड, क्रोडपाली (स्त्री.), गणपीठक, भुजांतर, भुजांतराल, वक्ष, वक्षण, वक्षस्थल, वक्षःस्थल, वत्स, सीना, हृदयस्थली (स्त्री.), हृद्देश, हृत्प्रदेश, हृदयस्थान।

चौड़ी छाती : छाता, उरकपाट, पीनवक्ष।

छाती की चौड़ाई : छाता।

छाती के भीतर का वह कोश जिसमें प्राणवायु रहती है: अपस्तंब, अपस्तंभ।

छाती के बीच का हिस्सा : असह।

छाती और पेट के बीच का गहरा भाग : धुकधुकी (स्त्री.), धकधकी (स्त्री.), धुगधुगी (स्त्री.)।

दिल, अग्रमांस, अर्पिस, असह, असु, कंतु, कलेजा, जीवाधार, त्रस, धुकधुकी (स्त्री.), पोटी (स्त्री.), बुका, बुक्क, बुक्का, बुक्की (स्त्री.), बूका, ब्रह्मपुर, मर्म, रक्ताशय, वृक्का (स्त्री.), स्तनांतर, हिय, हृत्पिंड, हृद्, हृदय (दे.197)।

हृदय का भीतरी भाग : अंतर्हृदय।

दिल की हरकत, धड़क (स्त्री.), धड़कन (स्त्री.) (हो.), धड़कना–, धड़का, धुकधुकी (स्त्री.) (लग.), हुकरपुकर (स्त्री.) (कर. हो.), हुकुरपुकुर (स्त्री.), हुकुरहुकुर (स्त्री.) (कर. हो.), हृदय का स्पंदन (हो.), हृदय की गति, हृत्स्पंदन (हो.), हृल्लास, हृल्लासक (दे.267)।

तेज़ धड़कन : धक (स्त्री.), धक-धक (स्त्री.) (हो.), धकधकी (स्त्री.) (लग.), धकधकाहट (स्त्री.) (हो.), धकपक (स्त्री.) (हो.) (दे.267)।

हृत्कंप (हो.) हृदयकंप, हृदयद्रव, हृदयपुरुष, हृद्द्रव, हृल्लास, हृल्लासक, हौलदिल, दिल का दौरा पड़ना–(दे.93), ख़फ़क़ान।

दिल धड़कने का शब्द : धड़क (स्त्री.), धड़का।

हृदय की गति रुकना–, हृत्स्तंभ (हो.), हृदयसंघट्ट।

हृदय का क्षेत्र : हृदयदेश।

हृदय का खात : हृदयाकाश।

फेफड़ा, फुप्फुस, फुफुस, फुसफुस, डिंब, तिलक, पुप्फुस, रक्तफेनज, वातफुल्लांत्र, श्लेष्मभू।

बायाँ फेफड़ा : अवहनन।

दायाँ फेफड़ा : कमल, क्लोम, तृषाभू (स्त्री.), तृषास्थान।

साँस (स्त्री.) (ले. खींच. छोड़. रोक.), उच्छिंघन, उदान, उसास (स्त्री.), दम (खींच. ले. छोड़.), वदनपवन, वदनमारुत, श्वसन, श्वसनसमीरण, श्वसित, श्वास (ले. खींच. छोड़. रोक.), श्वासा (स्त्री.)।

साँस लेना–, अनन।

खुलकर साँस लेना–, आश्वास।

साँस छोड़ना–, निःश्वसन, निःश्वास, अभिप्राणन, प्रश्वास, विनिश्वसित, समुच्छ्वास।

श्वास-प्रश्वास, श्वासक्रिया (स्त्री.), श्वसनव्यापार, अन।

ऊँची/गहरी/लंबी साँस, उसास (स्त्री.) (ले. भर. छोड़.), दीर्घनिःश्वास, दीर्घश्वास, निःश्वास, विनिश्वास, श्वसित, समुच्छ्वसित।

ठंडी साँस, उसास (स्त्री.)।

ज़ोर-ज़ोर से जल्दी-जल्दी साँस लेना : हाँपना–(दे.91), हाँफना, हलफ़ा चलना–।

वि. वक्ष-संबंधी, उरस्य।

चौड़े वक्षवाला : उरस, उरस्वान्, कपाटवक्षा, पीनवक्षा, महोरस्क, विततोरसि, व्यूढोरस्क (दे.498)।

हृदय-संबंधी, हार्द, हार्दिक, हृद्य।

हृदयवान् (दे.226)।

साँस लेता हुआ : श्वसान।

श्वासयुक्त, श्वसित।

जिसने लंबी साँस छोड़ी हो : समुच्छ्वसित।

स्पंदित।

73.21. सं. स्तन (पिला.पी.), स्तनकुड्मल, आँचल (दबा. दे.), उरज, उरजात, उरसिज, उरसिरुह, उरोज, उरोरुह, ऊध, कुच, कूच, चुचि (स्त्री.), चूची (स्त्री.), छाती (स्त्री.) (उभड़. दे.पिला. पी.), जोबन, (उठ. उभड़. ढल.), पयोधर, पिस्तान, बोबा, मम्मा, यौवनलक्षण, वक्षोज, वक्षोरुह।

नवोढा का निकलता हुआ स्तन : अँठली (स्त्री.), अंठी (स्त्री.), आँठी (स्त्री.), स्तनकलिका (स्त्री.), स्तनकोरक।

पीन पयोधर, सुपुष्ट स्तन, स्तनभर।

स्तनकलश, स्तनकुंभ।

स्तन की जड़ : स्तनमूल।

स्तन का उभाड़ : स्तनतट, पिस्ताँ।

स्तन का घेरा : स्तनमंडल, स्तनाभोग।

स्तन की पुष्टता : स्तनाभोग।

स्तन की घुंडी : स्तनकोटि (स्त्री.), स्तनचूचुक, स्तनमध्य, स्तनमुख, स्तनवृंत, स्तनशिखा (स्त्री.), स्तनाग्र, कुचमुख, कुचाग्र, चुचुक, चूचुक, चूचूक, चूची (स्त्री.), ढिपनी (स्त्री.), ढिपुनी (स्त्री.), ढेंप (स्त्री.), ढेंपनी (स्त्री.), ढेंपी (स्त्री.), ढेपनी (स्त्री), ढेपुनी (स्त्री.), नर्मठ, पिप्पल, पिप्पलक, भिटनी (स्त्री.)।

चूचूक के चारों ओर का ललछौंहा घेरा : स्तनरोहित।

स्तन का हिलना : स्तनवेपथु।

स्तन का लटकना : स्तनपतन।

दो स्तनों के बीच का भाग : स्तनांतर।

छाती का दूध, प्रस्रव, स्तन्य।

माँ का दूध, मातृस्तन्य, शीरे मादर।

स्तन का दूध पीना : स्तनपान (कर.), स्तनग्रह, स्तन्यपान।

स्तनपान कराना : स्तन्यदान (कर.)।

स्तनपान छोड़ना : स्तनत्याग (कर.), स्तन्यत्याग।

वात्सल्य के कारण स्तनों से दूध का बहना : स्तन्यस्राव।

वि. स्तनयुक्त, स्तनी।

जो स्तन में हो : स्तन्य।

स्तनों में दूध बढ़ानेवाला : स्तन्यजनन, स्तन्यद, स्तन्यदा (स्त्री.)।

लटकते स्तनोंवाली : लंबस्तनी (स्त्री.)।

73.22. सं. गोद (स्त्री.) (उठा. ले.), गोदी (स्त्री.), अंक, अंकपालि (स्त्री.), अंकपालिका (स्त्री.), अँकवार, अँकवारी (स्त्री.), आगोश, उत्संग, उपस्थ, ओल,

ओली (स्त्री.), कोरा, कोरी (स्त्री.), कोल, कोली (स्त्री.), क्रोड, न्यंचनी (स्त्री.), पालि (स्त्री.), भुजमध्य, भुजांतर, भुजांतराल।

गोद में लेना–/भरना–, अंक में लेना–/भरना–, ओलियाना–, कोली में लेना–/भरना–।

कनियाँ (स्त्री.), कनिया (स्त्री.)।

झुककर गोद का आकार बनाना : अंकबंध।

गोद में बच्चे का इधर से उधर होना : अंकपरिवर्तन।

वि. गोद में लिया हुआ : अंकभाक्, उत्संगित।

गोद में खेलनेवाला : गोद का।

73.23. सं. पेट, पिचंड, पिचिंड, उदर, कुक्ष, कुक्षि (स्त्री.), कोख (स्त्री.), कोठा, कोथला, कोष्ठ, गड्ढा, जठर, झौंद, तुंदि, फंड, फांड, भंडार, भंडारा, लाद (स्त्री.), वोद्र, शिकम।

पसलियों के नीचे पेट के दोनों बगल का स्थान : कोख (स्त्री.), कुक्षि (स्त्री), कुक्ष, कृत्स्न, अंतर्जठर।

पेट का आगे की ओर बढ़ा हुआ भाग : तोंद (स्त्री.) (निकल.), तुंद, तुँदियाना–, थोथ (स्त्री.), लाद (निकल.), लोमलताधार।

बड़ा पेट : ढींढ़, ढींढ़ा।

पेट के बीचोबीच का गड्ढा : ढोंढ़ी (स्त्री.), ढुंढी (स्त्री.), अहि, उदरावर्त, उदान, टुंडी (स्त्री.), तुण्डि (स्त्री.), तुण्डिका (स्त्री.), तुंडी (स्त्री.), तुंद, तुंदि (स्त्री.), तुंदिकर, तुंदिका (स्त्री.), तुंदी (स्त्री.), तोंदी (स्त्री.), नाफ़, नाभि (स्त्री.), बोड़री (स्त्री.), मध्यवृत्त, शिरामल, शिरामूल, सुर्रा (स्त्री.)।

पेट फटना–, भंडारा खुलना–।

उभड़ी हुई ढोंढ़ी : गोंड, नाभिकंटक, नाभिगडक, नाभिगोलक, नाभील।

गोंडवाला आदमी : गोंड।

ढोढ़ी का गड्ढा : कूपी (स्त्री.), तुंदकूपिका (स्त्री.), तुंदकूपी (स्त्री.), नाभील।

कूपी का मैल : कीट, कुण।

ढोंढ़ी के ऊपर कर रोमपंक्ति : रोमावलि (स्त्री.), रोमावली (स्त्री.), लोमालि (स्त्री), लोमाली (स्त्री.), लोमावली (स्त्री.)।

ढोंढ़ी के ऊपर पेट में पड़नेवाले तीन बल-त्रिवलि, त्रिबली, सिवली (स्त्री.), उदररेखा-पेटी (स्त्री.)

त्रिबली का तीसरा बल : ग्राहिका (स्त्री.)।

स्त्रियों के पेट का त्रिबलीवाला भाग : गुझरोट, गुझरौट, गुझरौटा।

ढोंढ़ी और मूत्रेंद्रिय के बीच का भाग : पेडू, उपस्थ, उपस्थल, उपस्थली (स्त्री.), जघन, तरेट, नाभील, वस्ति (स्त्री.), वातशीर्ष।

पेट के अंदर के अंग : उदर्य।

पेट की थैली : पोटा, पोटी (स्त्री.), उदराशय, ओझ।

पेट को घेरनेवाली झिल्ली : उदरावरण।

पेट की वह थैली जिसमें भोजन पचता है : आमाशय, अघौड़ी (स्त्री.), ओझ, ओझड़ी, ओझर, ओझरी (स्त्री.), कोठा, कोष्ठ, झोझर, पक्वाधान (दे.80), पक्वाशय, पक्तिस्थान, पचौनी (स्त्री.), पाकस्थली (स्त्री.), पेट, मेदा, शिकम।

उदरस्थ वायु : जठरवात, पुप्फुल।

अँतड़ी (स्त्री.) (निकल.), अंतस्थ, अंतावरी (स्त्री.), अंत्र, आँत (स्त्री.), आंत्र, ओझ, पुरीतत (स्त्री.), लाद (स्त्री.) (निकल.)।

छोटी आँत : क्षुद्रांत्र, तन्वंत्र, लहवंत्र।

बड़ी आँत : बृहदंत्र, कोष्ठ, स्थूलांत्र।

बड़ी आँत का निचला भाग : मलाशय, कोष्ठ, चुस्ता, पुरीषाधान।

आँतों का परदा : वपा (स्त्री.)।

पित्त बनानेवाली ग्रन्थि : यकृत्, कलेजा, कालक, कालखंज, कालखंजन, कालखंड, कालेय, जिगर, liver।

यकृत् का श्लैष्मिक आवरण : यकृत्कोष।

कड़वा तरल पदार्थ : पित्त, पलाग्नि (स्त्री.), अग्नि (स्त्री.), अनल, कांतिक, मायु, वैश्वानर, सफ़रा।

पित्त की थैली : पित्तकोश, पित्तकोष, पित्तस्थान, पित्ता, पित्ताशय, कोष्ठ।

पित्तप्रधान प्रकृति (स्त्री.), सफ़रावी मिज़ाज।

रक्तशोधक अंग : तिल्ली (स्त्री.), तिली (स्त्री.), तापतिल्ली (स्त्री.), तिलक, गुल्म, डिंब, प्लिहा, प्लीहा, spleen।

यकृत्/प्लीहा का क्षेत्र : स्रवंती (स्त्री.)।

गुदा (स्त्री.), गुद, गुदवदन, गुह्यद्वार, गूद, गाँड़ (स्त्री.), अधोद्वार, अधोमर्म, अधोमार्ग, अपस्कर, अपान, अपानद्वार, उपस्थ, चूत, चूत, चूति (स्त्री.), तनुह्रद, तनूहद, त्रिबलीक, पायु, पेंदी (स्त्री.), पोटी (स्त्री.), बुलि (स्त्री.), मलद्वार, मक़ाद (स्त्री.), वर्चोमार्ग, शकृद्द्वार, शृधु, साग़री (स्त्री.), सीध्र, हगनहटी (स्त्री.), हगनेटी (स्त्री.), हगनौटी (स्त्री.)।

गुदा के मुख का चमड़ा : गुदौष्ठ।

गुदा के मुख के वलय : विसर्जनी (स्त्री.); सर्जनी (स्त्री.)।

गुदा का भीतरी भाग : काँच (स्त्री.)।

वि. पेट-संबंधी, उदरक, उदर्य, औदर, औदरिक, औदर्य, जाठर, शिकमी।

पेट में पहुँचाया हुआ : उदरस्थ।

पेट के बल लेटनेवाला : उदरशय।

पेट के बल रेंगने वाला : उदरसर्पी।

तोंदवाला : तोंदल, तोंदियल, तोंदीला, तोंदू, तोंदूमल, तोंदैल, तुंदिक, तुंदित, तुंदिभ, तुंदिल, तुन्दिलीत, तुन्दी, तुंदैल, तुन्दैला, तुन्दैल, तुंदैला, तुंडिभ, तुण्डिल, तलोदर, उदरिक, उदरिल, उदरी, पिचण्डिक, पिचण्डिल, पिचिंडी, पृथूदर, पृथ्वीगर्भ, पेटल, प्रोदर, बड़पेटा, बृहत्कुक्षि, महोदर, लंबजठर, लंबोदर, वपोदर, विकुक्षि, शिकमी, सुमदुम, स्थूलोदर।

नाभि-संबंधी, नाभिल, नाभ्य।

उभड़ी हुई नाभिवाला : तुंडिभ, तुण्डिल, नाभिल।

अंत्र-संबंधी, आंत्र, आंत्रिक।

पित्तकृत, पित्तज, पित्तजनित, पैत्त, पैत्तिक, सफ़रावी।

पित्त को गलानेवाला : पित्तद्रावी।

पित्तनाशक, पित्तशमन, पित्तहर, पित्तहा, सफ़राशिकन।

73.24. सं. पीठ (स्त्री.), पीठि (स्त्री.), पार्ष्णि (स्त्री.), पुश्त (स्त्री.), पृष्ठ, पृष्ठदेश।

पीठ का मर्मस्थल : पृष्ठमर्म।

पीठ का मांस : पृष्ठमांस।

पृष्ठमांस खाना : पृष्ठमांसादन।

गरदन से कमर तक की अस्थि-शृंखला : रीढ़ (स्त्री.), रीढक, रीर (स्त्री.), अनूक, कशेरु, कशेरुका (स्त्री.), कषुरुका (स्त्री.), पृष्ठवंश, पृष्ठास्थि (स्त्री.), बाँसा, मेरुदंड, वंश, spine।

रीढ़ के नीचे का हिस्सा : त्रिक।

रीढ़रज्जु (स्त्री.), spinal chord।

पाँजर (दे.67.18)।

गुरदा, वृक्क, वृक्कक, वृक्का (स्त्री.), kidney।

वि. पृष्ठ-संबंधी, पृष्ठ्य।

पीठ के बल सोनेवाला : पृष्ठशय।

पीठ का मांस खानेवाला : पृष्ठमांसाद।

रीढ़वाला : कशेरुकी, मेरुदंडी।

73.25. सं. कमर (स्त्री.), कटि (स्त्री.), कटितट, कटी (स्त्री.), ककुद्मती (स्त्री.), कांचिगुणस्थान, कांचिपद, अवलग्न, तनुमध्य, त्रिक, नितंब, प्रोथ, मध्य, मध्यम, मध्यस्थान, रसायन, लंक, वरिक, वलग्न, विलग्न, श्रोणि (स्त्री.), श्रोणी (स्त्री.)।

कमर नचाना–/लचकाना–,कटिचालन।

कमर के दोनों ओर की हड्डी : कूल्हा, मालचक्रक, श्रोणिफल, श्रोणिफलक।

कूल्हा मटकाना—।

पेडू (दे.67.22)।

कमर के नीचे जाँघों के ऊपर पीछे की ओर का मांसल भाग : चूतड़, आरोह, उपस्थ, कटि (स्त्री.), कटिका (स्त्री.), कटिप्रदेश, कटिप्रोथ, कटीरक, कलत्र, घटिक, जघन, नितंब, पालि (स्त्री.), पोंद, फलक, रमण, रसनापद, वरिक, श्रोणि (स्त्री.), श्रोणिका (स्त्री.), श्रोणिफल, श्रोणी (स्त्री.), श्रोणीका (स्त्री.), सुरीन, स्थिक, स्फिक्, स्रोणि (स्त्री.)।

चूतड़ मटकाना—

नितंबवाला भाग : श्रोणिदेश।

गोल नितंब : नितंबबिंब, श्रोणिबिंब।

बड़ा नितंब : श्रोणिफल, श्रोणिफलक।

नितंब की गुरुता : जघनगौरव, नितंबभार।

नितंब की ढाल : श्रोणितट।

नितंब का मांसल भाग : पुट्ठा, पेशि (स्त्री.)।

पुट्ठे का चमड़ा : पुट्ठा।

नितंब पर का गड्ढा : जघनकूप, जघनकूपक, ककुंदर, कुकुंदर, कुकूंदर, कटीर।

वि. बड़े नितंबोंवाला : जघनी।

सुंदर नितंबोंवाली : नितंबिनी (दे.498)।

73.26. सं. जननेंद्रिय (स्त्री.), अंजि (स्त्री.), अभिसंदेह, अभिसंदोह, उपस्थ, कौलीन, गुप्तांग, गुह्य, गुह्येंद्रिय (स्त्री.), गूढ, गूढांग, शर्मगाह (स्त्री.)।

स्त्री—जननेंद्रिय : अधर, अपत्यपथ, अपथ, अपस्कर, अवाच्यदेश, उत्फुल्ल, कंदर्पकूप, गभ, जन्मवर्त्म, जरायु, जर्त, जर्तु, त्रिकोण, धारका (स्त्री.), पुष्पपथ, पुष्पपदवी (स्त्री.), प्रकृति (स्त्री.), प्रजनु (स्त्री.), प्राक्चरणा (स्त्री.), फ़र्ज (स्त्री.), बुलि (स्त्री.), भग, मदनगृह, मदनसदन, मदनातपत्र, मदनायुध, मदनालय, मन्मथालय, योनि (स्त्री.), रत, रतिकुहर, रतिगृह, रतिभवन, रतिमंदिर, वरांग, शर्मगाह (स्त्री.), संततिपथ, संसारपथ, संसारपदवी (स्त्री.), संसारमार्ग, संसारसरणि (स्त्री.), स्त्रीचिह्न, स्त्रींद्रिय (स्त्री.), स्त्रीलिंग, स्त्रीव्रण, स्मरकूप, स्मरकूपक, स्मरकूपिका (स्त्री.), स्मरगृह, स्मरध्वज, स्मरमंदिर, स्मरागार।

संकीर्ण योनि : सूचीवक्त्रा (स्त्री.)।

योनि के अंदर की गाँठ : योनिफूल।

योनि का अग्रभाग : मणिक।

योनि का बाहरी किनारा : भगोष्ठ, अधर।

भगोष्ठों के ऊपर के संधिस्थल के पास का भाग : टना, टनी (स्त्री.), टीटा, भगनासा (स्त्री.), भगशिश्निका (स्त्री.), मणि, स्मरच्छद।

बच्चादानी (स्त्री.), बच्चादान, उल्ब, कुक्षि (स्त्री.), कुष्मांड, कुष्मांडक, कोख (स्त्री.), गर्भकोश, गर्भकोष, गर्भवास, गर्भशय्या (स्त्री.), गर्भस्थली (स्त्री.), गर्भागार, गर्भाशय, जठर, जरायु, डिंब, धरन (स्त्री.), फूल, योनि (स्त्री.), रहिम, womb।

डिंबाशय, अंडाशय, डिंबग्रन्थि (स्त्री.), uterus।

पुरुष-जननेंद्रिय : अंधु, अवस्थ, आगा, इंद्रिय (स्त्री.), इंद्री (स्त्री.), कंदर्पमुषल, कंदर्पमुसल, कामलता (स्त्री.), कामांकुश, कामायुध, कौपीन, ज़कर, जघन्य, ध्वज, नफ़्स, नरंग, नरांग, नागलता (स्त्री.), पुंलिंग, पुंश्चिह्न, पुरुषांग, पुरुषेंद्रिय (स्त्री.), पौरुष, प्रकृति (स्त्री.), फ़लाँ, मथी, मदनांकुश, मूत्रेंद्रिय (स्त्री.), मेढ्र, मेहन, रत, रतिसाधन, राजचिह्न, ललाक, लांगुल, लिंग, लिंगेंद्रिय (स्त्री.), लोल, शर्मगाह (स्त्री), शस्तक, शिश्न, शेप, शेफ, शेव, साधन, सेफ, स्मरध्वज, स्मरस्तंभ, स्मरांकुश।

बच्चों का शिश्न : नूनी (स्त्री.), मुत्ती (स्त्री.)।

शिश्न का अग्रभाग : सुपारी (स्त्री.), मणि, लिंगमणि, लिंगमुंड।

लिंगमुंड का आवरण : छिछड़ी (स्त्री.), लिंगाग्रचर्म।

छिछड़ी का फट जाना : अवपाटिका (स्त्री.)।

जिसके जन्म से छिछड़ी न हो : दुश्चर्मा, द्विनग्नक, वंड, शिपविष्ट, शिपिविष्ट।

शिश्न का मैल : पुष्पिका (स्त्री.)।

शिश्न के नीचे से गुदा तक की रेखा : सीवन, सीवनी (स्त्री.)।

सीवनी के प्रकार : ऋजुग्रंथि (स्त्री.); गोफणिश; तुल्लसीवनी (स्त्री.); वेल्लित।

अंडकोश, अंडकोष, अंडकोषक, अंड, अंडक, आंड, आँड़, आँड़ी (स्त्री.), कोशक, कोशांड, ख़ाया, खुसिया, पेल, पेलक, फलकोश, फलकोष, फ़ोता, बीजकोष, बैजा, मुष्क, रमण, वृषण, शेप, शेफ।

उपस्थ पर के बाल : काला बाल, पशम, शष्प, शस्प।

पेशाब की थैली : मूत्राशय, मसाना, कमल, कूपुषु, कोष्ठ, फुकना, वस्ति (स्त्री.), वस्तिकोश।

मूत्राशय का ऊपरी भाग : वस्तिशिर, वस्तिशीर्ष।

मूत्रनली (स्त्री.), मूत्रनलिका (स्त्री.), मूत्रपथ, मूत्रप्रसेक, मूत्रमार्ग, नल, नला, स्पंदनी (स्त्री.)।

वि. लिंग-संबंधी, लैंग, लैंगिक।

जिसका लिंगाग्रचर्म कटा हो : चण्डिक।

बड़े अंडकोशवाला : प्रलंबांड, मुष्कर।

73.27. सं. जाँघ (स्त्री.), जंघा (स्त्री.), जाघनी (स्त्री.), जानू, उरु, ऊरु, नलकिनी (स्त्री.), प्रसृता (स्त्री.), प्रेष्ठा (स्त्री.), रान (स्त्री.), सक्थि (स्त्री.)।

जाँघ का अगला भाग : अग्रजंघा (स्त्री.)।

जाँघ का निचला भाग : प्रजंघा (स्त्री.)।

जाँघ की हड्डी : ऊरुफलक, पूर्वनडक, सक्थि (स्त्री.)।

पेड़ू और जाँघ का जोड़ : उरुसंधि (स्त्री.), ऊरुमूल, काछ, चड्डा, चड्ढा, पट्टा, वंक्षण, वाटी (स्त्री.)।

पैर, पाँव, पावँ, पाँयँ, पायँ, पा, पैंयाँ, पैयाँ, पद्, पद, पाद, पादक, पग, अंघ्रि, अंघ्रिनाम, अंघिनामक, अंहि, अधमांग, क़दम, क्रमण, गोड़, चरण, टँगड़ी (स्त्री.), टँगरी (स्त्री.), टाँग (स्त्री.), नलकिनी (स्त्री.), लात (स्त्री.)।

कमल के समान पैर : चरणकमल, चरणपद्म, चरणारविंद, पदकंज, पदकमल, पदपंकज, पदपद्म, पदांभोज, पदाब्ज, पदारविंद, पादकमल, पादपपंकज, पादपद्म, पादारविंद।

दोनों पैर : पादद्वय, चरणयुग, चरणयुगल।

जाँघ और पैर के बीच का जोड़ : घुटना, घुटनी (स्त्री.), घुटुरू, अंघ्रिस्कंध, अष्ठीवन, उरूपर्व, कुर्पर, कूर्पर, जानू, ठेहुना, नलकील, पर्वक।

घुटने का जोड़ : पर्वक।

घुटने के जोड़ पर की गोल हड्डी : खुरिया (स्त्री.), जांबील, फूल।

घुटने की वह हड्डी जो जाँघ और पैर को जोड़ती है : जानुफलक, जानुमंडल।

घुटने के नीचे का भाग : अपस्कार।

पैर के पीछे का मांसल भाग : पिंडली (स्त्री.), पिंडी (स्त्री.), पिण्डिका (स्त्री.), पिंडी (स्त्री.), पिचण्डिका (स्त्री.), अहिस्कंध, जंघा (स्त्री.), फीली (स्त्री.)।

घुटने के नीचे की लंबी हड्डी : नरहड़ (स्त्री.), नरहर (स्त्री.), नला, कांड।

एड़ी के ऊपर निकली हुई हड्डी की गाँठ : टखना, अंघ्रिस्कंध, अंहि, गट्टा, गुट्ठी (स्त्री.), गुल्फ, घुंट, घुंटक, घुंटिका (स्त्री.), चरणग्रन्थि (स्त्री.), चरणपर्व, चरणपर्वण, पादग्रन्थि (स्त्री.), पादजाह, पादमूल, पादाष्ठील, मुद्धा, मुरवा।

टखने और पिंडली के बीच का भाग : मोज़ा।

तलवे का टखने के नीचे का भाग : एड़ी (स्त्री.), एड़ (स्त्री.), गोहिर, पादजाह, पादमूल, पार्ष्णि (स्त्री.), पृष्णि (स्त्री.)।

पैर की उँगली : पादांगुलि (स्त्री.), पादांगुली (स्त्री.), पादशाखा (स्त्री.), पदज, तलांगुलि (स्त्री.)।

पैर का अँगूठा : पादांगुष्ठ, अग्रपाद।

पैर की उँगली का नख : पादनख।

पैर का अगला भाग : पंजा, पादाग्र, पादांत, प्रपद।

पैर का ऊपरी भाग : पदार, पदालिक।

पैर के नीचे का भाग : तलवा, तली (स्त्री.), कफ़े पा, चरणतल, पदतल, पदमूल, पदांत, पादजाह, पादतल, पादभाग, पादमूल।

तलवे का वह भाग जो ज़मीन पर पड़ता है : पौलि (स्त्री.), पौली (स्त्री.)।

पैर का निशान : चरणचिह्न, चरणन्यास, पदचिह्न, पदन्यास, पदविक्षेप, पदस्थान, पदांक, पादमुद्रा (स्त्री.), पादांक, पौली (स्त्री.)।

पैर का निशान डालना : पदविष्टंभ।

पैर के निशानों की क़तार : पदपद्धति (स्त्री.)।

पाँव की धूल : चरणधूलि (स्त्री.), चरणरज (स्त्री.), पदधूलि (स्त्री.), पदरज (स्त्री), पादरज (स्त्री.)।

पैर धोना–, पादप्रक्षालन, पादावसेवन।

पैर धोने का पानी : पदार्घ्य, पादांबु, पादांभ, पादावसेवन, पाद्य।

पैरों में लगाने का घी/तेल : पादाभ्यंजन।

पैर की धमक : आहट (स्त्री.) (ले. पा. मिल.), आरव, चाप (स्त्री.), पदशब्द, पादशब्द।

पाँव रखने का स्थान : पायदान, पाँवदान, चरणोपधान।

पाँव रखने की चौकी : पदासन, पादनिकेत, पादप, पादपीठ, पादप्रतिष्ठान, पादासन।

वि. मांसल जाँघों वाला : व्यूढोरु।

चौड़ी जाँघों वाला : फलकसक्थ।

जंघाहीन, अनूरु, विजंघ।

पाँव-संबंधी : पद्य, पाद्य।

पदरहित, अतिपद।

पैरवाला, पादी।

लंबी टाँगोंवाला : लमगोड़ा, लमटँगा।

पैर से उत्पन्न : पदज।

पंजा-संबंधी : प्रपदीन।

घुटने तक लंबा : आजानुलंबी।

अ. घुटने तक : आजानु।

पाँव तक/से : आपाद।

घुटनों के बल : बकैअन (दे.282)।

73.28. सं. हाथ, (समास में) हथ, हस्त, हस्तक, कंगुल, कर, करक, कुलि, गभस्ति, ग्रहण दक्त, दोषा (स्त्री.), पंचशाख, पाण, पाणि, पाणी, प्रगह, प्रवेष्ट, बाजू, भुज, भुजा (स्त्री.), यद, शबर, शम, शय।

कंधे से कुहनी तक का भाग : बाँह (स्त्री.), बाँही (स्त्री.), बाजू, बाह, बाहा (स्त्री.), बाहु (स्त्री.), बृहन्नल, अभीशु, अभीषु, अरलि, ईर्म, ढुंढी (स्त्री.), दोःन्यग्रोध, प्रकांड, प्रगंड, भरित्र, पुश्क (स्त्री.), मुसुक (स्त्री.), शाखा (स्त्री.)।

हाथ का अगला भाग : अग्रकर, अग्रहस्त, प्रबाहु, भुजाग्र, हस्ताग्र।

सुदृढ हाथ : दोर्दंड, बाहुदंड, भुजदंड, भुजयष्टि (स्त्री.)।

लता के समान हाथ : भुजलता (स्त्री.)।

पल्लववत् हाथ : करपल्लव, पाणिपल्लव, भुजदल, भुजादल।

कमलवत् हाथ : करकमल, करपंकज, करपद्म।

दायाँ हाथ : प्रवेष्टक।

बायाँ हाथ : यसार, सौम्य।

मुट्ठी बँधा हाथ : अरत्नि।

हाथ की लंबी हड्डी : नला, कांड।

हाथ और बाहु का जोड़ : कुहनी (स्त्री.), केहुनी (स्त्री.), कोहनी (स्त्री.), कपोणि (स्त्री.), कफणि (स्त्री.), कफोणि (स्त्री.), कुर्पर, कूर्पर, अरत्नि, भुजामध्य।

कुहनी से कलाई तक का भाग : पहुँचा, प्रकोष्ठ, अग्रकर, उपबाहु, हस्तपुच्छ।

हथेली और पहुँचे के बीच जोड़ के ऊपर का भाग : कलाई (स्त्री.), करमूल, कलाचिक, कलाची (स्त्री.), कुहँचा, गट्टा, पर्वभाग, पाणिमूल, प्रवेष्ट, मणि, मणिबंध।

कलाई के पास की वह धमनी जिसकी फड़कन से रोग-निदान किया जाता है : नब्ज़ (स्त्री.) (चल. देख.), नाडी (स्त्री.) (चल. देख.)।

नब्ज़ की फड़कन : स्नायुस्पंद।

नब्ज़ देखना—, नाडीपरीक्षा (स्त्री.) (कर.)।

कलाई के नीचे का भाग : कन्युष।

हाथ की गद्दी जिसमें उँगलियाँ होती है : हथेली (स्त्री.), हस्ततल, कफ़, कफ़दस्त, करतल, करतली (स्त्री.), गदेली (स्त्री.), तली (स्त्री.), पंजा, पाणितल, प्रतल, प्रहस्त, फलक।

फैलायी हुई उँगलियों के साथ हथेली : अलंबुष।

हथेली पर की रेखा : हस्तरेखा (स्त्री.), पाणिरेखा (स्त्री.)।

हथेली की पीठ : अवहस्त, करपृष्ठ, करभ, हस्तपृष्ठ।

उँगली (स्त्री.), उंगल, अंगुरी (स्त्री.), अँगुरिया (स्त्री.), अँगुरी (स्त्री.), अंगुल, अंगुलि (स्त्री.), अंगुलिका (स्त्री.), अंगुली (स्त्री.), अँगुली (स्त्री.), अंगुश्त, अग्रकर, अग्रहस्त, अभीशु, अभीषु, आँगुल, करज, करपल्लव, करशाखा (स्त्री.), करशूक, दीधिति (स्त्री.), पाणिपल्लव, भुजदल, भुजादल, शक्करी (स्त्री.), शलाका (स्त्री.), हस्ताग्र।

सबसे मोटी और छोटी उँगली : अँगूठा, अंगुष्ठ, अंगुश्ते नर, कुतक, कुतका, घण्टा, ठेंगा, ठोसा, वृद्धांगुलि (स्त्री.), वृद्धांगुष्ठ, हूठा।

अँगूठे की जड़ : अंगुष्ठमूल, ब्राह्मतीर्थ, वेधस।

अँगूठे का नाख़ून : अंगुष्ठ्य।

अँगूठा चूसना : अंघ्रिपात, लालापान।

अँगूठे के पास की उँगली : तर्जनी (स्त्री.), तरिता (स्त्री.), देशिनी (स्त्री.), प्रदेशनी (स्त्री.), प्रदेशिनी (स्त्री.), प्रादेशिनी (स्त्री.)।

बीच की उँगली : मध्यमा (स्त्री.), मध्या (स्त्री.), कर्णिका (स्त्री.), ज्येष्ठा (स्त्री.), बिचली उँगली।

मध्यमा के पास की उँगली : अनामिका (स्त्री.), अनामा (स्त्री.), अनामक, उपकनिष्ठिका (स्त्री.), सावित्री (स्त्री.)।

सबसे छोटी उँगली : कानी उँगली (स्त्री.), कन उँगली (स्त्री.), कनगुरिया (स्त्री.), कनिष्ठा (स्त्री.), कनिष्ठिका (स्त्री.), कनिष्ठिक, कठिनिका (स्त्री.), कठिनी (स्त्री.), कनीनिका (स्त्री.), कनीनी (स्त्री.), कन्यसा (स्त्री.), छिंगुनिया (स्त्री.), छिंगुनी (स्त्री), छिंगुलिया (स्त्री.), छिंगुली, छिगुनी, छिगुली, छगुनीय, छगुनिया, छँगुलिया (स्त्री.), छँगुली (स्त्री.), टेनी (स्त्री.)।

पाँचों उँगलियाँ : अंगुलिपंचक, अंगुलीपंचक।

उँगली का जोड़ : गाँठ (स्त्री.), ग्रन्थि (स्त्री.), संधि (स्त्री.), पोर (स्त्री.), पर्व, अंगुलिपर्व, अंगुलीपर्व, परग्रन्थि (स्त्री.)।

जोड़ों के बीच का भाग : पोर (स्त्री.), पर्व, परग्रन्थि (स्त्री.), अंगुलिपर्व, अंगुलीपर्व।

उँगली की नोक : पोटा, अंगुलिमुख, अंगुलीमुख, अंगुल्यग्र, तीर्थ, त्रैदशिक।

उँगली चटकाना–/चुटकाना–/फोड़ना–, अंगुलिमोटन, अंगुलिस्फोटन, आच्छोटन, पर्वास्फोट, पुच्छटि (स्त्री.), पुच्छटी (स्त्री.) (दे.105)।

उँगली चमकाना–(दे.100)।

अँगूठे और बिचली उँगली के योग से ध्वनि करना : चुटकी (स्त्री.) (दे.बजा), चुटुकी (स्त्री.), चटकारी (स्त्री.) (दे.), अंगुलिमोटन, अंगुलिस्फोटन, छोटिका (स्त्री.)।

चुटकी से पकड़ना–, चुटकी लगाना–।

(किसी वस्तु की अत्यल्प मात्रा) चुटकी (स्त्री.) (दे.611)।

अँगूठे और तर्जनी से चमड़े को पकड़कर दबाना : चिकोटी (स्त्री.) (काट.) (दे.399)।

मुड़ी हुई उँगली की मार : ठोंग (स्त्री.), ठोंगना–, खुदका (मार.)।

उँगलियों/उँगली का निशान : अंगुलिछाप (स्त्री.) (दे.587)।

नाख़ून (काट.), नाखुन, नख, नखबान, नखर, अंगुलिसंभूत, अंगुलीसंभूत, करकंटक, करज, करभ, कररुह, करेट, करवाल, कामांकुश, कुलिज, चंद्रक, चंद्रकारक, पाणिज, पाणिरुट्, पाणिरूह, पुनर्णव, पुनर्नव, पुनर्भव, भुजाकंट, स्मरांकुश।

नाख़ून की जड़ : नखजाह।

नाख़ून का अगला भाग : अग्रनख, प्रणख।

नाख़ून के ऊपर/बगल की चमड़ी : सुतड़ा, सुतरा।

नाख़ून से खरोंचना : नखियाना–, नखोटना–, नाख़ून मारना–।

दो उँगलियों के बीच की जगह : अंटी (स्त्री.), घाई (स्त्री.)।

अँगूठे और तर्जनी के बीच की जगह : आँट, पित्र्य।

दोनों हथेलियों को मिलाकर बनाया हुआ गड्ढा : अँजुरी (स्त्री.), अँजुलि (स्त्री), अँजुली (स्त्री.), अंजरि (स्त्री.), अंजल, अंजलि (स्त्री.), अंजलिपुट, अंजली (स्त्री.), ओक, करकलश, करपात्र, करपुट, करसंपुट, प्रांजलि (स्त्री.), संत, संहततल, संहतल, सिंहतल, सिंहताल, सिंहतालाख्य, हास्तमुकुल।

नीचे झुकायी हुई अँजुरी : न्यंजलिका (स्त्री.)।

उँगलियों को थोड़ा मोड़कर गहरी की हुई हथेली : चुल्लू, चुलुक, चुलूक, चुल्लक, करकोष, गंडूष, गंडूक, पाणिपुट, पाणिपुटक।

चुल्लूभर पानी : चलुक।

उँगलियों को मोड़कर हथेली पर दबा लेने से बनी हाथ की मुद्रा : मुट्ठी (स्त्री), मूठ (स्त्री.), मूठि (स्त्री.), मुठिका (स्त्री.), मुठी (स्त्री.), मुश्त, मुष्टि (स्त्री.), मुष्टिका(स्त्री), मूठी (स्त्री.), संग्राह।

वि. हस्त-संबंधी, हस्त्य।

हस्तनिर्मित, हास्त।

हाथ में लेकर पीनेवाला : पाणिपात्र।

हाथ से खानेवाला : पाणिमुख।

बायें हाथ से काम करने वाला : खब्बा, बयँहत्था, वामहस्तिक।

लंबी भुजाओंवाला : अतिबाहु, आजानुबाहु, युगबाहु।

टेढ़ें हाथवाला : कोणि, वक्रहस्त।

जिसके पंजे में छः उँगलियाँ हों : छाँगुर, छंगा, छंगू, छँगुरा, छटंगा।

उँगली से उत्पन्न : अंगुलिसंभूत।

अंगुलिरहित, अनंगुरि, अनंगुलि।

अँगूठे के बराबर : अंगुष्ठमात्र, अंगुष्ठमात्रक।

अंजलिबद्ध, करबद्ध, कृतांजलि, प्रांजलि, प्रांजलिक, प्रांजली, बद्धांजलि, संहतांजलि।

अंजलिगत।

चुल्लूभर, चलुक।

जिसके नख हों : नखी।

नखरहित, अनख।

73.29. सं. चमड़ा (दे.484), चमड़ी (स्त्री.), चर्म, चाम, अजिन, असृग्धरा (स्त्री), असृग्धारा (स्त्री.), खल्ल, खल्लड़, खलड़ी (स्त्री.), खाल (स्त्री.) (उतार. खींच), खलियाना–, छादिनी (स्त्री.), छाल (स्त्री.), छाला, जिल्द (स्त्री.), त्वक्, त्वचा (स्त्री), त्वच्, दृति (स्त्री.), देहकोष, पोस्त, मांसहासा (स्त्री.), रक्ताधार, रोमभूमि (स्त्री.), वर्ध्र, वेदनी (स्त्री.), शकल, शरीरावरण, शल्ल, शिपि (स्त्री.), संछादनी (स्त्री.), स्पर्शनक, स्पर्शेंद्रिय (स्त्री.) (दे.119)।

चमड़े की ऊपरी परत : अवभासिनी (स्त्री.)।

चमड़े की भीतरी पतली परत : झिल्ली (स्त्री.) (दे.480), कला (स्त्री.)।

चमड़े की सिकुड़न : झुर्री (स्त्री.), झुर्रियाँ पड़ना–, चर्मतरंग (स्त्री.), बलि (स्त्री), बली (स्त्री.), मांसलता (स्त्री.)।

चमड़े का सूखापन : त्वक्पारुष्य।

वि. चर्म-संबंधी : चार्म।

चर्ममय (दे.484)।

73.30. सं. रोयाँ, रोआँ, रोंगटा, रोम, रोमिका (स्त्री.), अंकुर, अंगरुह, गात्ररुह, चर्मज, तनुज, तनुरुह, तनूरुह, बाल, मांसनिर्यास, मू, लोम।

रोयें का सिरा : रोमाग्र।

रोमपंक्ति (स्त्री.), रोमराजी (स्त्री.), रोमलता (स्त्री.), रोमाली (स्त्री.), रोमावलि (स्त्री.), रोमावली (स्त्री.), लोमराजि (स्त्री.), लोमावली (स्त्री.)।

रोंगटे खड़े होना–, रोमांच होना–(दे.234)।

त्वचा का वह छेद जिससे रोयाँ निकलता है : रोमकूप, रोमद्वार, चर्मकूप, तनुकूप, लोमकूप, लोमगर्त, लोमरंध्र, लोमविवर, स्वेदायन।

वि. रोयेंदार, रोमश, रोमिल, पक्ष्मल, बालदार, लोमश।

ज़्यादा रोयेंदार : अतिरोमश, अतिलोमश।

जिसके रोंगटे खड़े हों : प्रहृष्टरोमा (दे.234)।

लोमरहित, अलोमक, निर्लोम, निर्लोमा, निर्लोम्नी (स्त्री.), विरोम, विरोमा।

73.31. सं. मांस, मेदस्कृत, अमिष, अस्रज, आमिष, उद्घस, कर्दम, कीर, कीलालज, कुल्य, क्रव्य, गोश्त, जंगल, जांगल, तरस, पल, पलल, पिशित, रक्तभव, रस्य, लहम, शुष्कल, शुष्कली (स्त्री.)।

मनुष्य का मांस : नरमांस, महामांस।

मांसपेशी (स्त्री.), पुट्ठा (स्त्री.), पेशि (स्त्री.), पेशी (स्त्री.), पेशीतंतु, लसिका (स्त्री.), स्नसा (स्त्री.), स्नायु (स्त्री.), स्नाव, स्नावन, स्नु (स्त्री.),।

वि. मांसयुक्त, मांसल, अतिमांस, लहमी, लहीम, समांस।

मांसरहित, अपल, अमांस, अमांसक, निर्मांस।

73.32. सं. चरबी (स्त्री.), चर्बी (स्त्री.), बसा (स्त्री.), मांसज, मांसतेज, मांससार, मांसस्नेह, मेद, वपा (स्त्री.), वसा (स्त्री.), विस्र, विस्रा (स्त्री.), शहम (स्त्री), स्नेह, स्नेहवर, हिंस्रा (स्त्री.)।

वि. चरबीदार, चरबा, शहीम।

जिसके बदन में चरबी अधिक हो : मेदस्वी, मेदुर।

73.33. सं. रक्त, रकत, रक्तक, रंगक, रसतेज, रसभव, रससंभव, रस्य, रुधिर, रोहित, अंकुर, अंगज, अंब, असृक्,अश्र, अस्र, आस्र, किंकिरा (स्त्री.), कीलाल, क्षतज, ख़ून, चर्मज, जीवशोणित, तेजोज, त्वग्ज, पलक्षार, प्राणद, बुक्का, मांसकारी, लहू, लोह, लोहित, लोहू, विस्र, शोण, शोणित, सिरांबु, स्वज, हिरोदक।

रक्त का तरल अंश : अस्रांबु, प्ररस, प्रलसी (स्त्री.), प्लाविका (स्त्री.), रक्तरस, plasma।

रक्त को जमने से रोकनेवाला तत्त्व : रुधिर सीरम, रक्तमस्तु, रक्तांबु, अंबु, अस्रमातृका (स्त्री.), आहारसंभव, चर्मोदक, चेप, भोज्यसंभव, लस (स्त्री.), लसिका (स्त्री.), लसी (स्त्री.), लसीका (स्त्री.), शरीरस, सौम्य, serum।

रुधिरकणिका (स्त्री.), रुधिराणु।

लाल रुधिरकणिका (स्त्री.), लाल रुधिराणु।

लाल रुधिराणु का रंजक तत्त्व : रुधिरवर्णिका (स्त्री.), शोणवर्तुलि (स्त्री.), haemoglobin।

श्वेत रुधिरकणिका (स्त्री.), श्वेत रुधिराणु।

ख़ून का दौरा, रक्ताप्रवाह, रक्तसंचलन, रुधिर परिसंचरण।

ख़ून निकलना–, रक्तस्राव (हो.), अतिवृत्ति (स्त्री.)।

ख़ून बहाना–, रक्तपात (कर.) (दे.65)।

ख़ून का थक्का बनना–, रक्त आतंच।

घाव से रिसनेवाला पानी : कचलोहू।

रक्तचाप, रक्तदाब (घट. बढ़.)।

निम्न/उच्च रक्तचाप।

रुधिर शर्करा (स्त्री.)।

रक्तवर्ग, रुधिरवर्ग : 'ए'; 'बी'; 'ए बी'; 'ओ'।

रक्तदान; रक्तदान–शिविर।

रक्तनिधि (स्त्री.), रक्तदान बैंक, blood bank।

ख़ून/रक्त चढ़ाना–, रक्तक्षेपण, रक्तसंक्रामण, रक्ताधान।

शरीर से दूषित रक्त निकालना : फ़स्द (स्त्री.) (खोल. ले.), रक्तमोक्षण (कर), रक्तमोचन, सिरामोक्ष, सिरावेध, सिरावेधन, सिराव्यध, सिराव्यधन।

रुधिरविज्ञान, haematology।

वि. ख़ूनी (दे.65)।

रक्तिम (दे.505.1)।

रक्तहीन, अरक्त।

73.34. सं. रक्तनलिका (स्त्री.), रक्तवाहिनी नली (स्त्री.), रक्तवाहिनी शिरा (स्त्री.), रुधिरवाहिका (स्त्री.), रग (स्त्री.), असृग्वहा (स्त्री.), तंतुकी (स्त्री.), नस (स्त्री), नब्ज़ (स्त्री.), नाडि (स्त्री.), नाडिका (स्त्री.), नाडी (स्त्री.), सिरा (स्त्री.), हिंस्रा (स्त्री), blood vessel।

छोटी नाडी, उपनाडी (स्त्री.), प्रतिनाडी (स्त्री.)।

रक्त को हृदय से केशिकाओं तक ले जाने वाली वाहिका : धमनी (स्त्री.), धमनि (स्त्री.), धामनिका (स्त्री.), धामनी (स्त्री.), जीवितिज्ञा (स्त्री.), नाडी (स्त्री.), नाडि (स्त्री.), नाडिका (स्त्री.), वंशी (स्त्री.), संचलनाडी (स्त्री.), artery।

रक्त को हृदय तक वापस ले जाने वाली वाहिका : शिरा (स्त्री.), सिरा (स्त्री.), हिरा (स्त्री.), vein।

सूक्ष्म रक्तवाहिका (स्त्री.), केशिका (स्त्री.), सुरंगिका (स्त्री.), capillary।

रक्तवाहिकाओं का समूह : शिराजाल।

चैतन्यवाहिनी नाडी : तंत्रिका (स्त्री.), चेता (स्त्री.), nerve।

तंत्रिकाविज्ञान, तांत्रिकी (स्त्री.), चेताविज्ञान, चैतिकी (स्त्री.), नाडीशास्त्र, neurology।

अस्थियों/उपास्थियों को जोड़ने वाला तंतु : स्नायु (स्त्री.), स्नाव, स्नावन, स्नसा (स्त्री.), संधिप्रबंधन, संधिबंध, संधिबंधन, अस्थिबंधन, अस्थिरज्जु (स्त्री.), नस (स्त्री.), नाडी (स्त्री.), बंध, बंधनी (स्त्री.), रग (स्त्री.), वस्नसा (स्त्री.), वाजरज्जु (स्त्री.), ligament।

मांसपेशी को अस्थि से जोड़ने वाला तंतु : कंडरा (स्त्री.), मांसरज्जु (स्त्री.), मोटी नस, महानाडी (स्त्री.), महास्नायु (स्त्री.), tendon।

हठयोग के अनुसार नाडियाँ : रीढ़ के बायीं ओर–इडा (स्त्री.), इला (स्त्री.), इंगला (स्त्री.)।

रीढ़ के दायीं ओर–पिंगला (स्त्री.), अनली (स्त्री.)।

इडा और पिंगला के बीच–सुषुम्णा (स्त्री.), सुषुम्ना (स्त्री.) (दे.308)।

स्नायुओं का समूह : तंत्रिकातंत्र, चेतासंहति (स्त्री.), नाडीतंत्र, नाडीमंडल, नाडीसंस्थान, स्नायुमंडल, स्नायुसंस्थान, nervous system।

वि. शिरा-संबंधी, शिराल।

तंत्रिका-संबंधी, तंत्रिक, तंत्रिकीय, चैत।

स्नायु-संबंधी, स्नायविक।

73.35. सं. हड्डी (स्त्री.), हड्ड, हाड़, (समास में) हड़, अस्थि (स्त्री.), करंक, कर्कर, कीकस, कुल्य, गंडु, देहधारक, मज्जाकर, मेदोज, शलाका (स्त्री.), शल्य, सक्थि (स्त्री.), सक्थी (स्त्री.), सार।

नलाकार हड्डी : नलक, नली (स्त्री.), कंबु, कांड, वंश।

हड्डी का ऊपरी हिस्सा : अध्यस्थ।

हड्डी के ऊपर निकलने वाली हड्डी : अध्यस्थि (स्त्री.)।

हड्डी के भीतर का छेद : नडक।

हड्डी का जोड़ : अस्थिसंधि (स्त्री.)।

उपास्थि (स्त्री.), कास्थि (स्त्री.), कोमलास्थि (स्त्री.), तरुणास्थि (स्त्री.), तरुण।

नली के अंदर का गूदा : मज्जा (स्त्री.), मज्ज, मज्जन, मूलधातु (स्त्री.), अस्थिकृत्, अस्थिज, अस्थितेज, अस्थिमज्जा (स्त्री.), अस्थिसंभव, अस्थिसार, अस्थिस्नेह, कौशिक, जीवन, तेज, तेजोबीज, देहसार, बीज, बपाकृत, वीर्यकर, शुक्रकर, शुक्रभू, सार, स्निग्धा (स्त्री.), स्नेहसार, हड्डज।

अस्थिपेजर, कंकाल, करंक, ठठरी (स्त्री.), ठटरी (स्त्री.), ठट्टी (स्त्री.), ढाँचा, पंजर, पिंजर, माँजर, शरीरास्थि (स्त्री.), संय, हड़ावर, हड़ावल।

अंजर-पंजर, हड्डी-पसली (स्त्री.)।

वि. हाड़-संबंधी, हड्हा।

अस्थियुक्त, सास्थि।

अस्थिशेष, हड़ीला (दे.83)।

अस्थिरहित, अनस्थि, अनस्थिक, अनस्थ, अनस्थक।

मज्जारहित, अमज्जक।

73.36. सं. वीर्य, अंड, आनंदप्रभव, आनंदसंभव, इंद्रिय (स्त्री.), ओज, कल, तेज, धातु (स्त्री.), धात (स्त्री.), धातुराजक, नुत्फ़ा, पानी, पुंस्त्व, पेशाब, पौरुष, बीज, बिंदु, बूँद (स्त्री.), मज्जरस, मज्जारस, मनी, रस, रेत;, रेत, रेतन, रेत्र, शुक्र, सार, हिरण, हिरण्य, हीर, हील, semen।

शुक्राणु, sperm।

वीर्य निकलने का मार्ग : रेत्नःमार्ग, रेतोमार्ग, शुक्रवाहिनी (स्त्री.)।

वीर्यपात, वीर्यक्षरण, वीर्यप्रपात, रेतःस्खलन, शुक्रपात।

स्वतः वीर्यपात : स्वयमिंद्रियमोचन (दे.85)।

वीर्यहानि (स्त्री.), धातुक्षय।

वि. वीर्य-संबंधी, शुक्रल, शौक्र।

वीर्य उत्पन्न करने वाला : वीर्यवाही।

वीर्यवर्द्धक, वीर्यवृद्धिकर, धातुवर्द्धक, शुक्रकर, शुक्रल।

73.37. सं. लार (स्त्री.), लाल (स्त्री.), लाला (स्त्री.), लसिका (स्त्री.), लास, आस्यासव, कफकूर्चिका (स्त्री.), द्राविका (स्त्री.), मुखस्राव, मुखास्रव, राल (स्त्री.), वक्त्रासव, वदनासव, सृणिका (स्त्री.), सृणीका (स्त्री.), स्पंदनी (स्त्री.), स्पंदिनी (स्त्री)।

लार की बूँद : स्पंदनिका (स्त्री.)।

लार बहना–, लालास्रव, लालास्राव, मुखस्राव।

थूक, आस्राव, उगाल, खखार, निष्ठीव, निष्ठीवन, रीक़, लसिका (स्त्री.), लसीका (स्त्री.), लुआब, वमथु, ष्ठीवन, ष्ठेवन।

थूकना–, थूक देना–; थुकाना–; थुकाई (स्त्री.), थुत्कार, थूत्कार, थूत्कृत, ष्ठीवन, ष्ठीवी (स्त्री.), ष्ठेव, ष्ठेवन, ष्ठचूति (स्त्री.)।

थूकने का शब्द : थू, थुत्कार, थूत्कार, थूत्कृत।

बार-बार थूकने की बीमारी : थुकनी (स्त्री.)।

पान का थूक : पीक (स्त्री.) (दे.528.6)।

उगालदान (दे.493)।

ओठों का रस : अधररस, अधरमधु, अधरसुधा (स्त्री.), अधरामृत, अधरासव, मुखामृत, वक्त्रासव, वदनमदिरा (स्त्री.), वदनासव।

वि. लार टपकाता हुआ : लालायित, लालालु।

लार से तर : लालाक्लिन्न।

थूका हुआ : निष्ठयूत, ष्ठीवित, ष्ठयूत।

थूकनेवाला : ष्ठेविता।

थूक मिला हुआ : सनिष्ठिव, सनिष्ठीव।

73.38. सं. तिल, तिलक, तिलकालक, ख़ाल, देहलक्षण, पिप्लु, mole।

लच्छन, लच्छण, लक्षण, लक्षणक, कालक, जटुल, जडुल, जतुक, जतुमणि, भैंसिया लहसुन, freckle।

सफ़ेद धारी जैसा दाग़ जो युवावस्था में मनुष्य के पेट, जाँघ आदि पर दिखाई पड़ता है : खेकसा, खेखसा।

मस्सा (दे.93)।

लच्छनों को जाननेवाला : लक्षणज्ञ।

रक्तविकार के कारण बदन पर पड़ने वाला काला धब्बा : झाँईं (स्त्री.) (पड़.), झाँई (स्त्री.), झाईं (स्त्री.), झाई (स्त्री.), कलफ़।

वि. तिलवाला, तिलकावल, तिलकित।

लच्छनवाला, लक्षित।

शुभ लक्षणवाला, लक्षण्य, लक्षी।

73.39. सं. ग्रंथि (स्त्री.), gland।

अम्रणाल ग्रन्थि (स्त्री.), ductless gland।

पीयूष ग्रन्थि (स्त्री.), पीयूषिका (स्त्री.), पोष ग्रन्थि (स्त्री.), pituitary gland।

पुरःस्थ ग्रन्थि (स्त्री.), prostate gland।

गलग्रन्थि (स्त्री.), thyroid gland।

उपवृक्क ग्रन्थि (स्त्री.), adrenal gland।

73.40. सं. न्यासर्ग, hormone।

74. भूख

सं. भूख (स्त्री.), भक्तच्छंद, भक्तरुचि (स्त्री.), भक्ताकांक्षा (स्त्री.), भोगपिशाचिका (स्त्री.), भोजनेच्छा (स्त्री.), अन्नलिप्सा (स्त्री.), अशना (स्त्री.), अशनाया (स्त्री.), इश्तिहा (स्त्री.), क्षारिका (स्त्री.), क्षुत् (स्त्री.), क्षुधा (स्त्री.), जिघत्सा (स्त्री.), प्राणंती (स्त्री.), बुभुक्षा (स्त्री.)।

मन की भूख, ख़्वाहिश (स्त्री.) : लगी (स्त्री.), लगी बुझाना–, मन की भूख मिटना–, ख़्वाहिश पूरी होना–।

पेट की ज्वाला : उदरज्वाला (स्त्री.), जठरज्वाला (स्त्री.), जलाका (स्त्री.)।

पेट की आग : अंतरग्नि (स्त्री.), अग्नि (स्त्री.), अहुर, उदराग्नि (स्त्री.), उदरस्थ, जठराग्नि (स्त्री.) (दे.80), जठरानल, जाठर, जाठराग्नि (स्त्री.), जाठरानल, तनूपा, पक्ता (स्त्री.), पचनाग्नि (स्त्री.), वैश्वानर।

भूख लगना–, भूखा होना–, भुखाना–, आँतें कुलकुलाना–/ कुलबुलाना–, क्षुधित होना–, पेट को लगना–।

ज़ोर की भूख लगना–, अँतड़ियों में आग लगना–, अँतड़ी जलना–, आँतें सूखना– क्षुधातुर होना–, पेट जलना–, पेट में चूहे कूदना–/छूटना–/दौड़ना–, पेट में चूहों का कलाबाज़ी खेलना–।

भूख सहना–, भूखा रहना–, अँतड़ियों को मसोसकर रह जाना–, आँतें समेटना–, पेट बाँधना–/मसोसना–।

भूखा होने का संकेत करना : पेट खलाना–/दिखाना–।

भूख से व्याकुल होना–, टटाना–।

फ़ाक़ा (कर. पड़.) (दे.81), फ़ाक़ाकशी (स्त्री.) (कर.), फ़ाँक़ों/भूखों मरना–, भुखमरी (स्त्री.) (दे.56)।

भूखा रखना–, पेट की मार देना–/मारना–।

भूखा पेट, दग्धजठर, भुखान (स्त्री.)।

देर तक भूखा रहने से भूख का नष्ट हो जाना : भूख मर जाना–।

भूख को समझना : अँतड़ी टटोलना–। जोरू टटोले गठरी, माँ टटोले अँतड़ी।

भूख बढ़ना–, क्षुधावर्धन (हो.) (दे.80)।

भूख-प्यास (स्त्री.), क्षुत्पिपासा (स्त्री.), क्षुधातृष्णा (स्त्री.)।

(विप.) इच्छा या भूख का अभावः अनभिलाष।

वि. भूखा, भुक्कड़, भुक्खड़, भुखालू, भोकस, भोजनार्थी, अतृप्त, अन्नबुभुक्षु, अशनायित, आद्यून, क्षुधान्वित, क्षुधित, जिघत्सु, बुभुक्षित, बुभुक्षु, शिकमख़ारा।

क्षुत्कातर, क्षुत्क्षाम, क्षुधाकातर, क्षुधाक्षीण, क्षुधातुर, क्षुधार्त, क्षुधार्दित।

फ़ाक़ों का मारा, फ़ाक़ाकश, भुखमरा, भुखमुहा, मरभुक्खा।

क्षुधालु, पेटू (दे.76)।

सुधावर्धक (दे.80)।

भूख मिटानेवाला : अक्षुध्य।

(विप.) क्षुधारिहत, अक्षुध्य, अक्षोधुक।

अ. खाली पेट, बिना कुछ खाये, नहार/बासी मुँह।

75. प्यास

सं. प्यास (स्त्री.) (लग. बुझा. मिटा.), पिपासा (स्त्री.), अनुतर्ष, अनुबंध, अनुबंधी (स्त्री.), उदन्या (स्त्री.), उपलालिका (स्त्री.), तर्ष, तर्षण, तृषा (स्त्री.), तृष्णा (स्त्री.), तृष्य, मुखशोष, शोषु।

तेज़ प्यास (स्त्री.), तीव्र पिपासा (स्त्री.), ढुकास (स्त्री.) (लग.), अतितृष्णा (स्त्री), अपलाषिका (स्त्री.)।

धूप खाने से लगी प्यास : तौंस (स्त्री.), तौंसना–।

प्यास के मारे कंठ/गला/हलक़ सूखना–, ज़बान खुश्क होना–, पिपासार्त होना–।

(विप.) पिपासाराहित्य, वितृष्णा (दे.202)।

वि. प्यासा (हो.), पिपासार्त, पिपासित, पिपासी, पिपासु, अपलाषी, अपलाषुक, उदकार्थी, उदन्य, उदन्यु, तर्षित, तर्षुल, तृषालु, तृषावान्, तृषित, तृष्णार्त, तृष्णालु, तृष्णावान्, तोयकाम, सतर्ष, सतृट्, सतृष, सतृष्ण, सलिलार्थी।

बहुत प्यासा : अतितृष्ण।

(विप.) पिपासारहित, अतृट्, अतृष्ण, वितृष, वितृष्ण (दे.202)।

76. खाना-पीना

सं. खाना (खा.), खाद्य, खाजा, खाजी (स्त्री.), खुराक (स्त्री.) (मिल. ले.), अंध, अन्न, अद्य, अभ्यवहार, अशन, (समास में) आश, आहार (कर.), इरा (स्त्री.), कसिपु, कूर, ग़िज़ा (स्त्री.) (खा.), जग्ध, जग्धि (स्त्री.), जमन, जिमित, जीवनक, जीवातु, जेमन, जेंवन, दाना (मिल.), निघस, निघास, न्याद, पिंड, प्रत्यवसान, प्राणोपहार, प्राश, प्राशन, प्राशनीय, प्राशित, भक्ष, भक्षक, भक्षिका (स्त्री.), भक्षित, भक्ष्य, भुक्त, भुक्ति (स्त्री.),

भुज्यु, भोग (लगा.), भोजन (का. पा. मिल.), भोजनीय, भोज्य, भोज्यान्न, रोटी (स्त्री.) (खा.), रोटी-दाल (स्त्री.) (मिल.), लेप, लेह, वल्भन, विष्कलन, संभोज, समाश, स्वधा (स्त्री.)।

थालीभर भोजन : थाली (स्त्री.)।

पत्तलभर भोजन : पत्तल, पनवारा।

भक्ष्य वस्तु (स्त्री.), भोज्य पदार्थ, अट्ट, अन्न, अशन, ग़िज़ा (स्त्री.), जीवनार्ह।

पकाया हुआ खाद्य पदार्थ : रसोई (स्त्री.), रसोईं (स्त्री.), रोटी (स्त्री.), अन्न, कृतान्न, खाना, ज्योनार (स्त्री.), तेमन, पाक, भोजन, व्यंजन।

कच्ची रसोई : सखरा, सखरी (स्त्री.)।

पक्की रसोई : अनसखरी (स्त्री.), निखरी (स्त्री.), पकवान, पक्वान्न, पाक, भिष्मा (स्त्री.), भिष्मिका (स्त्री.), भिष्मिटा (स्त्री.), भिष्मिष्टा (स्त्री.), भिस्सटा (स्त्री) भिस्सा (स्त्री.), भिस्सिटा (स्त्री.)।

स्वादिष्ट उत्तम भोजन : तर, माल, आस्वाद्य, नियामत (स्त्री.), नेमत (स्त्री.), रासन, सुखाश, सुभ्क्षय, स्वन्न, स्वाद्वन्न, स्वाहार, हप्पा,।

सुपाच्य भोजन : लतीफ़ ग़िज़ा (स्त्री.), लघुपाक।

अनेक लोगों के लिए एक साथ बना भोजन : गणान्नं

तरह-तरह के खाद्य पदार्थ : छप्पनभोग।

अशुद्ध भोजन, अशौचान्न, सकटान्न।

अनियमित आहार, विषमान्न, विषमाशन।

पौष्टिक आहार, वृषान्न।

बासी भोजन, बसिऔरा, बसिया, बसियौरा।

भोजन का बासी होना : बसिआना–, बसियाना–; सड़न पैदा होना–, बुसना– (दे. 117)।

अर्धपक्व भोजन, अभ्युष, अभ्यूष, अभ्योष।

वह भोजन जिसमें नमक अधिक पड़ गया हो : लवणोत्कट।

बुरा भोजन, कदाहारा।

भोजन का वह अंश जो देवता के लिए पहले निकाला जाय : अग्राशन।

भोजन का वह अंश जो गाय के लिए पहले निकाला जाय : गोग्रास।

अन्न-व्यंजन; गोश्त-रोटी (स्त्री.), ज़र्दा-पुलाव; दाल-भात; दाल-रोटी (स्त्री.); नमक-रोटी (स्त्री.); रोटी-सब्ज़ी (स्त्री.), सूपोदन; हलवा-पुरी (स्त्री.)।

भोजन का समय : भोजनकाल, भोजनवेला (स्त्री.), भोज्यकाल, अन्नकाल; भोजनावधि (स्त्री.)।

भोजन का स्थान : भोजनभूमि (स्त्री.), भोजनवेला (स्त्री.), भोज्यकाल, अन्नकाल; भोजनावधि (स्त्री.)।

भोजन का स्थान : भोजनभूमि (स्त्री.), भोजनस्थल, जग्ध।

खाने का कमरा, भोजन-कक्ष।

थाली के नीचे बिछाने का कपड़ा : दस्तरख़्वान।

थाली को ढकने का कपड़ा : ख़्वानपोश, सरपोश।

खाने का मेज़, dinning table।

भोजन-व्यय, ख़ुराकी (स्त्री.)।

(पौरा.) भोजन के समय बजाया जाने वाला वाद्य : भक्ततूर्य।

खाना परसना–/ परोसना–, परिवेश, परिवेष, परिवेषण (कर.); परसाना–।

खाना परसनेवाला : परोसैया, परिवेषक, परिवेष्टा, संभोजक।

कौर (उठा. खा.), कौल, कवल, कवक, अनुग्रासक, गंडोल, गस्सा (भार.) गुडेर, गुडेरक, ग्रस्ति (स्त्री.), ग्रास, निवाला, नेवाला, पिंड, पिंडक, बृगल, मुखविंडक, लुक़्मा, हप्पा।

बड़ा ग्रास : गप्फा।

खाने से पहले कुत्ते, पतित, कोढ़ी, रोगी और कौए के लिए खाना–, खा जाना–/ डालना–/लेना–, खाद, खादन, खान, खिलाई (स्त्री.), अदन, अनुप्राशन, अभ्यवहरण, अभ्यवहार, अशन, आशित आभोग, उदरस्थ करना–, कवलन, कवलना–, ग्रसन, ग्रस्ति (स्त्री.), चमन, चषण, चाभना–, जीमना–, जेंना–, जेंवना–, जेवना–; परिणिंसा (स्त्री.), पेटपूजा करना–, पेट भरना–, प्रत्यवसान, प्रसाद पाना–, प्राश, प्राशन, भक्षण करना–, भक्ष, भखना–, भकोसना–, भुंजन, भुंजना–, मिस्कोट, मुँह चलाना–, मुँह में डालना–, यक्षण, बल्भल, शिकमबंदगी (स्त्री.)।

बहुत दिन बाद भरपेट खाना–, अँतड़ियों का/आँत का बल खोलना–।

कसकर/जमकर/ठूँस-ठूँसकर खाना–, ठूँसना–, अतिसौहित्य, डभकना–, धाँधना–, पर्याप्त/यथेच्छ आहार करना–, रेलना–, शिकयसेर होकर खाना–, खैराहार।

जी भरकर/छककर खाना–, अधौड़ी तानना–, चाबना–।

खाकर तृप्त होना : अघाना–, अफरना–, छकना–, छक जाना–(दे. 207)।

अधिक खाना–, अतिभोजन (कर.), अधिभोजन, अध्यशम, आकंठ भोजन करना–, प्रघस, भूरिभोजन (कर.)।

चाट-पोंछकर खाना–, चट कर जाना–, चाट जाना–, परिभक्षण।

तर माल खाना : चाभना–, हाथ मारना–/साफ़ करना–।

जल्दी-जल्दी/गपागप खाना–, ठूँसना–, निगलना–, भकोसना–, लीलना–।

खाते समय मुँह से होने वाला शब्द : चभड़-चभड़ (स्त्री.)।

स्वादिष्ट वस्तु खाते समय मुँह से होने वाला शब्द : चटखारा।

स्वाद लेक खाना–, चटखारे भरना–

खाने के बाद ओठ चाटना–, चटखारे भरना–।

खाने के बाद मुँह धोना–, अँचवना–, अचवना–।

गड़प से/गप से/झट से खाना–, गड़पना–, गपकना–।

मुँह से उठाकर बिना चबाये खाना–, गोग्रास खाना–।

बहुत कम खाना–, सूँघना–।

कम खाना–, मुँह जूठा करना–/ जुठारना–, जुठारना–, जुठलाना–।

अरुचि से थोड़ा–थोड़ा खाना–, मिचराना–।

रूखा-सूखा खाना–, अरसाश।

पेट की आग बुझना–, भूख मिटना–, क्षुधा की शान्ति होना–, क्षुधानिवृत्ति (स्त्री.) (हो.), क्षुन्निवृत्ति (स्त्री.) (हो.)।

पेट खूब भर जाना–, अघौड़ी तनना–।

खाने से शरीर पुष्ठ होना–, खाना अंग लगना–।

आहार का रस : अग्निसंभव, आमरस–।

मिठाई खाना–, मुँह मीठा करना–।

पैसा बचाने के लिए कम खाना–, पेट काटना–।

खिलाना–, खिलाना-पिलाना–, चमाना–, जिमाना–, जेंवना–, दावत देना–, प्राशन, भोजन कराना–।

खिलाकर तृप्त करना–, अघवाना–, छकाना–, छका देना–।

मिठाई खिलाना–, मुँह मीठा करना–, मुँह में शक्कर से भर देना–।

कम खिलाना–, पेट काटना–।

थोड़ा-थोड़ा खिलाना–, चटाना–।

चखना–, स्वाद लेना– (दे. 118)।

निगलना–, निगल जाना–, निगर, निगरण, निगार, निगाल, ग्रास करना–, घोंटना जाना–, लीलना–, लील जाना–।

निगलने का शब्द : गट (स्त्री.), गट्ट।

निगलवाना–।

चबाना–, चबा जाना–, चबाना–, चर्बण, चर्वण (कर.), चर्वणा (स्त्री.), चर्वा (स्त्री.), कवलन, संचर्वण।

चबवाना।

किसी चीज़ को मुँह में रखकर जीभ से हिलाना-डुलाना–, चुबलाना–, चुभलाना–।

दाँत से किसी चीज़ का बहुत थोड़ा हिस्सा काट लेना–, कुतरना–।

कुतरा हुआ टुकड़ा : कुतरन (स्त्री.)।

चूसना–, चूस डालना–/ लेना–/, चुसाई (स्त्री.) चूषण, चूषा (स्त्री.), चोष, चोषण, आचूषण, खींचना–, रसपान (कर.)।

चुसवाना–, चुसाना–।

चूसा जाना–, चुसना–।

कई लोगों का एक साथ चूसना–/ अधिक चूसना–, चुसौअल, चुसौवल।

दाँतों से दबाकर चूसना–, चँचोरना, चचोड़ना–।

चचोड़वाना–।

चाटना–, चाट जाना–/ डालना–/ लेना–, चटाई (स्त्री.), अवलेघ्न, प्रलेहन, लेहन (कर.)।

चटवाना–, चटाना–।

पीना–, पी जाना–/ डालना–/ लेना–, पान (कर.), पीति (स्त्री.), प्रतिपान, आचमन, घूँटना–, घूँट जाना–, घोंटना–, चमन, निपीति (स्त्री.)।

धीरे-धीरे पीना–, घोंटना–।

बिना रुके 'गट-गट' की आवाज़ के साथ पीना–, गट-गट/गटागट पीना–।

थोड़ी मात्रा में पीना–, सुटुकना–, सुड़क (स्त्री.), सुड़कना–, सुड्डुकना–।

ओठों से लगाकर थोड़ा-थोड़ा पीना–, चुसकी (स्त्री.), (लगा. ले.)।

पूरा पी जाना–, निःशेष पान करना–, निपान।

पिलवाना–, पिलाना–।

साथ-साथ पीना–, सहपान, सहपानक।

पीने की चीज़ : पानक, पानीय, पेय, इरा (स्त्री.)।

पेय का उतना अंश जो एक बार में गले के नीचे उतारा जाय : घूँट (ले.), चुसकी (स्त्री.) (ले.)।

घूँट लेने का शब्द : गट, गट्ट।

बाद में पीने की चीज़ : अनुपानीय।

गले से न उतरना–, गले में अटकना–।

नाश्ता (कर. करा.), नहार तोड़ना–, नहारी (स्त्री.), कलेवा (कर.करा.), कल्वर्त, कल्याण, कल्योना, खरमिटाव, खरमिटौनी (स्त्री.), खराई (स्त्री.) मारना–, गज़क, छोटी हाज़िरी (स्त्री.), जलखावा, जलपान (कर. करा.), प्रातरशन, प्रातराश, प्रतिर्भोजन, breakfast।

चाय-पानी (कर.करा.), नाश्ता-पानी (कर. करा.)।

नौकरों को जलपान के लिए दिया जाने वाला धन : नहारी (स्त्री.)।

अल्पाहार, उपहार, tiffin।

जैनियों का सायंकालीन भोजन : अंथऊ।

सांध्यभोजन, सायंपोष, सांयभोजन, सायभशन, सायभाश, सँझिया, सँझिया, नक्तभोजन, नक्तभाश, ब्यारी (स्त्री.), ब्यालू, dinner।

रात्रिकालीन आहार, नैश भोजन, supper।

यूरोपियनों के बावर्चियों को ख़ास मौकां पर मिलनेवाला खाना : चशक।

भोज, आवेशनिक, जग्धि, ज़ियाफत (स्त्री.) ज़्याफत (स्त्री.) (खा. दे.); जेवनार (स्त्री.), दावत (स्त्री.) (दे. खा. ले.), निमंत्रण, नेवता, न्योतनी (स्त्री.), न्योता (खा. खिला.), नैमंत्रणक, पंगत (स्त्री.) (कर. लगा. दे. हो.), पंगति (स्त्री.), प्रीतिभोज, संभोजन, संभोजनी (स्त्री.), सग्धि (स्त्री.), सग्धिति (स्त्री.), सहभोज, सहभोजन।

अतिथियों का भोजन करने बैठना : ज्योग्नाद बैठना।

व्यंजनों को क्रम से रखना : ज्योनार लगाना–।

भोजभात।

खानेवालों की पाँत : पंगत (स्त्री.) (लग. बैठ. उठ.), पंगति (स्त्री.), पंक्ति (स्त्री.)।

पत्तल (स्त्री.) (जड़, परस, लगा. लगा.), पनवारा (पड़. लगा.)।

खाने से पहले पहेली बूझने की कसम धराना : पत्तल बाँधना–।

बाँधी पत्तल को कोई कावे, मूरख पंचन माँह कहावे।

बँधी पत्तल खोलना : पत्तल खोलना–।

भोज में न आनेवाले के घर भेजा जाने वाला भोजन : पत्तल परोसा।

साधुओं का भोज : भंडारा (कर. दे. हो. जुड़. खा.)।

ब्रहमणों का भोज : ब्रहमभोज, ब्राहमण-भोज।

कंगालों का भोज : दरिद्रनारायण सेवा (स्त्री.)।

पके खाने का स्त्र : लंगर (दे. 657)।

अद्यानिका (स्त्री.), गोट (स्त्री.), गोठ, वनभोज, वनविहार, सैन (स्त्री.), picnic।

आनंदपूर्वक खाना-पीना : मौजपानी।

उद्यान-गोष्ठी (स्त्री.), उद्यान-भोज, garden party।

अनौपचारिक/स्वाहार भोज, buffet dinner।

न्याय पार्टी (स्त्री.), tea party।

खाना-पीना, खान-पान, खिलाई-पिलाई (स्त्री.), खिलाना-पिलाना–, दावत-तवाजा (स्त्री.), पान-भोजन, भोजन-पान।

खान-पान का व्यवहार : अन्नव्यवहार।

भोजनालय, भोजनगृह, भोजनशाला (स्त्री.), भोजनागार, भक्तशरण, भक्तशाला (स्त्री.), बासा, hotel।

विशमिष भोजनालय; सामिष भोजनालय।

भोजनकक्ष (दे. 1817)।

जलपानगृह, उपाहारगृह, restaurant।

सहभोजनशाला (स्त्री.), mess।

स्वतंत्र जलपानगृह, canteen।

इल्पाहारगृह, अन्नपूर्ण (स्त्री.), आहारिका (स्त्री.), cafeteria।

क़हवाख़ाना, caffee house।

चाय की दुकान, चायघर, tea stall।

रोटी की दुकान : ढाबा, धाबा।

अन्नसत्र (दे. 657)।

भोजनपात्र (दे. 510)।

चटपटी चीज़ें खाने की इच्छा : चाट (स्त्री.) (लग.)।

अच्छी चीज़ें खाने का व्यसन : चटोरपन, चटोरापन, जिभलापन, जिह्वालोलुपता (स्त्री.) जिह्वालौल्य, स्वादलोलुपता (स्त्री.)।

खाने का गहरा लालच : पेटूपन, पेटार्थीपन, प्रघस, अतिभोजन, उदरंभरी, (स्त्री.), खब्बूपन, खाऊपन, भुक्खड़पन, मरभुखापन, हौका।

सब कुछ खाना : अल्पहार, कमख़ोरी (स्त्री.), मिताहार, लघुभोजन, स्वल्पाहार।

व्रतारंभ के पहले रात रहते किया जाने वाला भोजन : उखलिया, सरगही (स्त्री.) सहरगही (स्त्री.) सहरी (स्त्री.)।

उपवास के उपयुक्त भोजन : उपवस्त्र, उपवस्त्रक।

आधा भोजन : अर्धाशन।

पुष्टिकारक भोजन : पोषक आहार, पोषाहार।

संतुलित आहार, पथ्याहार, प्रमिताहार, युक्ताहार।

आहार-नियमन, आहार-व्यवस्था (स्त्री.), dieting।

आहारविज्ञान, आहारविद्या (स्त्री.), आहारशास्त्र, आहारिकी (स्त्री.), dieteties।

अनशन तोड़ना–, अनशन-भंग (कर.), भूख हड़ताल तोड़ना–।

उपवास तोड़ना–, उपवास-भंग (कर.), पारण, पारणा (स्त्री.), फ़ाक़ाशिकनी (स्त्री.)।

वह आहार जिससे अनशन/उपवास तोड़ा जायः प्रायण।

रोज़ा खोलने के लिए कुछ खाना : रोज़ा खोलना–, इफ्तार।

रोज़ा खोलने की खाद्य सामग्री : इफ़्तारी (स्त्री.)।

फल-मूल का आहार : फलाहार।

पत्तियाँ खाकर रहना : पत्राहार।

पानी पीकर रहना : अब्भक्षण।

हवा पीकर रहना : वायुभक्षण।

खाका छोड़ा हुआ भोजन : जूठन (स्त्री.) (खा.), जूठन (स्त्री.), जूँठ, जूँठा, जूठा (खा. चाट.), अन्नशेष, आगे का उठा, उच्छिष्ट, उच्छिष्टान्त, उच्छेष, उच्छेषण, टुकड़ा,

पसखुरदा, पात्रशेष, पिंडोलि (स्त्री.), पिंडोलिका (स्त्री.), फेल, फेला (स्त्री.), फेलिका (स्त्री.), फेली (स्त्री.), भक्षितशेष, भुक्तशेष, भुक्त समुज्झित, भुक्तोच्छिष्ट, सकरा।

जूठन खाना : उच्छिष्टभोजन, शेषभोजन।

वि./सं. खानेवाला, खादक, खादिता, खादी, खाधु, खाधुक, अत्ता, आभोगी, आभोजी, आशक, आधाी (समास में), आहारी, ख़ोर (समास में), ग्रस्ता, घस्मर, परिणिंसक, प्राशक, प्राशी, प्राशिनी (स्त्री.), भकोसू, भक्षक, भक्षण, भक्षयिता, भक्षी, भोक्ता, भोजक, भोजी (समास में), संभोजक।

पहले खानेवाला : अग्रभुक्।

दिन में एक बार खानेवाला : एकभुक्त, ण्काहार, एकाहारी।

रात में खानेवाला : नक्तभोजी।

साथ खानेवाला : सहभोजी, मिस्कोट।

जो अपने लिए खाना बनाये और खाये : अघभोजी।

अल्पहार, अल्पाहारी, कमख़ुराक, कमख़ोर, परिमितभुक्, परिमितभोजन, परिमिताहार, मितभोजी, मिताहार, मिताहारी, मिताशी, लघुभुक्, लघ्वाशी, लघ्वाहार, स्वल्पाहार।

उचित आहार करने वाला : युक्ताहार, विनियताहार, संयताहार।

अतिभोजी, अत्याहारी, खाऊ, ख़ुराकी, खौहा, दीर्घाहारी, पेटू, बहुभक्ष, बहुभोक्ता, भकोसू, भाक्ष, भूरिभोजी, महाशन, शिकमपरवर, हप्पू।

अन्नभोक्ता, अन्नभोजी, अन्नाद।

फलभुक्, फलभोजी, फलाशी, फलाहार, फलाहारीं

दूधाहारी, दूधहारी, पयहारी, पौहारी।

पत्ते खानेवाला : पर्णाद, पर्णाशन, पर्णाहार।

पानीपीकर रहने वाला : अब्भक्ष, सलिलाशन, सलिलाहार।

हवा पीकर रहने वाला : अनिलाशन, अनिलाशी, पवनाश, पवनाशन, पवनाशी, वायुभक्ष, वायुभक्षक, वायुभोजन।

समग्रभक्षणशील, सर्वभक्ष, सर्वभक्षी, सर्वान्तभक्षक, सर्वान्तभोजी, सर्वान्नीन, सर्वाशी, अमिताशन।

मुरदाखानेवाला : प्रेताशी।

जूठन खानेवाला : उच्चिष्टभोक्ता, उच्छिष्टभोक्ता, उच्छिष्टभोजी, जुठिहारा, शेषभुक्।

अकेले खानेवाला : अकलखुरा (दे. 221)।

कलेवा खानेवाला : प्रातराशि।

निगलनेवाला : गटकीला, गिल, गीर्वि, निगारक, निगालक।

चूसनेवाला : चोषक।

चाटनेवाला : लेह, लेही।

पहले पीनेवाला, अग्रपा।

पेटू, पेटपोसुवा, पेटार्थी, पेटार्थू, पिचंडक, पिचिंडक, प्रघस, अग्रभुक्, अद्मर, आधून, आशित, आशिता, उदरंभर, उदरंभरि, उदरपिशाच, उदरसर्वस्य, औदरिक, क्षुधानु, खब्बू, खाऊ, घस्मर, डाकी, बहुभोजी, भक्षक, भोजनभट्ट, मरभुखा, वर्वि, शिकमपरवर, शिकमपरस्त, शिकयबंदा, हप्पू।

चटपटाप्रिय, चटोर, चटोरा, चट्टू, जिभला, जिह्वालोलुप, स्वादप्रिय, स्वादप्रेमी, स्वादलोलुप, स्वादव्यसनी।

खाने का शौकीन : ख़ुशख़ुराक।

भरपेट, पेटभर, अद्यात।

भोजन से तृप्त : भोजनतृप्त, आशित, शिकमपुर, शिकमसेर।

भोजन के बाद खाने योग्य : भोजनोत्तर।

भोजन के बाद सोने वाला : भोजनसुप्त।

खाया हुआ : भक्षित, भुक्त, अपलीढ, अशित, वल्भित।

आधा खाया हुआ : अर्धभक्षित, अर्धभुक्त।

चाट-पोंछकर खाया हुआ : चट, चट्ट।

न खाया हुआ : अभुक्त, अनुच्छिष्ट।

निगला हुआ : गीर्ण, निगीर्ण।

चबाया हुआ : चर्वित।

चाटा हुआ : अवलीढ आलीढ, कृतावलेह, लीढ, संलीढ।

पिया हुआ : पीत, निपीत, आचमित।

चखा हुआ : स्वादित (दे. 118)।

चखकर छोड़ा हुआ : लीढभुक्त।

न चखा हुआ : अनचाखा, अनास्वादित।

खाने योग्य : खाद्य, अत्तव्य, अदनीय, अद्य, आहार्थ, ग्रस्य, प्राशनीय, प्राश्य, भक्षणीय, भक्ष्य, भाकत, भोजनीय, भोज्य, सभोजनीय, संभोज्य; विहित, हलाल।

खाने के अयोग्य : अखाद्य, अनद्या, अनाद्या, अनाहार्य, अभक्ष्य, अभोज्य; निषिद्ध, हराम।

खाद्याखाद्य, भक्ष्याभक्ष्य।

खाकर छोड़ा हुआ : जुठारा हुआ, जूठा, जूँठ, जूँठा, उच्छिष्ट, सकरा।

चबाने योग्य : चर्व्य।

चूसने योग्य : चूषणीय, चूष्य, चोषणीय, चोष्य।

चाटने योग्य : अवलेह्य, लेह्य।

पीने योग्य : पानीय, पेय, आचमनीय, आचमनीयक।

चखने योग्य : स्वादनीय।

खिलानेवाला : भोजक, भोजयिता, भोजी, भुक्तिप्रद, आशन।

जिसका अन्न खाया जा सके : संभोज्य।

पंगत में बैठने योग्य : अपांक्त, अपांक्तेय, अपांक्त्य।

परसने योग्य : परिवेष्य।

खाता हुआ : भोजनरत, भोजनव्यग्र।

मसालेदार; चटपटा; सादा; रूखा-सूखा।

बासी, बसिया।

कई दिनों का बासी : बासी-तिबासी।

आहार-संबंधी, ग़िज़ाई।

अ. भोजनपूर्ण, भोजनोपरांत।

भरपेट।

गट-गट, गटागट; गट से।

गपागप; गप से।

77. खाद्य

सं. खाद्य (दे. 76)।

अन्न (दे. 48), अमृत, खाद्यान्न, जीवनक, जीवनाई, दाना, पाक।

लवेटिका (स्त्री.), वरेणुक, शमन, स्तंबकरि।

अन्न-जल, आब-दाना, दाना-चारा, दाना-पानी।

खाद्य पदार्थ/ सामग्री (स्त्री.), अनाज, आभोग्य, गिजा (स्त्री.), चाभ्य, प्रशित्र, संघस, सम्भक्ष।

सेना के लिए खाद्य पदार्थः रसद।

नियंत्रित मूल्य तथा मात्रा में मिलनेवाला खाद्य पदार्थः राशन।

राशन की व्यवस्थाः खुराकबन्दी (स्त्री.), (दे.657)।

सब तरह का अन्नः सर्वान्न।

सड़ा-गला/पाप की कमाई का अन्नः दुष्टान्न।

दान के रूप में दी जाने वाली कच्ची भोजन-सामग्रीः सीधा (मनस. निकाल. दे.छू.)

सीधा/मजदूरी के रूप में दिया जाने वाला अन्न : कोरंजा।

रोगी के लिए हितकर आहार : पथ्य (दे.ले.); कुपथ्यः सुपथ्य।

पोषक आहार : पोषाहार।

शिशु आहार : बालाहार।

वि. अन्न-सम्बन्धी, आन्न।

अन्न से बना हुआ : अंजहा, अंजही (स्त्री.), अनाजी, आन्न।
जो अन्न से न बना हो : फलाहारी।
जो अन्न कूटा/पीसा न हो : खड़ा, साबूत।

78. प्रमुख खाद्य

78.1. सं. भात (पका. बना.), भक्त, भिस्सा (स्त्री.), अंध, अट्ट, अन्न, आचाम, उदकौदन, ओदन, कसिपु, कूर, चावल, बिरंज, सलिलौदन, सिक्थ, सीथ, सीथि।

बढ़िया भात : सुन्दरौदन।
पानी में पकाया हुआ चावलः पनभत्ता।
चावल-पानी एक साथ आग पर चढ़ाकर पकाया हुआ भात : बैठा भात।
गीला भात : गुलत्थी (स्त्री.), गुलहथी (स्त्री.)।
नमकीन गीला भात : गुड़ला।
मिट्टी की हाँड़ी में पकाया हुआ चावलः स्थालीपुलाक।
साग मिलाकर पकाया हुआ भात : सगभत्ता।
गाजर के साथ पकाया हुआ भात : गजरभत्ता, गजरभात।
घीये के साथ पकाया हुआ भात : अहुजी (स्त्री.)।
मीठा भात, रसखीर (स्त्री.)
लावे का भात : लाजभक्त।
मट्ठे में पकाया हुआ मीठा/नमकीन भातः महेरा, महेरि (स्त्री.), महेरी (स्त्री.)।
जला हुआ भात : भिस्सटा (स्त्री.), दग्धान्न, दग्धिका (स्त्री.)।
बाजरे का भात।
पकाये हुए चावल का पानीः माँड़ (पसा.) (दे.78.2)।
उबले चावल का पानीः शिवरस।
उबलते हुए चावल का बहता हुआ माँड़ : प्रस्रव।
पके हुए चावल में से माँड़ निकालना : पसाना-।
भात की थालीः भक्तकंस, भक्तपात्र।
भात का कौर : भक्तपुलाक।
चावल का धोवन : ज्येष्ठांबु (दे.79)।
वि. भात-सम्बन्धी, ओदनीय, ओदन्य।

78.2. सं. माँड़, माँड़ी (स्त्री.), मण्ड, मावा, मासर, आंधस, आचाम, आश्रव, उष्णिका (स्त्री.), कजा (स्त्री.), ज्येष्ठांबु, तण्डुरीण, तण्डुलांबु, तण्डुलोत्थ, तण्डुलोदक, निशास्ता, निस्रव, निस्राव, निःस्राव, पसाव, पसावन, पिच्छिल, पीच (स्त्री.), पीछा (स्त्री.), पुलाक, पेया (स्त्री.), भक्तपुलाक, भक्तमण्ड, भक्तमण्डक, भक्तसिक्थ, भाजी (स्त्री.), विलेपनी (स्त्री.), विलेप्या (स्त्री.), विस्राव, शष्कुलि (स्त्री.),

शस्कुली (स्त्री.), सस्कुली (स्त्री.), श्रपिता (स्त्री.), श्रावा (स्त्री.), श्रोणा (स्त्री.), सर्वरसाग्र, सिद्धजल, सोम।

धान के लावा का माँड़ : लाजपेया (स्त्री.), लाजमण्ड, सर्वरसा (स्त्री.)।

जौ की माँड़ी : उद्मंथ।

78.3. सं. खिचड़ी (स्त्री.), (डाल.भून.पका.चढ़ा.उतार.), खेचरान्न, कृशर, कृशरान्न, कृसर, त्रिसर।

सादा खिचड़ी (स्त्री.); भूनी हुई खिचड़ी।

तहरी (स्त्री.), तहारी (स्त्री.)।

हलीम।

तिल-चावल की खिचड़ी : तिलचाँवरी (स्त्री.), तिलचावली (स्त्री.), तिलान्न, तिलोदन, कृशर, कृसर।

चने की खिचड़ी या पुलावः कबूली (स्त्री.)।

गेहूँ और कई तरह की दालों की खिचड़ी : खिचड़ा।

78.4. सं. पुलाव, पोलाव, पलान्न।

घृतान्न।

बिरियानी (स्त्री.), बिर्यानी (स्त्री.), मांसोदन।

लाल पुलाव : याकूत।

कीमा पुलाव; कोफ्ता पुलाव; मछली पुलाव; सब्ज पुलाव; मीठा पुलाव; चावल-पनीर।

78.5. सं. जरदा, जर्दा।

78.6. सं. खीर (स्त्री.), क्षीर, क्षीरबिरंज, क्षीरौदन, जाउर (स्त्री.), परमान्न, पायस।

गरी का खीर : नारिकेर, नारिकेल क्षीरी(स्त्री.)।

पिसे हुए चावल की खीरः फिरनी (स्त्री.)।

मीठे रस में पकाया हुआ चावल : बखीर (स्त्री.), रसावर, रसावल, रसियाउर, रसियाव, रसियावर, रसियावल, रसौर।

78.7. सं. रोटी (स्त्री.), चपाती (स्त्री.), नान (स्त्री.), पिष्टक, पौलि (स्त्री.), फुलका।

छोटी रोटीः कुचिया (स्त्री.), फुलकी (स्त्री.), रूआ (स्त्री.), रोटिका (स्त्री.),।

मोटी रोटी : अभ्युष, अभ्युस, अभ्योष, रोट, लिट्ट।

हाथ से बनायी हुई रोटी : हथुई रोटी (स्त्री.)।

छोटी हथुई रोटीः चँदिया (स्त्री.)।

पानी लगाकर हाथ से बनायी हुई रोटीः पनपथी (स्त्री.), पनपथू (स्त्री.), पनपथुआ (स्त्री), पनेथी (स्त्री.), पनैथी (स्त्री.)।

बेलकर बनायी गयी रोटीः बेलन की रोटी।

घी जुती हुई रोटीः चुपड़ी (स्त्री.), रोगनी रोटी (स्त्री.)।

दो लोइयाँ एक साथ बेलकर बनायी गयी रोटी : दोस्ती (स्त्री.), दोहथी (स्त्री.)।

अंगारों पर सेंकी हुई गोली या पेड़े के आकार की रोटी : अंगाकड़ी (स्त्री.), अंगारी (स्त्री.), गकरिया (स्त्री.), गाँकर (स्त्री.), गाकरी (स्त्री.), टिकड़ा, टिकड़ी (स्त्री.), टिक्कड़, टिक्की (स्त्री.), पिष्टक, पिष्टपिण्ड, बाटी (स्त्री.), भौंरी (स्त्री.), मकुनी (स्त्री.), लिट्ट, लिट्टी (स्त्री.)।

महुए के रस से बनायी हुई रोटी : रोट।

तन्दूरी रोटी (स्त्री.)।

खमीरी रोटी (स्त्री.); कुलचा; नानपाव : रोगनी रोटी (स्त्री.); रोगनी माल।

दूध में आटा गूँथकर बनायी गयी रोगनी रोटी : शीरमाल।

रूमाली रोटी (स्त्री.)।

बेसन की मोटी रोटी : रमचकरा।

(गेहूँ-चने की) मिस्सी रोटी (स्त्री.)।

(कई तरह के अनाजों की) सतनजी रोटी (स्त्री.)।

(कई दालों के आटे की) मिसरोटी (स्त्री.)।

भरवा रोटी (स्त्री.)।

रोटी का उलटकर सेंका जाने वाला पहलू : रोटी की पीठ।

पकी हुई रोटियाँ रखने का छोटा चबूतरा : रोटिहान।

रोटियों का ढेर : शाष्कुलिक।

रोटी की दुकान (दे.76), नानबाई की दुकान, पूपशाला (स्त्री.)।

रोटी बेचने वाला : नानबाई, नानपज, नानफरोश, खब्बाज, कान्दविक।

नानबाई का काम : नानपजी (स्त्री.), खब्बाजी (स्त्री.)।

78.8.सं. आटे की लोई में पीठी भरकर बनाया गया पकवान : पीठा, फरा, फारा।

78.9. सं. अदहन में डालकर उबाला हुआ चावल के आटे का गूँथा हुआ लंबोतरा टुकड़ाः पिड़िया (स्त्री.)।

78.10. सं. डबलरोटी (स्त्री.), पावरोटी (स्त्री.), रोटी (स्त्री.), bread ।

स्लाइस्ड ब्रेड; स्लाइस।

टोस्ट; सैण्डविच; हॉट-डॉग; बार्गर; चीजबार्गर; हैमबार्गर।

डबलरोटी बनाने वाला : रोटीवाला, नानवाई, अपूपकार, अपूपिक, बेकर।

डबलरोटी का कारखाना : पावरोटीरघर, भर्जनी (स्त्री.), अपूपशाला (स्त्री.), backery ।

78.11. सं. अंगारों की आँच में सिंका हुआ मैदे का मीठा टिकियाः नानखटाई (स्त्री.)।

78.12. सं. बाजरे आदि की रोटी का मीठाचूर : चूरमा, मलीदा, कसारा।

78.13 घी में भूना हुआ मीठा आटा : पँजीरी (स्त्री.), चूरन, कसार।

78.14. सं. दाल (स्त्री.), पहित (स्त्री.), पहिती (स्त्री.), पिच्छिल, प्रहित, सूप।

कई दालों को मिलाकर पकायी हुई दालः केवटी (स्त्री.), गंगाजमुनी (स्त्री.)।

साग मिलाकर पकायी हुई दालः सगपहता (स्त्री.), सगपहती (स्त्री.), सगपहिती (स्त्री.), सगपैती (स्त्री.), सपहिता (स्त्री.)।

हरे चने की दाल; हरे मटर की दाल।

घी में खौलायी हुई दालः दाल फ्राई (स्त्री.) (छोटे होटलों की भाषा)।

वि. सूप-सम्बन्धी, सौपिक।

78.15. सं. पिसे हुए हरे चने/ मटर का रसेदार व्यंजनः निमोना, निखोरा।

78.16. सं. पराँठा, परौंठा, परौंठी (स्त्री.), पोतला।

सादा पराँठा; खस्ता पराँठा; भरवा पराँठा; मीठा पराँठा; मुगलई पराँठा।

78.17. सं. बेसन/मैदे के घोल से बना पराँठा जैसा पकवानः उलटा, चिलड़ा, चिल्ला, चीला, पपरा, पोपरा।

78.18. सं. पूरी (स्त्री.), पूड़ी (स्त्री.), शष्कुलि (स्त्री.), शष्कुली (स्त्री.), शस्कुली (स्त्री.), सुहारी (स्त्री.), सुहाली (स्त्री.), सोहारी (स्त्री.), सोहाली (स्त्री.)।

सादा पूरी (स्त्री.); मोयनवाली पूरी; मैदे की पूरी; खस्ता पूरी (स्त्री.); नागौरी पूरी (स्त्री.); पूरनपूरी (स्त्री.); राधावल्लभी पूरी (स्त्री.); फलाहारी पूरी (स्त्री.)।

मीठी पूरी; खँड़पूरी (स्त्री.), पूलिका (स्त्री.)।

ठोंकवा, ठोकवा, गूना।

छोटी खरी पूरीः ठुमकी (स्त्री.)।

चढ़ावे के लिए बहुत छोटी पूरीः खूँट।

मैदे की मुलायम पतली पूरीः लुचुई (स्त्री.), लुचरी (स्त्री.), लुच्ची (स्त्री.), लूची (स्त्री.), लचुई (स्त्री.), चूलिका (स्त्री.), माँड़ा।

बेसन की पूरीः बेसनी (स्त्री.)।

भठूरा, भड़ूरा

78.19.सं. कचौड़ी (स्त्री.), कचौरी (स्त्री.), पूरिक, पूरिका (स्त्री.), खस्ता कचौड़ी (स्त्री.), खस्ता, कर्चरिका (स्त्री.)।

उड़द की पीठी भरी कचौड़ीः बेढ़ई (स्त्री.), वेढमिका (स्त्री.)।

दालपूरी (स्त्री.)।

78.20. सं. पुआ, पूआ, पूप, पूपला (स्त्री.), पूपलिका (स्त्री.), पूपली (स्त्री.), पूपाली (स्त्री.), पूपिका (स्त्री.), पोलिका (स्त्री.), पोली (स्त्री.), पिष्टक, प्रहेणक, प्रहेलक, धारापूप।

मालपूआ, मालपूवा, अपूप।

छोटा पूआ जिससे विवाह में मातृपूजन किया जाता है : माइँ (स्त्री.), माईं (स्त्री.)।

78.21. सं. गुलगुला, दहरौरी (स्त्री.), दहिऔरी (स्त्री.)।

78.22. सं. हलवा, हलुआ, हलुवा।

मोहनभोग।

सिंघाड़े/तीखुर/कुम्हड़े का हलवाः काची (स्त्री.)।

बादाम का हलवाः लौजात (स्त्री.), लौजियात (स्त्री.), लौजीना।

कम घी डालकर बनाया हुआ आटे का हलवाः लपसी (स्त्री.), लप्सिका (स्त्री.), लेई (स्त्री.), प्रहेणक, प्रहेलक, विजला (स्त्री.), विजिन, विजिल, विजिविल, विज्जन, विज्जल, विज्जिल।

बिना घी की नमकीन लपसीः लपटा, लपसी (स्त्री.)।

चावल की लपसीः परिसिद्धिका (स्त्री.)।

78.23 सं. दही-बेसन का व्यंजन : कढ़ी (स्त्री.), क्वथिता (स्त्री.), झोर, झोल, परेह, पिच्छिल, लपटा।

78.24.सं. दाल, साग, अवार जैसा भोजन उपकरणः निष्ठान।

78.25.सं. उरद और चने की दाल की पीठी का रसेदार व्यंजनः इँडहर।

78.26.सं. तरकारी (स्त्री.), तेमन, पर्णसि, लगावन, व्यंजन, शाक, शिग्रु, सब्जी (स्त्री.), साग, सूद, हरितक।

78.27.सं. सूखी सब्जी, भाजी (स्त्री.), भुजरी (स्त्री.), भुजिया।

78.28.सं. रसेदार/शोरबेदार तरकारी (स्त्री.), झोराई (स्त्री.), प्रहित, सालन।

78.29.सं. रसा, अखरी (स्त्री.), उपसेक, उपसेचन, धोलुवा, झोर, झोल निष्क्वाथ, यखनी (स्त्री.), लालसीक, शोरबा, शोखा, सूद।

मांस का अलोना रसा : सोरावास।

78.30.सं. जूस, यूष, सूप; पानी।

78.31.सं. उबाले/भीूने हुए आलू, बैगन आदि को मसलकर बनाया गया व्यंजनः भरता, भुरता, चोखा, अरदावा, कचूमर।

78.32 सं. करैले आदि के पेटे में मसाले भरकर बनाया गया व्यंजन : कलौंजी (स्त्री.), करौंजी (स्त्री.), मरगल।

78.33 सं. मैदे की बत्तियों को दूध में पकाकर, बनाया गया पकवान : दुधपिट्ठी (स्त्री.), दुधपिठवा।

78.34. सं. आलूदम, दमआलू, दमालू।

78.35. सं. उबाले हुए आलू के चटपटे कतरे : कचालू।

78.36. सं. पीठी लपेटकर तला हुआ अरवी का पत्ता : पतोरा, पत्योरा, खरोंच (स्त्री.)।

78.37. सं. अरवी आदि के पत्तों की पकौड़ी : रिकवँच (स्त्री.), रकछ, पतौड़, पतौड़ा।

78.38. सं. भरवा भुजिया; भरवाँ टिण्डा; भरवाँ शिमला मिर्च (स्त्री.)।

78.39. सं. आलू चिप्स।

78.40. सं. चॉप; आलू चॉप; मटन चॉप।

78.41. सं. समोसा, संबोसा, सिंघाड़ा, तिकोन, तिकोना, त्रिकोण।

समोसे में भरने का मसाला : कूर, पूर।

वह ऐंठ की गोट जो समोसे के जोड़ों पर बनायी जाती है : लौजात की गोट।

छोटा समोसा : अनारी।

78.42. सं. बेसन में लपेटकर तला हुआ बैगन का पतला टुकड़ा : बैंगनी (स्त्री.), बैगनी (स्त्री.), मरगजा, मलगजा।

बैंगन का पतला टुकड़ा : बचका।

78.43 सं. बेसन/पीठी की तली हुई बरी : पकौड़ी (स्त्री.), फुलौरी (स्त्री.), फुलकी (स्त्री.), बड़ी (स्त्री.)।

पकौड़ा, फुलौरा, वटक।

पान की पकौड़ी : पनौआ।

78.44. सं. आलू की टिकिया।

78.45. सं. मटर-पनीर।

78.46. सं. एक प्रकार का खट्टा रस : काँजी (स्त्री.), कांजी (स्त्री.), कांजिक, कांजिका (स्त्री.), कांचिक, काबलिक, कजा (स्त्री.), कुंजल, कुण्डगोल, कुण्डगोलक, कुल्भाष, कुल्भाषाभिषुत्, अभिषव, अभिषुत, अम्लसार, अवन्तिसोम, आरनाल, आरनालक, गृहणी (स्त्री.), गृहाम्ल, चुक्र, चुक्रवेधक, झारी (स्त्री.), झालि (स्त्री.), धान्यतुषोद, धान्यमूल, धान्ययूष, धान्ययोनि (स्त्री.), धान्यांबल, धान्याम्ल, पक्ववारि, महारस, मासर, शुक्ता (स्त्री.), श्रपिता (स्त्री.), श्रोणा (स्त्री.), सिद्धोदक, सुक्त, सुवीराम्ल!

जौ की काँजी : यवागू, यवाम्ल, तरला (स्त्री.), श्राणा (स्त्री.), सौवीर, सौवीरक, सौवीराम्ल।

चावल/जौ की काँजी : तुषांबु, तुषोत्थ, तुषोदक।

78.47. सं. ईख, अंगूर आदि का धूप में रखकर खट्टा किया हुआ रस : सिरका, सिर्का, लैस।

78.48. सं. चटनी (स्त्री.), अंबल, अवलेह, अवलेहन, तड़क (स्त्री.), रसाला (स्त्री.), लेह।

खट्टी/मीठी/मेवेदार/सिरकेदार चटनी।

78.49. सं. अचार, अँचार, अँचारी (स्त्री.), अथान, तड़क (स्त्री.), संधाना।

आम का नमकीन आचार : नोन अँचरा, नोनचा, अचारी (स्त्री.), लचारी (स्त्री.)।

नींबू का अचार : निबकी (स्त्री.), निबुकी (स्त्री.), निमकी (स्त्री.)।

फलों को कुचलकर बनया गया अचार : कचरी (स्त्री.), कुचला, कचूमर।

खटूआ/तेलहा/पनिहा/भरवाँ/मीठा/सिरकहा अचार।

अचार बनाना : संधान, संधित।

78.50. सं. मुरब्बा, मिष्टपाक।

आम का मुरब्बा : रागखाण्डव।

78.51. सं. गुड़ की चाशनी में पकाया हुआ कच्चा आम : गुडंबा, गुडांब, गुरंबा, गुरंबु, गुरंभा।

78.52. सं. जैम, फलपाक।

78.53. सं. जेली (स्त्री.)।

78.54. सं. मार्मलेड, नारंगपाक।

78.55. सं. सॉस।

78.56. सं. सलाद प्रशाक।

78.57. सं. खमीर (दे.475) पाँस (स्त्री.), जलाव।

78.58. सं. पाचक चूर्ण : चूरन (दे.80)

78.59. सं. जलपान का सामान : चबेनी (स्त्री.), चवैनी, सं. दालमोठ (स्त्री.), सं. चटपटी चीज : चाट (स्त्री.), चक्षण, अवदंश, उपदंश, खर्जिका (स्त्री.), गजक, विदंश।

78.62. सं. तली हुई महीन करारी फुलकी : गुपचुप, गोलगप्पा, पानीपूरी, पिचुवका, पिचूका, फुचका, फुलकी (स्त्री.), बताशा।

78.63. सं. जीराजल।

78.64. सं. इडली (स्त्री.)।

78.65. सं. डोसा; सादा डोसा; मसालडोसा।

78.66. सं. बड़ा, बरा, वट, वटक।

78.67. सं. दहीबड़ा, दहरौरा, दहिऔरी (स्त्री.)।

78.68. सं. खटाई में डुबोया हुआ बड़ा : अम्लिका वटक, अम्लीकावटक।

78.69. सं. उरद का बड़ा : धूमसी (स्त्री.)।

78.70. सं. उबले कद्दू, बुँदिया आदि में मिर्च-मसाले और दही डालकर बनाया गया व्यंजन : रायता, रैता, रैतुवा, राज्यवत्ता।

78.71. सं. मोयनदार नमकीन खाद्य : पपड़ी (स्त्री.), पपरी (स्त्री.), निमकी (स्त्री.)।

78.72. सं. तिकोना खस्ता नमकीन, खाद्य : सुहाल, सोहाल।

78.73. सं. पापड़, पर्पटी (स्त्री.), चमस, माषयोनि।

पापड़ जैसा खाद्य : खखरिया (स्त्री.)।

78.74 सं. सेव।

78.75. सं. मैदे का मोटा खस्ता सेव : सेवड़ा।

78.46. सं. मैदे का मीठा/नमकीन पकवान : शकरपारा, शकरपाला, खुरमा, सकरपाला।

78.77. सं. मैदे का पकवान : टिकिय (स्त्री.); मठरी (स्त्री.), मठली (स्त्री.), मठुली (स्त्री.)।

78.78. सं. मैदे का खस्ता नमकीन : मट्ठी (स्त्री.), मठरी (स्त्री.)।

78.79. सं. घुँघरी (स्त्री.), घुघरी (स्त्री.), घुघुरी (स्त्री.)।

78.80. सं. छोले; छोले-भटूरे।

78.81. सं. चूड़ामटर, मटरचूड़ा।

78.82. सं. दूध, दुग्ध, दोह, दोहज, दोहापनय, दोहय, अमृत, अवदोह, ऊधन्य, ऊधस्य, क्षीर, गोरस, जीवनार्ह, पय, पीयूष, प्रस्रव, बालसात्म्य, वारिसाम्य, शीर, सोज, सोमरसोद्भव, स्तन्य, स्वादु।

गाय का दूध (दे.67.9)।

गाय ब्याने के बाद सात दिनों तक का दूध : पेउसी (स्त्री.), (दे.67.9)।

पेउसी को औटाकर बनायी गयी मिठाई : ईंदर।

थन से निकला ताजा गरम दूध : धारोष्ण, धारोष्ण दूध।

अधिक पानी मिला हुआ दूध : कच्ची लस्सी।

दूध का फेन : मलैया, क्षीरहिण्डीर, दुग्धतालीय, दुग्धफेन, नमश (स्त्री.), शार्कक, शार्कर।

गाढ़ा पकाया हुआ दूध : औटी (स्त्री.)।

दूध पर जमी मलाई : फाँफी (स्त्री.), मलाई (स्त्री.), (आ.पड़ जम.)।

फटा हुआ दूध : कूर्चिका (स्त्री.)।

फटे दूध का जमा हुआ भाग : किलाट।

घनीकृत/संघनित दूध, condensed milk ।

नीरोगित दूध, parteurised milk ।

वि. दुग्धयुक्त, दुग्धी, पसस्वल, पयरवान्, पयस्वी।

दूध का बना हुआ : पयस्य।

78.83. सं. दही (जम. जमा.), दधि, दुग्धविकृति (स्त्री.), क्षीरज, गोरस, पवस्य, पयस्या (स्त्री.), मंगल्य, विरल, श्रीधन।

बढ़िया दही : सजावा।

दही जमाने के लिए दूध में डाला जाने वाला दही : जामन, आतंचन पाँच दिन का दही : तरुणदधि।

दही का पान, दधिमंडल, दधिवारि, दधिशर, दधिस्नेह, दध्युत्तर, दध्युत्तरक, दध्युचरण, मसका, मस्का, भस्तु।

दही को निचोड़कर निकाला हुआ पानी : तोड़।

दही के ऊपर की मलाई : छाल्ही (स्त्री.), मस्तु।

दही मथना - (दे.270)।

78.84. सं. मथे हुए दही का शरबत : लस्सी (स्त्री.), लसी (स्त्री.)।

78.85. सं. दही का शरबत जिसमें केसर, गरी आदि पड़े होः

सिखरन (स्त्री.), मार्जिता (स्त्री.), मोरग, रसाला (स्त्री.), रसिका (स्त्री.), शिखरन, शिखरिणी (स्त्री.), श्रीखण्ड।

78.86. सं. मथा हुआ दही : मट्ठा, मठा, मथित, महा, मही, महेरा, महेरि (स्त्री.), मण्ड, अमस्तु, अम्ल, अरिष्ट।

कंकर, कठुर, कालशेय, गोरस, घोल, छाँछ (स्त्री.), छाछ (स्त्री.), छाह (स्त्री.), तक, त्रदस्य, दण्डाहत, दधिस्वेद, पयस्य, प्रागाढ़, मग्नसंधिक, रसायन, लस्सी (स्त्री.), विलोजित, श्वेतरस।

आधा पानी मिला हुआ मट्ठा : उदश्वित, औदश्वित।

78.87. सं. मट्ठे से बना पाचक पेय : पछावर (स्त्री.), पछावरि (स्त्री.), पछियाउर (स्त्री.), पछियावर, पछूयावर।

78.88. सं. मक्खन, माखन, मसका, मस्का, मंथज, अमृतसार, कच्चा घी, क्षरिधृत, क्षरिज, क्षीरसार, तक्रसार, दधिज, दधिजात, दधिसार, दुग्धविकृति (स्त्री.), पयस्य, सखरस, हैयंगवीन।

ताजा मक्खन : नयनू, नैन, नवनी (स्त्री.), नवनीत, नवोद्धृत, कलंकुट, तक्रसार, दधिसम्भव, पिण्ड, लवनी (स्त्री.), सरज, सहवीर्य, सार, सारज।

मक्खन निकाला हुआ दूध : मखनिया दूध, सप्रेटा।

आधा पिघला हुआ मक्खन : आयुत।

खौलाने पर मक्खन के नीचे बैठने वाला मैल : हीर (स्त्री.)।

78.89 सं. घी, घिउ, घृत, अभिघार, अमृत, अमृत, अमृतसार, आज्य, आयुर्द्रव्य, कान्तिद, खजप, तनूनप, तनूनपात्, तामर, तोयद, दधिषाय्य, नवनीतक, पीथ, रोगनजर्द, सर्पि, सर्पिष्क, सर्पी, हवि, हविष्क, हव्य।

ताजा घी : वह्निभोग, वह्निभोग्य, हैयंगवीन।

दही मिला हुआ घी : पृषदाज्य, पृषातक।

पिघलाये हुए घी का केन : सर्पिमण्ड।

घी तपाने से निकलने वाला मैल : घृतमण्ड।

घी का तलछटः मैहर।

पुराना घी : महाघृत।

गाय का घी : गव्यघृत, गोघृत।

78.90. सं. मलाई (स्त्री.), क्षीरस, क्षीरसार, दुग्धतालीय, दुग्धफेन, दुग्धाग्र, पयस्य, बालाई (स्त्री.), शार्कक, सन्तानिका (स्त्री.), सन्तानिनी (स्त्री.), साड़ी (स्त्री.), साढ़ी (स्त्री.), सार।

78.91. सं. रबड़ी (स्त्री.), रबरी (स्त्री.), राबड़ी, (स्त्री.) भेदड़ी (स्त्री.), लच्छेदार रबड़ी (स्त्री.), बसौंधी (स्त्री.), बासौंधी (स्त्री.),।

78.92. सं. कड़ाही से खुरचन निकाली हुई दूध की सूखी परत : खुरचन (स्त्री.), निष्कास।

78.93. सं. खोआ, खोया, खोवा, क्षीर, पयस्य, मावा।

78.94. सं. छेना, आमिक्षा (स्त्री.), आमीक्षा (स्त्री.), क्षीरसन्तानिका (स्त्री.), तक्रकूर्चिका (स्त्री.), तक्रपिण्ड, दुग्धकूर्चिका (स्त्री.), दुग्धविकृति (स्त्री.), दुग्धशाक, सन्तानिका (स्त्री.)।

छेने का पानी : फाड़न, मस्तु।

78.95. सं. पनीर।

78.96. सं. भूली हुई चीज : कान्दव।

अनाज भून्ना : धानाभर्जन।

कम भूना हुआ अनाज : ओकुल, पौलि (स्त्री.)।

आधा भूना हुआ अनाज : डभका।

78.97. सं. चबेना, चबैना, दग्धान्न, दाना, भिष्मा (स्त्री.), भिष्मिका (स्त्री.), भिष्मिटा (स्त्री.), भिष्मिष्टा (स्त्री.), भिरसटा (स्त्री.), भिस्सिटा (स्त्री.), भुजेना, भुजौना, भुरजी, भूँजा, रुखुरी (स्त्री.)।

शीतल पेय, cold drink ।

शरबत, शर्बत।

चीनी का शरबत : शर्करोदक।

खाँड़ का शरबत : खँड़वानी (स्त्री.)।

नींबू का शरबत : शिकंजबीन, सिकंजबीन (स्त्री.), तरंजुबीन (स्त्री.), तुरंजबीन (स्त्री.)।

गुड़ के कड़ाहे का धोवन : पनुआँ।

ठण्डई (स्त्री.) (पी. ले.), ठंढई (स्त्री.), ठण्डाई (स्त्री.), ठंढाई (स्त्री.)।

पना, पन्ना, पानक।

आम का पना।

अदरक का पना : सच्चाक।

लेमनेह, मीठा पानी।

सोडावाटर, सोडा।

मिल्कशेक, शेक।

उष्ण पेय।

चाय (स्त्री.), चाह (स्त्री.), चा (स्त्री.), tea; black tea ।

चाय का चूरा; चाय की पत्ती; गोल दाना।

कहवा, coffee ।

कोको।

78.107. सं. कुलफी (स्त्री.), कुल्फी (स्त्री.), मलाई की कुलफी।

आइसक्रीम।

78.108. सं. बड़ी (स्त्री.), बरी (स्त्री.), बटी (स्त्री.), बरौरी (स्त्री.)।

उड़द की बड़ी : अदौरी (स्त्री.), डभकौरी (स्त्री.), डुभकौरी (स्त्री.), मिठौरी (स्त्री.)।

मूँग की बड़ी : मुँगौरी (स्त्री.)।

चने की बड़ी : मिठौरी (स्त्री.)।

मसूर की बड़ी : मसूरा (स्त्री.)।

पेठे की बड़ी : कुम्हड़ौरी (स्त्री.), कोंहड़ौरी (स्त्री.)।

पेठे के बीजों की बड़ी : बिजौरी (स्त्री.)।

मेथी के साग की बड़ी : मेथौरी (स्त्री.)।

तिल की बड़ी : तिलौरी (स्त्री.), तिलौरी (स्त्री.)।

कढ़ी में डालने की बड़ी : डुबकी (स्त्री.)।

भाप से पकायी हुई बड़ी : बफौरी (स्त्री.)।

78.109. सं. साबूदाना, सागूदाना, सागू, सागो।

78.110. सं. बार्ली (स्त्री.)।

78.111. सं. अरारूट, अरारोट, जीतालू, शुभा (स्त्री.)।

78.112. सं. शटि (स्त्री.), शटी (स्त्री.) (दे.कचूर/पौधा)।

78.113. सं. सेंवई (स्त्री.), सेमई (स्त्री.), सिवईं (स्त्री.), सिवैयाँ (स्त्री.), सूत्रिका (स्त्री.), सेविका (स्त्री.)।

78.114. सं. घी में तला हुआ मैदे का लच्छा : फेनी (स्त्री.), फेनिका (स्त्री.), दूधफेनी (स्त्री.), लच्छा, सुधाफेनी (स्त्री.), सूतफेनी (स्त्री.)।

78.115. सं. टिकिया के आकार में मैदे का लच्छा : बतासफेनी (स्त्री.), फेणक, फेनक।

78.116. सं. फालूदा।

78.117. सं. नूडल्स, चाओमिन।

78.118. सं. मिठाई (स्त्री.), मीठा, मिष्ट, मिष्टान्न, मधुरान्न, मोदक, मोदकिका (स्त्री.), खण्डर, खाण्डव, खाण्डवराग, शीरीनी (स्त्री.), स्वादु।

त्योहारों में बँटनेवाली मिठाई : प्रहेणक, प्रहेलक।

78.119. सं. मीठा बड़ा : खँडरा।

78.120. सं. बेसन का पकवान : खँडरा।

78.121. सं. बादाम की तिकोनी बरफी : लौंज (स्त्री.)।

78.122. सं. कलाकन्द।

78.123. सं. बरफी (स्त्री.), बर्फी (स्त्री.)।

78.124. सं. जलेबी (स्त्री.), कुण्डलिका (स्त्री.), कुण्डलिनी (स्त्री.), कुण्डली (स्त्री.)।

जलेबा।

इमरती (स्त्री.)।

78.125. सं. गुलाबजामुन, गुपचुप, दुग्धकूपिका (स्त्री.)।

78.126. सं. लंबोतरा गुलाबजामुन : पनतुआ।

78.127. सं. मैदे क चकवे में खोया आदि भरकर बनाया हुआ पकवान : गुझिया (स्त्री.), गूझा, गोझिया (स्त्री.), गुह्यक, कुसली (स्त्री.), पिड़किया (स्त्री.), पिराक, संयाव।

गुड़-सोंठ की गुझिया : पिचुकिया (स्त्री.)।

गुझिया में भरने का मसाला : कूर, पूर।

78.128. सं. खोये की मिठाई : गुझिया (स्त्री.)।

78.129. सं. पेड़ा।

लाल पेड़ा।

78.130. सं. पेठा, कोहड़ापाग।

78.131. सं. खुरमा, शकरपारा, शकरपाला, सकरपाला।

78.132. सं. घेवर, घृतपूर, घृतपूर्णक, घृतवर, मिष्ठपूर।

78.133. सं. खजला, खजहजा, खजुआ, खजुली (स्त्री.), खजुवा, खाजा।

78.134. सं. बालूशाही (स्त्री.), बालूसाही (स्त्री.)।

78.135. सं. फलाहारी मिठाई : अकबरी (स्त्री.)।

78.136. सं. लवंगलता (स्त्री.), लौंगलता (स्त्री.)।

78.137. सं. चाशनी में पगी हुई मैदे की पूड़ी : मंठ, माँठ।

78.138. सं. बुँदिया (स्त्री.), बुँदौरी (स्त्री.), बुनिया (स्त्री.), बूँदी (स्त्री.), गुलदाना।

महीन बुँदिया : नुकती (स्त्री.), नुगदी (स्त्री.)।

78.139. सं. लड्डू, लड्डु, लड्डुक, चमस, मोदक।

बुँदिया का लड्डू।

मोतीचूर, मोतीलाडू।

बेसन का लड्डू : मगद।

बेगर का लड्डू : मगदल, मुद्गमोदक।

भूने हुए गेहूँ और गुड़ का लड्डू : गड़धनिया (स्त्री.), गुड़धनिया (स्त्री.), गुड़धाना (स्त्री.), गुड़धानी (स्त्री.), मुरण्डा, मुरन्दा।

सोंठौरा (दे.63)।

तिल का लड्डू : तिलवा।

भूने हुए आटे का लड्डू : ढूँढ़ी (स्त्री.)।

78.140. सं. चावल का मीठा बड़ा : पियावबड़ा।

78.141. सं. गोन्द का मिठाई : गोन्दपाग।

78.142. सं. सोहनपपड़ी (स्त्री.)।

78.143. सं. सोहनहलवा।

78.144. सं. गरी की मिठाई : चन्द्रपुरी (स्त्री.), चन्द्रपुली (स्त्री.)।

78.145. सं. छेने की मिठाई : सन्देश।

आम के आकार का सन्देश : आमसन्देश।

कमरख के आकार का सन्देश : कामरांगासन्देश।

जोड़ा सन्देश।

78.146. सं. रसगुल्ला, रसकोरा।

ऑरिंज रसगुल्ला।

78.147. सं. चमचम।

78.148. सं. रसमुण्डी (स्त्री.)।

78.149. सं. लेडीकेनी (स्त्री.)।

78.150. सं. खीरमोहन।

78.151. सं. खीरकदंब।

78.152. सं. राजभोग।

78.153. सं. मनोहरा।

78.154. सं. कमलाभोग।

78.155. सं. गजा (स्त्री.)।

78.156. सं. छेने का पुलाव।

78.157. सं. छेने की जलेबी।

78.158. सं. पिसे हुए चावल की मिठाई : अँदरसा, अनरसा।

78.159. सं. कूटे हुए तिल की पट्टी : तिलकुट, तिलकल्क।

तिल की पट्टी : तिलपट्टी (स्त्री.), तिलपपड़ी (स्त्री.), तिलपणिच्चट, तिलवट, तिलशकरी (स्त्री.), गजक।

78.160. सं. रेवड़ी (स्त्री.), रेउड़ी (स्त्री.), खुट्टी (स्त्री.)।

गुलाबी रेवड़ी (स्त्री.)।

78.161. सं. रेवड़ा, रेवरा, रेउड़ा, रेउरा।

78.162. सं. राब (स्त्री.), खाँड़ (स्त्री.), फणित, मत्स्यण्डिका (स्त्री.), मत्स्यण्डी (स्त्री.)।

राब के ऊपर उठने वाला शीरा : चोटा, छोआ, जूसी (स्त्री.), शिशुप्रिय।

78.163. सं. गुड़ (दे.44.12), गुड, गुडक, गुल, गण्डोल, अमृतसारज, अरुण, इक्षुज, इक्षुपाक, इक्षुविकार, इक्षुसार, खण्डज, खण्डमोदक, खण्डोद्भव, खण्डोद्भूत, द्रवज, मधुर, रसज, रसपाकज, सितादि, सिद्ध, स्वादु, स्वादुखण्ड।

गुड़ का टुकड़ा : भेली (स्त्री.); बट्टी (स्त्री.); कतरा; ढोंका।

खजूर का गुड़।

खजूर के गुड़ का चक्का : पाटाली (स्त्री.)।

मिट्टी के घड़े में भरा खजूर का गीला गुड़ : नागरी (स्त्री.)।

ताड़ का गुड़।

78.164. सं. खाँड़ (स्त्री.), खाँड़सारी (स्त्री.), खँड़सारी (स्त्री.), खँड़ (समास में), खण्ड़, असाढ़ा, कच्ची चीनी, देशी चीनी (स्त्री.), बूरा, मधुधूलि (स्त्री.), लाल शक्कर (स्त्री.), शकर (स्त्री.), शक्कर (स्त्री.), सकरखण्डी (स्त्री.)।

78.165. सं. चीनी (स्त्री.), अहिच्छत्रा (स्त्री.), इक्षुविकार, इक्षुशर्करा (स्त्री.), उपला (स्त्री.), क़न्द, कन्द, खण्डविकार, खण्डसर, गुडशर्करा (स्त्री.), मागधी (स्त्री.), रसपाकज, रसालशर्करा (स्त्री.), वालुकात्मिका (स्त्री.), शकर (स्त्री.), शक्कर (स्त्री.), शर्कर, शर्करा (स्त्री.), शार्क, शुक्ला (स्त्री.), शुक्लोपला (स्त्री.), शुभ्र, शुभ्रा (स्त्री.), सिकता (स्त्री.), सिता (स्त्री.), सिताभ, सितोपला (स्त्री.), सुक्कर।

खजूर/ताड़ का चीनी : ढुलुआ।

अंगूर की चीनी : द्राक्षाशर्करा (स्त्री.) glucose।

फल का चीनी : फलशर्करा (स्त्री.), fructose ।

शहद की चीनी : मधुशर्करा (स्त्री.), क्षौद्रजा (स्त्री.), क्षौद्रशर्करा (स्त्री.), शुभ्रिका (स्त्री.)।

जौ की चीनी : यवशर्करा (स्त्री.), maltose।

दूध की चीनी : दुग्धशर्करा (स्त्री.), lactose ।

ऊँटकटारे पर जमनेवाली चीनी : तवराज, तरंजुबीन (स्त्री.), तुरंजबीन (स्त्री.), खण्डसर, यवासशर्करा (स्त्री.), सिद्धखण्ड, सिद्धमोदक।

वि. चीनी का बना हुआ : सितोद्भव।

78.166. सं. मिसरी (स्त्री.), मिस्री (स्त्री.), मिश्री (स्त्री.), मधुजा (स्त्री.), कन्द, खण्डक, खण्डविकृति (स्त्री.), खण्डशर्करा (स्त्री.), खाण्ड, खाण्डव, खाण्डवराग, घनरूपा

(स्त्री.), धौतखण्डी (स्त्री.), शद्रि (स्त्री.), शर्करजा (स्त्री.), सिता (स्त्री.), सिताखण्ड, सितोपला (स्त्री.)।

सकोरे में जमायी हुई मिसरी : कूजा।

ताड़ के रस की मिसरी : तालमिसरी (स्त्री.)।

शहद की मिसरी : माक्षिकशर्करा (स्त्री.), माक्षीकशर्करा (स्त्री.)।

78.167. सं. रोटी की शकल में जमायी हुई चीनी : गिन्दौड़ा, गिन्दौरा।

78.168. सं. बताशा, बतासा, शर्करापुष्प।

बड़ा बतासा : फेना, फेनी (स्त्री.)।

78.169. सं. कदमा।

78.170. सं. गट्टा।

78.171. सं. मिसरी का लड्डू : ओला, खँडवरा, खँडौरा, शार्कक।

78.172. सं. इलायचीदाना, लाचीदाना।

78.173. सं. चाशनी (स्त्री.), इक्षुरस, इक्षुसार, कवाम, किमाम, पाग, फाणित, शीराँ, शीरा।

वह चाशनी जिसमें मिठाई आदि को डुबोते हैं : पाग (दे.79)।

चाशनी के ऊपर जमनेवाली मैल की तह : छादन, छादनी (स्त्री.), मैली (स्त्री.)।

78.174. सं. मधु, मधुका (स्त्री.), मकरन्द, मरन्द, मरिन्द, महिफल, माक्षिक, माक्षीक, असली, कीलाल, कुसुमासव, क्षौद्र, क्षौद्रक, चषक, पवित्र, पित्र्य, पुष्परसाह्वय, पुष्पसार, पुष्पस्नेह, पुष्पस्वेद, पुष्पांबुज, पुष्पासव, पौत्तिक, भामर, शहद, सारघ, सुधा (स्त्री.)।

वि. मधुयुक्त, समाक्षिक।

78.175. सं. मांस (दे.73.30)।

बकरे का/खस्सी का मांस, mutton ।

भेड़ का मांस, mutton ।

सूअर का मांस, pork; सूअर की पीठ या बगल का मांस, bacon; सूअर की रान का मांस, ham।

मुरगे का मांस, chicken।

गाय का मांस, गोमांस, महामांस, beef।

कपूरा; कलेजी (स्त्री.); गरदन (स्त्री.); गुरदा; चरबी (स्त्री.), चाँप; टँगड़ी (स्त्री.), पचौनी (स्त्री.), पुट्ठा; रान (स्त्री.)।

मांस का छोटा टुकड़ा : बोटी (स्त्री.)।

कूटा हुआ मांस : कीमा।

मांस का छिछड़ा : छाँट (स्त्री.)।

78.176. सं. मांस की बनी चीज : मसेवरा, भृष्ट।

मांस का सालनः कलिया, गोश्त, सगौती (स्त्री.); उख्य।

मांस का रसा : शोरबा, मांसरस, सहण्डुक; जूस, यख़नी (स्त्री.)।

नहारी (स्त्री.)।

गुलमा, दुलमा, लँगूचा।

भूना हुआ मांस : चुस्त, प्रदिग्ध, भरुटक, भरुटा (स्त्री.)।

उबाला हुआ मांस : श्रपित, श्राण।

78.177. सं. कोरमा, प्रलेह।

78.178. सं. कोफ्ता।

78.179. सं. दुपियाजा, दोपियाजा।

78.180. सं. पसन्दा।

78.181. सं. कबाब, शूलिक, शूल्य, शूल्यपाक, शूल्यमांस।

सीखकबाब, शूलाकृत, शूल्य भटित्र।

शामीकबाब। लौंगचिड़ा।

78.182. सं. मटन चॉप, mutton-chop।

78.183. सं. कटलिट, cutlet।

78.184. सं. ग्रिल, grill; मिक्स्ड ग्रिल, mixed grill।

78.185. सं. सॉसिज, sausage।

78.186. सं. मुर्गमसल्ललम ; चिलिचिकन, chillichicken रोस्ट, roast।

78.187. सं. अण्डे का सालन, खागीना; उबला हुआ अण्डा; ऑमलिट, omelet , खागीना; पोच, poach।

78.188. सं. भोजन के बाद खाने की चीज, पान, सुपारी, सौंफ आदि : मुखशुद्धि (स्त्री.), मुखशोधन, वक्त्रशोधन।

पतौखी (स्त्री.) : कत्था-चूना-कटी सुपारी।

निरामिष भोजन, शाकाहार।

आमिष भोजन, मांसाहार।

हविष्यान्न (दे.310)।

व्यंजन-तालिका (स्त्री.), व्यंजनिका (स्त्री.), व्यंजनी (स्त्री.), आहारिका (स्त्री.), भोजनी (स्त्री.), भोज्य-सूची (स्त्री.), menu।

वि. निरामिष निर्मांस, अनामिष, अमांस, अमांसक, मांसरहित।

आमिष, सामिष, समांस, मांसयुक्त।

वि./सं. निरामिषाहारी, निरामिषाशी, निरामिषभोजी, अक्रव्याद, शाकभक्ष, शाकभक्षी, शाकाशन, शाकाहारी, सब्जीखोर, vegetarian।

आमिषाहारी, आमिषाशी, आमिषप्रिय, आमिषभुक्, आमिषभोजी, पलाद, पलादन, पलाशन, मांसभक्ष, मांसभक्षी (दे.60), मांसभोजी, मांसाद, मांसादी, मांसाशन, मांसाशी, मांसाहारी, शाष्कुल, non-vegetarian।

गोभक्षी, गवाशन।

मुखशोधक, वक्त्रशोधी।

79. पाक कर्म

सं. पाककर्म (कर.), पाककार्य, पाकक्रिया (स्त्री.), पाक (कर.), पाचन, पाचनक, पाचनिका (स्त्री.), पाचा, पाचि (स्त्री.), पकाई (स्त्री.), पक्ति (स्त्री.), पचन, पचना (स्त्री.), पचा (स्त्री.), पचि (स्त्री.), परिपाक, अन्नपाक, आराधन, आश्रपण, आहारपाक, रंधन (कर.) संपाक, संपाचन, संसिद्धि (स्त्री.)।

खाना पकाना-/बनाना-, चूल्हा फूँकना-, पकाना-, पाचना-, भोजन पकाना-/बनान-, राँधना-, रोटी पकाना-/ बनाना-, हँड़िया दागना-, हँड़िया/हाँड़ी चढ़ाना-।

खाना पकना-/बनना-, चूल्हा जलना-, पकना-, भोजन पकना-/बनना-, रोटी पकना-/बनना-, हाँड़ी उबलना-/पकना-।

पानी के साथ पकाना : उबालना-, उसनना-, उसिनना-, अधिश्रय, अधिश्रयण, जोश देना-, बलकाना-, श्रपण, श्रपणा (स्त्री.)।

उबलना-, जोश खाना-, प्रक्वाथ।

उसनाना-, पकवाना-।

सिझाना-, सीझ (स्त्री.),, सीज (स्त्री.),, चुराना-, चुराई(स्त्री.),, संपाचन।

सीझना-, सिझना-, सीजना-, चुरना-।

पानी उबलने का शब्द : सन-सन, सनसनाहट (स्त्री.)।

उबलकर पानी का कम होना : छनकना-।

उबालकर पानी को कम करना : छनकाना-।

(दूध आदि को) उबालना-, खौलाना-, खौलाव, चुराना-, जोश देना-।

भात/रस आदि का 'फद-फद' शब्द करते हुए उबलनाः फदकना-, फदफदाना-।

उबलकर फेन के साथ ऊपर उठना : उफनना-, उफनाना- (दे.619), उफान आना-, उबाल आना-/उठना-, ज़ोश खाना-/मारना-।

आँच देकर दूध आदि को गाढ़ा करना : औटाना-, औटन (स्त्री.), औटना-, अवटना-।

रस के साथ पकाना : पागना-।

पगना - ; पगाना-।

बन्द बरतन में पकाना : दम करना-/देना-।

आग पर चढ़ाना-/रखना-, अधिश्रयण।

गरम करना-, अधिश्रय।

चावल धोना-, फरियाना-।

(चावल का) धोवन, धोवा, ज्येष्ठांबु, तण्डुरनि, तण्डुलांबु, तण्डुलोत्थ, तण्डुलोदक।

चावल, दाल आदि पकाने के लिए आग पर चढ़ाया हुआ पानी : अदहन।

(दाल, भात आदि को कलछी आदि से) चलाना-।

भात में से माँड़ निकालना : पसाना-।

(रोटी बनाने के लिए आटा) गूँथना-, गूँदना-, गूँधना-, माँड़ना-, सानना-।

आटा साने के बाद हाथों को मलने से बनी आटे की बत्ती : मरोड़ी (स्त्री.)।

साने हुए आटे की गोली : लोई (स्त्री.) (बना.), कचलोन्दा, पेड़ा।

लोई को चकले पर रखकर बेलन से रोटी बनाना : बेलना-, पोना-।

लोई को हाथों से दबा-दबाकर रोटी बनाना : पोना-।

वह सूखा आटा जो लोई पर लगाकर रोटी बेलते हैं : पलेथन, पलोथन, परेथन।

रोटी पकाना-/पोना-/बनाना-।

रोटी सेंकना-।

अंगाकड़ी/बाटी/लिट्टी तैयार करना-/पकाना-/लगाना-।

पलटकर सेंका जाने वाला रोटी का पहलू : रोटी की पीठ।

खस्तेपन के लिए सानते समय आटे/मैदे में दिया जाने वाला घी : मोयन (दे.), मोना-।

खस्तापन, खस्तगी (स्त्री.), भुरभुरापन।

गुझिया आदि में मसाला भरने के लिए चपटी करके बढ़ायी गयी लोई : चकवा।

चकवे में भरने का मसाला : कूर, पूर।

गुझिया आदि की कोर को मोड़ना : गोंठना-।

आग में डालकर पकाना : भूनना-, भून डालना-/देना-।

आग पर रखकर पकाना : भूनना-, सेंकना-।

गरम बालू में डालकर पकाना : भूँजना-, भूनना-।

जलते तबे पर पानी पड़ने से होने वाला शब्द : छन (स्त्री.), छनक (स्त्री.), छनकना-, छनछनाना-।

घी, तेल आदि का खूब गरम होना : कड़कड़ाना-।

कड़कड़ाते घी/तेल में आटे की लोई आदि पड़ने से होने वाला शब्द : छन (स्त्री.), छनक (स्त्री.), छनकना-, छनाका, छनछनान-, छनन-मनन (हो.)।

गरम घी/तेल में डालकर चला लेना : भूनना-, कल्हरना-, तलना-।

कड़कड़ाते घी/तेल में डालकर पकाना : तलना-, तल देना-/ लेना-, चरब करना-।

कड़कड़ाते घी में पकाना : छानना-, चरब करना-।

पूड़ी/पकवान बननाः छनन-मनन होना-।

हलका भूनना : कौरना-।

भूँजा जाना-, भुँजना-, भुनना-; सिंकना-।

भुँजाई (स्त्री.), भर्ग, भर्जन, भृष्टि (स्त्री.), भ्रज्जन।

छीलना- (दे.486), छिलका उतारना-।

काटना - (दे.443)

रेतना - (दे.443), कसना-।

कूटना - (दे.442)।

पीसना - (दे.442)।

मसाला (दे.47)

पकाते समय साग-भाजी में डाला जाने वाला आटा/बेसन : अरहन (मिला.), आलन।

मसाले मिले हुए कड़कड़ाते घी/तेल को दाल आदि में सुगंध के लिए डालना : छौंक (स्त्री.), (दे.) छौंकना-, अभिघार, तड़का (दे.), धुँगार (स्त्री.) (दे.) धुँगारना-, बघार (दे.), बघारना-।

छौंक-बघार।

बघारते समय घी/तेल में डाला जाने वाला मसाला : छौंक (स्त्री.), तड़का, बघार।

बघारने की महक : बघार (आ. उठ.)।

शीरे में मिठाई आदि को डुबोना : पागना-।

पागा जाना-, पगना-।

गूँधे हुए आटे/मैदे का सड़ाव : खमीर (उठ.उठा.)(दे.475)।

खमीर उठाया हुआ आटा/मैदा : मावा।

मावे का अधिक सड़ना : खमीर बिगड़ना-/खट्टा होना-।

रसोई (स्त्री.), रसोईं (स्त्री.), रसोईखाना, रसोईंखाना, रसोईघर, रसोईंघर, रसवती (स्त्री.), अग्निमुखी (स्त्री.), चौका, पचनागार, पाकशाला (स्त्री.), पाकस्थान, पाकागार, बावरचीखाना, भोजनशाला (स्त्री.), महानस, सूदशाला (स्त्री.), सूपस्थान, स्वेदनिका (स्त्री.), kitchen।

अन्नधानी (स्त्री.), अन्नकोष्ठ, भण्डार (दे.125), pantry।

चौके को गोबर से लीपना : चौका फेरना-/लगाना-।

चौका लगाना और बरतन माँजनाः चौका-बरतन/चौका-बासन करना-।

चौके-चूल्हे का आचार : चौकाचार।

रसोई का बरतनः भाँड़ा, भाण्ड, पाकपात्र, पाकभाण्ड (दे.510)।

रसोई का सामान : रंधनद्रव्य, पचन, पाचल (दे.507.20)।

भोज्य वस्तुएँ रखने की अलमारी : भड़सार (स्त्री.), नेमतखाना, meat-safe।

अँगीठी (स्त्री.), अँगीटी (स्त्री.), अँगेठा, अंगारधानिका (स्त्री.), अंगारधानी (स्त्री.),

अंगारपाती (स्त्री.), अंगारशकटी (स्त्री.), अंगारि (स्त्री.), अंगारिका (स्त्री.), अंगारिणी (स्त्री.), अंगारिता (स्त्री.), अंगारी (स्त्री.), अन्तिका (स्त्री.), अन्ती (स्त्री.), अंदिका (स्त्री.), अधिश्रयण, अधिश्रयणी (स्त्री.), अश्मन्त, अश्मन्तक, अश्वन्त, उद्धान, उद्ध्मान, उद्वान, कुहन, चुल्लि (स्त्री.), चुल्ली (स्त्री.), चूल्हा, तेमनी (स्त्री.), भीरुरंघ्र, हसन्तिका (स्त्री.), हसन्ती (स्त्री.), हसनी (स्त्री.), hearth।

उठौआ चूल्हा।

दो चीजें पकाने लायक चूल्हा : दोहरा चूल्हा।

चार चीजें पकाने लायक चूल्हा : चरैला।

लोहे का बना हुआ चूल्हा : दमकला, दमचूल्हा।

दमकले की जाली : झँझरी (स्त्री.), झरना।

हैदराबादी चूल्हा।

चूल्हे का मुँह : अइल, भंभ।

बरतन रखने के लिए चूल्हे के मुँह पर मिट्टी की गाँठदार उभार : पूता।

चूल्हे की आग को खोदनाः खुलेड़ना-, खोरना-।

भट्ठी (स्त्री.), (दे.517)

तन्दूर, तनूर।

कन्दु, oven।

भाड़ (दे.507. 21)

परितापनी (स्त्री.), stove।

पक्त्र, पाकपात्र, cooker।

इकमिक कुकर।

निपीड पक्त्र, pressure cooker

सौर पक्त्र, solar cooker।

पाककला (स्त्री.), पाकविधा (स्त्री.), पाकविधि (स्त्री.), रंधनकला (स्त्री.), सूदशास्त्र, सूपशास्त्र, cookery।

पाकौशल, पाकचातुर्य।

पाकशिक्षा (स्त्री.), रंधन शिक्षा (स्त्री.)।

आहारिकी (स्त्री.), dieteties।

रसोइया, रसोईदार, रसपाचक, रंधक, आंधसिक, आरालिक, औदनिक, खानसामाँ, गुण, देग अन्दाज, पक्ता, पचक, पचन, पचेलुक, पाककर्ता, पाककृत्, पाकु, पाकुक, पाचक, पाचल, पाचयिता, पाँड़े, बल्लव, बावरची, बावर्ची, भण्डारी, भक्तकार, भक्तोपसाधक, भक्षकार, भक्ष्यकार, महराज, वल्लव, श्रापी, सूद, सूप, सूपक, सूपकर्ता, सूपकार, सूपकारी, सूपकृत्, सूपिक।

रसोईदारिन (स्त्री.), पाचकस्त्री (स्त्री.), पाचिका (स्त्री.), पाचिका (स्त्री.), महाराजिन (स्त्री.)।

रसोईदारी (स्त्री.), सूदकर्म, सूपकारी (स्त्री.)।

भोजन ले चलने वाला : रसोईबरदार।

पाकशाला की अध्यक्षता : भोजनाधिकार।

पाकशाला का अध्यक्ष : खानसामाँ, पौरोगव, भोजनाधिकारी, सूदाध्यक्ष।

भड़भूँजा, भुँजवा, भुजवा, भृष्टकार।

हलवाई, मोदक (दे.356)।

बुरा रसोइया : अपच।

जो अपने लिए खाना न पकाये : अपच।

वि. पकाने योग्य : पक्तव्य, पचनीय, पाक्य, पाचनीय, पाच्य।

जो शीघ्र पके : पचेलिम।

जो शीघ्र न पके : दुर्जर।

आग पर रखा हुआ : अग्निष्ठ।

उबलाया हुआ : अधिश्रित।

उबला हुआ : श्रपित।

पका हुआ : पक्व, परिपचित, परिपाचित, पाकिम, रंधित, श्राण, श्रित।

अग्निपक्व।

अंगारपक्व, अंगारकित, अंगारपरिपाचित।

शूलपक्व, शूल्य।

खूब पका हुआ : सुस्विन्न।

भूना हुआ : परिपाचित, भर्जित, भृष्ट, श्राण।

भाड़ में भूना हुआ : कन्दुपक्त।

औढाकर आधा किया हुआ : अधावट।

पकाने वाला : आंधसिक, पक्ता, परिपाचन, पाचक, पाचन, पाचयिता, पाचल।

थोड़ा पकाने वाला : मितंपच।

ज्यादा न पकाने वाला : अनमितंपच।

कुशल पाचक : पाकपण्डित।

भूनने वाला : भजन, भृष्टकार।

तन्दूरी।

खमीरा, खमीरी (स्त्री.)।

मोयनदार, खस्ता।

घी चूता हुआ : तरतराता।

मसालेदार, प्रयस्त, सूपसंसृष्ट।

कम मसालेदार : सादा, सूपगंधि।

(विप.) कच्चा, अपक्व।

अधपका/गीला : पचपचा, आमभृष्ट।

अपाच्य।

80. पाचनक्रिया

सं. पाचनक्रिया (स्त्री.), पाचन, पाचनक, पाचनिका (स्त्री.), पचन, पचना-, पच जाना-, परिपाक (हो.), परिपाचन, अन्नपाक, आहारपाक, जीर्णि (स्त्री.), तहलील (स्त्री.) (हो.), निराक, संपाक, हजम (हो.)।

पचाना-, पचा जाना-/ डालना-/ लेना-, पाचन, जारण, तहलील (स्त्री.) (कर); हजम (कर.)।

पाचनशक्ति (स्त्री.), पाचन, अग्नि (स्त्री.), अनल, उदराग्नि (स्त्री.) (दे.74), जठराग्नि (स्त्री.), हजम, हाजमा।

तीव्र पाचनशक्ति : अत्यग्नि (स्त्री.)।

पाचनशक्ति का बढ़ना : अग्निदीपन, क्षुधावर्धन, दीपन।

पाचक रस, पाचन-रस, अनल, आमाशय-रस, जठर-रस, जाठर रस।

पाचन-संस्थान (दे.73.22), पक्ति (स्त्री.)।

हाज़मा खराब होना-, हाज़मा बिगड़ना-।

पाचक वस्तु : पाचक, पाचन, गवारिश (स्त्री.), चूरन।

अपच, बदहज़मी (स्त्री.) (दे.93)।

वि. पचनेवाला : पचनीय, पाचनीय, पाच्य, गवार।

सुपच, सुपाच्य, सहजपाच्य, परिणामिक, लघुपाक, लतीफ, हलका।

दुष्पाच्य, दुष्पच, दुर्जर, गरिष्ठ, गुरु, गुरुपाक, भारी।

अपाच्य, अजर, अजर्य।

पचानेवाला : पाचक, पाचन, पाचयिता, पाचल, अग्निज, जरण, जारक, हाजिम।

अच्छी पाचनशक्तिवाला : अग्निमान्।

पाचनशक्ति बढ़ाने वाला : अग्निदीपक, अग्निवर्धक, अग्निवर्धन, अनलदीपन, आमपाची, क्षुधाकर, क्षुधाकरक, क्षुधावर्धक, दीपक, दीपन, रुचिर, रुचिवर्धक।

पाचनशक्ति बिगाड़नेवाला : पक्तिनाशन, अरोचक।

पचा हुआ : जारित, जीर्ण, हजम।

अपक्व, अजीर्ण, अनुपस्कृत, आम, कच्चा।

81. अनाहार

सं. अनाहार (रह.), अनाशक, अनशन, अप्राशन, अभक्ष, अभक्षण, अभोजन, आहारत्याग, उपवसन, उपवस्त, उपवास (कर. हो.), उपवासक, उपास, उपोषण, उपोषित , औपवस्त, औपवस्त्र, औपवास्य, निरशन, निराहार, फाका (कर.) (दे.74), मुनिभेषज, लंघन।

अनशन (पर बैठ.), उपवसन, भूख हड़ताल (स्त्री.) (दे.405)

मरने के लिए अनशन : अनशनव्रत (दे.64), प्रायोपवेश, प्रायोपवेशन, प्रायोपवेशनिका (स्त्री.)।

निराहार व्रत, अनाशकायन, उपवास, उपोसथ (दे.318)।

निरंबु/निर्जल उपवास।

व्रतारंभ के पहले रात रहते किया जाने वाला भोजन : उखालिया (दे.76)।

उपवास के उपयुक्त आहार : औपवस्त्रक।

उपवास का दिन : पोषध।

रोग के कारण उपवास : अपतर्पण।

तीन दिनों का उपवास : तेला।

दीर्घ उपवास : अतिलंघन।

वि. अनाहार, अनाहारी, अनशन, अनाशक, अनोदन, उपवस्त, उपवासक, उपवासी, उपासा, उपोषित, नहार (रह.), (दे.74) निरना, निरन्म, (रह.), निरन्ना, निरषन, निराहार (रह.), फाकाकश।

अनशनकारी (दे.405)।

प्रयोपविष्ट (दे.64), प्रायोपवेशी, प्रायोपेत।

उपवासकाल में किया जाने वाला : औपवास।

82. पोषण

सं. पोषण (कर. हो.), पोष, परिपोष, परिपोषण, पुष्क, पुष्ट, पुष्टि (स्त्री.), दृढ़ीकरण, संपोषण (दे.353)।

पुष्टिकरता (स्त्री.), पोषिता (स्त्री.), पौष्टिकता (स्त्री.), पौष्टिकत्व।

गदराना-, फपकना-, फपक (स्त्री.), बढ़ना-, बाढ़ (स्त्री.) (दे.619), बाढ़ी (स्त्री.) मुटाना-(दे.637), वृद्धि (स्त्री.)।

स्वास्थ्यवर्धन (दे.88)।

बलवर्धन, बलन, बृंहण, उपबृंहण, शक्तिवर्धन।

पुष्टिकारक भोजन (दे.76)

पुष्टिवर्धक वस्तु : पुष्टई (स्त्री.)।

पुष्ट करना-/होना-, पोढ़ाना-, दृढ़ाना-।

पुष्टता (स्त्री.), पोढ़ाई (स्त्री.), पोढ़ापन, तगड़ापन, दृढ़ता (स्त्री.) (दे.446), बलिष्ठता (स्त्री.), मजबूती (स्त्री.) मोटा-ताजापन।

वि. पोषण के योग्य : पोषणीय, पोष्य।

पोषण करने वाला : पोषक, पोषयिता, पोषिता, पोषी (दे.353)।

पुष्टिकर, पुष्टिकारक, पुष्टिद, पुष्टिप्रद, पौष्टिक, बृंहण, वृद्धिकर।

स्वास्थ्यकर (दे.88)

बलकर, बलकारक, बलकारी (दे.401), बलवीर्यदायक।

जिसका पोषण हुआ हो : पुष्ट, पुषित, परिपुष्ट, पोषित, पोढ़, पोढ़ा, अतिवृंहित, संपुष्ट, संपोषित।

स्वस्थ (दे.88)।

गदरा, गद्दर, दोहरे बदन का, मोटा (दे.637)।

अकृश, अछाम।

दृढ़काय, दृढांग, कड़ंगा, बजरंग, संहतमूर्ति, संहतांग।

वि./सं. तगड़ा, अण्डीर, अगड़धत्त, अगड़धत्ता, कड़ंगा, गराण्डील, ग्राण्डील, डिंगर, ढटींगड़, ढटींगड़ा, ढटींगर, धतींगड़, धतींगड़ा, धिंगड़ा, धींग, धींगड़ा, धींगरा, प्रांग, मुसण्डा, मुस्टण्डा, लहीम, सण्डा।

मोटा-ताजा, सण्ड-मुसण्ड, सण्डा-मुसण्डा, हट्टा-कट्टा, हृष्ट-पुष्ट।

लंबा-तगड़ा (दे.636)।

बलवान् (दे.401)।

83. कुपोषण

सं. कुपोषण, अपोषण, अपुष्टि (स्त्री.)।

अस्वास्थ्य (दे.90), स्वास्थ्यहानि (स्त्री.), स्वास्थ्यहीनता(स्त्री.)।

कृशता(स्त्री.), क्षीणता (स्त्री.), लागरी (स्त्री.), शीर्णता (स्त्री.) (दे.638)।

कमजोरी (स्त्री.), दुबलापन, दुर्बलता (स्त्री.), दौर्बल्य, बलहीनता (स्त्री.) (दे.402)।

बहुत दुबला होना-, अटेरन होना-, पेट पीठ एक हो जाना-, पेट पीठ से लगना-, सीपी सा मुँह निकल आना-, हड्डी-हड्डी निकलना-।

वि. कुपोषित, अपोषित, अपुष्ट, विपुष्ट।

कृशकाय (दे.638), क्षीणकाय, क्षीण शरीर, अनुन्नतगात्र, अमांस, अमांसक, जैवातृक, दुबला, दुबला-पतला, निर्मज्ज, पतला, पृश्नि, लागर, शीर्णकाय।

इकहरे/एकहरे बदन का।

कमजोर, क्षीण, क्षीणशक्ति, दुर्बल, निर्बल (दे.402), मरियल।

अल्पप्राण, अल्पशक्ति, हीनबल, हीनवीर्य।

अस्थिविग्रह, अस्थिशेष, कंकालशेष, हड़ीला।

84. मल-मूत्रादि

सं. मल, मैला, अन्नकिट्ट, अन्नमल, अपस्कर, अवस्कर, आलाइश (स्त्री.), उच्चरित, उच्चार, गन्दगी (स्त्री.), ग़लीज़, गू, गूथ, गूह, चिर्क, झाड़ा (फिर.), टट्टी (स्त्री.) (कर.), दूर्य, निर्हाद, पाख़ाना (कर.फिर.), पैख़ाना, पुरीष, पुरीषण, पूतिक, भिष्टा (स्त्री.), भिसटा (स्त्री.), लण्ड, वर्चस्क, विट् (स्त्री.), विष्टा (स्त्री.), विष्ठा (स्त्री.), शकृत्, शमल।

बच्चे का मल : छिया (कर.), छी (स्त्री.) (कर.)।

बँधा मल : लेंड, लेंडी (स्त्री.), कल्क, विट्क।

मोटी बत्ती के रूप में मल : लेंड़, जंगलजलेबी (स्त्री.)।

आँतों में चिपकनेवाला कड़ा मल : सुद्दा, सुद्दी (स्त्री.)।

सूखा मल : कण्डी (स्त्री.), गोटा।

पतला मल : दस्त, रीख़ (स्त्री.)।

चिकना सफेद मल : आँव (गिर.)।

मल की दुर्गंध (दे.117)।

मलत्याग की इच्छा : हगास (स्त्री.), हाजत (स्त्री.), जरूरत (स्त्री.)।

हगास मालूम होना : दिशा/पाखाना/शौच/हगास लगना-।

शौच के लिए जाना : पाखाने जाना-, फ़राकत/फ़रागत जाना-, बड़े घर जाना-, शौच जाना-।

शौच के लिए घर के बाहर जाना : जंगल/दिसा/मैदान जाना-।

दिशा-फरागत (स्त्री.)।

मलत्याग (कर.), मलोत्सर्ग (कर.), मलोत्सर्जन, मलविसर्जन, जरूरियात से फारिग होना-, दिसा (स्त्री.) (फिर. हो.), निपटना-, निबटना-, पुरीषण, पुरीषोत्सर्ग (कर.), परिमोक्ष, फरागत (स्त्री.) (हो.), फारिग (हो.), शौच (कर.), शौच से निवृत्त होना-, सौंचना-, हगना-, हग देना-, हाजत रफा करना-।

पतली टट्टी होना : दस्त आना-/होना-, पेट छूटना-/पानी होना-।

बार-बार पतली टट्टी करना : छेरना-, पोंकना-।

पतली टट्टी जारी होना - पेट चलना-।

पाखाना साफ होना : पेट छँटना-।

बार-बार शौच जाना : हगनहटी/हगनेटी/हगनौटी मचाना-।

मलत्याग कराना : झाड़ा/पाखाना फिराना-, पाखाना/टट्टी कराना-, सौंचाना-, हगाना-।

(बच्चे के लिए) छिया कराना-।

मलत्याग के बाद मलद्वार को धोना : सौंचना-, आबदस्त लेना-, गाँड़ धोना-, पानी छूना-।

मलद्वार को धुलाना : सौंचाना-, आबदस्त दिलाना-, गाँड़ धुलाना-, पानी छुलाना-।

सौंचने का पानी : आबदस्त, हाथपानी।

पेट से मल निकालना : दस्त लाना-, भेद, भेदन, रेचन, रेचना-, विरेचन।

पेट की/ आँत की सफाई : कोष्ठशुद्धि (स्त्री.), मलशुद्धि (स्त्री.)।

दस्त लानेवाली दवा : जुलाब (दे.ले.), जुल्लाब, अनुलोमन, रेचन, रेच्य, विरेक, विरेचन।

दस्त लानेवाली पिचकारी : गुदवस्ति (स्त्री.) (दे.94), हुकना, enema।

दस्त लानेवाली बत्ती : हुकना, glycerin suppository।

मलद्वार (दे.73.22)।

कोष्ठबद्धता (स्त्री.) (दे.93)।

पाखाना, अवस्करमंदिर, क़दमचा, टट्टी (स्त्री.), फ़राग़तख़ाना, बैतुलख़ला, वर्चःस्थान, शौचगृह, शौचागार, शौचालय, सिद्दहतखाना, सेहतखाना, हगनहटी (स्त्री.), हगनेटी (स्त्री.), हगनौटी (स्त्री.)।

पाखाना साफ करना-, पाखाना कमाना-।

कमानेवाला पाखाना : उठौआ पाखाना।

जलबहाव/बहौआ पाखाना, स्वक्षालन/स्वक्षाल्य शौचालय, flush latrine।

स्वच्छता शौचालय, sanitary latrine।

शौचकूप, सण्डास।

कमानेवाला सण्डास।

सण्डास टंकी (स्त्री.), septic tank ।

सार्वजनिक शौचालय, बंपुलिस, बमपुलिस।

सुलभ शौचालय।

सिस्टर्न, cistern। flush।

पाखाना करने का गड्ढ़ा : खुड्डी (स्त्री.), खुड्ढ़ी (स्त्री.), चूल्हा।

पायदान, कदमचा, खुड्डी (स्त्री.), खुड्ढी (स्त्री.)।

पाखाने का नल : अवस्कर भ्रम, sewage।

मलपात्र, मलभाण्ड, शौचालन, commode।

मलजात कीट : अन्यकारुका (स्त्री.), मलकृमि, विष्ठाभू।

पाद, पर्द, पर्दन, पूतिवात, अधोवायु (स्त्री.), अपशब्द, अपश्वास, अपान,

अपानपवन, अपानवायु (स्त्री.), गृधू (स्त्री.), गोज; बिना शब्द का : फुसकी (स्त्री.), बाव, रियाह (स्त्री.), रीह (स्त्री.), वातकर्म, स्रद्धू (स्त्री.)।

पाद का वेग : पदास (स्त्री.) (लग.)।

पाद निकलना - बाव रसना-, अपानवायु का त्याग करना-, गोज करना-, पादना-, पाद देना-, पों करना, विशर्द्धन्।

पादने का शब्द : पों (स्त्री.)।

मूत, मूत्र, मेह, मेहन, कारूरा, गुह्यनिष्यन्द, नृजल, पेशाब, प्रस्रव, पस्राव, स्रव, स्रवण।

बच्चे का पेशाब : मुत्ती (स्त्री.)।

बीमार का पेशाब : कारूरा।

पेशाब रखने की शीशी : कारूरा।

दशमूत्र, दशमूत्रक : हाथी, घोड़ा, ऊँट, गाय, भैंस, भेड़, बकरा, गधा, पुरुष और स्त्री के मूत्र।

मूत्रत्याग का वेग : मुतास (स्त्री.) (लग.)।

मूत्रत्याग (कर.), मूत्रोत्सर्ग (कर.), मूतना-, मूत देना-/ लेना-, अपानन, पेशाब (कर.), प्रस्रवन, प्रस्राव (कर.), लघुशंका (स्त्री.) (कर.)।

(बच्चे का) मुत्ती (स्त्री.) (कर.)।

थोड़ा-थोड़ा करके पेशाब करना : छुलकना-, छुलछुलाना-, छुलकी (स्त्री.)।

छुलछुलाने का शब्द : छुलछुल।

पेशाब लाने की दवा : इन्द्री जुलाब।

पेशाब कराने की नली : मूत्रनिष्कासन, नलिका (स्त्री.), मूत्रनलिका (स्त्री.), नली (स्त्री.), सलाई (स्त्री.), catheter।

पेशाबखाना, मूत्रालय, urinal।

मल-मूत्र त्याग करने की आवश्यकता : वेग, हाजत (स्त्री.)।

मल/मूत्रत्याग के लिए पेट की वायु को दबाना : काँखना-।

मल/मूत्रत्याग के वेग को रोकना : वेगधारण (कर.), वेगविधाता।

वि. दस्त लानेवाला : कब्जकुशा, दस्तावर, भेदक, मलद्रावी, मुसहिल, रेचक, विरेचक, विरेची सारक।

मल निकाला हुआ : रेचित, विरेचित।

शौच से निवृत्त : फ़ारिग़।

बहुत हगनेवाला : हगोड़ा, हग्गन, हग्गू।

जिसे पदास लगी हो : पदासा।

बहुत पादनेवाला : पदोड़ा, पद्दू।

उदरवायु को निकालनेवाला : सृष्टमारुत।

पेशाब लानेवाला : मूत्रल।

मूता हुआ : मूत्रित, मीढ, प्रमीढ।

बहुत मूतनेवाला : मुतना।

सोते समय मूतनेवाला : खटमुत्ता

जिससे पेशाब-पाखाना हो : सृष्टमूत्रपुरीष।

85. नींद

सं: नींद (स्त्री.), निंदिया (स्त्री.), निद्रा (स्त्री.), ख्वाब, गुडाका (स्त्री.), द्राण, प्रस्वाष, शय, शयन (दे.98), शयित, शायिका (स्त्री.), शी (स्त्री.), संलय, संलयन, सुप्तक, सुप्तता (स्त्री.), सुप्तत्व, सुप्ति (स्त्री.), स्वपन, स्वप्न, स्वाप, हुजूअ।

गहरी/गाढ़ी नींद : अतिस्वप्न, नित्यप्रलय, प्रसुप्ति (स्त्री.), शयथ, साधिका (स्त्री.), सुप्त, सुषुप्ति (स्त्री.), सुस्वाप।

बेखबरी/बेफिक्री/जवानी की नींद : अतिदनी (स्त्री.), ख्वाबे खरगोश/गफलत।

अतिनिद्रा (स्त्री.), अतिस्वप्न।

सुख/आराम की नींद : सुखसुप्ति (स्त्री.), सुखस्वाप, सुखशय्या (स्त्री.)।

मीठी नींद, शकरख्वाब, शकरख्वाबी (स्त्री.)।

सबेरे की नींद, शकरख्वाब।

वह नींद जो पूरी न हुई हो : कच्ची नींद।

हलकी नींद : उँघाई (स्त्री.), ऊँध (स्त्री.), ऊँघन (स्त्री.), ऊँघना-, ऊँघाई (स्त्री.), खमीलन, झपक (स्त्री.), झपकना-, झपकी (स्त्री.), (आ.लग.ले.), झीमना-, झूम (स्त्री.), झूमना-, तन्द्रा (स्त्री.),(आ.), तंद्रि (स्त्री.),तंद्रिका (स्त्री.), तन्द्री (स्त्री.), प्रमीला (स्त्री.), प्रमीलिका (स्त्री.), योगिनिद्रा (स्त्री.), स्वाप।

कुत्ते की सी हलकी नींद : कुकुरनिंदया (स्त्री.), खाननिद्रा (स्त्री.)।

योगनिद्रा (स्त्री.), समाधिनिद्रा (स्त्री.)।

कपटनिद्रा (स्त्री.), काकनिद्रा (स्त्री.); काकतन्द्रा (स्त्री.)।

दिवसनिद्रा (स्त्री.), दिवानिद्रा (स्त्री.), दिवास्वप्न, दिवास्वाप।

उनींदापन, तन्द्रालुता (स्त्री.), निद्रालुता (स्त्री.), स्वापव्यसन।

तन्द्रालुता के कारण आलस्य : स्वप्नतंद्रिता (स्त्री.)।

सोने का समय : शय्याकाल।

सोने के समय में परिवर्तन : स्वप्नविपर्यय।

सोने का स्थान : शयनभूमि (स्त्री.), शयनस्थान, आशय।

शयनकक्ष (दे.181)।

बड़ा शयनकक्ष : शयनशाला (स्त्री.), dormitory।

पलंग (दे.182.13)।

बिस्तर (दे.182.14)।

तृणशय्या (स्त्री.) (दे.182.14)।

नींद आना-/पड़ना-/लगना-/संचरना-, आँखें झपकना-/झपना-/लगना-, पलक लगना-।

नींद में डूबना-, नींद भरना-/मारना-/लेना-, निद्रामग्न/निद्रित होना-।

सोना-, सो जाना-,संवेश, संवेशन, आराम/विश्राम करना-, निमज्जथु, शयन (कर.) (दे.98), शाय, शायिका (स्त्री.)।

पलक लगाना-।

नीन्द भर सोना-।

बेफिक्र होकर सोना-, खर्राटे भरना-/मारना-/लेना-, गहरी नींद सोना-, घोड़ा बेचकर सोना-, लंबी तानकर सोना-, लंबी तानना-।

बारी-बारी सोना -, उपशाय।

ज़मीन पर सोना- (दे.98)।

खुली जगह में सोना : आकाशनिद्रा (स्त्री.), आकाशशयन।

आराम से सोना-, सुखशयन।

सुलाना-, स्वापन, निद्रित करना-, प्रस्वापन, शयन कराना-।

वह गीत जो स्त्रियाँ बच्चे को सुलाने के लिए गाती हैं : लोरी (स्त्री.)।

सोते में नाक से निकलने वाली आवाज : खर्राटा (भर.मार.ले.), खुर्राटा, खुर्राटा, उच्छिघन, घर्राटा, घुरिका (स्त्री.), हिक्किका (स्त्री.)।

सोते में हिलना-डुलना -, करवट बदलना-, हल्लन।

निद्रावस्था (स्त्री.), निद्रास्थिति (स्त्री.), निद्रितावस्था (स्त्री.), सुप्तावस्था (स्त्री.), सुषुप्सा (स्त्री.), स्वप्नान्त, स्वप्नान्तर।

गभीर निद्रा की अवस्था : सुषुप्तावस्था (स्त्री.)।

निद्राटन, निद्राभ्रमण, sommamfulance।

सोते में बाधा पड़ने से हाथ-पाँव हिलाना : कनमनाना-।

नींद लाने वाली दवा : नींद की गोली, स्वापन।

अँगड़ाई (स्त्री.) (दे.96)।

उबासी (स्त्री.), (ले.), उज्जृंभ, उज्जृंभण, उज्जृंभा (स्त्री.), उपपुष्पिका (स्त्री.), जंभ, जंभका (स्त्री.), जंभन, जंभा (स्त्री.), जँभाई (स्त्री.), (ले.), जंभिका (स्त्री.), जमाही (स्त्री.) (ले.), जम्हाई (स्त्री.) (ले.), जम्हाना-, जृंभ, जृंभण, जृंभा (स्त्री.), जृंभिका (स्त्री.), मुखव्यादान, याजा, विजृंभ विजृंभण, विजृंभा (स्त्री.), विजृंभिका (स्त्री.), विजृंभित, हर्म, हाफिका (स्त्री.)।

सपना, स्वप्न, स्वप्नज, स्वाप, संवेश, सुप्तज्ञान, सुप्तविज्ञान, ख्वाब, खाब, प्रस्वाप, हुजूअ।

शुभ स्वप्न, सुस्वप्न।

अशुभ/डरावना स्वप्न, दुःस्वप्न।

दिवास्वप्न (दे.549)।

सपनों की दुनिया (दे.549)।

सपना/स्वप्न/ख्वाब देखना-, स्वप्नदर्शन, स्वप्ननिदर्शन, स्वप्नसंदर्शन, सुप्तज्ञान, सुप्तविज्ञान।

सपना दिखाना-।

स्वप्न की अवस्था : स्वप्नावस्था (स्त्री.), स्वप्नान्त, स्वप्नान्तर।

स्वप्नकालिक चेतना : स्वप्नान्तिक।

स्वप्नकालिक अनुभूति : स्वप्नज्ञान।

सपने में बकना-, बर्राना-, बौआना-, उचावा।

सपने में कहा हुआ वाक्य : सुप्तवाक्य।

सपने में प्राप्त आदेश : स्वप्नादेश।

स्वप्नावस्था में चलना : स्वप्नचारिता (स्त्री.), स्वप्नसंचरण, स्वप्नाचरण, स्वप्नाटन, निद्राचार, निद्राटन, निद्राभ्रमण, sommamfulation।

स्वप्नावस्था में वीर्यपात : स्वप्नदोष, स्वयमिंद्रियमोचन, इहतिलाम, एहतिलाम, spermatorrhoea।

स्वप्न का अन्त : स्वप्नान्त, स्वप्नान्तर।

स्वप्न देखने की प्रवृत्ति : अतिस्वप्न।

स्वप्नजनित परिवर्तन : स्वप्नविकार।

स्वप्न के शुभाशुभ फल बतानेवाला : स्वप्नज्ञ, स्वप्नविचारी, स्वप्नशास्त्री।

स्वप्न पूरा करने मन्त्र : स्वप्नमाणव, स्वप्नमाणवक।

(पौरा.) शत्रु को निद्रित करने वाला अस्त्र : जृंभक, जृंभकास्त्र, प्रस्वाप, प्रस्वापन, स्वापन।

निद्रादेवी (स्त्री.), sommus।

वि.निद्रा-सम्बन्धी, स्वाप्न।

वि./सं निद्राशील, निद्रालु, नींद का दुखिया, अतिनिद्र, शयण्ड, शयत, शयालु, शयिता, संवेशी, स्वप्नक्, स्वप्नकाम, स्वप्नशील, स्वप्नालु।

जिसे नींद आ रही हो : निंदासा, निद्रायमाण।

नींद से भरा हुआ : उनींदा, ऊंघता हुआ, तन्द्रायुक्त, तन्द्रालु, तंद्रिल, निद्रालस, निद्रालु, नींद का मारा, सुषुप्स, सुषुप्सु, स्वप्निल।

सोता हुआ : निद्राण, निद्रायमाण।

सोया हुआ : निद्रित, निद्राभिभूत, निद्रालस, अजागर, द्राण, शयथ, शयालु, शयित, सनिद्र, सुप्त, सुप्तजन, सुप्तविग्रह, सुप्तस्थ, सुप्तस्थित, स्वप्नगत, स्वप्नभाक्, स्वप्नसात्।

निद्राचारी, निद्राभ्रमी, स्वप्नाचारी, sommamfulant।

नींद से लुढ़का हुआ : सुप्तच्युत।

गहरी नींद में सोया हुआ : पीतनिद्र, प्रसुप्त, संसुप्त, सुषुप्त।

आराम से सोया हुआ : सुखशयित, सुखशायी।

बिस्तर पर सोनेवाला : आस्तरणिक।

पास सोनेवाला : उपशायी।

क्रमानुसार सोनेवाला : उपशायक, उपशायी।

सोने का बहाना करने वाला : लक्षसुप्त, लक्ष्यसुप्त, व्याजविद्रित; व्याजसुप्त।

दिन में सोनेवाला : दिवाशय।

सबेरे सोनेवाला : प्रातःशायी, प्रगेनिश, प्रगेशय।

नींद में उत्पन्न : स्वप्नज।

नींद में अनुभूत होने वाला : स्वप्नधीगम्य।

नींद लानेवाला : स्वप्नकर, स्वप्नकृत, स्वापक, स्वापन, स्वापी।

जँभाई लेनेवाला : जंभक, जृंभक, जृंभी।

जिसने जँभाई ली हो : जृंभित, उज्जृंभित, विजृंभित।

स्वप्न- सम्बन्धी, स्वप्निल, स्वाप्न।

स्वप्न देखनेवाला : स्वप्नदर्शी, स्वप्नदृक्।

स्वप्नमय, स्वप्निल।

स्वप्न जैसा : स्वप्नकल्प, स्वप्नतुल्य, स्वप्नवत्, स्वप्नोपम।

स्वप्न जैसा नश्वर : स्वप्नविनश्वर।

स्वप्न में प्राप्तः स्वप्नलब्ध।

86. जागरण

सं. जागरण, जाग (स्त्री.), जागर, जागरा (स्त्री.), जागर्ति (स्त्री.), जागर्या (स्त्री.), जागृति (स्त्री.), जाग्रति (स्त्री.), प्रजागरण, प्रतिबुद्धि (स्त्री.), प्रतिबोध, बेदारी (स्त्री.)।

जागरूकता (स्त्री.), विनिद्रता (स्त्री.), विनिद्रत्व।

जाग्रत अवस्था (स्त्री.), विनिद्रता (स्त्री.), विनिद्रत्व।

रतजगा, रात्रि-जागरण, जागरण, हुजूद।

अनिद्रा (स्त्री.), अस्वप्न, प्रजागर।

जगना-, जग उठना-/जाना-/पड़ना-, निद्राभंग होना-, निद्रा त्याग करना-, नींद खुलना-/टूटना-, नींद से उठना-, बिस्तर छोड़ना-, सोकर उठना-।

नींद उचटना-।

जागते रहना-, करवटें बदलना-, करवटों में रात काटना-, तारे गिनना-, नींद उचाट/हराम होना-, पलक से पलक न लगना-, सो न पाना-।

जगाना-, जगा देना-, उठाना-, उठा देना-, नींद उचाटना-, नींद खराब/हरामकरना-, प्रतिबोधन।

रात को पहरेदारों की आवाज : जागते रहो/ बेदारबाश!

वि. जगा/जगता/जागता हुआ : जागता, जागती (स्त्री.), जागर, जागरक, जागरित, जागरिता, जागरित्री (स्त्री.), जागरी, जागरूक, जागरूप, जागृवि जाग्रत, अनिमिष, अनिमेष, प्रजागरूक, प्रतिबुद्ध, प्रतिबोधी, बेदार, विप्रबुद्ध।

जागरणशील।

अनिद्र, अनिद्रित, अतिनिद्र, अनवद्राण, असुप्त, अस्वप्न, उन्निद्र, निद्रादरिद्र, निद्रारहित, विनिद्र।

अतन्द्र, अतंद्रित, अतंद्रिल, अतन्द्री, निस्तन्द्र, निस्तंद्रि।

सदा जाग्रत : अतिजागर।

पूर्णतः जाग्रत : संबुद्ध।

नींद से जगा हुआ : सुप्तोत्थित।

जागरण के कारण आलस्ययुक्त : जगीला, उनींदा (दे.85)।

87. स्नान

सं. स्नान, स्नानविधि (स्त्री.), स्नात्र, स्नय, समाप्लव, समाप्लाव, अभिषव, अभिषवन, असनान, आप्लव, आप्लवन, आपलाव, आपलावन, उदकगाह, उपमज्जन, गुस्ल, गुसल, जलसंस्कार, नहान, निर्णेक, निर्णेजन, परिषेक, मज्जन।

स्नान करना-, नहाना-, नहा डालना-/ लेना-।

स्नान कराना-, स्नपन, स्नापन, नहलाई (स्त्री.), नहलाना-, नहला देना-, नहवाना-।

पानी में हलकर नहाना : अवगाहन (कर.), अवगाह, गाहन, गाह, निमज्जन, विगाह।

लहर में नहाना-, लहर लेना-।

डुबकी (स्त्री.) (लगा.) (दे.285), गोता (लगा.) (दे.284), निमज्जथु, निमज्जन, विगाह।

रोगमुक्ति के बाद का स्नान : आरोग्यस्नान, गुस्ले सेहत।

प्रातः स्नान, अवगथ।

ग्रहण आरंभ होते समय का स्नान : स्पर्शस्नान (कर.)।

ग्रहण की समाप्ति पर का स्नान : मुक्तिस्नान, मोक्षस्नान (कर.)।

पर्वस्नान (कर.)।

पुण्यस्नान (कर.)।

तीर्थस्नान (कर.)।

गंगास्नान (कर.), गंगा नहाना-।

ऋतुस्नान (कर.) (दे.96)।

ऊपर से जल डालकर यज्ञकर्ता, राजा आदि का स्नान : अभिषेक (कर.हो.) (दे.372)।

सूर्यस्नान (कर.), धूपस्नान, आतपस्नान, sunbath।

धारास्नान (कर.), फुहार-स्नान, showerbath।

वाष्पस्नान, स्वेदनस्नान, steambath।

बदन धोना-।

हाथ-पाँव धोना-, हाथ-मुँह धोना-।

बदन पोंछना-, अंग पोंछना-, अंगप्रोक्षण।

नमाज के लिए नियमपूर्वक हाथ-पाँव-मुँह धोना : वुजू (कर.) वजू।

वुजू करने का पानी : वजू।

नहाने का कमरा : गुस्लखाना, गुसलखाना, धारागृह स्नानगृह, स्नानघर, स्नानवेश्म, स्नानशाला (स्त्री.), स्नानागार, हम्माम, हमाम, bathroom।

नहाने का स्थान : अवगाह।

स्नानद्रोणी (स्त्री.), स्नानपात्र, प्रस्न, bathtub।

धारायन्त्र, shower।

नहाने का पानी : स्नानांबु, स्नानोदक, निर्णेक, निर्णेक, निर्णजन।

नहाने का पानीवाला घड़ा : स्नानकलश, स्नानकुम्भ।

नहाने के काम आने वाली चीज : स्नानीय, स्नानोपकरण।

नहाने का कपड़ा : स्नानवस्त्र, स्नानवास, स्नानशाटी (स्त्री.), स्नानीय वस्त्र, हम्माम की लुंगी।

नहलानेवाला नौकर : स्नापक, हम्मामी।

नहलाने की मजदूरी : नहलाई (स्त्री.)।

धार्मिक स्नान के योग्य स्थान : स्नानतीर्थ।

स्नान का पर्व : स्नानपर्व, नहान (लग. हो.)।

वि. नहाया हुआ : स्नात, (समास में) स्ना, अभिषुत, आप्लावित, उदकशुद्ध, कृतोदक, प्रतिस्नात, विक्षालित, विगाढ, समाप्लुत।

अवगाहित, गाहित, निमज्जित।

प्रातः स्नात, अवगथ।

नहानेवाला : स्नानी, स्नायी।

प्रातः स्नायी।

अवगाहक, अवगाही, गाह, गाहक, गाहिता, विगाधा, विगाहमान।

स्नानार्थी।

स्नानप्रेमी, स्नानशील।

नहाने के योग्य : स्नानीय।

अवगाहय, विगाहय।

नहाने के काम आने वाला : स्नपन, स्नानीय।

नहाने के बाद पहना जाने वाला : स्नातवस्य।

नहलाने के योग्य : स्नातव्य।

नहलाया हुआ : स्नपित, स्नापित।

जिसमें अवगाहन किया गया हो : अवगाहित।

(विप.) अस्नात, अनाप्लुत, अनाप्लुतांग।

88. स्वास्थ्य

सं. स्वास्थ्य, स्वस्थता (स्त्री.), सुस्थता (स्त्री.), सुस्थत्व, सुस्थिति (स्त्री.), सुखासिका (स्त्री.), सिंहहत (स्त्री.), सेहत (स्त्री.), (पा.मिल.हो.) अगर, उत्पाली (स्त्री.) चंगई (स्त्री.), चंगापन, तन्दुरुस्ती (स्त्री.), वय।

शरीरसंपत्ति (स्त्री.)।

अनामय, आराम (दे.89), आरोग्य, आरोग्यता (स्त्री.), निरामय, नीरुजता (स्त्री.), नीरोगता (स्त्री.), नैरुज्य, रोगराहित्य, रोगविहीनता (स्त्री.), वार्त, विरोग।

आराम (पा.मिल.हो.), आरोग्योन्मुखता (स्त्री.), उपशम, उपशमन, उपशान्ति (स्त्री.), प्रशमन, शान्ति (स्त्री.)।

आरोग्यलाभ (कर.), इफ़ाक़ा, रोगमुक्ति (स्त्री.), शफा (स्त्री.), शिफा (स्त्री.), शमन, शामन, सेहतयाब (स्त्री.), स्वास्थ्यलाभ (कर. हो.)।

रोगोत्तर स्वास्थ्यलाभ।

शारीरिक/मानसिक स्थिति : जी, तबीअत (स्त्री), तबीयत (स्त्री), मिजाज।

तबीअत ठीक है तो? मिजाज कैसा है? (दे.331) जी अच्छा होना-, टनमनाना-, तबीअत हरी होना-।

स्वास्थ्यरक्षा (स्त्री), हिफ्ज़ाने सेहत, हिफ्ज़सेहत।

स्वास्थ्य उपाय, स्वास्थ्यविधि (स्त्री), स्वस्थवृत्त।

स्वास्थ्यसंपद।

स्वास्थ्यचर्चा (स्त्री), शरीरचर्चा (स्त्री) (दे.95)।

जनस्वास्थ्य, लोकस्वास्थ्य।

स्वास्थ्य विभाग।

स्वास्थ्य शिक्षा (स्त्री), स्वास्थ्य शिक्षण।

स्वास्थ्य विवरण, स्वास्थ्य प्रतिवेदन।

स्वास्थ्य प्रमाणपत्र।

स्वास्थ्य अवेक्षक, स्वास्थ्यचर, स्वास्थ्य-वीक्षिका (स्त्री), health visitor।

स्वास्थ्य सेवा (स्त्री)।

स्वास्थ्य विज्ञान, स्वास्थ्यिकी (स्त्री) hygiene।

आरोग्यनिवास, आरोग्यशाला (स्त्री), स्वास्थ्यनिवास, स्वास्थ्य सदन, sanatorium।

स्वास्थ्यहानि (स्त्री) (दे.90)।

वि. स्वस्थ्य (कर. हो.), सिहूहतमन्द, सुस्थ, सेहतमन्द, कल्य, चंग, चंगा (कर. हो.), टनमन, टनमना, तन्दुरुस्त, प्रकृतिस्थ, वार्त, विरोग।

नीरोग (कर. हो.), नीरुक्, नीरुज, निराधि, निरामय, निर्व्याधि, अगद, अनातुर, अनामय, अनिग्रह, अपगतव्याधि, अरुक्, अरुग्ण, अरुज, अरोग, अरोगी, अरोग्य, आराम (हो.), रोगमुक्त (कर. हो.), रोगरहित, रोगविहीन, विरुज, व्याधिरहित, सहारोग्य।

उपशमित, उपशान्त, प्रशमित, शमित, शामित।

अच्छा (कर. हो.), अच्छा-खासा, चुस्त-दुरूस्त, टनाटन, ठीक (हो.) ठीक-ठाक, भला-चंगा, स्वच्छ।

अक्लान्त, अक्लिष्ट, अक्लम, अकटुक, अखिन्न, अखेदी, अखेदिनी (स्त्री), अथक, अनातुर, अनास्राव, अनिर्विद, अश्रान्त, क्लान्तिरहित, क्लेशरहित, ताजादम, निरलस (दे.434), मेहनती (दे.417)।

स्वास्थ्यकर, स्वास्थ्यकारी, स्वास्थ्यप्रद, स्वास्थ्यवर्धक, स्वास्थिक, सिहूहत अफ्जा, सेहतबख्श, अच्छा, अनाविल, वयस्कर, वयस्कृत्।

आरोग्यकर, आरोग्यदायक, आरोग्यप्रद, भेषज्य।

उपशमकारक, उपशामक।

89. आराम

सं. आराम (कर. चाह. दे.पहुँच. पहुँचा. पा. मिल. ले.), आसाइश (स्त्री), अक्लम, अक्लेश, करार (पा.मिल.), कल (आ. पड़. पा. हो.), क्लान्तिहीनता (स्त्री), क्लेशहीनता (स्त्री), चैन (आ. कर. दे.पड़. मिल. हो.), जोष, जोषण, जोषणा प्रतीत्य, प्रशम, राहत (स्त्री), (दे.पा.मिल.), शांति (स्त्री.), सुकून (मिल. हो.), सुख (दे.पा. भोग. मिल.) (दे.207), सुखासिका (स्त्री)।

मौज (स्त्री) (उड़ा. कर. मार. मिल. ले.)।

इतमीनान (कर. करा. दे.हो.), निश्चिंतता (स्त्री), बेफिक्री (स्त्री), (दे.223)।

विश्राम (कर.), विश्रम, विश्रमण, विश्रामण, विश्रान्ति (स्त्री), अँगड़ाई तोड़ना-, दम मारना-/लेना-, पाँव पर पाँव रखकर बैठना-, बदन ढीला करना-, सुसताना-, सुस्ताना-।

थोड़ा विश्राम : कूकरबसेरा (कर. ले.)।

विश्रामकाल (दे.423)।

आरामगाह (स्त्री) (दे.181), विश्राम, विश्रामभवन, विश्रामभू (स्त्री), विश्रामस्थान, विश्रामालय (दे.178)।

विश्रामकक्ष, विश्रामवेश्म।

विश्राम का साधन : विश्रान्तिभूमि (स्त्री)।

वि. आरामतलब, आलसी (दे.434), श्रमविमुख।

विश्राम करने वाला : विश्रमकर, विश्रान्त।

विश्राम देनेवाला : विश्रान्तिकृत्, सुखद।

विश्राम किया हुआ : विश्रमित, विश्रान्त।

(विप.) अक्लान्त (दे.88), अक्लिष्ट

90. अस्वस्थता

सं. अस्वस्थता (स्त्री), अस्वास्थ्य, अंहति (स्त्री), अंहती (स्त्री), अक्षपीडा (स्त्री), अजार, अनारोग्य, अनार्जव, अपाटव, अम, अमत, अमस, अर्ति (स्त्री), आकल्य, आजार, आतंक, आतुर, आतुर्य, आम, आभय, आरिजा (स्त्री), आर्ति (स्त्री), इल्लत (स्त्री), उपतप्ता (स्त्री), उपताप, कायक्लेश, क्षिद्र, खिद्र, गद, छर्दन, तमोविकार, तातल, दोषिक, नासाजी (स्त्री), पीडा (स्त्री) (दे.91), बीमारी (स्त्री), मरज़, मर्ज़, मादगी (स्त्री), माद्य, मृत्युभृत्य, रुक् (स्त्री), रुज, रुजा (स्त्री), रुजाकर, रुजाली (स्त्री), रोग, विकार, वैमनस्य, व्याधि (स्त्री), व्याधी, व्याबाध, शरीरज, शरीरवैकल्य, शिकायत (स्त्री), श्वयीची (स्त्री), स्प्रष्टा।

दूषित अन्न खाने से होनवाला रोग : अन्नदोष।

पित्तज रोग, पित्तव्याधि (स्त्री)।

महारोग, महाव्याधि (स्त्री), महागद। आयुर्वेदोक्त आठ महारोग : उदररोग; उन्माद; कोढ़; क्षय; दमा; पथरी (स्त्री); भगन्दर; मधुमेह।

कठिन/दुःसाध्य/दुरारोग्य रोग, सख्त बीमारी (स्त्री) (दे.94)।

असाध्य रोग, राजरोग, लाइलाज मरज।

वंशागत/वंशानुगत रोग, पिण्डरोग, पिण्डव्याधि (स्त्री), पुरानी बीमारी।

छुतहा/छुतिहा रोग, छूत का रोग, छूत की बीमारी, छुतही बीमारी, वबाई बीमारी (स्त्री), संक्रामक रोग।

छूत (स्त्री), संक्रमण।

आकस्मिक रोग, चन्दरोजा बीमारी (स्त्री), झटका।

भीतर का रोग : अन्तर्व्याधि (स्त्री)।

किसी न किसी रोग का लगा रहना : चिरकढाँस (स्त्री)।

रोग के बीच उत्पन्न अन्य रोग : अनुबंध, आगन्तुक व्याधि (स्त्री), उपद्रव, उपसर्ग, गौण रोग।

शारीरिक पीड़ा : अंगग्रह, अंगविकृति (स्त्री) (दे.91)।

मानसिक पीड़ा : आधि (स्त्री) (दे.92)।

आधि-व्याधि (स्त्री), रोग-व्याधि (स्त्री), बला (स्त्री)।

रुग्णता (स्त्री), रोगग्रस्तता (स्त्री)।

रोग-कष्ट, रोग-यातना (स्त्री), व्याधि-यन्त्रणा (स्त्री) (दे.91)।

रोग-लक्षण, लक्षण।

जो सबको दिखाई दे : परप्रत्यय लक्षण।

जो सिर्फ रोगी को ज्ञात हो : आत्मप्रत्यय लक्षण।

तन्दुरुस्ती का बिगड़ना-, स्वास्थ्यभंग, स्वास्थहानि (स्त्री)।

रोग बढ़ानेवाला कारण : अनुपशय।

बीमार का बिस्तर : रोग-शय्या (स्त्री)।

रोगाणु (दे.67.593); जीवाणु (दे.67.591); विषाणु (दे.67.592)।

बीमारी का डर, रोग का भय, रुग्भय, व्याधिभय।

तबीअत खराब/नासाज होना-, तबीअत खजमजाना-।

बीमारी/रोग का पकड़ना-, बीमार पड़ना-/होना-, रोगग्रस्त होना-, रोग का शिकार होना-, रोग भोगना-, चारपाई पर पड़ना-, चारपाई धरना-, पकड़ना-/लेना-, बिस्तर पर पड़ना-, शय्यागत होना-।

चारपाई से पीठ लगना-, चारपाई से लगना-।

रोग के कारण क्षीण होना : झटकना-, झटक जाना-।

चिकित्सा-छुट्टी (स्त्री), बीमारी की छुट्टी, भैषजिक अवकाश, रुग्णतावकाश, medical leave।

महामारी (स्त्री) (फैल.), मारि (स्त्री), मारिका (स्त्री), मरक, मरी (स्त्री), अतिमृत्यु (स्त्री), जनक्षय, जनमरक, प्रतीवाप, वबा (स्त्री), वबाए-आम (स्त्री), epidemic।

महामारी से कुछ लोगों का रोज मरना : टपका-टपकी (स्त्री), (लग.)।

गाँव/बस्ती उजड़ जाना-, जनहानि (स्त्री) (हो.)।

रोगविज्ञान, विकृतिविज्ञान, व्याधिकी (स्त्री), शरीरविक्रियाविज्ञान, pathalogy।

वि. अस्वस्थ, असुस्थ, अकल्य, अनमन, अनमना, अनरसा, अनारोग्य, अपाटव,

अप्रकृतिस्थ, अभ्यान्त, अमी, अलील, आतुर, आमयाबी, आर्त, उपतप्त, गदी, ग्लान, नाचाक़, नासाज़, पीड़ित, बीमार, मरीज़, मरीज़ा (स्त्री), माँदा, रुगिया, रुग्ण, रुजग्रस्त, रुजार्त, रुजी, रोगग्रस्त, रोगयुक्त, रोगाक्रान्त, रोगातुर, रोगार्त, रोगित, रोगिया, रोगिणी (स्त्री), रोगी, व्याधिग्रस्त, व्याधित, व्याधिपीडित, व्याधियुक्त, व्याधी, व्याध्यार्त।

जो सदा रोगी रहे : चिररुग्ण, चिररोगी, चिररोगिणी (स्त्री), जन्मरोगी।

अन्तरंग/अन्तर्वासी रोगी, अन्तारोगी, indoor patient।

बहिरंग/बहिर्वासी/बाह्य रोगी, outdoor patient।

बहुत बीमार : विरुग्ण।

पित्तज रोग से ग्रस्त : पित्तगदी, पित्तोपहत।

महारोगी।

वंशागत रोगी : कठिन रोगी; असाध्य रोगी।

नष्टस्वास्थ्य, भग्नस्वास्थ्य, स्वास्थ्यहीन।

शय्यागत, शय्याशायी; उत्थानशक्तिरहित।

अस्वास्थ्यकर, अनारोग्य, अनारोग्यकर, रुजाकर, रोगकारक, व्याधिकर, व्याधिकारक।

संक्रामक, स्पर्शसंचारी, स्पर्शाक्रामक, महामारीरूप, वबाई।

(विप.) रोगमुक्त (दे.88)।

91. कष्ट

सं. कष्ट (हो. सह.) (दे.210), कष्टि (स्त्री.), कृच्छ्र, क्लिष्टि (स्त्री.), क्लेश (पा. भोग.), अजा (स्त्री.), अजाब, अत्यय, अमानस्य, आतंक, आदीनव, आबाध, आबाधा (स्त्री.), आभील, आमनस्य, आमानास्य, आरिजा (स्त्री.), आर्तता (स्त्री.), आर्ति (स्त्री.), आश्रव, आस्रव, आस्राव, ईज़ा (स्त्री.), (दे.पहुँच.), तकलीफ़ (स्त्री.) (हो. भोग. सह.), तलफ (स्त्री.), तसदीआं, तुदन, दर्द (हो. कर.उठ.खा. सह.), दरद, पीड़ा (स्त्री.), पीड़ा (स्त्री.), (हो.सह), पीर (स्त्री.), बाध, बाधन, बाधा (स्त्री.), बाधना (स्त्री.), रुग्, रुज, रुजा (स्त्री.), वमन, विराधन विराधान, वेदन, वेदना (स्त्री.), वैक्लव, वैक्लव्य, व्यथन, व्यथा (स्त्री.), व्याकूत, व्याधि (स्त्री.), संक्लेश, संक्लेशन, संरुजन, साद।

अधिक कष्ट : अतिव्यथन, अतिव्यथा (स्त्री.), काँती (स्त्री.), यन्त्रणा (स्त्री.), यातना (स्त्री.)।

बहुत अधिक कष्ट : अतिकृच्छ्र, सपत्राकृति (स्त्री.)।

भावी कष्ट : अनागताबाध।

अचानक होने वाला कष्ट : अकाण्डशूल।

कष्टमय स्थान : कष्टस्थान।

मानसिक कष्ट (दे.197)।

कष्ट होना-, दुखना-, पिराना-, ररकना-, सालना-, हूकना-।

कष्ट देना-, दुखाना-, ररकना-, सताना- (दे.210), सालना-।

अधिक कष्ट देना-, सपत्राकरण।

टीस (स्त्री.) (उठ. मार.), टीसना-, टसक (स्त्री.), टसकना-, टहक (स्त्री.), टहकना-, कड़क (स्त्री.), करक (स्त्री.), करकना-, कसक (स्त्री.), (आ.हो.), कसकन (स्त्री.), कसकना-, कुलन (स्त्री.), कुलना-, चबक (स्त्री.), चबकना-, चसक (स्त्री.), चसकना-, चीस (स्त्री.), ठनक (स्त्री.), ठनकना-, डबकना-, रड़क (स्त्री.), शूलना-।

टपक (स्त्री.),, टपकन (स्त्री.), टपकना-, टपका, टनकना-।

रह-रहकर पीडा होना : लहर देना-/मारना-।

अकड़ (स्त्री.), अकड़ना-, अकड़ाव, अंगग्रह, ऐंठन (स्त्री.), ऐंठना-, खिंचना-, खिंचाव, जकड़ (स्त्री.), जकड़ना-, जकड़ उठना-/जाना-, तनना-, तनाव।

ऐंठन (स्त्री.) (हो.), ऐंठना-, मरूरा, मरोड़ (स्त्री.) (हो.), मरोड़ना-, मरोड़ा, मरोड़ी (स्त्री.), मरोर (स्त्री.)।

चमक (स्त्री.) (आ. पड़.), चमकना-, चमक जाना-, चलकना-, चिक (स्त्री.), चिलक (स्त्री.) (उठ. मार. हो.), चिलकना-, झटका (लग.), दलक (स्त्री.), दलकन (स्त्री.), लचक (स्त्री.) (खा. जा.)।

साल, सालना-, साल जाना-, हूक (स्त्री.) (उठ. मार.)।

चुभन (स्त्री.), (हो.), चुभना-, कचोट (स्त्री.) (हो.), कचोटना-, खटक (स्त्री.), खटकना-, खलिश (स्त्री.), गड़न (स्त्री.), गड़ना-।

शूल, शूलना-, हुल।

किरकिराना-, किरकिराहट (स्त्री.) (हो.)।

किटकिटाना-।

हड्डियों का दर्द : हड़फूटन (स्त्री.), हड़फूटनी (स्त्री.), अंगमर्ज।

खुजली (स्त्री.) (हो.) (दे.93.13.), सुजलाना-, खुजला डालना-/देना-/लेना-, खुजलाहट (स्त्री.), खुजाना-, खजुलाना-, खजुली (स्त्री.), खर्जन, खर्जु (स्त्री.), खर्जू (स्त्री.), खराश (स्त्री.), कण्डूयन, कण्डूति (स्त्री.), कण्डूया (स्त्री.), चुल (स्त्री.) (उठ. हो.), चुलकन (स्त्री.), चुलचुलाना-, चुलचुलाहट (स्त्री.) (उठ.हो.),चुलचुली (स्त्री.) (उठ.), चुल्ल (स्त्री.), सरसराहट (स्त्री.) (हो.), सलसलाना-, सलसलाहट (स्त्री.), सुरसुराना-, सुरसुराहट (स्त्री.), सुरसुरी (स्त्री.)।

जलन (स्त्री.) (हो.), जरन (स्त्री.), दव, दवथु, दाह (हो.), प्रदाह (हो.), सन्दाह।

छरछराहट (स्त्री.) (हो.), छर छराना-, छनछनाना-, लगना-।

चुनचुनाहट (स्त्री.) (हो.), चुनचुनाना-, चिनक (स्त्री.) (उठ. हो.), चंचनाना-, लगना-।

घाव की जलन : चरपराहट (स्त्री.) (हो.), चरपराना-।

मूत्रनाली की जलन : करक (स्त्री.) (थाम. पकड़.), चिनक (स्त्री.) (उठ.)।

अत्यधिक जलन : अतिदाह।

जी मिचलाना-, मिचली (स्त्री.) (आ.) (दे.93)।

हलका बुखार (हो.), हरारत (स्त्री.) (हो.) (दे.93)।

हाथ/पैर के देर तक मुड़े रहने से उसमें उत्पन्न क्षोभ : झुनझुनी (स्त्री.) (चढ़ लग.), झिनझिनी (स्त्री.), सनसनाहट (स्त्री.), सनसनी (स्त्री.)।

चोट (स्त्री.) (आ. खा. लग.) (दे.400)।

कटना-, कट जाना- (दे.443); छिलना-, छिल जाना- (दे.400); चुभना-, चुभ जाना- (दे.434)।

खरोंच (स्त्री.) (लग.), खरोंचना- (दे.443), खरोच (स्त्री.), खरोंट (स्त्री.), खरोट (स्त्री.), खरौंट (स्त्री.), खौंट (स्त्री.), खराश (स्त्री.), चरका, छरोरा।

किसी अंग का झटके से मुड़/तन जाना : मुरक (स्त्री.) (जा.), मुरकन (स्त्री.), मुरकना-, मुरकी (स्त्री.), मोच (स्त्री.) (खा.), अतिक्षिप्त, ब्योंच (स्त्री.), (आ.), ब्योंचना-, ब्योंच जाना-।

अपने स्थान से हटने से नस का तनना : नस चढ़ना-।

हड्डी का जोड़ से हटना : हड्डी उखड़ना-।

कूल्हे का अपनी जगह से हटना : कूल्हा उरतना-/सरकना-।

हड्डी टूटना-, अस्थिभंग (हो.), अस्थिभेद, अतिपातित, अंगभंग (हो.) fracture।

हड्डी का कई जगह से टूटना-, comp-ound fracture ।

कमठी (स्त्री.), (लगा.), खपची (स्त्री.) (बाँध.), अस्थ्याधार, भग्नास्थिबंध, splint।

जलना-, जल जाना-, झुलसना- (दे.518)।

जलने का घाव : दग्धव्रण।

फफोला (पड़.), फलका, फुटक, फुटका (पड़.), आबला (पड़.), छाला (पड़.), छिलौरी (स्त्री.) (पड़.) झलका, दन्दारू, पंछाला।

फफोले के भीतर का पानी : पंछा, पंछाला।

कँपकँपी (स्त्री.) (छूट.), कंपन (हो.) (दे.267)।

गले में कुछ अटकने से आने वाली खाँसी : उच्छू (स्त्री.) (आ.), ठसकी (स्त्री.), फन्दा, सुनसुनी (स्त्री.) (आ.)।

खाते समय खाद्य पदार्थ का कुछ अंश नाक की ओर चला जाना : बिसुनना-।

हवा की कमी से साँसे लेने में कष्ट होना : घुटन (स्त्री.) (हो.), दम घुटना-, साँसत (स्त्री.) (हो.)।

जल्दी-जल्दी साँस चलना : ऊभासाँसी (स्त्री.) (हो.), दम चढ़ना-/ फूलना-, साँस उखड़ना-/चढ़ना-/फूलना-/भरना-, हाँपना-, हाँफना-, हाँफा (छूट.), हाँफी (स्त्री.)।

अकुलाहट (स्त्री.) (हो.) (दे.219), अकुलाना-, अधीरता (स्त्री.), अधैर्य, अनचैन (स्त्री.) (हो.), अस्थिरता (स्त्री.), अस्थैर्य, आकुलता (स्त्री.), आकुलत्व, घबड़ाना-, घबड़ा उठना-/ जाना-, घबड़ाहट (स्त्री.) (हो.), घबराना-, घबराट, घबराहट (स्त्री.), छटपटी (स्त्री.) (पड़.हो.), टल, टलन, टलबेली (स्त्री), तलाबेली (स्त्री.), तलामली (स्त्री.), बेकरारी (स्त्री.), बेकली (स्त्री.), बेचैनी (स्त्री.) (हो.), विकलता (स्त्री.), बिकलाना-, विचलता (स्त्री.), विचलना-, वैकल्य, वैक्लव, वैक्लव्य, व्याकुलता (स्त्री.) (दे.219), व्याक्षेप।

छटपट (स्त्री.) (कर.), छटपटाना-, छटपटाहट (स्त्री.), छटपटी (स्त्री.) (पड़. हो.), तड़प (स्त्री.), तड़पन (स्त्री.), तड़पना-, तड़प जाना-, तड़फड़ (स्त्री.) (कर.), तड़फड़ाना-, तड़फड़ाहट (स्त्री.), तड़फना-, तरफराना-, तलपना-, तलफना-, तलमलाना-, तलमलाहट (स्त्री.), तिलमिलाना-, तिलमिलाहट (स्त्री.), फटकना-, फटका, फड़फड़ाना-।

आर्तनाद (कर.), (दे.110), आह (स्त्री.), उफ (स्त्री.), ओफ (स्त्री.), कराह (स्त्री.), कराह उठना-, कराहना-, कराहट (स्त्री.), काँखना-, कूँखना-, कूँथना-, रड़क (स्त्री.), ररक (स्त्री.), स्तनन, हाय (स्त्री.), हाय-हाय (स्त्री.) (कर.)।

थकन (स्त्री.), थकान (स्त्री.), थकाव, थकावट (स्त्री.) (आ.), थकाहट (स्त्री.), अवसाद, क्लम, क्लमथु, क्लान्ति (स्त्री.), खेद, खेदन, ग्लानि (स्त्री.), तन्द्रा (स्त्री.), तकान (स्त्री.), परिश्रान्ति (स्त्री.), माँदगी (स्त्री.), रुजा (स्त्री.), विषाद, शिथिलता (स्त्री.), शैथिल्य, श्रान्ति (स्त्री.), साद, सादन, सादनी (स्त्री.), हराँस।

थकना-, थक जाना-, थककर चूर होना-, अंजर-पंजर/अण्डा ढीला होना-, चूलें/ नस ढीली होना-, पस्त होना-, पों बोलना-, लटना-, शिथिलाना- शल्ल हो जाना-।

(विप.) कष्ट से छुटकारा : संक्लेशनिर्वाण।

वि. कष्टित, कष्टी, क्लिशित, क्लिष्ट, क्लेशित, अमानस्य, आभील, आर्त, दर्दमन्द, पीडाग्रस्त पीडित, बाध्य, व्यथाकुल, व्यथाक्रान्त, व्यथातुर, व्यथान्वित, व्यथित, व्यथी, सादित।

कष्टकर, कष्टकारक, कष्टदायी, कष्टप्रद, कृच्छ्र, क्लेशक, क्लेशकर, क्लेशी, क्लेष्टा, अत्ययिक अनवन, आत्ययिक, तकलीफदेह, दर्दनाक, पीडक, पीडाकर, पीडी, बाधयिता, बाधिता, बाधी, वेदनीय, व्यथक, व्यथन, व्यथयिता, व्यथाकर, व्यथ्य।

कष्टदाता, विराध।

कष्टमय, कष्टयुक्त, कृच्छ्र, क्लेशयुक्त, पीडायुक्त, व्यथान्वित।

कष्ठसाध्य, कृच्छ्र।

जिसे व्यथा दी जा सके : व्यथ्य।

चुटीला, घायल (दे.400)।

कंपित; कंपायमान (दे.267)।

दग्ध, दग्धित (दे.518)।

खुजली पैदा करने वाला : कण्डूयन, कंण्डूयनक, कण्डुर, कण्डूल।

अकुलात, अधीर, अनचैनी, अस्थिर, आकुल, आकुलित, घबड़ाया।

घबराया हुआ, बेकरार, बेकल, बेचैन, विकल, विकलित, विचलित, व्याकुल (दे. 219), व्याकुलित, व्याक्षिप्र।

थकित, थकौहा, अवसन्न, आहितक्लम, क्लान्त, क्लिष्ट, खेदित, खेदी, ग्लपित, ग्लान, तन्द्र, तन्द्री, निढाल, परिश्रान्त, बेदम, माँदा, लटपट, लटपटा, लस्त, विषादित, शल्ल, शिथिल, श्रमित, श्रान्त, सादित।

बहुत थका हुआ : थका-माँदा, लस्त-पस्त, लोथ-पोथ।

थकानेवाला : ग्लपन, सादी।

हाँफता हुआ : फुप्फुकारक।

असह, असहनीय (दे.628)।

(विप.) अक्लान्त (दे.88)।

92. पागलपन

सं. पागलपन, प्रमत्तता (स्त्री.), प्रमाद, उन्माद, उन्मद, उन्मत्तता (स्त्री.), ख़ललदिमाग़, चित्तविप्लव, चित्तविभ्रंश, चित्तविभ्रम, जुनून, दीवानगी (स्त्री.), दीवानपन, बावभक, बावलापन, बौराई (स्त्री.), मतिभ्रंश, वातुलता (स्त्री.), विक्षिप्तता (स्त्री.), विक्षिप्ति (स्त्री.), सम्माद, सिड़ (स्त्री.), सिड़पन, सिड़पना, सौदा।

गंधर्वग्रह, गंधर्वरोग।

मानस रोग, मनोरोग, मनोविकार, मनोव्याधि (स्त्री.), आधि (स्त्री.), व्याकूत।

मानसिक सदोषता (स्त्री.), चित्तविकृति (स्त्री.), unsoundness of mind।

मस्तिष्क-विकृति(स्त्री.), मानसिक विपर्यय, मनोविकृति (स्त्री.), खफकान, mental derangement।

विषाद, विषाद रोग, विषादोन्माद, विषण्णता (स्त्री.), मालीखूलिया, संविषाद, melancholia।

पीडनोन्माद, पीडोन्माद, paranoia।

परपीडनरति (स्त्री.), पीडातोष, पीडानन्द, यन्त्रणाप्रियता (स्त्री.), सादीयता (स्त्री.), sadism।

नारीकामोन्माद, कामोन्माद, सुरतोन्माद, nymphomania।

चौर्योन्माद, bleptomania।

मनोकल्पना (स्त्री.), मनोलीला (स्त्री.), मनःसृष्टि (स्त्री.), मनोरथ-सृष्टि (स्त्री.), मानसिक छायाभास fantasm।

मनोभ्रंश, मनोवैकल्य, मूढचित्तता (स्त्री.), चित्तविक्षिप्तता (स्त्री.), dementia।

रोगभ्रम, रोगाशंका (स्त्री.), hypochondriasis।

सनक (स्त्री.), खब्त, झक (स्त्री.), झोंक (स्त्री.), झक्क (स्त्री.), झोंक (स्त्री.), धुन (स्त्री.), मनलौल्य, मौज (स्त्री.), रव, रौ (स्त्री.), लहर (स्त्री.),।

पगला जाना-, पगलाना-, पागल बनना-/होना-, औंदाना-, खब्ती होना-, बौखलाना-, बौराना-, सनक आना-/जाना-, सनकना-, सनकियाना-, सौदा होना-।

पागल करना-/बनाना-, उन्मादन, बौराना-, सनकाना-, सनकियाना-।

सनक चढ़ना-/सवार होना-, खब्द सवार होना-, झक चढ़ना-/लगना-/समाना-/सवार होना-, धुन लगना-, समाना-, मौज आना-/उठना-, मौज में आना-, सौदा उछलना-।

पागलपन का काम करना-, सनक लेना-।

पागलों की बहक : उन्मत्तप्रलाप, उन्मत्तप्रलपित।

पागलखाना, विक्षिप्तालय।

मनोरोग-चिकित्सा (स्त्री.), psychiatric treatment।

आधिकी (स्त्री.), मनश्चिकित्सा (स्त्री.), मनोरोग विज्ञान, मनोविकार विज्ञान, psychiatry।

आधिविज्ञ, मनश्चिकित्सक, मनोरोगविज्ञानी, मनोविकार विज्ञानी, psychiatrist।

उन्माद पैदा करने वाला ग्रह/प्रेत : सिद्धग्रह।

(विप.) पागलपन का अभाव : अनुन्माद।

वि./सं. पागल, पागलिनी (स्त्री.), पागली (स्त्री.), पगला, पगली (स्त्री.), प्रमत्त, प्रमादवान्, प्रमादी, उन्मत्त, उन्मत्तक, उन्मद, उन्मदिष्णु, उन्माद, उन्मादग्रस्त, उन्मादी, क्षिप्त, क्षीव, गहिला, गहेलरा, गहेला, जनूनी, दीवाना, दीवानी (स्त्री.), देवाना, नष्टचित्त, बातुल, बावरा, बावरी (स्त्री.), बावला, बावली (स्त्री.), बैकल, बौखल, बौड़म, बौड़हा, मजनूँ, मत्त, मूढसत्त्व, वातहत, वातिक, वातुल, वातूल, वायुग्रस्त, वायुनिघ्न, विक्षिप्त, सिड़बिला, सिड़बिल्ला, सिड़ी, सोन्मद, सौदाई, सौदाज़दा।

अर्धविक्षिप्त, अधबुध, हावलाबावला।

सनकी, खब्ती, खब्तुलहवास, झक्की, धुनी, मौजी, लहरी।

बना हुआ पागल : उन्मत्तलिंगी।

कामोन्मादी, कामोन्मादिनी (स्त्री.), nymphomaniac।

विषादग्रस्त, विषादी, विषादोन्मादी, विषण्ण, melancholie।

परपीडनरत, यन्त्रणाप्रिय, sadist।

चौर्योन्मादी, bleptomaniac।

पागल करने वाला : उन्मद, उन्मादक।

(विप.) अनुन्मत्त, अनुन्माद, अनुन्मादित। (दे. 2147)

93. प्रमुख रोग

93.1. सं. ज्वर (आ. चढ़. हो. उतर.), ज्वरा (स्त्री.), जर, जुर, जूर्ति (स्त्री.), आतंक, आतप, उष्णक, ताप, तापक, तावरी (स्त्री.), त्रिपाद् त्रिमुण्ड, दव, दूयन, बुखार, भस्मबाण, महागद, विसूरिता (स्त्री.), संज्वर।

आयुर्वेद के अनुसार ज्वर के भेद : वातज ज्वर; पित्तज ज्वर; कफज ज्वर; वातपित्तज ज्वर; वातकफज ज्वर; पित्तकफज ज्वर; सान्निपातिक ज्वर; आगन्तुक ज्वर; तरुण ज्वर; मध्यम ज्वर; प्राचीन ज्वर; जीर्ण ज्वर।

हलका बुखार, हरारत (स्त्री.), हराँस, जुरी (स्त्री.), तँवार, तँवारा, तँवारी (स्त्री.), ताई (स्त्री.)।

लंबे समय तक रहने वाला हलका बुखार : मन्दज्वर, अन्तर्वेग।

अन्तर्वेगी ज्वर, कष्टज्वर।

सरल ज्वर, मामूली बुखार, simple fever।

जुकाम (हो.), नजला (उतर.गिर.), पीनस (दे.93.16), प्रतिश्या (स्त्री.), प्रतिश्यान, प्रतिश्याय, रेजिश (स्त्री.), रेजिस (स्त्री.), शीत सरदी (स्त्री.), सर्दी (स्त्री.) (हो.); पीनस-ज्वर, catarrhal fever।

सर्दी-जुकाम।

शीतज्वर, श्लेष्माज्वर, पडसें, प्रतिश्याय, influenza, flu।

सन्ततज्वर, continued fever।

ऊर्मिमानज्वर, तरंगज्वर, भूमध्यसागरीय ज्वर, malta fever।

जड़ैया बुखार, जड़ैया (स्त्री.), जूड़ी (स्त्री.), अंगसिहरी (स्त्री.), कंपज्वर, लरजा, विषमज्वर, शीतज्वर, सर्दी (स्त्री.), सिहरी (स्त्री.), हिमज्वर, malaria।

मौसिमी बुखार, फसली बुखार, seasonal fever।

जड़ैया बुखार की कँपकपी : अंगसिहरी (स्त्री.), झुरझुरी (स्त्री.), झुरहुरी (स्त्री.)।

प्रच्छन्न हिमज्वर, latent malaria।

दुष्ट हिमज्वर, malighant malaria।

पारी/बारी का बुखार, पालिज्वर, सविराम/स्वल्पविराम ज्वर, remittent fever।

सं. पारी के बुखार में बुखार के आने का दिन : पारी (स्त्री.), बारी (स्त्री.)।

दिन में एक बार आने वाला ज्वर : एकाहिक/दैनिक ज्वर, अत्येदुष्क, quotidian fever।

दिन में दो बार आने वाला ज्वर : द्वौकालीन/सततक ज्वर, double quotidian fever।

एक दिन के अन्तर से आने वाला ज्वर : अँतरा/अँतरिया बुखार, अँतरा, अँतरिया, अन्तराज्वर, इकतरा, इकतरिया, एकतरा, एकान्तर, तिजरा, तिजारी (स्त्री.), तृतीयक, त्र्याहिक, tertian।

दो दिनों के अन्तर से आने वाला ज्वर : चौथिया बुखार, चौथिया, चतुर्थक, चातुर्थक, चातुर्थिक quartan।

कालज्वर, कालाज्वर, कालाजार, kala-azar, dum dum fever।

आन्त्रज्वर, आंत्रिक ज्वर, तन्द्राभज्वर, मीआदी बुखार, मोतीझर, मोतीझरा, मोतीझिरा, मोतीमाती, enteric fever, typhoid।

अपान्त्रज्वर, अप्यान्त्रज्वर, अपरतन्द्राभज्वर, paratyphoid।

सन्निपात, सान्निपातिक ज्वर, अन्तक, तंद्रिक सन्निपात, शीतगात्र।

पृषज्ज्वर, मोहज्वर, typhus fever।

पुनरावर्तक/पुनरावर्ती/प्रत्यावर्ती ज्वर, relapsing fever।

डेंगू, दण्डक, लंगड़ा/हड्डीतोड़ बुखार, शूलास्थि ज्वर, संधिक सन्निपात, dengue।

चिकनगुनिया।

पीतज्वर, yellow fever।

ग्रन्थिल ज्वर, glandular fever।

लाल बुखार, लोहित ज्वर, लोहितांग सन्निपात, आरक्त ज्वर, शोणत्वग्ज्वर, scarlet fever।

रक्तविषायण-ज्वर, विषरक्तता-ज्वर putrid fever।

मस्तिष्कज्वर, मस्तिष्ककोप, मस्तिष्क शोध, मस्तिष्कार्ति (स्त्री.), encephalitis।

गरदनतोड़ बुखार, मस्तिष्क-कशेरुक ज्वर, cerebrospinal meningitis।

मस्तिष्कच्छेदकोप, मस्तिष्कावरण शोथ, meningitis।

बदन में फफोले पड़ने के साथ होने वाला ज्वर : अग्निरोहिणी (स्त्री.)।

सारे शरीर में फुंसियाँ निकलने के साथ होने वाला ज्वर : विसर्प, विसर्पि (स्त्री.), विसर्पिका (स्त्री.), विसर्पी, वैसर्प, अग्निविसर्प, अरुणचर्म, रक्तकुष्ठ, सचिवामय, erysipelas।

पित्तविसर्प।

विसर्प रोग से ग्रस्त : विसर्पी, वैसर्प।

ज्वर के अन्य भेद : आमज्वर; उदर्ध; तंद्रिक; पित्तज्वर, पित्तदाह; प्रलापक; वातज्वर, वातिक; संधिक, संधिग।

नया बुखार : तरुणज्वर, नवज्वर।

पुराना बुखार : जीर्णज्वर, विषमज्वर।

चोट, भय आदि से होने वाला ज्वर : आगन्तुक ज्वर।

मरणकाल का ज्वर : वेलाज्वर।

ज्वर आने से पहले देह टूटना : अंग टूटना-।

ज्वर का ताप : आधिमन्यु, प्रज्वार, हरारत (स्त्री.)।

ज्वर के उपसर्ग : ज्वरकुटुंब।

ज्वराधिक्य में बेहोश होकर अण्डबण्ड बकना : प्रलाप (कर.), चित्तभ्रम, चित्तभ्रान्ति (स्त्री.), चित्तविभ्रम, delirium।

ज्वरचिकित्सा (स्त्री.), ज्वरप्रतीकार।

ज्वर-चिकित्सक, ज्वरहर।

वि. ज्वरोत्पादक, अंगज्वर।

ज्वरयुक्त, ज्वरपीड़ित, ज्वरार्त, ज्वरित, ज्वरी, संज्वरी।

ज्वरनाशक, ज्वरघ्न, ज्वरहर, ज्वरान्तक, ज्वरापह।

93.2. सं. डिफ्थीरिया, कण्ठरोहिणी (स्त्री.), घटसर्प, प्रबलास, मांससन्तानिका (स्त्री.), रोहिणी (स्त्री.), diphtheria।

93.3. सं. ताऊन, गण्ड-महामारी (स्त्री.), ग्रन्थि-मारी (स्त्री.), plague।

गिल्टी निकलना-।

93.4 सं. खसरा (निकल.), अजगलिका (स्त्री.), अजगल्लिका (स्त्री.), चर्मपीडिका (स्त्री.), चर्ममसूरिका (स्त्री.), रोमान्तिका (स्त्री.), measles।

छोटी चेचक, छोटी माता, दुलारी (स्त्री.), पानीझरा, महारानी (स्त्री.), मोतिया, शीतला (स्त्री.), रोमान्तिक मसूरिका (स्त्री.), chicken pox।

चेचक (स्त्री.) (हो. निकल.), गुली (स्त्री.), देवी (स्त्री.), पापरोग, बड़ी माता, मसुरिया (स्त्री.), मसूरिका (स्त्री.), मसूरी (स्त्री.), माई (स्त्री.), माता (स्त्री.), रक्तवटी (स्त्री.), वसन्त, वसन्तव्रण, वातखुडा (स्त्री.), वातथुडा (स्त्री.), वातथूडा (स्त्री.), वातहुडा (स्त्री.), विस्फोट, विस्फोटक, शीतला (स्त्री.), शीतली (स्त्री.), सीतला (स्त्री.), small pox।

काले दानोंवाली चेचक : काली शीतला।

(चेचक का दाना) दाना, गुटिका (स्त्री.), गुटी (स्त्री.), गोटी (स्त्री.)।

दाने के भीतर का पानी : पन्दा, चेप।

सूखते दाने की पपड़ी : खुट्टी (स्त्री.), दिउला, दिउली (स्त्री.)।

वि./सं. जिसके चेहरे पर चेचक के दाग हों : चेचकरू, (व्यंग्य में) कोचा करेला, सीतलामुँहदगा।

93.5. सं. पेट की बीमारी, उदररोग, उदरामय, हृदुत्क्लेद, हृदुत्क्लेश।

अजीर्ण (हो.), अजीरन, अजीर्णि (स्त्री.), अजीर्ति (स्त्री.), अनपच, अपच (हो.), अपक्ति (स्त्री.), अपाक, अविपाक, अध्यशन, अन्तर्वमि (स्त्री.), अन्तंधमि (स्त्री.), कुपच, बदहजमी (स्त्री.) (हो.), dyspepsia।

अजीर्ण के आयुर्वेदोक्त भेद : आमजीर्ण; दिनपाकी अजीर्ण; प्रकृत्याजीर्ण; रसशेषाजीर्ण; विदग्धाजीर्ण; विष्टब्धाजीर्ण।

वि. अजीर्ण रोगवाला : अजीर्णी, अविपाक।

सं. अम्लिकोद्गार, pyrosis।

अग्निमाद्य (हो.), अजरक, अनरुचि (स्त्री.), अन्नद्वेष, अनलसाद, अरुचि (स्त्री.), अरोचक, मन्दाग्नि (स्त्री.), मन्दानल, loss of appetite।

वि. अग्निमाद्य रोगवाला : अनग्नि, अरोचकी।

सं. अम्लरोग, अम्लपित्त, acidity।

खट्टी डकार (आ.ले.), अम्लोद्गार, अम्लिका (स्त्री.), अम्लीका (स्त्री.), आम्लिका (स्त्री.), आम्लीका (स्त्री.), (दे.96)।

वमन का रोग, वमि (स्त्री.), वमी (स्त्री.)।

वमन करने का उसवास : उकलाई (स्त्री.) (आ. लग.),

उबकाई (स्त्री.) (आ. लग.), उत्क्लेश, ओक (स्त्री.), ओकाई (स्त्री.), छर्दि (स्त्री.), मचली (स्त्री.), मिचली (स्त्री.), मतली (स्त्री.), वमथु।

उकलाई/मचली मालूम होना-, जी/तबीयत मचलाना-/मतलाना-/मिचलाना-, वमना-।

उलटी (स्त्री.) (कर. हो.), उकलाई (स्त्री.), उकलाना-, उछाल (स्त्री.), उछाला, उद्गार, उद्गिरण, उबकना-, ऊर्ध्वशोधन, ओंकना-, ओकना-, ओकाई (स्त्री.), कै (स्त्री.), (कर. हो.), छरद (स्त्री.), छर्द, छर्दन, छर्दी (स्त्री.), छर्दिका (स्त्री.), डाकी (स्त्री.), डाँकना-, डाकना-, प्रच्छर्दन, प्रच्छर्दिका (स्त्री.), वम, वमति (स्त्री.), वमथु, वमन (कर. हो.), वान्त, वान्ति (स्त्री.), विच्छर्दन, विच्छर्दिका (स्त्री.), समुद्गिरण, हुलकना-, हुलकी (स्त्री.), हृदुत्क्लेद, हृदुत्क्लेश।

वमन किया हुआ पदार्थ : उद्गार, वम, वमन, वान्त, वान्तान्न।

वमन करानेवाली दवा : वमन, वमि (स्त्री.), प्रच्छर्दन।

वि. वमन किया हुआ : वमित, वन्त, विच्छर्दित, उद्धान्त, उद्धान, उद्धृत, समुद्गीर्ण।

वमन करानेवाला : वान्तिकृत।

वमन कराने के योग्य : वम्य।

वमन के रोग से ग्रस्त : वमी।

सं. कब्ज (हो. कर.), कोष्ठबद्धता (स्त्री.), अप्रवृत्ति (स्त्री.), आनह, आमवात, उदरावेष्ट, गुदग्रह, गुदस्तंभ, गुदावर्त, पुरीषनिग्रहण, बद्धकोष्ठता (स्त्री.), बद्धोदर, मलरोध (हो.), मलावरोध (हो.), वर्चोग्रह, वर्चोविनिग्रह, विड्ग्रह, विडबंध।

पेट/कोठा/कोष्ठ/पाखाना/दस्त साफ न होना-।

वि. कोष्ठबद्धता से ग्रस्त : बद्धकोष्ठ, बद्धपुरीष, बद्धोदर।

कब्ज करने वाला : वद्धवर्क्स।

कब्ज दूर करने वाला : कब्जकुशा (दे.84)।

पेट फूलना-, अफरना-, अफरन (स्त्री.), अफरा, अध्मान, अनाह, अन्त्रंधमि (स्त्री.), आध्मान, उदराध्मान, वायुगण्ड, tympanitis।

पेट का वायुरोग, उदरवायु (स्त्री.), उदराध्मान, आध्मात, flatulence।

वि. उदरवायु से ग्रस्त : अध्मात।

सं. पित्तवायु (स्त्री.)।

पेट में गोला-सा बन जाने का रोग : बायगोला, वायुगोला, गोला, वातगुल्म, वायुगुल्म, गुल्म।

गुल्मशूल।

वि. गुल्म रोग से ग्रस्त : गुल्मी।

सं. पित्तगुल्म, पित्तोदर।

कठोदर।

सं. दस्त की बीमारी (हो.), पेट चलना-, अतिसार (हो.), अतीसार, अन्नगंधि (स्त्री.), इस हाल, उदरामय (हो.) जठरामय, प्रस्कंदिका (स्त्री.), क्वर्चोभेद, विड्भंग, विड्भिद् विड्भेद, diarrhoea।

ज्वरातिसार; पाकातिसार; पित्तातिसार।

वि. अतिसार से ग्रस्त : अतिसार की, अतिसारी।

सं. संग्रहणी (स्त्री.), संग्रहग्रहणी (स्त्री.), ग्रहणि (स्त्री.), ग्रहणी (स्त्री.), प्रवाहिका (स्त्री.), sprue।

आँव गिरना-/पड़ना-, आमातिसार (हो.), आमवात, आमशूल, चलातंक, पेचिश (स्त्री.), (हो. पड़.), मरोड़ा, dysentary।

दण्डाणु - आमातिसार, bacillary dysentary।

कामरूपि - आमातिसार, कामरूपीय आमातिसार, amoebic dysentary।

रक्तातिसार, रक्तामातिसार, खूनी पेचिश (स्त्री.), आमरक्त, bloody flux।

कालरा (हो.), दण्डालिका (स्त्री.), विशूचिका (स्त्री.), विषूचिका (स्त्री.), विषूची (स्त्री.), विसूचिका (स्त्री.), हैजा (हो.), cholera।

जंबुद्वीप विषूची (स्त्री.) Asiatic cholera

कै-दस्त होना-, मूँह-पेट-चलना।

सं. आमाशय-शोथ, जठरकोप, जठरार्ति (स्त्री.), पक्वाशय-प्रदाह gastric।

जठर-व्रण, gastric ulcer।

ग्रहणी-व्रण, duodenal ulcer।

खून की कै, रक्तवमन, haematemesis।

नुकीली चीज निगलने से आँत कट जाना : क्षतोदर, छितोदर।

आन्त्रशोथ, जठरान्त्रात्रकोप, जठरान्त्रशोथ, जठर-अन्त्रार्ति (स्त्री.), gastroenteritis।

आन्त्रकोप, आन्त्रप्रदाह, आन्त्रशोथ, आन्त्रार्ति (स्त्री.), enteritis।

कोलन-शोथ, बृहदान्त्रशोथ, स्थूलान्त्रशोथ, colitis।

अन्त्रवेष्टन-प्रदाह, उदरच्छदकोप, उदरावरण-शोथ, perionitis।

उदरशूल, जठरशूल, शूल, कूलंज, कूलिंज, colic।

सीसे के दूषण से होने वाला शूल : सीस-शूल, lead colic।

पेट में हमेशा रहनेवाला दर्द : अन्नद्रवशूल।

पित्तशूल। विट्शूल।

पेट में होने वाला शब्द : गुड़गुड़, गुड़गुड़ाना-, गुड़गुड़ाहट (स्त्री.), अन्त्रकूज, अन्त्रकूजन, अन्त्रविकूजन, आटोप, कर्दन।

93.6 यकृत् और प्लीहा के रोग।

सं. यकृत्कोप, यकृत्शोथ, यकृत्, यकृदुदर, अग्रमांस, वरमे जिगर, hepatitis।

पीलिया (स्त्री.) (हो.) पियरी (स्त्री.), पित्तपाण्डु, पाण्डु, पाण्डुक, पाण्डुर, पाण्डुरक, पाण्डुरोग, कमल, कमलबाई (स्त्री.), कमलवायु (स्त्री.), कँवल, कँवलबाव, कामल, कामला, कामली (स्त्री.), यरकान, लाघरक, लाघरकोलस, सचिवामय, हलदिया, हलीमक, jaundice।

वि. पीलिया रोग से ग्रस्त : कामली, पाण्डुकी।

सं. प्लीहा का बढ़ना : पिलई (स्त्री.), पिलही (स्त्री.), प्लीहोदर, उदरगुल्म, उदरग्रन्थि (स्त्री.), गुल्मवात, गुल्मोदर, तापतिल्ली (स्त्री.), बरबट (स्त्री.), enlarged spleen।

वि. पिलई रोग से ग्रस्त : प्लीहोदरी।

सं. प्लीहातिवृद्धि (स्त्री.), प्लीहावृंहण, splenomegaly।

पित्त का बढ़ जाना : पित्तक्षोभ, पित्तप्रकोप।

वि. जिस व्यक्ति में पित्त की प्रधानता हो : पित्तप्रकृति।

पित्तप्रकोप से ग्रस्त : पित्तविदग्ध।

पित्त पैदा करने वाला : पित्तकर।

जिसमें पित्त की अधिकता हो : पित्तबहुल, पित्तल।

पित्तघ्न, पित्तनाशक, पित्तनिवर्हण, पित्तशमन, पित्तहर, पित्तहा।

93.7. कृमिज रोग।

सं. कृमिरोग, worms।

उदरकृमि (दे.67.762)।

फाइलेरिया रोग, तनुसूत्र-रुजा (स्त्री.), तनुव्रण, वल्मीक, filariasis।

फोता बढ़ने का रोग, पानी उतरना-, अण्डवर्धन, अण्डवृद्धि (स्त्री.), अन्त्रवृद्धि (स्त्री.), कुरण्ड, कोशवृद्धि (स्त्री.), जलपरिवृषण, जलमुष्क, मुष्कशोथ, वाताण्ड, hydrocele।

पीलपा, पीलपाँव, पादगण्डीर, पादवल्मीक, पादस्फीति (स्त्री.), फ़ीलपा, फीलपाँव, शिलीपद, श्लीपद, हाथीपाँव, elephantiasis।

वि. श्लीपद से ग्रस्त : श्लीपदी।

सं. अन्तःकृमि।

93.8. क्षुदान्त्र और गुदा के रोग।

सं. गुदा में होने वाला रोग : गुदरोग।

गुदा का पक जाना : गुदपाक।

मलत्याग के समय गुदा के भीतरी भाग का बाहर निकलना : काँच निकलना-, गुदानिर्गम, गुदभ्रंश (हो.), prolapsus of rectum।

आँत उतरना-, अन्त्रभेद, अन्त्रवृद्धि (स्त्री.), अन्त्रसंस, ताँतवा, वर्द्धम, वर्ध्म, hernia।

भगन्दर, fistula-in-ano।

एकमुखी भगन्दर, blind fistula।

द्विमुखी भगन्दर, complete fistula।

भगन्दर के आयुर्वेदोक्त भेद : उन्मार्ग, उष्ट्रग्रीव; परिस्रावी; शंखावर्त; शंबूकावर्त।

गुदद्वार का फटना-, गुदद्वार-विदर, fissure-in-ano।

सं. बवासीर (स्त्री.) (हो.), अनाम, अनामक, अर्श, उष्ट्रग्रीव, उष्ट्रशिरोधर, गुदकील, गुदकीलक, गुदांकुर, चर्मकील, दुर्नाम, दुर्नामक, दुर्नामा, भगांकुर, piles।

खूनी बवासीर (स्त्री.), रक्तार्श।

बादी बवासीर (स्त्री.)।

अर्शवर्त्म।

बवासीर का मस्सा, बलि (स्त्री.), मांस कीलक, मांसकेशी।

वि. अर्श रोग से ग्रस्त : अर्शल, अर्शी, अर्शोरोगयुत।

सं. आन्त्रपुच्छकोप, आन्त्रपुच्छप्रदाह, आन्त्रपुच्छशोथ, उपान्त्रदाह, उपान्त्रशोथ, appendicitis।

93.9 आनुवंशिक रोग।

सं. वात, वातकोप, वातदोष, वातप्रकोप, वातरोग, वायु (स्त्री.), वायुविकार, वेपन, अनिल, अनिलव्याधि (स्त्री.), अनिलामय, बतास (स्त्री.), बाई (स्त्री.) (आ. चढ़.) बाई का दखल, बाई की झोंक, बादी (स्त्री.), बादीपन, बाय (स्त्री.), बाव।

गठिया (हो.), अंगमर्ष, डमरुआ, डँवरुआ, डवँरुआ, डवरुआ, बाओटा, बाई (स्त्री.), रीही (स्त्री.), वातगुल्म, वातरोग, वातविकार, वातव्याधि (स्त्री.), संधिवात, rheumatism।

आमवात, संधिशूल।

पेशीवात, पेशीपीडा (स्त्री.), पेशीशूल, पेशार्ति (स्त्री.), myalgia।

अकड़ी इुई गरदन, गरदन की जकड़, मन्यास्तंभ, stiff-neck।

स्कंधवात, omalgia।

बाँह का अकड़ जाना : भुजस्तंभ, अवबाहुक।

पार्श्वपीडा (स्त्री.), पार्श्ववात, पर्शुकान्त-पीडा (स्त्री.), वक्षपार्श्वशूल, pleurodynia।

कटिवात, कटिवेदना (स्त्री.), lumbago।

कटिस्नायुवात, गृध्रसी (स्त्री.), राजचेताशूल, sciatica।

वातरक्त, वातशोणित, ग्रन्थिवात, gout।

पाँव के जोड़ों का वातरोग : वातकंटक।

गाँठों का होने वाला दर्द : अन्तरायाम, अन्तर्वेध।

संधिकार्ति (स्त्री.), संधिकोप, संधिप्रदाह, संधिशोध, arthritis।

विरूपी संधिकोप, arthritis deformans।

कठिन वातरोग : वातखुडा (स्त्री.), वातथुडा (स्त्री.), वातथूडा (स्त्री.), वातहुडा (स्त्री.),।

वातोदर।

वि. वात पैदा करने वाला : वातकर, वातकारक, वातकृत्, वातकोपन, वातज, वातल, बादी।

वात की प्रधानतावाला : वातप्रकृति, अनिलप्रकृति।

वातग्रस्त, वातपीडित, वातरोगी, वातकी, वातसह, वातिक, वायुग्रस्त, आढ्यरोगी, पवनाहत, बावला।

वातनाशक, वातहा, वायुनाशक, अनिलघ्न, अनिलहा, अनिलहृत्, अनिलापह।

सं. कण्ठमाला (स्त्री.), गण्डमालक, गण्डमाला (स्त्री.), घुरघुरा, serofula।

तपेदिक (स्त्री.) (हो.), अंगज्वर, अतिरोग, उरक्षय, कफक्षय, क्षय, क्षयरोग, गदाग्रणी (स्त्री.), गुलिकार्ति (स्त्री.), छई (स्त्री.), दिक़ (स्त्री.), नृपामय, बलाश, बलास, यक्ष्म, यक्ष्मग्रह, यक्ष्मा (स्त्री.), यक्ष्मामय, राजजक्ष्मा (स्त्री.), राजयक्ष्मा (स्त्री.), राजरोग, रोगराज, शोष, सिल, tuberculosis, T.B.।

फुप्फुस-यक्ष्मा (स्त्री.), tuberculosis of the lungs, phthisis।

आन्त्र-यक्ष्मा (स्त्री.), intestinal tuberculosis।

संधि-यक्ष्मा (स्त्री.), tuberculosis of joints।

कंगु-यक्ष्मा (स्त्री.), गुटिकीय क्षयरोग, miliary tuberculosis।

रास्ता चलने से होने वाली यक्ष्मा : अध्वशोषि (स्त्री.)।

क्षयरोग में होने वाली खाँसी : क्षयकास, क्षयशु।

क्षयरोगी की आन्तों में होने वाली गिल्टी : क्षयग्रन्थि (स्त्री.)।

वि. क्षयरोगी, क्षयकासी, क्षयिक, क्षयी, उरक्षत, बलासी, यक्ष्माग्रस्त, यक्ष्मी, राजयक्ष्मी।

सं. बहुमूत्र, बहुमूत्रता (स्त्री.), मूत्रवृद्धि (स्त्री.), अतिमूत्र, उपमेह polyuria, diabetes।

मधुमेह, मधुप्रमेह, शर्कराप्रमेह, diabetes mellitus।

मूत्रातिसार, अमधुमेह, diabetes insipidus ।

वि. बहुमूत्र से पीड़ित : बहुमूत्र, मधुमेही, उदमान, उदमेही।

सं. जलशोथ (हो.), शोथ, शोथक, शोथरोग, शोफ, अध्मान, वरम, सूजन (स्त्री.) (हो.) dropsy।

जलोदर, जलंधर, आध्मान, उदकोदर, उदरवृद्धि (स्त्री.), उदरशोध, ascites।

गुरदे की सूजन : वृक्ककोप, वृक्कशोथ, nephritis।

देहशोथ, सर्वांगशोथ, anasarea।

स्थानिक शोथ, त्वचा-शोफ, oedema।

पित्तज शोथ, पित्त शोथ।

मांस की सूजन : मांसकन्दी (स्त्री.)।

वि. शोथ से पीड़ित : शोफ़ित, सशोथ।

शोथनाशक, शोथघ्न, शोथजित्, शोथहृत्, शोफनाशन।

सं. खून की कमी, रक्ताल्पता (स्त्री.), रक्तक्षीणता (स्त्री.), रक्तहीनता (स्त्री.), अरक्तता (स्त्री.), पाण्डुरता (स्त्री.), anaemia।

वि. क्षीणरक्त, अल्परक्त, रक्तहीन।

सं. रक्तश्वेताणुमयता (स्त्री.), अतिश्वेतरक्तता (स्त्री.), श्वेतरक्तकणिका-वृद्धि (स्त्री.), leukemia।

अतिपीतवर्णता (स्त्री.), पाण्डुवर्णमयता (स्त्री.), leukosis।

जामुनी रोग, नीलरुणरुजा (स्त्री.), नीलारुणा (स्त्री.), purpura।

प्रशीताद, शीताद, scurvy।

शीर्णत्वक् रोग, वल्कचर्म, pellagra।

मस्सा, मसा, मशक, माष, चर्मकील, किण, wart।

अर्बुद, अंकुर, इल्ला, गुणिका (स्त्री.), गुमटा, गुम्मर, गुल्म, बतौरी (स्त्री.), मांसग्रन्थि (स्त्री.), मांसार्बुद, शोफ, tumour।

एक ही जगह पर दोबारा होने वाला अर्बुद : अध्यर्बुद।

वि. अर्बुद रोग से ग्रस्त : अर्बुदी, गुल्मी।

सं. गिलटी (स्त्री.), गुट्ठल, गुठली (स्त्री.), अंठी (स्त्री.)।

93.10. तंत्रिकातन्त्र के रोग।

सं. जलकपाल, जलशीर्ष, शिरशोथ, शिरशोफ़, hydrocephalus।

मस्तिष्क रक्तसंकुलता (स्त्री.), cerebral congestion।

दिमागी थकान (स्त्री.), मस्तिष्क अवसाद, brain fag।

सिरदर्द, शिरःपीड़ा (स्त्री.), शिरःशूल, शिरोगद, शिरोग्रह, शिरोदुःख, शिरोरुजा (स्त्री.), शिरोरोग, शीर्षवेदना (स्त्री.), शीर्षव्यथा (स्त्री.), शीर्षशोक, शंखवात, मस्तकपीड़ा (स्त्री.), मस्तकशूल, headache।

सिर में दर्द होना-, सिर दुखना-/टनकना-।

सिरदर्द के आयुर्वेदोक्त भेद : अनन्तवात; अर्धावभेदक; कफज; कृमिज; क्षयज; पित्तज; रक्तज; वातज; शंखक; सन्निपातजः सूर्यावर्त।

सिर का भारीपन : शिरोगौरव।

अधकपारी (स्त्री.), अर्धकपाली (स्त्री.), अर्धावभेदक, अर्धिक, आधासीसी (स्त्री.), शिरार्धशूल, सूर्यावर्त, hemicrania।

समलबाई (स्त्री.), शिरोग्रह।

सिर घूमना-/चकराना-/भिन्नाना-, घुमटा (आ.), घुमड़ी (स्त्री.), घुमरी (स्त्री.), चक्कर (आ.), तँवार (स्त्री.) (आ. खा.), तँवारा, तँवारी (स्त्री.), तमारि (स्त्री.), तावरी (स्त्री.), तौरि (स्त्री.), शिरोघूर्णन, vertigo।

अनिद्रा रोग, अनिद्रा (स्त्री.), अनिद्र, प्रजागर, sleeplessness।

निद्रालु रोग, सुषुप्ति-रोग, sleeping sickness।

मूर्च्छारोग, अपतन्त्र, अपतन्त्रक, तावरी (स्त्री.), वातोन्माद, hysteria।

संन्यास, संज्ञाघात, रक्ताघात, रक्तमूर्च्छा (स्त्री.), apoplexy।

मिरगी (स्त्री.) (आ. हो.), मृगी (स्त्री.), अंगविकृति (स्त्री.), अपस्मार, प्रतान, भूतविक्रिया (स्त्री.), भ्राम, epilepsy।

मिरगी का दौरा पड़ना-।

बेहोश/मूर्च्छित होना-, मूर्च्छा (स्त्री.) (आ. हो.) (दे.59), fainting।

वि. मिरगी से पीड़ित : मिरगिया, अपस्मारी, भ्रामरी।

सं. धनुष्टंकार, धनुस्तंभ, धनुर्वात, अपतानक, बाध्यायाम, tatanus।

हनुग्रह, हनुस्तंभ, lock-jaw।

जलातंक, जलत्रास, जलभीति (स्त्री.), आलार्कोन्माद, हड़क, hydrophobia।

लक़वा (गिर. मार. हो.), फ़ालिज (गिर. मार.), पक्षघात, पक्षाघात (हो.), अंगघात, अनिल, अर्धांग, आढ्यवात, एकांगवात, झोला (मार.), भंग, भंजनक, वरुणग्रह, स्तंभ, स्तंभरोग, संस्तंभ, हुण्डन, paralysis।

वि. पक्षाघातग्रस्त, फ़ालिजजदा, अर्धांगी।

सं. आतपाघात, लू लगना- (दे.156), सूर्याघात, sunstroke।

ऊष्माघात, तापाघात, heat-stroke।

अंगग्रह, आकर्ष, ऐंठन, spasm।

चेताकोप, तंत्रिकाशोथ, नाडीशोथ, neuritis।

चेतादौर्बल्य, तंत्रिकावसाद, नाडीदौर्बल्य, स्नायविक दुर्बलता (स्त्री.), neurasthenia।

चेताशूल, तंत्रिकाशूल, स्नायुशूल, neuralgia।

रोगभ्रम, रोगशंका (स्त्री.), hypochondriasis।

पेशियों में अनैच्छिक कंपन : नृत्तरोग, chorea।

कँपकँपी (स्त्री.), कंप, प्रकंप, tremor।

पेशी-प्रतिष्टंभ, स्तब्धि (स्त्री.), catalepsy।

पैशिक अपुष्टिता (स्त्री.), muscular atrophy।

विटामिन बी की कमी से होने वाला रोग : बेरी-बेरी (स्त्री.), bery-bery।

93.11. रीढ़ के रोग।

मेरुरज्जु शोथ, myelitis।

चलन-अनन्वय, locomotor ataxia।

93.12. श्वसन-यन्त्र के रोग।

सं. ज़ुकाम (हो.) (दे.93.1), पीनस, catarrh।

छींक (स्त्री.) (आ. मार. ले.), छींकना-, छिक्का (स्त्री.), कास, क्षवथु, क्षुत् (स्त्री), क्षुति (स्त्री.), क्षुव, प्रतिक्षुत, विक्षाव, हंजि (स्त्री.)।

जुकाम का सूख जाना-, जुकाम बिगड़ना-।

नाक से पानी बहना-, नाक बहना-, नासापरिस्राव, नासास्राव।

नाक छिनकना-/सिनकना-।

पुराना जुकाम, जीर्ण पीनस, chronie catarrh।

गले की घरघराहट, घर्रा (चल.), घुरघुर (हो.), घरघराहट (स्त्री.) (हो.)।

वि. पीनस से ग्रस्त : पीनसित, पीनसी।

सं. खाँसी (स्त्री.) (आ. उठ. हो.), खाँसना-, खोंखी (स्त्री.), खोंखना-, उत्कास, उत्कासन, उत्कासिका (स्त्री.), कास, कासिका (स्त्री.), क्षव, क्षवथु, क्षुव, विक्षाव, corona।

खाँसने का शब्द : खों-खों।

खँखारना-, खखारना-।

वह खाँसी जिसमें कफ निकले : गीली/तर खाँसी।

वह खाँसी जिसमें कफ न निकले : सूखी खाँसी, ठसका, ढसक (स्त्री.), ढाँस (स्त्री.), ढाँसी (स्त्री.), धसक (स्त्री.), शुष्ककास।

सूखी खाँसी का शब्द : ढसक (स्त्री.), ढाँस (स्त्री.), धसक (स्त्री.)।

गले में कुछ अटकने से आने वाली खाँसी : उच्छू (स्त्री.) (दे.91.13)।

तंबाकू आदि की गंध से आने वाली खाँसी : धाँस (स्त्री.)।

खाँसी-ज़ुकाम; खाँसी-बुख़ार।

आवाज़ बैठना-/पड़ना-, कण्ठ बैठना-, गला पड़ना-/बैठना-, स्वरभंग (हो.), स्वरभेद, स्वरविकार, स्वरसाद।

आवाज़ भर्राना-/भारी होना-/फटना-।

स्वर मन्द होना-, आवाज़ गिरना-।

(विप.) सं. आवाज/कण्ठ/गला खुलना-, कण्ठ फूटना-।

गले की सुरसुराहट : ख़राश (स्त्री.)।

बलग़म, बलाश, बलास, अतुल, कफ, क्लेदक, खँखार, खखार, खट, रसन, शिंघाण, शिंघाणक, श्लेष्म, श्लेष्मक, श्लेष्मा (स्त्री.), सिंहाण (दे.73.13)।

जमा हुआ कफ : त्रप्सा (स्त्री.)।

कफ के रहने का स्थान : कफाशय।

कफ के कारण गले से निकलने वाली आवाज : घुर-घुर, घुरघुराना-, घुरघुराहट (स्त्री.)।

वि. खाँसी से पीड़ित : कासरोगी, कासकुंठ, कासी।

खाँसी दूर करने वाला : कासघ्न।

कफ-सम्बन्धी, बलग़मी, श्लेष्मल, श्लैष्मिक।

कफप्रधान, कफल, कफी, कफेलु, बलग़मी, श्लेष्मण, श्लैष्मिक।

श्लेष्मायुक्त, श्लेष्मल, कफल।

कफकारक, कफकर।

कफज, श्लेष्मज।

कफघ्न, कफनाशक, कफनाशन, कफहर, श्लेष्मघ्न, श्लेष्महर।

सं. कुकुरखाँसी (स्त्री.), कुकुरढाँसी, whooping cough।

काली खाँसी (स्त्री.), croup।

कण्ठदाह, कण्ठाशोथ, घोषित्रकोप, स्वरयन्त्रप्रदाह, laryngiltis।

फुप्फुसनालकोप, श्वसनीप्रदाह, श्वसनीशोथ, श्वासनलीशोथ, bronchitis।

उरोग्रह, परिफुप्फुसकोप, परिफुप्फुस शोथ, पार्श्वदाह, पार्श्वार्ति (स्त्री.), पार्श्वावमर्द, प्रत्यानाह, फुप्फुसावरणपाक, फुप्फुसावरण शोथ, फुप्फुसावरणार्ति (स्त्री.), pleurisy।

दमा, उरस्तंभ, श्वास, श्वासकष्ट, श्वासकास, श्वासप्रदाह, खासरोग, सन्तमक, साँस (स्त्री.), asthma।

दमे का मरीज़, खासरोगी।

निमोनिया, क्लोमपाक, फुप्फुसदाह, फुप्फुसपाक, (स्त्री.), फुप्फुसप्रदाह, फुप्फुसशोथ, फुप्फुसार्ति (स्त्री.), pneumonia।

खण्डिका-क्लोमपाक, labour pneumonia।

खण्ड-क्लोमपाक, lobar pnewmonia।

एकपार्श्वी फुप्फुसदाह, single preumonia।

द्विपार्श्वी फुप्फुसदाह, double pneumonia।

वाग्रोध, वाग्लोप, वाचाघात, aphasia।

गलतुंडिकाप्रदाह, गलमूलग्रन्थिशोथ, गलवातामकोप, तुण्डिकाशोथ, tonsialitis।

हिचकी (स्त्री.) (आ. ले.), हुचकी (स्त्री.), हिक्का (स्त्री.), हिक्किक़ा (स्त्री.), हिक्कित, हिलकी (स्त्री.), हीक (स्त्री.), हेक्का (स्त्री.), हल्लास, हल्लासक, अनुबंधी (स्त्री.), यमला (स्त्री.), hiccup।

वि. हिचकी से पीड़ित : हिक्काश्वासी, हिक्की।

93.13. चर्मरोग, त्वग्दोष।

सं. फोड़ा (निकल. बन. पक. फूट. बह. बैठ.), ईर्म, पाक, पाका, पोटिक, बिटक, बिटका (स्त्री.), विटक, विदरण, विद्रध, विद्रधि (स्त्री.), व्रण, स्फोट, स्फोटक, स्फोटिका (स्त्री.), abseers।

छेाटा फोड़ा : फोड़िया (स्त्री.), फुड़िया (स्त्री.), फुंसी (स्त्री.), कंचिका (स्त्री.), गुटिका (स्त्री.), गुटी (स्त्री.), दाना, पिटक, पिटका (स्त्री.), पिडक, पिडका (स्त्री.), पिड़की (स्त्री.), पिडिका (स्त्री.), पीडिका (स्त्री.), pimples।

बड़ा फोड़ा : विस्फोटक।

अंग पकने का रोग : अंगपाक।

भीतर का फोड़ा : अन्तर्व्रण।

जहरीला फोड़ा : विस्फोट।

मर्मस्थान का फोड़ा : व्रणायाम।

जिस फोड़े का मुँह ऊपर न हो : अंधा फोड़ा, अंधालजी (स्त्री.), अन्तर्मुख विटक।

उँगली का फोड़ा : गलका, अंगारमती (स्त्री.), उपनख, whitlow।

जाँघ का फोड़ा : जंघार।

जाँघ के जोड़ का फोड़ा : बाधी (स्त्री.), buloo।

काँख का फोड़ा : कँखौरी (स्त्री.), कखौरी (स्त्री.), कँखवार, कँखवारी (स्त्री.), कँखवाली (स्त्री.), ककराली (स्त्री.), कछराली (स्त्री.), अग्निरोहिणी (स्त्री.), बगल का फोड़ा, बगलगंध, armpit boil।

काँख की गिलटी : भैन्तुवा।

बाल उखड़ने से होने वाला फोड़ा : बरटुट, बरतोड़, बलटुट, बलतोड़।

ज़हरबाद, कालस्फोट, छिद्रार्बुद, carbuncle।

तालु का फोड़ा : तुण्डिकेरी (स्त्री.), मांसकच्छप।

प्रमेहजन्य फोड़ा : विद्रधिका (स्त्री.)।

फोड़ा निकलना-, विस्फोटन।

अधिक फुंसियाँ/दाने निकलना-, फदफदाना-।

फोड़े की जगह : व्रणवास्तु।

फोड़े की सूजन : थाला, व्रणशोथ।

फोड़े की गाँठ : व्रणग्रन्थि (स्त्री.)।

फोड़े का दर्द : टपकन (स्त्री.), (दे.91.2), व्रणायाम।

फोड़े की जलन : अग्निविसर्प।

फोड़े में मवाद आना-, फोड़ा पकना-, पूयन।

पीप (स्त्री.), पीब (स्त्री.), पूति (स्त्री.), पूय, पूयन, प्रसित, क्षतज, मलज, मवाद, रीम (स्त्री.), सदीद।

कड़ी पीप : कील (स्त्री.)।

पीप और खून : पूयरक्त, पूयशोणित।

फोड़े से निकलने वाला तरल पदार्थ : पंछा, पसेव, कचलोहू।

फोड़े से निकला हुआ मवाद आदि : क्लेद, पूयस्राव, व्रणस्राव।

वि. फुंसी-सम्बन्धी, पैडिक।

व्रण-सम्बन्धी, व्रणीय।

व्रण से पीड़ित : व्रणित, व्रणी।

फुंसियों से भरा हुआ : चर्मतिल।

पीप बढ़ानेवाला : पूयवर्धन।

पीप से भरा हुआ : अन्तःपूय।

फोड़े के कारण क्षीण : व्रणशोषी।

फोड़े में लाभदायक : व्रण्य।

फोड़ा से दूर करने वाला : व्रणहा।

सं. नासूर (पड़.), नसूर, नाडीव्रण, नालीव्रण, उत्संगी, दुष्टव्रण, सइन (स्त्री.), sinus।

नसूर का भीतरी भाग : उत्संग।

अन्दर से गहरी फुंसी : शराविका (स्त्री.)।

अन्हौरी (स्त्री.), अँभौरी (स्त्री.), अँधौरी (स्त्री.), गरमीदाना, घमौरी (स्त्री.), घर्मचर्चिका (स्त्री.), चर्मविचर्चिका (स्त्री.), धुपेली (स्त्री.), prickly heat।

पानी के अधिक संपर्क से होने वाली फुड़िया : जलवरंट।

शरीी के निचले भाग में फुंसियाँ निकलने का रोग : नहरुआ, नहरुवा, नहरुवा, नहरू, नारू, नाहरू।

लाल-लाल तकलीफ़देह फुंसियाँ निकलने का रोग : गदहिखी (स्त्री.), गदहिला, गर्दभगद, गर्दभक, गर्दभिका (स्त्री.), गर्दभी (स्त्री.), पिटिका (स्त्री.), रक्तवटी (स्त्री.), pimples।

मकड़ी के विष से शरीर में दाने निकलना : मकड़ी फरना-।

मुँह में दाने निकलने का रोग : निनावाँ, strophulus।

चर्मपूय, impetigo।

कण्डरापुटी (स्त्री.), प्रगण्ड, ganglion।

अग्निरोहिणी (स्त्री.), आंगार व्रण, प्रार्बुद, anthrasis।

मुँहासा, अवगण्ड, नरंग, नरांग, युवगण्ड, युवपिण्डिका (स्त्री.), यौवनकंटक, यौवनपिडक, वरण्ड, वरण्डक, स्थूलोच्चय, puberty boils।

सिर में होने वाली फुंसियाँ : चाँई (स्त्री.), चाँईचुईं (स्त्री.)।

त्वक्-रक्तिमा (स्त्री.), अतिरक्तिमा (स्त्री.), erythema।

काछ लगना-, intertrigo।

पित्ती (स्त्री.), जुड़पित्ती (स्त्री.), शीतपित्त, गरमीदाना, उदर्द, urticaria।

पीड़ित त्वचा पर होने वाला उभार : चकत्ता (पड़.), ददोड़ा, ददोरा।

खाज (स्त्री.), ख़ारिश (स्त्री.), खारिश्त (स्त्री.), खरसा, खसरा, खुजली (स्त्री.), कण्डु (स्त्री.), कण्डू (स्त्री.), कच्छु (स्त्री.), कच्छू (स्त्री.), पीतस्फोट, विचर्चिका (स्त्री.), सृकंडु (स्त्री.), scabies।

वि. खुजली से पीड़ित : खारिशी, कच्छुर।

सं. चुनचुनी (स्त्री.), तीव्रखर्जू (स्त्री.), सुकण्डु (स्त्री.), सूखी खुजली, prurigo।

हथेली/तलवे में होने वाली खुजली : चस्सी (स्त्री.)।

भीगे रहने से पाँवों में होने वाली खुजली : अलस, कन्दरी (स्त्री.), खरबात, जलकण्डु (स्त्री.), excoriation।

पाँवों में पड़ने वाला छाला : अगिया (स्त्री.)।

बिवाई (स्त्री.), बिवाई (स्त्री.) (फट.), बेवाई (स्त्री.), पाददारिका (स्त्री.), पाददारी (स्त्री.), पादस्फोट, विपादिका (स्त्री.), स्फुटि (स्त्री.), स्फुटी (स्त्री.), chilblain।

दाद (स्त्री.), दद्रु, दद्रुक, दद्रू (स्त्री.), दिनाय (स्त्री.), गजकर्ण, चर्मदूषिका (स्त्री.), ringworm।

दाद के भेद : काग़ज़ी दाद (स्त्री.); भैंसिया दाद (स्त्री.)।

दद्रुरोगी, दद्रुण, दद्रूण।

अपरस, छाजन (स्त्री.), eczema।

पाँवों का एकजीमा : उकवत, उकवथ, उकौथ, उकौथा, उकौता, पाम, पामा।

वि. पामा रोग से ग्रस्त : पामन, पामर।

सं. दाद, खुजली आदि चर्मरोगों का फैलना : फफदना-, फबदना-, फलना-।

त्वचा पर भूरी चित्तियाँ पड़ने का रोग : सेंहुआ, सेहुआँ, सिध्मपुष्पिका (स्त्री.), सिध्मला (स्त्री.), किलास।

वि. सेंहुआ से पीड़ित : सिध्मला, सिध्मवान्, किलास, किलासी।

सं. सफेद कोढ़, सफेद दाग, सितचर्म, चरक, चर्मचित्रक, चित्र, चित्रकुष्ठ, धवल, श्वेतकुष्ठ, श्वेत्र, श्वैत्य, श्वैत्र, श्वैत्र्य, श्वित्र, leucoderma।

श्वेतकुष्ठ का दाग़ : फूल।

श्वेतकुष्ठ का रोगी : श्वित्री।

वह कोढ़ जिसमें पीड़ित अंग सुन्न हो जाता है : सुनबहरी (स्त्री.), शून्यबहरी (स्त्री.)।

वह कोढ़ जिसमें त्वचा पर फुंसियाँ हो जाती है : शतारु, शतारुक, शतारुष, शतारुषी (स्त्री.), सतारु, सतारुक।

कोढ़ (हो. फुट.), कुष्ठ, गदाख्य, गदाह्व, गदाह्वय, रुज़ा (स्त्री.), सिध्मा (स्त्री.), leprosy।

वह कोढ़ जिसमें हाथ-पाँव की उँगलियाँ सड़-गल जाती हैं : गलितकुष्ठ, महाकुष्ठ।

कोढ़ के आयुर्वेदोक्त भेद : अलसक; उदुंबर; ऋक्षजिह्व; एककुष्ठ; कच्छू; काकणक; कापाल; किटिम; क्षुद्रकुष्ठ; गजचर्म; चर्मदल; दद्रू; पामा; पुण्डरीक; मंडल; महाकुष्ठ; विचर्चिका (स्त्री.); विपादिका (स्त्री.); विस्फोट; सिंघ्म।

कोढ़ के अन्य भेद : उण्डक; कोठ; गजकर्ण; चर्मदल; चर्माख्य; रसका (स्त्री.)।

कोढ़ की खुजली/खाज।

कोढ़ के घाव से पीप आदि बहना : कोढ़ चूना-/टपकना-।

कोढ़ का दाग़ : सिघ्मा (स्त्री.)।

कुष्ठरोगी, कोढ़ी, कोढ़िन (स्त्री.), शिपिविष्ट।

कुष्ठाश्रम, laper home।

वि. श्वेतकुष्ठ-सम्बन्धी, श्वित्री।

श्वेतकुष्ठ से ग्रस्त : दुर्वण, श्वित्री।

जिसका सारा शरीर, भौंहें, बाल आदि जन्म से सफेद हों : सूरजमुखी, धवलांग, albino।

कुष्ठ से ग्रस्त : कोढ़ी, कुष्ठी।

कुष्ठनाशक, कुष्ठारि, श्वित्रहर।

सं. कुहनी/घुटने की चमड़ी का चोईं की तरह झड़ना : त्वक्-शल्क रोग, psoriasis।

चमड़ी का भूसी की तरह झड़ना : रूसी (स्त्री.) (जम. निकल.), pityriasis।

त्वक्शोथ, lichen।

घट्टा (पड़.), किण, corns।

कर्कट रोग, यमार्बुद, सरतान, cancer।
भ्रूणार्बुद, sarcoma।
पीड़ित अंग के चारों ओर खींचा गया घेरा : चाँक, चाँका।
93.14 नेत्ररोग, नेत्रामय, चक्षुरोग, लोचनामय।
सं. आँखों में पीड़ा होना-, आँखें कड़ु आना-/किरकिराना-/खटकना-/गड़ना-, चक्षुःपीड़ा (स्त्री.) (हो.)।
आँख आना-/ उठना-, अक्षिकोप, अक्षिपाक, अधिमंथ, अधीमंथ, अभिमंथ, अभिष्यन्द, नेत्रप्रदाह, नेत्राभिष्यन्द, नेत्राभिस्यन्द, रमद, ophthalmia।
वि. आँख आने से पीड़ित : अधिमंथित।
सं. रक्तविकार से आँखों की सूजन : रक्ताधिमंथ।
आँख की भीतरी झिल्ली की सूजन : नेत्रश्लेष्मलाशोथ, सुजाकोप, conjunctioritis।
पलक पर की फुंसी : बिलनी (स्त्री.), बम्हनी (स्त्री.), अंजननामिका (स्त्री.), अंजनहारी (स्त्री.), अंजना (स्त्री.), अंजनी (स्त्री.), उत्संगिनी (स्त्री.), उपनाह, कुंभिका (स्त्री.), गुहांजनी (स्त्री.), गुहेनी (स्त्री.), गूहांजनी (स्त्री.), stye।
पलकों की सूजन : अनिलपर्यय, अनिलपर्याय।
आँखों से पानी गिरने का रोग : ढलका (लग.), ढरका, जलस्राव।
आँख के ऊपर भौंह के पास गिलटी निकलने का रोग : रसौली (स्त्री.)।
आँख की संधि की सूजन : पर्वणिका (स्त्री.), पर्वणी (स्त्री.),।
आँख के संधि का पकना : पूयालस।
नयनाभिघात।
आँखों का मुँदना-खुलना बन्द होना : नेत्रस्तंभ।
पलक के सिकुड़ने का रोग : उद्वृत्तवर्त्मता (स्त्री.), ectropion।
पलक का बार-बार हिलना : आँख का फड़कना-, nictitation।
ऊपरी पलक का लटक जाना : अक्षिपुटपतन, वर्त्मघात, वातघ्नवर्त्म, ptosis।
बरौनी का आँख में घुसे रहना : पक्ष्मकोप, पक्ष्मप्रकोप।
पलकों के चिपकने का रोग : अक्लिन्नवर्त्म।
पुतली की सूजन : तारामंडल शोथ, कृष्णाकोप, iritis।
बरौनियों के झड़ने का रोग : पलकपीटा।
पलकपीटे का रोगी : पलकपीटा।
आँख के ऊपरी परदे के अन्दर झिल्ली पड़ने का रोग : माँड़ा।
पुतली पर सफेद दाग पड़ने का रोग : फूला, फूली (स्त्री.)।
रोहा, कुकूणक।
आँख की सफेदी में झिल्ली पड़ने का रोग : नाख़ुना, ख़नूना, उमाह।

वि. अमाह रोगवाला : अमाही।

सं. आँख के डेले पर उभड़ा हुआ मांस : टेंटर (निकल.), टेंटड़, ढेंढर, अजका (स्त्री.), अजकाजात, अजकाव, अधिमांस।

आँख की कमजोरी, दृक्क्षय, दृष्टिमांद्य।

धुँधला दिखाई पड़ना-, धुँधली दृष्टि, धुंध (स्त्री.), धुँधली (स्त्री.), धुँधुरी (स्त्री.), नीलिका (स्त्री.),।

वि. धुँधली दृष्टिवाला : धुंधुंरित, मन्ददृष्टि।

सं. रतौंधी (स्त्री.), रात्र्यंधता (स्त्री.), आंध, क्षणद, क्षपांध्य, नक्तांध्य, निशांधता (स्त्री.), शबकोरी (स्त्री.), night blindness।

वि. रतौंधी से पीड़ित : रात्र्यंध, नक्तांध, निशांध, शबकोर।

सं. दिनौंधी (स्त्री.), दिनांधता (स्त्री.), दिवांधता (स्त्री.), day-blindness।

वि. दिनौंधी से पीड़ित : दिनांध, दिवांध, शप्पराचश्म।

सं. रंगौधी (स्त्री.), वर्णांधता (स्त्री.), colour-blindness।

वि. वर्णांधता से पीड़ित : वर्णांध।

सं. आधी वस्तु दिखाई पड़ने का रोग : अर्धांधता (स्त्री.), hemiopia।

निकट/समीप दृष्टि (स्त्री.), short-sight।

दीर्घ/दूर दृष्टि (स्त्री.), long-sight।

काचबिन्दु, glaucoma।

अधिक खटाई खाने से होने वाला नेत्ररोग : विदग्धाम्ल-दृष्टि (स्त्री.)।

मनुष्य को अंधा करने वाला एक, नेत्ररोग : अनिमित्तलिंगनाश।

मोतियाबिन्द, मोतियाबिदु, मुक्ताबिन्दु, शीर्षबिन्दु, सबल, cataract।

पुतली पर पड़नेवाली परत : जाला, झिल्ली (स्त्री.), फाँफी (स्त्री.), माँड़ा।

93.15. कर्णरोग।

सं. कर्णकोप, कर्णशोथ, otitis।

कान का दर्द, कर्णपीड़ा (स्त्री.), कर्णशूल, कर्णार्ति (स्त्री.), otalgia।

कान बजना-, कर्णनाद, कर्णकोश, कर्णक्ष्वेड, कर्णप्रणाद, कर्णप्रतिनाद, tinnitus aurium।

कान के अन्दर होने वाली फुंसी : कर्णविद्रधि (स्त्री.)।

कान का पकना-, कर्णपाक।

कान से पीप का बहना, कर्णस्राव (हो.), पूतिकर्ण, पूतिकर्णक, otorrhaea।

अन्य कर्णरोग : लेही (स्त्री.); कपाटसंधिक; कृमिकर्ण, कृमिकर्णक।

बहरापन (दे.99.5.)।

कनपेड़ा, कनफेड़, कपोलगण्ड, कर्णमूल, उपकर्णशोथ, गलसुआ, mumps।

93.16. नासारोग।

सं. नाक की सूजन : नासाकोप, नासार्ति (स्त्री.), नासाशोथ, नासिका-प्रदाह, rhinitis।

नाक से दुर्गंधित स्राव का रोग : पीनस, पूतिनासा (स्त्री.), प्रतिश्या (स्त्री.), प्रतिश्यान, प्रतिश्याय, अपीनस, ozaena।

वि. पीनस से ग्रस्त : पिनसित, पीनसी।

सं. नकसीर (स्त्री.) (फूट.), नासारक्तस्राव, पित्तरक्त, पित्तास्र, रक्तपित्त, विनास फूटना-, epistaxis।

नकियाकर बोलने का रोग : मिन्मिन, मिन्मिल।

वि. मिन्मिनग्रस्त, मिन्मिन, मिन्मिल।

सं. नाक के भीतर फोड़ा होने से होने वाला ज्वर : नासाज्वर।

कफ के कारण नाक के छेदों का बन्द होना : नासानाह, प्रतिनाह।

नाक में कफ सूखने का रोग : नासापरिशोष, नासाशोष।

नाक पकना-, नासापाक।

नाक के बाँसे की सूजन : नकड़ा, नाकड़ा।

93.17. रक्त-परिसंचरण-सम्बन्धी रोग।

सं. रक्तचाप (घट-बढ़.), रक्तदाब, रुधिर-निपीड़, blood pressure।

उच्च रक्तचाप, high blood pressure।

निम्न रक्तचाप, low blood pressure।

रक्तचाप नापने का यन्त्र : स्फिग्मोमैनोमीटर, sphygmomano-meter।

दिल की बीमारी, हृदयरोग, हृदयव्याधि (स्त्री.), हृद्रोग, हृदयामय, हृदामय, हृद्‌गद, हृद्‌रुक्, हृदुत्क्लेद, हृदुत्क्लेश।

दिल धड़कना-, हृदय में अतिस्पन्दन होना-, हृत्कंप (हो.) (दे.73.19), palpitation of the heart।

छाती का दर्द, हृत्‌शूल, हृदयशूल, हृद्‌ग्रह, उरस्तान्ति (स्त्री.), angina pectoris।

दिल का दौरा (पड़.), heart attack।

हृदय-रोध, हृद्रोध, हृत्स्तंभ, heart block।

हृदय-गति रुकना-, हृदय-विराम, हृद्‌भेद, हृदयातिपात, heart failure।

93.18. धमनी के रोग।

सं. धमनीशोथ, रोहिणी-कोप, arteritis।

करम्भार्बुद, atheroma।

घमनी-स्फीति (स्त्री.), उत्स्फार, aneurism।

93.19. शिरा के रोग।

सं. शिराशोथ, शिराप्रदाह, शिरार्ति (स्त्री.), नीलाकोप, phlebitis।

विवर्धित शिरा (स्त्री.), अपस्फीत नीला (स्त्री.), varicose vein।

घनास्रता (स्त्री.), रक्ततंच, thrombosis; coronary thrombosis; cerebral thrombosis।

93.20. मूत्र-सम्बन्धी रोग।

सं. गुरदे की सूजन, मूत्रग्रन्थि-प्रदाह, मूत्राशय-प्रदाह, वृक्ककोप, mephritis।

श्वितिमेह, श्वेतमेह, albuminuria।

मूत्रमार्गकोप, मूत्रमार्ग-प्रदाह, urethritis।

वृक्कार्ति (स्त्री.), nephralgia।

पेशाब में ख़ून आना-, रक्तमेह, haematuria।

मूत्रक्षय, मूत्रग्रन्थि (स्त्री.), मूत्रनिरोध, मूत्ररोध, मूत्राघात, मूत्रावरोध, बालीश, retantion of urine।

मूत्रजठर, रक्तमूत्रता (स्त्री.), रक्तमूत्रविषाक्तता (स्त्री.), uraemia।

रुक-रुककर जलन के साथ पेशाब आना : कड़क (स्त्री.), (थाम. पकड़.), करक (स्त्री.), निरुद्धप्रकष, विरुद्धप्रकस, मूत्रकृच्छ्र, रक्षणारक, strangury।

93.21. पथरी रोग।

सं. पथरी (स्त्री.), अश्मरी (स्त्री.), अश्मीर, शर्करा (स्त्री.), stone।

पित्तपथरी (स्त्री.), gall-stone।

वृक्कपथरी (स्त्री.), kidney stone।

वि. पथरी रोग से ग्रस्त : शर्करी।

93.22. मुख, दाँत और गले के रोग।

सं. मुखरोग, मुखामय, वदनामय।

मुँह से दुर्गंध आना : गँददहनी (स्त्री.)।

वि. जिसके मुँह से दुर्गंध आये : गन्ददहन, गन्दादहन।

सं. मुँह में काँटों जैसा उभार : अन्छर।

मुँह से लटकने वाला मांस : मांसार्गल।

मुखकोप, मुखपाक, मुखशोथ, मुखार्ति (स्त्री.), stomatitis।

छाला (पड़.), thrush।

दन्तरोग

मसूड़े की सूजन : अधिमांस, अधिमांसक।

मसूड़े की फुड़िया, दन्तपुप्पुटक, दन्तमांसस्फोट, दन्तशोफ, gum-boil।

दन्तशूल, दन्तपीड़ा (स्त्री.), दन्तपार, toothache।

दन्तपूय, परिदर, शीताद, पायरिया।

कीड़ों के कारण दाँत में होने वाला दर्द : कृमिदन्तक, दन्तक्षय, दन्तवेष्ट, दालन, dental caries।

जीभ की सूजन, जिह्वाकोप, जिह्वाप्रदाह, अधिजिह्व, अधिजिह्वा (स्त्री.), अधिजिह्वका (स्त्री.), glossitis।

गले का रोग : गलविद्रधि (स्त्री.)।

तालू की सूजन : गलशुण्डिका (स्त्री.), गलशुण्डि (स्त्री.),।

गले का दुखना , गले का दाह, क्षवथु।

गले के भीतर की सूजन : गलशोथ, कण्ठप्रदाह, अध्रुव।

संगलग्रन्थि की सूजन : कण्ठशुण्डी (स्त्री.)।

घण्टी की सूजन : गलांकुर।

गले के भीतर का अर्बुद : कण्ठशालुक।

93.23. ग्रन्थि के रोग।

सं. वैनाशिक रक्तहीनता (स्त्री.), वृक्कोपरि व्याधि (स्त्री.), addison's disease।

अपत्पनिका (स्त्री.), प्रांगग्रह, teteny।

घेघा, घेंघा, घेंघ, घघेला, गलगण्ड, गण्डि (स्त्री.), गण्डु, पललाशय, goitre।

वातजन्य गलगण्ड : वातगण्ड।

पुरःस्थग्रन्थिवृद्धि (स्त्री.), पुरःस्थग्रन्थिशोथ, अष्ठीला, prostatitis।

93.24. पुरुषांग के रोग।

सं. स्वप्नदोष (दे.85), spermatorrhoea।

मुष्ककोषशोथ, scrotitis।

अण्डशोथ, वृषणकोप, orchitis।

नामर्दी (स्त्री.), नपुंसकता (स्त्री.), (दे.71), ध्वजभंग, ध्वजपात, वण्ड, शुक्रदोष, impotence।

निरुद्धमणि, परिवर्तिका (स्त्री.), phimosis।

परिवर्तिका (स्त्री.), परापरिवर्तिका (स्त्री.), paraphimosis।

शिश्नाग्रशोथ, मणिकोप, belanitis।

93.25. यौन रोग।

सं. रतिज रोग, रतिरोग, फिरंगरोग, मैथुनरोग, venereal disease।

आतशक, उपदंश, खर्जिका (स्त्री.), गरमी (स्त्री.) (निकल.फूट.), फिरंग, फिरंगवात, बहिर्विकार, बादफिरंग, योनिदोष, वहिर्विकार, वातज, फिरंग, syphilis।

लिंगार्श, लिंगोपदंश।

वि. उपदंश से ग्रस्त : उपदंशी।

सं. मृदु रतिज व्रण, रतिव्रणक, chaneroid।

सूजाक, सुजाक, सोज़ाक, गोनोमेह, गोनोस्राव, प्रमेह, मूत्रकृच्छ्र, मूत्रदोष, मूत्रमार्गशोथ, मूत्राघात, मेह, शुक्रकृच्छ्र, शुक्रदोष, gonorroea।

प्रमेह के अन्य भेद : रक्तप्रमेह; लवणमेह; हरिद्राप्रमेह, हरिद्रामेह।

प्रमेह में मूत्रनली में पड़नेवाली गाँठ : कुढ़ा।

वि. प्रमेह से ग्रस्त : प्रमेही।

सं. मूत्रमार्गकोप, मूत्रमार्गशोथ, urethritis।

वीर्यक्षीणता (स्त्री.), मूत्रशुक्र, शुक्रप्रमेह, शुक्रमेह।

93.26. मानसिक रोग (दे.93)।

93.27. स्त्रीरोग।

सं. मासिक धर्म की गड़बड़ी : आर्तवदोष, आर्तवरोग, ऋतुदोष।

रजोरोध, रुद्धार्तव, ऋतुरोध, amenorrhoea।

कष्टार्तव, कृच्छ्रार्तव, ऋतुशूल, बाधक, dysmenorrhoea।

अतिरजः, अत्यार्तव, menorrhagia।

रजोनिवृत्ति (स्त्री.), (दे.96.9.), menopause।

प्रदर; रक्तप्रदर; श्वेतप्रदर, श्वेतस्राव, leucorrhoea।

गर्भाशयशोथ, hysteritis।

गर्भाशयकोप, गर्भाशयशोथ, जरायुप्रदाह, metritis।

गर्भाशयरक्तस्राव, अतिकालार्तव, metrorrhagia।

गर्भाशयस्थ अर्बुद : योनिकन्द, योन्यर्श, अण्डिणी (स्त्री.), शुष्का (स्त्री.)।

गर्भाशय का अपने स्थान से हट जाना : योनिभ्रंश।

योनि का बाहर निकल आना : प्रस्रंसिनी (स्त्री.), स्रंसिनी (स्त्री.)।

अतिमैथुन से तृप्ति : अतिचरणा (स्त्री.), अत्यानन्दा (स्त्री.)।

अण्डाशयकोप, अण्डाशयशोथ, डिंबाशयप्रदाह, डिंबाशयशोथ, ovaritis।

रोगयुक्त योनि : प्रस्रवणी (स्त्री.), दुष्प्रजाविनी (स्त्री.)।

योनिकोप, योनिशोथ, विप्लुतयोनि (स्त्री.), विप्लुता (स्त्री.), vaginitis।

योन्युद्वेष्टन, vaginismus।

गर्भ सूखना : शुष्कगर्भ।

बंध्यता (स्त्री.), (दे.344), बाँझपन, sterility।

स्तन पर का फोड़ा : थनेला, थनैला, थनैली (स्त्री.)।

सूतिस्राव, lochia।

गर्भातानक, गर्भापस्मार, eclampsia।

अनुसूति-ज्वर, प्रसूत, प्रसूतिज्वर, सूतिका (स्त्री.), सूतिकागद, सूतिकारोग, सूतिरोग, puerperal fever।

श्वेतपाद शोथ, white-leg।

93.28. बालरोग, बालामय।

सं. सुखण्डी (स्त्री.), सूखा, फुलाई (स्त्री.), अंगशोष, बालक्षय, बालशोष, marasmus।

अस्थिवक्रता (स्त्री.), फक्करोग, बालवक्र, बालास्थिविकार, rickets।

घातक बालरोग : जमुआ, जम्हुआ।

बहुत तेज साँस चलने का रोग : पसली का रोग, हब्बा-डब्बा, हलफा उठना-।

खाँसी (स्त्री.) (दे.93.12)

बालपक्षाघात।

आयुर्वेदोक्त बालरोग : बालग्रह : अंधपूतना (स्त्री.), अंधपूतनाग्रह, गंधपूतना (स्त्री.); नैगमेय, नैगमेष; पूतना (स्त्री.); मुखमण्डिका (स्त्री.); रेवन्ती (स्त्री.), शकुनी (स्त्री.); शीतपूतना (स्त्री.); शुष्करेवती (स्त्री.); स्कन्द; स्कन्दापस्मार।

वि. स्कन्दापस्मार से ग्रस्त : स्कन्दापस्मारी।

सं. बच्चों को रोगी बनानेवाली मातृका : बालमातृका (स्त्री.), कुक्कुर (स्त्री.), पेणी (स्त्री.); प्रभुता (स्त्री.), रक्तसारी (स्त्री.); रजनी (स्त्री.); वेणी (स्त्री.); स्वरिता (स्त्री.)।

93.29. अन्य रोग।

सं. नाखून पकना : छलौरी (स्त्री.)।

नाखून खराब होना : कुनख।

वि. कुनख रोगवाला : कुनखी।

सं. बाल पकने का रोग : डिडिका (स्त्री.)।

गंजापन (दे.73.2.)।

मोटापा, मेद, मेदवृद्धि (स्त्री.), मेदुरता (स्त्री.), अतिस्थूल, obesity।

शय्याव्रण, bed-sore।

अत्यनुवर्तन, अधिहृषता (स्त्री.), allergy।

श्वासावरोध, asphyscia।

94. चिकित्सा

94.1. सं. चिकित्सा (स्त्री.) (कर. हो.) इलाज (कर. हो.), उपचर, उपचर्या (स्त्री.), उपचार (कर. हो.), उपचार्य, औषधोपचार, कल्प, दवा (स्त्री.) (कर. हो.), दरमन, पराणसा (स्त्री.), परानसा (स्त्री.), प्रतिकार, प्रतिकारविधान, प्रतीकार, भेषज, मुआलजा, रुक्प्रतिक्रिया (स्त्री.)।

दवा-इलाज (हो.), दवा-दरपन (कर. हो.), दवा-दरमन, दवा-दारू (स्त्री.) (कर. हो.), दारू-दरमन।

चिकित्सन, उपचरण, उपचारना-, साधन।

चिकित्सा के आयुर्वेदोक्त भेद : पारे की प्रधानतावालीः दैवी चिकित्सा (स्त्री.); छः रसों की प्रधानतावाली : मानुषी चिकित्सा (स्त्री.); चीर-फाड़ की प्रधानतावाली : आसुरी चिकित्सा (स्त्री.)।

चिकित्सा-व्यवसाय, चिकित्साकर्म, डाक्टरी (स्त्री.), वैद्यक्रिया (स्त्री.)।

चिकित्साकार्य का अभ्यास : उपचार्य।

रोगलक्षण (दे.90)।

रोगनिर्णय (कर.), रोगनिदान, निदान।

प्राथमिक उपचार/चिकित्सा (स्त्री.), प्रथमोपचार, first aid।

जख्म का इलाज : मरहम-पट्टी (स्त्री.) (कर.)।

बाह्य उपचार, खारिजी इलाज (O.P.D.)।

(विप.) इलाज की गड़बड़ी, गलत इलाज, अचिकित्सा (स्त्री.), कुचिकित्सा (स्त्री.)।

94.2. सं. प्रतिषेध, प्रतिषेधन, निरोध, निरोधन, निवारण।

सं. रोगशान्ति (स्त्री.) (दे.88), व्याध्युपशमन।

94.3. सं. रोगी की सेवा : तीमार, तीमारदारी (स्त्री.) (कर. हो.), उपचर्या (स्त्री.), निषेवण, निषेवा (स्त्री.), परिचरण, परिचर्या (स्त्री.) (कर. हो.), परिचार, परिचारण, परिसेवना (स्त्री.), बीमारदारी (स्त्री.), वरिवस्या (स्त्री.), शुश्रूषा (स्त्री.) (कर. हो.), शुश्रूषण, सेवा (स्त्री.) (कर. हो.) (दे.417), सेवा-टहल (स्त्री.) (कर. हो.), सेवा-शुश्रूषा (स्त्री.) (कर. हो.), सेवकाई (स्त्री.), सेविता (स्त्री.)।

सेवाकार्य (कर. हो.), सेवाकर्म, सेवाधर्म, सेवाव्यवहार, सेवाव्रत, आर्तसेवा (स्त्री.)।

94.4. सं. आयुर्विज्ञान, चिकित्साविज्ञान, चिकित्साशास्त्र, डाक्टरी (स्त्री.), दिरमानी (स्त्री.), सदृश-विधान, medical science।

शरीरविज्ञान (दे.72)।

अँगरेजी इलाज़, विषमचिकित्सा (स्त्री.), allopathy।

समचिकित्सा (स्त्री.), सदृश-विधान, homeopathy।

जीवरासायनिक पद्धति (स्त्री.), बायोकेमिक चिकित्सा प्रणाली (स्त्री.), biochemistry।

आयुर्वेद, अगदवेद, बैदगी (स्त्री.), वैद्यक, वैद्यविद्या (स्त्री.), वैद्यशास्त्र।

अष्टांगायुर्वेद, आयुर्वेद के आठ अंग : अगदतन्त्र : साँप आदि काटने की चिकित्सा; कायचिकित्सा (स्त्री.), : ज्वर आदि की चिकित्सा; कौमारतन्त्र : बालचिकित्सा (स्त्री.); भूतविद्या (स्त्री.), : झाड़-फूँक; रसायन : धातुभस्म आदि बनाना; वाजीकरण : रतिशक्तिवर्द्धन; शल्यः चीरफाड़; शालाख्यःसलाई (स्त्री.)।

शल्यज्ञान, शल्यतन्त्र।

पुनर्यौवनप्राप्ति (स्त्री.): कायाकल्प (कर. हो.), कल्प।

बवासीर और भगन्दर आदि फोड़ा-फुंसियों को इलाज : चाँदसी (स्त्री.)।

हकीमी (स्त्री.), हिकमत (स्त्री.), तिब (स्त्री.), तिब्ब (स्त्री.), यूनानी (स्त्री.)।

प्राकृतिक चिकित्सा (स्त्री.), naturopathy।

जलचिकित्सा (स्त्री.), जलनिदान, जलोपचार, hydropathy।

सूचिवेध, सूचिवेधन, acupuncture।

सूची-निपीड़न, acupressure।

भौत-चिकित्सा (स्त्री.), भौतिक चिकित्सा (स्त्री.), physiotherapy।

विद्युत्-चिकित्सा (स्त्री.), विद्युच्चिकित्सा (स्त्री.), electropathy।

रसायनी चिकित्सा (स्त्री.), chemotherapy।

तापचिकित्सा (स्त्री.), thermotherapy।

विकिरण-चिकित्सा (स्त्री.), रेडियो-चिकित्सा (स्त्री.), क्षरश्मि-चिकित्सा (स्त्री.), radiotherapy।

आक्षोभ-चिकित्सा (स्त्री.), आघात-चिकित्सा (स्त्री.), आघातोपचार, संक्षोभ-चिकित्सा (स्त्री.), सहसोपचार, shock-therapy।

मनश्चिकित्सा (स्त्री.), मनोरोग-चिकित्सा (स्त्री.), मानस-चिकित्सा (स्त्री.), आधिकी (स्त्री.), चित्त-वैद्यकी (स्त्री.), psychiatries।

94.5. सं. शल्यचिकित्सा (स्त्री.), शल्यकर्म, शल्यकारी (स्त्री.), शल्यक्रिया (स्त्री.), शल्यविज्ञान, शल्यविद्या (स्त्री.), शल्यशास्त्र, शल्योपचार (कर. हो.), शस्त्रक्रिया (स्त्री.), शस्त्रचिकित्सा (स्त्री.), अस्त्रचिकित्सा (स्त्री.), अस्त्रोपचार (कर. हो.), पाटनक्रिया (स्त्री.), surgery।

शालाक्य, शालाक्यतन्त्र, शालाक्य शास्त्र।

चीर-फाड़ (स्त्री.) (कर. हो.), चीरा (लगा. दे.मिल.), नश्तर (दे.लगा. लग.), शिगाफ़ (दे.), आपरेशन (कर. हो.)।

जराहत (स्त्री.), जर्राही (स्त्री.)।

रगों से खून निकालना : फ़स्द (स्त्री.) (खोल.); जोंक (स्त्री.) (लगा.); रक्तमोक्षण (कर.), रक्तमोचन।

अंगच्छेद (कर. हो.), अंगच्छेदन, विच्छेदन, amputation।

शरीर में धँसी चीज को निकालना : शल्यश्रंसन, शल्याहरण, शल्योद्धरण, शल्योद्धार।

छोटा आपरेशन, लघु शल्यकर्म, minor operation।

बड़ा आपरेशन, महा शल्यकर्म, major operation।

शल्यागार, operation theatre, O.T.।

अचेत/बेहोश/सुन्न करना-, अचेतनीकरण, निश्चेतन (कर.), संज्ञाहरण, संवेदनाहरण, anaesthetise।

निश्चेतना (स्त्री.), सुप्तता (स्त्री.), सुप्तत्व, सुप्तांग, स्पर्शहानि (स्त्री.), anaesthesia।

अचेतनक, निश्चेतक, विसंज्ञक, संवेदनाहारी, anaesthetist।

तेज दवा आदि से फोड़े को जलाना : दागना-, अग्निकार्य, प्रतिसारण।

पिचकरी (स्त्री.) (दे.), वस्ति (स्त्री.), वस्तिकर्म, वस्तिक्रिया (स्त्री.), enema।

तेल की पिचकारी : स्नेहवस्ति (स्त्री.), अनुवास, अनुवासन।

सूई (स्त्री.) (लग.लगा.), अन्तःक्षेप, अन्तःक्षेपण, इंजेक्शन (दे.लगा.), injection।

94.6. सं. बालरोगविज्ञान, बालरौगिकी (स्त्री.), बालचिकित्सा (स्त्री.), बालवैद्यकी (स्त्री.), बालोपचरण, बालोपचार, आयुष्कौमारभृत्य, कौमारभृत्य, शिशुचिकित्सा (स्त्री.), शैशविकी (स्त्री.), pediatries।

स्त्रीरोगविज्ञान, योनिरोगचिकित्सा (स्त्री.), gynaecology।

प्रसूतिविज्ञान, प्रसूतिशास्त्र, प्रसाविकी (स्त्री.), प्रासविकविज्ञान, सूतिका शास्त्र, obstetrics।

धात्रीकर्म, धात्रीविद्या (स्त्री.), प्रसाविकी (स्त्री.), प्रसूतिविद्या (स्त्री.), बालचर्या (स्त्री.), बालतन्त्र, midwifery।

94.7. सं. विकलांग चिकित्सा (स्त्री.), विकलांगविद्या (स्त्री.), विकृतांगोपचार, विरूपशोधन, orthopaedics।

94.8. सं. दन्तचिकित्सा (स्त्री.), दन्तविज्ञान, दान्तिकी (स्त्री.), dentistry।

94.9. सं. चाक्षुषी (स्त्री.), नेत्रचिकित्सा (स्त्री.), नेत्रविज्ञान, ophthalmology।

94.10. सं. चर्मचिकित्सा (स्त्री.), चर्मविज्ञान, त्वक्विज्ञान, dermatology।

94.11. सं. चेताविज्ञान, चेतावैकारिकी, चैतिकी (स्त्री.), तंत्रिकाविज्ञान, नाड़ीशास्त्र, neurology।

94.12. सं. मैथुनिकी (स्त्री.), यौनरोगविज्ञान, रतिरोग शास्त्र, venereology।

94.13. सं. रोगनिदानशास्त्र, विकृतिविज्ञान, व्याधिविज्ञान, व्याधिकी (स्त्री.), शरीरविक्रिया-विज्ञान, pathology।

94.14. सं. मन्त्रोपचार (कर. हो.), मन्त्र (पढ़.), मन्त्र-तन्त्र, तन्त्र-मन्त्र, झाड़न-, झाड़ देना-, नजर झाड़ना-/ उतारना-, झाड़ना-फूँकना-, झाड़-फूँक(स्त्री.) (कर. करा. हो.), डीठ झाड़ना-/ उतारना-, दीठ झाड़ना-/उतारना-, फूँकना-, फूँक (स्त्री.) (मार.)।

टोटका (कर.), टुटका, टोना (कर. चला. मार.), टोना-टोटका (कर.), जादू-टोना (कर.), टनमन, डीठि-मूठि (स्त्री.)।

मन्त्रपूत तागा : गण्डा (पहन.)।

भोजपत्र आदि पर लिखित मन्त्रादि : यन्त्र (बना.), जन्तर, जन्त्र।

वह संपुट जिसमें यन्त्र भरकर पहना जाय : यन्त्र, जन्तर, जन्त्र, जन्तरी (स्त्री.), कवच, ताबीज, ज़बानबन्द।

जन्तर-मन्तर, जन्त्र-मन्त्र, यन्त्र-मन्त्र, मन्तर-जन्तर, मन्त्र-यन्त्र, गण्डा-ताबीज।

ओझाई (स्त्री.) (कर.), ओझैती (स्त्री.), सोखाई (स्त्री.) (कर.), परीख्वानी (स्त्री.)।

ओझाई में प्रयुक्त धूल/राख : बुरकी (स्त्री.)।

ओझा की देवी-स्तुति : पचड़ा (गा. पढ़.), पचरा।

फूँकने का शब्द : फू (स्त्री.)।

मन्त्र पढ़कर फूँकने का शब्द : फु।

सं. वह टोटका जिसमें कोई चीज किसी के ऊपर से घुमाकर दान की जाय या फेंकी जाय : निछावर (स्त्री.) (कर. हो.) (दे.659), वारफेर (स्त्री.), वाराफेरा, वारन (स्त्री.), वारना-।

सं. निछावर की चीज : निछावर (स्त्री.), बखेर (स्त्री.)।

सं. कोई चीज किसी के ऊपर से घुमाकर चौराहे पर रख देना : उतारा (उतार. कर.), उतारन, सदक़ा (उतार. कर.)।

उतारे की चीज़ : उतारा, उतारन, सदक़े की चीज़ : सदक़े का कौआ; सदक़े का गुड्डा/पुतला; सदक़े की गुड़िया।

वह चौराहा जहाँ सदक़े की चीज रखी जाय : सदक़े का चौराहा।

टोटके के लिए ज़मीन में गाड़ी जाने वाली चीज़ : गड़न्त (स्त्री.)।

ख़ैरात के लिए किया जाने वाला उतारा : सदक़ा (उतार.कर.), निसार (कर.)।

बीमारी को गाँव से बाहर करने के लिए किया जाने वाला उतारा : चलावा (कर.), चलौवा, चाला।

बच्चे को बुरी नज़र से बचाने के लिए पहनाया जाने वाला बीज : डिठोहरी (स्त्री.), नज़रबटा, नज़रबट्टू, बज़रबट्टू।

बच्चे को लगाया जाने वाला काजल का टीका : दिठौना, डिठौना (लगा.), डिठोंना, चखोड़ा, अनख, अंक।

हाथ को दीये की लौ तक ले जाकर बच्चे के मुँह पर फेरना : अक्खोमक्खो (कर.)।

94.15. सं. चिकित्सक, उपचारक, ओषधिधर, ओषधिपति, डाक्टर, डाक्तर, दिरमानी, भिषक्, भिषग्विद, रसद, वठर, Doctor physician।

चिकित्सा-व्यवसायी, medical practitioner।

वैद्य, वैद्यक, वैद्या (स्त्री.), अगदंकार, आयुर्वेदिक, आयुर्वेदी, कविराज, गदहा, जायु, नाड़िया, प्राणपति, प्राणाचार्य, रोगहारी।

राजवैद्य, वैद्यराज।

हक़ीम, मुआलिज़, तबीब।

नीमहक़ीम, अताई, अताई वैद्य, कठवैद्य, कुवैद्य, झोलाछाप डाक्टर, भिषक्पाश, quack। नीमहकीम ख़तरे जान।

शल्यचिकित्सक, शल्यकर्ता, शल्यकार, शल्यहृत्, शालाकी, अस्त्रवैद्य।

आँख, नाक, कान आदि के रोगों का चिकित्सक : शालाक्य।

फोड़ों आदि को चीरनेवाला चिकित्सक : जराह, जर्राह, घावरिया, व्रणचिन्तक।

फ़स्द खोलनेवाला : फ़स्दज़न, फ़स्साद।

जोंक लगाने वाला : जुंकिहारा।

विकलांग-चिकित्सक।

दन्त-चिकित्सक।

नेत्र-चिकित्सक, सेथिया।

चर्म-चिकित्सक, त्वचारोग-चिकित्सक।

तंत्रिकारोग-विशेषज्ञ, नाड़ी - चिकित्सक।

निदानज्ञ, विकृति-विशेषज्ञ, व्याधिकीविद्, व्याधिविज्ञ।

मनश्चिकित्सक, मनोरोग-चिकित्सक, आधिविज्ञ।

स्त्रीरोग-विशेषज्ञ, स्त्रीरोग-चिकित्सक।

सूतिकारोग-विशेषज्ञ।

बालरोग-विशेषज्ञ, बालरोग-चिकित्सक।

गृह-चिकित्सक, family physician।

औषधयोजक, संयोजक, सम्मिश्रक, compounder।

औषधकारक, भेषजविद्, भेषजिक, भैषज्यविज्ञ, pharmacist।

दवा बेचनेवाला, औषधविक्रेता, अत्तार, दवाफ़रोश, भेषजकार, भैषजिक, druggist, chemist।

94.16 सं. दवा की दुकान, दवाख़ाना, औषधालय, भेषजागार, भैषजिकी (स्त्री.), chemist's shop, pharmacy।

औषधालय, दवाख़ाना, dispensary।

आरोग्यनिकेतन, आरोग्यशाला (स्त्री.), आतुरशाला (स्त्री.), आतुरालय, दारुलशफा, दारुश्शिफा, नीरुजालय, रुग्णालय, विरुजालय, शफ़ाख़ाना, शिफ़ाख़ाना, सेवाश्रम, सेवासदन।

94.17. सं. चिकित्सालय, अस्पताल, हस्पताल, hospital।

अनुभाग, अनुविभाग, section।

विभाग, department।

कक्ष, रोगी कक्ष, ward।

कक्ष-उपस्थापक, कक्ष-परिचर, ward attendant।

कक्ष-परिचारक, कक्ष-वटु, ward boy।

शय्या (स्त्री.), (दे.182), bed।

उपचारिका (स्त्री.), परिचारिका (स्त्री.), सेविका (स्त्री.), nurse।

भगिनी (स्त्री.), महोपचारिका (स्त्री.), sister।

अधीक्षिका (स्त्री.), प्रधान परिचारिका, माता, matron।

प्रसाविका (स्त्री.), (दे.63), midwife।

तीमारदार, बीमारदार, शुश्रूषक, परिचारक (दे.417)।

प्राथमिक उपचार केन्द्र, प्रथमोपचार केन्द्र, first-aid post।

आहतोपचारी दल, अस्पताली दल, रोगिवाहक दल, परिचारण दल, ambulance corps।

अस्पताली गाड़ी (स्त्री.), आहत-वाहन, परिचार गाड़ी (स्त्री.), रोगी-वाहन, ambulance car।

अवस्तार, विस्तरणी (स्त्री.), stretcher।

अवस्तारवाहक, विस्तरणीवाहक, stretcher bearer।

पहियेदार कुरसी (स्त्री.), रुग्णासन्दी (स्त्री.), (दे.99), wheel chair।

प्राथमिक स्वास्थ्य केन्द्र, primary health centre।

उपचारगृह, निदानगृह, चिकित्सालय, clinic।

सर्वोपचारगृह, polyclinic।

उपचर्या गृह, परिचर्या गृह, nursing home।

ख़ैराती दवाख़ाना, दातव्य, औषधालय, धर्मार्थ चिकित्सालय, charitable dispensary।

पागलखाना (दे.92)।

आरोग्य-निवास (दे.88)।

प्रसूति-कक्ष (दे.63), labour-room।

प्रसूतिसदन, मातृसदन, maternity home।

मातृकल्याण गृह, maternity welfare centre।

94.18. सं. दवा (स्त्री.) (खा. पी. ले.), दवाई (स्त्री.), दारू (स्त्री.), अगद, आयुर्द्रव्य, ओषध, औषधि (स्त्री.), औषधी (स्त्री.), गक्षयति, जायु, जैवातृक, द्रव्य, भिषज्य, भेषज, भैषज, भैषज्य, योग, रुग्मभेषज, रोगघ्न, रोगह, medicine, drug।

मिश्रण, mixture।

दवा-दारू (स्त्री.)।

सूँघने की दवा : नस्य, नास (स्त्री.)।

रोगनिवारक द्रव्य, prophylactie drug।

जीवनरक्षक औषध : जीवनोषध।

पारे के योग से बना औषध : रसौषध।

जरानाशक औषध : रसायन, रसायनी (स्त्री.)।

विषनाशक औषध : विषौषधी (स्त्री.) (दे.463)।

अत्यन्त गुणकारी औषध : अकसीर (स्त्री.), इकसीर (स्त्री.), महौषध, महौषधि (स्त्री.)।

कफनिस्सारक/कफोत्सारक औषध, expectorants।

उत्तेजक/उद्दीपक औषध, stimulants।

निद्राकारी/प्रमीलक औषध, narcotics।

निद्राजनक/स्वापक औषध, hypnotics।

उपशामक/शामक औषध, sedatives।

पीड़ाहर/वेदनाहर औषध, analgesics।

निश्चेतक/संवेदनाहारी औषध, anaesthetics।

प्रतिकाय/प्रतिरक्षी/प्रतिपिण्ड, antibodies।

जीवाणुद्वेषी/प्रतिजैविक औषध, antibiotics।

सल्फा औषध, sulpha drugs।

आरेचक/दस्तावर औषध, laxatives।

अम्लहर/प्रति-अम्ल औषध, antacids।

अरिष्ट, आस्थापन, सालसा, tonic।

काढ़ा, क्वाथ (दे.467), जोशान्दा, फांट, फांटक, decoction।

अजीर्णनाशक औषध : पाचन।

चाशनी में बनाया हुआ औषध : अवलेह, कवाम, किमाम, चटनी (स्त्री.), पाक, पाग, माजून, लेह।

जुकाम में दिया जाने वाला अवलेह : कहुवा।

चूर्ण (दे.442), बुकनी (स्त्री.), सफूफ, powder।

पाचक दवाओं का चूर्ण : चूरन।

वह औषध चूर्ण जिसे होंठों से लगाये बिना मुँह में डाला जाय : फंका (मर.), फंकी (स्त्री.), फँकनी (स्त्री.), फाँकी (स्त्री.), फाँका, फाँकना-।

सत, सत्त, सत्त्व, रस, अर्क़ (दे.467)।

रस, आसव।

दवा में किसी द्रव्य का अधिक मिलावट : अतियोग।

दवा के काम आने वाली घास-पात : अताई नुसख़ा, खरबिरई (स्त्री.), पतोखद, पतोखदी (स्त्री.), फ़क़ीरी नुस्ख़ा/लटका, मुष्टियोग, लटका।

जड़ी (स्त्री.), जड़ी-बूटी (स्त्री.), ओषधि (स्त्री.), ओषधी (स्त्री.), काष्ठौषधि (स्त्री.), बूटी (स्त्री.), मूलिका (स्त्री.), मूलिनी (स्त्री.), वनौषधि (स्त्री.)।

जुलाब (दे.84)।

इन्द्री जुलाब (दे.84)।

कामोद्दीपक औषध (दे.97)।

आठ आयुर्वेदोक्त औषधियों का समूह : अष्टवर्ग- ऋषभक; ऋद्धि (स्त्री.), काकोली (स्त्री.); क्षीरकाकोली (स्त्री.); जीवक; प्राणदा (स्त्री.); महामेदा (स्त्री.); वृद्धि (स्त्री.)।

दवा के साथ ली जाने वाली चीज़ : अनुपान, अनुपानीय, भेषजांग।

रस-भस्मादि बनाने में संपुट को गीली मिट्टी और कपड़े से लपेटना : कपड़मिट्टी (स्त्री.) (कर. हो.), कपड़ौटी (स्त्री.), कपरौटी (स्त्री.) अन्तरपट।

कपड़मिट्टी का कपड़ा : अन्तरपट।

कपड़मिट्टी के बाद संपुट को आग में पकाना : पुटपाक (कर. हो.)।

मालिश की दवा : तेल, तैल, अभ्यंजन।

घाव आदि की दवा : मरहम (लगा.), मलहम, उपनाह, उपनाहन, प्रदेह, प्रलेप, लेप (दे.501)।

फोड़ा पकाने का लेप : पुलटिस (स्त्री.) (चढ़ा. बाँध,), उत्कारिका (स्त्री.)।

आँच के द्वारा गरमी पहुँचाना : सेंक (स्त्री.) (कर. दे.हो.), सेंकना-, सेंक डालना-/देना-/लेना-, सेंक-साँक (स्त्री.) (कर.), सिंकाई (स्त्री.) (कर.), टकोरना-।

सेंक के लिए दवा की पोटली : चोभा (दे.), टकोर, लोथा।

दवा मिले हुए पानी की भाप से सिंकाई : बफारा (दे.ले.), प्रस्वेदन, वाष्पतापन, स्वेदन।

बफारे के लिए पानी में मिलायी जाने वाली दवा : बफारा।

फोड़े में धुआँ देना : वाष्पोचार (कर.), व्रणधूपन।

घाव का धोना : झाट, व्रणशोधन।

घाव में भरी जाने वाली कपड़े की धज्जी : बत्ती (स्त्री.) (दे.), वर्तिका (स्त्री.), वर्ती (स्त्री.)।

घाव पर रखने के लिए दवा से तर रूई : फाहा, फाया, फोया, फोहा।

सींक के सिरे पर लपेटी हुई दवा से तर रूई : फुरेरी (स्त्री.), फुरहरी (स्त्री.)।

घाव पर बाँधने के लिए कपड़े की धज्जी : पट्टी (स्त्री.) (बाँध.), अनुवेल्लित, कवलिका (स्त्री.), व्रणपट्ट, व्रणपट्टक (दे.400), व्रणपट्टिका (स्त्री.)।

आँख पर बाँधने की पट्टी : अभिनाहन, चक्षुर्निरोध।

आसंजक/चेपदार फीता, adhesive tape।

टीका (लग. लगा.), vaccination।

मल-मूत्रादि का परीक्षण : विकृतिजन्य/व्याधिकीय परीक्षण, pathological examination।

जीव-ऊति परीक्षा (स्त्री.), biopsy।

एक्स-किरण छायाचित्र, क्ष-किरण चित्र, क्ष-रश्मि-चित्र, x-ray photograph, radiograph।

विद्युद्हृत्स्पन्दलेख, विद्युद्हृच्चित्र, electrocardiogram, ECG।

विद्युन्मस्तिष्कचित्र, electroencephalograph, EEG ।

क्रमवीक्षण, scanning।

दवा का पुरजा, नुसखा (लिख.), दवा लिखना-, औषध-निर्देश, विनिधान, prescription।

नुसख़े में लिखी हुई दवाएँ देना : नुसख़ा बाँधना-।

94.19. सं. गोली (स्त्री.), गोलिका (स्त्री.), टिकिया (स्त्री.), टिक्की (स्त्री.), निस्तनी (स्त्री.), निस्तला (स्त्री.), बटिका (स्त्री.), बटी (स्त्री.), वटिका (स्त्री.), वटी (स्त्री.), वट, वट्टक, वडा (स्त्री.), हब्ब, tablet, pill, globule।

बड़ी गोली : वटक।

संपुट, संपुटका (स्त्री.), संपुटिका (स्त्री.), प्रावर, capsule।

ख़ुराक (स्त्री.), पुड़िया (स्त्री.), मात्रा (स्त्री.), मिक़दार (स्त्री.), dose।

दवा घोटने के लिए पत्थर की कूँड़ी : खरल (स्त्री.), खरली (स्त्री.), खल, खल्ल।

औषध का सेवन : औषधसेवन।

94.20. सं. भेषजद्रव्यज्ञान, द्रव्यगुणशास्त्र, materia medical।

वैद्यक का : निघंटु।

औषधविज्ञान, औषधप्रभावविज्ञान, भैषज्यविज्ञान, भैषजिकी (स्त्री.), pharmacology।

औषधकोष, भेषजकोष, भेषजसंहिता (स्त्री.), pharmacopoea।

औषधनिर्माणविज्ञान, भैषजिकी (स्त्री.), pharmaceutics।

दवा का कारखाना : औषधनिर्माणशाला (स्त्री.)।

औषधनिर्माण उद्योग, pharmaceutical industry।

शल्योद्योग, surgical instruments industry।

आयुर्विज्ञान विद्यालय, भैषजिक विद्यालय, medical school।

चिकित्सा महाविद्यालय, आयुर्विज्ञान महाविद्यालय, medical college।

94.21. सं. प्रमुख आयुर्वेदीय ग्रन्थि : सुश्रुतसंहिता (स्त्री.); चरकसंहिता (स्त्री.); अग्निसंहिता (स्त्री.); भैषज्यरत्नावली (स्त्री.)।

(पौरा.) सं. देवचिकित्सक, स्वर्वैद्य, अश्विनीकुमारद्वय (दे.303.)।

आयुर्वेद के प्राचीन आचार्य : अश्विनीकुमार; अगस्त्य; अत्रि; अर्कि; करथ; च्यवन; जनक; जाजलि; जावाल; दिवोदास; धन्वन्तरि; नकुल; पैल; बुध; सहदेव।

अग्निवेश; जातुकर्ण; पराशर; भेड; सारंगपाणि; हारीत।

चरक; सुश्रुत।

जीवक।

वि. चिकित्सा-सम्बन्धी : वैद्यक।

आयुर्वेदिक, आयुर्वेदी।

हकीमी, तिब्बिया, तिब्बी।

डाक्टरी।

औषधीय, भैषजिक।

चिकित्स्य, साध्य।

परिचरणीय, परिचरितव्य, सेव्य।

सेवन के योग्य : सेवनीय।

अनुपानीय।

चिकित्साधीन।

चिकित्सित, उपचरित।

चिकित्सक, चिकित्सु, उपचारक, उपचारी।

शुश्रूषाकारी।

अपने को वैद्य माननेवाला : वैद्यमानी।

दवा के लिए : प्रतिषेधक, प्रतिषेद्धा, निरोधक, निवारक; अवसादक; विषनाशक (दे.463); दाहहन; उपशामक।

अवश्य गुणकारी : अकसीर, अचूक, अव्यर्थ, रामबान (दे.568)।

सभी रोगों में लाभदायक : सार्वयौगिक, सार्वरोगिक, सार्वरौगिक।

(विप.) दुरारोग्य, दुश्चिकित्स्य।

अचिकित्स्य, अनुपचारी, असाध्य, लाइलाज।

95. व्यायाम

95.1. सं. व्यायाम (कर.), व़रज़िश (स्त्री.), व़र्जिश (स्त्री.), कसरत (स्त्री.) (कर.)।

सं. दण्ड के भेद : कोनेदण्ड; चक्रदण्ड; झूलदण्ड; फिरकीदण्ड; बैठेडण्ड; मछलीडण्ड; सूर्यप्रणाम, सूर्यनमस्कार।

दण्ड, डण्ड (कर. पेल. मार. लगा.), बाहुव्यायाम।

बैठक (स्त्री.) (कर. लगा.), बैठकी (स्त्री.), उठा-बैठी (स्त्री.)।

बैठक के भेद : जोड़ी की बैठक; झूलनी बैठक (स्त्री.); बुढ़िया बैठक (स्त्री.)।

डण्ड-बैठक (स्त्री.) (कर. लगा.)।

गदा (फेर. भाँज.)।

मुगदर, मुद्गर।

मुगदरों का जोड़ा : जोड़ी (स्त्री.) (फेर. भाँज, हिला.)।

मुगदर की कसरत : झूलनी बगली (स्त्री.)।

बड़ा मुगदर : करेल (कर.)।

डम्बल (भाँज.), द्विमुण्ड, dumb-bell।

कमानीदार डम्बल, spring dumb-bell।

लेज़म (भाँज, हिला.), लेज़िम।

मलखम, मलखंभ, मालखंभ।

मलखम के भेद : गड़ा मलखम; बाँस, बेंत का मलखम, मलखानी (स्त्री.), लग्गी (स्त्री.); लटका/लटकौआँ/लटकोआ/लटकौवा, मलखम।

मलखम पर चढ़ना-उतरना : पकड़ (स्त्री.)।

मलखम की कसरत : मलखम।

मलखम की कसरतें : उड़ी (स्त्री.); एकहत्था; कड़ेलोट, कड़ेलोटन; कमरपेटा; कमान (स्त्री.), कैंची (स्त्री.); गलकोड़ा, गलखोड़ा; गलफाँस (स्त्री.); घानी की सवारी; चपरास (स्त्री.); चौरंगिया; जाँघिया; डंकी (स्त्री.); पढ़नी उड़ी (स्त्री.); फलाँग (स्त्री.); फिरकी (स्त्री.); फिरकी का नक्कीकस; बदनतौल; बदन निकाल; मोरपंखी (स्त्री.); लटकन; हनुमन्त उड़ी (स्त्री.); हनुमन्ती (स्त्री.)।

पटा (भाँज.) (दे.511.11)।

पटे का खेल, पटेबाज़ी (स्त्री.)।

बनेठी (स्त्री.) (घुमा. भाँज.)।

पटा-बनेठी (स्त्री.)।

लाठी (स्त्री.) (चला.) (दे.511. 107)।

चमड़ा चढ़ा हुआ छोटा डण्डा : गतका, गदका, खुदका, कुतका, कुतक।

छोटी ढाल : फरी (स्त्री.)।

गतका-फरी का खेल : गतका।

सिर्फ़-गतके का खेल : एकगी (स्त्री.)।

कसरत करने की लकड़ी : अन्तरजाल।

भारोत्तोलन (कर.) (दे.700.66), weightlifting।

कुण्डलाकार भारी पत्थर : नाल (उठा.)।

व्यायाम विद्या (स्त्री.) (दे.700.67), gymnastics।

कुश्ती (स्त्री.) (लड़.) (दे.700.39)।

तलवारबाज़ी (स्त्री.) (दे.700.42)।

चलना-, पदचारण (दे.280,700.64); jogging।

दौड़ (स्त्री.), धावन (दे.700.63)।

रस्सीकुदान (स्त्री.), skipping। कूदने की रस्सी।

क़वायद (कर.) (दे.407), drill।

हथियार चलाना सीखना-, शस्त्राभ्यास (कर.), खुरली (स्त्री.) (दे.103)।

मालिश (स्त्री.) (कर.), मलना, मलाई (स्त्री.) (कर.) मलन, मर्दन (कर.) मर्दना-, मर्द, अंगमर्दन (कर.), अभ्यंग, अभ्यंजन, आडंबर, massage।

बदन दबाना-/मीजना-, मुक्की (स्त्री.) (लगा.), चंपी (स्त्री.) (कर.), अंग चापन, अंग-संवाहन (कर.), संवाहन, संवाह।

व्यायामशाला (स्त्री.), व्यायाम केन्द्र, व्यायामभूमि (स्त्री.), व्यायामागार, वरज़िशखाना, वरज़िशगाह (स्त्री.), अखाड़ा।

जिमख़ाना; gymnasium।

शस्त्राभ्यास का स्थान : अखाड़ा, खलूरिका (स्त्री.), खलूरी (स्त्री.), खुरली (स्त्री.) (दे.103)।

व्यायाम-शिक्षक।

कसरती बदन का आदमी, कसरती पहलवान, अखाड़े का जवान, डण्डपेल, दण्डपेल।

व्यायामविद्; व्यायामवीर।

मिस्टर यू.पी; मिस्टर इण्डिया; मिस्टर यूनिवर्स।

भीम; हर्क्यूलिस; सैमसन; टारजन, द ग्रेट खली-दलीप सिंह राणा।

वि./सं. व्यायाम-सम्बन्धी, व्यायामिक।

कसरती, वरज़िशी, व्यायामशील, व्यायामी।

खूब डण्ड लगाने वाला : डण्डपेल, दण्डपेल।

अति व्यायाम के कारण क्षीण : व्यायामकर्शित, व्यायामशोषी।

पटा भाँजनेवाला : पटेबाज़, पटैत, पट्टैत।

मर्दनकारी, मर्दक, अंगमर्द, अंगमर्दक, अंगमर्दी।

बदन दबानेवाला : संवाहक, संवाही।

संवाहित।

संवाह्य।

95.2. योग, योग-व्यायाम, प्राणायाम।

सं. योग, जोग।

योगांग, अष्टांग योग : यम; नियम; आसन; प्राणायाम; प्रत्याहार; धारणा (स्त्री.); ध्यान; समाधि (स्त्री.)।

कर्मयोग; ज्ञानयोग; ध्यानयोग; भक्तियोग; राजयोग; हठयोग।

योगसाधन, योगसाधना (स्त्री.), योगाचार, योगानुष्ठान, योगाभ्यास (कर.)।

योगशास्त्र, योगमार्ग, योगविद्या (स्त्री.), योगविधि (स्त्री.)।

योगसाधन की मुद्रा, योगमुद्रा (स्त्री.), जोगमुद्रा (स्त्री.) : महाभुद्रा (स्त्री.); महाबंध; महावेध; खेचरी (स्त्री.); उड्यान बंध; मूलबंध; जालंधर बंध; विपरीतकरणी (स्त्री.); वज्रोली (स्त्री.); शक्तिचालन। अमरोली (स्त्री.); अमरी (स्त्री.)।

प्राणायाम (कर.), प्राणनिग्रह, प्राणयम, प्राणयोग, प्राणरोध, प्राणसंयम।

प्राणायाम के भेद : अनुलोम प्रा.; उज्जायी प्रा.; कपालभाति प्रा.; कुम्भक सहित प्रा.; केवल कुम्भक प्रा.; नाड़ी शोधन प्रा.; प्रतिलोम प्रा.; भस्त्रिका प्रा.; भ्रमरी प्रा.; विलोम प्रा.; विषमवृत्ति प्रा.; शीतकारी प्रा.; शीतली प्रा.; समवृत्ति प्रा.; सूर्यभेदन प्रा.।

वि. प्राणायाम करने वाला : प्राणायामी।

95.3. आसन, योगासन।

सं. आसन (कर.) : ताडासन; वृक्षासन; उत्थित त्रिकोणासन; परिवृत्त त्रिकोणासन; उत्थित पार्श्वकोणासन; परिवृत्त पार्श्वकोणासन; वीरभद्रासन; अर्धचन्द्रासन; उत्थित हस्तपादांगुष्ठासन; पार्श्वोत्तानासन; प्रसारित पादोत्तानासन; परिघासन; उष्ट्रासन; उत्कटासन; पादांगुष्ठासन; पादहस्तासन; उत्तानासन; ऊर्ध्वप्रसारित एकपादासन; अर्धबद्ध पदोत्तानासन; गरुड़ासन; वातायनासन; शलभासन; मकरासन; धनुरासन; पार्श्व धनुरासन; चतुरंग दण्डासन; नक्रासन; भुजंगासन; ऊर्ध्वमुख श्वानासन; अधोमुख श्वानासन; परिपूर्ण नावासन; दण्डासन; अर्ध नावासन; गोमुखासन; लोलासन; सिद्धासन; वीरासन; सुप्त वीरासन; पर्यंकासन; भेकासन (मण्डूकासन); बद्ध कोणासन; पद्मासन; षण्मुख मुद्रासन; पर्वतासन; तुलासन; सिंहासन; मत्स्यासन; कुक्कुटासन; गर्भपिण्डासन; गोरक्षासन; बद्ध पद्मासन; योगमुद्रासन; सुप्त वज्रासन; महामुद्रासन; जानु शीर्षासन; परिवृत्त जानु शीर्षासन; अर्धबद्ध पद्म पश्चिमोत्तानसन; त्र्यंग मुखैकपाद पश्चिमोत्तानासन; क्रौंचासन; मरीच्यासन; उपविष्ट कोणासन; पश्चिमोत्तानासन (उग्रासन, ब्रह्मचर्यासन); परिवृत्त पश्चिमोत्तानासन; ऊर्ध्वमुख पश्चिमोत्तानासन; उभय पादांगुष्ठान; पूर्वोत्तानासन; आकर्ण धनुरासन; सालंब शीर्षासन; ऊर्ध्व दण्डासन; बद्धहस्त शीर्षासन; मुक्तहस्त शीर्षासन; पार्श्वशीर्षासन; परिवृत्तैकपाद शीर्षासन; एकपाद शीर्षासन; पार्श्वैकपाद शीर्षासन; सालंब सर्वांगासन; निरालंब सर्वांगासन; हलासन; कर्णपीडासन; सुप्त कोणासन; पार्श्व हलासन; एकपाद सर्वांगासन; पार्श्वैकपाद सर्वांगासन; पार्श्व सर्वांगासन; सेतुबंध सर्वांगासन (उत्तान मयूरासन); एकपाद सेतुबंध सर्वांगासन (एकपाद उत्तान मयूरासन); उत्तान पद्म मयूरासन; जठर परिवर्तनासन; ऊर्ध्व प्रसारित पादासन; चक्रासन; सुप्त पादांगुष्ठासन; अनन्तासन; उत्तान पादासन; सेतुबंधासन; भारद्वाजासन; अर्ध मत्स्येन्द्रासन; मालासन; पाशासन; परिपूर्ण मत्स्येन्द्रासन; अष्टावक्रासन; एकहस्त भुजासन; द्विहस्त भुजासन; भुजपीडासन; मयूरासन; पद्म मयूरासन; हंसासन; पिच्छ मयूरासन; शयनासन; अधोमुख वृक्षासन; कूर्मासन; सुप्त कूर्मासन; एकपाद शीर्षासन; स्कन्दासन; बुद्धासन; कपिलासन;

भैरवासन; कालभैरवासन; चकोरासन; दुर्वासासन; रुचिकासन; विरंच्यासन; योगनिद्रासन; द्विपाद शीर्षासन; टिट्टिभासन; वशिष्ठासन; कश्यपासन; विश्वामित्रासन; बकासन; पार्श्व बकासन; ऊर्ध्व कुक्कुटासन; पार्श्व कुक्कुटासन; गालवासन; एकपाद गालवासन; द्विपाद कौण्डिन्यासन; एकपाद कौण्डिन्यासन; एकपाद बकासन; योगदण्डासन; सुप्त भेकासन; मूलबंधासन; वामदेवासन; कन्दासन; हनुमानासन; समकोणासन; सुप्त त्रिविक्रमासन; ऊर्ध्वधनुरासन; कपोतासन; लघु वज्रासन; चक्रबंधासन; मंडलासन; वृश्चिकासन; बालखिल्यासन; एकपाद राजकपोतासन; भंजुगासन; घेरण्डासन; कपिंजलासन; गण्ड भेरुण्डासन; विपरीत शलभासन; त्र्यंग मुखोत्तानासन; नटराजासन, शवासन (मृतासन)।

95.4. हठयोग की प्रमुख क्रियाएँ।

धौति (स्त्री.), धौती (स्त्री.); वस्ति (स्त्री.); वेति (स्त्री.), नेती (स्त्री.); नेतीधौती (स्त्री.); त्राटक; नौलिक; कपाल भाति (स्त्री.)।

गजकरणी (स्त्री.)।

धौति (स्त्री.) : अन्तधौति (स्त्री.); दन्तधौति (स्त्री.); हृद्धौति (स्त्री.); मूलशोधन।

अन्तधौति (स्त्री.): वातसार; वारिसार; वह्निसार; बहिष्कृत।

दन्तधौति (स्त्री.) : दन्तमूल; जिह्वामूल; रंध्र; कर्णद्वार, कपालरंध्र।

धौति में काम आने वाली कपड़े की धज्जी : धौति (स्त्री.)।

श्वासक्रिया (स्त्री.) : साँस लेना-पूरक; साँस छोड़ना-रेचक; साँस रोकना-कुम्भक।

कुम्भक के भेद : सूर्यभेदन; उज्जायी (स्त्री.); सीत्कारी (स्त्री.); शीतली (स्त्री.); भस्त्रिका (स्त्री.); भ्रामरी (स्त्री.); मूर्च्छा (स्त्री.); प्लाविनी (स्त्री.)।

नाक से पानी खींचकर मुँह से और मुँह से पानी खींचकर नाक से निकालना: उषःपान, रंध्रधौति (स्त्री.)।

96. शारीरिक क्रियाएँ

96.1. सं. अँगड़ाई (स्त्री.) (आ.ले.), अँगड़ाना-, अंग टूटना-/तोड़ना-/मोड़ना-, अकरास (आ.ले.), अँकरास, ऐड़ना-, ऐण्डाना-, देह टूटना-/तोड़ना-, बदन टूटना-/जोड़ना-।

दूसरे के कंधे पर हाथ रखकर अँगड़ाई लेना : अँगड़ाई तोड़ना-।

96.2. सं. जम्हाई (स्त्री.) (ले.), जम्हाना- (दे.85.3)।

मुँह खोलना-/फैलाना-/बाना-, मुखव्यादान (कर.)।

96.3. सं. थूक (दे.73.36), थूकना-, थूक देना-/निकालना-, उगलना-।

थूक निगलना-।

96.4. सं. छींक (स्त्री.) (आ:दे.) (दे.93.12)।

नाक से पानी बहना - (दे.93.12), नाक छिनकना-/सिनकना-।

96.5. सं. खाँसी (स्त्री.) (आ.) (दे.93.12), खाँसना-।

96.6. सं. कराहना- (दे.91.16), काँखना- (दे.84.4)।

96.7. सं. खुजली (स्त्री.) (हो.) (दे.91.5), खुजलाना-।

96.8. सं. डकार (स्त्री.) (आ.ले.), डकारना-, ढेकार (स्त्री.) (आ. ले.), ढेकारना-, उद्‌गिरण, उद्‌गार, ऊर्ध्ववायु (स्त्री.), परिधूमन (दे.93.5)।

खट्टी डकार (दे.93.5)।

96.9. सं. हिचकी (स्त्री.) (आ.ले.) (दे.93.12)।

96.10. सं. गुदगुदी (स्त्री.) (लग.से.कर.), गुदगुदाना-, गुदगुदाहट (स्त्री.), कुलकुली (स्त्री.), सलसलाना-, सलसलाहट (स्त्री.), सहराना-, सहलाना-, सुरसुराहट (स्त्री.), सुरसुरी (स्त्री.), सुहराना-।

96.11. सं. खरोंच (स्त्री.) (दे.91.10), खरोचना।

96.12. सं. उँगली चटकाना- (दे.73.27)।

96.13. सं. पसीना (आ. छूट. निकल. हो.), पसेव, प्रस्वेद, क्लेद, घर्म, घर्मजल, घर्मतोय, घर्मवारि, घर्मांबु, घर्मोदक, घर्ष, तनुरस, तनुसर, तापस्वेद, त्वग्जल, निदाघ, निराक, श्रमजल, श्रमवारि, संस्वेद, स्वज, स्रवण, स्वेद, स्वेदजल, स्वेदवारि, स्वेदांबु, स्वेदोद, स्वेदोदक।

पीड़ा के कारण निकलने वाला पसीना : सितली (स्त्री.)।

पसीने की बूँद ! घर्मविन्दु, श्रमकण, श्रमविन्दु, श्रमशीकर, श्रमसीकर, स्वेदजलकण, स्वेदजलकणिका (स्त्री.), स्वेदलेश, स्वेदविन्दु, स्वेदविप्रुट।

पसीना निकलना: स्वेदन, स्वेदाद्‌गम; पसीने से तर/तरबतर होना-, पसीने-पसीने होना-

पसीना लाना : प्रस्वेदन, स्वेदन।

96.14. सं. रजोदर्शन (हो.), रजोधर्म, रजःस्राव, ऋतु (स्त्री.), ऋतुप्राप्ति (स्त्री.), मासिक (हो.), मासिक धर्म, माहवारी (स्त्री.) (हो.), महिनवारी (स्त्री.), महीना, योनिरंजन, स्त्रीधर्म, हैज़।

स्त्री का रजस्वला होना-, कपड़ों से होना-, छूने को/से होना-, महीने से होना-, मामूल से होना-।

रजःरज, आर्तव, कुसुम, जीवरक्त, पुष्प, स्त्रीकुसुम, स्त्रीरजः।

अप्रकट रजः : अन्तःपुष्प।

रजःस्राव का समय : ऋतुकाल, ऋतुवेला (स्त्री.), ऋतुसमय, मामूल के दिन।

रजःस्राव का लक्षण : ऋतुलिंग।

रजोदर्शन के बाद चौथे दिन का स्नान : ऋतुस्नान (कर.), नहाना-, नहा उठना-।

मासिक धर्म का बन्द होना : रजोनिवृत्ति (स्त्री.), रजोविरति (स्त्री.), अनार्तव।

वि./सं. डकार लेनेवाला : उद्‌गारी।

पसीने से तर : घर्माक्त, घर्माद्र, घर्मस्वेद, प्रस्विन्न, प्रस्वेदित, प्रस्वेदी, संस्वेदी, स्रवत्स्वेदजल, स्विन्न, स्वेदयुक्त, स्वेदित, स्वेदी।

जिस स्त्री के हाथ-पाँव पसीने से तर रहते हो : स्रवत्याणिपादा।

पसीना लानेवाला : स्वेदोत्पादक, स्वेदक, स्वेदन, स्वेदी, स्वेद्य, प्रस्वेदित, रसन।

पसीने से उत्पन्न : स्वेदज, संस्वेदन।

जिस कन्या का मासिक धर्म शुरू न हुआ हो : अनागतार्तवा, अनार्तवा, अनृतुकन्या, अरजस्का, अरजा, नग्नका, नग्ना, नग्निका, लग्निका।

प्रथम रजोदर्शन करनेवाली : ऋतुप्राप्ता, नवकारिका, नवकालिका, नवफलिका, नवरजा, गुप्तरजस्वला, मध्यमिका, मध्या, सुस्तना, सुस्तनी।

जिस स्त्री का मासिक स्राव चल रहा हो : रजस्वला, रजवन्ती, रजवती, रजोयुक्ता, अधि, अनालंबुका, अनालंभुका, अवी, आत्रेयिका, आत्रेयी, आर्तवेयी, उदक्या, ऋतुमती, ऋतुवती, कुसुमपल्ली, कुसुमवती, दृष्टरजा, नहानी, पांशुला, पांसुला, पुष्पवती, पुष्पिणी, पुष्पिता, प्रापतर्तु, फलिता, मलवासा, मलिना, मलिनी, मलिष्ठा, विकला, सरजसा, सरजस्का, सरजा, स्त्रीधर्मिणी, स्यंदिनी, हैज़ा।

ऋतुस्नाता।

जिस स्त्री का मासिक स्राद नियमित हो : नियमवती।

जिस स्त्री का मासिक स्राव न होता हो : उपरतशोणिता, गतार्तवा, निष्कला, निष्कली, नीरजा, पुष्पहीना, विकला, विगतार्तवा, विरजस्का, विरजा।

97. प्रणय-व्यापार

97.1. सं. प्रणय-व्यापार, प्रणय, अभिरति (स्त्री.), आसंग, आसत्ति (स्त्री.), काम, काम-चेष्टा (स्त्री.), रति (स्त्री.), रतिवल्ली (स्त्री.)।

प्रणय-चेष्टा (स्त्री.), प्यार (कर.दिखा.जता.) (दे.325), चूमाचाटी (स्त्री.) (कर.); चाहना-।

प्यारभरी निगाह, प्रेमभरी चितवन (दे.102)।

97.2. सं. अंक (दे.भर.लगा.), अंकपालि (स्त्री.), अंकपालिका (स्त्री.), अंकपाली (स्त्री.), अंकपाश, अंकमाल, अंकमालिका (स्त्री.), अँकवार (दे.भर.), अँकोरी (स्त्री.), अंकोलिका (स्त्री.), अंग लगना-/लगाना-, अंगपालि (स्त्री.), अंगपाली (स्त्री.), अभिषंग, अभिषंजन, अभिसंग, अरसना-परसना-, अवसंजन, अवसज्जन, आलिंगन (कर.), आलिंग, आश्लेष, आगोश में लेना-, उपगूढ़, उपगूहन, उपश्लेष, उपश्लेषण, उर आनना-/धरना-/लाना-, कण्ठालिंगन, कोली (स्त्री.) (दे.73.21), क्रोड़ीकरण, गले लगाना-, गलबहिया (स्त्री.) (डाल.), गलबाँही (स्त्री.), चिपकना-, चिपकाना-, चिपटना-, चिपटाना-, चिमटना-, चिमटाना-, छपटाना-, छाती से लगना-/लगाना-, निषंगथि, परिरंभ, परिरंभण, परिश्लेष, परिष्वंग, परिष्वंजन, परिष्वजन, प्रेमालिंगन, बग़लगीर होना-, बाँहों में भरना-/लेना-, बाहुपाश में भरना-/ भींचना-/लेना-, भुजपाश, भुजालिंगन, याशु, लिंगन, लिपटना-, लिपटाना-, विलासन, शिलषा (स्त्री.),

श्लिष्टि (स्त्री.), श्लेष, संघट्ट, संश्लेष, समालंभन, समालिंगन, समाश्लेष, सीने से लगना-/लगाना-, स्नेहालिंगन, स्वंग, स्वंजन, हेलि (स्त्री.)।

बलपूर्वक आलिंगन : हठाश्लेष।

आलिंगन के भेद : लतावेष्टन; लतावेष्टितक; वृक्षाधिरुहक; वृक्षाधिरूढ़क; वृक्षाधिरूढ़ि (स्त्री.); स्पृष्टक।

97.3. सं. चुंबन (कर.दे.ले.), चुंबणी (स्त्री.), चुम्मा (दे.ले.)(दे.326), चूमा (दे. ले.), चूमना-, अधरपान (कर.), अधरमधु/ अधररस/अधरसुधा/अधरामृत का पान करना-, निक्षण, परिणिंसा (स्त्री.), बोसा (दे.ले.), विचुंबन।

चुमवाना-, चुमाना-।

चूमना-चाटना-, चूमाचाटी (स्त्री.) (कर. हो.), चुम्माचाटी (स्त्री.), चूमचाम (स्त्री.), चुंबाचुंबी (स्त्री.), चुंबन-आलिंगन (कर.), मुँहचटौवल (कर. हो.), होंठ चूमना-/मिलाना-।

चूमने का सा शब्द : चुमकार (स्त्री.) (दे.भर.), चुमकारना-, चुमकारी (स्त्री.) (दे.226)।

चुंबन-चिह्न : चोंक (स्त्री.)।

97.4. सं. नाज़ (का.हो.उठा.) नाज़-नखरा (कर.), नाज़ो अन्दाज़, नाज़ो अदा (स्त्री.), नाज़ो वखरा, नखरा (कर. दिखा. निकाल. बघार.), नखरातिल्ला, नखरेबाज़ी (स्त्री.) (कर. दिखा.), अठखेलियाँ करना-, अदा (स्त्री.), आन (स्त्री.), इठलाना-, उत्कालिका (स्त्री.), कामकला (स्त्री.), कामकूट, कामचेष्टा (स्त्री.), केलिकला (स्त्री.), केलि-कुशलता (स्त्री.), चटक-मटक (स्त्री.), चटकना-मटकना-, चोचला (दिखा. बघार.), चोचलेबाज़ी (स्त्री.) (कर.), छनक-मनक (स्त्री.), छलछन्द (कर.), धमाका, ठसक (स्त्री.) (दिखा.) ठान (स्त्री.), मोहक चेष्टा, विलास, विलास-चेष्टा (स्त्री.), विलासन, विश्रंभ, शृंगार, शृंगारचेष्टा (स्त्री.), शृंगारचेष्टित, सम्भोग-चेष्टा (स्त्री.), हाव, हाव-भाव (कर. दिखा.) हेला (स्त्री.)।

नाजबरदारी (स्त्री.)।

प्रणय-कथा (स्त्री.), प्रणयवचन, प्रणय-सम्भाषण, प्रणयालाप, प्रेमवार्ता (स्त्री.), प्रेमालाप, विश्रंभकथा (स्त्री.) विश्रंभालाप, शृंगारभाषित, स्नेहसम्भाष, स्नेहालाप, स्मरकथा (स्त्री.)।

शृंगारगर्व, शृंगारलज्जा (स्त्री.)।

कामुकतापूर्ण व्यवहार : स्मरकर्म।

97.5. सं.आसंगलिप्सा (स्त्री.), इंद्रियासक्ति (स्त्री.) (दे.101), ऐयाशी (स्त्री.), कामवासना (स्त्री.), कामवेग, कामासक्ति (स्त्री.), कामुकता (स्त्री.), कामेच्छा (स्त्री.), कामोद्वेग, प्रमदन, यौनता (स्त्री.), यौनभाव, यौनवृत्ति (स्त्री.), वधित्र, विलासिता (स्त्री.), विषयासक्ति (स्त्री.), सूरतप्रसंग।

बर्बर प्रेम, स्मरशबर।

प्रेमी की दस अवस्थाएँ : अवस्थादशक-अभिलाष; चिन्ता (स्त्री.); स्मृति (स्त्री.); गुणकथन; उद्वेग; सन्लाप; उन्माद; व्याधि (स्त्री.); जड़ता (स्त्री.) मरण।

कामजन्य दस अवस्थाएँ : स्मरदशा (स्त्री.) - असौष्ठव; ताप; पाण्डुता (स्त्री.); कृशता (स्त्री.); अरुचि (स्त्री.); अधृति (स्त्री.); अनालंबन; तन्मयता (स्त्री.); उन्माद; मरण।

कामपीड़ा (स्त्री.), कामव्यथा (स्त्री.), मदनपीड़ा (स्त्री.), मदनबाधा (स्त्री.)।

कामजन्य रोग : स्मररुक्।

कामजन्य संज्ञाहीनता : स्मरमोह।

कामज्वर, कामताप, मैथुनज्वर, स्मरज्वर।

कामाग्नि (स्त्री.) कामानल, मन्मथानल।

कामांधता (स्त्री.)।

कामोन्माद, मदनलहरी (स्त्री.) स्मरोन्माद।

97.6. सं. कामवृद्धि (स्त्री.), कामोत्तेजन, कामोत्तेजना (स्त्री.) कामोद्दीपन, कामोद्रेक (हो.), चुल (स्त्री.) (उठ.हो.), चुलचुलाहट (स्त्री.) (उठ.हो), चुलचुली (स्त्री.) (उठ.), चुलल (स्त्री.), मन्मथोद्दीपन, मस्ती (स्त्री.) (आ.उठ.चढ़.), युग्मेच्छा (स्त्री.), रिरंसा (स्त्री.), सम्भोगेच्छा (स्त्री.), स्मरोद्दीपन।

कामबाण, कामशर, पंचबाण, पंचशर, स्मरबाणपंक्ति (स्त्री.), स्मरशर-उन्मादन; तापन; शोषण; सम्मोहन; स्तंभन।

आदिरस, रतिरस, रसराज, शृंगाररस।

काम-सम्बन्ध, यौन-सम्बन्ध, सम्भाष।

(स्त्री का) देह-समर्पण (कर.), अंगदान (कर.)।

प्रथम मिलनरात्रि (स्त्री.), सुहागरात (स्त्री.) मधुयामिनी (स्त्री.), शबे अव्वल (स्त्री.) शबे ज़िफ़ाफ़ (स्त्री.)।

मिलनरात्रि (स्त्री.) शबे उम्मीद (स्त्री.) शबे वसाल (स्त्री.), शबे वस्ल (स्त्री.)।

बहीर्रति (स्त्री.), बाह्यरत, बाह्यरति (स्त्री.), बाह्यसम्भोग स्पर्श; आलिंगन; मर्दन; चुंबन; अधरपान; नखक्षत; दन्तक्षत।

प्रथम समागम, नवसंगम।

97.7. सं. मैथुन (कर.), मदनललित, मिथुन, मिथुनभाव, मिथुनीभाव, मुबाशरत (स्त्री.) अंगसंग, अधिगम, अनंगक्रीड़ा (स्त्री.) अनुगम, अनुगमन, अप्ययन, अभिगम, अभिगमन, अभिमर्शन, अभिमर्षण, अभिजंग, अभिषंज, अभिसंग, उपसंगम, औपस्थ्य, कलाकेलि (स्त्री.), कामकला (स्त्री.), कामकेलि (स्त्री.), कामक्रीड़ा (स्त्री.), कुटीर, कुट्टार, कुरीर, कुहर, केलि (स्त्री.), केलिकला (स्त्री.), कीड़ारत्न, गम, गमन, ग्रामचर्या (स्त्री.), ग्रामधर्म, ग्राम्यकर्म, ग्राम्यधर्म, ग्राम्यसुख, जंभन, घर्षण, घर्षित, निधुवन,

पंचम, परिमल, पशुक्रिया (स्त्री.), पशुचर्या (स्त्री.) पशुधर्म, प्रसंग (कर.), बग़ल गरम करना-, याम, याशु, रत, रति (स्त्री.), रतिकलह, रतिकार्य, रतिकेलि (स्त्री.), रतिक्रिया (स्त्री.) (कर.), रतिदान, रतिमन, रतिलक्ष, रतिसंयोग, रतिसमय, रमण (कर.), वस्ल, विकाअ, व्यवाय, शयन, संगति (स्त्री.), संगम (कर.), संग सोना-/ सुलाना-, संपर्क, संप्रयोग, सम्भाषण, सम्भोग (कर.), संवेशन, संसर्ग, समागम (कर. हो.), समीचक, सहवास (कर.), सहशयन, साथ सोना-/सुलाना-, सुरत, सुरतकेलि (स्त्री.) सुरतक्रीड़ा (स्त्री.), सुरति (स्त्री.), सुहबत (स्त्री.), सुहबतदारी (स्त्री.), सोहबत (स्त्री.), सोहबतदारी (स्त्री.), सौरत, सौरत्य, स्त्रीकरण, स्त्रीकृत, स्त्रीगमन, स्त्रीधर्म, स्त्रीप्रसंग, स्त्रीबंध, स्त्रीभोग, स्त्रीविषय, स्त्रीसंग, स्त्रीसम्भोग (कर.), स्त्रीसंसर्ग, स्त्रीसुख, स्त्रीसेवन, स्त्रीसमागम, स्त्र्यभिगमन, हक़्क़े ज़ौजीयत, हमबिस्तरी (स्त्री.), हमबिस्तर होना-/ करना-।

सन्तान-कामना से ऋतुस्नाता पत्नी के साथ सम्भोग करनाः ऋतुदान (कर.)।

विपरीत रति (स्त्री.), विपरीतक।

अतिमैथुन।

कुचमर्दन। शीत्कार।

नखक्षत, नखचिह्न, नखपद, नखरेख (स्त्री.), नखरौट (स्त्री.), नखलेखा (स्त्री.), नखांक, नखाघात, नहट्टा, आच्छुरितक, मदनांकुश।

दन्तक्षत, दशनपद, रददान।

संगमसाध्वस।

प्रणयकलह, प्रेमकलह, मदनकलह, मान-मनौवल, रतिकलह, विश्रंभ।

मन्मन। सुरतिरव।

सम्भोग-रात्रि, सुरतवाररात्रि (स्त्री.)।

स्त्रीवास।

रतिरस। रतिकरण।

आसन, बंध, रतबंध, रतिबंध, सम्भोगमुद्रा (स्त्री.)।

संभोगमुद्रा के प्रमुख आसनः अनिमिष; अनिमेष; अर्ध पद्मासन; अर्धसंपुट; अविलम्बित आसन; आणक; इन्द्राणिक आसन; उत्कण्ठ; उत्कण्ठा (स्त्री.); उत्फुल्ल; उपरीतक; एकपद; ऐणेय; कन्दर्पश्रृंखल; करण; कर्कट; करिवर्दभ आसन; काकपद; कीलासन; कुक्कुटासन; कुलिश; कुलिशनायक; केयूर; केशर; क्षुब्ध; क्षुब्धक; ग्राम्य; चेष्टक; जानुकूर्पर आसन; ताड़ासन; धेनुक; धैनुक; नरसिंह; नागपद; नागपाद; नागपाशक; नागर; नागरक; नीलासन; पद्म; पद्मासन; पशुपाशक; पीडित; पुरुषायित; प्रियतोषण; मण्डूक; मर्कट; रतिनाग; रतिसुन्दर; लताबंध; लतावेष्टन; वल्लभायित; वाडब; वाडव; विद्याधर; विपरीत; वेष्टनक; वेष्टनवेष्टक; व्यानत; व्यानतकरण; शौक; संपुट; संपुटक; समपद; समपाद; समरत; समरभ; सिंहलील; सिंहासन; सुन्दर; सुखासन;

सुरतबंध; सुरतभेद; सुरतविशेष; सूचि (स्त्री.); स्तनभव; स्पर्श; स्मरचन्द्र; स्मरचक्र; स्वनचक्र; स्वप्नचक्र; हंसकीलक; हंसनीलक; हर्षकीलक; हर्षसंपुट; हिल्लोल।

97.8. सं. कामशक्ति (स्त्री.), क़ुव्वते बाह (स्त्री.), रतिशक्ति (स्त्री.) रमणक्षमता (स्त्री.) सम्भोगशक्ति (स्त्री.)।

रतिशक्तिवर्धन, वाजीकरण, वाजीक्रिया (स्त्री.)।

रतिशक्तिवर्धक मोदक : रतिवर्धन।

रतिशक्तिवर्धक तेल : तिला।

97.9. सं. सम्भोग-सुख की चरम सीमा : पुलकोत्कर्ष।

वीर्यपात (हो.)।

कामशान्ति (स्त्री.), रतिनिष्पत्ति (स्त्री.), सौरत्य, orgasm।

सम्भोगजन्य क्लान्ति : रतिखेद, सुरतग्लानि (स्त्री.)।

97.10. सं. केलिगृह, केलिनिकेतन, केलिमंदिर, केलिसदन, क्रीड़ागृह, मन्मथालय, मैथुनगृह, रतिक्रीड़ागृह, रतिगृह, रतिभवन, रतिमंदिर, विहारस्थल।

अगम्या स्त्री से सम्भोगः अगम्यागमन; परस्त्रीगमन (दे.342); वेश्यागमन।

बलात्कार (कर.), बलात्काराभिगम, अभिमर्शन, अभिमर्षण, जिना बिज़्ज़ब्र, धर्ष, धर्षण (कर.), प्रधर्ष, प्रधर्षण, प्रधर्षणा (स्त्री.), प्रसभ, सतीत्व नष्ट करना-/बिगाड़ना-, सतीत्वहरण (स्त्री.), स्त्रीसंग्रहण, स्त्र्यभिगमन, हठात्कार।

कामशास्त्र : वात्स्यायनकृत-कामसूत्र; कोकदेवकृत-कोकशास्त्र, अनंगरंग, मदनतन्त्र, रतिशास्त्र, स्मरशास्त्र।

कामशास्त्र के प्राचीन आचार्य : कुचुमार; कोकदेव; चारायण; बौधायन; वात्स्यायन।

कामविज्ञान, यौनविज्ञान, यौनकी (स्त्री.),।

97.11. सं. यौनविकृति (स्त्री.); अप्राकृतिक मैथुन।

समलिंगकामुक्ता (स्त्री.) समकामिता (स्त्री.)

पुरुष की समलिंगकामुकता, soomy।

स्त्री की समलिंगकामुकता, lesbianism।

हस्तमैथुन, masturbation।

वि./सं. आलिंगित, आश्लिष्ट, आश्लेषित, उपगूढ़, उपश्लिष्ट, परिरंभित, परिरब्ध, परिश्लिष्ट, परिष्वक्त, श्लिष्ट, संश्लिष्ट, संश्लेषित, समालिंगित, समाश्लिष्ट।

आलिंगनकारी, आलिंगी, परिरंभी, श्लेषी, संश्लेषी।

आलिंगन के योग्य : आलिंग्य।

गोद में बैठा हुआ : अंकभाक्।

अंकशायी, अंकशायिनी (स्त्री.)।

चूमा हुआ : चुंबित, प्रणिंसित, बोसीदा, विचुंबित।

चूमनेवाला : चुंबक, चुंबी, परिणिंसक, बोसाजन।

चूमने योग्य : चुंबनीय, बोसीदनी।

चोचलेबाज, छलछन्दी, ठसकदार, नखरेबाज़, नाज़ाँ, विलासी।

नाज़बरदार।

चमक्को (स्त्री.)।

विलास्य।

यौन।

कामी, कामुक, कामातुर, कामार्त, कामात्मा, कामासक्त, कम्र, कामपीडित, काममूढ़, काममोहित, कामलोल, कामवश, कामविह्वल, कामवृत्त, अधम, अनुक, आसंगलिप्सु इंद्रियासक्त, उष, ऐयाश, गदयित्नु, गृधु, पल्लविक, प्रमदक, मदनक्लिष्ट, मदनातुर, मदविह्वल, मदविह्वलित, मन्मथाविष्ट, मन्मथी, रतिप्रिय, रतिलंपट, रिरंसु, लिंपट, विलासी, विषयी, व्यवायी, सम्भोगी, सुरतिवन्त, स्पर्शरसिक, स्मराकुल, स्मराकुलित, स्मरातुर, स्मरार्त, स्मरोत्सुक।

कामोत्तेजक, कामोत्पादक, कामोद्दीपक, अनंगद, रतिफल, वाजीकर, संप्रहर्षण, स्मरकार, स्मरदायी, स्मरदीपन, स्मरसख, स्मरसह, स्मरोद्दीपन।

कामोद्दीप्त, कामतप्त, कामपीड़ित, रिरंसु, स्मरभासित।

कामांध, स्मरांध, स्मरोन्मत्त।

उत्तेजित, प्रहर्षित, संहृष्टी।

स्मरनिपुण।

कामज, स्मरभू।

ग्राम्य, मैथुनिक।

सुरतरंगी।

अंगसंगी, अभिगामी, प्रसंगी, मुबाशिर, स्त्रीग।

ऋतुगामी।

सम्भोगरत, संप्रयुक्त, सुरतस्थ, उपसंगत, मदनललित।

कृतरमण, रतिप्राप्त, रमित।

सुरतमूदित।

सम्भोग्या (स्त्री.), गम्या (स्त्री.), गणिका (स्त्री.) (दे.542)।

अगम्य, अगम्या (स्त्री.), अगमनीया (स्त्री.)।

अगम्यागमनीय।

अगम्यागामी, परस्त्रीगामी, वेश्यागामी (दे.342), व्यभिचारी, लंपट (दे.529)।

बलात्कारी, धर्षक, धर्षकारी, धर्षकारिणी (स्त्री.), धर्षी, अभिमर्शक, अभिमर्शी, अभिमर्षक, अभिमर्षी, प्रधर्षक।

बलाकृत, धर्षित, धर्षिता (स्त्री.), प्रधर्षित।

धर्षणीय, धृष्य।

समकानी।

98. शारीरिक संस्थिति

सं. शारीरिक संस्थिति (स्त्री.)/स्थिति (स्त्री.)/अवस्थिति (स्त्री.), अंगन्यास, अंगस्थिति (स्त्री.), ढंग, ढब, बंध, मुद्रा (स्त्री.)।

अंग-चालन, अंग-संचालन, अंगभंगिमा (स्त्री.), अंगभंगी (स्त्री.), अदा (स्त्री.), कायिक व्यापार।

98.1. सं. लेटना-, लेट जाना-, लेटे रहना-, लोटना-, लोट (स्त्री.) (मार. लगा.), लोट-पोट (स्त्री.) (ले.), लोटना-पोटना-, उठँगना-, उठँग लेना-, उठकना-, पड़ना-, पड़ जाना-, पड़ा/पड़े रहना-, पीठ देना-/रखना-/लगाना-, पौंढना-, पौढ़ना-, शयन (कर.), संलय, संलयन, संवेशन, सोना-।

लिटाना-, लिटा देना-, लेटाना-, लेटा देना-, उठँगाना-, पौढ़ाना-, सुलाना-।

ज़मीन पर सोनाः भूमिशयन, भूमिशय्या (स्त्री.), भूशय्या (स्त्री.) अन्तशय्या (स्त्री.), अधःशयन, अधःशय्या (स्त्री.), स्थण्डिलशय्या (स्त्री.), स्थण्डिलशायिका (स्त्री.), स्थण्डिलसंवेशन।

किसी चीज पर सोना : अधिशयन।

करवट (स्त्री.) (फिर. फेर. बदल. ले.), कल (स्त्री.), अंकपरिवर्तन (कर.), पहलू (बदल.), पार्श्व, बग़ल (स्त्री.), बल, हल्लन।

बार-बार करवट बदलनाः करवटें बदलना-, लोटना-।

दायीं/बायीं करवट लेटना-।

पीठ के बल लेटना-।

पेट के बल लेटना-।

कुण्डली मारकर/गुड़ीमुड़ी होकर सोना-।

हाथ-पैर समेटकर गठरी जैसा बन जाना : बकुची बाँधना-/ मारना-।

98.2. सं. लोटना-, लोट जाना-, लुंटा (स्त्री.), लुटना-, लुटरना-, लुंठन, लुंठा (स्त्री.), लुठन, लुठना-, लुड़कन, लुड़कना-,लुढ़कन, लुढ़कना-, लुढ़ना-, लोटपोट (स्त्री.) (हो.), लोठ, लोढ़ना-, अवलुंठन, विलुंठन।

लोटाना-, लुठाना-, लुड़काना-, लुढ़काना-, लुढ़ाना-।

98.3. सं. आसन (जमा. मार. लगा. ले.), आसन ग्रहण करना-, आसनस्थ होना-, आसना (स्त्री.), आसनी (स्त्री.), आसदन, आस अध्यासन, उपवेश, उपवेशन (कर.), तशरीफ़फरमाई (स्त्री.), तशरीफ़ (स्त्री.) (रख.), बैठना-, बैठ जाना-, बिराजना-, विराजना-, शोभा बढ़ाना-, संलय, समासन, समास्या (स्त्री.)।

उकडूँ बैठना-।

घुटने टेककर/घुटनों के बल/घूठन बैठना-।

घुटनों में सिर देकर बैठना : मुँड़करी (स्त्री.) (मार.), मुण्डकरी (स्त्री.)।

पद्मासन (लगा.), पालथी (स्त्री.) (मार.लगा.), पालथी मारकर/लगाकर बैठना-, पालती (स्त्री.), आलथी-पालथी (स्त्री.) (मार. लगा.)।

...की टैक लगाकर बैठना-,... के सहारे बैठना-,... से उठँगकर/उठककर/ओठँगकर /ओठँघकर बैठना-, उठँगना-, उठकना-, ओठँगना-।

टाँगें फैलाकर बैठना-, फसकड़ा (मार.)।

बैठाना-, बैठा देना-/लेना-, बिठाना-।

98.4. सं. उठना-, उठ जाना-/ पड़ना-, खड़ा होना-; खड़ा रहना-; खड़ा करना-; खड़ा रखना-।

एड़ी उठाकर पंजों के बल खड़ा होनाः उचकना-।

98.5. सं. झुकना-, झुक जाना-/पड़ना-, झुकाई (स्त्री.), झुकाव, झुकावट (स्त्री.), अवनति (स्त्री.), अवनमन, अवनाम, आनति (स्त्री.), आनमन, उलमना-, ओलमना-, ओलरना-, नति (स्त्री.), नवन, नवना-, निहुरना-, लचकन (स्त्री.) (दे.267), लचकना-, लचना-।

झुकाई (स्त्री.), झुकाना-, ओरमाना-, ओलराना-, ओलारना-, नवाना-, निहुराना-; झुकवाई (स्त्री.), झुकवाना-।

98.6. सं. टेक (स्त्री.) (लगा.) (दे.181), टेकना-, टेक लेना-, टैकनी (स्त्री.), अवलंब, आलंब, उठँगन, उठँगना-, ओठँगन, ओठँगना-, ढासना (ले.), सहारा (ले.)।

वि. लेटा हुआ : लंबायमान।

चित, उत्तान ; पूरी तरह चित : अंटाचित, चारों खाने/शाने चित; चित लेटा हुआः उत्कुट, उत्कुटक, उत्तानशय।

औंधा, पट, अधोमुख (दे.196), अधोवदन, अनुत्तान, अवाक्, अवाङ्मुख, अवाचीन।

कुण्डली मारे हुए : कुण्डलित।

लुड़का हुआ : लुंटित, लुंठित, लुठित, अवलुंठित, विलुंठित।

शयित, शायित।

लेटनेवाला : शायी।

लेटने या सोनेवाला : अधिशयित।

धराशायी, भूमिशय, भूशायी, संवष्टि, संवेशी, स्थण्डिलशायी, स्थण्डिलेशय।

जल पर सोनेवाला : जलशय (दे.60), जलशयन, जलशायी।

आसीन (हो.), आसनबंधधीर, अध्यासित, अध्यासीन, उपविष्ट (हो.), विराजमान (हो.), संविष्ट, समाविष्ट, समासीन।

बैठाया हुआ : उपवेशित।

बैठाने वाला : उपवेशी, उपवेष्टा।

जो हाथों को घुटनों के बीच किये हुए हो : अन्तर्जानु।

खड़ा, उत्तान, ठाढ़, ठाढ़ा, दण्डायमान।

जिसके हाथ ऊपर उठे हो : ऊर्ध्वबाहु।

जिसकी टाँगे ऊपर उठी हों : ऊर्ध्वचरण, ऊर्ध्वपाद।

जिसकी गरदन उठी हो : ऊर्ध्वकण्ठ।

अवनत, आनत, आनमित, नत (हो. कर.) (दे.189), नमित, नर्ममूर्ति, नम्र, नम्रक, नम्रांग, नम्रित, प्रह्व, प्रह्वापा, व्यानत, व्यानम्र।

नतमस्तक, नतशिर, अधःशिरा।

जिसका बदन झुका हो : नतांग।

(विप.) जो झुकाया न गया हो : अनवनामित।

अ. पीठ के बल, चित।

पेट के बल, पेटकुइयाँ।

मुँह के बल, औंधे मुँह, अधोमुख, अधोवदन।

खड़े खड़े।

नीचे मुँह किये हुए, मुँह लटकाये हुए।

सिर नीचा किये हुए, सिर झुकाये हुए।

झुके झुके, निहुरे निहुरे।

99. विकलांगता

99.1. सं. विकलांगता (स्त्री.), विकलता (स्त्री.), वैकल्य, व्यंगिता (स्त्री.), अंगविकृति (स्त्री.), अंगवैकल्य, अंगहानि (स्त्री.), अंगहीनता (स्त्री.), अपंगता (स्त्री.), अल्पांगता (स्त्री.), अशक्तता (स्त्री.), न्यूनांगता (स्त्री.), हीनांगता (स्त्री.)।

वि./सं. विकलांग, विकलेंद्रिय, विकलीकृत, विकल, वण्ड, व्यंग, व्यंगी, अपंग, अपाहज, अपाहिज, अपोगण्ड, अंगभंग, अंगविकल, अंगहीन, अपादहस्त, एकांग, ऐबी, कनौड़, कनौड़ा, कुबण्ड, खर्ब, खर्व, खोण्ड़हा, खोण्ड़ा, खोढ़ा, खोड, खोरा, दिव्यांग, निपंग, निपांगुर, निरिंद्रिय, न्यूनांग, पण्ड्र, पण्ड्रक, पोगण्ड, फक्क, हीनांग।

बिना हाथ का : लूला, लूली (स्त्री.), लुंजा, अपाणि, अभुज, अहस्त, छिन्नहस्त, टुंटा, टुण्डा, टुण्डी (स्त्री.), ठुंठ, ठुण्ड, ठूँठ, ठूँठा, बाहुकुंठ, बाहुकुब्ज, विकलपाणिक, हथकटा, हस्तहीन।

जिसके हाथ निश्चेष्ट हो गये हो : स्तब्धबाहु।

जिसके घुटने सटे हों : लग्नजानुक, संहतजानु, संहतजानुक, संज्ञु।

जिसके घुटने दूर-दूर हों : प्रगतजानुक, प्रज्ञु।

जिसके पाँव टेढ़े हों : पिंगा।

जिसके दोनों पाँव बेकार हों : पंगु, पंगुक, पंगुल, पंगुला, पांशुर, पांसुर, पीठरा, पीठसर्प, पीठसर्पी, अपाद, अपादक, अपाय, श्रोण।

जिसके पाँव न हों : पादहीन।

जिसके पाँव निश्चेष्ट हो गये हों : स्तब्धपाद।

बिना हाथ-पाँव का : लुंज, लुंज-पुंज।

पंगु को बिठाकर ले जाने की गाड़ी : पंशुपीठ, पर्व, wheel-chair।

99.2. सं. लँगड़ापन, लंग, लिंगिक, खंजता (स्त्री.), खंजत्व, पंगुता (स्त्री.), पंगुत्व, पंगुल, पांगुल्य, भचक (स्त्री.)।

लंगड़ाना-, लँगड़ाकर चलना-, लंग खाना-, खंजन, भचकना-।

वि./सं. लँगड़ा, लँगड़ी (स्त्री.), लँगड़, लंग, एकटँगा, एकपद, एकपाद, खंज, खंजक, खोर, खोल, पंग, पंगला, पंगा, पंगु, पाँगुर, व्यंग, श्लोण, स्तब्धसक्थि।

लँगड़ा-लूला, लूला-लँगड़ा।

बैसाखी (स्त्री.), खंजयष्टि (स्त्री.), crutch।

99.3. सं. अंधापन, अंधता (स्त्री.), अंधत्व, आंध्य, चक्षुहीनता (स्त्री.), दृष्टिहीनता (स्त्री.), नेत्रहीनता (स्त्री.)।

अंधा होना-, दीठ/दृष्टि मारी जाना-, आँख फूटना-/पटपटा जाना-/बैठना-, दीदा फूटना-, दीदे पटम होना-।

वि./सं. अंधा, अंधी (स्त्री.), अंध, अंधक, अनक्ष, अनक्षिक, अक्षहीन, अनेडमूक, अचक्षु, अचक्षुष्क, अदृष्टि, अनयन, अलोचन, कोर, गताक्ष, ध्राणचक्षु, चक्षुरपेत, चक्षुहीन, दिव्यचक्षु, नष्टदृष्टि, नाबीना, निश्चक्षु, नेत्रहीन, नेत्रहीना (स्त्री.), प्रज्ञाचक्षु, बुद्धिचक्षु, विगतनयन, विचक्षु, सूर, सूरदास।

अंधा करने वाला : नयनमोषी।

जन्म का अंधा : जन्मांध, जात्यंध, अक्ष, चिरांध, सहजांधदृक्।

जिसकी एक आँख फूटी हो : काना, कानी (स्त्री.), कानड़ा, काण, कनन, कनेठा, कनौड़, कनौड़ा, एकचश्म, एकदृक्, एकदृष्टि, एकनयन, एकाक्ष, दज्जाल, शुक्राचार्य।

99.4. सं. गूँगापन, मूकता (स्त्री.), मूकभाव, मूकिमा (स्त्री.), मौक्य।

गूँगे की तरह बोलना : गुँगुआना-।

वि. गूँगा, गूँगी (स्त्री.), गुंगा, गुंग, अनक्षर, अवचन, कड, मूक, वागपेत, वाग्याम।

पशु/शिशु के लिए : अनबोल, अनबोलता, अनबोला, बेज़बान।

99.5. सं. बहरापन, बधिरता (स्त्री.), बधिरत्व, बधिरिमा (स्त्री.), बाधिर्य, अश्रवण।

बहरा होना-, बहराना-।

अर्धबधिर होना : ऊँचा सुनना-।

वि. बहरा, बहरी (स्त्री.), बहिरा, बहिर, बधिर, अकर्ण, अकर्णक, अश्रवण, एड, कल्ल, वधिर, श्रुतिवर्जित, श्रोत्रहीन।

बहुत अधिक बहरा : बहरा पत्थर, वज्र बहरा।

बहरा किया हुआ : बधिरित।

ऊँचा सुननेवाला : अर्धबधिर, उच्चैःश्रवा।

गूँगा- बहरा, मूक-बधिर, अनेडमूक, अवाक्‌श्रुति।

99.6. सं. कुबड़ापन, कूबड़पन, कौब्ज्य।

कूबड़ (उठ. निकल.), कूब, कूबा, कुब, कुब्ज, कुब्जा, गड्डु, ढीच (स्त्री.), पृष्ठग्रन्थि (स्त्री.), स्थगु, स्थडु, स्थपुट।

वि. कुबड़ा, कुबड़ी (स्त्री.), कूबर, कुबरी (स्त्री.), कुब्ज, कुब्जा (स्त्री.),।

झुककर चलनेवाला : कुब्जगामी।

99.7. सं. ठिगनापन, बौनापन, वामनक।

वि./सं. छोटे कद का, छोटी खूँटी का, अकर्तन, अतुंग, अल्पतनु, कोतहकद, खट्‌टन, खट्‌टेरक, खर्ब, खर्बशाख, खर्व, गिड्डा, गुंठ, ठमका, ठिंगना, ठिंगनी (स्त्री.), ठुमका, ठुमकी (स्त्री.), नाटा, नाटी (स्त्री.), निखर्व, नीच, नीचक, पस्तकद, पृश्नि, पोदना, बंटा, बालिश्तिया, बौना, बौनी (स्त्री.), मँदरा, माणव, माणवक, वामन, वामनी (स्त्री.), वामनक, वामनिका (स्त्री.), सन्नक, ह्रस्व, ह्रस्वमूर्ति, ह्रस्वांग।

99.8. सं. हकलापन, हकलाहट (स्त्री.), गद्‌गद, गद्‌गदिका (स्त्री.)।

रुक-रुककर बोलना : हकलाना-, लटपटाना-।

अस्पष्ट स्वर में बोलना : तुतलाना- (दे.107)।

बोलने में रुकना : अटकना-, अटपटाना-।

नाक से बोलना : नकियाना-, गुनगुनाना-।

वि. हकला, हकलाहा, लल्लर, स्खलद्‌वाक्य।

नाक से बोलनेवाला : गुनगुना, मिन्मिन (दे.93.167)।

99.9. सं. नाक की कुरूपता।

वि. नककटा, नककटी (स्त्री.), नकटा, नकटी (स्त्री.), छिन्ननास, छिन्ननासिक।

नासिकाहीन, अनास, अनासिक, विश्व, विखु, विख्य, विख्र, विख्रु, विग्र, विनस, विनास, विनासक, विनासिक।

नकचिपटा, नकचिपटी (स्त्री.), नतनासिक, निविड, अवटीट, अवनाट, अवनासिक, अवभ्रट, खुरणस, चिकिन, चिपट, चिपिटनास, चिपिटनासिक।

99.10. सं. दन्तहीनता (स्त्री.), पोपलापन।

दाँत टूटना-, दाँत गिरना-; दाँत झड़ना-, पोपलाना-।

वि. दन्तहीन, अजंभ, अदन्त, अदंष्ट्र, निर्दंत, नीरद, पोपला (हो.)।

99.11. सं. अंध, बधिर और मूक जिनका यज्ञ में प्रवेश निषिद्ध है : त्र्यार्षेय।

100. आंगिक चेष्टा

100.1. सं. आंगिक चेष्टा (स्त्री.), अंगचालन, अंगभंगी (स्त्री.) (दे.98), अंगविक्षेप, कायिक व्यापार, चेष्टा (स्त्री.), भावभंगिमा (स्त्री.), भावभंगी (स्त्री.), हरकत (स्त्री.) (दे.266), हावभाव (दे.97)।

अंगविकृति (स्त्री.), व्याकार।

100.2. सं. मुखमुद्रा (स्त्री.), मुखभंगी (स्त्री.), मुखविकृति (स्त्री.)।

मुँह चिढ़ाना-/बनाना-, बिराना-, बिरावना-।

मुँह टेढ़ा करना-/फुलाना-/लटकाना-/सुजाना-/सिकोड़ना-।

मुँह फाड़ना-/फैलाना-/बाना-।

100.3. सं. भौंह चढ़ाना-/तानना-, भृकुटि (स्त्री.) (कर.), भृकुटी (स्त्री.), भ्रुकुटि (स्त्री.), भ्रुकुटी (स्त्री.), भ्रूक्षेप, भ्रूभंग, भ्रूभेद, भ्रूविक्रिया (स्त्री.), भ्रविक्षेप।

भौंह टेढ़ी करना-/सिकोड़ना-, भ्रूविकार।

भौंहों का मोहक संचालन : भ्रूविलास।

100.4. सं. आँख खोलना-, पलक उठाना-, ताकना-, नेत्र उन्मीलित करना-।

आँख बन्द करना-/मीचना-/मुँदना-, पलक गिराना-, नेत्र निमीलित करना-।

बार-बार पलक गिराना : आँख झपकाना-/मचकाना-/मिचकाना-।

आँख चमकाना-/नचाना-/मटकाना-, दीदे मटकाना-।

आँख मिलाना-/लड़ाना-।

आँख दबाना-/मचकाना-/मारना-(दे.566)।

कनखी/कनखियों से देखना- (दे.102)।

100.5. सं. दाँत काढ़ना-/निकालना- (दे.208)।

दाँत किचकिचाना-/किटकिटाना- (दे.211)।

100.6. सं. हस्तचालन, हस्तविन्यास।

हाथ चमकाना-/हिलाना-।

100.7. सं. उँगलियाँ चमकाना-/नचाना-।

उँगलियाँ चटकाना-/फोड़ना- (दे.73.27)।

उँगली दिखाना-, धमकाना- (दे.113)।

अँगूठा/ठेंगा दिखाना-, हूठा देना-, इनकार करना- (दे.257)।

उँगली से इशारा करना- (दे.566)।

100.8. सं. कंधे उचकाना-/झटकना-/झटकारना-, स्कंधधूनन, स्कंधसंकोच (कर.), shrug।

100.9. सं. टाँग हिलाना, पाँव नचाना।

100.10. सं. अँगड़ाई लेना- (दे.96)।

झुकना- (दे.98)।

अँगड़ाना- (दे.99)।

100.11. सं. चलने का ढंग, चाल (स्त्री.) (दे.266)।

अभिमानभरी चाल, अठखेलियाँ करना-, अठखेली (स्त्री.), झमक (स्त्री.), झमकड़ा, ठसक/ठस्से/नखरे की चाल, ठसकभरी/मतवाली/मस्तानी चाल।

पाँव पटकते हुए चलना : झनक (स्त्री.), झनकना-।

उमंग से पाँव पटकते हुए चलना : ठुमक चाल (स्त्री.), ठुमकना-, ठुमुकना-।

अ. ठुमक ठुमक, ठुमुक ठुमुक।

3. वर्ग : इंद्रिय-अनुभूति

विषय : 101. इंद्रिय; 102. दृष्टि; 103. लक्ष्य; 104. अदृष्टि; 105. शब्द; 106. शब्दहीनता; 107. कथन; 108. वचन; 109. बातचीत; 110. कोलाहल; 111. सुवचन; 112. कुवचन; 113. भर्त्सना; 114. वाचालता; 115. अकथन; 116. श्रवण; 117. गंध; 118. स्वाद; 119. स्पर्श।

101. इंद्रिय

सं. इंद्रिय (स्त्री.), इन्द्री (स्त्री.), करण, गो (स्त्री.), हृषीक।

ज्ञानेंद्रिय (स्त्री.), अक्ष, ग्रहण, देवता, धींद्रिय (स्त्री.), प्राणायन, प्राप्यकारी, विषयी : चक्षु; कर्ण; नासिका (स्त्री.); जिह्वा (स्त्री.); त्वचा (स्त्री.)।

ज्ञानेंद्रिय का विषय : इंद्रिय-विषय, इंद्रियगोचर, इंद्रियार्थ, अजिर, अर्थ, आलंबन, ऐंद्रिय, ऐंद्रियक, गुण, गोचर, तन्मात्र, तन्मात्रा (स्त्री.), दृष्ट, विषय, सन्निधान, सन्निधि (स्त्री.) : रूप; रस; गंध (स्त्री.); शब्द; स्पर्श।

पाँच इंद्रिय-विषयों का समाहार : पंचगुण, पंचतन्मात्र।

इंद्रिय-विषयों का ज्ञान : विषयप्रत्यभिज्ञान।

इंद्रिय और विषय का सम्बन्ध : इंद्रियार्थसन्निकर्ष, सन्निकर्ष।

इंद्रियसुखवाद, इंद्रियार्थवाद, विषयभोगवाद, संवेदनवाद, sensualism।

कर्मेंद्रिय (स्त्री.), क्रियेंद्रिय (स्त्री.), स्नायवीय : उपस्थ, गुदा (स्त्री.); पाणि; पाद; वाणी (स्त्री.)।

नीचे की इंद्रिय : अधगो (स्त्री.) : उपस्थ; गुदा (स्त्री.)।

बहिरिंद्रिय (स्त्री.)।

पाँच कर्मेंद्रियाँ/ज्ञानेंद्रियाँ : पंचेंद्रिय (स्त्री.)।

अन्तरिंद्रिय (स्त्री.), अन्तरंग, बुद्धींद्रिय (स्त्री.): अहंकार; चित्त; बुद्धि (स्त्री.); मन।

इंद्रियों की समष्टि : इंद्रियग्राम, इंद्रियवर्ग।

ज्ञानेंद्रियों, कर्मेंद्रियों, मन, इच्छा, द्वेष, सुख, दुःख, संस्कार, चेतनता और धृति का समाहार : क्षेत्र।

इंद्रियबुद्धि (स्त्री.), इंद्रियानुभूति (स्त्री.), अनुभूति (स्त्री.) (दे.58)।

इंद्रियज्ञान, इंद्रियबोध, प्रयक्ष ज्ञान, अनुभव (दे.58)।

इंद्रियग्राहिता (स्त्री.)।

इंद्रियों का व्यापार : इंद्रियवृत्ति (स्त्री.)।

इंद्रियपरायणता (स्त्री.), इंद्रियलोलुपता (स्त्री.), इंद्रियासक्ति (स्त्री.) (दे.649)।

इंद्रियसुख, विषयसुख, भोग, भोगविलास (दे.649)।

इंद्रिय को विषय का ज्ञान न होना : इंद्रियस्वाप।

इंद्रियजय (स्त्री.), इंद्रियनिग्रह, इंद्रियवध।

इंद्रियासंग, अनासक्ति (स्त्री.), वैराग्य, सन्न्यासवृत्ति (स्त्री.) (दे.308)।

अतींद्रियता (स्त्री.), अलौकिकता (स्त्री.) (दे.123)।

इंद्रियातीत विषय : अगोचर।

वि. इंद्रिय-सम्बन्धी, ऐंद्रिय, ऐंद्रियक।

इंद्रियानुभूत।

इंद्रियगोचर, इंद्रियग्राह्य, ऐंद्रिय, ऐंद्रियक, गोचर।

इंद्रियज, इंद्रियजन्य।

इंद्रिय को उत्तेजित करने वाला : इंद्रियबोधन।

इंद्रियपरायण, इंद्रियलोलुप, इंद्रियाराम, इंद्रियासक्त, अजितात्मा, अजितेंद्रिय, अदान्त, अनियतात्मा।

इंद्रियसुखवादी, इंद्रियार्थवादी, संवेदनवादी, sensualist।

इंद्रियजित्, इंद्रियनिग्रही (दे.214), जिताक्ष, जितेंद्रिय, जिनेन्द्रिय, नियतेंद्रिय, यतेंद्रिय, वशेंद्रिय, विजितेंद्रिय, संयतेंद्रिय।

इंद्रियागोचर, इंद्रियातीत, अतींद्रिय, अगोचर, अचक्षु; अज्ञेय (दे.576), ज्ञानातीत; अतिप्रकृत, अलौकिक (दे.123)।

इंद्रियरहित, इंद्रियशून्य, इंद्रियहीन, निरिंद्रिय (दे.99), अकरण (दे.300)।

इंद्रिययुक्त, सेंद्रिय।

102. दृष्टि

सं. दृष्टि (स्त्री.) (कर. डाल. दे.), दीठ (स्त्री.) (कर. डाल. पड़.), दीदा, अवलोक, अवलोकन (कर.), अवलोकित, आँख (स्त्री.), ईक्षिका (स्त्री.), चक्षु, चितवन (स्त्री.), ज्योति (स्त्री.), डीठ (स्त्री.) (डाल), तेवरी (स्त्री.), त्योरी (स्त्री.), नज़र (स्त्री.) (कर. डाल.), निगह (स्त्री.), निगाह (स्त्री.) (कर. डाल. हो.), निफालन, बीनाई (स्त्री.), विलोक, विलोकन, विलोचन, वीक्ष, वीक्षित, सूझ (स्त्री.)।

स्थूल दृष्टि (स्त्री.), चर्मचक्षु, चश्मे ज़ाहिर (स्त्री.)।

दिल की आँख, अन्तर्दृष्टि (स्त्री.) (दे.200), चश्मे वातिन (स्त्री.)।

देखना-, देख देना-/लेना-, देख (स्त्री.), दर्श, दर्शन (कर.मिल.पा.हो.), दिखाव, दीदार, अभिदर्शन, आलोकन, आलोचन, आलोचना (स्त्री.), ईक्षण, ईक्षा (स्त्री.), तकाई (स्त्री.), ताक (स्त्री.), ताकना-, नज़ारा, नज़्ज़ारा, निध्यान, बीनी (स्त्री.), लोकन, विलोकन, हेरना-।

प्रेक्षण, प्रेक्षा (स्त्री.), वीक्षण, वीक्षणा (स्त्री.), वीक्षा (स्त्री.)।

अनुदर्शन, निरीक्षण (कर.हो.), निरीक्षा (स्त्री.), (दे.552), परिदर्शन (कर.हो.), पर्यवलोकन, पर्यवेक्षण (कर.हो.), मुआइना (कर.हो.), मुआयना, सन्दर्शन, समालोक, समालोकन, सर्वेक्षण (कर.हो.)।

दृष्टिपात (कर.), दृष्टिनिपात, दृष्टिक्षेप (कर.), दृष्टिविक्षेप, दृक्पात, दृक्क्षेप, विलोचनपात।

दिखाई देना-/पड़ना-, दिखना-, दिखलाई देना-/पड़ना-, दीखना-, दृष्टिपथ में आना-, देख पड़ना-, देखने में आना-, देखने को मिलना-, दर्शन देना-, नज़र आना-, नज़र में आना-, लौकना-, सूझना-।

अच्छी तरह/गौर से/ध्यान से/भली भाँति देखना-, देखना- भालना-, दृष्टि तानना-, दृष्टि तानकर देखना-, अनुप्रेक्षा (स्त्री.)।

दूर-दूर तक देखना-, आँखें दौड़ाना-, डीठ पसारना-, दृष्टि/नज़र/निगाह दौड़ाना-।

एकदम सीधे देखना-, आँख मिलाना-, दृग्/दृष्टि जोड़ना-, बराबर ताकना-।

ललचायी हुई दृष्टि से/विवशता से देखना-, टुकुर-टुकुर देखना-/ताकना-।

भाव शून्य आँखों से देखना-, फटी आँखों से देखना-।

करुण दृष्टि से देखना-, कटी सी आँखों से देखना-।

आँखें देखकर मनोभाव जानने की कोशिश करना-, आँखों में झाँककर देखना-।

गुस्से से देखना-, आँख तरेरना-, आँखें चढ़ाना-, घूरना-, चितवन चढ़ाना-, तिरछी आँखों से देखना-, तिरछे देखना-।

कुपित/क्रोध भरी दृष्टि, कोपदृष्टि (स्त्री.), काक्ष, अदृष्टि (स्त्री.), अदृष्टिका (स्त्री.), तरेरा, तिरछी आँख, तेवर।

बुरे भाव से देखना-, घूरना-, घूरघार (स्त्री.) (कर.), घूराघारी (स्त्री.) (कर.)।

आड़ से/झरोखे से/ऊपर से नीचे झुककर देखना-, झाँकना-, झाँकना-; झाँवकना, ताक-झाँक (स्त्री.) (कर.)।

छिपकर देखना-, कनखियों/कनखैयन लगना-।

पलक गिराये बिना देखते रहना-, टकटकाना-, टक (स्त्री.) (बँध. लग. बाँध. लगा.), टकटका, टकटकी (स्त्री.) (बँध. लग. बाँध. लगा.), ताक (स्त्री.) (बाँध.), दृष्टि (स्त्री.) गड़ाना-/जमाना-/लगाना-।

आँख की कोर से देखना-, अक्षविक्षेप, अक्षिविकूणित, अक्षिविकूशित, अक्षिविक्षेप, अक्षिविलोकित, अग्राक्षण, अग्राक्षि (स्त्री.), अपांगदर्शन, अपांगदृष्टि (स्त्री.) (डाल.), अर्धवीक्षण, कटाक्ष, कनखियाना-, कनखी (स्त्री.) (दे.देख.), कनखी से/कनखियों से देखना-, कनखैया (स्त्री.) (दे.निहार. हेर.), काक्ष, कुरुखि (स्त्री.), चितवन (स्त्री.), तिरछी चितवन से/तिरछीनजर से देखना-, तिर्यक्प्रेक्षण, दृष्टिविक्षेप, रमूज़ (स्त्री.), वक्रदृष्टि (स्त्री.), साचिविलोकित।

प्रेमभरी चितवन, दृष्टिविक्षेप, दृष्टिविभ्रम (दे.73.9.), नयनवाण, नेत्रविलास, मीठी नज़र।

प्रेमभरी चितवन से चित्त को मोहित करना-, डीठ मारना-, नज़र डालना-।

तीक्ष्ण दृष्टि (स्त्री.), पैनी निगाह, गृध्रदृष्टि (स्त्री.), श्वेनदृष्टि (स्त्री.)।

बारीकबीनी (स्त्री.), सूक्ष्मदर्शिता (स्त्री.), सूक्ष्मेक्षिका (स्त्री.)।

दूरदृष्टि (स्त्री.) (दे.430)।

चंचल दृष्टि (स्त्री.), शोख़ निगाह (स्त्री.)।

ऊर्ध्वदृष्टि (स्त्री.)।

झुकी हुई निग़ाह, अधोदृष्टि (स्त्री.), आनत दृष्टि (स्त्री.)।

विहंगमदृष्टि (स्त्री.) (डाल.)।

सिंहावलोकन (कर.), सिंहावलोकित।

कृपादृष्टि (स्त्री.) (डाल. रख.), कृपाभाव (रख.), अनुदृष्टि (स्त्री.), दयादृष्टि (स्त्री.), दीठ (स्त्री.) (फिर.), नज़र (स्त्री.) (रख.)।

खोटी/बुरी निग़ाह, अदृष्टि (स्त्री.), अदृष्टिका (स्त्री.), अशुभ दृष्टि (स्त्री.), काक्ष, कुदृष्टि (स्त्री.), चश्मे बद (स्त्री.), पापदृष्टि (स्त्री.)।

खोटी/बुरी निगाह से देखना-, डीठ/दीठ/नज़र लगाना-, नज़रानना, खोटी निगाह का असर होना/दीठ/नजर लगना-, दृष्टिदोष (हो.), नजर खाना-,

अच्छी निगाह, उत्तम दृष्टि (स्त्री.), सुदृष्टि (स्त्री.)।

पहली झलक/निगाह, प्रथम दर्शन, आपात।

आँखों से देखना-, प्रत्यक्ष दर्शन, प्रत्यक्ष देखना-, प्रत्यक्षीकरण, समक्षदर्शन।

नज़र की पहुँच : दृष्टिपथ, दृक्पथ, दृग्गति (स्त्री.), दर्शनगोचर, दर्शनपथ, आलोकपथ, आलोकमार्ग, चक्षुःपथ, चक्षुर्विषय, चक्षुष्पथ, नयनपथ, नयनविषय, विलोचनपथ, सन्दर्शनपथ।

दृष्टिसीमा (स्त्री.)।

देखने/समझने का पहलू : दृष्टिकोण, नज़रिया, नज़रीया, नुक्तए नज़र, विचार (दे.569) (साहित्य में) परिप्रेक्ष्य।

देखने/समझने का ढंग : दृष्टिभंगी (स्त्री.), देखन (स्त्री.)।

दृष्टिभम्र (दे.541), hallucination।

दृष्टिरोध।

दृष्टिगुण, लक्ष्य (दे.103)।

देखने की इच्छा : दिदृक्षा (स्त्री.)।

देखादेखी (स्त्री.) (हो.), दिठादिठी (स्त्री.), आँखें घुलना-, आँखें चार होना-, चार आँखें होना-, साक्षात्कार (हो.) (दे.361)।

देखते हुए न देखना : निमीला (स्त्री.), निमीलिका (स्त्री.)।

दर्शकों की दृष्टि में भ्रम पैदा करना : दृष्टिबंध (कर. खेल.), जादू (कर.) (दे.555), नज़रबन्दी (कर.)।

दिखाना-, दिखा डालना-/देना-, दिखलाना-, दिखलाई (स्त्री.), दिखाई (स्त्री.), दिखावट (स्त्री.) (दे.617), दर्शन कराना-, दर्शाना-, दरशाना-, दरसाना-, दृष्टि आकृष्ट करना-, देखाना-, तकाना-, प्रदर्शन (कर.), लखाना-, सन्दर्शन, साक्षात्करण।

दिखलवाना-, दिखलवाई (स्त्री.)।

दिखाने की उजरत : दिखाई (स्त्री.), दिखलवाई (स्त्री.), दिखलाई (स्त्री.)।

दिखावा (कर.), दिखलावा, दिखावट (स्त्री.) (कर.), दिखावटीपन, देखाव, देखावट (स्त्री.), बनाव, बनावटीपन, आडंबर (दे.617)।

दृश्यता (स्त्री.), दृशीक, गोचरता (स्त्री.), प्रत्यक्षता (स्त्री.), प्रत्यक्षत्व, समक्षता (स्त्री.)।

प्रदर्शनी (स्त्री.) (हो. लग. चल.), नुमाइश (स्त्री.) (दे.359)।

प्रदर्शनी-स्थल, नुमाइशगाह (स्त्री.)।

मंदिर आदि में सजाया गया दृश्य : झाँकी (स्त्री.) (सज.सजा.)।

शाम को मंदिर में देवमूर्ति के सामने की जाने वाली सजावट : साँझी (स्त्री.)।

सचल झाँकी : चौकी (स्त्री.) (सजा. निकाल.), झाँकी (स्त्री.), tableau ।

कौशलपूर्ण स्वाँगवाली चौकी : लाग (स्त्री.)।

दृश्य वस्तु : चक्षुर्विषय, चक्षुराग, नयनविषय, नयनोत्सव।

दृश्य, दिखाव, नज़ारा, नज़्ज़ारा, निकाश, मंजर, सन्दर्श, समाँ।

वि. देखा हुआ : दृष्ट, दृष्टिगत (कर.हो.करा.), दीद, अक्षिगत, अवलोकित, आलक्षित, आलोकित, ईक्षित, निरीक्षित, प्रेक्षित, लक्षित, लोकित, विलोकित, वीक्षित।

आँखों देखा, चश्मदीद, प्रत्यक्षदृष्ट, साक्षात्दृष्ट।

दृष्टवत्, प्रत्यक्षतुल्य।

दृष्टिगोचर (कर.हो.करा.), दृग्गोचर, दृश्य, दृश्यमान्, दृष्टमान्, अक्षिभू, अध्यक्ष, अन्वक्ष, गोचर, चक्षुर्गोचर, नयनगोचर, प्रकट (दे.489), प्रत्यक्ष (कर.हो.करा.), भासमान, भासिक, लोकनीय, समक्ष, समालक्ष्य।

निरीक्ष्यमान्।

दर्शित, प्रदर्शित, सन्दर्शित।

दर्शनीय, दिदृक्षेण्य, दिदृक्षेय, दृश्य, दृष्टव्य, अवलोकनीय, अवलोक्य, अलोकनीय, आसेव्य, निरीक्ष्य, प्रेक्षणीय, प्रेक्ष्य, लक्ष्य, लोकनीय, विलोकनीय, विलोक्य, वीक्षणीय, वीक्ष्य।

दिखाने योग्य : दर्शनीय।

दर्शक, दर्शी, द्रष्टा, दिखवैया, अध्यक्ष, अवलोकक, आलोचक, ईक्षक, ईक्षिता, निरीक्षक, परिद्रष्टा, पर्यवेक्षक, प्रदर्शक, प्रदर्शी, प्रेक्षक, प्रेक्षिता, प्रेक्षी, विलोकी, वीक्षिता, समालोकी, सर्वेक्षक।

प्रत्यक्षदर्शी, प्रत्यक्षदर्शन, प्रत्यक्षद्रष्टा, प्रत्यक्षी, चश्मदीद।

सब कुछ देखनेवाला : साक्षात्कर्ता।

घूराघारी करने वाला : नज़रबाज़, नज़ाराबाज़, नज़्ज़ाराबाज़।

दर्शनाभिलाषी, दर्शनार्थी, दिदृक्षु।

दृष्टिवाला : दृष्टिवन्त, डिठार।

दिखानेवाला : दर्शक, दर्शयिता, दर्शी, दिखैया, प्रदर्शक, प्रदर्शी, सन्दर्शयिता।

एकटक देखनेवाला : अचितवन, अनन्यदृष्टि, अनिमिष, अनिमिषदृष्टि, अनिमिषनयन, अनिमिषलोचन, अनिमिषाक्ष, अनिमेष, अनिमेषदृष्टि, अनिमेषनयन, अनिमेषलोचन, अनिमेषाक्ष, एकाग्रदृष्टि, टकटका, बद्धदृष्टि, बद्धनेत्र, बद्धलक्ष्य, स्तब्धदृष्टि, स्तब्धनयन, स्थिरदृष्टि।

तीक्ष्णदृष्टि, बारीकबीं, बारीकबीन, बारीकनज़र, सुदृष्टि, सूक्ष्माक्ष।

चंचल आँखोंवाला : लोलचक्षु, लोलनयन, लोलनेत्र, लोललोचन, विलोलतारक।

ऊर्ध्वदृष्टि, ऊर्ध्वनेत्र।

अधोदृष्टि, नतनेत्र।

कृपादृष्टि रखनेवाला : अनुदृष्टि।

नज़र लगाने वाला : नज़रहाया।

दिखाऊ, दिखावटी, दिखौआ, दिखौवा, देखाऊ, देखौआ, नुमाइशी, बनावटी।

अ. आँखों के सामने : साक्षात्, स्पष्टतः (दे.489)।

पहली निगाह में : आपाततः

अनिमिष, अनिमेष, अपल, अपलक, एकटक, टकटक, टुक टुक, टुकुर टुकुर, निर्निमेष।

103. लक्ष्य

सं. लक्ष्य (कर. साध.) ज़द (स्त्री.), दृष्टिगुण, निशान, निशाना (कर. बना. बाँध. लगा. ले. साध.), बाण, मार (स्त्री.), वेध्य, शरव्य, शिस्त (स्त्री.) (बाँध.) संधान (कर.), सरव्य, सिप्पा (लगा.), सीध (स्त्री.) (बाँध.)।

लक्ष्यता (स्त्री.), लक्ष्यत्व।

निशाना लगाना-, अभिहति (स्त्री.), संधान (कर.) समायोग (कर.) बाण से निशाना लगाना-सार संधान (कर.) (दे.511.7)।

उचित लक्ष्य से आगे निशाना लगाना : अतिसंधान।

निशाना लगाने का अभ्यास करना : निशाना साधना-।

निशाना लेना : लक्ष्यग्रह।

निशाना मारना-, बाणसिद्धि (स्त्री.) (कर.), बेधना-, लक्ष्यभेद (कर.), लक्ष्यवेध (कर.), वेधन (कर.), सिप्पा (मार.)।

निशाना चूकना-, लक्ष्य भ्रष्ट होना-, वार खाली जाना-, हुकना-।

शब्द सुनकर निशाना लगाना : शब्दवेध (कर.)।

बन्दूक से निशाना लगाने का अभ्यास : चाँदमारी (स्त्री.) (कर.)।

चाँदमारी का निशान : चाँद, लक्ष्य-केन्द्र, bull's eye।

चाँदमारी के लिए मिट्टी का ढूह : तूढ़ा।

तीरंदाजी (स्त्री.) (दे.511.7)।

निशाना बनना-/होना-।

वि./सं. अचूक, सटीक, सही (निशाना), अव्यर्थ (लक्ष्य)।

लक्ष्यभेदी, लक्ष्येवेधी, निशानेबाज़, शिस्तबाज़।

शब्दभेदी, शब्दवेधी, शब्दपाती।

तीरन्दाज (दे.511.7)।

बन्दूकची (दे.511.1)।

104. अदृष्टि

सं. अदृष्टि (स्त्री.), अदृष्टिका (स्त्री.), अदर्शन, अप्रत्यक्षता (स्त्री.), अप्रत्यक्षत्व, अप्राकट्य, तिरोधान (हो.), तिरोभाव (हो.)।

दृष्टिभ्रम, मृगतृष्णा (स्त्री.) (दे.34), धुन्द (स्त्री.), धुंध (स्त्री.), धुंधर, धुंधरि (स्त्री.), धुंधि (स्त्री.), धुंधुरि (स्त्री.), धुंधुरी (स्त्री.), धुँधेरी (स्त्री.), अस्पष्टता (स्त्री.) (दे.17)।

किसी चीज़ को देखते हुए भी उसका दिखाई न पड़ना : भटभटी (स्त्री.) (लगा.)।

आच्छादन (दे.480); आड़ (स्त्री.) (दे.480); छिपाव (दे.490)।

अदृश्य होने की विद्या : तिरस्करिणी (स्त्री.), तिरस्करी (स्त्री.) (दे.555)।

वि. अदृश्य (हो.), अदर्शन (दे.127), अगोचर, अचाक्षुष, अतिपरोक्ष, अनध्यक्ष, अप्रत्यक्ष, अलक्षित, अलक्ष्य, अलोक, अलोकनीय, अलोप, असमक्ष।

अदृष्ट, अनदेखा, अनालोचित, अप्रेक्षित, अलक्षित।

अदृष्टपूर्व।

ओझल (हो.), ग़ायब (हो.) (दे.271), छलावा (हो.)।

अप्रकट, गुप्त (दे.490)।

अस्पष्ट, धुँधला (दे.17)।

अदर्शनीय, अद्रष्टव्य, अप्रेक्षणीय।

दुर्लक्ष्य, दुरालोक, दुर्निरीक्ष्य।

दृष्टि से परे : अचक्षुर्विषय।

अ. अप्रकटतः, असमक्ष।

बिना देखे : अदेखे, अनदेखे।

105. शब्द

सं. शब्द (कर. हो.), शब्दन, श्रवणविषय, श्रुतिविषय, अक्षर, अभिधानक, अभिरुत, अभिलाप, आरव, आराव, आवाज़ (स्त्री.) (कर. हो.), ध्वनि (स्त्री.) (कर. हो.), ध्वन, ध्वनन, ध्वान, नाद, नदन, नदना-, निनद, निनाद, निनादना-, निध्वान, निह्रदि, निस्वन, निस्वान, बोल, रसन, रासन, वर्णात्मा, वाक् (स्त्री.) (दे.108), विक्षाव, व्योमगुण, स्तनन, स्वन, स्वनन, स्वनि, स्वनित, स्वान।

घोष (दे.108), निर्घोष, रव, रवन, रवना-, रोल, ह्रद, ह्राद, ह्रास।

तेज़ आवाज़ : उन्नाद; भारी शब्द : डंबर, प्रणिनाद; प्रचंड शब्दःप्रघोष।

शब्दता (स्त्री.), शब्दत्व।

वि. शब्द-सम्बन्धी, शाब्द, शाब्दिक।

शब्दित, अभिरुत, आध्मान, आशब्दित, आस्वान्त, आस्वनित, ध्वनित, नादित, निनदित, निनादित, मुखरित, रंभित, विरुत, विरेभित, स्तनित, स्वनित।

शब्दायमान, ध्वन्यमान, मुखर, रवण, सरव, सशब्द।

शब्दमय, शाब्द, ध्वनिमय, ध्वनिरूप, ध्वन्यात्मक, वागात्मा, वाचाल।

ध्वनित होने वाला : ध्वन्य, प्रोद्‌घुष्ट।

शब्दकारी, शब्दन, शब्दाल, शाब्दिक, ध्वननशील, ध्वनिकारक, नादि, नादी, निनदी, निनादी, रासन, स्वनिक, ह्रादी।

105.1. सं. अस्त्र-शस्त्रों से सम्बन्धित शब्द (दे.511)।

105.2. सं. आघात से उत्पन्न शब्द : आहतनाद।

105.3. सं. आहट (स्त्री.) (दे.73.26)।

105.4. सं. आँच से किसी चीज़ के टूटने/फटने का शब्द : तड़, तड़क (स्त्री.), तड़कना-, तड़काना-, तड़तड़ाना-, चटाक, चटाका, चटाख, चटाखा।

वि. तड़कीला।

अ. तड़ातड़।

105.5. सं. आग के एकबारगी जलने का शब्द : भक (स्त्री.)।

अ. भक से।

105.6. सं. आग के रह-रहकर चमकने/धुआँ निकलने का शब्द : भक-भक (स्त्री.), भकभकाना-।

105.7. सं. आग के जोर से जलने का शब्द : धूधू (दे.518)।

105.8. सं. कंकड़ी जैसे कणों के गिरने का शब्द : छर (स्त्री.), छर-छर (स्त्री.), छरछराना-, छरछराहट (स्त्री.)।

अ. छर-छर।

105.9. सं. कड़ी चीज के टूटने का शब्द : कड़कड़, कड़कड़ाना-, कड़कड़ाहट (स्त्री.), कड़कना-, कड़ाका।

वि. कड़कड़ाता।

105.10. सं. काठ पर काठ बजाने का शब्द : ठक (स्त्री.), ठक-ठक(स्त्री.), ठकठकाना-।

105.11. सं. खरी/करारी चीज़ के टूटने का शब्द : कुरकुर, कुरकुराना-, कुरकुराहट (स्त्री.), चुरचुर, चुरचुराना-, चुरमुर, चुरमुराना-।

वि. कुरकुरा, चुरमुरा।

105.12. सं. गंभीर ध्वनि : मन्द्र, मन्द्रध्वनि (स्त्री.), मन्द्रस्वन, धमर।

वि. मंद्रित।

105.13. सं. गँठीली लकड़ी के जलने का शब्द : चट-चट (स्त्री.), चटचटाना-, चटचटायन, चटचटा (स्त्री.), चिट-चिट (स्त्री.), चिटकना-, चिटचिटाना-।

105.14. सं. गड़ारी के घूमने का शब्द : गड़गड़ाहट (स्त्री.) (दे.508), गड़गड़ाना।

105.15. सं. गहनों की झनकार : झनकमनक (स्त्री.) (दे.503)।

पाँवों के गहनों की झनकार : छन (स्त्री.), छनक (स्त्री.), छनकना-, छनछन (स्त्री.), छनछनाना-, छम (स्त्री.), छमकना-, छमछम (स्त्री.) (कर.), छमछमाना-, झमक (स्त्री.), झमकड़ा, झमकना-, झमकाना-, झमझम (स्त्री.), झमझमाना-, झमझमाहट (स्त्री.), झमाका।

झनकझनक (स्त्री.)।

झुनक (स्त्री.), झुनकना-, झुणकार (स्त्री.), झुनझुन, झुनझुनाना-, रुनझुन (स्त्री.), रुनुक- झुनुक (स्त्री.), रुनुझुनु (स्त्री.),।

वि. रुनित।

अ. छमछम, छमाछम, झनक-झनक, झमझम, झमाझम, झुनझुन, रुनझुन।

सं. चुड़ियों के बजने का शब्द : खनक (स्त्री.), खनकना-, खनकाना-।

105.16. सं. गाड़ी, चक्की, इंजन आदि के चलने का शब्द : घड़घड़, घड़घड़ाना-, घड़घड़ाहट (स्त्री.), घरघर (कर.), घरघराना-, घरघराहट (स्त्री.), घर्घर, घर्घरक (दे.508)।

अ. घरघर।

105.17. सं. कूदने/गिरने का शब्द : धड़ाम।

105.18. सं. घण्टा-ध्वनि (स्त्री.), घंटानाद, घंटारव, घंटा शब्द, घंटास्वन्, घंटा, टन (स्त्री.), टनकना-, टन-टन (स्त्री.), टनटनाना-, टनाटन, टन्नावा-, बाँगदरा, रणन।

वि. रणित।

अ. टनाटन।

105.19. सं. घण्टी की आवाज : खंखणा (स्त्री.), डांकृति (स्त्री.)।

105.20. सं. चर-चर करके टूटने/फटने का शब्द : चर, चर्राना-।

105.21. सं. चीज़ों के उठाने-धरने का शब्द : परंजा।

105.22. सं. चीज़ों के टकराने/गिरने का शब्द : खड़बड़ (स्त्री.), खड़बड़ाना-, खड़बड़ाहट (स्त्री.)।

105.23. सं. चीत्कार (दे.110)।

105.24. सं. चुटकी (स्त्री.) (दे.बजा.) (दे.73.27)।

105.25. सं. झन-झन शब्द : झंकार (स्त्री.) (हो.), झंकारना-, झंकारित, झंकृति (स्त्री.), झंझन, झंझनाना-, झणझण, झणझणा (स्त्री.), झणत्कार, झनक (स्त्री.), झनकना-, झनकार (स्त्री.), झनकारना-, झनझन (स्त्री.), झनझनाना-, झनझनाहट (स्त्री.), झननन, झननाना-, झनाझन (स्त्री.), झन्नाना-, झन्नाहट (स्त्री.), अनुरणन, छनाका, रणत्कार।

वि. झनझनानेवाला : झनझना, झंकारी।

झंकारित, झंकृत, अनुरणित।

अ. झनाझन।

105.26. सं. टिन आदि पर भारी चीज़ के गिरने का शब्द : कड़कड़, कड़कड़ाहट (स्त्री.)।

105.27. सं. डरावनी आवाज़ : कड़क (स्त्री.), कड़कना-, कड़का।

105.28. सं. ढोल के बजने का शब्द : ढम, ढमकना-, ढमकाना-, ढमढम, ढमढमाना-, ढामक (दे.602..3.3)।

अ. ढम-ढम।

105.29. सं. तान (स्त्री.), मूर्च्छना (स्त्री.) (दे.601)।

105.30. सं. ताली बजाने का शब्द : करतलध्वनि (स्त्री.) (दे.331), आस्फोट।

105.31. सं. तुमुल वाद्यध्वनि : कोणाघात।

105.32. सं. तेजी से हिलने का शब्द : फन-फन (स्त्री.), फनकार (स्त्री.), फनकना-, फनफनाना-।

105.33. सं. दो कड़ी चीज़ों के टकराने का शब्द : खट (स्त्री.), खटकना-, खटकाना-, खटका, खट-खट (स्त्री.), खटखटाना-, खटपट (स्त्री.)।

अ. खट-खट।

105.34. सं. दलदल में किसी चीज़ के डूबने/धँसने का शब्द : गड़प (हो.)।

105.35. सं. धँसने/चुभने/कुचले जाने का शब्द : कच, कचकचाना-।

105.36. सं. धातुखण्ड पर आघात करने का शब्द : टन (स्त्री.), टनकना-, टनटनाना-, टन्नाना-; ठन (स्त्री.), ठनकना-, ठनकाना-, ठनकार, ठनठन (स्त्री.), ठनठनाना-, ठनाका; ठुनठुन।

105.37. सं. धीमी अस्पष्ट ध्वनि : भनक (स्त्री.), भनभनाहट (स्त्री.)।

105.38. सं. नरम चीज़ पर कड़ीया कड़ी चीज़ पर नरम चीज़ के गिरने का शब्द : गद।

105.39. सं. पक्षियों का कलरव : कूजन (दे.67.50)।

वि. कूजित।

105.40. सं. पतली चीज़ के टूटने/उँगली फोड़ने का शब्द : चट (स्त्री.), चटकना-, चटकाना-, चट-चट (स्त्री.), चटाक, चटाका, चटाख, चटाखा, चटाचट (स्त्री.)।

अ. चट-चट, चटाचट।

105.41. सं. पतले धातुखण्ड पर आसात करने का शब्द : झन (स्त्री.), झनझन (स्त्री.)।

105.42. सं. पानी में किसी चीज़ के गिरने/किसी चीज़ पर गाढ़ी चीज के गिरने का शब्द : छप (स्त्री.), छप-छप (स्त्री.)।

अ. छप-छप।

105.43. सं. पानी में किसी चीज़ के डूबने का शब्द : गड़प (स्त्री.), चमक (स्त्री.)।

105.44. सं. प्रतिध्वनि (स्त्री.) (हो.), प्रतिध्वनन (हो.), प्रतिध्वान, प्रतिनाद, प्रतिनिनाद, प्रतिरव, प्रतिवचन, प्रतिशब्द, प्रतिश्रव, प्रतिश्रुत् (स्त्री.), प्रतिश्रुति (स्त्री.), प्रतिस्वन, प्रतिस्वर, अनुध्वनि (स्त्री.), अनुनाद, अनुरस, अनुरसित, अनुस्वान, गूँज (स्त्री.) (हो.), गूँजना-, नभोनंदिनी (स्त्री.)।

घण्टा, नूपुर आदि की ध्वनि की प्रतिध्वनि : अनुरणन।

गर्जन जैसी प्रतिध्वनि : अनुगर्जित।

वि. प्रतिध्वनित, प्रतिध्वानित, प्रतिनादित, अनुनादित, अनुरसित।

अनुगर्जित।

अनुरणित।

प्रतिध्वनित करने वाला : अनुनादी।

105.45. सं. बाजा फूँकने का शब्द : पें, पें-पें।

105.46. सं. बादल की गरज (दे.26)।

105.47. सं. बूँदों के गिरने का शब्द : टप (स्त्री.), टपक (स्त्री.), टप-टप (स्त्री.), टिप-टिप (स्त्री.)।

अ. टप-टप, टपाटप।

105.48. सं. भारी आघात का शब्द : घम, घम-घम, घमघमाना-, घमक (स्त्री.), घमका, घमाका, घमाघम, घमाघमी (स्त्री.)।

अ. घमाघम।

105.49. सं. भारी चीज़ के गिरने का शब्द : धड़ाका, धमाका, धड़ल्ला।

105.50. सं. भारी पोली-चीज़ के गिरने/पीटने का शब्द : भड़भड़ (स्त्री.), भड़भड़ाना-, भड़भड़ाहट (स्त्री.), भड़ाभड़ (स्त्री.)।

105.51. सं. भोंपू की आवाज़ : पों. (स्त्री.), पों-पों (स्त्री.) (कर.)।

अ. पों-पों।

105.52. सं. भौंरों के भनभनाने का शब्द : गुंज, गुंजन (कर. हो.), गुंजना-, गुंजर, गुंजरण, गुंजरना-, गुंजा (स्त्री.), गुंजार (कर. हो.), गुंजारना-, गूँज (स्त्री.), गूँजना-, ध्वन, ध्वनन, ध्वान, निर्ह्लाद, भनकन्त (स्त्री.), भनकना-, भनभन (स्त्री.) (कर. हो.), भनभनाना-, भनभनाहट (स्त्री.), रणत्कार, रव, विराव, विरुत।

वि. गुंजनयुक्त, गुंजी।

गुंजित, अभिरुत, विरुत।

गुंजायमान।

गुंजक।

105.53. सं. मधुर ध्वनि : कलरव, कलध्वनि (स्त्री.), कलधौत, काकलि (स्त्री.), काकली (स्त्री.), काकलीक, कुहरित, गुंजन, विराव, विरुत, सुराव।

वि. कुहरित, गुंजित।

105.54. सं. मोटी नरम चीज़ के गिरने/उस पर आघात से उत्पन्न शब्द : धब-धब (स्त्री.)।

अ. धब-धब।

105.55. सं. रगड़ने से उत्पन्न शब्द : घरर-घरर, घररना-।

अ. घरर-घरर।

105.56. सं. लंबी गहरी आवाज़ : कूक (स्त्री.), कीक (स्त्री.) (दे.110)।

105.57. सं. वीणा आदि का शब्द : उपक्वण, उपक्वाण, क्वण, क्वणन, क्वणित, निक्वण, निक्वाण, प्रक्वण, प्रक्वाण।

वि. क्वणित।

105.58. सं. शंखध्वनि (स्त्री.) (दे.67.519)।

105.59. सं. सिक्कों के बजने का शब्द : खन (स्त्री.), खनक (स्त्री.), खनकना-, खनकाना-, खनकार (स्त्री.), खनखन (स्त्री.), खनखनाना-, ठन (स्त्री.), ठनकाना-।

वि. खनखना।

अ. खन-खन, ठनाठन।

105.60. सं. स्वर, स्वरयोग, अंब, निह्नाद, बेकुरा (स्त्री.), विरिब्ध, व्याहार।

उच्च स्वर : उदात्त, विनिर्घोष।

उच्चतम स्वर : वागन्त।

निम्न स्वर : अनुदात्त।

(स्वर की) मधुरता (स्त्री.), मिठास (स्त्री.) (दे.118)।

(स्वर की) कठोरता (स्त्री.), कर्कशता (स्त्री.), परुषता (स्त्री.) (दे.227)।

(स्वर की) गंभीरता : स्वरगुप्ति (स्त्री.)।

(स्वर का) कंपन : स्वरकंप।

स्वर का बिगड़ना : स्वरविकार, स्वरपरिवर्तन, ध्वनिविकार, काकु।

स्वर की हानि : स्वरक्षय।

स्वर का नीचा होना : स्वर उतरना-।

स्वर नीचा करना : स्वर उतारना-।

स्वर ऊँचा होना : स्वर चढ़ना-।

स्वर ऊँचा करना : स्वर चढ़ाना-।

स्वर उत्पन्न करना : स्वर निकालना-।

देर तक स्वर निकालना : स्वर भरना-।

दूसरे के स्वर के मेल में स्वर निकालना : स्वर मिलाना-।

सही स्वर निकालने का अभ्यास करना : स्वर साधना- (दे.601)।

स्वर करने वाला : अंब।

कण्ठस्वर, कण्ठ, आवाज़ (स्त्री.), कुहर, गला, बकारी (स्त्री.) (निकल.फूट), बोल, भाँस (स्त्री.), स्वर।

चहकती आवाज़।

तेज/कड़कती आवाज़।

ऊँची आवाज़, उच्च/उदात्त स्वर।

पाटदार/भारी/मोटी आवाज़, गंभीर/गुरुगंभीर/मन्द्र स्वर।

गमकती/गूँजती आवाज़।

भर्रायी हुई आवाज़।

फटी आवाज़।

नकियाती आवाज़।

दबी आवाज़।

बहुत धीमी आवाज़, अस्फुट स्वर, फुस (स्त्री.), फुसफुस (स्त्री.)।

मधुर स्वर, मीठी आवाज़, सुनाद, सुस्वर।

महीन/सुरीली आवाज़।

वि.स्वर-सम्बन्धी आवाज़।

स्वरयुक्त।

स्वरित।

मिठासभरी/मीठी (आवाज), मधुर/मीठा/मृदु (स्वर)।

कड़वी/कड़ी/रूखी (आवाज़), कटु/कठोर/कर्कश/परुष (स्वर)।

उच्चस्वर युक्त, अट्ट, चण्डिक।

मन्दस्वरयुक्त, अघोष।

विचित्र स्वरवाला : अद्‌भुतस्वन।

मधुर स्वरवाला : कलकण्ठ, कलकूजिका (स्त्री.), कलकूणिका (स्त्री.), कलनाद, कोकिलकण्ठी (स्त्री.), मंजुघोष, मंजुस्वन, मंजुस्वर, मधुरकण्ठ, मधुरस्वन, मधुरस्वर, सुकण्ठ, सुधाकण्ठ, सुनाद, सुनादक, सुशब्द, सुस्वन, सुस्वर।

कर्कश (स्वर), अकण्ठ।

आवाज़ खोलनेवाला : स्वरकर।

(विप.) स्वरहीन, अकण्ठ।

अ. बहुत धीमी आवाज में : फुस से।

105.61. सं. हलकी पतली चीज़ पर आघात करने/उसके कड़ी चीज़ पर गिरने/उसके हिलने/बाँस आदि के फटने का शब्द : फट (स्त्री.), फट-फट (स्त्री.), फटफटाना- (दे.267); फड़-फड़ (स्त्री.)।

अ. फट-फट।

105.62. सं. होंठों को सिकोड़कर निकाली गयी आवाज़ : सीटी (स्त्री.) (बजा.), सफ़ीर (स्त्री.), सफ़ील (स्त्री.), ज़फ़ीर (स्त्री.), ज़फ़ीरी (स्त्री.), ज़फ़ील (स्त्री.), पपैया।

सीटी बजाने वाला : सीटीबाज़।

इंजन आदि से निकली सीटी जैसी आवाज़ : सीटी (स्त्री.) (दे.बजा.), भोंपा, भोंपू (दे.454)।

105.63. सं. ऊँ, ॐ, ओं, ओंकार, ओम्, ओइम्, ओऽम्, अक्षर, अध्यक्षर, उद्‌गीथ, एकाक्षर, तार, त्र्यक्षर, त्र्यक्षरक, पंचवर्ण, परम, परमाक्षर, प्रणव, प्रलय, प्रस्वार, ब्रह्माक्षर, वेदादि, वेदादिबीज, वेदादिवर्ण, वेदारंभ, शब्द, शब्दब्रह्म, शब्दाक्षर, सर्वविद् (स्त्री.)।

योगियों को सुनाई देनेवाली आन्तरिक ध्वनि : अनाहत, अनाहतनाद, अनाहतशब्द।

ओमृध्वनि (स्त्री.), अनाहतनाद, अनाहतशब्द।

मूलाधार-स्थित नाद : परा (स्त्री.)।

नाभिदेश-स्थित नाद : पश्यन्ती (स्त्री.)।

हृदय-स्थित नाद : मध्यमा (स्त्री.)।

कण्ठ-स्थित नाद : वैखरी (स्त्री.)।

105.64. सं. ध्वनिक्षेपक यन्त्र, ध्वनिग्राही, ध्वनिवर्ध, अणुभाष, सूक्ष्मध्वनिग्राहक, microphone, mike।

ध्वनिप्रवर्धन, प्रवर्धन, विपुलन, amplification।

ध्वनिवर्धक, ध्वनिविस्तारक, प्रवर्धक, विपुलक, amplifier।

ध्वनिवर्धक, ध्वनिविस्तारक, ध्वनिविस्तारक यन्त्र, विपुलभाष, loudspeaker।

भोंपू, उच्चभाष, ध्वनिप्रवर्धी, megaphone।

ध्वनि-अभिलेखन, ध्वन्यंकन, रिकार्डिंग करना-, recording।

ध्वनिसंग्राहक, ध्वन्यभिलेखक, ध्वन्यभिलेखी, sound recorder।

रिकॉर्डिंग स्टूडियो : स्टूडियो।

फीता अभिलेखन, tape recording।

फीता अभिलेखित्र, tape recorder; tape: cassette।

ध्वनिविक्षेपण, ध्वनिप्रेषण, दूरविक्षेपण, पारेषण, transmission।

ध्वनिविक्षेपक, ध्वनिप्रेषित्र, दूरविक्षेपक, पारेषक, transmitter।

ग्रामोफोन, फोनोग्राफ, बाजा, सीतावाद्य; रिकॉर्डप्लेअर; कैसेट-प्लेअर, कैसेट-रिकॉर्डर; स्टिरियो-प्लेअर।

ध्वनि-मंजूषा (स्त्री.), sound box।

रिकॉर्ड, तवा, बिम्ब; स्टैण्डर्ड प्ले रिकॉर्ड; लॉड्ग प्लेइंग रिकॉर्ड; मोनो रिकॉर्ड; स्टिरियो स्किॉर्ड।

टर्नटेबिल।

तवे की चूड़ी, सीता (स्त्री.)।

सीतावाद्य-सूची (स्त्री.), gramophone।

रेडियोग्राम।

ध्वनिघनत्व, frequency।

105.65. सं. ध्वानिकी (स्त्री.), ध्वनिविज्ञान, ध्वनिशास्त्र, नादविद्या (स्त्री.), श्रवणगुणविज्ञान, श्रुतिविज्ञान, स्वरतत्व, स्वरविज्ञान, acoustics।

106. शब्दहीनता

सं. शब्दहीनता (स्त्री.), शब्दराहित्य, अनालाप, अवचन (दे.115), उपांशु, ख़ामोशी (स्त्री.) (छा.), ख़ामुशी (स्त्री.), ख़मोशी (स्त्री.), गूँगी (स्त्री.) (साध.), धुन्नी (स्त्री.) (साध.), चुप (स्त्री.) (मार.लगा.साध.), चुपकाना-, चुपकी (स्त्री.) (लगा. साध.), चुपाना-, चुप्पी (स्त्री.) (लगा.साध.), ज़बानबन्दी (स्त्री.), तूष्णी (स्त्री.), निःशब्दता (स्त्री.), नैःशब्द, निस्तब्धता (स्त्री.), नीरवता (स्त्री.), मौन (गह.धर. बाँध. ले. सँभार. साध.), मौनता (स्त्री.), मौनभाव, मौनमुद्रा (स्त्री.), सन्नाटा (कर.खींच.छा.फैल.मार.हो.), सुकूत, स्तब्धता (स्त्री.), स्तब्धत्व।

पूरा सन्नाटा, बिलकुल खामोशी (स्त्री.), सुकूते कामिल, सुकूते महज़।

मौनावलंबन (कर.), तूष्णींभाव।

मौनव्रत।

ज़बान पर/में ताला लगाना-, मनोभाव को छिपाना- (दे.490), मुँह में घुनघुनिया भर लेना-, मुँह में जबान न रखना-, मुँह सीना-, मूक बन जाना-, मौन ग्रहण/धारण करना- (दे.115)।

मौनभंग (कर.), मौन तोड़ना- (दे.107)।

वि. अघोष, अनालाप, अवचस्कर, अवाक् (हो. रह.), खामोश (हो. रह. कर.), खामुश, ख़ामोश, गूँगा (बन.) (दे.99), चुप (हो. रह. कर.), चुपका (हो.), तूष्णी, निःशब्द, निशब्द, निरुत्तर (दे.564), निर्घोष, निर्वचन, निर्वाक्, निवाकु, निस्तब्ध, नीरव, बद्धजिह्व, बद्धमौन, बद्धवाक्, मौन (हो. रह. कर.), मौगा, वाग्बद्ध, बाग्यत, वाग्याम, विरव, विराव, शब्दरहित, शब्दहीन, संयत्वर, सन्नजिह्व, स्तब्ध।

चुप रहनेवाला : चुपका, चुप्पा, चुप्पी (स्त्री.), घुन्ना, घुन्नी (स्त्री.), अगद (दे.115), तूष्णीक, तूष्णींशील, मिट्ठु।

मौनव्रती।

अ. चुपचाप, चुपचुप, चुपचुपाते, चुपके से, चुपचुप, तूष्णीम्।

107. कथन

107.1. सं. कथन (कर.), कथना-, कथनी (स्त्री.), कहन, कहना-, कह उठना-/डालना-/देना-/बैठना-/लेना-, कहनावत (स्त्री.), कहनि (स्त्री.), कहनी (स्त्री.), कहा, कही (स्त्री.), अनुकीर्तन, अभिभाषण, अभिलाप, आख्याति (स्त्री.), आख्यान, उच्चरन, उच्चार, उच्चारण (कर.), उदीरन, गदन, गदि (स्त्री.), गीर्णि (स्त्री.), जतलाना-, जताना- (दे.578), ज़बान खुलना-/खोलना-/हिलाना-, ज़बान पर लाना-, ज़बान से निकालना-, जल्प, जल्पन, जल्पना (स्त्री.), निगदन, प्रवाद, फ़रमाना-, बतलाना-/बतला देना-, बताना-, बता देना-, बयान करना-, बोलना-, बोल उठना-/देना-/लेना-, भणन, भणना-, भणित, भणिति (स्त्री.), भनिति (स्त्री.), भाषण (कर. देना.), भाषित, भाष्य, भासना-, मुँह पर लाना-, रटन, लब खोलना, वचन (दे.108), वदन, वदन्ति (स्त्री.), वदन्ती (स्त्री.), वर्णन (कर.), वर्णना (स्त्री.), वाचन, व्याहरण, व्याहृति (स्त्री.), सुनाना-, सूचना (स्त्री.) (दे.578)।

विस्तृत कथन : प्रपंचवचन।

कहलवाना-, कहलाना-, कहवाना-, कहाना-, बुलवाना-, बुलाना-, बोलवाना-।

किसी को कहने के लिए विवश करना : ज़बान/मुँह खुलवाना-।

कहा जाना-, लब पर आना-, होंठों पर आना-।

वि. कथित, कहा, कहा गया/हुआ, आख्यात, उक्त, उच्चरित, उच्चारित, उदीरित, गदित, गीर्ण, जल्पित, निगदित, प्रजल्पित, प्रलपित, प्रोक्त, भणित, भाषित, मज़कूर, मज़कूरा, लपित, वर्णित, विवक्षित, व्याहृत, श्रावित, समीरित, समुद्गीर्ण।

अधकहा।

सुन्दर रूप से कथित : सुभाषित, सूक्त।

ऊपर कहा हुआ : उपर्युक्त।

पहले कहा हुआ : पूर्वकथित, पूर्वोक्त, पूर्वोदित, यथाकथित।

कथनीय, कथ्य, आख्येय, उच्चारणीय, उच्चार्य, भाष्य, वचनीय, वदितव्य, वद्य, वर्णनयोग्य, वर्णनीय, वर्णितव्य, वाचनीय, वाच्य, विवक्षित।

कहनेवाला, कहता, कहवैया, कथिक, आख्याता, आख्यायक, उच्चारक, (यौगिक में) बयनी (स्त्री.), बैनी (स्त्री.), बोलता, बोलनहार, भणिता, भाषक, भाषिका (स्त्री.), भाषिता, भाषी (समासान्त में), वच (समासान्त में), वचनकर, वचस्कर, वद (समासान्त में), वदिता, वाचक, वाचयिता, वाची, विवक्ता।

अ. कथनानुसार, यथोक्त।

107.2. बोलने के लिए होंठों का हिलनाः सुरबुराना-।

बोलना-, बोल निकलना- (दे.108)।

खुशी से खिलकर बोलना : चहकना-।

मीठा बोलना : मुँह से फूल झड़ना- (दे.111)।

कडुआ बोलना, काँव-काँव करना (दे.112)।

तेज बोलना : ज़बान चलना-/चलाना-।

पीछे कहना-, अनुकथन।

107.3. बच्चे का बोलने लगना : ज़बान खुलना-, टूटे-फूटे शब्द बोलना-, तुतराना-, तुतरानि (स्त्री.), तुतलान (स्त्री.), तुतलाना-, तुतलाहट (स्त्री.), तोतराना-, तोतलाना-, रसना खोलना-।

बच्चे का स्पष्ट उच्चारण करने लगना : ज़बान टूटना-।

वि. तुतला, तुतरा, तुतरौंहा, तोतर, तोतरा, तोतल, तोतला।

107.4. सं. एक दी चीज़ को बार-बार बोलना : रट (स्त्री.) (लग.लगा. मचा.), रटन (स्त्री.), रटना-, रट डालना-/लेना-, रटन्त (स्त्री.), रटना (स्त्री.), रटनि (स्त्री.), रटाई (स्त्री.), घोखना-, घोटना-।

रटवाना-, रटाना-, रटा/रटवा देना-, घोखवाना-, घोखाना-।

वि. रटा हुआ, कण्ठ, कण्ठगत, कण्ठस्थ (कर. हो.), कण्ठाग्र (कर. हो.), बरज़बान (कर. हो.), मुखाग्र, हिफ़्ज़ (कर. हो.)।

रटनेवाला, रट्टू, ररिहा, घोखू।

107.5. सं. बहुत दबी आवाज़ में बोलना : फुसफुस (स्त्री.) (कर.), फुसफुसाना-, मुँह ही मुँह में कहना-।

107.6. किसी के कान से सटकर धीरे-धीरे कुछ कहना : कान में कहना-, कान लगना-, कनफुसकी (स्त्री.) (कर.), कानाकानी (स्त्री.) (कर.), कानागोसी (स्त्री.) (कर.), कानाफूसी (स्त्री.) (कर.), कानाबाती (स्त्री.) (कर.), खुसुरफुसुर (स्त्री.) (कर.), फुसफुस (स्त्री.) (कर.), मन्मन, मुँह जोड़ना-।

कान में कही जाने वाली बात : कनबतिया (स्त्री.)।

कान में कहनेवाला व्यक्ति : कनफुसका।

अ. खुसुरफुसुर।

107.7. कुढ़कर धीरे-धीरे कुछ बोलना : कुड़कुड़ाना-, कुड़बुड़ाना-, चिड़चिड़ाना-, झुँझलाना-, ध्वनन, ध्वान, बड़बड़ (स्त्री.) (कर.), बड़बड़ाना-, बुड़बुड़ाना-, बुदबुदाना-, भुनभुन (स्त्री.) (कर.), भुनभुनाना-, भुनभुनाहट (स्त्री.), मुँह में बोलना-।

बड़बड़ाने की लत : गलफूट (स्त्री.)।

वि. बड़बड़िया, गलगलिया, वग्नु।

107.8. सं. चर्चा (स्त्री.) (उठ. कर. चल. चला. छिड़. छेड़. हो.), चर्चन, चर्चिका (स्त्री.), उल्लेख (कर. हो.), उल्लेखन, ज़िक्र (आ. कर. चल. चला. छिड़. छेड़.), तज़किरा (कर. चल. छिड़. हो.), प्रसंग (आ.), बात (स्त्री.) (आ. उठ. उठा. चल. चला. छिड़. छेड़. पड़.) बात आ पड़ना-, बात पर बात निकलना-, मज़कूर।

चारों ओर/लोगों में चर्चा होना : चर्चा फैलना-, बात उड़ना-/चौड़ियाना-/फैलना-।

कथाप्रसंग, बातचीत (स्त्री.) (दे.109), ज़िक्र-मज़कूर।

कुशल चर्चा (स्त्री.), ज़िक्रे ख़ैर।

वि. चर्चित, उल्लिखित, उल्लेखित, मज़कूर, विशब्दित।

उल्लेखनीय, उल्लेख्य

चर्चक, उल्लेखक।

107.9. बहुत बोलना-, बकबक (स्त्री.) (कर.) (दे.114)।

107.10. कम बोलना-, मितभाषण (दे.115)।

107.11. गुस्से में आकर बोलना-, चिड़चिड़ाना-, झुँझलाना-, बड़बड़ाना-, बकना-झकना-, बिगड़ना-।

107.12. उत्तेजित होकर अपने बल-पौरुष की डींग मारना : बबकना-, बमकना-।

107.13. अपशब्द कहना-, गालियाँ बकना- (दे.112)

107.14. ढिठाई से बोलना-, कल्लादराज़ी (स्त्री.) (कर.), गलगलाना-, गलगाजना-, ज़बान चलाना-, ज़बान कतरनी की तरह चलाना-, ज़बानदराज़ी (स्त्री.) (कर.), जोर-जोर से बोलना-, बढ़-चढ़कर/बहुत बोलना-, बदलगामी (स्त्री.) (कर.), मुँहजोरी (स्त्री.) (कर.), मुँह का कड़ा/सख़्त होना-।

वि. कल्लादराज़, गलगलिया, गलफूट, ज़बानदराज़ (हो.), बदलगाम, मुँहज़ोर (हो.)।

107.15. साफ/दोटूक/खरी बात करना-, साफ़-साफ़ कहना-, साफ़गोई (स्त्री.), साफ़ बयानी (स्त्री.) (दे.520), स्पष्टभाषण (कर.), स्पष्टवादिता (स्त्री.), अक्खड़पन, खरी-खरी सुनाना-, मुँहदेखी बात न करना-, मुँह का हलका होना-।

वि. साफ़गो (हो.), साफ़बयाँ (हो.), स्पष्टभाषी (हो.), स्पष्टवक्ता, स्पष्टवादी (हो.), स्फुटवक्ता, मुँहछुट, मुँहपातर (हो.), मुँहफट (हो.), अक्खड़, खरा, खराकहैया।

107.16. सं. पाठ (कर.करा.हो.), (दे.557), पठन, पठि (स्त्री.), पढ़न्त (स्त्री.), पढ़त (स्त्री.), पढ़ना-, पढ़ जाना-/डालना-/देना-/लेना-, पढ़ाई (स्त्री.) (कर. करा.हो.), निगदन, बाँचना-, वाचन, वाचनक, वाचना (स्त्री.)।

पढ़वाना-, पढ़ाना-, पढ़ा डालना-/देना-/लेना-, बँचवाना-।

कवितापाठ (दे.592)।

रामायण-पाठ, मानस-पाठ; अखण्ड पाठ।

कथा (स्त्री.) (कर. कह. बाँच. सुन. सुना. हो. बैठ. बैठा.), कथावाचन।

कथावाचक, कथक, कथक्कड़; व्यास।

व्यास का आसन : व्यासगद्दी (स्त्री.), व्यासपीठ।

वि./सं. पाठक, पाठिका (स्त्री.), पढन्ता, पढ़वैया, पढ़ैया, वाचक वाचयिता।

पढ़ाकू (दे.557)।

पाठ करानेवाला : पाठ-संचालक, वाचयिता।

पठित, निगदित।

पठनीय, पाठ्य।

107.17. सं. प्रवचन (कर. हो.), व्याख्यान (दे.573)।

वक्ता, व्याख्याता।

वि. प्रवचनीय।

107.18. सं. वाक्चातुर्य, वाक्पटुता (स्त्री.), वाक्पाटव, वाक्शक्ति (स्त्री.), वाग्विदग्धता (स्त्री.), वाचनशक्ति (स्त्री.), वाचालता (स्त्री.) (दे.114), वाणी (स्त्री.), वार्ताकुशलता (स्त्री.) (दे.108)।

हाजिरज़वाबी (स्त्री.), प्रत्युत्पन्नमतित्व।

वि. वचनपटु, वचस्वी, वचोविद्, वदन्य, वदान्य, वाक्चतुर, वाक्पटु, वाक्प्रसारी, वागीश, वाग्विदग्ध, वागवीर, वाचाल (दे.114), वार्ताकुशल (दे.108), विदग्धालाप, लफ़्फ़ाज़।

हाजिरज़वाब, प्रत्युत्पन्नमति, बरज़स्तागो।

107.19. सं. कहने का अन्दाज़/ढंग, अन्दाज़े बयाँ, लबोलहज़ा, वाक्शैली (स्त्री.), वाचनशैली (स्त्री.), व्याभाषण।

शुद्ध/स्पष्ट उच्चारण : वैखरी (स्त्री.)।

अशुद्ध/अस्पष्ट उच्चारण : ललल्ल।

107.20. सं. कहने की इच्छा : विवक्षा (स्त्री.), विवदिषा (स्त्री.)।

वि. कहने को इच्छुक : बतरौहाँ, वक्तुकाम, वक्तुमना, विवक्षु, विवत्सु, विवदिषु।

जो कहने की इच्छा हो : विवक्षित।

108. वचन

108.1. सं. वचन, वच, वरजा (स्त्री.), वर्णमातृका (स्त्री.), वाक् (स्त्री.), वाक्य, वाचा (स्त्री.), वाणी (स्त्री.), व्याहार, अदिति (स्त्री.), अनुष्टुप् (स्त्री.), अभिसंधा (स्त्री.), अभिसंधान, अभिसंधि (स्त्री.), इडा (स्त्री.), इरा (स्त्री.), उक्ति (स्त्री.), कथन (दे.107), क़ौल, गिर (स्त्री.), गिरा (स्त्री.), गीर (स्त्री.), गीर्देवी (स्त्री.), गीथा (स्त्री.), गुफ्त (स्त्री.), गो (स्त्री.), ज़बान (स्त्री.), जुमला, धेना (स्त्री.), बाणि (स्त्री.), बाणी (स्त्री.), बात (स्त्री.) (कर. कह. निकल. निकाल.) (दे.109), बतिया (स्त्री.), बोल, बोली (स्त्री.) (बोल), ब्रह्मी (स्त्री.), ब्राह्मी (स्त्री.), भारति (स्त्री.), भारती (स्त्री.), भाष, भाषा (स्त्री.), भाषिका (स्त्री.), मकूला, लपित, लफ़्ज़, सरस्वती (स्त्री.), सखुन, सुखन।

कण्ठ खुलना-/फूटना-, बक फटना-, बक्कुर फूटना-/निकलना-, बोल (निकल.), बोल/बोली फूटना-, लव हिलना-, वाग्विसर्ग, वाग्विसर्जन, वाणी फूटना-।

मुँह से बात निकलना-, बाणी फुरना- (व्यंग्य में)।

वाच्यता (स्त्री.), वाच्यत्व।

वि. वचन-सम्बन्धी, वाचनिक, वाचिक, वाङ्मय, ज़बानी, मौखिक, लफ़्ज़ी।

वचनीय, कथनीय (दे.107)।

उक्त, कथित (दे.107)।

वाक्ययुक्त, वाची (दे.107)।

वाची, बोधक, सूचक (दे.578)।

वाक्पटु (दे.109)।

वाक्यात्मक, वाङ्मय।

वचन से किया हुआ : वाङ्मय।

अ. वचन से : वचसा, वाचा।

108.2. सं. बीती हुई बात : बीती (स्त्री.) (दे.414)।

निरर्थक बात (स्त्री.) (दे.114)।

असम्बद्ध बात (स्त्री.) (दे.114)।

लगने/चुभनेवाली बात (दे.112)।

एकतरफा बात : अकेली कहानी।

अनुचित बात : अनुक्ति (स्त्री.)।

उचित बात : सम्यक् कथन, सम्यग्वाक् (स्त्री.), समुद्गार।

सच्ची बात : सत्य, तथ्य, ऋत।

स्पष्ट बात : स्पष्टोक्ति (स्त्री.)।

अस्पष्ट बात : म्लिष्ट।

अविश्वसनीय बात : बाज़ारी गप (स्त्री.)।

द्यर्थक बात : श्लिष्टोक्ति (स्त्री.), श्लेषोक्ति (स्त्री.) (दे.600)।

कहने-न-कहने योग्य बात : वाच्यावाच्य।

108.3. सं. मुहावरा, वाग्धारा (स्त्री.) (दे.583)।

वि. मुहावरेदार।

सं. कहावत (स्त्री.) (कह. सुन.), कहन (स्त्री.), कहनावत (स्त्री.), अनुभवोक्ति (स्त्री.), आभाणक, दृष्टान्त वाक्य (दे.558), प्रायोवाद, मकूला, मसल (स्त्री.), रवायत (स्त्री.), लोकोक्ति (स्त्री.)।

चुटकुला (दे.208)।

108.4. सं. वक्तव्य (दे.), बयान (दे.), प्रतिज्ञातार्थ।

अस्पष्ट वक्तव्य : व्याख्यागम्य।

विवरण (दे.577)।

वृत्तवर्णन (दे.577)।

भाष्य, व्याख्या (स्त्री.), (दे.573)।

वर्णन, वर्णना (स्त्री.) (दे.577)।

108.5. सं. भाषण (कर. दे.सुन. सुना.), अनुवचन, अभिभाषण, उदिति (स्त्री.), गद, तक़रीर (स्त्री.) (कर. हो.), वक्तव्य (दे.रख.), वक्तृता (स्त्री.) (कर. दे.), वक्तृत्व, वाचोयुक्ति (स्त्री.), व्याख्यान (दे.), सम्बोधन (कर.), समुदीरण।

उद्‌गार व्यक्त करना-, बोलना-, विचार प्रकट/व्यक्त करना-।

भाषण का आरंभ : वचनोपक्रम, वाङ्मुख।

लिखित भाषण : अभिभाषण (पढ़.)।

सुन्दर भाषण : सुभाषण, सुप्रलाप, वाचोयुक्ति (स्त्री.)।

निरर्थक भाषण : अतिकथा (स्त्री.)।

भाषण की उत्तमता : वाग्गुण।

भाषण के योग्य अवसर : वाक्पथ।

व्याख्यानशाला (स्त्री.) (दे.365)।

भाषणकला (स्त्री.), भाषणशैली (स्त्री.), वक्तृताकला (स्त्री.), वक्तृत्वकला (स्त्री.), वक्तृता (स्त्री.), वक्तृत्व, वाग्व्यापार, oratory।

वक्तृत्वशास्त्र।

भाषणपटुता (स्त्री.), वाग्मिता (स्त्री.), वाग्मित्व, वाग्विदग्धता (स्त्री.), वाग्वैदग्ध, वाग्विभव, वाग्व्यापार, वाक्यपाटव, वाक्प्रलाप, वाचस्पत्य, बावदूकता (स्त्री.), सुप्रलाप।

वि./सं. वक्ता, वक्तृक, वदन्य, वदान्य, वाक्प्रसारी, वाक्यविशारद, वागीश, वाग्मी, वाचोयुक्तिपटु, व्याख्याता, अधिवक्ता, प्रवचनपटु, प्रवाक्, प्रवाचक, भाषणपटु, मुक़र्रिर, सुवाक्य।

सुवक्ता, सुवचन, सुवचा, सुवाग्मी, सुखनदाँ, सुभाषित, सुभाषी, समुख, प्रवक्ता (दे.351), वाक्पति, वागीश्वर, वाग्ऋषभ, वाचस्पति, वाचोयुक्तिपटु, वावदूक।

108.6. सं. घोषणा (स्त्री.) (कर.हो.), घोषण, घोष, अनुकीर्तन, अभिज्ञापन, आघोष, आघोषण, आघोषणा (स्त्री.), उत्कीर्तन, उत्क्रोश, उद्‌घोष, उद्‌घोषणा (स्त्री.), प्रकथन, प्रवदन, प्रवाचन, प्रोद्‌घोषण, प्रोद्‌घोषणा (स्त्री.), विघोषण।

सार्वजनिक घोषणा : एलान (कर.हो.), ऐलान (कर.हो.), डुगडुगी (स्त्री.) (फेर. बजा.), डुग्गी (स्त्री.) (पीट.फेर.बजा.), ढँढोरा (पीट.फेर.), ढिंढोरा (पीट.फेर.बजा.), मुनादी (स्त्री.), (कर.पिट.फिर.फेर.हो.)।

मुनादी करने का नगाड़ा : आघोषणापटह।

वि./सं. घोषित (कर. हो.), घुषित, घुष्ट, अघोषित, उद्‌घोषित, उद्‌घृष्ट, विघुष्ट।

घोषक, घोषयित्नु, अभिज्ञापक, आख्यायक, पटहघोषक, प्रवाक।

108.7. सं. संलाप, संलापक, संवाद (दे.109), dialogue।

वि. संलापित, संवादित।

संलापी, संवादी।

सं. वार्ता (स्त्री.), भेंटवार्ता (स्त्री.), interview।

ज्ञानवर्धक वार्ता : वार्ता (स्त्री.), talk।

वार्ताकार।

एकालाप, एकोक्ति (स्त्री.), monologue।

108.8. सं. स्वगतकथन, स्वगतवचन, स्वगतोक्ति (स्त्री.), आत्मभाषण, ख़ुदकलामी (स्त्री.); स्वगत, स्वगतभाषण, अश्राव्य, आत्मगत, soliloque।

वि. स्वगत।

अ. स्वगत।

108.9. सं. सुभाषित, सूक्ति (स्त्री.), सूक्तवाक्य, सुव्याहृत।

अनुभवोक्ति (स्त्री.), आधारवाक्य, आप्तवचन, आप्तवाक्य, आप्तोक्ति (स्त्री.), सिद्धान्तवाक्य, सुव्याहृत (दे.520)।

नीतिवचन, नीतिवाक्य, सीख (स्त्री.)।

अर्थगर्भ वाक्य : सूत्र।

वाक्याडंबर, वागाडंबर, वाग्जाल, शब्दजाल, शब्दाडंबर।

बात का पैनापन, बात की ताक़त।

108.10. सं. दुबारा या बार-बार कहना : पुनरुक्ति (स्त्री.), पुनरुक्त, पौनरुक्त, पौनरुक्त्य, पुनरभिधान, पुनराख्यान, पुनर्वचन, पुनर्वाद, पिष्टपेश, पिष्टपेषण (प्रत्युच्चार), प्रत्युच्चारण (कर.), अनुभाषण, अनुलाप, आवृत्ति (स्त्री.), जलपना-, जल्पना-, दुहराना-, दोहराना-, द्विरुक्ति (स्त्री.), वीप्सा (स्त्री.)।

वि. पुनरुक्त, द्विरुक्त, मुकर्रर।

108.11. सं. बातचीत के दौरान आदतन मुँह से निकलने वाला शब्द/वाक्यांश : तकियाकलाम, सखुनतकिया, सुख़नतकिया।

प्रश्न, पृच्छा (स्त्री.), (दे.562)।

उत्तर, जवाब (दे.564)।

सम्बोधन, आह्वान (दे.332)।

109. बातचीत

109.1. सं. बातचीत (स्त्री.) (कर.चल.हो.), बात (स्त्री.) (कर.चल.हो.), बातकहाव, बतकही (स्त्री.), बतियाना-, बोलचाल (स्त्री.), बोलना-चालना-, बोलाचाली (स्त्री.), अनुकथन, अनुभाषण, आभाषण, आलाप, आलापन, उपलज्पन, उपजल्पित, कथाप्रसंग, कथोपकथन (हो.), गुफ़्तगू (स्त्री.) (कर.हो.), गुफ़्तार (स्त्री.), चर्चा (स्त्री.) (उठ.कर.चल.छिड़.हो.), प्रजल्पित, प्रलपन, प्रलपित, प्रलाप, प्रवाद, वक्त्रपरिस्यन्द, वाकोपवाक, वाकोवाक्य, वाग्व्यापार, वार्ता (स्त्री.) (कर. हो.) वार्तालाप (कर. हो.), संजल्प, सम्भाष, सम्भाषण, सम्भाषित, संलपन, संलाप, संवाद, संवादन, समाभाषण, समालाप, समालोच, सांकथ्य, सांभाष्य।

बातचीत का सिलसिला : कथाप्रसंग।

बातचीत का ढंग : बतरावनि (स्त्री.) (दे.107)।

स्वच्छन्द वार्तालाप, निस्संकोच वार्ता (स्त्री.), स्वैरकथा (स्त्री.), स्वैरालाप।

बुरी बातचीत : कुवार्ता (स्त्री.), दुरालाप।

निरर्थक वार्तालाप : शुष्कचर्चन।

बातचीत का आनन्द, बातों का मजा, बतरस।

व्यर्थ की बात (दे.114)।

ऊपर से बढ़ायी हुई बात : तुर्रा (लग.लगा.) तुर्रा यह कि..., पख (लग. लगा.); नमक-मिर्च लगाना-, हाशिया चढ़ाना-।

कहना-सुनना-, गुफ़्तो शनीद(स्त्री.), गुफ्तो शनूद (स्त्री.), राय-बात (स्त्री.) (कर. हो.), विचार-विनिमय, विचारों का आदान-प्रदान (कर. हो.), विचार-विमर्श (कर. हो.)।

वि. बातचीत करने का इच्छुक : बतरौंहा (दे.107)। सलाह-मशवरा (कर. हो.), सलाह-मशविरा (दे.255)।

बात करने वाला : आलापक, आलापी, सम्भाषी, संलापी, संवादक, संवादी।

109.2. सं. इधर-उधर की/मन-बहलाव की बातचीत, गप (स्त्री.) (मार. लड़ा.), गपड़चौथ (कर. हो.), गपना-, गपशप (स्त्री.) (कर.हो.), गपाटा, गपोड़ा (उड़ा. मार.), गपोड़ेबाज़ी (स्त्री.), गप्प (स्त्री.) (मार.), गप्पाष्टक (स्त्री.) (हो.), प्रजल्प, प्रजल्पन, लबड़ना-, लबारी (स्त्री.) (कर.), वाग्विलास, संलपन।

भारी गप (स्त्री.), गपबाज़ी (स्त्री.), गपोड़ा, गपोड़ेबाज़ी (स्त्री.)।

औरतों की गप : अन्तःपुरप्रचार।

वि. गप मारनेवाला : गपबाज़, गपिया, गपोड़, गपोड़िया, गपोड़ी, गप्पी, लबड़ा, लबरा, लबाड़िया, लबार।

109.3. सं. डींग (स्त्री.) (उड़ा. मार. हाँक.), डींग की लेना-, अतिवाद, आसमान ज़मीन के कुलाबे मिलाना-; इधर-उधर की हाँकना-, कत्थन, कत्थना (स्त्री.), गड़ंक, गड़ंग (मार. हाँक.) गप (स्त्री.), (मार. हाँक.), गलगाजना-, गाल करना-/बजाना-/मारना-, घमण्ड (कर.), ज़मीन आसमान के कुलाबे मिलाना-, जलपना (स्त्री.), जलपना-, जीट (स्त्री.) (उड़ा. मार.), दून की लेना-/हाँकना-, बड़ (स्त्री.) (मार.), बड़बड़ाना-, बढ़-चढ़कर बात/बातें करना-, बड़ी-बड़ी बातें करना-, बड़े बोल बोलना-, बातें छाँटना-/बघारना-, लन्तरानी (स्त्री.) (कर. हाँक.), लनतरानी (स्त्री.), लंबी-चौड़ी बातें करना-, लंबी-चौड़ी हाँकना-, शेख़ी (स्त्री.) (बघार.मार.हाँक.), शेख़ी की बोलना-, सिट्टी (स्त्री.), सिट्टी-पिट्टी (स्त्री.), हाँकना-।

वि. डींग हाँकनेवाला : गड़ंगिया, गालू, अतिवादी, कत्थन, घमण्डी, बड़बोल, बड़बोला, बड़मुँहा, वाचाट, वाचाल (दे.114), शेख़ीख़ोर, शेख़ीबाज़, सिट्टू।

डींग के रूप में कहा हुआ : जल्पित।

(विप.) डींग न हाँकनेवाला : अकत्थन, अविकत्थ, अविकत्थन।

109.4. सं. अड्डा (जम.); जमावड़ा (हो.); गोष्ठी (स्त्री.) (हो.); उद्यान-गोष्ठी (स्त्री.); जलसा (हो.), मजलिस (स्त्री.) (जम. जुड़. लग.); सभा (स्त्री.) (कर.हो.) (दे.365); महफ़िल (स्त्री.) (जम. भर. लग.); बैठक (स्त्री.) (जम. हो.); बैठकख़ाना (दे.181); बैठकबाज़ी (स्त्री.) (कर. हो.); चौपाल, चौपाड़, चौबारा, चौरा, अथाई (स्त्री.)।

वि. बैठकबाज़, मजलिसी।

109.5. सं. अफ़वाह (स्त्री.) (उड़. उड़ा. फैल. फैला.) (दे.521), अफ़वा (स्त्री.), उड़ती ख़बर (स्त्री.), उपकर्णिका (स्त्री.), कर्णोपकर्णिका (स्त्री.), गप (स्त्री.) (उड़. उड़ा.), गप्प (स्त्री.), चवाव (चल. चला.), जनचर्चा (स्त्री.), जनरव, जनवाद, परवाद, बाज़ारू ख़बर (स्त्री.), लोकध्वनि (स्त्री.), लोकरव, लोकवचन, लोकवाद, लोकवार्ता (स्त्री.), लोकश्रुति (स्त्री.), हवाई (स्त्री.), (उड़.) (उड़. उड़ा.), हवाई ख़बर (स्त्री.), हवाई बात (स्त्री.)।

सर्वधारण में प्रचलित बात : अनुश्रुति (स्त्री.), किंवदन्ती (स्त्री.), जनप्रवाद, जनश्रुति (स्त्री.), प्रवाद, लोकप्रवाद, श्रुतानुश्रुत, श्रुति (स्त्री.)।

एक कान से दूसरे कान में बात पहुँचने का क्रम : कर्णपरंपरा (स्त्री.), कानाकानी (स्त्री.), श्रुतिपरंपरा (स्त्री.)।

वि. अनुश्रुत, श्रुतानुश्रुत।

109.6. सं. नेकनामी (स्त्री.), ख्याति (स्त्री.) (दे.436)।

बदनामी (स्त्री.), अख्याति (स्त्री.) (दे.437)।

109.7. सं. बहस (स्त्री.) (कर. हो.), बहस-मुबाहसा (हो.), कहाकही (स्त्री.) (हो.) (दे.397), कहासुनी (स्त्री.) (हो.), खण्डन-मण्डन (हो.), तर्क-वितर्क (हो.) (दे.553), मुबाहसा, वाद-प्रतिवाद (हो.), वादयुद्ध, वादविवाद (हो.), वाद विवाद-संवाद।

क़ानूनी बहस : बहस क़ानूनी (स्त्री.)।

घटना-सम्बन्धी बहस : बहस वाकियाती।

110. कोलाहल

110.1. सं. कोलाहल (कर. मचा. हो.), कलकल (हो.), कान पड़ी आवाज़ न सुनाई देना-, अन्दोर (कर. मच. हो.), अडोर, अनल्पघोष, आसमान फाड़े डालना-, आसमान सिर पर उठा लेना-, उत्क्रोश, उद्घृष्ट, उद्राव, खरोश, गलगंज, गलगंजना-, गुल (कर.मचा.), गुलगपाड़ा (कर.मचा.), गुलग़ला, घमरौल (स्त्री.) (मच.मचा.हो.), चमरचौदस, चित्कार, चीत्कार, चीख़-पुकार (स्त्री.) (मच. मचा. हो.), दमदमा, घूम (स्त्री.) (डाल.मच.मचा.) (दे.617), प्रक्ष्वेडन, बमचख (स्त्री.) (मच.मचा.), रव, रोर (स्त्री.) (उठ.कर.पड़.मच.), रोरा, रोल (स्त्री.), रोला, रौरा, रौराना-, रौरि (स्त्री.), रौला (कर. मच. मचा. हो.), विनद, विराव, विरत, शोर (कर. मच. मचा.), शोरगुल (कर. मच. मचा.), शोर-शराबा (कर. हो.), संराव, संरावण, संहूति (स्त्री.), संह्राद, संह्रादन, संराविण, सिर पर आसमान/छत उठा लेना-, हठिका (स्त्री.), हल्ला (कर. मच. मचा. हो.), हल्ला-गुल्ला (कर. हो.), हुल्लड़ (कर. मच. मचा.), होहल्ला (कर. मच. हो.), हौरा (कर. मच. हो.)।

पास आकर शोर मचाना : सिर पर चिल्लाना-/ढोल बजाना-।

रौलेबाज़ी (स्त्री.), हुल्लड़बाज़ी (स्त्री.) (कर. हो.)।

झूठमूठ का हल्ला : रामरोला (मच.मचा.), लबड़धोंधों (स्त्री.) (कर.मच.मचा.)।

काँय-काँय (कर. हो.), काँव-काँव (कर. हो.), कागारोल (मच. मचा.), कौआरोर (मच. मचा.), चाँय-चाँय (स्त्री.) (कर. हो.), चाँवँ-चाँवँ (स्त्री.) (कर. हो.), झावँ-झावँ (स्त्री.) (कर. हो.)।

ऊधम (उठा. कर. जोत. मचा.), ऊधमबाज़ी (स्त्री.) (कर.हो.), तूलतूफान (मच. मचा.), हंगामा (कर.मच.मचा.हो.) (दे.399)।

वि. कोलाहलयुक्त : प्रक्ष्वेडित।

110.2. चिल्लाना-, चिल्ला उठना-/पड़ना-, गला फाड़कर चिल्लाना-, गला फाड़ना-, चिल्लाहट (स्त्री.) (उठ. पड़. हो.), चिक्कार, चीक (स्त्री.) (उठ. पड़.), चीकना-, चीख़ (स्त्री.) (उठ. पड़. मार.), चीख़ना-, चीख़ना-चिल्लाना-, चीत्कार (कर. हो.), चित्कार, चिचियाना-, अभिक्रन्द, आक्रन्द, आक्रन्दन, आक्रंदित, आक्रोश,

आरव, आराव, उत्कीर्तन, उद्घादन, कीक (स्त्री.) (दे.मार.), क्रोश, क्रोशन, डंफना-, तोबा-तिल्ला करना-/मचाना-, दुर्घोष, नरियाना-, प्रगर्जन, विक्षाव, विराव, विरुत, विरुति (स्त्री.), व्याक्रोश, समुत्क्रोश।

चिल्लवाना-।

सहायता के लिए होने वाली चिल्लाहट : चीख-पुकार (स्त्री.) (मच.मचा.हो.), चिल्लपों (स्त्री.) (मच.मचा.हो.), टिटिहारोर (हो.), हाहाकार (कर. मच. पड़. हो.)।

सहायता के लिए पुकार : गुहार (स्त्री.) (पड़. मार. लग. लगा.), गुहारना-, गोहार (स्त्री.) (कर.मच.मचा.लग.लगा.), गोहारना- (दे.390), टेर (स्त्री.) (लगा.), टेरना-, पुकार (स्त्री.) (कर.मच.मचा.हो.) (दे.332), पुकारना-, हक्कार, हाँक (स्त्री.) (दे.मार.लगा.), हाँक-पुकार (स्त्री.) (मच.), हाँकना-, हाँका।

वि. चिल्लाया हुआ : वाशित, विनादित, विरावित, विरुत।

पुकारा गया : आक्रंदित, आहूत।

चिल्लाने वाला : आक्रंदिक, आक्रंदित, आक्रन्दी, आरावी, आहितस्वन, उन्मुखर, दुर्घोष, वाशक, वाशन, विनदी, विनादी, विरावण, विरावी, संरावी।

110.3. सं. गर्जन (कर.), गर्जना (स्त्री.), गरज (स्त्री.), गरजना-, गड़गड़ाना-, गड़गड़ाहट (स्त्री.), अग्राज (स्त्री.), क्रन्दन, थहनाना-, घहरना-, घहराना-, चुक्कार, दहाड़ (स्त्री.), दहाड़ना-, नर्दन, नादना-, प्रक्ष्वेडा (स्त्री.), प्रगर्जन, विस्फूर्ज, विस्फूर्जन, स्वनित, हुंकार, हुंकारना-।

वि. गर्जित, नर्दित।

गर्जक, घहरारा, नर्द, नर्दी, नादि।

अ. ऊँची आवाज़ में : ज़ोर से, उच्चैः।

110.4. सं. ललकार (स्त्री.), ललकारना-, आकारण, आह्वान (कर. हो.), उपहूति (स्त्री.), क्रन्दन, क्रंदित, चिट्टा (दे.लड़ा.), चुनौती (स्त्री.) (दे.), प्रचारणा (स्त्री.), हक्काहक्क, हल्ला (बोल.), हाँक (स्त्री.) (दे.मार. लगा.), हुँकना-, हुँकरना-, हुंकार, हुंकारना-, हुंकृत, हुंकृति (स्त्री.), हुकरना-, हुकारना-, हुड़कार।

ज़वाबी ललकार : अनुक्रन्दन, प्रतिक्रन्दन।

ख़म ठोंकना-/बजाना-/मारना-, ताल ठोंकना-, आस्फोट, आस्फोटन।

युद्धनाद, सिंहनाद (दे.406)।

वि. ललकारता हुआ : क्रंदित।

ताल ठोंकनेवाला : आस्फोटक।

सिंह की तरह गरजनेवाला : सिंहनादी, सिंहनर्दी, सिंहप्रगर्जन।

110.5. सं. जयघोष, जयध्वनि (स्त्री.) (दे.408)।

हर्षध्वनि (स्त्री.) (दे.207)।

समवेत स्वर, सम्मिलित/सामूहिक ध्वनि (स्त्री.), chorus।

नारा (लग. लगा.), नारेबाजी (स्त्री.) (कर. हो.), प्रचार-वाक्य, समुदायघोष, slogan।

दर्दभरी आवाज, दुखिया की पुकार, आर्तनाद (कर.) (दे.91), आर्तध्वनि (स्त्री.), आर्तस्वर, चीखना- चिल्लाना-, रोना-पीटना- (दे.209), कुहराम (कर.डाल.पड़. मच.) (दे.399), कोहराम, वावेला (कर. मचा.हो.), विलाप (कर.)।

111. सुवचन

सं. सुवचन, सुवाक्य, सुन्दर वचन, सुक्त, अच्छी बात।

मधुर/मिष्ट वचन, मधुरभाषण, मीठा बोलना-, मीठी बात, मुँह में मिठास होना-, मुँह से फूल झड़ना-, विनयोक्ति (स्त्री.), शकरगुफ्तारी (स्त्री.), शक्करदहानी (स्त्री.), शक्करशिकनी (स्त्री.), शक्करसुख़नी (स्त्री.), शीरींज़बानी (स्त्री.), शीरींबयानी (स्त्री.), साम, सामकल, सामवाद।

अच्छी वार्ता, सत्कथा (स्त्री.), सदुक्ति (स्त्री.), सूक्ति (स्त्री.) (दे.108)।

प्रियवचन, प्रियवाक्य, प्रियभाषण, प्रियप्राय, प्रियोक्ति (स्त्री.), प्रियोदित, चटु, चाटु, चाटुक, चाटूक्ति (स्त्री.), चापलूसी (स्त्री.) (दे.254), चिकनी-चुपड़ी बात (स्त्री.)।

प्रिय सत्य वचन : प्रियसत्य।

प्रेमालाप (दे.97), प्रीतिवाद, रसकेलि (स्त्री.), रसवाद, रसालाप, रसिकता (स्त्री.), हँसी-दिल्लगी (स्त्री.) (दे.208)।

अच्छी/नेक सलाह, काम की बात, सत्परामर्श, हितवचन, हितवाक्य, हितोक्ति (स्त्री.), हितोपदेश।

धर्मवचन, धर्मोपदेश।

शास्त्रवचन।

गुरुवचन, गुरुवाक्य।

उपदेश (दे.255)।

वि./सं. सुवचन, सुवचनी (स्त्री.), सुवाक्य।

मधुरभाषी, मधुरभाषिणी (स्त्री.), मधुबैनी (स्त्री.)।

प्रियभाषी, प्रियवचन, प्रियवादी, प्रियंवद, प्रियंवदा (स्त्री.), प्रियवादिनी (स्त्री.), मंजुघोष, मंजुभाषी, मंजुभाषिणी (स्त्री.), मंजुवादी।

चटुलोल, चटूल्लोल, मृदुभाषी, शक्न, शक्नु, चाचलूस।

हितवादी।

धर्मोपदेशक; उपदेशक (दे.255), उपदेष्टा।

श्रुतिमधुर, श्रुतिसुख, श्रुतिसुखकर, श्रुतिसुखद, कर्णसुखद।

सूक्त-सम्बन्धी : सौक्तिक।

112. कुवचन

112.1. सं. कुवचन (कह.), कुवाक्य (कह.), कुवाच्य, कुबोल, कटुभाषण (कर.), कटुवचन (कह.), कटूक्ति (स्त्री.) (कर.), कड़वा बोलना-, कड़वी बात (कह.), काँव-काँव (कर.), अंगारे उगलना-, अप्रिय वचन (कह.), आक्रोश, आक्रोशन, उलटी-सीधी सुनाना-, उशती (स्त्री.), उठाती (स्त्री.), खरी-खोटी सुनाना-, जली-कटी सुनाना-, ज़हर उगलना-, ज़हर का घूँट, ज़हर में बुझी बात, झिड़झिड़ाना-, झिड़झिड़ाहट (स्त्री.), टर (स्त्री.), टरकना-, टरटर (स्त्री.) (कर.), टर्राना-, ताड़ना-, दुर्वच, दुर्वचन (कह.), दुर्वाक्, दुर्वाद, दुरुक्त, दुरुक्ति (स्त्री.), भला-बुरा कहना-, शाप।

कठोर वचन (कह.), कड़ी बात (कह.) अतिवाद, आक्रुष्ट, खरी-खोटी सुनाना-, परुष, परुषवचन, परुषोक्ति (स्त्री.), पारुष्य, वाग्वज्र, सख़्तकलामी (स्त्री.)।

वि./सं. कटुभाषी, कटुवक्ता, कटुवादी, टर्रा, टर्रू, दुर्वचा, दुर्वाक्, दुर्वादी, वाग्दुष्ट।

अप्रियभाषी, अप्रियवादी, अप्रियंवद, अतिवादी।

पुरुषोक्तिक, मुँह का कड़ा/सख़्त, सख़्तकलाम, सख्तज़बान।

112.2. सं. अपशब्द (कह.), अपवचन, अपभाषण (कर.), अण्डबण्ड (कह. बक. बोल.),अनक्षर, अभिक्रोश, अभिशंसन, अभिशंसा (स्त्री.), आस्कन्द, आस्कन्दन, उपक्रोश, कच्ची ज़बान, कच्ची-पक्की बात (सुन. सुना.), कोसना- (दे.113), गन्द (स्त्री.) (बक.), गाली (स्त्री.) (उगल. खा. दे.बक.), गालियों पर उतरना-, गालियों पर मुँह खोलना-, गाली-गलौज (स्त्री.) (कर. हो.), गाली-गुफ़्ता (स्त्री.) (कर. दे.बक. हो.), गारी (स्त्री.) (दे.बक.), गरियाना-, घर तक पहुँचना-, तबर्रा (बक.), दुर्वचन (कह.), दुरालाप, फक्कड़ (तौल. बक.), फक्कड़बाजी (स्त्री.), बदज़बानी (स्त्री.) (कर.), बखानना-, बखान डालना-, बाप-दादा बखानना-, बुरा-भला कहना-, माँ-बहन की गाली देना-, व्याक्रोश, व्याक्रोशी (स्त्री.), व्यावभाषी (स्त्री.), शपन, सात पुरखे बखानना-, सोलह गण्डे सुनाना-।

गन्दी गालियाँ : मुग़ल्लज़ात (स्त्री.)।

गन्दी कहासुनी : गूहाछीछी (स्त्री.)।

गाली बकने की आदत पड़ना : ज़बान बिगड़ना-।

विवाह आदि में रस्मी अश्लील गीत गाना : गाली (स्त्री.) (गा. चढ़ा.), मीठी गाली।

फागुन में अश्लील गीत गाना : फगुआना-।

अश्लील गीत : सीठना, सठिनी (स्त्री.)।

अपमानवचन, अपवचन, slander ।

अपशब्दपूर्ण वचन : वचनावक्षेप।

स्त्रियों द्वारा स्त्रियों के लिए प्रयुक्त गालियाँ : कोखजली (स्त्री.), ख़समछुटी (स्त्री.), ख़समपीटी (स्त्री.), निगोड़ी (स्त्री.), निगोड़िन (स्त्री.), मुई (स्त्री.), मुँहजली (स्त्री.), मुँहझोंसी (स्त्री.), मुँहझौंसी (स्त्री.)।

स्त्रियों द्वारा पुरुषों के लिए प्रयुक्त गालियाँ : दाढ़ीजार, निगोड़ा, मुआ, मुँहजला, मुँहझोंसा, मुँहझौंसा, मुँह फूँकना-, मुँह में आग/पताई लगाना-, मूँड़ीकाटा।

सामान्य : छिनरा, छिनाल (स्त्री.), दुकड़हा, दोगला, दोगली (स्त्री.), सगज़ादा, साला, सूअर का बच्चा, हरामज़ादा, हरामज़ादी (स्त्री.), हराम का जना/पिल्ला/बच्चा, हरामी, हरामी पिल्ला।

पुरुषों द्वारा स्त्रियों के लिए प्रयुक्त गाली : हड़प्पा।

वि./सं. गाली बकनेवाला : गन्ददहन, गन्दादहन, फक्कड़बाज़।

अपशब्द के लिए : अशिष्ट, अशालीन, अश्लील, अनक्षर, अकथनीय (दे.115.), अकथ्य, अवचनीय, अवक्तव्य, अश्राव्य, गन्दा, ग्राम्य, फ़ाहिश, फूहड़, भद्दा, लज्जाजनक, व्याहनस्य।

112.3. चुटीली/चुभनेवाली बात कहना-, चोर (स्त्री.) (कर.), चुटकी (स्त्री.) (उड़ा. ले.), चोखी चुटकियाँ लेना-, चोखी छुरी चलाना-, चर्री (स्त्री.) (छोड़.बोल. सुन.), अधिक्षेप, अनी (स्त्री.), आक्षेप (कर.), आड़े हाथों लेना-, आवाज़ा (कस. फेंक.मार.सुना.), आवाज़ाकशी (स्त्री.), (कर.), उत्प्रास, उत्प्रासन, उल्लुंठन, उल्लुंठा (स्त्री.), कटाक्ष (कर.), छींटा (कस. छोड़. दे.), छींटाकशी (स्त्री.) (कर.), टोंचना, तंज़ (स्त्री.), तनज, ताना (दे.मार.), ताने देना-, तानाज़नी (स्त्री.), तिशना (दे.मार.), ताना-तिराना, दंश, फबती (स्त्री.) (उड़ा.कस.कह.), फबतियाँ देना-, फ़िकरे कहना-/ ढालना-/सुनाना-, बात फेंकना-, बोली (स्त्री.) (कस.छोड़.बोल.मार.सुना.), बोली-ठोली (स्त्री.) (कर.मार.), मीठी चुटकी लेना-, लगनेवाली बात कहना-, वाक्क्षत, वाक्प्रतोद, वाक्शलाका (स्त्री.), वाक्यशलाका (स्त्री.), वाक्शल्य, वाक्सायक, विद्रूप (कर.), व्यंग, व्यंग्य (कर.कस.कह.छोड़.बोल.सुन.), व्यंग्य-वाणों से बेधना-, व्यंग्योक्ति (स्त्री.) (कर.), सन्तक्षण, सोत्प्रास, सोल्लुंठ, सोल्लुंठकथन, सोल्लुंठभाषण।

सोल्लुंठभाषित, सोल्लुंठवचन, सोल्लुंठन, सोल्लुंठोक्ति (स्त्री.), हजो (स्त्री.)।

वि. कटाक्षपूर्ण, व्यंग्यपूर्ण, व्यंग्यात्मक, सोत्प्रास, सोल्लुंठ।

आक्षिप्त।

आक्षेपक, आक्षेपी, तानाज़न, दंशी।

112.4. सं. उपहास (कर.), अपहास, खिजाना-, खिझाना-, खिल्ली (स्त्री.) (उड़ा.), चिढ़ाना-, चिढ़ा देना-, चिढ़ (स्त्री.) (निकाल.), चिढ़काना-, छेड़ना-, छेड़खानी (स्त्री.) (कर.), छेड़छाड़ (स्त्री.) (कर.), ठट्ठा (उड़ा.), ठठोल, तंज़ (स्त्री.), तनज, नोक-झोंक (स्त्री.) (कर.चल.हो.), परिहास (कर.), बनाना-, मखौल (उड़ा.),

लिहाड़ी (स्त्री.) (ले.), विडंब, विडंबन, विडंबना (स्त्री.), हँसी (स्त्री.) (उड़ा.कर.हो.) (दे.208), हसिका (स्त्री.), हसित।

वह बात जिसके कहने से कोई चिढ़ जाय : चिढ़ौनी (स्त्री.), छेड़ (स्त्री.) (निकाल.)।

उपहास का विषय : विडंव्य।

वि./सं.उपहासास्पद, उपहासार्ह, उपहास्य, परिहास्य, विडंबनीय, हास्यास्पद।

उपहासजनक।

उपहसित, परिहसित, विडंबित।

उपहासक, खिल्लीबाज़, ठट्ठेबाज़, ठठोल, मखौलिया, विडंबी, हसिता, हासी (दे.208)।

अ. मज़ाक़न।

112.4. सं. काम बिगाड़नेवाली बात : टाँच (स्त्री.) (मार.), टाँची (स्त्री.) (मार.), भाँजी (स्त्री.), (मार.), चुगली (स्त्री.) (खा.) (दे.260)।

113. भर्त्सना

113.1. सं. भर्त्सना (स्त्री.) (कर. हो.), भर्त्सन, भर्त्सित, अड़पना-, अस्त्यान, ऊँचा-नीचा/ऊँची-नीची सुनाना-, खरी-खोटी सुनाना-, गर्जाफल, घुड़कना-, घुड़की (स्त्री.) (दे.), झाड़ना-, झाड़ (स्त्री.) (दे.पिला.बता.सुन.सुना.), झड़कना-, झड़झड़ाना-, झिड़क (स्त्री.) (दे.मिल.सुन.), झिड़कना-, झिझकारना-, झिझकार (स्त्री.), झझकार (स्त्री.), झझकारना-, झिड़की (स्त्री.) (दे.मिल. सुन.), झिड़कियाँ सुनाना-, डाँट (स्त्री.) (दे.पड़. पिला. बता.), डाँटना-, डपट (स्त्री.) (दे.), डपटना-, डाँट-डपट (स्त्री.) (कर.), डाँटना-डपटना-, डाँट-फटकार (स्त्री.) (कर.), तर्जन, तर्जना (स्त्री.), तर्जना-, ताड़ना (स्त्री.) (दे.), धमकाना-, धमका देना-, धमकी (स्त्री.) (दे.), धौंस (स्त्री.) (दिखा. दे.), धौंसना-, निर्भर्त्सन, निर्भर्त्सना (स्त्री.), नीचा-ऊँचा सुनाना-, प्रताड़ना (स्त्री.), फटकार (स्त्री.) (बता. सुना.), फटकारना-, फटकार देना-, मज़म्मत (स्त्री.) (कर.), मलामत (स्त्री.) (कर.), लताड़ (स्त्री.) (बता.), लताड़ना-, लथाड़ (स्त्री.) (दे.खा. पढ़.), लथाड़ना-, लथेड़ना-, लानत (स्त्री.) (बरस. भेज.), लानत की बौछार होना-, लानत-मलामत (स्त्री.) (कर. हो.), वाग्दण्ड, विगर्हण, विगर्हणा (स्त्री.), विगर्हा (स्त्री.), व्याक्षेप, सन्तर्जन, सन्तर्जना (स्त्री.)।

वि./सं. भर्त्सनीय, ताड़नीय, मलामती, लानत का मारा, लानती, विगर्हणीय, विगर्ह्य।

भर्त्सित, तर्जित, ताड़ित, निर्भत्सत, प्रताड़ित, विगर्हित, शप्त।

भर्त्सक, ताड़क, विगर्ही।

113.2. सं. तिरस्कार (कर.हो.), तिरस्क्रिया (स्त्री.), तौहीन (स्त्री.) (कर.हो.) (दे.437), अधिक्षेप, अपमान (कर.हो.), अवगणन, अवगणना (स्त्री.) (दे.335),

अवज्ञा (स्त्री.), अवज्ञान, अवधीरण, अवधीरणा (स्त्री.), अवध्वंस, अवयान, अयमानन, अवमानना (स्त्री.), अवहेलन, अवहेलना (स्त्री.), अवहेलना-, अवहेला (स्त्री.) (कर. हो.) (दे.432), ज़िल्लत (स्त्री.) (उठा.दे.पा.), थूक देना-, निकार, नीचा खाना-/ देखना-/ दिखाना-, निकृति (स्त्री.), न्यक्करण, न्यक्कार, न्यग्भाव, विप्रकार, विमानना (स्त्री.)।

वि. तिरस्कृत, अधरीण, अधिक्षिप्त, अवमानित, अवगणित, अवज्ञात, अवधीरित, अवध्वस्त, अवमानित, अवहेलित, ज़लील, निकृत, न्यग्भावित, भण्डित, विप्रकृत, विमानित, विमानीकृत।

अपमानी, अवमानी, विप्रकारी।

अवज्ञेय।

113.3. सं. धिक्कार (कर. हो.), धिक्कारना-, धिक्कृत, धिक्क्रिया (स्त्री.), धिक्पारुष्य, धिग्दण्ड, छिछियाना-, छी-छी करना-, झझकार (स्त्री.), झझकारना-, झिझकार (स्त्री.), झिझकारना-, थुत्कार, थूत्कार, थूत्कृत, थुतकारना-, थुकना-, थू-थू करना-/होना-, थुक्का-फजीहत (स्त्री.) (कर. हो.), थुड़ी (स्त्री.), थुड़ी-थुड़ी करना-/ होना-, दुतकार (दे.बतला. बता. मिल.), दुतकारना-, दुरदुराना-, धतकारना-, धुतकारना-, फिटकार (स्त्री.) (खा. दे.), फिटकारना-, शाप।

वि. धिक्कृत।

अ. धिक्, धिक् धिक्, धिक, धिग, छिः, छि, छि छि, छी, छी छी, तोबा, तौबा, थुड़ी, थुड़ी थुड़ी, थू, थू थू, दुत, दुत दुत, दुत्ता, फिट, फिट फिट, लानत है, लाहौल।

113.4. सं. अभिशाप (दे.लग.), अभिशापन, अभिशपन, अभिशस्ति (स्त्री.), अभिशंसा (स्त्री.), अभिसंपात, अनुव्याहरण, अनुव्याहार, अवक्रोश, अहित-कामना (स्त्री.) (कर.) (दे.386), आक्रोश, आक्रोशन, आधि (स्त्री.), कोसना-, कोसना-काटना-, कोसा, कोसाकाटी (स्त्री.) (कर.), पानी पी-पीकर कोसना-, दुरिष्ट, दुरीषणा (स्त्री.), दुरेषणा (स्त्री.), निग्राह, फिटकार (स्त्री.) (लग.), बददुआ (स्त्री.) (दे.), बद्दुआ (स्त्री.), वाग्वज्र, शाप (दे.लग.), शापोत्सर्ग (कर.), शप।

ब्राह्मण का शाप : ब्रह्मदण्ड, ब्रह्मशाप।

वह जल जिसे हाथ में लेकर प्राचीन काल में शाप दिया जाता था : शापांबु, शापोदक।

शाप के कारण आने वाला ज्वर : अभिशपन ज्वर, शापज्वर।

शाप की समाप्ति : शापान्त, शापावसान।

वह ज़बान जिसकी अशुभ बात प्रायः सच होती हैः काली ज़बान।

शाप से मुक्ति : शापमुक्ति (स्त्री.), शापमोक्ष, शापनिवृत्ति (स्त्री.), शापोद्धार।

वि. अभिशप्त, अभिशापित, अभिशस्त, अवशप्त, आक्रुष्ट, आक्रोशित, शपित, शप्त, शापग्रस्त, शापित, श्रापित।

शाप से नियंत्रित : शापयंत्रित।

शाप देनेवाला : आक्रोशक, आक्रोष्टा, शापप्रद।

114. वाचालता

114.1. सं. वाचालता (स्त्री.) (कर.), चरबज़बानी (स्त्री.), चर्बज़बानी (स्त्री.), प्रगल्भता (स्त्री.), बकवादीपन, बहुत बोलना-, बहुभाषिता (स्त्री.), बातूनीपन, मुखचपलता (स्त्री.), मुखरता (स्त्री.), लफ़्फ़ाजी (स्त्री.), लस्सानी (स्त्री.)।

अण्डबण्ड (बक.), अकबक (कर.), अकबकाना-, अगड़बगड़ (कर.), अगरी (स्त्री.), अट्टसट्ट, अनर्थक, अनापशनाप (बक.), आँयबाँय (कर. बक.), गप (स्त्री.) (मार. हाँक.), गपड़चौथ (कर.), गालगूल, चबरचबर (स्त्री.) (कर.), चाँयचाँय (स्त्री.) (कर. मचा.), चाँवचाँव (स्त्री.), जल्प, जल्पन, जल्पना (स्त्री.), जल्पना-, झक (स्त्री.), झकना-, झामरझमर, टर (स्त्री.), टरटर (स्त्री.) (कर. लगा.), टरटराना-, तत्त्वहीन बात (स्त्री.), निरर्थक बात (स्त्री.), पुरगोई (स्त्री.), प्रजल्पित, प्रलपन, प्रलपित, प्रलाप (कर. बक.), बकना-, बक चलना-/जाना-/डालना-, बकबक (स्त्री.) (कर.), बकझक (स्त्री.), बकबक-झकझक (स्त्री.), बकवाद (स्त्री.) (कर.मचा. हो.), बकवास (स्त्री.) (कर.मचा.हो.), बड़बड़ (स्त्री.) (कर.मचा.लगा.), बड़बड़ाना-, बड़बड़ाहट (स्त्री.), बतोला, बादफ़रोशी (स्त्री.), बेकार बात (स्त्री.), बेसिर-पैर की बात, भड़भड़ (स्त्री.), भूँकना-, भूकना-, यावा (स्त्री.), विजल्प, विप्रलाप, व्यर्थ की बात, सारहीन बात (स्त्री.), हतजल्पित।

बकवास कराना : बकवाना-, बकाना-, भुँकाना-, भुकाना-।

मनमानी बकवास : अनर्गल प्रलाप, अनिबद्ध प्रलाप, बेतुकी हाँकना-।

(बातों की) झड़ी बँधना-/बाँधना-/लगना-/लगाना-, (किसी बात का) पुल बाँधना-।

बड़ी-बड़ी बातें करना : गाल बजाना-, गलगाजना-।

बकवास करके किसी को तंग करना : कान खाना-, खोपड़ी खा/चाट जाना-, खोपड़ी खाली कर देना-, दिमाग खाना-/चाटना-, मगजचट्टी (स्त्री.) (कर.), मग़्ज़चट्टी (स्त्री.) (कर.), मग़्ज़ के कीड़े उड़ाना-, मग़्ज़ खा जाना-/लेना-, मग़्ज़ चाट जाना-, सिर बकबक कर खा जाना-।

किसी को समझाते-समझाते थक जाना : दिमाग ख़ाली करना-, मगजपच्ची (स्त्री.) (कर.), मग़्ज़पच्ची (स्त्री.) (कर.), माथापच्ची (स्त्री.) (कर.), माथा मारना-, सिर खपाना-/खाली करना-।

बकवास करने की इच्छा : बकवास (स्त्री.) (लग.)।

वि. बकवास के लिए : अण्डबण्ड, अगड़बगड़, अगड़म बगड़म, अटसट, अट्टसट्ट, अनर्गल, असम्बद्ध, ऊटपटांग, ऊलजलूल, गपड़चौथ, बेसिर-पैर का।

वि./सं. वाचाल, वाचार, वाक्चपल, वावदूक, वचक्नु, वचस, वदावद, अतिवक्ता, अतिवादी, गदयित्नु, चरबज़बान, चर्बज़बाँ, जल्पक, जल्पन, जल्पाक, झक्कड़, झक्की, तुण्डिल, पुरगो, प्रगल्भ, प्रलापक, प्रलापी, बकवादी, बकवासी, बक्की, बड़बड़िया, बतचल, बतोलिया, बहुभाषी, बहुलालाप, बात की पुड़िया, बातफरोश, बातूनी, बादफरोश, भड़भड़िया, मुखचपल, मुखर, लफ्फाज, लस्सान, विप्रलापी, समुख।

अनिबद्धप्रलापी।

दिमागचट, मग़ज़चट।

114.2. सं. अतिशयोक्ति (स्त्री.) (कर.), अत्युक्ति (स्त्री.) (कर.), अतिरंजना (स्त्री.) (दे.630), अधिवचन, तूमार (बाँध.), बढ़ा-चढ़ाकर कहना-, बात का बतंगड़ बनाना- (दे.577), मुबालगा, मुबालग़ाआमेज़ी (स्त्री.)।

वि. अतिशयोक्तिपूर्ण, अतिरंजित, अत्युक्त, मुबालग़ाआमेज़।

114.3. सं. भूमिका (स्त्री.) (बाँध.) (दे.588), पृष्ठभूमि तैयार करना-, इधर-उधर की बातें करना-, जोड़-तोड़ भिड़ाना-।

115. अकथन

115.1. सं. अकथन, अनकही देना-, अनिर्वचन, अनुक्ति (स्त्री.), अनुच्चारण, अभाषण, अवाक् रहना-, ज़बान न खोलना-/हिलाना-, ज़बान बन्द रखना-/होना-, जबान रुकना-/रोकना-, न बोलना-, मुँह किलना-, मुँह पर ताला लग जाना-, मुँह पर मुहर लगना-/हो जाना-, मुँहबन्द कर लेना-, मुँह से बात न निकलना-, मौनावलंबन (कर.) (दे.106), लब/होंठ सी लेना-।

अकथ कथा (स्त्री.), अनकही कहानी, अनिर्वचनीय आख्यान।

अनुत्तर (दे.564), उत्तर/ज़वाब न देना-।

अघोषण, अघोषणा (स्त्री.), अनुल्लेख, अनुल्लेखन।

आधी बात कहना-, कहने में संकोच करना-, कहते हुए आगापीछा करना-/सकुचाना-, बातों का सिलसिला खो देना-/भुला देना-/भूल जाना-, मुँह खोलकर रह जाना-।

बात को छिपाना-/दबाना-, बात न फैलाना-/ढँढोरा न पीटना-।

बोलने न देना-, कण्ठ रुद्ध करना-, चुप कर देना-, ज़बान पकड़ना-/रोकना-, भाषण की स्वतन्त्रता छीन लेना-, मुँह कील देना-, मुँह बन्द कर देना-।

कथन की अस्पष्टता/मृदुता।

वि. अकथनीय (दे.112), अकव, अकवा, अतिकथ, अतिगव, अनभिवद्य, अनिर्वच, अनिर्वचनीय, अनिर्वाच्य, अनुच्चार्य, अनुदित, अनुपाख्य, अवक्तव्य, अवचनीय, अवद्य, अवर्णनीय, अवर्ण्य, अवाच्य।

वर्णनातीत, शब्दातीत।

अप्रकाश्य, ऊह्य, गुप्त (दे.490)।

दुरुच्चार्य, जबड़ातोड़।

अवाक् (दे.106), अवादी, अवक्ता, अबोल, निर्वाक्, रुद्धकण्ठ, हतस्वर।

अकथित, अगदित, अध्वनित, अनकहा, अनकही (स्त्री.), अनभिव्यक्त, अनुक्त, अनुच्चरित, अनुदित, अभाषित, अवर्णित, अविवक्षित, अव्यक्त, अव्याहृत, अशब्द, अस्फुट।

न बोलनेवाला : अनबोल, अनबोलता, अनबोला, बेज़बान।

अनुत्तर, निरुत्तर, लाजवाब, खामोश (दे.106), वीतोत्तर।

अनुत्तरित, अननुक्त।

अघोषित, अनुल्लिखित।

अनिरुक्त, अनुच्य, अनुदात्त, अर्धस्फुट, अर्धोच्चरित, अस्पष्ट, मृदु।

115.2. सं. अनालाप, कमसुख़नी (स्त्री.), मितभाषण, वाक्संयम, वाग्दण्ड, वाग्यमन।

वि./सं. अनालाप, अल्पभाषी, अल्पवादी, कमगो, कमसुख़न, मितभाषी, मितभाषिणी (स्त्री.), मुनि, वाक्संयमी, वाग्य, वाग्यत, वाग्यम, वाचंयम, संयतमुख, संयतवाक्।

अ. थोड़े शब्दों में, संक्षेप में।

चुपचाप, चुपके से।

बिना बोले, अनक्षर।

116. श्रवण

116.1. सं. श्रवण (कर.), श्राव, श्रुति (स्त्री.), शनवाई (स्त्री.), शनीद (स्त्री.), आकर्णन, आश्रुति (स्त्री.), उपकर्णन, कान करना-/देना-, गोश होना-, समाअत (स्त्री.), सुनना-, सुन पड़ना-/रखना-, सुनवाई (स्त्री.) (कर. हो.), सुनाई (स्त्री.) (दे.पड़.)।

सुनने के लिए तैयार होना : कान उठाना-/ ऊँचे करना-।

ध्यान से सुननाः कान देना-/धरना-, कान पर हाथ धरकर सुनना-, कान पार कर सुनना-, कान लगाकर सुनना-।

छिपकर सुनना : कनसुई (स्त्री.) (ले.), कनसुइयाँ लेना-, ढुककर सुनना-, ढूँका/ढूका लगना-।

सुनने में आना-, कान पड़ना-, कान में पड़ना-।

सुनते-सुनते कान में पीड़ा होना : कान उड़ जाना-, कान का परदा फटना-, कान झन्नाना-, कान फटना-/फूटना।

सुनते-सुनते ऊब जाना : कान पक/ भर जाना-।

सुनाना-, सुना डालना-/देना-, कान में डाल देना-, गोशगुजार करना-।

सुनने का विषय : श्रवणविषय, श्रुतिविषय।

सुनने की उत्सुकता : उत्कर्णता (स्त्री.), श्रवणकातरता (स्त्री.)।

श्रवणशक्ति (स्त्री.), समाअत (स्त्री.)।

वह दूरी जहाँ तक आवाज़ साफ़ सुनाई दे : कर्णपथ, श्रवण क्षेत्र, श्रवणगोचरता (स्त्री.), श्रवणसीमा (स्त्री.), श्रोत्रपदवी (स्त्री.)।

बड़े कमरों में आवाज़ साफ़ सुनाई पड़ने की व्यवस्था : श्रुतिव्यवस्था (स्त्री.), श्रवणगुण, ध्वानिकता (स्त्री.)।

सुनकर सीखी जाने वाली विद्या : श्रवणविद्या (स्त्री.)।

श्रवणेंद्रियग्राह्य ज्ञान : श्रावण, श्रावणप्रत्यक्ष।

कानों को मिलनेवाला सुख : श्रुतिसुख, श्रोत्रसुख।

वि./सं. श्रवणेंद्रिय-सम्बन्धी, श्रावण (दे.73.10)।

सुनने योग्य : श्रवणीय, श्रव्य, श्राव्य, श्रुत्य, श्रोतव्य, श्रोत्रग्राह्य, श्रोत्रपेय, शनीदनी, कर्णश्रव।

सुनाई देनेवाला : श्रवणगोचर, श्रवणप्रत्यक्ष, श्रुतिगम्य, श्रुतिगोचर, कर्णगोचर।

सुना हुआ : श्रुत, शनीद, शनीदा, आकर्णित, आश्रुत, संश्रुत।

जो सुना जा रहा हो : श्रूयमाण।

सुनाया गया : श्रावित।

117. गंध

बासना (स्त्री.), बू (स्त्री.) (आ. निकल. मिल.), बूबास (स्त्री.), महक (स्त्री.), (आ.दे.मिल.ले.), महकना-, महकान (स्त्री.), वास (आ. मिल. ले.)।

गंध के भेद : सामान्य- सुगंध (स्त्री.); दुर्गंध (स्त्री.)। शास्त्रीय-अनिष्ट; अम्ल; इष्ट; कटु; निर्हारी; मधुर; रुक्ष; विशद; संहत; स्निग्ध।

दूर तक फैलनेवाली गंध : निर्हारी, समाकर्षिणी (स्त्री.)।

गंध का प्रसार : गंधन।

फैली हुई गंध : स्फुरद्गंध (स्त्री.)।

सूँघना-, आघ्राण (कर.), उपशिंघन, उपसिंहन।

अच्छी तरह सूँघना : समाघ्राण (कर.)।

सुँघाना-, आघ्राण (करा.), आघ्रापण, सुगंध-दान (कर.)।

सूँघने की शक्ति : घ्राण, घ्राति (स्त्री.)।

सूँघने की वस्तु : उपशिंघन, उपशिंहन (दे.94)।

(विप.) गंधराहित्य, गंधशून्यता (स्त्री.), गंधहीनता (स्त्री.), निर्गंधता (स्त्री.)।

वि. गंधयुक्त, गंधवाला, गंधगुण, गंधाढ्य, गंधायित, गंधालु, गंधिक, गंधी, बासवाला, बसीला, महकदार, महकीला, महकौआ।

समान गंधवाला : समगंधिक।

तीव्र गंधवाला : अतिगंध।

सूँघने योग्य : घ्रातव्य, घ्रेय, आघ्रेय।

सूँघा हुआ : घ्रात, आघ्राण, आघ्रात।

समाघ्रात।

सूँघनेवाला : घ्राता।

गंधरहित, गंधशून्य, गंधहीन, निर्गंध, विगंध।

न सूँघने योग्य : अघ्रेय।

न सूँघा हुआ : अनागंधित, अनाघ्रात।

117.2. सं. सुगंध (स्त्री.), (आ. उड़. निकल. फैल.), सुगंधि (स्त्री.), सुगंधिता (स्त्री.), सुबास (स्त्री.), सुबासना (स्त्री.), सुरभि (स्त्री.), सुरभिगंध (स्त्री.), सुरभी (स्त्री.), सुवास (स्त्री.), सोंधा, सौगंध, सौगंध्य, सौरभ, सौरभ्य, अधिवास, इत्र, ख़ुशबू (स्त्री.), गंधक, गंध्य, घ्राणतर्पण, तिक्त, निर्हारी, परिदाय, परिमल, मोद, शमामा।

भीनी/मीठी/हलकी ख़ुशबू।

अति सुगंध : अतिमोदा (स्त्री.), अतिसौरभ।

चन्दनादि मलने से उत्पन्न सुगंध : परिमल।

फैलनेवाली सुगंध : आमोद।

दूर तक फैलनेवाली सुगंध : समाकर्षी।

तपी ज़मीन पर पानी पड़ने से/बेसन आदि भूनने से निकली सुगंध : सुँघाई (स्त्री.), सुँघावट (स्त्री.), सोंधापन।

सुगंधित करना : अधिवासन, अनुवास, अनुवासन, आमोदन, बसाना-, बासना-, वासन, वासना-।

गंधद्रव्य के धुएँ से सुवासित करना : धुपाना-, धूपवास।

सुगंध को तेज़ करना : अनुबोध (कर. हो.), गंधोद्दीपन।

सुगंध देना : गमकना-, महकना-, महमहाना-, मोदन।

सुगंधित द्रव्य : अनुसार्यक, इष्टगंध, गंध (स्त्री.), गंधद्रव्य, गंध्य, गांधिक, धूपन, सुगंध (स्त्री.) (मल. लगा.)।

अतर (दे.501), इतर, इत्र : निर्यास, पुष्पसार, सुगंधसार।

इत्र का फाहा।

ख़ुशबूदार तेल : फुलेल (दे.464)।

गुलाबजल (दे.43.32); ओडिकलोन, कोलन वाटर।

केवड़ा, केवड़ाजल (दे.43.11.)।

अगर, अगरु (दे.49.30)।

चन्दन (दे.49.26)।

गुग्गुल (दे.47.29)।

कस्तूरी (स्त्री.) (दे.66.18)।

गोरोचन, गोरोचना (स्त्री.) (दे.47.49)।

जटामांसी (स्त्री.) (दे.50.38)।

चोआ, चुआ, चोवा, कोपनक।

धूप (दे.)।

धूप के भेद : काष्ठ - अगर आदि; कृत्रिम-पंचांग/अष्टांग/दशांग/द्वादशांग/षोड-शांग धूप; गंध-कस्तूरी आदि; चूर्ण-जायफल का चूर्ण आदि; निर्यास-गुग्गुल आदि।

दशांग धूप : अगर, कपूर, कुष्ठ, केसर, खस, गुग्गुल, चन्दन, तेजपत्ता, जायफल और सुगंधबाला का मिश्रण।

षोड़शधूप : षोड़शांग धूप।

धूना (दे.47.24)।

धूने का धुआँ : गंधपिशाचिका (स्त्री.)।

धूप देने की वस्तु : अगियारी (स्त्री.)।

धूपदान (कर.), अग्यारी (स्त्री.)।

अगरबत्ती (स्त्री.), ऊदबत्ती (स्त्री.), धूपबत्ती (स्त्री.)।

सुगंधत्रय : चन्दन; नागकेसर; बला।

सुगंधत्रिफला (स्त्री.), सुगंधित्रिफला (स्त्री.) : इलायची; जायफल; लौंग।

सुगंधषट्क : इलायची; कपूर; जायफल; लौंग; शीतलचीनी; सुपारी।

गंधाष्टक, अष्टगंध : शक्ति के लिए - अगर; कपि; कपूर; कुंकुम; चन्दन; चोर; जटामासी; रोचन। विष्णु के लिए - अगर; उशीर; कुंकुम; कुट; चन्दन; जटामासी; मुर; ह्रीवेर। शिव के लिए - अगर; कपूर; कुंकुम; कुशीद; कुष्ठ; चन्दन; जल; तमाल। गणेश के लिए - अगर; कपूर; कस्तूरी; चन्दन; चोर; मृगमद; मृगीमद; रोचन (या) अगर; कपूर; कुंकुम; चन्दन; मृगमद; रक्तचन्दन; रोचन; ह्रीवेर। सूर्य के लिए - जल; केसर; कुष्ठ; रक्तचन्दन; चन्दन; उशीर; अगर; कपूर।

सुगंधगण : अगर; आवाँहलदी; कचूर; कपूर; कपूरकचरी; कस्तूरी; काला अगर; कुन्दुरु; केसर; खस; गंधमार्जारवीर्य; गूगल; गोरोचन; चोरक; छोटी इलायची; जटामांसी; जायफल; जावित्री; तगर; तेजपत्ता; दालचीनी; देवदारु; नख; नागकेसर; नागरमोथा; नेत्रबाला; पतंग; पद्माक; पीतचन्दन; बड़ी इलायची; बालछड़; मुलेठी; रक्तचन्दन; राल; लताकस्तूरी; लोबान; लौंग; वीरन; शिलाजतु; शिलारस; श्रीखण्डचन्दन; सरल; सरल का गोंद; सुगंध; सुगंधबाला।

सुगंधित जल : गंधजल।

गंधद्रव्य रखने के पात्र : इत्र-अतरदान, इत्रदान। गुलाबजल-गुलाब अफशाँ, गुलाबपाश। गुलाबजल आदि-कंटर, कराबा। फुलेल-फुलेली (स्त्री.)। फुलेल आदि - कुप्पा, कुप्पी (स्त्री.) (दे.510)।

धूपदान, धूपदानी (स्त्री.), धूपपात्र, अगरदान, ऊदसोज़।

धूप बेचनेवाला : धूपक, धूपिक।

सुगंधित तेल, इत्र आदि बेचनेवाला : अत्तार, इत्रफरोश, इत्रसाज, गंधवणिक, गंधाई, गंधाजीव, गंधिक, गंधी, गंधिन (स्त्री.), गंधिनी (स्त्री.), गंधोपजीवी, गांधिक, सौगंध, सौगंधिक।

गंधद्रव्य बनाने की कला : गंधकारिता (स्त्री.), गंधयुक्ति (स्त्री.)।

गंधद्रव्य बनानेवाली दासी : गंधकारिका (स्त्री.), गंधपेषिका (स्त्री.), गंधहारिका(स्त्री.)।

वि. सुगंधयुक्त, सुगंधित, सुगंध, सुगंधाढ्य, सुगंधि, सुगंधिक, सुगंधी, सुबासिक, सुबासित, सुरभिगंध, सुरभिगंधी, सुरभिगंधि, सुरभित, सुरभिमान्, सुवासित, साधिवास, सौगंध, सौगंधिक, सौरभ, सौरभित, अधिवासित, अनवासित, अवधूमित, आमोदित, आमोदी, ख़ुशबूदार, गमकीला, घ्राणतर्पण, तिक्त, परिमलित, पुण्यगंध, पुण्यगंधि, बसाँधा, बसेंधा, महमहा, मोदी, वासित।

सोंधा।

धूप से बासा हुआ : धूपायित, धूपित।

अति सुगंधित : अतिसौरभ।

सुगंधित करने वाला : अधिवासी।

सुगंध देनेवाली : सुवासिका (स्त्री.)।

अ. सुवास-सहित : महमह।

117.3. सं. दुर्गंध (स्त्री.) (आ. कर. दे.निकल. मिल.), दुर्गंधि (स्त्री.), दौर्गंध, कुबास (स्त्री.), गन्द (स्त्री.), गन्दगी (स्त्री.), गंधावा-, पूति (स्त्री.), पूतिगंध (स्त्री.), पूतिगंधि (स्त्री.), बदबू (स्त्री.) (आ. उठ. कर. दे.), बसाना-, बिसायँध (स्त्री.), बू (स्त्री.) (आ. निकल.), हीक (स्त्री.) (आ. मार.)।

तेज़ बदबू : भभक (स्त्री.) (आ.)।

दुर्गंधता (स्त्री.)।

कच्चेपन की गंध : कचायँध (स्त्री.)।

खटासभरी गंध : खटाइँध (स्त्री.)।

बासी भोजन की दुर्गंध : बुसाइँध (स्त्री.) (दे.76)।

चमड़े की बदबू : चमड़ाइँध (स्त्री.)।

चमड़ा, चरबी, मांस आदि के जलने की दुर्गंध : चिराँदा (स्त्री.), चिरायँध (स्त्री.)।

कच्चे मांस की/जलते हुए मांस की गंध : आमगंध (स्त्री.), आमगंधि (स्त्री.), विस्र, विस्रगंध।

मांस-मछली की गंध : बिसायँध (स्त्री.), विस्रा (स्त्री.)।

मछली की गंध : सिसियाद (स्त्री.)।

कपड़ा जलने की गंध : कपड़गंध (स्त्री.), कपड़ाइँध (स्त्री.)।

धुएँ की सी गंध : धुआँयँध (स्त्री.)।

दूध में धुएँ की गंध आनाः ओपाना-।

ज़हर की सी कड़वी गंध : विखायँध (स्त्री.)।

सड़ी हुई चीज़ की दुर्गंध : सड़न (स्त्री.), सड़ायँध (स्त्री.), सड़ाइँद (स्त्री.), सड़ाँध (स्त्री.), भुकराँद (स्त्री.), भुकरायँध (स्त्री.), विपूयक।

अनाज सड़ने की दुर्गंध : भकराँध।

मूत्र की दुर्गंध : घिरायँद (स्त्री.)।

मल की दुर्गंध : वैणिक, स्थालिक।

खाँसी लानेवाली तेज़ गंध : धाँस (स्त्री.)।

वि. दुर्गंधयुक्त, दुर्गंध, गंधेला, पूतिक, पूतिगंध, पूतिगंधि, पूतिगंधिक, बदबूदार, बसीला, विगंध।

कच्चे मांस की गंधवाला : आमगंधि, आमगंधिक, आमगंधी, बिसायँध, विस्रगंध।

मल की तरह दुर्गंधवाला : स्थालिक।

118. स्वाद

118.1. सं. स्वाद (ले. मिल.), आस्वाद (ले.), ज़ायक़ा (ले.), मज़ा (ले. मिल.), मज़ेदारी (स्त्री.), रस (ले. मिल.), लज़्ज़त (स्त्री.) (मिल.)।

रुचिकर स्वाद : सुस्वाद, सुस्वादु, स्वादव।

गौण स्वाद : अनुरस।

आस्वादन (कर.), चक्षण, चखना-, चख लेना-, चीखना-, प्राश, प्राशन, रसन, रसास्वादन (कर.), रासन, स्वादन।

आस्वादन कराना-, चखाना-, प्राशन, स्वाद दिलाना-।

स्वादुता (स्त्री.), स्वादित्व, स्वादिमा (स्त्री.)।

सुस्वादुता (स्त्री.)।

स्वादिष्ट बनाना : स्वादन।

राजा की पाकशाला में भोज्य पदार्थ चखनेवाला कर्मचारी : स्वादक।

स्वाद-ग्रहण की शक्ति : स्वाद, ज़ायक़ा।

स्वाद का पता न चलना : रसाज्ञान।

वि. स्वादिष्ट, स्वादिष्ठ, स्वादनीय, स्वादीला, स्वादु, स्वादुरस, स्वाद्य, सरस, सरस्वान्, सुरस, सुस्वाद, सुस्वादु, आस्वाद्य, ख़ुशज़ायक़ा, ज़ायक़ेदार, बामज़ा, बाज़ायक़ा,

मज़ेदार, मुखप्रिय, रसद, रसदार, रसनीय, रसाल, रसील, रसीला, रस्य, रुचिकर, रुचिकारक, रुचिकारी, लज़ीज़, लज़्ज़तदार।

अति स्वादिष्ट : रसघन, स्वादीयस्।

आस्वादित, प्राशित, लीढ, स्वादित।

आस्वादक, चखा, चाखनहार, रसास्वादी, स्वादी।

स्वाद का पारखी : ज़ायक़ाशिलास, स्वादुविवेकी।

स्वादिष्ट बनाने वाला : स्वादुकार।

स्वाद लेने योग्य : आस्वादनीय, आस्वाद्य, रसनीय, स्वादनीय, स्वाद्य।

118.2. सं. स्वादहीनता (स्त्री.), सिठाई (स्त्री.), सीठापन, अनभिलाष, अनरस, अनास्वाद, नीरसता (स्त्री.), फीकापन, बदमज़गी (स्त्री.), बेमज़गी (स्त्री.), रसहीनता (स्त्री.), विरसता (स्त्री.), वैरस, वैरस्य।

वि. स्वादहीन, सीठा, अनरस, अनास्वाद, अरुचिकर, अरोचक, अलोना, अस्वादिष्ट, कुस्वाद, दुःस्वाद, निरास्वाद, नीरस, फीका, बदज़ायक़ा, बदमज़ा, बेमज़ा, बेरस, बेलज़्ज़त, बेस्वाद, रसहीन, विरस, विस्वाद।

अनास्वादित।

अनास्वाद्य, निरास्वाद्य।

118.3. सं. षट्रस, षड्रस : मधुर; लवण; तिक्त; कटु; कषाय; अम्ल।

118.3.1. सं. मधुरता (स्त्री.), मधुरत्व, मधुर, मधुरिमा (स्त्री.), मधुरी (स्त्री.), माधुरता (स्त्री.), माधुरी (स्त्री.), माधुर्य, मिठास (स्त्री.), मिष्ट, मीठा, मीठापन, गुल्य, रसालता (स्त्री.), शीरीनी (स्त्री.), सरसता (स्त्री.), स्वादिता (स्त्री.), स्वादुमन्।

गुड़, चीनी (स्त्री.), मिठाई (स्त्री.) आदि (दे.78)।

मधु, शहद (दे.78)।

मधुरिन (स्त्री.), मधुरी (स्त्री.), glycerine ।

शर्करी (स्त्री.), शर्करीय, saccharin ।

देवताओं को चढ़ाने का स्वादिष्ट पेय : पंचामृत-दूध; दही; घी; मधु; चीनी।

अमृत (दे.319)।

मधुर होना : मधुराना-, मिठाना-।

मधुर बनाना : मधुरीकरण।

वि. मधुर, मधुरक, मधुरा, मधुरी (स्त्री.), मधुमय, मधुमान्, मधुरस, माध्व, (समास में) मिठ-, मिष्ट, मीठा, मीठी (स्त्री.), रसाल, शीरीं, समधुर, सरस, सुरस, सुस्वाद, सुस्वादु, स्वादु, स्वादुयुक्त, स्वादुयोगी।

अति मधुर : सुमधुर।

मधुरित।

मधुर से उत्पन्न : माधुर।

मधुरप्रिय, स्वादुकाम।

118.3.2. सं. नमकपन, नमकीनी (स्त्री.), क्षारगुण, खारा, खारापन, लवणता (स्त्री.), लवणत्व, लवणिमा (स्त्री.), लवणत्व, लवणिमा (स्त्री.), लावणिकता (स्त्री.), लावण्य, वेलज।

नमक, नोन, ऊषक, क्षार, जलरस, रामरस, रुद्‌धक, लवण।

सेंधा नमक, सैंधव, सिंधुज, सिंधुजन्म, सिंधुप्रसूत, सिंधुमंथज, सिंधुलवण, सिंधूत्थ, सिंधूद्‌भव, सिंधूपल, सितशिव, सिद्ध, स्वादु, स्वादुशुद्ध, एरिण, खनिज नमक, त्रिकूट, धौतय, धौतेय, नादेय, पथ्य, मणिमंथ, माणिबंध, माणिमंथ, रुच्य, लवणोत्तम, लाहौरी नमक, शिव, शिवात्मक, शीतशिव, शुद्ध, शुभ्र, शैलेय, शैलेयक।

सेंधा नमक का ढोका : सैंधवखिल्य, सैंधवघन।

सेंधा नमक का चूरा : सैंधवचूर्ण।

समुद्री नमक : करकच, अक्षिब, अक्षिब, अक्षीब, असुर, उदधिसम्भव, कडक, जलज, जलरस, त्रिकूट, त्रिकूटलवण, लवणाब्धिज, वशिर, वार्द्धिभव, वार्द्धेय, शिव, समुद्रलवण, सागरज, सागरोत्थ, सामुद्र, सामुद्रक, सामुद्रिक, स्वादुशुद्ध।

सम्भर झील से प्राप्त नमक : साँभर नमक, सांभर, सांबर, गडदेशज, गडलवण, जलज, जलरस, पृश्वीज, रामलवण, रोमक, रौमक, रौमलवण, लोनार नमक, वसुक, वसूक, शाकंभरीय।

नमक जमाने का गड्ढा : आगर।

कृत्रिम लवण : वस्तक।

काला नमक, काच, काचमल, काचलवण, कुरविन्द, कुरुविन्द, कृत्रिम, कृष्णलवण, कौद्रविक, क्षार, अक्ष, आसुर, खण्ड, खण्डलवण, तिलक, दुर्गंध, द्राविड़क, नील, नीलक, पाकज, पादानोन, मेचक, रुचक, विट, विटलवण, विट्, विड, विडगंध, विडलवण, विड्, विड्गंध, विड्लवण, शूलनाशन, संचल, सचल लवण, सलंबा नोन, साँचर नमक, सुपाक्य, सुवर्चल, सोंचर, नमक, सौवर्चल, हयगंध, हृधगंधक।

कर्नाटक के आसपास होने वाला नमक : बिरिया लोन, द्रोणिलवण, द्रोणीलवण, द्रोणी (स्त्री.), द्रोणि (स्त्री.), द्रौणेय, वारिज, वार्द्धिभव, सुपाक्य।

लोनी मिट्टी से निकलने वाला नमक : खारी नमक, खारी (स्त्री.), उष, उषरज, औषर, औषरक, कृतक, धूर्त, पाक्य, पांशव, पांसव, पांशु (स्त्री.), पांसु (स्त्री.), पांशुक्षार, पांसुक्षार, पांशुज, पांसुज, पांशुभव, पांसुभव, बिड, मिश्रक, लवणमक, वसुक, वसूक।

रेह का नमक : दाँतिया, पाँगा, पाँगानोन।

शोरे का नमक : छुतहा, छुतिहा।

काँच की भट्ठियों से निकले क्षार से बननेवाला नमक : कचलोन, काचलवण, कचिया (स्त्री.)।

सीड़ के कारण पुरानी दीवारों/ज़मीन से लगनेवाला नमक : नोना (लग.), मृत्तिकालवण, लोना (लग.)।

लोनी मिट्टी (स्त्री.) (दे.12)।

प्राकृतिक नमक : अक्षारलवण, अक्षार।

त्रिलवण, लवणत्रय : सचल; सांभर; सैंधव।

पंचक्षारगण, पंचलवण : काचलवण; विट्; सामुद्र; सैंधव; सौवर्चल।

नमक की खान : लवणाकर।

नमक निकालने/बनाने की जगह : नमकसार (स्त्री.), लोनार।

नमक बनाने वाला : आगरी, नुनेरा, नोनिया, नोनियाइन (स्त्री.), नुनेरिन (स्त्री.), लोनिया।

नमक का बाजार : लवणापण।

नमक का व्यापारी : लवणक्रीतक, लावणिक।

नमक की थैली : लवणपोटलिका (स्त्री.)।

नमक रखने का पात्र : नमकदाम, लावणिक।

दान के लिए नमक की कल्पित गाय : लवणधेनु (स्त्री.)।

दान के लिए नमक का कल्पित पहाड़ : लवणाचल।

वि. लवण-सम्बन्धी, लावणिक, क्षारीय।

नमकीन, नुनखरा, नुनखारा, ऊषर, क्षारीय, खारा, खारी, लवणप्रगाढ़, लवणित, लावण, वेलज, सलोना, सलूना।

कम नमकीन : मिठलोना, खरौहाँ।

बिना नमक का : अलोना।

नमक खानेवाला : नमकख़्वार।

खारे पानीवाला (दे.18)।

118.3.3. सं. तिक्तता (स्त्री.), तिक्त, तिताई (स्त्री.), तीतापन, तलख़ी (स्त्री.), तल्ख़ी (स्त्री.), कटु, कटुता (स्त्री.), कटुत्व, कटुरस, कटोल, कड़वाई (स्त्री.), कड़वापन, कड़वाहट (स्त्री.), कडुआपन, कडुआहट (स्त्री.), कडुवापन, कडुवाहट (स्त्री.), वेलज।

कड़वा लगना : कड़वाना-, कडुआना।

पंचतिक्त : कुट; गुड़च; चिरायता; भटकटैया; सोंठ।

पंचनिंब : नीम के पाँचों अंग - जड़; छाल; पत्ती; फूल; फल।

वि. तिक्त, तिक्तक, तलख़, तल्ख़, तीता, कटु, कटुरस कटोल, कड़वा, कडुआ, कडुवा, वेलज।

बहुत कड़वा : परितिक्त, करेला और नीम चढ़ा (हो.)।

बहुत बुरे स्वाद का : कड़वा-कसैला।

पचने से जिसका स्वाद कड़वा हो जाय : कटुविपाक।

118.3.4. सं. कटुता (स्त्री.), कटुत्व, कटु, कटुक, कड़वापन, कड़ुआपन, ओषण, औषण, चरपरापन, चरपराहट (स्त्री.), झार (स्त्री.), झाल (स्त्री.), टकोर (स्त्री.) (लग.), तिताई (स्त्री.), तिक्तता (स्त्री.), तिक्तत्व, तीतापन, तीखापन, तीक्ष्णता (स्त्री.), तैक्त, परपरापन, परपराहट (स्त्री.), पड़पड़ाहट (स्त्री.), वेलज।

कटु लगना : चरपराना-, पड़पड़ाना-, परपराना-।

कटुत्रय, कटुकत्रय, त्रिकुट, त्रिकटुक, त्रिकुटा (स्त्री.), त्र्युषण, त्र्यूषण : पीपर; मिर्च; सोंठ।

कटुचातुर्जातक : इलायची; तज; तेजपत्ता; मिर्च।

अति कटु वस्तु : ज़हर।

वि. कटु, कटुरस, कड़वा, कड़ुआ, झारदार, झालदार, तिक्त, तिक्तक, तीक्ष्ण, तीता।

चरपरा, परपरा, वेलज।

चटपटा, मिर्च-मसालेदार।

तीखे स्वाद का : तीखा, तेज़।

अति कटु : ज़हर।

[तिक्त और कटु में भेद है। नीम तिक्त है तो लाल मिर्च कटु। बोलचाल में यह भेद प्रायः नहीं रहता। नीम को कड़वा और तीता कहा जाता है तो लाल मिर्च को भी। इसी तरह चरपरा केवल कटु नहीं है। इस स्वाद में नमक और खटाई का भी मेल रहता है।]

118.3.5. सं. कषाय, कसाव (आ. पड़. हो.), कसैलापन, तुवर, तूबर, तूवर।

कसैला होना : कसाना-, कसियाना-, बकठाना-।

पंचकषाय : खिरैटी; जामुन; बेर; मौलसिरी; सेमर की छाल का रस।

वि. कषाय, कषायी, कसैला, तुवर, तूबर, तूवर, बाकठ।

118.3.6. सं. अम्ल, अम्लता (स्त्री.), अम्लिमा (स्त्री.), आम्ल, आम्ला (स्त्री.), ऊष, काटुक, खटाई (स्त्री.), खटास (स्त्री.) (आ.), खट्टापन, चुक्रिमा (स्त्री.), तुर्शी (स्त्री.), शुक्त।

खट्टा रस : अंबल।

खट्टा होना : खटाना-, तुर्शाना-।

अम्लीकरण।

अम्लपंचक : अनार; अमलबेंत; इमली; जंबीरी नींबू; नारंगी।

पंचाम्ल : अनार; अमलबेंत; चूक; बिजौरा नीबू; बेर।

खट्टे फलवाले वृक्षों का वर्ग : अम्लवर्ग।

वि. अम्ल-सम्बन्धी, अम्लीय, आम्ल।

अम्ल, खट्टा, खट्ट, खट्वर, (समास में) खट, तुर्श, शुक्त।

बहुत खट्टा : अत्यम्ल, खट्टाचूक, चूक, चुक्क।

जिसमें खटास और मिठास दोनों हों : खटमिट्ठा, खटमीठा।

अम्लकारक, कटुविपाक।

118.4. सं. जले हुए का सा स्वाद : जठाइन (स्त्री.)।

तेल का सा स्वाद : तिलौन्छापन।

वि. तिलौन्छा।

119. स्पर्श

119.1. सं. स्पर्श, स्पृष्टि (स्त्री.), स्पृष्टिका (स्त्री.), संस्पर्श, संपर्क (दे.235), स्प्रष्टव्य, छुआई (स्त्री.), छुआव, छूत (स्त्री.), परश, परस।

स्पर्श करना-, स्पर्शन, संस्पर्शन, परसन, परसना-, अरसना- परसना-, छूना-, छू देना-/लेना-।

छू जाना-, लगना-।

स्पर्श कराना-, परसाना-, छुआना-, छुअवाना-, छुलाना-, छुला देना-/लेना-, लगाना-।

स्पर्शता (स्त्री.), स्पर्शत्व।

स्पर्श-शक्ति : स्पर्शना (स्त्री.)।

स्पर्शनेंद्रिय (स्त्री.), स्पर्शेंद्रिय (स्त्री.), स्पर्शन, तवगिंद्रिय (स्त्री.), त्वक्, त्वचा (स्त्री.) (दे.73. 28)।

शरीर का स्पर्श : अंगस्पर्श।

स्पर्शजन्य सुख : स्पर्शसुख।

स्पर्श के प्रति अति संवेदन : स्पर्शद्वेष।

स्पर्श द्वारा ज्ञात तत्त्व : स्पर्शतन्मात्र (दे.101)।

स्पर्श-शक्ति का नाश : स्पर्शहानि (स्त्री.)।

छूने-न छूने का विचार : छुआछूत (स्त्री.) (कर.), छुआछूत (स्त्री.), छूतछात (स्त्री.), स्पर्शास्पर्श, स्पृष्टास्पृष्ट, स्पृष्टास्पृष्टि (स्त्री.)।

स्पृश्यास्पृश्य विवेक।

शपथ-ग्रहण के समय अंगों का स्पर्श : स्पृष्टिका (स्त्री.)।

वि. स्पर्शनीय, स्पर्शक्षम, स्पर्शवान्, स्पृश्य, स्प्रष्टव्य।

स्पर्शित, स्पृष्ट, संस्पृष्ट।

स्पर्शक, स्पर्शन, स्पर्शिक, स्पर्शिता, (समासांत में) स्पर्शी, स्पर्ष्टा, स्पृश्, स्पृश, स्पृष्टी, स्प्रष्टा, संस्पर्शी।

स्पर्शज, स्पर्शजन्य।

स्पर्श से ज्ञात होने वाला : स्पर्शविद्य, स्पर्शग्राह्य, स्पर्शिक, स्पार्शन, स्प्रष्टव्य।

जिसका स्पर्श सुखद हो : स्पर्शवान्, स्पर्शसुख।

जिसका स्पर्श दुःखद हो : स्पर्शक्लिष्ट।

स्पर्श न सहनेवाला : स्पर्शासह, स्पर्शासहिष्णु।

स्पर्शज्ञान से रहित : स्पर्शाज्ञ।

स्पृश्यास्पृश्य।

119.2. सं. अस्पृश्यता (स्त्री.), अछूतपन।

वि. अस्पृश्य, अछूत (दे.356)।

अस्पृष्ट, अछूता, अदग, अनागंधित।

4. वर्ग : अस्तित्व-अनस्तित्व-वास्तविकता

विषय : 120. अस्तित्व; 121. अनस्तित्व; 122. वास्तविकता; 123. अवास्तविकता; 124. स्थिति; 125. संरक्षण; 126. दूरीकरण; 127. नाश; 128. फैलाव।

120. अस्तित्व

सं. अस्तित्व (रख. हो.), भवक, भाव, वुजूद वजूद, वृत्ति (स्त्री.), सत्ता (स्त्री.), सत्व, हस्ती (स्त्री.)(रख. हो. मिट. मिटा.)।

अस्तित्व में आना, वजूद पकड़ना-/पाना-।

अपरिमित अस्तित्व : अत्यन्तभाव।

अस्ति (स्त्री.), अधिष्ठान, अवस्थान, अवस्थिति (स्त्री.), आसन, वर्तन।

जमना-, टिकना-, टिक जाना-, टिका रहना-, ठहरना-, बना रहना-, रहना-।

उपस्थिति (स्त्री.), उपस्थान, उपस्थापन, मौजूदगी (स्त्री.), विद्यमानता (स्त्री.), विद्यमानत्व, स्थिति (स्त्री.), हाज़िरी (स्त्री.) (दे.273)।

होना-।

अवस्थापन, उपस्थापन, थापन, थापना (स्त्री.), निवेश, निवेशन, सन्निवेश, सन्निवेशन, स्थापन, स्थापना (स्त्री.) (कर. हो.)।

जमाना-, टिकाना-, ठहराना-, थापना-, रखना-।

स्थायित्व, स्थायिता (स्त्री.), स्थिति (स्त्री.), संस्थिति (स्त्री.), स्थिरता (स्त्री.), स्थिरत्व, स्थेमा (स्त्री.), स्थैर्य, क़ायमी (स्त्री.), टिकान (स्त्री.), ठहराव, रहन (स्त्री.)।

नित्यता (स्त्री.), नित्यत्व (दे.131)।

सर्वव्यापकता (स्त्री.) (दे.128)।

अस्तित्ववाद, existentialism।

वि. अस्तित्वमय, वर्तक, वृत्त।

अवस्थित, अधिष्ठित।

उपस्थित, अनपेत, मौजूद, मौजूदा, वर्तमान, विद्यमान, विराजमान, विराजित, हाज़िर।

स्थापित, उपस्थापित, सन्निविष्ट, सन्निवेशित।

स्थित, संस्थित, संस्थ, आस्थित, क़ायम, निविष्ट, बरक़रार, बहाल।

स्थिर, स्थायुक, वर्तिष्णु।

स्थायी, स्थायिक, स्थितिमान, स्थितिशील।
नित्य (दे.131)।
सर्वव्यापी (दे.128)।
अस्तित्ववादी, existentialist।
अ. साक्षात्, प्रत्यक्ष, अंजसा।
मौजूदगी में : सामने।

121: अनस्तित्व

सं. अनस्तित्व, अस्तित्वविहीनता (स्त्री.), अस्तित्वहीनता (स्त्री.), अजीव, अजीवन (दे.64), अदम, अपदार्थ, अभव, अभाव (दे.650), अभूति (स्त्री.), अवर्तन, अविद्यमानता (स्त्री.), असम्भव, असम्भवता (स्त्री.) (दे.422), असम्भूति (स्त्री.), असत्ता (स्त्री.), असत्त्व, नाठ, नास्ति (स्त्री.), नेस्ती (स्त्री.), सत्ताहीनता (स्त्री.)।

अपना अनस्तित्व : स्वाभाव।

अनुपस्थिति (स्त्री.), अनुपस्थान, अदम, अदममौजूदगी (स्त्री.), अदमहाज़िरी (स्त्री.), अदर्शन, अविद्यमानता (स्त्री.), असन्निधान, असन्निधि (स्त्री.), असाक्षात्, ग़ैरमौजूदगी (स्त्री.), ग़ैरहाज़िरी (स्त्री.), नामौजूदगी (स्त्री.), परोक्ष।

नागा (कर. हो.) (दे.423)।

अन्तर्धान (हो.), अदृष्टि (स्त्री.) (दे.104), अदृष्टिका (स्त्री.), गैब।

उराना-, ओराना-, चुकना-, न रहना-/होना- (दे.626); ख़ातमा (हो.), समाप्ति (स्त्री.) (दे.139); लोप (हो.) (दे.127); खालीपन, रिक्तता (स्त्री.), राहित्य, शून्यता (स्त्री.) (दे.626); दूरीकरण (दे.126)।

वि. अस्तित्वविहीन, अस्तित्वहीन, अजीव (दे.64), अनासादित, अभव्य, अभूत, अवर्तमान, अविद्यमान, असम्भव (दे.422), निस्सत्त्व, निरुपाख्य (दे.123), नेस्त।

अनुपस्थित, अनधिष्ठित, अप्रस्तुत, अवर्तमान, अविद्यमान, ग़ैरमौजूद, ग़ैरहाज़िर, नदारद, नामौजूद, परोक्ष, विगत।

अन्तर्धान, अन्तर्हित, अदृश्य, अदृष्ट, गायब, नदारद।

खतम, खत्म, समाप्त; नाबूद, लुप्त; ख़ाली, खुक्ख, खुक्खा, छूँछा, छूँछी (स्त्री.), रहित, रिक्त, वर्ज, वर्जित, व्यपाकृत, शून्य, सूना; दूर।

निराधार, अलीक, अवास्तव (दे.123)।

122. वास्तविकता

सं. वास्तविकता (स्त्री.), वस्तुभाव, वस्तुस्थिति (स्त्री.), वाक़ईयत (स्त्री.), असलियत (स्त्री.), अस्लीयत (स्त्री.), तत्त्व, तथ्य, यथार्थता (स्त्री.), याथार्थ्य, याथातथ्य, सच्चाई (स्त्री.) (दे.520), सत्ता (स्त्री.), सत्त्व, हक़, हक़्क़, हक़ीक़त (स्त्री.)।

अकाल्पनिकता (स्त्री.), कल्पनाराहित्य, वस्तुनिष्ठा (स्त्री.), स्थूलता (स्त्री.)।

स्वभावता (स्त्री.), स्वाभाविकता (स्त्री.), स्वाभाव्य।

इहलोक, इह, जगत्, जड़जगत्, जड़प्रकृति (स्त्री.), दृश्यमान जगत्, वस्तुजगत्, दुनिया (स्त्री.), भव, संसार (दे.11)।

भवजाल, भवबंधन।

भवसागर, भवसमुद्र, भवसिंधु, भवजल, भवाब्धि, भवांबुधि, संसारसमुद्र।

इहलीला (स्त्री.), संसारपदवी (स्त्री.), संसारयात्रा (स्त्री.), संसारसरणि (स्त्री.)।

प्रकृति (स्त्री.), निसर्ग, स्वभाव (दे.14)।

यथार्थवाद, realism ।

वि. वास्तव, वास्तविक, वाक़ई, असली, अस्ली, आप्त, ठीक, तात्त्विक, दुरुस्त, भूतार्थ, यथार्थ, यथास्व, विद्यमान, सच, सही, सात्त्विक, सार, हक़, हक़्क़, हक़ीक़ी।

अकल्पित, अकाल्पनिक, अविकृत, ज्यों का त्यों, प्रकृत, यथातथ, यथातथ्य, वस्तुगत, वस्तुनिष्ठ, वस्तुपरक, हूबहू।

तथ्यपरक, तथ्यपूर्ण, तथ्यात्मक, प्रामाणिक, सारगर्भित।

यथार्थवादी, realist।

इहलौकिक, ऐहिक, जागतिक, दुनियाबी, पार्थिव, भवी, लौकिक, सांसारिक (दे.11)।

प्राकृतिक, नैसर्गिक, स्वाभाविक, स्वभावकृत; स्वभावज, स्वभावजनित; स्वभावसिद्ध।

अ. वास्तव में, वस्तुतः (दे.411), वाक़ई, अद्धा, अर्थतः, असल में, अस्ल में, अस्लन, दरअसल, तत्त्वतः, यथार्थतः (दे.542), यथार्थ में, यथार्थ रूप में, सचमुच, सत्यतः, हक़ीक़त, हक़ीक़तन, दरहक़ीक़त, निस्सन्देह, सही (दे.568); प्रत्यक्षतः (दे.102)।

प्रकृतितः, प्रकृत्या, स्वभावतः।

123. अवास्तविकता

सं. अवास्तविकता (स्त्री.), अवास्तवता (स्त्री.), अयथातथ्य, अयथार्थता (स्त्री.), अस्वाभाविकता (स्त्री.)।

अतींद्रियता (स्त्री.) (दे.313); अलौकिकता (स्त्री.)।

अत्यन्ताभाव।

अविश्वसनीयता (स्त्री.) (दे.533); कपोलकल्पना (स्त्री.) (दे.422); काल्पनिकता (स्त्री.) (दे.549); प्रातिहार्य (दे.555); भ्रम (दे.541); मिथ्यात्व (दे.521)।

असम्भव बात (स्त्री.), मृषार्थक; अलौकिक घटना (स्त्री.), अनहोनी बात (स्त्री.), अनहोनी (स्त्री.)।

अलौकिक कार्य, चमत्कार (कर. दिखा.), करामात (स्त्री.), (दे.555), अजमत (स्त्री.)।

आकाशकुसुम, आकाशपुष्प, अंबरपुष्प, अभ्रपुष्प, खपुष्प, गगनकुसुम, व्योमपुष्प; खचित्र; गगनरोमंथ; गगनवाटिका (स्त्री.); नरश्रृंग; खरीविषाण; शशकविषाण, शशविषाण, शशश्रृंग; मूषिकविषाण; बंध्यादुहिता (स्त्री.); बंध्यातनय, बंध्यापुत्र, बंध्यासुत, बंध्यासुनु; श्वेतकाक, पाण्डरवायस; काकदन्त; मृगजलस्नान; उदकेविशीर्ण; शंखक्षीर।

चिड़िया का दूध; चील का मूत; गूलर का फूल।

उड़नखटोला (दे.298. 13)।

भूत (चढ़. लग. उतर. उतार. झाड़.), अपदेवता, अगियाबैताल, अग्निमुख, कटपूतन, खचर, खेचर, खबीस, चोटी वाला, छलावा, जिन (चढ़. लग.), जिन्न, निशाचर, निशाचारी, पूतन, पलीद, पितृवनेचर, पिशाच (दे.304), प्रेत (दे.304), बैताल, यक्ष (दे.304), रुखचढ़वा।

जल में डूबकर मरनेवाला प्रेत : जलप्रेत, बूड़ा।

प्रेतयोनि को प्राप्त ब्राह्मण : ब्रह्मराक्षस, ब्रह्मदैत्य, ब्रह्मग्रह।

विक्रमादित्य के द्वारा सिद्ध दो बैताल : अगिया-कोइलिया; ताल-बैताल।

भूत-प्रेत, भूत-पिशाच।

भुतनी (स्त्री.), भूतनी (स्त्री.), भूतिनी (स्त्री.), अपच्छाया (स्त्री.), अस्रपा (स्त्री.), कंटाइन (स्त्री.), कटपूतना (स्त्री.), खबीसी (स्त्री.), चुड़ैल (स्त्री.), डाकिन (स्त्री.), डाकिनी (स्त्री.), पिछलपाई (स्त्री.), प्रेतनी (स्त्री.), प्रेतिनी (स्त्री.), यातुनारी (स्त्री.), व्यंजनहारिका (स्त्री.), शाकिनी (स्त्री.), शै (स्त्री.), हवा (स्त्री.)।

परी (स्त्री.)।

बच्चों को नज़र लगाने वाली स्त्री : डाइन (स्त्री.), डायन (स्त्री.), डँगरी (स्त्री.)।

वेताल को वश में करना : वेतालसाधना (स्त्री.)।

वेताल की अलौकिक शक्ति : वेतालसिद्धि (स्त्री.)।

भूतावेश, भूताभिषंग, भूतविक्रिया (स्त्री.), भूतसंचार, अपच्छाया (स्त्री.), अभिघर्षण, आसेब (लग. हो. उतर. उतार.), ऊपरी फसाद/फेर, खोड़ (स्त्री.) (हो.), ग्रहागम, ग्रहामय, छाया (स्त्री.), ज़िन/परी की सवारी, पिशाचबाधा (स्त्री.), पिशाचसंचार, प्रेतबाधा (स्त्री.), प्रेतावेश, फेर (हो.), बला (स्त्री.), बलाय (स्त्री.), लाली (स्त्री.), वेतालग्रह, साया (हो. उतर.), साये में आना-।

प्रेतबाधा से उत्पन्न उन्माद : प्रेतोन्माद, भूतोन्माद।

प्रेतोन्माद में बकझक करना : अभुआना-।

प्रेतबाधा का निवारण : भूतप्रतिषेध।

झाड़फूँक (स्त्री.) (दे.94); ओझा (दे.94)।

प्रेतविद्या (स्त्री.), प्रेतसिद्धि (स्त्री.), neeromancy।

प्लांचेट, भविष्यफलक, planchette।

भूत-प्रेत की छाया/झलक : छलावा।

प्रेतलीला (स्त्री.), भूतसर्ग, भूतसृष्टि (स्त्री.)।

भ्रमवश दिखाई पड़ने वाला पदार्थ : भूत का पकवान, भूत की मिठाई।

बच्चों को डराने का काल्पनिक जीव : जूजू, भकाऊ, हाऊ, हौआ, हौवा।

डरानेवाली बात : डरावा।

बच्चों को बहकाने का काल्पनिक जीव : कोको (स्त्री.), कौआ।

अलक्षित स्थान : आसमान, स्वर्ग (दे.319), ग़ैब, अज़ग़ैब।

नरक (दे.319)।

वि. अवास्तविक, अवास्तव, अयथातथ, अयथार्थ, अप्रकृत, अप्राकृतिक, अनैसर्गिक, अस्वाभाविक, स्वाभाविकेतर।

अलौकिक, अप्राकृतिक, अप्राकृत, अतिमर्त्य, अतिमानव, अतिमानवी, अतिमानवीय, अतिमानुष, अमानुष, अमानुषिक, अमानुषी, अमानुषीय, अमानुष्य, अनहोता, अनहोनी (स्त्री.)।

असम्भव, असम्भव्य, असम्भावित, असम्भावी, असम्भावनीय, असम्भाव्य, नामुमकिन, निरुपाख्य, मृषार्थक।

अकल्पनीय, अचिन्तनीय, अचिन्तय, अभावनीय।

असाधारण, अतिप्रकृत, अप्राकृत, जनातिग, लोकातिग, लोकातिशय, लोकाधिक, लोकोत्तर, विलक्षण।

अविश्वसनीय (दे.533)।

काल्पनिक, कपोलकल्पित, मनगढ़न्त, निराधार, स्वप्नवत्।

बेसिर-पैर का, अजीब, अजीबो ग़रीब, अद्‌भूत, अनोखा, विस्मयकर (दे.555)।

भ्रामक, भ्रमजनक, भ्रमजनित (दे.541), भ्रममूलक, मिथ्या (दे.521), मायामय।

अबोधगम्य, आसमानी, अज़ग़ैबी, ग़ैबी।

अतींद्रिय, ज्ञानातीत।

अपार्थिव, अकुलीन, अभौतिक।

भूत-प्रेत-सम्बन्धी, भौत, भौतिक।

वेताल-सम्बन्धी, वैताल, वैतालीय।

भूत-प्रेतकृत : आधिदैविक, पिशाचकृत।

प्रेतबाधाग्रस्त : अपच्छाय, उन्मदन, ग्रहिल, प्रेतवाहित, प्रेताविष्ट, भूतग्रस्त, भूतार्त, भूताविष्ट, भूतोपसृष्ट, भूतोपहत, भौत, भौतिक।

प्रेतबाधाग्रस्त मकान आदि के लिए : भुतहा।

जिस पर परी का साया हो : परीज़दा, परीदार।

जिस पर पिशाच का प्रभाव हो : पिशाचगृहीतक।

वेताल के कर्म को जाननेवाला : वेतालकर्मज्ञ।

अ. अलक्षित स्थान से : अज़ग़ैब।

124. स्थिति

सं. स्थिति (स्त्री.), अवस्था (स्त्री.), आलम, गति (स्त्री.), गतिक, दशा (स्त्री.), नक़्शा, बात (स्त्री.), भाव वृत्ति (स्त्री.), सूरत (स्त्री.), हाल, हालत (स्त्री.)।

अच्छी स्थिति : सद्‌गति (स्त्री.), सुगति (स्त्री.)।

बुरी स्थिति : गत (स्त्री.), दुर्गति (स्त्री.) (दे.390)।

सही स्थिति : वस्तुस्थिति (स्त्री.)।

सौभाग्य/दुर्भाग्य की स्थिति : समय, वक़्त।

मानसिक स्थिति (स्त्री.), मनःस्थिति (स्त्री.) (दे.197), वृत्ति (स्त्री.)।

चारों ओर की स्थिति : परिस्थिति (स्त्री.), हालात।

पहले की स्थिति : पूर्वस्थिति (स्त्री.)।

वर्तमान स्थिति (स्त्री.), मौजूदा हालत (स्त्री.), सूरते हाल (स्त्री.), हाल-चाल (स्त्री.), हालते मौजूदा (स्त्री.)।

नयी स्थिति : अर्थांतर।

बदली हुई स्थिति : अवस्थान्तर।

अवस्थाद्वय : सुख; दुःख।

अवस्थात्रयः जागर्ति; स्वप्न; सुषुप्ति।

अवस्थाचतुष्टय : बाल्य; कौमार; यौवन; वार्धक्य।

अवस्थाषट्‌क : जन्म; स्थिति; वृद्धि; विपरिणमन; अपक्षय; नाश।

प्रेमी की दस अवस्थाएँ : अवस्थादशक, स्मरदशा (स्त्री.) (दे.97)।

जीवन की दस अवस्थाएँ : दशान्तरः गर्भवास; जन्म; बाल्य; कौमार; पौगण्ड; यौवन; स्थाविर्य; जरा; प्राणरोध; नाश।

जीवन की परिवर्तित अवस्था : दशापाक, दशाविपाक।

चाल-ढाल, तौर-तरीका (दे.199), रंग-ढंग, हाल-चाल (स्त्री.), हाव-भाव (दे.97)।

परिवेश, वातावरण (दे.14)।

घटनाक्रम, घटनाचक्र, घटना-परंपरा (स्त्री.), घटनावली (स्त्री.), हालात।

पृष्ठभूमि (स्त्री.), पृष्ठिका (स्त्री.), पश्चभूमि (स्त्री.), पार्श्वभूमि (स्त्री.); धरातल; परिप्रेक्ष्य, परिप्रेक्षा (स्त्री.), परिप्रेक्ष; पूर्वपीठिका (स्त्री.), पीठिका (स्त्री.), (दे.588)।

इत्तिफ़ाक़ (दे.153); अवसर (दे.392)।

वि. पारिस्थितिक, प्रासंगिक।

स्थैतिक, स्थौतिकीय।

स्थितिशील।

स्थिति के अनुकूल : आवस्थिक।

पृष्ठभूमिक।

इत्तिफाकिया; अवसरोचित।

अ. यथास्थिति।

इत्तिफाकन्।

125. संरक्षण

सं. संरक्षण (कर. हो.), संरक्ष, संरक्षा (स्त्री.), सुरक्षण, सुरक्षा (स्त्री.) (दे.), अभिगुप्ति (स्त्री.), अभिरक्षण, अभिरक्षा (स्त्री.), आरक्ष, आरक्षा (स्त्री.) (दे.382), आवार, परिपालन (कर.), परिपालना (स्त्री.), परिरक्षण, प्रतिरक्षण, प्रतिरक्षा (स्त्री.) (दे.404), रक्ष, रक्षण, रक्षा (स्त्री.) (कर.) (दे.391), रक्षिका (स्त्री.), रक्षिता (स्त्री.)।

आरक्षण, reservation।

रखवाली (स्त्री.) (कर.), रखना-, रखवाई (स्त्री.) (कर.), रखाई (स्त्री.), रखाना-, मुहाफ़िज़त (स्त्री.), हिफ़ाज़त (स्त्री.) (कर.), हिफ़्ज़, हिफ़्ज़ान।

जिम्मे करना-।

रखरखाव (कर. हो.)।

निगरानी (स्त्री.) (कर.), निगहबानी (स्त्री.), (कर.), निगाहबानी (स्त्री.), निगाह (स्त्री.) (रख.), नज़र (स्त्री.), निरीक्षण (कर.), निरीक्षा (स्त्री.), अगोरना-, अगोरा, अधिकर्म, अधीक्षण, ख़बरगीरी (स्त्री.), चहोड़ना-, चौकसाई (स्त्री.), चौकसी (स्त्री.) (कर. रख.), तत्त्वावधान (कर.) (दे.352), ताकना-, देखना-, देखभाल (स्त्री.) (कर.), देखरेख (स्त्री.) (कर.), पहरा (दे.), पहरेदारी (स्त्री.) (कर.) (दे.382), पालन (कर.) पास, पासदारी (स्त्री.), पासबानी (स्त्री.), प्रतिपाल, प्रतिपालन (कर.) (दे.353), प्रतिपालना-, सम्भार, सँभाल (स्त्री.), सँभालना-, सँभाल देना-/लेना-, सहेजना-, सहेज देना-/लेना-, सार, सार-सँभार (कर.)।

कायम/बना/मौजूद रहना-, टिकना-।

अभिभावकता (स्त्री.) (दे.352), संरक्षकता (स्त्री.), guardianship।

बचाना-, बचत (स्त्री.) (कर.), बचाव (कर.)।

संच, संचय (कर), संचयन, संचिति (स्त्री.), जमा करना-, बटोरना- (दे.687)।

संरक्षण-गृह (दे.354)।

नोट कर लेना-, रेकार्ड रखना-, लिख लेना-, अभिलेखन (दे.585)।

अभिलेखागार, पुरालेखभवन, मुहाफ़िज़खाना, पुरालेख-संग्रहालय (दे.687)।

भण्डार (बना.), भण्डारा, भाण्डशाला (स्त्री.), भाण्डागार, भाण्डार, आगार, कण्डोल, कण्डोलक, कोठा, कोठार, कोष्ठागार, गंज, गंजीना, ज़ख़ीरा, मोदीख़ाना, समूढ, स्कंध; बखार (दे.56); आकर, खान (स्त्री.) (दे.455)।

भाण्डारपंजी (स्त्री.), stock-book।

भण्डारण (कर.), जख़ीरेबाज़ी (स्त्री.) (कर.), जमाख़ोरी (स्त्री.) (कर.)।

गोदाम, अंबारख़ाना, जिंसख़ाना, तोशकख़ाना, तोशाख़ाना, पण्यभूमि (स्त्री.), पण्संस्था (स्त्री.), भण्डारघर, भँडेरी (स्त्री.)।

थाने आदि का : मालख़ाना।

रेलवे आदि का : मालगोदाम।

सामानघर, luggage room।

अमानती समानघर, निक्षेपालय, सम्भार-कोष्ठ, clockroom।

ख़जाना (भर.), आगर, आगार, कोश, कोष, कोषागार (दे.647), कोषालय, गंज, निधान, निधि (स्त्री.), भण्डारी (स्त्री.), मख़जन।

ख़ज़ाने का भीतरी भाग : अन्तःकोश।

सुरक्षित कोष्ठक, safe deposit।

कुंचीरक्ष, locker।

कोष-कक्ष, वज्रकोष्ठ, सुरक्षित कोष्ठ, strong room।

तिजोरी (स्त्री.) (भर.) (दे.510)।

संरक्षण वाद protectionism।

संरक्षण कर, protective duty।

वि./सं. संरक्षक, संरक्षिती, संरक्षी, सुरक्षी, अभिगोप्ता, अभिरक्षक, आरक्षक, आरक्षिक, आरक्षी (दे.382), परिरक्षक, परिरक्षिता, परिरक्षी, प्रतिरक्षी, रक्ष, रक्षक, रक्षणकर्ता, रक्षि, रक्षिक, रक्षिका (स्त्री.), रक्षिता, रक्षी।

संरक्षणीय, संरक्षितव्य, संरक्ष्य, अभिरक्ष्य, परिरक्षणीय, परिरक्ष्य, रक्षभाण, रक्षणीय, रक्ष्य, रक्ष्यमाण।

जिसकी रक्षा की जा रही हो : रक्षमाण, रक्ष्यमाण।

संरक्षित, सुरक्षित, सुरक्ष, अधिगुप्त, अनुगुप्त, अभिरक्षित, आरक्षित, परिरक्षित, रक्षित, रक्षिता (स्त्री.)।

रखवाला, रखिया, रखैया, मुहाफ़िज़, हाफ़िज़।

रक्षित, निरापद, महफ़ूज़।

देखरेख करने वाला : निगराँ, निगहबान, निगाहदार, निगाहबान, निरीक्षक, निरीक्षिका (स्त्री.), अगोरदार, अगोरा, अगोरिया, ख़बरगीर, तकैया, तत्त्वावधायक, पहरेदार (दे.382), पालक, पालन (दे.353), पालनकर्ता, पालनहार, पालयिता, पासदार, पासबान, पासबाँ, प्रतिपाल, प्रतिपालक, सम्भारशील।

निरीक्ष्य, पालनीय, पाल्य, प्रतिपालनीय, प्रतिपाल्य, सम्भार्य।

निरीक्ष्यमाण।

निरीक्षित, पालित, प्रतिपालित, सम्भृत।

बचतकर्ता, बचवैया, संचयिक, संचयिता, संचयी; जमाकर्ता।

संचेय।

संचित।

अभिलेखपाल, पुराभिलेखपाल, पुरालेखपाल, archivist।

अभिलेखपाल, मुहाफ़िज़ दफ़्तर, recordkeeper।

संग्रहाध्यक्ष (दे.687), curator।

भण्डारी, भाण्डागारिक, भाण्डारिक, भाण्डारी (दे.647), कोठादार, कोठारी।

भाण्डारपाल, संग्रहागारिक, storekeeper।

(विप.) अरक्षित, रक्षकहीन, रक्षाहीन, अनाथ, अपाल, निःशरण, निश्शरण, विपाल (दे.354)।

126. दूरीकरण

सं. दूरीकरण, दूर करना-/हटाना-, दुरदराना-, दुराना-, दफ़ा करना-, दौड़ाना-, दौड़ा देना-/लेना-, अपनय, अपनयन, अपनुति (स्त्री.), अपनोद, अपनोदन, अपसारण, अलग करना-, अवरोपण, उठाना-, उठा देना-, उत्सारण, खदेड़ना-, चलता करना-, छोड़ना-, टरकाना-, टालना-, टाल देना-, तजना- (दे.683), निष्कालन, पराकरण, परे करना-, परे-परे करना-, प्रतिसारण, प्रोत्सारण, भगाना- (दे.271), भगा देना-, रगेद (स्त्री.), रगेदना-, विनयन, विबाध, विमोचन, व्यपनय, व्यपनुति (स्त्री.), सारना-, हटाना-, हटा देना-, हँकाई (स्त्री.), हँकाना-, हाँकना-, हाँक देना-।

घर से निकालना-।

नाम काटना-।

छुट्टी करना-।

विदा करना-।

फेंकना- (दे.292), फेंक देना-, डालना-, डाल देना-।

गिराना-, गिराव (दे.288)।

खाली करना- (दे.626)।

निरसन (कर.), निराकरण (कर.), निराकृति (स्त्री.), निरासन, निवारण (कर.), परिहार, मिटाना-, मिटा देना-, मेटना-, समाधान (कर.)।

छुड़ाना-, छुड़ा डालना-/देना-, निकालना-, पोंछना-, पोंछ डालना-/देना-/लेना-, साफ़ करना-।

निकालना-, निकाल डालना-/देना-, निकाल, निकाला, निकास, निकासी (स्त्री.), निःकासन, निःसारण, निर्हरण, निर्हार, निष्कर्ष, निष्कर्षण, निष्काश, निष्काशन, निष्कास, निष्कासन, नीहार, प्रयापण, प्रयापन, बहिष्करण, बहिष्कार (कर.), बहिष्क्रिया (स्त्री.), बाहर करना-, वहिष्करण, वहिष्कार।

गरदन पकड़कर निकालना-, गरदन में हाथ डालकर निकालना-, गरदनियाँ (स्त्री.) (दे.), गलहस्त (दे.), गलहस्त्य, अपहस्त, अर्धचन्द्र (दे.)।

हँकवाना-, हँकाना-, हटवाना-।

जलावतन, जलावतनी (स्त्री.), डाभल, देशनिकाला (दे.पा. मिल.), देशनिर्वासन, निकाला, निर्वास, निर्वासन (दे.पा. मिल.), विवास, विवासकरण, विवासन।

नगरनिकाला, शहरबदर।

उद्वास, उद्वासन, उजाड़ना-, गृहत्याग (करा.), घरबार/ठौर-ठिकाना/वासस्थान छुड़ाना-, विस्थापन, स्थान छुड़ाना-, स्थानत्याग (करा.), स्थानपात (कर.)।

उखड़ना-, उपटना-, उपड़ना-।

उखाड़, उखाड़ना-, उखाड़ फेंकना-, उखेड़, उखेड़ना-, उचाटना-, उचाड़ना-, उचालना-, उचेड़ना-, उचेलना-, उच्चाट, उच्चाटन (कर.), उत्पाट, उत्पाटन (कर.), उन्मूलन (कर.), खोदना-, खोद डालना-/फेंकना-, विपाटन (कर.), समुत्पाट।

उच्छेद (कर.), उच्छेदन, उच्छिति (स्त्री.), उखाड़-पखार (कर.), जड़ उखाड़ना-/काटना-/खोदना-, जड़मूल से उखाड़ना-, जड़ में पानी देना-/भरना-, जड़ में मट्ठा देना-, निर्मूल करना-, निर्मूलन, मूलोच्छेद (कर.), समूच्छित्ति (स्त्री.), समूच्छेद (कर.), समूच्छेदन, समूल नष्ट करना-।

उखड़वाना-, उपटाना-, उपड़वाना-, उपड़ाना-।

विनाश (कर.) (दे.127)।

वि. दूरीकृत, अपकृष्ट, अपनीत, अपसारित (कर.), अपसृत, दफ़ा, ध्वंसित, प्रणुत्त, प्रणुन्न, प्रतिसारित, प्रोत्सारित, रफ़ा (कर.), विदूरित, विद्रावित, विप्रवासित, विमोचित, व्यपनीत।

उत्सारणीय, प्रतिसारणीय, विद्राव्य, विमोचनीय, विमोच्य।

उत्सारक, विद्रावक, विद्रावण, विद्रावी, विमोचक, हँकवैया, हटवार, हटवैया।

निराकृत, निवारित, निरस्त।

निरसनीय, निरस्य, निराकरणीय, परिहार्य, समाधानीय।

निराकृती, निवारक, परिहारक।

निःकासित, निःक्रामित, निःसारित, निष्काशित, निष्कासित (कर.), निष्कृत, निष्कृष्ट, निष्क्रामित, निस्सारित, प्रहित, बहिष्कृत (कर.), वहिष्कृत।

बहिष्कार्य।

गलहस्तित।

जलावतन, निर्वासित, विवासित।

निर्वास्य, विवास्य।

निर्वासक।

उद्वासित, पुरुषार्थी, विस्थापित, शरणार्थी, स्थानच्युत, स्थानप्रच्युत, स्थानभ्रष्ट।

उद्वासनीय, उद्वास्य।

उद्वासक।

उच्चाटित, उत्खात, उत्पाटित, उन्मूलित, अवर्हित, विपाटित।

उच्चाटनीय।

उखाड़ू, उत्खाता, उत्पाटक, उत्पाटिका (स्त्री.), उत्पाटी, विपाटक।

उच्छिन्न, उच्छेदित, निर्मूल, समुच्छिन्न।

उच्छेतव्य।

उच्छेत्ता, उच्छेदी।

(विष.) सं. दूर न करना-, न हटाना-, अनिराकरण, अनुद्धरण, अनुद्धार।

वि. अनिराकृत, अनुद्धृत।

127. नाश

127.1. सं. नाश (कर.हो.), नष्टता (स्त्री.), नष्टि (स्त्री.), नेस्ती (स्त्री.), अन्त (कर. हो.), अत्यय, अदर्शन, अनुघात, अपक्षय (हो.), अपाय, अवसाय, अस्त (हो.), उच्छित्ति (स्त्री.), उच्छेद (कर. हो.), उत्साद, उपघात, काल, क्षय, क्षिया (स्त्री.), ख़राबी (स्त्री.), ग़ारत (स्त्री.) (कर. हो.), घालकता (स्त्री.), तबाही (स्त्री.) (आ.), तलफी (स्त्री.), निपात (कर. हो.), पामाली (स्त्री.), पायमाली (स्त्री.), प्रक्षय, प्रणाश, प्रलय, प्रलोप, प्रहीण, फ़ना (स्त्री.), बरबादी (स्त्री.), भ्रंश, भ्रंस, भ्रेष, लय, लोप, विघटन, विच्छित्ति (स्त्री.), विच्छेद, विध्वंस, विनष्टि (स्त्री.), विनाश (कर. हो.), विनाशक्रिया (स्त्री.), विनिपात, विपर्यय (हो.), विपात, विप्रहाण, विप्रणाश, विप्लव, विप्लुति (स्त्री.), विभ्रंश, विलय, विलुप्ति (स्त्री.), विलोप, वीरानी (स्त्री.), व्यापत्ति (स्त्री.), व्यापद् (स्त्री.), व्यापाद, व्यापादन, संछिदा (स्त्री.), संवर्त, संहार (कर. हो.), संहृति (स्त्री.), सत्यास (कर. हो.), सफ़ाया (कर. हो.), समुच्छेद (कर. हो.), सर्वनाश (कर. हो.), हलाक, हलाकी (स्त्री.), हानि (स्त्री.)।

नाशन, निपातन, निर्मूलन, उच्छेदन, उत्सादन,दलन, प्रक्षपण, प्रक्षयण, प्रणाशन, लोपन, विच्छेदन, विध्वंसन, विनशन, विनाशन, विपातन, विमूलन, विलयन, विलुनन, विलोपन, विलोपीकरण, व्यापादन, संहरण समुच्छेदन।

नष्ट करना : अवलोप, आस्कन्द, आस्कन्दन, उजाड़ना-, उड़ाना-, खाक करना-, ख़ाक में मिलाना-, ख़ाक सियाह करना-, खोज मिटाना-, घालना-, चूल्हे में डालना-, जमीदोज करना-, ढहाना-, तोड़ना-, दररना-, दलना-, पटपर करना-, पटरा कर देना-।

फेरना-, पानी चलाना-, किसी काम/बातपर पानी फेरना-, पानी में फेंकना-/बहाना-, बारह बाट करना-/घालना-, बिगाड़ना-, विनशना-, बिलटाना-, भाड़ में झोंकना-/डालना-, मारना-, मिटाना-, मेटना-, मिट्टी करना-, मिट्टी ख़राब करना-, मिट्टी में मिलाना-, रौंदना-, विपादन।

नष्ट कराना : बिगड़वाना-।

नष्ट होना : नशन, उजड़ना-, उड़ना-, ख़ाक उड़ना-/ बरसना-, ख़ाक में मिलना-, चूल्हे में जाना-/पड़ना-, (किसी काम/बात पर) पानी फिरना-, बारह बाट ज़ाना-/होना-, बिगड़ना-, बिलटना-, बिलाना-, मिटना-, मिट्टी में मिलना-, मिट्टी होना-।

अपध्वंस, अवध्वंस, ध्वंस (कर. हो.), ध्वस्ति प्रध्वंस, विध्वंस (कर. हो.)।

ध्वंसन, विध्वंसन।

127.2. सं. घर की तबाही : ख़ानाख़राबी (स्त्री.), ख़ानाबरबादी (स्त्री.), ख़ानावीरानी (स्त्री.), घर उजड़ना-/डूबना-, घर का आँगन/घरौना होना-।

घर घालना-/फोड़ना-/बिगाड़ना-।

घर फूँक तमाशा देखना-।

कुलक्षय, कुलनाश, घर में दीया जलानेवाला न रहना-, पानी देवा न रहना-, पिण्डलोप (हो.), वंशक्षय, वंशनाश (हो.)।

नाम उठ/मिट जाना-, नामलेवा न रहना-, नामो निशान बाक़ी न रहना-/मिट जाना-।

पूरी बरबादी : क्षयसंपद् (स्त्री.), महानाश, मूलच्छेद, मूलच्छेदन, विप्रलोप, समूल नाश, सर्वनाश (कर. हो.), सर्वसंहार।

अवसान, समाप्ति (स्त्री.) (दे.139)।

127.3. सं. प्रलय (आ.हो.), प्रकृतिलय, इंद्रियस्वाप, क़यामत (स्त्री.) (आ. हो.), कल्प, कल्पान्त, क्षय, चेष्टानाश, जगद्विनाश, जहानक, जिहानक, दुष्काल, नष्टचेष्टता (स्त्री.), भूतसंप्लव, युगान्त, युगान्तक, लय, विभव, विलय, विवर्तस्थायिकल्प, विश्वक्षय, विश्वसंप्लव, संलय, संलयन, संवर्त, संवर्तक, संवर्तनी (स्त्री.), संहरण, संहार, सर्वक्षय, सर्वसंहार, हश्र (आ.)।

खण्डप्रलय।

नित्य प्रलय।

नैमित्तिक प्रलय, ब्राह्म प्रलय।

प्राकृत प्रलय, प्राकृतिक प्रलय।

आत्यान्तिक प्रलय, महाप्रलय, महारात्रि (स्त्री.), विश्वसंहार, सहार।

मृत्यु के बाद शरीर का अन्न/मूल रूप में परिणत होना : अन्नप्रलय।

संपूर्ण सृष्टि का जलमग्न होना : जलप्रलय, जलप्लावन, एकार्णव, प्लवन, प्लावन, महाप्लावन, संप्लव।

नूह, Noa; हज़रत नूह की चौका, noa's ark।

प्रलयकाल, क्षयकाल, परिसंचर, संवर्तकल्प।

क़यामत का दिन : महशर, यौमुलक़ियामत, यौमूलहश्र, यौमुलहिसाब, रोज़े क़यामत, रोज़े जज़ा, रोज़े दाद, रोज़े नजात, रोज़े महशर, रोज़े शुमार, रोज़े हश्र, रोज़े हिसाब, साअत (स्त्री.)।

वह तुरही जो कयामत के दिन फ़िरिश्ता इस्राफील फूँकेगा : सूर।

प्रलयरात्रि (स्त्री.), महानिशा (स्त्री.)।

प्रलयाग्नि (स्त्री.), अन्तवह्नि, कालाग्नि (स्त्री.), कालानल, संवर्तक।

प्रलयकाल में बहनेवाली वायु : क्षयवायु (स्त्री.)।

प्रलयजलधर (दे.26)। .

प्रलयपयोधि।

127.4. सं. अपचय (कर. हो.), अपचिति (स्त्री.), अवक्षय, क्षति (स्त्री.) (कर. हो.), क्षय (हो.), क्षरण, टूटन (स्त्री.), परिक्षय, हानि (स्त्री.) (दे.671)।

127.5. सं. सड़न (स्त्री.), सड़ना-, सड़ जाना-, सड़ान (स्त्री.), सड़ाव, उपसना-, गलन, गलना-, गल जाना-, प्रकोथ, सड़ना-गलना-।

सड़ाना-, सड़ा डालना-/देना-, उपसाना-।

ख़मीर (उठ. उठा.); गूँधे हुए आटे का अधिक सड़ना : ख़मीर बिगड़ना- (दे.78.55)।

127.6. सं नश्वरता (स्त्री.), नाशधर्मिता (स्त्री.), नाशवत्ता (स्त्री.), नाशशीलता (स्त्री.), नापायदारी (स्त्री.), अचिरता (स्त्री.), अध्रुवता (स्त्री.), अनित्यता (स्त्री.), अनित्यत्व, अनित्यभाव, अस्थायिता (स्त्री.), अस्थायित्व, अस्थिरता (स्त्री.) (दे.224), अस्थैर्य, क्षणभंगुरता (स्त्री.) (दे.447), क्षणस्थायित्व, क्षणिकता (स्त्री.), क्षयिष्णुता (स्त्री.), भंगुरता (स्त्री.) (दि. 447), मरणशीलता (स्त्री.) (द. 64), विनश्वरता (स्त्री.), विनश्वरत्व।

आना-जाना- (दे.226)।

अस्थायी वस्तु : कागज की नाव; काठ की हाँड़ी; चार दिन की चाँदनी; ढाई दिन की बादशाहत; पानी का बतासा/बुलबुला; बालू की भीत; रेत की दीवार।

ध्वंसावशेष, आसार, आसारे क़दीमा, खण्डर, खँडहर, जीर्णवाटिका (स्त्री.), भग्नावशेष।

भग्नावशेष, मलबा, धुस्स।

जीवावशेष, जीवाश्म, fossil।

वि. विनाश-सम्बन्धी, वैनाशिक।

नष्ट (कर. हो.), नष्ट-भ्रष्ट, नाबूद, नाशप्राप्त, नाशित, निरस्त, निर्मूल (कर. हो.), नेस्त-नाबूद (कर. हो.), अन्तरित, अतिकथ, अतिहत, अपकृष्ट, अस्तंगत, अस्त,

अस्तमित, उच्छन्न, उच्छिन्न, उजाड़, उत्सन्न, उत्सादित, ऊजड़, क्षपित, ख़त्म, ख़तम, ख़राब, ख़ुदबुर्द, ग़ारत, चौपट (कर. हो.), छिन्न-भिन्न (कर. हो.), ज़ायल, ज़ाया (कर. जा. हो.), तबाह (कर. हो.), तलफ़, तहस-नहस (कर.), निपातित, पराभूत, पामाल, पायमाल, प्रक्षीण, प्रणष्ट, प्रनष्ट, फ़ना, बंटाधार (कर. हो.), बरबाद (कर. हो.), भग्न, भ्रष्ट, विघटित, विनष्ट (कर. हो.), विनाशित, विनिहन, विनिध्वस्त, विनिपातित, विपर्यस्त, विपादित, विप्रनष्ट, विप्रवासित, विप्लुत, विभ्रंशित, विमूलित, विलुप्त, वीरान, व्यापन्न, व्यापादित, संहृत, साठनाठ।

ज़मीदोज़ (कर.), धराशायी (कर. हो.), भूमिसात् (कर.), मटियामसान, मटियामेट (कर. हो.), मलियामेट।

ध्वंसित, ध्वस्त, अपध्वस्त, अवध्यवस्त, उद्ध्वस्त, प्रध्वंसित, प्रध्वस्त, प्रमापित, विध्वंसित, विध्वस्त, समुत्सन्न, हत।

अन्तर्द्धान (हो.), अन्तर्धान, अन्तर्हित, अदर्शन, अदृश्य (दे.104), अदृष्ट, अप्रकट (दे.490), अवलीन, अवलुप्त, ओझल (हो.), ग़ायब (कर.हो.), गुप्त (दे.490), तिरोभूत, तिरोहित, प्रलीन, प्रलुप्त, प्रहीण, लापता (दे.271), लीन, लुप्त, विलीन, विलुप्त, विलोपित।

गृहहीन, बेघर, बेघरा (दे.179)।

निर्वंश, निष्कुल, अनुदक, वंशहीन।

अवसन्न, समाप्त (दे.139)।

अपचित, क्षयप्राप्त, क्षयित, क्षरित, क्षीण, परिक्षत, परिक्षाम, परिक्षीण।

टूटा, टूटी (स्त्री.), टूटा-फूटा, टूटी-फूटी (स्त्री.)।

सड़ा, सड़ी (स्त्री.), सड़ा-गला, सड़ी-गली (स्त्री.)।

ख़मीरा, ख़मीरी (स्त्री.)।

नश्वर, नाशधर्मी, नाशमान्, नाशवान्, नाशशील, नाशी, नापथदार, अन्तवन्त, अचिर, अध्रुव, अनात्यन्तिक, अनित्य, अपायी, अशाश्वत, असनातन, अस्थायी, अस्थिर, आगमापायी, आनी-जारी, आरिज़ी, ऐकाहिक, क्षणभंगुर, क्षणविध्वंसी, क्षणस्थायी, क्षणिक, क्षयशील, क्षयिष्णु, क्षयी, क्षर, ग़ैरमुस्तक़िल, चन्दरोज़ा, ध्वंसशील, ध्वंसी, प्रध्वंसी, प्रमायु, प्रमायुक, फ़ानी, भंगुर, मरणशील, विध्वंसी, विनंशी, विनशन, विनश्वर, विनाशधर्मा, विनाशधर्मी, विनाशी, विभ्रंशी, वैनाशिक।

नाश-योग्य : नाश्य, विनाश्य, विपाद्य, विलोप्य, व्यापादनीय, व्यापाद्य, संहर्तव्य।

नाश की ओर प्रवृत्त : नाशोद्यत, नाशोन्मुख, अवसन्न, अवसानक, विनाशोन्मुख।

नाश से प्रसन्न : अन्तरत।

नाश में विश्वासी : वैनाशिक।

ध्वंसात्मक।

नाशक, नाशकारी, नाशी, नश्वर, अन्तक, अन्तकर, अन्तकरण, अन्तकर्ता, अन्तकारक, अन्तकारी, अन्तकृत, अनुघातन, अपचयी, (समासान्त में) अपहु, अवसांयक, उच्छेत्ता, उत्खाती, उत्सादक, उपघातक, उपघाती, क्षयण, क्षयिष्णु, ग़ारतगर, घाती, घालक, घालिका, घालिनी, चौपटचरण, चौपटहा, चौपटा, छेत्ता, छेदनहार, तबाहकार, दलन, निपाती, निहन्ता, प्रणाशी, प्रमापयिता, प्रमापी, भ्रंशी, भ्रंसी, मारक, मेटक, मेटनहार, मेटनहारा, मेटा, लोपक, लोपी, विनाशक, विनाशकारी, विनाशयिता, विनाशी, विनिपातक, विनिपाती, विलुंपक, विलुलक, विलोपक, विलोपी, वीरानकुन, वैनाशिक, व्यापादक, संहर्ता, संहारक, संहारिक, संहारी, सत्यानासी, हन्ता, हर, हर्ता, हाता।

अतिघ्न, अत्ययिक, अपध्वंसी, आत्ययिक, ध्वंसक, ध्वंसी, प्रध्वंसक, प्रध्वंसी, विध्वसंक, विध्वंसन, विध्वंसी।

घर को बरबाद करने वाला : उड़ाऊ, ख़ानाख़राब, ख़ानाबरबाद, ख़ानावीराँ, घर-उजाड़, घरघाल, घरघालन।

ग़ायब करने वाला : तिरोधायक।

विप्रलोपी, सर्वनाशी, सर्वसंहार, सर्वसंहारी, सर्वहर, सर्वांतक, सर्वांतकृत।

प्रलय-सम्बन्धी, प्रालेय।

प्रलयंकर, प्रलयकर, प्रलयकारी, हश्रअंगेज़।

(विप.) जिसका नाश न हो : अनाश।

नाश न करने वाला : अनाशक।

128. फैलाव

128.1. सं. फैलाव, फैलावट (स्त्री.), आटोप, आयति (स्त्री.), कुशादगी (स्त्री.), जृंभ, डंबर, तन्ति (स्त्री.), तति (स्त्री.), तान, परिणाह, पल्लव, पसार, पाढ, प्रतति, प्रतान, प्रपंच, प्रविस्तर, प्रविस्तार, प्रसर, प्रसरणी (स्त्री.), प्रसार (कर. हो.), प्रसृति (स्त्री.), प्रस्थ, बिसात (स्त्री.), मैदान, विटष, वितति (स्त्री.), वितान, वितानक, विसार, विस्तर, विस्तार, (कर. हो.), विस्तृति (स्त्री.), व्यास, सन्तति (स्त्री.), सन्तान, स्तृति (स्त्री.)।

फैलाना-, फैला डालना-/देना-/लेना-, अवतान, आस्तर, आस्तरण, आस्तार, तान (स्त्री.), तानना-, तान देना-/लेना-, पसारना-, प्रपंचन, प्रसारण (कर. हो.), प्रस्तार, विप्रसारण, विसारण, विस्तरण, विस्तारण, व्यायाम, संचरण, संप्रसारण, स्तृति (स्त्री.)।

फैलना-, फैल जाना-, छतराना-, जृंभण, तनना-, तन जाना-, पसरना-, पसर जाना-, प्रसरण, विसर्प, विसर्पण, विस्फूर्जन।

फैलवाना-, तनवाना-, तनाना-, पसराना-।

लंबाई-चौड़ाई (स्त्री.), लंबान-चौड़ान, लंबाना-चौड़ाना-।

घेर (दे.487)।

खुलापन, प्रशस्तता (स्त्री.), प्राशस्त्य, बृहत्ता (स्त्री.), विपुलता (स्त्री.) (दे.616), विशालता (स्त्री.) (दे.623), विस्तारता (स्त्री.), विस्तीर्णता (स्त्री.)।

अत्यधिक विस्तार : सुविस्तर, सुविस्तार।

वि. फैला हुआ, आयत, कुशादा, छतनार, जृंभित, तत, तति, परागत, परिणाहवान्, परिणाही, पल्लवित, प्रतत, प्रतान, प्रतानी, प्रसरित, प्रसृत, बहल, वितत, विसृत, विस्तर, विस्तारी, विस्तृत, व्यस्त, व्यायत, व्यूढ़, सन्तानक, स्तृत, स्फार।

फैलाया हुआ, अवतत, जृंभित, परिस्तीर्ण, परिस्तृत, प्रतत, प्रपंचित, प्रसारित, प्रहित, प्रोत, विसारित, विसृत, विस्तारित, विस्फूर्जित, व्यायत, संचारित, सन्तत, समायत, सतत, स्फारित, स्फूर्जित, स्फूर्ण।

लंबा-चौड़ा।

खुला, प्रशस्त, बृहत् (दे.616), विपुल, विशाल, विस्तीर्ण।

अत्यधिक विस्तृत : सुविस्तर।

असीम विस्तारवाला : अनन्तपार।

फैलनेवाला, पसरौहाँ, प्रतानी, प्रसरणशील, प्लावी, प्लाविनी (स्त्री.), विसर्पी, विसारी, विसारिणी (स्त्री.), विसृत्वर, विसृमर, व्यापी, सान्तानिक।

फैलानेवाला, प्रपंचक, प्रसारक, प्रसारी, प्रसारिणी (स्त्री.), प्रस्तारकर्ता, प्रस्तारी, प्रस्थ, विस्तारकर्ता, सन्तानक।

फैलाया जाने वाला, आस्तरणिक।

फैलाने योग्य, प्रसार्य।

अ. विस्तार से, सविस्तर।

कहीं-कहीं, छिटपुट, छिटफुट, यत्र-तत्र।

128.2. सं. व्यापकता (स्त्री.), व्यापन, व्यापना-, व्याप जाना-/रहना-, व्याप्ति (स्त्री.), वीपसा (स्त्री.), वीप्सा (स्त्री.), परिव्याप्ति (स्त्री.)।

सर्वव्यापकता (स्त्री.), सर्वव्यापिता (स्त्री.), सर्वव्याप्ति (स्त्री.), सर्वतोभाव, अभिव्याप्ति (स्त्री.), विभव, विभुता (स्त्री.), विभुत्व, विश्वव्याप्ति (स्त्री.)।

सर्वत्रसत्व, सर्वात्मकता (स्त्री.), विश्वरूपता (स्त्री.), विश्वात्मकता।

वि. व्यापक, व्यापित, व्याप्त, व्यतिकर, व्यतिकृत, परिकीर्ण, परिवीत, परिवृत, परिव्याप्त, पूर्त।

व्याप्त करने योग्य : व्यापनीय, व्याप्य।

व्याप्त होने वाला : व्यापी।

सर्वव्यापक, सर्वव्यापी, सर्वतोदिक्क, सर्वतोवृत्त, सर्वत्रग (दे.175), सार्वत्रिक, अभिव्यापक, अभिव्यापी, दिग्व्यापी, दिग्व्याप्त, विभु,, विश्व, विश्वक, विश्वगत, विश्वरूप, विश्वव्यापक, विश्वव्यापी, विश्वात्मा, विष्वक्।

सर्वात्मक, विश्वात्मक।

128.3. सं. बिखराव (हो.), अनुस्तरण, आस्तार, छितराई (स्त्री.), छितराव, परिक्षेप, परिस्तर, परिस्तरण, प्रचारण, विकिरण (दे.16), विष्कन्द।

बिखराना-, बिखेरना-, बिखेर डालना-/देना-, बखेरना-, बिछाना-, बिछा डालना-/देना-, अन्ववकिरण, अपकिरण, अवकिरण, आवाप, आस्तार, इधर-उधर करना-/फैलाना-, उपकिरण, छहराना-, छिटकाना-, छिटक देना-, छितराना-, छितरा देना-, छिहराना-, छींटना-, छींट देना-, तीन तेरह करना-, परिक्षेप, प्रकिरण, फेंकना-, विकिर, विक्षेप, विक्षेपण।

बिखरना-, बिखर जाना-, बिछना-, बिछ जाना-, आठ अठारह होना-, छतराना-, छरकना-, छिटकना-, छिटक जाना-, छितरना-, छितराना-, छितरा जाना-, छिहरना-, तीन तेरह होना-, विक्षिप्त।

वि. बिखरा/बिखराया हुआ, अपकीर्ण, अवकीर्ण, आकीर्ण, उपकीर्ण, कीर्ण, छरकायल, छितनार, परिक्षिप्त, प्रकीर्ण, प्रकीर्णक, प्रचारित, विकीर्ण, विक्षिप्त, विष्कन्न, व्यतिकीर्ण, व्यस्त, व्युदस्त, स्तीर्ण।

अस्तव्यस्त (कर. हो.) (दे.497), छितरबितर (कर.हो.), तितरबितर (कर.हो.), विरोलित, व्यतिव्यस्त।

बिखरानेवाला, छरकीला, छहरीला, विकीर्णक, विकीर्णकारी, विक्षेप्ता।

बिखराने योग्य, प्रकीर्य।

128.4. सं. (पानी का) छिड़काव (कर. हो.), छिड़काई (स्त्री.), अवसेचन, उत्सेचन, संसेक, सेच, सेचन (कर. हो.)।

छिड़कना-, अभिषिंचन, अभिषेक, आघार, उत्सेक, निषेचन, विच्छुरण, व्युत्सेक, सिंचन (कर. हो.)।

छिड़कवाना-, छिड़काना-।

(चूर्ण को) छिड़कना-, बुरकना-, भुरकना-, भुरक देना-, भुरभुराना-।

छिरकाना-, बुरकाना-, भुरकाना-।

वि. छिड़का हुआ, अभिषिक्त, उत्सिक्त, निषिक्त, विच्छुरित, सिंचित।

128.5. सं. (हिलने से तरल पदार्थ का पात्र के बाहर आना) छलक (स्त्री.), छलकन (स्त्री.), उद्वेलन।

छलकना-, छलक जाना-।

छलकाना-, छलछलाना-।

वि. छलका हुआ, उद्वेलित।

128.6. सं. प्रचार (कर. हो.) (दे.135)।

5. वर्ग : समय-ऋतु-वयःक्रम

विषय : 129. समय; 130. अखण्ड काल; 131. नित्यता; 132. निरन्तरता; 133. आवृत्ति; 134; धारावाहिकता; 135. चलन; 136. शीघ्रता 137. मंथरता; 138. आरंभ; 139. समाप्ति; 140. तक; 141. अवधि; 142. पहले; 143. बाद में; 144. विलंब; 145. विराम; 146. समयनिष्ठा; 147. प्रतीक्षा; 148. नयापन; 149. वर्तमान; 150. पुरानापर; 151. भविष्य; 152. अल्प काल; 153. आकस्मिकता; 154. अनिश्चित काल; 155. युग; 156. ऋतु; 157. शुभ काल; 158. अशुभ काल; 159. दिन; 160. दिनसमूह; 161 प्रातः; 162. मध्याह्न; 163. अपराह्न; 164. सायांह्न; 165. रात्रि; 166. वयस्; 167. शैशव; 168. बाल्य; 169. यौवन; 170. प्रौढ़ता; 171. वार्द्धक्य।

129. समय

129. सं. समय (कट. काट. गँवा. दे.निकाल. बिता. बीत. मिल. हो.), समाँ, समा, अक्षण, अखण्डन, अध्व, अध्वा, अनेहा, अपष्ठु, अमस, ऐयाम, औक़ात, काल (दे.155), गाह (स्त्री.), घड़ी (स्त्री.), (आ. टल. बीत.), जून, टाइम, दम, दिन (कट. काट. गँवा. बिता. बीत.) दिष्ट, देर (स्त्री.), पहर (चढ़. लग.), बार (स्त्री.), बारा, भसन्त, मौसम (दे.156), मौसिम, याम, वंचथ, वक़्त (कर. काट. खो. गँवा. गुजर. गुज़ार. निकल. निकाल. मिल.), वेला, हंगाम।

बीता हुआ समय : अतीत (दे.150)।

मौजूदा समय : वर्तमान (दे.149), आपात।

आने वाला समय : भविष्य (दे.151)।

अल्प काल, थोड़ा समय, थोड़े दिन।

अरसा, बहुत दिन/समय, मुद्दत (स्त्री.)।

दीर्घ काल, मुद्दत दराज़ (स्त्री.), लंबा अरसा/समय, लंबी अवधि।

नियत काल, अवधि (स्त्री.), मीआद (स्त्री.) (दे.141)।

अनुग्रह काल/दिवस, रियायती दिन, days of grace।

बीच का समय, मध्यवर्ती काल, अन्तराल।

उचित समय, उपयुक्त अवसर, सही वक्त, ऋतु (स्त्री.), ऋतुकाल, प्राप्त काल, प्राप्तावसर।

अनुचित समय, अनुपयुक्त अवसर, असमय, कुसमय (दे.158)।

दौरान, बीच।

ज़माना, दौर, युग (दे.155)।

तिथि (स्त्री.) (दे.159)।

समय बीतना : कालातिक्रम, कालातिक्रमण, अतिक्रम, अतिक्रमण, अतिपात, अत्यय, समय कटना-/गुज़रना-, व्यतिक्रम, संलंघन।

समय बिताना : कालक्षेप (कर.), कालयाप, कालयापन (कर.), कालातिपात (कर.), कालातिरेक, कालातिवाहन (कर.), कालात्यय (दे.144), क्षेप, क्षेपण, अतिवाहन, काटना-, गुज़ारना- (दे.23), यापन (कर.), बिहाना-, विहाना-।

कालत्रय, त्रिकाल : भूत; वर्तमान; भविष्य (दे.130)।

त्रिकाल : प्रातः; मध्याह्न; सायं।

त्रिकालज्ञता (स्त्री.) (दे.130)।

काल का प्रभाव : वक़्त की ख़ूबी।

फलित ज्योतिष के अनुसार विशिष्ट काल : योग- अतिगण्ड; असृक्; आयुष्मान्; इन्द्र; गण्ड; धृति; ध्रुव; परिध; प्रीति; ब्रह्म; वज्र; वरीयान्; विष्कंभ; वृद्धि; वैधृति; व्यतीपात; व्याघात; शिव; शुक्र; शुभ; शूल; शोभन; साध्य; सिद्ध; सुकर्मा; सौभाग्य; हर्षण। अमृत; सिद्धि।

सामयिकता (स्त्री.), समयोचितता (स्त्री.), कालौचित्य।

समसामयिकता (स्त्री.) (दे.149), समकालिकता (स्त्री.), समकालीनता (स्त्री.)।

कालान्विति (स्त्री.)।

समयनिष्ठा (स्त्री.) (दे.146)।

कालक्रम, रफ़्तारे वक़्त (स्त्री.), समय की गति।

अन्य काल, कालान्तर, दूसरा समय।

किसी घटना के वर्णन में सही समय से पहले-पीछे होने का दोष : कालदोष, कालविपर्यय, anachronism।

कालचक्र, गर्दिश (स्त्री.), ज़माने की गर्दिश, समय का उलट-फेर।

चक्र के रूप में कल्पित काल की 3 नाभियाँ : पूर्वाह्न; मध्याह्न; अपराह्न; 5 अरः अनुवत्सर; इदावत्सर; परिवत्सर; वत्सर; संवत्सर; और 360 खूँटियाँ हैं।

कालचक्र को 6 ऋतुओं, 12 मासों, 360 दिनों और 720 अहोरात्रों में भी बाँटा गया है। कालचक्र ही ऋतचक्र है। ऋतचक्र के 12 अर (12 राशिमंडल) माने गये हैं।

युग (दे.155); वर्ष (दे.160); मास (दे.160); दिन (दे.159)।

संक्रमणकाल, संक्रान्तिकाल।

कालधर्म (दे.198)।

अखण्ड अनन्त काल : महाकाल (दे.130)।

कालरूपी पुरुष : कालपुरुष, कालपूरुष (दे.300) : दिक्, काल और परब्रह्म को एक माना गया है।

समय की माप : कालमान।

आनुतिथ्य, कालक्रम, कालक्रमविज्ञान, कालानुक्रम, कालानुक्रमिकी (स्त्री.), तैथिकी (स्त्री.), chronology।

कालमान, कालमापी, निमेषमान, chronometer।

घड़ी (स्त्री.), घटिका (स्त्री.), घटिकायन्त्र, घटी (स्त्री.), घटीयन्त्र, यामघोष, यामनाली (स्त्री.),।

जलघड़ी (स्त्री.), जलयन्त्र, घटिका (स्त्री.), घटी (स्त्री.), तोययन्त्र, नाड़ीपात्र, मानरंध्रा (स्त्री.), मानरंध्री (स्त्री.), विकालिका (स्त्री.)।

जलघड़ी का पात्र : कटोरा, ताम्री (स्त्री.), विकालिका (स्त्री.)।

बालू की घड़ी : रेतघड़ी (स्त्री.), शीशए-साअत, hour glass।

धूपघड़ी (स्त्री.), छायाघड़ी (स्त्री.), छायायन्त्र, नरयन्त्र, यष्टियन्त्र, सूर्यघटी (स्त्री.), sundial।

धूपघड़ी का काँटा : कील (स्त्री.)।

मध्याह्न में धूपघड़ी के काँटे की छाया : विषुवच्छाया (स्त्री.)।

समय जानने का प्राचीन यन्त्र : नाड़ीवलय, नाड़ीवृत्त।

वह छेददार कटोरा जिसके पानी में डूबने से समय का पता चलता था : घड़ियाल का कटोरा।

घण्टा/पहर बताने के लिए बजाया जाने वाला घण्टा : घड़ियाल, घण्टा, गजर, यमेरुका (स्त्री.), यामघोषा (स्त्री.)।

हर आधे घण्टे पर बजाया जाने वाला घण्टा : अद्धा।

घड़ियाल बजाने वाला : घड़ियाली, घण्टाताड़, घण्टावादक, घटिक, प्रहरक, प्रहरी।

घड़ियाल बजाने का शब्द : गजर (बज.)।

ज़मीन पर रखी जाने वाली पुराने ढंग की बड़ी घड़ी : ग्रैण्डफादर/ग्रैण्डफादर्स/लांगकेस क्लॉक।

दीवार/दीवान घड़ी (स्त्री.), बड़ी घड़ी, घटक, clock।

टेबिल/मेज़ घड़ी (स्त्री.), कालदर्श, घड़ी (स्त्री.), सामयिका (स्त्री.), time piece।

अलार्म घड़ी (स्त्री.), एलार्म टाइमपीस, प्रबोधिका (स्त्री.), alarm clock।

घड़ी (स्त्री.), छोटी घड़ी, घटिका (स्त्री.), घटी (स्त्री.), watch।

कलाई घड़ी (स्त्री.), हथघड़ी (स्त्री.), wrist watch।

जेबघड़ी (स्त्री.), pocket watch।

विराम-घटक, विराम घड़ी (स्त्री.), stop clock।

जेबी विराम-घड़ी (स्त्री.), विरामघटी (स्त्री.), stop watch।

स्फटिक घड़ी (स्त्री.), quartz clock।

ऐसी जगह लगी बड़ी घड़ी जिसे सब लोग देख सके : धर्मघड़ी (स्त्री.)।

घण्टाघर, कुद्रंक, कुद्रंग, clock tower।

काँटा, घटक-सूची (स्त्री.), सूई (स्त्री.), सूची (स्त्री.), hand।

आलंब, दोलक, निदोल, लंगर, लटकन, लोलक, pendulum।

कमानी (स्त्री.), स्कन्द, spring।

बालकमानी (स्त्री.), केशस्कन्द, hairspring।

सन्तोल, balance।

अंकानीक, घट्यानीक, dial।

घड़ी में चाबी देना-, घड़ी की ताली ऐंठना-, घड़ी कूकना-, कूक (स्त्री.)।

स्थानीय समय, local time।

प्रमाप/मानक समय, standard time।

भारतीय प्रमाप/मानक समय, Indian standard time।

ग्रीनविच माध्य समय, greenwich mean time।

समय की इकाइयाँ : सेकण्ड; मिनट, मिनिट; घण्टा।

समय की भारतीय इकाइयाँ : अणु; कला (स्त्री.); काष्ठा (स्त्री.); क्षण (दे.152); घटिका (स्त्री.), घटी (स्त्री.), घड़ी (स्त्री.), त्रसरेणु (स्त्री.); त्रुट; त्रुटि (स्त्री.); दण्ड; नाड़िका (स्त्री.); निमेष; परमाणु; पल; पहर, प्रहर; मुहूर्त (दे.157); याम; यामार्ध; लघु; लव; लिप्ता (स्त्री.), लिप्तिका (स्त्री.); विकला (स्त्री.); विपल; वेध।

पंचांग [तिथि (स्त्री.); वार; योग; नक्षत्र; करण], पंजि (स्त्री.), पंजिका (स्त्री.), पंजी (स्त्री.), पत्रा, अलमनक, आलमनक, जन्त्री (स्त्री.), तिथिपत्र, रोज़नामा।

तिथि, वार, योग, नक्षत्र और करण की शुद्धता : पंचांगशुद्धि (स्त्री.)।

पंचांगनिर्माता, पंजिकार, पंजिकारक, पंजीकार, सांवत्सर (दे.387)।

तिथिपत्री (स्त्री.), calendar।

दिनपंजी (स्त्री.), दिनपत्रिका (स्त्री.), दैनंदिनी (स्त्री.), दैनिकी (स्त्री.), रोज़नामचा, diary।

वेलापत्रक, समयतालिका (स्त्री.), समयविभागपत्र, समयसारणी (स्त्री.), समयसारिणी (स्त्री.), समयसूची (स्त्री.), समयावलि (स्त्री.), time table।

इयरबुक (दे.588)।

वि. समय-सम्बन्धी, सामयिक, कालिक, कालीन, यामिक, वक़्ती, हंगामी।

समय बतानेवाला : कालवाचक, कालवाची।

समयानुकूल, समयानुरूप, समयोचित, समयोपयोगी, सामयिक, अनुकाल, कालिक, कालोचित, काल्य, मौसमी, मौसिमी, यथाकाल।

मुद्दती, सावधि।

आवधिक, कालिक, नियतकालिक, सावधिक, periodical।

अन्तरिम, interim।

अंशकालिक।

अल्पकालिक, अल्पकालीन।

दीर्घकालिक, दीर्घकालीन।

बिताया/बीता हुआ : अतिवाहित, व्यतीत (दे.150)।

अ. उचित/ठीक/निश्चित/सही समय पर, यथाकाल, यथासमय, प्राक्चिर, बरमहल, बरवक़्त।

एक समय/साथ, युगपत्, साथ-साथ।

समय-समय पर, कभी-कभी (दे.132)।

किसी न किसी समय, कभी न कभी (दे.154)।

किसी समय, किसी भी समय (दे.154)।

हर घड़ी/वक़्त/समय (दे.132)।

अरसे से, कब/कभी का।

तक (दे.140)।

युग-युग (दे.155)।

घटिकानुक्रम से, दक्षिणावर्त रूप से, clock wise।

प्रतिघटिकानुक्रम से, प्रतिघटीवत्, वामावर्त रूप से, anticlockwise।

130. अखण्ड काल

सं. अखण्ड काल, अनादि काल, अनन्त काल।

अतिकाल, अदिति, अनिमिष, अनिमेष, काल, महाकाल।

कालप्रवाह, कालस्रोत।

जन्म-जन्मान्तर।

युग-युगान्तर।

कोटि कल्प।

कालक्रम, कालगति (स्त्री.), कालचक्र।

कालसमुद्र, कालसिंधु, कालार्णव।

चिरकाल, दीर्घकाल, बहुकाल, बहुत दिन/समय, मुद्दत दराज़, लंबा अरसा, सुचिर।

कालत्रय, त्रिकाल, त्रैकाल्य : अतीत; वर्तमान; भविष्यत्।

त्रिकालज्ञता (स्त्री.), त्रिकालदर्शिता (स्त्री.)।

वि. चिरकालिक, चिरकालीन, बहुकालीन, सुचिर (दे.150)।

सर्वकालिक, सर्वकालीन।

सदातन, सार्वकाल, सार्वकालिक, दायमी।

त्रिकाल-सम्बन्धी, त्रैकालिक।

तीनों कालों में होने वाला : त्रिकालवर्ती, त्रैकालिक।

त्रिकालज्ञ, त्रिकालदर्शी (दे.305)।

अ. चिर।

अनेक कालावधि, चिरकालावधि।

131. नित्यता

सं. नित्यता (स्त्री.), नित्यत्व, नित्यभाव, अनादित्व, अनारंभ, शाश्वत।

अक्षयता (स्त्री.), अक्षयत्व, अक्षरता (स्त्री.), अक्षिति (स्त्री.), अक्षुणता (स्त्री.), अक्षुण्णता (स्त्री.), अजरता (स्त्री.), अजीर्ण, क्षयराहित्य, क्षयहीनता (स्त्री.), क्षयाभाव।

अदिति (स्त्री.), अनन्त, अनन्तता (स्त्री.), अनन्तत्व, अनन्त्य, अन्तहीनता (स्त्री.), अनपाय, अनश्वरता (स्त्री.), अनश्वरत्व, अनिपात, अनुच्छित्ति (स्त्री.), अनुच्छेद, अमरण, अमरता (स्त्री.), अमरत्व (दे.300), अमर्त्यता (स्त्री.), अलय, अविनश्वरता (स्त्री.), अविनाशिता (स्त्री.), असीमता (स्त्री.), असीमत्व, आनन्त्य, चिरजीविता (स्त्री.), नाशहीनता (स्त्री.)।

ध्रुवता (स्त्री.), ध्रुवत्व, ध्रौव्य (दे.248), स्थायिता (स्त्री.), स्थायित्व, स्थिरता (स्त्री.), स्थिरत्व (दे.120)।

चिरस्थायिता (स्त्री.), चिरस्थायित्व।

निरन्तरता (स्त्री.), निरन्तरत्व, नैरन्तर्य (दे.132)।

अक्षुण्ण स्थिति (स्त्री.), अच्छिद्र, अक्षयपद (दे.320), अनपायिपद, ध्रुवगति (स्त्री.)।

वि. अच्युत, अजन्मा (दे.63), अनादि, अनाद्य, अनारंभ, अनारत, आदिरहित, आद्यून, नित्य, निरव्यय, परिशाश्वत, मुदामी, बाकी, लाजवाल, शाश्वत, शाश्वतिक, सरमद।

अनादि काल से चला हुआ : अनादिसिद्ध।

अनन्त काल तक चलनेवाला : अनन्तग।

जिसका आदि-अन्त न हो : अनादिनिधन, अनाद्यन्त, अनाद्यनन्त।

आदि-मध्य-अन्त से रहित : अनादिमध्यान्त।

सार्वकालिक (दे.130)।

अक्षय, अक्षयी, अक्षयिनी (स्त्री.), अक्षय्य, अक्षर, अक्षित, अक्षिति, अक्षीण, अनपाय, अव्यय, क्षयरहित, बेजवाल।

अनंजय, अपरिणामी, अपरिवर्तित (दे.248), अविकार, अविकारी, अविक्रिय, एकरस, कूटस्थ, निर्विकार।

अजर, जरारहित, निर्जर, वार्द्धक्यहीन, विजर।

चिरन्तन, चिर, चिरकालव्यापी, चिरकालिक, चिरकालीन, पुरातन (दे.150), सुचिर।

जिसका क्षय न हुआ हो : अक्षत, अक्षित, अनष्ट, अनुद्धृत, अनुपक्षित, दुरुस्त (दे.536)।

अन्तहीन, अनन्त (दे.616), अनन्तक, अनन्ततान, अनन्तवान्, अनन्त्य, अनपायी, अनवभ्र, अनवसान, अनश्वर, अनाश, अनाशक, अनाशी, अनाशु, अनाश्य, अछेद्य, अप्रमय, अलय, अविनश्वर, अविनाशी, अशेष (दे.622), असीम, कूटस्थ, निरवशेष।

अनामृत, अमर, अमरण, चिरंजीवी, चिरजीवी, मृत्युंजय, मृत्युहीन, स्थिरायु (दे.166)।

अजरामर।

अक्षणिक, अच्युत, अटल (दे.269), अतिसर्ग, ध्रुव, पक्का, पुख़्ता, स्थायी, स्थिर।

अजर्य, अन्त्यहीन, चिरस्थायी, पायदार (दे.446), मुस्तक़िल।

अ. नित्य, मुदाम, सदा।

132. निरन्तरता

सं. निरन्तरता, निरन्तरत्व, नैरन्तर्य, निरवच्छिन्नता(स्त्री.), अखण्डता (स्त्री.), (दे.622), अजस्रता (स्त्री.), अतिप्रबंध, अनवच्छिन्नता (स्त्री.), अनारत, अनिवृत्ति (स्त्री.), अभंग, अविच्छिन्नता (स्त्री.), अविपर्यय, अविरति (स्त्री.), अविराम, क्रमबद्धता (स्त्री.) (दे.247), धारावाहिकता (स्त्री.) (दे.134), विरामहीनता (स्त्री.), विरामाभाव, सततता (स्त्री.), सातत्य।

वि. निरन्तर, निरवकाश, अखण्ड, अजस्र, अटूट, अनन्तर, अनर्गल, अनवच्छिन्न, अनवरत, अनारत, अभीक्ष्ण, अविरत, अविरल, अविराम, अविश्रान्त, क्रमबद्ध, धाराप्रवाह, धारावाहिक, धारावाही, बेरोक, विरामहीन, (समास में) सतत, सदाभव।

चालू, जारी।

भर, सारा।

अ. निरन्तर, नितराम्, अजस्र, अनन्तर, अनवधि, अनवरत, अनिश, अनुक्षण, अविरत, अविराम, अविश्रान्त, एकतार, पैहम, बराबर, लगातार।

गटगट, गटागट, गदागद, झड़ाझड़, टपाटप, तड़ातड़, ताबड़तोड़, दनादन, दमादम, धकाधक, धड़ाधड़, धमाधम, धुआँधार, धुवाँधार।

हमेशा, उम्रभर, चिर, जब देखो तब दायम, नितराम्, नित्य, नित्यदा, नित्यशः, मुदाम, विश्वथा, शश्वत्, सकृत्, सतत, सदा, सदैव, सर्वकाल, सर्वदा।

अकसर, प्रायः (दे.133)।

प्रतिदिन (दे.159), बिलानाग़ा।

हर घड़ी, हरदम, हरवक़्त, हर समय, अनुक्षण, आठ आठ पहर, आठ पहर चौसठ घड़ी, आठों पहर, उठते- बैठते, चौबीसों घण्टे, तीसों दिन, प्रतिक्षण, प्रतिवेल, सोते-जागते।

अहर्निश, दिनरात, दिवारात्र, नक्तंदिन, नक्तंदिव, निशिदिन, निशिवासर, रात दिन, रात्रि दिन, रोज़ोशब, शबानारोज़, शबोरोज़।

शामोसहर, सहरोशाम, सुबह-शाम, सुब्होशाम।

साथ-साथ (दे.277)।

सही समय पर, मौक़े पर, बरवक़्त।

133. आवृत्ति

सं. आवृत्ति (स्त्री.) (कर. हो.), अभीक्ष्णता (स्त्री.), दुहराना-, दुहरा डालना-/देना-/लेना-, दुहराहट (स्त्री.), दोहराना-, दोहरा डालना-/देना-।

लेना-, दोहराहट (स्त्री.), पर्यावर्तन, पुनरावर्तन, पुनरावृत्ति (स्त्री.) (कर. हो.), पौनःपुनिकता (स्त्री.), पौनःपुन्य, बारंबारता (स्त्री.), वारंवारता (स्त्री.), वीप्सा (स्त्री.)।

आवृत्ति (स्त्री.), बारंबारता (स्त्री.), frequency।

क्रम (दे.247)।

एकतानता (स्त्री.) (दे.246)।

यथाक्रम मिलनेवाला अवसर : ओसर (आ. मिल.), गाह (स्त्री.), दाँव (रोप.), पारी (स्त्री.) (आ. पड़. हो.), बारी (स्त्री.) (आ. बँध. बाँध) (दे.699)।

गाड़ी आदि की एक बार की लदाई : खेप (स्त्री.) (लदा. लाद.)।

गाड़ी आदि की एक बार की यात्रा : खेप (स्त्री.)।

कई बार का आना-जाना : चक्कर (लग. लगा.), फेरा (कर. लग. लगा.), फेरी (स्त्री.)।

बारंबारता बोधक इकाई : बार (स्त्री.), बारा, बेर (स्त्री.), दफ़ा (स्त्री.), दाईं (स्त्री.), मरतबा, मर्तबा (दे.627)।

नियम (दे.330); नित्यनियम।

नित्यकर्म, नित्यचर्या (स्त्री.), नेम, नेमी (स्त्री.), नैत्यक, नैत्यिकी (स्त्री.), routine।

समयसारिणी (स्त्री.) (दे.129)।

पुनरागमन (दे.273); पुनरुक्ति (स्त्री.) (दे.108); पुनरुत्थान (दे.695); पुनर्जन्म (दे.57); पुनरारंभ (दे.138)।

वि. आवृत्त, पुनरावृत्त।

अभीक्ष्ण, आवर्ती, पुनरावर्तक, पुनरावर्तनशील, पुनरावर्ती, पौनःपुनिक।

नियमित (दे.330)।

नियमित किया जाने वाला : नित्यनैमित्तिक, नैत्य, नैत्यक, नैत्यिक।

अ. अन्यत्, अपरंच, दुबारा, दोबारा, पुनः, पुनर्वार, पुनश्च, फिर से (दे.148), भूयः, मुकर्रर।

तीसरी बार, तिबारा।

दुबारा-तिबारा, दोबारा-तिबारा।

अहोरा-बहोरा, कई बार, घड़ी-घड़ी, पुनःपुनः, पुनरपि, फिर-फिर, बहुशः, बारंबार, बार-बार, भूयोभूयः, मुकर्रर से हकर्रर, मुहुः, मुहुर्मुहुः, वारंवार, शश्वत्।

अनेक बार, अनकेशः, बहुत बार, बहुशः, बारहाँ, बारहा, हरचन्द; सौ बार, शतशः; हज़ार बार, सहस्रशः; करोड़ों बार, कोटिशः।

अक्सर, अधिकतर, अधिकांश, अमूमन, उमूमन, जब होता है तब, ज़्यादातर प्रायः, प्रायशः, बहुत करके, बहुधा, बेशवर, भूयशः, भूरि, साधारणतः, साधारणतया, सामान्यतः, सामान्यतया।

आम/मामूली तौर से, उत्सर्गतः, नियमतः (दे.379), भूयः।

कभी-कभी (दे.154)।

बीच-बीच में, थोड़ी-थोड़ी देर पर।

प्रतिदिन, हररोज (दे.159); प्रति सप्ताह, हर हफ्ते (दे.160); प्रति माह, हर महीने (दे.160); प्रतिवर्ष, हर साल (दे.160)।

दो घण्टे के अन्तर से, तीन-तीन घण्टे पर, हर तीसरे घण्टे।

बारी-बारी से।

खेप भर।

134. धारावाहिकता

सं. धारावाहिकता (स्त्री.), अनुक्रम, आनुपूर्व, आनुपूर्वी (स्त्री.), आनुपूर्व्य, क्रम (दे.247), क्रमिकता (स्त्री.), तरतीब (स्त्री.) (दे.), नियमितता (स्त्री.), निरन्तरता (स्त्री.), (दे.132), परंपर, परंपरा (स्त्री.), पारंपर्य, पारंपर्यक्रम, परिपाटि (स्त्री.), परिपाटी (स्त्री.), पारिपाट्य, पर्याय, पर्यायक्रम, शृंखला (स्त्री.), सिलसिला, succession।

माला (स्त्री.), series।

मालाप्रकाशन, मालाबद्ध आवृत्ति (स्त्री.), serial।

कालक्रम, कालानुक्रम।

अकारादि क्रम, वर्णानुक्रम।

संख्यानुक्रम।

वि. धारावाहिक, धारावाही, धाराप्रवाह, निरन्तर, सरित।

क्रमागत, क्रमिक, क्रमक, परंपर, परंपरागत, परंपरीण, पारंपरीण, पारंपरीय।

परंपरायुक्त, परंपरित।

क्रमबद्ध, क्रमयुक्त, अनुक्रम, अनुपूर्व, अनुपूर्व्य, आनुक्रमिक, आनुपूर्वी, तरतीबवार, सिलसिलेवार।

नियमबद्ध, नियम पर, नियमतन्त्र, नियमाधीन, नियमानुवर्ती, नियमित।

कालानुक्रमिक।

वर्णानुक्रमिक।

संख्यानुक्रमिक।

एकान्तर, एकान्तरिक, alternate।

अ. धाराप्रवाह, निरन्तर (दे.132), लगातार।

क्रमशः, क्रमतः, क्रमानुकूल, क्रमानुयायी, क्रमानुसार, क्रमान्वय, उत्तरोत्तर, पारंपर्येण, यथाक्रम, रफते-रफते, रफ़्ता-रफ़्ता (दे.137)।

कालक्रमानुसार।

परंपरानुसार, परंपरया।

इसके/उसके बाद, अतःपर, अनन्तर (दे.143)।

धीरे, धीरे-धीरे (दे.137)।

वर्णानुक्रम से, अक्षरक्रम से, रदीफ़वार।

135. चलन

सं. चलन (हो. चल. उठ.), चलन में आना-, चलना-, चाल (स्त्री.), प्रचलन (कर. हो.), प्रचार (कर. हो.), प्रवर्तन (कर.), प्रवर्तना (स्त्री.)।

चलनसारी (स्त्री.)।

चलन से चलना-।

क़ायदा, ढंग, तरीक़ा, तर्ज़, दस्तूर, वज़ा (कर. हो.), स्टाइल (स्त्री.)।

प्रथा (स्त्री.), परिपाटि (स्त्री.), परिपाटी (स्त्री.), फ़ैशन (चल. उठ.), रस्म (स्त्री.), रिवाज़ (चल. निकल.पड़. हो. उठ.) (दे.330), रीति (स्त्री.), हवा (स्त्री.)।

फ़ैशनपरस्ती (स्त्री.), फ़ैशनबाज़ी (स्त्री.)।

परंपरा (स्त्री.), परिपाटि (स्त्री.), परिपाटी (स्त्री.), रूढ़ि (स्त्री.), convention।

रूढ़िवाद, conventionalism।

वि. चलनसार, चालू, प्रचलित (कर. हो.), प्रचारित, प्रवर्तित, मुरौवज, मुरौवज।

चिरप्रचलित, चिरकालिक, चिरकालीन, पुरातन (दे.150)।

प्रथागत, रस्मी (दे.330)।

प्रचारक, प्रवर्तक, प्रवर्तयिता, प्रवर्ती।

फ़ैशनपरस्त, फ़ैशनबाज़।

परंपरागत, प्रथागत।

रूढ़िवादी (दे.150), conventionalist।

अ. बाक़ायदा, बदस्तूर।

(विप.) सं. अप्रचलन, चलन में न होना-, न चलना-, प्रचार न होना-।

वि. अप्रचलित, अप्रचारित।

136. शीघ्रता

सं. शीघ्रता (स्त्री.) (कर. हो.), शीघ्रत्व, शीघ्र्य, शैघ्र, शैघ्रय, शिताबी (स्त्री.), अविलंब, आशिमा (स्त्री.), ईषणा (स्त्री.), उजलत (स्त्री.), उतावली (स्त्री.), उतावली में होना-, क्षिप्रता (स्त्री.), क्षैप्र, चटापटी (स्त्री.), चपलता (स्त्री.), चपलत्व, चाबुकी (स्त्री.),

चुस्ती (स्त्री.), जल्दी (स्त्री.) (कर. मचा.), जावन्य, झटा (स्त्री.), झपाका, ताउल, तीव्रता (स्त्री.), तुर, तुरण, तुरा (स्त्री.), तूर्ण तूर्णि (स्त्री.), तेजी (स्त्री.), त्वरण, त्वरता (स्त्री.), त्वरा (स्त्री.), त्वरि (स्त्री.), फर्राटा, फुरती (स्त्री.), फुर्ती (स्त्री.), रवारवी (स्त्री.), सन्त्वरा (स्त्री.), संवेग, सड़ाक (स्त्री.), सरासरी (स्त्री.), (कर. हो.), स्फूर्ति (स्त्री.)।

जल्दबाज़ी (स्त्री.) (कर.), अधीरता (स्त्री.), अधैर्य, आतुरता (स्त्री.), आतुरी (स्त्री.), उजलतबाजी (स्त्री.) (कर.), उतावलापन, उतावली (स्त्री.), चटपटाना-, चटपटी (स्त्री.) (पड़. मचा. हो.), चपलता (स्त्री.) (दे.224), चपलत्व, तड़भड़ (स्त्री.) (कर.), तुराई (स्त्री.), दौड़ा-दौड़ी (स्त्री.), धाँधल (स्त्री.), (मचा.), धाँधली (स्त्री.), बेसब्री (स्त्री.) (दे.433), सम्भ्रम, हड़बड़ (स्त्री.) (कर.), हड़बड़ाना-, हड़बड़ा जाना-/देना-, हड़बड़ी (स्त्री.) (कर. पड़. मच. मचा. लग. हो.), हड़बड़ी में पड़ना-, हड़हड़ाना-, हौलखौल (स्त्री.), हौलजौल (स्त्री.) (कर. मचा.), हौलाजौली (स्त्री.)।

तत्परता (स्त्री.) (दिखा.), मुस्तैदी (स्त्री.) (दिखा.), व्यस्तता (स्त्री.) (जता. दिखा.) (दे.414)।

दौड़धपाड़ (स्त्री.), (कर. हो.), दौड़धूप (स्त्री.) (कर. हो.), दौड़ना-धूपना-, दौड़-भाग (स्त्री.) (कर. हो.), दौड़ाई (स्त्री.), दौड़ादौड़ (स्त्री.), दौड़ादौड़ी (स्त्री.), धौंज (स्त्री.), धौंजना-, भागड़ (स्त्री.), भागदौड़ (स्त्री.) (कर. हो.), भागमभाग (स्त्री.), भागाभाग (स्त्री.), भागाभागी (स्त्री.), रवारवी (स्त्री.)।

तीव्रगति (स्त्री.), तेज चाल (स्त्री.), त्वरितगति (स्त्री.), ईषणा (स्त्री.), दौड़ (स्त्री.) (दे.281), द्रुतगति (स्त्री.), द्रुतगमन, धावन, भागना- (दे.271)।

वेग, अंशु, आशय, गति (स्त्री.) (दे.266), चाल (स्त्री.), जव, जवन, जवनिमा (स्त्री.), जावन्य, झोंक (स्त्री.), तरस्, दौड़ (स्त्री.) (दे.281), द्रुति (स्त्री.), यव, यवन, रंह, रफ़्तार (स्त्री.), रभस, रय, रौ (स्त्री.), सपाटा, स्यन्द, स्यद।

तीव्र वेग : अतिजव, शीघ्रयान, संवेग।

त्वरण, वेगवृद्धि (स्त्री.),।

संवेग, momentum।

वि. शीघ्रतायुक्त, शीघ्रिय, शीघ्रीय, अमन्द, आशु, क्षिप्र, जल्द, जूद, तीव्र, तूर्ण, तूर्त, तेज़, त्वरित, द्रुत, सत्वर।

जल्दी का : फ़ौरी।

शीघ्रता से करने योग्य : त्वरणीय।

शीघ्र होने वाला : साद्यस्क।

जल्दबाज़, अधीर, अधैर्य, आतुर, उजलतपसन्द, उजलतबाज़, उतावला, चपल, बेसबरा, बेसब्र, शिताब, शिताबकार, हड़बड़िया।

तत्पर, मुस्तैद, व्यस्त।

शीघ्रकारी, शीघ्रकृत्, अदीर्घसूत्र, अदीर्घसूत्री, ईषण, क्षिप्रकर, क्षिप्तकारी, क्षिप्रहस्त, चटक, चाबुक, चुस्त, छटपट, जंघिल, तूर्ण, तेज, तेजदस्त, त्वरावान्, फुरतीला, फुर्तीला, फुर्तीबाज, स्फूर्तिमान्।

शीघ्रगामी, शीघ्रगमन, शीघ्रग, शीघ्रयान, शीघ्री, अजिर, अतिपाती, अत्यन्तग, अत्यन्तगामी, अध्वनीन, अध्वन्य, आशुग, आशुगामी, क्षिप्त, क्षिप्रगति, क्षिप्रगामी, ग़र्मरफ़्तार, गामजन, चलबाँक, जंघाल, तीव्रगति, तीव्रगामी, तुर, तुरण, तेज़क़दम, तेज़गाम, तेज़रफ़्तार, तेज़स्वी, तेज़रौ, त्वरावान्, त्वरितगति, द्रुत, द्रुतगति, द्रुतगामी, द्रुतपद, प्रचेलक, बर्क़दम, भरग, रघु, लघुगति।

वेगग, वेगयुक्त, वेगवन्त, वेगवती (स्त्री.), वेगवान्, वेगवाही, वेगशाली, वेगशील, वेगसंपन्न, वेगित, वेगी, जव, जवन, जवित, जवी, तरस्वान्, तरस्वी, तुरावत्, तुरावती (स्त्री.), तुरावान्, प्रजवन, प्रजवी, प्रतूर्ण, प्रतूर्त, यवान, रभस, वाजी, सवेग, स्यन्दन, स्यन्दी।

अतिवेगवान् : अतिजव, अतिवेगित, जवाधिक, बर्क़रफ़्तार, भीमवेग, मनःशीघ्र, मनोजव, मनोजवी, महावेग, वायुगति, हवाई।

अवश्रव्य, infrasonic।

अतिस्वन, आधिस्वनिक, कर्णातीत, पराध्वनिक, supersonic।

अ. शीघ्र, शिताब, अंजसा, अचिर, अचिरम्, अचिरात्, अचिराय, अचिरेण, अविलंब, आशु, जल्द, जल्दी, जूद, तरसा, तुर, तूर्ण, तूर्त, त्वरित, सत्वर, सपदि, हाली।

अभी, इसी क्षण/दम/वक़्त, खटाखट, चट, चटक, चटपट, चटाचट, चपाक, झट, झटपट, झटाका, झटिति, झड़ाक, झड़ाका, झपाक, झपाट, झपाटा, तड़क्का, तड़ाक, तड़ाका, तड़ातड़, तड़ातड़ी, तत्काल, तत्क्षण, ताबड़तोड़, तुरन्त, तुरत, दनादन, धड़ाधड़, फटक, फटाफट, फौरन, बरजस्ता, सकृत, सद्यः, सरे दस्त।

आनन-फानन, चटाक-पटाक, चटाक-पटाख, चटाख-पटाक, चटाख-पटाख, जल्दी-जल्दी, झटा-झारी, तड़ाक-पड़ाक, तड़ाक-फड़ाक, तुरत-फुरत, देखते-देखते, धड़ाधड़, सट-सट, इबर-दबर, हबर-हबर, हाथों-हाथ, हाली-हाली।

शीघ्रता से, शप से, खट से, खटाक से, चट से, जल्दी से, झट से, झप से, टप से, तड़ाक से, तेजी से, दन से, धड़ाम से, फट से, फटाक से, फुरती से, सड़ से, सड़ाक से।

बिना रुके तेज़ी से : फर-फर।

शीघ्रतापूर्वक, झपाका, त्वर।

यथाशीघ्र।

शीघ्रातिशीघ्र, जल्द से जल्द।

शीघ्रता में, जल्द में, हालाहाली।

शीघ्र ही, बहुत जल्द, अनक़रीब।

आनन-फानन में, चुटकियों में, चुटकी बजाते, दमभर में, पलक झपकते/मारते, फौरन से पेशतर, बात की बात में, मिनटों में (दे.152)।

वेग से, सवेग।

137. मंथरता

सं. मंथरता (स्त्री.), मंथरत्व, मांथर्य, मन्दता (स्त्री.), मन्दत्व, मन्दन, मंदिमा (स्त्री.), मांद्य, मट्ठरपन, अत्वरा (स्त्री.), आहिस्तगी (स्त्री.), कषाय, ढिलाई (स्त्री.), धीमापन, धीरता (स्त्री.), धीरत्व, शिथिलता (स्त्री.) (दे.452), शलथता (स्त्री.), सुस्ती (स्त्री.)।

मन्दी (स्त्री.) (दे.665)।

विलंब (दे.144)।

आलस्य (दे.434)।

दीर्घसूत्रता (स्त्री.) (दे.434)।

मंथरगति (स्त्री.), मन्दगति (स्त्री.), मटरगश्त (स्त्री.), मटरगश्ती (स्त्री.), मट्ठर चाल (स्त्री.), मृदुल गति (स्त्री.), कछुआ चाल (स्त्री.), खिराम, गजगति (स्त्री.), गजगमन, चींटी की चाल, धीमी चाल (स्त्री.), धीर गति (स्त्री.), नर्म चाल (स्त्री.), रिंगण (दे.282), रेंगना-, विसर्पण, शिथिल गति (स्त्री.), श्लथ गति (स्त्री.), सर्पण, सुस्त चाल (स्त्री.)।

नौ दिन चले अढ़ाई कोस।

वि. मंथर, मन्द (कर. पड़. हो.), मंदा, मंदर (कर.पड़.हो.), मट्ठर, मद्धम, मद्धिम, ढीला, ढीली (स्त्री.), धीमा (कर. पड़. हो.), धीमी (स्त्री.), धीर, बोद, बोदा, वठर, शिथिल, श्लथ, सुस्त।

बहुत धीमा : परिमंथर परिमन्द।

धीमा किया हुआ : मंथरित।

मंथरगति, मन्दग, मन्दगति, मन्दगमन, मन्दगामी, मन्दाक्रान्त, मृदुगमन, मृदुगमना (स्त्री.), ख़िरामाँ, शनैश्चर।

अ. आहिस्ता (दे.134), धीमे, धीरे, शनैः (दे.637)।

आहिस्ता-आहिस्ता, खरामे-खरामे, ख़िरामाँ-ख़िरामाँ, धीमे-धीमे, धीरे-धीरे, मन्द-मन्द, रफ़्ता-रफ़्ता, शनैः-शनैः, सहज-सहज, हौले-हौले।

आराम से, आहिस्ते से, फ़ुरसत से।

जैसे-जैसे, ज्यों-ज्यों।

138. आरंभ

सं. आरंभ (कर. हो.), आग़ाज, आदि, आदिकर्म, आरब्ध, आरब्धि (स्त्री.), अग्र, अथ, अनुष्ठान (कर. हो.), अभिक्रम, अभ्याधान, अवष्टंभ, इब्तिदा (स्त्री.), उठान (स्त्री.), उद्घात, उद्रेक, उपक्रम, उपारंभ, उपोद्घात, उल्लास, क्रम, प्रक्रम, प्रभृति (स्त्री.),

प्रवर्त, प्रायण, प्रारंभ (कर. हो.), प्रारब्धि (स्त्री.), बिसमिल्ला, बिस्मिल्ला (स्त्री.), विस्मिल्लाह (स्त्री.) (कर.), मुब्तदा, शुभारंभ (कर. हो.), शुरुआत (स्त्री.) (कर.हो.), श्रीगणेश (कर.हो.), समारंभ (कर. हो.), सिर, सूत्रपात (कर. हो.)।

आरंभ करना : अंकुरण, अनुष्ठापन, आरंभण, उठाना-, उपक्रमण, चलाना-, चालू करना-, छेड़ना-, जारी करना-(दे.689), ठानना-, प्रक्रमण, प्रवर्तन, प्रारंभण, फाँदना-, फानना-, मचाना-, लग्गा लगाना-, समारंभण, (काम में) हाथ डालना-।

आरंभ होना : आरंभण, चलना-, चालू होना-, छिड़ना-, जारी होना-, ठनना-, मचना-, लग्गा लगना-।

कार्यारंभ (कर. हो.)।

आरंभिक मंगल-सूचना : अथ; बिस्मिल्लाह (स्त्री.)।

अनुबंध, अवतरणिका (स्त्री.), अवतरणी (स्त्री.), अवतारण, अवतारणा (स्त्री.), उपाकरण, उपाकर्म, प्रस्ताव (कर.रख.ला.), प्रस्तावना (स्त्री.), भूमिका (स्त्री.) (बाँध.) (दे.588)।

मुहूरत (कर. हो.), मुहूर्त।

प्रतिष्ठा (स्त्री.) (कर. हो.), प्रतिष्ठान, प्रतिष्ठापन, प्रतिष्ठापना (स्त्री.), प्रतिष्ठिति (स्त्री.), प्रस्थापन, स्थापन, स्थापना (स्त्री.), (कर. हो.), संस्थापन, संस्थापना (स्त्री.)।

अधिष्ठापन, installation।

उपस्थापना (स्त्री.), प्रस्थापना (स्त्री.), प्रस्तुतीकरण, presentation।

उत्पत्ति (स्त्री.) (कर. हो.) (दे.62); उत्पादन (कर. हो.) (दे.441)।

उदय (हो.) (दे.62); अभ्युदय (हो.) (दे.695)।

उठान (स्त्री.), उत्थान (कर. हो.), उत्थिति (स्त्री.), उत्थापन (कर.हो.), समुत्थापन।

उन्मेष (कर. हो.), उन्मेषण, उन्मीलन, प्रस्फुटन (दे.489), स्फुटन।

उद्रेक (कर. हो.)।

संचार (कर. हो.)।

आविर्भाव (हो.)।

प्रादुर्भाव (हो.)।

नींव का पत्थर, आधारशिला (स्त्री.)।

आधारशिला (स्त्री.) (रख.), शिलान्यास (कर. हो.), शिलारोपण, इष्टकान्यास, इष्टिकान्यास।

उद्घाटन (कर. हो.) (दे.550)।

विमोचन (कर. हो.) (दे.550)।

आदि कारण : अंकुर; आदि; उत्स, जड़ (स्त्री.); निदान; बीज; मूल; स्रोत।

आरंभिक मोटी बातें : ककहरा, कखग, अलिफ़ बे, ABC।

आधार (बन. बना.), आधारक, नींव (स्त्री.) (डाल. दे.घर. रख.), नींव (स्त्री.),

(दे.441), प्रतिष्ठिका (स्त्री.), बुनियाद (स्त्री.), (डाल. दे.रख.), मूलभित्ति (स्त्री.), मूलाधार।

आधारस्तंभ।

प्रारंभिक प्रस्तुति (स्त्री.), शुरू की तैयारी।

प्रथम चरण।

जन्म (दे.63)। सृष्टि (स्त्री.) (दे.441)।

आविष्कार (कर. हो.) (दे.550), उद्भावन।

अनुसंधान (कर. हो.), अन्वेषण (कर. हो.), खोज (स्त्री.), गवेषणा (स्त्री.), शोध (दे.561)।

पुनरारंभ (कर. हो.), प्रत्यारंभ, नये सिरे से शुरू करना-।

वि. आरंभ का : आरंभिक, इब्तिदाई, प्रायणीय।

अग्र, अग्रिम, अग्रिय, अग्रीय, अग्र्य, आदि, आदिभूत, आदिम, आद्य, पहला (दे.614), पूर्व, पूर्वक, पौरस्त्य, प्रथम, प्राथमिक।

सबसे पहला : सर्वप्रथम।

आरंभ करने वाला : अग्रसर, अग्रेसर, अनुष्ठाता, अनुष्ठानकर्ता, अभिक्रान्ति, आग़ाज़िन्दा, आरंभक, आरंभी, उद्घातक, उपक्रन्ता, उपक्रमिता, उपक्रमी, प्रवर्तक, प्रवर्तयिता, प्रवर्ती, प्रस्तावक, मुब्तदी, समारब्ध।

आदिकर, आदिकर्ता, आदिकृत, स्रष्टा (दे.441)।

केवल आरंभ में सक्रियता दिखानेवाला : आरंभशूर।

आरंभ किया हुआ : आग़ाज़ीदा, आरब्ध, उपक्रान्त, उपाकृत, प्रक्रान्त, प्रवर्तित, प्रस्तावित, प्रारंभित, प्रारब्ध, मुब्तदा, रब्ध, रब्धा (स्त्री.), समारब्ध।

जिसे शुरू करने का विचार हो : प्रारिप्सित।

आरंभ करने योग्य : प्रक्रमणीय, प्रस्ताव्य, समारभ्य।

आदम्भयुक्त, सादि।

प्रतिष्ठाता, प्रतिष्ठापयिता, प्रस्थापक, संस्थापक, स्थापक, स्थापयिता, स्थापी।

संस्थापनीय, संस्थाप्य, स्थापनीय, स्थापयितव्य, स्थाप्य।

प्रतिष्ठापित, प्रतिष्ठित, प्रदथापित, संस्थापित, स्थापित।

उत्पादक, उत्पादी।

उत्पन्न, उत्पादित।

उदीयमान, उदयी; आभ्युदयिक।

उत्थापक, समुत्थापक।

उत्थायी।

उत्थित, समुत्थ, समुत्थित।

अन्मिष, अन्मिषित, उन्मीलित, प्रस्फुट, प्रस्फुटित, स्फुट, स्फुटित।

उद्रिक्त।
संचारित।
आविर्भूत।
प्रादुर्भूत।
उद्घाटित।
विमोचित।
आधारभूत, आधारिक, बुनियादी, मूल, मूलगत, basic।
आधारित, आधृत।
आविष्कर्ता, आविष्कारक, उद्भावक, उद्मावयिता।
उद्भावनीय, उद्भाव्य।
आविष्कृत, उद्भावित।
खोजी, अनुसंधानी, अन्वेषक, गवेषी, शोधक (दे.561)।
अनुसंधेय।
अन्वेषित, गवेषित, शोधित।
अ. आरंभ से, आरंभतः, आदितः, अग्रत; अग्रशः; अग्रे।
पहले (दे.142), अग्रे, आरंभ में, शुरू में, सर्वप्रथम, प्रथमतः, पुरस्तात्।
पहले पहल (दे.142)।
(विप.) सं. आरंभ का अभाव : अनारंभ।
शुरू में ही ग़लती होना : बिस्मिल्लाह ही ग़लत होना-, प्रथमग्रासे मक्षिकापातः।
वि. अनारंभ, अनादि (दे.131)।
स्वयंभू (दे.349)।

139. समाप्ति

सं. समाप्ति (स्त्री.) (हो.), समापत्ति (स्त्री.), समापन्न, साय, अन्त (कर.हो.), अंजाम (कर.दे.), अखीर, अपवृत्ति (स्त्री.), अभिनिष्पत्ति (स्त्री.), अवसान (कर.हो.), अवसाय, अस्त (हो.), आख़िर, इति (स्त्री.), इतिश्री (स्त्री.) (कर. हो.), उपसंहार (कर.) (दे.588), उपसंहृति (स्त्री.), खतम (कर. हो.), खतमाना-, ख़त्म (कर.हो.), खातमा (कर. हो.), ख़ातिम, ख़ातिमा, ख़ात्मा, तमामी (स्त्री.), निदान, निष्पत्ति (स्त्री.), परिसमाप्ति (स्त्री.), पर्यवसान (हो.), प्रत्यस्तमय, विनिवृत्ति (स्त्री.), दिरम।

निष्पादन, परिसमापन, विनिवर्तन, समापन।

दिनान्त (दे.164)। सप्ताहान्त (दे.160)। मासान्त (दे.160); अमावस्या (स्त्री.) (दे.4), संक्रांति (स्त्री.) (दे.4)।

वत्सरान्त, वर्षांत (दे.160)।

अन्तगमन।

अंजाम को पहुँचाना-, अंजाम देना-, पूरा करना- (दे.622), संपादन, संपादना-, संपूरण, संपूर्णता (स्त्री.)।

अंजाम को पहुँचना-, अंजाम पाना-, पूरा होना- (दे.622)।

पटाक्षेप (कर. हो.)।

नाश (दे.127)। लोप, विलोप (दे.127)। मृत्यु (स्त्री.) (दे.64)।

अस्त (हो.), अस्तगमन, अस्तमन, छिपना-, डूबना-।

सूर्यास्त (दे.4)। शुक्रास्त।

तै, तै-तमाम (कर. हो.), निपटाना-, निपटा डालना-/देना-/लेना-/निपटारा (कर हो.), निपटावा, निपटेरा, निबटारा, निबटावा, निबटेरा, निर्णय (दे.551), निर्णयन, निष्पत्ति (स्त्री.) (कर. हो.), परछा (कर. हो.), फ़ैसल, फ़ैसला (कर. हो.) (दे.378), रफ़ा (कर. हो.), रफ़ा-दफ़ा (कर. हो.)।

अदाइगी (स्त्री.), अदायगी (स्त्री.), चुकाई (स्त्री.), चुकाना-, चुकाव, चुकौता, परिशोध (कर. हो.), परिशोधन, बेबाकी (स्त्री.), भरना-, भर पाना-, भरपाई (स्त्री.) (कर. हो.), शोध (कर. हो.), शोधन, सफ़ाई (स्त्री.)। इन्तहा (स्त्री.), इन्तिहा (स्त्री.), पराकाष्ठा (स्त्री.), पराकोटि (स्त्री.), हद (स्त्री.), हद्द (स्त्री.)।

अंजाम, अंजाम को पहुँचाना-, अंजाम देना-, अंजाम पाना-, अनुबंध, उदय, उदयन, नतीजा, परिणति (स्त्री.), परिणमन, परिणाम, परिणामन, परिपाक, प्रतिफल, प्रभाव, फल, सरंजाम, सरअंजाम, सार।

अवशेष, परिशेष, शेष (दे.627)।

वि. समाप्त, समापित, समापन्न, अंजामीदा, अपवृक्त, अपवृत्त, अभिनिष्पन्न, अवसन्न, अवसित, ख़त्मशुदा, तमाम, निष्पन्न, परिसमाप्त, पर्यवसित, विनिवृत्त।

समापनीय, समाप्य, अंजामिन्दा।

समाप्तप्राय, अवसानक।

समापक, समापी, अन्तकृत्, परिसमापक।

अतंग, अन्तिक, पारगामी।

अन्तयुक्त, सान्त।

सुखमय अन्तवाला : सुखान्त।

दुःखमय अन्तवाला : दुःखान्त।

अन्तिम, अन्त, अन्त्य, अख़ीरी, आन्त, आख़िर, आख़िरी, चरम, जघन्य, पश्चिम, पार्यंतिक, पाश्चात्य, समाप्तिक।

अन्त्यपूर्व, उपान्त, उपान्तिम, उपान्त्य, पूर्वांतिम, penultimate।

जो अन्तिम न हो : अचरम, अनात्यन्तिक।

पूरा, पूरित, पूर्ण (दे.622), संपादित, संपूर्ण।

पूरणीय।

पूरक, संपादक, संपूरक।
नष्ट (दे.127)। लुप्त, विलुप्त (दे.127)। मृत (दे.64)।
अस्तंगत, अस्त, अस्तमित।
विरत (दे.145)।
तय, तै, निर्णीत, निष्पन्न।
अदा, चुकता, चुकती (स्त्री.), परिशोधित, बेबाक, शोधित, साफ़।
इन्तहाई, इन्तिहाई, परम कोटि का, परले दरजे/सिरे का, हद दरजे का।
उदयप्राप्त, परिणत, परिपक्व, फलित, फलीभूत।
परिणामी, परिवर्तनधर्मी (दे.245)।
सुखद परिणामवाला : सुखोदर्क।
परिणमयिता, परिणामक।
अवशेष, परिशिष्ट, शेष।
अ. अन्ततः, अन्त में (दे.553), निदान, पुरस्तात् (दे.143)।
अन्त तक, लगायत।
फलतः, फलस्वरूप (दे.553)।
संपूर्णतः, संपूर्णतया (दे.622)।

140. तक

अ. तक, तलक, ता-, अवधि, आ-, पर्यंत, प्रमाण।

अब तक, इस समय तक, आज तक, आज लौं, अद्यदिवस पर्यंत, अद्यापि, अद्यावधि, एतदवधि।

इतने दिन, इतने दिनों तक।
उस समय तक, तब तक, तावत्।
उतने दिन, उतने दिनों तक।
जब तक, जिस समय तक, यावत्।
जितने दिन, जितने दिनों तक।
कब तक, किस समय तक।
कितने दिन, कितने दिनों तक।
आजन्म, आजीवन, जीवनपर्यंत (दे.166) ताज़िन्दगी, यावज्जीवन।
बहुत दिनों तक, दीर्घकाल पर्यंत, चिर, चिरकाल।
इतनी दूर तक, यहाँ तक, इयत्, एतदवधि।
उतनी दूर तक, वहाँ तक, तावत्।
जितनी दूर तक, जहाँ तक, यावत्।
कहाँ तक, कितनी दूर तक।

141. अवधि

सं. अवधि (स्त्री.) (दे.धर. बद.) काल, कालावधि (स्त्री.), मीआद (स्त्री.) (गुजर. बढ़ बढ़ा. बीत.), मीयाद (स्त्री.), मियाद (स्त्री.), मुद्दत (स्त्री.) (बाँध), वक़्त, समयवेला (स्त्री.)।

समय देना-/नियत करना-, समयदान, समयक्रिया (स्त्री.)।

नियत काल, निर्धारित समय, निश्चित समय।

समय नियत करने वाला : समयकार।

नियत काल का आना : कालविपाक।

कार्यकाल, कार्यावधि (स्त्री.)।

मोहलत (स्त्री.) (दे.माँग. मिल. ले.), मुहलत (स्त्री.)।

अल्पकाल, अल्प समय, कुछ/ज़रा/थोड़ी देर, कुछ/थोड़ा वक़्त, कुछ/थोड़ा समय, कुछ थोड़े दिन, चन्द रोज़, जुमा जुमा आठ दिन।

दीर्घकाल, दीर्घ समय, अरसा, चिरकाल, बहुकाल, बहुत दिन, मुद्दत (स्त्री.), मुद्दतराज (स्त्री.), लंबा अरसा, सुचिर, सुदीर्घकाल।

अन्तिम तिथि (स्त्री.)/दिन, आख़िरी तारीख़ (स्त्री.)।

समय-सीमा (स्त्री.)।

अवसान-दिनांक, expiry date।

वि. आवधिक, नियतकालिक, मीआदी, मीयादी, मियादी, मुद्दती, सावधि, सावधिक।

अल्पकालिक, अल्पकालीन, कुछ दिनों का, चन्दरोज़ा, थोड़े समय का।

दीर्घकालिक, दीर्घकालीन, चिरकालिक, चिरकालीन, बहुकालीन (दे.150), बहुत दिन का, लंबे अरसे का।

पंचसाला; दससाला (दे.160)।

कालतिरोहित, कालबाधित, कालातीत, यातयाम, time-barred।

(विप.) अनयितकालिक, अनिर्दिष्ट/अनिश्चित कालीन, बेमीआदी।

142. पहले

अ. पहले, पूर्व, पूर्व में, पूर्वत्र, पेशतर, देश्तर, प्राक्, अगाड़ी, अगाड़ू, अग्रे, आगे, क़ब्ल।

अब से पहले, कुछ देर पहले, थोड़ी देर पहले, अभी, अद्यपूर्व।

आज से पहले, अद्यपूर्व।

कुछ समय पहले, थोड़े दिन पहले, हाल में।

समय से पहले, क़ब्ल अज वक़्त।

इस बीच, इसी बीच, इतने में।

पूर्वकाल में, पहले (दे.150), पुरस्तात्।

पहली बार, पहले पहल, प्रथमतः, सबसे पहले, सर्वपूर्व, सर्वप्रथम।

पहले से, पूर्व से, पूर्वतः, अगाह, अग्रतः, अग्रे, आगे से।

पहले से ही, अग्रशः, आगे से ही, शुरू से ही।

पहले की तरह, पूर्ववत्।

वि. पहले का, पूर्व, पूर्वक, पूर्वग, पूर्वभावी, पूर्वभूत, पूर्ववर्ती, अगला।

पुराना, पूर्वतन, प्राचीन (दे.150)।

सं. पूर्वता (स्त्री.), पूर्ववर्तिता (स्त्री.), पूर्वस्थानीयता (स्त्री.)।

143. बाद में

अ. बाद में, बाद को, बाद, अन्त में, अतूऊर्ध्वम्, अथ, अनन्तर, अन्वक्, अन्यक्ष, आख़िर, आख़िर को, आख़िरकार, आगे, उत्तर, उपरान्त, पश्चात्, पश्च, पस, पीछे, फिर।

कुछ दिन बाद, आगे चलकर, आगे आगे, उत्तरोत्तर।

बाद में किसी दिन, एक दिन, एक न एक दिन, कभी (दे.154), कभी किसी दिन, कभी न कभी, किसी दिन/वक्त/समय, किसी न किसी दिन/वक्त/समय।

इसके बाद, अतःपरम्, अतऊर्ध्वम्, अब से आगे।

उसके बाद, तत्पश्चात्, तदन्तर, तदनन्तर, तदुपरान्त, तदुपरि।

वि. बाद का, अगला, अग्रतर, अग्रिम, अग्र्य, आगे का।

सं. बाद का समय, अपरकाल, उत्तरकाल, कालान्तर, बहुत दिनों के बाद, भविष्यकाल (दे.151)।

144. विलंब

सं. विलंब (कर. हो.), विलंबन, वक़्त (लग. लगा.), अतिकाल, अतिवेला (स्त्री.), अबेर (स्त्री.), अरसा, कालक्षेप (कर. हो.), कालयाप, कालयापन (कर.), कालविप्रकर्ष, कालहरण (कर.), कालहानि (स्त्री.) (कर. हो.), कालातिक्रमण, कालातिपात (कर. हो.), कालातिरेक, तवक़्क़ुफ़, देर (स्त्री.) (कर. लगा. हो.), देरी (स्त्री.), बेर (स्त्री.), लेट (कर. हो.), समय (लग. लगा.)।

घिसघिस (स्त्री.) (कर. हो.), घिसपिस (स्त्री.) (कर. हो.), अतत्परता (स्त्री.) (दे.434), अत्वरा (स्त्री.), (दे.137)।

अटकाये रखना-, खटाई में डालना-, झुलाना-, झुला देना-, टालना-, डाल रखना-, फँसाये रखना-, रोक देना-, लटकाना-, लटका देना-।

खटाई में पड़ना-, झूलना-, लटकना-, लटक जाना-, रुक जाना-, टलना-, इल्तिबा।

देर करने की आदत : दीर्घसूत्रता (स्त्री.)।

लालफीता, लालफीताशाही (स्त्री.), red-tapism।

जानबूझकर देर करना : अटकाना-।

आस्थगन, abeyance,

निलंबन, suspension; स्थगन, काम रोकना-, कार्यस्थगन, adjournment।

टरकाना-, टरका देना-, टल्ला, टल्लेनवीसी (स्त्री.) (कर.), टालटूल (स्त्री.) (कर.), टालना-, टाल देना-, टालबटाल (स्त्री.) (कर.), टालमटाल (स्त्री.) (कर.), टालमटूल (स्त्री.) (कर.), टालमटोल (स्त्री.) (कर.), टिल्लेनवीसी (स्त्री.), अड़तल (पकड़ ले.), अब तब करना-, अलसेट (कर. लगा.), आज कल करना-/बताना-/होना-, आनाकानी (स्त्री.) (कर.), इधर उधर करना-, उज्र (कर.), चलता करना-, धता बताना-, निमित्त, बहाना (कर.ढूँढ़.बना.), बहानेबाजी (स्त्री.) (कर.), बात (स्त्री.) (बना.), मिष, मिस, यद्वातद्वा, रास्ता बताना-, लैतोलाल, वाक्छल, व्याज, व्युपदेश, हीला (कर. ढूँढ़. हो.), हीलाहवाला (कर.), हीलेगरी (स्त्री.), हीलेबाज़ी (स्त्री.), हीलेसाजी (स्त्री.)।

प्रतीक्षा (स्त्री.) (दे.147); मंथरता (स्त्री.) (दे.137); आलस्य (दे.434); निष्क्रियता (स्त्री.) (दे.415)।

वि. विलंबित, अत्ययिक, आत्ययिक।

विलंबकारी, विलंबी।

विलंब से करने योग्य : अतिपात्य।

लेट, लेट लतीफ़, अतत्पर।

दीर्घसूत्र, दीर्घसूत्री।

आस्थगित (कर. हो.); निलंबित (कर. हो.); स्थगित (कर. हो.), अतिपातित, मुलतबी, मुल्तबी (कर. हो.)।

स्थगित करने योग्य : अतिपात्य।

अलसेटिया, बहानेबाज, हीलातराश, हीलेगर, हीलेबाज़, हीलेसाज़।

अ-इतनी देर बाद, अब जाकर।

बहाने।

बहुत देर से, कब का, कब के, कब से।

145. विराम

सं. विराम (कर. पा. मिल. हो.), विरामण, विरति (स्त्री.), विरम, विरमण, वियम, वियाम, विनिवर्ति (स्त्री.), वक़्फ़ा (मिल.), व्युपरम, अवरति (स्त्री.), छेद, ठहरना-, ठहर जाना-, ठहराव, थमना-, थम जाना-, निवृत्ति (स्त्री.), यति (स्त्री.), यती (स्त्री.), रुकना-, रुक जाना-/पड़ना-, रुकाव।

नागा (कर. दे.हो.), अँतरा (कर. डाल. पड़.) (दे.415)।

अवकाश (पा. मिल.), अवसर (आ. पा. मिल.), छुटकारा (पा. मिल.), छुट्टी (स्त्री.) (पा. मिल.) (दे.423), फुरसत (स्त्री.) (पा. मिल.), फ़ुर्सत (स्त्री.), सावकाश।

विश्राम (दे.89)।

विरामचिह्न (दे.566)।

वि. सविराम।

विरत (कर. हो.), व्युपत, अवरत, निवृत्त (कर. हो.)।

बीच में एक दिन नाग़ा करने वाला : अँतरा।

ख़ाली (बैठ. हो.), बाफ़ुरसत, सावकाश।

विश्रान्त।

अ. ख़ाली वक़्त में, फ़ुरसत से, सविराम, सावकाश।

कभी-कभी, बीच-बीच में (दे.154)।

नाग़ा करते हुए, दूसरे तीसरे, अँतरे खोतरे।

146. समयनिष्ठा

सं. समयनिष्ठा (स्त्री.), समयनिष्ठता (स्त्री.), समयपालन करना-, समय का ध्यान रखना-, वक़्त का ख्याल रखना-, वक़्त की पाबन्दी।

कालज्ञान।

उचित/ठीक/सही समय, यथाकाल, सही वक्त।

वि. समयनिष्ठ, समयपरायण, समयपालक, वक़्त का पाबन्द।

कालज्ञ।

जिससे समय का बोध हो : कालवाचक, कालवाची।

समय को माननेवाला : कालवादी।

समयानुकूल, समयोचित (दे.129)।

अ. ठीक समय पर, सही वक्त पर, समयानुसार, यथासमय (दे.129), घड़ी देखकर।

147. प्रतीक्षा

सं. प्रतीक्षा (स्त्री.) (कर. हो.), प्रतीक्षण, प्रत्याशा (स्त्री.) (कर. हो.) (दे.201), अपेक्षण, अपेक्षा (स्त्री.), आसरा (तक.देख.), इन्तज़ार (कर.हो.), इन्तज़ारी (स्त्री.), इन्तिज़ार, जोहन (स्त्री.)।

अगोरना-, आसरे में रहना-, जोहना-, टक लगाना-, पंथ देखना-/निहारना-, परखना-, प्रतीक्षा में रहना-, बाट जोहना-/देखना-, रास्ता देखना-, राह ताकना-/देखना-।

अधीरता से प्रतीक्षा करना-, बेसब्री से इन्तज़ार करना-, घड़ी गिनना-।

प्रेम से प्रतीक्षा करना-, आँख बिछाना-।

उपयुक्त अवसर की प्रतीक्षा करना-, घात (स्त्री.) (तक. लगा.), ताक (स्त्री.) (रख. लगा.)।

घात में फिरना-/बैठना-/रहना-/होना-, ताक में बैठना-/रहना-, फ़िराक में रहना-, मौका देखते रहना-।

तैयार रहना-।

रॉकेट आदि दागने में : उलटी गिनती गिनना-, count down।

प्रतीक्षा कोष्ठ, प्रतीक्षागृह, प्रतीक्षालय, waiting room।

प्रतीक्षा-सूची (स्त्री.), waiting list।

वि. प्रतीक्षाकारी, प्रतीक्षक, प्रतीक्ष, प्रतीक्षी, अपेक्षी, मुन्तज़िर।

प्रतीक्षारत।

प्रतीक्षित, प्रत्याशित, अपेक्षित।

प्रतीक्ष्य, अपेक्षणीय, अपेक्ष्य।

148. नयापन

सं. नयापन, नवता (स्त्री.), नवत्व, नवलता (स्त्री.), नवीनता (स्त्री.), नवीनत्व, नव्यता (स्त्री.), नव्यत्व, नावीन्य, नाव्य, नूतनता (स्त्री.), नूनत्व, अभिनवता (स्त्री.), अभिनवत्व।

टटकाई (स्त्री.), टटकापन; ताज़गी (स्त्री.), ताज़ापन; कचाई (स्त्री.), कच्चापन, सब्जी (स्त्री.), हरापन।

अनूठापन (दे.241), अपूर्वता (स्त्री.), अभूतपूर्वता (स्त्री.)।

अद्यतनता (स्त्री.), आधुनिकता (स्त्री.); अति आधुनिकता (स्त्री.), अत्याधुनिकता (स्त्री.)।

आधुनिक बनने का प्रयास : आधुनिकाभास।

नवीकरण, नवीयन, नूतनीकरण, renovation।

नयाकरण, नवकरण, नवकार, नवीकरण, नवीनीकरण, नवीयन, नूतनीकरण, तजदीद, पुनर्नवन, पुनर्नवीकरण, renewal।

अभिनवीकरण; आधुनिकीकरण (दे.441)।

वि. नया, नयी (स्त्री.), नव, नवल, नवीन, नवीना (स्त्री.), नवेला, नवेली (स्त्री.), नव्य, नूतन, नूत्न, नौ, अजीर्ण, अपुराण, अप्राचीन, अभिनव, इदानींतन, प्रतिनव, प्रत्यग्र।

नया निकोर, नयी निकोर (स्त्री.), नया निराला, नयी निराली (स्त्री.), नया नवेला, नयी नवेली (स्त्री.)।

अचरित (दे.481), अछूता, अन-अँवासा, अनुपहत, अव्यवहत, अस्पृष्ट, कोरा, नया।

अतिनूतन, अभिनव, एकदम नया, ताज़ातम, नवीनतम, बिलकुल नया।

नवीन शोभा से युक्त : नवरंग।

नित्य नयी शोभा से युक्त रहनेवाला : नवरंगी।

टटका, टाटक; ताज़ा, तुरत का, प्रत्यग्र, सद्यस्क, सद्यस्तन; कच्चा, सब्ज़, हरा।

तरोताज़ा, सरसब्ज़, हराभरा।

चिरनवीन, चिरनूतन, सदाबहार।

अनूठा (दे.241), अपूर्व, अभूतपूर्व।

अद्यकालिक, अद्यतन, अद्यतनीय, अद्यावधिक, अधुनातन, अर्वाक्कालिक, अर्वाचीन, आजकल का, आज का, आधुनिक, इदानींतन नये ज़माने का, वर्तमान (दे.149), वर्तमानकालिक, वर्तमान समय का, सांप्रतिक, हाल का।

अति आधुनिक, अत्याधुनिक।

नवीकृत; नवनिर्मित; नवगठित; पुनर्गठित।

अ. नये सिरे से, अज़ सरे नौ, फिर से (दे.133), सरे नौ।

नया-नया, नौ ब नौ, ताज़ा-ताज़ा।

149. वर्तमान

सं. वर्तमान, वर्तमान काल, आजकल, भवन्त, भवन्ति, भवन्ती (स्त्री.), मौजूदा ज़माना/वक़्त, सांप्रत काल, हाल।

आधुनिक काल, नया ज़माना, नवयुग।

कलजुग, कलियुग (दे.155)।

अंतरिक्ष-युग : परमाणु-युग; यन्त्र-युग; विज्ञान का युग।

इक्कीसवीं सदी (स्त्री.), एकविंश शताब्दी (स्त्री.)।

नयी पीढ़ी, अनुवंश।

एक ही काल/समय, समकाल, समान क्षण।

वर्तमानकालिकता (स्त्री.), सामयिकता (स्त्री.)।

समकालिकता (स्त्री.), समकालीनता (स्त्री.), समसमयवर्तिता (स्त्री.), समसामयिकता (स्त्री.)।

समक्षणिकता (स्त्री.), युगपत्ता (स्त्री.), simulteinity।

समक्रमण, समक्रमिकता (स्त्री.), synchronism।

यह क्षण, यह घड़ी (स्त्री.), यह काल, यह वक़्त, यह समय, आज का दिन, यह ज़माना, यह युग।

आधुनिकता (स्त्री.) (दे.148); नवीनता (स्त्री.) (दे.148)।

वि. वर्तमानकाल-सम्बन्धी, वार्तमानिक।

वर्तमान, वर्तमानकालिक, वर्तमानकालीन, वर्तमान समय का, वार्तमानिक, अचिर, आजकल का, इस ज़माने का, मौजूदा वक़्त का, सांप्रत, सांप्रतिक, हाल का, हालिया, हाली।

आधुनिक (दे.148), आधुनिक कालीन, नये ज़माने का, नवयुगीन।

कलजुगी, कलियुगी (दे.155)।

सामयिक, सांप्रत, हाली।

समकालीन, समसामयिक, तुल्यकाल, तुल्यकालीन, contemporary।

समकालिक, समक्षणिक, समसमयवर्ती, एककालिक, युगपत्, simultaneous।

समक्र, synchronal।

आज का, आज के दिन का, अद्यतन, अद्यतनीय।

आज तक का, हाल तक का, अद्यावधिक।

इस समय का, इदंतन, इदानींतन।

कुछ ही दिनों का, कल का, बिलकुल हाल का।

जो बीता न हो : अनपेत, अव्यतीत।

अ. अब, अद्य, अनु, इस काज/वक़्त/समय, फ़िलहाल।

अभी, अद्य, इसी वक़्त (दे.136)।

अज, अद्य, अद्यदिन, अद्यदिवस।

आज ही, अद्यैव।

इन दिनों अद्य, अधुना, अब, आजकल, दरहाल, मौजूदा वक्त में, वर्तमान समय में, संप्रति।

हाल में, हाल ही में, अचिर, अचिरम्, अचिरात्, अचिराय, अचिरेण, कुछ समय पहले, कुछ दिन पहले।

अब भी, आज भी, अद्यापि।

अब तक, आज तक, अद्यापि।

अब से, आज से, अतः, अतऊर्ध्वम्, अद्यप्रभृति।

अब से आगे, अतःपरम्।

150. पुरानापन

सं. पुरानापन, पुरातनता (स्त्री.), पौराणिकता (स्त्री.), प्राचीनता (स्त्री.), प्राचीनत्व, क़दामत (स्त्री.), चिरन्तनता (स्त्री.), जीर्णता (स्त्री.), सनातनता (स्त्री.)।

प्रारंभिक समय : आदिकाल।

पुराना समय : पुराकल्प, पुराकाल, पुराणकल्प, पूर्वकल्प, पूर्वकाल, प्राक्कल्प, प्राक्काल, प्राचीनकल्प, प्राचीन काल।

बाबा आदम का ज़माना/वक़्त।

बीता हुआ समय : अतीत, गतकाल, भूतकाल, यात।

बीता हुआ दिन : गतदिन, गतदिवस, पिछले दिन, पूर्व दिन, पूर्वेद्युः।

सत्ययुग (दे.155); त्रेतायुग (दे.155), द्वापर (दे.155); कलियुग (दे.155)।

अंधकारमय युग, अंधायुग, तमोयुग, dark ages।

प्रागैतिहासिक काल : ऐतिहासिक काल।

पाषाणकाल, पाषाणयुग, प्रस्तरकाल, प्रस्तरयुग; नवपाषाणकाल, नवपाषाणयुग, नवप्रस्तरकाल, नवप्रस्तरयुग; ताम्रकाल, ताम्रयुग; कांस्यकाल, कांस्ययुग; लौहकाल, लौहयुग।

प्राचीन काल, प्राचीन युग; मध्यकाल, मध्य युग; आधुनिक काल, आधुनिक युग।

पुरानी कथा, प्राचीनगाथा (स्त्री.), वृत्तान्त।

इतिहास, इतिवृत्त, तवारीख़ (स्त्री.), तारीख़ (स्त्री.), पुराकथा (स्त्री.), पुरावृत्त, पूर्ववृत्त, प्राग्वृत्तांत; हदीस (स्त्री.)।

मिथक, myth।

पुरातत्त्व, पुरातत्त्वविज्ञान, पुरावशेषविद्या (स्त्री.), पुराविद्या (स्त्री.), प्रत्नतत्त्व, archeology।

पुरालेख, archives।

पुरालेखभवन, पुरालेखागार, अभिलेखागार (दे.673), archives।

पुरातनवाद, दक़ियानूसीपन, conservatism।

वि. पहले का, पुराचीन, पुराण, पुरातन, पुरातम, पुराना, पूर्व, पूर्वतन, पूर्ववर्ती, पूर्वीण, पौराण, पौराणिक, पौर्व, पौर्विक, प्रतन, प्रत्न, प्राक्तन, प्राचीन, अगला, अधर, अधस्तन, अनद्यतन, क़दीम, क़दीमी, चिरन्तन (दे.131), चिर, चिरत्न, जीर्ण, जूना, दक़ियानूसी, दिनी।

बहुत पहले का, बहुत पुराना, अति प्राचीन, जुगादरी, युगादि, सनातन, सनातनी, सुचिर।

आदि, आदिम (दे.138)।

आदिकालीन।

पुराने समय का, पुराकालीन, पूर्वकाल, पूर्वकालिक, पूर्वकालीन, पौराण, पौराणिक, प्राक्कालिक, प्राक्कालीन।

बाबा आदम के ज़माने/वक़्त का।

बिताया/बीता हुआ : अतिक्रान्त, अतिपन्न, अतिवाहित, अतीत, अपगत, आवीत, गत, गुज़रता, भूत, यात, विगत, वीत, व्यतिक्रान्त, व्यतिगत, व्यतिपात, व्यतीत, संलंधित, साबिक़।

भूतकालिक, भूतकालीन।

वर्तमान से पहले का : भूतपूर्व।

प्रागैतिहासिक।

ऐतिहासिक, तारीख़ी।

पाषाणकालीन, पाषाणयुगीन (आदि)।

पुरातात्त्विक, प्रत्नतात्तिक।

वि./सं. इतिहासकार, इतिहासज्ञ, इतिहासवेत्ता, इतिवृत्तकार, ऐतिहासिक, पूर्वविद्।

पुरातत्वविद्, पुरातत्त्ववेत्ता, पुराविद्, प्रत्नतत्त्वविद्।

पुरालेखपाल, अभिलेखागारिक (दे.673), archaeologist।

पुराने विचार का : पुरातनवादी, पुराणपंथी, परंपरावादी, प्राचीनतावादी, दक़ियानूस, दक़ियानूसी, रूढ़िवादी, conservative।

(विप.) अनैतिहासिक; इतिहासविरुद्ध।

अ. गये/पिछले/बीते दिन, गतदिन, गतदिवस, पूर्वदिन, पूर्वेद्युः।

पिछले दिन से एक दिन पहले परसों, परे दिन, अधरेद्युः।

परसों से एक दिन पहले : नरसों, तरसों, अतरसों, अनरसों।

उस समय, तब, तदा।

उसी समय, तत्काल, तत्क्षण (दे.136)।

इसके पहले, पहले (दे.142)।

पहले कभी, किसी समय, एक बार, एकदा, एक समय, अन्येद्युः।

पहले से, आगे से, अग्रतः।

बहुत दिन पहले, बहुत पहले, उन दिनों।

151. भविष्य

सं. भविष्य, भविष्यकाल, भविष्यत्, भविष्यत्काल, अनागत, अनागत काल, आगम, आइन्दा, आइंदा, जमाना, उत्तर, उत्तरकाल, मुस्तक़बिल।

सम्भावन, सम्भावना (स्त्री.) (दे.422)।

भवितव्यता (स्त्री.), भाविता (स्त्री.), भावित्व, भावी, आगम, आगाह, होनहार, होनी (स्त्री.)।

अवश्यंभाविता (स्त्री.) (दे.422)।

भविष्यज्ञान (दे.387), आगमज्ञान, पूर्वज्ञान (दे.545)।

पूर्वानुमान (दे.566); पूर्वाभास (दे.422); दूरदर्शिता (स्त्री.) (दे.430)।

भविष्यवाणी (स्त्री.) (कर.), भविष्यद्वाणी (स्त्री.) (कर.), भविष्यकथन (दे.387), अग्रनिरूपण (कर.) (दे.253), आगम जनाना-/बाँधना-, पेशीनगोई (स्त्री.)।

आसन्नता (स्त्री.), निकटता (स्त्री.) (दे.193)।

परिणाम (दे.139)।

अगला दिन, फ़रदा।

अगला जन्म, पुनर्जन्म (दे.57)।

परलोक (दे.319)।

वि./सं. अनागत, आइन्दा, आगम, आगामि, आगामिक, आगामी, आगामुक, दैवकृत, भवनीय, भवि, भवितव्य, भविता, भवित्री (स्त्री.), भविल, भविष्णु, भविष्य, भविष्यत्, भव्य, भावी, आइन्दा, मुस्तक़बिल, होनहार।

अगला, अग्रिम, बाद का (दे.143)।

भविष्यकालीन, भविष्यत्कालीन, उत्तरकालीन।

आजकल में होने वाला : अद्यश्वीन।

उपस्थितप्राय : आसन्न, प्रत्यासन्न, समासन्न।

दूसरे दिन होने वाला : अन्येद्युष्क।

अग्रसोची, आक़बतअन्देश, आगमजानी, आगमज्ञानी, आगमसोची, दूरदर्शी (दे.430)।

भविष्यद्वक्ता, भविष्यद्वादी, आगमवक्ता, पेशीनगो, विपंचनक, विपंचिक, शिवादेशक, ज्योतिषी (दे.387)।

अ. भविष्य में, अगाड़ी, अगाड़ू, आइन्दा, आगे, आनेवाले दिनों में, कल, कल को।

कुछ दिन बाद (दे.143)।

बाद को, बाद में (दे.143)।

आख़िर, आख़िरकार (दे.143)।

अगले दिन, अन्येद्युः, आनेवाले दिन, उत्तरेद्युः, कल, कल्य, दूसरे दिन, परेद्यवि, परेद्युः, विहाय, विहान।

कल के बाद के दिन : एक दिन बाद, तीसरे दिन, परसों, परश्वः।

परसों के बाद के दिन : दो दिन बाद, चौथे दिन, अतरसों, तरसों, नरसों।

152. अल्प काल

सं. अल्प काल/समय, कुछ देर (स्त्री.)/वक्त/समय, घड़ी दो घड़ी (स्त्री.), थोड़ा वक़्त/समय, थोड़ी देर।

एक/दो/पाँच/दस/पन्द्रह मिनट

एक-आध दिन, एक-दो दिन, दो-चार दिन, चार दिन, कुछ दिन, थोड़े दिन।

पलक झपकने भर का समय : अक्षमात्र; अक्षिनिमेष, आन (स्त्री.), क्षण, चश्मज़दन, निमिष, निमेष, पल, लमहा, लहमा, विनाडि (स्त्री.), विनाडिका (स्त्री.), विनाडी (स्त्री.), सानिया।

यह क्षण : आपात (दे.129)।

क्षणभर का अन्तर : निमिषान्तर।

क्षणिकता (स्त्री.) (दे.447), अचिरता (स्त्री.)।

अस्थायिता (स्त्री.), अस्थायित्व (दे.127)।

शीघ्रता (स्त्री.) (दे.136)। आकस्मिकता (स्त्री.) (दे.153)।

वि. क्षणभर, निमेषभर, पलभर।

क्षणस्थायी (दे.447), क्षणिक, क्षणी, अचिर, अचिरस्थायी, अनात्मक, आकालिक, नचिर।

अस्थायी, अस्थिर, ग़ैर-मुस्तक़िल (दे.127)।

क्षणभंगु, क्षणभंगुर (दे.447)।

(विप.) अक्षणिक, दृढ़ (दे.446), स्थिर।

अ. क्षणमात्र।

अचिरम्, अचिरात्, अचिराय, अचिरेण, आन की आन में, क्षणभर में, चटपट, तुरन्त (दे.136), तुरत, देखते-देखते, निमिषभर में, निमेषमात्र में, पलक झपकते, पलभर में, फ़ौरन, बात कहते, बात की बात में।

इसी क्षण/वक़्त/समय, अभी (दे.136)।

उसी क्षण/दम/वक़्त/समय, तत्काल, तत्क्षण, तभी (दे.136), सद्यः।

इस बीच।

153. आकस्मिकता

सं. आकस्मिकता (स्त्री.), (दे.546), अनिर्दिष्टता (स्त्री.), अनश्चियता (स्त्री.), अप्रत्याशा (स्त्री.), अभावनीयता (स्त्री.)।

आकस्मिक स्थिति : आपात।

बिन बादल बरसात (स्त्री.), बिना मेघ के वज्रपात, अकाण्डपात, उपनिपात, नागहानी (स्त्री.)।

संयोग, समापत्ति (स्त्री.), अचानकपन, इत्तफ़ाक़, इत्तिफ़ाक़, दैवयोग (दे.387), यदृच्छा (स्त्री.), योग।

ख़याल, झोंक (स्त्री.), धुन (स्त्री.), सनक (स्त्री.), (दे.92)।

अस्थिरता (स्त्री.), चंचलता (स्त्री.) (दे.224)।

वि. आकस्मिक (दे.546), आकालिक, आपतिक, आरिज़ी, अकाण्ड, अचिन्तित, अचित्त, अज्ञात, अतर्किक, अधिदैव, अनपेक्षित, अनपेक्ष्य, अनिमित्त, अनियत, अनिर्दिष्ट, अनिश्चित, अप्रत्याशित, अभावित, इत्तफ़ाक़िया, इत्तिफ़ाक़िया, इत्तफ़ाक़ी, इत्तिफ़ाक़ी, दैवागत, दैवी, नैमित्तिक, यादृच्छिक।

आपतिक, आपाती, emergent।

अ. अकस्मात्, अकांड, अगत्या, अचक्के में, अचानक, अनचिते में, अनागत, आकस्मात्, आपाततः, इकबारगी, उचका, एकदम, एक ब एक, एकबारगी, एकाएक, एकाएकी, औचक, औचट, औचट में, चपाक, धक, धड़ाम से, नागहाँ, यक ब यक, यकबारगी, यकायक, सहसा, हठात्।

इत्तफ़ाक़न्, इत्तिफ़ाक़न्, दैवयोग से, दैववश, दैववशात्, दैवात्, भाग्यतः (दे.387), यदृच्छया, विधिवशात्, संयोगवश, संयोग से।

कभी, क्वचित् (दे.154)।

(विप.) अचानक नहीं : अनकस्मात्।

154. अनिश्चित काल

सं. अनिश्चित काल, अनियत काल, अनिर्दिष्ट काल, अनिर्धारित काल।

कालान्तर, समयान्तर, अन्य समय, दूसरा समय।

वि. अनिश्चितकालीन, अनियतकालिक, अनियतकालीन।

अनियमित, अनिश्चित; आकस्मिक (दे.153); अनित्य (दे.127)।

कालान्तरित, समयान्तरित।

अ. किसी समय, कभी, कदाचित्, क्वचित्, सकृत्।

शायद कभी, कदाचन, कदाचित्।

कभी नहीं, कदापि नहीं, कब का।

कभी-कभी, कभी-कबात, कभी कभार, कब-कब, गाह गाह, गाह ब गाह, गाहे, गाहे गाहे, गाहे ब गाहे, गाहे माहे, छठे छमासे, बहुत कम, यदा-कदा, वक़्त ब वक़्त, वक़्तन फ़ वक़्तन, समय समय पर।

कभी न कभी, किसी न किसी समय, एक न एक दिन, देर अबेर।

किस समय, कब, कदा।

किसी भी समय, चाहे जब, जब कभी।

किसी अन्य समय, दूसरे समय, अन्यदा, अन्यर्हि, और कभी, फिर कभी, फिर किसी समय।

एक बार, एक समय, एकदा, किसी समय।

जब, जिस दिन, जिस समय, यदा।

जिस क्षण, जैसे ही, ज्यों, ज्यों ही।

जब जब, जिस जिस समय।

जब तब, यदा तदा, अन्तरा।

दिन दिन, दिनों दिन, दिन पर दिन, रोज़ ब रोज़।

155. युग

सं. युग, काल (दे.129), ज़मन, ज़माना, वक़्त, समय।

पीढ़ी (स्त्री.) (दे.357), युग।

बृहस्पति का एक राशि में रहने का पंचवर्षीय काल : युग, पंचवर्षीय युग, पंचवत्सर, वर्षपंचक।

पंचवर्षीय युग के पाँच वर्ष : संवत्सर; परिवत्सर; इदावत्सर; अनुवत्सर; उदावत्सर।

पंचवर्षीय युग का अधिपति : युगेश।

बारह राशियों के पंचवर्षीय युगों के युगेश : विष्णु; सुरेज्य; बलभित्; अग्नि; त्वष्टा; उत्तरप्रोष्ठपद; पितृगण; विश्व; सोम; शक्रानिल; अग्नि; भग।

बारह पंचवर्षीय युगों, यानी साठ वर्षों का चक्र : बृहस्पतिचक्र।

सुदीर्घ कालमान : युग-सत्य; त्रेता; द्वापर; कलि।

सत्य (17,28,000 वर्ष), सत्ययुग, कार्तयुग, कृतयुग, देवयुग, धर्मयुग, युगादि।

त्रेता (12,96,000 वर्ष), त्रेतायुग, अग्नायी (स्त्री.), खार्वा (स्त्री.), विसर्जिका (स्त्री.)।

द्वापर (8,64,000 वर्ष), प्रार्थनीय, यज्ञिय।

कलि (4,32,000 वर्ष), कलिकाल, कलियुग, कलजुग, कर्मयुग, अन्त्ययुग, झर्झरक, तिष्य, पुष्य, मलयुग।

कलि में निषिद्ध कर्म : कलिवर्ज्य-अश्वमेधः, गोमेध; संन्यास; मांस का पिण्ड दान; देवर आदि से नियोग।

चारों युगों का समाहार : चतुर्युग, चतुर्युगी (स्त्री.), चौकड़ी (स्त्री.), चौजुगी (स्त्री.), महायुग।

देवताओं का युग : दैवयुग-12,000 देववर्ष। देववर्ष – 1,31,521 सौर दिन।

दैत्यों का युग : दैत्ययुग-कालमान दैवयुग के बराबर।

ब्रह्मा की आयु : महाकल्प (दे.302.1.)।

ब्रह्मा का एक दिन : कल्प (दे.302.1.)।

कल्प का चौदहवाँ भाग : मन्वन्तर-कालमान 71 चतुर्युग।

मन्वन्तर का अधिपति : मनु (दे.303.226)-वर्तमान मन्वन्तर वैवस्वत मनु का है।

जैनमतानुसार सुदीर्घ कालमान : अवसर्पिणी (स्त्री.); उत्सर्पिणी (स्त्री.)।

सुख-समृद्धि का समय : स्वर्णकाल, स्वर्णयुग।

नया ज़माना, नवयुग (दे.149)।

पाषाण काल/युग; नव पाषाण काल/युग; ताम्र काल/युग; कांस्य काल/युग; लौह काल/युग (दे.150)।

युगारंभ।

युगारंभ का दिन : युगादि।

युगारंभ की तिथि : युगाद्या (स्त्री.) सत्य : वैशाख शुक्ला तृतीया; त्रेता : कार्तिक शुक्ला नवमी; द्वापर : भाद्र कृष्णा त्रयोदशी; कलि : पौष अमावस्या।

युगक्षय, युगान्त।

दो युगों का संधिकाल : प्रतिसंधान, प्रतिसंधि (स्त्री.), युगसंधि (स्त्री.), संध्यांश, संध्यांशक, संध्या (स्त्री.)।

युग-परिवर्तन।

अन्य युग, और युग, युगान्तर (कर.)।

उत्तरवर्ती/परवर्ती युग, परयुग।

युग का महान् पुरुष : युगंकर, युग-निर्माता, युगपुरुष, युगप्रतीक, युग-प्रवर्तक, युगमानव, युगावतार (दे.544)।

युग की विशिष्ट प्रवृत्ति : युगचेतना (स्त्री.)।

समयानुकूल व्यवहार : युग धर्म।

वि. कालोपयोगी, युगोपयोगी।

युग का अन्त करने वाला : युगान्तकारी।

युग को बाँटनेवाला : युगांशक।

सत्ययुग-सम्बन्धी, कार्तयुग।

सत्ययुग का : सतजुगी, सत्ययुगी।

कलियुग-सम्बन्धी, कालेय।

कलियुग का : कलिकालीन, कलियुगी, कलजुगी।

कलजुगी/बुरी प्रवृत्तिवाला : कलजुगी, कलियुगी।

अ. युगों तक, युग-युग, जुग-जुग, सदा (दे.132)।

156. ऋतु

सं. ऋतु (स्त्री.), काल, फ़सल (स्त्री.), फ़स्ल (स्त्री.), मौसम, मौसिम, वक़्त, सतेरक, समाँ।

षडऋतु (स्त्री.) : वसन्त; ग्रीष्म; वर्षा; शरत्; हेमन्त; शिशिर।

ऋतुओं का आवर्तन : ऋतुपर्याय, ऋतुवृत्ति (स्त्री.)।

दो ऋतुओं का संधिकाल : ऋतुसंधि (स्त्री.), कच्चे-पक्के दिन।

ऋतु का पहला दिन : ऋतुमुख।

वस्तु का परिचायक चिह्न : ऋतुलिंग।

ऋतु के अनुकूल आहार-विहार : ऋतुचर्या (स्त्री.), ऋतुसात्म्य।

ऋतु के विरुद्ध बात होना : ऋतुविपर्यय, अनऋतु (स्त्री.)।

ऋतुविशेष में पैदा होने वाली चीज़ : फसल की चीज़, वक्त की चीज़।

ऋतुविज्ञान, मौसमविज्ञान (दे.14), meterorology।

वि./सं. ऋतव्य, ऋतुगत, फ़सली, मौसमी, मौसिमी।

दो तरह के मौसमवाला- रात को गरमी सबेरे सरदी : दुरस्सा, दोरसा।

हर ऋतु में होने वाला : बारहमासी, नित्यर्तु (दे.38)।

ऋतुविज्ञानी, मौसमविज्ञानी, मौसमविज्ञ, meteorologist।

156.1. सं. वसन्त (चैत्र-वैशाख), वसन्तक, वसन्तकाल, वसन्तराज, इष्म, इष्य, ईष्म, ऋतुनाथ, ऋतुपति, ऋतुरमण, ऋतुराज, कामवल्लभ, कामसखा, कुसुमाकर, कुसुमागम्, पर्णरुट्, पिकबांधव, पिकानन्द, पुष्पकाल, पुष्पमास, पुष्पसमय, पुष्पसाधारण, पुष्पाकर, पुष्पागम, फ़स्लेगुल (स्त्री.), फ़स्ले बहार, फाल्गुनानुज, बलांगक, बसन्त, बहार (स्त्री.), मधु, मधुमाधव, मधुभास, मन्मथसख, मन्मथसुहृद्, माधव, मौसिमे गुल, मौसिमे बहार, रबी, शिशिरान्त, शिशिरात्यय, सुरभि, सुरभिमास, सुरभिसमय, स्मरसख।

वसन्त का आरंभ : सुरभिमुख।

वसन्त की शोभा : वसन्तश्री (स्त्री.), मधुश्री (स्त्री.)।

वासन्ती हवा : वसन्तसख, वासन्त (दे.36), मधुपवन, मलयानिल।

वसन्त का आनन्द : वासन्तिका (स्त्री.)।

वसन्तकालीन उत्सव : वसन्तमहोत्सव, वसन्तयात्रा (स्त्री.), वसन्तव्रत, वसन्तोत्सव, वासन्तिक, वासन्ती (स्त्री.), चैत्रमख, मदनदिवस, मदनमहोत्सव, मदनोत्सव, मधूत्सव, होलिकोत्सव (दे.318)।

वि. वसन्तकालीन, वासन्तिक।

वसन्त-सम्बन्धी, बसन्ती, माधव, वासन्त, वासन्तक, वासन्तिक।

वसन्त में बोया हुआ : वासन्तक।

हलके पीले रंग का : बसन्ती, वसन्ती (दे.505.3)।

156.2. सं. ग्रीष्म (ज्येष्ठ-आषाढ़), ग्रीष्मकाल, गरमी (स्त्री.) (आ. पड़. जा.), अवदाघ, उष्ण, उष्णक, उष्णकाल, उष्णग, उष्णोपगम, उष्म, उष्मक, उमष्मण, उष्मा (स्त्री.), उष्मागम, ऊष्ण, ऊष्णक, ऊष्णागम, ऊष्णोपगम, ऊष्म, ऊष्मक, ऊष्मण, ऊष्मा (स्त्री.), ऊष्मागम, ऊष्मायण, धर्म, तप, तपन, निदाघ, निदाघकाल, नैदाघ, शुचि।

हवा न चलने से मालूम होने वाली गरमी : उमस (स्त्री.), ऊमस (स्त्री.), घमका, घमस (स्त्री.), घमसा, तौंस(स्त्री.), हब्स।

बरसात की गरमी : सड़ी गरमी।

पसीना (दे.96)।

गरमी (स्त्री.) (पड़.), अऊलना-, औलना-, तपन (स्त्री.), तपिश (स्त्री.), ताप (दे.515)।

कड़ाके की गरमी, तेज़/बहुत/बेहद गरमी (स्त्री.), ग्रीष्माधिक्य, तौंसा, भीषण ताप।

ज़मीन तपने से पाँवों में होने वाली जलन : ततूरी (स्त्री.)।

धूप खाने से लगनैवाली तेज़ प्यास : तौंस (स्त्री.)।

गरमीदाना, अम्हौरी (स्त्री.) (दे.93.13)।

लू (स्त्री.) (चल. बह. मार. लग.), लपट (स्त्री.), (आ.लग.), आतपलंघन, गर्महवा (स्त्री.) (लग.), घाम (लग.), धूप (स्त्री.) (लग.), धौंक (स्त्री.) (लग.), धौंका (चल. लग.)।

नौकरों के लिए गरमी की वरदी : हड़ावर (दे.482)।

गरमी की छुट्टी, ग्रीष्मावकाश।

ग्रीष्म का अन्त : आतपात्यय, घर्मांत।

वि. ग्रीष्म-सम्बन्धी, ग्रैष्म, ग्रैष्मिक, नैदाघ, नैदाघिक, नैदाघीय।

ग्रीष्मकालीन।

गरमी में बोया जाने वाला : ग्रैष्मक (दे.55)।

ग्रीष्मप्रधान।

156.3. सं. वर्षा (स्त्री.) (श्रावण-भाद्र), वर्षाऋतु (स्त्री.), वर्षाकाल, वर्षारात्रि, वर्षारात्रि (स्त्री.), वरिषा (स्त्री.), वादीलिका (स्त्री.), वार्षिक्य, वार्षी (स्त्री.), अक्षरी (स्त्री.), इन्द्रमह, क्षरी (स्त्री.), घनकाल, घनाकर, घनागम, जलदकाल, जलदागम, जलार्णव, तपात्यय, तोयदागम, तोयोत्सर्ग, पावस, प्रावृट् (स्त्री.), प्रावृट्काल, प्रावृष, प्रावृषा (स्त्री.), प्रुष्व, बरसात (स्त्री.), बारिश (स्त्री.), मेघकाल, मेघागम, सम्मेघ।

वर्षा का आरंभ : घनोदय, घर्मांत, मेघागम, वर्षागम।

बरसात के दिन : भरा महीना।

बरसात के चार महीने : चतुर्मास, चातुर्मास्य, चौमास, चौमासा।

बरसात की रात : वर्षारात्र, वर्षारात्रि (स्त्री.)।

वर्षा-सम्बन्धी कविता : चौमासा।

वर्षाकालीन गीत : कजली (स्त्री.), चौमासी (स्त्री.)।

वर्षाकालीन उत्सव : वर्षामंगल।

वर्षा का जल : वर्षांबु (दे.27)।

बारिश (स्त्री.), वर्षा (स्त्री.), वृष्टि (स्त्री.) (दे.27)।

छाता (दे.483)।

वर्षा में पहनने का ओवरकोट : बरसाती (स्त्री.), raincoat।

वर्षा में पहनने का वस्त्र : वर्षाशाटी (स्त्री.)।

बरसात में सोने लायक़ ऊपरी मंज़िल का हवादार कमरा : बरसाती (स्त्री.) (दे.181)।

वर्षामापी, वर्षामापक, वृष्टिमापी, rain-gauge।

वर्षा का अन्त : मेघान्त।

वि. वर्षा-सम्बन्धी, बरसाती, प्रावृषिक, प्रावृषेण्य, वर्षिक।

वर्षाकालीन।

वर्षा में उत्पन्न होने वाला : बरसाती, प्रावृषिक, प्रावृषीण, प्रावृषेण्य, प्रावृषेय, प्रावृष्य।

वर्षा में उत्पन्न : वर्षाभव, वर्षाभू, प्रावृषिज, प्रावृषेण्य।

वर्षा में देय : प्रावृषेण्य।

वर्षा में पहनने योग्य : वर्षाधृत।

चौमासे में होने वाला : चौमसिया, चौमासा, चौमासी।

156.4. सं. शरत् (स्त्री.) (आश्विन-कार्तिक), शरत्काल, शरद् (स्त्री.), शरदा (स्त्री.), शारद, कालप्रभात, घनान्त, जलदक्षय, जलात्यय, प्रावृंडत्यय, मेघान्त।

शरत् का आरंभ : शरन्मुख

शरत्कालीन मेघ : शरद्घन, शरन्मेघ, शारदमेघ।

शरत् की रात : शारदनिशा (स्त्री.), शारदयामिनी (स्त्री.), शारदरात्रि (स्त्री.), शारदशर्वरी (स्त्री.)।

शरत् का चन्द्रमा : शरच्चन्द्र, शरदिन्दु, शारदचन्द्र, शारदशशी।

शरत् की चाँदनी : शरच्चंद्रिका (स्त्री.), शरज्जयोत्स्ना (स्त्री.), शारदज्योत्स्ना (स्त्री.)।

शरत्पूर्णिमा (स्त्री.), शरत्पर्व, शरदपूनो (स्त्री.); शारदपूर्णिमा (स्त्री.), शारदी (स्त्री.), कोजागर, कोजागरी पूर्णिमा (स्त्री.) (दे.318)।

शरत् की धूप : शारद, शारदिक।

शरत् में होने वाला रोग : शारद, शारदिक।

शरत् में होने वाला अन्न : शारद, शारद्य।

शारदीया महापूजा (स्त्री.), शारदोत्सव, दुर्गापूजा (स्त्री.) (दे.318)।

शरत् का अन्त : शरदन्त।

वि. शरत्-सम्बन्धी, शारद, शारदी, शारदीय, शारद्य।

शरत्कालीन।

शरत् में उत्पन्न होने वाला : शरदिज।

156.5. सं. हेमन्त (अग्रहायण-पौष), हेमन्तसमय, हेमन्ती (स्त्री.), हैमन्त, हैमन, हैमल, हिम, हिमर्तु (स्त्री.), हिमा (स्त्री.), हिमागम, प्रशल, प्रसल, शरदन्त, सहा।

वि. हेमन्त-सम्बन्धी, हैमन्त, हैमन्तिक।

हेमन्तकालीन।

हेमन्त के उपयुक्त : हैमन।

156.6. सं. शिशिर (माघ-फाल्गुन), शिशिरकाल, शिशिरसमय, शीत, शीतक, शीतकाल, उष्णासह, ख़ज़ा (स्त्री.), ख़िज़ा (स्त्री.), खुनकी (स्त्री.), जाड़ा, जाड़े का मौसम, ठण्ड का मौसम, तुषारर्तु (स्त्री.), पतझड़ (स्त्री.), पतझाड़ (स्त्री.), पर्णशुट्, मौसिमे ख़िज़ा, सरदी (स्त्री.), सर्दी (स्त्री.), सरमा, सर्मा, सियाला, हिम ऋतु (स्त्री.), हिमकूट।

शीत का आरंभ : हिमागम।

हलका जाड़ा, हलकी ठण्ड, गुलाबी जाड़ा/सरदी (स्त्री.), शुरू बहार का जाड़ा, सर्माए गुल, सिहरावन, सिहलावन।

शीत (पड़. लग.), शीतलता (स्त्री.) (दे.516), शीतिका (स्त्री.), शीतिमा (स्त्री.), शीतिभाव, शैत्य, जाड़ा (पड़.लग.), ठण्ड (स्त्री.) (पड़.लग.), ठंढ (स्त्री.), ठंढक (स्त्री.) (पड़.लग.), सरदी (स्त्री.) (पड़.खा.लग.), सर्दी (स्त्री.)।

जाड़े का समय, जड़काला, सरदी के दिन।

शीत का प्रकोप (हो.), शीताधिक्य (हो.), अतिशीत, कड़ा जाड़ा (पड़), कड़ाके का जाड़ा (पड़.), कड़ाके की सर्दी, कड़ी सर्दी, ठिर (स्त्री.), ठिरना-, ठरना-, सर्माए तल्ख़, सिहलाना-।

पूस के 15 और माघ के 15 दिन : चिल्ले का जाड़ा।

बर्फीली हवा (चल.), शीततरंग (स्त्री.), शीतलहरी (स्त्री.) (चल.)।

जड़ाना-, जाड़ा सहना-, ठण्ड खाना-।

कँपकँपी (स्त्री.) (छूट.), काँपना-, सिहरना-, सिहरी (स्त्री.) (छूट.)।

कँपाना-, कँपा देना-, सिहराना-।

गलन (स्त्री.) (हो.), गलना-।

अकड़ना-, अकड़ जाना-, ठिठुरन (स्त्री.) (हो.), ठिठुरना-, ठिठुर जाना-, ठिठरना-, ठिठर जाना-, ठिरना-, ठिर जाना-, ठरना-, ठर जाना-, ठुरियाना-, सिकुड़ जाना-।

ठण्ड के मारे दाँतों का किटकिटाना : दाँत बजना-।

दाँत बजने का शब्द : कटकट (स्त्री.) (हो.), कटकटाना-, कटाकट (हो.)।

सरदी खाना-, सिहलाना-।

ओस (स्त्री.) (दे.27); पाला (दे.27); बर्फ (स्त्री.) (दे.30)।

शीत का अन्त : हिमान्त, हिमात्यय।

वि. शिशिर ऋतु-सम्बन्धी, शैशिर।

शिशिर ऋतु में पैदा होने वाला : सियाली।

शिशिर ऋतु में उत्पन्न : शैशिर।

शीतकालीन, सरमाइ, सर्माई, सियाली।

शीत की अधिकतावाला : शीतप्रधान।

शीत से डरनेवाला : शीतभीरु, शीतभीरुक।

शीत से व्याकुल : शीताकुल, शीताकुल, शीतार्त, शीतार्द्र, शीतालु।

157. शुभ काल

सं. शुभ काल, शुभ घड़ी (स्त्री.), शुभ मुहूर्त, शुभ लग्न, शुभ समय, पुण्यकाल, बरसायत (स्त्री.), मंगलकाल (दे.385), मंगलवेला (स्त्री.), साअते नेक (स्त्री.), सुसमय।

क्षण, मुहूरत, मुहूर्त (निकल. निकाल. देख. दिखला.), लग्न (विचार.), साअत (स्त्री.), साइत (स्त्री.) (देख. निकलवा. निकाल. विचार.), सायत (स्त्री.)।

मुहूर्त/साइत बतलाना-, घड़ी देना-।

अच्छा समय, बढ़ती का/सुख का समय।

स्वर्णकाल (दे.155)।

खुशी का दिन, बरस का दिन, बरस दिन का दिन।

अच्छे दिन आना : दिन चमकना-/पलटना-/फिरना-/लौटना-।

प्रशस्त काल, विहित काल; अधियोग; अमृतयोग; माहेन्द्रयोग।

यात्रा का मुहूर्त : चाला।

विवाह का मुहूर्त : लगन (धर.), लग्न, लग्नमुहूर्त।

ब्याह-शादी के दिन : सहालग।

विवाहादि के लिए शुभ दिन : लग्नदिन, लग्नाह।

शुभ लग्न और दिन : साइत-सुदेवस।

दो-चार घड़ी का कामचलाऊ मुहूर्त : चौघड़िया मुहूर्त।

शुभ दिन, अच्छा/पुण्य/प्रशस्त दिन, परमाह, पुण्यदिवस, पुण्याह, सुदिन, सुदिनाह, सुदिवस (दे.385)।

त्योहार का दिन : पर्वाह, पर्विणी (स्त्री.) (दे.318)।

शुभ वर्ष : सहालग।

158. अशुभ काल

सं. अशुभ काल, अशुभ घड़ी (स्त्री.), अशुभ समय, अकाल, अकालवेला (स्त्री.), अतिकाल, अतिवेला (स्त्री.), अनवसर, अनी (स्त्री.), अनृतु (स्त्री.), अप्रशस्त मुहूर्त, अयोग्य काल, असमय, आकाल, कुअवसर, कुघात, कुबेला (स्त्री.), कुसमय, कुसाइत (स्त्री.), कालाशुद्धि (स्त्री.), दुर्मुहूर्त (दे.386), दुष्काल, नाज़ुक वक़्त, बुरा वक़्त, बुरी सायत, साअते नह्स (स्त्री.), साअते बद (स्त्री.), साअते मनहूस (स्त्री.)।

अशुभ दिन, अदिन, अनह, कुदिन, खरवार - रवि, मंगल, शनि -, घातवार, दुर्दिन, दुर्दिवस, रोज़े बद।

खोटे दिन, पतले दिन, बुरे दिन।

बुरा वक़्त/समय आना-, बुरे दिन आना-, दिन गिरना-।

वर्ष का अशुभ होना : साल भारी होना-।

त्रिदिनस्पृक, त्र्यहस्पृक्; त्र्यहस्पर्श; दग्धा (स्त्री.)।

अनुपयुक्त/विरुद्ध ऋतु (स्त्री.), अकाल, असमय, बेमौसम।

अकालकुष्माण्ड, अकालकूष्माण्ड; अकालकुसुम; अकालजलद, अकालजलदोदय, अकालमेघोदय; अकालमृत्यु, (स्त्री.); बेफ़सल की बहार, बेमौसम की चीज़।

अशुभ तिथि (स्त्री.), घाततिथि (स्त्री.)।

अशुभ योग, उपयोग (दे.386), कुयोग।

खरमास, खरवाँस-पौष, चैत्र; संक्रान्तिवर्जित मास-क्षयमास (दे.160); भानुलंघित; मलमास।

मलमास, मलिन्मुख, अधिक मास, अधिक संवत्सर, अधिमास, अनामक, अनामा, असंक्रान्त, असंक्रान्तिमास, नुपंसक मास, पुरुषोत्तम मास, लौंद, लौंद का महीना।

अशुभ ग्रह, कुग्रह, दुर्ग्रह, पापग्रह।

ग्रहदोष, ग्रहगति (स्त्री.), ग्रहपीड़न, ग्रहपीड़ा (स्त्री.), ग्रहबाधा (स्त्री.)।

ग्रहयुति (स्त्री.), ग्रहयोग।

शनि की दशा/दृष्टि, सनीचरी (स्त्री.), साठसाती (स्त्री.), साढ़साती (स्त्री.), साढ़ेसाती (स्त्री.) (आ. चढ़.); मीन की सनीचरी (स्त्री.) (दे.389)।

अशुभ नक्षत्र, घातनक्षत्र, पापनक्षत्र-अश्लेषा; मघा (स्त्री.)।

दिक्शूल, दिशाशूल।

नक्षत्रशूल।

वि. शनि की दशावाला : सनीचरहा।

अकाल, अकालिक, अक्षण, अनवसर, अनार्तव, अप्राप्तकाल, असामयिक, आकालिक, बेफ़सल, बेफ़स्ल, बेमहल, बेमौक़ा, बेमौसम, बेरब्त, बेहंगाम।

अकालज, अकालजात, अकालोत्पन्न, अकाण्डजात।

अकालपक्व; अकालवृद्ध।

अ. असमय, बेमौक़े, बेमौसम, बेवक़्त।

159. दिन

सं. दिन, दिव, दिवस, दिवा, द्यु, द्यौ, अंश, अंशक, अह, अह्न, घस्र, पंचयाम, यौम, रोज़, वस्र, वार, वाश्र, वासर, वास्र, सर्जूर।

दिन, दिनमान, दिवसकाल, दिवाभाग, सूर्यकाल।

अहोरात्र, सावन।

पिछली आधीरात से अगली आधीरात तक का समय : अद्यतन, अनद्यतन।

सौरदिल, सौरदिवस, सावन।

नाक्षत्र दिन।

अयमदिन।

वह दिन जब दिन-रात के मान में अन्तर नहीं होता : विषुवदिन, विषुवद्दिन, विषुवद्दिवस।

चाँद से दूसरा दिन : नौचन्दा।

दिन, वार।

सोमवार, सोमवासर, सोमदिन, सोम, सोमाह, इन्दुवार, इन्दुवासर, चन्द्रवार, दुशंबा, पीर।

मंगलवार, मंगलवासर, मंगल, अंगारक, अंगारकवार, कुलवार, कुलिक, चर, भौमदिन, भौमवार, भौमवासर, सिहशंबा।

बुधवार, बुधवासर, बुध, चहारशंबा, सौम्यवार, सौम्यवासर।

बृहस्पतिवार, बीफै, गुरुवार, गुरुवासर, जुमेरात (स्त्री.), पंजशंबा, लक्ष्मीवार, वीरवार, सुरगुरु दिवस।

चाँद से शुरू होने वाले माह की पहली जुमेरात : नौचन्दी (स्त्री.)।

शुक्रवार, शुक्रवासर, शुक्कर, कुलवार, कुलिक, जुमा, जुम्मा, भृगु, भृगुवार, भृगुवासर।

शनिवार, शनिवासर, शनि, शनैश्चर, शंबा, सनीचर।

रविवार, रविवासर, रविदिन, अतवार, अर्कदिन, आदित्यवार, इतवार, एतवार, भट्टारकवार, भट्टारकवासर, भानुदिन, भानुवार, यकशंबा, सूर्यवार, हरिवासर।

पुरुषवार : मंगल; बृहस्पति; शनि; रवि।

तारीख (स्त्री.), तिथि (स्त्री.), दिनान्त, मिती (स्त्री.)।

चन्द्रमा की कला के घटने-बढ़ने के अनुसार गिना जाने वाला दिन : चान्द्र दिन, चान्द्र दिवस, तिथि (स्त्री.)।

प्रतिपदा (स्त्री.), प्रतिपदी (स्त्री.), परिवा (स्त्री.), पर्वणी (स्त्री.), पर्वा (स्त्री.), पौर्णमासी (स्त्री.), आद्या (स्त्री.), जया (स्त्री.), नष्टेन्दुकला (स्त्री.)।

द्वितीया (स्त्री.), दुतिया (स्त्री.), दुइज (स्त्री.), दूज (स्त्री.), भद्रा (स्त्री.), भद्रिका (स्त्री.)।

तृतीया (स्त्री.), तीज (स्त्री.), जया (स्त्री.)।

चतुर्थी (स्त्री.), चौथ (स्त्री.), रिक्ता (स्त्री.)।

पंचमी (स्त्री.), पँचैया (स्त्री.), पाँचैं (स्त्री.), पूर्णा (स्त्री.)।

षष्ठी (स्त्री.), षष्ठिका (स्त्री.), छठ (स्त्री.), जया (स्त्री.)।

सप्तमी (स्त्री.), सत्तमी (स्त्री.), भद्रा (स्त्री.), भद्रिका (स्त्री.)।

अष्टमी (स्त्री.), अष्टका (स्त्री.), आठें (स्त्री.), आठों (स्त्री.), जया (स्त्री.), पर्व।

नवमी (स्त्री.), नौमी (स्त्री.), रिक्ता (स्त्री.)।

दशमी (स्त्री.), दसमी (स्त्री.), पूर्णा (स्त्री.)।

एकादशी (स्त्री.), ग्यारस (स्त्री.), जया (स्त्री.), विष्णुदैवत्या (स्त्री.), हरिदिन, हरिदिवस, हरिवासर।

दशमी एकादशी का योग : अतिवेध।

द्वादशी (स्त्री.), बारस (स्त्री.), भद्रा (स्त्री.), भद्रिका (स्त्री.), विष्णुतिथि (स्त्री.), विष्णुदैवत्या (स्त्री.)।

त्रयोदशी (स्त्री.), तेरस (स्त्री.), जया (स्त्री.)।

चतुर्दशी (स्त्री.), चौदस (स्त्री.), पर्व, रिक्ता (स्त्री.)।

पूर्णिमा (स्त्री.) (दे.6)। अमावस्या (स्त्री.) (दे.6)।

दो दिन मानी जाने वाली तिथि : अधिक तिथि (स्त्री.), अधिक दिन, अधिक दिवस, अधिदिन, तिथिवृद्धि (स्त्री.)।

तिथि की हानि : तिथिक्षय, दिनक्षय, दिनपात।

दो तिथियों की संधि : तिथिसंधि (स्त्री.)।

चतुर्दशी और अमावस्या/पूर्णिमा का संधिकाल : पर्वमूल।

अमावस्या/पूर्णिमा और प्रतिपदा का संधिकाल : पर्वसंधि (स्त्री.)।

दो तिथियों का योग : तिथियुग्म।

तिथि की अधिष्ठाता देवता : तिथिदेवता।

वह देवता जिसका पूजन तिथि विशेष में विहित हो : तिथिपति।

तिथि के दो भागों में से एक : तिथ्यर्ध, करण-वव; वालव; कौलव; तैतिल; गर; वणिज; विष्टि; शकुनि; चतुष्पद; किन्तुघ्न; नाग।

एक दिन : एकाह।

दैनंदिनी (स्त्री.), प्रात्यहिकता (स्त्री.)।

दैनंदिनी (स्त्री.) (दे.129), diary।

दैनिकी (स्त्री.), dairy report।

नित्यकर्म, नित्यकृत्य, नित्यक्रिया (स्त्री.), नित्यचर्या (स्त्री.), नित्य, नित्यनैमित्तिक, कर्म, नैत्य, आह्निक, आह्निककर्म।

नित्यदान; नित्ययज्ञ; नित्यव्रत; नित्यहोम।

नित्यनियम।

वि. दिन-सम्बन्धी, दैनिक, दिवातन।

दिन का : दिवसीय।

एक दिन का : एकदिवसीय, एकाह, ऐकाहिक, दिवातन।

मात्र एक दिन का : दिवसान्तर।

एक दिन से अधिक का : अत्यह्न।

नित्य/प्रतिदिन/रोज़ का, अन्वाहिक, आह्न, आह्निक, दिवातन, दैनंदिन, दैनिक, नित्य (दे.131), नैत्य, प्रतिवासरिक, प्रात्यहिक।

प्रतिदिन बढ़नेवाला : रोज़ाअफ़ज़ू, वृद्धिमान्।

प्रतिदिन होने वाला : अन्युद्युष्क, आन्वहिक, दैनिक, प्रातिदैवसिक।

दिन में दो बार होने वाला : सततक।

दूसरे दिन होने वाला : अन्येद्युष्क।

नित्य किया जाने वाला : नित्यनैमित्तिक, नैत्यक, नैत्यिक।

जुमेरात को पैदा हुआ : जुमेराती।

प्रतिपदा-सम्बन्धी : प्रातिपद।

सप्तमी-सम्बन्धी : साप्तमिक।

तिथित, दिनांकित, dated।

अ. अनुदिन, अनुदिवस, आये दिन, नित, नित्य, नित्यप्रति, नित्यश; प्रतिदिन, प्रतिवार, प्रतिवासर, प्रत्येक दिन, रोज़, रोज़मर्रा, रोज़ाना, हर दिन, हर रोज़।

अहरह, दिनदिन, दिन पर दिन, दिन प्रतिदिन, दिनानुदिन, दिनोंदिन, नित नित, रोज़ ब रोज़, रोज़ रोज़।

दिन भर, सारा दिन, सुबह से शाम तक।

दिन ही दिन में।

दिन में खुले तौर पर : दिनदहाड़े।

दिन रात (दे.132)।

एक दिन के अन्तर से : अँतरे दिन।

पिछले दिन (दे.150); आज (दे.149); अगले दिन (दे.151)।

160. दिनसमूह

सं. दिनसमूह, दिनसमष्टि (स्त्री.), दिनों का समाहार, द्युगण, अहर्गण।

160.1. सं. तीन दिनों का समाहार : त्र्यह।

वि. तीन दिनों में होने वाला : त्र्याहिक।

160.2. सं. पाँच दिनों का समाहार : पंचाह।

160.3.सं. सप्ताह, सप्तदिन, सप्तदिवस, हफ़्ता।

सप्ताहान्त।

साप्ताहिकी (स्त्री.)।

वि. साप्ताहिक, हफ़्तरोजा, हफ़्तावार, हफ़्तेवार।

अर्धसाप्ताहिक।

अ. प्रति सप्ताह, फी/हर हफ्ते।

16.4. सं. आठ दिनों का समाहार : अठवारा।

160.5. सं. पक्ष, पखवारा, पर्व, पाख, मासार्ध।

शुक्लपक्ष (दे.7); कृष्णपक्ष (दे.17)।

वि. पाक्ष, पाक्षिक, पाक्षिकी (स्त्री.), पाक्षी (स्त्री.)।

पखवारे में होने वाला : पक्षेष्टि, पक्ष्य।

पन्द्रहवें दिन से सम्बन्धित : पाँचदश।

अ. पन्दरहियों, पन्द्रहियों।

160.6. सं. महीना, मास, माह, अहर्गण, दिनमल, द्युगण, वर्षकोश, वर्षकोष, वर्षांग, वर्षांश।

महीने का आरंभ : मासप्रवेश।

महीने का अन्त : मासान्त-अमावस्या (दे.6); संक्रान्ति (दे.4)।

महीने का शुभाशुभ फल : मासफल, मासपत्र।

महीने का स्वामी ग्रह : मासाधिप, मासेश।

वह नक्षत्र जिससे महीने का नाम पड़ता है : मासार्क्ष।

सौर मास, सूर्यमास; चान्द्र मास, ऐन्दव, सांवत्सर-मुख्य चान्द्र मास, अमान्त; गौण चान्द्र मास, पूर्णिमान्त; नाक्षत्र मास, नाक्षत्रिक; सावन मास-सौर सावन मास; चान्द्र सावन मास।

(हिन्दू महीने) वैशाख, बैसाख, माधव, माधवक, मेषमास, राध, शुक्ल।

ज्येष्ठ, जेठ, अपिज, खरकोमल, शुक्र, शुचि।

आषाढ़, आषाढ़क, आसाढ़, अषाढ़, अषाढ़क, असाढ़, क्रतु, शुचि।

श्रावण, श्रावणिक, सावणिक, सावन, नभ, वैप्लव।

भाद्र, भाद्रपद, भादों, भादौं, प्रोष्ठपद, प्रौष्ठपद, नभस्य।

भाद्र का तीसरा दिन : अनन्ततृतीया (स्त्री.)।

आश्विन, आसोज, आसोजा, आसों, आश्वयुज, इष, ईष, क्वार, कुआर, कुआँर, कुवार।

कार्तिक, कातिक, कार्तिकिक, कौमुद, ऊर्ज, बाहुल, वाहुल, शिखीश्वरमास, सैरि।

अग्रहायण, अगहन, आग्रहायण, आग्रहायणक, मार्ग, मार्गशिर, मार्गशीर्ष, मृगमास, मृगशीर्ष, वृश्चिक, सह, सहा, हैमन।

पौष, पूस, पूष, पुष्य, तिष्य, तिष्यक, तैष, सहस्य, हृषीकेश।

माघ, माह, तपा, पित्र्य।

फाल्गुन, फागुन, फाल्गुनाल, फाल्गुनिक, फल्गुन, तप, तपस्य।

फागुन में होने वाली बारिश : फगुनहट (स्त्री.)।

फागुन में चलनेवाली तेज़ हवा : फगुनहट (स्त्री.)।

फागुन की मस्ती : फगुनहट (स्त्री.)।

फागुन का राग-रंग : फाग (दे.702)।

चैत्र, चैत, चैत्रक, चैत्रि, चैत्रिक, चैत्री, चित्रिक, पुष्पमास, फाल्गुनानुज, मधु, मधुमास, मोहनक, वसन्तदूत, सुरभि, सुरभिमास।

चैत्र-वैशाख : मधुमाधव।

मलमास (दे.158)।

दो संक्रान्तियोंवाला चान्द्र मास : अंहस्पति, क्षयमास, हीनमास।

(इस्लामी महीने) मुहर्रम; सफ़र, तेज़ी (स्त्री.) - सफ़र महीने का चाँद, तेज़ी का चाँद-; रबीउल अव्वल, रबीउल औवल;रबीउल आख़िर, रबीउल सानी, रबीउस्सानी; जुमादलऊला; जुमादलउख़्रा; रजब; शा'बान, शबे बरात का चाँद; रमज़ान; शव्वाल, शौआल, शौवाल; ज़िलक़ा'द; ज़ीका द;, खाली का चाँद, खाली का महीना; ज़िलहिज्जः।

इस्लामी महीने की पहली तारीख : गुर्रा।

(अँगरेज़ी महीने) जनवरी (स्त्री.); फरवरी (स्त्री.); मार्च; अप्रैल; मई (स्त्री.); जून; जुलाई (स्त्री.), अगस्त; सितंबर; अक्टूबर, अक्तूबर; नवंबर; दिसम्बर।

मासिक वेतन, माहवारा (दे.660); मासिक वृत्ति (स्त्री.), माहवारी (स्त्री.) (दे.660)।

वि. मास-सम्बन्धी, मासिक।

मासिक, मासीन, माहवार, माहाना, माहियाना; द्विमासिक, द्विमासीन, दुमाही; त्रैमासिक, तिमाही; चातुर्मास, चातुर्मासिक; पंचमासीन; षण्मासिक, षण्मासीन, षाण्मासिक, छमाही, अर्धवार्षिक।

मासकालिक, मासावधिक, मास्य।

महीने भर का : मासजात; मासीन, मास्य।

हर महीने का : मासानुमासिक।

महीने भर करणीय : मासचारिक।

महीने भर में चुकाने का : मासदेय।

वैशाख-सम्बन्धी, वैशाख।

जेठ में होने वाला : जेठी।

असाढ़ी।

श्रावण-सम्बन्धी, श्रावणिक।

भादों में होने वाला : भदई, भदैला, भदौंह, भदौंहा।

कुआरा, कुआरी।

अगहनिया, अगहनी।

माघ का : माघी।

फागुन-सम्बन्धी, फगुनिया।

फागुन का : फागुनी।

चैत में होने वाला : चैती।

मुहर्रमी।

रमज़ानी।

अ. प्रति मास, प्रति माह, फी माह, माह व माह, माहवार, हर महीने।

160.7. सं. 40 दिनों का समाहार : चालीसा, चिल्ला।

160.8. सं. वर्ष (बिता. बीत.), वत्सर, वरिष, अब्द, उद्वत्सर, ऋतुवृत्ति (स्त्री.), कालग्रन्थि (स्त्री.), परिवत्सर, बरस, बरिस, मासमान, मासल, युगांशक, शरत् (स्त्री.), शरद (स्त्री.), सन्, समा (स्त्री.), संवत्, संवत्सर, साल (बिता. बीत. गुज़ार. गुज़र. निकाल. निकल.), स्वमेक, हयन, हायन।

वर्ष व्यर्थ होना : साल खराब होना-, साल मरना-।

वर्ष व्यर्थ करना : साल खराब करना-, साल गँवाना-, साल मारना-।

सौर वर्ष : 365 दिन 5 घण्टे 48 मिनट 46 सेकण्ड (दे.4)।

चान्द्र वर्ष, चान्द्र वत्सर, तर्बट : 354 दिन 8 घण्टे 48 मिनट 36 सेकण्ड।

नाक्षत्र वर्ष : 324 दिन।

सावन वर्ष : 360 दिन।

बार्हस्पत्य वर्ष (दे.155)।

दैव वर्ष : 1,31,521 दिन।

अधिवर्ष, अधिदिन वर्ष, leap-year : अँगरेज़ी वर्ष में फरवरी 29 दिनों की; चान्द्र वर्ष में मलमास; सौर वर्ष में फाल्गुन 31 दिनों का।

विक्रमी संवत् : 58 ईसा पूर्व से।

शक संवत्, शकाब्द : मार्च, 78 ईसवी से।

ईसवी सन्। ईसा पूर्व; ईसवी : ईसा का जन्म 4 ईसा पूर्व में।

हिज़री, साल हिज़री : 15 जुलाई 622 ईसवी से।

बंगाला सन्, बंगाला साल, वंगाब्द : 598 ईसवी से।

फ़सली सन्, फ़सली साल, साल फ़सली।

साल इलाही।

जलाली सन्

भास्कराब्द : 593 ईसवी से।

चैतन्याब्द : 18 फरवरी, 1486 ईसवी से।

शंकराब्द : शंकरदेव (असम) के जन्म 1449 ईसवी से।

बुद्धाब्द : 545 ईसा पूर्व से।

महावीराब्द : 528 ईसा पूर्व से।

निंबार्काब्द : 3096 ईसा पूर्व से।

कलिगताब्द, कल्यब्द : 3102 ईसा पूर्व से।

राष्ट्रीय तिथिपत्री (स्त्री.), राष्ट्रीय कैलेण्डर, national calendar : इसमें 22 मार्च 1957 ईसवी को 1 चैत्र 1879 शकाब्द मानकर काल-गणना की गयी है। अधिवर्ष - leap year में चैत्र 31 दिनों का होता है।

वित्तीय वर्ष, financial year।

सन्/संवत् का संख्याक्रम : वर्षांक।

वर्षों का समूह : वर्षपूग, वर्ष-शृंखला (स्त्री.)।

प्रति वर्ष होने वाली पूजा आदि : वार्षिकी (स्त्री.), (दे.317)।

नये वर्ष का आगमन : वर्षप्रवेश, वर्षागम (हो.), साल पलटना-।

वर्तमान वर्ष, चालू वर्ष, चलता साल, साल हाल।

वर्ष का अन्त होना-, साल तमाम होना-।

गत वर्ष, पिछला साल, सालगुज़रता।

वार्षिक विवरण, सालतमामी (स्त्री.)।

अगला साल, आगामी वर्ष, साल आइन्दा।

पीछे या आगे का तीसरा वर्ष : त्योरस, त्योरुस, त्योरूसाल, त्यौरुष, परार।

वर्षबोध (दे.588), year book।

वर्ष का प्रथम मास : वत्सरादि।

वर्ष का अन्तिम मास : वत्सरान्तक।

नया साल, नववर्ष, नूतन वर्ष।

पारसी वर्ष का पहला दिन : नौरोज।

वर्ष का अधिपति ग्रह : वर्षपति (दे.10)।

वर्षभर का शुभाशुभ फल : वर्षफल (निकाल. बना.), संवत्सरफल।

बृहस्पति का पंचवर्षीय काल : पंचवत्सर (दे.155)।

दस वर्षों का समय : दशक, दशाब्द।

पचास वर्षों का समय : अर्धशताब्दी (स्त्री.), अर्धशती (स्त्री.)।

सौ वर्षों का समय : वर्षशत, शतक, शताब्द, शताब्दी (स्त्री.), शती (स्त्री.), सदी (स्त्री.) centenary।

सौ वर्षों पर होने वाला उत्सव : शतवार्षिकी (स्त्री.), शताब्दी (स्त्री.), शताब्दी-समारोह, शती (स्त्री.); जन्मशती (स्त्री.)।

हज़ार वर्षों का समय : वर्षसहस्र, सहस्राब्द, सहस्राब्दी (स्त्री.), millennium।

वि. वर्ष-सम्बन्धी, वर्षिक, वार्षिक, वार्षिक्य, सांवत्सरीय।

प्रतिवर्ष होने वाला : आब्दिक, वर्षैक, वात्सरिक, वार्ष, वार्षिक, संवत्सरीय, सांवत्सर, सांवत्सरिक, सांवत्सरीय, समीन, सालाना, सालीना।

वर्ष का वर्षीय (दे.166), (समास में) साला; पंचवर्षीय पाँचसाला।

एक वर्ष से अधिक का : अतिसांवत्सर।

वर्षभर के लिए पर्याप्त : वर्षार्ह।

वर्षभर में चुकाने का : सांवत्सरक।

अ. प्रति वर्ष, प्रत्यब्द, अनुवत्सर, फी साल, साल दर साल, साल ब साल, सालाना, हर साल।

बरसों, वर्षों, साल-साल, सालहा।

इस वर्ष, इस साल, आसौं, एसौं।

गत वर्ष, परसाल, परुत्, पिछले साल, बीते साल, विगत वर्ष।

अगले साल, आगामी वर्ष, परसाल।

आगे या पीछे के तीसरे साल : तेरुस साल, त्यूँरस साल, त्योरस साल, त्योरूस साल, त्यौरुस साल, परारि, परियार साल।

161. प्रातः

सं. प्रातः, प्रत्युष, प्रत्यूष, प्रभात (हो.), पूर्वेद्युः, अग्रसंध्या (स्त्री.), अरुणोदय (हो.), अरुषी (स्त्री.), अहर्मुख, उषः (स्त्री.), उष, उषा (स्त्री.), उस्रा (स्त्री.), ऊष, ऊषक, ऊषा (स्त्री.), औषसी (स्त्री.), कल्य, काल्य, क्षपान्त, गोविसर्ग, तड़का (हो.), दिनमुख, दिवसमुख, दिनागम, दिनादि, निशान्त (हो.), निशातिक्रम, निशात्यय,

निशावसान (हो.), निशोत्सर्ग, नीलारुण, फ़जर (स्त्री.), फ़ज्र (स्त्री.), बिहान (हो.), भिनसार, भोर (हो.), रात्रिविगम, रात्रिविराम, वसाति (स्त्री.), वासरसंग, विभात, विभाती (स्त्री.), विहान, व्युष, व्युषित, व्युष्ट, व्युष्टि (स्त्री.), सकाल, सबेरा (हो.), सवेरा, सहर, सुबह (स्त्री.) (हो.), सुब्ह (स्त्री.), सूर्योदय, स्त्रीघोष।

सूर्योदय के पहले दो घड़ी का समय : ब्राह्ममुहूर्त, ब्रह्ममुहूर्त, ब्रह्मरात्र।

रात की अन्तिम घड़ी और दिन की पहली घड़ी : प्रातःसंध्या (स्त्री.)।

आसन्न सूर्योदय काल : पर्युदय, प्रभातकल्प, प्रभातप्राय, प्रभातासन्न।

वह समय जब कुछ अँधेरा और कुछ उजाला हो : झुटपुटा।

सूर्योदय के ठीक पहले का समय : अतिसंध्या (स्त्री.)।

उषः (स्त्री.), उषा (स्त्री.), भोर का उजाला, सुबह का सफ़ेदा, सुबहे काज़िब (स्त्री.)। इस उजाले के बाद फिर कुछ देर के लिए अँधेरा छा जाता है।

द्वाभा (स्त्री.), चाँदना (हो.), पौ (स्त्री.) (फट.), सुब्हे सादिक (स्त्री.), twilight।

पीली (स्त्री.) (फट.)।

अरुणा (स्त्री.), अरुणी (स्त्री.), उषः (स्त्री.), उषा (स्त्री.), भोर की लाली (छा. फूट.), शफ़क़ (स्त्री.) (फूल.)।

प्रातःकाल, प्रातःक्षण, प्रातःसमय, प्राबोधक, प्रबोधिक, प्रभातकाल, प्रभातसमय, उषःकाल, उषाकाल, ऊषाकाल।

दिन निकलना-, दिन होना-, सूरज निकलना-, सूर्योदय होना-।

सुब्हे बनारस (स्त्री.)। सबेरे वाराणसी के घाटों पर खूब रौनक रहती है।

प्रातःकर्म, प्रातःकार्य, प्रातःकृत्य, प्रभातकरणीय—मलमूत्र त्याग; दन्तधावन; स्नान; उपासना-; पूर्वाह्णिक।

प्रातःस्नान; ईश्वर का स्मरण : प्रातःस्मरण; प्रार्थना : प्रातर्जप; प्रातःकालीन संध्याकर्म : प्रातःसंध्या (स्त्री.); प्रातःकालीन होम : प्रातुर्हुत, प्रातर्होम; प्रातराहुति (स्त्री.); सोमयागों में पहला : प्रातः सवन, प्रातस्सवन।

प्रभातकालीन लघु शोभायात्रा : प्रभातकेरी (स्त्री.) (निकल. निकाल.)।

प्रभातकालीन गीत : प्रभाती (स्त्री.), प्रभातिक।

सबेरे की हवा : विभातवायु (स्त्री.) (दे.36)।

सबेरे का नाश्ता : प्रातराश (दे.76)।

पूर्वाह्न (हो.), पूर्वाह्न, पूर्वाह, पूर्वदिन, दिन चढ़ना-, प्रातराह्न, प्रातर्दिन, प्राह्ण।

वि. प्रातःकाल-सम्बन्धी, प्रातःकालिक, प्रातःकालीन, प्रातस्तन, प्रातस्त्य, प्राभातिक, उस्र, औषस, वासर, वैभातिक, सांध्य।

प्रातःकाल का : प्रातःकालिक, प्रातःकालीन, प्रातस्तन, प्रातस्त्य, उषःकालीन, उषाकालीन, ऊषाकालीन, औषस, वासात्य।

प्रातःकाल किया जाने वाला : प्रगेतन।

तड़के उठ जाने वाला : सुबहख़ेज़, सुब्हख़ेज़।

सबेरे भी सोनेवाला : प्रातःशायी (दे.85)।

सबेरे नहानेवाला : प्रातःस्नायी।

प्रातःकाल का जोता हुआ : प्रातर्युक्त।

प्रातःकाल उदित होने वाला : प्रातर्विस्वर।

प्रातःस्मरणीय।

पूर्वाह्न-सम्बन्धी : पूर्वाह्निक, पौर्वाह्निक, प्राह्णेतन।

पूर्वाह्न में किया जाने वाला : पौर्वाह्निक।

अ. प्रातःकाल, प्रातःक्षण, प्रातःसमय, प्रातः, पुगे, सबेरे, सवेरे।

बहुत सबेरे, अलस्सबाह, अलस्सुबह, गजरदम, तड़के, तारों की छाँह में, पौ फटते, भिनसारे, भोर में, रतिगर, सकारे, सकाल, सहरगाह, सहरदम, सुबहदम, सुब्हगाह, सुब्हदम।

अँधेरे मुँह, मुँह अँधियारे, मुँह अँधेरे, मुँह उजाले।

सुबह सबेरे, सुबह सुबह, दिन निकले।

दिन चढ़े।

162. मध्याह्न

सं. मध्याह्न, मध्याह्न वेला (स्त्री.), मध्याह्नसमय, मध्यंदिन, मध्यदिन, माध्यंदिन, अर्धभास्कर, अहर्दल, आवर्तन, उद्दिन, चतुर्थकाल, दिनयौवन, दिनार्ध, दिवामध्य, दुपहर (स्त्री.), दुपहरी (स्त्री.) दोपहर (स्त्री.), दोपहरी (स्त्री.), पृष्ठताप, समशंकु।

भरी दोपहर, खड़ी दुपहरी, अतिमध्यंदिन, प्रखर मध्याह्न।

पौने बारह बजे से साढ़े बारह बजे तक का समय : अभिजित।

मध्याह्न के लिए विहित कर्म : मध्याह्नकृत्य, मध्याह्नक्रिया (स्त्री.), माध्याह्निक।

दोपहर का स्नान : मध्याह्नस्नान।

मध्याह्न का संध्याकर्म : मध्याह्नसंध्या (स्त्री.)।

मध्याह्नभोजन (दे.76)।

वि. मध्याह्न से सम्बन्धित : मध्यंदिन।

मध्याह्नकालीन, माध्याह्निक।

163. अपराह्न

सं. अपराह्न, अपराह्न, तिजहरिया (स्त्री.), तिपहरी (स्त्री.), तीसरा पहर, पराह्न, पराह्न, प्राक्छाय, मध्याह्नोन्तर, महाह्न, वैकाल, शाम (स्त्री.), सैहपहर, सैहपहरी (स्त्री.)।

वि. अपराह्न-सम्बन्धी, अपराह्णतन, अपराह्णेतन, वैकालिक, वैकालीन।

अपराह्न में उत्पन्न : अपराह्णतन, अपराह्णेतन।

अपराह्णकालीन, आपराह्णिक, वैकालिक, वैकालीन।

अ. अपराह्ण में, तीसरे पहर, दिन ढलते, शाम को।

164. सायाह्न

सं. सायाह्न, सायं, सायंकाल, सायन्तनसमय, सायंसंध्या (स्त्री.), साय, साँझ (स्त्री.), संझा (स्त्री.), संधिवेला (स्त्री.), संध्या (स्त्री.) (हो.), संध्याकाल, संध्यावेला (स्त्री.), सूर्यास्त, सूर्यास्तकाल, अस्तकाल, अस्तमनवेला (स्त्री.), अस्तसमय, अहःशेष, उत्सूर, उषसी (स्त्री.), गोधूलि (स्त्री.), गोधूली (स्त्री.), तिष्ठद्‌गु, दिनक्षय, दिनपात, दिनशेष, दिनान्त, दिनात्यय, दिनास्त, दिग्सविगम, दिवसावसान, दिवान्त, दीपकाल, निशादि, निशामुख, पितृप्रसू (स्त्री.), पितृसू (स्त्री.), प्रदोष, रजनीमुख, विकाल, विकालक, विभावरीमुख, वृद्धार्क, वैकाल, शर्वर, शर्वरी (स्त्री.), शाम (स्त्री.) (हो.), शामगाह (स्त्री.)।

दिन डूबना-, दिन ढलना-, सूरज डूबना-, सूर्यास्त होना-।

सूर्यास्त के ठीक बाद का समय : अतिसंध्या (स्त्री.), बालसंध्या (स्त्री.)।

चिराग़बत्ती का वक़्त, दीया जलने का समय, दीयाबत्ती का समय, शहाना वक्त, शाम का वक़्त, संध्या का समय।

सूर्यास्त के समय पश्चिम आकाश में दिखाई पड़नेवाली लाली : अंबरडंबर, शफ़क़ (स्त्री.) (फूल.), शाम का फूलना-, सँझलाली (स्त्री.), संधिराग, संध्याराग, सांध्यरक्तिमा (स्त्री.), सांध्यराग, सांध्यलालिमा (स्त्री.)।

वह दैवी उत्पात जिसमें असमय आकाश में अत्यधिक लाली छा जाती है : दिग्दाह।

सूर्य की लालिमा से रंजित दिशा : अंगारिणी (स्त्री.)।

उषसी (स्त्री.), द्वाभा (स्त्री.), संध्यालोक, सांध्यप्रकाश, twitight।

शाम का धुँधुलका : झुटपुटा (दे.161)।

सायंकालीन प्रार्थना : वैकालिक।

संध्या के समय की पूजा आदि : संध्याकार्य, संध्याबलि, संध्यामंगल, संध्यावन्दन, संध्योपासन, सायंसंध्या (स्त्री.)।

सायंकालीन होम : सायंधृति (स्त्री.), सायंहोम।

शाम को मंदिर में होने वाली सजावट : साँझी (स्त्री.)।

सांध्यगोष्ठी (स्त्री.), evening party।

सांध्यभोजन (दे.76)।

सायंकाल का विश्रामगृह : सायंनिवास।

शाम की बदली : संध्यापयोद।

वि. संध्याकाल-सम्बन्धी, सँझला, सँझवाती, संध्याकालिक, सांध्य, सायं, सायंतन, सायंतनी, वैकालिक, वैकालीन।

संध्याकालिक, संध्याकालीन, सांध्य, सायंकालिक, सायंकालीन, सायंभव।

प्रदोषकाल में उत्पन्न : प्रदोषक।

जहाँ शाम हो वहीं ठहर जाने वाला : सायंगृह।

अ. शाम के वक़्त, सँजोखै, सायंकाल, सायम्।

प्रति संध्या, प्रतिसायम्, हर शाम।

165. रात्रि

सं. रात्रि (स्त्री.), रात्रिका (स्त्री.), रात (स्त्री.) (हो.), रजनी (स्त्री.), रणि (स्त्री.), (समास में) रत-, राम्या (स्त्री.), रैन (स्त्री.), अंजन, अंधिका (स्त्री.), अक्ता (स्त्री.), असुरा (स्त्री.), आवसति (स्त्री.), इन्दुकान्ता (स्त्री.), ऊर्म्या (स्त्री.), कर्वरी (स्त्री.), कलापिनी (स्त्री.), काली (स्त्री.), क्षणदा (स्त्री.), क्षणिनी (स्त्री.), क्षपा (स्त्री.), क्षिपा (स्त्री.), क्षिप्ता (स्त्री.), घोरा (स्त्री.), चन्द्रकान्ता (स्त्री.), चक्रभेदिनी (स्त्री.), चक्रमेदिनी (स्त्री.), ज्योतिष्मती (स्त्री.), तमस्वती (स्त्री.), तमस्विनी (स्त्री.), तमा (स्त्री.), तमि (स्त्री.), तमी (स्त्री.), ताराभूषा (स्त्री.), तुंगी (स्त्री.), त्रियामा (स्त्री.), दोषा (स्त्री.), नक्त, नक्तमुखा (स्त्री.), निरातपा (स्त्री.), निशा (स्त्री.), निशि (स्त्री.), निशिता (स्त्री.), निशीथ, निशीथिनी (स्त्री.), निशीथ्या (स्त्री.), निषद्वरी (स्त्री.), पैशाची (स्त्री.), भौती (स्त्री.), याम (स्त्री.), यामवती (स्त्री.), यामि (स्त्री.), यामिका (स्त्री.), यामिनि (स्त्री.), यामिनी (स्त्री.), यामी (स्त्री.), यामीरा (स्त्री.), याम्या (स्त्री.), लैल (स्त्री.), वायुरोषा (स्त्री.), वाशुरा (स्त्री.), वासतेयी (स्त्री.), वासरकन्यका (स्त्री.), वास्तवोषा (स्त्री.), विभावरी (स्त्री.), विश्वावसु (स्त्री.), शताक्षी (स्त्री.), शत्वरी (स्त्री.), शब (स्त्री.), शमनी (स्त्री.), शर्या (स्त्री.), शर्वरी (स्त्री.), शार्वरी (स्त्री.), शोकी (स्त्री.), श्रीसदा (स्त्री.), सूचिनी (स्त्री.)।

रात होना-, रात उतरना-, अँधेरा छाना-, अँधेरा फैलना-।

चाँदनी रात (स्त्री.), अँजोरिया रात (स्त्री.), उजली रात, उजाली रात, कोशातकी (स्त्री.), ज्योत्स्ना (स्त्री.), ज्योत्स्नी (स्त्री.), रात्रितिथि (स्त्री.), सज्योत्स्ना (स्त्री.), सितयामिनी (स्त्री.), सुदर्शना (स्त्री.), स्मरध्वजा (स्त्री.)।

पूर्णिमा की रात, पूनो की रात, ज्यौत्स्नी (स्त्री.), राका (स्त्री.), शबे महताब (स्त्री.), शबे माह (स्त्री.)।

तारों भरी रात, तारकिणी (स्त्री.), विभावरी (स्त्री.)।

अँधेरी रात, कालनिशा (स्त्री.), काली (स्त्री.), कृष्णी (स्त्री.), तमिस्रा (स्त्री.), तामसी (स्त्री.), शबे तार (स्त्री.), शबे तारीक (स्त्री.), श्यामा (स्त्री.)।

डरावनी अँधेरी रात, कालरात (स्त्री.), कालराति (स्त्री.), कालरात्रि (स्त्री.), कालरात्री (स्त्री.), कालनिशा (स्त्री.), शबे दैजूर (स्त्री.)।

मनुष्य के लिए 77वें वर्ष के 7वें मास की 7वीं रात, जिसे पार करना कठिन माना जाता है : कालरात (स्त्री.), कालरात्रि (स्त्री.), कालरात्री (स्त्री.), भीमरथी (स्त्री.) (दे.171)।

अमावस की रात, अमानिशा (स्त्री.), दर्शयामिनी (स्त्री.)।

रात का प्रथम भाग : प्रदोष (दे.164), रजनीमुख।

आधीरात (स्त्री.), अर्धरात्र, अर्धरात्रि (स्त्री.), अर्धनिशा (स्त्री.), अतिरात्र, अव्यथिषी (स्त्री.), निशीथ, निःसंपात, निसिनिसि (स्त्री.), नीमशब (स्त्री.), मध्यरात्र, मध्यरात्रि (स्त्री.), मध्यमरात्र, महानिशा (स्त्री.), महारात्र, महारात्रि (स्त्री.), सर्वावसर।

रात गहरी होना-, रात भीगना-।

रात्रि का अंतिम भाग : अपररात्र।

रात ढलना-, रात बीतना-, उच्चन्द्र, निशान्त (हो.), निशाक्षय, निशातिक्रम, निशात्यय, निशावसान (हो.), रात्रिशेष (हो.)।

कई रातें (स्त्री.), रात्रियों का समूह, गणरात्र।

रातों का क्रम : अनुक्षपा (स्त्री.)।

दो दिन और एक रात का समय : पक्षिणी (स्त्री.)।

दो रातें और एक दिन का समय : रजनीद्वंद्व।

रात भर जागते रहना-, अख़्तरशुमारी (स्त्री.) (कर.), तारे गिनना-, रतजगा (कर. हो.), रात्रिजागर, रात्रिजागरण, शबबेदारी (स्त्री.)।

प्रतीक्षा की रात : शबे इन्तज़ार (स्त्री.)।

मिलनरात्रि (स्त्री.) (दे.97); सुहागरात (स्त्री.)।

दुःख की रात : शबेगम (स्त्री.)।

विरहरात्रि (स्त्री.), शबे फ़िराक़ (स्त्री.), शबे हिज्र (स्त्री.)।

वह रात जब हज़रत मुहम्मद अर्श पर खुदा से मिलने गये थे : शबे मेराज (स्त्री.)।

अंधकार (दे.17)। रतौंधी (स्त्री.) (दे.93.14)।

रात को घूमना : नक्तचर्या (स्त्री.)।

रात को किया जाने वाला व्रत : नक्त, नक्तव्रत।

रात को पहनने का कपड़ा : रात्रिवास, शबख़्वाबी (स्त्री.)।

रात बिताने का स्थान : आवसति (स्त्री.), आवसध्य, रैनबसेरा।

वह जो रात को खाता हो : निशाद।

वि. रात्रि-सम्बन्धी/रात्रि का : रात्रक, रात्रिक, नैश, नैशिक, नैशावर, शबाना, शबीना, शार्वर, शार्वरिक।

रात्रिकालीन, निशाकालीन।

चन्द्रमा और तारों से प्रकाशित : स्फुटचन्द्रतारक।

कई रातों के लिए पर्याप्त : रात्रिक।

रात को जागनेवाला : रात्रिजागर, शबगीर, शबबेदार।

रात को खानेवाला : नक्तभोजी।

रात को घूमनेवाला : रात्रिंचर, रात्रिचर, रात्रिचारी, नक्तंचर, नक्तंचारी, नक्तचारी, निशाचर, निशाचारी, निशाट, निशाटन, निशाटक, निशिचर (दे.304), शबरौ।

अ. रात को, निशि, शबाना।

हर रात, प्रतिरात्र, अनुरात्र।

देर रात को, रात भीगे; रात ढले।

रातभर, सारी रात।

रात ही रात, रातों रात।

रात को विदा होते समय प्रियजन से कहा जाने वाला वाक्य : शबबख़ैर-आपकी रात सुख-शान्ति से बीते।

166. वयस्

सं. वयस्, वयस, वयः, वयःक्रम, वय, अवस्था (स्त्री.), आयु (स्त्री.), आयुष्य, उमर (स्त्री.), उम्र (स्त्री.) (कट. काट. गुज़ा. गुज़ार. बिता. बीत.), सिन, सिन्न।

किसी तरह जीवन के दिन पूरे करना : उम्र टेरना-।

उम्र पड़ी होना, उम्र होना-।

वयस्क होना-, उम्र पर आना-, सिन को पहुँचना-।

दीर्घायु होना-, उम्र दराज़/लंबी होना-, उम्र लगना-, उम्र होना-।

उम्र ढलना-, ज़वानी ढलना-, सिन उतरना-, सिन से उतरना-।

आयु पूरी करना-, उम्र खा/जी चुकना-।

जीवन नष्ट करना-, उम्र खोना-/गँवाना-।

अवस्थाचतुष्टय : बाल्य; कौमार; यौवन; वार्धक्य।

जीवन की अवधि : आयु (स्त्री.) (घट. बढ़.), आयुर्दाय, आयुर्बल, आयुष, जीवनकाल, जीवित, जीवितकाल, वयःप्रमाण।

ग्रहस्थिति से आयु का निर्धारण : आयुर्दाय, ग्रहदाय।

ग्रहस्थिति के अनुसार आयु : ग्रहदायु (स्त्री.)।

सौ वर्ष की आयु : पूर्णायु (स्त्री.)।

सर्वाधिक आयु : परमायु (स्त्री.)।

जीवन के प्रथम पचास वर्ष : पचासा।

आयु कम/क्षीण होना-, आयु खुराना-।

आयु का अन्त होना-, आयु पूरी होना-, आयु सिराना-।

यह जीवन/लौकिक जीवन : इहकाल, इहलीला (स्त्री.), इहलोक।

बड़ी आयु, लंबी उम्र, दीर्घायुष्य।

कम उम्र (स्त्री.), कच्ची उम्र, छोटी उम्र (दे.167)।

अवस्था का अन्तर, उम्र की विशेषता, वयोविशेष।

उम्र बढ़ना-, आयुर्वृद्धि (स्त्री.) (हो.)।

आयु की वृद्धि के लिए किया जाने वाला यज्ञ : आयुष्टोम।

आयु का शेष भाग : आयुःशेष, शेष जीवन।

वि. वर्ष का, साल का, वर्षी, वर्षीण, वर्षीय, वर्षीया (स्त्री.)।

उम्र में कम : अजातव्यवहार, अप्राप्त, अप्राप्तवय, अप्राप्तवया (स्त्री.), अप्राप्तव्यवहार, अल्पवयस्क, अवयस्क, कमउम्र, नाबालिग़, न्यूनवयस्क, सग़ीर, सग़ीरसिन।

उम्र में अधिक : अकुमार, अपोगण्ड, कालज्येष्ठ, प्राप्तवय, प्राप्तव्यवहार, बालिग़, वयःप्राप्त, वयस्क, सयाना।

एक ही उम्र का, बराबर उम्र का, वयःस्थ, वयस्थ, वयस्य, समवयस्क, समानवयस्क, सवयस, सवयस्क, सवया, सहजात, हमउम्र, हमजोली, हमसाल, हमसिन।

लंबी उम्रवाला, आयुष्मान्, सम्बोधन में-आयुष्मन्, आयुष्मती (स्त्री.), चिरंजीवी, चिरजीवक, चिरजीवी, चिरायु, जीवथ, जैवातृक, दीर्घजीवी, दीर्घायु, दीर्घायुष्य, लखिया, स्थिरजीवी, स्थिरायु।

सौ वर्ष की आयुवाला : पूर्णायु, शतायु।

पूरे बीस वर्ष का आयु का : पूर्णवर्ष।

कम आयुवाला : अल्पजीवी, अल्पायु, परिभितायु, स्वल्पायु।

कुछ ही दिन और जीनेवाला : निष्कालिक।

आयुवर्धक, आयुष्कर, वयस्कर, वयस्कृत।

दीर्घायु देनेवाला : आयुष्य।

दीर्घायु के लिए हानिकारक : अनायुष्य।

दीर्घायु चाहनेवाला : आयुष्काम।

उम्र में बड़ा : अग्रज (दे.346), कबीर, जेठ, जेठा, ज्येष्ठ, प्रवर, बड़का, बड़की (स्त्री.), बड़ा, बड़ी (स्त्री.)।

जो सबसे बड़ा न हो : अज्येष्ठ।

बड़े से छोटा : बीच का, मँझला, मझला, मझली (स्त्री.), मझियारा, मध्यम, मध्यमा (स्त्री.), अनुज्येष्ठ।

मझले से छोटा : सँझला, सँझली (स्त्री.), सजला, अनुकनीय।

छोटा, अनुज, अनुजन्मा, अनुजात, अवर, कनिष्ठ (दे.346), कनिष्ठा (स्त्री.), कनिष्ठक, कनीयस, खुल्ल, लघु, लहुरा, लहुरी (स्त्री.), सग़ीर, सग़ीरा (स्त्री.)।

जो सबसे छोटा न हो : अकनिष्ठ, अनवर।

अधिकायु, वयोत्तर, over-age।
वि./सं. छोटे-बड़े, सग़ीरो-कबीर; बड़े-छोटे, ज्येष्ठ-कनिष्ठ।
अ. आजीवन, उम्रभर, ज़िन्दगीभर, ताजिन्दगी, तमाम उम्र (दे.140)।
आमरण (दे.64.)।
जीते जी, जीते जिन्दगी; उम्र ढलते-ढलते।

167. शैशव

सं. शैशव, शिशुता (स्त्री.), शिशुत्व, शिशुपन, बचपन (दे.168), बालपन, बाल्य।

शिशु की दन्तहीन अवस्था : अजंभ।

वह बच्चा जिसके दाँत निकल आये हों : दन्तजात।

जातक, जातमात्र शिशु, नवजातक, नवजात शिशु, सद्योजात शिशु, सौरी का बच्चा, होरिल।

दुग्धपोष्य शिशु, दुग्धपोष्या (स्त्री.), दुधमुख बच्चा, दुधमुँहा बच्चा, दूध का बच्चा, दूधपीता बच्चा, दूधपीती बच्ची (स्त्री.), दूधमुँहा बच्चा, दूधमुँही बच्ची (स्त्री.), उत्तानशय, क्षीरकण्ठ, क्षीरकण्ठक, क्षीरप, क्षीराद, गभुआर बच्चा, गभुवार बच्चा, गोद का बच्चा, स्तनंधय, स्तनंधया (स्त्री.), स्तनंधयी (स्त्री.), स्तनप, स्तनपाता, स्तनपायक, स्तनपायिका (स्त्री.), स्तनपायी शिशु, स्तन्यप।

शिशु, शिशुल, अतिबालक, अतिबाला (स्त्री.), अपोगण्ड, अर्भ, अर्भक, उत्पादशय, उत्पादशयन, किशोरक, कुँवरेटा, कुँवेरेटी (स्त्री.), छा, पृथुक, पोगण्ड, बचवा, बच्चा, बच्ची (स्त्री.), बाल, बालिश, रुदथ, वत्स, वत्सक, वहन्त, हितक, होरिल; प्यार में: छैया, बाबा, मुन्ना, मुन्नूँ।

गाय का दूध पीकर पला बच्चा : गोरसा।

पालित शिशु, परिष्कण्ण, परिष्कन्न।

छोटे-बड़े लड़के-लड़कियाँ : बच्चे कच्चे, बालगोपाल, बाल-बच्चे, लड़के-बाले।

शिशु-प्रकृति (स्त्री.), शिशु-वृत्ति (स्त्री.), शिशु-स्वभाव; शिशु हृदय।

बालचरित।

बच्चों का खेल, बाल-केलि (स्त्री.), बालकेली (स्त्री.), बालक्रीड़न, बालक्रीड़ा (स्त्री.), बाललीला (स्त्री.)।

शिशुकाल, शैशवकाल, बालकाल (दे.168), स्तन्यपान।

छोटा झूला, गहवारा, दोली (स्त्री.), पालना, पिंगूरा, प्रेंख, हिण्डोला (दे.702), हिण्डोलक, हिण्डोला।

छोटे बच्चे के चूतड़ के नीचे बिछाने का कपड़ा : कथोला, गँड़तरा, पूतड़ा, पोतड़ा, लगदी (स्त्री.)।

बच्चों की गद्दी : निहालचा।

बच्चे का चुंबन : चुम्मी (स्त्री.), पप्पी (स्त्री.), मिट्ठी (स्त्री.)।

(बच्चे को) चुमकारना-, पुचकारना-, मल्हराना-, मल्हाना-, मल्हारना-।

बच्चे के मुँह से निकलने वाली हर्षसूचक ध्वनि : किलकन (स्त्री.) (भर.), किलकना-, किलकार (स्त्री.) (भर.), किलकारी (स्त्री.) (भर.)।

बच्चे के दूध पीने का शब्द : चुभर-चुभर।

बच्चे के रह-रहकर रोने का शब्द : ठुन-ठुन (कर.), ठिन-ठिन।

बच्चे को गोद में लेकर चुप कराने के लिए हिलाना : हलराना-।

बच्चे को चलना/दौड़ना सिखाना : रिंगाना-।

नवजातक के बाल, गर्भ के बाल, गभुआर/गभुवार बाल, झण्ड।

बालरोग (दे.93.28); बालग्रह (दे.93. 28); बालमातृका (स्त्री.) (दे.93.28)।

बालरोगविज्ञान, बालोपचार (दे.94)।

बच्चे को दी जाने वाली स्वास्थ्यकर दवा : घूँटी (स्त्री.), चौहद्दी (स्त्री.), बालचातुर्मद्रिका (स्त्री.), बालरस।

नवजातक को दी जाने वाली घूँटी : जनमघूँटी (स्त्री.)।

शिशुपालन; शिशुगृह, शिशुशाला (स्त्री.); शिशुकल्याण केन्द्र।

वि. शिशु-सम्बन्धी, शैशव, बाल।

शिशुसुलभ, बालसुलभ।

स्तनपान करने वाला : दूधपीता, दुधमुँहा, स्तनंध, स्तनंधय, स्तनप, स्तनपाता, स्तनपायी, स्तन्यप, स्तनयपायी, स्तनयभुक्।

उचित समय तक माँ का दूध न पीनेवाला : दुधकट्टू।

बच्चे के लिए प्रतिकूल : अनपत्य।

अ. बच्चों से लेकर : आबाल।

स्तनपान करने का शब्द करते हुए : चुभर-चुभर।

168. बाल्य

सं. बाल्य, बाल्यकाल, बालकता (स्त्री.), बालकपन, बालकाल, बालपन, बालभाव, बालस्थान, बालापन, बालावस्था (स्त्री.), बालिमा (स्त्री.), बालिश्य, बाल्यावस्था (स्त्री.), बचपन, अल्पवयस्कता (स्त्री.), अवयस्कता (स्त्री.), कमउमरी (स्त्री.), कमउम्री (स्त्री.), कमसिनी (स्त्री.), कुमारावस्था (स्त्री.), कौमार, कौमारक, ख़ुर्दसाली (स्त्री.), छुटपन, छुटापा, छोटापन, छोकरापन, तिफ़्ली (स्त्री.), नाबालिग़ी (स्त्री.), पूर्ववय, पूर्ववयस, मौढय, लड़कई (स्त्री.), लड़कपन, लौंडापन, वत्सिमा (स्त्री.), सग़ीरसिनी (स्त्री.), सिग़र, सिग़रसिनी (स्त्री.)।

बालबुद्धि (स्त्री.), बालमति (स्त्री.), लड़कबुद्धि (स्त्री.)।

बचपन की बात, बालकल्पना (स्त्री.), अखट्टि (स्त्री.)।

चिलबिलापन, नटखटी (स्त्री.), बचपना, लड़कपन (कर.), शरारत (स्त्री.) (कर.)।

बच्चों का खेल : लड़कखेल, लड़कखेलवा।

बच्चों की ज़िद : बालहठ, हठ (कर. धर.), ज़िद (स्त्री.) (कर. बाँध.), ज़िद पर आना-, जिदियाना-, ठिनकना-, ठुनकाना-, दुलराना-, मचल (स्त्री.), मचलना-, मचल जाना-/पड़ना-।

बच्चों का बनावटी तौर पर रोना : ठिनकना-, ठुनकना-।

बच्चों को पैर पटकते हुए चलना : ठुमकना-, ठुमुकना-, ठुमक चाल चलना-।

उमर में बढ़ना-, बड़ा होना-, होश पकड़ना-/सँभालना-, सयाना/होशियार होना-।

बालक, बारा, बच्चा (दे.167), कनीनक, कुमार, कुमारक, कुँवर, खोखा, छेरा, छोकड़ा, छोकरा, छोंड़ा, छोरा, छोहरा, ढोंटा, ढोटा, तिफ़्ल, दारक, घोटा, पोगण्ड, पौगण्ड, पौगण्डक, माणव, माणवक, मानव, मुष्टिंधय, (समास में) लड़क-, लड़का, लरिका, ललन, लाडिक, लाल, लौंडा, वटु, वटुक।

बालक के लिए स्नेह-सम्बोधन : बच्चा, बेटा, लल्ला।

नटखट बालक, दण्डमाणव, दण्डमानव।

बालमंडली (स्त्री.), बालसमूह, माणव्य।

नटखट लड़कों का समूह : शैतान का लश्कर, शैतानी लश्कर (दे.224)।

बालसेना (स्त्री.), वानरसेना (स्त्री.)।

बालचर, boy scout।

बालमित्र, बालसखा, बालसुहृद्, लँगोटिया यार (दे.324)।

बालिका (स्त्री.), बाला (स्त्री.), बारी (स्त्री.), बच्ची (स्त्री.), कनी (स्त्री.), कनीनका (स्त्री.), कन्यका (स्त्री.), कन्या (स्त्री.), कन्यिका (स्त्री.), कुमारिका (स्त्री.), कुमारी (स्त्री.), छोकरी (स्त्री.), छोंड़ि (स्त्री.), जाता (स्त्री.), ढोंटी (स्त्री.), दारिका (स्त्री.), धिआ (स्त्री.), धिया (स्त्री.), माणविका (स्त्री.), लड़की (स्त्री.), लौंडिया (स्त्री.), लौंडी (स्त्री.), विभ्रमवती (स्त्री.)।

लाडली लड़की, लली (स्त्री.), लाली (स्त्री.)।

बालिका के लिए स्नेह-सम्बोधन : बच्ची (स्त्री.), बिटिया (स्त्री.), बिटिया रानी।

वह लड़की जो पाँचवाँ वर्ष पार कर चुकी हो : अतिपंचा (स्त्री.)।

आठ वर्ष की लड़की : गौरी (स्त्री.)।

नौ वर्ष की लड़की : दुर्गा (स्त्री.)।

कोमलांगी लड़की : सुकुमारी (स्त्री.)।

वह लड़की जिसका कौमार्य भंग हो चुका हो : अकन्या (स्त्री.)।

बालवध (दे.65)। बालविवाह (दे.338)। बालविधवा (स्त्री.), (दे.340)।

किशोरावस्था (स्त्री.), कैशोर; वयःसंधि (स्त्री.)।

किशोर, किशोरी (स्त्री.), कनीनक, कनीनका (स्त्री.)।

वि. बालक-सम्बन्धी, बालकीय, बाल्य, माणवीन।

बालक का : बालकीय, बाल्य, माणवीन।

बच्चों जैसा : अतिबालक, बचकाना, बचकानी (स्त्री.), बालसुलभ, बालोचित।

बच्चों के लायक़ : बचकाना, बचकानी (स्त्री.)।

बच्चों के लिए हितकर : बालेय।

किशोर के योग्य : किशोरसुलभ।

अल्पवयस्क, अल्पवया, अवयस्क, अल्हड़, अजातश्मश्रु, अप्राप्तवय, अप्राप्तवया, अप्राप्तव्यवहार, अप्राप्तयौवन, अप्राप्तयौवना (स्त्री.), कमउम्र, कमसिन, ख़ुर्द, ख़ुर्दसाल, नाबालिग़, पूर्ववया (दे.166), बाला, बालावस्थ, वयोबाल, सग़ीरसिन, सिगरसिन।

चिबिल, चिलबिला, चिलबिल्ला, दुष्ट, नटखट, शरारती, शैतान (दे.224)।

जिसका बहुत दुलार होता हो : दुलरुआ, दुलारा, दुलारी (स्त्री.), लड़बावरा, लड़बावला, लड़बौरा, लाड़-लड़ैता, लाड़ला, लाड़ली (स्त्री.)।

अ. ठुमक ठुमक, ठुमुक ठुमुक।

169. यौवन

सं. यौवर, यौवनक, यौवनावस्था (स्त्री.), युवावस्था (स्त्री.), अशिशु, जवानी (स्त्री.) (उठ. उभड़. चढ़. छा. फूट.), जोबन (चढ़. छा.), तरुणाई, तरुणावस्था (स्त्री.), तरुणिमा (स्त्री.), तारुण्य, मुरादों के दिन, सिने शबाब।

अंगों को खिलना-/गदराना-, जवानी पर आना-, जवानी में क़दम रखना-, जोबन पर आना-, तारुण्यागम (हो.), बहार पर होना-, मद पर आना-, मदमस्त होना-, मस्ती में आना-, यौवनागम (हो.), यौवनारंभ (हो.), सयाना होना-, सिन को पहुँचना-।

बाल्य और यौवन के बीच का काल : वयःसंधि (स्त्री.) (दे.168)।

उठती/उभरती/खिलती/चढ़ती जवानी, जोबन, नयी जवानी, नवयौवन, नौख़ेज़ी (स्त्री.), नौजवानी (स्त्री.), बाला जोबन, सिने शऊर।

जवानी खिल उठना-, जवानी फटी पड़ना-, पूर्ण यौवन, भरी जवानी।

जवानी का जोश/नशा/बुख़ार, जवानी की उमंग/गर्मी, यौवनोद्भेद।

जवानी की चाह/पुकार।

जवानी के दिन।

जवानी का आनन्द उठाना : जवानी भोगना-/लूटना-।

स्त्री की जवानी का सुख लूटना : जोबन लूटना-।

बल-प्रदर्शन करना : जवानी दिखाना-।

जवानी का घमण्ड दूर होना : जवानी निकलना-।

जवानी का घमण्ड दूर करना : जवानी निकालना-।

भरी जवानी में अशक्तता : चढ़ती जवानी माझा ढीला।

यौवनकंटक, मुँहासा (दे.93.13)।

उतरती/ढलती जवानी, जवानी उतरना-/ढलना-, यौवनावसान (हो.), उमर खसकना-, बुढ़ापा आना-, सिन से उतर जाना-।

जवानी खोना-/गँवाना-/जलाना-।

पुनर्यौवन, कायाकल्प (दे.72)।

वि. यौवन-सम्बन्धी, यौवनिक।

वि./सं. युवक, युवन्यु, युवा, युवान, युवानक, युवा पुरुष, अंडीर, कनीन, काले सिर का, जवान (समास में) जवाँ-, तरुण, तलुन, तारुण, दिक्कर, संप्राप्तयौवन।

नवयुवक, नवयुवा, नवशोभ, नौकडा, नौख़ास्ता, नौख़ेज़, नौजवान, गभरू, जवानसाल, प्रत्यग्रयौवन, प्रत्यग्रवय, प्रत्यग्रवयस्क, प्राप्तयौवन, प्राप्तव्यवहार, बालिग़, वयःप्राप्त, व्यवहारप्राप्त, सयाना।

युवक वर्ग, युवजन, युवावर्ग।

युवा मानस, तरुण मन।

युवती (स्त्री.), युवति (स्त्री.), योग्या (स्त्री.), यौवनाधिरूढ़ा (स्त्री.), काहली (स्त्री.), गचाका (स्त्री.), चिरंटी (स्त्री.), चिरंटिका (स्त्री.), चिरिंटी (स्त्री.), जवान औरत (स्त्री.), डिक्करी (स्त्री.), तरुणी (स्त्री.), तलुनी (स्त्री.), तल्ली (स्त्री.), दिक्करिका (स्त्री.), दिक्करी (स्त्री.), धनि (स्त्री.), धनिका (स्त्री.), धनिया (स्त्री.), धनी (स्त्री.), धनीका (स्त्री.), प्रमदा (स्त्री.), (दे.70), प्रमदाजन, बालिग़ा (स्त्री.), भृंगेष्टा (स्त्री.), मालती (स्त्री.)।

अंकुरित यौवना (स्त्री.), अतिप्रौढ़ा (स्त्री.), उद्भिन्नयौवना (स्त्री.), किशोरी (स्त्री.), नवयौवाना (स्त्री.), नवला (स्त्री.), नौची (स्त्री.), नौजवान औरत (स्त्री.), नौबाला (स्त्री.), सयानी लड़की।

पूर्णयौवना (स्त्री.)।

हृष्ट-पुष्ट युवती : पठिया (स्त्री.)।

बाप के घर रहनेवाली युवती : चिरंटी (स्त्री.), चिरिंटिका (स्त्री.), चिरिंटी (स्त्री.), वधुटी (स्त्री.), वधूटी (स्त्री.), सुवासिनी (स्त्री.)।

वि. तारुण्यपूर्ण; युवजनोचित; यौवनोचित; यौवनजनित; यौवनमदमत्त।

170. प्रौढ़ता

सं. प्रौढ़ता (स्त्री.), प्रौढ़त्व, प्रौढ़ावस्था (स्त्री.), वयोगत, सिने तमीज़ अधेड़ उम्र (स्त्री.), मध्यमवय, मध्यवय।

वि. प्रौढ़, प्रौढ़ा (स्त्री.), प्रोढ, प्रोढा (स्त्री.), प्राप्तवयस्क, अधबैसी, अधबैसू, अधेड़, अर्धवृद्ध, अधेड़ उम्र का, ढलती उम्र का, मध्यवयस्क, मध्यवया, वयोगत, सयाना।

प्रौढ़जनोचित, प्रौढ़ोचित।

171. वार्द्धक्य

सं. वार्द्धक्य (आ.), वार्द्धक, वार्द्धकभाव, वार्द्धय, वृद्धकाल, वृद्धता (स्त्री.), वृद्धत्व, वृद्धभाव, वृद्धावस्था (स्त्री.), (हो.), विभ्रमा (स्त्री.), उत्तमवयस, उत्तरवय, उत्तरवयस, ख़िज़ा (स्त्री.), चौथापन, ज़ईफ़ी (स्त्री.), जरठ, जरठता (स्त्री.), जरण, जरणा (स्त्री.), जरदष्टि (स्त्री.), जरा (स्त्री.), जरापन, जीर्णता (स्त्री.), जीर्णि (स्त्री.), दशमी (स्त्री.), दशान्त, पीरी (स्त्री.), बुज़ुर्गी (स्त्री.), बुढ़ाई (स्त्री.), बुढ़ापा (आ.), बुढ़ौती (स्त्री.) (आ.), शेषावस्था (स्त्री.), शैब, सिने शैख़ूख़त, स्थविरता (स्त्री.), स्थाविर।

बूढ़ा होना-, बुढ़ाना-, वयोहानि (स्त्री.) (हो.)।

असमय बूढ़ा होना : बुढ़ा जाना-, बुढ़ापा ओढ़ना-।

बड़ा-बूढ़ा होने का ढोंग रचना : बुढ़ापा ओढ़ना-।

बहुत बूढ़ा होना : क़ब्र में पाँव/पैर लटकाये होना-।

भीमरथी के बाद की वयोदशा : भीमरथीदशा (स्त्री.) (दे.165)।

झुर्री (स्त्री.) (पड़.), झुर्रियाँ पड़ना-, बलि (स्त्री.), वलि (स्त्री.), वली (स्त्री.), शिकन (स्त्री.), (आ.), सिलवट (स्त्री.) (पड़.) (दे.453)।

बुढ़ापे में जवानी का जोश आना : बासी कढ़ी में उबाल आना-, बुड़भस (स्त्री.) (लग.), बुढ़भस (स्त्री.), बूढ़े मुँह मुँहासे, हिर्स (स्त्री.) (छूट. हो.)।

वि./सं. वृद्ध, वृद्धक, अतिवया, गतवयस्क, गतवया, जईफ़, जरंड, जरंत, जरठ, जरण, जरत्, जरत, जीर्ण, डोकरा, पलित, पीर, पीरसाल, पीरे ज़र, पुरनियाँ, पुराणपुरुष, पुरसाला, प्रवया, बाबा, बिरध, बुड्ढ़ा, बुढ़ऊ, बुढ़वा, बूढ़, बूढ़ा (हो.), रेशसफेद, शतानीक, शैख़, स्थविर, हरिभ।

बड़ा-बूढ़ा, बुजुर्ग, बुजुर्गवार, कबीर, ज्यायस्, पुरखा, मेह, वयोधिक, वयोवृद्ध, सिनरसीदा।

चालाक बूढ़ा : बूढ़ा खुर्राट, खुर्राट, खुर्राट, खर्राट।

बेवकूफ़ बूढ़ा : बूढ़ा पौंग।

बच्चों का सा आचरणवाला बूढ़ा : पीर नाबालिग़।

शिथिलांग बूढ़ा : चरखा।

अशीतिक वृद्ध, अशीति पर वृद्ध।

बड़ी उम्र का, बहुत बूढ़ा, बूढ़ा फूँस, बूढ़ा फूस, अतिवया, अतिवृद्ध, खल्लड़, जरदष्टि, जिन, दशमी, वर्षिष्ठ, सुवृद्ध।

बूढ़ों का सा आचरणवाला : वृद्धशीली।

वृद्धा (स्त्री.), वृद्धयोषित् (स्त्री.), अतिवयसी (स्त्री.), जईफा (स्त्री.), जरतिका (स्त्री.), जरती (स्त्री.), जरिणी (स्त्री.), जीर्णा (स्त्री.), डुकरिया (स्त्री.), डोकरी (स्त्री.),

पीरज़न (स्त्री.), परिज़ाल (स्त्री.), बुड्ढी (स्त्री.), बुढ़िया (स्त्री.), बूढ़ी (स्त्री.), स्थविरा (स्त्री.)।

बड़ी-बूढ़ी (स्त्री.), पुरखिन (स्त्री.), ज्यायसी (स्त्री.)।

बहुत बूढ़ी (स्त्री.), बूढ़ी ढड्ढो (स्त्री.), अतिवयसी (स्त्री.), अतिवृद्धा (स्त्री.), आक की बुढ़िया।

पोपली बुढ़िया, फाफा (स्त्री.)।

जराग्रस्त, जराजीर्ण, जरातुर, जरायुक्त, जरित, जरी, जर्जर, जर्जरित, जर्जरीक, जर्ण जीर्ण, बष्किह।

(विप.) अजर, अजर्य, जरारहित।

6. वर्ग : स्थान-आश्रय-असबाब

विषय : 172. स्थान; 173. स्वदेश; 174. विदेश; 175. यहाँ-वहाँ-जहाँ-हर कहीं; 176. विभिन्न स्थान; 177. निवास; 178. अस्थायी निवस; 179. आश्रय; 180. घर; 181. कमरे आदि; 182. असबाब।

172. स्थान

सं. स्थान, स्थानक, स्थल, सिताँ, अध्यासन, अध्व, अध्वा, केतन, गाह (स्त्री.), घर, जगह (स्त्री.), जा (स्त्री.), जाय (स्त्री.), वहियाँ (स्त्री.), ठाँ (स्त्री.), ठाँयँ, ठाँव, ठायँ (स्त्री.), ठिकाना, ठौर, थल, थान, देश, निर्ग, प्रतिष्ठान, प्रदेश, भवन, मक़ाम, मुक़ाम।

अलक्षित स्थान : आसमान, ग़ैब, स्वर्ग।

आड़ (स्त्री.), ओट. (स्त्री.) (दे.490); नेपथ्य (दे.614)।

शून्य स्थान : अवकाश, आकाश (दे.3), खाल (स्त्री.)।

मध्यवर्ती स्थान : अन्तराल।

वह स्थान जो विश्रामस्थल न हो : अनायतन।

द्वाररहित स्थान : अद्वार।

नीचे का स्थान : अधोदेश।

दूसरा स्थान : स्थानान्तर।

भूखण्ड, भूभाग, भूमि (स्त्री.) (दे.12), क्षेत्र, ज़मीन (स्त्री.), निर्ग।

स्थलभाग, स्थल।

जलमय स्थान, जलभाग (दे.22)।

अंचल, इलाक़ा, ख़ित्ता, प्रदेश, प्रान्त।

देश, निर्ग, भूमि (स्त्री.), मुलुक, मुल्क, सिताँ।

जनपद (दे.176); नगर (दे.176); उपनगर (दे.176); गाँव (दे.176); मुहल्ला (दे.176)।

पड़ोस, पास-पड़ोस, प्रतिवास, प्रतिवेश, प्रत्युपस्थान, प्रातिवेश्य, अन्तिक, अंबर, अड़ोस-पड़ोस, उपविचार (दे.324), जवार, निकर्षण, सकाश।

परिसर (दे.181.5), विस्तार (दे.123), व्याप्ति (स्त्री.), जगह घेरना-/छेकना-।

आयतन (दे.645); मैदान (दे.12); सीमा (स्त्री.) (दे.633)।

गली-कूचा (दे.294)।

कोना (दे.633), कोना-अँतरा।

निवासस्थान (दे.177)।

स्थानविशेष का अधिकारी : स्थानपति, स्थानपाल, स्थानाधिपति, स्थानाध्यक्ष।

स्थानविशेष का महत्त्व : स्थानमाहात्म्य।

दूसरे के स्थान पर क़ब्जा करना : स्थानपात।

स्थानविशेष की बरबादी : स्थानभंग।

आंचलिकता (स्त्री.); प्रान्तीयता (दे.256); स्थानीयता (स्त्री.)।

(विप.) बुरा देश, अपदेश, कुदेश।

बुरी जगह, अनुपयुक्त/अयुक्त स्थान, अभूमि (स्त्री.), कुघात, कुठाँयँ, कुठाहर, कुठौर, निठौर।

निर्जन स्थान, अकेला (दे.363)।

स्थानाभाव, अभूमि (स्त्री.)।

वि. स्थानिक, स्थानीय, मुकामी।

स्थानयुक्त, स्थानी।

स्थानदाता।

स्थानविशेष पर रहने के कारण अशुभ : स्थानदीप्त।

विश्रामस्थलरहित : अनायतन।

ज़मीनी, भौम (दे.11), स्थानीय।

भूखण्डीय, भूभागीय, क्षेत्रीय।

आंचलिक; प्रदेशीय, प्रान्तीय, प्रादेशिक; स्थानीय।

देशी, देशीय, देसी, मुल्की।

पड़ोसी (दे.324)।

अ. आस-पास (दे.175)।

उचित स्थान पर, सही जगह, सही जगह पर, यथास्थान।

जगह-जगह (दे.175)।

173. स्वदेश

173.1. सं. स्वदेश, स्वभाव, स्वभू (स्त्री.), स्वभूमि (स्त्री.), घर, मातृभूमि (स्त्री.), मादरे वतन (स्त्री.), वतन।

पितृभूमि (स्त्री.)।

जनमधरती (स्त्री.), जनित्र, जन्मक्षेत्र, जन्मप्रतिष्ठा (स्त्री.), जन्मभूमि (स्त्री.), जन्मस्थान, जन्मास्पद, अभिजन, उत्पत्ति (स्त्री.), उत्पत्तिकेतन, उत्पत्तिधाम।

देश, राष्ट्र (दे.368)।

देशप्रेम, देशभक्ति (स्त्री.), देशहित, राष्ट्रप्रेम, राष्ट्रभक्ति (स्त्री.), राष्ट्रीयता (स्त्री.) (दे.368), वतनदोस्ती (स्त्री.), वतनपरस्ती (स्त्री.), स्वदेशप्रेम, हुब्बुलवतन, हुब्बे वतन।

देशाभिमान।

देशधर्म, देशव्यवहार, देशाचार (दे.330)।

देशभाषा (स्त्री.) (दे.583)।

देशभक्तिमूलक गान, देशगान।

नागरिकता (स्त्री.) (दे.368)।

(विप.) देशद्रोह, गद्दारी (स्त्री.), राष्ट्रद्रोह, वतनकुशी (स्त्री.), वतनफ़रोशी (स्त्री.)।

घुस-पैठ (स्त्री.) (कर.) (दे.174)।

वि./सं. स्वदेशी, स्वदेशीय, स्वादेशिक, देशी, देशीय, देसी, वतनी।

स्वदेशवासी, स्वदेशबंधु, स्वदेशज, अह्ले वतन, देशभाई, देशवासी, वतनी, हममुल्क, हमवतन।

देशप्रेमी, देशभक्त, देशहितैषी, मुहिब्बे वतन, राष्ट्रप्रेमी, राष्ट्रभक्त, वतनदोस्त, वतनपरस्त, स्वदेशप्रेमी।

देशप्राण; देशप्रिय; देशबंधु; देशाभिमानी।

राष्ट्रीय।

(विप.) देशद्रोही, गद्दार, राष्ट्रद्रोही, वतनकुशा, वतनफ़रोश।

पंचमांगी, fifth columnist ; जयचन्द; विभीषण; क्विजलिंग, quisling (दे.232)।

घुसपैठिया।

173.2. सं. भारत, भारतवर्ष, भारतखण्ड, भरतखण्ड, भरतभूमि (स्त्री.), भरतवर्ष, धर्मक्षेत्र, नरभू (स्त्री.), नरभूमि (स्त्री.), यज्ञियदेश, हिन्द, हिन्दुस्तान, हिन्दुस्थान, हिन्दोस्तान, हिन्दोस्ताँ, हैमवत, हैमवतवर्ष, India।

(पौरा.) जंबुद्वीप, जंबुखंड, जंबूध्वज, जंबूखंड, जंबूद्वीप।

जंबुद्वीप के नौ खण्ड/वर्ष : इलावृत; रम्यक; हिरण्मय; कुरुवर्ष; हरिवर्ष; पुरुष; भारतवर्ष; भद्राश्व; केतुमाल।

भारतमाता (स्त्री.), भारती (स्त्री.)।

भारतीयता (स्त्री.), भारतीयत्व।

भारतीयकरण, भारतीयीकरण, Indianisation।

हिमालय और विंध्य तथा कुरुक्षेत्र और प्रयाग के बीच का क्षेत्र : मध्यदेश, मध्यम।

उत्तर भारत : आर्यावर्त, आचारवेदी (स्त्री.), कर्मभू (स्त्री.), कर्मभूमि (स्त्री.), पुण्यक्षेत्र, पुण्यभू (स्त्री.), पुण्यभूमि (स्त्री.)।

गंगा और यमुना के बीच का क्षेत्र : अन्तर्वेद, अन्तर्वेदि (स्त्री.), अन्तर्वेदी (स्त्री.), गंगा-यमुना का दोआब/दोआबा, समस्थली (स्त्री.)।

सरस्वती और दृषद्वती के बीच का क्षेत्र : तपोवट, ब्रह्मावर्त।

हिमालय के पास का क्षेत्र : उत्तराखण्ड।

जम्बूद्वीप के उत्तरीभाग का प्राचीन नाम : उत्तरापथ।

दक्षिण भारत : दाक्षिणात्य।

विंध्यपर्वत के दक्षिण का क्षेत्र जो दाक्षिणात्य में जाने का मार्ग है : दक्षिणापथ।

स्वदेशी आन्दोलन; स्वतन्त्रता-आन्दोलन; स्वतन्त्रता-संग्राम; क्रान्तिकारी आन्दोलन।

स्वराज, सुराज, सुराज्य।

स्वतन्त्रता-आन्दोलन में भाग लेनेवाला : सुराजी, स्वराजी।

भारतवासी, भारतीय, हिन्दी, हिन्दुस्तानी।

वि. भारत-सम्बन्धी, भारतीय, भारतवर्षीय, हिन्दी, हिन्दुस्तानी।

सेतुबंध रामेश्वर से हिमालय तक विस्तीर्ण क्षेत्र : आसेतुहिमालय।

173.3. भारत के प्रमुख राज्य :

सं. अरुणाचल प्रदेश। राजधानी : ईटानगर।

सं. असम। राजधानी : दिसपुर।

निवासी : असमिया, असमी, आसामी।

भाषा : असमिया (स्त्री.), असमी (स्त्री.), आसामी (स्त्री.)।

वि. असमिया।

सं. आंध्र प्रदेश। राजधानी : हैदराबाद, अमरावती।

तिलंगाना, तेलंग, तैलंग।

निवासी : आंध्र, तिलंगा, तिलंगी, तैलंग, तैलंगी।

भाषा : तेलुगु (स्त्री.); उर्दू (स्त्री.)।

वि. तैलंगी।

सं. उड़ीसा। राजधानी : भुवनेश्वर।

उत्कल, ओड्र, कलिंग।

निवासी : उड़िया।

भाषा : उड़िया (स्त्री.)।

वि. उड़िया, कलिंग, कालिंग।

सं. उत्तर प्रदेश। राजधानी : लखनऊ।

भाषा : हिन्दी (स्त्री.); उर्दू (स्त्री.)।

प्रमुख नदियाँ : गंगा (स्त्री.) (दे.20); यमुना (स्त्री.) (दे.20); रामगंगा (स्त्री.) (दे.20); गोमती (स्त्री.) (दे.20); घाघरा (सरयू स्त्री.), (दे.20)।

फसलें : धान; गेहूँ; जौ; ज्वार; बाजरा; मक्का; उर्द; मूँग; अरहर; चना; गन्ना।

फल : आम; अमरूद; सेब।

प्रमुख खनिज : चूना पत्थर; डोलोमाइट; मैग्नेसाइट; सोपस्टोन; जिप्सम; ग्लाससैण्ड; संगमरमर; फास्फोराइट; बाक्साइट आदि।

प्रमुख उद्योग : सीमेंट; वनस्पति तेल; सूती कपड़ा; चूड़ी व काँच; चीनी; पटसन।

प्रमुख हस्तशिल्प : चिकन का काम; जरी का काम; लकड़ी के खिलौने और फर्नीचर; मिट्टी के खिलौने; पीतल का काम।

प्रमुख लोकगीत : बिरहा; चैती; कजली; रसिया; आल्हा।

प्रमुख लोकनृत्य : करमा; चाँचली; छपेली; छोलिया।

जिले : मुख्यालय कोष्ठक में।

अम्बेदकर, अम्बेडकर नगर (अकबरपुर)।

अमरोहा (अमरोहा)

अलीगढ़ (अलीगढ़)।

आगरा (आगरा)।

आज़मगढ़ (आज़मगढ़)।

इटावा (इटावा)।

इलाहाबाद (इलाहाबाद), प्रयागराज।

उन्नाव (उन्नाव)।

एटा (एटा)।

औरैया (औरैया)।

कन्नौज (कन्नौज)।

कानपुर (रमाबाईनगर-देहात) (अकबरपुरमाटी)।

कानपुर (शहर) (कानपुर)।

कासगंज (कांशीरामनगर-कासगंज)

कुशीनगर (पडरौना)।

कौशांबी (कौशांबी-मंझनपुर)।

गाज़ियाबाद (गाज़ियाबाद)।

गाज़ीपुर (गाज़ीपुर)।

गोण्डा (गोण्डा)।

गोरखपुर (गोरखपुर)।

गौतमबुद्ध नगर (नोएडा)।

चन्दौली (चन्दौली)।

चित्रकूट (कर्वी-चित्रकूट)।

छत्रपति शाहूजी महाराज हू नगर (अमेठी-गौरीगंज)

जालौन (उरई)।

जौनपुर (जौनपुर)।

ज्योतिबा फुले नगर (अमरोहा)।
झाँसी (झाँसी)।
देवरिया (देवरिया)।
पीलीभीत (पीलीभीत)।
प्रतापगढ़ (प्रतापगढ़)।
फतेहपुर (फतेहपुर)।
फर्रुखाबाद (फतेहगढ़)।
फिरोजाबाद (फिरोजाबाद)।
फैजाबाद साकेत (फैजाबाद)।
बदायूँ (बदायूँ)।
बरेली (बरेली)।
बलरामपुर (बलरामपुर)।
बलिया (बलिया)।
बस्ती (बस्ती)।
बहराइच (बहराइच)।
बाँदा (बाँदा)।
बागपत (बागपत)।
बाराबंकी (बाराबंकी)।
बिजनौर (बिजनौर)।
बुलन्दशहर (बुलन्दशहर)।
मऊ (मऊ)।
मथुरा (मथुरा)।
महाराजगंज (महाराजगंज)।
महोबा (महोबा)।
मिर्ज़ापुर (मिर्ज़ापुर)।
मुज़फ़्फ़नगर (मुज़फ़्फ़रनगर)।
मुरादाबाद (मुरादाबाद)।
मेरठ (मेरठ)।
मैनपुरी (मैनपुरी)।
रामपुर (रामपुर)।
रायबरेली (रायबरेली)।
लखनऊ (लखनऊ)।
लखीमपुर खीरी (खीरी)।
ललितपुर (ललितपुर)।

वाराणसी (वाराणसी)।
शामली (शामली)।
शाहजहाँपुर (शाहजहाँपुर)।
श्रावस्ती (श्रावस्ती)।
सन्त कबीर नगर (खलीलाबाद)।
सन्त रविदास नगर (भदोही)।
सम्भल (भीमनगर-सम्भल)
सहारनपुर (सहारनपुर)।
सिद्धार्थ नगर (नौगढ़)।
सीतापुर (सीतापुर)।
सुलतानपुर (सुलतानपुर)।
सोनभद्र (राबर्ट्सगंज)।
हमीरपुर (हमीरपुर)।
हरदोई (हरदोई)।
हाथरस (महामायानगर-हाथरस)।
हापुड़ (पंचशीलनगर-हापुड़)
सं. उत्तराखंड, उत्तरांचल। राजधानी : देहरादून।
भाषा : हिन्दी।
सं. कर्नाटक। राजधानी : बंगलौर।
करनाट, करनाटक, कर्णाट, कर्णाटक।
मैसूर।
निवासी : करनाटकी, करनाटी, कर्णाटी।
भाषा : कन्नड़ (स्त्री.); करनाटकी (स्त्री.); करनाटी (स्त्री.); कर्णाटी (स्त्री.)।
वि. करनाटकी।
सं. केरल। राजधानी : तिरुवनन्तपुरम, त्रिवेन्द्रम।
त्रावणकोर कोचीन, मलयालम।
भाषा : मलयालम (स्त्री.), मलयाली (स्त्री.)।
निवासी : केरल, केरली।
वि. केरली, केरलीय, मलयाली।
सं. गुजरात। राजधानी : गांधीनगर।
गुर्जर, गुर्जराट।
निवासी : गुजराती, गुर्जर, गुर्जरी।
भाषा : गुजराती (स्त्री.)।
वि. गुजराती।

सं. गोवा। राजधानी : पणजी, पोरवोरिम।
भाषा : कोंकणी (स्त्री.), मराठी (स्त्री.)।
सं. छत्तीसगढ़। राजधानी : रायपुर।
भाषा : हिन्दी (स्त्री.); छत्तीसगढ़ी (स्त्री.)।
सं. जम्मू और कश्मीर। राजधानी : श्रीनगर (गर्मी में), जम्मू (सर्दी में)।
कश्मीर, काश्मीर।
केन्द्रशासित प्रदेश के रूप में 5.8.2019 को विभाजित राज्य-जम्मूकश्मीर, लद्दाख)
जम्मू।
लद्दाख।
निवासी : कश्मीरी, काश्मीर; लद्दाखी।
भाषा : उर्दू (स्त्री.); कश्मीरी (स्त्री.); डोगरी (स्त्री.); लद्दाखी (स्त्री.)।
वि. कश्मीरी, काश्मीर, काश्मरिक, काश्मीरिक, काश्मीरी।
सं. झारखण्ड। राजधानी : राँची।
निवासी : संथाल; उराँव; मुड़; हो; पिरहोर; गोडाइत; बंजारा; पहाड़िया खोंड आदि।
भाषा : हिन्दी (स्त्री.); संथाली (स्त्री.) आदि।
सं. तमिलनाडु। राजधानी : चेन्नई।
मदरास, मद्रास।
निवासी : मदरासी।
भाषा : तमिल (स्त्री.)।
वि. मदरासी।
सं. तेलंगाना। राजधानी : हैदराबाद।
निवासी-लैलंग। भाषा-तेलुगु (स्त्री.), उर्दू (स्त्री.)।
सं. त्रिपुरा। राजधानी : अगरतला।
निवासी : बंगाली।
भाषा : बांगला (स्त्री.); ककवार्क (स्त्री.); मणिपुरी (स्त्री.)।
सं. नागालैण्ड। राजधानी : कोहिमा।
निवासी : नागाओं के विभिन्न कबीले।
भाषा : अँगरेज़ी (स्त्री.); आओ (स्त्री.); कोयक (स्त्री.); खेमा (स्त्री.) अंगामी (स्त्री.) लोथा (स्त्री.)।
सं. पंजाब। राजधानी : चण्डीगढ़।
निवासी : पंजाबी, पंजाबिन (स्त्री.)।
भाषा : पंजाबी (स्त्री.)।
वि. पंजाबी।
सं. पश्चिम वंग, पश्चिम बंगाल। राजधानी : कलकत्ता, कोलकाता।

गौड़, बंग, बंगाल, वंग, वंगदेश, हरिकेलीय।
पश्चिम बंगाल : राढ़।
पूरबी बंगाल : पूर्ववंग, समतट। बांगलादेश।
उत्तरी बंगाल : उत्तरवंग, वरेन्द्र, वरेन्द्रभूमि (स्त्री.) वरेन्द्री (स्त्री.) गौड़देश।
निवासी : बंगाली, गौड़, गौड़ीय, वंगवासी, हरिकेलीय।
भाषा : बँगला (स्त्री.), बांगाला (स्त्री.) वंगभाषा (स्त्री.), गौड़ीय भाषा (स्त्री.)।
वि. गौड़िया, गौड़ीय, बंगला, वंगज, वंगदेशीय, वंगीय, हरिकेलीय।
सं. बिहार। राजधानी : पटना।
निवासी : बिहारी।
भाषा : हिन्दी (स्त्री.); भोजपुरी (स्त्री.); मैथिली (स्त्री.), मगही।
वि. बिहारी।
सं. मणिपुर। राजधानी : इम्फाल।
निवासी : मणिपुरी।
भाषा : मणिपुरी (स्त्री.)।
वि. मणिपुरी।
सं. मध्य प्रदेश। राजधानी : भोपाल।
भाषा : हिन्दी (स्त्री.)।
सं. महाराष्ट्र। राजधानी : मुम्बई।
निवासी : मराठा, महाराष्ट्र, महाराष्ट्रीय।
भाषा : मराठी (स्त्री.) महाराष्ट्री (स्त्री.)।
वि. मराठी, महाराष्ट्रीय।
सं. मिज़ोरम। राजधानी : आइज़ोल, ऐज़ल।
निवासी : मिज़ो।
भाषा : मिज़ो (स्त्री.) अँगरेज़ी (स्त्री.)।
सं. मेघालय। राजधानी : शिलांग।
निवासी : ख़ासी; गारो।
भाषा : ख़ासी (स्त्री.); गारो (स्त्री.); अँगरेज़ी (स्त्री.)।
सं. राजस्थान। राजधानी : जयपुर।
राजपूताना।
निवासी : राजस्थानी, राजपूत।
भाषा : हिन्दी (स्त्री.); राजस्थानी (स्त्री.)।
वि. राजस्थानी।
सं. सिक्किम। राजधानी : गंगटोक।
निवासी : लेपचा; भूटिया; नेपाली।

भाषा : लेपचा (स्त्री.); भोटिया (स्त्री.); हिन्दी (स्त्री.); नेपाली (स्त्री.); लिंबू (स्त्री.)।

सं. हरियाणा। राजधानी : चण्डीगढ़।

हरियाना।

निवासी : जाट।

भाषा : हरियानवी (स्त्री.); हरियानी (स्त्री.); जाटू (स्त्री.); बाँगड़ू (स्त्री.)।

वि. हरियानवी।

सं. हिमाचल प्रदेश। राजधानी : शिमला।

भाषा : पहाड़ी (स्त्री.); हिन्दी (स्त्री.)।

173.4. केन्द्र शासित प्रदेश :

सं. अण्डमान और निकोबार। राजधानी : पोर्ट ब्लेयर।

अण्डमान-निकोबार द्वीपसमूह।

300 से अधिक द्वीप। सेलुलर जेल। कालापानी।

भाषा : बांगाला (स्त्री.); हिन्दी (स्त्री.); निकोबारी (स्त्री.); तमिल (स्त्री.); तेलुगू (स्त्री.); मलयालम (स्त्री.)।

सं. चण्डीगढ़। राजधानी : चण्डीगढ़।

भाषा : हिन्दी (स्त्री.); पंजाबी (स्त्री.)।

जम्मू और कश्मीर। राजधानी : श्रीनगर, जम्मू। (5.8.2019 को केन्द्र शासित)

सं. दमन और दीव। राजधानी : दमन।

भाषा : गुजराती (स्त्री.); मराठी (स्त्री.)।

सं. दादरा और नगर हवेली। राजधानी : सिलवासा, सिल्वासा।

भाषा : भीली (स्त्री.); भिलोड़ी (स्त्री.); गुजराती (स्त्री.); हिन्दी (स्त्री.)।

सं. पुडुचेरी, पौण्डुचेरी। राजधानी : पुडुचेरी, पौण्डुचेरी।

भाषा : तमिल (स्त्री.); तेलुगू (स्त्री.); मलयालम (स्त्री.); अँगरेज़ी (स्त्री.); फ्रांसीसी (स्त्री.)।

सं. लक्षद्वीप। राजधानी : कवरत्ती, करवत्ती।

भाषा : मलयालम (स्त्री.)।

सं. लद्दाख। राजधानी : लद्दाख, निवासी-लद्दाखी, भाषा- तिब्बती (5.8. 2019 को केन्द्रशासित)

173.5. राष्ट्रीय राजधानी क्षेत्र :

सं. दिल्ली। राजधानी : नई दिल्ली।

भाषा : हिन्दी (स्त्री.); पंजाबी (स्त्री.); उर्दू (स्त्री.)।

173.6. विशिष्ट क्षेत्र :

सं. मध्य प्रदेश का वह भाग जिसमें दीवा, मैहर आदि हैं : बघेलखण्ड।

निवासी : बघेलखण्डी, बघेली।

भाषा : बघेलखण्डी (स्त्री.), बघेली (स्त्री.)।

सं. उत्तर प्रदेश और मध्य प्रदेश का वह भूभाग जो बुन्देले राजपूतों का क्षेत्र है: बुन्देलखण्ड।

निवासी : बुन्देलखण्डी, बुन्देला।

भाषा : बुन्देलखण्डी (स्त्री.), बुन्देली (स्त्री.)।

वि. बुन्देलखण्डी।

सं. अवध के पश्चिमोत्तर में रुहेले पठानों का क्षेत्र : रुहेलखण्ड।

निवासी : रुहेला।

सं. मध्य भारत में गोंड ज़ाति का क्षेत्र : गोंडवाना।

निवासी : गोंड।

सं. गुजरात का पश्चिमी भाग : काठियावाड़, कच्छ, कच्छभुज, अजवाह।

निवासी : काठियावाड़ी, कच्छी।

भाषा : काठियावाड़ी (स्त्री.) कच्छी (स्त्री.)।

वि. काठियावाड़ी, कच्छी।

सं. दक्षिण भारत में अरब सागर का तटीय क्षेत्र : मलाबार।

निवासी : मलाबारी, मोपला।

सं. दक्षिण बिहार : मगध, कीकट, पलाश, पलाशखण्ड, पलाशषण्ड।

निवासी : मगध।

भाषा : मागधी (स्त्री.)।

वि. मागधीय, मागध, मागधिक।

सं. मुज़फ़्फ़रपुर और दरभंगा : तिरहुत, मिथिला (स्त्री.), विदेह, विदेहा (स्त्री.)।

निवासी : तिरहुतिया, मिथिलावासी, मैथिल, विदेह, वैदेहक, वैदेहिक।

भाषा : मैथिली (स्त्री.)।

वि. तिरहुतिया, मैथिल, वैदेह।

सं. कर्नाटक का एक भाग : कनारा।

निवासी : कनारी।

भाषा : कनारी (स्त्री.)।

सं. महाराष्ट्र का एक भाग : कोंकण।

निवासी : कोंकणी, कोंकणस्थ।

भाषा : कोंकणी (स्त्री.)।

सं. राजस्थान का एक भाग : मारवाड़।

निवासी : मारवाड़ी।

भाषा : मारवाड़ी
वि. मारवाड़ी।
सं. मध्य भारत का एक भाग : मालवा, मालव, मालवक, दाशेरक।
निवासी : मालव, मालवक, मालवी, मालवीय, दाशेरक।
वि. मालव-सम्बन्धी, मालवीय।
मालव का : मालवीय।
173.7. प्राचीन देश/जनपद :
सं. अविभाजित पंजाब का मध्य भाग : अंबष्ठ।
निवासी : अंबष्ठ, अंबष्ठकी (स्त्री.), अंबष्ठा (स्त्री.)।
सं. फर्रुखाबाद जिला : कान्यकुब्ज, कन्नौज।
निवासी : कान्यकुब्ज, कनौजिया।
सं. कपिल।
सं. केरल : केरक।
स. रावी और झेलम नदियों के बीच का भाग : मद्र।
निवासी : मद्र मद्रक, मद्रिका (स्त्री.)।
वि. मद्र-सम्बन्धी, मद्रक।
मद्र में उत्पन्न : मद्रक।
सं. उत्तर-पश्चिम भारत का एक भाग : यौधेय।
निवासी : यौधेय।
स. राजस्थलक, राजस्थली (स्त्री.)।
सं. स्युवक।
सं. सूरत कया काठियावाड़ : सुराष्ट्र, स्वराष्ट्र।
माहकस्थली (स्त्री.)।
निवासी : माहकस्थलक।
वि. माहकस्थली-सम्बन्धी, माहकस्थलक।
माहकस्थली में उत्पन्न : माहकस्थलक।
सं. माहिषक।
सं. माहिषमंडल।
सं. माहिषस्थली (स्त्री.)।
सं. अलवर और जयपुर के बीच का भूभाग : मत्स्य।
173.8. नगर :
सं. अजमेर, अजमार, अजमीढ़, अजयमेरु।
सं. दिल्ली के पास : इन्द्रप्रस्थ।
सं. चुनार, चरणाद्रि।

सं. कान्यकुब्ज की राजधानी : कन्नौज।

निवासी : कनौजिया।

भाषा : कन्नौजी (स्त्री.)।

वि. कन्नौज-सम्बन्धी, कन्नौजी, कनौजिया।

कन्नौज का : कन्नौजी, कनौजिया।

सं. जनकपुर, विदेहनगर, विदेहपुर।

सं. पटना, पाटलिपुत्र, पाटलिपुत्रक, पाटलीपुत्र, पुष्यपुर, कुसुमपल्ली (स्त्री.), कुसुमपुर।

वि. पटनिया, पटनिहा।

सं. जबलपुर के पास : माहिष्मती (स्त्री.)।

सं. श्रावस्ती (स्त्री.), श्रावस्ति (स्त्री.), शरावती (स्त्री.), धर्मपत्तन, धर्मपुरी (स्त्री.)।

सं. सम्भलपुर, शुंभपुर, शुंभपुरी (स्त्री.)।

सं. दिल्ली के पास : हस्तिनापुर, हस्तिनपुर, हस्तिनी (स्त्री.) हस्तिनीपुर, गजाह्वय, नागांग, नागाह्व, नागाह्व्य, वारणसाह्वय।

173.9. स्थान :

सं. कपिलवस्तु।

174. विदेश

174.1. सं. विदेश (जा.), विलायत (स्त्री.) (जा.), दिसावर, देशान्तर, देसावर, परदेश (जा.), बाहर (जा.)।

विभिन्न देश, देश-विदेश।

विदेशगमन (कर.), विदेशयात्रा (स्त्री.) (कर.), प्रवास, बहिर्यात्रा (स्त्री.), बहिर्यान, मुसाफ़िरत (स्त्री.), मुसाफ़िरी (स्त्री.) (दे.272)।

आव्रजन, देशान्तरगमन (कर.), देशान्तरण, प्रवसन, प्रवास, प्रवासन, प्रव्रजन, migration।

देशत्याग (कर.), उत्प्रवास, उत्प्रवासन, उद्व्रजन, emigration।

आप्रवास, आप्रवासन, immigration।

देशनिकाला, देशनिष्कासन (दे.530), प्रवासन, expatriation।

विदेशवास, प्रवास।

निष्क्रमपत्र, पारपत्र, सत्यकारपत्र, passport।

अनुवेशपत्र, प्रवेशपत्र, प्रवेशानुज्ञा (स्त्री.), वीजा, visa।

अवैध प्रवेश, घुसपैठ (स्त्री.) (कर.), intrusion।

विदेश नीति (स्त्री.) वैदेशिक नीति (स्त्री.) परराष्ट्र नीति (स्त्री.), foreign policy।

विदेशी व्यापार, वैदेशिक व्यापार।

विदेशी माल, वैदेश्य सार्थ।

विदेशी मुद्रा (स्त्री.)।

विदेशीपन, वैदेश्य।

विदेशियों को बुलाकर उनसे उपनिवेश बसाना : परदेशापवाहन।

विदेश का रहनेवाला : विदेशी, देशातिथि, परदेशी, पारदेशिक, पारदेश्य।

वि. विदेश-सम्बन्धी, वैदेशिक।

विदेश का : विदेशी, विदेशीय, वैदेश्य विलायती, अन्यदेशीय, ग़ैरमुल्की, देशान्तरी, परदेशी, पारदेशिक, पारदेश्य, पारविषयिक।

अजनबी, अपरिचित, बाहरी।

(माल आदि) दिसावरी, देसावरी।

विदेश जाने वाला : विदेशग।

विदेश गया हुआ : देशान्तरित, प्रवसित, प्रवासगत, प्रवासस्थ, प्रवासस्थित, विदेशगत।

विदेश में रहनेवाला : प्रवासी, विदेशवासी, विदेशस्थ।

विदेश में उत्पन्न : विदेशज।

विदेश-भ्रमण में आनन्द मनानेवाला : विदेशनिरत।

अ. देश-विदेश में (दे.175)।

174.2. प्रमुख देश :

सं. अंगोला। राजधानी : लुआण्डा।

सं. अजरबैज़ान। राजधानी : बाकू।

सं. अण्डोरा। राजधानी : अण्डोरे-ला-विले।

सं. अफ़ग़ानिस्तान। राजधानी : काबुल।

निवासी : अफ़ग़ान, अफ़ग़ानी, आग़ा, काबुली-पठान।

वि. अफ़ग़ान, अफ़ग़ानी, काबुली।

सं. अर्जेंटीना। राजधानी : ब्युनेस आयर्स।

सं. अर्मीनिया। राजधानी : येरेवान।

सं. अलजीरिया। राजधानी : अलजीर्य।

सं. अलबानिया। राजधानी : तिराना।

सं. आइवरी कोस्ट। राजधानी : अबिदजान।

सं. आइसलैण्ड। राजधानी : रिक्याविक।

सं. आयरलैण्ड, आइरिश गणतन्त्र। राजधानी : डबलिन।

सं. आस्ट्रिया। राजधानी : वियना।

सं. आस्ट्रेलिया। राजधानी : कैनबरा।

सं. इंगलैण्ड। दे.युनाइटेड किंगडम।

सं. इक्वेटोरियल गिनी। राजधानी : मलाबो।

सं. इक्वेडोर। राजधानी : किवटो।

सं. इजरायल, इसरायल, इसराईल, यहूद। राजधानी : जेरूसलम, येरूशलम।

निवासी : इसरायली, इबरानी, यहूदी, यहूदिन (स्त्री.)।

वि. इजराइली, इसरायली, इबरानी।

सं. इटली। राजधानी : रोम।

निवासी : इटालियन, इतालवी।

वि. इटालियन, इतालवी।

सं. इण्डोनेशिया। राजधानी : जकार्ता।

वि. इण्डोनेशियाई।

सं. इथियोपिया। राजधानी : अदिस अबाबा।

सं. इराक़। राजधानी : बगदाद।

वि. इराकी।

सं. ईरान। राजधानी : तेहरान।

पारस, पारसिक, पारसीक, पारस्य, फ़ारस।

निवासी : ईरानी, पारसिक, पारसीक, फारसी।

भाषा : ईरानी (स्त्री.), पारसी (स्त्री.), फ़ारसी (स्त्री.); तुर्की (स्त्री.); कुर्दिश (स्त्री.); अरबी (स्त्री.)।

वि. ईरानी, पारस, पारसीकेय, फ़ारसी।

सं. उक्रेन। राजधानी : कीव।

सं. उजबेकिस्तान। राजधानी : ताशकन्द।

सं. उरुग्वे। राजधानी : माण्टेवीडियो।

सं. एण्टीगुआ ऐण्ड बारबूडा। राजधानी : सेण्ट जॉन्स।

सं. एरिट्रिया। राजधानी : असमारा।

सं. एल सल्वाडोर। राजधानी : सैन सल्वाडोर।

सं. एस्टोनिया। राजधानी : तालिन्न।

सं. ओमान। राजधानी : मस्कट।

सं. कजाकस्तान, कजाकिस्तान। राजधानी : अस्ताना।

सं. कतर, कतार। राजधानी : दोहा।

सं. कनाडा। राजधानी : ओटावा।

सं. कम्बोडिया। राजधानी : नोम पेन्ह।

सं. कांगो : राजधानी : ब्राजाविले।

सं. कांगो (पूर्व नाम सायर)। राजधानी : किंशासा।

सं. किरगिज़िस्तान। राजधानी : बिशकेक।
सं. किरिबती। राजधानी : बारिकी।
सं. कुवैत। राजधानी : कुवैत शहर।
सं. केन्या। राजधानी : नैरोबी।
सं. केप वर्डे। राजधानी : प्रैया।
सं. कैमरून। राजधानी : याओण्डे।
सं. कोमोरोस। राजधानी : मोरोनी।
सं. (उत्तर) कोरिया। राजधानी : पियांगयंग।
सं. (दक्षिण) कोरिया। राजधानी : सोल।
सं. कोलम्बिया। राजधानी : बोगोटा।
सं. कोस्टारिका। राजधानी : सैन जोज़।
सं. क्यूबा। राजधानी : हवाना।
सं. क्रोएशिया। राजधानी : जाग्रेब।
सं. गयाना। राजधानी : जॉर्ज टाउन।
सं. गिनी। राजधानी : कोनक्री।
सं. गिनी-बिसाऊ। राजधानी : बिसाऊ।
सं. गैवन। राजधानी : लिवरविले।
सं. गैम्बिया। राजधानी : बांजुल।
सं. ग्रेनाडा। राजधानी : सेण्ट जॉर्जस।
सं. ग्वाटेमाला। राजधानी : ग्वाटेमाला सिटी।
सं. घाना। राजधानी : अकरा।
सं. चाड। राजधानी : एनजमेना।
सं. चिली। राजधानी : सैण्टियागो।
सं. चीन। राजधानी : बीजिंग।
निवासी : चीना, चीनी।
भाषा : चीनी (मन्दारिन) (स्त्री.)।
वि. चीन-सम्बन्धी, चीनी।
चीन में उत्पन्न : चिनज, चीना, चीनी।
चीन का : चीना, चीनिया, चीनी।
सं. तिब्बत। राजधानी : ल्हासा।
निवासी : तिब्बती, त्रिविष्टप; भोट, भौट; चीनी।
भाषा : तिब्बती (स्त्री.)।
वि. तिब्बत-सम्बन्धी, तिब्बती।
सं. हांगकांग। राजधानी : विक्टोरिया।

सं. मकाओ (पुर्तगाली उपनिवेश)। राजधानी : मकाओ।
सं. चेक गणराज्य। राजधानी : प्राग।
सं. जमैका। राजधानी : किंगस्टन।
सं. जर्मनी। राजधानी : बर्लिन।
सं. जापान। राजधानी : टोक्यो।
निवासी : जापानी।
भाषा : जापानी (स्त्री.)।
वि. जापान-सम्बन्धी, जापानी।
जापान का : जापानी।
सं. जाम्बिया। राजधानी : लुसाका।
सं. जॉर्जिया। राजधानी : तिब्लिसी।
सं. जिबूती। राजधानी : जिबूती।
सं. जिम्बावे। राजधानी : हरारे।
सं. जोर्डन। राजधानी : अम्मान।
सं. टुवालो। राजधानी : फुनाफुटी।
सं. टोंगा। राजधानी : नुकू एलोफा।
सं. टोगो। राजधानी : लोमे।
सं. टयूनीशिया। राजधानी : टयूनिस।
सं. ट्रिनीडाड ऐण्ड टोबैगो। राजधानी : पोर्ट ऑफ स्पेन।
टोबैगो द्वीप का दूसरा नाम : रॉबिन्सन क्रूसो द्वीप।
सं. डेनमार्क। राजधानी : कोपेनहेगन।
डेनमार्क के बाहरी क्षेत्र :
फेरोइ आइसलैण्ड। राजधानी : टोर्शवान।
ग्रीनलैण्ड। राजधानी : नूक।
सं. डोमिनिकन रिपब्लिक। राजधानी : सेण्टो डोमिंगो।
सं. डोमिनिका। राजधानी : रोजियो।
सं. तंजानिया। राजधानी : डोडोमा।
सं. ताइवान। राजधानी : ताइपे।
सं. ताजिकिस्तान। राजधानी : दुशानबे।
सं. तुर्कमेनिस्तान। राजधानी : अश्काबाद।
सं. तुर्की, तुर्किस्तान, तुरकिस्तान, तुरकाना, तुरुष्क, रूम।
राजधानी : अंकारा।

निवासी : तुर्क, तुर्किन (स्त्री.), तुर्किनी (स्त्री.), तुरक, तुरकानी (स्त्री.) तुरकिन (स्त्री.), तुरुक, तुरुष्क, रूमी।

भाषा : तुर्की (स्त्री.), तुरकी ; कुर्दिश (स्त्री.); अरबी (स्त्री.)।
वि. तुर्की, तुरकी, तुरकाना, तुरकानी (स्त्री.), रूमी।
सं. थाईलैण्ड। राजधानी : बैंकाक।
सं. दक्षिण अफ्रीका : दे.साउथ अफ्रीका।
सं. नाइजर। राजधानी : नियामी।
सं. नाइजीरिया। राजधानी : अबुजा।
सं. नामीबिया। राजधानी : विण्डहाक।
सं. नार्वे। राजधानी : ओसलो।
सं. निकारागुआ। राजधानी : मानागुआ।
सं. नीदरलैण्ड्स। राजधानी : एमस्टर्डम।
शासन-केन्द्र : दि हेग।
हालैण्ड।
भाषा : डच (स्त्री.)।
निवासी : हालैण्डवासी, ओलन्देज।
वि. डच, ओलन्देज, ओलन्देजी।
सं. नेपाल। राजधानी : काठमाण्डू।
नैपाल, मंजुगर्त।
निवासी : नेपाली, नैपाली।
भाषा : नेपाली (स्त्री.)।
वि. नेपाल-सम्बन्धी, नेपाली, नैपाल, नैपाली।
नेपाल का : नेपाली, नैपाल, नैपाली।
नेपाल में उत्पन्न : नैपालिक।
सं. नेपाल का एक प्रान्त : गोरखा, गोरखाली।
निवासी : गोरखा, गोरखाली।
भाषा : गोरखाली (स्त्री.)।
सं. नौरू। राजधानी : यारेन नौरू।
सं. न्यूजीलैण्ड। राजधानी : वेलिंगटन।
सं. पनामा। राजधानी : पनामा सिटी।
सं. पराग्वे। राजधानी : असनश्यान।
सं. पलाऊ। राजधानी : कोरोर।
सं. पाकिस्तान। राजधानी : इस्लामाबाद।
निवासी : पाकिस्तानी।
वि. पाक, पाकिस्तानी।
सं. पापुआ न्यूगिनी। राजधानी : पोर्ट मोरेस्बी।

सं. पुर्तगाल। राजधानी : लिस्बन।
निवासी : पुर्तगाली, पुर्तगीज।
भाषा : पुर्तगाली (स्त्री.), पुर्तगीज (स्त्री.)।
वि. पुर्तगाली, पुर्तगीज।
सं. पेरू। राजधानी : लीमा।
सं. पोलैण्ड। राजधानी : वारसा।
सं. फिजी। राजधानी : सुवा।
सं. फिनलैण्ड। राजधानी : हेलसिंकी।
सं. फिलिस्तीन। मुख्यालय : जेरिको।
सं. फिलीपीन्स। राजधानी : मनीला।
सं. फ्रान्स। राजधानी : पैरिस।
फरासीस।
निवासी : फ्रांसीसी, फरासीसी, फरासीस।
भाषा : फ्रांसीसी (स्त्री.) फरासीसी (स्त्री.), फ्रेंच (स्त्री.)।
वि. फ्रांसीसी, फरासीसी।
सं. बंगलादेश, बांग्लादेश। राजधानी : ढाका।
निवासी : बंगलादेशी, बांग्लादेशी।
भाषा : बांगाला (स्त्री.)।
सं. बरकिना फासो। राजधानी : ओगाडुगु।
सं. बरबडोस। राजधानी : ब्रिजटाउन।
सं. बल्गारिया। राजधानी : सोफिया।
सं. बहरीन। राजधानी : मनामा।
सं. बहामाज। राजधानी : नसाऊ।
सं. बुरुण्डी। राजधानी : बुजुमबुरा।
सं. बेनिन। राजधानी : पोर्टो नोवो।
सं. बेलारूस। राजधानी : मिंस्क।
सं. बेलिज़। राजधानी : बेलमापान।
सं. बेलजियम, वेल्जियम। राजधानी : ब्रुसेल्स।
सं. बोत्सवाना। राजधानी : गैबरोन।
सं. बोलिविया। राजधानी : लापाज (प्रशासनिक); सुक्रे (न्यायिक)।
सं. बोस्निया-हर्जेगोविना। राजधानी : सरायेवा।
सं. ब्रुनेई। राजधानी : बन्दर सेरी बेगावान।
सं. भारत, India (दे.173.2)।
सं. भूटान। राजधानी : थिम्फू।

भोट, भोटांग, भोटान्त।
निवासी : भूटानी, भूटिया, भोटिया।
भाषा : भूटानी (स्त्री.), भोटभाषा (स्त्री.), भोटिया (स्त्री.)।
सं. मंगोलिया। राजधानी : उलानबटोर।
सं. मलावी। राजधानी : लिलांग्वे।
सं. मलेशिया। राजधानी : पालिकिर।
सं. माइक्रोनेशिया। राजधानी : क्वालालामपुर।
सं. मारीशस। राजधानी : पोर्ट लुई।
सं. मार्शल आइलैण्ड। राजधानी : दलाप-उलिगा-डैरिट।
सं. मालदीव। राजधानी : माले।
सं. माली। राजधानी : बमाको।
सं. माल्टा। राजधानी : वलेट्टा।
सं. मिस्र (इजिप्ट)। राजधानी : काहिरा।
मिश्र, मिसर।
निवासी : मिस्री।
वि. मिस्री।
सं. मेडागास्कर। राजधानी : एण्टातनानाराइव।
सं. मेसेडोनिया। राजधानी : स्कोपजे।
सं. मैक्सिको। राजधानी : मैक्सिको सिटी।
सं. मोजाम्बिक। राजधानी : मपूतो।
सं. मोनाको। राजधानी : मोनाको।
सं. मोरक्को। राजधानी : रबात।
सं. मोलदोवा। राजधानी : किशिनेव।
सं. मौरितानिया। राजधानी : न्वाकचोऐट।
सं. म्याँमार। राजधानी : यंगून (रंगून)।
भाषा : वर्मी।
सं. यमन। राजधानी : सैना। व्यापार-सम्बन्धी राजधानी : अदन।
सं. युगाण्डा। राजधानी : कम्पाला।
सं. युनाइटेड अरब अमीरात। राजधानी : अबूधाबी।
सम्मिलत सात शेख राज्य : अबूधाबी; दुबई; शारजाह; उम्म अल कुवैत; अजमान; फुजइंराह; रस अल खैमा।
सं. युनाइटेड किंगडम। राजधानी : लंदन।
इंगलैण्ड, इंग्लैण्ड, इंगलिस्तान, इंग्लिस्तान, ब्रिटेन, बिलायत (स्त्री.)।
निवासी : अँगरेज़, अँग्रेज़, इंगलिशमैन, इंग्लिशमैन।

भाषा : अँगरेज़ी (स्त्री.) अँग्रेज़ी (स्त्री.) इंगलिश (स्त्री.), इंग्लिश (स्त्री.); वेल्स (स्त्री.); स्कॉच (स्त्री.); गेलिक (स्त्री.)।

अँगरेज़ी चाल-ढाल : अँगरेज़पन, अँगरेज़ियत (स्त्री.)।

वि. अँगरेज़ी, अँग्रेज़ी, इंगलिश, इंग्लिश, इंगलिस्तानी, इंग्लिस्तानी, विलायती।

युनाइटेड किंगडम में सम्मिलित राज्य :

सं. वेल्स। राजधानी : कार्डिफ।

सं. स्कॉटलैण्ड। राजधानी : एडिनबरा।

सं. उत्तरी आयरलैण्ड। उत्तर-पूर्व आयरलैण्ड युनाइटेड किंगडम का भाग। राजधानी : बेलफास्ट।

सं. आइरिश गणतन्त्र : दे.आयरलैण्ड।

सं. युगोस्लाविया। राजधानी : बेलग्रेड।

सं. यूनान (ग्रीस)। राजधानी : एथेन्स।

निवासी : यूनानी, यवन, ग्रीक।

भाषा : यूनानी (स्त्री.), यवनानी (स्त्री.), ग्रीक (स्त्री.)।

वि. यूनानी, यावन, यावनी, ग्रीक।.

सं. रुवाण्डा। राजधानी : किगाली

सं. रूस। राजधानी : मॉस्को।

निवासी : रूसी।

भाषा : रूसी।

वि. रूसी।

सं. रोमानिया। राजधानी : बुखारेस्ट।

सं. लक्जमबर्ग। राजधानी : लक्जमबर्ग।

सं. लाइबेरिया। राजधानी : मोनरोविया।

सं. लाओस। राजधानी : वियन्तियन।

सं. लातिविया। राजधानी : रिगा।

सं. लिचटेन्सटीन। राजधानी : वाडुज।

सं. लिथुआनिया। राजधानी : विलनियस।

सं. लीबिया : राजधानी : त्रिपोली।

सं. लेबनान। राजधानी : बेरुत।

सं. लेसोथो। राजधानी : मसेरु।

सं वनातू। राजधानी : विला।

सं. वियतनाम। राजधानी : हनोई।

सं. वेटिकन सिटी। राजधानी : वेटिकन सिटी। (पोप का राज्य)।

सं. वेनेजुएला। राजधानी : केरेकस।

सं. श्रीलंका (स्त्री.)। राजधानी : कोलम्बो।

ताम्रद्वीप, ताम्रवर्ण, लंक, लंकद्वीप, लंका (स्त्री.), सिंहल, सिंहलक, सिंहलद्वीप, सिंहला (स्त्री.), स्वर्णद्वीप, सरनदीप, ceylon।

श्रीलंकावासी, सिंहल, सिंहली, सिंहलद्वीपी, ceylonese।

वि. सिंहल-सम्बन्धी, सैंहल।

सिंहल का : सिंहली, सिंहलद्वीपी, सैंहल।

सिंहल-स्थित : सिंहलस्थ।

सं. संयुक्त राज्य अमरीका। राजधानी : वाशिंगटन।

अमरीका, अमेरिका।

निवासी : अमरीकन, अमेरिकन, अमरीकी।

वि. अमरीकन, अमेरिकन, अमरीकी।

सं. सऊदी अरब। राजधानी : रियाद (शाही); जेद्दा (प्रशासनिक)।

अरब, अरबिस्तान।

निवासी : अरबी।

भाषा : अरबी (स्त्री.) ताज़ी (स्त्री.)।

वि. अरबी, अरब्बी, ताज़ी।

सं. अरब से भिन्न देश—ईरान, तूरान आदि : अजम।

निवासी : अजम।

वि. अजमी।

सं. समोआ (पश्चिमी समोआ)। राजधानी : एथिया।

पूरबी समोआ (अमरीकी समोआ)। राजधानी : फोगोटोगो।

सं. सइप्रस। राजधानी : निकोसिया।

तुर्की साइप्रस। राजधानी : निकोसिया।

सं. साउथ अफ्रीका। राजधानी : प्रिटोरिया (प्रशासनकि); केपटाउन (व्यावसायिक); ब्लोएमफांटेन (न्यायिक)।

सं. साओ टोमे ऐण्ड प्रिंसिपल। राजधानी : साओ टोमे।

सं. सिंगापुर। राजधानी : सिंगापुर सिटी।

सं. सियरा लियोन। राजधानी : फ्रीटाउन।

सं. सीरिया। राजधानी : दमिश्क।

सं. सुडान। राजधानी : खार्तूम।

सं. सूरीनाम। राजधानी : परमारिबो।

सं. सेण्ट किट्स-नेविस। राजधानी : बस्सेटेरे।

सं. सेण्ट्रल अफ्रीकन रिपब्लिक। राजधानी : बंगुई।

सं. सेण्ट लुसिया। राजधानी : केस्टाइस।

सं. सेण्ट विन्सेण्ट ऐण्ड दी ग्रेनेडाइस। राजधानी : किंग्सटाउन।
सं. सेनेगल। राजधानी : डकार।
सं. सेशेल्स। राजधानी : विक्टोरिया।
सं. सैन मरीनो। राजधानी : सैन मरीनो।
सं. सोमालिया। राजधानी : मोगादिसु।
सं. सोलोमन आइलैण्ड्स। राजधानी : होनियारा।
सं. स्पेन। राजधानी : मैड्रिड।
सं. स्लोवाकिया। राजधानी : ब्राटिस्लावा।
सं. स्लोवेनिया। राजधानी : लुबलियाना।
सं. स्वाजीलैण्ड। राजधानी : म्बाबने।
सं. स्विट्जरलैण्ड। राजधानी : बर्न।
सं. स्वीडन। राजधानी : स्टॉकहोम।
सं. हंगरी। राजधानी : बुडापेस्ट।
सं. हण्डुरास। राजधानी : तेगुसीगल्पा।
सं. हैती। राजधानी : पोर्ट-ओ-प्रिंस।

175. यहाँ-वहाँ-जहाँ-हर कहीं-कहाँ

175.1. अ. यहाँ, अत्र, इतः, इधर, इस जगह, इस स्थान पर, हिंयाँ।
यहीं, इसी जगह, इसी स्थान पर।
इधर, इस ओर, इस तरफ़।
वि. यहाँ का, इस जगह का, इस स्थान का, अत्रक, अत्रत्य, अत्रस्थ।
इस ओर का : उरला, उरली (स्त्री.)।

175.2. अ. वहाँ, उधर, उस जगह, उस स्थान पर, उहाँ, ओहर, तत्र, तहाँ, हुआँ।
वहीं, उसी जगह, उसी स्थान पर।
उधर, उस ओर, उस तरफ़।
वि. वहाँ का, उसी जगह का, उस स्थान का, तत्रत्य।
उस ओर का : परला, परली (स्त्री.)।

175.3. अ. अन्यत्र, अन्य स्थान पर, और कहीं, और जगह, दूसरी जगह, परत्र।
वि. अन्यत्र गया हुआ : स्थानान्तरगत।
अन्यत्र भेजा हुआ : स्थानान्तरित (दे.661)।
सं. अन्य स्थान, दूसरी जगह, स्थानान्तर।

175.4. अ. जहाँ, जिस जगह, जिस स्थान पर, जिधर, यत्र।
जहाँ का तहाँ, अपनी जगह पर, अपने स्थान पर, जहाँ था वहीं।
जिधर, जिस ओर, जिस तरफ़।

जहाँ-तहाँ, जगह-जगह, जिधर-तिधर, अनेक स्थानों पर, बहुत जगह, यत्र-तत्र।

अगल-बगल, आस-पास, इतस्ततः, इधर-उधर, इर्द-गिर्द, यहाँ-वहाँ।

175.5. सं. प्रत्येक स्थान; सभी स्थान।

चतुर्दिक् (स्त्री.), चतुर्दिश, चौखूँट।

सर्वव्याप्ति (स्त्री.) (दे.128), सर्वतोभाव, सर्वत्रसत्त्व।

अ. सर्वत्र, सर्वतः, सब जगह, सभी जगह, विश्वतः, विश्वथा, हर कहीं, हर जगह, जगह-जगह।

चतुर्दिक्, चतुर्दिश, चहुँ ओर, चहुँधा, चहुँदिस, चारों ओर, चारों तरफ, चारों दिशाओं में, चौखूँट चौगिर्द, चौतरफा, चौफेर, चौमुख, यथादिक्, यथादिश, हर दिशा में।

अनेक स्थानों पर, अनेकत्र, जगह-जगह, विभिन्न स्थानों पर।

देश-देश में, देश-देशान्तर में, देश-विदेश में।

एक छोर से दूसरे छोर तक, एक सिरे से दूसरे सिरे तक।

वि. सर्वत्रगामी, सर्वत्रग, सर्वत्रापि, सर्वतोगामी।

सब जगह पहुँचा हुआ : सर्वत्रगत।

सर्वव्यापक, सर्वव्यापी, सर्वसंस्थ (दे.128)।

सार्वदेशिक, सार्वभौम, सार्वभौमिक, सार्वलौकिक।

176.6. अ. कहाँ, किस जगह, किस स्थान पर, कुत्र।

किधर, किस ओर।

कहाँ का कहाँ, कहाँ से कहाँ।

कहीं, कहूँ, किसी जगह।

कहीं-कहीं, किसी-किसी जगह, कुछ स्थानों पर, ख़ाल-ख़ाल।

176. विभिन्न स्थान

176.1. सं. पृश्वी (स्त्री.) (दे.11)।

गोलार्ध : उत्तरी गोलार्ध; दक्षिणी गोलार्ध।

उष्ण कटिबंध; उत्तरी समशीतोष्ण कटिबंध; दक्षिणी समशीतोष्ण कटिबंध; उत्तरी शीत कटिबंध; दक्षिणी शीत कटिबंध।

विषुवद्देश, निरक्षदेश।

भूमध्यरेखीय प्रदेश, विषुवतीय प्रदेश।

घासवाला मैदानी क्षेत्र, prairie।

मरुस्थलीय क्षेत्र।

मानसूनी प्रदेश।

भूमध्यसागरीय प्रदेश।

समशीतोष्ण प्रदेश।

ध्रुवीय प्रदेश, tundra।
ध्रुवीय परिधि (स्त्री.)।
उत्तरी ध्रुव वृत्त; उत्तरी ध्रुव, सुमेरु, स्वर्णगिरि, भूस्वर्ग।
दक्षिणी ध्रुव, कुमेरु।
मैदान (दे.12)। पठार (दे.32)। मरुस्थल (दे.34)। जलमय स्थान (दे.22)। तट (दे.25)। शून्य (दे.2)।
वि. पृथ्वी-सम्बन्धी, पार्थिव।
गोलार्धीय।
कटिबंधीय।
176.2. सं. महाद्वीप, महादेश, continent।
(पौरा.) सप्तद्वीप (दे.35)।
उपमहाद्वीप, sub-continent।
एशिया, जम्बूमहाद्वीप।
एशियावासी, एशियाई।
वि. एशियाई।
सं. अफ्रीका, जंग, बरबरिस्तान, बर्बर देश, कालद्वीप।
अफ्रीकावासी, अफ्रीकी; हब्शी, negro।
वि. अफ्रीकी, African।
सं. यूरोप, योरोप, यूरप, फिरंग, फिरंगिस्तान, विलायत (स्त्री.), हरिवर्ष।
यूरोपवासी, यूरोपियन, फिरंगी।
वि. यूरोपीय, यूरोपियन, फिरंग, फिरंगी, विलायती।
यूरोपीय और एशियाई पितृत्ववाला : यूरेशियाई, eurasian।
सं. उत्तरी अमरीका, उत्तरी अमेरिका, उत्तर पाताल।
वि. उत्तरी अमरीकी, उत्तरी अमेरिकी।
सं. दक्षिणी अमरीकी, दक्षिणी अमेरिकी।
सं. आस्ट्रेलिया, महालंका।
वि. आस्ट्रेलियाई, Australian।
सं. दक्षिण ध्रुवीय महाद्वीप, अण्टार्कटिका, Antarctica।
वि. महाद्वीपीय, महादेशीय। उपमहाद्वीपीय।
176.3. सं. पूर्वी देश, प्राच्य देश, पूर्व।
वि. पूर्वी देशीय, प्राच्य देशीय, प्राच्य, पौर्व।
176.4. सं. मध्य पूर्व, पश्चिम एशिया, Middle east।
वि. मध्यपूर्वी, पश्चिम एशियाई।
176.5. सुदूर पूर्व, पूर्व एशिया, ear east।

वि. सुदूर पूर्वी, पूर्व एशियाई।

176.6. सं. पश्चिमी देश, पाश्चात्य देश, पश्चिम, प्रतीची (स्त्री.)।

वि. पश्चिमी देशीय, पाश्चात्य देशीय, पश्चिमी, पाश्चात्य, प्रतीचीन।

176.7. सं. देश (दे.172); राष्ट्र (दे.368); साम्राज्य (दे.368)।

महलों से भरा देश : अट्टस्थली (स्त्री.)।

बुरा देश : अदेश।

राज्य, प्रदेश, प्रान्त, सूबा, जनान्त।

वि. देशी, देशीय; राष्ट्रीय; साम्राज्यीय।

अन्तरदेशीय, अन्तर्देशीय।

राज्यीय, प्रदेशीय, प्रादेशिक, प्रान्तीय, प्रान्तिक।

अन्तःप्रान्तीय, अन्तःप्रादेशिक, अन्तरप्रान्तीय, अन्तरप्रादेशिक।

176.8. सं. जनपद, जिला, अधिष्ठान, उपमंडल, उपवर्तन, पट्टला (स्त्री.), सरकार (स्त्री.), district।

विकास खण्ड, block।

थाना क्षेत्र; वृत्त, police circle।

पंचायत क्षेत्र।

तहसील (स्त्री.) शिक। उपज़िला, परगना, sub-division।

तअल्लुक, तालुका।

मंडल, प्रभाग, सम्भाग, division। कमिश्नरी (स्त्री.)।

अधिसूचित क्षेत्र, अधिसूचित इलाक़ा, विज्ञापित क्षेत्र, notified area।

ज़िला परिषद् (स्त्री.), ज़िला बोर्ड, distric board।

चुनाव क्षेत्र, निर्वाचन क्षेत्र।

वि. जनपदीय, जानपद, उपमंडलीय।

मंडलीय, प्रभागीय, सम्भागीय।

176.9. सं. महानगर, महानगरी (स्त्री.) महापुर, अट्टस्थली (स्त्री.) पुरवर, राजनगर, metropolitan city।

महानगर परिषद् (स्त्री.), metropolitan council।

नगर निगम, नगर महा पालिका (स्त्री.), महानगरपालिका corporation, municipal corporation।

नगरप्रमुख (दे.373), महापौर, mayor।

176.10. सं. नगर (बस. बसा.), नगरी (स्त्री.), निगम, निवेअधिष्ठान, उम, कंथा (स्त्री.), द्रंग, पट्टन, पट्टनी (स्त्री.), पत्तन, पाटण, पाटन, पुटभेद, पुटभेदन, पुरपाटण, पुरि (स्त्री.), पुरी (स्त्री.) शहर (बस. बसा.), स्थान, स्थानीय, city।

भारत के प्राचीन भेद : कुब्जक; खर्वट; खेट; नगर; नगरी (स्त्री.); पट्टन; पुर; राजधानी (स्त्री.)।

अंधेरनगरी (स्त्री.), शहरशमला, हरबोंगपुर।

सदर, सदर मुकाम, head quarter।

प्रधान नगर। राजधानी (स्त्री.) (दे.372)।

नगर की देखभाल : नगररक्षा (स्त्री.)।

नगर की चहारदीवारी : पुरत्राण, फ़सील (स्त्री.), शहरपनाह (स्त्री.)।

नगर का प्रवेशद्वार : गोपुर, नगरद्वार, पुरतोरण, पुरद्वार।

नगर-रक्षक दुर्ग : पुरकोट्ट।

नगर के पास सार्वजनिक मैदान : सन्निवेश।

नगर भवन, town hall।

नगरपालिका (स्त्री.), चुंगी कचहरी (स्त्री.), municipality।

नगरपालिका अध्यक्ष (दे.373)।

सभासद, सदस्य, पारिषद, पार्षद, councillor, member।

नगरपिता (दे.373), city father।

(पौरा.) नगर की देखभाल करने वाला अधिकारी : नगररक्षी, नगराधिकृत, नगराधिप, नगराधिपति, नगराध्यक्ष, नागरक, पौरिक।

नगर का पहरेदार : नगररक्षक (दे.382)।

नगरभाग, विभाग, हलक़ा, ward।

महल्ला, मुहल्ला, महाल, मुहाल, गोंड़ा, टोला, निटोल, पाड़ा।

छोटा महल्ला : टोली (स्त्री.)।

बस्ती (स्त्री.)।

कालोनी (स्त्री.)।

गन्दी बस्ती, दरिद्रावसति (स्त्री.), मलिनावसति (स्त्री.) मलिनावास।

श्रमिक बस्ती (स्त्री.), मिल-महाल।

नगरजन, नगरनिवासी, नगरवासी, नगरस्थ, नगरौका, नागर, नागरिक, खेटी, पुरजन, पुरलोक, पुरवासी, पुरौका, पौर, पौरजन, पौरलोक, पौरिक, शहरदार, शहरबाश, शहराती, शहरी।

प्रमुख नगरवासी : पौरमुख्य, पौरवृद्ध।

तुच्छ नगरवासी : नगरकाक।

नगर का श्रेष्ठ धनी : नगरसेठ।

शहर की औरत : नगरवासिनी (स्त्री.), नागरी (स्त्री.), पुरवासिनी (स्त्री.), पौरकन्या (स्त्री.), पौरयोषित् (स्त्री.), पौरस्त्री (स्त्री.), पौरांगना (स्त्री.)।

नागरिकता (स्त्री.), नागरता (स्त्री.), नागर्य, शहरातीपन।

एक नगर का नागरिक होना : सहनागरिकता (स्त्री.), पौरसख्य।

नगर का सार्वजनिक कार्य : पौरकार्य।

नगर में घूम-घूमकर किया जाने वाला कीर्तन : नगरकीर्तन।

शोभा यात्रा के साथ मूर्ति आदि को नगर में घुमाना : नगरप्रदक्षिणा (स्त्री.)।

नगर-निर्माण योजना (स्त्री.), नगर आयोजन, नगरादि, सन्निवेश, पुरनिवेश, town planning।

176.11. सं. उपनगर, उपनगरी (स्त्री.), उपपुर, अभिव्यंदिरमण, कसबा, नगरप्रान्त, नगरोपान्त, पुरा, बसीता, बस्ती (स्त्री.), शाखानगर, शाखानगरक, शाखापुर, शाखापुरी (स्त्री.), town।

नगर के समीप का क्षेत्र : नगराभ्याश, नगराभ्यास, मुफ़स्सल, मुफ़स्सलात, mofussil, suburb।

कसबाती।

नगर और जनपद का रहनेवाला : पौरजानपद।

वि. नगर-सम्बन्धी, नगरीय, नागर, नागरक, नागरिक, पौर, पौरेय, शहरी।

अग्राम्य।

नगर और जनपद का : पौरजानपद।

नगर के समीप का : पौरेय।

शहर भर की ख़बर रखनेवाला : शहरख़बरा।

शहर में घूमनेवाला : शहरगश्त, शहरगिर्द।

शहर से निकाला हुआ : शहरबदर (कर. हो.)।

अ. नगर नगर, शहर शहर, शहर दर शहर, शहर ब शहर।

176.12. सं. गाँव (बस. बसा.), ग्राम, आवसथ, उपवसथ, खेट, खेटक, खेड, दिहात, देह, देहात, निवसथ, पद्ध, परिवसथ, पुरा, प्रतिवसथ, मौजा, संवस्थ, सद्वसथ।

आबादी (स्त्री.), बस्ती (स्त्री.) (दे.177)।

छोटा गाँव : खेटक, खेड़ा, गँवई (स्त्री.), गोट, गोंड़ा, ग्रामाधान, चक, टोला, पल्लि (स्त्री.), पल्लिका (स्त्री.), पल्ली (स्त्री.), पुरवा।

बड़ा गाँव : खर्वट, गंडाग्राम।

पहाड़ी गाँव : खर्बट, खर्वट।

नदी किनारे का गाँव : अनूपग्राम, खर्वट।

नगर के पास का गाँव : गृह्या (स्त्री.)।

गया-बीता गाँव : ग्रामटिका (स्त्री.)।

दूसरा गाँव : ग्रामान्तर, ग़ैर-इलाक़ा।

अहीरों का गाँव : अहिराना, अहीराना, अभीरी (स्त्री.), आभीरपल्लि (स्त्री.), आभीरपल्लिका (स्त्री.), आभीरपल्ली (स्त्री.), गोष्ठ, घोष, व्रजवास।

काछियों का गाँव : कछवारा, कछियाना।

ब्राह्मणों का गाँव : बम्हनौटी (स्त्री.)।

ठाकुरों का गाँव : ठकुराना।

चमारों का गाँव : चमरौटी (स्त्री.), चमरटोला, चमरटोली (स्त्री.)।

कसाइयों का गाँव : अटाला।

धोबियों का गाँव : मंजील।

वैश्यों का गाँव : वेटा।

धीवरों का गाँव : दाशग्राम, दाशपुर।

चाण्डालों का गाँव : पक्कण।

आधा गाँव : अर्धग्राम, पटक।

गाँव की सीमा : ग्रामान्त, सिवान, सीमान्तर (दे.633)।

दो गाँवों की सीमा : भयवर्जिता (स्त्री.)।

वह स्थान जहाँ चार गाँवों की सीमाएँ मिलती हों : चौखा, चौगड्डा, चौसिंधा, चौहट्टा।

गाँव के पास का स्थान : गोंइड़, गोंइड़ा, गोइँड़, गोइड़ा।

गाँव से दूर का स्थान : पाही (स्त्री.)।

गाँव-गँवई, गाँव-गिरावँ, गाँव-घर, गाँव-देहात; गाँव-गंज।

ग्रामवासी, ग्रामक, ग्रामचर, ग्रामस्थ, ग्रामिक, ग्रामी, ग्रामीण, ग्रामीणा (स्त्री.), ग्रामीय, ग्रामेय, ग्राम्या (स्त्री.), गँवार, गँवारिन (स्त्री.), गँवारी (स्त्री.), गँवेली (स्त्री.), कवेरा, कवेरिन (स्त्री.), दहक़ान, दहक़ानी, दिहक़ान, दिहक़ानी, देहक़ान, देहक़ानी, देहाती।

गाँव का मुखिया : ग्रामकूट, ग्रामकूटक, ग्रामणी, ग्रामपुरुष, ग्रामस्वामी, ग्रामहट्टार, ग्रामाधिकृत, ग्रामाधिप, ग्रामाध्यक्ष, ग्रामिक, ग्रामी, ग्रामेश, ग्रामेश्वर, गोप, थनैत, पटेल, महता, महतो, मुक़द्दम, सयाना, स्याना, सूतग्रामणी।

ग्राम प्रधान, प्रधान।

दस गाँवों का शासक : दशग्रामपति, दशग्रामिक, दशग्रामी, दशप, दशेश।

बीस गाँवों का शासक : विंशतीश, विंशतीशी।

गाँव के मुखिया का रसूम : सयानाचारी (स्त्री.), स्यानाचारी (स्त्री.)।

ग्रामपाल, ग्रामरक्षक।

ग्राम-निरीक्षक, दौःसाधिक।

ग्राम पंचायत (स्त्री.)।

ग्रामप्रेष्य, ग्रामसेवक।

गाँव में बसना : ग्रामवास।

ग्राम-जीवन, ग्रामीण जीवन।

ग्राम-जीवन को संघटित करना : ग्रामसंघटन।

ग्रामसुधार।

गाँव का अधिष्ठाता : ग्रामदेव, ग्रामदेवता, ग्राम्यदेवता।

गाँव का पवित्र अश्वत्थ वृक्ष : ग्रामचैत्य।

गाँव का पुरोहित : ग्रामयाजक, गग्रमयाजी, खेड़ापति।

गाँव का रिवाज़ : ग्रामाचार।

गाँव की गली : ग्रामरथ्या (स्त्री.)।

गाँव की नाली : ग्रामसंकर।

गाँवों का बाज़ार : ग्राममुख।

देहाती मदरसा, ग्रामपाठशाला (स्त्री.)।

गाँव का बढ़ई : ग्रामगृह्यक, ग्रामतक्ष।

गाँव में अशान्ति पैदा करने वाला : ग्रामकंटक, ग्रामद्रोही।

गाँव की मारपीट : ग्रामयुद्ध।

गाँव को लूटना : ग्रामघात।

गँवारपन, गँवारूपन, ग्राम्यता (स्त्री.), दहक़ानियत (स्त्री.), दहक़ानीयत (स्त्री.), दिहक़ानियत (स्त्री.), दिहातीपन, देहक़ानियत (स्त्री.), देहातीपन।

देहाती मसल : गँवरमसला।

देहाती भोजन : ग्राम्य।

गाँव की आबादी के ब्योरे का कागज : ख़सरा आबादी।

वि. ग्राम-सम्बन्धी, ग्रामीण, ग्राम्य।

ग्रामवासी, ग्रामिक, ग्रामी, ग्रामीण, ग्रामीणा (स्त्री.), ग्रामीय, ग्रामेय, ग्रामेयी (स्त्री.), ग्राम्य, ग्राम्यबुद्धि, गँवार, गँवारी, गँवारू, गाँवही, दहक़ान, दहक़ानी, दिहाती, देहक़ान, देहक़ानी, देहाती।

गँवारों जैसा : गँवरदल।

गाँव में उत्पन्न : ग्रामज, ग्रामजात।

ग्राम में बसा हुआ : छपरबन्द, छप्परबन्द।

गाँव के बाहर का : ग्रामगृह्य, पाही।

अ. गाँव-गाँव।

177. निवास

सं. निवास (कर.), निवसन, निलयन, अवस्थान (कर.), अवस्थिति (स्त्री.), आबाद होना-/रहना-, बसना-, बस जाना-, रहन (स्त्री.), रहना-, रह जाना-/लेना-, रहाइश (स्त्री.), वास (कर.), वासि, सकूनत (स्त्री.), सुकूनत (स्त्री.), सन्निवास, स्थिति (स्त्री.)।

बसाना-, बसा देना-/लेना-, आबाद करना-।

अधिवास (कर.), domicile।

निवासस्थान, निवास, निकाय, निलय, निवसति (स्त्री.), निलसन, निवेश, अकामत, अधिवास, अधिष्ठान, अवसथ, आवास, घर, जायरहाइश (स्त्री.), ठौर-ठिकाना, मुक़ाम, वसथ, वस्त, वस्त्य, वस्न, वस्म, वस्र, वासक, वासस्थान, संवास, सदन, सद्म, सन्निवेश, सन्निवेशन, समावास, समाश्रय, सिताँ, स्थितिदेश।

पैतृक वासस्थान : घर।

मकान (दे.180); प्रासाद (दे.180); झोंपड़ा (दे.180)।

पड़ोस (दे.172)।

अड्डा, अधिष्ठान, क़याम, ठहराव, ठिकाना, पड़ाव, मुक़ाम।

आबादी (स्त्री.), आबादानी (स्त्री.), आवादानी (स्त्री.), अधिवासभूमि (स्त्री.), अधिष्ठान, बसीकत (स्त्री.), बसीगत (स्त्री.), बस्ती (स्त्री.), वसति (स्त्री.), वसती (स्त्री.), वास्तव्य, संवास।

शरणार्थी बस्ती (स्त्री.)।

उपनिवेश (बसा.), उपनिवेशन, नौआबादी (स्त्री.)।

जिन लोगों से उपनिवेश बसे : निविशमान।

शिविर (दे.180); ग्राम (दे.176); नगर (दे.176)।

गृहभूमि (स्त्री.), वास्तु, वास्तुस्थान, वेश्मभू (स्त्री.)।

वास्तुशास्त्र।

वासव्यवस्था (स्त्री.), accommodation।

पता, ठिकाना, उद्देश्य, स्थान।

वि. निवास-सम्बन्धी, नैवासिक।

बसा हुआ : अधिवसित, अधिश्रित, अध्युषित, अध्युष्ट, आबाद, अबादान, निवसित, वासित, वास्तव्य, समावासित, समाश्रित, स्थित।

घना बसा हुआ : जनसम्बाध, जनाकीर्ण।

बसने योग्य : नैवासिक, रहाइशी, वस्तव्य, वासतेय, वासयोग्य, वासोपयोगी, वास्तव्य, सकूनती, सुकूनती, स्थातव्य।

बसाने योग्य : वास्तेय।

वि./सं. निवासी, अधिवास, अधिवासी, अनुवासी, आवासिक, आवासी, बाशिंदा, वासी, संवासी।

अधिवासी, domiciled person।

पड़ोसी (दे.324)।

उपनिवेशित, उपनिविष्ट, नौआबाद।

उपनिवेशवासी, उपनिवेशी, आबादकार।

(विप.) जो आबाद न हो : अतिजन, अवसित, जनावासरहित।

178. अस्थायी निवास

178.1. सं. अस्थायी निवास, आशियाना, आशियाँ, बसेरा (कर. ले.)।

अतिथिगृह, अतिथिभवन, अतिथिशाला (स्त्री.), मेहमानख़ाना, guest house।

धर्मशाला (स्त्री.), जनवास, जनाश्रम, जनाश्रय।

पांथनिवास, पांथशाला (स्त्री.), पथिकाश्रय, उपकार्या (स्त्री.), inn।

चट्टी (स्त्री.), चावड़ी (स्त्री.), टिकान (स्त्री.), पड़ाव।

रात बिता सकने का स्थान : रैनबसेरा।

178.2. सं. सरा (स्त्री.), सराय (स्त्री.), कलुक्का (स्त्री.)।

सराय की देखभाल करने वाला : भटियारा, भटियारी (स्त्री.), भटिहारिन (स्त्री.), भटिहारी (स्त्री.), भठियारा, भठियारन (स्त्री.), भठियारिन (स्त्री.), भठियारी (स्त्री.), भठिहारा, भठिहारिन (स्त्री.)।

178.3. सं. वह चौकी जो पहले डाक ले जाने वालों के लिए बनती थी : डाकचौकी (स्त्री.)।

वह बँगला जो पहले डाक ले जाने वालों और मुसाफिरों के लिए बनता था : डाक बँगला।

सरकारी अधिकारियों के ठहरने का स्थान : गोल बँगला, परिधि गृह, circuit house।

178.4. सं. प्रतीक्षा-कोष्ठ, प्रतीक्षालय, मुसाफिरखाना, waiting room।

विश्राम-कोष्ठ, विश्रामालय, retiring room।

विश्रामगृह, विश्रामभवन, rest house।

आवासगृह, विश्रान्तिगृह, होटल, hotel।

कार रखने की सुविधा से युक्त होटल : मोटेल, motel।

भोजनावास, boarding house।

संवासगृह, lodgin, house।

178.5. सं. छात्रावास, छात्रालय, अवसथ, अवसथ्य, hostel।

178.6. सं. डेरा (डाल. दे.पड़. ले.), अड़ान, अध्वनिवेश, टिकान (स्त्री.) (हो.), टिकाव, निवेशन, पड़ाव (कर. डाल. पड़.), मंजिल (स्त्री.), मुकाम (कर.), समावास।

डेरे का सामान : डेरा-डण्डा (उठा.), बोरिया-बधना (समेट.)।

178.7. सं. खेमा (खड़ा कर. गाड़. डाल.), ख़ीमा, उपकारिका (स्त्री.), औपकार्य, औपकार्या (स्त्री.), कंपू, कपड़कोट, केणिका (स्त्री.), गुणलयनिका (स्त्री.), गुणलयनी (स्त्री.), डेरा, तंबू (खड़ा कर. तान.), दूश्य, पटक, पटकुटी (स्त्री.), पटमण्डप, पटमय, पटवाप, पटवास, पटवेश्म, पटसदन, पटोटज, पांशुचामर, पांसुचामर, पोताच्छादन,

प्रोतोत्सादन, मलन, वसनसद्य, वस्त्रकुट्टिम, वस्त्रगृह, वस्त्रभवन, वस्त्रवेश, वस्त्रवेश्म, वासःकुटी (स्त्री.), वास्तुकीर्ण, वैतान, शिविर, श्रेणिका (स्त्री.) स्फुल, tent, camp।

भारी ख़ेमा : नौबती, विजया (स्त्री.)।

नौबती का चौकीदार : नौबतीदार।

शाही ख़ेमा : उपकारी (स्त्री.), उपकार्या (स्त्री.), बारगह, बारगाह (स्त्री.), विजया (स्त्री.), स्कंधावार।

छोटा तंबू : (अँकुड़ा लगा हुआ) कलन्दरी (स्त्री.), (गोल) गुंबदी, छोलदारी (स्त्री.), पोताच्छादन, रावटी (स्त्री.)।

लंबा तंबू : स्थुल।

खेमे का डंडा : ख़ालिफ़ा, चोब (स्त्री.)।

चोब के ऊपर लगा हुआ लट्टू : कुलचा।

ख़ेमे का अँकुड़ा : क़लन्दर, क़लन्दरा।

ख़ेमा खड़ा करने का बाँस : श्योरा।

ख़ेमा सीने/बनाने वाला : ख़ैयाम।

ख़ेमा लगाने वाला : फ़र्राश, फर्राशन (स्त्री.), फ़र्राशिन (स्त्री.)।

फ़र्राश का काम : फ़र्राशी (स्त्री.)।

ख़ेमे आदि रखने का कमरा : फ़र्राशख़ाना।

वह बड़ा तंबू जिसमें बाँसों पर लंबा-चौड़ा कपड़ा तना होता है : शामियाना (खड़ा कर गाड़. लगा.), जनाश्रय, तंबू (खड़ा कर. तान.), मँड़वा।

कपड़े का परदा जो दीवार की तरह शामियाने में लगता है : क़नात (स्त्री.), कांडपट, कांडपटक, जवनिका (स्त्री.), नीशार, पटि (स्त्री.), पटी (स्त्री.), यवनिका (स्त्री.)।

छोटा शामियाना : चँदवा (तान.), चाँदोआ, चँदोवा, चन्द्रातप, अपाश्रय, उल्लोच, छतरी (स्त्री.)।

बड़ा चँदवा : आकाशी (स्त्री.), वितान, वितानक; नमगीरा।

वि. क़नात से बनाया हुआ : क़नाती।

खंभेवाला : चोबी (दोचोबी ख़ेमा)।

178.8. सं. मण्डप (दे.180), मँड़वा, मँढ़ा; पण्डाल।

छोटा मण्डप : मण्डपक, मण्डपिका (स्त्री.), मण्डपी (स्त्री.)।

178.9. सं. छावनी (स्त्री.), सेनानिवास (दे.407); कंटूनमेंट, contonment

178.10. सं. आश्रम (दे.307), विधवाश्रम; वृद्धाश्रम।

वि. आश्रमवासी, आश्रमवासिक, आश्रमिक, आश्रमी।

178.11. सं. अस्पताल (दे.94)। पागलख़ाना (दे.93)। स्वास्थ्यनिवास (दे.88)।

178.12. सं. अतिथि (दे.273)। पर्यटक (दे.272)।

टिकना-, टिक जाना-, टिका रहना-, ठहरना-, ठहर जाना-, रुकना-, रुक जाना-।

ठहरने की आज्ञा देना : मुक़ाम बोलना-।

टिकाना-, टिका देना-/लेना-, ठहराना-, ठहरा देना-, रोक लेना-।

काफी समय तक ठहरना : अधिवास, जमना-, जम जाना-, डटना-, डटा रहना-।

वि. अस्थायी रूप से रहनेवाला : अनावासिक।

179. आश्रय

सं. आश्रय (चाह. ढूँढ़. पकड़. पा. मिल. ले.), आशार, आसरा (कर. टूट. दे.लगा. ले. हो.), आधार (दे.510), आड़ (स्त्री.) (धर. पकड़. ले.), आलंबन, अगोट, अड़तल (पकड़. ले.), अधिकरण, अधिष्ठान, अभिसंश्रय, अमान (माँग.), अवलंब, अवष्टंभ, अवष्टंभन, ओट (स्त्री.), गति (स्त्री.), छत्रछाँह (स्त्री.), छात्रछाया (स्त्री.), छाँह (स्त्री.), छाया (स्त्री.), ठिकाना (कर. ढूँढ़. लग. लगा.), त्राण (दे.384), निहोरा (लग.), नीड, पनाह (स्त्री.) (ढूँढ़. दे.पा. माँग. मिल.), प्रतिश्रय (दे.263), प्रश्रय, बल, बाँह (स्त्री.) (गह. दे.पकड़.), भरोसा (कर. रख.), लंबन, शरण (स्त्री.) (पा. मिल. ले.), श्रय, श्रयण, सहाय, सहारा (ढूँढ़. दे.पा. मिल. ले.) (दे.394), साया।

लघु आश्रय : उपाश्रय।

आँचल की ओट/छाया/शरण।

शरण/सहारा देना-, आँचल की ओट लेना-, आँचल पकड़ना-, (किसी को) शरण में लेना-, (किसी के) सिर पर हाथ रखना-, हाथ टेकाना-/धरना-/पकड़ना-।

शरण/सहारा देकर उसे निभाना-, हाथ पकड़ने की लाज करना-/रखना-।

शरण/सहारा लेना-, आश्रयण, दामन/पल्ला पकड़ना-, प्रश्रयण, (किसी की) बाँह की छाँह में आना-, शरण में आना-/जाना-, शरणागति (स्त्री.), संश्रय, संश्रयण।

सहारा, टेक (स्त्री.) (दे.181.10)।

साधुओं की बाँह के नीचे लगाने की लकड़ी : अधारी (स्त्री.)।

एकमात्र सहारा : अनन्यगति (स्त्री.)।

आश्रयस्थल, आश्रयस्थान, अगोट, अपाश्रय, जायपनाह (स्त्री.), ठौर, तकिया, नीड, प्रतिश्रित, प्रश्रय, शरण्य, संश्रय, समाश्रय।

राजनीतिक शरण (स्त्री.), political asylum।

राहत शिविर।

शरणार्थी शिविर।

शरणगृह (दे.406), air red shelter।

शरणस्थान, शरण्य, संश्रय, sanctuary।

सहायता गृह, rescue home।

पुनर्वास।

(विप.) आश्रयहीनता (स्त्री.), आश्रयाभाव, आधारहीनता (स्त्री.), अगृहता (स्त्री.), अनवन, अनवस्थिति (स्त्री.), अनालंब, अरक्षा (स्त्री.), असहायता (स्त्री.), निरवलंबन, निराश्रयता (स्त्री.), निर्नाथता (स्त्री.), बेघरबारपन।

आगे नाथ न पीछे पगहा, सबसे अच्छा कुम्हार का गदहा।

वि. आश्रित, आलंबित, आसरैत, अनुक, अनुजीवी, अवलंबित (दे.263), अवष्टब्ध, गृह्य, गृह्यक, भरोसी, भाक्त, भाक्तिक, संश्रित, समाश्रित।

आश्रय लेनेवाला : आश्रयी, अधीन, प्रणत, शरणागत, शरणापन्न, शरणार्पक, संश्रयी।

वि./सं. आश्रयप्रार्थी, पुरुषार्थी, मुहाजिर, शरणार्थी।

वि. आश्रयदाता, शरणद, शरणदाता, शरणप्रद, शरण्यु (दे.125)।

शरणागत की रक्षा करने वाला : नतपाल, प्रणतपाल, प्रणतपालक (दे.353)।

शरण लेने योग्य : संश्रयणीय।

जिसे दूसरा सहारा न हो : अनन्यगति (दे.393)।

(विप.) आश्रयहीन, आश्रयरहित, आधारहीन, अनवलंब, अनवलंबन, अनवलंबित, अनवस्थित, अनाथ (दे.354), अनाधार, अनायत, अनालंबन, अनाश्रय, अनाश्रित, अपाश्रय, अशरण (दे.393), असहाय, निघरघट, निघरा, निरधिष्ठान, निरवलंब, निराश्रय।

गृहहीन, अकेतन, अगृह, अगेह, अग्रह, अनगार, अनागार, अनागारिक, अनिकेत, अनिलय, अनिवेशन, अनीड़, आकाशेश, आवासहीन, बेघर, बेघरा, बे-घरबार का, बेठिकाना, बेठिकाने का, विपुर।

आवारा (दे.272); घुमक्कड़; छिन्नमूल; फुटपाथिया।

नाठा, निगोरा, नाठा-निगोड़ा, मुआ।

आश्रय न देनेवाला : अनवन।

180. घर

180.1. सं. घर, घरौना, अगार, अवसथ, आगर, आगार, आयतन, आलय, आवास, आशय, आशियाना, आशियाँ, आश्रय, उदवसित, औपकार्य, औपकार्या (स्त्री.), गृह, गेह, छत्वर, जनाश्रय, धाम, निकाय्य, निकेत, निकेतक, निकेतन, निलय, निवास, निवासन, निवेश, निवेशन, निशान्त, पर्प, पल्लि (स्त्री.), पल्ली (स्त्री.), पस्त्य, पुर, बाड़ी (स्त्री.), बारी (स्त्री.), बुंदिर, भवन, भींतड़ा, मकान, मंज़िल (स्त्री.), मंदिर, वस्त्य, वाटी (स्त्री.), वास, वास्तु, विशिप, वेशक, वेशन, वेश्म, संवास, सदन, सद्म, सादन।

प्रायः समासान्त में : ख़ाना (दवाख़ाना), शाला (स्त्री.), (पाठशाला), सार (स्त्री.), (हाथरस)।

घरद्वार, घरबार।

चूना पुता हुआ मकान : सौध।

वह मकान जिसके पश्चिम ओर एक और पूर्व की ओर दो दालान हों : स्वस्तिक।

वह मकान जिसके पश्चिम ओर दरवाज़ा न हो : नंद्यावर्त।

वह मकान जिसके दक्षिण ओर दरवाज़ा न हो : वर्धमान।

चौकोर आँगन के चारों ओर बने चार मकानों का समाहार : संजवन।

स्तूप पर बना हुआ ग्रीष्म-भवन : हर्मिका (स्त्री.)।

जलाशय में बना हुआ घर : पर्णसि।

पत्थर का बना हुआ घर : शिलावेश्म।

पहाड़ काटकर बनाया हुआ घर : शैलगृह।

काँटों का घर : कंटकाल।

आदर्श भवन : वास्तुवर।

घर का भीतरी भाग : अन्तर्गृह, अन्तर्गेह, अन्तर्भवन, अन्तरागार।

छोटा घर : घरवा, घरवाहा, घरौना, कुटंगक, कुटुंगक, भ्रमन्त।

खेलने के लिए बच्चों का बनाया हुआ नन्हा सा घर : घरवा, घरवाहा, घरौंदा, घरौंधा, घरौना।

किराये पर लिया हुआ मकान : किराये का मकान।

किराये पर मकान दिया जाना : मकान उठना-। किराये पर मकान देना : मकान उठाना-। मकान किराये पर लेना : मकान किराये करना-।

किराया वसूल होना : किराया उतरना-, किराया वसूल करना : किराया उतारना-। किराया बकाया पड़ना : किराया चढ़ना-।

अनेक किरायेदारों के लिए बनाया हुआ मकान : चाल (स्त्री.)।

मकान मालिक, मकान मालकिन (स्त्री.), मकानदार, मकानदारिन (स्त्री.), गृहप, गृहपति, गृहपत्नी (स्त्री.), गृहस्वामी, गृहस्वामिनी (स्त्री.), घरैत, घरैतिन (स्त्री.), भवनपति।

किरायेदार, भड़ैत, भरैत (दे.692)।

किराये पर लिया हुआ पूरा मकान : खिड़कीबन्द मकान।

घर के आगे का भाग : अगवाड़ा, अगिरि (स्त्री.), अग्रशाला (स्त्री.), ओसारी (स्त्री.), गृहतरी (स्त्री.)।

घर के आगे की ज़मीन : अगवाड़ा, अगवार।

घर के पीछे का भाग : पिछवाड़ा, पिछवारा, पछवार, पछैत (स्त्री.)।

घर के पीछे की ज़मीन : पिछवाड़ा, पिछवारा, पछवार।

अगवाड़ा-पिछवाड़ा, अगवार-पछवार, अगीत-पछीत (स्त्री.)।

अहाता, हाता (दे.181. 10)।

घर के पास का स्थान : पड़ोस, प्रतिवेश (दे.172)।

घर के पास का मकान : अतिवेश्म।

घर से सटा हुआ बाग : गृहवाटिका (स्त्री.) (दे.54)।

मकानों का समूह : गृहमेघ, मकानात।

मकानों की संख्या बतानेवाला शब्द : क़िता। दस क़िता मकान।

मकान बनाने का उपयुक्त समय : वास्तुकाल।

भूमिपूजन।

गृहनिर्माण (कर. करा.), तामीर (स्त्री.), भवननिर्माण, मकान बनाना-/बनवाना-, वास्तुकर्म, वास्तुबंधन, वास्तुविधान, वास्तुसंपादन, वास्तुस्थापन, वेश्मकर्म, शालाकर्म, सौधनिर्माण, स्थापत्य (दे.607)।

गृहनिर्माण-कला (स्त्री.), वास्तुकला (स्त्री.), वास्तुज्ञान, वास्तुविद्या (स्त्री.), वास्तुशास्त्र, स्थापत्यकला (स्त्री.), स्थापत्यवेद, architecture।

वास्तुकर्मकार, वास्तुकर्मज्ञ, वास्तुविद्, स्थापत्यविद्, architect।

नये घर में विधिपूर्वक प्रवेश करना : गृह प्रवेश (कर.)।

गृह प्रवेश के समय किया जाने वाला शान्तिकर्म : वास्तुप्रशमन, वास्तुयाग, वास्तुशमन, वास्तुशान्ति (स्त्री.), वास्तूपशम, वास्तूपशमन।

गृहदेवता।

गृहदेवता की पूजा : वास्तुपूजा (स्त्री.)।

वि. घर का : घरेलू (दे.343)।

घर बैठे बहादुरी का दम भरनेवाला : गेहेशूर (दे.401)।

गृह-सम्बन्धी, गृह्य, अवसथ्य।

मकानवाला : अगारी।

रहनेवाला : आवासी, निवासी (दे.177)।

गृहवासी (दे.343), गृही, गेही।

घर न छोड़नेवाला : अनोकह।

दूसरे के घर में रहनेवाला : अन्योका।

मकान के लिए : कच्चा; पक्का; छोटा; बड़ा; बड़ा भारी, बहुत बड़ा; खुलता, हवादार; शानदार, सुन्दर।

भवन के लिए : भव्य; विशाल।

180.2. सं. इमारत (स्त्री.), अटारी (स्त्री.), अटा (स्त्री.), अट्ट, अट्टक, अट्टा, अट्टाल, अट्टालिका (स्त्री.), किर्मि (स्त्री.), किर्मी (स्त्री.), कोठा, क्षौम, तल्प, शिलाटक।

बहुमंजिली इमारत (स्त्री.), बहुभूमिक भवन, multi-storeyed building।

गगनचुंबी भवन, गगनगढ़, अभ्रंकष, skyscraper।

खण्ड, तल, तला, तल्ला, भूमि (स्त्री.), मंजिल (स्त्री.), मरातिब, storey।

गृहखण्ड, वासकक्ष, सद्म, flat।

कोष्ठावलि (स्त्री.), apartment, suite।

बँगला, कोठी (स्त्री.), पर्यलिन्द, वंगालय, bungalow।

वासगृह, quarter।

उपगृह, out house।

वि. इमारत-सम्बन्धी, इमारती।

इमारत के लिए : आलीशान।

एकतल्ला, एकभूम, एकमंज़िला, इकमंज़िला।

दुतल्ला, दोतला, दोतल्ला, दुमंज़िला, दोमंज़िला।

तिमंजिला। चौमंजिला। पँचमंजिला। छमंज़िला।

सतमंज़िला, सप्तभूम। सप्तभूमिक, सप्तभूमिमय, सप्तभौन।

अठमंज़िला।

दुखण्डा, दोमहला।

चौखण्डा, चौखना, चौमहला।

180.3. सं. प्रासाद, प्रागार, अट्ट, अट्टक, अट्टाल, अट्टालक, अट्टालिका (स्त्री.), उपकारिका (स्त्री.), महल, विच्छन्दक, विच्छर्दक, सद्मिनी (स्त्री.), सौध, हर्म्य।

प्रासाद के प्राचीन भेद और उपभेद :

वैराज : उपभेद - मेरु; मन्दर; विमान; भद्रक; सर्वतोभद्र; रुचक; नन्दन; नंदिवर्धन; श्रीवत्स।

पुष्पक : उपभेद - वलभी; गृहराज; शालागृह; मंदिर; विमान; ब्रह्ममंदिर; भवन; उत्तंभ; शिविकावेश्म।

कैलास : उपभेद-वलय; दुन्दुभि; पद्म; महापद्म; भद्रक; सर्वतोभद्र; रुचक; नन्दन; गुवाक्ष या गुवावृत्त।

मालक : उपभेद - गज; वृषभः; हंस; गरुड़; सिंह; भूमुख; भूधर; श्रीजय; पृथिवीधर।

त्रिविष्टप : उपभेद-वज्र; चक्र; मुष्टिक या वभ्रु; वक्र; स्वस्तिक; खड्ग; गदा; श्रीवृक्ष; विजय।

राजप्रासाद (दे.372)।

प्रासाद का निचला भाग : सौधतल।

प्रासाद की छत : हर्म्यतल, हर्म्यपृष्ठ, हर्म्यवलभी (स्त्री.), हर्म्यस्थल।

प्रासाद का शिखर : प्रासादशिखर, प्रासादशृंग, सौधमौलि, सौधशिखर।

प्रासाद रँगने का रंग : प्रासादमण्डना (स्त्री.)।

वि. प्रासाद-सम्बन्धी, प्रासादीय।

प्रासाद में रहनेवाला : हर्म्यचर, हर्म्यभाक्, हर्म्यस्थ।

प्रासाद में सोनेवाला : प्रासादशायी।

180.4. सं. हवेली (स्त्री.) हर्म्य, कोठी (स्त्री.) सद्मिनी (स्त्री.)।

180.5. सं. खपड़े से छाया हुआ घर : खपड़ैल, खपरैल।

180.6. सं. झोंपड़ा, झोपड़ा, झोंपड़ी (स्त्री.) झोपड़ी (स्त्री.) झुगिया (स्त्री.) झुग्गी (स्त्री.) कटकुटी (स्त्री.) कुटंगक, कुटुगंक, खुँडला, छपरी (स्त्री.), छप्पर, छपरा (स्त्री.), टपरिया (स्त्री.) टपरा।

झुग्गी-झोपड़ी (स्त्री.) झोपड़पट्टी (स्त्री.)।

180.7. सं. कुटिया (स्त्री.), कुटि (स्त्री.), कुटिका (स्त्री.), कुटिर, कुटी (स्त्री.), कुटीका (स्त्री.), कुटीर, कुटीरक, कुट्टिम, कुट्टीरक, कुडी (स्त्री.) कूटी (स्त्री.), पल्लि (स्त्री.), पल्ली (स्त्री.), साधुभवन।

तृणकुटी (स्त्री.), तृणकुटीर, तृणकुटीरक, तृणहर्म्य, तृणौक।

पर्णकुटी (स्त्री.), पर्णकुटिका (स्त्री.), पर्णशाला (स्त्री.), पर्णोटज, उटज, कायमान, मयट, सहोटज।

कुंजकुटीर, लतागृह (दे.54)।

180.8. सं. मँड़ई (स्त्री.), मड़ई(स्त्री.), मड़ैया, मढ़ई (स्त्री.) मढ़ा, मढ़ी (स्त्री.), माढ़ी (स्त्री.), (व्यंग्य में) मिटियामहल, मिढुलिया (स्त्री.)।

मँड़वा, मड़वा (दे.178), मँड़ैया, मढ़ैया, मण्डप।

180.9. सं. बारहदरी (स्त्री.), बारादरी (स्त्री.) दरीख़ाना।

छप्परपोश मकान, छावनी (स्त्री.)।

180.10. सं. छावनी (स्त्री.), शिविर, सेनानिवास (दे.407)।

पुलिस कर्मियों का आवास : लाइन (स्त्री.), पुलिस लाइन (स्त्री.)।

180.11. सं. किला, दुर्ग (दे.382)।

180.12. सं. (पौरा.) लाख का बना घर : लाक्षागृह।

अ. घर-घर, प्रतिगृह, प्रतिगेह, प्रतिवेश्म।

अटारी पर, सरे बाम।

181. कमरे आदि

181.1. सं. कमरा, कक्ष, कोष्ठ, घर, प्रकोष्ठ।

छोटा कमरा : कोठरी (स्त्री.), कोठरिया (स्त्री.) कोष्ठिका (स्त्री.), खोली (स्त्री.), भण्डारी (स्त्री.), हुजरा।

बड़ा कमरा : कोठा, किर्मि (स्त्री.), किर्मी (स्त्री.), इन्द्रक।

खास कमरा : वेश्म, chamber।

तंग अँधेरी कोठरी : ओबरी (स्त्री.), कालकोठरी (स्त्री.)।

नीचे का कमरा : पटनी (स्त्री.), पटौंहा, अधस्तल।

सोने का कमरा : शयनकक्ष, शयनगृह, शयनमंदिर, शयनागार, शय्यागृह, अपवरक, अपवरका (स्त्री.), आरामगाह, ख़िलवत (स्त्री.), ख़्वाबगाह, गर्भागार, गुप्तगृह, निशागृह, वासक, वासगृह, वासगेह, वासभवन, वासवेश्म, वेश्मवास, संवेश, सोवनार (स्त्री.), स्वप्नगृह, स्वप्ननिकेतन, स्वप्नस्थान।

बैठने का कमरा : बैठक (स्त्री.), बैठकखाना, बैठका, बरोठा, बरौठा, अथाई (स्त्री.), अथैया (स्त्री.), गृहभद्रक, पाँवरी (स्त्री.)।

बाहर का कमरा : बहिःशाला (स्त्री.); बारादरी (स्त्री.) (दे.180.9.)।

दूसरी मंज़िल की बैठक : माढ़ा।

भोजन कक्ष, भोजनभूमि (स्त्री.)।

रसोईघर (दे.79)।

शौचालय (दे.84)।

स्नानगृह (दे.87)।

भण्डारघर, भण्डार, भँडेरी (स्त्री.) (दे.125), कुटंगक, कुटुंगक, तोशकख़ाना, तोशाख़ाना (दे.647)।

बरतन रखने का कमरा : दण्डच्छादन।

भूसा रखने का कमरा : भुसौरा, भुसौला।

वह कमरा जिसकी दीवारों में शीशे जड़े हो : शीशमहल, आदर्शमंदिर, काँच मंदिर।

सभागृह (दे.365)।

मन्त्रणागृह (दे.552)।

सभा कक्ष (दे.351), lobby।

पढ़ने का कमरा : अध्ययनकक्ष, अभ्यासिका (स्त्री.), स्वाध्यायसदन।

सार्वजनिक अध्ययनकक्ष : वाचनालय।

भीतर का एकान्त कमरा : दर्भट (दे.490)।

घर के बीचोबीच का कमरा : गर्भगृह, गर्भागार।

तीन दरवाजों वाला कमरा : तिदरी (स्त्री.), तिद्वारी (स्त्री.)।

छत पर का कमरा : अटारी (स्त्री.), अट्टक, अट्टाल, अट्टालक, कूटागार, क्षोम, क्षौम, गोपानसी (स्त्री.), चन्द्रप्रासाद, चन्द्रशाला (स्त्री.), चन्द्रशालिका (स्त्री.), चन्द्रायतन, चबारा, चान्द्रशाला (स्त्री.), चूडा (स्त्री.), चौबारा, बालाख़ाना, वडभि (स्त्री.), वडभी (स्त्री.), वलभि (स्त्री.), वलभी (स्त्री.), शिरोगृह, शिरोगेह।

बाग में हौज पर बनी अटारी : माहताबी (स्त्री.)।

तहखाना, तलगृह, तलघर, अधस्तल, कूटागार, जौंरा-भौंरा, भुइँधरा, भूगर्भगृह, भूगृह, भूगेह, भूमिगृह, basement।

गराज, मोटरख़ाना, यानशाला (स्त्री.) वहित्रगृह, garrage।

181.2. सं. दीर्घा (स्त्री.), वीथि (स्त्री.), वीथिका (स्त्री.), वीथी (स्त्री.) संक्रमणका (स्त्री.), gallery।

181.3. सं. बरामदा, बरण्डा, अग्रशाला (स्त्री.), ओसार, ओसारा, ओसारी (स्त्री.), दालान, मत्तालंब, मोढ़ा, वरण्डा, verandah।

खुला बरामदा : चन्द्रातप।

तीन दरवाजोंवाला बरामदा : सिदरी (स्त्री.)।

मकान के आगे दरवाज़ों के ऊपर पाटकर बढ़ाया हुआ बरामदा : छज्जा, बारजा, मोढ़ा, इन्द्रकोश, इन्द्रकोष, इन्द्रकोषक, वितर्दि (स्त्री.) वितर्दिका (स्त्री.) वितर्दी (स्त्री.), वितर्द्धि (स्त्री.), वितर्द्धिका (स्त्री.), वितर्द्धी (स्त्री.) विलासवातायन।

छाया के लिए मकान के आगे बढ़ायी गयी पाटन : सायबान, ओसार, ओसारा, छज्जा, छाजा, टप्पर, बारानगीर।

मकान के ऊपरवाली मंज़िल में आँगन के ऊपर चारों तरफ़ का पता रास्ता : रौस (स्त्री.)।

181.4. सं. आँगन, अंगण, अंगन, अँगना, अँगनाई (स्त्री.), अँगनैया (स्त्री.), अजिर, चत्वर, चौक, प्रदक्षिणपट्टिका (स्त्री.) प्रांगण, सहन।

प्रवेशद्वार के पास का आँगन : निकर्षण।

घर के पास का या आगे का आँगन : उपशाल।

बड़ा आँगन : उठाँगन।

आँगन के अगल-बगल की कोठरियाँ : सहनची (स्त्री.)।

वि. आँगन-सम्बन्धी, अजिरीय।

आँगनवाला : सहनदार।

181.5. सं. हाता, अहाता, एहाता, घेरा, परिसर, प्रांगण, बाड़ा, compound।

घर के सामने की खुली जगह : प्रांगण।

181.6. सं. चबूतरा, चौतरा, चौरा, चत्वर, टेक (स्त्री.)।

वह ऊँची जगह जहाँ फ़र्श बना हो : फ़रशबन्द।

दरवाजे के सामने का चबूतरा : अलिन्द, आलिन्द, आलिन्दक, प्रघण, प्रघन, प्रघाण, प्रघान।

खंभों के सहारे बना हुआ अलिन्द : अन्तरावेदी (स्त्री.)।

मकान की सतह ऊँची करने के लिए बनाया गया चबूतरा : कुरसी (स्त्री.), कृत्रिमभूमि (स्त्री.)।

वेदी (स्त्री.), वेदिका (स्त्री.), वितर्दि (स्त्री.), वितर्दिका (स्त्री.), वितर्दी (स्त्री.), वितर्धि (स्त्री.), वितर्धिका (स्त्री.), वितर्धी (स्त्री.) आसन्दी (स्त्री.)।

बैठने की ऊँची जगह : शहनचीं (स्त्री.), शाहनशीं (स्त्री.)।

गोल चबूतरा : गोलंबर।

181.7. सं. फ़र्श, फ़रश, कुट्टिम, गच (स्त्री.), तलिम, पक्की ज़मीन, बद्धभू (स्त्री.), बद्धभूमि (स्त्री.), लेट (स्त्री.)।

ईंट का फ़र्श : चहका; खड़ंजा (जोड़.), खरंजा।

पत्थर का फ़र्श : चहका, तलिम।

काले और सफेद सगमरमर का शतरंजी फ़र्श।

काचित टाइल का फ़र्श।

मोज़ेइक/मोज़ेकवाला फ़र्श, चित्तिल/चित्रिल फ़र्श, छींट फ़र्श, mosaic flooring।

पच्चीकारीवाला फर्श : कुट्टिम; मणिकुट्टिम, terrazo flooring।

बिटूमेन का फर्श।

लिबोलियम का फर्श।

लकड़ी का फ़र्श; पारकेट फ़र्श, parquet flooring।

गृहतल, भूमितल।

कच्ची ज़मीन, भूमि (स्त्री.)।

181.8. सं. दरवाजा (खटखटा. खोल. बन्द कर. भेड़.), दर, दुआर, द्वार (खुल. खोल. लग. लगा.), अरर, अररि, अररी (स्त्री.), निर्यूह, प्रणाडिका (स्त्री.), प्रणाडी (स्त्री.), प्रतिहार, प्रतीहार, बार, मुख, शालामुख।

प्रवेशद्वार, प्रवेशपथ, प्रवेशमार्ग, पैठार, गृहतटी (स्त्री.), entrance।

वह प्रवेशमार्ग जो द्वार न हो : अद्वार।

निकास, निःसरण, निर्गम, निर्गमद्वार, निर्गमन, निर्गमनमार्ग, निष्क्रमद्वार, निष्क्रममार्ग, बहिर्गमनद्वार, exit।

बग़ल का दरवाज़ा : अपद्वार।

छोटा दरवाज़ा : उपद्वार, दरीचा, दुअरिया (स्त्री.), द्वारी (स्त्री.)।

पिछवाड़े का दरवाजा : खिड़की (स्त्री.), प्लक्ष।

चोरदरवाज़ा, चोरद्वार, चोरखिड़की (स्त्री.), अन्तर्द्वार, अपद्वार, दरीचा, पक्षक, पक्षद्वार, पक्षपालि (स्त्री.), प्रच्छन्न, बगली खिड़की (स्त्री.)।

उपद्वार, खिड़की-द्वार, पार्श्व-द्वार, लघुद्वार, wicket।

फाटक, तोरण, दर, द्वार, निष्कुट, परिघ, पलिघ, बहिर्द्वार, मंगलद्वार, महाद्वार, सदर दरवाज़ा।

सिंह क मूर्तिवाला फाटक : पौल (स्त्री.), शेर दरवाज़ा, सिंहद्वार।

छतदार फाटक : बरसाती (स्त्री.)।

नगरद्वार (दे.176.10)।

दरवाज़े की सीढ़ी : द्वारसोयान, वारुण्डी (स्त्री.)।

द्वार के बाहर का स्थान : पोल, प्रद्वार।

तीन बड़े फाटकोंवाला स्थान : तिरपौलिया, त्रिपौलिया (स्त्री.)।

द्वार में प्रवेश करते ही पड़नेवाली कोठरी या गली जैसी जगह : डेवढ़ी (स्त्री.), ड्योढ़ी (स्त्री.), अलिन्द, जनाब, पाँवरी (स्त्री.), पौरि (स्त्री.), पौरी (स्त्री.), पौलि (स्त्री.), पौली (स्त्री.), प्रतिहार भूमि (स्त्री.), बरोठा, बरौठा, वेशनी (स्त्री.)।

ड्योढ़ीदार, दरबान (दे.382)।

चौखट (स्त्री.), चौकठ (स्त्री.), door frame।

चौखट की खड़ी लकड़ी : बाज़ू, सपट्टी (स्त्री.), साह।

चौखट की नीचेवाली लकड़ी : चौखट (स्त्री.), आस्ताँ, डेहल, दर, दरगाह (स्त्री.), दहलीज (स्त्री.), दिहली (स्त्री.), देहरि (स्त्री.), देहरी (स्त्री.), देहलि (स्त्री.), देहली (स्त्री.), द्वारपिण्डी (स्त्री.), परकाला, लतख़ोर, लतख़ोरा, शिला (स्त्री.), शिलि (स्त्री.), शिली (स्त्री.)।

चौखट की उपरवाली लकड़ी : उंबर, उंबुर, उतरंग, करगहना, दुरौंधा, नासा (स्त्री.), नासादारु, नासिका (स्त्री.), पटाव, भरेटा, भरेठ, भरेठा। (भरेठा पत्थर का भी होता है।)

मेहराबदार भरेठा : उत्तरंग।

दरवाज़े के ऊपर दीवार के आरपार के लगायी जाने वाली लकड़ी या पत्थर : दासा।

दरवाज़ा बन्द करने के लिए चौखट में लगाये जानेवाले लकड़ी के पल्ले : किवाड़ (उढ़का.ओठँगा.चपका दे.बन्द कर.भिड़ा.लगा.खटखटा.खोल.), किवाड़ी (स्त्री.), किवार, किवाट, किमाण्ड, कपाट (बन्द कर. मंगल कर.), कपाट, अरर, अररि, अररी (स्त्री.), अलार, दरवाज़ा, द्वारकपाट, द्वारपट्ट, पट (खुल. खोल. बन्द कर.), पिधान।

किवाड़ का एक पल्ला : पल्ला, पाट, पक्ष, कपाट, किवाड़, कुवाट (दे.491), कुवाटक।

पल्ले का जोड़ : कपाटसंधि (स्त्री.)।

पल्ले की मजबूती के लिए इसके पीछे लगायी जाने वाली आड़ी लकड़ी : पुश्तवानी (स्त्री.), पुश्तीवान।

शोभा के लिए पल्ले में लगाया जाने वाला लकड़ी का चौखटा : आईना, दिलहा, दिल्ला। (दिलहेदार/दिल्लेदार किवाड़।)।

क़िले आदि के किवाड़ों में बाहर की ओर जड़ी मोटी नुकीली कीलें : गजबरन।

पल्लों को रोक रखने के लिए उनके नीचे लगायी जाने वाली लकड़ी की रोक : अड़ानी (स्त्री.), हटका।

पुराने ढंग के किवाड़ को चौखट से जकड़ने का काँटा : अँकुड़ा, कुलाबा, जमुरका, पायजा, पैजा।

पुराने ढंग के किवाड़ के नीचे-ऊपर का वह गोल लंबोतरा भाग जिस पर किवाड़ घूमता है : चूल (स्त्री.)

चूल में ठोंकने का लोहे का पच्चड़ : अँकुड़ा।

चूल को छेद में ठीक से बैठाने के लिए लगायी जाने वाली लकड़ी : खपुआ।

चूल के नीचे ज़मीन में गड़ी लकड़ी जिस पर चूल घूमती है : ठेहरी (स्त्री.)।

दरवाज़ा बन्द करने की आड़ी लकड़ी : अगड़ी (स्त्री.), अगरी (स्त्री.), अरगल, अर्गल, अर्गला (स्त्री.), अर्गलिका (स्त्री.), अर्गली (स्त्री.), आर्गल, इर्गल, इर्गला (स्त्री.), गज, द्वारयन्त्र, पटैला, परिघ, बेंड़ा, बेंवड़ा, ब्यौंड़ा, हुडुक्क।

जंजीर (स्त्री.), साँकल, सिकड़ी (स्त्री.) (दे.450), कुण्डी (स्त्री.) (खटखटा. खोल. बन्द कर. दे.मार. लगा.)।

सिटकिनी (स्त्री.), अपल, अर्गला (स्त्री.), किल्ली (स्त्री.), खटका, चटकनी (स्त्री.), चटखनी (स्त्री.), द्वारकंटक, द्वारपिधान, बिलाई (स्त्री.), बिलैया (स्त्री.), बिल्ली (स्त्री.)।

चौखट की ऊपरवाली लकड़ी में लगा लकड़ी का छोटा लंबोतरा टुकड़ा जिसे गिरा देने से दरवाजा नहीं खुलता : कुत्ता।

दरवाज़े पर टँगा हुआ परदा : द्वारपट, द्वारपटी (स्त्री.), द्वारपट्ट, चिक, परदा।

गर्दखोर, द्वारकट (दे.182), doormat।

द्वारस्कन्द, door spring।

द्वारहस्तक, मुठिया (स्त्री.) (दे.449), door handle।

कब्जा, कोर, hinge।

झोपड़े आदि के द्वार में लगाने की टट्टी : चाँचर (स्त्री.), चाँचरि (स्त्री.), टट्टर (दे.480)।

अ. दर-दर, दरवाज़े-दरवाज़े, द्वार-द्वार, घर-घर (दे.180)।

181.9. सं. खिड़की (स्त्री.), खटक्किका (स्त्री.), खडक्किका (स्त्री.), खडक्की (स्त्री.), अपवरक, अपवरका (स्त्री.), अववरक, दरीचा, प्रच्छन्न, बारी (स्त्री.), वातायन।

छड़दार या जालीदार खिड़की : जंगला, जँगला; वह जँगला जिसमें तीलियाँ एक दूसरे पर तिरछी लगी हो : कैंची का जँगला; ग्रिल, grill।

जालीदार खिड़की : झँझरी (स्त्री.), झिंझरी (स्त्री.)।

छोटी खिड़की : झरोखा, झाँका, झाँकी (स्त्री.), गवाक्ष, गवाक्षक, गृहाक्ष, जालक, जालाक्ष, दरीची (स्त्री.), बादगीर, रन्द।

मोखा, रोशनदान, वातायनी (स्त्री.), संवातक, संवातायन, हवाकश, ventilator।

छड़ (स्त्री.), सीख़ (स्त्री.), सीख़चा।

पल्ला (दे.181.8); शीशे का पल्ला; शीशा।

चिक (स्त्री.) (दे.480); चिलमन (दे.480); जाफरी (स्त्री.); जाली (स्त्री.) (दे.454); परदा (दे.480)।

झिलमिली (स्त्री.), निरिंगिणी (स्त्री.), निरिंगिनी (स्त्री.), venetian blinds।

सिटकिनी (स्त्री.) (दे.181.8); कुत्ता (दे.181.8); अड़ानी (स्त्री.) (दे.181.8)।

वि. खिड़कीदार, गवाक्षयुक्त, गवाक्षित।

181.10. सं. दीवार (स्त्री.) (उठा. खड़ी कर. बना.), दीवाल (स्त्री.), अवहालिका (स्त्री.), कंथा (स्त्री.), कुड्य, फ़सील (स्त्री.), भित्त, भित्ति (स्त्री.), भित्तिक, भित्तिका (स्त्री.), भीत (स्त्री.) (खड़ी कर), साल।

परदे के लिए उठायी गयी दीवार : ओटा, परदा।

परदे के लिए दरवाज़े के सामने उठायी गयी दीवार : गुलामगर्दिश, घूँघट।

बाँस आदि की फट्टियों का परदा : टट्टर, टट्टी (स्त्री.) (दे.480)।

छप्परवाले घर की वह दीवार जिस पर बँड़ेर रहता है : पाखवाली दीवार (दे.181.11)।

दीवार की मज़बूती के लिए उससे सटाकर बनायी गयी कम ऊँची मोटी दीवार: दासा, पुश्ता, मुँड़ेरा।

कच्ची दीवार के रक्षार्थ उठायी गयी पक्की दीवार : छल्लि (स्त्री.), छल्ली (स्त्री.)।

रोक या किसी स्थान को घेरने के लिए उठायी गयी कम ऊँची दीवार : डँड़वारा (उठा.), डँड़वारी (स्त्री.) (उठा. खींच.), डण्डा (उठा. खींच.)।

चहारदीवारी (स्त्री.) (उठा.), चारदीवारी (स्त्री.), आवेष्टक, आवेष्ठन, गड, घेरा, निरवहानिका (स्त्री.), निरवहालिका (स्त्री.), प्राचीर (दे.382), प्रावर, प्रावृति (स्त्री.), शिलाटक।

चहारदीवारी से घिरा हुआ स्थान : अहाता, इहाता, एहाता, घेरा, परिसर, प्रांगण, बाड़ा, हाता, हिसार।

भीतरी दीवार : अन्तःप्राचीर।

चीज़-वस्तु रखने के लिए दीवार में बना हुआ खाली स्थान : ताक़, ताख़ा, आला।

दीवार में बनी हुई आलमारी : भण्डरिया (स्त्री.), भँडरिया (स्त्री.), भण्डारी (स्त्री.)।

भोजन रखने की भण्डरिया : भड़सार (स्त्री.)।

चीज़-असबाब रखने के लिए दो दीवारों के बीच की पाटन : टाँड (स्त्री.), टाँड़ (स्त्री.), परछत्ती (स्त्री.), पाटन (स्त्री.), पाटा, मचान (स्त्री.)।

कपड़े टाँगने की रस्सी या बाँस : अरगनी (स्त्री.), अलगनी (स्त्री.), डारा, रेनी (स्त्री.), लंगनी (स्त्री.)।

दीवार में गड़ी हुई कपड़े टाँगने की खूँटी : घोड़ा, घोड़िया (स्त्री.), घोरिया (स्त्री.)।

दीवार का टेढ़ापन : नागर।

कँगनी (स्त्री.), कगर, कारनिस (स्त्री.), कार्निस (स्त्री.), cornice।

नींव (स्त्री.) (खोद. दे.धर. पड़. रख.) (दे.441)।

181.11. सं. छत (स्त्री.) (पट. पड़. बना.), छदि (स्त्री.), छाद, अग्रभू (स्त्री.), अग्रभूमि (स्त्री.), अग्र्य, कुटंक, कुटंगक, कुटुंगक, गच (स्त्री.) (पीट.), तल, तलिम, पट, पटल, पाटन (स्त्री.), भीत (स्त्री.), हर्म्यतल, हर्म्यपृष्ठ, हर्म्यवल्लभी (स्त्री.), हर्म्यस्थल।

लिंटर (पड़.), उत्तरंग, lintel।

छत पाटने की पत्थर की पटिया : बरंगा।

छत की ढाल : तारन (स्त्री.)।

भीतरी छत (स्त्री.), चादर छत (स्त्री.), अन्तश्छद, छद, छत (स्त्री.), ceiling।

छत के नीचे तानने की सफ़ेद चादर : चाँदनी (स्त्री.), छत (स्त्री.), छतगीर, छतगीरी (स्त्री.)।

छत बनाने का काम : गचकारी (स्त्री.), गचगीरी (स्त्री.)।

छत बनाने वाला : गचगीर।

छत का दीवार से बाहर निकला हुआ भाग : छज्जा।

छज्जे के नीचे दीवार में लगाया जाने वाला पत्थर : घोड़ा, घोड़िया (स्त्री.)।

छज्जा पाटने की पत्थर की पटिया : अतरवन।

छत पर के कमरे के आगे का छतदार छज्जा : बारजा।

छत के किनारे की नीची दीवार : मुँड़ेर (स्त्री.), मुँड़ेरा, मुँड़ेरी (स्त्री.), मुतक्का, मोढ़ा, तकिया।

मेहराबदार गोल छत : गुंबद (दे.181.15)।

फूस आदि की छाजन : छप्पर (छा. डाल. पड़. रख.), (समास में) छपर, छपरा, छाज, छाजन (स्त्री.), छाजा, छाद, छान (स्त्री.), छानि (स्त्री.), छानी (स्त्री.), छावनी (स्त्री.), अगरी (स्त्री.), आच्छादन, कलट, कुटंक, कुटंगक, कुटुंगक, कुटल, चाल, टप्पर, पटल, पटली (स्त्री.), पलानी (स्त्री.), वलभि (स्त्री.), वलभी (स्त्री.)।

ढालू छप्पर : वडभि (स्त्री.), वडभी (स्त्री.)।

छोटा छप्पर : छपरिया (स्त्री.), छपरी (स्त्री.), छदि (स्त्री.), परछत्ती (स्त्री.)।

छप्पर का ढाँचा : ठाट।

ठाट बनाना : ठाटबन्दी (स्त्री.) (कर.)।

ठाट पर बिछाने की मूँज आदि : अतरवन।

वह बल्ला जिस पर ठाट रहता है : बँड़ेर, बँड़ेरा, बँड़ेरी (स्त्री.), बड़ेरा, बड़ेरी (स्त्री.), बड़ंगा।

घर की चौड़ाई की दीवार का ऊपरी तिकोना भाग जिसपर बँड़ेर रहता है : पाख; पाखवाली दीवार।

बँड़ेर से दीवार तक लगनेवाली लकड़ी : तड़क (स्त्री.)।

छाजन में लगनेवाला पतला सीधा लट्ठा : काँड़ी (स्त्री.)।

काँड़ियों के नीचे का बाँस : तारन।

दो छप्परों को बाँधने की रस्सी : अनार।

छाजन की ढाल : तारन (स्त्री.)।

ढलवा छाजन का किनारा : ओलती (स्त्री.), ओरती (स्त्री.), ओरिया (स्त्री.), ओरी (स्त्री.), नीध्र, पटलप्रान्त, बलीक, वलिक, वलीक।

बढ़ी हुई छाजन की रोक के लिए दीवार में गड़ा काठ का टुकड़ा : टोंटा, टोड़ा, घोड़ा, घोड़िया (स्त्री.), घोरा, घोरिया (स्त्री.)।

छप्पर छाने का काम या उसकी मजदूरी : छपरबन्दी (स्त्री.), छप्परबन्दी (स्त्री.), छवाई (स्त्री.), छाजन (स्त्री.)।

छप्पर छानेवाला : छपरबन्द, छप्परबन्द, छवैया, घर्रामी।

छाजन पर रखने का मिट्टी का पका हुआ टुकड़ा : खपड़ा (छा.), खपरा, खपटा, खपड़ैल (स्त्री.), खपरैल (स्त्री.)।

छोटा खपड़ा : खपड़ी (स्त्री.), खपरी (स्त्री.), खपरिया (स्त्री.)।

छाजन पर बिछाने का चिपटा चौकोर खपड़ा : खपुआ, थपुआ, पटरी (स्त्री.)।

खपुआ खपड़ों पर औंधा रखने का खपड़ा : नरिया (स्त्री.)।

खपड़े की छाजन : खपड़ैल (स्त्री.), खपरैल (स्त्री.)।

खपड़े की छाजन छाना : खपड़ैल डालना-।

टूटे हुए खपड़ों को बदलना : खपड़ा फेरना-, अनगना-।

ढालू खपड़ैली छाजन में बीच का सबसे ऊँचा भाग : मँगरा, मगरी (स्त्री.)।

मँगरे पर रखने की बड़ी नरिया : मोघिया (स्त्री.)।

विलायती खपड़ा : टाइल, tile।

खपड़े का टुकड़ा : खपरट।

वि. खपरैला।

181.12. सं. सीढ़ी (स्त्री.) (चढ़. उतर.), सोपान, सोपानक, सोपानपथ, सोपानपद्धति (स्त्री.), सोपानमार्ग, अधिरोहणी (स्त्री.), अधिरोहिणी (स्त्री.), आरोहण, जीना (चढ़. उतर.), डण्डा, नसेनी (स्त्री.), निसेनी (स्त्री.), निसैनी (स्त्री.), निश्रयणी (स्त्री.), निश्रेणि (स्त्री.), निश्रेणी (स्त्री.), परकाला, पाँवरी (स्त्री.), पाया, पैड़ी (स्त्री.), मीराज (स्त्री.), मेराज (स्त्री.), श्रेणि (स्त्री.), श्रेणी (स्त्री.)।

काठ/बाँस की सीढ़ी : सीढ़ी (स्त्री.) (लगा. चढ़. उतर.), निःश्रयणी (स्त्री.), निःश्रयिणी (स्त्री.), निःश्रेणी (स्त्री.)।

काठ/बाँस की सीढ़ी का वह आड़ा डण्डा जिसपर पैर रखा जाता है : डण्डा; सामान्य सीढ़ी का : पाया, सोपान।

घुमावदार सीढ़ी : सोपानमाला (स्त्री.)।

सीढ़ियों का सिलसिला : सोपानपंक्ति (स्त्री.), सोपानपरंपरा (स्त्री.), सोपानकपरंपरा (स्त्री.)।

सोपानिका (स्त्री.), आरोह, उत्थानक, उत्थापक, उत्थापक यन्त्र, उन्नयन यन्त्र, lift।

सोपानिका-चालक, आरोह-चालक, liftman।

उत्थापक, elevator।

चलसोपान, escalator।

ढलवा मार्ग, प्रवणी (स्त्री.), ramp।

वि. सीढ़ीनुमा।

सोपानयुक्त, सोपानित।

181.13. सं. अन्तःपुर, अन्तर्गृह, अन्तर्गेह, अन्तर्वंश, अन्तर्वेश्म, अपवरक, अपवरका (स्त्री.), अवरोध, अवरोधन, कन्याट, कन्यापुर, ख़ासमहल, ज़नानख़ाना, ज़नाना, निष्कुट, पत्न्याट, पत्नीगृह, पत्नीशाला (स्त्री.), भीतर, भोगगृह, भोगवास, भोगसद्म, भोगस्थान, महलसरा, रंगमहल, नरिवास, वासगृह, वासगेह, वासभवन, वासवेश्म, वासौक, वेश्मान्त, शुद्धान्त, सुन्दरीमंदिर, स्त्रीपुर, स्त्र्यगार, हरम, हरमख़ाना, हरमसरा।

अन्तःपुरवासिनी (स्त्री.) (दे.70)।

अन्तःपुररक्षक (दे.382)।

वि. अन्तःपुर में उत्पन्न : आन्तर्गेहिक, आन्तर्वेश्मिक।

181.14. सं. स्तंभ, स्तंभक, अवष्टंभ, अवष्टंभन, खंभा (गाड़.), थंभा, ध्रुव, ध्रुवक, पाद, सतून, सितून, सुतून, स्थाणु, स्थूण, स्थूणा (स्त्री.)।

गृहस्तंभ, सूर्मि (स्त्री.), सूर्मी (स्त्री.)।

मुख्य स्तंभ : स्थूणाराज।

वह स्तंभ जो बीच में अठकोना हो : वज्र।

चौकीर स्तंभ : रुचक।

नुकीला स्तंभ : शंकु।

प्रस्तर-स्तंभ : वृत्रशंकु।

वह स्तंभ जिस पर गरुड़ की आकृति बनी हो : गरुड़ध्वज।

मोटा ऊँचा खंभा : लाट (स्त्री.), लाठ (स्त्री.)।

बहुत ऊँचा स्तंभाकार ढाँचा जिस पर चढ़ने के लिए सीढ़ी होती है : मीनार (स्त्री.), मीनारा, अटाल, उदर्क, धरहरा, धवरहर, धवराहर, धराहर, धौराहर, धौलहर, सूच्यग्र स्तंभ।

छोटा खंभा : खंभिया (स्त्री.), थूनी (स्त्री.), पीलपाया, सितून, सुतून, स्तंभिका (स्त्री.), स्थूणा (स्त्री.)।

काठ का अनगढ़ खंभा : अड़ाना, आटी (स्त्री.), उत्तंभ, उत्तंभन, चाँड़ (स्त्री.) (दे.लगा.), टीकन, टेक (स्त्री.) (लगा.), टेकान, ठेक, ठेकना-, ठेका, ठेकी (स्त्री.), ठेगना-, ठेंगनी (स्त्री.), डाट (स्त्री.) (लगा.), डाटना-, थंबी (स्त्री.), थम, थून (स्त्री.), थूनी (स्त्री.) (लगा.), थूमा, पादस्तंभ, पाया, पावा, पुश्ती (स्त्री.), रंभ, रोक (स्त्री.), सहारा।

खंभा गाड़ने का गड्ढा : स्थूणागर्त।

खंभे का आधार : अधिष्ठान।

खंभे का निचला भाग : कुंभिया (स्त्री.), कुंभी (स्त्री.)।

खंभे का ऊपरी भाग : भरणी (स्त्री.)।

स्तंभशीर्ष, शिली (स्त्री.)।

खंभे का बोझ : स्थूणाभार।

काठ के खंभे से अंकुर फूटना : स्थूणाविरोहण।

वि. स्तंभ-सम्बन्धी, स्थूणीय, स्थूण्य।

स्तंभयुक्त, स्तंभी।

स्तंभोत्कीर्ण।

181.15. सं. मेहराब (स्त्री.), मिहराब (स्त्री.), कमान (स्त्री.), arch।

लकड़ी का वह मेहराब जिसमें कई छोटी मेहराबें हों : नालशतीरी।

मेहराब के बीच का पत्थर या ईंट : डाट (स्त्री.) (लगा.), डाटना-, अनूक।

वह कच्चा भराव जिसपर मेहराब बनायी जाती है : कालबूत।

मेहराबदार गोल छत : गुंबज, गुंबद, गुम्मज, गुम्मट, गोलंबर, गोलक, उदर्क, कंगूरा, बुर्ज (दे.382)।

वि. मेहराबदार, मेहराबी, कमानिया।

गुंबदी, कंगूरेदार।

181.16. सं. प्रासादशिखर, कलंगी (स्त्री.), कलगी (स्त्री.), कँगूरा, थूह, वलभि (स्त्री.), वलभी (स्त्री.)।

वि. कँगूरेदार।

181.17. सं. धरन (स्त्री.), आड़ा, लट्ठा, वल, वलक, शहतीर, स्थूणा (स्त्री.), beam।

बड़ी धरन : गाटर, जोता, स्तूप, girder।

छोटी धरन : कड़ी (स्त्री.)।

टेढ़ी धरन : गोपानसी (स्त्री.)।

सहारे के लिए धरन में लगी दो तिरछी लकड़ियाँ : कैंची (स्त्री.)।

धरनों के बीच लगनेवाली लकड़ी : बरंगा।

181.18. सं. मचान (स्त्री.), मंच, अट्टा, इन्द्रकोश, इन्द्रकोष, इन्द्रकोषक, इन्द्रकोष्ठ, शकठ।

181.19. सं. गृहनिर्माण (कर.) (दे.180)।

राज, राजगीर, अट्टालिकाकार, गजधर, गृहकारक, गृहकारी, चेजारा, थवई, द्योकार, पेशराज, मेमार, लेपक, लेपकर, लेप्यकार, लेप्यकृत्, विश्वकर्मा, सुधाकार, सुधाजीवी, सूत्रकर्मकृत्, सूत्रकृत्, सौधकार, स्थपति।

राज का काम : मेमारी (स्त्री.), राजगीरी (स्त्री.), सूत्रकर्म।

राज का सहायक : पेशराज, रेज़ा।

ईंट (स्त्री.) (गढ़. चुन. जोड़. पाथ. पार.), ईंटा, अमृतेष्टका (स्त्री.), इष्टका (स्त्री.), इष्टिका (स्त्री.), ख़िश्त (स्त्री.), शादा (स्त्री.)।

नये ढंग की मोटी ईंट : नंबरी ईंट (स्त्री.), गुम्मा।

कुएँ की जोड़ाई की ईंट : पुट्ठी (स्त्री.), पुट्ठी ईंट (स्त्री.)।

पहले की छोटी पतली ईंट : लखावरी (स्त्री.), लखौरिया ईंट (स्त्री.), लखौरी (स्त्री.)।

नौ जौ चौड़ी और तेरह जौ लंबी ईंट : नौतरही (स्त्री.), नौतेरही ईंट (स्त्री.)।

कंघी के आकार की छोटी ईंट : ककैया (स्त्री.), ककैया ईंट (स्त्री.)।

छोटी ईंट : खिश्तक।

फर्रा ईंट (स्त्री.), फर्री (स्त्री.)।

ननिहारी (स्त्री.), ननिहारी ईंट (स्त्री.), नोनछही (स्त्री.)।

मेज़ की ईंट।

बहुत पकी हुई ईंट : तामड़ा, तामड़ा ईंट (स्त्री.)।

ईंट का काम : ईंटकारी (स्त्री.)।

ईंट की खड़ी जोड़ाई : खड़ंजा (जोड़.)।

ईंट पकाने का भट्ठा : भट्ठा, पजावा।

ईंट पाथनेवाला : पथेरा, लेपक, लेप्यकार, लेप्यकृत्।

सुरखी (स्त्री.), सुर्ख़ी (स्त्री.),

जलकर काली हो गयी ईंट : झाँवाँ, झँवा, झामक।

पत्थर (दे.31)।

पत्थर का कम मोटा चौरस आयताकार टुकड़ा : पटिया (स्त्री.), बरंगा।

पत्थर का छोटा अनगढ़ टुकड़ा : गिट्टी (स्त्री.)।

ईंट का छोटा टुकड़ा : ईंटकोहरा, गिट्टी (स्त्री.)।

कंकड़ी (स्त्री.) (दे.12), छर्री (स्त्री.), बजरी (स्त्री.)।

बालू (स्त्री.) (दे.12); सफेद बालू (स्त्री.); लाल बाजू (स्त्री.)।

सीमेंट, सिरमिट, वज्रचूर्ण।

कंकड़ का चूना : बरी (स्त्री.), बरी का चूना।

ईंटों को एक दूसरे पर रखकर दीवार उठाना : जुड़ाई (स्त्री.) (कर.), जोड़ाई (स्त्री.) (कर.), चिनाई (स्त्री.) (कर.), चिनना-, चुनाई (स्त्री.) (कर.), चुनना-, ऐष्टक।

चिनाना-, चुनवाना-, चुनाना-।

मिट्टी, चूना, सुर्खी आदि से बना जोड़ाई का मसाला : गारा, गिल (स्त्री.), गिलाव, गिलावा, कपसा, लेप, लेब (चढ़. चढ़ा. दे.), लेवरना-, लेवा, लेवार, लेवारना-।

मिट्टी में भूसा आदि मिलाकर बनाया हुआ गारा : कहगिल (स्त्री.), लेस।

छत बनाने का मसाला : गच (स्त्री.)।

गच का काम : गचकारी (स्त्री.), गचगीरी (स्त्री.), छत बनाना-।

गच का काम करने वाला : गचगर।

दीवार पर लेप करने का मसाला : पलस्तर (कर.), आलेप (कर.), आलेपन, plaster।

सीमेंट आदि से बना मसाला : युजलेप, वज्रलेप।

पलस्तर में चिकनापन लाने के लिए उस पर पानी में घोला हुआ सीमेंट या यों ही सीमेंट छिड़क कर कन्नी चलाना : दोगा मारना-।

पलस्तर का काम : पलस्तरकारी (स्त्री.), अस्तरकारी (स्त्री.), गिलकारी (स्त्री.)।

पलस्तर करने वाला : गिलकार।

गारा/मसाला ढोने का बरतन : अड़िया (स्त्री.), अढ़िया (स्त्री.)।

दीवार की टूट-फूट भरना : मरम्मत (स्त्री.) (कर.), छोपछाप (स्त्री.) (कर.), छोपना-छापना-, छोपना-, छोप देना-।

चूना (दे.459.11); कलई का चूना।

दीवार पर चूने की पुताई : सफेदी (स्त्री.) (कर. हो.), सुधालेप, अस्तरकारी (स्त्री.), कलई (स्त्री.), श्वेतिमा (स्त्री.)।

रंग (दे.505); रँगाई (स्त्री.) (कर. हो.), रँगना-।

समारंजन (कर. हो.), समाराग, डिस्टेम्पर (कर. हो.), distemper।

आकाच लेप, इनामेल पेंट, enamel paint।

प्लास्टिक पेंट, plastic paint।

वि. सफेदी किया हुआ : सुधाक्षालित, सुधाधवल, सुधाधवलित, सुधाधौत, सुधावदात, सुधाशुभ्र।

ईंटों से बना हुआ : ऐष्टक।

182. असबाब

182.1. सं. असबाब, अटाला, असासा, चीज़ (स्त्री.), (केवल चीज़ के साथ समास में) बस्त, माल, वस्तु (स्त्री.), (दे.456), सरंजाम, सरअंजाम, सामग्री (स्त्री.), सामान।

आवश्यक वस्तु (स्त्री.), काम की चीज़, ज़रूरत की चीज़ (स्त्री.), ज़रूरी चीज़ (स्त्री.), लाज़िम, शैए मत्लूबा (स्त्री.)।

कार्य विशेष के लिए आवश्यक वस्तुएँ : उपकरण, उपकल्प, उपादान, लवाज़िम, लवाज़िमा, लवाज़िमात, लाव-लश्कर, समुपकरण, साज़-सामान, साज़ो सामान, साधन।

गृहस्थी का सामान, गृहसज्जा (स्त्री.), गृहोपकरण, घरद्वार, घरबार, घरेलू सामान, नैवेशिक, परिणाह्य, सरो सामान, साम्ग्र्य, सामाने ख़ानादारी।

अटवाटी-खटवाटी (स्त्री.), खाट-खटोला, चीज़-असबाब, चीज़-बस्त, चीज़-वस्तु (स्त्री.), माल-असबाब, माल-मता, माल-मत्ता।

उपस्कर, शयनासन, सज्जा-सामग्री (स्त्री.), furniture।

फुटकर चीज़ें (स्त्री.), मुतफ़र्रिकात (स्त्री.)।

182.2. सं. आसन, आस, निषण्णक, निषदन, पीठ, प्रस्तरण, प्रस्तरणा (स्त्री.), बैठक (स्त्री.), बैठकी (स्त्री.), वेदिका (स्त्री.), सद्म, स्रस्तर (दे.182.16)।

बैठने का छोटा गद्दा : गद्दी (स्त्री.)।

सम्मानित व्यक्ति के लिए लगाया गया आसन : गद्दी (स्त्री.)।

182.3. सं. कुरसी (स्त्री.), कुर्सी (स्त्री.), आसंदी (स्त्री.), chair।

जोड़दार/टूटदार/सफ़री कुरसी (स्त्री.), भंज्य आसंदी (स्त्री.), folding chair।

बाँहदार कुरसी (स्त्री.), बाहु आसंदी (स्त्री.), arm chair।

आराम कुरसी (स्त्री.), लघुखट्टिका (स्त्री.), सुखासंदी (स्त्री.), सुखासन, easy chair।

भ्रमतासंदी (स्त्री.), revolving chair।

दोली आसंदी (स्त्री.), rocking chair।

छोटी कुरसी (स्त्री.), आसंदिका (स्त्री.)।

बेंत की कुरसी, वेत्रासंदी (स्त्री.), वेत्रासन।

182.4. सं. प्रतल्प, सुखासन, स्रस्तर, sofa ; sofaset।

तल्प, couch ; डिवान, दिवान, divan।

पाया (दे.182.14)। पीठ (स्त्री.), पुश्त (स्त्री.); दीवार (स्त्री.)।

बाँह (स्त्री.), बाज़ू।

182.5. सं. बेंत आदि का गोलाकार आसन : मोंढ़ा, मोढ़ा, मूढ़ा।

182.6. सं. पीठ, प्रोष्ठ, प्रौष्ठ, stool।

182.7. सं. एक आदमी के बैठने योग्य छोटी चारपाई : मचिया (स्त्री.), मंचिका (स्त्री.), माढ़ा, माढ़ी (स्त्री.), आसंदिका (स्त्री.), आसंदी (स्त्री.), लघुखट्विका (स्त्री.)।

बड़ी मचिया : माचा।

182.8. सं. काठ/पत्थर का चौकोर आसन : चौकी (स्त्री.), चतुष्की (स्त्री.), पटुली (स्त्री.), पीठ, पीठक, वेदिक, सन्दली (स्त्री.)।

पत्थर की चौकी : शिलापट्ट, शिलापट्टक, शिलासन।

182.9. सं. प्रोष्ठ, प्रौष्ठ, bench।

182.10. सं. कम ऊँचा आयताकार आसन : पीढ़ा, पीठा, पीठ, पटरा, पट्टा, पाटा।

छोटा पीढ़ा : पीढ़ी (स्त्री.), पीठिका (स्त्री.), पटुली (स्त्री.)।

182.11. सं. महाराष्ट्र का झूला जैसा आसन : झोपाला, डोलना।

182.12. सं. मेज़ (स्त्री.), फलक, पटल, टेबिल, टेबुल, table।

मेज़पोश (दे.480), पटलावरण, table cloth।

जोड़दार/टूटदार/सफ़री मेज (स्त्री.), folding table।

ड्राअर, दराज़, उदाकर्ष, drawer।

182.13. सं. तिपाई (स्त्री.), तिरपाई (स्त्री.), त्रिपदस्तंभ, त्रिपदिका (स्त्री.), त्रिपदी (स्त्री.), त्रिपादधानी (स्त्री.), त्रिपादिका (स्त्री.), टिकटी (स्त्री.), tripod।

182.14. सं. चारपाई (स्त्री.), खटिया (स्त्री.), खाट (स्त्री.), खट्टा (स्त्री.), खट्वा (स्त्री.), डासनी (स्त्री.), मंच, मंचक, मचवा, संदी (स्त्री.)।

छोटी चारपाई/खाट : खटोला, खटोलना, खट्टिका (स्त्री.), खट्वाका (स्त्री.), खट्विका (स्त्री.), निषद्या (स्त्री.)।

छोटा खटोला : खटोली (स्त्री.)।

वह पुरानी चारपाई जिसकी बुनावट ढीली पड़ चुकी हो : झिलँगा।

चारपाई पर लेटना : चारपाई धरना-/पकड़ना-/लेना-, चारपाई पर पड़ना-।

चारपाई के ढाँचे में लंबाई की ओर की पट्टी : खटपाटी (स्त्री.), पटिया (स्त्री.), पाटी (स्त्री.)।

पाया, पावा, गोड़ा, खिंखिर।

पाये के छेद में पाटी को जमाना : सालना-।

पाया सहित पाटी : खट्वांग।

पाये का टेढ़ा छेद : कनसाल।

पाये को टेढ़ा छेदना : कनेव छेदना-।

चारपाई का टेढ़ापन : कनेव (निकल. पड़.), कान (निकल.)।

चारपाई बुनने की डोरी : मूँज की-बाध, बान; सन की-सुतली (स्त्री.)।

चारपाई का पुराना बाध : झिलँगा।

चारपाई बुननेवाला : खटबुना।

चारपाई की बुनावट : तिबद्धी (स्त्री.)।

चारपाई का वह भाग जिधर सोनेवाले का सिर रहता है : सिरहाना, सीरा, बालीं (स्त्री.), मुड़वारी (स्त्री.), शिरोधाम।

चारपाई का वह भाग जिधर सोनेवाले के पैर रहते हैं : गोड़वार, गोड़वारी (स्त्री.), पायँत (स्त्री.), पायँता, पायँती (स्त्री.), पायतन, पायताना, पैताना।

अ. सिरहाने, सरे बालीं, पाईं।

सं. सिरहाना-पायताना, आयँती-पायँती (स्त्री.)।

सिरहाने की पाटी : सिरई (स्त्री.), सेरवा, सेरा, सेरुआ।

पैताने की पाटी : सीरो।

चारपाई की बुनावट में सहारे के लिए पैताने की ओर दोनों बग़ली पाटियों में कई बार लपेटे गये बाध की गुच्छा : करधनी (स्त्री.)।

वह रस्सी जो बुनावट को कसने के लिए करधनी के छेदों में से ले जाकर सीरों में तानकर लपेटी जाती है : अदवान (स्त्री.) (कस. खींच. तान.), उंचन (स्त्री.) उंचना-, उनचन (स्त्री.) (कस.), ओनचन (स्त्री.), ओनचना-।

चारपाई को ऊँचा करने के लिए उसके पायों के नीचे रखने की चीज : परवाया, उचकन।

सिरहाने को ऊँचा करने के लिए, उसके पायों के नीचे रखने का लकड़ी का टुकड़ा : पालकरी (स्त्री.)।

उठने-बैठने से चारपाई में होने वाला शब्द : चरमर, चरमराना-।

सोने लायक बड़ी चौकी : तख़्त, तखत, तख्ता।

तख़्त पर बिछाने की चादर : तख़्तपोश़।

पलंग, पल्यंक, पर्यंक, पर्यस्तिका (स्त्री.), पालंग, पालिक, इन्द्रकोश, इन्द्रकोष, इन्द्रकोषक, तल्प, नीड, शबिस्तान, शयनासन, शय्या (स्त्री.)।

वह पलंग जिसमें मच्छरदानी लगाने के लि डडे लगे हों : छपरखट (स्त्री.), छपरखाट (स्त्री.)।

छोटा पलंग : पलँगड़ी (स्त्री.), पलँगिया (स्त्री.)।

पलंग बुनने की चौड़ी पट्टी : निवार, बाँधी, बाधी (स्त्री.)।

निवार बुननेवाला : निवारवाफ़।

पलंग पर बिछाने की चादर : पलंगपोश (दे.480)।

वि. बिछौने से रहित : खटेटी, खरहरी, निखरहर, निखहर।

चरमरा।

चारपाई से रहित : अतिखट्व।

अ. चरमर।

182.15. सं. बिस्तर (डाल. बिछा.), बिस्तरा, बिछौना (कर. डाल. बिछा.), बिछौन, बिछावन, बिसात (स्त्री.), आस्तर, आस्तरण, कशिपु, डासन, डासनी (स्त्री.) तल्प, प्रच्छद, प्रस्तरण, प्रस्तार, प्रस्तारणा (स्त्री.), फ़र्श, वटर, शय, शयन, शयनरचन, शयनीय, शय्या (स्त्री.) (सजा.), संस्तर, सेज (स्त्री.), सेजरिया (स्त्री.), स्तरिमा (स्त्री.), स्तरीमा (स्त्री.)।

फूलों की सेज : पुष्पशय्या (स्त्री.) (दे.40); सुखशय्या (स्त्री.)।

घास का बिछौना : तृणशय्या (स्त्री.), संस्तर।

पत्तों आदि का बिछौना : प्रस्तार, प्रस्तिर।

कुश का बिछौना : दर्भसंस्तर।

बच्चों का छोटा बिछौना : कथोला, कथौला (स्त्री.), लगदी (स्त्री.) (दे.167)।

गद्दा, गदेला, गब्भा, गेन्दुक, आस्तर, उपधानी (स्त्री.), तूलिका (स्त्री.), तोशक, दंगल, निहाल, निहाली (स्त्री.), प्रतूलिका (स्त्री.), सुपेदी (स्त्री.)।

भारी/मोटा गद्दा : गद्दद, गिलम (स्त्री.)।

छोटा गद्दा : गद्दी (स्त्री.), मसनद।

तकिया, अपश्रय, आसीसा, उच्छीर्षक, उपधान, उपधानी (स्त्री.), उपधानीय। उपबर्ह, उपबर्हण, कशिपु, खरालक, खरालिक, गण्डु, गण्डू (स्त्री.), गण्डोपधान, गेण्डुवा, ढासना, बालिश, बालीं (स्त्री.), मसूरक, शिरोपधान।

बड़ा तकिया : गावतकिया, पुश्ती (स्त्री.), मसनद, विसादा।

गाल के नीचे रखने का तकिया : गलतकिया, गलसुई (स्त्री.), गल्लचातुरी (स्त्री.), असिगण्ड, कन्दूक।

गोल तकिया : गेन्दुआ, गेन्दुवा, चक्रगण्डु, चातुर, चातुरक, चातुरक्ष।

छोटा तकिया : चाबुका (स्त्री.)।

तकिये की खोली : गिलाफ़ (दे.480)।

रजाई आदि ओढ़ने की भारी चीज़ : सौण्ड, नीशार।

चिथड़े जोड़कर बनाया हुआ ओढ़ना-बिछौना : कथरी (स्त्री.), कंथा (स्त्री.), कँथारी (स्त्री.), काथरी (स्त्री.), कुथ, कुथा (स्त्री.), खिरका, गुदड़ी (स्त्री.), रफ़ीदा।

रज़ाई (स्त्री.), निहाली (स्त्री.)।

मोटी रज़ाई : लिहाफ़।

हलकी रज़ाई : तुलाई (स्त्री.), तूलिका (स्त्री.), दुलाई (स्त्री.)।

रज़ाई की ऊपरी पर्त : अबरा, उपल्ला।

रज़ाई की निचली पर्त : अस्तर, भितल्ला।

रज़ाई पर लगायी जाने वाली गोट : मग़ज़ी (स्त्री.)।

खोली (स्त्री.) (दे.480)।

कंबल (दे.482.20)।

गोट लगी दोहरी चादर : दोहर (स्त्री.)।

दरी (स्त्री.), आस्तरण, शतरंजी (स्त्री.), सतरंजी (स्त्री.)।

दरी आदि की बुनावट से बाहर निकला हुआ सूत : फुचड़ा, फुसड़ा।

बिछाने की मोटी छपी चादर : जाजिम (स्त्री.), जाजम (स्त्री.), खँड़रू।

बिछाने की कामदार मोटी चादर : सुजनी (स्त्री.), सोजनी (स्त्री.)।

चादर (स्त्री.), चद्दर (स्त्री.) (दे.482.2), निचुलक, निचोल, प्रच्छद, प्रच्छदपट, शय्यावरण, शय्यास्तार।

मच्छरदानी (स्त्री.), मसहरी (स्त्री.), मशकहरी (स्त्री.), नीशार, शबनमी (स्त्री.)।

ओस से बचने के लिए छपरखट पर तानने का कपड़ा : शबनमी (स्त्री.)।

क़ालीन, ग़लीचा, गलैचा, ग़ालीचा, दुलीचा, आस्तर, चित्रकंबल।

बढ़िया कालीन : गिलम (स्त्री.)।

टाट (दे.481)।

मोमजामा (दे.481), तैलवस्त्र, oilcloth।

बिस्तर बिछानेवाला नौकर : तल्पक।

बिस्तरबन्द, सर्वधर, hold-all।

वि. गद्देदार।

182.16. सं. चटाई (स्त्री.), अवस्तार, कलिंज, कशिपु, किलिंच, किलिंज, किलिंजक, तलाची (स्त्री.), तृणासन, तेजनी (स्त्री.), दरमा, पाटी (स्त्री.), वटर, साथरी (स्त्री.)।

बेंत की चटाई : शीतलपाटी (स्त्री.)।

नरकट की चटाई : तृणपूली (स्त्री.)।

पुआल की चटाई : मँडरी (स्त्री.)।

बैठने हेतु पुआल से बना : बिड़वा।

कुश की चटाई : दर्भण, साथरी (स्त्री.)।

बैठने का छोटा चौखूँटा बिछावन : आसन, आसना (स्त्री.), आसनी (स्त्री.), दुलीचा, स्रस्तर।

कुशासन, कुशास्तर, दर्भ, दभसिंव, विष्टर।

182.17. सं. परदा (दे.480)।

182.18. सं. अलमारी (स्त्री.) (दे.510.11)।

182.19. सं. गर्दख़ार, गर्दखोर, द्वारकट, पाँवड़ा, पाअन्दाज़, पायन्दाज़, पापोश, पायपोश, पामड़ा, लतखोर, लतखोरा।

7. वर्ग : दिशा-अवस्थान

विषय : 183. दिशा; 184. आगा; 185. पीछा; 186. बीच; 187. छोर; 188. ऊँचाई; 189. निचाई; 190. लटकन; 191. तिरछापन; 192. दूरी; 193. निकटता; 194. संलग्नता; 195. असंलग्नता; 196. उलटाव।

183. दिशा

183.1. सं. दिशा (स्त्री.), दिक् (स्त्री.), दिगंचल, दिग्विभाग, (समास में) दिङ्., आशा (स्त्री.), ओर (स्त्री.), ककुप् (स्त्री.), ककुभ् (स्त्री.), ककुभा (स्त्री.), काष्ठा (स्त्री.), खूँट (स्त्री.), गोशा, घाट, जानिब (स्त्री.), तरफ (स्त्री.), निदेशिनी (स्त्री.), पक्ष, पहलू, वातपत्नी (स्त्री.), सिम्त (स्त्री.), सू (स्त्री.), हरित् (स्त्री.)।

चारों दिशाएँ : चतुर्दिक् (स्त्री.), चतुर्दिश।

दिशाओं का समूह : दिक्चक्र, दिग्मंडल, दिङ्.मंडल।

दिगन्त, क्षितिज (दे.3)।

क्षितिज-वृत्त का 360वाँ भाग : दिगंश, दिग्ज्या (स्त्री.)।

दिशा का ज्ञान : दिशाज्ञान (कर. करा.), दिग्दर्शन।

दिशाज्ञान करने का उपाय : दिक्साधन।

कुबुबनुमा, दिग्दर्शक यन्त्र, दिग्दर्शन, दिग्दर्शिनी (स्त्री.), दिग्द्योतक यन्त्र, दिशासूचक यन्त्र, ध्रुवदर्शक, ध्रुवमत्सय, compass।

पश्चिम दिशा बतानेवाला यन्त्र : क़िबलानुमा।

दिशा भूल जाना : दिग्भ्रम, दिङ्.मोह, दिशाभ्रम।

दिशाहीनता (स्त्री.), विदिशा (स्त्री.)।

पूर्व, पूरब, पूर्वदिक् (स्त्री.), पूर्वदिशा (स्त्री.), पूर्वा (स्त्री.), पूर्वाशा (स्त्री.), प्राची (स्त्री.), उगमन, जुहू (स्त्री.), दिक्शिखा (स्त्री.), मशरिक़, माद्यवती (स्त्री.), माहेन्द्री (स्त्री.), वासवदिक् (स्त्री.), वासवदिशा (स्त्री.), वासवाशा (स्त्री.), शर्क़, शक्रकाष्ठा (स्त्री.), शक्रदिक् (स्त्री.), सौत्रामणी (स्त्री.), हरिदिक् (स्त्री.), हरिदिशा (स्त्री.)।

पश्चिम, पश्चिमा (स्त्री.), पच्छिम, प्रतीची (स्त्री.), प्रत्यगाशा (स्त्री.), अंज़न, अथमना, अपरदिशा (स्त्री.), अपरा (स्त्री.), क़िबला, मग़रिब, वारुण, वारुणी (स्त्री.)।

उत्तर, उत्तरा (स्त्री.), उत्तराशा (स्त्री.), उदीची (स्त्री.), ऋचा (स्त्री.), कौबेरी (स्त्री.), तिर्यग्दिक् (स्त्री.), देवविभाग, धनदिशा (स्त्री.), शिमाल, शुमाल, सुभूता (स्त्री.)।

दक्षिण, दक्षिणा (स्त्री.), दक्षिणाशा (स्त्री.), दक्खिन, दकन, दाक्ष, अधर, अधोदिक् (स्त्री.), अधोदिशि (स्त्री.), अपाची (स्त्री.), अवाची (स्त्री.), आगस्ती (स्त्री.), उत्तरेतरा (स्त्री.), जनूब, जुनूब, यामि (स्त्री.), यामी (स्त्री.), याम्या (स्त्री.), वैवस्वती (स्त्री.), शामनी (स्त्री.)।

वि. दिशा-सम्बन्धी, दिश्य।

किसी ओर मुँह किया हुआ : अभिमुख, (यौगिक में) मुखी।

दिग्व्यापी।

दिग्भ्रमित, दिग्भ्रांत, दिङ्मूढ़।

दिशाहीन।

पूर्व, पूर्वी, पूरबी, पुरबी, पुरबिया, पुरबिहा, पूर्वीय, पौर्व, पौर्वात्य, पौर्वी (स्त्री.), प्राक्, प्राचीन, प्राच्य, प्राच्यक, मशरिकी, शर्की।

जिसका सिरा पूरब की ओर हो : प्राक्तूल।

पूरब की ओर बहनेवाला : प्राक्स्रोता।

पश्चिम, पश्चिमी, पश्चिमीय, पच्छिमी, पछवाँ, पछाँहिया, पछाहियाँ, पछाँही, पछाहीं, पछुआ, पछुवा, पश्च, पाश्चात्य, पूर्वेतर, प्रतीचीन, प्रतीच्य, अपर, अवर, मग़रिबी।

पश्चिम की ओर ढालू : पश्चिमप्लव।

पश्चिम दिशा में बहनेवाली : पश्चिमवाहिनी।

उत्तर, उत्तरी, उत्तरीय, उत्तरीयक, उदक्, उदीचीन, उदीच्य, औत्तर, शिमाली, शुमाली।

जिसका मुँह उत्तर दिशा में हो : उत्तराभिमुख, उदड्.मुख, उदीचीन।

उत्तर दिशा में बहनेवाली : उत्तरवाहिनी।

दक्षिण, दक्षिणी, दक्षिणीय, दकनी, दक्खिनी, दखिनहा, दाक्षिण, अनुत्तर, अपाचीन, अपाच्य, अवाचीन, आगस्त्य, उत्तरेतर, जनूबी, याम्य, सव्य।

अ. अनुकूल, अभिमुख, अलँग, ओर, तरफ़, प्रति, मुँह, रुख़।

इस ओर (दे.175)।

उस ओर (दे.175)।

चारों ओर (दे.175)।

पश्चिम से/पश्चिम ओर : पश्चात्, प्रत्यक्।

पश्चिमोत्तर की ओर : प्रत्युगुदक्।

दक्षिण दिशा में : दक्षिण, दक्खिन।

183.2. सं. दो दिशाओं के बीच का कोण : कोण, अन्तरदिशा (स्त्री.), अन्तर्दिशा (स्त्री.), अन्तरादिक् (स्त्री.), अन्तरालदिशा (स्त्री.), अवान्तरदिशा (स्त्री.), उपदिशा (स्त्री.), गोशा, प्रदिक् (स्त्री.), प्रदिशा (स्त्री.), विदिक् (स्त्री.), विदिश (स्त्री.), विदिशा (स्त्री.), व्याशा (स्त्री.)।

पूर्व-दक्षिण कोण : अग्निकोण, अग्निदिक् (स्त्री.), आग्नेय कोण, आग्नेयी (स्त्री.), प्राग्दक्षिणा (स्त्री.), भण्डार, वह्निकोण, हौताशन कोण।

पश्चिम-दक्षिण कोण : नैऋंत कोण, नैऋत, नैऋत्य, नैऋत्य कोण, नैर्ऋती (स्त्री.), अपरदक्षिण, दक्षिणापरा (स्त्री.)।

पूर्व-उत्तर कोण : ईशानकोण, ईशान, ईशकोण, ऐशानी (स्त्री.), पूर्वोत्तर, पूर्वोत्तरा (स्त्री.), प्रागुत्तरा (स्त्री.), प्रागुदीची (स्त्री.), शिवदिक् (स्त्री.), शिवदिशा (स्त्री.), स्थाणुदिक् (स्त्री.)।

पश्चिम-उत्तर कोण : वायुकोण, वायवी (स्त्री.), वायव्य, वायव्य कोण, वायव्या (स्त्री.), पश्चिमोत्तर, पश्चिमोत्तरा (स्त्री.), प्रत्यगुदक् (स्त्री.)।

वि. दक्षिण-पूर्वी, आग्नेय।

दक्षिण-पश्चिमी।

उत्तर-पूर्वी, ऐशान, पूर्वोत्तर।

उत्तर-पश्चिमी, पश्चिमोत्तर, वायव।

183.3. सं. ऊर्ध्वदिशा (स्त्री.) (दे.188)।

अधोदिशा (स्त्री.) (दे.189)।

दिशा और विदिशा के बीच के अन्तर को चतुर्थांश : अन्तरचक्र।

अन्तरचक्र में चिड़िये की बोली से सगुन विचारने की विद्या : अन्तरचक्र।

दो दिशाओं के बीच का भाग : दिगन्तर, दिशावकाश।

दिशाशूल (दे.158)।

183.4. सं. (पौरा.) दिशा का स्वामी देवता : दिक्पति, दिक्पाल, दिक्स्वामी, दिगधिप, दिगीश, दिगीश्वर, दिगेश, दिग्देवता, दिग्दैवत, दिङ्.नाथ, दिशापाल, आशापाल, भरथ, लोकपाल, लोकाधिप।

(पूर्व का इन्द्र; पश्चिम का वरुण; उत्तर का कुबेर); दक्षिण का यम; अग्निकोण का वह्नि; नैऋतकोण का नैर्ऋत; ईशानकोण का ईश; वायुकोण का मरुत्; ऊर्ध्वदिशा का ब्रह्मा; अधोदिशा का अनन्त)

दिशा का स्वामी ग्रह : दिक्पति, दिगीश्वर।

(पूर्व का सूर्य; पश्चिम का शनि; उत्तर का बुध; दक्षिण का मंगल; अग्निकोण का शुक्र; नैऋतकोण का राहु; ईशानकोण का बृहस्पति; वायुकोण का चन्द्रमा)

बौद्ध मतानुसार दिक्पाल : छत्रमहाराज।

(पूर्व का वीणाराज; पश्चिम का खड्गमहाराज; उत्तर का ध्वजराज; दक्षिण का चैत्यराज)

183.5. सं. दिशा का रक्षक हाथी : आशागज, दिक्करी, दिक्कुंजर, दिक्सिंधुर, दिगिभ, दिग्गज, दिग्गयन्द, दिग्दन्ती, दिग्वारण, दिङ्.नाग, दिशागज, दिशेभ, महागज।

(पूर्व का ऐरावत (दे.67.7); पश्चिम का अंजन; उत्तर का सार्वभौम/अंगनाप्रिय; दक्षिण का वामन; अग्निकोण का पुण्डरीक; नैऋतकोण का कुमुद; ईशानकोण का सप्रतीक/सुप्रतीक; वायुकोण का पुष्पदन्त)।

ऐरावत की हस्तिनी : अभ्रमु (स्त्री.); अंजन की हस्तिनी : ताम्रकर्णी (स्त्री.); सार्वभौम की हस्तिनी : अंगना (स्त्री.)/अंजना (स्त्री.)/सुनन्दा (स्त्री.); वामन की हस्तिनी : पिंगला (स्त्री.); पुण्डरीक की हस्तिनी : कपिला (स्त्री.); कुमुद की हस्तिनी : अनुपमा (स्त्री.); सप्रतीक की हस्तिनी : अंजना(स्त्री.)/अंजनावती (स्त्री.),/अंजनिका (स्त्री.); पुष्पदन्त की हस्तिनी : शुभ्रदन्ती (स्त्री.)/शुभदन्ती (स्त्री.)।

ब्रह्मा की कन्यारूपिणी दिशा : दिक्कन्या (स्त्री.), दिक्कान्ता (स्त्री.), दिक्कामिनी (स्त्री.), दिक्सुन्दरी (स्त्री.), दिगंगना (स्त्री.), दिग्वधू (स्त्री.)।

184. आगा

सं. आगा, अगला भाग, अगवाड़ा, अगीठा, अगुआ, अग्र, अग्रभाग, अग्रांश, चेहरा, पुरोभाग, मुहरा, मोहड़ा, मोहरा, रुख़, शिखर, सामना।

वह जो सामने हो : सम्मुखी।

सामने होने की स्थिति : अच्छ, आभिमुख्य, पारिमुख्य, साम्मुख्य।

आमना-सामना (दे.361)।

आगा-पीछा, अगीत-पछीत (स्त्री.)।

वि. आगे का, अगला, अगाऊँ, अगाऊ, अगाड़ा, अग्र, अग्रवर्ती, अग्रिम, पुरःस्थ, पुरस्थायी।

सबसे आगे का : अतिसर।

सबसे आगे : अग्रवान् (दे.275)।

सामने का : सम्मुख, सम्मुखीन।

किसी ओर मुँह किया हुआ : अभिमुख।

अ. आगे, अग्र, पाईं, पुरतः, पुरस्, पुरस्तात्, पेश, रुख, समक्ष, सम्मुख, सामने।

सामने की ओर कुछ दूर पर : आगे।

आगे-आगे।

आमने-सामने।

सीधे, नाक की सीध में।

आगे-पीछे, अगीत-पछीत।

185. पीछा

सं. पीछा, पिछला भाग, पिछवाड़ा (दे.180), पिछाड़ी (स्त्री.), पिछैला, पछाड़ी (स्त्री.), पछाया, पश्चाद्भाग, पाछ, पाछा, पृष्ठ, पृष्ठक, पृष्ठदेश, पृष्ठभाग, पृष्णि (स्त्री.), प्रान्त।

पीछे का आधा भाग : पश्चार्ध, पश्चिमार्ध, अपरार्ध, उत्तरार्ध।

पीछे कर देना-, पिछाड़ देना-।

वि. पिछला, परवर्ती, पश्चाद्वर्ती, अपर, उत्तर।

अ. पीछे, पर, पश्चात्, बाद।

पीछे से, पृष्ठतः।

पीछे-पीछे।

186. बीच

सं. बीच, अधबिच, दरमियान, दर्मियान, मध्य, वस्त।

मध्यभाग, मध्यस्थल, अन्तराकाश।

मध्यवर्ती स्थान।

भीतरी भाग : अन्तराल, गर्भ।

मध्यबिन्दु, केन्द्र, केन्द्रस्थल, केन्द्रस्थान, मरकज़, वैषुवत्।

मध्यमता (स्त्री.)।

मध्यस्थता (स्त्री.) (कर.) (दे.378)।

वि. बीच का, बिचला, अन्तःस्थ, अन्तरीय, अन्तर्य, दरमियानी, दर्मियानी, निखण्ड, मध्यम, मद्धिम, मध्य, मध्यम, मध्यमक, मध्यमीय, माध्यदिन, माध्य, माध्यम, माध्यमिक।

उम्र में बीच का : मझला (दे.166)।

आकार में बीच का : मझोला, मझोली (स्त्री.)।

मध्यत, मध्यवर्ती, मध्यस्थित, विषुवत्, वैषुवत्, वैषुवतीय।

केन्द्रीय, मरकज़ी।

केन्द्रस्थ, केंद्रित, केन्द्री।

केंद्रित, केन्द्रीभूत (दे.624)।

केन्द्र की ओर जाने वाला : केन्द्रोन्मुख (दे.270)।

गर्भयुक्त, अन्तर्गर्भ।

अन्तर्गत (दे.488), अंगभूत।

अ. बीच में, बीच, अन्तर, अन्तरा, दरमियान, दर्मियान, भीतर (दे.488), मद्धे, मध्य, मध्य में, मध्ये, मपंझि, वस्त।

ठीक बीच में : बीचोबीच।

187. छोर

सं. छोर, अन्त, अंशु, अग्र, अग्रभाग, अनी (स्त्री.), आखिर, आर, उपान्त, ओर, कोटि (स्त्री.), नुक्कड़, नोक (स्त्री.), पार, प्रान्त, प्रान्तभाग, सानु, सिरा।

दूसरा छोर : निपात।

किनारा, किनार, कन्ना, कन्नी (स्त्री.), कोर, अनीक, आर, छोर, बाढ़ (स्त्री.), सिर, हाशिया।

प्रान्तभूमि (स्त्री.)।

सीमा (स्त्री.) (दे.633)।

आर-पार, ओर-छोर, कोर-किनारा।

कोना (दे.635)।

नुकीला सिरा, नोक (स्त्री.) (दे.641)।

पार्श्व, पार्श्वदेश, पार्श्वभाग, पक्ष, पहल, पहलू, करवट (स्त्री.) (दे.98), कल (स्त्री.), बगल (स्त्री.), बल, बाजू।

बायाँ पार्श्व : वाम।

दायाँ पार्श्व : दक्षिण।

वि. अन्तिम, अन्त्य, अग्र, अग्र्य, आख़िरी, उपान्त्य, प्रान्तवर्ती, प्रान्तस्थ, सीमावर्ती।

नोकदार, नुकीली (दे.641)।

पार्श्वतीय, पार्श्ववर्ती, पार्श्विक, पक्षीय, पक्ष्य, बग़ली, बगलौहा।

बायाँ, बायीं (स्त्री.) अदक्षिण, अपष्ठु, यसार, वाम, सव्य।

दायाँ, दायीं (स्त्री.), दाहिना, दाहिन, दक्षिण, अवसव्य।

अ. किनारे, धोरे।

छोर से होकर : प्रांततः।

बायें।

दायें, दाहिने।

188. ऊँचाई

सं. ऊँचाई (स्त्री.), ऊँचापन, ऊँर्ध्व, ऊर्ध्वता (स्त्री.) ऊर्ध्वमान, उँचाई (स्त्री.), उँचान, उच्चता (स्त्री.), उच्छ्रय, उच्छ्राय, उठान (स्त्री.) उत्तालता (स्त्री.) उत्तुंगता (स्त्री.), उदात्तता (स्त्री.) उन्नत, उन्नति (स्त्री.), उभाड़, उमण्ड, औन्नत्य, तुंगिता (स्त्री.), प्रांशुता (स्त्री.) फ़राज, फ़राजी (स्त्री.), बलन्दी (स्त्री.), बुलन्दी (स्त्री.) रफ़ात (स्त्री.) समुच्छ्रय, समुच्छ्राय, समुत्सेध, समुन्नति (स्त्री.)।

उत्तरोत्तर ऊँची होती गयी भूमि : चढ़ाई (स्त्री.), चढ़ान (स्त्री.), चढ़ानी (स्त्री.)।

सीधी चढ़ान।

शीर्ष, शीर्षस्थान, प्राग्र, सिर।

पेड़ की चोटी (दे.39.18); पहाड़ की चोटी (दे.32); मीनार (स्त्री.) (दे.181.14)। शिखर, शिखण्ड, शिखण्डक, शिखा (स्त्री.), शृंग, शेखर, अग्र, चूड़ा (स्त्री.), चोटी (स्त्री.), दशन, भृगु, सानु।

ऊँचा करना-, ऊपर उठाना-, उठाना-, उन्नमन, उभाड़ना-, ऊर्ध्वायन (दे.287)।

आकाश चूमना-/छूना-, आसमान छूना-, आसमान से बातें करना-।

लंबाई (स्त्री.) (दे.636)।

ऊर्ध्वतामापी, cathetometer।

ऊर्ध्वबिन्दु, खमध्य, खस्वस्तिक, शिरोबिन्दु, शीर्षबिन्दु, zenith।

वि. ऊँचा, अगड़धत्त, अगड़धत्ता, अट्ट, अध्यूढ़, असीर, उच्च, उत्ताल, उदग्र, उन्नम्र, उपरितन, ऊर्ध्द्व, ऊर्ध, ऊर्ध्व, तार, तुंग, तुंगी, नीचकी, पटीर, प्रांशु, फ़राज़, बलन्द, बाला, बुलन्द, महत्, रफ़ीअ, वाला, समुत्कट।

बहुत ऊँचा : अट्टट्ट, अत्युच्च, आला, उत्तुंग, प्रोत्तुंग, प्रोन्नंत, महोन्नत, समुच्च, समुच्छ्रित, सुतार, सुतुंग।

आकाश छूनेवाला : अंबरलेखी, अभ्रंकष, अभ्रंलिह, अभ्रभेदी, गगनचुंबी, गगनभेदी, गगनस्पर्शी, नभःस्पृक्, नभोलिट, व्योममाय।

उच्चतर, अध्यारूढ़।

उच्चतम, सर्वोच्च।

पीनोन्नत।

ऊपर उठा/ उठाया हुआ : उदक्त, उदाहित, उन्नत, उन्नमित, उभाड़दार, प्रोद्यत, समुत्थ, समुत्थित, समुद्यत, समुन्नत (दे.287)।

चोटी का : कूटस्थ, मूर्धन्य, शीर्षस्थ, शीर्षस्थानीय।

मनुष्य की ऊँचाई का : आदमक़द, क़द्देआदम, पुरुषदध्न, पुरुषप्रमाण, पुरुषमात्र।

ऊपर का : उदक्, उपरवार, उपरितन, ऊपरी, बालाई।

ऊपर की ओर जाने वाला : ऊर्ध्वगति, ऊर्ध्वगामी, ऊर्ध्वसानु।

लंबा (दे.636)।

अ. ऊपर, ऊँचे, ऊर्ध्व, उदक्, उपरि।

सर्वोपरि।

189. निचाई

सं. निचाई (स्त्री.), निचान, निम्नता (स्त्री.) नीचापन।

ढलान, ढाल (स्त्री.) ढालुवाँपन, उतराई (स्त्री.), उतार, निम्न, रपट (स्त्री.)।

झुकाव, झुकावट (स्त्री.) अवनति (स्त्री.) आनति (स्त्री.) नति (स्त्री.) प्रणति (स्त्री.) लटक (स्त्री.) विनति (स्त्री.)।

निचला हिस्सा, निम्न भाग, अधोदेश, जैल, तल, तलभाग, तला, पेंदा, पेंदी (स्त्री.) पेटा।

निम्न स्थान : निमान।

तलछट (स्त्री.) (दे.467)।

नीचे कर देना-, नीचे डाल देना-, तरियाना-।

तले बैठ जाना-, तह में जमना-, तरियाना-।

अधोबिन्दु, अधःस्वस्तिक, अधरस्वस्तिक, अधस्स्वस्तिक, अधोदिक् (स्त्री.), पादबिन्दु, nadir।

वि. नीचा, निमाना, निम्न, अतुंग, अधर, अधस्तन, अनुच्च, अनुदग्र, अनुन्नत, अनूर्ध्व।

निम्नतर, अध्यारूढ़।

निम्नतम।

नीचे का अधर, अधस्तन।

नीचे जाने वाला : निम्नग (दे.288)।

ढलुवाँ, ढालदार, ढालवाँ, ढालुआँ, ढालुवाँ, ढालू, अनुक, निमाना, सलामी।

खड़ी ढालवाला : अतट।

झुकावदार अनुकुंचित, अवनत, आनत, नत, नमित (दे.98), प्रणत, विनत।

अ. नीचे, अधः, अधस्तात, (समास में) अधो, खाले, ज़ेर, ज़ैल, तरे, तले, पाईं।

नीचे-नीचे, खाले-खाले।

190. लटकन

सं. लटकन, लटक (स्त्री.), लटकना-, लटक आना-/जाना-, लटकाव, लंबन, लुलन, आन्दोल, आन्दोलन, झुलाव, झूलन (स्त्री.) झूलना-, टँगना-, दोल, दोलन (दे.267), निलंबन, प्रलंप, प्रलंबन, विलंबन, विलंबना-, स्रस्ति (स्त्री.)।

लटकाना-, लटका देना-/लेना-, झुलाना-, टाँगना-।

लटकवाना-।

लटकनेवाली चीज़ : लटकन, आलंब, आवेज़ा, प्रलंब, प्रालंब, प्रालंबक।

वस्त्रादि का लटकने वाला भाग : झोल।

छीका (दे.510.6)। झूला (दे.702)। बहँगी (स्त्री.) (दे.476)।

आलंब, दोलक, निदोल, लंगर, लोलक, pendulum।

वि. लटकीला, लटकौआ, लटकौवा, लंबित, लंबी, लुलित, आलंब, झुलना, झुलनी (स्त्री.), झुलौआ, झुलौवा, दोलायमान, दोलायित, दोलित, प्रलंब, प्रलंबी, प्रालंब, विलंबित, विलंबी, विलग्न, व्यालंब, व्यालंबी, स्रंसी, स्रस्त।

झोलदार।

191. तिरछापन

सं. तिरछापन, तिरछाना-, तिर्यक्ता (स्त्री.), तिर्यक्त्व, उरेब, औरेब (दे.299), झुकाव (दे.98), टेढ़ापन (दे.639)।

आड़ापन, बेड़ापन।

वि. तिरछा, तिरछौंहाँ, तिरश्चीन, तिर्यक, अड़ार, कतरवाँ, बगलौंहा, व्याजिह्म, साचीकृत।

आड़ा, बेड़ा, तिर्यक्पाती।

आड़ा-तिरछा।

औरेबदार (दे.299)।

अ. तिरछे, तिरछौंहें, टेढ़े, साचि।

192. दूरी

सं. दूरी (स्त्री.), दूरता (स्त्री.) दूरत्व, अन्तर, अध्व, अध्वा, अपसर, फ़ासला, फ़ासिला।

असन्निकर्ष, असन्निधान, असन्निधि (स्त्री.)।

दूर-दराज़। विदूरत्व।

वि. दूर, दूरवर्ती, दूरवासी, दूरस्थ, दूरस्थित, दूरान्तरित, दूरेचर, अनभ्याश, अनाभ्यास, अनुपगत, अपार्ण, अलग-थलग, असमीपस्थ, न्यारा (दे.243)।

सुदूर, सुदूरवर्ती, सुदूरस्थ, विदुर।

असन्निहित।

समानान्तर, समान्तर।

आधा दूर : अधकट।

दूरगामी (दे.271)।

अ. दूर, अन्तर, न्यारे, परे, पार, फ़ासले पर।

थोड़ी ही दूर, धाप भर।

अलग-थलग, बाहर (दे.243)।

अति दूर, बहुत दूर, कोसों, काले कोसों, सुदूर।

सात समन्दर पार।

दूर से ही : दूरतः।

193. निकटता

सं. निकटता (स्त्री.), निकटत्व, निकटपना, नैकट्य, नज़दीकी (स्त्री.) नियराई (स्त्री.) अन्तिक, अदूर, अधिष्ठान, अनन्तर, अभीति (स्त्री.), आसन्न, उपस्थिति (स्त्री.), उपह्वर, उपान्त, उपासंग, कूल, धोर, पार्श्व, प्रत्यासत्ति (स्त्री.), समीप, समीपक, समीपता (स्त्री.), सामीप्य, सकाश, सन्निकटता (स्त्री.), सन्निकर्ष, सन्निकृष्ट, सन्निध,

सन्निधान, सन्निधि (स्त्री.) सान्निध्य, सन्निहित, समासत्ति (स्त्री.), समुपस्था (स्त्री.), समुपस्थान, समुपस्थिति (स्त्री.)।

मनुष्य का सामीप्य : जनान्तिक।

निकट आना : नगिचाना-, निअराना-, नियराना- (दे.273)।

निकट जाना : अभिपत्तन, अभिपत्ति (स्त्री.) उपसद, उपसदन (दे.273)।

निकट लाना : सन्निकर्ष, सन्निकर्षण (दे.273)।

निकटवर्ती स्थान : बग़ल (स्त्री.)।

वि. निकट, निकटवर्ती, निकटस्थ, नैकटिक, नज़दीकी, अन्तवासी, अन्तिक, अदूर, अदूरभव, अनन्तर, अनन्तरित, अनन्तर्हित, अनपेत, अपार्ण, आसन्न, उपस्थित, उपान्तिक, उपान्तिम, क़रीब, परिपार्श्व, परिपार्श्ववर्ती, पार्श्व, पार्श्वगत, पार्श्ववर्ती, पार्श्वस्थ, पास का, पासवाला, प्रत्यन्त, प्रत्यनन्तर, प्रत्यासन्न, सकाश, सन्निहित, समासन्न, समीप, समीपवर्ती समीपस्थ।

क़रीबतर, निकटतर, समीपतर।

क़रीबतरीन, निकटतम, समीपतम।

क़रीबी, नज़दीकी, समीपी।

अति समीपी : अन्तम, अन्तरतम, अत्यन्तिक।

गुंजान, घना (दे.624)।

पास लाया हुआ : अभिपन्न, उपहृत, सन्निकृष्ट।

अ. निकट, निअरे, नियरे, नगीच, नज़दीक, अगल-बग़ल, अदूर, अनतिदूर, अभितः, आस-पास, इन्द, इधर-उधर, इर्द-गिर्द, क़रीब, गिर्द, पास, भीरे, सकाश, सन्निकट, समीप।

पास-पास, आगे-पीछे।

194. संलग्नता

सं. संलग्नता (स्त्री.) सम्बद्धता (स्त्री.), सम्बन्ध (कर. करा.), संपर्क (कर. करा.) (दे.235), संपृक्ति (स्त्री.), संयुक्ति (स्त्री.), संयुग, संश्लेष, संसक्ति (स्त्री.), सक्ति (स्त्री.), समासंग, अनन्तर, अनन्तरय, अन्विति (स्त्री.) आसंग, जोड़, निबंध (दे.450), पृक्ति (स्त्री.), मिलान, युक्ति (स्त्री.), योग (कर. हो.), योजन, लगाई (स्त्री.), लगाव, लगावट (स्त्री.), लीनता (स्त्री.), वाबस्तगी (स्त्री.) श्लिषा (स्त्री.) श्लिष्टि (स्त्री.) श्लेष।

संयोजन, संयोजना (स्त्री.), सम्भेदन, समासंजन, अनुबंधन, योजन।

कटकर अलग न होना : अनुच्छित्ति (स्त्री.), अनुच्छेद।

सेतु (दे.294)।

अटकाव, उलझाव, फँसाव, फँसावा।

सटना-, चिपकना-, चिमटना-, जुटना-, जुड़ना-, भिड़ना-, मिलना-, लगना-, हिरकना-, हिलगना-।

सटाना-, साटना-, चिपकाना-, चिमटाना-, जुटाना-, जोड़ना-, भिड़ाना-, मिलाना-, लगाना-, हिरकाना-, हिलगाना-।

अटकना-, उलझना-, फँसना-।

अटकाना-, उलझाना-, फँसाना-।

वि. संलग्न, संपृक्त, सम्बन्धित, सम्बन्धी, सम्बद्ध, संभिन्न, संयुक्, संयुक्त, संलिप्त, संश्लिष्ट, संसक्त, सक्त, समालंबित, अनन्तर, अनन्तराय, अनन्तरित, अनवच्छिन्न, अनायत, अनुबंधक, अनुबंधी, अनुबद्ध, अनुलग्न, अन्वित, आसंगी, जड़ित, पृक्त, प्रसक्त, मिलित, युक्त, योजित, लग्न, लीन, वाबस्ता, विजड़ित, विलगित, विलग्न, श्लिष्ट।

जोड़नेवाला : संयोजक, सम्बन्धक, सम्बन्धयिता, अनुबंधक।

जुड़नेवाला : संयोगी।

जोड़ने योग्य : संयोज्य, सम्भेदनीय, सम्भेद्य।

195. असंलग्नता

सं. असंलग्नता (स्त्री.), असंपर्क, असम्बन्ध, असंयोग, असंसक्ति (स्त्री.), असंहति (स्त्री.), अनन्वय, अपाय, अयोग, अलगाव, अलहदगी (स्त्री.) दूरी (स्त्री.) (दे.192), निःसम्बन्ध, पार्थक्य (दे.243), बिलग, बिलगाव, बे-लगाव, भिन्नता (स्त्री.), विग्रह विच्छित्ति (स्त्री.), विच्छिन्नता (स्त्री.), विच्छेद, विप्रयोग, विभित्ति (स्त्री.), विभिन्नता (स्त्री.), विभेद, वियोग, विलगता (स्त्री.), विलग्नता (स्त्री.), विश्लेष, विसर्ग, व्यवधान।

पृथक्करण, पृथक्क्रिया (स्त्री.), भेदन, विग्रहन, विघटन, विघट्टन, विभेदन, विभेदीकरण, वियुक्तकरण, वियोजन, विश्लेषण, सम्भेदन।

त्रिशंकु।

अलग करना-, अलगाना-, उचाटना-, उखाड़ना-, काटना- (दे.443), छुटना-, छुड़ाना-, तोड़ना- (दे.242), निकालना-, फाड़ना-, बिलगाना-, विलगाना-।

अलग होना-, अलगाना-, उचटना-, उखड़ना-, कटना- (दे.443), छूटना-, टूटना- (दे.442), निकलना-, फटना-, बिलगाना-, विलगाना-।

वि. असंलग्न, असंपर्क, असंपृक्त, असंबंध, असंबद्ध, असंयुक्त, असंयुत, असंश्लिष्ट, असंसक्त, असंसृष्ट, असंहत, अनंजन, अनवपूरण, अनन्वित, अपृक्त, अयुक्त, अयुत, अलग, अलग-थलग, अलहदा, अलिप्त, जुदा, दूर (दे.192), निःसम्बन्ध, पृथक (दे.243), पृथगात्मा (दे.238), बिलग-बेलाग, भिन्न, विघटित, विघट्टित, विच्छिन्न,

विप्रयुक्त, विभिन्न, वियुक्त, वियुत, विलग, विश्लथ (दे.384), विश्लिष्ट, विश्लेषित, व्यपेत, व्यस्त, संपर्करहित, संभिन्न।

अलग करने वाला : अलगाऊ, बिलगाऊ, भेदक, भेदन, विघट्टी, विच्छेदक, विच्छेदी, विभेदक, विभेदिक, विभेदी, वियोजक, विश्लेषी, व्यवच्छेदक।

अलग होने वाला : अपायी।

अलग करने योग्य : विघट्टनीय, विच्छेदनीय, विच्छेद्य, विभेद्य।

अ. अलग, न्यारे।

196. उलटाव

सं. उलटाव, पलटा, पलटाव, फेर, विपरीतता (स्त्री.), विरीतत्व, वैपरीत्य, विपर्यय।

उलटना-, उलट जाना-/पड़ना-, उलटना-पलटना-, औंधना-, पलटना-, पलट जाना-, फिरना-, फिर आना-/जाना-/पड़ना-।

उलटना-, उलट देना-/लेना-, उलटना-पलटना-, उलटाना-, औंधना-, औंधाना, पलटना-, पलट देना-, पलटावना-, फेरना-, फेर देना-।

उलट-पलट (दे.245)।

उलटा क्रम : क्रमविपर्यय, प्रतिलोमक, विलोम।

उलटे क्रम से करना : विलोमक्रिया (स्त्री.)।

उलटे क्रम से पढ़ना : विलोमपाठ।

उलटा पढ़ने योग्य काव्य : विलोमकाव्य (दे.592)।

वि. उलटा, अपष्ठु, अपष्ठुर, अपष्ठुल, अपसव्य, औंधा (दे.98), प्रतिलोम, प्रतिलोमक, प्रतीप, मक़लूब, विपरीत (दे.393), विप्रतीप, विलोम, विलोमा, विलोमित।

अनुत्तान, पट (दे.98)।

अ. उलटा, उलटे, अपष्ठु, विपरीततः, विलोमतः।

विपरीततः भी, विपर्यय भी, vice versa।

8. वर्ग : मन-मनोभाव-मानसिकता

विषय : 197. मन; 198. स्वभाव; 199. आचरण; 200. अन्तदृष्टि; 201. अभिलाषा; 202. अनभिलाष; 203. पसन्द; 204. निराशा; 205. दुबिधा; 206. मुग्धता; 207. प्रसन्नता; 208. हँसी; 209. रुलाई; 210. दुःख; 211. क्रोध; 212. अप्रसन्नता; 213. सहनशीलता; 214. संयम; 215. असंयम; 216. सजीवता; 217. अक्रोध; 218. ज़िद; 219. भय; 220. ईर्ष्या; 221. स्वार्थपरता; 222. स्वार्थहीनता; 223. साहस; 224. चंचलता; 225. गंभीरता; 226. दया; 227. निर्दयता; 228. गर्व; 229. लज्जा-निर्लज्जता; 230. उदारता; 231. विनय; 232. कृतज्ञता-अकृतज्ञता; 233. क्षमा-अक्षमा; 234. आवेग।

197. मन

सं. मन, मनुआँ, मर्म, मानस, अन्तर, अन्तरिंद्रिय (स्त्री.) अन्तस्तल, अतींद्रिय, अन्दर, अनंग, अनंगक, आत्मा (स्त्री.) उच्चल, चित् (स्त्री.), चित्त, चेत, जी, तबीअत (स्त्री.), तबियत (स्त्री.), दिल, निगु, बुद्धींद्रिय (स्त्री.), हिया, (समास में) हृत्, हृदय, (समास में) हृद्।

अन्तःकरण, अन्तरात्मा (स्त्री.), अन्तर्घट, अन्तस्, अन्तस्सार, अभ्यन्तर, आत्मा (स्त्री.), जमीर, भीतर, स्वान्त।

मनोमंदिर, हृदयमंदिर।

मानसपटल, चित्पट, हृत्पटल।

हृदयकन्दर, हृदयपिंजर।

हृदयासन, हृदासन।

हृदाकाश।

हृत्तन्त्री (स्त्री.)।

दिल की गहराई, हृदय की गंभीरता, अन्तरतर, अन्तरतम।

मनोजगत्, मनोराज्य, मानसलोक, अन्तर्जगत्, कल्पलोक, कल्पनालोक, भावजगत्।

मनमोदक, मनलाडू, ख़याली पुलाव (दे.549)।

बुद्धि (स्त्री.) (दे.547)।

नैतिक बुद्धि (स्त्री.), जमीर, विवेक (दे.547)।

मनःस्थिति (स्त्री.), रव (दे.92), रौ (स्त्री.), mood।

मनोभाव, मनोवृत्ति (स्त्री.), मनोगति (स्त्री.), मानसिकता (स्त्री.), अन्तर्गति (स्त्री.), अन्तर्भाव, अन्तर्भावना (स्त्री.), चित्तवृत्ति (स्त्री.), चित्ताभोग, धी (स्त्री.)।

सोच, समझ (स्त्री.), सोच-समझ (स्त्री.), सोच-विचार (कर.), (दे.552), ग़ौर (कर.), चिन्ता-भावना (स्त्री.)।

दृष्टिकोण; दृष्टिबिन्दु; विश्वास (दे.532)।

मनोबल (दे.223)।

मन को शुद्ध करने वाला कर्म : अन्तःक्रिया (स्त्री.) (दे.411)।

मानसिक सौन्दर्य; मानसिक ऐश्वर्य; अन्तर्माधुर्य।

मन का आवेग : मनोवेग (दे.234)।

मनोविकार, मनोविकृति (स्त्री.), मनःक्षेप, अन्तर्मल, अन्तर्विकार, चित्तभेद, चित्तविकार, चित्तविकृति (स्त्री.), चित्तवेदना (स्त्री.), चित्तवैकल्य, चित्तविक्षेप, अनवस्थित्व (चित्त का न टिकना); अलब्धभूमिकत्व (समाधि की अप्राप्ति); अविरति (वैराग्य का अभाव); आलस्य; प्रमाद (त्रुटि); भ्रान्तिदर्शन (मिथ्या अनुभव); व्याधि; संशय; स्त्यान (अकर्मण्यता)।

मानसिक पीड़ा (स्त्री.) (दे.210)।

मानस रोग, मनोरोग (दे.92)।

चित्तभ्रम, चित्तभ्रंश, चित्तभ्रान्ति (स्त्री.), चित्तविभ्रम (दे.92)।

प्रलाप (दे.93)।

मन का सन्तोष (दे.207)।

दिल की आवाज़, दिल की पुकार, अन्तःस्वर।

मनोग्रन्थि (स्त्री.), भावग्रन्थि (स्त्री.), ग्रन्थि (स्त्री.) complex।

अवचेतन/अर्धचेतन/उपचेतन/सुप्तचेतन मन, subconscious mind।

अचेतन/सुषुप्तचेतन मन, unconscious mind।

मनोविज्ञान, मानसशास्त्र, मानसिकी (स्त्री.) मनःशास्त्र, मनस्तत्त्व, psychologist।

परामनोविज्ञान, parapsychology।

मनोविज्ञानी, मनोवैज्ञानिक, मनोविद्, मनोवेत्ता, मनःशास्त्री, मनस्तात्त्विक, मानसशास्त्री, psychologist।

मनोविश्लेषण, मनोगाहन।

वि. मानसिक, चैत्त, चैत्तिक।

मनःकृत, मनोमय, मनोरूप, मानस, मानसी (स्त्री.)।

मनोगत, अन्तःप्रतिष्ठित, अन्तःप्रविष्ट, हृत्स्थ, हृद्गत, हृद्वर्ती, हृदयगत, हृदयस्थ, हृदयस्थित।

आन्तरिक, दिली, हार्द, हार्दिक, हृद्य।

सहृदय, हार्दी, हृदयवान्, तबीयतदार, भावुक।

मनचाहा (दे.201)।

मनभाया, मनभावन (दे.498)।

मन की तरह तेज़ : मनःशीघ्र (दे.136)।

मनोवैज्ञानिक।

(विप.) चित्तरहित : अचेता, अचेतसी (स्त्री.)।

अ. मन से, मनसा।

198. स्वभाव

सं. स्वभाव, स्वरूप, संसिद्धि (स्त्री.), सहज वृत्ति (स्त्री.), अकृत, अनूक, आत्मता (स्त्री.), आत्मभाव, चारित्र, चारित्र्य, ज़ेहनीयत (स्त्री.), धर्म, निसर्ग, प्रकृति (स्त्री.) (दे.14), प्रवृत्ति (स्त्री.), फ़ितरत (स्त्री.), भाव, मनोवृत्ति (स्त्री.) (दे.197), मिज़ाज, रीति (स्त्री.), वृत्ति (स्त्री.), शील।

शील-स्वभाव (दे.199)।

मूल स्वभाव, आन्तरिक गुण, अन्तःप्रकृति (स्त्री.), आन्तर।

जाति-स्वभाव : गुण।

निजी विशेषता : स्वाभाविकता (स्त्री.), स्वभावता (स्त्री.), स्वाभाव्य।

अभ्यास (कर. हो.), अमल (पड़.), आदत (स्त्री.) (डाल. पड़. लग.), आदात (स्त्री.), ख़ू (स्त्री.), ख़ूबू (स्त्री.), टेक (स्त्री.) (पड़.), टेव (स्त्री.) (पड़.), ढब (डाल. पड़.), ढर्रा, बान (स्त्री.) (डाल. पड़. लग.), रब्त (पड़. हो.), व्यसन, सद (स्त्री.)।

बुरी आदत : अनय, इल्लत (स्त्री.) (पाल.), कुटेव (स्त्री.), दुर्व्यसन, धत (स्त्री.), मर्ज़ (पाल.), रग (स्त्री.), लत (स्त्री.) (पड़. लग.), शौक (लग. लगा. हो.)।

नशा (दे.528)।

झुकाव (दे.327)।

क़ायदा, ढंग, ढब, तरीक़ा, तौर, रवैया, वृत्ति (स्त्री.), व्रत, शऊर, शुऊर, शेवह, शैली (स्त्री.), सलीक़ा (दे.199)।

फ़ैशन, स्टाइल (स्त्री.)।

मनुष्य-चरित्र, मानव-प्रकृति (स्त्री.), मानव-स्वभाव।

लोक-चरित्र।

नैतिक चरित्र, नैतिकता (स्त्री.) (दे.543)।

चरित्रदोष (दे.529)।

उम्र का तकाजा, वयोधर्म।

ज़माने की हवा, कालधर्म, युगधर्म, रफ़्तारे ज़माना।

रिपु : षट्रिपु, षड्रिपु, षड्विकार : काम (दे.302.12); क्रोध (दे.211); लोभ (दे.655); मोह (दे.206); मद (दे.228); मत्सर (दे.220)।

सत्स्वभाव, सद्वृत्ति (स्त्री.), सच्चरित, सच्चरित्र, सच्चरित्रता (स्त्री.), सुशील, सुशीलता (स्त्री.), शील, शुद्ध चरित्र।

वि. स्वाभाविक, स्वभावसिद्ध, सांसिद्धिक, अकरण, अकल्पित, अकाल्पनिक, अकूट, अकृत्रिम, नैसर्गिक (दे.14), प्रकृत, प्रकृतिसिद्ध, प्राकृत, प्राकृतिक।

जन्मगत, जन्मजात, औत्पत्तिक, पैदाइशी (दे.63), फितरती, फितरी, सहज, सहजात, साहजिक।

स्वभावज, स्वभावजनित, स्वभावप्रभव, प्रकृतिज।

स्वतःस्फूर्त, स्वतःप्रवृत्त।

सत्स्वभाव, सत्प्रकृति (दे.543), सच्चरित, सच्चरित्र, सुशील (दे.199)।

समान स्वभाववाला : अनन्यवृत्ति।

अभ्यस्त, आदी, ख़ूगर।

अ. स्वभावतः, प्रकृतितः, प्रकृत्या, फ़ितरन।

स्वतः, अपने से, आप ही।

अभ्यासतः, आदतन, स्वभावानुरोध से।

199. आचरण

सं. आचरण (कर.), आचार, अमल, कर्म (कर.), चरित, चरित्र, चर्या (स्त्री.), चलन, चाल (स्त्री.), बरताव (कर.), बर्ताव, वृत्त, वृत्तचेष्टा (स्त्री.), व्यवहार (कर.)।

मनमाना आचरण : स्वेच्छाचार (दे.215)।

अनुकूल आचरण : अनुसरण (दे.276)।

दोहरहित आचरण : अद्रोहवृत्ति (स्त्री.)।

अशिष्ट आचरण (दे.329)।

अनुचित आचरण : अनरीति (स्त्री.), अन्यथाचार।

अविहित आचरण : अतिसंध, अनियम, वारित्र।

आचरण का अतिक्रमण : अत्याचार (दे.399), विरुद्धाचरण।

अतिवाद, extremism।

चरित्र-गठन, चरित्र-निर्माण।

आचार-विचार, आचार-व्यवहार, चाल-चलन, चाल-ढाल (स्त्री.), ढंग-ढौर, ढंग-रंग, तौर-तरीक, तौर-तरीका, बात-व्यवहार, रंग-ढंग, रफ़्तार-गुफ़्तार, रहन-सहन, राह-चाह (स्त्री.), राह-रस्म (स्त्री.), राह-रीति (स्त्री.), शऊर-सलीक़ा, शील-स्वभाव।

हाल-चाल (स्त्री.), हाल-समाचार।

गति-विधि (स्त्री.)।

चेष्टा (स्त्री.), चोचला (दे.97), भावभंगी (स्त्री.), हरकत (स्त्री.)।

फ़िल्मी अदा (स्त्री.); फ़िल्मी स्टाइल (स्त्री.)।

व्यवहारकुशलता (स्त्री.), व्यवहारपटुता (स्त्री.), व्यवहारिकता (स्त्री.), दुनियादारी (स्त्री.)।

सदाचार, सदाचरण, सदाचारिता (स्त्री.), सच्चर्या (स्त्री.), सत्यवृत्त, सुचरित, सुचरित्र, अख़लाक़, अदब-क़ायदा, आर्यधर्म, आर्यभाव, आर्यव, उत्तम आचरण, चारित्र, चारित्र्य, नेकचलनी (स्त्री.), पाकदामनी (स्त्री.), मर्यादा (स्त्री.), विनीत व्यवहार, शिष्ट व्यवहार।

वेदविहित आचरण, वेदपथ, वेदपथी, वेदमार्ग।

कदाचार, कुत्सित आचरण, कुचर्या (स्त्री.), कुचाल (स्त्री.), कुसृति (स्त्री.), अचलन (स्त्री.), अनाचरण, अनाचार, अनाचारिता (स्त्री.), अनीति (स्त्री.), अपचरण, अपचरित, अपचार, असदाचार (दे.329), खोटी चाल, दुराचरण, दुराचार (दे.529), दुराचारिता (स्त्री.), दुर्व्यहार, बुरा बरताव, बुरी चाल।

देशाचार (दे.321); लोकाचार (दे.321); समयाचार (दे.198)।

रीति-रिवाज (दे.330)।

आचरण-पंजी (स्त्री.), आचरण-पुस्तक (स्त्री.), अमालनामा, कर्म-विवरण, चरित्र-पंजी (स्त्री.), conduct book।

आचार-संहिता (स्त्री.), code of conduct।

आचारशास्त्र, कर्तव्यशास्त्र, नीतिविज्ञान, नीतिविद्या (स्त्री.), नीतिशास्त्र, ethics।

वि. चरित्र-सम्बन्धी, चारित्रिक।

आचरणीय, आचर्य, चरितव्य।

आचरित, अनुसृत, चरित।

आचारवान्, आचारवती (स्त्री.), आचरणवान्, आचारी, चरित्रवान्, चारित्रिक, चारित्री, चारुशील, चारुशीला (स्त्री.), शीलधारी, शीलवान्।

व्यवहारकुशल, व्यवहारपटु, व्यावहारिक, दुनियादार।

सदाचारी, सदात्मा, सत्यवृत्त, सुकर्मा, सुकर्मी, नीतिपरायण, नीतिमान्, नेकचलन, पाकदामन, मर्यादानुयायी, मर्यादामार्गी, मर्यादावादी, वृत्तयुक्त, वृत्तवान्, वृत्तशाली, वृत्तसंपन्न, वृत्तस्थ, वृत्तानुवर्ती, वृत्तानुसारी, शीलवृत्त, शीलवृद्ध, शीली, शुचिकर्मा, शुद्धाचारी, सुशील।

सदाचार के लिए अभिमानी : वृत्तश्लाघी।

सदाचार जिसका कवच हो : चारित्रकवच।

कदाचारी, कदाचार, कुचर, कुचरा (स्त्री.), कुचरी (स्त्री.), कुचाली, कुसृत, अनाचारी, अपचारी, असदाचार, आचरणहीन, आचारभ्रष्ट, आचारहीन, कुकर्मी, चरित्रहीन, दुराचारी (दे.529), दुःशील, निराचार, वृत्तहीन।

अतिवाद-सम्बन्धी, अतिवादिक।

अतिवादी, extremist।

आचारशास्त्री, नीतिशास्त्री, ethicist।

200. अन्तर्दृष्टि

सं. अन्तर्दृष्टि (स्त्री.), अन्तर्दर्शन, अन्तर्नयन, चश्मे बातिन (स्त्री.), दिव्यचक्षु, दिव्यदृष्टि (स्त्री.), मनश्चक्षु।

ज्ञानचक्षु, प्रज्ञाचक्षु।

प्रज्ञा (स्त्री.) (दे.547)।

अन्तर्ज्ञान, अन्तर्बोध, आत्मज्ञान (दे.556), आत्मदर्शन, आत्मबोध (दे.313), आत्मसंवेदन, आत्मसाक्षात्कार, आत्मानुभूति (स्त्री.)।

आत्मचिन्तन, आत्मविचार, आत्मानुशीलन।

आत्मजिज्ञासा (स्त्री.)।

आत्मज्ञ, आत्मज्ञानी, आत्मतत्त्वज्ञ, आत्मविद्, अन्तःप्रज्ञ।

वि. आत्मजिज्ञासु।

आत्मनिरीक्षक, अन्तर्दर्शक, अन्तर्दर्शी।

201. अभिलाषा

सं. अभिलाषा (स्त्री.) (हो.), अभिलासा (स्त्री.), अभिलाष (कर. हो.), अभिलास, अभिलषण, अभिकाम, अभिप्राय, अभिमति (स्त्री.), अभिरुचि (स्त्री.) अभिवान्छा (स्त्री.), अभिवांछित, अभीप्सा (स्त्री.) अभीष्टि (स्त्री.) अभ्याकांक्षित, अनुकांक्षा (स्त्री.), अनुतर्ष, अरमाँ, अरमान (निकल. रह. हो.), अर्थ, आकांक्षा, (स्त्री.), आकूत, आकूति (स्त्री.), आरजू (स्त्री.) (हो. मिल.), आशंसन, आशंसा (स्त्री.), आशासन, आशासनीय, आशास्य, इक्ष, इच्छा (स्त्री.) (कर. हो.), इरादा (कर. हो.), इश्तिहा, इषण, इषणि (स्त्री.), इषा (स्त्री.), इष्टि (स्त्री.), इष्टु (स्त्री.), ईप्सन, ईप्सा (स्त्री.) ईहा (स्त्री.), उत्क, उपजोष, उसंग (स्त्री.), एषण, एषणा (स्त्री.), एषा (स्त्री.), एष्टि (स्त्री.), कसक (स्त्री.) (हो. निकाल. मिटा.), कस्द, कांक्षा (स्त्री.), काम, कामना (स्त्री.) (कर. हो.), काम्या (स्त्री.), ख़ुशी (स्त्री.), ख़्वास्त (स्त्री.), ख़ाहिश (स्त्री.), ख़्वाहिश (स्त्री.) (कर. रख. हो.), गर्ध, गृध्य, गृध्या (स्त्री.), चाव, चाह (स्त्री.) (हो.), चाहना- (दे.684), चिकीर्षा (स्त्री.), चिकीर्षित, छन्द, जी (कर. चाह.), तमन्ना (स्त्री.) (हो.), तमा (स्त्री.), तर्ष, तर्षण, तलब (स्त्री.) (लग. हो.), तलाश (स्त्री.) (हो.), दिल (कर.), दोहद, दोहल, निकामन, नीयत (स्त्री.) (कर. बाँध. हो. भर.), परवा (स्त्री.) (कर. हो.), परवाह (स्त्री.), प्रकाम, प्रार्थन, प्रार्थना (स्त्री.) (कर.), मन (कर. चल. डोल. हो.), मंशा (स्त्री.) (हो.), मनशा (स्त्री.), मनीषा (स्त्री.), मनीषिका (स्त्री.) मरज़ी (स्त्री.) (हो.), मर्ज़ी (स्त्री.), मनोला, माँग (स्त्री.) (कर. हो.), माँगना-, मुराद (स्त्री.) (आ. पा. माँग.), रग़बत (स्त्री.) (रख.), रुचि (स्त्री.), रुचित, लगी (स्त्री.) (बुझ.बुझा.), लिप्सा (स्त्री.), वदाद, वनि (स्त्री.), वसार, वांछन, वांछा (स्त्री.), वांछित, वासना (स्त्री.), संकल्पना-, संकल्प (कर.), समीहा (स्त्री.), समीहित, साध (स्त्री.) (हो.), स्पृहण, स्पृहा, हवस (स्त्री.) (कर. हो. निकल. निकाल.), हसरत (स्त्री.) (निकल. निकाल. मिटा.), हाजत (स्त्री.) (हो.)।

मन की इच्छा : मनःकाम, मनःसंकल्प, मनस्काम, मनोकामना (स्त्री.), मनोगत, मनोगति (स्त्री.), मनोगवी (स्त्री.) मनोभिलाष, मनोरथ, मनोवांछा (स्त्री.)।

प्रबल इच्छा : अतिलौल्य, अनुषंग, इश्तियाक़, इषण्या (स्त्री.), उत्कण्ठ, उत्कण्ठा (स्त्री.) उत्सुकता (स्त्री.), झल (हो. बुझ.), तलाबली (स्त्री.) (लग.), तृषा (स्त्री.), तृष्णा (स्त्री.), पिपासा (स्त्री.), प्यास (स्त्री.), मलोल, मलोला, रँहचटा, रहँचटा, रहचटा, ललक (स्त्री.) (हो.), ललकना-, लालस, लालसा (स्त्री.), लालि (स्त्री.), लोभ (दे.655), लौल्य, वितृष्णा (स्त्री.), व्यासंग, शौक़ (चर्रा.), समुत्कण्ठा (स्त्री.), हड़क (स्त्री.) (लग. हो.), हड़कना-, हड़का, हावका (लग.), हिर्स (स्त्री.) (कर. छूट. हो. दिला. दे. मिट. मिटा.), हूँस (लग.), हूँसना-, हौंस (स्त्री.), हौस (स्त्री.), हौसला (निकाल.)।

इच्छा होना-, तबीअत आना-/करना-/होना-।

इच्छा पूरी होना-, आरजू/उम्मीद/मुराद बर आना-।

इच्छा पूरी करना : अतिसर्ग।

इच्छापूर्ति (स्त्री.), अभीष्टसिद्धि (स्त्री.), अभ्युदय, इष्टलाभ, इष्टापूर्ति (स्त्री.), प्रार्थनासिद्धि (स्त्री.), मंगल, मनोरथसिद्धि (स्त्री.), संकल्पसंपत्ति (स्त्री.), संकल्पसिद्धि (स्त्री.), सन्तुष्टि (स्त्री.)।

सारी इच्छाओं की पूति : सर्वसिद्धि (स्त्री.)।

इच्छा पूरी न होना-, मन का चाहा पूरा न होना-, मन की बात मन में रहना-, मन की मन में रहना-, अरमान रह जाना-, हसरत बाकी रहना-।

इच्छा व्यक्त होना-, हसरत टपकना-।

उचित इच्छा : अनुकाम।

फल की इच्छा : फलाकांक्षा (स्त्री.)।

उच्चाकांक्षा (स्त्री.), महत्त्वाकांक्षा (स्त्री.)।

कुछ प्रमुख इच्छाएँ:

अन्वेषण की इच्छा : विचिचीषा (स्त्री.)। वि. विचिचीषु।

कुछ करने की इच्छा : विधित्सा (स्त्री.)।

वि. विधित्सु; विधित्सित; विधित्समान।

गर्भिणी की इच्छा : दोहद (दे.63)।

घूमने की इच्छा : विजिहीर्षा (स्त्री.)। वि. विजिहीर्षु।

जताने की इच्छा : जिज्ञापयिषा (स्त्री.)। वि. जिज्ञापयिषु।

जानने की इच्छा : जिज्ञासा (स्त्री.)। वि. जिज्ञासु।

जाने की इच्छा : जिगमिषा (स्त्री.), यियासा (स्त्री.)। वि. जिगमिषु।

जीतने की इच्छा : जिगीषा (स्त्री.)। वि. जिगीषु।

जीने की इच्छा : जिजीविषा (स्त्री.)। वि. जिजीविषु।

ज्ञानप्राप्ति की इच्छा : विवित्सा (स्त्री.), विविदिषा (स्त्री.)।

वि. विवितसु, विविदिषु।

देने की इच्छा : दित्सा (स्त्री.)। वि. दित्सु; दित्स्य।

पाने की इच्छा : अभीप्सा (स्त्री.), ईप्सा (स्त्री.), प्रेप्सा (स्त्री.)। वि. अभीप्सी, अभीप्सु, ईप्सु, प्रेप्सु।

पकड़ने की इच्छा : जिघृक्षा (स्त्री.)। वि. जिघृक्षु।

पार होने की इच्छा : तितीर्षा (स्त्री.)। वि. तितीर्षु।

प्रतिकार की इच्छा : प्रतिविधित्सा (स्त्री.)। वि. प्रतिविधित्सु।

पुत्रप्राप्ति की इच्छा : पुत्रैषणा (स्त्री.) (दे.344)।

भोजन की इच्छा : जिघत्सा (स्त्री.)। वि. जिघत्सु।

मरने की इच्छा : मुमूर्षा (स्त्री.)। वि. मुमूर्षु (दे.64)।

मरनेवाले की अन्तिम इच्छा : वसीयत (स्त्री.); वसीयतनामा (दे.253)।

मोक्ष की इच्छा : मुमुक्षा (स्त्री.)। वि. मुमुक्षु।

वध की इच्छा : जिघांसा (स्त्री.)। वि. जिघांसु, जिघांसक, जिघत्नु।

सृष्टि की इच्छा : सिसृक्षा (स्त्री.)। वि. सिसृक्षु।

ईश्वरेच्छा (स्त्री.), प्रभु की इच्छा, मालिक की मरज़ी।

अपनी इच्छा : स्वेच्छा (स्त्री.)।

इच्छा का दमन : इच्छानिवृत्ति (स्त्री.)।

आशा (स्त्री.) (कर. बँध. बाँध. रख. लगा. दे. छोड़. तोड़. पूज.), आशंसा (स्त्री.), आस (स्त्री.) (कर. तक. बँध. लग. लगा. हो. दे.टूट. छोड. तज. पूरा. पूज. पूर.), आसरा, अपेक्षण, अपेक्षा (स्त्री.), उम्मीद (स्त्री.) (कर. बाँध. हो.), उम्मेद (स्त्री.), उम्मैद (स्त्री.), प्रत्याशा (स्त्री.), सम्भावन, सम्भावना (स्त्री.)।

पक्की आशा : तवक़्क़ो, भरोसा।

आशा का बंधन : आशापाश, आशाबंध।

क्षीण आशा : आशातन्तु।

झूठी आशा : आशापिशाचिका (स्त्री.), दुराशा (स्त्री.)।

दुराग्रह (दे.218)। आकाशकुसुम (दे.123)।

आशा टूटना : आशाभंग।

आशाभय दृष्टिकोण : आशावाद, आशावादिता (स्त्री.), सर्वशुभवाद, optimism।

उद्देश्य (दे.569), मनोभाव।

वि. अभिलषित, अभिप्रेत, अभिमत, अभिवांछित, अभीप्सित, अभीष्ट, अभ्याकांक्षित, अनुकांक्षित, अपेक्षित, अर्थित, आकांक्षित, आशंसित, इच्छित, इष्ट, ईप्सित, ईहित, उद्दिष्ट, कांक्षित, कामित, ख्वास्ता, चिकीर्षित, चितचीता, मक़सूद, मनचाहा, मनचीता, मन माया, मनीषित, मनोनुकूल, मनोभिषित, मनोवांछित, रुचित, ललित, लिप्सित, वनित, वरेण्य, वांछित, संस्तुत, समीहित, स्पृहित।

जिसकी चाह बहुत दिनों से हो : चिरकांक्षित।

कामानायुक्त : सकाम।

अभिलाषी, अभिलाषक, अभिलाषुक, अभीप्सी, अभीप्सु, अनुकांक्षी, अनुकाम, अपेक्षी, अभिकाम, आकांक्षक, आकांक्षी, आरजूमन्द, आशंसिता, आशंसी, आशंसु, इच्छक, इच्छावान्, इच्छान्वित, (समासान्त में) इच्छु, इच्छुक, ईप्स, उत्क, उत्कंठित, एषणी, एषिता, (समासान्त में) एषी, कांक्षी, काति, कामकाम, कामकामी, कामी, कामुक, ख़ास्तगार, ख़ाहिशमन्द, ख़्वास्तगार, ख़्वाहाँ, ख़्वाहिशमन्द, चाहक, चिकीर्षक, चिकीर्षु, तमत, तर्षित, तर्षुल, तालिब, दोहदी, प्रत्याशी, प्रार्थी, मुरादी, मुश्ताक़, राग़िब, लालसी, लिप्सु, वांछक, वान्छी, शौक़ीन, सकाम, सतृट्, सतृष, सतृष्ण, साकांक्ष, साशंस, स्पृह, स्पृहयालु, स्पृहालु, स्पृही, हवसदार, हाजतमन्द, हाजती।

अनेक इच्छाओंवाला : अनेककाम।

अभिलषणीय, अपेक्षणीय, अपेक्ष्य, आशासनीय, आशास्य, एषणीय, एष्य, कांक्षणीय, कांक्ष्य, काम्य, तृष्य, लिप्सितव्य, वांछनीय, वांछितव्य, वांछ्य, स्पर्धनीय, स्पृहनीय, स्पृहणीय, स्पृह्य।

इच्छा से उत्पन्न : संकल्पजन्मा, संकल्पभव; संकल्पसम्भव; संकल्पयोनि।

इच्छा द्वारा प्रेरित : संकल्पजूति।

इच्छानुकूल, इच्छानुरूप, इच्छानुसार, अनुकाम, मनमाना, यथाभिप्रेत, यथाभिलषित, यथाभीष्ट, यथेच्छ, यथेच्छित, यथेप्सित, संकल्परूप।

इच्छाधीन, इख़्तियारी, ऐच्छिक, यादृच्छिक, वैकल्पिक, स्वैच्छिक।

इच्छाकृत।

मुमकिन, सम्भव, सम्भावनीय, सम्भावितव्य, सम्भावित, सम्भाव्य।

आशाजनक, आशाप्रद, आशाव्यंजक।

आशानुकूल, आशानुरूप, चित्तकलित, प्रत्याशित, सम्भावित।

आशातीत।

आशान्वित, बद्धाश, साशंस।

उम्मीदवार, प्रत्याशी।

आशावादी, सर्वशुभवादी, optimist।

जिसे दुराशा हो : दुराश।

अभीष्टदायक, कामद, कामप्रद्र (दे.658), प्रपन्नपारिजात, मनोरथदायक। सं. कल्पतरु (दे.38)।

सफलमनोरथ (दे.435), सकाम, आप्तकाम, तृप्तकाम, पूर्णकाम, पूर्णाभिलाष, पूर्णाश, प्राप्तकाम, मक़सदवर, लब्धकाम।

(विप.) आशारहित, निरिच्छ, निरीह, निरभिलाष, निःस्पृह (दे.202)।

अ. इच्छानुसार, ख़ातिरख़्वाह, मनमाना, यथाभिप्रेत, यथाभिलषित, यथाभीष्ट, यथेच्छ, यदृच्छया।

स्वेच्छया, स्वेच्छापूर्वक।

इरादतन्, क़स्दन, बुद्धिपूर्वक (दे.547)।

शौक़िया, शौक़ीया।

202. अनभिलाष

सं. अनभिलाष, अनभिसंधान, अनपेक्षा (स्त्री.), अनवकांक्षा (स्त्री.), अनाकर्षण, अनासक्ति (स्त्री.), अनिच्छा (स्त्री.), अनीप्सा (स्त्री.), अनीहा (स्त्री.), अकामता (स्त्री.), अप्रवृत्ति (स्त्री.), अप्रसक्ति (स्त्री.), अरुचि (स्त्री.), अरोच, असंसक्ति (स्त्री.), उदासीनता (स्त्री.), औदासीन्य, औदास्य, निरपेक्षा (स्त्री.), निरपेक्षिता (स्त्री.) निरीहता (स्त्री.), निरीहत्व, निरीहा (स्त्री.), विकांक्षा (स्त्री.), वितृष्णा (स्त्री.), विरक्ति (स्त्री.), विराग, वैरस, वैरस्य।

नापसन्दगी (स्त्री.) (दे.203); निराशा (स्त्री.) (दे.204); सन्तोष (दे.207); असम्मति (स्त्री.) (दे.257)।

वि. अनभिलाष, अनभिलाषी, अनपेक्ष, अनपेक्षी, अनातुर, अनिच्छ, अनिच्छक, अनिच्छु, अनिच्छुक, अनुत्कंठित, अनुत्सुक, अकाम, प्रकामहत, अकामी, अतिमाय, अतिमुक्त, अतृष्ण, असक्त, अस्पृह, इच्छारहित, उदासी, उदासीन, गतस्पृह, निरपेक्ष, निराकांक्ष, निराकांक्षी, निराग, निरीह, निरुत्कण्ठ, निरुत्सुक, निष्काम, निःस्पृह, निस्पृह, निस्सपृह, विकांक्ष, विकांक्षी, विकाम, विगतराग, विगतस्पृह, वितृट्, वितृष, वितृष्ण, विराग, वीतकाम, वीततृष्ण, वीतत्रसरेणु, वीतराग, वीतस्पृह।

अनभिलषित, अनभिप्रेत, अनभीप्सित, अनभीष्ट, अनचाहा (दे.203), अनपेक्षित, अनिच्छित, अनिष्ट, अनीप्सित, अचाहा, अप्रचोदित, अवांछित, निरपेक्षित।

अनभिलषणीय, अनपेक्ष्य, अकाम्य, अवान्छनीय।

अनिच्छाकृत, अनैच्छिक।

अ. अनिच्छापूर्वक, अनचाहे, अकामत।

203. पसन्द

सं. पसन्द (आ. कर.), पसन्दगी (स्त्री.), प्रवणता (स्त्री.) (दे.327), प्रवृत्ति (स्त्री.) (हो.), अच्छा/ठीक लगना-, अभिरुचि (स्त्री.) (हो.), इच्छा (स्त्री.) (हो.), उपजोष, क़बूलियत (स्त्री.), चाव (उठ. कर. निकाल. हो.), चाह (स्त्री.) (हो.), चित्ताकर्षण (कर.), जँचना-, जी (चाह.), ज़ौक़, झुकना-, झुकाव, तबीयत (स्त्री.) (आ.), दिलचस्पी (स्त्री.) (ले. हो.), भाना-, मन (मोह. हर.), मन में जमना-, रग़बत (स्त्री.) (आ.), रग़बत की आँखों से देखना-, रुचना-, रुचि (स्त्री.) (ले. हो.), शौक़ (कर. हो.), सुहाना-, सौहृद।

मनोरंजकता (स्त्री.), मनोहरता (स्त्री.), दिल आराई (स्त्री.), दिलआवेज़ी (स्त्री.), दिलकशी (स्त्री.), दिलकुशाई (स्त्री.), रुचिरता (स्त्री.), रोचकता (स्त्री.), सुन्दरता (स्त्री.) (दे.498)।

आकर्षण (कर.) (दे.249), कशिश (स्त्री.)।

चयन (कर. हो.), चुनना-, चुनाव (कर.) (दे.687), छँटाई (स्त्री.) (कर.), छाँटना-, मनोनयन।

विकल्प, विभाषा (स्त्री.), option।

मार्जित/संस्कृत रुचि (स्त्री.), सुरुचि (स्त्री.), लताफत (स्त्री.); भिन्न रुचि (स्त्री.); रुचिभेद; कुरुचि (स्त्री.)।

वि. पसन्द, पसन्दीदा, अच्छा, इच्छानुकूल (दे.201), इष्ट, उद्दिष्ट, ख़ुशगवार, (समास में) गवार, गवारा, चित्तहारी, चित्ताकर्षक, दिलआरा, दिलावेज़, दिलकश (दे.249), दिलख़ुशकुन, दिलख़्वाह, दिलचस्प, दिलपसन्द, दिलपज़ीर, दिलपिज़ीर, भावता, मक़बूल (दे.325), मनचाहा (दे.201), मनपसन्द, रुचिकर, रुच्य, समुचित, हृदयग्राही।

बेहतर, प्रेय, श्रेय।

चुनिन्दा, चयनित, मनोनीत।

वैकल्पिक, विभाषित।

(विप.) सं. नापसन्दीदगी (स्त्री.), नागवारी (स्त्री.), अरुचि (स्त्री.), बुरा लगना-, विमति (स्त्री.), वैमत्य।

वि. नापसन्द (कर. हो.), नापसन्दीदा, नागवार (गुज़र. हो.), अननुमत, अनभिमत, अनभीष्ट, अनावृत्त, अप्रिय, अरभण, अरभमाण, अरुचिकर, अरुचिर, अरुच्य, अरोचक।

चुनने के अयोग्य : अनिर्वाच्य।

204. निराशा

सं. निराशा (स्त्री.) (हो.), नैराश्य, नाउम्मीदी (स्त्री.) नाउम्मेदी (स्त्री.), अंधकार (छा.), अँधेरा (छा.), अकरणि (स्त्री.), अनाशा (स्त्री.), आशाभंग (कर. हो.) (दे.201), आशा टूटना-/तोड़ना-, आस टूटना-, उम्मीद पर पानी फिरना-/फेरना-, कुंठा (स्त्री.), मनोभंग (हो.), मायूसी (स्त्री.) (हो.), यास (स्त्री.), विडंबन, विडंबना (स्त्री.), विप्रलंभ, विषाद, वैधुर्य, हताशा (स्त्री.) हरास, हिरास (स्त्री.)।

अनुत्साह, अवसाद, उत्साहहीनता (स्त्री.) (दे.434), कश्मल, ग्लानि (स्त्री.), निरुत्साह, पस्तहिम्मती (स्त्री.), पस्त हौसलगी (स्त्री.) पस्त होना-, मुरदादिली (स्त्री.), संकल्पाभाव, हिम्मत टूटना-।

उदासी (स्त्री.), खिन्नता (स्त्री.) (दे.210), बेदिली (स्त्री.), विषण्णता (स्त्री.), विषादग्रस्तता (स्त्री.)।

अरण्यरुदित, अरण्यरोदन, अरण्यविलाप।

मायामृग, स्वर्णमृग; मरीचिका (स्त्री.) (दे.34); छलावा (दे.15)।

निराशावाद, नैराश्यवाद, pessimism।

वि. निराश (कर. हो.), निराशक, निराशी, नाउम्मीद, नाउम्मेद, अनधिगतमनोरथ, अनाश, आशाविभिन्न, आशाहीन, कुंठित, त्यक्तात्मा, भग्न, भग्नचित्त, भग्नमना, भग्नहृदय, भग्नाश, मनोहत, मायूस (कर. हो.), विडंबित, हत, हतहृदय, हताश, हताश्वास, हिरास, हिरासाँ।

अनुत्साह, अवसादी, उत्साहहीन, निरुत्साह, निरुत्साहित, पस्तहिम्मत, पस्तहौसला, भग्नोत्साह, मुरदादिल, संकल्पहीन, हतोत्साह, हतोत्साहित।

उदास, खिन्न, म्लान (दे.210), बेदिल, विषण्ण, विषण्णचेता, विषण्णमना, विषादग्रस्त।

विषण्णमुख, विषण्णवदन।

निराशाजनक, नैराश्यव्यंजक।

निराशावादी, नैराश्यवादी, pessimist।

205. दुबिधा

सं. दुबिधा (स्त्री.) (हो.), दुबिधि (स्त्री.), दुबधा (स्त्री.), दुधा (स्त्री.), दोचित्ती (स्त्री.), दोदिली (स्त्री.), दोबा, दोला (स्त्री.), द्वंद्व, द्विधा (स्त्री.), द्विविधा (स्त्री.), द्वैध, द्वैधीभाव, अन्तर्द्वंद्व (हो. मच.), अगर-मगर करना- (दे.144), अचकना-पचकना-, अटक (स्त्री.), अटकन (स्त्री.), अटपटाना-, अनिर्णय (दे.563), असमंजस (हो.), आगा-पीछा (कर.), उधेड़बुन, उभयसम्भव, उभिटना-, उलझन (स्त्री.) (दे.440), ऊहन, ऊहापोह, कच्चा पड़ना-, कचाना-, कचियाना-, कर्तव्यमूढ़ता (स्त्री.), कर्तव्यविमूढ़ता (स्त्री.), कशमकश (स्त्री.), किंकर्तव्यविमूढ़ता (स्त्री.), धर्मसंकट, पसोपेश, पेश व पस, पेशोपस, शशपंज, शशोपंज, संकल्प-विकल्प, संकोच, संशय (दे.563), सकपक (स्त्री.) (हो.), सकपकाना-, सोच-विचार (कर.) (दे.552), हिचक (स्त्री.) (हो.), हिचकना-, हिचकिचाना-, हिचकिचाहट (स्त्री.) (हो.), हिचकिची (स्त्री.), हिचर-मिचर, हिचिर-मिचिर (कर.)।

दुबिधा की स्थिति : साँप-छछूँदर की गति/दशा (हो.)।

दुबिधा/दुबधे/असमंजस/उधेड़बुन/ऊहापोह/कशमकश/धर्मसंकट/पसोपसेश/शशोपंज/संकोच में पड़ना-।

दुबिधा/दुबधे (आदि) में डालना-।

पसोपेश में रहना-/रखना-।

झिझक (स्त्री.) (हो.), झिझकना-, झझक (स्त्री.), झझकना-, भड़क (स्त्री.), भड़कना-, भड़क उठना-/जाना- (दे.555)।

वि. द्विविधाग्रस्त, दुचित, दुचिता, दुदिला, दोचित्ता, दोदिला, अस्थिरचित्त, कर्तव्यमूढ़, कर्तव्यविमूढ़, किंकर्तव्यविमूढ़, संशयग्रस्त, संशयाकुल, संकोचशील, संकोची।

(विप.) सं. द्विधाहीनता (स्त्री.), असंकोच, संकोचहीनता (स्त्री.)।

अनौपचारिकता (स्त्री.), बेतकल्लुफ़ी (स्त्री.)।

आसानी (स्त्री.), सरलता (स्त्री.), सहजता (स्त्री.) (दे.439)।

वि. द्विधाहीन, अनिभृत, अनिर्विण, अलज्जित, निःसंकोच, निस्संकोच, बेखटक, संकोचहीन।

अनौपचारिक, बेतकल्लुफ़।

आसान, सरल, सहज।

अविचल, अविचलित, अविचालित, अनुत्क, निर्द्वंद्व, निर्विकार।

अ. धड़ल्ले से, निःशंक, निधड़क, निर्भ्रम, निर्भ्रांत, निःसंकोच, निस्संकोच, बिलाहिचक, बेखटक, बेखटके, बेतकल्लुफ, बेधड़क, बेहिचक।

अनायास।

206. मुग्धता

सं. मुग्धता (स्त्री.), मुग्धत्व, मौग्ध्य, मूढ़ता (स्त्री.), मोह, कश्मल, क्रोधज, तमि (स्त्री.), तमी (स्त्री.), प्रमोह, ममता (स्त्री.), ममत्व, माया (स्त्री.), विमूढ़ता (स्त्री.), विमोह, विह्वलता (स्त्री.), सम्मोह।

मोहन, परिमोहन, प्रमोहन, वशिता (स्त्री.), वशित्व, विमोहन, सम्मोहन।

महामोह, सन्तम।

माया (स्त्री.) (दे.300), अचेत (दे.556), अज्ञान, अनिर्वचनीय, अनीश, अविद्या (स्त्री.), सम्मोहनी (स्त्री.)।

मायाजाल, मायापाश, मोहकलित, मोहपाश।

मोहिनी (स्त्री.) (डाल.), मोहनी (स्त्री.) (डाल. ला.), मन मोह/हर लेना-, चित्त चुराना-, जादू (कर. डाल. फेर) (दे.555), टोना (कर. चला. मार.), ठगोरी (स्त्री.) (डाल. लगा.), रिझाना-, लुभाना-।

जादू लगना-, जान/दिल देना-, ठगोरी पड़ना-/लगना-, प्राण छिड़कना-, मोहनी लगना-, रीझ (स्त्री.), रीझना-, लट्टू होना-, लुभाना-।

मोहिनी-विद्या (स्त्री.), सम्मोहन-विद्या (स्त्री.)।

प्रभावान्विति (स्त्री.)। आवेश।

भावावेश, भावुकता(स्त्री.), गलदश्रु भावुकता (स्त्री.), भावविह्वलता (स्त्री.), भावोन्मत्तता (स्त्री.)।

वि. मुग्ध (कर. हो.), मोहप्राप्त, मोहित (कर. हो.), मूढ़, अभिभूत, आविष्ट, प्रभावान्वित, प्रभावित, प्रमोहित, फ़िदा (हो.), लटापोट, लहालोट, लुब्ध, लुभित, लोभित, वालेह, विमुग्ध, विमूढ़, विमोहित, विह्वल, सम्मोहित।

मन्त्रमुग्ध, मोहांध, मोहावरित, मोहाविष्ट, मोहावृत।

भावविभोर, भावविह्वल, भावाविष्ट, भाविक, भावुक, भावोन्मत्त।

मनोमुग्धकर, मुग्धकर, मोहक, मोहकारक, मोहन, मोही, अभिराम, प्रमोही, विमोहक, विमोहन, विमोही, सम्मोहक, सम्मोहन, सम्मोहनकारी, हृदयहारी।

जनमोहन, जगन्मोहन, भुवनमोहन।

मोहनी (स्त्री.), मोहिनी (स्त्री.), मोहमयी (स्त्री.), विमोहनी (स्त्री.), सम्मोहिनी (स्त्री.)।

जगमोहनी (स्त्री.), जगन्मोहिनी (स्त्री.), भुवनमोहिनी (स्त्री.)।

मोहनीय, रिझवैया।

(विप.) मोहरहित, निर्मोह, निर्मोही, विमोही।

207. प्रसन्नता

सं. प्रसन्नता (स्त्री.) (हो.), प्रफुल्लत्ता (स्त्री.), प्रमद, प्रमुद, प्रमोद, प्रसत्ति (स्त्री.), प्रसाद, प्रहर्ष, प्रहर्षण, प्रह्लति (स्त्री.), प्रहलन्नि (स्त्री.) प्रह्लाद, प्रीति (स्त्री.), अखेद, अनिर्वेद, अनुमोद, अभिराम, आनन्द (आ. कर. दे.पा. भोग. मना. मिल. रह. ले.), आनन्दथु, आनंदि, आमोद, आराम (दे.89), आह्लाद, उत्फुल्लता (स्त्री.), उत्सव, उत्साह, उद्धर्ष, उपजोष, उमंग (स्त्री.), उमग (स्त्री.), उमगन (स्त्री.), उल्लसन, उल्लास (हो.), ऐश (कर.), ख़ुशियाली (स्त्री.), ख़ुशी (स्त्री.) (कर. मान. हो.), चैन (कर. मिल.), नन्द, नन्दथु, नन्दन, नन्दा (स्त्री.), नन्दि, नंदिक, निर्वाण, निर्वृत्ति (स्त्री.), नेमत (स्त्री.), बहार (स्त्री.), बिफुलता (स्त्री.), मजा (उड़ा. लूट.), मजेदारी (स्त्री.), मद, मद्र, मह, मुद, मुदा (स्त्री.), मुदिता (स्त्री.), मोद, मौज (स्त्री.) (उड़ा. कर. मार. मिल. ले.), रंग (कर. मना.), रभस, रम, रस, लुत्फ़ (आ. उठ. मिल.), विलास, शर्म, शाम, शादी (स्त्री.), शुभ, संहर्ष, संह्लाद, समुल्लास, सम्मद, सम्मोद, सात, सुख (दे.पा. भोग. मान. मिल. लूट.), सुखता (स्त्री.), सुखत्व, सुखित, सुखिता (स्त्री.), सुखित्व, सुगति (स्त्री.), सौख, सौख्य, सौभाग्य, सौमनस, सौमनस्य, सौमुख्य, हज्जत, हर्ष (कर. मना. हो.), हर्षित, हशाशत (स्त्री.), हस, हास, हास्य, हुलसी (स्त्री.), हुलास, हृषि (स्त्री.), हृष्टि (स्त्री.), हेला (स्त्री.), ह्लत्ति (स्त्री.), ह्लाद।

प्रसन्न होना : अनुमोदन, अभिरमण, उल्लसन, खिलना-, खिल उठना-, गहगहाना-, दिल उछल पड़ना-, दिल खिल उठना-, नन्दन, फूले अंग न समाना-, फूले न समाना-, बहलना-, बाछें खिलना-, मन उछलना-/नाचना-/फूलना-, मन खिल उठना-, मन मीठा/हरा होना-, रिझाव, रीझ (स्त्री.), रीझना-, संहर्षण, हँसना-, हरिआना-, हरियाना-, हर्षण, हुलसना-, हुलसाना-।

कुछ देखकर प्रसन्न होना : आँख ठंढी करना-/होना-, आँख सिराना-, आँख/आँखें सेंकना-।

बहुत प्रसन्न होना : आँखों सुख कलेजे ठण्डक होना-, ख़ुशी से ज़मीन पर पाँव न पड़ना-, ख़ुशी से नाच/फूल उठना-, दिल की कली खिलना-, दिल बाँसों/हाथों उछलना-, फूलकर कुप्पा होना-, मन बल्लियों उछलना-।

प्रसन्नता के कारण इतराते फिरना : फूला-फूला फिरना-।

प्रसन्न करना : अनुमोदन, अनुरंजन, आनन्दन, आमोदन, आह्लादन, छन्दन, छन्दानुवृत्ति (स्त्री.), प्रमोदन, प्रसन्ना (स्त्री.), प्रसादन, प्रह्लादन, प्रीणन, बहलाना-, मनाना-, मनुहार (दे.254), मोदन, रंजन, रिझाना-, संप्रसत्ति (स्त्री.), संप्रसाद, संप्रसादन, सुखक्रिया (स्त्री.), हर्षण, हुलसाना-, ह्लादन।

आनन्दातिरेक से आत्मविस्मृत होना : वज्द में आना-।

मन बहलाना-, मनबहलाव (कर. हो.), मनोरंजन (कर. हो.), मनोविनोद, तफरीह (स्त्री.) (कर. हो.), दिलकुशाई (स्त्री.), दिलबस्तगी (स्त्री.), दिल बहलाना-, दिलबहलाव (हो.), रमना-, विनोद, विनोदन (दे.702), संरंजन।

तमाशा (कर. करा. देख. दिखा. हो.); खिलवाड़, खेल (दे.699), खेल-तमाशा; जादू (दे.555); दृश्य (दे.102); नाटक (दे.604); स्वाँग (दे.208)।

तमाशाई, तमाशबीन, सैलानी।

बहुत तमाशा देखने का दोष : अतिचार, अतीचार।

आमोद-प्रमोद, आनन्द-क्रीड़ा (स्त्री.), अठखेली (स्त्री.) (कर.), अठखेलियाँ करना-/सूझना-, कलोल (कर.), कलोलना-, कल्लोल, किलोल (कर.), नाच-तमाशा, नाच-रंग, मौज-चैन, मौज-बहार (स्त्री.), मौज-मस्ती (स्त्री.), रंगरली (स्त्री.), रँगरली (स्त्री.), रँगरलियाँ करना-/मचाना-, रँगरेली (स्त्री.), रंग-रस, विलास-विहार।

ऐशगाह, केलिगृह (दे.97), क्रीड़ागृह, क्रीड़ामंदिर, प्रमोदगृह, प्रमोदभवन, लीलागृह, लीलागेह, लीलावेश्म, विलासगृह, विलास भवन, विलासमंदिर, विलासवेश्म, विलाससद्म, विहारगृह।

प्रमोदकानन, प्रमोदवन।

आनन्द-बधाई (स्त्री.), आनन्द-बधावा, आनन्दोत्सव, उछाव-बधाव, उछाव-बधावा, उत्सव-मंगल, धूम-धड़क्का, धूमधाम (स्त्री.) (दे.359), सुख-चाव, सुखोत्सव।

आनन्द-मंगल (हो.)(दे.385), कुशल-मंगल, राज़ी-ख़ुशी (स्त्री.), सही-सलामती (स्त्री.), हँसी-ख़ुशी (स्त्री.)।

आराम से/सुख से दिन बीतना-, अच्छी कटना-/गुज़रना-/बीतना-, अच्छे हालों गुज़रना-।

ऐशो आराम, ऐशो इशरत (स्त्री.), भोग-विलास (दे.649)।

सुखमय जीवन की कल्पना : सुखस्वप्न।

सुख की आशा : सुखाशा (स्त्री.)।

सुख की इच्छा : सुखलिप्सा (स्त्री.)।

सुख की खोज : सुखान्वेषण।

सुखप्राप्ति का साधन : सुखसाधन।

सुख की प्राप्ति : सुखप्राप्ति (स्त्री.), सुखोदय, सुखोपलब्धि (स्त्री.)।

सुख की अनुभूति : सुखबोध, सुखवेदन, सुखानुभव, सुखानुभूति (स्त्री.)।

सुख भोगना : सुखभोग।

सुख-सुभीता, सुख-सहूलत (स्त्री.), सुख-स्वाच्छंद्य।

सुख और संपत्ति : सुखसंपद् (स्त्री.), सुखसंपत्ति (स्त्री.)।

सुख-सौभाग्य।

सुख-चैन, सुख-शान्ति (स्त्री.)।

सुखी जीवन : सुखविहार।

सुखमूल, सुखराशि (स्त्री.), सुखसन्दोह।

सुखसागर।

लोकोत्तर सुख की प्राप्ति : सुखसंयोग।

सुखद स्मृति : सुखस्मृति (स्त्री.)।

मन की प्रसन्नता : मनःप्रसाद, मनःप्रीति (स्त्री.)।

आनन्दातिरेक, फूले अंग न समाना-, वज्द, विहर्ष, हर्षातिशय, हर्षोत्कर्ष।

हर्षोन्माद।

भगवद्भजन का आनन्द : भजनानन्द।

स्वर्गसुख।

अक्षय आनन्द : नित्यानन्द, सदानन्द।

आत्मानुभव का आनन्द : आत्मानन्द, तुरीयानन्द, परमानन्द, ब्रह्मानन्द, महानन्द, स्वरस।

आन्तरिक सुख : अन्तःसुख।

दीनता का अभाव : अदैन्य।

आनन्दपूर्ण ध्वनि : किलक (स्त्री.) (उठ.), किलकन (स्त्री.), किलकना-, किलकार (स्त्री.) (भर.), किलकारना-, किलकारी (स्त्री.) (दे.भर. मार.), किलकिल (स्त्री.), किलकिला (स्त्री.), किलकिलाना-, किलकिलाहट (स्त्री.), किलकिलित, गलगाजना-, गुलगुला, चहक (स्त्री.) (उठ.), चहकना-, चहकारना-, नान्दीनाद, नान्दीनिनाद, नान्दीरव, हर्षध्वनि (स्त्री.) (कर.), हर्षनाद, हर्षनिःस्वन, हर्षनिस्वन, हर्षस्वन।

जयध्वनि (स्त्री.) (दे.408)।

आनन्दजन्य अश्रु : आनन्दजल, आनन्दवाष्प, आनन्दाश्रु, हर्षाश्रु।

रोमांच (दे.234)।

हर्षोद्रेक के कारण होने वाला कंपन : पुलकोत्कंप।

सन्तोष (कर. मान. रख. हो.), सन्तुष्टि (स्त्री.), सन्तर्पण, समाधान (कर.), सौहित्य, अभिरति (स्त्री.), आसूदगी (स्त्री.), इतमीनान (कर. करा. दे.हो.), उदन्तिका (स्त्री.), कृतार्थता (स्त्री.), चरितार्थता (स्त्री.), छाक (स्त्री.), तसल्ली (स्त्री.) (कर. पा. हो.), तुष्टता (स्त्री.), तुष्टि (स्त्री.), तृप्ति (स्त्री.), तोष, दिलजमई (स्त्री.) (कर.), निशाख़ातिर (स्त्री.) (हो.), परितुष्टि (स्त्री.), परितृप्ति (स्त्री.), परितोष, प्रतुष्टि (स्त्री.), प्रतोष, शान्ति (स्त्री.) (दे.398), सुकून, सुहित।

सन्तुष्ट होना : अघाना- (दे.76), जी भरना-, मन भरना-।

सन्तुष्ट करना : अघवाना-, अनुतोषण, आतर्पण, आप्यायन, तर्पण, तुष्टीकरण, तोषण, परितर्पण, परितोषण, परीन्दन, सन्तर्पण, सन्तोषण।

मन का सन्तोष : मनःतुष्टि (स्त्री.), मनःतृप्ति (स्त्री.), मनःतोष, मनःसुख, मनस्तुष्टि (स्त्री.), मनस्तृप्ति (स्त्री.), मनस्तोष।

आत्मतुष्टि (स्त्री.), आत्मतृप्ति (स्त्री.), आत्मतोष, आत्मसन्तुष्टि (स्त्री.), आत्मसन्तोष।

पूर्ण सन्तोष, सुकूने कामिल।

अक्षोभ, उद्वेगहीनता (स्त्री.), निरुद्विग्नता (स्त्री.), प्रशान्ति (स्त्री.) (दे.225), शान्ति (स्त्री.) (दे.398)।

वि. सुख-सम्बन्धी, सुख्य, सौखिक, सौखीय।

प्रसन्न (कर. हो.), प्रसन्नात्मा, प्रसन्नित, प्रसादस्थ, प्रसादित, प्रसादी, प्रसेदिवान्, प्रतिफुल्लक, प्रफुलित, प्रफुल्त, प्रफुल्ल, प्रमणा, प्रमना, प्रमुद, प्रमुदित, प्रमोदित, प्रमोदी, प्रहर्षित, प्रहृष्ट, प्रह्ल, प्रह्लन्न, प्रह्लादित, प्रीण, प्रीणित, प्रीत, प्रीतियुक्त, अखिन्न, अखेद, अनन्दी, अनुकूल, अनुमोदित, अनुरंजित, अभिरत, आनन्दक, अनंदथु, आनन्दमग्न, आनन्दयुक्त, आनंदित (कर. हो.), आनन्दी, आमोदित, आमोदी, आह्लादित, आह्लादी, उच्छ्वसित, उत्पुलक, उत्फुल्ल, उद्धर्ष, उल्लस, उल्लसित, उल्लाघ, उल्लासयुक्त, उल्लासित, कंत, कन्तु, ख़ुश (कर. हो.), गद्गद (हो.), गहगह, गहगहा, चहचहा, छंदित, नंदित, निरवसाद, निर्दैन्य, निहाल (कर. हो.), बद्धानन्द, बाग़-बाग़ (हो.), मगन, मग्न, मस्त, मुदित, मोदयुक्त, मोदाढ्य, मोदित, मौजी, रंजित, राजी, विनोदित, विपुष्पित, शर्म, शर्मा, शर्मी, शाद, शादमान, संहर्षित, संहृष्ट, समुद, समुल्लसित, समोद, सम्मद, सम्मदी, सहर्ष, सानन्द, सुख, सुखजात, सुखभाक्, सुखभागी, सुखभुक्, सुखभोगी, सुखमानी, सुखवन्त, सुखवती (स्त्री.), सुखवान्, सुखापन्न, सुखिआ, सुखिया, सुखित, सुखी, सुमनस, सोल्लास, हरा, हराभरा, हर्षभाक्, हर्षमग्न, हर्षमाण, हर्षसमन्वित, हर्षान्वित, हर्षान्वित, हर्षाविष्ट, हर्षित, हर्षी, हुलसित, हुलासी, हृषित, हृषु, हृष्ट, हृष्टसंकल्प, ह्लन्न, ह्लादित।

प्रसन्नचित्त, प्रसन्नमना, प्रमुदितहृदय, प्रहृष्टचित्त, प्रहृष्टमना, प्रहृष्टात्मा, ख़ुशदिल, ख़ुशमिज़ाज, ज़िन्दादिल, टनमना, तबीयतदार, मस्त, रसिक, लतीफ़मिज़ाज,

शादमानदिल, संहृष्टमना, संह्लादी, सहृदय, सुमनस्क, हरीभरी तबीयत का, हृष्टचित्त, हृष्टचेतन, हृष्टचेता, हृष्टमना, हृष्टमानस, हृष्टहृदय।

प्रसन्नमुख, प्रसन्नवदन, प्रफुल्लवदन, प्रहृष्टमुख, प्रहृष्टरूप, प्रहृष्टवदन, संहृष्टवदन, सुमनामुख, हृष्टवदन।

प्रफुल्लनयन, प्रफुल्लनेत्र, फुल्लनयन, फुल्लनेत्र, फुल्ललोचन, हर्षोत्फुल्ललोचन।

अलबेला, मनमौजी (दे.215), रँगीला (दे.649)।

सहज, सामान्य, अधुर (दे.439), हलका।

बहुत प्रसन्न : सुप्रसन्न।

हर्षातिरेक से जिसका गला भर आया हो : हर्षगद्‌गद, गद्‌गदकण्ठ, सन्नकण्ठ।

हर्षातिरेक से काँपता हुआ : हर्षचल।

हर्षातिरेक से जड़वत् : हर्षजड़।

खुशी से फूला हुआ : हर्षोत्फुल्ल।

खुशी के मारे आपे से बाहर : अनुमत्त, आनन्दोन्मत्त, हर्षोन्मत्त।

आनन्दविभोर, आनन्दविह्वल, आत्तमनस्क, आत्मविभोर, हर्षविह्वल, हर्षाकुल।

अन्तर में सुखी : अन्तःसुख, अन्तराराम।

आनन्द से भरपूर : आनन्दघन, आनन्दपूर्ण, आनन्दमय, उछाहभरा, उत्सवयुक्त, उल्लासपूर्ण, मज़ेदार, सुखमय, सुखराशि, सोत्सव।

आनन्द का घर : आनन्दसदन, सुखकन्दर, सुखधाम, सुखाधार, सुखाश्रय।

सदा आनंदित रहनेवाला : अच्युतानन्द, नित्यानन्द, सदानन्द।

प्रसन्न होने योग्य : रिझवैया।

प्रसन्न करने योग्य : प्रसादनीय।

हर्ष से उत्पन्न : हर्षज।

सुख चाहनेवाला : सुखकामी, सुखार्थी, सुखैषी, सौखिक, सौखीय।

सुख के योग्य : सुखोचित।

सुख में पला हुआ : सुखैधित।

सुख में डूबा हुआ : सुखासक्त।

आनन्ददायक, आनन्दकन्द, आनन्दयिता, आनन्दन, आनन्दप्रद, आनन्दी, आह्लादकारक, आह्लादजनक, आह्लादन, आह्लादी, अनुरंजक, अशेव, दिलकुशा, नन्दन्त, नन्दक, नन्दद, नन्दन, नर्मद, प्रमोदन, प्रमोदी, प्रसादक, प्रसादी, प्रहर्षण, प्रह्लादक, प्रह्लादिका (स्त्री.), प्रह्लादन, प्रह्लादी, प्रियंकर, प्रियंकार, प्रियकर, प्रीणन, प्रीतिकर, प्रीतिकारक, प्रीतिकारी, प्रीतिद, मनोरंजक, मोदक, मोदजनक, मोदन, मोदी, रंजक, रंजनीय, रम, शर्मद, शर्मप्रद, शीफर, शर्मप्रद, शीभर, संरंजन, संहर्षी, सुखंकर, सुखकन्द, सुखकर, सुखकरण, सुखकार, सुखकारक, सुखकारी, सुखकृत, सुखजनक, सुखजननी (स्त्री.), सुखद, सुखदा (स्त्री.), सुखदाता, सुखदात्री (स्त्री.), सुखदायक,

सुखदायी, सुखदायिनी (स्त्री.), सुखनीय, सुखप्रद, सुखयिता, सुखाला, सुखावह, सुनन्द, सौखिक, सौखीय, सौख्यद, सौख्यदायक, सौख्यदायी, सौमनस्य, हर्षक, हर्षकर, हर्षकारक, हर्षण, हर्षणशील, हर्षणीय, हर्षदायक, हर्षप्रद, हर्षयिलु, हर्षी, हर्षुक, हर्षुल, ह्लादक, ह्लादन, ह्लादी, ह्लादिनी (स्त्री.)।

आरामदेह।

आनन्दवर्धक, प्रीतिवर्धन, हर्षवर्धन, हर्षविवर्धन।

सन्तुष्ट (कर. हो.), सन्तोषित, सन्तोषी, सन्तर्पित, आतृप्त, आप्यायित, आसूदा, छकाछक (कर.), तुष्ट (कर. हो.), तृत्त (कर. हो.), तोषयुक्त, तोषित, परितुष्ट, परितृप्त, परितोषी, पूर्णमानस, प्रशान्तकाम, वितृप्त, वितृप्तक, सुहित।

गर्भस्थ शिशु के समान सन्तुष्ट : गर्भेतृप्त।

आत्मतुष्ट, आत्मतृप्त, आत्मसन्तुष्ट।

झट तुष्ट होने वाला : आशुतोष।

कृतार्थ (दे.435), चरितार्थ।

प्रसन्न और सन्तुष्ट : हृष्टतुष्ट।

अकातर, अखिन्न, अखेद, अदीन, अदुःख, अदैन्य, अनवसादन, अनातुर; अनिर्विषण्ण, अनुत्कंठित, दुःखरहित, निर्वेदरहित।

शोकरहित, अशोक, गतशोक, वीतशोक।

सन्तोष्य, तोषणीय।

सन्तोषक, सन्तर्पक, तोषक, (समासान्त में) तोषी, परितोषक।

(विप.) आनन्दरहित, अनन्द, निरानन्द, विमर्ष (दे.212)।

अ. प्रसन्नता के लिए : प्रीत्यर्थ।

प्रसन्नतापूर्वक, अखेद, ख़ुश-ख़ुश, ख़ुशी-ख़ुशी, मज़े में, मौज से, सुखपूर्वक, सुखेन, समुद, सहर्ष, सानन्द, सोल्लास।

हर्षोत्साह से, गहगह, गहगहा, गहगहै।

मनबहलाव के रूप में : तफ़रीहन।

अघाकरः डभकोरि।

208. हँसी

सं. हँसी (स्त्री.) (आ. छूट. निकल.), हँसन (स्त्री.), हँसना-, हँस देना-/पड़ना-, हँसाई (स्त्री.) (हो.), हस, हसन, हसिका (स्त्री.), हसित, हाँसी (स्त्री.), हास (कर.), हासक, हासिकार (स्त्री.), हास्य, खन्दा, बत्तीसी दिखाना-।

अकपट/निश्छल हँसी (स्त्री.); मधुर/मृदुहास; मोहक हँसी (स्त्री.), सुहास; शुभ्र/सुन्दर हास्य।

कर्कश हँसी : अवच्छुरित।

कटाक्ष भरी हँसी : उपहास।

निरर्थक हँसी : अवहसित, दाँत निकालना-/निपुड़ना-/निपोड़ना-/निकोसना-, बेमतलब हँसना-।

लगातार चलनेवाली हँसी : अनवच्छिन्न हास।

बनावटी हँसी : कठहँसी (स्त्री.) (हँस.), कपटहास्य।

प्रकट न होने वाली हँसी : उच्चघन, मन ही मन हँसना।

हलकी आवाज़वाली बेहूदा हँसी : ठीठी (स्त्री.) (कर.)।

बेढंगी हँसी हँसना-, खीस काढ़ना-/निकालना-/निपोड़ना-।

नीचता दिखाते हुए हँसना : हीही करना-, हीही-ठीठी करना-।

खुलकर हँसना, खिलमिलाना, बत्तीसी खिलना।

ज़ोर की हँसी : अट्टट्टहास, अट्टहसित, अट्टहास (कर. हो.), अट्टहासक, अट्टहास्य, अट्टाट्टहास, अतिहसित, अवच्छरित, आच्छुरित, आच्छुरितक, क़हक़ा (मार.लगा.), खक्खा (मार.), ज़ोर से हँसना-, ठठाकर हँसना-, ठठाना-, ठट्ठा मारना-/लगाना-, ठहाका (मार. लगा.), प्रहसन, प्रहास, महाहास, संप्रहास।

हलकी हँसी : मन्द-मन्द हँसना-, मन्दहास (कर.), मन्दहास्य, मन्दस्मित, मुसकराना-, मुसकराहट (स्त्री.), मुसकान (स्त्री.), मुसकाना-, मुसकाहट (स्त्री.), मुसकिराना, मुसकिराहट (स्त्री.), मुसकुराना, मुसकुराहट (स्त्री.), मुसक्याना-, मुसुकाना-, मुस्कराना-, मुस्कराहट (स्त्री.), मुस्कान (स्त्री.), मुस्कुराहट (स्त्री.), अवहास, ईषद्धास, उत्स्मय, तबस्सुम, वक्रोष्ठि (स्त्री.), वक्रोष्ठिका (स्त्री.), विहसतिका (स्त्री.), विहसन, विहसित, विहसितिका (स्त्री.), विहास, स्मय, स्मयन, स्मित, स्मिति (स्त्री.)।

दबी मुस्कान : अन्तर्हास, उद्धर्धन, होंठों में हँसना-।

कई लोगों का एक साथ हँसना : हाहा-हीही/हाहा-हूहू करना-; ख़ूब हँसी होना: हाहा-हीही मचना-/होना-; हँसी का फ़ौआरा छूटना-।

ख़ूब हँसते रहना : हँसते-हँसते दोहरा हो जाना-/पेट में बल पड़ना-/लोट जाना-/लोट-पोट होना-।

किसी का हँसना अच्छा लगना : (किसी की) हँसी में फूल झड़ना-।

हँसना-बोलना-; हँस-बोल लेना-; हँस-बोलकर बसर करना-।

हँसी रोक लेना-/ज़ब्त कर लेना-।

हँसाना-, हँसा देना-, हासन, बिहँसाना-; ख़ूब हँसाना-, हँसा मारना-।

हँसने का ढंग : हँसन (स्त्री.), हँसनि (स्त्री.)।

हँसने की आवाज़ : हास्य-ध्वनि (स्त्री.), खंदा, खलखल, खिलखिलाहट (स्त्री.), हाहा; हींहीं (स्त्री.), हीही (स्त्री.); हेंहें, चहचहा।

हँसता हुआ चेहरा : हँसता चेहरा, हँसता मुँह, प्रसन्न मुखड़ा, स्मितानन।

हँसी (स्त्री.) (कर. सूझ. हो.), हँसाई (स्त्री.) (दे.437), हस, हसन, हसिका (स्त्री.),

हाँसी (स्त्री.), हास, हासिका (स्त्री.), हास्य, हास्यपदवी (स्त्री.), अभिहास, उपहास (कर.), केलि (स्त्री.), केलिमुख, कौतुक (कर. हो.), खिआल, खियाल, खिल्ली (स्त्री.) (उड़ा. कर.), चुत्थलपना, चुहल (स्त्री.) (कर. मचा. हो.), चुहलपन (कर.), चुहलबाज़ी (स्त्री.) (कर.), ठट्ठा (कर.), ठठई (स्त्री.), ठठोली (स्त्री.) (कर. हो.), ठिठोली (स्त्री.), तमाशा (बना.), दिल्लगी (स्त्री.) (कर. सूझ. हो.), नर्म, परिहास (कर.), प्रहसन, मखौल (उड़ा.), मज़ाक़ (उड़ा. कर. सूझ.) रसिकता (स्त्री.), रसिकत्व, रसिकाना-, वाक्केलि (स्त्री.), वाक्केली (स्त्री.), विनोद (कर.), विनोदन, विहसन, वैहार्य, शोख़तबई (स्त्री.), शोख़मिजाजी (स्त्री.), संप्रहास।

(किसी काम का मज़ाक़ में टल जाना : हँसी में उड़ जाना-/उड़ना-।)

(किसी काम को मज़ाक़ में टाल देना : हँसी में उड़ा देना-/उड़ाना-।)

हँसी-खेल (कर. हो.), हँसी ठट्ठा, हँसी-ठठोली (स्त्री.), हँसी-तमाशा, हँसी-दिल्लगी (स्त्री.), हँसी-मज़ाक़ (कर. हो.), हास-परिहास, हास्य-कौतुक, हास्य-विनोद, हाहा-ठीठी (स्त्री.) (कर. हो.), हाहा-हीही (स्त्री.), हाहा-हूहू, उत्प्रास, उत्प्रासन, चकल्लस, चहचहा (मच. मचा.), छेड़खानी (स्त्री.) (कर. हो.), छेड़छाड़ (स्त्री.), नोक-झोंक (स्त्री.) (चल.), रसवाद।

(किसी को) चिड़ाना-, चिढ़ाना- (दे.211), चिढ़ा देना-, छेड़ना-; (मूर्ख ठहराना) बनाना-; अप्रैल फुल/बेवक़ूफ/मूर्ख बनाना-।

(किसी की) चुटकी लेना-/उड़ाना-/भरना-, भद/भद्द करना-, भद्‌द पिटना-, पीटना-।

चिढ़ानेवाली बात : चिढ़ान (स्त्री.), चिढौनी (स्त्री.), छेड़ (स्त्री.) (निकाल.)।

व्यंग्योक्ति (स्त्री.); श्लिष्टोक्ति (स्त्री.), श्लेषोक्ति (स्त्री.); छेकोक्ति (स्त्री.); कटाक्ष (दे.112), विद्रूप।

चुटकुला (छेड़. छोड़.), चुटकुलेबाज़ी (स्त्री.) (कर.), टहूका (दे.108), लतीफ़ा (कस. छोड़.)।

मनबहलाव (दे.207), विनोदन (दे.702)।

भाषा की हास्यरसात्मकता : शोख़िए अल्फ़ाज़ (स्त्री.)।

विनोदवृत्ति (स्त्री.), sense of humour।

परिहास का आनन्द : नर्मद्युति (स्त्री.)।

व्यंग्यात्मक कविता (स्त्री.), हास्यकविता (स्त्री.), हँसिका (स्त्री.)।

अनुकृतिकाव्य, व्यंग्यकाव्य (दे.592), parody।

व्यंगचित्र, व्यंग्यचित्र, हास्यचित्र, cartoon। व्यंग्यचित्रकार, cartoonist।

प्रहसन (दे.604), farce।

अभिहस्य, comic।

विकृतिकरण, व्यंग्यचित्रण, caricature।

भँड़ैती (स्त्री.) (कर.), भाँड़पन, ज़राफ़त (स्त्री.), ठट्ठेबाजी (स्त्री.), मसख़रापन, मसख़री (स्त्री.), विदूषकता (स्त्री.), हँसोड़पन।

भाँड़, आत्मनीन, आत्माधीन, केलिकिल, केलिसचिव, चाटुबटु, चाटुवटु, ठठोल, नर्मठ, नर्मद, नर्मसचिव, नर्मसुहृद, परिहासवेदी, प्रहासक, प्रहासी, मसख़रा, वंशनर्ती, विदूषक, वैहासिक, हासक।

भाँड़ भगतिया; भगतिया।

भाँड़-मंडली (स्त्री.)।

चमारों के नाच का मसखरा : करिंगा।

हँसी-मज़ाक़ के लिए बनाया हुआ रूप : स्वाँग (बन. बना. भर. रच. सज.), स्वाँगना-, अन्दाज़ उड़ाना-, चित्रविचित्र वेष धरना-, नक़ल उतारना-, भेष, भेस (धर. बदल. बना.), रूप (कर. धर. बना. भर.), विडंबनावेष, वेश (धर.), वेष, fancy dress।

स्वाँग भरनेवाला : स्वाँगी, बहुरूपिया (दे.239)।

किसी को चिढ़ाने के लिए विलक्षण मुखमुद्रा बनाना : मुँह चिढ़ाना-/बनाना-/बिचकाना-/बिदकाना-/बिराना-, बिरावना-।

विनोदप्रिय व्यक्ति : ज़राफ़त की पोट, हँसी की पोटली।

विनोदप्रिय लोगों की टोली : बावनी (स्त्री.)।

हँसी का विषय : हास्यास्पद, हासास्पद।

हँसानेवाली कथा : हास्यकथा (स्त्री.), परिहासकथा (स्त्री.)।

हँसानेवाला काम : हास्यकार्य।

हास्यरस।

वि. हँसता हुआ, हँसीला, हँसोहाँ, हँसौहाँ, हसित, हास्यदीप्त, हास्ययुक्त, हास्योज्ज्वल, ख़न्दाँ, ख़न्दा, बिहसौहा।

मुस्कुराता हुआ, मन्दहासयुक्त, विहसित, स्मयी, स्मित, स्मितपूर्व, स्मितशाली, स्मितोज्ज्वल, स्मेर।

सुन्दर हास्ययुक्त : सुहास, सुहासी, चारुहासी; सुहासिनी (स्त्री.) (दे.498), सुस्मिता (स्त्री.)।

शुभ्र हास्ययुक्त : शुचिस्मित।

ज़ोर से हँसनेवाला : अट्टहासक, अट्टहासी, प्रहासी।

हँसमुख, ख़न्दापेशानी, प्रसन्नवदन (दे.207), सुस्मित, सुहास, स्मितमुख (दे.498), स्मेरमुख।

हँसा हुआ : हसित।

हँसनेवाला : हसिता, हासन, हासी।

हँसने योग्य : हसनीय, हास्य।

हास्यकर, हास्यकार, हास्यकृत्, हास्यजनक, हासकर, हासन, हास्योत्पादक, हास्योद्दीपक।

हास्यरसात्मक।

हँसानेवाला : नर्मद, विनोदकर, वैहासिक।

जिससे मज़ाक़ किया जा सके : वैहार्य।

विनोदपूर्ण, परिहासपूर्ण, नर्मगर्भ।

हँसोड़, हँसोड़ा, हासशील, हास्यप्रिय, हास्यरसिक, कौतुकिया, कौतुकी, चुत्थल, चुहलबाज़, ज़राफ़तपसन्द, ज़रीफ़, ठट्ठेबाज़, ठठोल, दिल्लगीबाज़, परिहासपेसणी, परिहासप्रिय, परिहासशील, मखौलिया, मज़ाक़पसन्द, मजाक़िया, मसखरा, रसवादी, रसिक, विनोदप्रिय, विनोदरसिक, विनोदशील, विनोदी, शोख़तबअ, शोख़मिज़ाज।

उपहास के योग्य : उपहासास्पद।

स्वाँग भरनेवाला : स्वाँगी।

अ. हँसते-बोलते : हँसते-हँसते।

209. रुलाई

सं. रुलाई (स्त्री.) (आ. छूट.), रुवाई (स्त्री.), रूदन (कर.), रुदित, रोदन (कर. ठान. हो.), रोना (आ.), आक्रन्द, आक्रन्दन, आक्रंदित, किकियाना-, क्रन्दन (कर.), क्रंदित, क्रुष्ट, क्रोश, क्षेद, संक्रन्द, संक्रन्दन।

रोने की प्रवृत्ति : रुलाई (स्त्री.)।

रोना-, रो उठना-/देना-/पड़ना-/लेना-, आँसू गारना-/गिराना-/डालना-/ढारना-/ढालना-/बहाना-/बिलोना-, विलापना-।

चिल्लाकर रोना : अवक्रन्दन, काँदना-, डंफना-, डफारना-, ढाँड़/ढाढ़ मारकर रोना-, ढाड़/ढाढ़ मारना-, दहाड़ना-, दहाड़ मारकर रोना-, दहाड़ मारना-, धाड़ मारकर रोना-, धाह देना-/मारना-/मेलना-, बुक्का फाड़कर रोना-, बुबुकना-, बुबुकारी देना-/मारना-, संरोदन।

बहुत रोना-, बुरी तरह रोना-, आँखों से सावन-भादों बरसना-, आठ-आठ आँसू रोना-, आँसुओं से मुँह धोना-, ज़ार-ज़ार रोना-, डहकना-, फूट-फूटकर रोना-, रो-रोकर घर भरना-।

देर तक रोते रहना : आँसुओं का तार न टूटना-, आँसुओं का तार बँधना-/बहना-, आँसुओं का परनाला बहना-/बहाना-, आँसुओं की झड़ी बँधना-/लगना-।

विकल होकर रोना-, विलाप करना-, विलपन, विलपित, कलपना-, झंकन्ना-, झंखन (स्त्री.), झंखना-, झींकना-, झींखना-, झीखना-, दुखड़ा रोना- (दे.210), परिदेव, परिदेवन, परिदेवना (स्त्री.), बिलखना-, बिलबिलाना-, बिल्लाना-, रोरुदा (स्त्री.)।

रोते-रोते साँस रुकने लगना : घिग्घी (स्त्री.) (बँध.), घिग्गी (स्त्री.) हिचकी (स्त्री.) (बँध. लग. ले.)।

खुलकर न रोना-, भीतर ही भीतर रोना-, बिसूरना-, सिसकना-, सिसक-सिसककर रोना-, सिसकी भरना-/लेना-, सुबक-सुबककर रोना-।

रुक-रुककर रोना : फफकना-।

झूठमूठ रोना-, टसुए बहाना-।

दिखावटी रोना-, घड़ियाली आँसू बहाना-, मगरमच्छ के आँसू बहाना-।

निष्फल रोना-, अरण्यरुदित, अरण्यरोदन (कर.), अरण्यविलाप (कर.)।

रोना-कलपना-, रोना-चिल्लाना-, रोना-झींकना-, रोना-धोना-, रोना-बिलखना-, रोना-सिसकना-।

रोना और छाती/सिर पीटना : रोना-पीटना-।

रोनी-धोनी (स्त्री.), मनहूसी (स्त्री.) (दे.210)।

रुलाना-, कलपाना-, बिलखाना-, विलपाना-, विलापन।

रोने का शब्द : पें (स्त्री.), पें-पें (स्त्री.) (कर.), क्रन्दन-ध्वनि (स्त्री.), धाड़ (स्त्री.), रुदन-रोल (स्त्री.)।

रोने-पीटने का शोर : कुहराम (कर. डाल. पड़. मच. हो.), कोहराम, टिटिहारोर (मच. हो.), बावेला (मच.), रोर (स्त्री.) (उठ. कर. पड़. मच.), बावैला (कर. मच. हो.), हाय (स्त्री.) (मार.), हाय-हाय (स्त्री.) (कर.), हाहाकार (कर. पड़. मच. हो.), हाहारव।

भीतर ही भीतर रोने में रुक-रुककर निकलती हुई साँस का शब्द : सिसकी (स्त्री.)।

आँखों में आँसू आना : अँसुवाना-, आँख/आँखें छलकना-/छल छलाना-/डबडबाना-, आँख/आँखें भर आना-, आँसू आना-/उमड़ पड़ना-, डबकना-, डबडबाना-, डभकना-, आँसू भर आना-।

रोने का होना-, रुआँसा होना-।

आँसू, आब, आश्र, अश्क, अश्र, अश्रु, अस्र, अस्रु, चक्षुजल, टसुआ, टसुवा, टसूआ, नयनजल, नयननीर, नयनवारि, नयनसलिल, नेत्रज, नेत्रजल, नेत्रवारि, नेत्रांबु, नेत्रांभ, वाष्प, रोदन, लेत, लोत, लोत्र, लोर, वाष्प।

आनन्दाश्रु (दे.207)।

प्रेमजल, प्रेमनीर, प्रेमपातन, प्रेमवारि, प्रेमाश्रु।

घड़ियाली आँसू (दे.521)।

अश्रुजल, वाष्पसलिल, वाष्पांबु।

अश्रुकण, अश्रुकला (स्त्री.), अश्रुविन्दु, अब्बिन्दु, सरिश्क।

आँसू की धार, आँसू की लड़ी, अश्रुधार (स्त्री.) वाष्पप्रकर।

अश्रुपात (कर.), वाष्पमोक्ष, बाष्पमोचन, बाष्पोद्भव, वाष्पमोक्ष, वाष्पमोक्षण।

अश्रुवर्षा (स्त्री.), अश्रुवृष्टि (स्त्री.), बाष्पवृष्टि (स्त्री.), बाष्पासार, वाष्पवृष्टि (स्त्री.), वाष्पासार।

आँसुओं की बाढ़ : अश्रुवन्या (स्त्री.), बाष्पदुर्दिन, बाष्पपूर, बाष्पप्रकर, बाष्पोत्पीड, वाष्पपूर।

गीली/नम/आँसू भरी आँखें : चश्मे नम (स्त्री.)।

रोकर शोक दूर करना : विलपनविनोद।

वि. रोनेवाला : रोना, रोनी (स्त्री.)।

रोनेवाले का सा : रोना, रोनी (स्त्री.)।

रोने को उद्यत : रुआँसा, रुआँसी (स्त्री.), अश्रुमुख।

रोता हुआ : आर्द्रनयन, गलदश्रु, दुराक्रन्द, पर्यश्रु, बाष्पी, रुदित।

रोया हुआ : रुदित, विलपित।

रुलानेवाला : विलापन।

विलापकारी, विलापयिता, विलापी, आक्रंदित, आक्रन्दी, रोवनहार, रोवनिहारा, वाशक।

रोने से जिसका गला भर आया हो : गद्गदकण्ठ, वाष्पकण्ठ, वाष्पकण्ठ।

गला भर आने से जिसका स्वर अस्पष्ट हो गया हो : बाष्पकल, बाष्पसंदिग्ध।

आँसुओं से गीला मुखवाला : वाष्पमुख।

आँसुओं से धुँधली आँखोंवाला : वाष्पाविलेक्षण।

अश्रुपूरित, अश्रुपूर्ण, उद्बाष्प, उद्वाष्प, बाष्पविप्लव, बाष्पाकुल, बाष्पाप्लुत, सजल, साश्र, साश्रु, सास्र।

सजलनयन, सजलनेत्र।

210. दुःख

210.1. सं. दुःख (उठा. दे.पहुँच. पहुँचा. पा. बँटा. भुगत. भोग. हो.), दुःखता (स्त्री.), दुख, दर्द (मिल. लग.) (दे.91), दुर्गति (स्त्री.) (कर. हो.) (दे.390), दौर्गत्य, अन्दोह, अंह, अंहति (स्त्री.), अंहती (स्त्री.), अक, अघ, अधृति (स्त्री.), अलम, अशर्म, अश्रेय, असुख, आज़ुर्दगी (स्त्री.), आफ़त (स्त्री.) (आ. उठा. टूट. डाल. ढा. तोड़. पड़. सह.), आसेब, उत्ताप, उद्वेजन, ऋति (स्त्री.), क़लक़ (गुज़र. मिट. रह. हो.), कलकान (स्त्री.), कष्ट (उठा. कर. झेल. दे.पा. भोग. सह.) (दे.91), कसाला, क्लिष्टि (स्त्री.) क्लेश (उठा. दे.पा. भोग.), तकलीफ (स्त्री.) (उठा. कर. दे.पा. भोग. मिल. सह. हो.), ताप, त्रास, निरानन्द, बिरोग, बिलग (मान.), मुसीबत (स्त्री.) (उठा. झेल. भोग. सह.), यन्त्रणा (स्त्री.), यातना (स्त्री.), रंज (उठा. कर. झेल. दे. पहुँच. पहुँचा. सह.), रंजीदगी (स्त्री.) रोना (आ.), विधुर, वियम, वियाम, विलखना-,

विसुख, विसूरित, वेदन, वेदना (स्त्री.), वैधुर्य, व्यथन, व्यथा (स्त्री.), शूल (दे.), सन्तप्त, संपीड़ा (स्त्री.), सकेत, सकेती (स्त्री.)।

विषाद (दे.204), विषादन, विषादिता (स्त्री.), विषण्णता (स्त्री.), विमनस्कता (स्त्री.) (दे.433), विमनिमा (स्त्री.), वैमनस्य, अँधेरा, अनमनापन, अनरस, अनरसना-, अवसाद, उचटना-, उचाट, उदासी (स्त्री.) (छा. टपक. बरस. हो.), खिन्नता (स्त्री.), खेद, ग़मगीनी (स्त्री.), बददिली (स्त्री.), बेदिली (स्त्री.), मनहूसी (स्त्री.), मनोभंग, मलाल (आ. निकल.), मलालत (स्त्री.), म्लानता (स्त्री.), म्लानि (स्त्री.), म्लानिमा (स्त्री.), सन्नि (स्त्री.), हृदयशैथिल्य।

मानसिक कष्ट : अन्तर्ज्वाला (स्त्री.), अन्तर्बाष्प, अन्तर्वेग, अन्तर्वेदना (स्त्री.), अन्तर्व्यथा (स्त्री.), अन्तस्ताप, अधि (स्त्री.) अनुताप, अभिताप, अभिसन्ताप, आग (स्त्री.), उपताप, उपतापन, कचट (स्त्री.), कचोट (स्त्री.) (उठ.), कचोटना-, ज़ख़्मे जिगर, जलन (स्त्री.), ताप, दर्दे दिल, दवथु, दिल का फाँस, पराधि (स्त्री.) परितप्ति (स्त्री.), परिताप, पीड़ा (स्त्री.), मनःताप, मनःपीड़ा (स्त्री.), मनःसन्ताप, तनस्ताप, मनोदाह, मनोरुक्, मनोवेदना (स्त्री.), मनोव्यथा (स्त्री.), मर्मपीड़ा (स्त्री.), मर्मव्यथा (स्त्री.), मलोल, मलोलना-, मलोला (आ. उठ. निकाल.), मलोले खाना-, मसोसना-, मसोसा, संताप, संतापन, हृत्ताप, हृत्पीड़ा (स्त्री.), हृत्स्फोट, हृद्व्यथा (स्त्री.), हृदयक्षोभ, हृदयज्वर, हृदयपीड़ा (स्त्री.), हृदयव्यथा (स्त्री.)।

मन में संचित दुःख : गुबार (निकल. निकाल.), बुख़ार (निकल. निकाल.), भड़ास (स्त्री.) (निकल. निकाल.), जले फफोले फोड़ना-, जी का बुख़ार निकालना-, दिल का गुबार/बुख़ार निकालना-, दिल के फफोले फोड़ना-।

कोफ़्त (उठा. गुजर. हो.) (दे.212), अशान्ति (स्त्री.), उद्वेग (दे.219), चिन्ता (स्त्री.) (दे.545), विमर्ष।

परेशानी (स्त्री.) (दे.393)।

अफ़सोस (कर. हो.), अंबरीष, अनख, अनी (स्त्री.), अनुताप, अनुशय, अनुशोक, अनुशोचन, अनुशोचना (स्त्री.) खेद (हो.), खेदन, ग्लानि (स्त्री.), निर्वेद, पछताना-, पछिताव, पश्चात्ताप (कर. हो.), पश्चानुताप, रंज, विप्रतिसार, विप्रतीसार।

खेद प्रकट/प्रकाश/व्यक्त करना-।

दुःख के दिन आना : दुःख पड़ना-।

दुःख के दिन काटना : दुःख भरना-।

खेद होना : दुःख लगना-।

खिन्न होना : दुःख मानना-।

दुःखी होना : दिल जलना-।

जिन्दगी से बेज़ार होना-, दिल पक जाना-।

कष्टकर लगना : अखरना- (दे.537)।

दुःख का असह्य होना : कलेजे/छाती/दिल पर साँप लोटना-, छाती फटना-, ज़िंदगी में मोत का मजा चखना-।

दुःख भुलाना : ग़म ग़लत करना-।

दुःख देना : उद्वेजन, उपतापन, कबाब करना-, डाहना-, दाहना-, दिल जलाना-/दुखाना-, दुखाना-, पीड़ाकरण, बाधन, सन्तपन, सताना-, संपीड़, संपीड़न।

दुःखदायक व्यक्ति : छाती पर का जम।

दुःखदायक वस्तु : छाती का काँटा।

दुःखग्राम, दुःखलोक, दुःखसागर, संसार (दे.11)।

सांसारिक कष्ट, अनात्मक दुःख, भवबाधा (स्त्री.)।

कष्टमय स्थिति : सकेती (स्त्री.)।

कष्ट का समय : सख़्त घड़ी (स्त्री.)।

कष्टमय/दुःखी जीवन, असुखजीविका (स्त्री.), तंक।

कष्टमय जीवनयापन : तंकन।

दुःखसमूह, दुःखग्राम।

दुःखत्रय, तापत्रय : आधिभौतिक दुःख; आधिदैविक दुःख; आध्यात्मिक दुःख।

योगशास्त्रानुसार पाँच क्लेश : अभिनिवेश; अविद्या (स्त्री.); अस्मिता (स्त्री.); द्वेष; राग।

बौद्ध शास्त्रानुसार दस क्लेश : लोभ; द्वेष; मोह; मान; दृष्टि (स्त्री.); चिकित्सा (स्त्री.); स्थिति (स्त्री.); उद्धव्य; अहीक; अनुत्ताप।

दुःख के परस्पर सम्बद्ध बारह कारण : प्रतीत्यसमुत्पादः अविद्या- संस्कार-विज्ञान-नामरूप-यड़ायतन-स्पर्श-वेदना-तृष्णा-उपादान-भव-जाति-जरा-मरण। शोक (कर.), शोच, शोचन, शूक, अँधेरा, आघात (लग.), क्षेद, ग़म, चोट (स्त्री.) (लग.), दर्द, दर्दो ग़म, धक्का (पहुँच. पहुँचा. लग.), मन्यु, रंज, रंजो ग़म, विसूरण, विसूरणा (स्त्री.), विसूरित, सदमा (उठा. पहुँच. लग. सह.), सोग (मना.)।

मृत्युशोक, मातम (कर.मना.रख.) (दे.64)।

छाती कूटना-/पीटना-, सिर पीटना-, सिर पीटके रोना-, हाहाकार (कर.)।

शोक में होना : सोगवारी (स्त्री.)।

शोक का कारण : शोकस्थान।

शोकानुभूति (स्त्री.), शोकवेग, अधीरता (स्त्री.), आकुलता (स्त्री.) (दे.91), व्याकुलता (स्त्री.)।

बहुत शोक करना : ख़ून के आँसू रोना-।

होंठ काटना/चबाना-।

शोक से बेसुध होकर गिर पड़ना : पछाड़ (स्त्री.) (खा.)।

शोकगीत, elegy।

शोक-निवारण, शोकापनोद, शोकापनोदन।

वियोग, वियोजन, विच्छेद, विछेद, विछोह, विधुर, विधुरता (स्त्री.), विरह, विलगाना-, विविक्ति (स्त्री.) (दे.243), विश्लेष, विसम्भोग, वैधुर्य, जुदाई (स्त्री.) (हो.), फिराक़, फ़ुरकत (स्त्री.), बिछुड़न, बिछुड़ना-, बिछुड़ जाना-, बिछोह, बिलगाना-, बिलगाव, हिज्र, हिज्राँ।

प्रिय-विरह, फ़िराक़े यार, विप्रयोग, विप्रलंभ।

वियोग का दुःख, जुदाई का रंज, विरह, विरह-व्यथा (स्त्री.), बिरहाना-।

विरहज्वर, विरहाग्नि (स्त्री.), विरहानल।

विरहदशा (स्त्री.) स्मरदशा (स्त्री.) : असौष्ठव; ताप; पाण्डुता; कृशता; अधृति; अरुचि; अनालंबन; तन्मयता; उन्माद; मरण।

विरह-व्यथा का निवेदन : विरहनिवेदन।

(विप.) दुःख का अन्त : दुःखान्त।

वि. दुःखपूर्ण, दुःखप्राय, दुःखबहुल, दुःखमय, दर्दनाक, असुखी, कष्टमय, कष्टसंकुल।

दुःखी (कर. हो.), दुःखिनी (स्त्री.), दुःखित, दुःखान्वित, दुःखार्त, दुःखजीवी, दुःखदग्ध, दुःखशील, दुःख का मारा, दुखहाया, दुखहाई (स्त्री.), दुखित, दुखिया, दुखियारा, दुखियारी (स्त्री.), दुखारा, दुखारी, दुखी (कर. हो.), दुखीला, दुहेला, दुहेली (स्त्री.), दीन, दीनक, अन्तस्तप्त, अनिर्वृत, अनिवृत्त, अनिर्वेश, अशर्म, असुख, असुखी, आज़ुर्दा, आफ़तज़दा, आफतनसीब, आर्त, उत्तप्त, उद्वेगी, उद्वेजी, कष्टग्रस्त, कष्टित, कष्टी, कातर, क्लिशित, क्लिष्ट, क्लेशयुक्त, क्लेशित, ख़स्तादिल, तप्त, निरानन्द, परेशान, प्रपन्न, बिरोगी, बेज़ार, मुसीबतज़दा, रंजीदा, विधुर, वियात, विसुख, व्यथाकुल, व्यथाक्रान्त, व्यथातुर, व्यथान्वित, व्यथित (कर. हो.), व्यथी, व्यार्त, शबलचेतन, शबलहृदय, सकृपण।

दीन-दुखिया।

विषादयुक्त, विषादित, विषादी, विषण्ण, विदीर्णहृदय, विमन, विमनस्क, अनमन, अनमना, अनरसा, अवसन्न, आगलित, उचाट, उदास, खिन्न (कर. हो.), खिन्नचित्त, खिन्नमनस्क, ग़मगीन, दुमन, बददिल, बेदिल, भग्नहृदय, मनहूस, मलिन, मलिनमुख, मलीन, मलूल, म्लानमना, सन्न, सन्नधी, सन्नभाव, सन्नहर्ष, सीनाचाक, सीनाफ़िगार, सुस्त, सोख़्ता।

सन्तप्त (कर. हो.), सन्तप्तहृदय, सन्तापित, अभितप्त, अभिसन्तप्त, उपतप्त, दग्धहृदय, दिलजला, परितप्त, परितापी, मर्माहत, सोख़्ताजाँ, सोख़्ताजिगर, सोख़्तादिल।

कोफ्ता, क्षुब्ध (हो. कर.), क्षोभित (दे.212), अशान्त, अद्विग्न (दे.219), खिन्न, चिन्तित (दे.545), विमर्षित।

अनुतप्त (कर. हो.), अनुशयान, अनुशयी, अनुशोचक, अनुशोची, क्षुण्णमना, खेदयुक्त, खेदित, पश्चात्तापी, बद्धानुशय, विप्रतिसारी।

शोककर्षित, शोकग्रस्त, शोकपरायण, शोकपरिप्लुत, शोकपीड़ित, शोकपूर्ण, शोकरुग्ण, शोकविकल, शोकविह्वल, शोकसन्तप्त, शोकाकुल (कर. हो.), शोकातुर, शोकाभिभूत, शोकार्त (कर. हो.), शोकाविष्ट, शोकित, शोकी, शोकोपहत, ग़मग़ीन, ग़मज़दा, रंजीदा, सोकित, सोगी।

वियोगी, वियोगिनी (स्त्री.), वियोगभाक्, विरहकातर, विरहविरस, विरहविधुर, विरहव्याकुल, विरहातुर, विरही, विरहिणी (स्त्री.), विरहोत्कंठित, विधुर, विछोही, विप्रयुक्त, विप्रयोगी, विप्रलब्ध, जुदा (दे.243), फ़ुरक़्तज़दा, फ़ुरक़तनसीब, बिछोही, बिरही, हिज्रनसीब, हिज्राँज़दा।

दुःखकर, दुःखकारक, दुःखद, दुःखदायक, दुःखदायी, दुःखप्रद, दुखद, दर्दअंगेज, दर्दआमेज़, अन्दोहनाक, अत्ययिक, अलमनाक, असुखोदय, असुखोदर्क, आत्ययिक, उपतपन, उपतापी, ऋतिकर, कंटकी, कष्टकर, कष्टकारक, कष्टजनक, कष्टदायक, क्लेशक, क्लेशकर, क्लेशी, क्लेष्टा, तकलीफ़देह, तापद, तापन, त्रासद, पीड़क, पीड़ाकर, पीड़ादायक, वेदनीय, व्यथक, व्यथन, व्यथयिता, व्यथाकर, शूलप्रद, सन्तापकर, सन्तापकारी, सन्तापी, सान्तापिक, सालक।

विषादजनक, विषादकृत्, विषादन।

हृदयविदारक, हृदयविध, हृदयवेधी, मर्मग, मर्मघाती, मर्मघ्न, मर्मच्छिद, मर्मच्छेदी, मर्मपीडक, मर्मभेदी, मर्मवेधी, मर्मवेस्पर्शी, मर्मस्पृक, मर्मांतक, मर्मातिगं, मर्माविध, अन्तःशर, अन्तःशल्य।

क्षोभकारक, क्षोभकारी, क्षोभक, क्षोभण।

अफ़सोसनाक, अनुतापन, खेदजनक, खेदी।

शोककारक, शोकजनक, शोचनीय, शोच्य, ग़मनाक, रंजदेह।

विच्छेदक, विच्छेदी, वियोगावह, फ़ारिक़।

दुःखान्त, असुखोदय, असुखोदर्क, वियोगान्त, वियोगावसान।

दुःख देने योग्य : सन्ताप्य।

शोकसूचक, मातमी।

शोकनाशन, शोकसारण, शोकहर, शोकहर्ता।

वियोगात्मक, फिराकिया।

विरहज, विरहजनित, विरहजन्य।

(विप.) दुःखरहित, अतापी, विगलितशोक।

दुःखातीत।

210.2. सं. ढाढ़स (दे.बँधा. हो.), ढारस, आश्वास, आश्वासन (दे.पा. मिल.), तसल्ली (स्त्री.) (कर. दे.पा. हो.), तसकीन, दिलजोई (स्त्री.), दिलासा (दे.), धाड़स

(दे.बँधा.), धीरज (दे.धर. रख.), प्रतीत्य, प्रत्याश्वासन, प्रबोध (दे.), प्रबोधन, समाश्वास, समाश्वासन, सांत्व, सांत्वन, सांत्वना (स्त्री.) (दे.पा. मिल.)।

दम-दिलासा।

ढाढ़स बँधानेवाली बात : सांत्ववाद।

सहानुभूति (स्त्री.) (कर. दिखा. रख.), संवेदना (स्त्री.) (दे.226), समवेदना (स्त्री.), अनुरोदन, ग़मख़्वारी (स्त्री.), ग़मगुसारी (स्त्री.), दर्दमन्दी (स्त्री.), मार्दव, हमग़मी (स्त्री.), हमदर्दी (स्त्री.) (कर. दिखा. रख.)।

वि. आश्वासप्राप्त, आश्वासित, आश्वस्त, प्रत्याश्वस्त, प्रबोधित, समाश्वस्त, सांत्वित।

आश्वासक, आश्वासी, प्रबोधक, सन्तापहर, सन्तापहारक।

आश्वासनीय, आश्वास्य।

सहानुभूतिशील, सहानुभूतिसंपन्न, संवेदनशील, समानदुःख, ग़मख़्वार, ग़मगुसार, दर्दमंद, हमगम, हमदर्द।

211. क्रोध

सं. क्रोध (आ. कर. हो.), क्रोधन, कोप, कोपन, अताब, अतिघ, अनख, अभ्यसूया (स्त्री.), अमर्ष, अमर्षण, असूया (स्त्री.) आमर्ष, इताब, उत्तेजना (स्त्री.), कडुआना-, करखना-, ख़फ़गी (स्त्री.), ख़श्म, ख़ष्य, खुनस (स्त्री.), खौलाव, ग़ज़ब, गरमाना-, गरमी (स्त्री.), गुस्सा (आ. कर. चट. हो.), गुस्साना-, घृणि, चण्ड, चण्डिमा (स्त्री.), जूर्णि (स्त्री.), झल, टिन्नाना-, तमक, तमकना-, ताव (खा. दिखा.), तुर्शी (स्त्री.), तैश (खा. दिखा.), निःशम, परिमर्ष, पेचोताब, प्रतिघ, प्रतिरंभ, बमकना-, बिगड़ना-, बिफरना-, भड़कना-, भभकना-, भाम, मत्सर, मन्यु, मान, मानज, रिस (स्त्री.), रीस (स्त्री.), रुट् (स्त्री.), रुष, रुषा (स्त्री.), रुष्टता (स्त्री.), रुष्टि (स्त्री.), रूठन (स्त्री.) (दे.212), रोष (कर. हो.), रोषणता (स्त्री.), रौद्र, विप्रतिसार, विप्रतीसार, व्यारोष, सन्ताप, संरंभ, संराग, सख़्त।

क्रोध का कारण : क्रोधपद।

क्रोधावेश, बौखलाहट (स्त्री.), बौखलाना-, संरंभवेग।

क्रुद्ध दृष्टि (स्त्री.), क्रोधभरी दृष्टि, क्रोध दिखाना-, आँख दिखाना-/निकालना-, भृकुटी चढ़ाना/तानना-, भृकुटी में बल डालना-, भौंह चढ़ाना-/टेढ़ी करना-/तानना-/तिरछी करना-, लाल आँखें दिखाना-/निकालना-।

क्रोधाग्नि (स्त्री.), क्रोधानल, रोषवह्नि।

अति क्रोध, ग़ैज़, ग़ैज़ोग़ज़ब, प्रकोप, प्रकोपन।

भीतरी गुस्सा, अन्तःकोप।

प्रतिहिंसा (स्त्री.) (दे.233)।

वह जगह जहाँ कोई क्रोध करके जा रहे : कोपभवन, क्रोधभवन।

क्रोध में/गुस्से में/ताव में/तैश में आना-।

(गुस्से से) चेहरा लाल होना-/तमतमाना-, मुँह लाल होना-।

(किसी पर) उफन/उबल/बरस पड़ना-, गुस्सा उतारना-/निकालना-।

क्रुद्ध होना : अंगारा बनना-/हो जाना-/होना-, आँख टेढ़ी करना-, आग लगना-/होना-, आड़ा-तिरछा होना-, खौल उठना-, गरम होना-, तेवर चढ़ना-/बदलना-, त्योरी चढ़ना-/चढ़ाना-/बदलना-,त्योरी में बल पड़ना-, दाँत चबाना-/पीसना-, पारा चढ़ना-, पेशानी पर बल आना-/पड़ना-, भृकुटी तनना-, भृकुटी में बल पड़ना-, भौं चढ़ाना-/तानना-, लाल पड़ना-/होना-, लाल-पीला हो जाना-/होना-।

बहुत क्रुद्ध होना : आगबबूला/आगभभूका होना-, आपे में न रहना-/से निकलना-/से बाहर होना-, कबाब होना-, काटने दौड़ना-, ख़ून आँखों में उतरना-, ख़ून खौलना-, जल-जलकर/जल-भुनकर कबाब/कोयला/ख़ाक/राख बनना-, पित्ता उबलना-/खौलना-।

बात-बात पर क्रुद्ध होना : नाक पर गुस्सा होना-।

आग का पुतला : दुर्वासा।

गर्जन (कर.), गरजना-, गर्जन-तर्जन (कर.), गरज-तड़प (स्त्री.), डाट-डपट (स्त्री.) (कर.) (दे.113)।

झुँझलाहट (स्त्री.) (हो.), झुँझलाना-, झुकरना- (दे.212)।

बड़बड़ाना- (दे.107)।

होंठ काटना-/चबाना-, अधर चबाना-, अधरावलोप।

क्रुद्ध करना : आग फूँकना-, खिझाना-, (दे.212), खौलाना-, दहकाना-, पारा चढ़ना-, बमकाना-।

क्रोध भड़कना : आग लगना-।

क्रोध भड़काना : आग में घी छोड़ना-/डालना-, आग लगाना-।

गुस्से में मुरौवत कहाँ : आग लगे पर पानी कहाँ।

क्रोध को दबा लेना : गुस्से को पी जाना-; ख़ून के घूँट पीना-।

क्रोध को शान्त करना : आग पर/में पानी डालना-, ठंढा करना-, पित्ता मारना-।

क्रोध करने के बाद शान्त होना : आग से पानी होना-, ठंढा पड़ना-, पित्ता मरना-।

(विप.) क्रोधराहित्य, अक्रोध (दे.217)।

वि. क्रोधयुक्त, क्रोधाभिभूत, क्रोधाविष्ट, क्रोधित (कर. हो.), क्रुद्ध (कर. हो.), कोपयुक्त, कोपन, कोपनक, कोपित, कुपित, कृतरुष, अमर्षित, उग्र, ख़फ़ा (कर. हो.), ख़श्मगीन, ख़श्मनाक, गरम (हो.), तमतमाता, तुर्श, भरा, भामी, रागान्वित, रुषान्वित, रुषित, रुष्ट (कर. हो.), रोषण, रोषान्वित, रोषित, संजातकोप, संरक्त, संरब्ध, संरंभी, सकोपित, ससंरंभ, सरोष, सूजा-फूला।

क्रोध से लाल : संरंभताम्र।

जिसकी आँखें क्रोध से लाल हों : संरंभदृक्।

क्रोध से कठोर : संरंभपरुष, संरंभरूक्ष।

अति क्रुद्ध : अनल्पमन्यु, आग (हो.), क्रोधमूर्च्छित, क्रोधांध (कर. हो.), क्रोधोन्मत्त (कर. हो.), ग़ज़बनाक, जला-बला, जला-भुना, परिमन्यु, पलीता (कर. हो.), प्रकुपित, प्रकुप्त, प्रकोपित, लाल (हो.), लाल अंगारा (हो.), लाल भभूका (हो.), संक्रुद्ध, संरंभरस।

क्रुद्ध करने वाला : प्रकोपन।

क्रोध को पालनेवाला : बद्धकोप, बद्धमन्यु, बद्धरोष।

क्रोधी, क्रोधालु, क्रोधन, क्रोधना (स्त्री.), क्रोधशील, कोपनशील, कोपयिष्णु, कोपी, अभ्यसूय, अमर्षण, अमर्षित, अमर्षी, असहनशील, आशुकोपि, खुनसी, गरममिज़ाज, गर्ममिज़ाज, गुस्सावर, गुस्सेवाला, गुस्सैल, चण्ड, जलजला, जलेतन, टेढ़े मिज़ाजवाला, परिमन्यु, बिगड़े दिल, बिगड़ैल, भामी, भामिनी (स्त्री.), मन्युमान्, रोषण, रोषी, रौद्र, सख़्तमिज़ाज।

अति क्रोधी : अग्निशर्मा, प्रचंड, महाक्रोधी, शतमन्यु।

क्रोध को दबानेवाला : बद्धकोप, बद्धमन्यु, बद्धरोष।

क्रोधज

क्रोधोत्पादक, अनखौहाँ, उत्तेजनाजनक।

क्रोधसूचक।

(विप.) क्रोधरहित, अक्रोध (दे.217)।

अ. क्रोधवश, गुस्से में आकर।

212. अप्रसन्नता

सं. अप्रसन्नता (स्त्री.), अप्रमोद, अकृपा (स्त्री.), अतुष्टि (स्त्री.), अननुकूलता (स्त्री.), अप्रसाद, अप्रीति (स्त्री.), असन्तुष्टि (स्त्री.), असन्तोष (हो.), ख़फ़गी (स्त्री.), खातिरशिकनी (स्त्री.), खिंचना-, खिंचाव, चिढ़ (स्त्री.) (हो.), चिढ़ना-, तुर्शी (स्त्री.), दुःख (दे.211), नाखुशी (स्त्री.), नाराज़गी (स्त्री.) (हो.), नाराज़ी (स्त्री.), नाशादमानी (स्त्री.), बेज़ारी (स्त्री.), रंजीदगी (स्त्री.), रुष्टता (स्त्री.) रूठन (स्त्री.), रूठना-, रूठ जाना-/पड़ना-/बैठना-, वितुष्टि (स्त्री.)।

रूठकर अलग जा बैठना : अटवाटी-खटवाटी लेकर पड़ना-/लेना-।

अतृप्ति (स्त्री.), अतुष्टि (स्त्री.), अरति (स्त्री.), असन्तुष्टि (स्त्री.), असन्तोष (हो.), वितुष्टि (स्त्री.), वितृप्तता (स्त्री.), विधृत।

बच्चों की रूठन : रौटि (स्त्री.)।

हँसी-खेल में होने वाली रूठन : रौंट (स्त्री.) (कर.)।

क्षोभ (हो.), क्षोभण, कोफ़्त (हो.), अनिवृत्ति (स्त्री.), अनुताप (हो.), अशान्ति (स्त्री.), उद्वेग (हो.), खिन्नता (स्त्री.) (हो.), तरद्दुद (कर. हो.) (दे.545), बेचैनी (स्त्री.) (हो.), रंज (हो.), विक्षोभ, विक्षोभण, विमर्ष, संक्षोभ।

खीज (स्त्री.) (हो.), खीजना-, खीज उठना-, खिजना-, खिजलाना-, चिड़चिड़ापन, चिड़चिड़ाहट (स्त्री.), चिड़चिड़ाना-, चिड़चिड़ा उठना-, चिटकना-, चिड़ (स्त्री.), चिढ़ (स्त्री.) (हो.), चिढ़ना-, चिढ़ उठना-/जाना-, जलजलाना-, झल्लाहट (स्त्री.) (हो.), झल्लाना-, झल्ला उठना-, झलझलाहट (स्त्री.), झलझलाना-, झुँझलाहट (स्त्री.) (हो.), झुँझलाना-, झुँझला उठना-, झुकरना-, तनतनाना-, तिनकना-, तिनक उठना-, तिनगना-, तुनकना-, तुनकमिज़ाजी (स्त्री.), तुनुकना-, तुनुकमिज़ाजी (स्त्री.), नाज़ुकमिज़ाजी (स्त्री.), बददिमाग़ी (स्त्री.), बदमिज़ाजी (स्त्री.), बिगड़ना-, बिगड़ जाना-, बिदकना-, बिफरना-, भड़कना-, भड़क उठना-, सख़्तमिजाजी (स्त्री.)।

कुढ़ (स्त्री.), कुढ़न (स्त्री.) (हो.), कुढ़ना-, कोपना-, उचटना-, जलन (स्त्री.) (हो.), जलना-, जलना-भुनना-, झींख (स्त्री.), झींखना-, झीखना-, दुखड़ा रोना-, बिचकना-, बुरा मानना-, भुनभुनाना-(दे.107), मुँह फुलाना-/लटकाना-, रीसना-(दे.211), रूठना-।

उकताना-, उकता उठना-/जाना-/पड़ना-, उकताहट (स्त्री.) (हो.) (दे.433), उबना-, उबा जाना-, ऊब (स्त्री.) (हो.), ऊबना-, ऊब जाना-, ऊभासाँसी (स्त्री.) (हो.), घबराना-, घबरा उठना-/जाना-, घबराहट (स्त्री.) (हो.) (दे.219), जी उचटना-/भर जाना-, तंग आना-/होना-, तबीअत फिरना-, बुरा लगना-, मन उचटना-, मन उचाट होना-।

अप्रसन्न करना : उचटाना-, उचाटना-, कुढ़ाना-, खिजलाना-, खिजाना-, खिझाना-, चिटकाना-, चिड़ाना-, चिढ़ाना-, चिढ़ा देना-, झल्लाना-, झल्ला देना-, झुँझला देना-, बिचकाना-, बिदकाना-।

उकता देना-, उबा देना-, उबाना-।

अनिच्छा (स्त्री.) (दे.202), अरुचि (स्त्री.) (हो.), अप्रियता (स्त्री.), अप्रीति (स्त्री.), अत्याहित, उच्चाट, उच्चाटन, उदासीनता (स्त्री.), खिन्नता (स्त्री.), वितृष्णा (स्त्री.), विमुखता (स्त्री.), विरक्तता (स्त्री.), विरक्ति (स्त्री.), विरति (स्त्री.), विराग, विसूरण, विसूरणा (स्त्री.)।

घृणा (स्त्री.) (कर. हो.), घिन (स्त्री.) (आ. खा. लग.), घिनाना-, अत्याकार, ऋतीया (स्त्री.), कराहत (स्त्री.), कराहीयत (स्त्री.), जुगुप्सन, जुगुप्सा (स्त्री.), नफ़रत (स्त्री.) (कर. हो.), नाक सिकोड़ना-, नाक-भौं चढ़ाना-/सिकोड़ना-, प्रद्वेष, प्रद्वेषण, बीभत्सा (स्त्री.), भिटक (स्त्री.), भिटकना-, विद्वेष, हकारत की नज़र/निगाह से देखना-।

(विप.) घृणाराहित्य, निर्घृणा (स्त्री.)।

वि. अप्रसन्न (कर. हो.), अप्रमद, अप्रीत, अखिला, अननुकूल, असन्तुष्ट, असूयक, असूयिता, असूयु, कुरुख, तुर्श, दुःखी, दुखी, नाखुश, नाराज, नाशाद, फिरंट, रंजीदा, रुष्ट, वितुष्ट, संरुषित।

अतृप्त, अरत, अरति, असन्तुष्ट (कर. हो.), वितुष्ट, वितृप्त, वितृप्तक।

क्षुब्ध (कर. हो.), क्षोभित, क्षोभी, अनिर्वृत्त, अनुतप्त, अशान्त, उद्विग्न, ख़िन्न (कर. हो.), बेचैन, बेज़ार, रंजीदा, विक्षिप्त, विक्षुब्ध, विक्षोभित, विग्न।

खिजना, खिझना, असहिष्णु (दे.215), चिड़चिड़ा, तुनकमिज़ाज, तुनुकमिज़ाज, तुर्शरू, नाजुक़दिमाग़, नाज़ुकमिज़ाज, बददिमाग़, बदमिज़ाज, बिगड़ैल, भड़कैल, सख़्तमिज़ाज।

असन्तोषी।

असन्तोषजनक, अतुष्टिकर, अरमण, अरममाण।

अरुचिकर, अरोचक, अप्रिय, अप्रियकर, अप्रियकारक, अप्रियकारी, अप्रीतिकर, अत्याहित, अनभीष्ट, अलीक, अवान्छनीय, असौम्य, नागवार, नापसन्द (दे.203), प्रतीप।

वितृष्ण, विरक्त, विरत, विराग, विमुख, विसूत्र, उत्क, उदासीन, खिन्न।

अतोषणीय।

घृणित, घिनावना, घिनौना, अघोरी, जुगुप्सित, बीभत्सित, मकरूह।

घृणापात्र, घृणास्पद, घृणोत्पादक, घृण्य, गन्दा (दे.493), नफ़रत, अंगेज़, बीभत्स, वितृष्णाजनक, विरक्तिकारी, वीभत्स।

घृणा करने वाला : घृणी, जुगुप्सु।

(विप.) घृणारहित, निर्घृण।

213. सहनशीलता

सं. सहनशीलता (स्त्री.), सहन (कर. हो.), सहना-, सह जाना-/लेना-, सहार, सहारना-, सहित्र, सहिष्णुता (स्त्री.), सहिष्णुत्व, अँगेज (स्त्री.), अँगेजना-, अगेज (स्त्री.), क्षान्ति (स्त्री.), ग़मख़ारी (स्त्री.), ग़मख़ोरी (स्त्री.), ग़मख़्वारी (स्त्री.), झेलना-, तहम्मुल, तितिक्षा (स्त्री.), परिधारण, प्रत्यवमर्श, प्रत्यवमर्ष, प्रसह, प्रसहन, बरदाश्त (कर. हो.), बर्दाश्त, बुर्दवारी (स्त्री.), भुगतना-, भुगत लेना-, भोगना-, मर्ष, मर्षण, वियाम।

उठाना- (दुःख आदि उठाना-)

झेलना-, भुगतना-।

निबहना-, निबह जाना-, निभना-, निभ जाना-, गुज़रना-, चलना-, चल जाना-, पार लगना-, सपरना-, (दे.622)।

निबाह (कर. हो.), निबाहना-, निबाह देना-, निभाना-, निभा देना-, निर्वहण, निर्वहण, निर्वाह (कर. हो.), निर्वाहण, चलाना-, चला लेना-, गुज़र (कर. हो.), गुज़र-बसर (कर. हो.), गुज़रान, गुज़ारना-, गुज़ारा (कर. हो.), पार लगाना-, सपराना- (दे.622)।

धैर्यशीलता (स्त्री.), धैर्य (धर. रख.), धीरक, धीरज (धर. रख.), धीरता (स्त्री.), धीरत्व, धीर्य, धृति (स्त्री.), क़रार, ज़ब्त, मर्ष, सब्र (आ. कर. रख.), सबर, सहित्र।

धैर्यपूर्वक सह लेना : सब्र की सिल छाती/दिल पर रखना-।

धैर्य धारण करना और ईश्वर को धन्यवाद देना : सब्रो शुक्र (कर.)।

क्षमा (स्त्री.) (दे.233)।

आँख मूँद लेना-, उपेक्षा करना-, चश्मपोशी करना-, जाने देना-, दरगुज़र करना-, बरदाश्त करना-, माफ़ करना- (दे.432)।

उदारता (स्त्री.) (दे.230)।

कष्ट-सहिष्णुता (स्त्री.), दान्ति (स्त्री.)। सहन-सीमा (स्त्री.)।

कष्ट-सहन योजना (स्त्री.), अल्पभोग योजना (स्त्री.), मितोभोग योजना (स्त्री.), austerity scheme।

(विप.) असहनशीलता (स्त्री.), असहिष्णुता (स्त्री.) (दे.233)।

वि. सहनशील, सहन, सहक, सहसान, सहिता, सहिष्णु, सुसह, सोढ, सोढा, क्षान्त, क्षान्तु, ग़मख़ार, ग़मख़ोर, ग़मख़्वार, तितिक्ष, तितिक्षु, तैतिक्ष, प्रसहन, बुर्दबार, मर्षी, मुतहम्मिल।

सब कुछ सहनेवाला : विश्वसह, सर्वंसह, सर्वसह।

सहनकारी, सहैया, सोढवत्, सोढी।

सहा हुआ : सहित, सोठ, क्षान्त, मर्षित।

सहनीय, सहितव्य, सह्य, सुसह, सुहाता, सोढव्य।

सहने में प्रवृत्ति करने वाला : साहय।

निबाहनेवाला : निबाहक, निर्वाहक।

धैर्ययुक्त, धैर्यवान्, धैर्यशील, धीर, धीरजमान, धृतात्मा, धृतिमान्, मर्षी, सबूर, साबिर, सुधीर, सोढ।

क्षमाशील (दे.233)।

कष्टसह, कष्टसहिष्णु।

भुक्तभोगी, कृतभोग।

(विप.) असहनशील, असहिष्णु (दे.233)।

214. संयम

सं. संयम (कर. बरत. रख.), संयाम, प्रयाम, यम, यमक (दे.431), वियम, वियाम।

संयमन, दम, दमन, निग्रह, निग्रहण, नियम, नियमन (दे.258), निवारण (दे.404),

प्रत्याहरण, प्रत्याहार, प्रशम, प्रशमन (दे.621), यमन, याम, रोध, रोधन, रोधना-, शम, शमन।

संयति (स्त्री.), संरोध, संरोधन, आयत्ति (स्त्री.), नियन्त्रण (दे.429), निरोध, निरोधन, प्रतिसंहार।

सन्तुलन (कर. बना. रख.)।

अविचलता (स्त्री.), धीरता (स्त्री.), पामर्दी (स्त्री.), प्रशान्ति (स्त्री.), मनःस्थैर्य, शान्ति (स्त्री.) (दे.225), समवृत्ति (स्त्री.), स्थिरता (स्त्री.) (दे.431)।

आत्मनिग्रह, इन्द्रियनिग्रह (दे.101), दांति (स्त्री.), मनोनिग्रह, संयमन। आत्मसंयम, आत्मदमन, आत्मनियन्त्रण, आत्मवत्ता (स्त्री.), दमथ, दमथु।

शान्तचित्तता (स्त्री.), शाइस्तगी (स्त्री.), शालीनता (स्त्री.), स्थिरचित्तता (स्त्री.), सौम्यता (स्त्री.)।

परहेज़गारी (स्त्री.)।

जैनमत में संयम का एक प्रकार : अधिपतिप्रत्यय।

वि. संयमी (हो.), संयमक, संयत, सुसंयत, अछोह, अछोही, दमक, दमयिता, दमी, निग्रही, नियतात्मा, नियमी (दे.431), निरोधक, निरोधी, निवारक, प्रयत, प्रशमी, यतव्रत, यमी, रोधक, शमी।

संयमित, संरुद्ध, आयत्त, उद्दान्त, दमित, निगृहीत, नियंत्रित, नियमित, निरुद्ध, प्रतिसंहत, प्रत्याहृत, प्रशमित, यरु, यमित, रुद्ध, शमित।

सन्तुलित।

संयम्य, दमनीय, दम्य, नियम्य, निवार्य, वारयितव्य।

अविचल, धीर, पामर्द, प्रशान्त, शान्त, समवृत्ति, सहक, स्थिर (दे.431)।

आत्मसंयमी, आत्मनिग्रही, आत्मजित्, इंद्रियनिग्रही (दे.101), दान्त, प्रयतात्मा, मनोनिग्रही, यतचित्त, यतमना, यतमानस, यतात्मा, संयतचेता, संयतमना।

शान्तचित्त, शान्तचेता, शान्तमना, शाइस्ता, शालीन, शमपर, शमप्रधान, अचण्ड, अदुन्द, अद्वेष, अनाकुल, अनुग्र, अनुद्धत, निर्द्वंद, निर्द्वंद्व, स्थिरचित्त, स्थिरचेता, स्थिरमना, सौम्य।

अमत्त, अक्षिब, अक्षिव, अक्षीब, अक्षीव (दे.92)।

परहेज़गार।

215. असंयम

सं. असंयम (कर. बरत. हो.), अति (स्त्री.) (कर. हो.), अधृति (स्त्री.), अनिग्रह, अनियन्त्रण, अनुशासनहीनता ,(स्त्री.), नापरहेज़गारी (स्त्री.), बदपरहेज़ी (स्त्री.)।

असहिष्णुता (स्त्री.), असहन (दे.233), अधीरता (स्त्री.), अधीरत्व, अधैर्य (दे.433), अक्षमा (स्त्री.), अक्षान्ति (स्त्री.), धैर्यहीनता (स्त्री.)।

अस्थिरता (स्त्री.), अस्थैर्य, चंचलता (स्त्री.) (दे.224), चुलबुल (स्त्री.), चुलबुलापन।

आकुलता (स्त्री.) (दे.91), व्याकुलता (स्त्री.)।

स्वेच्छाचार (दे.529), स्वेच्छाचारिता (स्त्री.), स्वैरता (स्त्री.), स्वैरवृत्ति (स्त्री.), स्वैराचार, स्वैरिता (स्त्री.), उच्छृंखलता (स्त्री.), खुदराई (स्त्री.), धाँधली (स्त्री.), निरंकुशता (स्त्री.), मनमानी (स्त्री.), यथाकामिता (स्त्री.)।

लंपटता (स्त्री.), व्यभिचार (दे.529)।

इंद्रियासक्ति (स्त्री.) (दे.101), इंद्रियलोलुपता (स्त्री.) (दे.649)।

वि. असंयत, असंयमित, असंयमी, अकल्प, अतन्त्र, अधृत, अनात्म, अनात्मवान्, अनिग्रह, अनियंत्रित, अनियत, अपग्राह, नापरहेज़गार, निर्बंध, बदपरहेज, संयमरहित।

असहिष्णु, असहन (दे.212), असहनशील, अधीर, अधैर्य, अक्षम, अक्षमा, धैर्यरहित, धैर्यहीन।

अस्थिर, चंचल, चुलबुल, चुलबुला (दे.224)।

आकुल, व्याकुल (दे.91)।

मनचला, मनमुखी, मनमौजी।

स्वेच्छाचारी, स्वैर, स्वैराचार, स्वैराचारी, अनियंत्रित, अनुकामी, अनुकामीन, उच्छासन, उच्छृंखल, उद्दाम, खुदराय, निरंकुश, मनमति, यथाकामी।

लंपट (दे.342), व्यभिचारी (दे.529)।

इंद्रियासक्त (दे.101), इंद्रियलोलुप (दे.649)।

216. सजीवता

सं. सजीवता (स्त्री.), जिन्दादिली (स्त्री.), जीवन्तता (स्त्री.), प्राणवन्तता (स्त्री.), प्राणवत्ता (स्त्री.)।

प्राणचांचल्य, प्राणोच्छलता (स्त्री.), प्राणोच्छ्वास, फुरती (स्त्री.), स्फूर्ति (स्त्री.)।

उच्छलता (स्त्री.), उच्छ्वास, सक्रियता (स्त्री.), क्रियाशीलता (स्त्री.)।

अनुप्राणन, प्राणसंचार (कर.) (दे.57)।

वि. सजीव, सतेज, सतेजा, सप्राण, जानदार, जिन्दादिल, जीता-जागता, जीवन्त, प्राणयुक्त, प्राणवन्त, प्राणवान्, प्राणवती (स्त्री.)।

प्राणचंचल, प्राणोच्छल, प्राणोच्छवसित, फुरतीला, स्फूर्तिमान्।

उच्छलित, उच्छवासयुक्त, उच्छवसित, क्रियाशील, सक्रिय।

अनुप्राणित (कर.)।

(विप.) सं. निर्जीवता (स्त्री.), निष्प्राणता (स्त्री.), निरीहता (स्त्री.) (दे.217), निष्क्रियता (स्त्री.), अक्रिया (स्त्री.), कसालत (स्त्री.), (दे.434), प्राणहीनता (स्त्री.), मुरदादिली (स्त्री.), स्फूर्तिहीनता (स्त्री.)।

वि. निर्जीव, निरीह, निष्प्राण, निस्तेज, अक्रिय, अचेतन, अचेता, अचेतसी (स्त्री.), प्राणहीन, बेजान, बेदम, मुरदादिल, म्रियमाण, स्फूर्तिहीन।

217. अक्रोध

सं. अक्रोध, क्रोधराहित्य, क्रोधाभाव, अकोप।

निरीहता (स्त्री.), निरीहत्व, निरीहा (स्त्री.) (दे.398)।

तितिक्षा (स्त्री.) (दे.233); भलमनसी (स्त्री.) (दे.328); सहिष्णुता (स्त्री.) (दे.213)।

वि. अक्रोध, अक्रोधन, अक्रोधमय, अक्रोधी, अकोपन, अरोष, जितकोप, जितक्रोध, जितमन्यु, विमन्यु, क्रोधरहित, क्रोधवर्जित।

अक्रुद्ध, अरुष।

तितिक्षु; भलामानस; सहिष्णु।

निरीह; गऊ।

अतप, अतापी, अनुत्तेजित, ठंढा, शान्त।

अ. ठंढे दिमाग, दिल से।

218. ज़िद

सं. ज़िद (स्त्री.) (आ. कर. चढ़. पकड़. बाँध.), जिदियाना-, ज़िद्द (स्त्री.), अकड़ (स्त्री.), अकड़ना-, अड़ (स्त्री.) (कर.), अड़ना-, अड़ जाना-, अड़ी (स्त्री.), अतिमति (स्त्री.), अतिमान, अधिवास, आग्रह (कर.), आन (स्त्री.), इसरार, ख़दसरी (स्त्री.), टेक (स्त्री.) (कर. गह. पकड़.), रग (स्त्री.) (चढ़.), हठ (कर. ठान. पकड़. बाँध. रोप.), हठता (स्त्री.), हठीलापन।

अपनी बात पर आना-, ज़िद पर आना-, मचलना-, मचल पड़ना-, हठ में पड़ना-।

अपनी बात पूरी होना : टेक निभना-।

अपनी बात पूरी कराना : जिद रखना-, टेक निबाहना-/निभाना-।

हठ छोड़ना : आन तोड़ना-।

बच्चे की ज़िद : बालहठ।

अनुचित हठ : कट्टरता (स्त्री.), कट्टरपन, कट्टरवाद, कुटेक (स्त्री.), कुफुर, कुफ़्र, दुराग्रह (कर.), दुर्ग्रह, हठधर्म, हठधर्मिता (स्त्री.), हठधर्मी (स्त्री.), हठवाद, हठवादिता (स्त्री.)।

वि. ज़िद्दी, अड़ियल, अड़ी, आग्रही, ख़ुदसर, गहेला, टेकी, मचला, रगीला, हठशील, हठी, हठीला।

हठ पकड़ा हुआ : बद्धग्रह।

कट्टर, कट्टरवादी, दुराग्रही, हठवादी।

अ. हठपूर्वक, हठवश, हठात्, ज़िद्दन।

हठ करके, टेक बाँधकर, अदबदकर, अदबदाकर।

219. भय

सं. भय (खा. हो.), भयन, भयानक, भिया (स्त्री.), भी (स्त्री.), भीत, भीति (स्त्री.), भीषा (स्त्री.), भीती (स्त्री.), भ्रेष, अत्याहित, अपभय, आतंक (छा. जम. फैल. हो.), उत्त्रास, कँपना-, कंपा (स्त्री.), ख़तर, ख़तरा, खात्र, ख़ौफ़ (कर. खा. लग. हो.), डर (खा. लग.), डरना-, डर उठना-/जाना-, तंक, तहाशा, त्रसन, त्रास, दग़दग़ा, दर, दरक, दहशत (स्त्री.) (खा. हो.), यास (स्त्री.), वित्रास, विद्रव, विद्राव, विभीति (स्त्री.), विभीषिका (स्त्री.), सहम (चढ़), सहमना-, सहम जाना-/पड़ना-, साँसा, साध्वस, हहर, हहरना-, हहल (स्त्री.), हिरास (स्त्री.), हैबत (स्त्री.) (छा.), हौल (पैठ. बैठ.)।

भारी भय, अत्यधिक त्रास, परित्रास, सन्त्रास।

भयभीत होना : काटो तो ख़ून नहीं, ख़ून खुश्क होना-/सूखना-, देवता कूच कर जाना-, धोती ढीली होना-, पाख़ाना ख़ता होना-/निकलना-/फिर देना-, पाजामे में हग देना-, सहमना-, सहम जाना-।

भयभीत करना : डराना-, डरा देना-, डरवाना-, डरवा देना-, डर दिखाना-, त्रासन, भय दिखाना-, भय-प्रदर्शन करना-, भीषा (स्त्री.), वित्रासन, विभीषिका (स्त्री.), शंकन, सन्त्रासन, सहमाना-, सहमा देना-, हैबत दिलाना-।

घुड़कना-, घुड़की (स्त्री.) (दे.), घुड़ुकना- (दे.113), धमकाना-, धमका देना-, धमकी (स्त्री.) (दे.)।

धमकी से डरना : धमकी में आना-।

झूठी धमकी : गीदड़भबकी (स्त्री.), बन्दरघुड़की (स्त्री.), बन्दरभबकी (स्त्री.), भबकी (स्त्री.), भभकी (स्त्री.)।

आँख तरेरना-/दिखाना-, चश्मनुमाई (स्त्री.), तंबीह (स्त्री.)।

हुंकार (दे.110), हुंकारना-।

भय से काँपना : भयजन्य कंप, भयकंप, काँपना-, काँप उठना-/जाना- (दे.267), दहल (स्त्री.), दहलना-, दहल उठना-/जाना-, थरकना-, थरथर (स्त्री.) (कर.), थरथराना-, थरथराहट (स्त्री.) (हो.), थरथरी (स्त्री.), (छूट. लग.), थरसना-, थरहराना-, थरहरी (स्त्री.) (छूट. लग.), थर्राना-, थर्रा उठना-/जाना-, हहरना-, हहर उठना-/जाना-, हहलना-, हहराना-, हहलाना-।

डर के मारे छाती धक-धक करना : जी/कलेजा/दिल दहलना-।

डराकर कँपा देना : थरकाना-, थरसना-, थर्राना-, थर्रा देना-, दललाना-, दहला देना-, हहराना-, हहलाना-।

आँखों के आगे अँधेरा होना-, भयतिमिर।

भय से स्तब्ध हो जाना : काठ मार जाना-, ठक रह जाना-, ठिठकना-, सन्न हो जाना-, साँप सूँघ जाना-।

भय से होने वाला ज्वर : भयज्वर।

भय से होने वाला अतीसार : भयातीसार।

भयानक काण्ड : विभीषिका (स्त्री.)।

डरकर आगे न बढ़ना : भड़कना-, भड़क जाना-, बिदकना-, चौंकना-, (दे.555), चौंक जाना-/पड़ना-।

भड़काना-, भड़का देना-, बिदकाना-, चौंकाना-।

भागना-, भाग जाना-/निकलना-/पड़ना- (दे.271), सिर पर पैर रखकर भागना-।

भय का कारण : भयस्थान, भयहेतु।

भय की प्राप्ति : अनर्थ।

कल्पित भयानक वस्तु : हौआ (हो.) (दे.123)।

भयादोहन (कर.), blackmail।

डरकर अपने को ब्राह्मण बतानेवाला : भयब्राह्मण।

डरकर दिया जाने वाला दान : भयदान।

मृत्यु का भय : मृत्युभय।

जन्म-मरण का भय : भवभय, भवभीति (स्त्री.)।

अकारण भय : अपभय।

दुर्भीति (स्त्री.), भी (स्त्री.), phobia।

भय-निवारण : अपभय; भयप्रतिकार; भयोपशम।

भयंकरता (स्त्री.), भयानकता (स्त्री.), भयावहता (स्त्री.), भीमता (स्त्री.), भीषणता (स्त्री.), उग्रता (स्त्री.), करालता (स्त्री.), ख़ौफ़नाकी (स्त्री.), घोरता (स्त्री.), डरावनापन, प्रचंडता (स्त्री.), रुद्रता (स्त्री.), रुद्रत्व, रौद्रता (स्त्री.), विकटता (स्त्री.), विकरालता (स्त्री.), विषमता (स्त्री.), विषमत्व, वैकट्य।

रोमहर्षण, लोमहर्षण (दे.234)।

आतंकवाद, उग्रवाद, दहशतगर्दी (स्त्री.), दहशतपसन्दी (दे.405), terrorism।

अतिवाद, इन्तहापसन्दी (स्त्री.), चरमवाद, extremism।

अन्देशा (हो.), अन्दोह, अकधक, अभिशंका (स्त्री.), आशंका (स्त्री.) (हो.), आशंकित, खटका (हो. पड़. लग. मिट.), खड़का, ख़तर, ख़तरा, ख़दशा, डर (लग. हो.), दग़दग़ा, धकधकी (स्त्री.) (धरक.), धकपक (स्त्री.) (हो.), धकपकाना-, विशंका (स्त्री.), शंका (स्त्री.) (हो.), साँसा (चढ़. पड़. रह.)।

शंकारूपी काँटा : शंकाशंकु।

चिन्ता (स्त्री.) (दे.545)। सन्देह (दे.563)। झिझक (स्त्री.) (दे.205)।

घबड़ाना-, घबड़ा उठना-/जाना-, घबड़ाहट (स्त्री.) (हो.) (दे.91), घबराना-,

घबराहट (स्त्री.), अकना-, अकबक (हो.), अकबकाना-, अकुलाहट (स्त्री.) (हो.), अटपटाना-, अधीरता (स्त्री.), अधृति (स्त्री.), अप्रतिपत्ति (स्त्री.), अफ़रा-तफ़री (स्त्री.) (मचा.), अशान्ति (स्त्री.) (हो.), आकुलता (स्त्री.), आतुरता (स्त्री.), उत्कण्ठा (स्त्री.), (हो.), उद्विग्नता (स्त्री.), उद्वेग (हो.), उद्वेजन, क़लक़ (हो.), कसमस, कसमसाना-, कसमसाहट (स्त्री.) (हो.), क्षोभ (हो.), खलबल, खलबलाना-, खलबलाहट (स्त्री.) (हो.), खलबली (स्त्री.) (पड़. मच.), खलभल, खलभली (स्त्री.), खलभलाहट (स्त्री.), चित्तभ्रम, चित्तभ्रान्ति (स्त्री.), धुकड़पुकड़ (हो.), धुकुरपुकुर, धौंज (स्त्री.), निःशम, परेशानी (स्त्री.) (हो.), पेचोताब, बदहवासी (स्त्री.), बेचैनी (स्त्री.), (हो.), बेताबी (स्त्री.), भरभराना-, भरभराहट (स्त्री.) (हो.), वह शत (स्त्री.), विकलता (स्त्री.), विक्षोभ (हो.), विक्षोभण, विचलता (स्त्री.), विचलन, विचलना-, विह्वलता (स्त्री.), विह्वलत्व, वैकल्य, व्यग्रता (स्त्री.), व्याकुलता (स्त्री.), सम्भ्रम, सम्भ्रान्ति (स्त्री.), हहर (स्त्री.), हुकरपुकर (स्त्री.) (हो.), हुकुरपुकुर (स्त्री.), हुकुरहुकुर (स्त्री.) (कर. हो.)।

कलेजा मुँह को आना-, कलेजा हुकरपुकर करना-, पाँव तले की धरती खसकना-/सरक जाना-, पाँव तले की मिट्टी निकल जाना-, फ़ाख़ता उड़ जाना-, हैबत मचना-, होश उड़ जाना-/काफ़ूर होना-/गुम होना-/दंग होना-/हवा होना-/हिरन होना-।

घबड़ा देना-, घबड़ाना-, होश उड़ा देना-।

डरपोकपन, डरपोकपना, अपौरुष, कमहिम्मती (स्त्री.), कातरता (स्त्री.), कातर्य, कापुरुषता (स्त्री.), कायरता (स्त्री.), कायरपन, नपुंसकता (स्त्री.), नामर्दी (स्त्री.), पौरुषहीनता (स्त्री.), बुज़दिली (स्त्री.), बेहिम्मती (स्त्री.), भयशीलता (स्त्री.), भयालुता (स्त्री.), भीरुता (स्त्री.), मेहरापन, विभीषा (स्त्री.), साहसहीनता (स्त्री.)।

(विप.) निडरपन, निर्भयता (स्त्री.) (दे.223)।

वि. भयभीत (कर. हो.), भयग्रस्त, भयत्रस्त, भयविह्वल, भयाकुल (कर. हो.), भयाक्रान्त, भयातुर (कर. हो.), भयान्वित, भयार्त, भयाभिभूत, भयावदीर्ण, भीत (कर. हो.), भीतचित्त, भीतिविह्वल, अपत्रस्त, आतंकग्रस्त, आतंकित (कर. हो.), कांदिशीक, कातर, क्षुब्ध, क्षुभित, ख़ौफ़ज़दा, त्रसित, त्रस्त (कर. हो.), त्रासमान्, दरित, दहशतज़दा, विग्न, वित्रस्त, वित्रस्तक, विभीत, व्याहत, सभय, सभीति, ससाध्वस, सहमग़ीन, साध्वसविप्लुत, हिरासाँ, हैबतज़दा, हौलज़दा, हौलदिल, हौलिगी।

अत्यन्त भयभीत : परित्रस्त, सन्त्रस्त (कर. हो.)।

भय से भागनेवाला : भयद्रुत।

भय से भागा हुआ : कांदिशीक (दे.271), भयभ्रष्ट।

मृत्युभीत।

भयभीत।

त्रासित, भीषित, वित्रासित, सन्त्रासित।

आशंकायुक्त, आशंकित, व्यग्र, व्यग्रमना, शंकाकुल, शंकान्वित, शंकायुक्त, शंकित, शंकितचित्त, शंकितमना, सविशंक, सशंक, सशंकित, साशंक।

आशंकनीय, विशंकनीय, विशांक्य।

शंकाजनक।

शंकाशील, शंकालु, शंकी, आशंकी, विशंकी।

अधीर, अधैर्य, अधैर्यवान्, अप्रगुण, अप्रतिपन्न, अशान्त, आकुल, आतुर, उत्कण्ठ, उत्कंठित, उद्विग्न, क्षुब्ध, क्षुभित, क्षोभित, क्षोभी, परेशान, बदहवास, बिकल, बेचैन, बेताब, बेहवास, विक्षुब्ध, विक्षोभित, विचल, विचलित, विह्वल, विह्वलचेतन, विह्वलचेता, विह्वलहृदय, विह्वलित, व्यग्र, व्याकुल, व्याकुलचित्त, व्याकुलचेता, व्याकुलमनस, व्याकुलमना, व्याकुलहृदय, व्याकुलात्मा, व्याकुलित (दे.91), व्याकुलितचेतन, व्याकुलितमना, व्याकुलितहृदय, व्याकुलेंद्रिय, व्याहत, सम्भ्रमज्वलित, सम्भ्रमभृत्, सम्भ्रान्त, सम्भ्रान्तमना, संसम्भ्रम, हौलदिल।

भड़कीला, भड़कैल (दे.205)।

डरपोक, अधीर, अपौरुष, कचदिला, कच्चादिल, कमहिम्मत, काकरव, काकरुक, कारुक, कातर, कादर, कापुरुष, कायर, गादड़, गादर, गीदड़, गीदी, ज़नाना, त्रसुर, त्रस्नु, दबड़-घुसड़, दरक, दरित, दरी, नपुंसक, नामर्द, पलंकट, पौरुषहीन, बुज़दिल, बेहिम्मत, भयशील, भीरु, भीरुक, भीरुसत्त्व, भीरुहृदय, मेहरा (दे.71), शृगाल, साहसहीन, हौलदिला।

बहुत डरपोक : अतित्रस्नु।

घर में बहादुरी दिखानेवाला : गेहेशूर (दे.41)।

दबैल, दबैला, दब्बू।

कायरतापूर्ण, कापुरुषोचित, अपौरुष, अपौरुषेय।

चिन्तित (दे.545)। सन्देही (दे.563)।

भयंकर, भयकर, भयजनक, भयद, भयदर्शी, भयदायी, भयधन, भयप्रद, भयप्रदायी, भयानक, भयावना, भयावह, भयोत्पादक, भीकर, भीतिकर, भीतिकारी, भीतिकृत्, भीतिप्रद, भीम, भीमा (स्त्री.), भीमान्, भीषक, भीषण, भीषणक, भीष्म, भेरुण्ड, भैरव, भैरवकारक, अशिव, उत्ताल, उदग्र, उद्दाम, क्रूर, ख़तरनाक, ख़ौफ़नाक, घनघोर, डरावना, डरावनी (स्त्री.), तुमुल, त्रासक, त्रासकर, त्रासद, त्रासदायी, त्रासन, त्रासी, त्वेष्य, दरद, दारुण, पुरहौल, रुद्र, रौद्र, रौरव, वहशतनाक, वित्रास, वित्रासन, विभीषक, विभीषण, व्याल, शंकुर, सहमनाक, हैबतनाक, हौल अंगेज, हौलनाक।

विकट, विकराल, विषम, उग्र, कराल, कराली (स्त्री.), ख़ूख़ार, ख़ूख़्वार, घोर, घोरा (स्त्री.), प्रचंड, बीहड़, बेढब।

देखने में डरावना : उग्रदर्शन, घोरदर्शन, घोराकार, घोराकृति, प्रचंडमूर्ति, भीमकाय, भीमदर्शन, भीमरूप, भीमविग्रह, भीषणाकार, रौद्रदर्शन, विकटमूर्ति, विकटवदन, विकटाकृति, सन्त्रस्तगोचर।

अति भयंकर : अतिविकट, प्रघोर, महाभीम, महारौद्र, सुभीम, सुविभीषण।

रोमहर्षक, रोमांचकारी (दे.234), लोमहर्षक, लोमहर्षण।

उद्विग्नताजनक, उद्वेगकारक, उद्वेगी, उद्वेजक, उद्वेजयिता, उद्वेगी, क्षुभ, भोभक, क्षोभण, वहशतअसर, विछोभी।

आतंकवादी, आतंक, उग्रवादी, खाड़कू, दहशतगर्द, दहशतपसन्द, terrorist।

अतिवादी, इन्तिहापसन्द, चरमवादी, extremist।

भय से मुक्त करने वाला : भयत्राता, भयनाशन, भयनाशी, भयमोचन, भयहरण, भयहर्ता, भयहारक, भयहारी, भयापह।

(विप.) भयहीन, निर्भय (दे.223)।

अ. भयसहित, ससाध्वस।

भय के कारण, डर के मारे।

आशंकापूर्वक, साशंक।

घबड़ाहट में, ससम्भ्रम।

220. ईर्ष्या

सं. ईर्ष्या (स्त्री.) (कर. हो.), ईर्षा (स्त्री.), अकस (ठान. मान. रख.), अकसना-, अक्षमा (स्त्री.), अक्षान्ति (स्त्री.), अनख, अभ्यसूया (स्त्री.), असूया (स्त्री.), आग (स्त्री.) (लग.), ख़ार (खा.), जलन (स्त्री.) (हो.), जलना-, जलना-बलना-, जलना-भुनना-, जल मरना-, डाह (स्त्री.) (कर. रख.), परिमर्ष, मत्सर, मत्सरता (स्त्री.), मात्सर्य, रश्क, रीस (स्त्री.), शंबल, संस्पर्धा (स्त्री.), सुलगना-, स्पर्धन, स्पर्धा (स्त्री.), स्पृहा (स्त्री.), हंस, हसद, हिसका, हूँस (स्त्री.), हूँसना-।

ईर्ष्या होना : अंगारों पर लोटना-, कलेजे में आग लगना-, कलेजे/छाती/दिल पर साँप लोटना-, काँटों पर लोटना-, छाती जलना-/फटना-, जी जलना-, जी में जलना-, हाय होना-।

किसी का सुख देखकर जलना : आँख फूटना-, गहरी/ठंढी/लंबी साँस लेना-, हावका पड़ना-/होना-।

ईर्ष्यावश बदला लेना : ख़ार निकालना-, जलन निकालना-, बैर काढ़ना-/निकालना-।

ईर्ष्या मिटना : ख़ार निकलना-।

द्वेष (कर. रख.), द्वेषण, दंश (रख.), द्रोह (कर. रख.), अनुशय, अमर्ष, कुढ़न (स्त्री.) (हो.) (दे.212), कुढ़ना-, कलपना-, कीना (रख.), कुदूरत (स्त्री.), ख़ार खाना-,

जलन (स्त्री.) (हो.), बैर (रख.) (दे.396), विद्वेष, विद्वेषण, विद्वेषिता (स्त्री.), विद्विष्टता (स्त्री.), विद्विष्टि (स्त्री.)।

जलापा (सह. हो.), द्वेषाग्नि (स्त्री.), द्वेषानल, विद्वेषवह्नि।

द्रोह-चिन्तन; द्रोहबुद्धि (स्त्री.)।

आत्मद्रोह।

मानवद्वेष, सिनिकवाद, cynicism।

चढ़ा-ऊपरी (स्त्री.) (कर. लगा.), रीस (स्त्री.), लाग (स्त्री.), लागडाट (स्त्री.) (हो.), स्पर्धन, स्पर्धा (स्त्री.), हिसका, हिसका-हिसकी (स्त्री.) (कर. हो.), होड़ (स्त्री.) (पड़.) (दे.395)।

ईर्ष्याकातरता (स्त्री.), ईर्ष्यापरायणता (स्त्री.), ईर्ष्यालुता (स्त्री.)।

विद्वेष-भावना (स्त्री.)।

(विप.) अद्वेष, अनसूया (स्त्री.), अमत्सर, अविद्वेष, असूयाराहित्य, द्वेषराहित्य, निर्वैर।

द्वेषरहित व्यक्ति : हंस।

वि. द्वेषपूर्ण, विद्वेषपूर्ण।

ईर्षित, द्विष्ट, विद्विष्ट, स्पृहित।

द्वेष्य, विद्वेष्य।

स्पर्धनीय, स्पर्ध्य, स्पृहणीय, स्पृहय।

ईर्ष्याकातर, ईर्ष्यापरायण।

ईर्ष्यालु, ईर्ष्य, ईर्ष्यु, ईर्ष्यक, अकलखुरा, अकसी, अक्षम, अदेखी, अनुशयी, अभ्यसूय, अमर्षण, अमर्षित, अमर्षी, असूयक, असूयिता, असूयु, कीनाकश, कीनापरवर, कीनावर, कीनिया, डाही, द्रोहबुद्धि, द्रोही, द्वेषण, द्वेषी, द्वेष्टा, प्रद्वेषी, प्रद्वेष्टा, मत्सर, मत्सरी, मात्सर, रश्कआमेज़, रश्कीं, विद्विट्, विद्विष, विद्विषाण, विद्वेषक, विद्वेषी, विद्वेष्टा, व्याडी, संस्पर्धी, सासूय, सेर्ष्य, स्पर्ध, स्पृहयालु, स्पृहालु, स्पृही, हासिद।

आत्मद्रोही।

परद्रोही, परद्वेषी।

मानवद्वेषी, cynic।

(विप.) अद्वेष, अद्वेषी, अद्वेष्टा, अनसूय, अनसूयक, अनसूयु, अनीर्षु, अमत्सर, असूयारहित, द्वेषरहित, द्वेषहीन, निर्वैर, मात्सर्यहीन, विमत्सर, वीतमत्सर।

अ. ईर्ष्यापूर्वक, सासूय, सेर्ष्य।

221. स्वार्थपरता

सं. स्वार्थपरता (स्त्री.), स्वार्थपरायणता (स्त्री.), स्वार्थता (स्त्री.), स्वार्थीपन, आत्मग्राहिता (स्त्री.), खुदग़रज़ी (स्त्री.), खुदपरस्ती (स्त्री.), खुदमतलबी (स्त्री.), मतलबीपना।

स्वार्थ, अपना उद्देश्य/ग़रज़/प्रयोजन/मतलब/लाभ/हित, आत्मकल्याण, आत्महित, स्वहित।

अधिष्ठित/निहित स्वार्थ, निहित हित, vested interest।

स्वार्थचिन्ता (स्त्री.) (कर. हो.); स्वार्थलिप्सा (स्त्री.); स्वार्थान्वेषण (कर.); स्वार्थांधता (स्त्री.)।

स्वार्थप्रयत्न।

स्वार्थसंपादन, स्वार्थसाधन (कर. हो.)।

स्वार्थसाधन के लिए साथ लिया हुआ व्यक्ति : स्वार्थाभिप्रयात।

स्वार्थपूर्ति (स्त्री.), स्वार्थसिद्धि (स्त्री.), स्वार्थोपपत्ति (स्त्री.)।

ग़रज़ की आशनाई, मतलब की दोस्ती।

ग़रज़ का आशना/बावला, गौं का यार, मतलब का आशना/दोस्त/यार।

गरज बावली होती है।

स्वार्थ साधना-/सिद्ध करना-, अपना उल्लू सीधा करना-, अपना काम/मतलब निकालना-, ख़ुदग़रजी करना-, गौं गाठना-/निकालना-।

स्वार्थभ्रंश, स्वार्थविघात, स्वार्थहानि (स्त्री.) (हो.)।

भाई-भतीजावाद, कुनबापरस्ती (स्त्री.) बंधुभरण, स्वजनपोषण, nepotism।

अवसरवाद, अवसरवादिता (स्त्री.), मौक़ापरस्ती (स्त्री.), सुविधावादिता (स्त्री.), हवापरस्ती (स्त्री.), opportunism।

अवसर, गौं (स्त्री.), मौक़ा (दे.423)।

अनुदारता (स्त्री.), ओछाई (स्त्री.), ओछापन, क्षुद्रता (स्त्री.) (दे.233), छोटाई (स्त्री.), छोटापन (दे.329), नीचता (स्त्री.), संकीर्णता (स्त्री.)।

वि. स्वार्थ-सम्बन्धी, स्वार्थिक।

स्वार्थी, स्वार्थपर, स्वार्थपरायण, स्वार्थभाक्, स्वार्थमना, स्वकर्मी, स्वकामी, अकलखुश, अपकाजी, अपस्वार्थी, अर्थबुद्धि, आत्मग्राही, ख़ुदग़रज़, ख़ुदग़र्ज़, ख़ुदपरस्त, ख़ुदमतलब, ग़रज़मन्द (दे.676), गरज़ी, गरज़ू, गर्दमन्द, मतलबी।

स्वार्थचिन्तक; स्वार्थलिप्सु; स्वार्थान्वेषी; स्वार्थांध।

स्वार्थप्रयत्नवान्, स्वार्थसाधक, स्वार्थसाधनतत्पर, स्वार्थपण्डित।

स्वार्थभ्रंशी, स्वार्थविघाती।

भाई-भतीजावादी, कुनबापरस्त, स्वजनपोषक, nepotist।

अवसरवादी मौक़ापरस्त, सुविधावादी, हवापरस्त, opportunist।

अनुदार, ओछा, क्षुद्र, छोटा, नीच, लघुचेता, लघुमना, संकीर्ण, संकीर्णहृदय।

अपने लिए हितकर : स्वहित।

अ. स्वार्थवश।

222. स्वार्थहीनता

सं. स्वार्थहीनता (स्त्री.), स्वार्थशून्यता (स्त्री.), स्वार्थराहित्य, अनभिसंधान, अनभिसंधि (स्त्री.), निःस्वार्थता (स्त्री.), निस्स्वार्थता (स्त्री.), बेग़रज़ी (स्त्री.)।

स्वार्थत्याग (कर.), स्वार्थविसर्जन।

अर्पण (कर.), स्वार्थविसर्जन।

अर्पण (कर.), उत्सर्ग (कर.) (दे.659), निछावर (स्त्री.) (कर. हो.), समर्पण (कर.)।

क़ुरबानी (स्त्री.) (कर. चढ़ा. दे.), त्याग (कर.), बलिदान (कर. हो.), विसर्जन (कर.), होम कर देना-।

जीवनदान (कर.)।

आत्मत्याग (कर.), आत्मदान (कर.), आत्मबलिदान (कर.), आत्मार्पण, आत्मोत्सर्ग (कर.)।

परहितकामना (स्त्री.), परहिताकांक्षा (स्त्री.), परहितेच्छा (स्त्री.), परहितैषणा (स्त्री.)।

परकाज, परहित, परार्थ, परोपकार (कर.)।

परहितपरता (स्त्री.), परहितवाद, परार्थपरता (स्त्री.), परार्थवाद, altruism।

परहितव्रत, परोपकारव्रत।

परोत्कर्ष।

जनकल्याण, जनहित, मानवहित, लोकहित, लोकानुग्रह, लोकोपकार।

समाजसेवा (स्त्री.)।

मानवप्रेम : विश्वबंधुता (स्त्री.), विश्वबंधुत्व। वसुधैव कुटुम्बकम्।

विश्वजनीनता (स्त्री.), सार्वजनिकता (स्त्री.), सार्वजनीनता (स्त्री.), सार्वलौकिकता (स्त्री.)।

मानववाद, मानवतावाद, humanism।

लोकोपकारवाद, humanitarianism।

वि. स्वार्थहीन, स्वार्थशून्य, स्वार्थरहित, अभम, अस्वार्थ, निःस्वार्थ, निस्स्वार्थ, बेग़रज़, विमत्सर।

स्वार्थत्यागी, स्वार्थविसर्जनकारी।

अर्पणकारी, अर्पयिता, उत्सर्गी (दे.659), समर्पक, समर्पयिता।

अर्पित (कर. हो.), उत्सर्गित (दे.659), समर्पित (कर. हो.)।

त्यागी, बलिदानी।

क़ुरबान (कर. हो.)।

जीवनदानी।

आत्मत्यागी, आत्मदानी, आत्मोत्सर्गकारी।

परहितकामी, परहिताकांक्षी, परहितेच्छु, परहितैषी।

परकाजी, परहितकारी, परोपकारी; परनिमित्तक, परार्थ।

परहितवादी, परार्थवादी, altruist।

परहितव्रत्ती।

जनकल्याणकारी, जनहितकारी, लोकहितकारी, लोकोपकारी।

समाजसेवी।

मानवप्रेमी; विश्वबंधु।

विश्वजनीन, सार्वजनिक, सार्वजनीन, सार्वलौकिक।

मानवधर्मी, मानववादी, मानवतावादी; विश्व-मानव।

अ. निःस्वार्थतापूर्वक, बेग़रज़ाना।

223. साहस

सं. साहस (कर. दिखा. हो.), साहसकरण, साहसिकता (स्त्री.), साहसिक्य, स्पर्धा (स्त्री.), अवष्टंभ, आरभट, आरभटी (स्त्री.), करेजा, कलेजा (कर. बढ़.), गुरदा, जबहा, जिगर, जिगरा (हो.), जीवट (हो.), जुरअत (स्त्री.) (कर. दिखा.), जुर्रत (स्त्री.), ताब (स्त्री.), दिल, दिलावरी (स्त्री.), दिलेरी (स्त्री.), (कर. दिखा.), धैर्य, पानी, पित्ता, हिम्मत (स्त्री.) (कर. पड़. बँध. हो.), हियाव (कर. खुल. पड़. हो.)।

निडरता (स्त्री.), निडरपन, निडरपना, निर्भयता (स्त्री.), निर्भीकता (स्त्री.), निःशंकता (स्त्री.), निश्शंकता (स्त्री.), अक्खड़पन, अकुतोभयता (स्त्री.), अभय, अभीति (स्त्री.), अविशंका (स्त्री.), बेख़ौफ़ी (स्त्री.), भयराहित्य, भयशून्यता (स्त्री.), भयहीनता (स्त्री.), विभय, विशंका (स्त्री.)।

मरदई (स्त्री.), मरदानगी (स्त्री.) (दिखा.), मर्दानगी (स्त्री.), जवाँमर्दी (स्त्री.), पामर्दी (स्त्री.), पौरुष्य।

बहादुरी (स्त्री.) (दिखा.), वीरता (स्त्री.) (दिखा.) (दे.401), शूरता (स्त्री.), सूरमापन।

तेज, पराक्रम (दे.401)।

अति/अनुचित साहस : दुःसाहस (कर.), अत्याहित, ढिठाई (स्त्री.), बलात्कारिता (स्त्री.), महासाहस।

उत्साह (कर. दिखा. ले. हो.), तौफ़ीक़ (स्त्री.), हौसला (कर. हो.)।

मनोबल, मनःशक्ति (स्त्री.)।

निश्चिंतता (स्त्री.), अचिन्ता (स्त्री.) (दे.546), अलमस्ती (स्त्री.), चिन्ताहीनता (स्त्री.), बेपरवाही (स्त्री.), बेफिक्री (स्त्री.), मनमौजीपन, मस्ती (स्त्री.), लापरवाही (स्त्री.), वारस्तगी (स्त्री.), वारस्तमिज़ाजी (स्त्री.), सरमस्ती (स्त्री.), सुचित्तता (स्त्री.)।

अभयदान (दे.मिल.), अभयदक्षिणा (स्त्री.), अभयवचन (दे.), आश्वस्तता (स्त्री.), आश्वास (दे.210), आश्वासन (दे.मिल.), भयनिवारण (कर. हो.), भरोसा (दे.), साहस (दे.), हिम्मत (स्त्री.) (बँधा.)।

साहसी पुरुष : आरभट, जवाँमर्द, मरद, मर्द, मर्द आदमी, मर्द बच्चा, सूरमा।

(विप.) पस्त होना-, साहस छोड़ना-, हिम्मत हारना-।

वि. साहसी, साहसिक, साहसकारी, स्पर्धी, करेजावाला, जिगरावाला, जीवटदार, जीवटवाला, जुरअतमन्द, ढीठ, दिलावर, दिलेर, हिम्मतवर, हिम्मती।

निडर, निर्भय, निर्भीक, निःशंक, निश्शंक, नष्टाशंक, अकातर, अकुतोभय, अक्खड़, अक्षोभ, अगिरौका, अत्रस्त, अत्रस्नु, अत्रास, अधर्षणी, अधर्षणीय, अधूत, अपभय, अपशंक, अभय, अभी, अभीक, अभीत, अभीरु, अभीरुण, अविशंक, चरबाँक, चरबाक, चलबाँक, ढीठ, बेखटक, बेख़ौफ़, बेधड़क, भयरहित, भयशून्य, भयहीन, विभय, विभी, विशंक, वीतभय, वीतमी, वीतभीति, वीतशंक।

पामर्द, मर्दाना।

बहादुर, वीर (दे.401), शूर।

अपने को बहादुर माननेवाला : शूरमानी, शूरमन्य।

तेजवान्, पराक्रमी (दे.401)।

दुःसाहसी, दुःसाहसिक, अत्याहितकर्मा, बलात्कारी, महासाहसिक।

उत्साही, हौसलामन्द, हौसलावाला।

मनोबलसंपन्न।

निश्चिंत, निर्द्वंद्व (दे.398), अचिन्त, अचिन्तित (दे.546), अचीता, अधूर, अनाधि, अलमस्त, चिन्तानिवृत्त, चिन्तामुक्त, चिन्तारहित, चिन्ताहीन, बेपरवाह, बेफ़िक्र, मनमौजी, मस्त, मस्तराम, मस्ताना, लापरवाह, वारस्ता, वारस्तामिज़ाज, सरमस्त, सुचित, सुचित्त।

आश्वास-प्राप्त, आश्वस्त।

अभयदाता, आश्वासक।

अ. बिना किसी डर के : निःशंक, बेख़तर, बेख़ौफ़, बेधड़क (दे.524)।

बहादरी से : बहादुराना, मर्दाना, मर्दानावार, वीरतापूर्वक।

224. चंचलता

सं. चंचलता (स्त्री.) (कर. दिखा.), चंचलपन, चटुलता (स्त्री.), चपलता (स्त्री.), चपलत्व, चांचल्य, चापल, चापलता (स्त्री.), चापल्य, चिलबिलापन, चिलबिल्लापन, चुलबुल, चुलबुलाना-, चुलबुलापन, चुलबुलाहट (स्त्री.), चुलबुली (स्त्री.), चुल्लपन, अठखेलापन, अठखेली (स्त्री.), तरलता (स्त्री.), तरलभाव, तरलायित, तारल्य, लोलता (स्त्री.), लोलत्व, लौल्य, शोख़ी (स्त्री.)।

बचपना (कर.), लड़कपन (कर.)।

नटखटपन (कर.), नटखटपना, नटखटी (स्त्री.) (कर.), अचगरी (स्त्री.), अटपटी (स्त्री.), उत्पात (कर. मचा.), ऊधम (उठा. कर. जोत. मचा.), खुराफ़ात (स्त्री.) (कर.), ढिठाई (स्त्री.) (कर.) (दे.252), दुष्टता (स्त्री.) (कर.), दुष्टत्व, दुष्टपना, पाजीपन (कर.), पाजीपना, बदमाशी (स्त्री.) (कर.) (दे.529), शरारत (स्त्री.) (कर.), शरारतीपन, शैतनत (स्त्री.), शैतानियत (स्त्री.), शैतानी (स्त्री.) (कर.), शैतानी हरकत (स्त्री.), हरामीपन (कर.), हरामीपना।

अस्थिरता (स्त्री.), अस्थैर्य, अस्थिति (स्त्री.), अधीरता (स्त्री.), अनवस्था (स्त्री.), अनवस्थान, अनवस्थिति (स्त्री.), आकुलता (स्त्री.), आतुरता (स्त्री.), आतुरी (स्त्री.), उतावलापन, उतावली (स्त्री.), डाँवाँडोलनपन, बेचैनी (स्त्री.), व्यग्रता (स्त्री.), व्याकुलता (स्त्री.)।

अदृढ़ता (स्त्री.), अदृढ़चित्तता (स्त्री.)।

अस्थिरमति (स्त्री.), चित्तचांचल्य (दे.197)।

ख़ामख़याली (स्त्री.) (कर.), नासमझी (स्त्री.) (दे.548), सनक (स्त्री.) (दे.92)।

नखरा (कर. दिखा. निकाल.), नखरातिल्ला, अंदाज़, अदा (स्त्री.), खिलाड़पना, चोचला (दिखा. बघार.), छिनारपना (कर.), छिनालपन, छेड़खानी (स्त्री.) (कर.), छेड़छाड़ (स्त्री.) (कर.)।

खुराफ़ाती बच्चों की टोली : शैतान का/शैतानी लश्कर।

खुराफ़ाती आदमी : शैतान का बच्चा।

खुराफ़ाती औरत : शैतान का ख़ाला।

खुराफ़ात सूझना-, सिर पर शैतान चढ़ना-/सवार होना-।

मूर्तिमान शैतान : शैताने मुजस्सम।

खुराफ़ात में शैतान से बढ़ जाना : शैतान के कान काटना-।

दुष्ट : हराम का/हरामी का पिल्ला (दे.468)।

वि. चंचल (कर. हो.), चटुल, चटुला (स्त्री.), चपल, चपला (स्त्री.), चपलक, चापल, चिलबिल, चिलबिला, चिलबिल्ला, चिबिल्ला, चुलबुल, चुलबुला, चुलबुलिया, चुल्ला, अठखेल, झमकीला, तरलंग, तरल, तरलित, नाचनी (स्त्री.), नचीला, नचीली (स्त्री.), लोल, लोलित, शोख़।

थोड़ा चंचल : आलोल, ईषच्चंचल।

बच्चा।

नटखट, उत्पाती, ऊधमी, खुराफ़ाती, ढीठ (दे.252), दुष्ट, पाजी, बदमाश, शरारतआमेज, शरारतपसन्द, शरारती, शरीर, शैतनतपसन्द, शैतान, शोख़, हरामज़ादा, हरामी।

मुँहलगा, सिरचढ़ा।

अस्थिर, असंस्थित, अस्थित, अधर, अधीर, अध्रुव, अनवस्थ, अनवस्थित, आकुल, आतुर, उतावला, चर, चरबाँक, चरबाक, चलबाँक, चल, चलचाल, चलबिचल, चलविचल, चलायमान, डँवाडोल, डाँवाडोल, बेचैन, व्यग्र, व्याकुल।

अदृढ़, अदृढ़चित्त, अनविस्थतचित्त, अनियतात्मा, अनेकचित्त, अस्थिरचित्त, अस्थिरमति, अस्थिरमना, चंचलचित्त, चंचलप्रकृति।

ख़ामख़याल, नासमझ (दे.548), सनकी (दे.92)।

नखरेबाज़, खिलाड़, चोचलेबाज़, छिनरा, छिनरी (स्त्री.) छिनार, छिनाल।

225. गंभीरता

सं. गंभीरता (स्त्री.), गभीरता (स्त्री.), गहनता (स्त्री.), गहराई (स्त्री.) (दे.632), गांभीर्य, अगाधित्व, अतलस्पर्शिता (स्त्री.), अथाहपन, मन्द्रता (स्त्री.)।

अचंचलता (स्त्री.), अचपलता (स्त्री.), अचपलाहट (स्त्री.), अचापल, अचापल्य, अनुद्वेग, अप्रगल्भता (स्त्री.), अविचलता (स्त्री.) (दे.269), उद्वेगहीनता (स्त्री.)।

अक्षोभ, प्रशान्ति (स्त्री.), मनःशान्ति (स्त्री.), शम, शमता (स्त्री.), शमत्व, शमथ, शमन, शान्तता (स्त्री.), शान्ति (स्त्री.)।

पूर्ण शान्ति : सुशान्ति (स्त्री.)।

अनाहूलाद, विचारशीलता (स्त्री.), संजीदगी (स्त्री.), सन्तुलन, संयम (दे.214)।

उदात्तता (स्त्री.), उदारता (स्त्री.) (दे.230), उदारधी (स्त्री.), पूर्णता (स्त्री.), व्याप्ति (स्त्री.)।

दृढ़ता (स्त्री.), दृढ़त्व (दे.446), धीरता (स्त्री.) (दे.214), स्थिरता (स्त्री.), स्थिरत्व, स्थिरीभाव (दे.431)।

पत्थर की छाती।

सहजता (स्त्री.), सामान्यता (स्त्री.), सामान्यत्व, स्वाभाविकता (स्त्री.)।

व्यक्तित्व, शख़्सियत (स्त्री.), शख़्सीयत।

गंभीर मुद्रा (स्त्री.); रोबीलापन।

वि. गंभीर, गंभीरक, गंभीर प्रकृति का, गहन, गहरा (दे.632), गांभीर्ययुक्त, अगाध, अतल, अतलस्पर्श, अतलस्पर्शी, अतलस्पृक्, अथाह, मन्द्र।

अचंचल, अचपल, अचापल, अचापल्य, अनुद्विग्न, अनुद्वेग, अप्रगल्भ, अविचल, उद्वेगहीन।

अक्षोभ, अक्षोभ्य, प्रशान्त, प्रशान्तकाम, शान्तचित्त, प्रशान्तचेष्ट, प्रशान्तधी, प्रशान्तात्मा, प्रशान्तोर्ज, शमधर, शमप्रधान, शमित, शमी, शान्त, शांतचेता, शान्तमना, शान्तात्मा।

अति शान्त : सुशान्त।

अनाह्लाद, अनाहूलादित, विचारवान्, विचारशील, संजीदा, सन्तुलित, संयत।

उदात्त, उदार, उदारचरित, उदारचेता, उदारधि, उदारधी, उदारमना, पूर्ण, व्याप्त।

दृढ़, दृढ़कर्मा, दृढ़कारी, दृढ़चेता, दृढ़निश्चय, दृढ़व्रत, दृढ़संकल्प, धीर, धीरचेता, स्थिर, स्थिरचित्त, स्थिरचेता, स्थिरतर, स्थिरधी, स्थिरबुद्धि, स्थिरमति, स्थिरसंकल्प, स्थिरात्मा।

अप्रमत्त, अप्रमद, निराकुल, निरुद्वेग, मनस्वी, मनस्विनी (स्त्री.), समचित्त, समचेता, समबुद्धि, सममति, सुचेत, सुचेतन, सुचेता, स्थिरप्रज्ञ, स्वस्थ, स्वस्थचित्त।

सहज, सहजोदासीन, सामान्य, स्वाभाविक।

व्यक्तित्व व्यंजक, व्यक्तित्वसंपन्न; रोबदार, रोबीला।

अ. गंभीरतापूर्वक।

226. दया

सं. दया (स्त्री.) (आ. कर. दिखा.), दय, अकराम, अनुकंपन, अनुकंपा (स्त्री.), अनुकूल (दे.294), अनुक्रोश, अनुग्रह (कर.), अनुषंग, आग्रहिका (स्त्री.), इकराम, इनायत (स्त्री.), इल्तिफ़ात (स्त्री.), करम, करुण, करुणा (स्त्री.), कारुण्य, कार्पण्य, कृपा (स्त्री.) (कर. हो.), ख़ाविन्दी (स्त्री.), घृणा (स्त्री.), छोह, जननी (स्त्री.), तरस (आ. खा.), तर्स, दरद, दर्द (आ. खा. लग.), नवाज़िश (स्त्री.), निवाज़िश (स्त्री.), प्रसाद, प्रीति (स्त्री.), प्रेम (दे.325), फ़ज़ल, फ़ज़्ल, मरहमत (स्त्री.), मिहर (स्त्री.), मिहरबानी (स्त्री.) मिह्र (स्त्री.), मिह्रबानी (स्त्री.), मृडन, मेहर (स्त्री.), मेहरबानगी (स्त्री.), मेहरबानी (स्त्री.), मेह्र (स्त्री.), मेह्रबानी (स्त्री.) (कर. दिखा. हो.), रहम (कर.), रहमत (स्त्री.), राध, शफ़क़त (स्त्री.), सानुकूल्य, सौमनस, ह्रणिया (स्त्री.), ह्रणीया (स्त्री.), ह्रिणिया (स्त्री.), ह्रिणीया (स्त्री.)।

भगवत्वकृपा (स्त्री.) (दे.300), फ़ज़्ले ख़ुदा।

दयादृष्टि (स्त्री.) (रख. हो.), आँख (स्त्री.) (पड़.), करुणादृष्टि (स्त्री.), कृपादृष्टि (स्त्री.), नज़र (स्त्री.) (रख. हो.), निगाह (स्त्री.) (कर. रख.), मिहरनज़र (स्त्री.), सीधी आँख/नज़र/निगाह (देख.)।

भक्तों पर दयादृष्टि : बन्दानज़ावी (स्त्री.), भक्तवत्सलता (स्त्री.)।

दयाभाव (रख. हो.), कृपाभाव।

दयालुता (स्त्री.), अनृशंसता (स्त्री.), आनृशंस, आनृशंस्य, कृपालुता (स्त्री.), खुदापरस्त (स्त्री.), मार्दव, रहमदिली (स्त्री.), सद्भाव, सहृदयता (स्त्री.), साधुभाव, सुजनता (स्त्री.), सौजन्य, स्नेह।

दयार्द्रता (स्त्री.)।

दयार्द्र होना : द्रवण, द्राव, पसीजना-, पिघलना-, मोम होना-, विगलन, हृदय द्रवित होना-/पसीजना-।

कठोर हृदय का दयार्द्र होना : पत्थर पसीजना-/पिघलना-।

दयार्द्र करना : पिघलाना-।

दयनीयता (स्त्री.), दुःखोत्पादकता (स्त्री.), शोचनीयता (स्त्री.)।

संवेदन, संवेदना (स्त्री.), समवेदना (स्त्री.), समानुभूति (स्त्री.), सहानुभूति (स्त्री.) (दे.210)।

उदारता (स्त्री.) (दे.230); दानशीलता (स्त्री.) (दे.656)।

उदाराशयता (स्त्री.) (दे.230), विशालहृदयता (स्त्री.), सदाशयता (स्त्री.)।

क्षमा (स्त्री.) (दे.233); प्रेम (दे.325); वत्सलता (स्त्री.) (दे.326); स्नेह (दे.326)।

अक्रूरता (स्त्री.), अनिर्दयता (स्त्री.), अहिंसा (स्त्री.), परपीड़नहीनता (स्त्री.)।

अहिंसावाद।

दयालु व्यक्ति : दयानिधान, दयानिधि, दयासागर, दीनानाथ।

दयावीर।

वि. दयालु (हो.), दयाल, दयाकर, दयामय, दयावन्त, दयावन्ती (स्त्री.), दयावान् (हो.), दयावती (स्त्री.), दयाशील, दयित्नु, दर्दमन्द (हो.), अनुकंपन, अनुकूल (हो.), अनुग्रही, अनुग्राहक, अनुग्राही, अनुग्राही, अर्य, करमफ़रमा, करीम, करुणाकर, करुणागार, करुणानिधान, करुणानिधि, करुणापर, करुणामय, करुणायतन, करुणायुक्त, करुणावान्, कारुणिक, कृपाल, कृपालु (हो.), कृपसिंधु, कोमल, घृणालु, घृणी (समास में) नवाज़, (समास में) नेवाज़, (समास में) निवाज़, प्रसादस्थ, मिहरबान, मिह्रवान, मेहरबाँ, मेहरबान, मेह्रबान (हो.), रहमान, रहीम, शफ़ीक़, सकरुण, सदय (हो.), समदुःख, सहृदय (हो.) (दे.230), साधु, सानुकंप, सानुकूल, सानुक्रोश, स्नेहक।

सदा दयालु : सदाशिव।

दुखियों पर दया करने वाला : कृपणवत्सल, ग़रीबनवाज, ग़रीबपरवर, दीनदयाल, दीनदयालु, दीनबंधु, दीनवत्सल, दीनहित-।

सेवकों पर दया करने वाला : बन्दानवाज़, बन्दापरवर, भक्तवत्सल।

सज्जनों पर दया करने वाला : सद्वत्सल।

कोमलचित्त, दयार्द्रचित्त, नर्मदिल, मोमदिल, रहमदिल, सदयहृदय।

दयार्द्र (हो. कर.), आर्द्र, करुण, करुणार्द्र, करुणासिक्त, द्रवित (हो. कर.), द्रवीभूत, सकरुण।

उदार (दे.230); दानशील (दे.656)।

उदाराशय (दे.230), विशालहृदय, सदाशय।

संवेदनशील (हो.), संवेदी, समवेदन शील, समानुभूतिसंपन्न, सहानुभूतिशील (दे.210), हमदर्द (हो. बना.)।

क्षमाशील (दे.233); प्रेमी (दे.325); वत्सल (दे.326); स्नेही (दे.326)।

अक्रूर, अनिर्दय, अनिष्ठुर, अनृशंस, अहिंसक, अहिंस्र, आनृशंस, आनृशंस्य, परपीड़नहीन।

अहिंसावादी।

दयनीय, दुःखोत्पादक, अनुकंपनीय, अनुकंप्य, अनुग्राह्य, करुण, करुणी, कारुणिक, शोचनीय।

अनुग्रहभाजन, कृपापात्र, दयापात्र, प्रसादपात्र।

अनुकंपित, अनुगृहीत (दे.232), कृपाधन्य, कृपाप्राप्त।

अ. अनुग्रहपूर्वक, कृपया, कृपापूर्वक, बराए करम।

227. निर्दयता

सं. निर्दयता (स्त्री.) (कर. हो.), निर्ममता (स्त्री.), निर्मोहीपन, निरनुक्रोश, निष्करुणता (स्त्री.), निष्ठुरता (स्त्री.), नृशंसता (स्त्री.), नैर्घृण्य, नैष्ठुर्य, कसाईपना, क्रूर, क्रूरता (स्त्री.), क्रौर्य, दयाहीनता (स्त्री.) पाषाणहृदयता (स्त्री.), बेदर्दी (स्त्री.), बेमेह्री (स्त्री.), बेरहमी (स्त्री.), ममताराहित्य, संगजानी (स्त्री.), संगदिली (स्त्री.), सख़्तदिली (स्त्री.), सख़्ती (स्त्री.), हिंस्र, हृदयहीनता (स्त्री.)।

हत्या (स्त्री.) (दे.65), हिंसन, हिंसा (स्त्री.)।

प्रतिहिंसा (स्त्री.) (दे.233)।

क्रूरकर्म, क्रूराचार, ख़ूँख़ारपन, ख़ूख़्वारपन, निष्ठुराचरण, हिंसाकर्म।

अमानवीयता (स्त्री.), अमानुषिकता (स्त्री.), पशुता (स्त्री.), पशुत्व, पाशवता (स्त्री.), पाशविकता (स्त्री.), पैशाचिकता (स्त्री.), पैशाच्य, हैवानियत (स्त्री.)।

असभ्यता (स्त्री.), जंगलीपन, जंगलीपना, बनैलापन, बरबरियत (स्त्री.), बर्बरता (स्त्री.), वहशत (स्त्री.), वहशीपन।

अत्याचार (कर. हो.), उत्पीड़न, ज़ुल्म (कर. ढ़ा. तोड़. हो.), जुल्मो सितम, सितम (ढा.) (दे.399)।

हँसी-मज़ाक़ में ज़ुल्म करना : सितमज़रीफ़ी (स्त्री.)।

कठोरता (स्त्री.), कठोरत्व, कठोरपन, कर्कशता (स्त्री.), कार्कश्य, काठिन, काठिन्य, दारुण्य, परुषता (स्त्री.), परुषत्व, पारुष्य।

कठोर हृदय, पत्थर का कलेजा/दिल/हृदय।

निष्ठुर व्यक्ति : अमानुष, चाण्डाल, पशु।

वि. निर्दय, निर्दयी, निर्दर, निछोह, निछोही, निर्मम, निर्मोह, निर्मोही, निरनुक्रोश, निष्करुण, निष्कृप, निष्ठुर, निठुर, निस्त्रिंश, नृशंस, अकरुण, अकृप, अपकरुण, कसाई, क्रूर, क्रूरा (स्त्री.), क्रूरात्मा, क्रूराशय, दयाहीन, पलाश, पाषाणहृदय, बेदर्द, बेमेह्र, बेरहम, ममतारहित, वीतघृण, संगजाँ, संगदिल, सख़्त, सख़्तजान, सख़्तदिल, सनिर्घृण, हिंस्र, हृदयशून्य, हृदयहीन।

हत्यारा (दे.65), हिंसक, हिंसारत, हिंसारुचि, हिंसालु, हिंसीर, नभ।

प्रतिहिंसक (दे.233)।

क्रूरकर्मा, क्रूराचारी, उग्रकर्मा, ख़ूखार, ख़ूख्वार, ख़ून का प्यासा, चण्डाल,

मनुष्येतर : अमानव।

अमनुष्योचित, अमानवीय, अमानुष, अमानुषिक, अमानुषी, अमानुषीय, अमानुष्य, पाशव, पाशविक, पैशाचिक, हैवानी।

असभ्य, जंगली, बरबर, बर्बर, वहशी, वहशीमिज़ाज।

अत्याचारी, उत्पीड़क, ज़ालिम, सितमगर, सितमगार (दे.399)।

घोर अत्याचारी : अतिक्रूर, सितमईजाद।

हँसी-हँसी में अत्याचार करने वाला : सितमजरीफ़।

कठोर, कर्कश, कठिन, अतिरुक्ष, दारुण, निदारुण, परुष।

अत्याचारग्रस्त, अत्याचारित, उत्पीड़ित, मज़लूम, सितमकश, सितमज़दा, सितमरसीदा, हिंसित।

हिंसायुक्त : हिंसात्मक, हिंसाप्राय।

हिंसा के योग्य : हिंसनीय, हिंसितव्य, हिंस्य।

हृदयविदारक (दे.210)।

अ. वहशी की तरह : वहशियाना।

228. गर्व

सं. गर्व (कर. हो.), गर्वर, गरमी (स्त्री.) (चढ़.), ग़रूर, ग़र्रा, गुमर, गुमान (कर. हो.), गुरूर, अनति (स्त्री.), अनम्रता (स्त्री.), अभिमति (स्त्री.), अभिमान (क्र. हो.), अभिमानित, अवलेप, अवलेपन, अवष्टंभ, अविनय, आटोप, उच्चटा (स्त्री.), ख़ुदबीनी (स्त्री.), ख़ुदी (स्त्री.), घमण्ड (कर. दिखा. रख. हो.), चित्तोद्रेक, ज़ोम (दिखा.), टंक, डंबर, तकब्बुर, दम्भ, दर्प, दर्पक, दाप, दिमाग़ (कर. रख. हो.), नशा, नाज़ (कर. हो.), प्रदृप्ति (स्त्री.), फ़ख़र, फ़ख़्र (हो.), मग़रूरी (स्त्री.), मद, माद, मिज़ाज (आ. हो.), मोटापा (चढ़.), मोटाना-, शौटीरता (स्त्री.), शौटीर्य, संक्षोभ, सन्दर्प, स्मय।

घमण्ड होना : आँख उलट जाना-, आँखों में चरबी छाना-, आसमान झाँकना-/ताकना-, आसमान पर उड़ना-/चढ़ना-, घमण्ड में चूर होना-, चरबी चढ़ना-, ज़मीन पर पाँव न पड़ना-/रखना-, टेढ़े-टेढ़े जाना-, दिमाग़ आसमान/चौथे फ़लक/सातवें आसमान पर होना-, धरती पर पैर न रखना-, फूलकर कुप्पा होना-, मिज़ाज न मिलना-, मिज़ाज सातवें आसमान पर होना-।

आभिजात्य, कुलकानि (स्त्री.), कुलगरिमा (स्त्री.), कुलमर्यादा (स्त्री.), कुलीनता (स्त्री.), कौलीन्य (दे.360)।

धनमद, मोटाई (स्त्री.) (चढ़), रुपये की गरमी, श्रीमद।

रूपगर्व।

बलदर्प, मोटाई (स्त्री.) (चढ़.)।

विद्याभिमान, विद्यामद; पाण्डित्य-प्रदर्शन; पण्डिताई (आदि) छाँटना-; अँगरेज़ी (आदि) झाड़ना-; रचना में व्यर्थ के दोष निकालनाः हिन्दी की चिन्दी निकालना-।

अतिदर्प, अतिमति (स्त्री.), अतिमान, प्रदर्प, मदांधता (स्त्री.)।

वृथाभिमान, शेख़ी (स्त्री.) (बघाड़. मार. हाँक), हेकड़ी (स्त्री.) (ले.)।

अस्मिता (स्त्री.), अहं, अहंकार (कर. हो.), अहंकृति (स्त्री.), अहंता (स्त्री.), अहंधी (स्त्री.), अहंपद, अहंप्रत्यय, अहमेव, अहम्मति (स्त्री.), आपा, खुदी (स्त्री.), मन्यु, विकार्य।

अपने को बड़ा मानना : अहंभद्र, अहंभाव, अहंमन्यता (स्त्री.), अहंश्रेयस, अहम्, अहमग्रिका (स्त्री.), अहमहमिका (स्त्री.), अहंमन्यता (स्त्री.), खुदपरस्ती (स्त्री.), ख़ुदपसन्दी (स्त्री.), बददिमाग़ी (स्त्री.)।

अकड़ (स्त्री.) (दिखा.), अकड़-तकड़ (स्त्री.), अकड़ना-, अकड़बाज़ी (स्त्री.) (कर. दिखा.), ऐंठ (स्त्री.) (कर. दिखा.), ऐंठना-, ऐंड़ (स्त्री.), ऐंड़ना-, झमकना-, तनना-।

गर्वसूचक चेष्टा : अकड़फों (स्त्री.), अदशना-, इठलाना-, इठलाहट (स्त्री.), इतराना-, इतराहट (स्त्री.), ऐंठ (स्त्री.) (दिखा.), ऐंठना-, ऐंड़ना-, ऐंड़ाना-, ऐंड़ा-ऐंड़ा बोलना-/फिरना-, ठसक (स्त्री.) (दिखा.), ठस्सा, नाज़ (दे.97), फूलना-, फूला-फूला फिरना-।

उजड्डपन, उजड्डपना, उद्धतता (स्त्री.), उद्धति (स्त्री.), उद्धतपन, औद्धत्य, ढिठाई (स्त्री.) (दे.329), धृष्टता (स्त्री.)।

गरिमा (स्त्री.), गौरव, पानी, मान, मानिता (स्त्री.), मानित्व, शान (स्त्री.) (दे.436), सम्मान।

अस्मिताबोध, आत्मगौरव, आत्ममान, आत्मसम्मान, आत्माभिमान, ख़ुददारी, स्वसम्मान, स्वाभिमान।

आत्मप्रशंसा (स्त्री.), आत्मश्लाघा (स्त्री.), आत्मस्तुति (स्त्री.) (दे.349), गडंक, गडंग।

आत्मप्रदर्शन, ख़ुदनुमाई (स्त्री.)।

अहंवाद, गर्वोक्ति (स्त्री.) (कर.), डींग (स्त्री.) (हाँक.) (दे.109), बड़ी-बड़ी बातें करना-।

गर्व से बोलना : टरटराना-, टर्राना-, सीधे न बोलना-।

अहंकार त्यागना : आपा खोना-/छोड़ना-/डालना-/तजना-/मेटना-।

गर्व नष्ट होना : अभिमान टूटना-, आपा मिटना-, ऐंठ ढीली होना-, गरमी निकलना-, घमण्ड चूर होना-/टूटना-/निकलना-, दिमाग़ झड़ना-, नशा उतरना-, मदभंग होना-, मोटाई उतरना-/झड़ना-, शेख़ी किरकिरी होना-/झड़ना-/निकलना-।

गर्व नष्ट करना : घमण्ड चूर करना-, मदभंग करना-, स्मयनुत्ति (स्त्री.)।

(विप.) गर्वहीनता (स्त्री.) (दे.231)।

वि. गर्वयुक्त, गर्वर, गर्वित, गर्वी, गर्वीला, गबरा, गब्बर, गरबगहेला, गर्बीला, गहीला, गहेला, गुमानी, अधृष्य, अनत, अनम्र, अभिमन्ता, अभिमानित, अभिमानी, अवलिप्त, अविनीत, उत्कट, ख़ुदबीं, घमण्डी, घमण्डिन (स्त्री.), डिंभिया, तेही, तेहेदार, तेहेबाज़, दम्भी, दर्पित, दर्पी, दांभ, दांभिक, दिमाग़दार, दिमाग़ी, दृप्त, दृप्र, नाजाँ, प्रगल्भ, प्रगल्भित, प्रवृद्ध, फ़ख़ीर, मगरूर, मत्त, मदमोहित, मदाढ्य, मन्युमान्, मानभृत्, मिज़ाजदार, मिज़ाजवाला, मिज़ाजी, शेख़ीबाज़, शौटीर, सगंध, सदम्भ, सदर्प, समाध्मात, सस्मय, सानुक, साभिमान, सावलेप, सावष्टंभ, साविष्कार, स्पर्धी, स्मयी।

अभिजात्, कुलीन (दे.360)।

धनमदमत्त।

रूपगर्वित, रूपगर्विता (स्त्री.)।

बलदर्पी।

विद्याभिमानी।

अपने को पण्डित समझनेवाला : पण्डितमानिक, पण्डितमानी, पण्डितम्मन्य।

अत्यधिक अभिमानी : अतिदर्प, अतिप्रवृद्ध, अतिमति, मदांध।

वृथाभिमानी, शेख़ीबाज़, हेकड़।

अस्मितायुक्त, अहंकारी, अहंकृत्।

अहमत्य, अहम्मन्य, ख़ुदपरस्त, ख़ुदपसन्द, बददिमाग़।

अकड़बाज़, अकड़ू, अकड़ूखाँ, अकड़ैत, ऐंठू, ऐंड़दार, ऐंड़ा।

इतरौहाँ, गर्वसूचक, ठसकदार।

इतराता हुआ : नाज़ा।

उजड्ड, उद्धत (दे.329), उद्धतमनस्क, उद्धतमना, अधूत, अनमस्यु, ढीठ, धृष्ट, धृष्टमानी।

गरिमादीप्त, गरिमामय, गौरवशाली, गौरवान्वित, गौरवित, पानीदार, मानित, मानी, मान्य, शानदार (दे.436), सम्मानित, सम्मान्य।

अस्मिताबोधी, आत्मगौरवसंपन्न, आत्ममानी, आत्मसम्मानी, आत्माभिमानी, ख़ुददार, ग़ैरतदार, स्वसम्मानी, स्वाभिमानी।

आत्मप्रशंसी, आत्मश्लाघी, आत्मस्तावक, वृत्तश्लाघी, श्लाघन।

अतितत, आडंबरी, आत्मप्रदर्शी, ख़ुदनुमा, (समास में) मन्य।

अहंवादी, टर्रा, डींगमार, दर्पकल (दे.109)।

घमण्ड पैदा करने वाला : दर्पक।

घमण्ड हरनेवाला : गर्वप्रहारी, दर्पच्छिद, दर्पह, दर्पहर।

(विप.) गर्वहीन, निरभिमान (दे.231)।

अ. अभिमानपूर्वक, फ़ख़्रिया, सदर्प, साभिमान।

229. लज्जा-निर्लज्जता

सं. लज्जा (स्त्री.) (कर. हो.), लजाना-, लजा जाना-, लाज (स्त्री.) (आ.कर.), अपत्रपण, अपत्रपा (स्त्री.), आकुंठन, ग़ैरत (स्त्री.), झेंप (स्त्री.), झेंपना-, झेंप जाना-, झेपना-, त्रपा (स्त्री.), नदामत (स्त्री.), पशेमानी (स्त्री.), ख़िफ़्फ़त (स्त्री.), ब्रीड़, ब्रीड़ा (स्त्री.), मन्दाक्ष, व्रीड, व्रीडन, व्रीडा (स्त्री.), व्रीडित, शरम (स्त्री.) (आ. कर. हो.), शरमसारी (स्त्री.), शर्मा जाना-, शरमिंदगी (उठा), शर्म (स्त्री.) (आ.कर.), शर्मा जाना-, शर्मिंदगी (स्त्री.), शर्मिरी (स्त्री.), हया (स्त्री.) (कर. हो.), हयादारी (स्त्री.), हिजाब, ह्रणिया (स्त्री.), ह्रणीया (स्त्री.), ह्रिणिया (स्त्री.), ह्री (स्त्री.), ह्रीका (स्त्री.), ह्रीणिया (स्त्री.), ह्रीति (स्त्री.), हलीका (स्त्री.)।

लज्जित होना : अंग चुराना-/मोड़ना-, अपना-सा मुँह लेकर रह जाना-, आँख उठाकर न देखना-, आँख ऊपर न उठाना-, आँख चुराना-/छिपाना-, आँख झुक जाना-/झेंपना-, आँख नीची करना-/होना-, गड़ जाना-, गरीबान में मुँह/सिर डालना-, घड़ों पानी पड़ जाना-, ज़मीन में गड़ जाना-, टका सा मुँह लेकर रह जाना-, डूब मरना-, तन चुराना-, (दुलहिन का) शर्म से गठरी हो जाना-, नार नवाना-, नार नीची करना-, पानी-पानी होना-, मुँह छिपाना-/छुपाना-, लाज से गठरी होना-/सिमटना-, लाज से गड़ जाना-/गड़ना-, शर्म से आँखें गड़ जाना-, सिर झुकना-/झुकाना-, सिर नीचा होना-।

लज्जित होकर खीझना : खिसिआना-, खिसिआ जाना-, खिसिआहट (स्त्री.) (हो.), खिसियाना-, खीस (स्त्री.) (उतार. मिटा.)।

खिसियानी बिल्ली खंभा नोचे।

लज्जित करना : काँटों में घसीटना-, लजवाना-, लजाना-, पानी-पानी करना-, शरमाना-, शर्माना-, सिर नीचा करना-, ह्रेपण।

किसी के सामने आने से उत्पन्न लज्जा : आँख की/मुँह देखे की लाज, शरमहुज़ूरी (स्त्री.), शर्मे हुज़ूर (स्त्री.), शर्मे हुज़ूरी (स्त्री.)।

कृत्रिम लज्जा : लज्जाकृति (स्त्री.)।

लज्जाजनक कार्य : शर्म की बात।

कलंक (लग. लगा.), बदनामी (स्त्री.) (कर. हो.), लोकनिन्दा (स्त्री.) (हो.) (दे.437)।

अपमान (कर. हो.), बेइज़्ज़ती (स्त्री.) (दे.437)।

अपमान-बोध, कायली (स्त्री.), ग्लानि (स्त्री.)।

लज्जा-गोपन : अवहित्थ, अवहित्था (स्त्री.), भावगोपन (दे.591)।

संकोच (कर. हो.), सकुचाना-, अटक (पड़), अटकन (स्त्री.), अटकना-, अटक जाना-, कोच, झझक (स्त्री.) (हो. मिट.), झझकना-, झझक जाना-, झिझक

(स्त्री.), झिझकना-, दबना-, दब जाना-, दुबिधा (स्त्री.) (दे.205), हिचक (स्त्री.) (हो.), हिचकना-।

लज्जाशीलता (स्त्री.), लज्जालुता (स्त्री.), लजीलापन, अप्रगल्भता (स्त्री.), मुँहचोरी (स्त्री.), शरमीलापन, संकोचशीलता (स्त्री.), सलज्जता (स्त्री.), हयादारी (स्त्री.)।

आबरू (स्त्री.) (रख. रह. हो.), इज़्ज़त (स्त्री.) (कर. पा. रख. रह. हो.) (दे.436), कानि (स्त्री.), पत (स्त्री.) (रख. रह.), परदा (कर. रख.), पानी (बचा. रख.), मर्यादा (स्त्री.) (रख.), मान (रख.), लिहाज (आ. कर. रख.)।

लाज-लिहाज़, लाज-हया (स्त्री.), पत-पानी, मान-मर्यादा (स्त्री.), मान-महत, शर्म-लिहाज़, शर्मोहया (स्त्री.), शालीनता (स्त्री.) (दे.231)।

लोकलज्जा (स्त्री.), लोकलाज (स्त्री.), कानि (स्त्री.)।

लज्जा का कारण : ह्रीपद।

लज्जा का भय : ह्रीभय।

लज्जा का पीड़ा : ह्रीयन्त्रणा (स्त्री.)।

वि. लज्जित (कर. हो.), लज्जायित, लज्जानत, लज्जान्वित, आकुंठित, ख़फ़ीफ (हो.), खिसिआना, खिसियाना, खिसियानी (स्त्री.), खिसौंहा, नादिम, पशेमाँ, पशेमान, व्रीड़ानत, व्रीड़ान्वित, व्रीड़ित, व्रीलस, शरमिन्दा (कर. हो.), शर्मिंदा, शर्मसार, संह्रीण, सव्रीड़, सापत्रप, ह्रित, ह्रीकु, ह्रीण, ह्रीत, हेपित, हलीकु।

अतिशय लज्जित : लज्जाकुल, लज्जाभिभूत; ह्रीणमुख, ह्रीतमुख; ह्रीमूढ़।

लाज के मारे लाल : लज्जारुण।

लज्जाशील, लज्जाशीला (स्त्री.), लज्जावान्, लज्जावती (स्त्री.), लज्जावन्त, लज्जावन्ती (स्त्री.), लज्जालु, लज्जाधुर, लजीला, लजीली (स्त्री.), लाजवन्त, लाजवन्ती (स्त्री.) अधृष्ट, अधृष्य, अप्रगल्भ, अप्रतिभ, ग़ैरतदार, ग़ैरतमन्द, झेंपू, झेपू, मन्दाक्ष, मुँहचोर, शरमाऊ, शर्माऊ, शरमीला, शरमीली (स्त्री.), शर्मीला, शर्मीली (स्त्री.), शरमालू, शर्मालू, शालीन, संकोचकारी, संकोचन, संकोचशील, संकोची, सकुचीला, सकुचीली (स्त्री.), सकुचौहाँ, सलज्ज, हयादार, हयावान्, ह्रधारी, ह्रीजित, ह्रीमान्।

घरघुसड़ा, घरघुसना; कूपमण्डूक (दे.572)।

लज्जाजनक, लज्जाकर, लज्जाकारी, लज्जाप्रद, लज्जावह, अकीर्तिकर, अपमानजनक, अश्लील, शर्मनाक।

लज्जित करने वाला : लजावन, लजावनहारा, लजौना, लज्जापयिता।

अ. लज्जावश, शरमाशरमी, शर्माशर्मी, संकोचवश।

(विप.) सं. निर्लज्जता (स्त्री.) (कर. हो.), धृष्टता (स्त्री.), प्रगल्भता (स्त्री.), बेग़ैरती (स्त्री.), बेपरदगी (स्त्री.), बेपर्दगी (स्त्री.), बेबाकी (स्त्री.), बेशरमी (स्त्री.), बेशर्मी (स्त्री.), बेहयाई (स्त्री.) बेहयापन, बेहिजाबी (स्त्री.), लज्जाहीनता (स्त्री.), ह्रीनिरास।

तोताचश्मी (स्त्री.) (कर.), बेमुरौवती (स्त्री.)।

निर्लज्ज कृत्य, नंगा नाच, अभद्र आचरण।

निर्लज्ज व्यक्ति, चिकना घड़ा, ध्मांक्ष।

निर्लज्ज होना : आँख का पानी ढल जाना-, उघड़कर नाचना-, खुल खेलना-, नाक कटाना-, मान-मर्यादा का ख़्याल न करना-, मुँह के लच्छन झड़ना-, हिजाब उठना-।

वि. निर्लज्ज, निरपत्रप, निर्वर, निस्त्रप, निहंग, निहंगम, निह्रीक, नंगा, नककटा, अगणितलज्ज, अत्रप, अधम, अनपत्रप, अपत्रप, अलज्ज, अह्रिय, अह्रीक, खल, गतलज्ज, गीदी, जूताख़ोर, जूतीख़ोर, त्यक्तलज्ज, त्रपानिरस्त, त्रपाहीन, धृष्ट, प्रगल्भ, बेग़ैरत, बेपरदा, बेलिहाज़, बेशरम, बेशर्म, बेहया, बेहिजाब, भण्ड, लज्जाशून्य, लज्जाहीन, विगलितलज्ज, वित्रप, विलज्ज, वीतव्रीड़, सफेदचश्म, हतत्रप, हतव्रीड।

तोताचश्म, बेमुरौवत।

230. उदारता

सं. उदारता (स्त्री.) (दिखा. बरत.), उदार प्रकृति (स्त्री.), अतिसर्जन, असंकीर्णता (स्त्री.), औदार्य, दरियादिली (स्त्री.), दाक्षिण्य, फैयाज़ी (स्त्री.), खादारी (स्त्री.), विशालहृदयता (स्त्री.), सुजनता (स्त्री.) सौम्यता (स्त्री.), सौम्यत्व, स्थूललक्षिता (स्त्री.), स्थौलक्ष्य, स्थौललक्ष्य।

दयालुता (स्त्री.) (दे.226)।

उदाराशयता (स्त्री.), उच्चाशयता (स्त्री.), महदाशयता (स्त्री.), महानुभावता (स्त्री.), महाशयता (स्त्री.) सदाशयता (स्त्री.) सन्निसर्ग, सौजन्य।

अकार्पण्य, अकृपणता (स्त्री.), त्यागशीलता (स्त्री.), दानशीलता (स्त्री.) (दे.656), फ़राख़दिली (स्त्री.), मुक्तहृदयता (स्त्री.)।

उदारनीति (स्त्री.); उदार मतवाद; उदार विचार; उदार सिद्धान्त; उदारतावाद, liberalism।

उदार व्यक्ति : धनद।

(विप.) अनुदारता (स्त्री.) (दे.233)।

वि. उदार, अकव, अकवा, अकृपण, अताबख़्श, अदीन, असंकीर्ण, कुशादादस्त, कुशादादिल, खुले दिल का, दरियादिल, दिलदरिया, धनद, पलकनेवाज, फ़ैयाज़, वदन्य, वदान्य, विततोरसि, विपुलहृदय, विशालहृदय, सख़ी, सौम्य, स्थूललक्ष, स्थूललक्ष्य।

अत्यन्त उदार : अनुदार, देष्णु, महोदार।

उदारचरित, उदारचित्त, उदारचेता, उदारधी, उदारमना, खादार।

उच्च, उदात्त, बड़ा, महत्, महाचेता, महान्, महाप्राण, महामति, महामना।

उच्चमना, उच्चहृदय, उन्नतमना, दिलदार, दिलवर, नेकदिल, नेकमिज़ाज़, सहृदय, सुमानस, हृदयालु, हृदयिक, हृदयी (दे.226)।

उदाराशय, उच्चाशय, अनल्प, महदाशय, महानुभाव, महोदय, विपुलहृदय, सदाशय, सुजन, सुमना।

अकृपण, त्यागशील, दानशील, फ़राख़चश्म, फ़राख़दस्त, फ़राख़दामन, फ़राख़दिल, मुक्तहस्त।

अक्षुद्र, अद्वैध, असद्भावनारहित।

उदारवादी, उदारतावादी, liberalist।

अ. उदारतापूर्वक, खुले दिल से।

231. विनय

सं. विनय (स्त्री.), विनयन, विनति (स्त्री.), विनीतता (स्त्री.), विनीतत्व, विनीति (स्त्री.), विनम्रता (स्त्री.), अदब (कर.), अधृष्टता (स्त्री.), अनुनय, अनौद्धत्य, अवनति (स्त्री.), आजिज़ी (स्त्री.), अनति (स्त्री.), ख़ाकसारी (स्त्री.), नति (स्त्री.), नम्रता (स्त्री.), नम्रत्व, प्रणति (स्त्री.), मिन्नत (स्त्री.), संप्रश्रय, सन्नति (स्त्री.)।

बिनती (स्त्री.) (दे.254)।

अदम्भ, अदंभिता (स्त्री.), अदंभित्व, अनभिमान, अनहंकार, अनहंकृति (स्त्री.), अनुत्सेक, अमानिता (स्त्री.), अमानित्व, गर्वहीनता (स्त्री.), दर्पाभाव।

तहज़ीब (स्त्री.) (दे.582), शालीनता (स्त्री.), शिष्टता (स्त्री.) (दे.328), शिष्टत्व, सभ्यता (स्त्री.), सलाहीयत (स्त्री.), सुशीलता (स्त्री.), सौजन्य, सौम्यता (स्त्री.) (दे.230), सौम्यत्व।

तमद्दुन, नागरिकता (स्त्री.) (दे.176.6); सलज्जता (स्त्री.) (दे.229)।

नम्रतावश झुकना : प्रह्यण।

दिखावटी विनय : बिलैया दण्डवत्।

वि. विनययुक्त, विनयभाक्, विनययोगी, विनयवान्, विनयशील, विनयस्थ, विनयी, विनम्र, अकल्कक, अकल्कन, अधृष्ट, अनभिमानुक, अनुद्धत, अनुद्भट, अनुनयी, अनुनायक, अप्रगल्भ, आज़िज, खाकसार, नमस्य, नम्र, नयशील, नयशाली, प्रह्व, बाअदब, शान्त, संप्रश्रित, संह्रीण, सविनय, सानुनय, ह्रीनिषेध।

अति विनयी : ह्रीबल।

विनयावनत, विनत, विनीत, अवनत, आनत, नत, नम्रीभूत, प्रणत, सन्नत, सुनीत।

अति विनीत : सुविनीत।

विनयपूर्ण, सविनय।

अदम्भ, अदृप्त, अकत्थन, अकल्कक, अकल्कन, अकल्कल, अगर्व, अनहंकार, अनहंकृत, अनहंकृति, अहंकाररहित, अनूर्जित, अमानी, अविकत्थ, अविकत्थन, गर्वहीन, दम्भरहित, निरभिमान, निरहंकार, निरहंकृत, निरहंकृति, निरहम, निर्गर्व, निर्मद, वीतदम्भ।

तबीयतयाफ़्ता, शालीन, शिष्ट, सुशील, सुशीला (स्त्री.), सौम्य।

नागरिक (दे.176.6); सलज्ज (दे.229)।

अ. आजिज़ी से, बाअदब, बिनती करते हुए, विनम्रतापूर्वक, विनयपूर्वक, सप्रार्थना, सविनय, सानुनय, सिर झुकाये, हाथ जोड़कर।

232. कृतज्ञता-अकृतज्ञता

सं. कृतज्ञता (स्त्री.), अहसानमन्दी (स्त्री.), एहसानमन्दी (स्त्री.), नमकहलाली (स्त्री.), वफ़ा, शुक्रगुज़ारी (स्त्री.), हक़्क़े नमक।

अहसान (जता. मान.), आभार (जता. मान.), उपकार (मान.) (दे.394), ऋण (मान.), एहसान (जता. मान.), मिन्नत (स्त्री.) (उठा. कर.), यश (गा. मान.)।

कृतज्ञता-बोध।

कृतज्ञता (स्त्री.)/आभार प्रकट/प्रकाश करना-, शुक्र बजा लाना-।

ईश्वर का उपकार मानना : शुक्र करना-।

ईश्वर की कृपा है/ खुदा का शुक्र है : शुक्र है।

धन्यवाद देना- (दे.331), शुक्रिया/शुक्रीया करना-/अदा करना-।

कृतज्ञता निभाना : नमक अदा करना-।

वि. कृतज्ञ (हो.), कृतवेदी, कनौड़ा, अनुगृहीत (हो.) (दे.226), अहसानमन्द (हो.), आभारी (हो.), उपकृत (हो.), ऋणी, एहसानमन्द (हो.), नमकहलाल, बाधित, मशकूर, मिन्नतगुज़ार, शुक्रगुज़ार।

उपकार लेनेवाला : मिन्नतकश।

कृतज्ञतापूर्ण।

अ. धन्यवाद, शुक्रिया, शुक्रीया।

(विप.) सं. अकृतज्ञता (स्त्री.) (कर. हो.), अहसानफ़रामोशी (स्त्री.), एहसानफ़रामोशी (स्त्री.), कुफ़्र, कृतघ्नता (स्त्री.), नमकहरामपन, नमकहरामी (स्त्री.) (कर.), नाशुकरापन, नाशुक्रगुज़ारी (स्त्री.), नाशुक्री (स्त्री.) बेवफ़ाई (स्त्री.), हक़नाशनासी (स्त्री.), हक़फरामोशी (स्त्री.), हरामख़ोरी (स्त्री.)।

अकृतज्ञता का कुफल मिलना : नमक फूटकर निकलना-।

वि. अकृतज्ञ (हो.), अहसानफ़रामोश, एहसानफ़रामोश, कृतघ्न, कृतनिन्दक, नमकहराम, नमकहरामी, नाशुकरा, नाशुक्र, नाशुक्रगुज़ार, बेईमान, बेवफ़ा, हकनाशनास, हक़फ़रामोश, हरामख़ोर।

विश्वासघातक, विश्वासघाती, विश्वासहन्ता, विश्वासहर्ता।

वि./सं. आस्तीन का साँप, गृहभेदी, घर का भेदी/भेदिया, घरघाल, घरघालन। घर का भेदी लंका ढाये।

देशद्रोही (दे.173)।

233. क्षमा-अक्षमा

सं. क्षमा (स्त्री.) (कर.), क्षमापन, क्षान्ति (स्त्री.), चश्मपोशी (स्त्री.), छोड़ना-, छोड़ देना-, जाने देना-, दरगुज़र (स्त्री.) (कर.), दरगुज़रना-, बख़्शना-, बख़्शिश (स्त्री.), मर्षण, माफ़ी (स्त्री.), मुआफ़ी (स्त्री.), मार्जना (स्त्री.)।

क्षमाशीलता (स्त्री.), क्षमालुता (स्त्री.), तितिक्षा (स्त्री.), सहनशीलता (स्त्री.) (दे.213); उदारता (स्त्री.) (दे.230); अनिर्दयता (स्त्री.), अहिंसा (स्त्री.); दया (स्त्री.) (दे.226)।

अपराध स्वीकार करना- (दे.256), ग़लती मान लेना-, जुर्म मंज़ूर करना-, इक़बाल (कर.), कबूल (कर.), स्वीकारोक्ति (स्त्री.)।

क्षमाप्रार्थना (स्त्री.) (कर.), क्षमा माँगना-, क्षमापन, क्षमायाचना (स्त्री.) (कर.), उज्रख़्वारी (स्त्री.), माफ़ी माँगना-, हाथ जोड़ना-, कान पकड़ना-, तोबा करना-।

क्षमा कराना-, छुड़ाना-, बख़्शवाना-, बख़्शाना-।

क्षमादान (कर. मिल.), छोड़ देना-, जाने देना-, दरगुज़रना-, बख्शाना-, माफ़ करना-, माफ़ी (स्त्री.) (मिल.)।

दोषक्षालन, मार्जन, मार्जना (स्त्री.)।

रफ़ा-दफ़ा (कर. हो.), समझौता (कर. हो.) (दे.378)।

छुटकारा (कर. पा. मिल. हो.), निष्कृति (स्त्री.) (पा. मिल.), मुक्ति (स्त्री.) (दे.384), रिहाई (स्त्री.) (दे.पा. मिल.)।

वि. क्षमायुक्त, क्षमान्वित, क्षमालु, क्षमावान्, क्षमाशील, क्षमिता, क्षमी, क्षन्ता, क्षान्त, क्षान्तु, ग़फ़र, ग़फ़्फ़ार, तितिक्ष, तितिक्षु, मर्षी, सक्षम, सहनशील (दे.213); उदार (दे.230); अनिर्दय, अहिंसक, दयालु (दे.226)।

क्षमा करने योग्य : क्षमणीय, क्षमितव्य, क्षम्य, क्षन्तव्य, मर्षणीय, मार्जनीय।

क्षमाप्रार्थी, क्षमायाचक।

क्षमाप्राप्त, क्षमित, अनुदत्त, मर्षित, माफ़, मुआफ़।

अ. क्षमा/माफ़ करें, खेद है; sorry।

क्षमा/माफ़ करो, जान छोड़ो, रास्ता लो।

(विप.) सं. अक्षमा (स्त्री.), अक्षान्ति (स्त्री.), क्षमाहीनता (स्त्री.)।

आक्रोश (दे.113); प्रतिहिंसा (स्त्री.), प्रतिहिंसित, प्रत्याक्रमण (दे.406); प्रतिघात (कर.), प्रतिहनन, प्रत्याघात (कर.)।

असहनशीलता (स्त्री.), असहिष्णुता (स्त्री.) (दे.215), अक्षान्ति (स्त्री.), अमर्ष।

अनुदारता (स्त्री.), अनुदात्तता (स्त्री.), औदार्यहीनता (स्त्री.), कमज़र्फ़ी (स्त्री.), क्षुद्रता (स्त्री.) (दे.540), क्षुद्राशयता (स्त्री.), ख़सासत (स्त्री.), चमरपन, चमररग, तंगख़याली (स्त्री.), तंगदिली (स्त्री.), तंगनज़री (स्त्री.), थुड़दिलापन, नीचता (स्त्री.), सकीर्णता (स्त्री.), हीनता (स्त्री.)।

करुणाहीनता (स्त्री.), कठोरता (स्त्री.) (दे.227)।

प्रतिशोध (ले.), प्रतिकर्म, प्रतिकार (कर.), प्रतीकार, प्रतिनिर्यातन, प्रतिमोचन, प्रतियत्न, प्रतियातन, प्रतियातना (स्त्री.) (दे.मिल.), प्रत्यपकार (कर.), प्रतिहन्त्र, प्रत्याचार, इन्तकाम, इन्तिकाम, कसर निकलना-/निकालना-, ख़ार निकालना, जैसे को तैसा, देख लेना-, बदला (ले. मिल.), बैर (काढ़. निकाल.), वैरप्रतीकार (दे.396), समझ लेना-, साँटी (स्त्री.)।

वि. अक्षम, क्षमारहित, क्षमाहीन।

अक्षन्तव्य, अक्षम्य, अनपसर।

आक्रोशक, आक्रोष्टा; प्रतिहिंसक; प्रत्याक्रामक; प्रतिघातक, प्रतिघाती, प्रतिहन्ता, प्रतिहर्ता।

आक्रोशित, आक्रुष्ट; प्रतिहिंसित; प्रत्याक्रान्त; प्रतिहत।

असहनशील, असहिष्णु, अमर्षी, क्षान्तिहीन।

अनुदार, अनुदात्त, अपकृष्टचेतन, औदार्यहीन, कमज़र्फ़, कृपणधी, कृपणबुद्धि, क्षुद्र, क्षुद्रहृदय, क्षुद्रात्मा, क्षुद्राशय, ख़सीस, छोटे दिल का, तंगख़याल, तंगदिल, तंगनज़र, थुड़दिला, नीचा शय, संकीर्ण।

कठोर करुणाहीन।

प्रतिकारक, प्रतिकारी, प्रत्यपकारक, प्रतिकर्ता, मुन्तकिम।

प्रतिकृत।

शत्रुतापूर्ण, इन्तिकामाना।

234. आवेग

सं. आवेग, आवेश, उत्तेजना (स्त्री.), उद्वेग, जोश, जोशोख़रोश (दे.424), झोंक (स्त्री.), मनोवेग, संवेग, सनक (स्त्री.) (चढ़.) (दे.92)।

उमंग (स्त्री.) (दे.207, तरंग (स्त्री.), मौज (स्त्री.), लहर (स्त्री.)।

भावप्रवणता (स्त्री.), भावुकता (स्त्री.), गलदश्रु-भावुकता (स्त्री.), संवेदनशीलता (स्त्री.), सहृदयता (स्त्री.), हृदयवत्ता (स्त्री.)।

भावावेग, भावावेश, भावोच्छ्वास, भावविह्वलता (स्त्री.), भावोन्माद, हृदयोन्माद।

रोएँ/रोंगटे खड़े होना-, रोमहर्ष (हो.), रोमहर्षण (हो.), रोमांच (हो.), रोमोद्‌गम, रोमोद्‌भेद, उद्धर्षण, उद्धूषण, उल्लकसन, उल्लसन, कंटक, कँटियाना-, त्वक्पुष्प, त्वक्पुष्पिका (स्त्री.), त्वक्पुष्पी (स्त्री.), त्वगंकुर, पुलक (हो.), पुलकावलि (स्त्री.), पुलकोद्‌गम, पुलकोद्‌भेद, प्रहर्षण, प्रेमपुलक, लोमहर्ष, लोमहर्षण, लोमांच, संहर्ष, सिहरन (हो.), सिहरना-, सिहरी (स्त्री.), हृष्टि (स्त्री.)।

पुलकित रोमराजि : पुलकावलि (स्त्री.)।

भावान्तर (हो.)।

मानसिक विक्षोभ : आकुलता (स्त्री.) (दे.224), किलकी (स्त्री.), चित्तचांचल्य (दे.197), प्रक्षोभ, बेचैनी (स्त्री.), विह्वलता (स्त्री.), विह्वलत्व, व्याकुलता (स्त्री.)।

वि. आवेगमय, आवेगपूर्ण, उत्तेजनापूर्ण, जोशीला, पुरजोश, संवेगपूर्ण।

अभिभूत, आविष्ट; उत्तेजित, उद्विग्न।

तरंगी, मौजी, लहरी।

भावप्रवण, भावुक, संवदेनशील, सहृदय, हृदयवान्।

भावावेगपूर्ण, भावोच्छ्वसित, भावविह्वल, भावोन्मत्त।

भावाविष्ट।

रोमांचयुक्त, रोमांचित, उत्पुलक, कंटकित, पुलकित, पुलकी, प्रहर्षित, प्रेमपुलकित, संहर्षित, संहृष्ट, सपुलक, समुत्कंटकित, सिहरित, हर्षविह्वल (दे.207), हर्षित, हृषित, हृष्ट, हृष्टतनूरुहा, हृष्टरोमा।

रोमांचित होने वाला : संहर्षी।

रोमांचित करने वाला : संहर्षण।

रोमांचक, रोमांचकारी।

रोमहर्षक, लोमहर्षक।

भावान्तरजनित।

आकुल, चंचलचित्त, प्रक्षुब्ध, बेचैन, विक्षुब्ध, विक्षुब्धमना, विह्वल, व्याकुल।

9. वर्ग : संपर्क-सादृश्य-निर्भरता

विषय : 235. संपर्क; 236. पक्ष; 237. अपक्षपात; 238. मौलिकता; 239. अनुकरण; 240. समानता; 241. असमानता; 242. तुलना; 243. पार्थक्य; 244. एकत्व; 245. परिवर्तन; 246. विचित्रता-वैचित्रहीनता; 247. क्रम; 248. अपरिवर्तन; 249. आकर्षण; 250. विकर्षण; 251. अनुपालन; 252. अननुपालन; 253. आदेश-अनादेश; 254. अनुरोध; 255. उपदेश; 256. सम्मति; 257. असम्मति; 258. निषेध; 259. प्रतिज्ञा; 260. अभियोग; 261. प्रतिवाद; 262. असहयोग; 263. अवलंबन; 264. परावलंबन; 265. स्वावलंबन।

235. सपंर्क

सं. संपर्क (कर. रख. हो.), सम्बन्ध (कर. रख. हो.), संयुक्, संव्यवहार, संसर्ग, सिलसिला (जोड़. बना.), तअल्लुक़ (रख.), तअल्लुक़ात, ताल्लुक, ताल्लुक़ात, निसबत (स्त्री.), निस्बत (स्त्री.), रिश्ता (दे.347), लगाव, लगावट (स्त्री.), वास्ता (रख.), व्यवहार।

निकट संपर्क : अंगांगिभाव, अन्तरंगता (स्त्री.) (दे.324), अतिप्रसंग, अतिप्रसक्ति (स्त्री.), अतिमर्श, अतिवेध, घनिष्ठता (स्त्री.), संसृष्टभाव।

अटूट सम्बन्ध : गँठजोड़, गँठबंधन, पक्का नाता, चोली दामन/चोले दामन का साथ।

गुप्त सम्बन्ध : साँठ-गाँठ (स्त्री.)।

भोक्ता और भोग का सम्बन्ध : अधिष्ठान।

संपर्क-स्थापन।

प्रयोजन (दे.676), मतलब, सरोकार।

संयोग, संयोजन, संयुक्, संध, संधि (स्त्री.), संलग्नता (स्त्री.) (दे.194), संश्लिष्टता (स्त्री.), संश्लेष, संस्पर्श, संस्पर्शन, संसृष्टता (स्त्री.), संसृष्टत्व, संसृष्टि (स्त्री.), समन्वय, समन्वयन, समायोग, साहचर्य, अनुघटन, प्रसंजन, प्रसंधान, बंधन (दे.450), मिलन, मिलान, मिलाप, मिलावट (स्त्री.), मेल, मेलक, मेलन, योग, योजन, व्यतिषंग।

अभिन्नता (स्त्री.), अभिन्नहृदयता (स्त्री.), अविच्छिन्नता (स्त्री.), अविच्छेद, अविच्छेद्यता (स्त्री.), एकदिली (स्त्री.), एकात्मता (स्त्री.)।

समंजन, सन्निवेश, सन्निवेशन, संगति (स्त्री.), सहचार, सामंजस्य।

अन्वय, अनुबंध, अनुबंधन, अनुषंग।

संपर्क-सूत्र, सूत्र, ज़रिया, ज़रीया, माध्यम, मारफ़त (स्त्री.), मार्फ़त (स्त्री.) वसालत (स्त्री.), वसीला।

संग (कर. रख. छोड़. टूट.), संगत (स्त्री.), संगति (स्त्री.), संसृति (स्त्री.), समभिव्याहार, समम्याहार, समागम, साथ, सान्निध्य (दे.193), साहचर्य, साहिती (स्त्री.), साहित्य, सुहबत (स्त्री.), सोहबत (स्त्री.), आसंग।

आत्मीयता (स्त्री.) (दे.347)।

प्रसंग, प्रासंगिकता (स्त्री.), प्रकरण, अधिकार, बाबत (स्त्री.), विषय, सन्दर्भ।

वि. संपर्कित, संपर्की, संपर्कीय, सम्बन्धक, सम्बन्धित, सम्बन्धी, संयुक्, संसर्गी, निसबती, लगित, विषयक।

संपृक्त, सम्बद्ध, संयुक्त, अनुवसित, मुतल्लिक़, मुतल्लिक़ा।

संसर्गज़।

अंगी, अन्तरंग, घनिष्ठ।

संयुक्, संयुक्त, संयोजित, संध, संधित, संलग्न (दे.194), संश्लिष्ट, संश्लेषित, संस्पृष्ट, संसृष्ट, समन्वित, समायुत, समायुक्त, सहचरित, (समास में) अक्त, बंधित, बद्ध (दे.450), मिलित, युक्त, योजित।

युक्त/....से युक्त : उपहित, जुष्ट, प्रयुत, विष्ट (समास में) शाली, शीलित, (समास में) संगत, (समास में) संपन्न, सम्मित, सम्मिलित।

संयोगी, संस्पर्शी, संसृष्टी, सहचर, अन्ववसायी।

संयोजक, संश्लेषी, समन्वयकारी, बंधक, बंधनकारी (दे.450), मिलनकारी, मेलक, योजक।

संयोज्य, संधेय, प्रसज्य, बंधनीय, बंध्य, योजनीय, योज्य।

अभिन्न, अभिन्नहृदय, अविच्छिन्न, अविच्छेद, एकदिल, एकात्म।

सन्निविष्ट, सन्निवेशित, संगत, एकत्र, एकत्रीभूत।

अन्वययुक्त, अन्वयी, अन्वसित, अन्वित, अन्वीत, सान्वय, अनुबद्ध, अनुबंधित, अनुबंधी, अनुषंगिक, अनुषंगी, अनुषक्त, आनुषंगिक।

संगत, सन्नद्ध, समागत, समूढ़, समेत, सहित।

संगी, सुहबती, सोहबती, आसंगी।

आत्मीय (दे.347)।

प्रसंगप्राप्त, प्रसंगोचित, प्रसक्त, प्रासंगिक, विषयक, वैषयिक।

अ. और, एवं, तथा, व।

के साथ, पूर्वक, मय, मै, संग, समेत, सह, सहित।

एक साथ, युगपत्, संग-संग, साथ-साथ (दे.277)।

के बारे/विषय/सम्बन्ध में, की बाबत, निसबत, निस्बत, मुतल्लिक़।

के ज़रिये/ज़रीये/द्वारा, के माध्यम से, की मारफ़त/मार्फ़त, बज़रिया, बज़रीया, संती।

236. पक्ष

सं. पक्ष, गुट (दे.625), गुट्ट, दल, धड़ा, समुच्चय, समूह (दे.624)।

ओर (स्त्री.), तरफ़ (स्त्री.) (दे.183); पार्श्व, बगल (स्त्री.) (दे.187); भुजा (स्त्री.) (दे.635)।

पक्षपात (कर. हो.), पक्षपातिता (स्त्री.), पक्षपातित्व, पक्षग्रहण, पक्षपोषण, पासदारी (स्त्री.), जानिबदारी (स्त्री.), तरफ़दारी (स्त्री.), हिमायत (स्त्री.)।

स्वजन-पक्षपात : भाई-भतीजावाद (दे.221)।

स्वपक्ष; पक्षान्तर; विपक्ष।

अपने लोगों को पक्ष में लाना अनुरूपासिद्धि (स्त्री.)।

शक्तिशाली लोगों को पक्ष में लाना : अनुलोमा सिद्धि (स्त्री.)।

पृष्ठपोषण (कर. हो.), पैरवी (स्त्री.) (कर. हो.), प्रतिपोषण, वकालत (स्त्री.) (कर.), समर्थन (कर.) (दे.256)।

गुटबन्दी (स्त्री.) (कर.), दलबन्दी (स्त्री.) (दे.625), पक्षरचना (स्त्री.)।

वि. पक्षीय, दलीय।

पक्षपाती, पक्षग्राही, पक्षधर, पक्षपोषक, पक्षी, पक्ष्य, पासदार, जानिबदार, तरफ़दार, भिन्नदर्शी, हिमायतगर, हिमायती।

एकतरफ़ा, एकपक्षी, एकपक्षीय।

दुतरफ़ा, दुतर्फ़ा, द्विपक्षीय।

स्वपक्षीय ; विपक्षी।

237. अपक्षपात

सं. अपक्षपात, निष्पक्षता (स्त्री.), समता (स्त्री.), समत्व, सर्वसमता (स्त्री.)।

उदासीनता (स्त्री.), तटस्थता (स्त्री.), निरपेक्षता (स्त्री.), निरपेक्षा (स्त्री.), निरपेक्षिता (स्त्री.), निर्लिप्तता (स्त्री.), निर्लेपता (स्त्री.), नैरपेक्ष्य, बेतबअल्लुक़ी (स्त्री.), बेलौसी (स्त्री.)।

समदर्शिता (स्त्री.)।

उदारतावाद (दे.230); निर्वैयक्तिकता (स्त्री.); यथार्थवाद; स्वतन्त्र चेतना (स्त्री.)।

तटस्थीकरण।

वि. अपक्ष, अपक्षपात, अपक्षपाती, निष्पक्ष, पक्षपातविहीन, सम, समवर्ती, सर्वसम।

उदासी, उदासीन, अदल, अदलीय, अनपेक्ष, अनपेक्षी, तटस्थ, निरपेक्ष, निरपेक्षी, निर्लिप्त, निर्लेप, निर्विकार, बेतअल्लुक़, बेलोस।

समदर्शन, समदर्शी, समदृक्, समदृष्टि, समदर्शन।

उदार (दे.230), उदारवादी, उदारतावादी; निर्वैयक्तिक; यथार्थवादी।

238. मौलिकता

सं. मौलिकता (स्त्री.), मौलिकत्व, अकृत्रिमता (स्त्री.)।

निजता (स्त्री.), निजस्वता (स्त्री.), प्रातिस्विकता (स्त्री.) (दे.349), स्वकीयता (स्त्री.)।

अद्वितीयता (स्त्री.), अनन्यता (स्त्री.), अलोकसामान्यता (स्त्री.), अविकल्पता (स्त्री.), असाधारणता (स्त्री.) असाधारणत्व, असामन्यता (स्त्री.), पृथकता (स्त्री.), पृथक्त्व (दे.243), विशिष्टता (स्त्री.), स्वतन्त्रता (स्त्री.)।

अननुकरण; अपूर्वता (स्त्री.)।

मूल, आदि (दे.138)।

आरंभ (दे.138); उद्‌भावन (दे.550); सर्जन, सर्जना (स्त्री.) (दे.581)।

वि. मौलिक, मौल (समासान्त में) मूलक, मूलगत, मूलभूत, मूलागत, मूलिक, मूली।

अकृत्रिम।

निजी, निजस्व (दे.349), प्रातिस्विक, स्वक, स्वकीय, स्वीय।

अद्वितीय, अतिद्वय (दे.536), अद्वय, अद्वैत, अनन्य (दे.243), अनन्यसाधारण, अनन्यसामान्य, अनियत, अप्रति, अप्रतिरूप, अलोकसामान्य, अविकल्प, असाधारण, असामान्य, ग़ैरमामूली, निरतिशय, निर्विकल्प, निर्विकल्पक, पृथक् (दे.243), पृथगात्मा, बेजोड़, लाजवाब, लामिसाल (दे.241), लासानी, विशिष्ट, विशेष, विशेषित, विशेषी, सविशेष, सविशेषक, स्वतन्त्र।

अननुकरणीय; अपूर्व।

आदि, आदिम।

अ. मूलतः।

239. अनुकरण

सं. अनुकरण (कर. हो.), अनुकर्म, अनुकार, अनुकृति (स्त्री.), अनुक्रिया (स्त्री.), अनुगति (स्त्री.), अनुगम, अनुगमन, अनुप्रवेश, अनुवर्तन, अनुवृत्ति (स्त्री.), अनुसरण (कर.), अनुहरण, अनुहार, उतारना-, उतार लेना-, नक़ल (स्त्री.) (उतार. कर. बना. हो.), नक़्क़ाली (स्त्री.) (कर.)।

अंधानुकरण (कर.), मक्खी पर मक्खी मारना-, मक्षिका स्थाने मक्षिका।

आभास, छाया (स्त्री.), झलक (स्त्री.), प्रतिबिम्ब, मेल।

समानता (स्त्री.) (दे.240), तुल्यता (स्त्री.) (दे.242)।

प्रतिकृति (स्त्री.), प्रतिकाय, प्रतिकाश, प्रतिच्छन्द, प्रतिच्छन्दक, प्रतिच्छवि (स्त्री.), प्रतिच्छाया (स्त्री.), प्रतिच्छायिका (स्त्री.), प्रतिबिम्ब (दे.16), प्रतिमा (दे.322), प्रतिमान, प्रतिमूर्ति (स्त्री.), प्रतिरूप, प्रतिरूपक, प्रतीकाश, अनुरूपक, अनुहारि (स्त्री.), सादृश्य।

आदर्श, नमूना (दे.565), प्रतिदर्श, प्रतिरूप, model।

निदर्श, नमूना (दे.565), प्रतिरूप, specimen।

नक्काल; बहरूपिया, बहुरंगी, बहुरुपिया, बहुरूप, बहुरूपिया, रूपजीवी, रूपधारी, रूपोपजीवी; भाँड़ (दे.208); स्वाँग (दे.208); पशु-पक्षियों की बोली की नक़ल करने वाला : हरबोला।

भेस (घर. बदल. बना.) (दे.482), रूप (कर. धर. बना. भर.)।

अनुकरणप्रियता (स्त्री.); अनुकरणवृत्ति (स्त्री.); नकलनवीसी (स्त्री.); नक़लनवीस।

अनुलिपि (स्त्री.), कापी (स्त्री.) (कर.), नकल (स्त्री.) (कर.), प्रति (स्त्री.), प्रतिलिपि (स्त्री.) (बना.), copy।

कार्बन कापी (स्त्री.)/प्रति(स्त्री.), प्रांगार प्रति (स्त्री.), carbon copy।

अनुलिपि (स्त्री.), अतिरिक्त/दूसरी प्रति, प्रतिलिपि (स्त्री.) duplicate, duplicate copy।

अनुलिपि (स्त्री.), प्रतिकृति (स्त्री.), facsimile।

अनुरेखण, अनुरेखन, tracing।

ऋजुचित्र, फोटोस्टेट, फोटोस्टैट प्रति (स्त्री.), photostat; xerox copy।

अनुप्रमाणित/अभिप्रमाणित/साक्षीकृत/साक्ष्यांकित प्रति (स्त्री.), attested copy।

स्वप्रमाणित प्रति, self attested copy।

छायाचित्र, भाचित्र (दे.607), photograph।

अनुवाद (दे.596)।

अनुकृति काव्य (दे.592), parody।

नक़ल करने वाला : अनुकर्ता, अनुकर्त्री (स्त्री.), नक़लची, नक़्क़ाल (दे.525)।

नक़ली माल बनाने वाला : नक़्क़ाल।

वि. अनुकृत, प्रतिभित, शबल।

जाली, नक़ली, प्रातिरूपिक, फ़र्ज़ी (दे.539)।

सदृश, समान, तुल्य (दे.240)।

अनुकरणीय, अनुकार्य, अनुहार्य।

अनुकरणकारी, अनुकारी, अनुसारक, अनुसारी, अनुहारक, अनुहारी।

सबका अनुकरण करने वाला : सर्वानुकारी।

अनुकरणप्रिय, अनुकरणशील।

इस तरह का, इस प्रकार का, इसके समान, ऐसा, ऐसी (स्त्री.), इत्थंविध, ईदृश, एतादृक, एतादृश, एतादृशी (स्त्री.), एवं भूत, एवंविध।

इस प्रकार घटित : इत्थम्भूत।

ऐसे गुणोंवाला : एवंगुण।

जिस तरह का, जिस प्रकार का, जैसा, जैसी (स्त्री.), यादृक्ष, यादृश, यादृशी (स्त्री.)।

उस तरह का, उस प्रकार का, वैसा, वैसी (स्त्री.), तत्सदृश, तत्सम, तथा, तथाविध, तद्रूप, तद्वत्, तादृश, तादृशी (स्त्री.), तैसा, तैसी (स्त्री.)।

उसके जैसा, तदनुरूप।

उसके आकार का, तदाकार।

ज्यों का त्यों, अविकल, यथातथ, यथातथ्य, वैसा ही, हूबहू।

अ. इस तरह, इस प्रकार, ऐसे, यों, इथ्यम्, ईदृश, एवम्।

इसके अनुसार : एतदनुसार।

उस तरह, उस प्रकार, वैसे, त्यों, तैसे।

उसी तहर, उसी प्रकार, वैसे ही, तथैव, तद्वत्।

उसके अनुसार : तदनुसार।

जिस तरह, जिस प्रकार, जैसे, ज्यों, यथा।

अनुकरण के रूप में : देखादेखी।

240. समानता

सं. समानता (स्त्री.) (कर. ला. हो.), समानत्व, समकक्षता (स्त्री.), समता (स्त्री.), समत्व, समतुल्यता (स्त्री.), समरूपता (स्त्री.), सदृशता (स्त्री.), सरूपता (स्त्री.), सरूपत्व, संवादिता (स्त्री.), सादृश्य, सामान्य, साम्य, सायुज्य, सायुज्यता (स्त्री.), सायुज्यत्व, सारूप्य, अनुरूपता (स्त्री.), अनुहरण, अनुहार, अविशेष, आभास, उपभिति (स्त्री.), एकरूपता (स्त्री.) (दे.246), औपम्य, तद्रूपता (स्त्री.), तुल्यता (स्त्री.), तुल्यरूपता (स्त्री.), न्याय, प्रतिकाश, प्रतिमान, प्रतीकाश, बराबरी (स्त्री.), मुताबक़त (स्त्री.), मुशाबहत (स्त्री.), यकसानियत (स्त्री.), यकसानी (स्त्री.), वट, शबाहत (स्त्री.), हमशक्ली (स्त्री.), हमसरी (स्त्री.)।

एकधर्मता (स्त्री.), तुल्यधर्मता (स्त्री.), समानधर्मता (स्त्री.), साधर्म्य।

अभिन्नता (स्त्री.), अभेद, अनभिग्रह, एकता (स्त्री.) (दे.244), एकत्व, ऐक्य (दे.361), तादात्म्य, भेदराहित्य।

अतिदेश, अतिदेशन, उपमा (स्त्री.), (दे.), तुलना (स्त्री.) (कर. हो.) (दे.242), मिलान (कर. मिल. हो.)।

विचारों में समानता होना : पटना-, पट जाना-, पटरी (स्त्री.) (बैठ.), बनना-, मन मिलना-, मेल खाना-, मेल बैठना-, साथ निभना-।

समान करना-, समानीकरण, समीकरण, समीकृति (स्त्री.), समीक्रिया (स्त्री.)।

समान करने वाला : समीकार।

अनुकरण (कर. हो.) (दे.239)।

प्रतिकृति (स्त्री.), प्रतिमूर्ति (स्त्री.) (दे.239)।

सर्वसमता (स्त्री.), निष्पक्षता (स्त्री.) (दे.237)।

एकदिली (स्त्री.); एकरंगी (स्त्री.)।

बराबर का हिस्सा : समांश।

सादृश्य से होने वाला ज्ञान : उपमिति (स्त्री.)।

वि. समान (कर.), सदृक्, सदृक्ष, सदृश, सन्निभ, सम, समकक्ष, समतुल्य, समरूप, समस्थ, समित, सरीखा, सरूप, संवादी, सामान्य, सुषम, स्वरूप, अनुरूप, अनुवादी, अनुसार, अनुहार, अभिरूप, एकरूप, तद्रूप, तुलित, तुल्य (दे.242), तुल्यकक्ष, तुल्यरूप, तुल्यलक्षण, निरस्तभेद, बराबर (कर.), मानिन्द, मिस्ल, मुताबिक, मुशाबिह, यकसाँ (कर.), हमसर।

समास में : आभ (आभा), उपम (उपमा), नुमा, प्रतिम, प्राय, रूपी, संकाश, सम, सिफ़त, हम।

एक-सा, मिलता-जुलता, लगभग समान।

अनुगुण, अनुधर्मक, अनुधर्मी, एकधर्मा, एकधर्मी, तुल्यगुण, सधर्म, सधर्मक, सधर्मा, सधर्मी (दे.314), समधर्मा, समानधर्मा।

अनुकूल, अनुगत, अनुरूप, अनुसार, उपयुक्त, औपयिक, माफिक, मुआफिक, मुवाफ़िक़, मुताबिक़।

एकाकार, तुल्यरूप, समदर्शन, समरूप, समाकार, समाकृति, हमशक्ल।

अविकल, अविकृत, यथावत् (दे.239), हूबहू।

अभिन्न, अभेद, अनन्य, अनभिग्रह, अन्यारा, एक (दे.244), एकजान, एकजीव, एकदिल, एकप्राण, एकरस, तुल्य, निरन्तर, भेदरहित।

एकजाति, एकजातीय, एकतार, एकरंग, एकवर्ण, एकविध, तुल्यजातीय, समवर्ण (दे.355), हमजिंस।

एकार्थक, पर्यायवाचक, समानार्थक, समार्थक, हममाना (दे.573)।

जोड़ का, टक्कर का, तुल्यमूल्य, बराबरी का, मुकाबले का, सानी, हमपल्ला।

इस तरह का, इस प्रकार का, ऐसा (दे.239)।

उस तरह का, उस प्रकार का, वैसा (दे.239)।

जिस तरह का, जिस प्रकार का, जैसा (दे.239)।

एक जैसा, एक सा, मिलता-जुलता, यकसाँ, समरस।

आभासित; मायल।

जैसा होना चाहिए वैसा : उपयुक्त (दे.242), चस्पाँ (हो.), मौजूँ, यथांश, यथायोग्य।

समान भागवाला : समांश, समांशिक।

समान का पानेवाला : समांशी (दे.674)।

समान किया हुआ : समीकृत।

अ. की तरह/नाईं, के अनुसार/जैसा/मानिन्द/मुताबिक/सदृश/समान, इव, बमूजिब, बरंग, लग, लौं, सा, सी (स्त्री.)।

आधे-आध, बराबर-बराबर।

इस तरह, ईदृश, ऐसे (दे.239)।

उस तरह, वैसे (दे.239)।

जिस तरह, जैसे (दे.239)।

जैसा चाहिए उसी तरह : अंजसा, ठीक-ठाक, ठीकमठीक, बजिंस, बजिंसहू, यथावत्।

अक्षर-अक्षर, अक्षरशः, पूर्णतया (दे.622), हर्फ़-बहर्फ़।

प्रायः, लगभग (दे.627)।

241. असमानता

सं. असमानता (स्त्री.), असमता (स्त्री.), असदृशता (स्त्री.), असादृश्य, असाम्य, अननुरूपता (स्त्री.), विषमता (स्त्री.), विषमत्व, विसंगति (स्त्री.), विसदृशता (स्त्री.), वैधर्म्य, वैषम, वैषम्य, वैसादृश्य।

भिन्नता (स्त्री.), विकल्प, विभिन्नता (स्त्री.) (दे.243), वैभिन्नय।

अतुलनीयता (स्त्री.), उपमाराहित्य (दे.238), तुलनाहीनता (स्त्री.)।

विपरीतता (स्त्री.) (दे.243); विरोध (दे.396); मौलिकता (स्त्री.) (दे.238); नवीनता (दे.148); विविधता (स्त्री.) (दे.246)।

वि. असमान, असम, असदृश, असंगत, अननुरूप, अनभिरूप, मुख़्तलिफ़, विषम, विषमक, विसंगत, विसदृश, सादृश्यहीन।

जो उसके समान न हो : अतद्वत्, अतद्वान्।

अन्य प्रकार का : अन्यादृश।

भिन्न, विभिन्न (दे.243)।

अतुल, अतुलित, अतुलनीय, अतुल्य, अकल्प, अतोल, अतौल (दे.246), अनुपम, अनुपमित, अनुपमेय, अनूप (दे.238), अप्रतिम, उपमारहित, तुलनारहित, तुलनाहीन, निराला, निरुपम, बेनज़ीर, बेबदल, बेमिसाल, बेमिस्ल, बेमेल, लाजवाब।

दुनिया से अलग।

अन्यथा, उलटा, विपरीत (दे.243); विरुद्ध (दे.393); मौलिक (दे.238); नवीन (दे.148), विविध (दे.246)।

242. तुलना

सं. तुलना (स्त्री.) (कर. हो.), तुलन, अपेक्षण, अपेक्षा (स्त्री.), उत्प्रेक्षण, उपमा (स्त्री.) (दे.), उपमाति (स्त्री.), निसबत (स्त्री.) (दे.), निस्बत (स्त्री.), मिलान (कर. हो.), मकाबला (कर.); सादृश्य।

समकक्षता (स्त्री.), समतुल्यता (स्त्री.), समरूपता (स्त्री.) (दे.240)।

उपयुक्तता (स्त्री.), यथायोग्यता (स्त्री.), साधकता (स्त्री.) (दे.522)।

सादृश्य से होने वाला ज्ञान : उपमिति (स्त्री.)।

उदाहरण, दृष्टान्त (दे.565)।

वह वस्तु जिससे तुलना की जाय : उपमान, अवर्ण्य।

तुलना का मानदण्ड : प्रतिमान।

प्रमाण (दे.553)।

नमूना, बानगी (स्त्री.) (दे.565)।

वि. तुलित, उपमित।

तुल्य, मानिन्द, मिस्ल, सन्निभ, सम (दे.240), समतुल्य।

तुलनीय, उपमेय।

तुलनात्मक, तुलनामूलक, तुलनायुक्त, आपेक्षिक, सापेक्षिक।

उपयुक्त, अनुरूप, ठीक, दुरुस्त, यथायोग्य, योग्य, शोभन, समकक्ष, समरूप, सही, सहीह।

उदाहृत (दे.565), निर्देशित, प्रतिमित, प्रमाणित (दे.553)।

उद्धृत, उल्लिखित (दे.565)।

ऐसा (दे.239); वैसा (दे.239); जैसा (दे.239)।

अ. (की) अपेक्षा, अपेक्षाकृत, अपेक्षया, (की) तुलना में, निस्बतन, बनिस्बत, वनिस्पत।

बमुक़ाबला, मुक़ाबलतन, (के) मुक़ाबले, (के) मुक़ाबले में, सामने।

उदाहरणस्वरूप, दृष्टान्तस्वरूप।

243. पार्थक्य

सं. पार्थक्य, पृथकता (स्त्री.), पृथक्त्व, पृथग्भाव, अतिसर्जन, असमाहार, जुदाई (स्त्री.) (दे.219), फ़रक़, फ़र्क़, भिदा, विनाभव, विनाभाव, सम्भेद।

अलग होना : अलगाना-, अलगगुज़ारी (स्त्री.), अलगा-बिलगी (स्त्री.) (दे.257), अलगाव, अलगौझा, अलहदगी (स्त्री.), बिलगाना-, बिलगाव, विलगाना-, विलग्नता (स्त्री.)।

पूरी तरह अलग होना : अत्यन्तनिवृत्ति (स्त्री.) (दे.320)।

अलग करना : अतिसर्ग, अधिक्षेप, अलगाना-, इस्तिस्ना, पृथक्करण, पृथक्क्रिया (स्त्री.) (दे.443), बिलगाना-, विच्छित्ति (स्त्री.), विच्छेद, वियुक्तता (स्त्री.), विलगाना-।

असंपर्क, असम्बन्ध, असम्बद्धता (स्त्री.) (दे.195)।

असमानता (स्त्री.), वैसादृश्य (दे.241)।

अन्तर (कर. पड़. हो.), अतिरेक, तफ़रीक़ (स्त्री.), तफ़ावत, प्रभेद, फ़रक़, फ़र्क़ (कर. पड़. हो.), फेर (हो.), बल (पड़.), भिन्नता (स्त्री.), भिन्नत्व, भेद, विभजन, विभेद, विलग, व्यतिरिक्तता (स्त्री.), व्यतिरेक, व्यतिरेचन।

बड़ा अन्तर : आकाश पाताल का अन्तर, जमीन आसमान का फर्क, रात दिन का अन्तर।

थोड़ा अन्तर : उन्नीस बीस का फ़र्क़।

विभिन्नता (स्त्री.) (दे.246)।

कमी-बेशी (स्त्री.), घट-बढ़ (स्त्री.), न्यूनता-अधिकता (स्त्री.), न्यूनाधिक्य, तारतम्य (दे.620)।

भेदज्ञान, भेदबुद्धि (स्त्री.), भेदभाव (कर. बरत. रख.), अन्तर (रख.), तफ़रक़ा, तफ़रक़ा अन्दाज़ी (स्त्री.), फूट (स्त्री.) (डाल. पड़)।

अलगाववाद, पृथक्तावाद, secessionism।

मतभेद (हो.), मतान्तर (दे.257)।

अनरीति (स्त्री.), अनियम, अन्यथाकरण, अन्यथाकारिता (स्त्री.), अन्यथाचार, अन्यथाभाव, लीक से हटना-, वैपरीत्य, व्यतिक्रम, व्यत्यय, व्यत्यास।

क़िस्म (स्त्री.), तरह (स्त्री.), न्यंग, प्रकार, भाँति (स्त्री.), भिदा, भेद, मेल, रकम (स्त्री.), विध, विधान, विभाँति (स्त्री.), विशेषण, सँभेद, सामान्य।

विशिष्टता (स्त्री.), विशेषता (स्त्री.), वैशिष्ट्य, वैशेष्य, अन्तर, अधिकता (स्त्री.), ख़सूसीयत (स्त्री.), ख़ासियत (स्त्री.), ख़ासीयत (स्त्री.), ख़ुसूसियत (स्त्री.), ख़ुसूसीयत (स्त्री.), ख़ूबी (स्त्री.), जौहर (खुल. दिखा.), तख़सीस (स्त्री.), पृथगात्मता (स्त्री.), मुख्यता (स्त्री.), सिफ़त (स्त्री.), स्वलक्षण।

स्वाभाविक विशिष्टता : अनुगुण।

असाधारणता, (स्त्री.), असामान्यता (स्त्री.) (दे.246)।

वि. पृथक्, अतिरिक्त, अनन्वित, अनमेल, अनीदृश, अन्य (दे.350), अपर, अमिल, अमिलित, अलग, अलग-थलग, अलहदा, इतर, जुदा, अतीत, न्यारा (दे.246), बिलग, भिन्न, मुख़्तलिफ़, विच्छिन्न, विपृक्, विपृक्त, वियुक्त, विसंयुक्त (दे.195), व्यतिरिक्त, संभिन्न।

सदा के लिए पृथक् : अत्यन्तगत (दे.320)।

पृथक्कृत, विनाकृत।

पृथक्करणीय, अध्रुव।

पृथक्कारी, प्रभेदक, प्रभेदन, अलगाऊ, बिलगाऊ, तफ़रका अन्दाज़, भेदक, भेदकर, भेदकारक, भेदकारी, भेदकृत्, भेदी, भेदिका (स्त्री.), विभेदक, विभेदकर, विभेदकारी, विभेदिक, विभेदी, विशेषक।

अलगाववादी, पृथक्तावादी, secessionist।

अकेला, अनपर, असंग (दे.363), निरपेक्ष (दे.202), निर्लिप्त, निर्लेप, विरक्त।

केवल, निरा (दे.538), फ़क़त, बस, महज़, सिर्फ़ (दे.363)।

असंपृक्त, असम्बद्ध (दे.195)।

अदेश्य।

असामान, विसदृश (दे.241)।

कमोबेश, थोड़ा-बहुत, न्यूनाधिक, तारतमिक, तारतम्यिक (दे.620)।

अनियमित, नियमविरुद्ध, विपरीत; विपरीतकर-विपरीतकारी (दे.393)।

विशिष्ट, विशेष, ख़ास, ख़ूब, पृथगात्मा।

असाधारण, असामान्य (दे.246)।

अ. (के) अतिरिक्त, (के) अलावा, अन्यत्, अन्तरा, (को) छोड़कर, (के) सिवा, (के) सिवाय।

एकमात्र, एक ही, केवल, केवल एक, ख़ाली-फ़क़त, सिर्फ़।

बग़ैर, बिना, बिला, बे-, अन-, ग़ज़, नाना, विना।

अथवा, किंवा, कि, कैधों, कैंधो, ख़्वाह, नहीं तो (दे.553), या, वा।

244. एकत्व

सं. एकत्व, एकता (स्त्री.) एकरूपता (स्त्री.) (दे.240), एकात्मता (स्त्री.), ऐक्य (दे.361)।

एकीभवन, एकीभाव, एकत्र होना-, जुटना-, जुड़ना-, मिलना-।

संगठन (दे.471), संलयन, समेकन, fusion।

एकीकरण, अमलगमन, संरसन, संरसीकरण, संलयन, समामेलन, amalgamation।

विलयन, merger।

अभिन्नता (दे.240), अभेद, अछेद, अद्वितीयता (स्त्री.), अद्वैत, अविच्छिन्नता (स्त्री.), अविभक्तता (स्त्री.), अवियुक्तता (स्त्री.), अविकल्पता (स्त्री.), विकल्पता (स्त्री.)।

अनन्तर, अनन्तरय, अपार्थक्य, भेदराहित्य।

प्रकृत और अप्रकृत की एकरूपता : अध्यवसान।

वि. एक, एकरूप, एकात्म।

एकीभूत, एकत्रित।

संगलित (दे.471), संलीन, समेकित।

समेकनीय।

एकीकृत, अमलगमित, संरसित, संरसीकृत, समामेलित।

विलीन।

अभिन्न, अभेद, अच्छिन्न, अछेद, अविच्छिन्न, अद्वितीय, अद्वैत, अद्वैध, अविभक्त, अवियुक्त, अविकल्प, विकल्परहित।

अन्तररहित, अनन्तर, अनन्तराय, अनन्तरित, अनन्तर्हित, अनपेत, अपृथक्, अविरहित, निर्विशेष, भेदरहित।

अभेदनीय, अभेद्य, अचित्र।

अविशेष, अनेकसाधारण, अन्यसाधारण, साधारण, सामान्य।

245. परिवर्तन

सं. परिवर्तन (कर. ला. हो.), पलटना-, पलट देना-/डालना-, पलटाना-, पलटाव, अदल-बदल (हो.), अपवर्तन, उलट-पलट (कर. हो.), उलट-पुलट, उलट-फेर, गर्दिश (स्त्री.), तबदीली (स्त्री.) (आ. ला. हो.), तबदीली (स्त्री.), बदल (हो.), बदलना-, बदल जाना-/डालना-/देना-, बदलाई (स्त्री.) (कर. हो.), बदलाव (आ. हो.), विपरिणमन, विपरिणाम, विपर्यास।

अवस्थान्तर, दशा-परिवर्तन, दशान्तर।

विषय-परिवर्तन, विषयान्तर।

रूप-परिवर्तन, रूपान्तर (कर. हो.), रूपान्तरण, काया पलट देना-/जाना-, कायापलट (कर. हो.), चोला बदलना-, परिणति (स्त्री.), परिणमन, परिणाम, परिवृत्ति (स्त्री.)।

आमूल/क्रान्तिकारी/भारी परिवर्तन (कर. हो.), कायापलट (कर. हो.)।

इधर का उधर करना-/होना-, उखाड़-पछाड़ (स्त्री.) (कर. हो.), उथल-पुथल (हो.), तबद्दुल, भारी उलट-फेर (कर. हो.), लौट-फेर (कर. हो.)।

कायाकल्प (कर. हो.), rejuvenation।

कायान्तरण, metamorphosis।

इसके बदले वह : चयन (दे.203); चुनाव (दे.371.4.); प्रतिनिधि (दे.351)।

विकल्प, विकल्पता (स्त्री.), विकल्पन, वैकल्प, option।

अनुकल्प, प्रतिस्थापन, स्थानापत्ति (स्त्री.), substitution।

अदला-बदली (स्त्री.), (दे.679), बदला, बदलौवल, परिवर्त।

फेरकार (कर. हो.), फेरबदल, रदबदल, रद्दोबदल, हेरफेर।

तबादला (दे.661)।

संस्कार, सुधार (दे.448)।

विकार, विकृति (स्त्री.), विकृती (स्त्री.), वैकारिक, वैकार्य, वैगुण्य (दे.535)।

विकास (कर. हो.), विकाश; विवर्त, विवर्तन (दे.367); उद्विकास।

विकसित होना : बिकसना-, बिकसाना-, बिकासना-, विकसन, विकसना-, विकाशन, विकासन, विकासना-।

विकसति करना : बिकासना-, विकसाना-, विकासना-।

क्रमविकास, क्रमविवर्तन, क्रमोन्नति (स्त्री.) (दे.695)।

विकासवाद, विवर्तनवाद, उद्विकासवाद, परिणामवाद, evolutionism।

अस्तोदय, उठना-गिरना-, उतार-चढ़ाव, उत्कर्ष-अपकर्ष, उच्चापचय, उत्थान-पतन, उदयास्त, उन्नति-अवनति (स्त्री.), ऊँचाई-निचाई (स्त्री.), घटती-बढ़ती (स्त्री.), घटना-बढ़ना-, जय-पराजय (स्त्री.), जीत-हार(स्त्री.), ज्वार-भाटा, धूप छाँव, नफ़ा-नुक़सान, बनना-बिगड़ना-, लाभ-हानि (स्त्री.), लाभालाभ, वृद्धि-ह्रास, सर्द-गर्म, हानि-लाभ, हार-जीत (स्त्री.), ह्रास-वृद्धि (स्त्री.)।

परिवर्तनशीलता (स्त्री.), परिवर्तनीयता (स्त्री.), अस्थिति (स्त्री.), अस्थितिशीलता (स्त्री.), अस्थितावस्था (स्त्री.), वैकार्य।

प्रगतिशीलता (स्त्री.); प्रगतिवाद, progressivism।

परिवर्तन-काल, संक्रमण-काल, संक्रान्ति (स्त्री.), संक्रान्ति-काल, संधिवेला (स्त्री.), युगसंधि (स्त्री.) (दे.155)।

परिवर्तन-विन्दु, जीवन का मोड़ (दे.695)।

वि. परिवर्तित, अपवर्तित, तबदील, विपरिणत, विपर्यस्त, विरूप।

रूपान्तरित, परिणत, परिवृत्त।

विकारयुक्त, विकारित, विकृत, वैकारिक, अपभ्रंश, अपभ्रंशित, अपभ्रष्ट।

परिवर्तनीय।

परिवर्तक।

परिवर्तनशील, परिवर्ती, अनेकरूप, अनेकान्त, अनैकान्त, अनैकान्तिक, विपरिणामी।

प्रगतिशील; प्रगतिवादी, progressivist।

विकारी, विकार्य, वैकारिक।

परिणामी।

बहुत परिवर्तनशील : अतिचर।

विकार-सम्बन्धी, वैकारिक।

कायान्तरित।

संस्कृत (दे.448)।

विकसित; विवर्तित।

विकासशील, विकस्वर।

विकासवादी, विवर्तनवादी, evolutionist।

वैकल्पिक, ऐच्छिक (दे.201)।

स्थानापन्न, एवजी, प्रतिस्थानिक, प्रतिस्थापक, प्रतिस्थापी।

अ. (के) बदले में, (क) स्थान पर, (के) एवज में, (की) जगह पर।

246. वैचित्र-वैचित्रहीनता

सं. वैचित्र, वैचित्र्य, विचित्रता (स्त्री.), विलक्षणता (स्त्री.), वैलक्षण्य, अजूबापन, अद्भुतता (स्त्री.), अद्भुतत्व, अनूठापन, अनोखापन, अपूर्वता (स्त्री.), चमत्कार (दे.555), निरालापन, बेजोड़पन।

विरलता (स्त्री.) (दे.681); आश्चर्य (दे.555)।

असाधारणता (स्त्री.), असाधारणत्व, असामान्यता (स्त्री.), अद्वितीयता (स्त्री.), अनुपमता (स्त्री.), अलौकिकता (स्त्री.) (दे.123), चमत्कारिता (स्त्री.)।

विविधता (स्त्री.), वैविध्य, विभिन्नता (स्त्री.), वैभिन्नय (दे.241), विरूपता (स्त्री.), वैरूप्य, नानारूपता (स्त्री.)।

रंग-वैभिन्न; रूप-वैभिन्न्य; मत-वैभिन्न्य।

अपवाद, अपवर्ग, इस्तिस्ना।

वि. विचित्र, विलक्षण, अजीब, अजीबो ग़रीब, अजूबा, अटपटा, अड़बंगा, अद्भुत, अनहड़, अनाचार, अनूठा, अनोखा, अन्यादृश, अपूर्व, तुर्रा, निराला (दे.241), बेजोड़, बेढब, लाजवाब।

असाधारण, असामान्य, अद्वितीय, अनन्यसाधारण,, अनन्यसामान्य, अन्यासाधारण, अनुपम, अनौपम्य, अप्रतिम, अलौकिक (दे.123), ग़ैरमामूली, चमत्कारी, विचित्रक, विलक्ष।

विरल (दे.681); आश्चर्यजनक (दे.555)।

विविध, विभाँति, विभिन्न, विरूप, अनेकविध, नाना, नानारूप, नानाविध, पँचमेल, पचमेल, प्रभिन्न, फुटकर, फुटकल, बहुविध, मुख़्तलिफ़, मुतफ़र्रिक।

चतुर्विध; षड्विध; सप्तविध; शतविध।

पँचरंग, पँचरंगा, पचरंगा (दे.505), बहुरंग, बहुवर्ण, रंग-बिरंग, रंग-बिरंगा, विचित्रित।

अद्भुतदर्शन, किमाकार, नानारूप, बहुरूप, विचित्ररूप।

किस तरह/प्रकार का, कीदृक्ष, कीदृक्षी (स्त्री.), कीदृश, कीदृशी (स्त्री.), कैसा, कैसी (स्त्री.)।

अ. अनेकधा, बहुधा।

(विप.) सं. वैचित्रहीनता (स्त्री.); अविभिन्नता (स्त्री.); एकरसता (स्त्री.), एकरूपता (स्त्री.); गतानुगत, गतानुगतिकता (स्त्री.); निर्विशेषता (स्त्री.); नीरसता (स्त्री.) (दे.598); सादगी (स्त्री.), सादापन।

एकतति (स्त्री.), एकतानता (स्त्री.), एक श्रुति (स्त्री.), monotony।

वि. वैचित्रहीन; अविभिन्न; एकरस, एकरूप; गतानुगतिक; निर्विशेष, निर्विशेषण; विशिष्टतावर्जित, विशेषताहीन, सादा, सीधा-सादा, सीधा-साधा।

अकिंचित्कर, आम, कामचलाऊ, चलता, मामूली, साधारण, सामान्य।

247. क्रम

सं. क्रम (बाँध. रख. लगा. टूट.), क़रीना, कायदा, अनुक्रम, अनुक्रिया (स्त्री.), अनुबंध, अनुबंधन, आनुपूर्व, आनुपूर्वी (स्त्री.), आनुपूर्व्य, चरण, तरतीब (स्त्री.) (कर. दे.लगा.), तार (बँध. बाँध. लगा. टूट.), तारतम्य, धारा (स्त्री.), धारावाहिकता (स्त्री.) (दे.134), पर्याय, पूर्वापरता (स्त्री.), पूर्वापर्य (दे.553), प्रवाह, विन्यसन, विन्यास, व्यवस्था (स्त्री.), शृंखलता (स्त्री.), शृंखला (स्त्री.), समन्वय, सिलसिला (बँध. बाँध.)।

अकारादि क्रम, वर्णानुक्रम (दे.134), alfabetile।

संख्यानुक्रम।

क्रमभंग, उत्क्रम (दे.381), व्यतिक्रम, व्यतिक्रमण, व्युत्क्रम।

क्रम-परिवर्तन; क्रम-विपर्यय।

क्रमसंख्या (स्त्री.), क्रमांक।

उलटा क्रम (दे.196)।

परंपरा (स्त्री.), परंपर, परंपराक्रम, पारंपर्य, पारंपर्यक्रम, परिपाटि (स्त्री.), परिपाटी (स्त्री.), पाटी (स्त्री.), पद्धति (स्त्री.), प्रणाली (स्त्री.), प्रथा (स्त्री.) (दे.330), धोरणि (स्त्री.), धोरणी (स्त्री.), लीक (स्त्री.) (पीट.), लीक-लीक चलना-।

परंपरागत उपदेश : पारंपर्योपदेश, ऐतिह्य, आमनाय, आम्नाय।

परंपरागत ज्ञान : अनुश्रुति (स्त्री.)।

अनुक्रमणिका (स्त्री.), अनुक्रमणी (स्त्री.) (दे.588), अभिसूचक, क्रमसूची (स्त्री.), निर्घंट, निर्देशक सूची (स्त्री.), संकेत-सूची (स्त्री.), सूचक, सूचि (स्त्री.), सूची (स्त्री.), सूचीपत्र।

विषयसूची (स्त्री.), विषयानुक्रणिका (स्त्री.)।

तालिका (स्त्री.), चिट्ठा, फ़रद (स्त्री.), फ़र्द (स्त्री.), फ़र्दी (स्त्री.), फ़िहरिस्त (स्त्री.), फ़ेहरिस्त (स्त्री.), बीजक, सारणी (स्त्री.), सूची (स्त्री.)।

ओसरी (स्त्री.), पारी (स्त्री.), बारी (स्त्री.) (दे.699)।

पंक्ति (स्त्री.) (बना.), पंक्तिका (स्त्री.), पंगत (स्त्री.) (जोड़.), पंगति (स्त्री.), पटली (स्त्री.), पद्धति (स्त्री.), परा (स्त्री.) (जमा.), पाँत (स्त्री.) (बाँध), पाँति (स्त्री.), पाँती (स्त्री.), अवलि (स्त्री.), अवली (स्त्री.), आवलि (स्त्री.), आवली (स्त्री.), क़तार (स्त्री.) (बाँध. लगा.), क़तारी (स्त्री.), तन्ति (स्त्री.), तति (स्त्री.), बीथि (स्त्री.), बीथी (स्त्री.), माला (स्त्री.), राजि (स्त्री.), राजिका (स्त्री.), राजी (स्त्री.), लकीर (स्त्री.), लड़ी (स्त्री.), लैन (स्त्री.), विंजोली (स्त्री.), वीथि (स्त्री.), वीथिका (स्त्री.), वीथी (स्त्री.), शृंखला (स्त्री.), श्रेणि (स्त्री.), श्रेणी (स्त्री.), सफ़ (स्त्री.), सरणि (स्त्री.), सरणी (स्त्री.), सिलसिला।

क़तारबन्दी (स्त्री.), श्रेणीबंध, सफ़बन्दी (स्त्री.), सिलसिलाबन्दी (स्त्री.)।

क्रमबद्धता (स्त्री.), क्रमकिता (स्त्री.), शृंखलता (स्त्री.), शृंखलाबद्धता (स्त्री.)।

वि. क्रमबद्ध, क्रमयुक्त, क्रमित, अनुक्रम, आनुलोमिक, तरतीबदार, परंपरित, मुसल्सल, व्यवस्थित, शृंखलाबद्ध, सिलसिलेवार।

क्रमिक, क्रमागत, क्रमप्राप्त, क्रमक, अखण्ड, अटूट, अनुक्रान्त, आनुक्रमिक, परंपर, परंपरागत, परंपरीण, पारंपरीण, पारंपरीय।

क्रमवाचक, क्रमसूचक।

वर्णानुक्रमिक; संख्यानुक्रमिक।

पंक्तिबद्ध, पंक्तिकृत, श्रेणीबद्ध, श्रेणीयुक्त, सफबस्ता।

अ. क्रमशः, क्रमतः, क्रमानुकूल, क्रमानुरूप, क्रमानुसार, आगे-आगे, नंबरवार, यथाक्रम, यथानुक्रम, यथानुपूर्व, सिलसिले से, होते-जाते, होते-हवाते, होते-होते।

अलग-अलग पाँतों में, पंक्तिबद्ध रूप में, पतवर।

एक-एक करके, एक के बाद एक, क्रम से, बारी-बारी से।

परंपरानुसार, परंपरया।

(विप.) सं. क्रमहीनता (स्त्री.) (दे.497)।

वि. क्रमहीन, क्रमरहित, अपक्रम, अक्रम, निष्क्रम।

248. अपरिवर्तन

सं. अपरिवर्तन, परिवर्तनहीनता (स्त्री.), अक्षुणता (स्त्री.), अक्षुण्णता (स्त्री.), अविकार, अविकृति (स्त्री.), (दे.131), विकारराहित्य, विकाराभाव।

अपरिवर्तनीयता (स्त्री.), ध्रुवता (स्त्री.), ध्रुवत्व, नित्यता (स्त्री.), नित्यत्व (दे.131)।

अचंचलता (स्त्री.), अटलता (स्त्री.), अविचलता (स्त्री.), संस्थिति (स्त्री.), स्थिति (स्त्री.), स्थिरता (स्त्री.), स्थैर्य (दे.120)।

चिरस्थायिता (स्त्री.), चिरस्थायित्व।

समवस्था (स्त्री.), समागति (स्त्री.)।

पूर्वदशा (स्त्री.), पूर्वस्थिति (स्त्री.), पूर्वावस्था (स्त्री.)।

अनुदारता (स्त्री.) (दे.233), कट्टरता (स्त्री.), कट्टरपन, कठमुल्लापन, परंपरावाद, रूढ़िवाद, रूढ़िवादिता (स्त्री.), संस्कारविमुखता (स्त्री.), स्थितिशीलता (स्त्री.)।

जनमघूँटी में पड़ना-, जन्म से ही लगना-, प्रकृति (स्त्री.) (दे.198), स्वभाव।

वि. अपरिवर्तित, अक्षुण, अक्षुण्ण, अनवभ्र, अविकार, अविकारी, अविकृत, विकाररहित।

अपरिवर्तनशील, अपरिवर्तनीय, परिवर्तनहीन, अविकार्य, ध्रुव, नित्य, मुक्षमी, स्थातव्य।

अचंचल, अचल, अटल, अनपायी, अमिट, वर्तिष्णु, संस्थित, समवस्थित, स्थाता, स्थाणवीय, स्थाणु, स्थित, स्थिर।

चिरस्थायी।

रक्षित, सुरक्षित (दे.125)।

जन्मगत, पैदाइशी; प्राकृतिक, स्वाभाविक; दृढ़मूल, बद्धमूल।

दृढ़, पक्का, मज़बूत (दे.446)।

असंशोधनीय, असंशोध्य।

अनुदार, कट्टर, कठमुल्ला, परंपरावादी, रूढ़िवादी, संस्कारविमुख, स्थितिशील।

249. आकर्षण

सं. आकर्षण (कर. हो.), आकर्ष, आकृष्टि (स्त्री.), अनुकर्ष, अनुकर्षण, कर्ष, कर्षण, कशिश (स्त्री.), कृष्टि (स्त्री.), खिंचाई (स्त्री.), खिंचाव, खिंचावट (स्त्री.), खिंचाहट (स्त्री.), खींच (स्त्री.), खींचना-, खींच लेना-, घींचना-, टान (स्त्री.), टानना-, परिकर्ष, परिकर्षण, प्रकर्ष, प्रकर्षण, संकर्ष, संकर्षण, समाकर्षण।

खींचा जाना-, खिंचना-, खिंच चुकना-/जाना-/पड़ना-।

खिंचवाना-, खिंचाना-।

घसीट (स्त्री.), घसीटना-, घसीट लेना-।

घसीटा जाना-, घसिटना-।

तनाई (स्त्री.), तनाव, तानना-, तान देना-/लेना-, आतन।

ताना जाना-, तनना-, तन जाना-।

तनवाना-, तनाना-।

नाव का गुण, खराद की बद्धी आदि खींचनेवाला : खिंचवा, खिंचिया।

खींचने की उजरत : खिंचाई (स्त्री.)।

दिल खींचना-, चित्ताकर्षण (कर. हो.) (दे.203)।

ध्यानाकर्षण (कर.)।

आकर्षण-शक्ति (स्त्री.), आकर्षणशीलता (स्त्री.), आकर्षणीयता (स्त्री.)।

गुरुत्वाकर्षण (दे.13)। चुंबक (दे.461)।

झुकाव (दे.327)। लगाव (दे.325)। लपेट (स्त्री.) (दे.299)।

अभिकेन्द्र/अभिकेन्द्री/केन्द्राभिग/केन्द्राभिमुख बल, केन्द्राभिसारी शक्ति (स्त्री.) (दे.250), centripetal force।

केन्द्रण, केन्द्रीयकरण।

वि. आकर्षित (कर. हो.), आकृष्ट (कर. हो.), आतत, अतिदिष्ट, अनुकृष्ट, कर्षित, कृष्ट, परिकर्षित, प्रकर्षित, प्रकृष्ट, विकृष्ट, संकृष्ट, समाकृष्ट।

आकर्षक, आकर्षिक, आकर्षी, कर्षक, प्रकर्षक, संकर्षी, समाकर्षी।

आकृष्यमाण।

अभिकेन्द्री, केन्द्राभिमुख, केन्द्राभिसारी।

केंद्रित, केन्द्रीयकृत।

(विप.) अकृष्ट, अनातत।

250. विकर्षण

सं. विकर्षण, विपरीत कर्षण, विप्रकर्षण।

अपकर्षण, अपासन, प्रतिकर्षण, repulsion।

स्थितिस्थापकता (स्त्री.) (दे.446), elasticity।

ठेलना-, ठेल देना-, ढकेलना-, ढकेल देना-, धकेलना-, धकेल देना-, पिछेलना-, रेलना-, रेल देना- (दे.444)।

दूरीकरण (दे.126); विक्षेपण (दे.292); वर्जन (दे.683); विरोध (दे.396); अनबन (स्त्री.) (दे.337)।

अपकेन्द्री/केन्द्रापग बल, केन्द्रापसारी शक्ति (स्त्री.), centrifugal force।

विकेन्द्रण, विकेन्द्रीयकरण।

वि. विकृष्ट, विप्रकृष्ट।

अपकृष्ट, अपासित, अपास्त, प्रतिकृष्ट।

अपकेन्द्री, केन्द्रापग, केन्द्रापसारी।

विकेंद्रित, विकेन्द्रीयकृत।

251. अनुपालन

सं. अनुपालन, अनुविधान, तकमील (स्त्री.), निबाह (कर. हो.), निबाहना-, निबाह देना-, निभाना-, निभा देना-, निर्वाह (कर. हो.), निर्वाहण, निष्पादन (कर. हो.), पालन (कर. हो.), पालना-, पूरण (कर. हो.), पूरा करना-, पूर्ति (स्त्री.) (कर. हो.), प्रतिपालन (कर. हो.), संपादन (कर. हो.)।

निर्वाह होना : निबहना-, निभना-।

अमल (कर. हो.), कार्यान्वयन (कर. हो.) (दे.411)।

आज्ञापालन (कर. हो.), आज्ञापरिग्रह, आज्ञाकरण, आज्ञाकारिता (स्त्री.), आज्ञानुवर्तन, आदेश-पालन, अनुगम, अनुगमन, अनुपालन, अनुवर्तन, अनुवश, अनुविधान, अनुवृत्ति (स्त्री.), तामील (स्त्री.) (कर. हो.), तामीले हुक्म (स्त्री.), फ़रमाबरदारी (स्त्री.), (हुक्म) बजाना-, (बात) मानना-, मान लेना-, वचनक्रिया (स्त्री.), वशवर्तिता (स्त्री.), वश्यता (स्त्री.), (ओदश) शिरोधार्य करना-, हुक्म की तामील करना-/होना-, हुक्म बजा लाना-, हुक्मबरदारी (स्त्री.)।

आज्ञा देना-, आज्ञापन, अनुज्ञापन (दे.253)।

आज्ञा का आदर : वचनगौरव।

आज्ञाकारी/आज्ञाधीन होना-, हुक्म में होना-।

कर्तव्य का पालन, कर्तव्य-पालन करना-, फर्ज अदा करना-।

कर्तव्य का विलंब से पालन : अनुकर्ष, अनुकर्षण।

नियम का पालन (दे.379)।

परवरिश (स्त्री.) करना-, पालन करना- (दे.353)।

प्रतिज्ञा का पालन (दे.259)।

पाबन्दी (स्त्री.), बंदिश (स्त्री.), बंधन, बद्धता (स्त्री.)।

आवश्यकता (स्त्री.) (दे.676)।

गरदन फँसना-, दबाव में आना-/पड़ना-, मजबूरी (स्त्री.), लाचारी (स्त्री.) (दे. 263)।

विश्वसनीयता (स्त्री.) (दे.532)। आनुगत्य (दे.264)। परवशता (स्त्री.) (दे.370)।

वि. पालित, पूर्ण, पूर्त, प्रतिपालित, निष्पन्न, संपन्न, संपादित।

पालक, प्रतिपालक, अनुपालक, निर्वाहक, संपादक।

पालनीय, पाल्य, प्रतिपाल्य, मान्य।

अतिशय मान्य, अलंघनीय, अलंघ्य, शिरोधार्य।

आज्ञापालक, आज्ञाकारी, आज्ञाधीन, आज्ञानुवर्ती, आज्ञावर्ती, आज्ञाविधेय, आदेशपालक, आदेशानुसारी, अनुकर्ता, अनुकारी, अनुगत, अनुगामी, अनुगामिनी (स्त्री.), अनुगुण, अनुवर्ती, अनुवश, अनुविधायी, अनुवृत्त, अनुशासनपर, कारबन्द, ताबेदार, फ़रमाबरदार, वचनकर, वचनकार, वचनकारी, वचनग्राही, वचनानुग, वशंवद, वश, वशग, वशानुग, वश्यक, विधिकर, विधिकृत्, विनयस्थ, शिष्ट, शुश्रुषिता, शुश्रुषी, शुश्रुषु, हुक्मबरदार, हुक्मी।

आज्ञा देनेवाला : आदेशकर्ता (दे.253)।

आज्ञाप्राप्त, आदेशप्राप्त (दे.253)।

अ. आज्ञा से, आज्ञानुसार, आदेशानुसार, बहुक्म, हुक्म के मुताबिक।

252. अननुपालन

सं. अननुपालन, अनाज्ञाकारिता (स्त्री.), अवहेलन।

अँगूठा/ठेंगा दिखाना—(दे.257), अवज्ञा (स्त्री.) (कर.), उदूल, उपेक्षा (स्त्री.) (कर.) (दे.437), उलंघन, उल्लंघन (कर.)।

आज्ञाभंग (कर. हो.), आज्ञाप्रतिघात, आज्ञोल्लंघन, अतिसंध, उदूलहुक्मी (स्त्री.), नाफ़रमाबरदारी (स्त्री.), नाफ़रमानी (स्त्री.), हुक्मउदूली (स्त्री.) (कर. हो.)।

राजाज्ञा आदि का उल्लंघन : शासनातिवृत्ति (स्त्री.)।

प्रतिज्ञाभंग (दे.259)। विश्वासभंग (दे.525)।

ढिठाई (स्त्री.), धृष्टता (स्त्री.) (दे.329)।

वि. जिसके लिए आज्ञा न दी गयी हो : अनाज्ञप्त।

आज्ञा का उल्लंघन करने वाला : अनाज्ञप्तकारी, अनाज्ञाकारी, नाफ़रमाँ।

अवज्ञाकारी, उपेक्षक, उल्लंघनकारी।

ढीठ, धृष्ट (दे.329)।

अवज्ञात, अवहेलित, उपेक्षित, उल्लंघित।

253. आदेश

सं. आदेश (कर. दे.मान. ले. हो.), आदेशन, आज्ञा (स्त्री.) (कर. दे.मान. ले. हो.), आज्ञप्ति (स्त्री.), आज्ञापन, अनुज्ञापन, अनुदेश, अनुमत, अनुमति (स्त्री.) (दे.256), अनुशासन, अनुशिष्टि (स्त्री.), अपदेश, उपदेश (दे.255), कहना (कर. टाल.), कहा, तक़ाज़ा, निदेश, निर्देश (कर. दे.मान. हो.), प्रत्यादेश, बात (स्त्री.) (मान), वचन, वाक्य, विहित, शासन, शिष्टि (स्त्री.), सन्देश (दे.579), समादेश, समुद्देश, हिदायत (स्त्री.) (कर. दे.मिल.), हुक्म (कर. चला. दे.हो. ले. मिल. बजा. मान. उठा. उलटा. तोड़.)।

इच्छानुसार काम करने का आदेश : अतिसर्ग।

किसी काम/चीज़ के लिए आदेश : आर्डर (आ. कर. दे.भेज. मिल. ले.), फ़रमाइश (स्त्री.) (कर. दे.)।

दिग्दर्शन, निदेश, निदेशन, संचालन, direction।

अनुदेश, अनुदेशन, देशना (स्त्री.), शिक्षण, संशिक्षण, हिदायत (स्त्री.), instruction।

आज्ञप्ति (स्त्री.), विज्ञप्ति (स्त्री.)।

शासकीय आदेश, शासन, शासनादेश, राजकीय आज्ञा (स्त्री.), राजाज्ञा (स्त्री.), राज्यादेश, सरकारी हुक्म।

अध्यादेश (दे.379), ordinance।

अधिदेश, शासनादेश, mandate।

विधान (कर. दे.हो.), विधि (स्त्री.) - प्रधान विधि (स्त्री.); अंग विधि (स्त्री.), विहि, विहिति (स्त्री.); व्यवस्था (स्त्री.), फतवा (दे.ले.)।

आदेशपत्र, आज्ञापत्र, आज्ञाफलक, अधिपत्र, दस्तक, परवाना, फ़रमान, फ़र्मान, हुक्मनामा, warrant।

इच्छापत्र, दित्सापत्र, मृत्युपत्र, मृत्युलेख, रिक्थपत्र, वसीअत (स्त्री.), वसीयत (स्त्री.), वसीयतनामा, will।

दानपत्र, विनियोगपत्र, स्वीकारपत्र।

प्रमाणपत्र, प्रमाण, सनद (स्त्री.) (दे.553), certificate।

परवाना गिरफ़्तारी (दे.378)। परवाना तलाशी (दे.561)।

परवाना राहदारी (दे.174)।

सम्मन (आ. दे. निकल. निकलवा. जारी कर./हो. तामील करा. हो.), समन, सफ़ीना, आह्वान, आह्वानपत्र, आह्वय, तलबदास्त, तलबनामा, summons।

अधिकारपत्र, अमलपट्टा, letter of authority।

पट्ट, पट्टा (लिख. दे.लिखा.), पट्टोलिका (स्त्री.), lease deed।

अनुज्ञापत्र, अनुमतिपत्र, इजाज़तनामा, permit।

रेलवे, सिनेमा आदि का : पास, पारणपत्र, अनुमतिपत्र।

अनुरोध (दे.253)। अनुमति (स्त्री.) (दे.255)। आज्ञापालन (दे.251)। आज्ञाभंग (दे.252)। उपदेश (दे.255)। धमकी (स्त्री.) (दे.219)। निषेधाज्ञा (स्त्री.) (दे.258)।

आकाशवाणी (स्त्री.), गगनगिरा (स्त्री.), चित्रोक्ति (स्त्री.), दिव्यवाक्य, देववाणी (स्त्री.), दैवप्रश्न, दैववाणी (स्त्री.), दैवादेश, नभवाणी (स्त्री.), नभोवाणी (स्त्री.), पुष्पराकटिका (स्त्री.), पुष्पशक़टी (स्त्री.), व्योमध्वनि (स्त्री.), व्योमशब्द, स्वर्गवाणी (स्त्री.)।

रात में सुनाई पड़नेवाली देववाणी : उपश्रुति (स्त्री.)।

वि. आज्ञाप्राप्त, आदेशप्राप्त, आज्ञप्त, आज्ञापित, आदिश्यमान, आदिष्ट, अनुज्ञात, अनुशासित, अनुशिष्ट, निदिष्ट, निर्दिष्ट, निर्देशित, प्रत्यादिष्ट, महकूम, संदिष्ट।

दिग्दर्शित; संचालित।

अनुदिष्ट, शिक्षित, संशिक्षित।

विज्ञाप्त।

विधानादिष्ट, विधिदृष्ट, विहित, व्यवस्थित, संविहित, समुद्दिष्ट।

सुविहित, सुव्यवस्थित।

आदेशात्मक, निर्देशात्मक।

आदेश देने योग्य : अनुशासनीय।

आर्डरी, फ़रमाइशी।

आदेश करने वाला : ओदशक, ओदशी, आदेष्टा, आज्ञाता, आज्ञापक, आज्ञापयिता, आदिष्टी, अनुशासक, अनुशासी, अनुशास्ता, निदेशक, निदेशिनी (स्त्री.), निदेशी, निदेष्टा, निर्देशक, निर्देष्टा, निर्देष्ट्री (स्त्री.), हुक्मरान।

दिग्दर्शक, संचालक।

अनुदेशक, देशक, शिक्षक, हिदायतकार।

वि./सं. विधायक, विधायिका (स्त्री.), विधायी, विधाता, विधातृका (स्त्री.), व्यवस्थापक, व्यवस्थापिका (स्त्री.)।

अ. आज्ञानुसार (दे.251), आदेशानुसार, निर्देशानुसार।

(विप.) सं. अनादेश, अनिर्देश।

वि. बिना आदेश का : अनादिष्ट, अनिर्दिष्ट।

जिसका निर्देश करना उचित न हो : अदेश्य।

जिसके लिए आदेश न हो, वही करने वाला : अनादेशकर।

254. अनुरोध

सं. अनुरोध (कर.), आग्रह (कर.), इसरार, जिद (स्त्री.) (दे.218)।

प्रार्थना (स्त्री.) (कर.) (दे.684), अर्ज़ (कर.), अर्ज मारूज़ा, अर्ज़हाल, अपील (स्त्री.) (कर.) अभ्यर्थन, अभ्यर्थना (स्त्री.), अरदास (स्त्री.), आयाचित, आवेदन (कर.), इल्तिजा (स्त्री.), इल्तिमास (स्त्री.), इस्तिदा, अस्तिदुआ, कहना-, गुज़ारिश (स्त्री.) (कर.), दरख़ास्त (स्त्री.), दरख़्वास्त (स्त्री.), निवेदन (कर.), निहोरा (कर.), मारूज़ा।

अनुनय (कर.), अनुनय-विनय (स्त्री.) (कर.), अनुनीति (स्त्री.), आजिज़ी (स्त्री.), बिनती (स्त्री.), मिन्नत (स्त्री.) (कर.), मिन्नत-खुशामद (स्त्री.), मिन्नत-समाजत (स्त्री.), विनति (स्त्री.), विनती (स्त्री.) (कर.), सवाल।

आरज़ू-मिन्नत (स्त्री.) (कर.), गिड़गिड़ाना-, गिड़गिड़ाहट (स्त्री.), चिरौरी (स्त्री.) (कर.), चिरौरी-विनती (स्त्री.) (कर.), दाँत निकालना-/निपोरना-, नाकघिसनी (स्त्री.), नाक रगड़ना-, पाँव पड़ना-, पैर छूना-, पैरों पर नाक रगड़ना-/सिर घिसना-/सिर रगड़ना-, बिलबिलाना-, रिरियाना-, हहा (स्त्री.) (कर. खा.), हाहा (कर. खा.)।

मनाना-, मनुहार (स्त्री.) (कर.), मनौअल, मनौआ, मनौती (स्त्री.), मान-मनौअल, मान-मनौती (स्त्री.), मान-मोचन (कर.), अनुगत।

फ़रियाद (स्त्री.) (कर.) (दे.260)।

खुशामद (स्त्री.) (कर.), ख़ायाबरदारी (स्त्री.) (कर.), अँगूठा चूमना-, उपचार, उल्लाप, उल्लापन, चटु, चमचागीरी (स्त्री.) (कर.), चरबज़बानी (स्त्री.), चाटु, चाटुकारिता (स्त्री.), चाटुकारी (स्त्री.) (कर.), चाटुता (स्त्री.), चाटूक्ति (स्त्री.), (दे.111), चापलूसी (स्त्री.) (कर.), जीहुज़ूरी (स्त्री.), झूठी प्रशंसा करना-, ठकुरसुहाती (स्त्री.) (कर.), ठकूरसोहाती (स्त्री.), तलवे चाटना-/सहलाना-, तेल लगाना-, तोषामोद (कर.), दरबारदारी (स्त्री.), पुचारना-, पुचारा (दे.), भटई (स्त्री.) (कर.) भाटपन, मक्खन/मसका/मस्का लगाना-, मस्का, पालिश करना-, मुँह देखी बात करना-, मुसाहबत (स्त्री.), मुसाहबी (स्त्री.), (कर.), मुसाहिबी (स्त्री.), मृषावाद, लल्लोचप्पो (स्त्री.) (कर.), लल्लोपत्तो (स्त्री.), समाजत (स्त्री.), सुर में सुर मिलाना-, स्तवन, स्तावकता (स्त्री.), हाँ जी हाँ जी करना-, हाँ में हाँ मिलाना-।

खुशामदी आदमी : खुशामदी टट्टू, जीहुज़ूर, चमचा, लग्गूबज्झू।

चापलूसी से पेट भरना : ज़बान चलाये की रोटी खाना-।

सिफ़ारिश (स्त्री.) (कर. हो.), सिपारिश (स्त्री.), संस्तुति (स्त्री.) (कर. हो.), संस्ताव (कर.), अनुशंसा (स्त्री.), अभिशंसा (स्त्री.), अभिस्ताव।

सिफ़ारिशी चिट्ठी (स्त्री.), सिफ़ारिशनामा।

सई-सिफ़ारिश (स्त्री.), कोशिश-पैरवी (स्त्री.), कोशिश-सिफ़ारिश (स्त्री.), दौड़-धूप (स्त्री.) (कर.)।

सिफारिश से अच्छे पद पर पहुँचा हुआ अयोग्य व्यक्ति : सिफ़ारिशी टट्टू।

माँग (स्त्री.) (कर. हो.) (दे.684)।

माँग पूरी कराने के लिए किसी के यहाँ पड़े रहना : धरना (दे.), धरने पर बैठना-।

दाना-पानी छोड़कर किसी देवता के स्थान में धरना देना : प्रतिशयन।

प्रार्थनापत्र, आवेदन, आवेदनपत्र, अरज़ी (स्त्री.), अरदास, अर्ज़दाश्त, अर्ज़ी (स्त्री.), दरख़ास्त (स्त्री.), दरख़्वास्त (स्त्री.), application।

गुज़ारिशनामा, निवेदनपत्र।

याचिका (स्त्री.), petition।

ज्ञापन, ज्ञाप, ज्ञापनपत्र, ज्ञापिका (स्त्री.), अनुरोधक, अनुरोधपत्र, memorandum।

स्मरणपत्र (दे.575), reminder।

प्रपत्र, फारम, form।

आकारपत्र, दर्शनार्थ, निदर्शनपत्र, proforma।

वि. अनुरुद्ध।

प्रार्थित, आयाचित।

जिससे प्रार्थना की गयी हो : अनुनीत, अभ्यर्थित।

आवेदित, निवेदित, मारूज़।

संस्तुत, अनुशंसित, आशंसित।

जिसमें सिफ़ारिश की गयी हो : सिफ़ारिशी।

ज्ञापित।

प्रार्थनीय, प्रार्थयितव्य, प्रार्थ्य; अभ्यर्थनीय, अभ्यर्थ्य; आवेदनीय, आवेद्य।

अनुरोधक, अनुरोधी, आग्रही।

अभ्यर्थी, आवेदक, आवेदी, निवेदक, प्रार्थक, प्रार्थयिता, प्रार्थी, प्रार्थिनी (स्त्री.), मुल्तजी, मुस्तदई।

देवता के स्थान पर धरना देनेवाला : प्रतिशयित।

सिफ़ारिश करने वाला : सिफ़ारिशी, संस्तावक, संस्तुतिकर्ता, अनुशंसक, अभिस्तावक।

ज्ञापक, ज्ञापयिता।

खुशामदी, ख़ुसियाबरदार, ख़ायाबरदार, आमीं-आमीं करने वाला, उलापिक, उल्लापी, चटुकार, चपड़कनातिया, चपरकनातिया, चपरकनाती, चरबज़बान, चाटुकार, चाटुपटु, चाटुलोल, चाटूल्लोल, चातुर, चातुरक, चापलूस, पिट्ठू, प्रियवक्ता, बातफरोश, भाट, महत्कथ, स्तावक, स्तुतिवादक।

दरबारदार, दरबारी, महत्तरक, मुसाहब, मुसाहिब।

जिसे खुशामद पसन्द हो : खुशामदपसन्द, चटुलालस, स्तुतिप्रिय।

जिसे मनुहार पसन्द हो : मनुहारी।

अ. आमीं आमीन, एवमस्तु, ऐसा ही हो।

255. उपदेश

सं. उपदेश (दे.पा. मिल. ले.) उपदेशता (स्त्री.), उपदेशन, उपदेशना (स्त्री.), अनुशासन, देशना (स्त्री.), नसीहत (स्त्री.) (कर. दे.पा. मिल. हो.), बात (स्त्री.) (मान.), वचन (दे.253), शिक्षा (स्त्री.) (दे.पा. मिल. ले.) (दे.559), शिक्षाप्रद, सिखावन (स्त्री.), सीख (स्त्री.) (दे.मिल. ले.)।

उपदेश के बदले दिया हुआ उपदेश : प्रत्युपदेश।

परामर्श (कर. दे.ले. मिल. हो.) (दे.552), परामर्शन, परिमर्श, अठकोशल, अठकौसल, आमन्त्रण, आमन्त्रणा (स्त्री.), कहा (मान.), तज़वीज (स्त्री.), मन्त्रण, मन्त्रणा (स्त्री.) (कर. दे.ले.), मत, मशवरा (कर.हो.), मशविरा, राय (स्त्री.) (दे.ले. ठहर. कायम कर.), वचन, विचार, विचार-विमर्श (कर. हो.), विमर्श, समीक्षा (स्त्री.), सम्मति (स्त्री.) (दे.256), सम्मंत्रण, सम्मंत्रणा (स्त्री.), सलाह (स्त्री.) (पूछ. दे.बता. ले. ठहर.), सलाह-मशवरा (कर. हो.), सीख (स्त्री.), सुझाना-, सुझाव (दे.मान. ले.)।

परामर्शदात्री समिति (स्त्री.), सलाहकार समिति (स्त्री.); मन्त्रणा-परिषद् (स्त्री.)।

मंत्रणा का विषय : मंत्रकार्य।

मंत्रणा का परिणाम : मंत्रफल।

मंत्रणा का भेद खुलना : मंत्रभेद; मंत्रश्रुति (स्त्री.)।

परामर्शकक्ष, परामर्शालय; मंत्रणागृह (दे.552)।

नेक सलाह (स्त्री.) (दे.), सत्परामर्श (दे.), सदुपदेश (दे.), सुपरामर्श, सुमंत्र, सुमंत्रणा (स्त्री.), सुमंत्रित, नसीहत (स्त्री.), मसलहत (स्त्री.), महामंत्र, युक्ति (स्त्री.), रास्ते पर लाना-, राह पर लगाना-/लाना-, हितोपदेश (दे.) (दे.111)।

बुरी सलाह (दे.), असदुपदेश (दे.), कल ऐंठना-/घुमाना-, कान भरना-, कुपरामर्श (दे.), कुपाठ (पाठ.), कुमंत्र (दे.), कुमंत्रणा (स्त्री.) (दे.), पट्टी पढ़ाना-, पढ़ाना-, भरना-।

अन्तरंग मंत्रणा (स्त्री.), गुप्त परामर्श, भीतरी बातचीत (स्त्री.), मन्त्र (दे.396)।

उलटा पाठ/उलटी पट्टी पढ़ाना-, गुमराह करना-, फुसलाना-, फुसला लेना-, बरगलाना-, बहकाना-, बहका देना-, बहकावट (स्त्री.), बहकावा (दे.), भटकाना-, भरमाना-, भुलावा (दे.), भुलावे में डालना-।

आग में घी डालना-, उकसाई (स्त्री.), उकसाना-, उकसावा (दे.), उकसाहट (स्त्री.), उत्तेजन, उत्तेजना (स्त्री.), उत्प्रेरणा (स्त्री.), प्ररोचन, प्ररोचना (स्त्री.), भड़काना-, भड़का देना-।

चंग पर चढ़ाना-, चढ़ाना-, प्रेरणा (स्त्री.) (दे.), प्रोत्साहन (दे.) (दे.424), बढ़ावा (दे.), मिज़ाज बढ़ा देना-, रद्दा चढ़ाना-/जमाना-।

अगाह करना-, चेत करना-, चेताना-, सावधान करना-(दे.430)।

सिफ़ारिश (स्त्री.) (दे.253)।

चुगुलखोरी (स्त्री.) (दे.260)।

वि. उपदेश सम्बन्धी, औपदेशिक।

उपदिष्ट, अनुशासित, देशित, शिक्षित (दे.559)।

प्रत्युपदिष्ट।

उपदेशक, उपदेशी, उपदेशिनी (स्त्री.), उपदेष्टा, अनुशासक, अनुशासी, अनुशास्ता, देशिक, नसीहतगर, नसीहतगुज़ार, नसीहतगो, प्रशासक, शिक्षक (दे.559), शिक्षाकर।

उपदेश्य, अनुशासनीय, शिक्षणीय।

उपदेशपूर्ण; उपदेशात्मक, शिक्षात्मक।

परामृष्ट, विचारित, विमर्शित (दे.552)।

सम्मंत्रित, सुमंत्रित, सुविचारित।

जिसको सलाह दी गयी हो : परामृष्ट।

जिसे नेक सलाह दी गयी हो : सुमंत्रित।

राय करने योग्य : सम्मंत्रव्य।

राये लेने योग्य : सम्मंत्रणीय।

परामर्शकुशल, मंत्रकुशल, मंत्रज्ञ, मंत्रणाकुशल, मंत्रविद्।

परामर्शदाता, प्रशास्ता, मंत्रकृत्, मंत्रणाकर, मंत्रणादाता, सलाहकार, सलाही।

नेक सलाह देनेवाला : सुमंतु।

उत्तेजित, उत्प्रेरित, प्ररोचित, प्रेरित, प्रोत्साहित (दे.424)।

उत्तेजक, उत्प्रेरक, प्ररोचक, प्रेरक, प्रोत्साहक।

प्रेरणात्मक, प्ररेणादायक।

256. सम्मति

सं. सम्मति (स्त्री.) (हो.), सहमति (स्त्री.), संवाद, साम्मत्य, अविवाद (दे.398), इत्तफ़ाक़, इत्तिफ़ाक़, मत, रज़ामन्दी (स्त्री.) (हो.)।

सर्वसम्मति (स्त्री.), अवैमत्य, आम राय (स्त्री.), आम सहमति (स्त्री.), एकमति (स्त्री.), एकराय (स्त्री.), एकवाक्यता (स्त्री.), ऐकमत्य, मतैक्य, संवित्ति (स्त्री.),।

स्वीकृति (स्त्री.) (दे.माँग. मिल. ले.), सकार (स्त्री.), अक़बाल, अनुमत, अनुमनन, अभिमत, अभिमति (स्त्री.), इक़बाल, इक़रार, उपश्रुति (स्त्री.), एक़बाल, एकरार, प्रतिपत्ति (स्त्री.), मंज़ूरी (स्त्री.) (दे.पा. माँग. मिल. ले.), हाँ हाँ करना-, हाँगी (स्त्री.) (भर.), हामी (स्त्री.) (भर.)।

अनुमति (स्त्री.) (दे.माँग. मिल.), अनुज्ञति (स्त्री.), अनुज्ञा (स्त्री.), अनुज्ञान, अनुज्ञापन, आज्ञा (स्त्री.) (दे.253), रज़ा (स्त्री.), समनुज्ञा (स्त्री.), समनुज्ञान।

स्वीकार (कर.), स्वीकरण, सकारना-, अंग करना-, अंगीकरण (दे.682), अंगीकार (कर.), अंगीकृति (स्त्री.), अधिगम, अपनाना-, अपनाव, आश्रुति (स्त्री.), क़बूल (कर.), क़बूलियत (स्त्री.), क़बूली (स्त्री.), तसलीम (स्त्री.)।

(अपराध आदि) स्वीकार (कर.), स्वीकारोक्ति (स्त्री. कर.) (दे.233), इक़बाल (कर.), क़बूल (कर.), क़बूलना-, मानना-, मान लेना-।

स्वीकार (करा.), क़बुलवाना-, क़बुलाना-।

मौन सम्मति (स्त्री.)/स्वीकृति (स्त्री.), अननुभाषण। मौनं सम्मतिलक्षणम्।

अनुमोदन (कर.), अनुमोद, अखण्डन, तसदीक़ (स्त्री.) (कर.), ताईद (स्त्री.) (कर.), समर्थन (कर.), approval।

अभिपुष्टि (स्त्री.), पुष्टि (स्त्री.), पुष्टिकरण, confirmation।

अनुसमर्थन, पुष्टीकरण, ratification।

परिपुष्टि (स्त्री.), मण्डन, संपुष्टि (स्त्री.), संपोषण, corroboration।

अभिपुष्टि (स्त्री.), अभिपोषण, निश्चयोक्ति (स्त्री.), affirmation।

समझौता (कर. करा.), संधि (स्त्री.) (कर.), संवित् (स्त्री.), संविद, संविदा (स्त्री.), संविद् (स्त्री.), सुलह (स्त्री.) (कर. हो.), सुलह-सफ़ाई (स्त्री.), अभिविदा (स्त्री.), अभिसंधि (स्त्री.), उपसंवाद, प्रतिश्राव (दे.398)।

अनुबंध (कर.), अनुबंधन, इक़रार, क़रार (दे.पा.), कौल-क़रार, गिरमिट, ठहरना-, ठहराव (हो.), ठहरौनी (स्त्री.), पण, बात (स्त्री.) (ठहर.), मुआहिदा, संगर, सम्भाष।

समझौता, संधिपत्र, संवित्पत्र, सुलहनामा (दे.398)।

अनुबंध, अनुबंधपत्र, अभिसंविदा (स्त्री.), अहदनामा, अह्दनामा, इक़रारनामा, एकरारनामा, क़रारनामा, गिरमिट, मुआहिदा, राज़ीनामा, लेख्यप्रसंग, वसीक़ा, विलेखा (स्त्री.), सट्टा।

प्रतिज्ञापत्र, प्रतिज्ञापत्रक, प्रतिश्रुतिपत्र, प्रसंविदा (स्त्री.), नियमपत्र, वाचापत्र, वाचिकपत्र, शर्तनामा, convenant।

आज्ञापत्र (दे.253)। अधिकारपत्र (दे.253)। अनुमतिपत्र (दे.253)। प्रमाणपत्र (दे.253)। बैनामा (दे.663)।

मुचलका (दे.लिख.), bond।

शपथपत्र, हलफनामा, affidavit।

हलफ़ी बयान।

कफ़ालतनामा, ज़मानतनामा, प्रतिभूतिपत्र।

अनुज्ञापत्र, अनुज्ञप्ति (स्त्री.), license।

अनुज्ञप्तिधारी, अनुज्ञापत्रधारी, प्राप्तनुज्ञ, लाइसेंसदार, लाइसेंसधारी, licensee।

प्रतिज्ञा (स्त्री.), वादा (दे.259)।

वि. सम्मत (कर. हो.), सहमत (कर. हो.), समुदित, अनुमत, मुत्तफ़िक़, रज़ामन्द, राज़ी (कर. हो.), शरीके राय।

तैयार (कर. हो.), प्रस्तुत।

सही बात को माननेवाला : क़ायल (कर. हो.), माक़ूल (कर. हो.)।

राज़ी किया हुआ : संवादित।

राज़ी होने वाला : संवादी।

एकज़बान, एकमत (हो.), एकमति, एकमना, एकराय, एकवाक्य, मुत्तफ़िक़, सचेता, सामयिक।

सर्वसम्मत, अवैमत्य।

स्वीकृत (कर. हो.), संविदित, समित, अंगीकृत (कर. हो.), अनुदत्त, अनुमत, अभिमत, आश्रुत, उपश्रुत, क़बूल (कर. हो.), प्रतिपन्न, प्रतीष्ट, मंजूर (कर. हो.), मक़बूल, वर्ज़िदा, विदित।

स्वीकृतिदाता : स्वीकर्ता, वर्ज़िदा, प्रतिश्रोता।

स्वीकरणीय, स्वीकर्तव्य, स्वीकार्य, प्रतिग्राह्य।

सकारात्मक, सहमतिमूलक, स्वीकारात्मक।

अनुमतिप्राप्त : अनुज्ञात, आज्ञप्त (दे.253), समुज्ञात।

अनुमतिदाता : अनुज्ञापक, अनुज्ञापिका (स्त्री.), अनुमंता (दे.253)।

अनुमति देने के योग्य : अनुज्ञेय।

अनुमोदित (कर. हो.), समर्थित।

अनुमोदनकारी : अनुमोदक, समर्थक।

अनुमोदन/समर्थन के योग्य : समर्थनीय, समर्थ्य।

अभिपुष्ट, पुष्ट, पुष्टिकृत।

अनुसमर्थित, पुष्टीकृत।

परिपुष्ट, संपुष्ट, संपोषित।

अनुबंधित, अनुबद्ध।

अनुबंधकारी, अनुबंधक।

अनुज्ञात, प्राप्तानुज्ञ, लाइसेंसप्राप्त।

अ. एकमत/एकराय/सर्वसम्मति से।

हाँ, अच्छा, अच्छी बात है, अथकिम्, अलबत्ता, और क्या, क्यों नहीं, बहुत अच्छा, बहुत ख़ूब, बहुत बेहतर, बेहतर।

(बड़ों के प्रति) जी, जी हाँ।

आमी, आमीन, एवमस्तु, ऐसा ही हो; तथास्तु, वैसा ही हो।

अलबत्ता, अवश्य, ज़रूर, निश्चय, निस्सन्देह, बेशक।

अवश्यमेव, ज़रूर-ज़रूर, निश्चय करके।

257. असम्मति

सं. असम्मति (स्त्री.), असहमति (स्त्री.), अमत, विमत।

अस्वीकार (कर.), अस्वीकृति (स्त्री.), अस्वीकरण, अनंगीकार, अपलाप, अमान्यता (स्त्री.), इनकार (कर.), इनकारी (स्त्री.), जवाब (दे.पा. मिल.), ठुकराना-, ठुकरा देना-, दुलकना-, दुलखना-, नकार, नकारना-, नकार जाना-/देना-, नकारात्मकता (स्त्री.), नहीं/ना करना-, नाहीं (स्त्री.) (कर.), नानुकर (स्त्री.) (कर.), नानुक्कड़ (स्त्री.), नामंज़ूरी (स्त्री.), निरस्त, निह्नव, निहूनवन, प्रत्याख्यान (कर.), फिरता।

कोरा जवाब (दे.मिल.), साफ़, इनकार (कर.)।

कही हुई बात से हटना : थूककर चाटना-, दोदना-, नटना-, पलटना-, फिरना-, फिर जाना-, बदलना-, बात उलट देना-, बात पलटना-/फेरना-/बदलना-, बिचलना-, मुकरना-, मुकर जाना-, हटना-।

बात बदलवा देना : दोदाना-, मुकराना-।

खण्डन (कर. हो.) (दे.553), अपाकरण, अपाकृति (स्त्री.), अलकत, उत्सादन, काट (स्त्री.), काटना-, तनसीख (स्त्री.), तरदीद (स्त्री.), निरसन (कर.), निराकरण (कर.), निराकृति (स्त्री.), पराहति (स्त्री.), प्रतिसंहरण, प्रत्यादेश, मंसुख़ी (स्त्री.), मनसूख़ी (स्त्री.)।

मतभेद (हो.), मतान्तर, अन्तर्द्वंद्व, अन्तर्विरोध, अनबन (स्त्री.) (हो.), अनैक्य (दे.362), इख़्तिलाफ़े राय, नाइत्तिफ़ाक़ी (स्त्री.), फ़र्क़, फूट (स्त्री.) (डाल. पड़.), बिगाड़, विमति (स्त्री.), विरोध (दे.397), वैमत्य।

अटकाव, अडंगा (डाल. लगा.), अड़चन (स्त्री.), अड़चल (स्त्री.), बाधा (स्त्री.) (दे.393)।

आपत्ति (स्त्री.) (कर.), उजुर, उज्र (कर. ला.), एतराज़ (कर.), चूँचरा (कर.), टोकना।

टालमटोल (स्त्री.) (कर.) (दे.144)।

अनिच्छा (स्त्री.) (दे.202)।

अननुमोदन, निरनुमोदन।

वि. असम्मत (हो.), असहमत (हो.), अनभिमत, विमत, विमति।

अस्वीकृत (कर. हो.), अननुज्ञात, अननुमत, अपलापित, अमत, अमान्य, गैरमंज़ूरशुदा, नामंज़ूर (कर. हो.), प्रत्याख्यात, प्रत्याहत।

अननुज्ञात, अननुज्ञापित, disallowed।

अस्वीकृतिसूचक, इनकारी, नकारात्मक।

इनकार करने वाला : अपलापी, अपह्नवान, अपह्नोता, मुनकिर।

अस्वीकार्य; आपत्तिजनक।

रद (कर. हो.), रद्द, अपाकृत, उत्सादित, खण्डित (कर.), खारिज़ (कर. हो.), निरसित, निरस्त, निराकृत, पराहत, प्रतिसंहत, प्रत्यादिष्ट, बातिल, मंसूख़, मनसूख़।

खण्डनीय, निरसनीय, निराकरणीय।

निराकरण करने वाला : निराकृती।

वैमत्यमूलक।

अ. न, नहीं, नाही, आँहाँ, उँह, जिन, मत मा।

नहीं है : नाहिनै।

258. निषेध

सं. निषेध (कर.), निषेधन, निषिद्धि (स्त्री.), अपरोध, इम्तनाय, इम्तिनाय, प्रतिषेध (कर.), प्रतिषेधन, मनाही (स्त्री.) (हो.), मना (कर.), मनाई (स्त्री.), मुमानिअत (स्त्री.), मुमानियत (स्त्री.), रोक (स्त्री.) (लग. लगा.) (दे.393), रोकझोंक (स्त्री.), रोकटोक (स्त्री.) (हो.), रोकथाम (स्त्री.) (कर.), रोकना-, रोक देना-/लेना-, वर्जन (कर.), वर्जना (स्त्री.), वारण, विवर्जन, व्यासेध, सेध, हटक (स्त्री.) (मान.), हटकना-।

वह पत्र जिसमें किसी बात का निषेध हो : निषेधपत्र।

विधि के रूप में निषेध : निषेधविधि (स्त्री.)।

कोई काम करने या न करने का शास्त्रीय निर्देश : विधिनिषेध।

निषेधाज्ञा (स्त्री.), व्यादेश, injunction।

निषेधात्मक आदेश, निषेधाज्ञा (स्त्री.), प्रतिषेधक आदेश, prohibitory order।

निषेधाधिकार, प्रतिषेधाधिकार, रोधाधिकार, अभिषेध, veto।

निरोध, पाबन्दी (स्त्री.) (लग. लगा.), प्रतिबंध (लग. लगा.) (दे.393), प्रतिरोध, बंदिश (स्त्री.), बद्धता (स्त्री.), मानियत (स्त्री.), विनियान, विनिवारण, restriction।

अभिनिषेध, निरसन, निराकरण (दे.257), निवार, निवारण, परिहार, प्रतिनिवर्तन, प्रतिषेध, संवर, संवरण, संवारण, स्तंभन, abrogation।

पाबन्दी (स्त्री.), प्रणिषेध, प्रणिषेधन, प्रतिबंध, रोक (स्त्री.), ban।

वारित साहित्य, proscribed literature।

विनिषिद्ध व्यापार, contraband trade।

निषिद्ध पदार्थों की सूची : वर्ज्यसूची (स्त्री.)।

निषिद्ध आचरण (दे.199)।

वि. निषिद्ध (कर.), निषेधित, अविहित, अवैध, आचारविरुद्ध, प्रतिषिद्ध, बाधित, मना (कर.), वर्जित, वारित, विवर्जित, व्यासिद्ध, हराम।

अकरणीय, अग्राह्य, अनिष्ट, अनुचित, वर्जनीय, वर्ज्य, वारणीय, वार्य।

निषेधक, इमतनाई, इम्तिनाई, प्रतिषेद्धा, प्रतिषेधक, वर्जक, वर्जयिता, वर्जी, विवर्जक।

जिसने निषेधाज्ञा का उल्लंघन किया हो : अतिक्रान्तनिषेध।

निरुद्ध, पाबन्द, प्रतिबंधवान्, प्रतिबंधित, प्रतिबद्ध, प्रतिरुद्ध, प्रतिरोधित, बद्ध, विनियत, विनिवारित।

निरोद्धव्य, विनियम्य।

निरोधक, निरोधी, प्रतिबंधक, प्रतिबंधक, प्रतिबंधी, प्रतिबंधी (दे.393), प्रतिरोद्धा, प्रतिरोधक, प्रतिरोधी।

अभिनिषिद्ध, निरस्त, निराकृत, निवारित, परिहृत, प्रतिनिवर्तित, संवारित, संवृत, स्तंभित।

निरसनीय, निरस्य, निराकरणीय, निवारणीय, निवार्य, परिहार्य, संवरणीय, संवारणीय, संवार्य, सेद्धव्य, स्तंभनीय।

निराकृती, निवारक, परिहारक, परिहारी, सेध, सेधक, स्तंभक, स्तंभी।

259. प्रतिज्ञा

सं. प्रतिज्ञा (स्त्री.) (कर. करा.), प्रतिज्ञात, प्रतिज्ञान, प्रतिश्रव, प्रतिश्रवण, प्रतिश्रुति (स्त्री.), प्रतिश्रुत् (स्त्री.), प्रण (कर. पार.), पण, परिपणन, पाण, अगीकरण (दे.256), अक़्द, अक़्द, अभिवचन, अभिसंधा (स्त्री.), अभ्युपगम, अभ्युपपत्ति (स्त्री.), अभ्युपाय, अहद (कर. टूट. तोड़.), अहृद, आन (स्त्री.) (रख. छोड़. तोड़.), आश्रव, इक़रार (कर. हो.), क़रार (कर. हो.), क़ौल (दे.हार. निभा. ले. तोड़.), ज़बान (स्त्री.) (दे.हार. पलट. बदल.), बात (स्त्री.) (हार. रख.), वचन (दे.निभा. ले.), वादा (कर. निभा. टाल. रखा.), वायदा, व्रत, शंस, शंसा (स्त्री.), सत्य, सत्यक्रिया (स्त्री.), सत्यवचन, सत्यवाद, सत्यसंश्रव।

दृढ़ प्रतिज्ञा : हठ।

अटल प्रतिज्ञा : भीष्म प्रतिज्ञा (स्त्री.)।

उत्तरदायित्वपूर्ण प्रतिज्ञा : ज़िम्मा (कर. ले.)।

प्रतिज्ञता (स्त्री.), वचनबद्धता (स्त्री.), वाङ्‌निष्ठा (स्त्री.), वाचाबंधन।

प्रतिज्ञापालन (कर.), प्रतिज्ञा पूरी करना-, वचन का पालन करना-, वचन/वादा पूरा करना-, सत्यंकार, सत्यसंरक्षण।

प्रतिज्ञा भंग (कर.), प्रतिज्ञाविरोध, प्रतिज्ञासंन्यास, अतिसंध, अनपाकरण, अनपाकर्म, अहूदशिकनी (स्त्री.), कहकर मुकर जाना-, कहे के ख़िलाफ़ करना-, क़ौल से फिरना-, थूककर चाटना- (दे.257), वचनभंग (कर.), वचन से पलट जाना-, वादाख़िलाफ़ी (स्त्री.) (कर.), वादाशिकनी (स्त्री.), वादे से निकल जाना-, व्रतभंग, शपथभंग।

क़सम (स्त्री.) (उठा. खा. दे.दिला. रखा. खिला. ले. उतार.), किरिया (स्त्री.) (खा. दे.दिला. धरा.रख.), अंग छूना-, अभिषंग, अभिषंजन, आन (स्त्री.), दिव्य, दुहाई (स्त्री.) (खा.), वाचा (स्त्री.), शप, शपथ (स्त्री.) (खा. खिला. दे.दिला. ले.), शपन, सत्य, सत्यक्रिया (स्त्री.), सोहं (स्त्री.), सौंह (स्त्री.) (कर.खा.दे.ले.), सौगन्द (स्त्री.), सौगंध (स्त्री.) (खा. दे.), हलफ़ (उठा. ले. उठवा. दे.)।

क़सम खाने के लिए गंगाजल हाथ में लेना : गंगा/गंगाजली उठाना-।

दोनों पक्षों का क़सम खाना : क़समा-क़समी (स्त्री.) (कर. हो.)।

परस्पर प्रतिज्ञा करना : क़ौल-क़रार (कर.), क़ौलो क़रार।

किरिया-कसम (स्त्री.), शपथ-सौगंध (स्त्री.)।

झूठी क़सम खाना : गंगा पीना-, दरोग़हलफ़ी (स्त्री.), मिथ्यानिरसन।

शपथग्रहण (कर.), सत्य श्रावण।

संकल्प (कर.) (दे.568), टेक (स्त्री.) (दे.218)।

मन्नत (स्त्री.) (मान.) (दे.317)।

ज़मानत (स्त्री.) (कर. दे.), ज़ामिनदारी (स्त्री.), ज़ामिनी (स्त्री.), ओल (स्त्री.) (दे.), क़फ़ालत (स्त्री.), प्रतिभूति (स्त्री.), प्रातिभाव्य।

ज़मानतदार (हो. बन.), ज़ामिन (हो.), ज़ामिनदार, क़फील, तृणमत्कुण, प्रतिभू (दे.666), प्रत्यय-प्रतिभू, प्रात्ययिक, लग्नक।

ज़मानतनामा (दे.256)।

प्रतिज्ञापत्र (दे.256)।

प्रोनोट, रुक्का-वचन-पत्र (दे.666), promissory note।

शपथपत्र (दे.256), affidavit।

आकलनपत्र, जमापत्र, प्रत्ययपत्र, साखपत्र, oreditp note।

उधारपत्र, प्रत्ययपत्र, सासखपत्र, letter of credit।

गारंटी (स्त्री.), प्रत्याभूति (स्त्री.), guarantee।

गारंटी देनेवाला : प्रत्याभू।

आश्वस्ति (स्त्री.), अध्याभूति (स्त्री.), समाश्वासन, warrantee।

निविदा (स्त्री.), tender।

शर्त (स्त्री.) (दे.393), बाज़ी (स्त्री.) (दे.699)।

वि. प्रतिज्ञाबद्ध, कृतप्रतिज्ञ, कृतसंकल्प (दे.568), बद्धप्रतिज्ञ, वचनबद्ध, वाचाबद्ध।

अंगीकृत (दे.256), अभ्युपेत, परिपणित, प्रतिज्ञात, प्रतिश्रुत।

प्रतिज्ञेय।

प्रतिज्ञा करने वाला : प्रतिश्रोता।

जिसने प्रतिज्ञा पूरी कर ली हो : तीर्णप्रतीज्ञ।

क़ौल का पक्का, बात का धनी/पूरा, वचन का सच्चा, वादे का पक्का, वाङ्निष्ठ, सत्यप्रतिश्रव, सत्यसंगर, सत्यसंहित, सत्यस्थ।

दृढ़प्रतिज्ञ, दृढ़संकल्प, दृढ़संध, दृढ़व्रत, दृढ़निश्चय (दे.568), बद्धनिश्चय, सत्प्रतिज्ञ, सत्यसंध, सत्यसंकल्प, सुप्रतिज्ञ, स्थिरप्रतिज्ञ।

वचनभंगकारी, वादाख़िलाफ़, वादाफ़रामोश, वादाशिकन, मिथ्याप्रतिज्ञ, सत्यघ्न, सत्यभेदी।

हलफ़ी।

गारंटित, गारंटीकृत, प्रतिभूत, प्रत्याभूत।

अ. क़सम खाकर, क़सम से, कसमिया, कसमीया, शपथपूर्वक, हलफ़न।

260. अभियोग

सं. अभियोग (कर. लगा.), अभियुक्ति (स्त्री.), अभिशंसन, अधिरोपण, आक्षेप (कर.), आक्षेपण, आरोप, इलज़ाम (लगा.), इल्ज़ाम, उँगली उठाना-, क्षेप, क्षेपण, दोषाक्षर, दोषारोप (कर.), दोषारोपण, दोषण, दोष थोपना-/मढ़ना-/मत्थे मढ़ना-/लगाना-, दूषण, लांछन लगाना-, हरफ़/हर्फ़ लाना-।

शिकायत (स्त्री.) (कर. हो.), शिकवा (कर.), शिकवा-शिकायत (स्त्री.) (कर.), गिला (कर.), गिला-शिकवा, गिल्ला।

उलाहना (दे.ला.), उपालंभ, उपालंभन, ओलंभा, ओलहना, टोंचना (दे.)।

मिथ्यापवाद, मिथ्याभियोग, मिथ्याभिशंसन, मिथ्यारोपण, अभिशपन, अभिशाप, अभ्याख्यान, तुहमत (स्त्री.), तोहमत (स्त्री.) (जोड़. दे.धर. लग. लगा. ले.) बाँधनू (बाँध.), शाख़चाबन्दी (स्त्री.)।

चुग़ली (स्त्री.) (कर. खा. लगा.), चुगुली (स्त्री.), चाड़ी (स्त्री.), पिशुनवचन, पिशुनवाक्य, भाँजी (स्त्री.) (मार.), लगाई (स्त्री.) (लगा.), लगाई-बझाई (स्त्री.), लगाई-लुतरी (स्त्री.), लाई (स्त्री.) (लगा.), लाई-लुतरी (स्त्री.)।

चुग़लख़ोरी (स्त्री.) (कर.), चुगुलख़ोरी (स्त्री.), चवाव (कर. चल. चला.), इधर की उधर करना-/लगाना-, उखाड़-पछाड़ (स्त्री.) (कर.), कान भरना- (दे.107), कुटनपना (कर.) (दे.397), नारदी विद्या (स्त्री.), पिशुनता (स्त्री.), पृष्ठमांसादन, पैशुन, पैशुन्य, लगाना-, लगाना-बझाना-, लाई-लुतरी (स्त्री.), लुतरई (स्त्री.) (कर.), सिआयत (स्त्री.)।

चुगलखोर, चुगुलख़ोर, चुगला, चवाई, कनफुसका, कर्णेजप, कुटना, नारद (हो.) (दे.397), पिशुन, पृष्ठमांसाद, लगाऊ, लुगरा, लुतरा, लुतरी (स्त्री.) वक्रनक्र।

अभियोग-पुस्तिका (स्त्री.), शिकायतनामा, complaint book।

आरोप का खण्डन न होना : अनुपमर्दन।

प्रत्यभियोग, प्रत्यभिस्कन्दन।

इत्तला (स्त्री.) (कर. दे.लिख. हो.), इत्तिला (स्त्री.), ख़बर (स्त्री.) (कर.दे. भेज.), रपट (स्त्री.) (दर्ज करा. लिखा.), रिपोर्ट (स्त्री.), सूचना (स्त्री.) (कर. दे. लिखा.)।

प्रथम सूचना रिपोर्ट (स्त्री.), first information report (F.I.R.)।

अभियोगपत्र, आरोपपत्र (दे.भेज.), आरोपपत्रक, दोषारोपणपत्र, charge-sheet।

अभियोग (चला.), अभियोजन, अभिशंसन, अभिशंसा (स्त्री.), अभिशस्ति (स्त्री.), चालान (कर.)।

इस्तिग़ासा (दायर कर.), दावा (कर. ठोंक. जमा. हो. ख़ारिज हो.), नालिश (स्त्री.) (कर. दाग. हो.), फ़रयाद (स्त्री.), फ़रियाद (स्त्री.) (कर.), फ़र्याद (स्त्री.), मामला (खड़ा. कर. दायर कर.), मामिला, मुकदमा (उठा. खड़ा कर. दायर कर. चल. चला. लड़. जीत. हार.), मुकद्दमा, वाद (दे.378)।

वि./सं. अभियुक्त, असामी, आक्षिप्त, आरोपित, प्रतिवादी, मुद्दालेह, मुलज़म, मुलज़िम।

अभियोज्य।

अभियोगाधीन।

शिकायतकुनाँ, शिकायतगर, शिकायती।

जिसमें शिकायत हो : शिकायती।

उपालब्ध, उपालंभित।

उपालंभनीय, उपालंभ्य।

तुहमती, तोहमती।

261. प्रतिवाद

सं. प्रतिवाद (कर.), प्रतिवाणी (स्त्री.), प्रतिकूल (हो.), प्रतिकूलवाद, प्रत्यर्थ, परवाद, पराहति (स्त्री.), खण्डन (कर. हो.), ख़िलाफ़त (स्त्री.) (कर. हो.), ख़िलाफ़ी (स्त्री.), चूँचरा (कर.), मुख़ालफ़त (स्त्री.) (कर. हो.), विरोध (कर. हो.), विरोधोक्ति (स्त्री.)।

प्रतिवादिता (स्त्री.), प्रतिकूलता (स्त्री.), प्रतिपक्षता (स्त्री.), विपक्षता (स्त्री.), विपरीतता (स्त्री.), वैपरीत्य, विरुद्धता (स्त्री.), विरोधिता (स्त्री.)।

आपत्ति (स्त्री.) (कर. हो.), एतराज (दे.257)।

अमान्यता (स्त्री.), अस्वीकृति (स्त्री.) (दे.257)।

अन्यथाकारिता (स्त्री.), अन्यथाचार, विरोधाचरण।

असहयोग (दे.262)। प्रतिरोध (दे.404)। प्रत्याख्यान (दे.683)। द्रोह (दे.405)।

आन्दोलन (दे.405)।

प्रदर्शन (कर.), विरोध प्रदर्शन (कर.) (दे.405); काला झण्डा दिखाना-; घेराव करना-; चक्का जाम करना-, यातायात बन्द करना-; पुतला जलाना-; हड़ताल (स्त्री.) (कर.) (दे.416)।

वि. खण्डित, पराहत, विरोधित।

प्रतिवादक, प्रतिवादी, प्रतिकूल, प्रतिकूलवृत्ति, प्रतिकूलिक, प्रतिपक्षी, प्रतयर्थक, प्रत्यर्थिक, प्रत्यर्थी, परवादी, खण्डक, खण्डी, ख़िलाफ़ (हो.), मुख़ालिफ़, विपक्षी, विपरीतकारी, विरुद्ध, विरोधक, विरोधन, विरोधी।

अन्यथाकारी, अन्यथाचारी, प्रतिकूलकारी, प्रतिकूलकृत्, प्रतिकूलचारी।

खण्डनीय, विरोध्य।

आपत्तिजनक (दे.257)।

अमान्य, अस्वीकृत (दे.257)।

असहयोगी (दे.262)। प्रतिरोधी (दे.404)। प्रत्याख्यानकारी (दे.683)। द्रोही (दे.405)।

आन्दोलनकारी (दे.405)।

प्रदर्शनकारी (दे.45); हड़ताली (दे.416)।

262. असहयोग

सं. असहयोग (कर.), असहकार, तर्के मुवालात।

डेढ़ ईंट की जुदा मसजिद बनाना-, डेढ़ चावल की खिचड़ी अलग पकाना-, मिलकर/साथ काम न करना-, साथ न देना-, हाथ खींचना-/समेटना-, हाथ न बँटाना-।

असहयोगवाद। असहयोग आन्दोलन।

विरोध (दे.260)। शत्रुता (स्त्री.) (दे.396)। बाधा (स्त्री.) (दे.393)। प्रतिद्वंद्विता (स्त्री.) (दे.395)।

वि/सं. असहयोगी, असहकारी। असहयोगवादी।

असहयोगपूर्ण।

263. अवलंबन

सं. अवलंबन (कर. हो.), अवलंब, आलंब, आलंबन, आलंबनता (स्त्री.), इनहिसार, दारमदार (हो.), दारोमदार, निर्भरता (स्त्री.)।

अपेक्षा (स्त्री.) (कर. हो.), आस्था (स्त्री.) (रख. हो.), भरोसा (कर. रख.), विश्वास (कर. रख. हो.) (दे.582), सहारा (दे.पा. मिल. ले.) (दे.394)।

परस्पर का सहारा : अन्योन्याश्रय।

बाध्यता (स्त्री.), मज़बूरी (स्त्री.), लाचारी (स्त्री.), विवशता (स्त्री.) (दे.390)।

आवश्यकता (स्त्री.) (दे.676)। आश्रय (दे.179)। निश्चयता (स्त्री.) (दे.568)। संरक्षण (दे.125)। सहायता (स्त्री.) (दे.394)। सुरक्षा (स्त्री.) (दे.382)।

वि. अवलंबित, आलंबित, निर्भर, मुनहसर, मुनहसिर (दे.179), समालंबित।

अपेक्षी, आपेक्षिक, अवलंबी, आलंबी, आस्थावान्, विश्वासी।

अन्योन्याश्रय, अन्योन्याश्रयी, अन्योन्याश्रित, परस्परापेक्ष्य।

सापेक्ष्य, सापेक्षिक।

बाध्य, मजबूर, लाचार, विवश (दे.390)।

अ. परस्पर।

264. परावलंबन

सं. परावलंबन, परायत्ति (स्त्री.), पराश्रय, पराश्रयिता (स्त्री.), परनिर्भरता (स्त्री.), परमुखापेक्षा (स्त्री.), परमुखापेक्षिता (स्त्री.), निर्भरता (स्त्री.) (दे.263), मुखापेक्षा (स्त्री.), मुखापेक्षिता (स्त्री.), मुहताजी (स्त्री.), मोहताजी (स्त्री.), समालंबन।

परवशता (स्त्री.), पराधीनता (स्त्री.) (दे.370), अधीनता (स्त्री.), आनुगत्य, आयत्ति (स्त्री.)।

दासता (स्त्री.), दासत्व (दे.417)।

परजीविता (स्त्री.), परोपजीविता (स्त्री.)।

अनेकाश्रयिता (स्त्री.)।

आपेक्षिकता (स्त्री.)। सम्बन्ध (दे.235)।

वि. परावलंबी, परायत्त, पराश्रय, पराश्रित, परजात, परनिर्भर, परभाग्यभोजी, परमुखापेक्षी, अन्याश्रित, उपजीवी, निर्भर, मुखापेक्षक, मुखापेक्षी, मुहताज, मोहताज, समालंबी।

परवश, पराधीन, अधीन, अनुगत, आयत्त।

परजीवी, पराश्रय, पराश्रयी, परोपजीवी, परासंग, parasitte।

परपुष्ट, परपोषित, अम्यपुष्ट, अन्यविवर्धित (दे.358)।

अनेकाश्रय, अनेकाश्रित।

आपेक्षिक। सम्बन्धित।

सरोकारी।

265. स्वावलंबन

सं. स्वावलंबन, स्वाश्रय, स्वनिर्भता (स्त्री.), स्ववृत्ति (स्त्री.), अनवलंबन, अनिर्भरता (स्त्री.), अनिर्वेद, अपने पाँवों/पैरों पर खड़ा होना-, आत्मनिर्भरता (स्त्री.), आत्मालंबन, आत्माश्रय।

अपना हाथ जगन्नाथ।

स्वचलता (स्त्री.), स्वचालन।

स्वयंसिद्धि (स्त्री.)।

आत्मबल (दे.349)। आत्मविश्वास (दे.532)।

स्वकर्म (दे.349)। स्वकीयता (स्त्री.) (दे.238)।

स्वतन्त्रता (स्त्री.) (दे.369)। स्वेच्छाचारिता (स्त्री.) (दे.215)।

वि. स्वावलंबी, स्वाश्रित, स्वनिर्भर, स्ववृत्ति, स्वस्थ, अनवलंबित, अनिर्भर, आत्मनिर्भर, आत्मावलंबी, आत्माश्रय।

स्वचल, स्वचालित, automatic।

स्वचालक, self-starter।

स्वयंभर, self-loading।

स्वयंसिद्ध, स्वयंप्रत्यक्ष, स्वतःप्रमाण, स्वतःसिद्ध।

स्वतन्त्र (दे.369)। स्वेच्छाचारी (दे.215)।

10. वर्ग : गति-गमन-परिवहन

विषय : 266. गति; 267. कंपन; 268. अकंपत्व; 269. गतिहीनता; 270. मंथन; 271. गमन; 172. भ्रमण; 273. आगमन; 274. अगमन; 275. अग्रमन; 276. अनुसरण; 277. सहगमन; 278. पश्चगमन; 279. अतिक्रमण; 280. पदचारण; 281. धावन; 282. सरण; 283. कूद; 284. तैराकी; 285. डुबकी; 286. उड़ान; 287. 288. उठान; उतार; 289. अनतिक्रमण; 290. आनयन; 291. अपसारण; 292. क्षेपण; 293. प्रवाह; 294. पथ; 295. कुपथ; 296. सुगमता; 297. दुर्गमता; 298. परिवहन; 299. वक्रगति।

266. गति

सं. गति (स्त्री.), गतक, गतिक, अजन, अजि (स्त्री.), अतिभर, अतिभार, अयन, ऋति (स्त्री.), चलन, चाल (स्त्री.), जुंबिश (स्त्री.), तर, द्रव, द्राव, रण, री (स्त्री.), रौ (स्त्री.), रौस (स्त्री.), विचेष्टा (स्त्री.), वीति (स्त्री.), व्रज्या (स्त्री.), संचरण, सरिमा (स्त्री.), सरीमा (स्त्री.), सृति (स्त्री.), हरकत (स्त्री.) (कर.)।

गतिशीलता (स्त्री.), गतिमयता (स्त्री.), गत्यात्मकता (स्त्री.), गत्वरता (स्त्री.), चरता (स्त्री.), चरत्व, चरथ, चलता (स्त्री.), चलनशीलता (स्त्री.), संचरणशीलता (स्त्री.), सचलता (स्त्री.)।

तीव्र गति : अतिसर्पण।

असाधारण गति : अतिरभस।

वेग।

तरस्, प्रवेग, रभस (दे.136), velocity।

गति (स्त्री.), चाल (स्त्री.), जव, वेग, speed।

चलना-, चल जाना-/पड़ना-, चलवाई (स्त्री.), चालना-, संचाल।

चलना-फिरना-, चल-फिर लेना-।

चलाना-, चालन (कर.), चालना-, परिचालन (कर.), संचालन (कर.), हँकाई (स्त्री.), हँकाना-, हाँकना-।

चलवाना-; हँकवाना-, हँकाना-।

परिचालकता (स्त्री.)।

तेज़ चाल (स्त्री.) (दे.136); धीमी चाल (दे.137)।

ठसकभरी/मतवाली/मस्तानी चाल (दे.100)।

हाथी की सी गौरवभरी चाल : गजगति (स्त्री.) (दे.498)।

रुक-रुककर/अड़-अड़कर चलना-; चलते-चलते रुकना-, अड़ना-।

अकड़कर चलना-, अकड़ना-।

कूदते हुए चलना : कुदलाना-।

लड़खड़ाते हुए चलना : भंदिल, स्खलित गति (स्त्री.)।

आगमन (कर.), आना- (दे.273)।

गमन (कर.), जाना- (दे.271)।

आना-जाना-, आमदरफ़्त (हो.), आवाजाही (स्त्री.), आवागमन (हो.), गतागत, गयायात, गमनागमन, गमागम, यातायात (हो.)।

परिवहन (दे.298)।

अग्रगमन, आगे चलना-(दे.275)।

पश्चगमन, पीछे हटना- (दे.278)।

हिलना-, विचलना-, डोलना-, काँपना-(दे.267)।

अपसारण, वहन (कर.), संवहन, हटाना- (दे.291)।

रिंगण, रेंगना- (दे.282)।

घूमना-घूर्णन (दे.299)।

परिक्रमा (स्त्री.), प्रदक्षिणा (स्त्री.) (दे.299)।

परिभ्रमण मार्ग (दे.294), कक्ष, कक्षा (स्त्री.)।

गतिकी (स्त्री.), गतिविज्ञान, गतिविद्या (स्त्री.), गतिशास्त्र, dynamics।

वि. गतिशील, गतियुक्त, गतिमय, गतिमान, गत्यात्मक, गत्वर, अजि, अनिविशमान्, अस्थिर, उच्चल, चर, चरथ, चल, चलता, चलनशील, जंगम, वियत्, संरचमान्, संचरणशील, संचारी, सचल, सर, सरक।

नित्य गतिशील : अच्छिन्न, अनन्तग।

सीधी गतिवाला : अंजसायन, अजिहमग, ऋजुगामी।

गतिक, गतिज, kinetic।

वेगवान (दे.136)।

चलनेवाला, चलैया, चारी, चालनहार।

बहुत चलनेवाला : अत्यन्तिक, अत्यन्तीन।

स्खलितगति।

चलते-चलते रुकनेवाला : अड़ियल, अड़ैल।

चलानेवाला, चालक, चालनहार, परिचालक, संचालक।

चलता हुआ : चलायमान, चलित, चारित, चालू, जुंबा, विचलित।

चलाया हुआ : परिचालित, संचारित, संचालित।

चलाये जाने योग्य : चालनीय, चाल्य।

अ. वेगपूर्वक, शीघ्र गति से (दे.136), सवेग।

267. कंपन

सं. कंपन (हो.), कंप, कँपकँपी (स्त्री.) (हो. छूट.), कँपना-, कंपा (स्त्री.), काँपना-, काँप उठना-/जाना-, आन्दोल, आकंप, आकंपन, आधवन, उत्कंप, उद्वेप, जुंबिश (स्त्री.), थरथराना-, थहरना-, धुति (स्त्री.), धुन , धूति (स्त्री.), धूनन, धूनि (स्त्री.), नाचना-, प्रकंप, प्रकंपन, प्रवेप, प्रवेपक, प्रवेपथु, प्रवेपन, प्रस्पन्दन, प्रस्फुरण, लरज़ना-, लरज़ उठना-/जाना-, लरज़ा, लरज़िश (स्त्री.), विकंपन, विधाव्य, विधुति (स्त्री.), विधुनन, विधुवन, विधूति (स्त्री.), विधूनन, विस्फुरण, वेप, वेपथु, वेपन, संक्षोभ, संचरण, संचलन, संचाल, सिहरन (स्त्री.) (दे.234), सिहरना-, स्पंदित, हलहलाना-।

कँपाना-, कँपा देना-, सिहराना-।

जाड़े की कँपकँपी : सिहरी (स्त्री.) (दे.156.6)।

जूड़ी की कँपकपी : झुरझुरी (स्त्री.) (दे.93.1)।

भय से काँपना : थरकना, थरथर (स्त्री.) (कर.), थरथराना-, थरथराहट (स्त्री.) (हो.), थरथरी (स्त्री.), (छूट. लग.), थरसना-, थरहरना-, थरहराना-, थरहरी (स्त्री.), थर्राना-, थर्रा उठना-/जाना-, थलकना-, थहराना- (दे.219)।

डराकर कँपा देना : थरकाना- (दे.219)।

मृदु कंपन : निष्पन्द, परिष्यन्द, परिस्पन्द, परिस्पन्दन, स्पन्द, स्पन्दन (हो.), स्पंदित, स्फुर, स्फुरण (हो.), स्फुरित, स्फुल, स्फुलन, स्फूर्ति (स्त्री.)।

किसी अंग में मृदु कंपन : फड़क (स्त्री.), फड़कन (स्त्री.) (हो.), फड़कना-, फड़क उठना-, विस्फुरण, स्पन्द, स्पन्दन (हो.), स्पंदित, स्फुरण, स्फुरणा (स्त्री.)।

फड़काना-।

हृदय में मृदु कंपन : धक (स्त्री.), (जी धक-धक करना-, जी धक होना-, जी धक से होना-, (किसी का) धक से रह जाना-); (कलेजे का) धकधकना-, धकधकाना-; धकधकाहट (स्त्री.), धकधकी (स्त्री.) (धरक.), धकपक (स्त्री.) (हो.); (दिल में) धड़क (स्त्री.) (हो.), धड़कन (स्त्री.) (हो.), धड़कना-, धड़क उठना-, धड़का, धड़धड़ (स्त्री.), धुकधुकी (स्त्री.); (हृदय का) स्पन्दन (दे.73.19)।

धड़काना-।

हिलना-, हिल उठना-/जाना-, हिलना-डुलना-, हिलना-डोलना-, हिलनि (स्त्री.), हलकना-, हल्लन, अस्थिति (स्त्री.), आन्दोलन, चलन, चलना-, चलित, चालन, जुंबिश (स्त्री.), झकुराना-, झकोरा/झटक/झोंकर/हचक खाना-, झलना-, झुमिरना-, झूमना-, टलमलाना-, डुलना-, डोलना-, धूजना-, प्रचलन।

हिलाना-, हिलाना-डोलाना-, चलाना-, चालन, चालना-, झलना-, झुमाना-, डुलाना-, डोलाना-, उद्धूनन।

ज़ोर से हिलाना : झकझोरना-, झकझोर देना-, झकझोरा, झक झोलना-, झकझेलना-, झकोरना-, झकोरा (दे.मार.), झकझारे, झकोल, झकुराना-, प्रकंपन, हलहलाना-।

गर्द आदि साफ़ करने के लिए हिलाना : झटकना-, झटक देना-, झटकारना-, झाड़ना-, झाड़ डालना-,/देना-/लेना-।

झोंके/धक्के से हिलना : हचकना-, हचका/हचकोला खाना-।

हचकाना-, हचका देना-/मारना-।

उधर-उधर हिलना : डगडगाना-, डगमग (हो.), डगमगाना-, डगमगा जाना-, डगमगाहट (स्त्री.), डगमगी (स्त्री.), डाँवाडोलपन, लग़ज़िश (स्त्री.), लटपटान (स्त्री.), लटपटाना-, लटपटा जाना-, लड़खड़ाना-, लड़खड़ा जाना-, लड़खड़ाहट (स्त्री.), लड़खड़ी (स्त्री.), लड़बड़ाना-, लुड़खुड़ाना-।

डगमगा देना-, डगमगाना-।

बेचैनी से हिलना-डुलना : छटपट (स्त्री.) (कर.), छटपटाना-, तड़फड़ (स्त्री.) (दे.91), तड़फड़ाना-।

इस तरह हिलाना कि फट-फट/फड़-फड़ शब्द निकले : फटकरना-, फटफटाना-, फड़फड़ाना- (दे.105)।

मंथन, मथना- (दे.270)। घोलना- (दे.468)।

लंबी पतली चीज़ का हिलना : लचना-, लपन (स्त्री.), लपना, लपलपाना-, लफलफाना-, ललन।

लंबी पतली चीज़ को हिलाना : लपलपाना-, लपाना-, लफाना-।

लपने से उत्पन्न झुकाव : लच (स्त्री.), लचक (स्त्री.), लचकन (स्त्री.), लचकना-, लचक जाना-, लचन (स्त्री.), लचना-, लचलचापन, लचीलापन (दे.98), मचक (स्त्री.), मचकना-, मचका।

मचकने से 'मच-मच' शब्द निकलना : मचकना-।

मचकाकर 'मच-मच' शब्द निकालना : मचकना-, मचमचाना-।

लचकाना-, लचाना-, मचकाना-।

झूलन (स्त्री.), झूलना-(दे.702), दोल, दोलन (दे.190), दोलना-।

तरल पदार्थ का हाथ या किसी चीज से हिलाना : हिलोरना-, हिलकोरना-, हिलकोरा देना-, हिलोरना-।

उफनना-, उबलना-(दे.79)।

वि. कंपित, आन्दोलित, आकंपित, आधुत, आधूत, उत्कंपित, उल्ललित, धुत, धूत, धून, प्रकंपित, प्रचलित, प्रस्फुरित, लल, विकंप, विकंपित, विकंपी, विक्लव, विधुत, विधूत, विधूनित, विनिर्धुत, विस्फुरित, वेपित, संजातवेपथु।

परिस्पंदित, स्पंदित।

आलोल, आलोलित, उद्धूत, निर्धूत, विधूनित।

कंपमान, कंपायमान, कंप्र, आकंप्र, उल्लल, चलायमान, लरजाँ, वेपथुपरीत, वेपथुभृत्, वेपमान, स्फूर्तिमान्।

दोलायमान, चलित, जुंबाँ, टलमल, ललित, विलुलित, संचल।

कँपानेवाला : चंचत्क, प्रकंपी, वेपन, स्पन्दी।

फड़कनेवाला : फरकौहाँ, स्पन्दनशील।

ज़ोर से हिलने-डुलनेवाला : हचकीला।

अस्थिर (दे.266), अटपट, अटपटा, चंचल (दे.224), डगडौर, डगमग, डाँवाडोल, लटपट, लटपटा, विचलित।

कँपानेवाला : धूनक, प्रकंपन, लल, वेपन।

झकझोर, झोंकेदार, तेज़।

हिलाने योग्य : चालनीय, चाल्य।

अ. धकपकाते हुए जी से : धकपक, धक्कपक्क।

डगमग; थरथर; हिलते-डुलते।

गिरता-पड़ता, गिरते-उठते, गिरते-पड़ते, गिर-पड़कर।

268. अकंपत्व

सं. अकंपत्व, अक्षुब्धता (स्त्री.), अक्षोभ, अप्रकंपत्व, अविक्षोभ, कंपनराहित्य, कंपहीनता (स्त्री.), स्थिरता (स्त्री.) (दे.269)।

निश्चलता (स्त्री.), निश्चेष्टता (स्त्री.), सुन्नपन, स्पन्दनहीनता (स्त्री.)।

वि. अकंप, अकंपन, अक्षुब्ध, अप्रकंप, अविक्षुब्ध, कंपनरहित, कंपहीन, निष्कंप, निष्प्रकंप, स्थिर।

अकंपित, अनिंगित, जडवत्, निश्चल, निश्चेष्ट, निस्पन्द, निःस्पन्द, निस्सपन्द, सुन्न, स्पन्दनहीन, स्पन्दरहित।

अकंपनीय, अकंप्य।

स्तब्ध, निस्तब्ध, शान्त, अधूत, अनान्दोलित, अनालोड़ित।

269. गतिहीनता

सं. गतिहीनता (स्त्री.), गतिराहित्य, अक्रम, अगति (स्त्री.), अचरता (स्त्री.), अचलता (स्त्री.), अचंचलता (स्त्री.), अचपलाहट (स्त्री.), अचापल्य, अटलता (स्त्री.), अडिगपन, अविचलता (स्त्री.), क़ायमी (स्त्री.), निश्चलता (स्त्री.), शान्तता (स्त्री.), शान्ति (स्त्री.), स्तब्धता (स्त्री.), स्तब्धत्व, स्तिमितत्व, स्थाणुता (स्त्री.), स्थावरता (स्त्री.), स्थावरत्व, स्थितता (स्त्री.), स्थिति (स्त्री.), स्थितिता (स्त्री.), स्थितिशीलता (स्त्री.), स्थिरता (स्त्री.), स्थिरत्व, स्थैर्य।

अटक (पड़.), अटकना-, अटक जाना-, अटकाव, अड़चन (स्त्री.), अड़चल (स्त्री.), अड़न, अड़ना-, ठहरना-, ठहर जाना-, ठहराव, थमना-, थम जाना-, रहना-, रह जाना-, रुँधना-, रुकना-, रुक जाना-/पड़ना-, रुकाव, रुकावट (स्त्री.) (दे.393)।

चालू न रहना-, ठप होना-।

अटकाना-, अड़काना-, अड़ाना-, ठहराना-, ठहरा देना-/लेना-, थमकाना-, थामना-, थाम देना-, ब्रेक दबाना-/मारना-/लगाना-, रोकना-, रोक देना-/लेना-, लगाम कसना-/खींचना-/चढ़ाना-/देना-/लगाना-।

गतिरोध (कर. हो.), गत्यवरोध, गतिभंग, गतिभेद, अचरित।

रुकवाना-।

अवरोध (कर. हो.), अवरोधन (दे.383), थाम (स्त्री.), निरोध, रोध, संरोध।

प्रतिरोध (दे.393); निवारण (दे.214); नियन्त्रण (दे.429); संयम (दे.214); बंधन (दे.450); रुद्धता (स्त्री.) (दे.491)।

क्षरणहीनता (स्त्री.); प्रवाहहीनता (स्त्री.)।

निथरना- (दे.467), बैठना-, जमना-।

निथारना-, निथालना-, बैठाना-, बैठारना-, बैठालना-, जमाना-।

जड़ता (स्त्री.) (दे.61), स्तंभ, स्तंभता (स्त्री.)।

वि. गतिहीन, गतिरहित, अक्रम, अक्षुब्ध, अक्षोभ, अक्षोभ्य, अगन्ता, अगन्त्री (स्त्री.), अग, अगच्छ, अगति, अगतिमय, अगम, अचंचल, अचक्र, अचपल, अचर, अचरिष्णु, अचल, अचला (स्त्री.), अचलिष्णु, अचेष्ट, अच्युत (दे.131), अटल, अडिग, अतिहत, अनुत्तर, अपरिस्कन्द, अविचल, अविचलित, अविचालित, इलय, क़ायम, तस्थु, नग, निर्वेग, निश्चल, निश्चेष्ट, निस्पन्द, निस्स्पन्द, बरक़रार, बहाल, मुस्तक़िल, रुद्धगति, वर्तिष्णु, विचेष्ट, विनिश्चल, शान्त, साकित, साकिन, स्तब्ध, स्तब्धगति, स्तिमित, स्थविर, स्थाणु, स्थाना, स्थावर, स्थास्नु, स्थित, स्थितिमान्, स्थितिशील, स्थिर, स्पन्दनहीन।

अवरुद्ध (दे.383), निरुद्ध, रुद्ध (दे.491), संरुद्ध।

प्रतिरुद्ध (दे.393); निवारित (दे.214); नियंत्रित (दे.429); संयत (दे.214); आबद्ध, बद्ध (दे.450)।

क्षरणहीन; प्रवाहहीन।

जड़ (दे.76), निष्क्रिय (दे.415), स्तंभित।

स्थितियोग्य, स्थातव्य, स्थेय।

गतिरोधक, गतिरोधकारी।

270. मंथन

सं. मंथन (कर.), मंथ, मथन, मथना-, मथ डालना-/देना-/लेना-, मथनी (स्त्री.), माथ, आलोड़न, आवर्तन, उन्मंथ, उन्मंथन, उन्मथन, गाहन, गाहना-, प्रमथन,

प्रमाथ, बिलोड़ना-, बिलोना-, लोड़न, विमंथन, विलोड़, विलोड़न, विलोड़ना-, विलोना-, व्याघट्टन।

घोटना-, घोट डालना-/देना-, घोटा, घोटाई (स्त्री.) (कर.), घट्ट, घट्टन, व्याघट्टन।

घोटवाना-।

घोटने का औजार : घोटना, घोटनी (स्त्री.), घोटा।

घोटने का उजरत : घोटाई (स्त्री.)।

चलाना-।

फेंट (स्त्री.), फेंटना-, फेट देना-/लेना-।

घोलना- (दे.468)।

मर्दन (दे.444)। मिश्रण (दे.468)।

दही मथने का मटका : मथनी (स्त्री.) (दे.507.23)।

दही मथने का डण्डा : मथानी (स्त्री.) (दे.507.23)।

वि. मथित, आलोड़ित, आवर्तित, उन्मथित, लोड़ित, विमंथित, विलोड़ित, व्याघट्टित।

मंथ्यमान्।

मंथक, मंथिता, मंथी, उन्मंथक, प्रमाथी।

घोटा हुआ : घट्टित, व्याघट्टित।

घोटनेवाला : घोटू।

मर्दित (दे.444)। मिश्रित (दे.468)।

271. गमन

सं. गमन (कर.), गतक, गति (स्त्री.), गतिक, गम, अजि (स्त्री.), अपाय, चलता-फिरता नज़र आना-, चलता बनना-/होना-, चलना-, चल देना-/पड़ना-, चलाव, चूर्ति (स्त्री.), जाना-, तशरीफ़ ले जाना-, द्रुति (स्त्री.), निकलना-, निकल जाना-, पधारना-, पातराब, पेल, प्रयाण, प्रयाणक, यात, यान, रास्ता नापना-/पकड़ना-, राह लेना-, व्रजन, व्रजित, संक्रम, संक्रमण, संचर, संचरण, संचार, संसरण, सरण, सरणा (स्त्री.), सिधारना-, सृता (स्त्री.), सृति (स्त्री.)।

दुबारा जाना-, पुनर्गमन (कर.)।

इच्छानुसार गमन/भ्रमण : कामचार।

एक जगह से दूसरी जगह जाना : यात्रा (स्त्री.) (कर. हो.), यात, अध्न, अध्वा (स्त्री.), अध्वायन, उच्चलन, उत्क्रम, उत्क्रमण, उत्क्राम, उद्‌गम, कूच (बोल.), चलचलाव, चलना-, चलाचली (स्त्री.), चाला, निर्याण, निर्याति (स्त्री.), पयान, (कर. हो.), प्रयाण (कर. हो.), प्रयाणक, प्रस्थान (कर.), प्रस्थिति (स्त्री.), रफ़्त (स्त्री.), रफ़्तनी (स्त्री.), रवानगी (स्त्री.), विनिर्गम, विनिर्याण, व्यपगम, संप्रयाण, संप्रस्थान, सरिका (स्त्री.)।

यात्रा की तैयारी करना : बिस्तर उठाना-/गोल करना-/लपेटना-, बोरिया-बधना उठाना-/बाँधना-/सँभालना-/समेटना-, बोरिया-बकचा लादना-, बोरी बाँधना-।

यात्रा का मुहूर्त विचारना : चाला देखना-।

मुहूर्त निश्चित करना : चाला निकालना-।

वह वस्त्रादि जो ठीक मुहूर्त पर यात्रा की दिशा में कहीं रखवा दिया जाता है: प्रस्थान (धर. रख.)। (समय पर निकल न पाने की सम्भावना से लोग ऐसा करते हैं।)

चलने की तैयारी/धूम/हड़बड़ी : चलचलाव, चलाचली (स्त्री.), रवारवी (स्त्री.)।

चलने को तैयार होना : उठ खड़ा होना-, बोरिया-बधना सँभालना-।

चलने का समय : चलचलाव, चलाचली (स्त्री.), प्रयाणकाल, प्रयाणसमय, प्रस्थानकाल।

बहुतों का एक साथ चलना : चलाचली (स्त्री.)।

सफ़र (कर.), यात्रा (स्त्री.) (कर.), भ्रमण (दे.272)।

सफ़र का सामान (दे.272); सफ़रख़र्च (दे.272); सफ़रनामा (दे.591)।

सफ़र के बीच रुक जाना : प्रयाणभंग, यात्राभंग।

एक दिन का सफ़र : मंज़िल (स्त्री.)।

सफ़र मुश्किल होना : मंज़िल भारी होना-।

सफ़र पूरा करना : मंज़िल मारना-।

यात्रा का अन्त : अध्वान्त।

किसी की ओर जाना : उपसरण।

किसी के पास जाना/आना : अभिगम (दे.273)।

किसी के पास ले जाना/आना : उपनय (दे.273)।

पहुँच (स्त्री.) (दे.273)।

प्रवेश (दे.273)।

अग्रगमन (दे.275)। पश्चगमन (दे.278)। खिसकना- (दे.291)।

प्रिय से मिलने के लिए जाना : अभिसार (दे.325)।

निकलना-, निकल आना-/चलना-/जाना-/पड़ना-, निर्गम (हो.), निर्गमन, निष्क्रम, निष्क्रमण (हो.), निष्पतन, निःसरण, निस्सरण, अभिनिष्क्रमण, उच्चरण, उत्क्रम, उत्क्रमण, उत्क्राम, बहिर्गमन (कर.), विनिःसरण, विनिर्गति (स्त्री.), विनिर्गम।

निकालना- (दे.126)।

पलायन (कर.), प्रद्रव, प्रद्राव, प्रपलायन, अपगम, अपगमन, अपयान, अपसर, अपसरण, अपसार, अपसृति (स्त्री.), अपासरण, उद्द्राव, द्रव, द्रवण द्राण, द्राव, द्रुति (स्त्री.), नाश, भगना-, भागना-(दे.281), भाग जाना-/निकलना-/पड़ना-, वक्रम, विद्रव, विद्रवण, विद्राव, विद्रुति (स्त्री.), विधावन, विनिःसृति (स्त्री.), विपलायन, वैमुख्य, सन्दाव, सन्द्रव, सन्द्राव, सृत, सृता (स्त्री.)।

बगछुट/बगटुट/बेतहाशा/सरपट भागना-, सिर पर पाँव रखकर भागना-, हवा हो जाना-।

डरकर भागना-, दुम दबाकर भागना-, दुम दबा जाना-, शृगालिका (स्त्री.), शृगाली (स्त्री.)।

जान बचाना - (दे.384), निकल भागना-।

चुपचाप चले जाना-, दुम झाड़कर/दबाकर चल देना-।

चुपके से चल देना-, किड़कना-, खिसकना-(दे.391), टरकना टरक जाना-/देना-, सटकना-।

अन्तर्द्धान/अदृश्य/उड़नछू/ओझल/काफ़ूर/गायब/छलावा होना-, चंपत बनना-/होना-, नौ दो ग्यारह/रफ़ूचक्कर/लापता होना-, हवा हो जाना-।

भगदड़ (स्त्री.) (पड़. मच.), भगदर (स्त्री.), भागड़ (स्त्री.) (पड़. मच.), भागदौड़ (स्त्री.) (दे.424), भागमभाग (स्त्री.) (मच. हो.), भागाभाग (स्त्री.), परावन, दौड़भाग (स्त्री.)।

भागकर अन्यत्र जाना : उपसवना-।

देशान्तरण, प्रवसन (दे.174)। अज्ञातवास (दे.490)।

भगाना-, भगा देना- (दे.126)।

खसकना-, खसक जाना-/चलना-/पड़ना-, खिसकना-, घिसकना-, टरकना-, टलना-, टल जाना-, टसकना-, सरकना-, सरक जाना-, हटना-, हट जाना-, हटना-बढ़ना-।

खसकाना-, खिसकाना- (दे.291)।

स्वागत के लिए आगे जाना : अगवानी (स्त्री.) (कर.) (दे.333)।

गमनशीलता (स्त्री.), चलिष्णुता (स्त्री.)।

जाने की इच्छा : जिगमिषा (स्त्री.), यियासा (स्त्री.)।

वि. गया हुआ : उच्चलित, गत, निर्यात, प्रयात, प्रस्थित, यात, रवाना (कर. हो.), विगत, विनिर्यात, वीत, व्यतीत, व्यपगत, व्रजित, संप्रयात, संप्रस्थित।

सदा के लिए गया हुआ : अत्यन्तगत।

जाने को विवश : प्रयापित।

जाने वाला : अजि, अपक्रमी, अपायी, गन्ता, गन्तु, (समास में) ग, गमनकारी, गमी, गामी, गामिनी (स्त्री.), गामुक, चारी, प्रस्थायी, याता, यायी, सरिक।

इच्छानुसार जाने वाला : इच्छाचारी, कामग, कामगति, कामचर, कामचारी, मनोयायी।

दूर तक जाने वाला : दूरंगत, दूरगामी, दूरयायी।

जाने को तैयार : उच्चलित, गमनोद्यत, गमनोन्मुख, चलाचली, प्रस्थानोन्मुख, सृत्वर।

शीघ्रगामी (दे.136)। मन्दगामी (दे.137)।

गमनशील, चंचत्क, चलिष्णु, जवैया, सरिक, सृत्वर।

गन्तव्य, गमनीय, गम्य, चरितव्य।

जाने का इच्छुक : गन्तुकाम, जिगमिषु।

प्रस्थान-सम्बन्धी : प्रायाणिक, प्रायात्रिक, प्रास्थानिक, सफ़री।

यात्रा के उपयुक्त : सफ़री।

निकला हुआ : उत्क्रान्त, निःसृत, निर्गत, निर्गमित, निष्क्रान्त, प्रसृत, बहिर्गत, विनिःसृत, विनिर्गत, सृत।

निकाला हुआ : निष्क्रामित।

भागा हुआ : पलायित, अपगत, अपसृत, अपासृत, अपेत, द्राण, फ़रार, फ़रारी, भयभ्रष्ट, विद्रुत, विधावित, विनिःसृत, विपलायित, सृत।

भागनेवाला : पलायक, पलायी, प्रद्रावी, प्रपलायी, अपपलायी, उद्द्रुत, द्रवक, भगेड़ू, भगेलू, भगोड़ा, भगोहाँ, भगौंहाँ, भग्गुल, भग्गू, भयद्रुत, विद्रावी, विपलायी।

युद्धक्षेत्र से भागनेवाला : दृष्टपृष्ठ।

भागता हुआ : पलायमान, द्रव।

अ. चलते-चलते, जाते-जाते।

272. भ्रमण

सं. भ्रमण (कर.), अटन, अटना-, गर्दिश (स्त्री.), घुमक्कड़ी (स्त्री.) (कर. हो.), घुमव्वल (हो.), घुमाई (स्त्री.), घुमौअल, यायावरी (स्त्री.), सियाहत (स्त्री.), सैयाही (स्त्री.), सैर (स्त्री.) (कर. हो.), यात्रा (स्त्री.), (कर.हो.), सफ़र (कर.हो.)।

घूमना-, घूम लेना-, घूमना-घामना-, घूमना-फिरना-, गश्त (कर. लगा.) (दे.382), चंक्रम, चंक्रमण, चंक्रमा (स्त्री.), चरण, चरना-, चर्या (स्त्री.), प्रचरण, प्रचार, फिरना-, बिचरना-, भ्रमणी (स्त्री.), रमण, रमना-, विचरण (कर.), विचरना-, विचरित, विचलन, विनटन, विभ्रम, व्रज, व्रजन, व्रजित, व्रज्या (स्त्री.), संक्रम, संक्रमण, संचरण, संचलन, संसरण, हिण्डन।

आमोदयात्रा (स्त्री.) (कर.), तफ़रीह (स्त्री.) (कर.), विहरण, विहार (कर.), सैर (स्त्री.) (कर.), सैर-सपाटा (कर.)।

सैर की जगह : सैरगाह (स्त्री.)।

इच्छानुसार भ्रमण : कामचार (दे.271)।

निरुद्देश्य भ्रमण : आवारागर्दी (स्त्री.) (कर.), आवारगी (स्त्री.), आवारापन, आहिण्डन, कूचागर्दी (स्त्री.), ख़ानाख़राबी (स्त्री.), ख़ानाबरबादी (स्त्री.), घाट-घाट का पानी पीना-, जगह-जगह फिरना-, भटकना-, मटरगश्त (स्त्री.) (कर.), मटरगश्ती (स्त्री.) (कर.), हण्डना-, हाँड़ना-।

टहलना-(दे.280)।

प्रातःभ्रमण; वायुसेवन, हवाख़ोरी (स्त्री.)।

सांध्यभ्रमण।

रात्रिकालीन भ्रमण : नक्तंचर्या (स्त्री.), नैशभ्रमण।

आस-पास घूमना : चक्कर काटना-/मारना-/लगाना-, मँडराना-, मड़राना-।

मंदिर आदि के चारों ओर घूमना : परिक्रम, परिक्रमण, परिक्रमा (स्त्री.) (कर.), प्रदक्षिण, प्रदक्षिणक्रिया (स्त्री.), प्रदक्षिणा (स्त्री.) (कर.), घुमड़ी (स्त्री.) (ले.), चकफेरी (स्त्री.) (कर.), चक्कर (लगा.), फेरा (कर. लगा.), फेरी (स्त्री.) (डाल. दे.), भँवरी (स्त्री.) (दे.), भाँवर (स्त्री.) (ले.), भौंरी (स्त्री.) (दे.) (दे.338), विवर्त, विवर्तन।

पर्यटन (कर.), परिचरण, परिभ्रम, परिभ्रमण (कर.), परिभ्रामण, परियान, परिसरण, परिसर्प, परिसर्पण, परिसर्पा (स्त्री.), परिसार, प्रव्रज्या (स्त्री.), प्राव्रज्य, प्राव्राज्य, अटा (स्त्री.), अटया (स्त्री.), उद्‌भ्रम, उद्‌भ्रमण, संप्रपद।

परिव्रज्या (स्त्री.), संन्यास (दे.308)।

तीर्थयात्रा (स्त्री.) (दे.307)।

देशभ्रमण (कर.), देशाटन (कर.)।

विदेश-यात्रा (स्त्री.) (कर.) (दे.174)।

जहाँगर्दी (स्त्री.), पृथिवी-प्रदक्षिणा (स्त्री.), पृथ्वी-प्रदक्षिणा (स्त्री.), भूपर्यटन, विश्वभ्रमण (कर.), globe-trotting।

आकाश-भ्रमण (कर.), नभश्चरण, नभोगति (स्त्री.), सैरे अफ़्लाक।

जलयात्रा (स्त्री.)।

नौकाभ्रमण, नौकाविहार (कर.)।

समुद्रगमन, समुद्रयात्रा (स्त्री.) (कर.), समुद्रयान, समुद्री सफ़र।

अंतरिक्षयात्रा (स्त्री.) (दे.2)।

साहसिक यात्रा (स्त्री.)। जंगल में घूमना और शिकार खेलना : सैरो शिकार। चाँद की सैर : सैरे क़मर (स्त्री.)। मंगलग्रह की सैर : सैरे मिर्रीख़ (स्त्री.)।

अभियान। खोज अभियान। ध्रुवीय अभियान।

पर्वतारोहण; पर्वतारोही दल।

खानाबदोशी (स्त्री.), घुमक्कड़पन, घुमन्तूपन, भ्रमणविलास, यायावरवृत्ति (स्त्री.)।

भ्रमणेच्छा (स्त्री.), विजिहीर्षा (स्त्री.), विहारेच्छा (स्त्री.)।

मार्गव्यय, यात्रिक, राहख़र्च, सफ़री (स्त्री.)।

यात्राधिदेय, यात्रा-भत्ता, travelling allowance।

क्रोशाधिदेय, मील-भत्ता, milage।

यानाधिदेय, वाहन-भत्ता, सवारी भत्ता, conveyance allowance।

यात्री का वह सामान जो पहले से पड़ाव पर भेजा जाता है : अगाड़ा।

यात्रा की सामग्री : गठरी-मुटरी (स्त्री.), डेरा-डण्डा, बोरिया-बधना, बोरिया-बिस्तर, यात्रिक; सामान, luggage।

यात्री का भोज्य पदार्थ : पथ्याशन, पथ्योदन, पाथेय, शंबल, संबल।

यात्रीबंधु, passenger guide।

पांथशाला (स्त्री.), यात्रीनिवास (दे.178)।

पर्यटन संस्था (स्त्री.)। पर्यटन उद्योग।

भ्रमणवृत्तान्त (दे.591)।

राहचलता, उत्पथिक।

यात्री, यात्रिक, उतारू, कार्पटिक, पारदेशिक, पारदेश्य, प्रातिपथिक, मुसाफ़िर (दे.298), सफ़री।

पथिक, पंथी, पथगामी, पथचारी, पथिल, पथी, पांथ, पादविक, अत्क, अत्न, अत्नु, अध्वग, अध्वगामी, अध्वनीन, अध्वन्य, अध्वाति, आता-जाता, गन्तु, गमथ, गमी, बटाऊ, बटोही, मार्गिक, मार्गी, यातु, यातृक, राहगीर, राही, वहत, वहतु, सारणिक।

काफिला, कारवाँ (दे.662), कार्पटिक, पथिकसन्तति (स्त्री.), पथिकसंहति (स्त्री.), पथिकसार्थ, यात्रीदल, सरक।

परिव्राजक, संन्यासी (दे.308)।

वि./सं. ख़ानाबदोश, अनिकेत, अनिकेतन, यायावर, संचारजीवी।

वि. पर्यटक, भ्रमणकारी, सैयार, सैलानी।

यात्री, इत्वर, प्रातिपथिक, सारणिक, सालिक।

घुमक्कड़, घुमन्तू, घुमना, घुमनी (स्त्री.), (सिर्फ़ समास में) अटक, अटन, अत्यन्तिक, अवनीचर, परिभ्रामी, परिसारक, परिसारी, भँवारा, भ्रमणशील, रमता, विभ्रमी, विलासक, सैयाह, हिण्डक।

वि./सं. आवारा, आवारागर्द, उठल्लू, उठल्लू का चूल्हा, ख़ानाखराब, ख़ानाबरबाद, बहेंगा, बहेतू, भटकैया, हाँड़ना।

वि. इच्छानुसार घूमनेवाला : कामचर (दे.271)।

भ्रमणप्रिय, भ्रमणविलासी, सैरबाज़, सैर-सपाटे का शौक़ीन।

रात में घूमनेवाला : नक्तंचर, निशाचर (दे.165)।

जहाँमर्द, भूपर्यटक, विश्वभ्रमणकारी।

आकाशचारी, नभश्चर (दे.3)।

समुद्रग, समुद्रगामी (दे.21)।

अंतरिक्षयात्री (दे.2)।

अभियाता, अभियानकारी, अभियानी, अभियायी।

पर्वतारोही।

विजिहीर्षु।

दूरगामी।

चंक्रमित; परियात, पर्यटित, विचर, विचरित।

अध्वनीन, अध्वन्य।

273. आगमन

सं. आगमन (कर. हो.), आगम, आगत, आगति (स्त्री.), आना-, आ जाना-/पहुँचना-, आमद (स्त्री.), आय, आयाति (स्त्री.), आयान, आवय, अवाई (स्त्री.), समागम (हो.), समाय।

चरण पड़ना-। (जहँ-जहँ-चरण पड़े सन्तन के तहँ-तहँ बंटाधार।)

आदर में : तशरीफ़ लाना-, पदार्पण करना-, पधारना-, पाँव धरना-, पादार्पण।

शुभागमन (हो.)।

मौक़े पर आना : अच्छा आना-।

आय (स्त्री.), आमद (स्त्री.)।

आयात (दे.662)।

माल की आमद : आवक।

समागमन, समवेतन, rally।

अचानक आना : आ धमकना-/निकलना-/पहुँचना-, उपनिपात, टपक/धमक पड़ना-।

पास आना-/जाना- : अभिगम, अभिगमन, अभ्यागम, अभ्युपगम, उपगति (स्त्री.), उपगम, उपगमन, उपनति (स्त्री.), उपयान, उपसद, उपसदन, उपसरण, उपसर्पण, उपसादन, उपस्थापन, उपागम, उपायन, नियराना- (दे.193), समासादन, समुपगम, समुपस्था (स्त्री.), समुपस्थान, समुपस्थिति (स्त्री.)।

आने देना-, फटकने देना-।

उपस्थित होना-, हाज़िर होना-/आना-, हाज़िरी (स्त्री.) (दे.बजा.) (दे.120)।

पहुँच (स्त्री.) (हो.), पहुँचना-, पहुँच जाना-, पैठ (स्त्री.) (हो.), पैठारी (स्त्री.), प्रपदन, आपतन, गति (स्त्री.) (हो.), दौड़ (स्त्री.) (हो.), रसाई (स्त्री.) (हो.), संप्राप्ति (स्त्री.), समागति (स्त्री.)।

उपस्थित/हाज़िर करना-, पहुँचाना-, पहुँचा देना-।

प्रवेश (कर. मिल. हो.), प्रवेशन, प्रतिहारण, पैठ (स्त्री.) (हो.), पैठना-, पैठ जाना-, अन्तर्निवेश, अन्दर/भीतर जाना-, अनुप्रवेश, आवेश, आवेशन, क़दम रखना-, क्रमण, घुसना-, घुस आना-/जाना-/पड़ना-, ठुसना-, ढुकना-, ढुक जाना-, दखल (कर.), दाखिल होना-, दाखिला, धँसन (स्त्री.), धँसना-, धँस जाना-, धँसान (स्त्री.),

धँसाव, धसना-, धस जाना-, धसान (स्त्री.), धसाव, निवेश, निवेशन, विगाह, वेश, वेशन, वेशिका (स्त्री.), सन्निवेश, समावेश, समावेशन, (पानी में) हेलना-।

अनाहूत प्रवेश, घुसपैठ (स्त्री.), बलात्प्रवेश, बलप्रवेश, intrusion।

अन्तरागम, प्रवाहागमन, influx।

प्रवेश कराना-, प्रवेशन- पैठाना-, पैठा देना-/लेना-, पैठाना-, पेलना-, अन्दर/भीतर पहुँचाना-, घुसाना-, घुसा देना-, घुसेड़ना-, घुसेड़ देना-, ठूँसना-, ठूसना-, दाख़िल करना-, धँसाना-, धसाना-।

घुसवाना-, ठुसवाना-, ठुसाना-।

लौटना-, लौट आना-/जाना-/पड़ना-, लौट (स्त्री.), लौटान (स्त्री.), अपावर्तन, अपावृत्ति (स्त्री.), उपावर्तन, निर्वतन, परावर्त, परावर्तन, परावृत्ति (स्त्री.), पलटना-, पुनरपगम, पुनरागम, पुनरागमन (कर. हो.), पुनरावर्त, पुनरावृत्ति (स्त्री.), पुनरुपगम, पुनरुपगमन, प्रतिगत, प्रतिगमन, प्रतिनिवर्तन, प्रतिप्रयाण, प्रतियान, प्रतिवर्तन, प्रत्यागति (स्त्री.), प्रत्यागम, प्रत्यागमन (कर. हो.), प्रत्यापत्ति (स्त्री.), प्रत्यावर्तन (कर. हो.), प्रत्यावृत्ति (स्त्री.), फिरता, फिरना-, फिर आना-/जाना-/पड़ना-, फेरा (कर.), बहुरना-, मुड़ना-, मुड़ जाना-, वापसी (स्त्री.) (हो.), विनिवर्तन, व्याघुटन, व्यापवर्तन, व्यावर्तन, सन्निवृत्ति (स्त्री.), समावर्त, समावर्तन।

तुरन्त लौटना-, उलटे पाँव फिरना-/लौटना-।

लौटाना- (दे.683)।

द्विरागमन (दे.338)।

आना-जाना- (दे.266)।

अतिथि, अभ्यागत, आगन्तु, आगन्तुक, आगत, आगान्तु, आतिथ्य, प्राधुणक, आया-गया, आवेशिक, पाहुना, पाहुनी (स्त्री.), पाहुण, पाहू, प्रघुण, प्रघूर्ण, प्राघुण, प्राघ्रुणिक, प्राघूर्णक, प्राघूर्णक, प्राघूर्णिक, प्राहुण, प्राहुणक, मेहमान।

वि. आगत, आयात, समागत।

अभ्यागत, अभ्युपगत, उपगत, उपनत, उपसन्न, उपस्थाता, उपस्थायी, उपागत, समायात, समुपागत, समुपेत।

उपस्थित (हो.) (दे.120), हाजिर (हो.)।

समवेत।

दूरागत। नवागत। बहिरागत।

जिसके चरण पड़ते ही तबाही मच जाय : चौपटचरण, मनहूस, सब्ज़क़दम।

निकट आया हुआ : आगतप्राय, आसन्न, उपस्थितप्राय।

आने वाला : आगन्ता, आगन्तु, आगन्तुक, आगमी, आगामि, आगामिक, आगामी, आगामुक।

पास आने वाला : अभिगामी, उपगन्ता, उपगामी, उपयायी, उपसद, उपायी।

पास जाने योग्य : अभिगम्य।

पास लाया हुआ : उपनीत।

पास लेनेवाला : उपनेता, उपस्थापक, उपहारी।

पास लाने योग्य : उपवाह्य, प्रणयनीय।

पहुँचा हुआ : प्रपन्न, संप्रपन्न, संप्राप्त, समासादित, समुपस्थित।

पहुँचानेवाला : रसाँ।

घुसा हुआ : प्रविष्ट, आविष्ट, दाख़िल, निविष्ट, विष्ट, सन्निविष्ट, समाविष्ट। अन्तःप्रविष्ट।

घुसाया हुआ : प्रवेशित, सन्निवेशित, समावेशित।

प्रवेशक, प्रवेष्टा, विगाधा, वेशक, वेशी।

घुसपैठिया, घुसपैठी।

प्रवेश्य, विगाह्य।

लौटा हुआ : परावृत्त, पुनरागत, पुनरावृत्त, प्रतिगत, प्रत्यागत, उपावृत्त, फिरता, वापस, विनिवृत्त, व्यावृत्त, सन्निवृत्त, समावृत्त।

ध्यान न दिये जाने से लौटा हुआ : अगणितप्रतियात।

लौटाया हुआ : परावर्तित, परावृत्त, प्रतिनिवर्तित, अपावृत्त, वापस, विनिवर्तित, व्यावर्तित।

लौटनेवाला : निवर्तक, निवर्ती।

बार-बार आने वाला : अनात्यन्तिक, पुनरावर्तक।

न लौटनेवाला : अनागामी।

अ. लौटती बार, लौटते समय, लौटानी।

274. अगमन

सं. अगमन, अनपक्रम, अनपक्राम, न जाना-, न हटना-।

अनागति (स्त्री.), अनागम, न आना।

अनावर्ति (स्त्री.), अनावृत्ति (स्त्री.), न लौटना-।

अनुपस्थान, अनुपस्थिति (स्त्री.) (दे.121), ग़ैरहाज़िरी (स्त्री.), नागा (कर. हो.) (दे.415)।

अन्तर/बीच डालना-, नागा देना-।

वि. न गया हुआ : अगत।

न जाने वाला : अगन्ता, अगन्त्री (स्त्री.); जो न चले : अगच्छ; न जाने वाला : अगम (दे.269)।

अनागामी।

अनागत, अनागम।

अग, अगम्य (दे.297), अनागम्य।

अनावृत्त।

अनावर्तक, अनावर्ती।

अनिवर्ती।

अनुपस्थित, ग़ैरहाज़िर, नागा (दे.415)।

275. अग्रगमन

सं. अग्रगमन (कर.), आगे चलना-/जाना-, पुरःसर, पुरस्सर, पेशरवी (स्त्री.)। अग्रगति (स्त्री.), अग्रगामिता (स्त्री.), पुरोगति (स्त्री.), पुरोगामिता (स्त्री.)।

अग्रसरण, अतिग्रह, अतिग्राह, अतिभव, अतिवर्तन, अतिवृत्ति (स्त्री.), अतिशायन, आगे बढ़ना-, प्रगति (स्त्री.) (कर.) (दे.695), प्रगमन, प्रसृति (स्त्री.), बढ़ना-, बढ़ जाना-।

किसी स्थान की ओर बढ़ना : अभिसरण, अभिसारण (दे.325)।

क्रम से आगे बढ़ना : अनुक्रमण।

अगुसारना-, आगे बढ़ाना-।

अगुआई (स्त्री.) (कर.), पथप्रदर्शन (कर.), मार्गदर्शन (कर.), रहनुमाई (स्त्री.) (कर.) (दे.373)।

अगुआ, पथदर्शक, पथप्रदर्शक, मार्गदर्शक, रहनुमा।

वि. आगे-आगे चलनेवाला : अग्रगन्ता, अग्रगामी, अग्रगामिनी (स्त्री.), अग्रणी, अग्रयान, अग्रयायी, अग्रसर, अग्रेसर, अग्रसरी (स्त्री.), पुरःसर, पुरस्सर, पुरोगन्ता, पुरोग, पुरोगम, पुरोगामी, पूर्वसर, पेशरौ।

आगे बढ़ने के लिए प्रयासरत : अतिशयालु।

आगे बढ़ जाने वाला : अतिभू, अतिवर्ती, अतिशायी, अतिसर।

आगे बढ़ा हुआ : अतिक्रान्त (दे.279), अतिशयित।

पहले जाने वाला : पूर्वग, पूर्वगामी।

पहले गया हुआ : पुरोगत, पूर्वगत, प्रगत, प्रसृत।

अ. आगे; आगे-आगे।

276. अनुसरण

सं. अनुसरण (कर.), अनुसार, अनुसारणा (स्त्री.), अनुसृति (स्त्री.), अनुक्रमण, अनुगति (स्त्री.), अनुगम, अनुगमन (कर.), अनुधावन, अनुपतन, अनुपात, अनुयान, अनुवर्तन, अनुवृत्ति (स्त्री.), अन्वय, अन्विति (स्त्री.), आनुगता, क़दम पर क़दम रखना-, क़दम-ब-क़दम चलना-, नक़्शे क़दम/पदचिन्हों पर चलना-, पदानुसरण (कर.), पिछलगी (स्त्री.) (कर.), पीछे चलना-।

ख़्वाहमख़्वाह पीछा करना : संग लग लेना-।

साथ-साथ अनुसरण करना : सहानुसरण।

पीछे-पीछे प्रविष्ट होना : अनुवेश, अनुवेशन।

अवधावन, पीछा करना-।

पीछा करते हुए भगाना : खदेड़ना- (दे.126)।

गुरुजनों का अनुयायी बालक : अनुबंध।

वि. अनुसरित, अनुसृत, अनुगत, अनुगमित, अनुद्रुत, अनुधावित, अनुवर्तित।

अनुगन्तव्य, अनुगमनीय, अनुगम्य।

अनुस्रियमान।

अनुसरणकारी, अनुसर, अनुसारक, अनुसारी, (समास में) अनुग, अनुगतिक, अनुगामी, अनुगामुक, अनुचर (दे.324), अनुचारी, अनुपद, अनुपदिक, अनुपदी, अनुपुरुष, अनुयाता, अनुयात्रिक, अनुयायी, अनुवर्ती, अनुवृत्त, आनुगतिक, आनुपदिक, चरणानुग, पदानुग, पदानुसरणकारी, पश्चाद्वर्ती, पिछलगा, पिछलगू, पिछलग्गू, पृष्ठानुग, पृष्ठानुगामी, सहायी।

छाया की तरह अनुगमन करने वाला : प्रतिबिम्बक, प्रतिविंवक।

जिसका कोई अनुयायी न हो : अनपर।

अ. अनुपद, क़दम ब क़दम पीछे-पीछे।

277. सहगमन

सं. सहगमन (कर.), सहचरण, सहानुसरण, संक्रम, संक्रान्ति (स्त्री.), संयात्रा (स्त्री.), संयान, संग जाना-, साथ चलना-/जाना-, संग लग लेना-, साथ हो लेना-, संग होना-, साथ देना-, हमराह होना-।

संग लेना-, साथ ले चलना-।

साथ कर देना-, हमराह करना-।

अनेक लोगों का एक साथ चलना : चलाचली (स्त्री.)।

जुलूस (निकल. निकाल.), जलूस, जनयात्रा (स्त्री.), राछ (निकाल. फिरा.), वलक।

शोभायात्रा (स्त्री.) (निकल. निकाल.)।

सवारी (स्त्री.) (निकल. निकाल.)।

बारात (स्त्री.) (उठ. निकल.) (दे.338)।

प्रभातफेरी (स्त्री.) (निकल. निकाल.)।

नगरकीर्तन।

पदयात्रा (स्त्री.) (निकल. निकाल.)।

वि./सं. सहगामी, सहचर, सहचरित, सहचारी, सहपंथा, सहपथी, सहप्रयायी, सहप्रस्थायी, सहयात्री, सहयायी, सहलगी, सहायी, समध्व, संयात, संयात्री, साथी (दे.324), सार्थिक, हमराह, हमराही, हमसफ़र।

अ. एक साथ, पास-पास, बराबर-बराबर, संग, समेत, सहित, साथ, साथ में, साथ-साथ, साथ ही साथ।

278. पश्चगमन

सं. पश्चगमन, पश्चादपसरण, पीछा दिखाना-, पीछे मुड़ना-/हटना-; पीठ दिखाना-/देना-/फेरना-, अपक्रम, अपक्रमण, अपक्राम, अपसर, अपसरण, अपसर्पण, अपसार, अपसृति (स्त्री.), अपावर्तन, अपावृत्ति (स्त्री.), निवर्तन, भागना-(दे.271), मैदान छोड़ना-।

पिछड़ना-, पिछलना-, पीछे रह जाना-।

पीछे ढकेल देना-, मुँह मोड़ना-।

(विप.) पीछे न हटना-, पराङ्.मुख न होना-, जमा/डटा रहना-, अनपक्रम, अनपक्राम।

वि. पश्चगामी।

प्रतिकूलगामी, प्रतिसारी, विपरीतगामी।

पश्चगत, अपसर्पित, अपसृत, अपावृत्त, निवर्ती।

(विप.) पीछे न हटनेवाला : अनपक्रामक।

पीछे न हटा हुआ : अनावृत्त।

279. अतिक्रमण

सं. अतिक्रमण (कर. हो.), अतिक्रम, अतिकृति (स्त्री.), अतिचरण, अतिचार, अतिपतन, अतिपत्ति (स्त्री.), अतिपात, अतिलंघन, अतिवर्तन, अतिवृत्ति (स्त्री.), अतिसंधान, अतिसर्पण, अतीचार, अत्यय, अत्याधान, अत्याय, उत्क्रम, उत्क्रमण, उत्क्रान्ति (स्त्री.), उत्क्राम, उल्लंघन (कर. हो.); क्रमण, लंघन (कर. हो.), लाँघना- (दे.283), विलंघन, समतिक्रम।

अधिक्रम, अधिक्रमण (कर.), अधिलंघन (कर.), अवक्रम (कर.), supersession।

अतितरण, उत्तरण, तर, तरण, पार उतरना-/करना-/लगना-/होना-, सन्तरण।

उत्तार, तार, तारण, तारना-, पार उतारना-/करना-/लगाना-प्रतर।

आरोहण (दे.287)। उतराई (स्त्री.) (दे.298)। छलकन (स्त्री.) (दे.128)।

सीमा का उल्लंघन करना-, सीमातिक्रमण (कर.), सीमोल्लंघन (कर.) (दे.633), हद से आगे जाना-।

अतिक्रमणीयता (स्त्री.), अतिक्रम्यता (स्त्री.), उल्लंघनीयता (स्त्री.)।

पार होने की इच्छा : तितीर्षा (स्त्री.)।

वि. अतिक्रान्त, अतिकृत, अतिपतित, अतिपन्न, अतिलंघित, अतिवर्तित, अतिसंधित, अत्यर्थ, उत्क्रान्त, उल्लंघित, लंघित, विलंघित।

अतिक्रमणकारी, अतिक्रामक, अतिचारी, अतिपाती, अतिवर्ती, अत्ययी, लंघनकारी, लंघक, विलंघी।

अतिक्रमणीय, अतिक्रम्य, अतिवर्तनीय, उल्लंघनीय, उल्लंघ्य, लंघनयोग्य, लंघनसाध्य, लंघनीय, लंघ्य, विलंघनीय, विलंघ्य, व्याहन्तव्य।

पार पहुँचा हुआ : उत्तीर्ण, तीर्ण, पारगत, पारचर।

पार जाने वाला : पारग, पारगामी।

वि./सं. पार करने वाला : अतितारी, उत्तारी, तारण, पारग, पारण, पारनेता, सन्तरण।

पार करने योग्य : उत्तार्य, तार्य।

पार होने का इच्छुक : तितीर्षु, पारकाम।

280. पदचारण

सं. पदचारण (कर.), पदचार, पदक्रम, पादचार, पैदल चलना-, प्यादापाई (स्त्री.)।

टहलना-, टहल लेना-, टहलान (स्त्री.), अंगण, अंगन, घूमना-, घूमना-टहलना-, चंक्रम, चंक्रमण, चंक्रमा (स्त्री.), मटरगश्त (स्त्री.) (कर.), मटरगश्ती (स्त्री.) (कर.)।

टहलाना-, टहला देना-/लेना-, घुमाना-, घुमाना-टहलाना।

चहलक़दमी (स्त्री.) (कर.), चेहलक़दमी (स्त्री.), परिविहार।

टहलने का स्थान : अंगण, अंगन, चंक्रम, चंक्रमण, संचारपथ।

गश्त (कर. मार. लगा. हो.) (दे.382)।

क़दम/पैर रखना-, चरण देना, डग देना-/भरना-, पदविक्षेप (कर.), पदन्यास, पदपात, पदविशेष, पदविष्टंभ, पादक्षेप।

हाथी की सी गौरवमयी मन्द चाल : गजगति (स्त्री.), गजगमन।

हंस की सी सुन्दर चाल : हंसगति (स्त्री.), हंसगमन।

चाल तेज़ करना : क़दम उठाना-/बढ़ाना-, क़दम/पाँव उठाकर चलना-, डग भरना-/मारना-, पाँव बढ़ाना-, प्रक्रमण।

चलने में दोनों पाँवों के बीच का अन्तर : क़दम, चरणन्यास, डग, पग, पदबंध, प्रक्रम, फाल।

लंबा डग : उफाल।

डग की लंबाई : फाल, विक्राम।

चलने की धज : पदगति (स्त्री.)।

पैर का निशान : पदचिह्न (दे.73.25)।

गेंड़ी (स्त्री.), stilt।

अधियान कूच (स्त्री.), प्रयाण, प्रयाणम्, march।

अधि-प्रयाणम्, double march।

द्रुत-प्रयाणम्, quick march।

मन्द-प्रयाणम्, slow march।

पदसंचलन, सुख-पथप्रयाण, सुख-प्रयाण, route march।

कवायद (स्त्री.), परेड (स्त्री.), प्रयोग्या (स्त्री.), parade।

योग्या-भूमि (स्त्री.), parade ground।

पथिक (दे.271)।

चलते-चलते रुक जाना : पाँव घिसना-/तोड़ना-।

चलने का शब्द : धमक (स्त्री.) (दे.73.26), धम-धम, धमधमाना-।

वि. पदचर, पदचारी, पदस्थ, पदाति, पदातिक, पदातीय, पदिक, पादचारी, पादुक, पैदल, प्यादापा।

गजगति, गजगामी, गजगामिनी (स्त्री.)।

हंसगामिनी (स्त्री.)।

अ. पाँव-पाँव, पाप्यादा, प्यादापा, पैदल।

आहिस्ते, चुपके, दबे पाँव।

खटखटाते/दनदनाते/धड़धड़ाते/मटकते हुए।

धम-धम, धमाधम।

281. धावन

सं. धावन, दौड़ (स्त्री.) (मार. लगा.), दौड़ना-, दौड़ आना-/जाना-/पड़ना-, दौड़ाई (स्त्री.), दौड़ान (स्त्री.), परिधावन, भागना-(दे.271), सटक्का (मार.), सड़क्का, सपाटा (भर. मार. लगा.)।

तेज़ी से दौड़ना : उड़ना-, फर्राटा भरना-/मारना-, हवा से बातें करना-।

दौड़ाना-, दौड़ा देना-, भगाना-।

वह फासला जो एक साँस में दौड़कर पार किया जाय : धाप।

धावन प्रतियोगिकता (स्त्री.), दौड़ (स्त्री.) (दे.700)।

दौड़भाग (स्त्री.) (कर.), भागदौड़ (स्त्री.) (कर.) (दे.136)।

झपट (स्त्री.), झपटना-, झपटान (स्त्री.), झपट्टा (मार.), झपाटा, झपेट (स्त्री.) झपेटना-, जकंदना-, टूटना-, टूट पड़ना-, रवकना-, लपकना-।

चीलझपट्टा।

झपटाना-।

वि. धावित।

वि./सं. धावक, धाविता, परिधावी।

धावमान।

तेज़ दौड़नेवाला : जंघाल, जंघिल, जांघिक, स्यंदिता।

झपटनेवाला : झपट्टामार।

अ. बेतहाशा, सरपट।

282. सरण

सं. सरण, सरक, सरकना-, सरक जाना-, सरना-, संसर्प, संसर्पण, सर्पण, सृति (स्त्री.), खसकना-, ख़सक चलना-/पड़ना-, खिसकना-, घिसकना-, प्रसर, प्रसरण, प्रसर्पण, रिंखण, रिंगण, रेंगना-, विसर्प, विसर्पण।

रेंगाना-।

घुटनों के बल चलना : बकैयाँ।

वि. सरित, रिंगित।

रेंगनेवाला : अधश्चर, प्रसर्पी, विसर्पी, संसर्पी।

अ. सरकते/रेंगते हुए।

घुटनो के बल, घुटुरुअन, घुटुरुन, घुटुरुवन, घुटुरुवाँ, घुटरूँ, जानुपाणि बँकैअन, बैयाँ।

पेट के बल (दे.98)।

283. कूद

सं. कूद (स्त्री.), कूदना-, कूद जाना-/पड़ना-, कूर्दन, कुदान (स्त्री.) (भर. मार.), कुर्दन, करछाल (स्त्री.) उत्कूर्दन, उत्प्लव, उत्प्लवन, उल्लंफन, गूर्द, चंक्रम, चंक्रमण, प्रलंफन, प्रस्कन्दन, लंफ, संपात।

पीछे की ओर कूदना : प्रतिप्लवन।

कूदने की इच्छा : कुदास (स्त्री.)।

कूदने की कुशलता : संपातपाटव।

कूदने का स्थान : कुदान (स्त्री.), प्रस्कन्दन।

कूदने का शब्द : धड़ (स्त्री.), धड़ाम, धम (स्त्री.)।

कूदने की प्रतियोगिता (दे.700)।

कुदलाना-, कुदाना-।

उत्प्लावकता (स्त्री.), उत्प्लाविता (स्त्री.), उत्प्लावत्व, buoyancy।

उछलना-, उछल पड़ना-, उछाल (स्त्री.) (भर. मार. ले.), उचकना-, उझकना-, उत्पात, उत्फाल, कुदलाना-, टप्पा, प्लव, प्लवन, प्लवित, प्लाव, रवकना-, स्कन्द।

चिड़ियों आदि का उछलना : फुदकना-।

गेन्द की तरह ज़मीन पर गिरकर उछलना : टप्पा खाना-।

उछलते हुए चलना : प्लुतगति (स्त्री.) प्लुति (स्त्री.)।

उछालना (दे.292)।

कुलाँच (स्त्री.) (कर. भर. मार. ले.), कुलाँचना-, चौकड़ी (स्त्री.) (भर.), जस्त (स्त्री.)।

छलाँग (स्त्री.) (भर. मार.), छलाँगना-, उड़ान (स्त्री.) (मार.), उत्फाल, ज़क़द (स्त्री.) झंप (दे.), झँपना-, परिप्लुत, फलाँग (स्त्री.) (भर. मार.), फलाँगना-।

छलाँग में तय की जाने वाली दूरी : फलाँग (स्त्री.)।

लाँघना-, लाँघ जाना-, लंघन (कर.), लंगन, उल्लंघन (कर.) (दे.279), क्रमण, डाँकना-, डाँक जाना-, डाकना-, डाक जाना-, फाँद (स्त्री.), फाँदना-, फाँद जाना-, विलंघन, विलंघना (स्त्री.)।

उछल-कूद (स्त्री.) (कर. मचा.), उझकना-बिझकना-, कुदकड़ा, कुदकना-, कुदक्का (मार.), कूद-फाँद (स्त्री.) (कर.), कूदाकूदी (स्त्री.) (कर.), धमाचौकड़ी (स्त्री.) (मचा.), लंफन, वल्गन।

झपट (स्त्री.) (दे.281), झपटना-।

कलाबाज़ी (स्त्री.) (कर. खा.), कलैया (स्त्री.) (खा. मार.), कुलाँच (स्त्री.) (खा.), उड़ी (स्त्री.), गिरह (स्त्री.) (खा. मार. लगा. ले.), ढेंकली (स्त्री.) (खा.), लौटनियाँ (स्त्री.)।

वि. उछलने/कूदनेवाला : कुदक्कड़, चंचत्क, प्लवक, प्लविता, बलाक, संपाती, स्कंत्ता, स्कन्दक, स्कन्दी।

उछला/कूदा हुआ : प्लुत, वल्गित।

उछलते/कूदते हुए चलनेवाला : प्लुतगति।

उछालने योग्य : प्लाव्य।

लाँघा हुआ : लंघित (दे.279)।

लाँघनेवाला : लंघक (दे.279)।

लाँघने योग्य : लंघनीय (दे.279)।

अ. धड़ से, धड़ाम से, धम से।

284. तैराकी

सं. तैराकी (स्त्री.), तैराई (स्त्री.), तैरना-, तरण, तरना-, परिप्लव, पैरना-, पैराई (स्त्री.), पौरना-, प्लव, प्लवन, प्लवित, बाहुतरण, बाहुविक्षेप, भेलन, शनावरी (स्त्री.), शिना (स्त्री.), शिनावरी (स्त्री.) सन्तरण (दे.279), हेलना-।

पाँवों के सहारे खड़े तैरना : खड़ी तैराकी (स्त्री.) खड़ी लगाना-।

पानी में हाथ-पैर मारना-, छपकना-, छपका (मार. ले.), छपछपाना-।

पानी की सतह पर तैरना : उतराना-, उन्मज्जन, तिरना-, प्लवन।

तैराना-, पैराना-, सन्तरण।

वह मशक जिसके सहारे तैरने का अभ्यास किया जाता है : शन्नाह।

तैराकी प्रतियोगिता (स्त्री.) (दे.700)।

तैरने/तैराने की उजरत : तैराई (स्त्री.)।

पानी में तैरनेवाला पीपा आदि : तरिन्दा, तरेन्दा; पीपा; लाइफबेल्ट (दे.382); लाइफबोट (दे.382)।

वि. तैराक, पैराक, प्लवक, बाहुक, शनावर, शिनावर।

उतराता, उदप्लुत, तिरता, प्लवमान, प्लवी।

उन्मज्जक।

285. डुबकी

सं. डुबकी (स्त्री.) (खा. दे.मार. लगा. ले.), डुब्बी (स्त्री.), डूबना-, डूब जाना-, अवगाह, अवगाहन (कर.), उड़ी (स्त्री.) (मार.), गचक्का (खा.), गचकी (स्त्री.) (खा.), गड़प होना-, ग़रक़ी (स्त्री.) (हो.), गाह, गाहना-, ग़ोता (खा. मार. लगा.), चुभकी (स्त्री.) (ले.), निमज्जथु, निमज्जन, प्लाव, प्लावन, बुड़न्त (स्त्री.) (हो.), बुड़की (स्त्री.) (खा. दे.), बुड़ना-, बूड़ना-, बूड़ जाना-, बोह (स्त्री.) (ले.), भसना-, मज्जन, विगाह, समाप्लव, समाप्लाव।

बार-बार ग़ोता खाना : चुभकना-, डुबकना-, डूबना-उतराना-।

डुबाना-, डुबा देना-, डुबोना-, डोब (दे.), डोबना-, डोबा (दे.भर.), आप्लावन, बुड़ाना-, बोरना-।

बार-बार ग़ोता देना : चुभकाना-।

डुबवाना-।

जलसमाधि (स्त्री.) (ले. दे.)।

मिट्टी की मूर्ति को पानी में डालना : प्रवाहित करना-, बहाना-, मसान (कर. हो.), भसाना-, विसर्जन (कर. हो.)।

पानी में किसी चीज़ के डूबने का शब्द : गड़प (स्त्री.)।

डूबने भर की गहराई : डुबाव (दे.632)।

नाव का डूबना-, नौका-दुर्घटना (स्त्री.) (हो.)।

जहाज़ आदि का डूबना/नष्ट होना : नौव्यसन, पोतध्वंस (हो.), पोतभंग (हो.), प्रवहणभंग, यानभंग, वहनभंग, वहित्रभंग।

ग़ोताख़ोरी (स्त्री.)।

वि./सं. ग़ोताख़ोर, ग़ोतामार, जलेवाह, डुबियार, डुब्बा, निमज्जक, पनडुब्बा, पिचुल, मंक्ता, मरजिया, मरजीवा।

डुबकी लगाने वाला : गाहिता, निमज्जक, विगाधा, विगाहक।

डूबनेवाला : अवगाही, ग़रक़ी।

डूबा हुआ : ग़रक़, ग़रकाव, ग़र्क़ (हो.), गाहिता, जलमग्न (कर. हो.), निमग्न (कर. हो.), निमज्जित (कर. हो.), प्लावित (दे.29), मग्न, विगाढ, विमज्जित, वुडित, सन्निमग्न, समाप्लुत।

डूबता हुआ : निमज्जमान, मज्जमान।

डुबकी लगाने योग्य : अवगाह्य, प्लाव्य, विगाह्य।

डुबकी न लगाने वाला : अनवगाही।

286. उड़ान

सं. उड़ान (स्त्री.) (भर.), उड़ना-, उड़न (स्त्री.), उड्डयन (कर.), उड्डीन, उड्डीयन, उत्पतन, डयन, डीन, नमोगति (स्त्री.), पंख लगाना-, परवाज़ (स्त्री.), पर्वाज़ (स्त्री.), प्लवन।

उड़ना-।

पक्षियों की उड़ान-।

ऊपर की ओर उड़ान : उड्डीन, ऊर्ध्वायन।

बहुत ऊँची उड़ान : समुत्पतन।

नीचे की ओर उड़ान : अवडीन, निडीन, संपात, संलय, संलयन।

तिरछी उड़ान : प्रडीन।

सम्मिलित उड़ान : संडीन।

समान्य उड़ान : सुडीन, सुडीनक।

सीधे सामने की ओर उड़ान : अविडीन।

रुक-रुककर उड़ान : डीन, डीनक।

अलग-अलग उड़ान : विडीन, विडीनक।

असाधारण उड़ान : अतिडीन।

उड़कर आगे निकल जाना : अतिपतन।

गोलाई में उड़ना : परिडीन (दे.67.50)।

आकाश भ्रमण (दे.272)।

गुब्बारा, गुब्बाड़ा, गुबारा, अभ्रपथ, वा-गोल, balloon।

विमान (दे.298)। छतरी (स्त्री.), वायुछत्र, parachute।

आकाश में उड़ने की विद्या : व्योमगमनी (स्त्री.) (दे.555)।

उड़ने की शक्ति देनेवाला फल : उड़नफल।

उड़नखटोला (दे.298.13)। उड़नतश्तरी (स्त्री.) (दे.10)।

वि. उड़ने वाला : उड़ंकू, उड़ाँकू, उड़ाका, उड़ाकू, उड़ौहाँ, उड्डयनशील, उड्डीयमान, उत्पतनशील, उत्पतिष्णु।

एक साथ उड़ने वाला : संपाती।

उड़ा हुआ : उड्डीन।

उड़ता हुआ : उड्डीन, उड्डीयमान।

उड़ानेवाला : उड़ाक।

आकाशचारी (दे.3)।

287. उठान

सं. उठान (स्त्री.), उठाव, उठना-, उठ जाना-/पड़ना-, उचकना-, उत्क्रम, उत्क्रमण, उत्क्रान्ति (स्त्री.) उत्थान, उत्थिति (स्त्री.), उत्सर्प, उत्सर्पण, उद्गति (स्त्री.) उद्गम, उद्धति (स्त्री.), उन्नत, उन्नति (स्त्री.) (दे.695), ऊर्ध्वगति (स्त्री.), ऊर्ध्वायन (दे.188), समुत्क्रम, समुत्थान, समुद्गम, समुन्नति (स्त्री.)।

उठाना-, उठावना-, उठावनी (स्त्री.), उठौनी (स्त्री.), उचकाना-, उत्संजन, उन्नमन, उन्नयन, उन्नाय, तोलन, समुन्नति (स्त्री.) समुन्नमन, समुननयन।

उठवाना-।

किसी चीज़ को ऊँचा करने के लिए उसके नीचे दिया जाने वाला ईंट आदि का टुकड़ा : उचकन।

एड़ी के बल खड़ा होना : उचकना-।

उचककर कोई चीज़ ले लेना : उचकना-।

चढ़ना-, चढ़ जाना-, चढ़ाई (स्त्री.) चढ़ाव, अधिक्रम, अधिक्रमण, अधिरोह, अधिरोहण, अभिक्रम, अभिक्रमण, अभिक्रान्ति (स्त्री.) आरूढ़ि (स्त्री.) आरोहण (कर.), आस्कन्द, आस्कन्दन, रोह, रोहण, समारोह, समारोहण।

चढ़ाना-, चढ़ा देना-/लेना-।

चढ़वाना-।

ऊँचा करना-, ऊपर को उठाना-, अधिरोपण, आरोपन, उत्तोलन (कर.), उत्थापन (कर.), उद्वाह, उद्वाहन, समुद्गार, समुद्गिरण, समुद्धरण, समुद्यम।

अतिक्रमण (दे.279)। उद्गीरण (दे.292)। सीढ़ी (स्त्री.) (दे.181.12)। उत्तोलन यन्त्र (दे.507.34)।

(विप.) न चढ़ना : अनभ्यारोह।

वि. उठा हुआ : उत्थित, उद्गम, उदीर्ण, उन्नत, उन्नमित, उन्नीत, ऊर्ध्वगत, समुत्थ, समुत्थित, समुद्धत, समुद्धत, समुन्नत, समुन्नीत, समुपोढ।

उठने वाला : उठवैया, उत्थायी, उत्सर्पी।

उचकता हुआ : उचकैयाँ।

ऊपर की ओर जाने वाला : ऊर्ध्वग, ऊर्ध्वगति, ऊर्ध्वगामी।

चढ़ा हुआ : अधिरूढ़, अधिरोह, अध्यारूढ़, आरूढ़, आरोहित, समारूढ़।

चढ़ने वाला : चढ़ैत, चढ़ैया, अधिरोही, अवरोहक, आरूह, आरोहक, आरोही, रोह, रोहक, रोही।

चढ़ाने वाला : चढ़ैया।

उठाया हुआ : उत्तोलित, उत्थापित, उद्‌गूर्ण, तोलित, समुद्‌गीर्ण, समुद्‌धृत, समुद्यत।

उठाने वाला : उठवैया, उत्तोलक, उत्थापक, उद्‌धर्ता, उद्वाही, उन्नायक, उन्नेता, समुद्‌धर्ता।

उठवाने वाला : उठवैया।

उठाने योग्य : उठौआ, उठौवा।

(विप.) जिस पर चढ़ा न गया हो : अनभ्यारूढ़।

न चढ़ने योग्य : अनभ्यारोह।

288. उतार

सं. उतार, उतरना-, उतर जाना-, उतराई (स्त्री.), उतराव, उत्तरण, अधःपतन, अधःपात, अधोगति (स्त्री.), अधोगमन, अधोवस्था (स्त्री.), अनुलोम, अवक्रम, अवक्रमण, अवक्रान्ति (स्त्री.), अवगति (स्त्री.), अवगम, अवगमन, अवतरण, अवतार, अवनति (स्त्री.), अवनमन, अवनयन, अवनाम, अवपात, अवरोह, अवरोहण, निपतन, निम्नगामिता (स्त्री.), पातित्य, भ्रंश, भ्रंशन, भ्रंस, भ्रंसन।

उतारना-, उतार डालना-/देना-/लेना-, उद्‌धरण, अवतारण, अवतारणा (स्त्री.), अवनाय, अवरोपण।

झुकना-, झुकाव (दे.98)।

गिरना-, गिर जाना-/पड़ना-, गिराव, गिरावट (स्त्री.) (आ.), अतिपतन, अवपाद, आपात, च्युति (स्त्री.), निपात, पड़ना-, पतन (हो.), परिच्युति (स्त्री.) परिभ्रंश, पात, प्रच्यव, प्रच्यवन, प्रच्युति (स्त्री.), प्रभ्रंश, विच्युति (स्त्री.) विनष्टि (स्त्री.), विभ्रंश, विभ्रंस, विभ्रंसा (स्त्री.) संपात, सन्निपात, स्खलन, स्रंस, स्रंसन, स्रस्ति (स्त्री.)।

एक-एक कर गिरना : अनुपतन, अनुपात।

गिरना-पड़ना-, लड़खड़ाना-(दे.267)।

लुड़कना-, लुढ़कना-(दे.98), लुटरना-, लुठन, ढमलाना-, ढुनमुनिया (स्त्री.) ढुरकना-, ढुरहुरी (स्त्री.) (ले.), ढुलकना-।

फिसलकर गिरना : फिसलना-, (दे.297)।

खिसककर गिरना : खिसकना-।

हाथ से छूटकर गिरना : छूटना-।

मकान आदि का गिरना : ढयना-, ढहना-, ढह जाना-।

दीवार, पेड़ आदि का एकबारगी गिरना : भरराना-, भरहरना-, भरहराना-, भहराना-।

फल, बूँद आदि का गिरना : चूना-, चू जाना-/पड़ना-, च्युति (स्त्री.), च्योत, च्योल, टपकना-, टपक जाना-/पड़ना-।

पत्ते, बाल आदि का गिरना : झड़ना-।

तरल पदार्थ का गिरना : ढरकना-, ढलकना-, ढलना-।

जलधारा का गिरना : झरना-।

पलक का गिरना : झपकना-, झपना-।

शोक से मूर्च्छित होकर गिर पड़ना : पछाड़ (स्त्री.) (खा.)।

गिराना-, गिरा देना-, अवपातन, आपात, निपातन, पात, पातन, विपातन, विस्रंसन, स्रंसन

द्रव पदार्थ को गिराना : ढालना-(दे.292)।

नीचे गिराना : छोड़ना-, डालना-, डाल देना-।

ज़ोर से गिराना : दे मारना-, पछाड़ना-, पछाड़ देना-, पटकना-, पटक देना-(दे.292)।

ढहाना-, ढाना-।

लुढ़काना-, उत्प्रास, उत्प्रासन, ढनमनाना-, ढमलाना-, ढुराना-, ढुरावना-, ढुलकाना-।

गिरवाना-; ढहवाना-।

गिरने का शब्द : गचाका (दे.105), टप (स्त्री.), टपक (स्त्री.); धड़, धड़का, धड़ाम, धम (स्त्री.); भड़भड़।

(विप.) अनिपात, अपतन, अस्खलन।

वि. उतरा हुआ देवादि : अवतरित, अवतीर्ण।

उतरनेवाला देवादि : अवतारी।

नीचे गया हुआ : अधोगत, अवगत, अवशेहित, निम्नगत।

नीचे जाने वाला : अधोगामी, अनुलोम, अवरोहक, अवरोही, निम्नग, निम्नगा (स्त्री.), निम्नगामी।

नीचे ले जाने वाला : अवनामक, अवनायक।

गिरा हुआ : अधःपतित, अवगलित, च्युत, निपतित, पतित, परिच्युत, परिभ्रष्ट, प्रच्युत, प्रभ्रष्ट, प्रभ्रष्टक, भ्रष्ट, विच्युत, विनष्ट, सन्निपातित, स्खलित, स्रंस्त।

धराशायी, भूपतित।

गिराया हुआ : निपातित, पातित, प्रभ्रंशित, भ्रंशित।

गिरनेवाला : आपाती, पतनधर्मी, पतनशील, पतयालु, पतयिष्णु, पाती, पातुक, प्रभ्रंशी, भ्रंशी, विस्रंसी।

ढरकनेवाला : ढरकीला, ढरकौहाँ, ढरारा, ढरैया।

लुढ़कनेवाला : ढुलढुल।

गिरावट की ओर जाने वाला : पतनोन्मुख।

गिरने योग्य : पतनीय, पतितव्य।
गिराने योग्य : पातनीय।
(विप.) जो गिरा न हो : अच्युत, अस्खलित।
अ. गिरता-पड़ता (दे.267)।
लड़खड़ाकर, हड़बड़ाकर।
झप से; टप से; धड़ाम से; धम से; भड़भड़ाकर, भहराकर।

289. अनतिक्रमण

सं. अनतिक्रमण, अनुल्लंघन, अलंघन।
अनुद्भव।
वि. अनतिक्रान्त, अनुल्लंघित, अलंघित।
अनुद्भूत।
अनतिक्रमणीय, अनुल्लंघनीय, अनुल्लंघ्य, अलंघनीय, अलंघ्य।

290. आनयन

सं. आनयन (कर.), आनना-, आनीति (स्त्री.), आहर, आहरण (कर.), आहार, प्रणयन, लाना-, ले आना-।
साथ ले आना-, लिवा लाना-।
सादर लाना : समानयन (दे.333)।
आनाना-, मँगवाना-, मँगवा देना-/रखना-/लेना-, मँगाना-, लिवाना-, लिवा लाना-।
आगम, आमदनी (स्त्री.), आयात (दे.662)।
पुनरानयन (कर.), प्रत्यानयन, फिर ले आना-, लौटा/वापस लाना-।
नयन, ले जाना- (दे.291)। वहन (दे.291)। परिवहन (दे.298)। लेना- (दे.682)। संग्रह (दे.687)।
वि. लाया हुआ : आनीत, उपनीत, नीत।
फिर से लाया हुआ : पुनरानीत, प्रत्यानीत।
देसावर से मँगाया हुआ : आयातित, आगत।
आनयनकारी, आनेता, आहर्ता, आहारक, लिवैया।
लाने योग्य : आनयनीय, प्रणयनीय।
(विप.) न लाया हुआ : अनुपनीत।

291. अपसारण

सं. अपसारण (कर. हो.), अपादान, अवसारण, अवहरण, उद्वाप, दूरीकरण (दे.126), परिहरण, परिहार (कर.) (दे.683), प्रतिहरण, व्यपनय, व्यपनयन, स्थानच्युति (स्त्री.) स्थानान्तरण।

खसकाना-, खसका देना-, खिसकाना-, घसकाना-, घिसकाना-, टरकाना-, टसकाना-, टालना-, टाल देना-, सरकाना-, सरका देना-, हटाना-, हटा देना-/लेना-।

खसकवाना-, हटवाना-।

उठाना-धरना-; हटाना-बढ़ाना-।

घसीट (स्त्री.) (दे.249), घसीटना-; घसीटा जाना-।

खींच (स्त्री.) (दे.249), खींचना-; खींचा जाना-।

खींचतान (स्त्री.) (दे.395)।

धक्का (दे.मार. लगा.), धकियाना-, धकेलना-, धकेल देना-, धकोना-, धचका (दे.), झटका (खा. दे.मार. लग. लगा.), झोंका (खा.) (दे.267), ठेलना-, ठेल देना-, ठेला (मार.), ढकेलना-, ढकेल देना-।

धक्कमधक्का (हो.) (दे.625)।

पास ले जाना-, उपनय, उपनयन, उपनाय, उपनायन, उपवाहन, समुपनयन; नयन, नीति (स्त्री.), प्रणयन, भृति (स्त्री.); साथ लाना-, समभ्याहार; हरण।

ढुलवाई (स्त्री.), ढुलाई (स्त्री.) (कर.), ढोना-, ढो देना-/ले जाना-, आवहन, उद्वहन, ऊढ़ि (स्त्री.), परिवहन, बरदारी (स्त्री.), बारबरदारी (स्त्री.), वहन (कर.), वाहन, वाहि, संवहन, संवाह।

ढुलना-, ढोया जाना-।

ढुलवाना-, ढुलाना-।

ढोने का साधन : वाहन (दे.298)।

ढोने की उजरत : ढुलवाई (स्त्री.), ढुलाई (स्त्री.), बारबरदारी (स्त्री.)।

अग्रप्रेषण, अग्रसारण, आगे बढ़ाना-, बढ़ाना-।

प्रेषण (कर.), प्रेष, प्रेरण, प्रेरणा (स्त्री.), प्रणोद, प्रणोदना (स्त्री.), प्रस्थापन, प्रस्थापना (स्त्री.), पठाना-, परिप्रेषण, पहुँचाना-, पहुँचा देना-, क्षिपण, क्षिपा (स्त्री.), क्षेप, भेजना-, भेज देना-, रखना करना-।

किसी को कहीं भेजना : पठावनी (स्त्री.)।

पठवाना-, भिजवाना-, भिजवा देना-, भेजवाना-, भेजवा देना-।

निर्यात (कर. हो.) (दे.662)।

तस्करी (स्त्री.) (दे.526)।

वि./सं. क़ुली, असंभारिक, अंसभारी, पथिवाहक, (समास में) बरदार, बारकश, बारगीर, बारबरदार, भारजीवी, भारभारी, भारभृत्, भारवाह, भारवाहक, भारवाहिक, भारवाही, भारहारी, भारिक, भारोद्वह (दे.476), मजदूर (दे.417), मुटिया, मोटिया, वाह, वाहक, वाहिक, स्कंधवह, स्कंधवाह, स्कंधवाहक, हमाल, हम्माल।

काँवर ढोने वाला : काँवरथी (दे.476)।

बोरा ढोने वाला : गोनिया।

टोकरा ढोने वाला : झल्लीवाला।

अपसारित, अपनीत, अवहृत, दूरीकृत (दे.126), परिहृत (दे.683), व्यपकृष्ट, व्यपनीत।

स्थानच्युत (कर. हो.), स्थानभ्रष्ट, स्थानान्तरित (कर.)।

अपसारक, प्रतिहर्ता।

धकेलनेवाला : धकेलू, धकैत।

ले जाया हुआ : उपनीत, नीत, हृत।

ले जाने वाला : उद्वह, उपनेता, उपस्थापक, उपहारी, नेता, प्रणेता, संवाहक, संवाही।

ले जाने योग्य : अपवाह्य, प्रणयनीय, प्रणीय, प्रणेय।

ढोया हुआ : ऊढ, भृत, वहित, वाहित, संवाहित।

ढोने योग्य : वहनीय, वाह्य, संवाह्य, हार्य।

कंधे पर ढोने योग्य : स्कंधवाह्य, स्कंधोपनेय।

अग्रप्रेषित, अग्रसारित।

प्रेषित, प्रेरित, प्रणुन्न, प्रणोदित, प्रतिसृष्ट, प्रस्थापित, प्रहित, परिप्रेषित, अधिक्षिप्त।

प्रेषक, प्रेरक, प्रेरयिता, प्रहर्ता, अंजि।

प्रेषणीय, प्रेषितव्य, प्रेष्य, प्रेरणीय, परिप्रेष्य।

निर्यातित (दे.662)।

292. क्षेपण

सं. क्षेपण, क्षेप, क्षिप, क्षिपण, क्षिपा (स्त्री.), क्षिप्ति (स्त्री.), अजि (स्त्री.), अधिक्षेप, अपक्षेप, अभिक्षेपण, आक्षेप, आक्षेपन, उदसन, उपक्षेप, उपक्षेपन, डिंगर, निक्षेप, निक्षेपण, प्रक्षेप, प्रक्षेपण, प्रतिक्षेप, प्रतिक्षेपण, प्रयन, प्रमोक्ष, प्रास, प्रासन, प्रेरण, प्रेरणा (स्त्री.) फटकना-(दे.495), फटकाना-, फेंक (स्त्री.), फेंकना-, फेंक देना-, विक्षेप, विक्षेपण, व्युदास।

फिंकवाना-, फिकवाना-, फेंकाना-।

उतनी दूरी जितनी दूरी पर फेंकी हुई चीज़ जा गिरे : टप्पा।

आगे की ओर फेंकना : झोंकना-, झोंक देना-, झोंकवाई (स्त्री.), झोंकाई (स्त्री.)।

झोंकवाना-।

झोंकनेवाला : झोंकवा, झोंकिया।

झोंकने की उजरत : झोंकवाई (स्त्री.), झोंकाई (स्त्री.)।

बड़ी संख्या में फेंकना : बरसाना-, बरसा डालना-/देना-, बौछाड़ (स्त्री.), बौछार (स्त्री.) (कर.), वर्षण (कर.), वर्षा (स्त्री.) (कर.)।

(गोला, गोली, तीर आदि) चलाना-, छोड़ना-, मारना-, मोक्ष, मोक्षण, विमोचन (दे.511)।

पत्थर फेंकना : पथराव (कर.) (दे.511)।

ढेला फेंकना : ढेलेबाजी (स्त्री.) (कर.) (दे.511)।

उछालना-, उछाल देना-, उत्क्षेप, उत्क्षेपण, उत्प्रास, उत्प्रासन, उद्धूनन।

पछाड़ना-, पछाड़ डालना-/देना-(दे.288), पटकन (स्त्री.) (दे.), पटकना-, पटक देना-, पटकनिया (स्त्री.) (दे.), पटकनी (स्त्री.) (दे.), पटकान (स्त्री.), अवक्षेपण, अवपातन, निपातन, पातन।

पछाड़ा जाना-, पटका जाना-, पटकनिया (स्त्री.) (खा.), पटकनी (स्त्री.) (खा.)।

उगलना-, उगल देना-, उगिलना-, उद्गार-, उद्गिर्ण (कर.), उद्गीर्ण (कर.), समुद्गिर्ण (दे.287)।

उगलवाना-, उगलाना-, उगिलवाना-, उगिलाना-।

ढरकाना-, ढलकाना-, ढलका देना-, ढलान, ढालना-, ढाल देना-/लेना-, ढुराना-, ढुरावना-, उँडेलना-, उँडेल देना-/लेना-, उँड़ेलना-, उडेलना-, उझलना-, उझिलना-, कुरना-, विमोचन।

ढराना-, ढलवाना-, ढलाना-।

बिखेरना-, बिखेर डालना-/देना-(दे.128)।

छिड़कना-, छिड़क देना- (दे.128)।

छींटना-, छींट देना- (दे.128)।

सींचना- (दे.55)।

वि. फेंका हुआ : क्षिप्त, अधिक्षिप्त, अपक्षिप्त, अभिक्षिप्त, आक्षिप्त, आमुक्त, उदस्त, निक्षिप्त, निक्षेपित, प्रक्षिप्त, प्रतिक्षिप्त, प्रमुक्त, प्रहित, प्रहृत, प्रास्त, प्रेरित, विक्षिप्त, विक्षेपित, विनिर्धुत, विनिर्धूत, व्युदस्त्र।

बहुत दूर फेंका हुआ : अतिक्षिप्त।

फेंकने योग्य : क्षेपणीय, क्षेप्य, निक्षेप्य, प्रक्षेपणीय।

फेंकनेवाला : क्षेपक, क्षेप्ता, क्षिप, क्षिपक, आक्षेपक, आक्षेपी, निक्षेपक, निक्षेपी, निक्षेप्ता, प्रक्षेपक, विक्षेप्ता।

बरसाया हुआ : वर्षित।

बरसाने वाला : वर्षक, वर्षी, वर्षुक।

ढेले बरसाने वाला : ढेलेबाज़।

उछाला हुआ : उत्क्षिप्त, उत्क्षेपित, उद्धूत।

उछालने योग्य : उत्क्षेपणीय।

उछालने वाला : उत्क्षेपक।

पछाड़ा हुआ : अवक्षिप्त, निपातित, पातित।

पछाड़नेवाला : निपाती, पाती।

उगला हुआ : उद्गीर्ण, समुद्गीर्ण (दे.287)।

उगलनेवाला : उद्गारी।

ढालनेवाला : ढरैया।

293. प्रवाह

सं. प्रवाह, प्रवह, प्रवेणि (स्त्री.), प्रवेणी (स्त्री.) प्रस्नव, परिष्यन्द, पूर, अर्णव, आस्रव, आस्राव, ऊर्मि (स्त्री.), ओघ, गति (स्त्री.), दरणि (स्त्री.) दरणी (स्त्री.) द्रव, द्रवण, धार (स्त्री.), धारा (स्त्री.), बहना-, बह चलना-/निकलना-, बहाव, रय, रवानी (स्त्री.), वाहल, वाहला (स्त्री.), वाहली (स्त्री.), विद्रव, विद्राव, विप्लव, वेग, सरिता (स्त्री.), सृत्वरी (स्त्री.), स्रव, स्रुति (स्त्री.), स्रोत।

उतराकर बहना : उद्वेलन, उफनना-, उफनाना-, उमड़ना-।

बहाना-, बहा देना-।

जलप्रवाह (दे.23)। जलप्रपात (दे.23)। नदी (स्त्री.) (दे.19)।

बाढ़ (स्त्री.) (दे.29)।

वायुप्रवाह (दे.36)।

चूना-, चू जाना-/पड़ना-, च्यवन, अपक्षरण, अभिष्यन्द, अभिस्यन्द, अवस्यन्दन, क्षरण (हो.), द्रवण, द्राव, निष्यन्द, निस्यन्द, निस्रव, निस्राव, परिस्यन्द, परिस्रव, परिस्राव, परिस्रुत् (स्त्री.), प्रसेक, प्रस्यन्द, प्रस्यन्दन, प्रस्रव, प्रस्रवण, प्रस्राव, प्राधार, रसना-, रसाव (हो.), रिसना-, रीति (स्त्री.), विगलन, विस्रंस, विस्रंसा (स्त्री.), विस्रव, विस्रवण, विस्राव, विस्रुति (स्त्री.), श्रवण, श्राव, स्यन्द, स्यन्दन, स्यद, स्रव, स्रवण, स्राव, स्रुति (स्त्री.)।

चुआई (स्त्री.), चुआन (स्त्री.), चुआना-, चुआव, चुलाना-, चुलाव, क्षारण, च्यावन, विस्रावण।

टपकना-, टपक जाना-/पड़ना-, टपका।

टपकाना-, टपका देना-लेना-।

टपकवाना-।

बूँद (स्त्री.), बुन्द, बिन्दवि, बिन्दु, बिन्दुक, कतरा, टोप, द्रप्स, द्रप्स्य, विन्दु।

बिन्दुपाती, विन्दुक, विन्दुपातक, dropper।

बूँदों के गिरने का शब्द (दे.105)।

दबाने से पानी/रस का टपकना : निचुड़ना-, निचुड़ जाना-।

निचोड़ना-, निचोड़ डालना-/देना-/लेना-(दे.494)।

ताप के कारण ठोस वस्तु के जलांश का निकलना : पसीजना-।

पसीजने से निकलने वाला जलांश : पसेव।

प्रवाहिता (स्त्री.) (दे.471), fluidity।

वि. प्रवाहित।

प्रवाहयुक्त, प्रवाहशील, प्रवाही, प्रवहमान, द्रव, द्रवक, बहता, वाही, स्रवत्।

बहानेवाला : बहाऊ, बहावन।

बहाने योग्य : बहाऊ।

उतराकर बहा हुआ : अतिवेल, उद्वेलित।

उतराकर बहता हुआ : उद्वेल्लित।

उतराकर बहनेवाला : उद्वेल।

चुआ हुआ : क्षरित, च्युत, द्रव, परिस्रुत, प्रस्रुत, विगलित, विस्रुत, श्रवित, स्यन्न, स्रवित, स्रुत।

चूनेवाला : अभिष्यन्त, चूना, द्रवक, निस्यन्दी, परिष्यन्दी, परिस्रावी, परिस्रुत, प्रसेकी, प्रस्तुत, प्रस्रवी, स्यन्दन, स्यन्दी, स्यन्न, स्रष्टा, स्रावक, स्रावण, स्रावी।

चूता हुआ : स्रवत्।

चूने योग्य : स्राव्य।

चुआया हुआ : क्षारित, विस्रावित, स्रावित।

(विप.) न चूनेवाला : अच्युत।

न झरने वाला : अझर।

294. पथ

सं. पथ, पथन्, पथ्या (स्त्री.), पंथ, पत्सल, पदवि (स्त्री.) पदवी (स्त्री.), पद्धति (स्त्री.), पद्धती (स्त्री.), पद्व, पद्वा, पित्सल, पेंड़, पैंड़ा, पौल, प्रचर, अजनि (स्त्री.), अध्व, अध्वा (स्त्री.), अयन, गन्तु, गमत, गमथ, गुज़र, गुज़रगाह, गैल (स्त्री.), डगर (स्त्री.), निगम, बाट, माठ, मार्ग, रहगुज़र, रहि (स्त्री.), रास्ता, राह (स्त्री.), राहगुजर, वर्त्म, वर्त्मनि (स्त्री.), वर्त्मनी (स्त्री.), वीथि (स्त्री.), वीथिका (स्त्री.), वीथी (स्त्री.) व्रज, शरणि (स्त्री.), शरणी (स्त्री.) संचर, संचार, सरणि (स्त्री.), सरणी (स्त्री.), सृति (स्त्री.)।

चक्करदार रास्ता : परिपथ, परिमार्ग।

गाड़ी जाने लायक़ रास्ता : गैला, गैलारा।

घोड़ा जानेलायक़ रास्ता : वाह्याली (स्त्री.)।

लंबा रास्ता : प्रान्तर।

छायारहित दीर्घ पथ : प्रान्तर, प्रान्तरशून्य, प्रान्तशून्य।

तंग रास्ता, अजपथ्या (स्त्री.), संकीर्णपथ, संक्रम।

दुर्गम पथ, कान्तार, बीहड़ रास्ता।

आम रास्ता, गुज़रगाह, रहगुज़र, राहगुज़र, सार्वजनिक रथ्या (स्त्री.), public thorough fare।

जनपथ, जनमार्ग, thorough fare।

घोड़े से एक दिन में चलनेलायक़ रास्ता : आश्वीन।

आधा रास्ता : अधबर।

सड़क (स्त्री.), संसरण, अनुपदवी (स्त्री.), असंकुल, उपनिष्कर, उपनिष्क्रमण, खुल्लम, घण्टापथ, चारपथ, दण्डमाथ, नरेन्द्रमार्ग, नृपपथ, परिरथ्या (स्त्री.), पुरमार्ग, प्रतोली (स्त्री.), प्रपथ, प्रपाथ, महापथ, रन्तु, रथचर्यासंचार, रथवर्त्म, रथवीथि (स्त्री.), रथ्या (स्त्री.), राजकुल, राजपथ, राजपद्धति (स्त्री.), राजमार्ग, राजवर्त्म, राजवीथी (स्त्री.), राजाध्वा, शाहराह (स्त्री.), श्रीपथ।

मार्ग, रथ्या (स्त्री.), सड़क (स्त्री.), road।

कच्ची सड़क, मृद्रथ्या (स्त्री.), earth road।

पक्की सड़क, अश्मित रथ्या (स्त्री.), metalled road।

गिट्टियों से बनी पक्की सड़क, खण्डाश्मित रथ्या (स्त्री.), macadmised road।

आचित रथ्या (स्त्री.), paved road।

पृष्ठित रथ्या (स्त्री.), surfaced road।

मेखला-पथ, ring road।

राजपथ, राजमार्ग, highway।

राष्ट्रीय राजपथ/राजमार्ग, National Highway।

राज्य महापथ, State highway।

वीथी (स्त्री.), street।

पटरी (स्त्री.), पदातिपथ, पद्या (स्त्री.), अनुरथ्या (स्त्री.), एकपदी (स्त्री.), footpath।

पार्श्वपथ, पार्श्वपदी (स्त्री.), पार्श्वचर्या (स्त्री.), sidewalk।

कुट्टिमपदी (स्त्री.), pavement।

रास्ते का घुमाव : मोड़, नुक्कड़, नाका।

वह स्थान जहाँ से आगे की ओर दो रास्ते जाते हों : दोराहा, द्विपथ।

तीन रास्तों के मिलने की जगह : तिगलिया (स्त्री.), तिमुहानी (स्त्री.), तिरमुहानी (स्त्री.), तिराहा, त्रिपथ, त्रिमुहानी (स्त्री.)।

चार रास्तों के मिलने की जगह : चतुष्पथ, चारपथ, चौपथ, चौमार्ग, चौमुहानी (स्त्री.), चौरंगी (स्त्री.), चौरस्ता, चौराहा, चौहट्ट, चौहट्टा, राहचौरंगी (स्त्री.), वाश्र, शृंगाटक, श्रृंगाटिका (स्त्री.)।

राह-बाट (स्त्री.)।

सड़क को पार करना : रथ्या-पारण।

ज़ेबरा क्रॉसिंग, zebra crossing।

समपार, समतल-पारण, समतल-लंघन, level-crossing।

अयोमार्ग-लंघन, railway crossing।

अधोमार्ग, subway।

गली (स्त्री.), अन्तरिका (स्त्री.), कासृति (स्त्री.), कूचा, खोर (स्त्री.), खोरि (स्त्री.), खोरी (स्त्री.), गैल (स्त्री.), प्रतोली (स्त्री.), वीथिका (स्त्री.), lane।

छोटी/तंग/पतली/सँकरी गली : उपवीथिका (स्त्री.), कोली (स्त्री.), by-lane।

तंग गली में जाना : कोलियाना-।

बन्द गली (स्त्री.), कूचाबन्द, blind-alley।

वह गली जिसका पता कम लोगों को हो : चोरगली (स्त्री.), चोररस्ता, गुप्तमार्ग, कासृति (स्त्री.)।

गली जैसा सँकरा रास्ता : गलियारा, गलियारी (स्त्री.), गर्‌यारी (स्त्री.)।

गली-कूचा।

कच्चा रास्ता।

जंगल का रास्ता : बनपथ, वनपथ, वनवीथि (स्त्री.)।

पगडण्डी (स्त्री.), पद्या (स्त्री.), पादपथ, पादपद्धति (स्त्री.), पौदर (स्त्री.), उपाध्वा (स्त्री.), एकपदी (स्त्री.), कासृति (स्त्री.), ढर्रा (स्त्री.), बटिया (स्त्री.), लीक (स्त्री.), स्कंधपथ।

जंगल की पगडण्डी : वनराजि (स्त्री.), वनराजी (स्त्री.), वृक्षसंकट।

पशुओं के चलने से बनी पगडण्डी : खुरहर (स्त्री.), घुरहुरी (स्त्री.), घुरुहरी (स्त्री.)।

मेंड़ (स्त्री.) (दे.55)। नहर की पटरी।

पहाड़ी रास्ता (दे.32)। रेगिस्तानी रास्ता, मरुपथ।

रेलपथ, रेलमार्ग, रेलरोड, रेललाइन (स्त्री.), रेलवे (स्त्री.), अयोमार्ग, पटरी (स्त्री.), लाइन (स्त्री.), संयान-पथ (दे.298.9)।

अन्तर्भू रेलवे (स्त्री.), अधोभू-संयान, सुरंगा (स्त्री.), सुरंगा-संयान, metro rail, underground railway, tube, tube railway।

ट्राम-लाइन (स्त्री.), रथ्यायानमार्ग, tramway।

रज्जुपथ, रज्जुमार्ग, लछमनझूला, ropeway।

स्थलपथ, स्थलमार्ग, स्थलवर्त्म, खुश्की रास्ता।

जलपथ, जलमार्ग।

अन्तर्देशीय जलपथ।

समुद्र-मार्ग, समुद्री मार्ग।

वायुपथ, वायुमार्ग (दे.3) हवाईमार्ग, हवाई रास्ता; विमान-मार्ग।

पुल, पिण्डरक, पिण्डल, आलि (स्त्री.), आली (स्त्री.), रवेय, धरण्, लंघनक, संक्रम, सम्बर, सेतु, सेतुक।

रेलपुल, संयान-सेतु।

बाहुधरन पुल, cantilever bridge।

झूला पुल, suspension bridge।

नावों का पुल, नौका-सेतु, नौक्रम, नौसेतु, pontoon bridge।

पीपा-पुल, pontoon bridge।

उठाऊ पुल, कर्षसेतु, चलसेतु, drawbridge।

उपरिगामी पुल, उपरिसेतु, overbridge।

अस्थायी पुल : चह।

पुलिया (स्त्री.), culvent।

ग्रहपथ, कक्ष, कक्षा (स्त्री.), परिभ्रमण-मार्ग, orbit।

सुरंग (दे.454)।

पथ का अन्त : अध्वान्त।

मार्ग-निरीक्षक, अध्वपति, अध्वाधिप, अध्वेश।

पथक, पथप्रदर्शक, परिदर्शक, मार्गदर्शक (दे.373)।

वि. पथ-सम्बन्धी, पथीय।

जो पथ में हो : पथस्थ, मार्गस्थ।

पथ से परिचित : पथिप्रज्ञ।

(विप.) अपथ, अमार्ग, पथहीन, मार्गरहितं।

जिसपर कोई चला न हो : अचरित।

जिसमें निकलने का मार्ग न हो : अनपसर।

अ. सड़क के किनारे : लंबे सड़क।

रास्ते में : सरे राह

गली-गली, कूचे-कूचे।

295. कुपथ

सं. कुपथ, कुपंथ, कुमार्ग, कुराह (स्त्री.), अपथ, अपमार्ग, अमार्ग, असत्पथ, उत्पथ, उन्मार्ग, ग़लत रास्ता, गुमराही (स्त्री.), दुरध्व, बुरी राह, विपथ, विमार्ग, विवर्त्म।

कुपथगमन, कुपथगामिता (स्त्री.), उत्पथगामिता (स्त्री.), गुमराही (स्त्री.), पथभ्रष्टता (स्त्री.), बदरवी (स्त्री.), बेराहरवी (स्त्री.), बेराही (स्त्री.), विपथगति (स्त्री.), विपथगमन, विपथगामिता (स्त्री.), विपथचारिता (स्त्री.), विपथन।

वि. कुपथगामी, कुपंथी, कुमार्गगामी, कुमार्गी, कुराही, अपथगामी, अपथप्रपन्न, अपमार्गी (दे.312), उत्पथ, उन्मार्ग, उन्मार्गी, बदराह, बदरौ, बेराहरौ, विपथगा (स्त्री.), विपथगामी, विमार्ग, विमार्गग, विमार्गगामी, विमार्गप्रस्थित, विमार्गस्थ।

पथभ्रष्ट, पथभ्रान्त, अक्षेत्रज्ञ, अक्षेत्रविद्, गुमराह, निरध्व, बेराह, भटका हुआ, भ्रष्टमार्ग, मार्गच्युत, मार्गभ्रष्ट!

जिसपर चलना उचित न हो : अगतीक।

परिभ्रमण-पथ से हटा हुआ : कक्षच्युत, कक्षभ्रष्ट।

296. सुगमता

सं. सुगमता (स्त्री.), सुखगम्यता (स्त्री.), सहजगम्यता (स्त्री.), सौगम्य (दे.439), बाधाराहित्य।

वि. सुगम, सुगम्य, सुखग, सुखगम, सुखगम्य, सहजगम्य, अदुर्ग, अदुर्गम, अबाध, अबाधा, निर्बाध, निर्बाधित, बाधारहित।

अबंधुर, असम्बाध, आसान, कुसुमास्तीर्ण, मसृण, सरल, सहज, सीधा।

अ. अनायास, आसानी से, बिना प्रयास।

297. दुर्गमता

सं. दुर्गमता (स्त्री.), दुर्गमनीयता (स्त्री.), गहनता (स्त्री.), बीहड़पन।

दुरतिक्रमणीयता (स्त्री.), दुर्लंघनीयता (स्त्री.), दुर्लंघ्यता (स्त्री.)।

दुरारुहता (स्त्री.), दुरारोहता (स्त्री.)।

दुस्तरता (स्त्री.)।

दुर्भेद्यता (स्त्री.)।

अनतिक्रमणीयता (स्त्री.), अनतिक्रम्यता (स्त्री.), अनुल्लंघनीयता (स्त्री.), अलंघनीयता (स्त्री.)।

अभेद्यता (स्त्री.)।

ऊबड़-खाबड़पन, बंधुरता (स्त्री.)।

फिसलन (स्त्री.), फिसलना-, फिसल जाना-/पड़ना-, फिसलाव, फिसलाहट (स्त्री.), खिसलन (स्त्री.), खिसलना-, खिसलाव, खिसलाहट (स्त्री.), खिसिलना-, पिच्छलता (स्त्री.), पिच्छिलता (स्त्री.), बिछलन (स्त्री.), बिछलना-, बिछलाना-, रपट (स्त्री.), रपटन (स्त्री.), रपटना-, रपट्टा (मार.), लग़ज़िश (स्त्री.), (दे.643)।

फिसलाना-, खिसलाना-, रपटना-।

पिच्छल भूमि (स्त्री.), निपत्या (स्त्री.)।

रास्ते की तकलीफ़ : पथकष्ट।

रास्ते की थकान : पथश्रम।

वि. दुर्गम, दुर्गमनीय, कठिन, गहन, बीहड़, विकट।

दुरतिक्रम, दुरतिक्रमणीय, दुर्लंघनीय, दुर्लंघ्य।

दुरारुह, दुरारोह।

दुरत्यय, दुष्पार, दुस्तर।

दुर्भिद, दुर्भेद, दुर्भेद्य।

अगम, अगम्य, अनधिगम्य, पहुँच के बाहर।

अनतिक्रमणीय, अनतिक्रम्य, अनुल्लंघनीय, अलंघनीय।

अभेदनीय, अभैदिक, अभेद्य।

ऊबड़, ऊबड़-खाबड़, ऊँचा-नीचा (दे.644), खड़बिड़ा, निम्नोन्नत, बंधुर, बंधूर, वंधुर।

अतिगहन, अतिगह्वर, दुष्प्रवेश्य।

फिसलनवाला, फिसलना, अंजिव, पिच्छल, पिच्छिल, रपटीला, लपटीला, लिन्द्र (दे.643), विजवल, विज्जल, सलैला, सिलहिला।

अ. गिरता-पड़ता, गिरते-पड़ते, गिरते-उठते, गिर-पकड़कर।

298. परिवहन

सं. परिवहन, परिवहण, ढुलवाई (स्त्री.), ढुलाई (स्त्री.), वहन, संवहन, transport।

सड़क परिवहन, रथ्या परिवहण, road transport।

रेल परिवहन, संयान परिवहन, railway transport।

नौपरिवहन, नौपरिवहण, नौतरण, नौकायन, navigation।

जहाज़रानी (स्त्री.), नौवहन, पोतवाहन, shipping।

विमान परिवहन, विमान परिवहण, आकाशी परिवहन, हवाई परिवहन, air transport।

यातायात, traffic।

गाड़ी (स्त्री.) (चल. चला. हाँक.), गन्त्री, गन्त्रीरथ, गर्दू, अंगति, अंगन, अध्वरथ, अराबा, धुष्ट्र, चंकुण, चंकुर, चक्रांग, धोरण, पतत्र, पत्र, पीठचक्र, यान, यानक, वाहन (चल. चला.), वहन, वहनक, वह्य, वाहिक, वाह्य, विनीतक, शकट, सवारी (स्त्री.)।

छोटी गाड़ी : गांत्रिका (स्त्री.), शकटिका (स्त्री.), शकटी (स्त्री.)।

वह गाड़ी जिसमें पहिये हों : चक्रयान।

दुपहिया गाड़ी (स्त्री.), द्विचक्रयान।

तिपहिया गाड़ी (स्त्री.)।

चौपहिया गाड़ी (स्त्री.), चातुर, चातुरक।

बच्चों के खेलने की गाड़ी : शकटिका (स्त्री.), शकटी (स्त्री.)।

गाड़ी का आच्छादन : छदि (स्त्री.) (दे.298.2)।

गाड़ी में बैठने की जगह : सीट (स्त्री.), प्रहरण।

गाड़ी का कोई भी हिस्सा : अपस्कर।

गाड़ी के पहिये के चलने से बनी रेखा : गड़वाँत (स्त्री.), परिखान, लकीर (स्त्री.), लीक (स्त्री.)।

गाड़ी के चलने का शब्द : गड़गड़, गड़गड़ाना-, गड़गड़ाहट (स्त्री.), घड़घड़, घड़घड़ाना-, घड़घड़ाहट (स्त्री.), घर्घर, घर्घरक।

घोड़े आदि की सवारी : पृष्ठयान।

मनुष्य द्वारा खींची जाने वाली सवारी : नरयान, नररथ, साकरगाड़ी।

अंतरिक्षयान (दे.2)। आकाशयान (दे.298.11)। जलयान (दे.298.10)।

सवार होना-, सवारी पर बैठना, चढ़ना-, चढ़ जाना-/बैठना-, अधिरोहण, आरोहण (कर.)।

सवारी (स्त्री.), मुसाफिर, यात्री, अध्वगामी, passenger।

दैनिक यात्री, commuter।

वि. शकट-सम्बन्धी, शाकट, शाकटिक, शाकटीन।

बिना पहिये का : विजंघ।

सवार, अधिरूढ़, आरूढ़ (दे.287)।

घोड़े आदि पर सवार : पृष्ठग।

298.1. सं. रथ, चंकुण, चंकुर, चक्रचारी, चक्रपाद, चक्रपादक, चक्रांग, त्रिवेणु, दण्डार, ध्वजी, वरूथी, वहित्र, वहित्रक, वाही, वास्यक, वीरवह, वीरवाह, शतांग, स्यन्द, स्यन्दन।

रथ के भेद : अनिलभद्रक; इन्द्रभद्रक; नभस्वद्भद्रक; निवातभद्रक; परिषद्भद्रक, पवनभद्रक; प्रभंजनभद्रक।

तीन पहियोंवाला रथ : त्रिष्ठ।

वस्त्रावृत रथ : प्रहरण, वास्त्र।

रेशमी वस्त्र से ढँका हुआ रथ : दौकूल, दौगूल।

सफ़ेद कंबल से आवृत रथ : पाण्डुकंबली।

व्याघ्रचर्म से आवृत रथ : द्वैप, वैयाघ्र।

उत्सव आदि के लिए विशेष रथ : पुष्परथ, पुष्यरथ।

रथों का समूह : रथ्या (स्त्री.)।

रथ का पहिया : रथचक्र, रथचरण, रथपाद, रथांग, रथाक्ष, रथ्य (दे.508)।

रथ का धुरा : रथाक्ष।

रथ का ढाँचा : रथवाहन।

अगला भाग : धूर्वी (स्त्री.), रथमुख।

बीच का भाग : रथोपस्थ।

भीतरी भाग : रथनीड़।

रथ का तला : अनुकर्ष, अनुकर्षण।

किनारे लगा हुआ रक्षार्थ घेरा : रथगुप्ति (स्त्री.), रथरक्षिणी (स्त्री.)।

जुआ बाँधने वाला भाग : रथकूबर।

रथ के उपकरण : रथबंध।

रथ का मार्ग : रथ्या (स्त्री.)।

रथ का चलना : रथचर्या (स्त्री.)।

चलते हुए रथ का हिलना-डुलना : रथक्षोभ।

चलने का शब्द : निनाद, स्यन्दनध्वनि (स्त्री.), स्वान (दे.508)।

रथ की लीक : रथ्या (स्त्री.)।

रथ बनाने वाला : रथकार।

रथों की देखभाल करने वाला : रथकट्या, रथकड्या, रथकल्पक।

रथ का नायक : रथपति, रथी; अतिरथी, महारथी।

रथ चलानेवाला : अधिरथ, आरोहक, चातुरिक, दक्षिणस्थ, नियन्ता, नियामक, प्रचेता, प्रवेता, प्राजक, प्राजिता, यन्त, यन्ता, याता, युंजान, रथकुटुंबिक, रथयोजक, रथवान्, रथवाह, रथवाहक, रथसूत, रथ्य, वाजियोजक, वोढा, संग्रहीता, संग्राहक, सचक्री, सव्येष्ठ, सव्येष्ठा, सादी, सारथि, सारथी, सार्थी, सूत, सूतपुत्र, स्थपति, ह्यंकष।

सारथि का पुत्र : सूतज, सूतपुत्र।

सारथि का साथी : अनुक्षत्ता।

सारथि का काम : सारथ्य, सूतकर्म, सूतता (स्त्री.)।

रथ-चालन-विद्या : रथविद्या (स्त्री.), रथशास्त्र, रथशिक्षा (स्त्री.)।

रथ का घोड़ा : रथ्य।

रथ रखने की जगह : रथशाला (स्त्री.)।

वि./सं. रथ में सवार : अधिरथ, चक्री, रथारूढ़, रथारोही, रथावरोही, रथिक, रथी, वरूथी, सादी, स्यन्दनारूढ़, स्यन्दनारोह।

वि. रथ से जाता हुआ : चक्रिय।

सात रक्षकों से युक्त : सप्तवरूथ।

चार घोड़ोंवाला : चतुर्युक्त, चतुर्वाही।

298.2. सं. वह सवारी जिसे कहार ढोते हैं : पालकी (स्त्री.), पालिक, पर्यंक, पल्यंक, पीनस (स्त्री.), पुंयान, कन्दक, कर्णीरथ, डयन, फीनस (स्त्री.), मनुष्ययान, रथगर्भक, राजयान, वैनीतक, शिरस्का (स्त्री.), शिविका (स्त्री.), शिवीरथ, सुखपाल, सुखसावन, सुखासन, हयन।

चार कहारोंवाली पालकी : चण्डोल, चतुर्दोलि।

छः कहारोंवाली पालकी : छकड़िया (स्त्री.), छकड़ी (स्त्री.)।

आठ कहारोंवाली पालकी : अठकरी (स्त्री.), अठवाली (स्त्री.)।

बड़ी पालकी : महाडोल।

मियाना, म्याना।

खुली पालकी : चौपहला, चौपाल।

लंबी खुली पालकी : नालकी (स्त्री.)।

तामजान, तामझाम, तामदान।

हवादार।

घटिया पालकी : खड़खड़िया (स्त्री.)।

स्त्रियों की पालकी : डोली (स्त्री.), डोला, डोल, दोलिका (स्त्री.), दोली (स्त्री.), प्रवहण।

बड़ी डोली : दोल, दोला, महाफ़ा (स्त्री.), महाफ़ी (स्त्री.)।

रेतीले मैदानों के लिए : छिबड़ी (स्त्री.)।

पालकी/डोली का डण्डा : डाँड़ी (स्त्री.)।

डोली/पालकी/गाड़ी पर डालने का कपड़ा : उहार, ओहार, घटाटोप, झँपरी (स्त्री.), निचोल।

पालकी ढोने वाला : कहार।

कहारों के रहने का स्थान : अड्डा।

आगेवाले कहारों का संकेत-शब्द : रास्ते में निकली हुई जड़ : लहासी (स्त्री.)।

डोली जैसी पहाड़ी सवारी : डाँड़ी (स्त्री.), झंपान, झप्पान।

झप्पान ढोने वाला : झप्पानी।

स्टेचर (दे.94.8), strecher।

298.3. सं. घोड़ागाड़ी (स्त्री.), घुड़बहल, घुड़बहली (स्त्री.), अश्वयान (दे.67.8), गन्त्री (स्त्री.), शकटिका (स्त्री.), शकटी (स्त्री.)।

एक घोड़े की दुपहिया गाड़ी : एक्का (हाँक), इक्का, आरथ।

एक्का हाँकनेवाला : एक्कावान, एक्केवाला।

पीछे की ओर लटकी हुई एक घोड़े की दुपहिया गाड़ी : ताँगा, टाँगा।

ताँगा हाँकनेवाला : ताँगेवाला।

एक्के/ताँगे की दौड़ : गहरेबाज़ी (स्त्री.)।

बम्बूकाट।

शिकरम।

एक घोड़े की चौपहिया गाड़ी : पालकी गाड़ी (स्त्री.)।

दो घोड़ों की चौपहिया गाड़ी : जोड़ी (स्त्री.), बग्गी (स्त्री.), बघ्घी (स्त्री.), युग्य, coach।

जोड़ी हाँकनेवाला : कोचवान, युग्यवाह, coachman।

चार घोड़ों की गाड़ी : चौकड़ी (स्त्री.), चौघोड़ी (स्त्री.)।

सोलह घोड़ों की गाड़ी : चद्दर (स्त्री.)।

एक घोड़े की दुपहिया खुली गाड़ी : टमटम, tandem।

चौपहिया खुली गाड़ी : फिटन (स्त्री.), phacton।

फिटन से मिलती-जुलती गाड़ी : विक्टोरिया, victoria।

खुलने योग्य टपवाली गाड़ी : लैण्डो, landon।

सिमटने योग्य टपवाली चौपहिया गाड़ी : वैगनेट (स्त्री.), wagnet।

घोड़े को गाड़ी चलाना सिखाने की गाड़ी : खड़खड़िया (स्त्री.), चरखा।

गाड़ी में घोड़ा जोतने के लिए आगे की ओर निकला हुआ बाँस : बम (दे.298.4)।

बम के अगले सिरे पर लगी कीली : अणि (स्त्री.), अणी (स्त्री.)।

घोड़ागाड़ी हाँकनेवाला : कोचवान।

गाड़ी में कोचवान के बैठने की जगह : कोचबकस, कोचबवस।

298.4. सं. बैलगाड़ी (स्त्री.) (हाँक), गन्त्री (स्त्री.), गान्त्री (स्त्री.), गोयान, छकड़ा, युग्य, लढ़ा, शकट (दे.508)।

छोटी बैलगाड़ी : लढ़ी (स्त्री.), शकटिका (स्त्री.), शकटी (स्त्री.),

एक बैल की गाड़ी : अद्धा, आरथ, इक्की (स्त्री.), एक्की (स्त्री.)।

छतरीदार बैलगाड़ी : प्रवहण, प्रहरण, बहल, बहली (स्त्री.), रथ, रब्बा।

भूसा ढोनेवाली बैलगाड़ी : किराँची (स्त्री.)।

चार बैलों की गाड़ी : चतुर्गव।

बहल पर डाला जाने वाला परदा : उड़ानपरदा।

बैलगाड़ी हाँकनेवाला : गाड़ीवान, चाक्रिक, युग्यवाह, युग्याह, शकटी।

बहल हाँकनेवाला : बहलवान।

बैलगाड़ी में गाड़ीवान के बैठने की जगह : अधारिया, मोढ़ा।

गाड़ी में बैल जोतने के लिए आगे की ओर निकली हुई लकड़ी : जुआ, बम (दे.298.3)।

गाड़ी का अगला हिस्सा ज़मीन पर टिकाने के लिए जुए के नीचे लगायी जाने वाली लकड़ी : उँटड़ा, उँटरा, उटड़पा, उटड़ा, उटहड़ा।

बैलगाड़ी के पीछे लटकती हुई लकड़ी : उलरुआ, उलरुआल।

बैलगाड़ी के नीचे की वह लकड़ी जिसमें से धुरी पहिये में पहनायी जाती है : आँक।

बैलगाड़ी रखने की जगह : गाड़ीख़ाना, बहलख़ाना।

बैलगाड़ियों का अड्डा : अड़गड़ा।

298.5. सं. ठेला, ठेलागाड़ी (स्त्री.), सगड़ी (स्त्री.), सग्गड़।

चौपहिया ठेला।

ठेलावाल; सग्गड़वाला।

ठेलों/सग्गड़ों का अड्डा : अड़गड़ा।

298.6. सं. साइकिल (स्त्री.), बाइसिकिल (स्त्री.), बाइक (स्त्री.); पैरगाड़ी (स्त्री.), द्विचक्रयान।

तिपहिया साइकिल (स्त्री.), ट्राइसिकिल (स्त्री.), त्रिचक्रयान।

रिकशा, रिक्शा, साइकिल रिकशा।

खिंचवा रिकशा, हथरिकशा, साकरगाड़ी।

ट्राली (स्त्री.), रिकशा ट्राली (स्त्री.)।

साइकिल के पुरजे :

फ्रेम।

हैंडिल। ब्रेक; ब्रेक का रबड़। घण्टी (स्त्री.); स्प्रिंग। बत्ती (स्त्री.); डाइनामो।

चिमटा, फॉर्क।

पहिया। टायर। टयूब। छुच्छी (स्त्री.)। वाल, वाल्व। रिम। तीली (स्त्री.), स्पोक। हब। धुरा, ऐक्सिल। गोली (स्त्री.)।

अगला/पिछला मडगार्ड।

स्टैण्ड।

गीयर। दाँता। पैडिल। पैडिल कवर। क्रैंक। चेन। चेन-कवर। फ्री ह्वील। कुत्ता।

कैरियर।

सीट (स्त्री.); झूलन सीट (स्त्री.)। सीट-कवर।

साइकिल की मरम्मत : पंचर (पंक्चर) बनाना; भस्ट (बर्स्ट) बनाना; कच्ची/पक्की जुड़ाई (स्त्री.)। पैच लगाना। गेटिस लगाना। सल्यूशन। पंप; वाशर।

(पहिये का) डायल ठीक करना।

ओवरहालिंग करना-/कराना-।

साइकिल-चालक, साइकिलवाला। रिकशा-चालक, रिकशावाला।

मोटरसाइकिल (स्त्री.), मोटरबाईक (स्त्री.), फटफटिया (स्त्री.), फटफटैया (स्त्री.)।

मोटरसाइकिल के चलने का शब्द : फट-फट (स्त्री.), फटफटाना-।

ऑटोसाइकिल (स्त्री.)।

मोपेड।

स्कूटर।

ऑटोरिकशा, ऑटो। टेम्पो; विक्रम।

298.7. सं. मोटर (स्त्री.), मोटरकार (स्त्री.), मोटरगाड़ी (स्त्री.), कार (स्त्री.), गाड़ी (स्त्री.)।

ऑटो मोबाइल; लिमुजीन; सिडान; पिक-अप; पिक-अप वैन; वैन; स्टेशन वैगन; टैक्सी (स्त्री.), टैक्सी कैब, कैब; जीप (स्त्री.); बस (स्त्री.), मोटर बस (स्त्री.); दुमंज़िली बस (स्त्री.), डबलडेकर (स्त्री.); प्राइवेट/निजी बस (स्त्री.); निजी बस (स्त्री.), सरकारी बस (स्त्री.); मिनी बस (स्त्री.); लॉरी (स्त्री.), मोटरलॉरी (स्त्री.), ट्रक; ट्राली (स्त्री.)।

पुरजे :

(चेसिस) सैसी, chassis। इंजन।

अक्सेलोटर; ऑमलगेज; इग्जॉस्ट पाइप; इग्निशन; कब्युरिटर; क्रैंक; क्रैंकशाफ्ट; क्लच; गीयर; गीयर-बॉक्स; चोक; जेनरेटर; डैशबोर्ड; पिस्टन; फैन; फ्लाइह्वील; बम्पर; बॉनिट; ब्रेक; मैग्नीटो; युनिवर्सल ज्वॉइंट; रीयर-व्यू मिरर; रेडियेटर; विण्डस्क्रीन; शॉक ऐब्सार्वर; सिलिण्डर, सेल्फ-स्टार्टर; स्टार्टर; स्टीयरिंग ह्वील; स्पार्क प्लग; स्पीडोमीटर; हॉर्न; हुड।

हेडलाइट (स्त्री.); टेललाइट (स्त्री.)।

चालक, ड्राइवर, शोफर, shauflew।

बस कंडक्टर/परिचालक, कंडक्टर।

गराज, गैरेज, मोटरख़ाना, मोटर गैरेज, garrage।

टैक्सी अड्डा/स्टैण्ड।

बस स्टॉप/स्टैण्ड।

बस अड्डा/स्टेशन।

298.8. सं. ट्राम (स्त्री.), रथ्यायान।

ट्रामलाइन (स्त्री.) (दे.294)।

ट्राम कण्डक्टर। ट्राम ड्राइवर।

298.9. सं. रेलगाड़ी (स्त्री.), रेल (स्त्री.), रेलवे ट्रेन (स्त्री.), ट्रेन (स्त्री.), गाड़ी (स्त्री.), धूमयान, लौहशकट।

यात्री/सवारी गाड़ी (स्त्री.), पैसेंजर ट्रेन (स्त्री.), पैसेंजर (स्त्री.)।

एक्सप्रेस ट्रेन (स्त्री.), एक्सप्रेस (स्त्री.)।

मेल ट्रेन (स्त्री.), मेल (स्त्री.), डाकगाड़ी (स्त्री.)।

लोकल ट्रेन (स्त्री.), लोकल (स्त्री.)।

मालगाड़ी (स्त्री.), goods train।

भूगर्भ रेल (स्त्री.), ट्यूब रेल (स्त्री.), मेट्रो रेल (स्त्री.)।

रेललाइन (स्त्री.) (दे.294)।

पट्ट, मीनपट्ट, स्थिरकपट्ट, fishplate।

सलीपट, सिलिपट, सिलीपट, sleeper।

सिगनल, सिंगल, सिकन्दरा, signal।

रेल इंजन, इंजन, चलित्र, संयान-गन्त्र, locomotive।

स्टीम/डीजल/इलेक्ट्रिक/डीजल इलेक्ट्रिक इंजन।

डब्बा, डिब्बा, कम्पार्टमेंट, कोच, बोगी (स्त्री.)।

द्विशायिका (स्त्री.), coupe।

शायिका (स्त्री.), bunk, berth।

शायी, sleeper।

टू-टीयर; थ्री-टीयर।

मालगाड़ी का डब्बा : वैगन, wagon।

आरोध-यान, नियन्त्र-वाहन, ब्रेकडिब्बा, ब्रेकयान, brake van।

रेल स्टेशन, रेलवे स्टेशन, स्टेशन, संयान-स्थात्र, स्थानक।

झण्डा स्टेशन, ध्वजा-स्थात्र, flagstation।

संयानमंच।

प्लैटफॉर्म।

ओवरब्रिज, उपरिसेतु।

कुली (दे.291), parter।

गार्ड, नियन्ता।

सीटी (स्त्री.), whistle।

लाल/हरी झण्डी।

ड्राइवर।

फायरमैन, आंगारिक, आग्निक।

रेलगाड़ी के चलने का शब्द : छुक्-छुक्, झुक-झुक (स्त्री.); दन-दन (स्त्री.), दनदनाना-; धड़-धड़ (स्त्री.), धड़धड़ाना-।

अ. झुक-झुक; दन-दन; धड़-धड़।

298.10. सं. नाव (स्त्री.) (खे. चला.), नैया (स्त्री.), नौ (स्त्री.), नौका (स्त्री.), नवका (स्त्री.), नावर, नावरि (स्त्री.), अरित्र, आड़ू, उडुप, उदप, कण्ठाल, कश्ती (स्त्री.), किश्ती (स्त्री.), डोंगा, तत्प्लवा (स्त्री.), तरण्ड, तरण्डपादा (स्त्री.), तरण्डा (स्त्री.), तरण्डी (स्त्री.), तरन्ती (स्त्री.), तर, तरणी (स्त्री.), तरांधु, तरालु, तरि (स्त्री.), तरिक, तरिका (स्त्री.), तरिणी (स्त्री.) तरित्र, तरित्री (स्त्री.), तरी (स्त्री.), तर्ष, तल्ली (स्त्री.), तरसान, तारिका (स्त्री.), तारण, तारणी (स्त्री.), दण्डार, द्रोण, परिप्लव, पादालिन्द, पादालिन्दा (स्त्री.), पादालिन्दी (स्त्री.), पोत्र, प्लवाका (स्त्री.),

बोट (स्त्री.), भंगिनी (स्त्री.), भेल, भेलक, भेला, वहन, वहनक, वहिनी (स्त्री.), वारिरथ, वार्बट, वार्वट, वावुट, वेटी (स्त्री.), सफ़ीना, सुक्कान, होड।

छोटी नावें : अद्धा, डोंगी, तरणि (स्त्री.), द्रोणि (स्त्री.), द्रोणी (स्त्री.), प्लव, यानपात्रक, यानपात्रिका (स्त्री.)।

बड़ी नावें : गुराब, बहित्र, बोहथ, बोहित, बोहित्थ, वोहथ्य, वोहित्थ।

घाट से आर-पार जाने-आने वाली नाव : गुज़ारे की नाव, घटहा, पाढ़ी (स्त्री.)।

बोझ-लदी नाव : खेवा।

ताड़ के एक ही पेड़ के तने से बनायी गयी नाव : एकगाछी (स्त्री.), एकठा, सारंगा।

मशक में हवा भरकर बनायी गयी नाव : संड़ाई (स्त्री.), सँड़ाई (स्त्री.)।

लट्ठों से बनायी गयी नाव : कोल, तरण्ड, तरण्डा (स्त्री.), तरण्डी (स्त्री.), तरणी (स्त्री.), तरत् (स्त्री.), तर्णि (स्त्री.), प्लव, बेड़ा, भेला, होड।

बाँस के ढाँचे में घड़े बाँधकर, बनायी गयी नाव : घटनाई (स्त्री.), घड़नई (स्त्री.), घड़नाई (स्त्री.), घड़नैल (स्त्री.), घन्नई (स्त्री.), घरनई (स्त्री.) घड़नैली (स्त्री.)।

विभिन्न नावें : उलाँक; कच्छा; कागमारी (स्त्री.); गोसी (स्त्री.); घुड़दौड़ (स्त्री.); जाली (स्त्री.); नवाड़ा, नवारा; निवड़िया (स्त्री.) निवाड़ा; पटेला, पटेली (स्त्री.), पटैला; पतामी (स्त्री.); पनसुइआ (स्त्री.), पनसोई (स्त्री.); परन्द, परन्दा; पराँचा; पलवार; बजरा; बनहटी (स्त्री.); बादबानी (स्त्री.); भवँलिया (स्त्री.), भौलिया (स्त्री.); मछवा; मल्हनी (स्त्री.); मालदही (स्त्री.); मोरपंखी (स्त्री.); रंगपुरी (स्त्री.); लचक (स्त्री.); शिकारा; सरंगा (स्त्री.); सारंगा (स्त्री.); सिलहटिया (स्त्री.); होरी (स्त्री.)।

चीनी नाव : जंक; साम्पान।

अरबी नावः ढाव।

प्राचीन काल की छोटी नावें : अभया (स्त्री.); क्षुद्रा (स्त्री.); गर्भरा (स्त्री.); चपला (स्त्री.); तर्तरीक; दीर्घा (स्त्री.); पटला (स्त्री.); पत्रपुरा (स्त्री.); भीमा (स्त्री.); मंथरा (स्त्री.); मध्यमा (स्त्री.)।

प्राचीन काल की बड़ी नावें : अनुदर्वा (स्त्री.); गत्वरा (स्त्री.); गमिणी (स्त्री.); गामिनी (स्त्री.); जंघला (स्त्री.); तरणि (स्त्री.); तरि (स्त्री.); दीर्घिका (स्त्री.); धरणी (स्त्री.); प्लाविनी (स्त्री.); लोला (स्त्री.); वेगनी (स्त्री.)।

सर्पाकार नाव : सर्पपुत्रक।

डाकुओं की नाव : हिंस्त्रिका (स्त्री.)।

नावों का समूह : कच्छा, पोत्या (स्त्री.), बेड़ा।

जलसा आदि के लिए कई नावों को बाँधकर तख़्तों से पाटना : कच्छा पाटना-।

उतरानेवाली कोई भी चीज़ जिससे नदी पार की जाय : तरिन्दा, तरेन्दा, तरौन्दा, तिरेन्दा।

नाव का अगला भाग : गलही (स्त्री.), गलई (स्त्री.), अनी (स्त्री.), आगा, पूर्वक, पोताग्र, मंग, माँगा, माथा, prow।

गलही में लगी लकड़ी : सिक्का, stem।

नाव का पिछला भाग : ढबूसा, दुंबाल, पीछल, stern।

खेनेवाले के बैठने की जगह : चाल्ही (स्त्री.), पलटा।

नाव का पार्श्व : मंग।

नाव का फ़र्श : सोहर (स्त्री.)।

नाव के पेन्दे में लंबाई के बल लगी लकड़ी : राब (स्त्री.)।

नाव के किनारे-किनारे उपर की ओर जड़ी लकड़ी : कोटभरिया (स्त्री.)।

कोटभरिया के ऊपर डेढ़-डेढ़, दो-दो हाथ पर जड़ी मोटी लकड़ी : गूढ़ा।

गूढ़ों के नीचे नाव के पेन्दे में बेड़े बल लगा तख्ता : मढ़िया (स्त्री.), मरिया (स्त्री.)।

नाव की लंबाई में मरिया के दोनों सिरों पर लगा सँकरा तख़्ता : अपती (स्त्री.)।

नाव के दोनों किनारे लोगों के बैठने की जगह : कुरसी (स्त्री.), पादारक।

नाव की छत : गरगज।

नाव का आच्छादन : वरक।

निर्माण के या मरम्मत के समय नाव को उठाये रखने की लकड़ी : गदम, थाम (स्त्री.)।

नाव की पटरियों में जड़ने की कील : मल्लाही काँटा।

नाव खेने का डण्डा : डाँड़ (खें. चला. मार.), डाँड़ा, डैना, अरित्र, केनिपात, केनिपातक, केनिपातन, क्षपणी (स्त्री.), क्षिपणि (स्त्री.), क्षिपणी (स्त्री.), क्षेपणि (स्त्री.), क्षेपणी (स्त्री.), तरण्ड, तरिरथ, तुलाधट, दण्ड, नौकादण्ड, नौदण्ड, पत्रबाल, पत्रबाल, पत्रवाल, प्रतितर, बल्ला, बल्ली (स्त्री.), oar।

डाँड़ का अगला चौड़ा भाग : चमचा, पँगई (स्त्री.), बैठा।

डाँड़ का दस्ता : कमुआ।

छिछले पानी में नाव चलाने का डण्डा : बाँस, लग्गा, लग्घा, लग्गी (स्त्री.), लग्घी (स्त्री.)।

नाव को मोड़ने के लिए उसके पीछे लगी तिकोनी लकड़ी : पतवार (स्त्री.), (थाम. पकड़. सँभाल.), पतवारी (स्त्री.), पतवाल (स्त्री.), पात्रपाल, पोतरक्ष, कनहर, करिया, करुवार, कर्ण, कान, कोटिपात्र, दुंबाल, दुंबाला, सुकान, सुक्कान (पकड़. मार.) helm।

पतवार का दस्ता : सैला।

पतवार का काम देनेवाला डाँड़ : करुवार, किलवारी (स्त्री.), चप्पू (चला.), हलीसा (तान.), हलेसा।

नाव खेने का सामान— डाँड़; चप्पू; लग्गा; हथबाँस।

मल्लाह, माँझी (दे.356), क्षेपणिक, खेवक, खेवट, खेवटिया, खेवनहार, खेवरिया, खेवैया, तरिकी, तारिक, नावक, नाविक, नावी, नौचर, नौजीविक, पलवारी, पोतप्लव, पोतवाह, प्लविक, सुकानी, सुखानी।

घाट का मल्लाह : घटवार, घटवारिया, घटवाल, घटवालिया, घटहा, माझी, घट्टजीवी।

पतवार थामनेवाला मल्लाह : अरकटी, कनहरि, कनहार, करिया, कर्णग्राह, कर्णधार।

नाव चलाना : खेना-, खेवना-, खेवाई (स्त्री.), नौकर्म, मझियाना-, मल्लाही (स्त्री.)।

नाव को धारा के अनुकूल खेना : पाढ़ी (स्त्री.)।

नाव के छेदों से पानी आना : सदना- (दे.293), रसना-।

नाव में रसा हुआ पानी जमा होने का स्थान : ग़मतखाना, गमतरी (स्त्री.), बंधाल।

पानी उलीचने का बरतन : अंबुवाहिनी (स्त्री.), अवगाद, जलद्रोणी (स्त्री.), तरणिपेटक, दोन, लोहनी (स्त्री.), हत्था।

नाव के छेद को भरने का मसाला : रसवट, रसवर।

मस्तूल, मथूल, कूप, कूपक, दण्ड, परवान, पादारक, पुलिन्द, पोलिन्द, बीम, mast।

मस्तूल का सिरा : कालसिर।

मस्तूल को सीधा रखनेवाला रस्सा : बड़ांडल, बराण्डा, बराण्डाल।

नाव का मस्तूल : गोनरखा।

नाव को खींचकर चलाने के लिए मस्तूल से बाँधी जाने वाली रस्सी : गुण, गुन, गून, गोन।

गुण के अगले सिरे पर बँधा डण्डा : पटुआ, पटुवा।

गुण खींचनेवाला : खिंचवा।

नाव को किनारे बाँधने का रस्सा : गून, पागर, लहासी (स्त्री.)।

नाव बाँधने का खूँटा : कूप, कूपक, खूँटा, गुणवृक्ष, गुणवृक्षक, दाँती (स्त्री.)।

पाल (चढ़ा. तान. उतार.), पोतपट, जवनिका (स्त्री.) बादबाम, मरुत्पट, वातपट, शीत, सेढ़ (कर. खोल. बजा. सपटा.), sail।

पाल का कपड़ा : पोतपट, शीतपट।

पाल चढ़ाने का रस्सा : छोपा।

पाल खींचने का रस्सा : सोहर (स्त्री.)।

पाल चढ़ाने-गिराने की रस्सी और घिरनी : जंजाली (स्त्री.)।

पाल तानने के लिए मस्तूल से बँधा हुआ डण्डा : अड़डंडा, yard।

सबसे ऊपर का पाल : गबर।

पाल रखने का कमरा : सेढ़ख़ाना।

लंगर (उठा. कर. छोड़. डाल. फेक. हो.), लंगड़, लांगल, लांगलन, लोहलंगर, अरित्र, anchor।

संकट के समय डाला जाने वाला लंगर : आक़बती लंगर।

लंगर का रस्सा : मलिन्दर।

मलिन्दर लपेटने की घिरनी : चरखी (स्त्री.), दौड़ (स्त्री.)।

लंगर उठाना-, अतरंग करना-।

नाव पर चढ़ने के लिए कच्चे घाट पर बना चबूतरा : चह।

नाव से उतरने का स्थान : घाट, नावघाट, उतराई (स्त्री.), नदीतरस्थान, जलावतार, तरस्थान।

नाव की खेप : खेवा।

यात्री, सवारी, औडुपिक, नौकारोही, पोतारोही।

भाड़ा, उतराई (स्त्री.), खेवा, खेवाई (स्त्री.), अनुतर, आतर, तर, तरपण्य, तारिक।

भाड़ा लेनेवाला : घाट का ठेकेदार, घटवाई, घटवार, घटवाह, घटहा, तरपण्यिक, तरिक।

नौकाविहार (दे.272)।

बीच धारा में नाव को नचाने का खेल : निवाड़ा (खेल.), नावर, नावरि (स्त्री.), नाव-नेवारा।

नाव-दुर्घटना (स्त्री.) (दे.285)।

डूबने से पहले नाव का डगमगाना : हुलैया (स्त्री.) (ले.)।

प्रमोदतरणी (स्त्री.), yacht।

मोटरबोट (स्त्री.), यन्त्रनौका (स्त्री.), वहित्र-नौका (स्त्री.)।

जलविमान, जलविसर्पी, hydroplane (hydro-aeroplane)।

कटर (स्त्री.)।

स्टीमर, अगिनबोट (स्त्री.), धुआँकश, धूमपोत, बोट (स्त्री.), वाष्पनौका (स्त्री.), वाष्पपोत।

लांच, लांचबोट (स्त्री.), विहारनौका (स्त्री.)।

फ्लैट, फ्लैटबोट (स्त्री.)।

टग, टगबोट (स्त्री.), कर्षनाव (स्त्री.), कर्षनी (स्त्री.)।

जहाज़, जलपोत, जलयान, अर्णवपोत, अर्णवयान, पोत, पोत्र, प्रवहण, बहित्र, यान, यानपात्र, वहित्र, वहित्रक, वार्वट, समुद्रकटक, समुद्रयान।

कम चलनेवाला जहाज़ : अचालू, अनचालू, जहाज़।

भाप का जहाज़, वाष्पपोत, steamship।

लाइनर, ओशन लाइनर।

व्यापारी/सौदागरी जहाज़, भाण्डपोत, वणिकपोत, वाणिज्यपोत, वाणिज्य-जलयान, merchant ship।

पण्यवाहक जलयान, भाण्ड जलयान, भारवाहक जलयान, cargoship।

माल जहाज, मालवाही पोत, freighter।

मछुआ नाव (स्त्री.), मछुआ जहाज़, मत्स्यनौका (स्त्री.), जालपोत, trawler।

तटपोत, coaster।

हाइड्रोफॉयल। होवरक्राफ्ट।

जंगी/लड़ाकू जहाज़, युद्ध-जलयान, युद्धपोत, रणपोत, संगरपोत, battleship।

भारी युद्धपोत, महायुद्धपोत, capital ship।

ध्वंसक पोत, विध्वंसक, destroyer।

यौधनों (स्त्री.), हिण्डक पोत, cruiser।

शतघ्नी नौका (स्त्री.), gunboat।

सबमेरीन चेज़र।

नौहनी नौका (स्त्री.), torpedo-boat।

विमानवाहक पोत, विमानवाही जहाज़, विमान-पोत, विमान-वोढा, aircraft carrier।

विस्फोट-वाप, सुरंग-प्रसारक पोत, mine-layer।

सुरंगनाशक पोत, सुरंगबुहार पोत, सुरंगपोत, सुरंगमार्जक पोत, सुरंगहारक पोत, निस्फोट-अपोहक, mine sweeper।

पनडुब्बी (स्त्री.), पनडुबी (स्त्री.), आबदोज़, जलान्तर्ग़ा (स्त्री.), जलाभ्यन्तरवाहिनी नौका (स्त्री.), डुबकनी (स्त्री.), submarine।

जर्मन पनडुब्बी (स्त्री.), u-boat।

झण्डा-जहाज़; ध्वजपोत, flag ship।

नौगण, नौसाधन, पोत्या (स्त्री.), बेड़ा, fleet।

जंगी बेड़ा, नौकटक, नौबेड़ा, armada।

पोताग्र, prow।

दुंबाल, दुंबाला, पोत-पश्चाद्भाग, stern।

कुदास, sternpost।

एराफ़, नौतल, निधरण, पेंदा, keel।

जहाज़ के फ़र्श पर का तख़्ता : कफ़ीना।

नौकर्ण, पतवार (स्त्री.), सुक्कान, rudder।

पतवार घुमाने की चरखी : दौड़ (स्त्री.)।

अड़वाल, कावरॉंग, bulwark।

पेरज, रांग, gunnel।

देवी, davit।

जहाज़ के छेदों से आया पानी इकट्ठा होने की जगह : बंधाल।

पानी निकलने का परनाला : बरनाल, बरनाला।

फैदममापी, fathometer।

फैदममापी में लगी चर्बी की नली : गलगल।

पंखा, प्रणोदक, प्रणोदित्र, propeller; serew. propeller।

परिचालन गृह, conning tower।

तल, नौकापृष्ठ, नौतल, deck।

जहाज़ी आरामकुरसी (स्त्री.), नावासन्दी (स्त्री.), deck chair।

कमरा, कोष्ठिका (स्त्री.), cabin।

(युद्धपोत में) अधिकारी-आवास, ward-room।

जहाज़ का झण्डा : पोतध्वज।

(जुलूस आदि के साथ चलनेवाला सजा-सजाया खाली घोड़ा) जुलूसी घोड़ा, कोतल, जिलौ, नौबती, बीजाश्व।

(ख़ास सवारी के काम आने वाला घोड़ा) कोतल।

(ख़ास मौकों पर काम आने वाला घोड़ा) कोतल।

(युद्ध का घोड़ा) युद्धाश्व, वारकीर।

(यज्ञ का घोड़ा) यज्ञतुरंग, यज्ञाश्व, क्रतपशु, क्रतुहय

(अश्वमेध का घोड़ा) अश्वमेधिक, अश्वमेधीय, ययि, ययी, ययु, हर्यत

(रथ में जोता जाने वाला घोड़ा) रथ्य (दे.298)।

(लदुआ घोड़ा) पृष्ठ्य, स्थुरी, स्थूरी, स्थोरी, स्थौरी (स्त्री.), पृष्ठया।

(प्रजनन के काम आने वाला घोड़ा) साँड़, वृषण।

(घोड़ी जैसा घोड़ा) वडब।

(कमजोर घोड़ा) मरियल टट्टू।

जाति-भेद से घोड़े : अलाई; एकाण्ड; कनकानी; करनेता, कर्नेता; कारूनी (स्त्री.); धन्नोः, बुलाकी; बोज; बोलसर; बोल्लाह; भीम्राथली; भुठौर; मेमना; रुनी, रौहाल; रकवाहा; वोरता; वोरुखान; सिरगा; सुनोची; सेलिया; गुंठा।

स्थान-भेद से घोड़े : (अरब) अरबी, ताज़ी; (काबुल) किलवाँक; (कच्छ) कच्छी, काठियाबाड़ी; (कंबोज) कांबोज; (केकाण) कीकान; (फ़ारस) पारसीक, पारसीक; (बलख) बाल्हक, बाह्लिक, बाल्हीक, वाह्लिज; (भूटान) भूटानी; (वनायु) वनायुज, वानायुज; (शीराज़) शीराज़ी, सिराज़ी; (सिंध) सिंधी, सिंधुजात, सिंधुवार, सैंधव; (रेगिस्तानी) भुठार, भुठौर।

नॉरफोक; पर्केरान; पालमीनो; फ्लैण्डर्स; मॉरगन; सैडल; स्पेनी।

रंग-भेद से घोड़े : (सफ़ेद) कर्क, कोकाह, नुकरा घोड़ा, पीयूषवर्ण, महावीर, श्वेतवाज़ी, श्वेतहय, सेराह; (काँच जैसा सफ़ेद) पंगुल; (माथे पर दाग़वाला सफ़ेद) सेरुराह; (स्याही मायल सफ़ेद) सब्ज़ा, खिंग; (काले दाग़वाला सब्ज़ा) मक्सी; (लाल) कियाह, सुरंग; (मटमैला लाल) लाखी, लखी, लक्खी, गर्रा; (किरमिज़ी) किरमिज; (स्याही मायल लाल) कुम्मैत, कुम्मैद, कुरंग घोड़ा, तेलिया कुमैत/सुरंग; (हर तरह से दुरुस्त कुम्मैत) आठों गाँठ कुर्म्मेत; (बैंगनी) ऊदा; (पीला) ज़रदा; (बादामी) बादामी, बदामी, शरगा, समन्द; (भूरा) हरिक; (हिनाई) हाँसल, हाँसुल; (काला) आनील, खुंगाह, नीलक, मुश्की, शबरंग; (चितकबरा) अबलक, अबलख, चित्रिताश्व, हलाह।

अन्य भेदों के अनुसार घोड़े : (काली आँख) आदमचश्म; (कंजी आँख) कंजई; (उल्लू की सी आँख) चोगद; (अगला दायाँ पैर सफ़ेद) चपदस्त; (छोटी दुम और छोटे अयाल) बोल्लाह; (तीन पैर सफ़ेद या एक रंग के) अरज़ल; (पीठ पर काली धारी) कुल्ला; (मुँह के सफ़ेद रोओं के बीच अन्य रंग के रोएँ) अक़रब; (रंग बादामी, दुम और अयाल काले) समन्द; (गरदन और पूँछ के बाल पीले) बुलाह; (तालु काला) स्याहतालू; (जीभ काली) स्याहज़बान; (कूबड़वाला) गावकोहान; (फटे खुरोंवाला) गावसुमा, गावसुम्मा; (सिर और पैर सफ़ेद) पंचकल्याण, पंचकल्याणक, पंजकल्यान; (आँखों पर सफ़ेद धब्बे) मल्लिकाक्ष, मल्लिकाख्य; (बाहर निकले हुए दाँत) गजदन्त; (सुलक्षणयुक्त घोड़ा) वारकी, वल्लभ।

(छोटे कद का घोड़ा) टट्टू, टटुआ, टटुवा, टाँगन, टाँघन, अश्वक, कुही, घुड़ला, बालका।

(पहाड़ी टट्टू) गूँठ, याबू।

(नटखट टट्टू) कुटार।

(टट्टू के भेद) भोटिया; मणिपुरी; शेटलैण्ड।

(घोड़ी और गधे का संकर) खच्चर, खर, खेसर, अध्वग, अतिभारग, अश्वखरज, अश्वतर, गर्दभाश्व, गोकर्ण, बिसरात, बेसर, बेसरा, मय, मिश्रज, मिश्रशब्द, वेगसर, वेशर, वेश्वर, वेसर, संकराश्व, सकृद्गर्भ, सुरूहक (स्त्री.), मादा घोड़ा, घोड़े की मादा, घोड़ी, घोटिका, घोटी, अश्वा, अश्विनी, अर्वती, तुरंगमी, तुरंगी, तुरगी, तुरी, प्रसू, प्रसूका, बड़वा, मया, रोहित्, वडवधेनु, वडबा, वडवा, वाजिनी, वामी, सुसैंधवी, हयी।

(स्त्री.) मादा टट्टू, टटुई, घुड़िया, घोड़िया।

(स्त्री.) मादा खच्चर, खच्चरी, मया।

(घोड़े को सिखलाकर सवारी के योग्य बनाना) घोड़ा निकालना-/फेरना-

(घोड़े को गोलाई में घुमाना) घोड़ा फेरना-, (घोड़े को) कावा देना-/कावे पर लगाना-, अटेरन फेरना-।

(घोड़े का गोलाई में घूमना) कावा काटना-/खाना-/मारना-।

(घोड़ा फेरने का चक्कर) अटेरन, कावा।

(घोड़े को बाँधकर गोलाई में घुमाना) अटेरन कावा।

(नये घोड़े पर पहली बार सवार होना) घोड़ा उलाँगना-।

(घोड़े पर जीन कसना) घोड़ा कसना-/पलाना-।

घोड़ा हाँकना-, टिटकारना-, टिटकारी (स्त्री.) (दे.भर.), टिक-टिक (स्त्री.) (कर.); टिटकारी पर घोड़े का चलना-।

(घोड़े को तेज़ दौड़ाने के लिए चाबुक से मारना) घोड़ा मारना-, (एड़ से मारना) एड़ देना-/लगाना-/मारना-।

(किसी और या किसी के पीछे घोड़ा दौड़ाना) घोड़ा छोड़ना-/डालना-/फेंकना- घोड़ा कुदाना-/खुँदाना-।

(चलते-चलते घोड़े का थक जाना) घोड़ा भर जाना-।

घोड़े का बिदकना-/भड़कना-; चौकन्ना होना-, कान खड़े करना-, कनौतियाँ बदलना-।

(घोड़े का पिछली टाँगों के बल खड़ा होना) घोड़े का जमना-, अलफ़ (हो.), चिरागपा (हो.), सीखपा, पुरुष; पुरुषक।

(सवार के आदेश के विरुद्ध घोड़े का चलना) घोड़ा फटना-।

(एकाएक रोके जाने पर घोड़े का पाँव मारना) खूँदना-, खूँद (स्त्री.) (कर.)।

(घोड़े की टाप से कुचलवाना) खुँदवाना-।

(जीन आदि खोलना) घोड़ा खोलना-।

घोड़े का काटना-/मुँह चलाना-।

(घोड़े के पिछले पैरों की लात) दुलत्ती (स्त्री.) (चला. छाँट. झाड़. फेंक. मार.), पिछलत्ती (स्त्री.), लत्ती (स्त्री.) (चला. फटकार. मार.)।

(घोड़ी को घोड़े से जोड़ा खिलाना) घोड़ा देना-।

(सवार को पास न आने देना) पुट्ठे पर हाथ न रखने देना-।

(घोड़ों के लिए संख्यासूचक शब्द) रास, पुट्ठा।

(बच्चों के खेलने का घोड़ा) घुड़ला, घोरिला।

(घोड़े का बच्चा) बछेड़ा, अश्वशावक, किशोर, बालक, (स्त्री.) बछेड़ी।

(जवान हो चला बछेड़ा) अललबछेड़ा, पट्ठा।

(घोड़ों का झुण्ड) अश्वदल, अश्वचक्र अश्वीय, आश्व, आश्वीय, हयच्छटा (स्त्री.), हयदल, हयस्कंध, हरिगण।

(घोड़ियों का झुण्ड) बाडव, वाडव।

(घोड़ों की जोड़ी) अश्वगोयुग।

घोड़े की चाल, अश्वगति (स्त्री.) धारा (स्त्री.)।

धीमी चाल, कदम की चाल, कदम।

मद्धिम चाल, मीठा पोइया।

पोइया चाल, पोइया (स्त्री.) (जा.), पोई (स्त्री.), रेचित।

उछालभरी चाल, लंगूरी (स्त्री.), वल्गन, वल्गित।

दुलकी चाल, दुलकी (स्त्री.) (चल. जा.), धोरण, धोरित, धौरितक, धौर्य।

चौकड़ीभरी चाल, प्लुत।

सरपट चाल, सरपट (स्त्री.), डपट (स्त्री.), कड़क (स्त्री.), आस्कन्द, आस्कन्दन, आस्कंदित, आस्कंदितक, उपकण्ठ, संप्लाव।

(अन्य चालें) धारित, धारितक; पुलायित; रहवाल (स्त्री.); रौहाल।

(घोड़े की पीठ) अश्वपृष्ठ, कश्य।

(गरदन) निगाल।

(गरदन के बाल) अयाल (दे.67.1.), याल (स्त्री.), तेजनी (स्त्री.)।

(सिर) हयशिर।

(सिर का एक भाग) स्तुव।

(लंबा निकला हुआ मुँह) थूथन (दे.66), घोणा (स्त्री.), प्रोथ।

(नाक) प्रोथ।

(कान) अश्वकर्ण, अश्वकर्णक।

(आँख) अश्वाक्ष।

बंगसार, बनसार, अवतरणी (स्त्री.), जहाजघाट, पोतघाट, jetty।

लंगर डालने की जगह : लंगरगाह, लांगलन-स्थान, लांगल-स्थान।

लंगर का चर्खा : ढोलचर्खा, हवीत (स्त्री.), capstan।

गोदी (स्त्री.), नौनिवेश, नौस्थात्र, Dock।

नावांगन, dockyard।

जहाजघाट, भरणतट, wharf।

बन्दर, बन्दरगाह, पत्तन, पोताश्रय, समुद्रपत्तन, port।

प्रधान बन्दर, शाहबन्दर।

पोताधिरोध, घाटबन्दी (स्त्री.), embargo।

(युद्धपोत का) कप्तान, महाधिनाविक, महाधिपोतिक, captain।

(वाणिज्यपोत का) कप्तान, नाखुदा, नावाध्यक्ष, पोताध्यक्ष, captain।

नाविक, नाखुदा, नियमि, नौकर्णधार, नौनेता, नौवाह, जहाज़राँ, जहाज़रान, जहाज़ी, पोतचालक, समुद्रग, सामुद्र, सामुद्रिक, sailor।

जहाज़ का खलासी : जहाज़ी।

जहाज़ का मालिक : पोतधारी।

जलदस्यु, जहाज़ी डाकू, समुद्री डाकू।

समुद्र में ख़तरे की सूचना के लिए तैरता हुआ पीपा : तरिन्दा, तरेन्दा, तुरौन्दा, तिरेन्दा, तिरौन्दा।

जहाज़ डूबना-, पोतभंग होना- (दे.285)।

नाव्यता (स्त्री.), नौगम्यता (स्त्री.), navigability।

नौकायन, नौचालन, नौतरण, नौपरिवहन, नौसंचालन, navigation।

जहाज़रानी (स्त्री.) नौवहन, पोतपरिवहन, shipping।

नाविकी (स्त्री.) नौविज्ञान, नौविद्या (स्त्री.), nautical science।

नावाधिकरण, नौकाधिकरण, admiralty।

(जहाज़ का) जलावतरण, पोतसन्तरण, launching।

वि. पार जाने वाला : औडुपिक, तर्तरीक, पारग, पारगामी।

पार जाने का इच्छुक : पारकाम।

पार ले जाने वाला : उत्तारी, तर्तरीक, पारक, पारग।

पार करने योग्य : उत्तार्य।

जो नाव/जहाज़ से जाय : नौचर, नौयायी।

नाव/जहाज़ से उतरा हुआ : अतिनु, अतिनौ।

पाल से चलनेवाला : बादबानी।

डाँड़-सम्बन्धी : आरित्रिक।

पतवार से रहितः अकर्ण।

कर्णधारहीन, अकर्णधार।

मल्लाह-सम्बन्धी : मल्लाही।

जहाज का : जहाजी।

जहाज से होने वाला : जहाजी।

नाव/जहाज चलने योग्य : नाव्य, नौगम्य, नौतरणीय, नौतार्य।

नौपरिवहन-विषयक।

298.11. सं. विमान, विमानक, वायुयान, वायुवाहन, व्योमयान, अग्नियान, आकाशयान, खेचर, हवाई जहाज़, aircraft, aeroplane, plane।

बहुत अच्छा विमान : विमानराज।
गुब्बारा (दे.286)।
गैस-भरा बेलनाकार वायुयान : जेप्लिन; एअरशिप।
पैराशूट (दे.286)।
एक जोड़े पंखोंवाला विमान : मोनोप्लेन; दो जोड़े पंखोंवाला विमान : बाईप्लेन, तीन जोड़े वाला विमान : ट्राइप्लेन।
समुद्री विमान, sea plane।
जेट विमान, जेट वायुयान, क्षिप-विमान, jet, jetplane।
हेलीकाप्टर, उदग्रविमान।
घिरनीदार विमान, gyroplane।
बिना इंजन का विमान : ग्लाइडर, अगन्त्रविमान।
वायुमार्ग (दे.294), airway।
विमान कंपनी (स्त्री.), विमान समवाय, airline।
बड़ा यात्री विमान, airliner।
बहुत बड़ा यात्री विमान, airbus।
लड़ाकू विमान, युद्धकारी विमान, युद्धक, योधक, fighter।
बमवर्षक, बमवर्षी, प्रस्फोटक, प्रस्फोटक्षेपक, bomber; dive bomber।
हवाई अड्डा, विमानपत्तन, airport।
विमान क्षेत्र, airfield, aerodrome।
हवाई पट्टी (स्त्री.), airstrip।
अवतरणपथ, धावनपथ, धावनमार्ग, विमानभूमि (स्त्री.), run way।
अवतरणभूमि (स्त्री.), landing ground।
हेलीकाप्टर के उतरने का स्थान : हेलीपैड।
विमानचालक, वैमानिक, उड़ाका, हवाबाज़, pilot।
विमानचालन, विमानन, विमानवहन, उड्डयन, aviation।
उड़ना-, उड़ान (स्त्री.) (भर.) (दे.286), उड्डयन, flight।
सलामी उड़ान (स्त्री.), fly-past।
उतरना-, अवतरण (कर.), landing।
इंजन की ख़राबी आदि के कारण विमान का उतरना : बलादवतरण, forced landing।
विमान-विज्ञान, वैमानिकी (स्त्री.), aeronautics।
विमान-कर्मचारी, विमान-कर्मी, विमान-कारुक, वैमानिक, air-crew।
विमान-परिचारिका (स्त्री.), स्वागतिका (स्त्री.), air-hostess।

विमान-यात्री, विमानारोही, वैमानिक।

विमानगृह, विमाघर, विमानशाला (स्त्री.), वायुयानशाला (स्त्री.), hangar।

विमान का ढाँचा : विमानकबंध, fuselage।

पक्ष, पंख, wing।

अग्रभाग, nose।

पंखा (दे.298.10), propeller।

चालक-स्थान, cockpit।

उड़ान-सम्बन्धी विवरण अंकित करने का यन्त्र : काल बक्स, black box।

कर्ण (दे.298. 10), rudder।

उड़न-योग्यता (स्त्री.), उड्डयनीयता (स्त्री.), विमानीयता (स्त्री.), airworthiness।

प्रोल्का (स्त्री.), rocket।

अंतरिक्षयान (दे.2), spacecraft, spaceship।

कल्पित विमान : उड़नखटोला, तख़्तेरवाँ; तख़्तेसुलैमानी; देवयान (दे.304); पुष्पक (दे.302.14)।

वि. विमान-सम्बन्धी, वैमानिक।

विमान से जाने वाला : विमानचारी, विमानयान, विमानारूढ़, वैमानिक।

विमानवाहित।

बलादवतरित।

उड़न-योग्य, उड्डयनीय।

298.12. (विविध) : सं. खाद ढोने की गाड़ी : रहरू (स्त्री.), रहलू (स्त्री.)।

खच्चरों से खींची जाने वाली गाड़ी : द्विवेशरा (स्त्री.)।

भैंसागाड़ी (स्त्री.)।

ऊँटगाड़ी (दे.67.14)।

तोप लादने की गाड़ी (दे.511.1)।

ऐम्बुलेन्स (दे.94)। स्ट्रेचर (दे.94)। ह्वील-चेयर (दे.94)।

शवयान, अरथी (स्त्री.) (दे.64)।

देवमूर्ति ले जाने का रथ : देवरथ, मरुद्रथ, सुभद्रक।

रामलीला का रथ : विमान।

बैसाखी (स्त्री.) (दे.99), बतनजबी।

गेंडी (स्त्री.) (दे.280), stilt।

इकपहिया ठेला, एकचक्रिणी (स्त्री.)।

इकपहिया गाड़ी (स्त्री.), एकचक्री (स्त्री.)।

पीठ की सवारी : चट्डी (स्त्री.) (गाँठ. दे.)।

बच्चों को चलना सिखाने की गाड़ी : गडीरना, शिशुगामिका (स्त्री.), go-cart।

गडुलना, गडोलना, बच्चागाड़ी (स्त्री.), बालगाड़ी (स्त्री.) शिशुयान, शिशु शकट, pram, peram bulator।

स्लेज (स्त्री.) स्लेजगाड़ी (स्त्री.), बर्फगाड़ी (स्त्री.), विचक्रशकट, हिमगा (स्त्री.) हिमशकट।

टबोगन।

धावफलक, ski।

धावुका (स्त्री.) skate; रोलर स्केट। स्केटिंग, skating।

299. वक्रगति

सं. वक्रगति (स्त्री.), वरेब, औरेब, कुटिलगति (स्त्री.) टेढ़ी-चाल (चल.), तिरछी चाल (चल.), तिर्यग्गति (स्त्री.) सर्पण (दे.282), सर्पिल गति (स्त्री.)।

चक्रगति (स्त्री.), अवघूर्णन, आघूर्णन, आवर्तन, उद्भ्रम, घुमाव, घूमना-, घूम जाना-, घूर्ण, घूर्णन, घूर्णना (स्त्री.), फिरना-, फिर जाना-, भ्रमटिका (स्त्री.) विघूर्णन, विवर्तन, विवृत्ति (स्त्री.)।

चक्कर (काट. खा. बाँध. मार. लगा.), आवर्त, घुमाव, परिक्रम, परिक्रमण, परिक्रमा (स्त्री.) (कर. हो.) (दे.272), प्रदक्षिण, प्रदक्षिण क्रिया (स्त्री.) प्रदक्षिणा (स्त्री.) (कर.) फेरा (कर. लगा.), फेरी (स्त्री.) (डाल. दे.), भँवरी (स्त्री.) (दे.), भाँवर (फिर. ले.), भाँवरी (स्त्री.), भ्रमि (स्त्री.), भ्रमी (स्त्री.) भ्रामरी (स्त्री.) वर्तन, सम्भ्रम।

घुमाना-, चक्कर देना-, फिराना-, फिरा डालना-, फेरना-, फेरे खिलाना-, संवर्तन।

पेच (डाल. पड़.), फेरवट (स्त्री.)।

लपेट (स्त्री.), लपेटन (स्त्री.), लपेटना-, लपेट देना-/लेना-, गुमेटना-, संवर्तन, समेटना-, समेट लेना-।

लपेटा जाना-, गुमिटना-।

भँवर (पड़.), भँवरी (स्त्री.), भृमि (स्त्री.), भौंर, भौर, भ्रमरक, आदणि, आवर्त, आवर्तिनी (स्त्री.) कलंकुर, गर्गर, गिर्दाब, घूर्णितजल, चक्कर, चक्र, जलअलि, जलकूपी (स्त्री.), जलगुम, जलरण्ड, जलावर्त, तानूर, तालूर, दरणि (स्त्री.) दरणी (स्त्री.) पुटभेद, वदाल, विवर्त, वोलक।

बवण्डर (दे.37)।

वि. वक्रगति, वक्रगामी, वक्री, अग, कुटिलगति, जिहमग, जिहमगति, तियग्गामी, सर्पिल।

आवर्तित, आघूर्णित, उद्भ्रान्त, घुर्मित, घूर्णित, घूर्णित, भ्रमित, भ्रामित, वर्तित, विघूर्णित, विवर्तित, विवृत्त, सम्भ्रान्त, संवर्तित, सुवर्तित।

आवर्तक, आवर्ती, भँवैया, भाँभी, भ्रमी, भ्रामरी, विवर्तक, विवर्ती, संवर्तक।

घूमता हुआ : आघूर्ण, घूर्ण, घूर्णित, भ्रान्त, वर्तिष्णु।

घुमावदार, चक्करदार, पेचदार, लपेटवाँ।

लपेटने योग्य : लपेटवाँ, संवर्तनीय।

दक्षिणावर्त, clockwise।

वामावर्त, anti-clockwise।

□□